BOUQUINS
Collection fondée par Guy Schoeller
et dirigée par Jean-Luc Barré

À DÉCOUVRIR AUSSI
DANS LA MÊME COLLECTION

Raymond Aron, *Mémoires*
Élisabeth Badinter, *Les Passions intellectuelles*
Georges Clemenceau, *Correspondance (1858-1929)*, édition établie et annotée par Sylvie Brodziak et Jean-Noël Jeanneney
Georgette Elgey, *Histoire de la IVe République. De 1945 à 1957*
Jacques Julliard, *L'Esprit du peuple*
Jean-François Revel, *Mémoires*, édition établie et annotée par Laurent Theis
Pascal Ory, *Ce côté obscur du peuple*
Hubert Vedrine, *Une vision du monde*
Jack Lang, *Une révolution culturelle*, édition établie et présentée par Frédéric Martel
Jean-Pierre Chevènement, *Passion de la France*
Philippe de Gaulle, *Mémoires*
Charles de Gaulle, *Lettres, notes et carnets* – Tome I (1905-1941), édition présentée par Philippe de Gaulle
Charles de Gaulle, *Lettres, notes et carnets* – Tome II (1942-mai 1958), édition présentée par Philippe de Gaulle
Charles de Gaulle, *Lettres, notes et carnets* – Tome III (juin 1958-novembre 1970), édition présentée par Philippe de Gaulle
François Mauriac, *Journal et Mémoires politiques*, édition établie et présentée par Jean-Luc Barré
François Mauriac, *Le Bloc-notes* – Tome I (1952-1962), édition établie et annotée par Jean Touzot
François Mauriac, *Le Bloc-notes* – Tome II (1952-1962), édition établie et annotée par Jean Touzot
Catherine Nay, *Le Grand Théâtre du pouvoir. Quarante ans de vie politique française*
Jean-Marie Rouart, *Les Aventuriers du pouvoir. De Morny à Macron*
Jean Zay, *Jeunesse de la République*, édition établie et présentée par Pierre Allorant et Olivier Loubes
Le Livre noir du communisme. Crimes, terreur, répression, sous la direction de Karel Bartosek, Stéphane Courtois, Jean-Louis Margolin, Andrzej Paczkowsk, Jean-Louis Panne et Nicolas Werth
Dictionnaire de Gaulle, sous la direction de Claire Andrieu, Guillaume Piketty et Philippe Braud
Dictionnaire de la guerre d'Algérie, sous la direction de Tramor Quemeneur, Ouanassa Siari Tengour et Sylvie Thénault
Histoire mondiale des relations internationales. De 1900 à nos jours, sous la direction de Pierre Grosser

HISTOIRE DE LA Ve RÉPUBLIQUE

1958-1981

Tome I

SOUS LA DIRECTION
D'ÉRIC ROUSSEL ET FRÉDÉRIC TURPIN

BOUQUINS
la collection

ISBN : 978-2-38292-097-8
Dépôt légal : novembre 2024 – N° d'éditeur : 6774701
Bouquins éditions – 92, avenue de France – 75013 Paris
serviceclients@lisez.com

INTRODUCTION

Éric Roussel et Frédéric Turpin

14 janvier 1959. Sur le perron de l'Élysée, le président de la République René Coty accueille son successeur Charles de Gaulle. Ensemble, ils se rendent dans la salle des fêtes du palais présidentiel où se joue la dernière scène d'une pièce débutée douze ans plus tôt : la disparition de la IVe République. Un nouveau chapitre de l'histoire de France s'ouvre avec l'avènement d'un nouveau régime : la Ve République. « Le premier des Français est désormais le premier en France », s'exclame respectueusement le président Coty, s'adressant à Charles de Gaulle, avant que ne lui soit passé autour du cou le collier de grand maître de l'ordre de la Légion d'honneur, distinction qui marque son accession à la plus haute fonction de la République. La cérémonie de passation des pouvoirs s'achève symboliquement par le dépôt commun d'une gerbe sur la tombe du Soldat inconnu, à l'Arc de Triomphe.

Le reportage de la télévision publique donne le ton : « Les deux présidents maintenant se séparent. L'un, le soldat de 1914, le président d'hier à qui va l'affection reconnaissante de la nation, l'autre, l'Homme du 18 juin, le président d'aujourd'hui, que la France charge du poids de sa destinée. Deux hommes qu'unissent, dans la page d'histoire que nous vivons, le sens civique et le sens national. C'est le retour triomphal au milieu de cette foule parisienne qui n'a pas oublié 1944 et qui n'oubliera pas 1958. Mais, 1944 était une fin et 1958 est un début[1]. »

1. Journal Les Actualités françaises, *Le président De Gaulle succède au président Coty*, 1959, « L'INA éclaire l'actu », ina.fr.

Le propos des Actualités françaises, contrôlées par l'État, n'a rien de la clause de style. Il reflète assez justement le sentiment général des Françaises et des Français. L'accession du Général à la présidence de la République de la toute nouvelle Ve République marque la fin de six mois d'incertitude et de transition, commencés par la crise du 13 mai 1958. De grandes réformes structurelles ont été engagées, en attendant de nouvelles qui dessineront les contours de la France actuelle. C'est aussi et surtout, dans l'immédiat, l'espoir d'un avenir meilleur, à commencer par le règlement du conflit algérien.

Pour le général de Gaulle, la mise en place du régime qu'il appelait de ses vœux depuis la Libération est l'aboutissement de douze ans de lutte politique. La Ve République forme le socle sur lequel il va pouvoir bâtir le redressement de la France, tant intérieur qu'extérieur. Développement économique et social rime avec politique de grandeur et d'indépendance nationale. Comme de Gaulle le résume, dans un style très « Grand Siècle », c'est un jour nouveau qui se lève « où à l'horizon paraît la lumière de nos grandes espérances[1] ». Cela passe d'abord par « la nécessité de mettre nos affaires en ordre réellement et profondément[2] ». Le ton est donné, le cap fixé, pour dix ans, avec pour compositeur et chef d'orchestre un homme qui se voit déjà comme un personnage historique : Charles de Gaulle. « Guide de la France et chef de l'État républicain, j'exercerai le pouvoir suprême dans toute l'étendue qu'il comporte désormais et suivant l'esprit nouveau qui me l'a fait attribuer[3]. » Cette formule qui heurte les républicains de stricte obédience atteste bien du changement constitutionnel qui se produit.

C'est cette notion de guide que les pages qui suivent entendent placer au cœur des analyses. Car la Ve République met en place un régime politique qui se caractérise d'abord par la centralité du président de la République, tant du point de vue de l'impulsion que de la décision. Depuis 1958, l'exécutif décide des lois et de leurs évolutions en fonction des majorités politiques au pouvoir, ce qui a pour effet de limiter la discussion parlementaire qui n'inspire

1. Charles de Gaulle (ensuite CDG), *Discours et Messages*, t. III, *Avec le renouveau. 1958-1962*, Paris, Plon, 1970, p. 73.

2. *Ibid.*, « Allocution radiodiffusée et télévisée du général de Gaulle prononcée à l'hôtel Matignon, 28 décembre 1958 », p. 65.

3. *Ibid.*, p. 64.

plus l'esprit du régime comme sous les IIIe et IVe Républiques. Et, depuis la réforme constitutionnelle de l'automne 1962, instaurant l'élection du président de la République au suffrage universel direct, l'élection présidentielle est devenue l'élection reine qui structure l'intégralité du paysage politique et désigne le maître du jeu. Tout nouveau président accède au pouvoir avec une philosophie politique à faire vivre, un programme d'actions à réaliser et un style à affirmer. Le président de la République s'appuie sur un Premier ministre qu'il nomme, ainsi que sur un Gouvernement.

On l'a oublié, ce renforcement du pouvoir exécutif constitue une rupture totale dans l'histoire constitutionnelle française. Dès la fin du Second Empire, l'exécutif a été quasiment diabolisé. Il était entendu que la volonté du peuple ne pouvait s'exprimer qu'à travers le Parlement. Et tous ceux qui ont voulu revenir sur ce principe ont été rejetés, parfois violemment. Le maréchal de Mac-Mahon, deuxième président de la IIIe République, se trouva contraint de démissionner pour avoir essayé de renforcer ses prérogatives au détriment de l'Assemblée. Tel fut l'aboutissement de la crise du 16 mai 1877. Le successeur de Mac-Mahon, Jules Grévy, se cantonna dans un rôle décoratif, et ce que l'on a appelé la « Constitution Grévy » fut appliquée jusqu'en 1940. Chef de l'État après la Grande Guerre, de 1920 à 1924, Alexandre Millerand, un ancien socialiste, l'apprit à ses dépens : il avait voulu accroître ses pouvoirs ; il dut se retirer après avoir été durement attaqué. Chef du Gouvernement provisoire à la Libération, de Gaulle lui-même finit par donner sa démission en janvier 1946, faute d'avoir pu s'imposer face aux partis. Et, tout au long de la IVe République, il se vit traité de factieux pour avoir voulu faire du chef de l'État, dans son discours de Bayeux, en 1946, ainsi que par la suite au sein du Rassemblement du peuple français (RPF), la clé de voûte des institutions.

Ce renforcement considérable du rôle de l'exécutif tient certes aux idées constitutionnelles du général de Gaulle, qu'il a commencé à exprimer solennellement lors de son discours de Bayeux du 14 juin 1946 et qui ont nourri le texte de la Constitution de la Ve République. Il s'explique également – comme le souligne Nicolas Roussellier[1] – par un État de plus en plus interventionniste dans la vie économique et sociale depuis les années 1930. Ces politiques

1. Nicolas Roussellier, *La Force de gouverner. Le pouvoir exécutif en France. XIXe-XXIe siècle*, Paris, Gallimard, 2015.

publiques nécessitent une concentration croissante du pouvoir entre les mains de l'exécutif et la mise en place d'administrations spécialisées. L'exécutif se trouve ainsi placé au cœur d'une République dans laquelle les politiques publiques entendent « changer la vie » au niveau des citoyennes et des citoyens et redonner à la France sa « grandeur » (expression gaullienne) ou son « rayonnement » (expression giscardienne). La réforme du quinquennat, appliquée pour la première fois en 2002, n'a fait que renforcer la présidentialisation du régime. Mais cela nourrit aussi à l'encontre du président de la République, élu suprême qui a reçu un pouvoir immense, de fortes attentes qui se transforment ensuite, plus ou moins rapidement, en désenchantement politique.

Malgré une certaine continuité sur les questions de fond, cette multiplicité et cette plasticité des actions gouvernementales, variant selon les présidents et les majorités politiques, forment des marqueurs forts d'identification, pour les contemporains, à une présidence. À une certaine personnalisation du pouvoir répond ainsi la personnalisation symbolique d'une époque donnée au magistère d'un président et de ses équipes qui forment l'exécutif. Certes, elle relève de plus en plus de l'ordre de la représentation au fur et à mesure que le processus de mondialisation et d'intégration européenne retire progressivement l'essentiel des leviers de commande permettant de « changer la vie » à l'exécutif. Mais, jusqu'aux années 1980 et à l'avènement du désenchantement du politique, les présidences de Charles de Gaulle, Georges Pompidou et Valéry Giscard d'Estaing sont celles d'un État en majesté, acteur proactif. Cela ne signifie pas que les présidences suivantes, à commencer par celle de François Mitterrand, n'aient pas disposé de leviers d'action conséquents et qu'elles n'aient pas tenté d'en user dans le sens de leur philosophie et de leurs programmes politiques. Mais les cohabitations successives (1986-1988, 1993-1995, 1997-2002) ainsi que la réduction du mandat présidentiel à un quinquennat à partir de 2002 ont considérablement modifié la perception que se font les contemporains de la politique et de sa capacité à agir sur le réel.

Il n'empêche qu'au moins jusqu'aux mandats présidentiels de Jacques Chirac (1995-2002), les Françaises et les Français saisissaient une époque en fonction de l'exécutif en place, à commencer par le président de la République. Plus qu'une question d'efficacité transformatrice des réalités françaises, c'est une affaire de représentations qui nourrissent les mémoires et légitiment pour partie cette approche historique, plus politique et culturelle que structuraliste. C'est bien le parti pris de cette nouvelle *Histoire de la Ve République*. Elle se fonde sur un jeu dialectique permanent entre les femmes et les hommes de l'exécutif (personnalités, idées, actions) et les évolutions de la France dans toutes ses dimensions (politiques, économiques, sociales, culturelles, diplomatiques et militaires). Il s'agit donc d'analyser, de manière critique, les hommes et de plus en plus les femmes de l'exécutif à l'aune de leurs projets et actions, mais aussi en fonction des résultats concrets et des représentations que s'en font les Françaises et les Français.

Ce premier volume réunit les présidences de Charles de Gaulle (1959-1969), Georges Pompidou (1969-1974) et Valéry Giscard d'Estaing (1974-1981). Il tient son unité de l'importance fondatrice du modèle gaullien d'un État en majesté, au cœur des réformes transformatrices que connaît la France. Ses successeurs ne l'amendent que progressivement, et ce tout particulièrement sous le septennat du libéral Valéry Giscard d'Estaing qui constitue une première « alternance douce » avec la période gaullienne et gaulliste qui le précède. Mais l'unité de cette période tient aussi au projet politique de « grandeur » gaullicnne ou à sa déclinaison giscardienne de « rayonnement » de la France. Elle implique que l'intérêt national passe toujours devant les intérêts particuliers des Françaises et des Français et que les politiques publiques traduisent dans les faits cette matrice fondamentale. Certes, l'arrivée de François Mitterrand et de la gauche au pouvoir en 1981 n'a pas supprimé la notion d'intérêt national, les engagements internationaux forts du président Mitterrand le montrent. Mais la focale des politiques publiques engagées par l'exécutif s'est de plus en plus décentrée du national pour celui du quotidien et du bien-être des Françaises et des Français. L'ambition gaullienne d'une France puissance respectée dans le monde s'est de moins en moins traduite par une morale de l'effort national dictée par un général de Gaulle tout droit sorti du Grand Siècle ou par une morale libérale d'adhésion de Valéry Giscard d'Estaing notamment exprimée dans son ouvrage *Démocratie française*, et leurs traductions en termes de politiques publiques.

PARTIE I

CHARLES DE GAULLE

CHARLES DE GAULLE

Éric Roussel

« Le premier des Français est désormais le premier en France. » C'est par cette formule consacrant l'évidence que René Coty, dernier président de la IVe République, accueille à l'Élysée, le 8 janvier 1959, celui qui devient alors le premier magistrat de la Ve République naissante. À soixante-huit ans, Charles de Gaulle accède au but qui est le sien depuis sa jeunesse. À Claude Guy, son officier d'ordonnance, qui lui demandait après la guerre à quelle époque il avait songé à accéder au sommet de l'État, le Général répondit : « À dire vrai, depuis toujours. » L'aveu résonne en écho à une œuvre écrite à quinze ans par le futur chef des Français libres qui imaginait le pays sauvé par le général de Gaulle. Peu de destins auront été aussi prémédités, construits, programmés que celui de Charles de Gaulle.

« La race, le milieu, le moment. » Ces trois mots, prétendait Taine, l'historien contre-révolutionnaire des *Origines de la France contemporaine*, donnent les clés de toute destinée humaine. Si puissante et précocement éclose qu'ait été sa personnalité, de Gaulle n'a pas échappé à la force de ces déterminismes. Lorsqu'il voit le jour à Lille le 22 novembre 1890, sa famille s'affirme en marge par rapport à une IIIe République qui a déjà acquis sa vitesse de croisière. Le régime né de la défaite de 1870 s'appuie sur une idéologie universaliste, kantienne, sacralisant les immortels principes de 1789 et a trouvé son équilibre en nouant un pacte implicite avec les milieux d'affaires. Autant d'axiomes et de compromis étrangers aux ascendants de Charles de Gaulle, tant du côté paternel que maternel. Jusqu'au début de la Révolution, les de Gaulle, de souche en partie irlandaise, étaient des bourgeois parisiens bien installés.

On comptait parmi eux des huissiers, des greffiers, des fabricants de perruques, des apothicaires et même un armateur. Au départ, ils semblent avoir été plutôt favorables aux idées nouvelles. Cela ne les empêchera pas d'être durement touchés par la tourmente des années 1789-1794. « Jean-Baptiste de Gaulle, procureur au Parlement, écrira Marie-Agnès de Gaulle, la sœur du Général, avait été ruiné au moment de la Révolution. Son fils, mon arrière-grand-père, avocat au Parlement, emprisonné par la Convention et délivré par la mort de Robespierre, ne put jamais plaider et ne refit pas la fortune de la famille. » À l'origine favorable aux philosophes, ce bisaïeul du Général accueillera avec soulagement le Consulat et l'Empire. À cinquante-six ans, durement affecté dans ses conditions d'existence, il rejoindra les postes militaires de la Grande Armée.

À partir de ce moment, les de Gaulle, vraisemblablement par réaction, proclament de plus en plus haut et fort leur adhésion à un catholicisme très offensif qui va de pair avec un profond patriotisme. Julien de Gaulle, le grand-père du Général, campera toute sa vie sur ces positions : chartiste, il publiera notamment une *Histoire de Paris*, préfacée par Charles Nodier, longtemps répandue dans les milieux les plus traditionalistes. Tout aussi religieuse, son épouse Joséphine écrira à un rythme accéléré quantité de romans édifiants dont certains connaîtront de forts tirages. Cela ne permettra malheureusement pas au couple d'échapper à une certaine précarité attestée par d'innombrables changements de domicile à travers la capitale. Il reviendra à son fils, Henri, de rétablir une certaine stabilité. Admissible à Polytechnique, Henri, le père de Charles de Gaulle, poursuivra finalement des études de droit et de lettres, avant d'entrer au ministère de l'Intérieur en qualité de rédacteur.

La famille dans laquelle Henri de Gaulle entre en 1886 par son mariage avec Jeanne Maillot, sa cousine, partage les mêmes valeurs. Jules Maillot, le grand-père du Général, a une position sociale bien établie, comme l'atteste sa belle maison de la rue Princesse à Lille. Fondateur d'une usine de dentelle mécanique, il est à la tête d'une fortune appréciable. Comme tous les siens, il n'en est pas moins un catholique sans états d'âme et un patriote intransigeant.

De cette appartenance de ses ascendants à la bourgeoisie la plus traditionnelle, on aurait tort de conclure que celui qui deviendra le chef de la France libre a grandi dans un climat conformiste et fermé. Parce qu'ils ont connu des revers de fortune, les de Gaulle considèrent avec une extrême suspicion le monde de l'argent et témoignent d'une grande compréhension envers les plus défavorisés. Pour intransigeant qu'il soit, leur catholicisme est empreint de charité. Cela est si vrai que Joséphine de Gaulle fera l'éloge de Proudhon à sa mort et sera en correspondance avec Jules Vallès, au sujet duquel elle sera très élogieuse. Les Maillot sont sur la même ligne : Jules Maillot sera le fondateur, à Lille, de la Société de Saint-Vincent-de-Paul et le défenseur vigilant de la loi de 1841 interdisant le travail des enfants.

La IIIe République n'est donc pas le régime qui comble les attentes des parents de Charles de Gaulle. Elle se réclame d'abord de l'héritage de la Révolution qu'Henri de Gaulle qualifiera de « satanique dans son essence » et, très vite, elle amorce un tournant anticlérical. Dès 1884, Henri, ce fonctionnaire irréprochable entré premier au concours de rédacteur, démissionne donc de son poste. À partir de ce moment, il devient enseignant, professeur dans des établissements de l'enseignement libre : le collège de l'Immaculée-Conception rue de Vaugirard et l'école Sainte-Geneviève de Versailles. Plus tard, il fondera, à l'ombre de Sainte-Clotilde, le cours Fontanes. Du propre aveu du Général, Henri de Gaulle était monarchiste, sympathisant aussi du Second Empire. Très cultivé, féru d'histoire, il lit, comme tant d'autres, *L'Action française* de Charles Maurras, le théoricien du nationalisme intégral, mais en gardant sa liberté. Ainsi finira-t-il par douter fermement de la culpabilité de Dreyfus. Et lorsque le Vatican condamnera le mouvement maurrassien, il se pliera à l'injonction. D'un patriotisme aussi exigeant, son épouse exprime des convictions encore plus tranchées : Léon Blum est, à ses yeux, un « suppôt de Satan ».

Le monde dans lequel a grandi Charles de Gaulle n'a pas complètement disparu mais ses bases sociologiques se sont réduites de telle façon que l'on a un peu de mal à l'imaginer. C'était un monde où dominaient les valeurs de l'esprit, les traditions et où le matérialisme était tenu en suspicion. Un monde aussi imprégné de l'enseignement social de l'Église. Dans les premières pages de ses *Mémoires de guerre*, le Général a exprimé sa dette envers ceux qui l'ont formé et d'abord ses parents. La haute culture de son père, la rigueur morale et le patriotisme sans concessions de sa mère l'ont marqué pour toujours.

Très tôt, de Gaulle se révèle un lecteur impénitent. La comtesse de Ségur et Jules Verne déclenchent ses premiers enthousiasmes mais, avant même d'avoir quinze ans, il se prend de passion pour de grandes fresques historiques. L'*Histoire du Consulat et de l'Empire* d'Adolphe Thiers et l'*Histoire du Second Empire* de Pierre de La Gorce nourrissent son imagination. Plus tard, il découvrira les classiques, le XVIIe siècle français qui aura toujours sa faveur et, naturellement, les auteurs alors célèbres, lus dans toutes les familles analogues à la sienne. Parmi eux, Charles Péguy est son préféré : chantre d'un nationalisme émotif, sentimental, il se reconnaît dans sa célèbre formule : « La République une et indivisible, c'est notre royaume de France. » Maurice Barrès, figure dominante de la vie des lettres en ce temps-là, l'enchante aussi, selon ses propres mots. Sans doute ne le suit-il pas dans ses accès d'antisémitisme et de xénophobie, mais l'exaltation du sentiment national, sensible dans tous ses écrits, restera pour lui une source d'inspiration essentielle. Comme Péguy et Barrès, de Gaulle jugea toujours que l'histoire de France ne se divisait pas, qu'il fallait l'accepter dans sa globalité, même si l'on nourrissait comme lui de fortes réserves sur des périodes telles que la Révolution. Pour cette raison, le nationalisme dur, fermé, exclusif prôné par Maurras ne sera jamais le sien. Comme son père, comme beaucoup de jeunes gens de son âge et de son milieu, de Gaulle a lu l'auteur d'*Enquête sur la monarchie* mais en faisant le tri dans une doctrine très rigide. La critique du régime parlementaire l'a très certainement marqué. Il est évident aussi que les analyses de politique étrangère développées par le directeur de *L'Action française* l'ont intéressé. À telle enseigne que Pierre Hassner a pu soutenir de manière convaincante que la politique étrangère du fondateur de la Ve République devait beaucoup à la définition par Maurras du rôle de la France dans le monde : une puissance appelée, selon lui, à fédérer autour d'elle les petits pays afin de s'opposer à l'hégémonie des grands. Significativement, de Gaulle dira : « Maurras avait tellement raison qu'il en est devenu fou. » Par cette formule, il sous-entendait assez évidemment qu'il ne l'avait jamais suivi sur le sentier de l'antisémitisme.

Très tôt, de Gaulle écrit aussi des saynètes, des nouvelles sentimentales et aussi un texte étonnant, *Campagne de France*, dans lequel il se voit en sauveur de son pays. Sur son avenir, il ne nourrit aucun doute : il embrassera le métier des armes. Le choix est significatif car aucune tradition militaire n'existe dans sa famille. Deux de ses frères, Xavier et Jacques, deviendront ingénieurs des mines et le troisième, Pierre, se tournera vers le monde des affaires. Charles de Gaulle, pour sa part, est convaincu que la France s'est faite à coups d'épée, selon son expression. D'où sa décision de servir le pays en entrant dans l'armée.

Reçu à Saint-Cyr 119e sur 221 en septembre 1909, le jeune homme contracte immédiatement un engagement volontaire de sept ans et dès le 10 octobre, il est incorporé au 33e régiment d'infanterie stationné à Arras. Son colonel est un certain Philippe Pétain dont la personnalité indépendante et jugée peu conformiste par ses pairs le séduit alors. À telle enseigne que lorsqu'il sort de l'École dans un rang, le 13e, qui pourrait lui ouvrir d'autres portes, il choisit de revenir auprès de Pétain. Ce dernier est déjà plus tacticien que stratège, mais cela n'empêche pas son subordonné de l'admirer. Pétain, en retour, ne tarit pas d'éloges à son égard.

Les dissensions et la rupture finale n'interviendront que plus tard. De Gaulle, devenu le « nègre » du maréchal, ne supporte pas de travailler dans l'ombre. En outre, il estime que le vainqueur de Verdun n'est plus que l'ombre de lui-même, défendant des théories stratégiques funestes et dépassées.

De Gaulle a été un grand homme d'État, mais il ne faut jamais oublier qu'il a d'abord été soldat et que ce choix a déterminé sa vie, modelé sa vision du monde, et même dicté ses méthodes de gouvernement. Et jamais il ne songea à quitter l'armée qui était à ses yeux « l'une des plus grandes choses du monde ». Partant, on mesure à quel point il put être meurtri d'avoir dû passer une bonne partie de la Grande Guerre en captivité. Blessé plusieurs fois, il fut en effet fait prisonnier à Douaumont près de Verdun en 1916 et, malgré de multiples tentatives d'évasion infructueuses, demeura captif jusqu'à la victoire.

La suite de sa carrière est commandée par le souci obsessionnel de rattraper le temps perdu, dominée également par une réflexion sur les problèmes proprement militaires, mais aussi sur le rôle de la France, son avenir, celui de son empire colonial, l'opportunité de ses alliances. Professeur d'histoire à Saint-Cyr, admis à l'École supérieure de guerre, affecté à l'état-major de l'armée de terre en 1926, puis commandant du 17e bataillon de chasseurs à Trèves, de Gaulle mesure vite le caractère illusoire et fragile de la victoire de 1918. Il était de ceux qui souhaitaient un affaiblissement durable de l'Allemagne et il pressent que le danger pour la France viendra sans doute une fois de plus d'outre-Rhin. Il se montre donc très attentif à l'état de la défense nationale et constate vite que le régime hyperparlementariste de la IIIe République avec son instabilité récurrente ne garantit pas un examen rigoureux des problèmes militaires. À dire vrai, il n'en a jamais douté. Sa correspondance montre dans quel mépris il tient le régime né de la défaite de 1870 et ses principales illustrations. Poincaré est à ses yeux « un demi-homme d'État, à la mesure de la République ». Seul Clemenceau échappe à sa sévérité mais, de 1918 à sa mort en 1929, il est retiré de la vie politique. Pour gouverner, « il faut un moi », constatait à cette époque Paul Valéry. De Gaulle est évidemment de cet avis. Indépendamment de Maurras dont l'influence sur lui est difficile à définir exactement, les critiques que formule André Tardieu à l'encontre du fonctionnement des institutions retiennent son attention.

On a aussi des raisons de penser que le futur chef de l'État nourrit une certaine sympathie pour le colonel de La Rocque, le chef de file des Croix-de-Feu qui, taxé à tort de fascisme, attaque violemment la République parlementaire. Face à la sclérose des instances dirigeantes, l'armée constitue pour de Gaulle un cadre dans lequel les valeurs essentielles peuvent être sauvegardées. Pour autant – et ce point est fondamental – les militaires n'ont nullement vocation dans son esprit à s'emparer du pouvoir. Au contraire, à son avis, le pouvoir civil doit en toute circonstance avoir la primauté.

Tout au long des années 1930, avant même qu'apparaisse en Allemagne le péril hitlérien, de Gaulle essaie passionnément de faire connaître, et si possible triompher, ses conceptions en matière militaire. Convaincu de l'importance dans les guerres futures de la force mécanique, il plaide en faveur de la constitution d'unités blindées – celles-là mêmes dont le IIIe Reich va bientôt se doter. Parallèlement, il se montre partisan d'une armée professionnelle. Son livre *Vers l'armée de métier*, publié en 1934, réunit ses deux plaidoyers, ce qui est pour le moins audacieux compte tenu de l'état d'esprit des principaux hommes politiques. De fait, le commandant de Gaulle ne parvient à persuader de la justesse de ses vues qu'une seule personnalité de premier plan : Paul Reynaud, l'un des chefs de file de l'Alliance démocratique, c'est-à-dire le centre droit. Les autres se dérobent. À gauche notamment, on se méfie traditionnellement des prétoriens. De Gaulle s'en rend compte lorsqu'il est reçu par Léon Blum, président du Conseil, au moment du Front populaire. Les conceptions de Jaurès développées dans *L'Armée nouvelle* sont toujours d'actualité parmi les socialistes : elles reposent sur le principe de la mobilisation populaire.

En butte à l'hostilité de la haute hiérarchie militaire qui, derrière Pétain et l'ancien bras droit du maréchal Foch, Maxime Weygand, s'accroche à des schémas dépassés, l'officier rebelle ne réussit qu'à hâter la construction de quelques unités cuirassées. Mais à cette occasion, il n'a pas hésité – alors qu'il vient d'un milieu catholique et traditionaliste – à s'adresser aux responsables de toutes nuances, du démocrate-chrétien Philippe Serre au néosocialiste Marcel Déat. C'était là l'application concrète de son credo politique, à savoir réunir autour de l'idée de nation toutes les familles intellectuelles et spirituelles. De Gaulle garde ses idées, mais il vient de démontrer qu'il ne sera pas prisonnier d'un clan.

Son passage au Liban de 1929 à 1931 l'a aussi ancré dans la conviction que la présence française y reste fragile, fondée essentiellement sur la force. À terme, et il ne le cache pas, ce pays, alors sous mandat français, a vocation à s'émanciper. De Gaulle, s'il admire Lyautey, n'a jamais fait partie de son école. La colonisation ne le passionne guère. Aussi porte-t-il sur les problèmes afférents à l'Empire un regard dépassionné… et parfois prophétique.

C'est donc un homme étonnamment préparé à son destin qui surgit comme un météore au printemps 1940 dans le ciel dévasté de la défaite, selon l'expression de Jacques Soustelle. Et tout au long de la « drôle de guerre » d'abord, puis après l'offensive allemande de mai 1940, il ne va cesser de s'extraire du cadre purement militaire. Signe qui ne trompe pas, au début de janvier 1940, il adresse un mémorandum à quelque quatre-vingts personnalités les adjurant de l'entendre enfin et de doter le pays des chars qui lui font cruellement défaut. Au printemps, quand Paul Reynaud accède enfin au pouvoir, il nourrit l'espoir de se voir chargé d'un rôle clé. Finalement, après s'être vaillamment conduit contre les Allemands à Montcornet et à Abbeville, les 16 et 28 mai 1940, il entre dans le Gouvernement en qualité de sous-secrétaire d'État à la guerre. Un poste secondaire, capital cependant dans la mesure où il lui donne la possibilité d'entrer en contact avec Winston Churchill lors d'une courte mission à Londres et qui lui octroie surtout une certaine légitimité.

L'entrée dans l'histoire de Charles de Gaulle au printemps 1940 a quelque chose de sidérant. On cherche un précédent dans le passé et l'on doit renoncer. Seul un homme psychologiquement préparé et intellectuellement armé de longue date a pu accomplir l'exploit de passer de l'état de quasi-inconnu à celui sinon de sauveur, du moins de rassembleur face au désastre. Quand il arrive à Londres le 17 juin 1940, alors que Pétain s'apprête à demander l'armistice à Hitler, il n'est rien, n'a personne derrière lui sinon son aide de camp Geoffroy Chodron de Courcel. Son seul atout est la confiance que lui accorde Churchill. Grâce à elle, il va pouvoir s'emparer de ce qui sera l'une de ses armes décisives : le micro de la BBC. Mais l'appel lancé le 18 juin, si prophétique soit-il, ne soulève pas des bataillons de partisans. Pour s'imposer, de Gaulle devra renouveler l'essai, démontrer que personne d'autre n'a alors la capacité de réunir ceux qui refusent la défaite, accepter enfin de ne pas désavouer les Britanniques quand ceux-ci anéantiront la flotte française à Mers el-Kébir, le 3 juillet 1940, afin qu'elle ne tombe pas aux mains des Allemands. Pour accomplir tout cela, il fallait une âme d'acier et une intelligence supérieure. De Gaulle, qui évite alors tous les faux pas, impressionne d'autant plus que, dès la première minute, il a défini et proclamé l'axe sur lequel il ne cessera de se battre : il s'agit, martèle-t-il à ceux qui se rallient à lui, non seulement de continuer à combattre l'Allemagne nazie, mais aussi de défendre les intérêts français, au besoin contre nos alliés.

Cet objectif, il va le poursuivre tout au long des hostilités. D'où une série d'incidents avec les Britanniques. Les relations de Gaulle-Churchill, après une lune de miel durant l'été 1940, deviennent vite houleuses. De Gaulle n'accepte pas que, jusqu'en 1941, Londres ménage en sous-main Vichy en maintenant des contacts officieux. Il tolère encore moins que les Anglais semblent pousser les territoires sous tutelle française comme le Liban ou la Syrie à s'affranchir. Cela donnera lieu à de multiples incidents au Moyen-Orient. Avec les États-Unis, les rapports sont encore plus mauvais. Jusqu'en 1942, Washington a maintenu une ambassade à Vichy et clairement signifié que la France libre n'était pas un interlocuteur valable. En novembre 1942, lors du débarquement allié en Afrique du Nord, de Gaulle n'est pas prévenu de l'opération. Pire encore, très rapidement le président Roosevelt fait savoir qu'il traite avec l'amiral Darlan, dauphin du maréchal Pétain qui, passant par hasard à Alger auprès de son fils malade, a rompu avec Vichy et aidé les Alliés. La situation ne s'améliore pas quand, après l'assassinat de l'amiral le 24 décembre, les Américains, bientôt imités par les Britanniques, adoubent le général Giraud évadé d'Allemagne. Pour de Gaulle, le danger d'être supplanté n'a jamais été plus grand. Une fois de plus, il lui faut forcer le destin, s'imposer d'abord face à Giraud, puis l'éliminer. À la fin de l'année 1943, l'opération est accomplie.

Ce succès, de Gaulle le doit à sa détermination, mais aussi à son pragmatisme et à son aptitude à saisir les opportunités. Pour composer un embryon de Gouvernement, dès le départ il a su rassembler, n'écarter aucune bonne volonté. Il a toujours assumé toute l'histoire de France. Par voie de conséquence, il fait entrer dans son comité aussi bien René Cassin venu du radicalisme que René Pleven, prototype du modéré, sans oublier, parmi les militaires, l'amiral Thierry d'Argenlieu, ancien supérieur des Carmes, et sa vivante antithèse l'amiral Émile Muselier, aventurier venu des eaux radicales. Mais de Gaulle, en grand stratège, n'hésite pas à aller plus loin. La résistance intérieure a pris son envol en 1941, hors de son orbite. Il ne contrôle pas les mouvements tels que Combat, créé par Henri Frenay, ou Libération. Et après l'invasion de l'Union soviétique par l'Allemagne en mai 1941, les communistes français commencent à fournir de gros bataillons au peuple de la nuit. Le Général ne peut qu'en prendre acte. Bien évidemment, il réprouve l'idéologie dont se réclament ces combattants de l'ombre, mais leur engagement constitue un fait qu'il doit accepter. D'un autre côté, il comprend vite que s'il veut acquérir une certaine légitimité aux yeux des Alliés et d'abord des Américains, il lui faut obtenir la caution des anciens partis. Il n'a pour eux aucune inclination, c'est un euphémisme. Mais, là encore, les réalités s'imposent. Pour toutes ces raisons, de Gaulle tranche dans un sens qui n'était pas forcément attendu. Au sein de la France libre, deux thèses s'affrontent quant aux formations politiques. Ancien préfet, Jean Moulin plaide en faveur d'un retour au système partisan de la IIIe République. Socialiste en rupture de ban, Pierre Brossolette estime qu'il n'y a rien à attendre des anciens partis et qu'après la Libération, il faudra réunir toutes les bonnes volontés autour du Général.

Une solution naturellement transitoire et qui n'a rien à voir avec un parti unique comme le prétendent les détracteurs de Brossolette. Intellectuellement, il ne fait guère de doute que de Gaulle penche en faveur de Brossolette. Pourtant, il donnera raison à Moulin et le nommera délégué civil et militaire en zone libre. En politique étrangère, même souplesse. Le Général, on s'en doute, n'a pas de sympathie pour le système soviétique mais, à ses yeux, les régimes passent et l'identité demeure : en Staline, il voit donc l'héritier des tsars, notamment du plus célèbre d'entre eux, Pierre le Grand. Et un allié potentiel face à des Occidentaux incommodes. L'ancienne monarchie pratiquait volontiers l'alliance de revers. François Ier s'était ainsi allié au Grand Turc contre la puissance des Habsbourg. De Gaulle va l'imiter. Quand ses propositions rencontrent un écho négatif à Londres et à Washington, il fait comprendre qu'il ne verrait pas d'inconvénient à s'entendre avec les Soviétiques. Il laisse même courir le bruit que la France libre pourrait s'installer à Moscou.

De Gaulle sait qu'en agissant ainsi, il prend un risque. Mais comment faire autrement ? Les communistes, au moment de la Libération, peuvent être utiles pour contenir l'hégémonie américaine prête à fondre sur un pays qui, aux yeux du président Roosevelt, a été vaincu en 1940. Après la Libération, il sera toujours temps de remettre de l'ordre. Quant à l'alliance avec la Russie soviétique, de Gaulle y voit un double avantage : montrer que la France compte toujours, peut jouer dans la cour des grands et aussi obtenir de la part du Parti communiste français (PCF) sous contrôle soviétique une relative discipline. Tout cela implique de lâcher parfois un peu de lest : les communistes français profiteront de l'occasion pour avancer leurs pions sans rencontrer trop d'obstacles. Lors de son voyage à Moscou fin 1944, le Général signera un pacte avec Staline comportant une clause d'assistance automatique en cas de guerre préventive contre l'Allemagne. La France, en outre, sera amenée, par le biais de ce traité, à accorder une certaine légitimité au comité de Lublin dominé par les communistes polonais aux ordres des Soviétiques.

Reste l'essentiel : le 8 mai 1945, à la fureur du plénipotentiaire allemand, le maréchal Wilhelm Keitel, la France est présente aux côtés des Alliés lors de la capitulation de l'Allemagne. Cinq ans après son appel du 18 juin 1940, de Gaulle a donc réussi à rendre à la France son rang dans le monde. Elle disposera bientôt d'un siège au Conseil de sécurité des Nations unies. La performance est éclatante si l'on songe à l'absence totale de moyens du Général lors de son arrivée à Londres après la défaite.

Sur le plan intérieur, l'ancien chef de la France libre éprouve en revanche plus de difficultés à imposer son point de vue. Brossolette lui avait prédit une forte résistance des partis. Son pronostic se trouva vite confirmé. À l'issue des élections du 21 octobre 1945, communistes et socialistes dominent totalement l'Assemblée. Chef du Gouvernement provisoire, de Gaulle voudrait que soit enfin reconnu le principe de la primauté de l'exécutif. Les partis, notamment ceux de gauche, s'y refusent : pour eux, comme c'était le cas sous la IIIe République, l'Assemblée nationale doit être prépondérante. Le conflit est inévitable. Le 20 janvier 1946, de Gaulle décide donc de quitter le pouvoir. Il crée la surprise, mais espère que ce départ dont il rend les partis responsables suscitera un choc dans l'opinion. Il n'en sera rien. Douze ans s'écouleront avant que l'Homme du 18 juin retrouve le pouvoir.

Cette longue période paraîtra à de Gaulle un tunnel sans fin. Souvent, il désespérera de revenir jamais aux affaires. Il a beau prédire sans cesse le pire, la IVe République dure. Le tripartisme, c'est-à-dire l'alliance au centre de ceux qui refusent les extrêmes, lui donne un ballon d'oxygène. Démocrates-chrétiens, socialistes et radicaux se partagent le pouvoir au sein de gouvernements fragiles, instables, mais qui réussissent tout de même à amorcer la reconstruction du pays après les ravages de la guerre. Les débuts de la guerre froide, la menace constituée aux yeux de beaucoup par l'Union soviétique encore dominée par Staline, tout cela incite ceux qui croient à la liberté à serrer les rangs. Dès 1947, le socialiste Paul Ramadier a expulsé les communistes. Au début des années 1950, Robert Schuman, grande figure de la démocratie chrétienne, donne le coup d'envoi de la construction européenne sur une idée de Jean Monnet. Ainsi naît, dès 1952, la Communauté européenne du charbon et de l'acier (CECA) qui scelle, très peu de temps après la fin de la guerre, le début d'une réconciliation franco-allemande.

Il s'en faut pourtant de beaucoup pour que ces années soient pour de Gaulle une période totalement négative. Loin du pouvoir, il médite, approfondit sa pensée. Ainsi, dès 1946, il trace, à l'occasion d'un discours historique à Bayeux, les grands traits de sa doctrine en matière institutionnelle : le pouvoir doit s'incarner entre les mains d'un chef de l'exécutif de qui procède le Gouvernement, le pouvoir législatif étant là pour contrôler. Par rapport à la tradition politique française, c'est une révolution. Les propositions sont d'ailleurs reçues comme telles. Léon Blum lui-même, qui vient pourtant de plaider en faveur d'un renforcement de l'exécutif, n'est pas le dernier à dénoncer cette volonté de changement.

Le régime résistant mieux à l'usure que prévu, le Général lance aussi en 1947 le RPF – officiellement un mouvement et non un parti. Dans un premier temps, la formation gaulliste rencontre de beaux succès, notamment à l'occasion des élections municipales de 1947. Mais le « système », pour employer la terminologie gaulliste, trouve vite la parade. Tout est consommé lorsque le radical Henri Queuille, président du Conseil, imagine le système très compliqué des apparentements qui place le RPF en situation de faiblesse puisqu'en raison des positions de son fondateur, il n'a guère d'alliés. À partir de là, le déclin est rapide, d'autant que beaucoup de parlementaires gaullistes ne se montrent pas insensibles à l'attrait des portefeuilles ministériels. De Gaulle en tire la conclusion qu'il doit se retirer à Colombey et se consacrer à la rédaction de ses *Mémoires de guerre*. Il l'annonce le 6 mai 1953 : « Voici venir le temps des illusions. Il faut préparer le recours. » L'aventure se termine donc par un échec, mais elle a tout de même permis au Général de mieux mesurer les aléas de la politique politicienne et de s'y adapter. S'il a refusé de jouer le jeu parlementaire, comme le lui conseillait l'un de ses fidèles, Jacques Soustelle, il assume désormais la part de comédie indispensable à tout homme d'État. Déjà à Alger en 1943, alors qu'il recevait aimablement des parlementaires radicaux qu'il méprisait, il avait murmuré devant ses collaborateurs stupéfiés : « Du pain pour les canards… Du pain pour les canards. »

Quand, en 1958, l'aggravation de la question algérienne lui donne soudain l'occasion de revenir au pouvoir, de Gaulle est donc fort de toute cette expérience accumulée. Il sait parfaitement ce qu'il veut. Ses objectifs sont fixés depuis longtemps et le long exil qu'il vient de vivre l'incite à faire les concessions nécessaires. Comme toutes les fois où il lui a fallu s'imposer – au printemps 1940, puis au printemps 1943 – il ne commet pas un faux pas. Il se garde de s'engager trop aux côtés de ceux qui, à Paris et de l'autre côté de la Méditerranée, réclament le maintien de l'Algérie française et espèrent qu'il s'engagera dans cette voie. Mais il évite également de les désavouer, car il sait que la pression qu'ils exercent est susceptible d'accélérer le processus en cours.

C'est bien ce qui se produit. Au terme d'une longue crise, le président de la République René Coty décide, le 29 mai 1958, de faire appel « au plus illustre des Français ». La tension baisse, mais une partie de la gauche, conduite notamment par François

Mitterrand et Pierre Mendès France, dénonce la pression exercée par les militaires, voire leurs menaces. De Gaulle comprend donc qu'il doit désarmer ses détracteurs. À la demande du chef de l'État, il accepte donc de se présenter devant l'Assemblée. Le 1er juin, il fait ainsi son entrée au palais Bourbon où il n'a pas pénétré depuis 1945. Devant les parlementaires, il évoque « le plaisir et l'honneur » qu'il éprouve à se trouver parmi eux. On le voit même saluer Georges Bonnet, revenant de la IIIe République, ministre des Affaires étrangères à l'époque des accords de Munich en 1938. Dans le Gouvernement qu'il forme après avoir obtenu les pleins pouvoirs, il réalise autour de lui une large union. Il y a là des fidèles comme Michel Debré, garde des Sceaux, mais aussi Antoine Pinay, chef de file de la droite modérée qui a autrefois voté la confiance à Pétain, le socialiste Guy Mollet, des radicaux, des indépendants. Certains se méfient, notamment le démocrate-chrétien Georges Bidault, successeur de Jean Moulin à la tête du Conseil national de la Résistance, qui persifle : « Musique de chambre, demain musique militaire. »

Évidemment, le Général n'apprécie pas beaucoup d'être relégué pour l'instant en seconde position derrière le président René Coty, mais il évite les incidents. Il connaît si bien sa partition, il sait si bien ce qu'il veut faire et comment y parvenir qu'il peut se permettre quelques amabilités qui n'engagent à rien.

S'agissant des institutions, ses idées sont claires depuis le discours de Bayeux de 1946. Il reste à les faire accepter par des hommes politiques habitués à agir dans un cadre pour eux plein de facilités et dont, par habitude, ils s'accommodent, ne percevant guère leur caractère pervers. Il faudra faire des concessions. L'élection du président de la République au suffrage universel direct que le nouveau président du Conseil a déjà en tête sera renvoyée à plus tard. La réforme de la Haute Assemblée aussi. De Gaulle voudrait déjà la fusionner au Conseil économique et social, mais il doit ménager les notables. Le Sénat sera donc revalorisé et retrouvera même l'appellation qu'il avait perdue depuis qu'on l'avait transformé en Conseil de la République. Michel Debré, pour sa part, se montre partisan d'un parlementarisme rationalisé à l'anglaise. Il sera entendu. Le principe de la responsabilité du Gouvernement devant le Parlement est acquis. Le Général sait que le nouveau système institutionnel lui donnera la durée nécessaire à l'accomplissement de ses principaux desseins. Il peut donc faire preuve de magnanimité. Dès l'automne, la nouvelle Constitution portant sa marque sera approuvée massivement par référendum.

À l'extérieur, de Gaulle sait aussi parfaitement ce qu'il veut. Pour lui, l'urgence est de desserrer l'étreinte que les États-Unis font peser selon lui sur le pays. La guerre froide a imposé aux alliés du Pacte atlantique une stricte discipline. Le solitaire de Colombey n'en a pas contesté l'utilité. Il s'indigne en revanche de voir l'Amérique imposer sa loi, entretenir des bases en France et y faire débarquer les avions de ses plus hauts responsables sans prévenir personne, comme s'ils y étaient en territoire conquis. À peine arrivé à Matignon, il fait donc parvenir au président américain un mémorandum dans lequel il appelle de ses vœux avec énergie la constitution d'un directoire de l'Alliance atlantique afin de donner plus de poids aux principaux alliés de l'Amérique, à commencer par la Grande-Bretagne et la France. Il sait qu'il ne sera pas entendu, que Washington n'acceptera jamais de partager la responsabilité d'utiliser l'arme atomique, mais il était important pour lui de prendre date. Dans la perspective de l'émancipation à l'égard des États-Unis qui est son objectif majeur, il sait qu'il doit aussi trouver des alliés. C'est la raison pour laquelle, déjouant tous les pronostics, il noue dès septembre 1958 des liens solides avec le chancelier allemand Konrad Adenauer. Lors du retour aux affaires du Général en mai, Adenauer ne s'est pas montré enthousiaste ni optimiste. De Gaulle, pour lui, est un nationaliste qui a condamné les débuts de la construction européenne, c'est-à-dire la création de la CECA qui avait permis à l'Allemagne de l'Ouest de retrouver sa place dans le concert des nations très peu de temps après la fin de la guerre. Mais de Gaulle va tout de suite le surprendre et s'en faire un soutien. À Colombey – où, privilège rarissime, il est reçu – Adenauer comprend que le Général n'est pas l'homme qu'il imaginait : il ne remettra notamment pas en cause le Marché commun. Un jalon fondamental de ce qui va être la diplomatie gaullienne est ainsi posé.

Pour être indépendant et jouer son rôle dans le monde, le fondateur de la Ve République se montre aussi conscient de la nécessité de moderniser le pays. Avant même de s'installer à l'Élysée, il met en œuvre, sous l'égide de l'économiste libéral Jacques Rueff, un train de mesures économiques, financières et sociales dont l'ampleur pourra être comparée à celle des réformes accomplies par Bonaparte à l'époque du Consulat. En 1944-1945, il s'agissait d'établir les bases d'une démocratie plus sociale et de donner à l'État les moyens de diriger l'économie dans un contexte encore très marqué par la guerre et ses ravages. À présent, il faut, aux yeux de De Gaulle, permettre au pays de profiter à plein de l'élan des Trente Glorieuses et de l'ouvrir sur l'extérieur. Un effort dans ce sens a déjà été fait sous la IVe République, le nouveau président va le consacrer solennellement.

Mais la grande affaire qui mobilise toute l'énergie du Général, c'est évidemment l'Algérie. Sans règlement de ce problème, la France ne pourra pas retrouver son rang, faire entendre sa voix. La guerre livrée par les rebelles algériens et la répression qui s'ensuit abîment l'image du pays. Les États-Unis ne sont pas les derniers à dénoncer l'obstination des Français à refuser de trancher le nœud gordien. Pendant presque trois ans, de Gaulle va tenter de trouver une issue, non sans tâtonner car, s'il pressent depuis longtemps que les départements d'Algérie ne pourront rester français, il entend aussi sauvegarder les intérêts stratégiques du pays, établir autant que possible avec l'Algérie nouvelle des rapports équilibrés. Finalement, faute d'avoir pu trouver d'autre interlocuteur que le FLN, il négociera dans l'urgence, ce qui donnera le sentiment aux Français d'Algérie et aux harkis que leur sort n'a pas été beaucoup pris en compte.

C'est après la fin de ce triste épisode que de Gaulle surgit dans sa vérité, celle d'un homme d'État nourri d'histoire, accomplissant sans se laisser arrêter par rien la tâche qu'il s'est fixée : rendre au pays sa grandeur. On a souvent établi un parallèle entre l'Homme du 18 juin et Napoléon. Parallèle fallacieux en grande partie. L'Empereur était un homme des Lumières, sans limites et cynique. Le Général, au contraire, est un catholique nourri de traditions, jamais tenté par la démesure. De Gaulle portait d'ailleurs un jugement nuancé sur Napoléon. S'il admirait Bonaparte, sa gloire et son œuvre réformatrice, il considérait cependant avec suspicion la fin de l'Empire, ces années où Napoléon, emporté par ses démons, annihila l'œuvre du Premier Consul. En vérité, si de Gaulle eut un modèle, ce fut plutôt Richelieu. Comme le cardinal, le service de l'État primait tout à ses yeux et souvent, chez l'un comme chez l'autre, à plusieurs siècles de distance, on retrouve une idée fondamentale, à savoir que tout pouvoir a nécessairement une dimension sacrificielle. Richelieu se voyait comme l'instrument de la Providence au service de la monarchie, acceptant par avance d'assumer la part d'ombre du gouvernement des hommes. De Gaulle, de son côté, distinguait souvent entre le gouvernant inflexible qu'il devait être pour exercer sa mission et, selon son expression, « le pauvre homme de Gaulle », c'est-à-dire celui qui n'échappait pas aux servitudes de l'action, et aux déchirements intérieurs inhérents à son rôle. Ainsi, avoua-t-il à différents interlocuteurs dont Valéry Giscard d'Estaing, combien il avait dû réfréner sa sensibilité pour mettre fin au drame algérien. « Et que Dieu me prenne en pitié ! » écrira-t-il dans un premier jet de ses *Mémoires d'espoir* à propos de cette tragédie.

C'est la raison qui avait amené le Général à accepter la République, alors que la sensibilité de sa famille était monarchiste. « Il n'y a pas de politique en dehors des réalités », disait-il souvent. Cela était vrai aussi en matière institutionnelle. La démocratie sous sa forme représentative ne suscite pas de sa part une adhésion spontanée. S'il conçoit que le pouvoir tire sa légitimité du peuple, c'est sous réserve que des intermédiaires n'interviennent pas, qu'il y ait un lien direct entre le chef de l'État et le corps électoral. Le système, s'il se distingue nettement de la pratique républicaine depuis la chute du Second Empire, a sa logique : tant que le détenteur de l'autorité suprême détient la confiance des électeurs, il est fondé à agir en leur nom. Mais si la relation vient à se rompre, à l'occasion d'une élection intermédiaire ou d'un référendum, le président doit en tirer les conséquences et se retirer. Pour le Général, l'instant de vérité arrivera en 1969 lors de l'échec de la consultation référendaire relative à la transformation du Sénat et à la régionalisation. Conformément à son engagement, le président donnera sa démission sur-le-champ, infligeant ainsi un démenti à ses détracteurs et authentifiant avec éclat sa conception du fonctionnement des institutions. Des années plus tard, l'historien Maurice Agulhon constatera avec raison que de Gaulle était « démocrate autrement ».

Il reste que le Général a exercé sa charge de manière très personnelle. En faisant élire le chef de l'État au suffrage universel direct en vertu de la réforme constitutionnelle de 1962 approuvée par référendum, il a évidemment donné au détenteur de la charge suprême une autorité renforcée. Il la possédait de fait auparavant. « Chacun sait, disait-il, que de Gaulle n'est pas revenu au pouvoir pour inaugurer les chrysanthèmes. » Après 1962, il met les points sur les i et s'affirmera plus encore « guide de la France et chef de l'État républicain ». Au cours d'une conférence de presse tenue à l'Élysée le 31 janvier 1964, il théorise avec netteté sa conception.

> Une Constitution, c'est un esprit, des institutions, une pratique [...]. L'esprit de la Constitution nouvelle consiste, tout en gardant un Parlement législatif, à faire en sorte que le pouvoir ne soit plus la chose des partisans, mais qu'il procède directement du peuple, ce qui implique que le chef de l'État, élu par la nation, en soit la source et le détenteur... Le président est évidemment le seul à détenir et à déléguer l'autorité de l'État [...]. Mais s'il doit être évidemment entendu que l'autorité indivisible de l'État est confiée tout entière au président par le peuple qui l'a élu, qu'il n'en existe aucune autre, ni ministérielle, ni civile, ni militaire, ni judiciaire, qui ne soit conférée et maintenue par lui, enfin qu'il lui appartient d'ajuster le domaine suprême qui lui est propre avec ceux dont il attribue la gestion à d'autres, tout commande, dans les temps ordinaires, de maintenir la distinction entre la fonction et le champ d'action du chef de l'État et ceux du Premier ministre.

« L'autorité indivisible de l'État. » La formule évoque tout naturellement Louis XV, monarque absolu, déclarant devant le parlement de Paris en 1766 : « C'est en ma personne que réside l'autorité souveraine. » Jamais n'avait été nié par le président de la République, avec autant de force, le fondement du régime représentatif, c'est-à-dire le principe de la séparation des pouvoirs. Et en affirmant avec éclat la subordination du pouvoir judiciaire, le Général rompait sans conteste avec le modèle de l'État libéral. Le fonctionnement du régime se démarque donc totalement de ce qui était la norme précédemment. Malgré la marque personnelle qu'il parvient à imposer, le Premier ministre – Michel Debré puis Georges Pompidou à partir de 1962, et enfin Maurice Couve de Murville pendant un peu moins d'un an en 1968-1969 – a une marge de manœuvre limitée vis-à-vis du président qui s'est arrogé le pouvoir de le révoquer. Les ministres sont avant tout des exécutants, même si certains d'entre eux réussissent à exister. Présidé par des fidèles, l'ambassadeur Léon Noël puis Gaston Palewski, le Conseil constitutionnel est alors loin de pouvoir faire contrepoids, comme cela arrivera par la suite. Le Conseil d'État qui poursuit sa double mission de juge administratif et de conseil du gouvernement se heurte souvent à la volonté du Général de contrôler le pouvoir judiciaire. Il est notamment établi qu'à la suite d'une décision qui lui avait déplu – l'arrêt Canal d'octobre 1962 par lequel avait été déclarée illégale la Cour militaire qui venait de condamner à mort un dirigeant de l'Organisation de l'armée secrète (OAS), André Canal – le président de la République nourrit très sérieusement le projet de supprimer la haute instance du Palais-Royal. Seule l'intervention habile et patiente de Georges Pompidou, ancien du Conseil, parvint à éviter un conflit majeur.

S'ajoute à cette pratique des institutions une conception assez restrictive de l'information. À l'époque, la radio publique et l'unique chaîne de télévision subissent un fort contrôle gouvernemental. Il n'est pas rare que le ministre de l'Information donne des indications assez contraignantes au directeur du journal télévisé. Seules les stations périphériques – Europe n° 1 et Radio Luxembourg, future RTL – font preuve de quelque indépendance. La presse écrite, en revanche, ne subit pratiquement pas de pressions et se montre dans l'ensemble très réservée à l'égard du pouvoir. La presse régionale reste fondamentalement sur la défensive. *La Dépêche du Midi* règne encore sur les départements du Sud-Ouest, de sensibilité radicale. *Ouest-France*, de nuance démocrate-chrétienne, exerce une influence notable en Normandie et en Bretagne et pas toujours dans un sens favorable au pouvoir. Sur le plan national, *Le Monde* fait preuve en général d'une hostilité marquée – sauf au moment du règlement de l'affaire algérienne qu'il approuve. De Gaulle a contribué à fonder ce journal à la Libération sur les ruines du *Temps*, organe officieux du patronat. Le moins que l'on puisse dire est qu'il n'en a tiré aucun avantage. Hubert Beuve-Méry, le mythique directeur qu'il a quasiment mis aux commandes du quotidien, ne montre guère de docilité. Le Général, sans cesse, s'en irrite. « Quand je veux rire, savez-vous ce que je fais ? Je lis *Le Monde* », aurait-il déclaré à l'ombrageux journaliste en visite à l'Élysée. *Le Figaro* ne témoigne pas non plus au chef de l'État une adhésion automatique, tant s'en faut. Raymond Aron, le grand éditorialiste du journal, qui n'a été gaulliste qu'au moment du RPF, critique régulièrement la politique étrangère mise en œuvre depuis 1958 : l'antiaméricanisme qu'elle manifeste lui inspire des commentaires acerbes. Dans les colonnes du grand quotidien modéré, François Mauriac est quasiment le seul à défendre de Gaulle.

S'il révère les écrivains – au point, selon Alain Peyrefitte, de placer automatiquement au plus haut le moindre plumitif, surtout s'il est auréolé de quelque palme académique – le Général ne cache pas son mépris à l'égard des journalistes. Il les ignore.

À l’Élysée, le service de presse est quasi inexistant. Pourvu qu’ils ne s’en prennent pas à sa personne – auquel cas des poursuites pour outrage au chef de l’État sont immédiatement diligentées – les journaux demeurent donc libres, ce qui ôte un argument décisif à ceux, de droite ou de gauche, qui prétendent que la France est soumise à une dictature.

En 1965, à l’approche de l’élection présidentielle au suffrage universel direct – une première – le musellement de l’opposition sur les ondes nationales produit un effet contreproductif : les Français, soudain, découvrent des voix et des visages qu’ils ne connaissaient guère, dont l’argumentation porte parfois – et d’autant plus que le locataire de l’Élysée a décidé de ne pas utiliser le temps de parole alloué par la loi. D’abord ébranlé par les résultats un peu décevants du premier tour – seuls 44,7 % des Français ont voté en sa faveur –, de Gaulle décide en définitive de se jeter dans la bataille. D’où ses dialogues télévisés avec le journaliste Michel Droit qui dévoileront un personnage inédit – drôle, mordant, souverain – et contribueront à lui assurer un score confortable au second tour face à François Mitterrand.

Réélu pour sept ans à soixante-quinze ans, le Général sait qu’il n’a plus beaucoup de temps devant lui. Depuis 1962, Georges Pompidou a en charge ce que les journalistes appellent l’« intendance », c’est-à-dire la marche courante des affaires intérieures – étant entendu qu’à tout moment le chef de l’État se réserve la possibilité d’intervenir directement : il l’a fait en particulier en 1963 en imposant à son Premier ministre et au ministre des Finances Valéry Giscard d’Estaing un rigoureux plan de stabilisation. La collaboration avec Pompidou n’est plus sans nuages. Le chef du Gouvernement se montre hostile à la participation dont de Gaulle veut faire l’une de ses priorités. La tension devient telle qu’avant les élections législatives de 1967, de Gaulle a pris la décision de remplacer Georges Pompidou par Maurice Couve de Murville. L’échec de ce dernier dans le 6e arrondissement de Paris fera obstacle à ce projet. Pompidou continuera donc jusqu’en 1968 à gérer le pays dans le contexte des Trente Glorieuses, c’est-à-dire une croissance forte, un chômage résiduel, dans l’inconscience aussi de la stagnation qui touche depuis des années les bas salaires. La France entre alors dans la modernité.

Le Général, pour sa part, se consacre de plus en plus aux affaires internationales. Dès son arrivée au pouvoir en 1958, il a posé les premiers jalons d'un affranchissement par rapport aux États-Unis. Et s'il a accepté le Marché commun, il n'a pas renoncé à façonner une autre Europe que celle de Jean Monnet et de Robert Schuman. En 1962, il a ainsi proposé à ses cinq partenaires européens le plan Fouchet, ambitieuse tentative de construction politique du Vieux Continent. Évidemment, la voie intergouvernementale est la seule concevable pour lui et, dans une seconde version du plan, il annonce son intention de détricoter ce qui a été fait depuis 1950. Pour cette raison, et aussi parce que les Pays-Bas, notamment, se refusent à rompre avec l'Amérique, le plan Fouchet échoue. Le Général, de l'aveu de son conseiller diplomatique Jean-Marc Boegner, s'en console vite. Il a une idée de l'Europe, une idée qui a sa cohérence, mais qui implique concrètement que la France mène le jeu.

L'Europe de De Gaulle ne se conçoit aussi qu'affranchie de la tutelle des États-Unis. Pour cette raison, le Général s'oppose catégoriquement à l'entrée de la Grande-Bretagne dans le Marché commun. Accueillir les Anglais revient, à ses yeux, à introduire le loup dans la bergerie. Churchill le lui a assez répété pendant la guerre : « Entre vous et Roosevelt, je choisirai toujours Roosevelt. » L'Angleterre, dans son esprit, ne peut être que le cheval de Troie de l'Amérique et de ses intérêts. L'Europe des nations qu'il appelle de ses vœux a vocation à regarder vers l'est. Car, il en est convaincu, le communisme en Union soviétique comme dans les pays satellites ne sera pas éternel. Ces peuples se réveilleront, retrouveront leur identité. Ce jour-là, l'unité du Vieux Continent, « de l'Atlantique à l'Oural » selon son expression, sera peut-être possible.

En attendant, il faut parer au plus pressé, défendre les intérêts de la France au sein de la Communauté européenne. D'où la crise de la chaise vide provoquée par de Gaulle fin 1965, au motif que l'agriculture française ne serait pas assez gagnante dans le cadre européen. D'où aussi, pour sortir de l'impasse, le fameux compromis de Luxembourg imposé par la France, et aux termes duquel un pays peut exiger le recours au vote à l'unanimité quand il considère que ses intérêts supérieurs se trouvent en jeu.

Pour expliquer, et souvent stigmatiser, les positions du Général à l'égard des États-Unis, on a fréquemment mis en avant les souvenirs de la guerre, l'amertume qui en a résulté. Ce facteur, bien évidemment, a joué, mais on ne saurait oublier que, dès avant 1940, de Gaulle a manifesté une méfiance extrême à l'égard des

Anglo-Saxons et notamment des Américains. Dans une note rédigée au début des années 1930 alors qu'il était en poste au secrétariat général de la Défense nationale, il exprimait déjà cette réserve. La politique étrangère conduite par le fondateur de la Ve République n'a donc rien d'improvisé, elle vient de loin. Avant 1965, il n'a pu qu'en esquisser les prémices, en raison d'abord des entraves liées à la guerre d'Algérie, puis de la priorité donnée aux affaires intérieures, à commencer par la poursuite du redressement économique. Réélu en 1965, le Général a davantage le champ libre. On va vite s'en apercevoir.

À partir du début de son second mandat, les initiatives du chef de l'État en matière internationale prennent une allure presque messianique. De Gaulle travaille désormais pour l'histoire. Il entend d'évidence creuser un sillon où s'inscrira pour longtemps la diplomatie française et, pourquoi pas, montrer le chemin à d'autres acteurs du jeu planétaire. Avant l'élection présidentielle, il a déjà décidé de rompre avec Taiwan et de reconnaître la Chine populaire, s'exposant ainsi aux foudres de Washington, allié de Tchang Kaï-chek qui règne encore sur la Chine nationaliste. Au lendemain de sa réélection, il décide de retirer la France du commandement intégré de l'Otan, prononce à Phnom Penh, à quelques encablures du bourbier vietnamien, un discours condamnant avec force l'intervention américaine et appelant Washington à rapatrier ses *boys*.

Quelques mois plus tard, il prend spectaculairement ses distances avec Israël, allié des États-Unis et en butte à une agression des États arabes après la fermeture par ces derniers du golfe d'Akaba. À Montréal, en s'écriant du balcon de l'hôtel de ville « Vive le Québec libre », il entend redonner leur dignité aux francophones du Canada et agite de ce fait un nouveau chiffon rouge à l'adresse des États-Unis. La plupart de ces initiatives suscitent des cris d'orfraie en France et à l'étranger. La prise de distance vis-à-vis de l'Otan est dénoncée tant par la droite atlantiste que par une gauche socialiste fidèle à l'alliance américaine. Les fortes paroles prononcées au Cambodge provoquent aussi des remous, y compris parmi ceux qui désapprouvent l'engagement américain dans l'ancienne Indochine, mais n'oublient pas l'extrême pression que le Nord-Vietnam communiste fait peser sur le Sud. La condamnation de l'État hébreu heurte une opinion très marquée par le souvenir de l'Holocauste. Quant à l'exclamation de Montréal, elle est jugée malséante par la classe politique et des critiques se font même jour à l'intérieur de la majorité. Valéry Giscard d'Estaing exprime sa désapprobation et le ministre des Affaires étrangères, Maurice Couve de Murville, qualifiera en privé de « connerie » l'intervention du Général dans les affaires intérieures du Canada. Pour autant, de Gaulle ne se montre pas disposé à cesser de surprendre. À l'ambassadeur Hervé Alphand, secrétaire général du Quai d'Orsay, il a déclaré en 1966 qu'une attaque soviétique sur Hambourg ne le contraindrait pas à intervenir aux côtés des alliés occidentaux. En 1962, quand a éclaté la crise de Cuba, il s'est rangé tout de suite aux côtés du président Kennedy. Désormais, les choses ont changé. La force de dissuasion française, même si elle n'est peut-être pas encore très opérationnelle, lui donne la liberté à laquelle il aspire. Plus question donc de s'aligner au moindre soubresaut. « L'hégémonie américaine », comme il la nomme, est le principal obstacle à sa politique extérieure. Washington ne doit donc plus s'attendre à des ménagements. Le Vieux Continent a vocation à reconstituer son unité. Il le dit très nettement à Willy Brandt qui n'est pas encore au pouvoir, mais qui songe sans doute déjà à l'Ostpolitik dont il sera l'artisan. La France, estime de Gaulle, n'a d'autre issue que de montrer le chemin aux peuples qui veulent s'écarter de toute tutelle. Charles Maurras et Jacques Bainville avaient en leur temps soutenu que la France serait dans son meilleur rôle en prenant la tête des petites nations contre les grandes puissances. De Gaulle partage cette vue, comme l'a attesté le grand voyage qu'il a entrepris en 1964 d'un bout à l'autre de l'Amérique du Sud et au cours duquel, à chaque étape, il n'a pas manqué d'appeler ses hôtes à se libérer de leur protecteur américain.

En vérité, c'est surtout pour l'avenir que de Gaulle a œuvré en ces années-là. Car à peine a-t-il lancé son défi que les événements lui ôtent une grande partie de sa capacité d'action. Sur le plan intérieur, la grande secousse de Mai 68 – si inattendue pour lui comme pour d'autres – retentit bientôt comme un désaveu de ses ambitions pour la France. Il la voulait forte, prospère, capable donc d'éclairer les autres nations. Or, voici qu'une révolte d'étudiants et une fronde ouvrière viennent fragiliser l'œuvre entreprise depuis 1958. Tout n'est pas détruit – loin de là car on s'apercevra vite de l'importance et de l'ampleur de l'héritage gaullien – mais l'élan, au moins provisoirement, est brisé. Quelques semaines après les événements, la Russie soviétique lui signifie que son rêve de grande Europe n'est pas pour demain : en faisant intervenir l'Armée rouge

« Je reviendrai au pouvoir »

La crise indochinoise peut-elle être l'occasion de son retour ? Le 7 avril 1954, il tient une conférence de presse à l'hôtel *Intercontinental* pour annoncer que, le 9 mai suivant, à l'occasion de la commémoration de la victoire, il se rendra seul à l'Arc de Triomphe sur la tombe du Soldat inconnu, où il n'est plus retourné depuis le 11 novembre 1945. Il demande « au peuple d'être là », et à la presse française de faire en sorte que cette cérémonie « revête devant le pays et devant le monde le caractère de l'unité et de la volonté nationale[1] ». La veille de cette manifestation qu'il souhaite plébiscitaire, il annonce à Louis Terrenoire : « Je reviendrai au pouvoir, je le veux [...]. Je vais voir ce qui se passe demain, mais je crois qu'il y aura beaucoup de monde [...]. S'il y a une crise ministérielle qui se prolonge, j'interviendrai[2]. » Il semble que les pouvoirs publics aient pris très au sérieux la menace d'une insurrection gaulliste ce jour-là, à en juger par le déploiement de forces impressionnant décrit par toute la presse, y compris un avion d'observation qui survole la foule massée à l'Étoile. Le spectre des journées boulangistes hante-t-il les esprits ? Toujours est-il que l'écrivain Jules Roy confie son enthousiasme messianique à Claude Mauriac : « Heureusement qu'il est là. Il n'y a plus que lui. Nous avons au moins ce recours, la certitude de cette présence. L'homme de la France. Mais aussi celui du Destin[3]. » Quant à François Mauriac, il écrit dans son *Bloc-notes* son admiration pour ce « souffle froid venu de très haut, de très loin, du temps que la France était la Grande Nation[4] ».

Néanmoins, le 9 mai 1954 est un rendez-vous manqué avec l'histoire. Quelques parachutistes et anciens d'Indochine marchent vers la Concorde, rejoints par des centaines de manifestants, mais ce ne sont que des groupuscules, canalisés très vite par le gaulliste Gaston Palewski. On a frôlé le pire, car de Gaulle a failli perdre le contrôle de certains de ses partisans – tels Pierre Ponchardier

1. CDG, *Discours et Messages*, t. II, *Dans l'attente (février 1946-avril 1958)*, Paris, Plon, 1970, p. 618.
2. Louis Terrenoire, *De Gaulle 1947-1954. Pourquoi l'échec ? Du RPF à la traversée du désert*, Paris, Plon, 1981, p. 269.
3. Claude Mauriac, *Un autre De Gaulle. Journal. 1944-1954*, Paris, Hachette, 1970, p. 395.
4. *L'Express*, 17 avril 1954, p. 16.

et Roger Barberot selon Jacques Foccart – qui envisageaient le coup d'État[1].

« C'était le même homme prestigieux dans le même uniforme. Et l'on pouvait faire semblant de croire que c'était aussi la même France venue l'acclamer d'un cœur unanime » mais, « une heure après, les derniers manifestants se dispersaient, avalés par la foule passive des dimanches », commente Claude Mauriac, déçu[2]. Si l'on en croit les rapports de police, le terne président de la République René Coty a attiré plus de monde le matin à l'Étoile que le héros du 18 juin[3]. « Le peuple n'est pas tellement là[4] », confie le général déçu à Olivier Guichard. C'est d'ailleurs le moment où Pierre Mendès France entre en scène, sous le feu des projecteurs.

Lorsque ce dernier, au lendemain de son investiture, lance un appel sur les ondes, au soir du 18 juin 1954, rendant hommage au Général et exhortant les Français à se « délivrer », non plus du joug allemand, mais de leurs « timidités » et de leurs « incrédulités », de Gaulle lui répond, quatre jours plus tard, que son combat est perdu d'avance, car « l'actuel régime ne saurait produire qu'illusions et velléités ». À ses yeux, « le redressement national » ne sera « possible » qu'après la disparition du « système sans tête, sans âme, sans grandeur » qui « gaspille les chances de la France et les hommes qui pourraient la servir[5] ». Pourtant, à l'issue d'une rencontre entre les deux hommes, organisée le 13 octobre 1954 à l'hôtel La Pérouse, le Général salue publiquement, le 4 décembre, « l'ardeur, la valeur, la vigueur » du chef du Gouvernement[6]. L'estime manifestée par de Gaulle au président du Conseil, alors même que ce dernier est en butte aux attaques de plusieurs clans politiques coalisés, reflète son respect pour l'homme d'État qui a su incarner une espérance pour les Français. Mais cette espérance lui semble vaine, car elle est condamnée par le « régime des partis ».

C'est pourquoi, quelques jours après l'entrevue de l'hôtel La Pérouse, le Général fait publier le premier tome de ses *Mémoires de*

1. Jacques Foccart, *Foccart parle. Entretiens avec Philippe Gaillard*, Paris, Fayard/Jeune Afrique, 1995, t. I, p. 114.
2. *Ibid.*
3. Vingt-trois mille personnes le matin contre dix-huit mille avec de Gaulle. Rapports des 9 et 10 mai 1954 (archives de la préfecture de police, APP par la suite, FD3 1954).
4. Olivier Guichard, *Mon Général*, Paris, Grasset, 1980, p. 204.
5. *Le Monde*, 23 juin 1954.
6. Cité dans Jean Lacouture, *Pierre Mendès France*, Paris, Le Seuil, 1981, p. 332.

guerre, intitulé *L'Appel*. Les premières phrases du livre témoignent d'emblée de son ambition épique et messianique, centrée sur l'identification entre une nation et son sauveur : « Toute ma vie, je me suis fait une certaine idée de la France. Le sentiment me l'inspire, aussi bien que la raison. [...] J'ai, d'instinct, l'impression que la Providence l'a créée pour des succès achevés ou des malheurs exemplaires[1]. » Le succès est immédiat, cent mille exemplaires étant écoulés en cinq semaines. Dans *Le Monde*, l'académicien Émile Henriot estime qu'il s'agit d'un « événement littéraire et historique », comparant le Général à Napoléon et à Chateaubriand, qui entendait « mener les Français par les songes[2] ». Le *Parisien libéré* publie en exclusivité les deux premiers chapitres dans ses éditions des 8 et 9 octobre. Les dernières phrases de *L'Appel*, bien plus qu'un témoignage du passé, résonnent alors comme une promesse messianique : « Trêve de doutes ! Penché sur le gouffre où la patrie a roulé, je suis son fils, qui l'appelle, lui tient la lumière, lui montre la voie du salut. Beaucoup, déjà, m'ont rejoint. D'autres viendront, j'en suis sûr ! Maintenant, j'entends la France me répondre. Au fond de l'abîme, elle se relève, elle marche, elle gravit la pente. Ah ! mère, telles que nous sommes, nous voici pour vous servir[3]. »

« Les ailes de l'espérance »

« J'interviendrai dès que je sentirai que la conjoncture s'y prête[4] », dit-il à ses collaborateurs, après la chute de Mendès France en février 1955. « Je ne suis nullement optimiste pour le présent. Mais les sources ne sont pas taries et je garde les "ailes de l'espérance" », écrit-il à son neveu François de Gaulle[5]. Si sa conférence de presse du 30 juin 1955, marquée du sceau de la désillusion, semble acter son abdication face à « l'opposition de tout ce qui est organisé pour soutenir des intérêts », il n'oublie pas, néanmoins, qu'un risque de « secousse » peut susciter l'appel au sauveur et marquer à ses yeux « le signal du redressement ». Dans une lettre adressée au maréchal Juin, le 5 mai 1956, sa stratégie se

1. CDG, *Mémoires de guerre*, t. I, *L'Appel. 1940-1942*, Paris, Plon, 1954, p. 8.
2. *Le Monde*, 23 octobre 1954.
3. CDG, *Mémoires de guerre*, t. I, *op. cit*, p. 322-323.
4. Louis Terrenoire, *De Gaulle vivant*, Paris, Plon, 1971, p. 103.
5. CDG, *Lettres, notes et carnets. Juin 1951-mai 1958*, Paris, Plon, 1985, p. 252.

dévoile : « Pour l'instant, je crois que le silence est la plus impressionnante attitude que je puisse prendre [...]. En tout cas, si je parle un jour, ce sera pour agir. » Le succès remporté par *L'Unité*, second tome de ses *Mémoires de guerre*, publié le mois suivant, ne peut que le conforter, de même que la tournée qu'il effectue outre-mer, du 8 août au 19 septembre 1956, en Guyane, aux Antilles, en Polynésie française et en Nouvelle-Calédonie. « Que les Français libres restent cohérents, dit-il à Tahiti, qu'ils pensent encore à de Gaulle. Nous n'avons pas fini notre tâche. Nous avons à jouer un rôle d'avant-garde. » À Nouméa, le 15 septembre, il se veut encore plus explicite : « Dans des circonstances qui seraient à nouveau graves pour le pays, c'est à moi qu'incomberaient les grandes responsabilités[1]. »

S'il refuse en 1956 de rencontrer le président de la République René Coty, qui l'a sollicité par deux fois, c'est parce que le chef de l'État a insisté pour que le président du Conseil Guy Mollet soit informé de ces consultations. Il veille soigneusement à éviter tout contact avec les républicains sociaux comme Roger Frey ou Jacques Chaban-Delmas qui pourraient se réclamer de lui. En revanche, il accepte de recevoir des hommes politiques de tous bords, à commencer par Pierre Mendès France, alors ministre d'État dans le gouvernement de Guy Mollet. À l'issue de leur entretien, le 1er mars 1956, ils estiment l'un et l'autre que « si la situation en Algérie continuait de se dégrader [...] l'appel au général de Gaulle deviendrait inéluctable[2] ». Par ailleurs, sept jeunes parlementaires du « Mouvement des nouveaux élus », de droite et de gauche, dont Valéry Giscard d'Estaing, député du Puy-de-Dôme, se rendent à l'Élysée, le 22 novembre 1956, pour demander le recours au Général. « Il y a longtemps que je pense à cette solution qui constitue la dernière chance du pays », leur répond le chef de l'État, ajoutant que « le général de Gaulle est la dernière carte qui nous reste », qu'il « faut donc la jouer à coup sûr », c'est-à-dire « ne pas le brûler dans une aventure parlementaire », et qu'il est donc prêt à lui « céder la place[3] » à l'Élysée.

---

1. Notes prises par Jean Mauriac citées *in* Jean Lacouture, *De Gaulle*, t. II, *Le Politique (1944-1955)*, Paris, Le Seuil, 1985, p. 416-417.
2. Récit fait par Pierre Mendès France lui-même, cité *in* Odile Rudelle, *Mai 1958. De Gaulle et la République*, Paris, Plon, 1988, p. 77-78.
3. Georgette Elgey, *Histoire de la IVe République*, t. III, *La République des tourmentes. 1954-1959*, Paris, Fayard, 2008, p. 616.

Quelques semaines plus tard, le président Coty esquisse d'ailleurs un projet de ce type avec Jacques Chaban-Delmas, alors ministre d'État du gouvernement Mollet[1].

Le 2 mars 1957, Jacques Soustelle, ancien secrétaire général du RPF, adresse un appel public à de Gaulle, puis c'est au tour de Maurice Clavel dans le quotidien *Combat*, daté du 12 mai. Et dans une interview publiée dans *L'Express* du 20 juin 1957, le leader tunisien Habib Bourguiba souhaite lui aussi le retour du Général afin de résoudre la question algérienne. « Si je parle maintenant, ce ne sera qu'une parole qui s'ajoutera à des parlotes [...]. Il faut se taire[2] », répond-il en mai 1957 au journaliste Roger Stéphane qui le presse de prendre position. Mais il confie ses espérances dès octobre 1957 à son beau-frère Jacques Vendroux : « Notre pays ne supportera plus très longtemps la faiblesse de ceux qui le dirigent. Le drame de l'Algérie sera sans doute la cause d'un sursaut des meilleurs des Français [...]. Il ne se passera plus longtemps avant qu'ils ne soient obligés de revenir me chercher[3]. »

Trois ouvrages, publiés par ses partisans en 1957, soulignent les enjeux multiples de cette croisade gaulliste. Au nom de la légitimité historique de celui qui « symbolise toujours » la Résistance, Edmond Michelet, sénateur de la Seine, réclame « un nouveau Lincoln » pour mettre fin à la guerre d'Algérie, qui menace de tourner à la « guerre civile entre Français de la Métropole[4] ». Pour Michel Debré, sénateur d'Indre-et-Loire, c'est aussi le régime qu'il faut changer, le régime de « ces princes qui nous gouvernent », « tout à la fois sots, égoïstes et veules ». C'est pourquoi il en appelle à une « légitimité de rechange, celle du général de Gaulle », qui représente « l'honneur, l'intérêt national, l'adhésion populaire, la loi[5] ». Comme en 1940, il s'agit « de prendre le gouvernail quand le navire approche des tempêtes, sans vouloir le conserver plus que le temps nécessaire[6] ». Et pour le journaliste Félix Garas, la mission semble à plus long terme, « à la mesure du gaullisme et de

---

1. Entretien cité *in* Jean Lacouture, *De Gaulle*, t. II, *op. cit.*, p. 429.
2. Roger Stéphane, *Tout est bien*, Paris, Quai Voltaire, 1989, p. 441.
3. Jacques Vendroux, *Cette chance que j'ai eue. 1920-1957*, Paris, Plon, 1974, p. 433, confidence du 22 octobre 1957.
4. Edmond Michelet, *Contre la guerre civile*, Paris, Plon, coll. « Tribune libre », 1957, p. 104.
5. Michel Debré, *Ces princes qui nous gouvernent. Lettre aux dirigeants de la nation*, Paris, Plon, coll. « Tribune libre », 1957, p. 198-199.
6. *Ibid.*, p. 203.

sa mission historique : émanciper et rassembler ». Avec le général de Gaulle, « il est temps de repenser la France[1] ».

C'est aussi ce que nous disent les milliers de lettres envoyées au président de la République René Coty, « syndic de faillite d'une IVe République à bout de souffle[2] ». Elles reflètent un sentiment exacerbé du déclin et l'angoisse de la catastrophe qui imprègnent la société française après quatre ans de guerre civile en Algérie. « Quand la patrie est sur le point de périr, le formalisme hiérarchique n'a plus sa place et les citoyens français ont le devoir de donner leur opinion », écrit par exemple Jean-Pierre B., de Lyon, le 6 mai 1958, au nom de « l'immense majorité » du peuple français. Nombreux sont les élus locaux ou nationaux qui écrivent au chef de l'État pour le pousser à la décision, à l'instar de Michel Maurice-Bokanowski, député de la Seine, et de Raymond Dronne, député de la Sarthe, tous deux compagnons de la Libération[3]. Beaucoup de lettres émanent aussi des anciens combattants et résistants des deux guerres mondiales. Pierre R., ancien de la 1re armée Rhin et Danube, décrivant le 17 avril « la France au bord du gouffre », demande au chef de l'État d'en finir avec les « présidents du Conseil à la petite semaine » et de donner « à la France un gouvernement fort et énergique, craint et respecté », sous la houlette du « général de Gaulle au glorieux passé ». Mais ce sont aussi des Français ordinaires, comme Mme B., concierge dans le 4e arrondissement de Paris, réclamant « quelqu'un de convenable pour rassembler les Françaises et Français qui ne font pas de politique et d'aucun parti, pour l'aider à refaire une république “nationale” et faire revivre la France ».

Si l'on en croit cet aperçu significatif, la France qui en appelle à de Gaulle est conservatrice, catholique, antiparlementaire, une France qui se donne traditionnellement aux sauveurs. Encore faut-il noter que les quatorze manifestants arrêtés lors des cérémonies du 8 mai 1958, parce qu'ils ont crié « Vive de Gaulle ! » et distribué des tracts « La France est vendue par le système. De Gaulle au pouvoir », sont aussi bien des étudiants de Sciences-Po que des

---

1. Félix Garas, *Charles de Gaulle seul contre les pouvoirs*, Paris, Julliard, 1957, p. 303.
2. Secrétariat général et cabinet, correspondance (AN, fonds de la présidence de la République, 4AG148).
3. Passé à la postérité pour son rôle dans l'affaire de l'Observatoire.

employés et des ouvriers du bâtiment[1]. On sait bien que la France gaulliste ne se limitera pas à celle de la tradition providentialiste, loin de là. Elle contraste toutefois avec une autre France, notamment celle du Parti communiste (PC), qui manifeste dans ces lettres à Coty une vive hostilité envers de Gaulle. Les comités locaux de l'Union des femmes françaises sont particulièrement présents dans cette correspondance antigaulliste, de même que les syndicats de cheminots.

Ainsi apparaissent les deux France les plus activement mobilisées pour ou contre le général de Gaulle, d'une part la France nationaliste et conservatrice, qui attend le sauveur, et d'autre part la France communiste, qui le diabolise. Mais, comme toujours, la vérité est ailleurs, dans la France silencieuse qui attend le Général, sans vraiment le plébisciter. Alors qu'en décembre 1955 seuls 1 % des sondés par l'Ifop citaient de Gaulle comme leur candidat préféré à la présidence du Conseil, il s'est hissé en septembre 1957 à 11 %, derrière Guy Mollet mais devant Mendès France et Pinay, puis est passé au premier rang avec 13 % en janvier 1958. Dans *Paris-Presse* du 28 février 1958, Georgette Elgey, sur la foi d'un entretien avec le gaulliste Olivier Guichard, annonce la prochaine « rentrée » du Général, « par des moyens légaux ».

« Appelons de Gaulle »

Le 8 février 1958, le bombardement par l'aviation française du village tunisien de Sakiet Sidi Youssef, où les rebelles du FLN algérien s'étaient repliés, est le détonateur de la crise finale de la IVe République. Dès le lendemain, à l'instigation d'Olivier Guichard et du journaliste Roger Stéphane, l'ambassadeur tunisien Mohamed Masmoudi rend visite au Général à Colombey-les-Deux-Églises. C'est une rencontre lourde de sens, au lendemain de cet acte de guerre, qui a fait plus de 70 morts parmi les civils tunisiens. Il relève de la responsabilité exclusive du général Raoul Salan, commandant en chef des troupes françaises en Algérie, mais le président du Conseil, Félix Gaillard, informé après coup, est obligé de le justifier le 11 février devant l'Assemblée nationale. Une vague d'indignation déferle alors dans le monde, et l'on sait

1. Rapports de police des 8 et 9 mai 1958 (APP, F10 [1958] et GA F18).

notamment que le secrétaire d'État américain John Foster Dulles est furieux contre le gouvernement français. Le 18 février, Félix Gaillard est contraint d'accepter les « bons offices » des États-Unis et du Royaume-Uni pour conduire des négociations avec la Tunisie. C'est une humiliation qui rejaillit sur le régime de la IVe République, incapable d'assurer l'indépendance de la nation, tandis que les partisans de l'Algérie française réclament à cor et à cri un « gouvernement de salut public ». Le 13 mars, la marche de 3 000 policiers parisiens sur le palais Bourbon, manifestation inédite dans l'histoire de la France, donne l'impression d'un pouvoir totalement dépassé.

À l'instigation de l'ancienne résistante Marie-Madeleine Fourcade, qui fut la cheffe du réseau Alliance, et des jeunes du RPF, une lettre au président Coty, imprimée à plus d'une centaine de milliers d'exemplaires, circule dans toute la France depuis le 20 janvier. Rédigée au nom de l'« Union sociale et nationale », elle exhorte le chef de l'État, « gardien et prisonnier d'une constitution qui administre au pays depuis douze ans la preuve de son maléfice », à ne plus attendre, « au bord de cet abîme », « pour rappeler le général de Gaulle », sous peine de précipiter « la France dans l'anarchie[1] ». Par ailleurs, les jeunes du Comité d'entente pour l'Algérie française préparent une affichette en forme de télégramme, expédié par « La France » au « Destinataire : Le peuple français », et portant ce message : « Appelons de Gaulle[2]. » Si l'on en croit un discours prononcé devant les militants gaullistes de Côte-d'Or par Edmond Michelet, le Général serait « prêt à reprendre du service quand il aura la conviction que son action répondra aux aspirations du plus grand nombre des Français ». C'est pourquoi Roger Frey, secrétaire national des Républicains sociaux, envoie aux responsables fédéraux une circulaire leur demandant de « renforcer la campagne en faveur du retour » du Général, en multipliant les « réunions et les tracts[3] ». Le quotidien *Paris-Presse. L'Intransigeant* du 28 février titre à la une : « Prochaine rentrée politique du général de Gaulle ». Dans *Combat* du 6 mars, Raymond Tournoux affirme que l'Élysée projette de confier au Général la tête du Gouvernement, avec des « pouvoirs étendus » et en vue d'élaborer « une nouvelle

---

1. AN, 4AG53 : secrétariat général de la présidence de la République : correspondance. Questions politiques, 1954-1958, rapport du 29 mars 1958.
2. *Ibid.*, affiches février-avril 1958.
3. *Ibid.*, rapport du 22 février 1958.

constitution ». Enfin, dans *Le Monde* du 7 mars, Maurice Duverger pose une seule question : « Quand ? »

La chute du gouvernement de Félix Gaillard, renversé dans la nuit du 16 au 17 avril par une majorité de 321 députés contre 259 qui lui ont refusé la confiance, ouvre la crise politique que les gaullistes attendent. Le 20 avril, au soir du premier tour d'élections cantonales sans grand enjeu, René Coty demande au MRP Georges Bidault, familier de Matignon, de former le nouveau Gouvernement, mais, deux jours plus tard, son propre parti le refuse. Le lendemain, le chef de l'État fait donc appel à René Pleven, dont les talents de conciliateur sont reconnus, mais qui est, lui aussi, confronté à une situation de plus en plus délicate. Tandis qu'à Alger, le 26 avril, plus de 10 000 pieds-noirs défilent « pour l'Algérie française et la création d'un gouvernement de salut national ». À l'appel d'un comité de vigilance dirigé par le gaulliste Léon Delbecque, les murs de la métropole se couvrent d'affiches reproduisant la *Marseillaise* de François Rude surmontée de ce titre : « Appelons de Gaulle, et la France sera la France ! »

Le 28 avril, deux marins de l'île de Sein viennent porter à l'Élysée 612 lettres signées de tous les îliens adultes, appelant au retour du héros de 1940. Leur succèdent dans les jours qui suivent d'autres délégations d'étudiants, d'ouvriers, d'agriculteurs, dont la presse relate aussitôt la visite. Dans la nuit du 7 au 8 mai, le Gouvernement que René Pleven a péniblement réussi à former est aussitôt torpillé par la défection des radicaux-socialistes, mais leurs leaders, sollicités par le président Coty pour succéder à Pleven, refusent tous de se dévouer. En désespoir de cause, le chef de l'État fait donc appel dans la soirée à Pierre Pflimlin, président du MRP et ministre des Finances du Gouvernement démissionnaire. Mais ce dernier est détesté par les partisans de l'Algérie française, car on le sait favorable à l'ouverture rapide de pourparlers avec le FLN sous les « bons offices » tunisiens et marocains. Le 10 mai, *L'Écho d'Alger*, dirigé par Alain de Sérigny, publie, sous la signature du Comité d'entente et d'action des anciens combattants, la lettre suivante : « Ministres et ministrables, laissez vivre la France et l'Algérie ! Vous êtes lamentables ! Partez ! » Le 11 mai, le même journal lance un appel à de Gaulle : « Parlez, parlez vite, mon général ! »

Le choc du 13 mai

On a beaucoup glosé sur la crise du 13 mai 1958 afin de savoir s'il s'agissait d'un véritable complot ourdi par les gaullistes, à l'instar du 18 Brumaire de Napoléon Bonaparte. En réalité, il y a bien eu un complot, et même plusieurs, mais il est bien difficile de savoir exactement quelle part les gaullistes ont prise dans ces complots, et surtout si le général de Gaulle en a été l'instigateur. Selon Jacques Foccart, « il n'y avait pas de complot gaulliste » mais seulement « des gens qui se concertaient[1] ». Si l'on en croit le témoignage de Léon Delbecque, alors chargé de mission en Algérie par le ministre de la Défense Jacques Chaban-Delmas, « la plupart de [ses] compagnons gaullistes jouaient à la révolution de salon », et « pour tous, la manifestation du 13 mai ne serait qu'un épisode, peut-être plus important que les précédents, mais certainement pas décisif[2] ». Pour Foccart, « le rôle des gaullistes a consisté, d'une part, à orienter l'agitation politique vers l'appel au général de Gaulle, d'autre part, à développer la crainte d'un débarquement de parachutistes à Paris, tout en empêchant les comploteurs d'Alger de franchir le pas[3] ». Selon son biographe Frédéric Turpin, il convient de nuancer ce propos, car c'est bien le gaulliste Léon Delbecque qui est à la manœuvre dans l'organisation de la manifestation du 13 mai et, par la suite, Foccart et ses amis sont des acteurs à part entière de la crise, étroitement liés aux activistes d'Algérie[4].

Toujours est-il que la manifestation organisée par les « pieds-noirs » d'Alger le 13 mai 1958 en l'honneur de trois soldats français fusillés le 30 avril en Tunisie par le FLN des indépendantistes algériens dégénère en un véritable coup d'État. Les manifestants, conduits par l'avocat Pierre Lagaillarde et par Robert Martel, « le Chouan de la Mitidja », s'emparent du Gouvernement général, qui représente le pouvoir légal en Algérie. Ni les CRS chargés de protéger le bâtiment ni les parachutistes appelés en renfort ne leur ont opposé une grande résistance. Tandis qu'à Paris les députés votent dans la nuit l'investiture de Pierre Pflimlin par

1. *Le Figaro*, 12 février 1995.
2. Jean Ferniot, *De Gaulle et le 13 mai*, Paris, Plon, 1965, p. 275-276.
3. *Le Figaro*, 12 février 1995.
4. Frédéric Turpin, *Jacques Foccart. Dans l'ombre du pouvoir*, Paris, CNRS éditions, 2015, p. 99.

274 voix contre 129, les émeutiers d'Alger nomment un Comité de salut public dont la direction est confiée au général Jacques Massu, ancien de la France libre. Il est aussitôt encadré par les gaullistes Lucien Neuwirth et Léon Delbecque, ce dernier assurant la vice-présidence. « Surtout, qu'ici on ne se mêle de rien », aurait demandé le Général à ses collaborateurs, au matin du 14, si l'on en croit le témoignage de Pierre Lefranc.

Mais le lendemain, 15 mai, le général Salan envoie un télégramme au président de la République et au président du Conseil, leur demandant de « constituer d'extrême urgence un gouvernement de large union nationale » confié au général de Gaulle. Une fois ce télégramme parti, il s'adresse aux Algérois depuis le balcon du Gouvernement général en ces termes : « Mes amis, je crie : "Vive la France ! Vive l'Algérie !" » Et il ajoute, à la demande de Delbecque : « Vive le général de Gaulle ! » Ce dernier lui répond par une déclaration remise en fin de journée à la presse, rappelant que « depuis douze ans, la France, aux prises avec des problèmes trop rudes pour le régime des partis, est engagée dans [un] processus désastreux », et se disant « prêt à assumer les pouvoirs de la République », comme « naguère », lorsque « le pays, dans ses profondeurs, [lui] a fait confiance pour le conduire tout entier jusqu'à son salut ». Ce texte, lu par Delbecque aux 40 000 Algérois rassemblés devant le Gouvernement général, déclenche un enthousiasme indescriptible. Le 16 mai, 30 000 musulmans les rejoignent, encadrés par l'armée, pour une manifestation qui se veut fraternelle.

Le général Massu et le Comité de salut public rédigent alors un nouvel appel au président de la République et au Parlement, demandant « l'arbitrage du libérateur de la patrie ». Le 17 mai, on crie à nouveau « Vive de Gaulle ! » à l'instigation de Jacques Soustelle, l'ancien gouverneur général révoqué pour ses positions favorables à l'Algérie française. Si bien que de Gaulle se décide à parler le 19 mai, sous forme d'une conférence de presse à l'*Hôtel d'Orsay*. Devant une salle archicomble, il estime que « ce qui se passe en ce moment en Algérie peut conduire à une crise nationale extrêmement grave », mais que « ce peut être le début d'une sorte de résurrection[1] ». C'est pourquoi le moment lui semble venu « d'être utile encore une fois à la France ». À la dernière question

1. Conférence de presse du 19 mai 1958, in *Le Monde*, 20 mai 1958.

des journalistes, craignant de le voir « attenter aux libertés publiques », il répond par cette tirade devenue fameuse : « L'ai-je jamais fait ? Au contraire, je les ai rétablies quand elles avaient disparu. Croit-on qu'à soixante-sept ans je vais commencer une carrière de dictateur ? » À l'ancien président du Conseil Antoine Pinay, venu le visiter à Colombey le 22 mai, il le répète : « Je ne suis pas un homme de coup d'État ; je n'ai aucune vocation pour cela[1]. »

Pourtant, c'est bien la menace d'un coup de force qui va précipiter son retour au pouvoir, alors que Pierre Mendès France déplore le 20 mai à l'Assemblée nationale que le Général « offre à l'insurrection d'Alger un répondant dans la métropole ». Le même jour, à Alger justement, le général Salan commente la conférence de presse du Général par ces mots : « Une immense espérance de grandeur et d'unité nationale est née en Algérie ! » Le 23 mai, Guy Mollet, premier secrétaire de la SFIO, vice-président du Conseil et personnage clé de la IVe République, accepte de rencontrer Olivier Guichard, émissaire du général de Gaulle, qui lui assure que ce dernier est « aussi effrayé » que lui « par les colonels » et qu'il « est prêt à empêcher le pire[2] ». Mais apparaissent en même temps dans plusieurs départements des comités de salut public sur le modèle de celui d'Alger, coordonnés par Michel Debré et Jacques Foccart, dans l'objectif de « créer un climat de peur chez les tenants du système pour les contraindre à s'effacer devant l'autorité du général de Gaulle ». C'est ce qu'ils appellent l'« opération Épouvantail[3] ».

Le 24 mai, un Comité de salut public dirigé par le député Pascal Arrighi, arrivé le matin même d'Alger, s'empare de la préfecture d'Ajaccio et déclare que la Corse est, comme en 1943, le premier département français libéré. Lors d'un conseil des ministres exceptionnel, au soir du 25 mai, Pierre Pflimlin se refuse à lancer une intervention militaire face aux rebelles corses et il se dit prêt à s'effacer devant un gouvernement d'union, à la condition qu'il n'y ait aucune « vacance du pouvoir[4] ». Le lendemain 26 mai, le général de Gaulle envoie un message au président du Conseil, lui demandant une rencontre afin « d'examiner comment pourraient

1. Odile Rudelle, *Mai 1958. De Gaulle et la République*, *op. cit.*, p. 206.
2. Jules Moch, *Rencontres avec Charles de Gaulle*, Paris, Plon, 1971, p. 268.
3. Georgette Elgey, *Histoire de la IVe République*, t. III, *op. cit.*, p. 807.
4. Roger Belin, *Lorsqu'une République chasse l'autre, 1958-1962. Souvenirs d'un témoin*, Paris, Michalon, 1999, p. 36.

être évités des incidents de nature à aggraver la situation ». Pflimlin accepte aussitôt de rencontrer le Général au château de Saint-Cloud, comme ce dernier en a fait la requête, au milieu de la nuit. Au terme de deux heures d'entretien, ils se séparent « cordialement », comme l'écrira de Gaulle dans ses *Mémoires*[1], mais sans avoir trouvé un véritable terrain d'entente. Parallèlement, une partie de l'armée d'Algérie prépare secrètement, en liaison avec les gaullistes, un débarquement sur les aérodromes du Sud-Ouest, programmé pour le 28, et baptisé « opération Résurrection ». Le 27 mai à midi, et bien qu'il n'ait trouvé aucun accord lors de son entrevue secrète avec Pflimlin, le général de Gaulle fait parvenir aux agences de presse un communiqué dans lequel il annonce qu'il a « entamé le processus régulier nécessaire à l'établissement d'un gouvernement républicain capable d'assurer l'unité et l'indépendance du pays » et se déclare « prêt à assumer les pouvoirs de la République ».

« Le plus illustre des Français »

Dans la nuit du 27 au 28 mai, vers 1 heure du matin, Pflimlin, épuisé, annonce au Conseil des ministres son intention de démissionner. Les ministres socialistes Guy Mollet et Jules Moch s'y opposent, mais d'autres, tels Edgar Faure et René Pleven, y sont favorables, car, comme le dit ce dernier, il est « préférable pour le pays, dans ces conditions, de passer la main[2] ». À 4 heures du matin, le 28 mai, quelques heures avant l'expiration de l'ultimatum militaire, Pflimlin vient donc remettre sa démission à l'Élysée. En fin d'après-midi, les dirigeants de tous les partis de gauche et des organisations syndicales défilent à Paris aux cris de « Nous défendons la République ! », « À bas le fascisme ! », à la tête d'un cortège de plusieurs centaines de milliers de personnes, et une centaine de défilés de ce type sont organisés en province.

Mais cela n'arrête pas le président Coty, qui demande au président de l'Assemblée nationale, André Le Troquer, et à celui du Sénat, Gaston Monnerville, de rencontrer de Gaulle, accompagné de Georges Pompidou, vers 22 heures, au château de Saint-Cloud.

1. CDG, *Mémoires d'espoir*, t. I, *Le Renouveau. 1958-1962*, Paris, Plon, 2011, p. 29.

2. Roger Belin, *Lorsqu'une République chasse l'autre, 1958-1962. Souvenirs d'un témoin*, *op. cit.*, p. 39.

L'entretien est très tendu, car le Général expose d'emblée ses conditions, qui sont les pleins pouvoirs pour un an et la mise en congé du Parlement pour la même durée, afin de préparer une nouvelle Constitution. « C'est un plébiscite ! s'indigne André Le Troquer, qui ajoute : Vous avez l'esprit d'être un dictateur. Si vous revenez au pouvoir, ce sera l'ère du pouvoir personnel[1]. » Dans un esprit de conciliation, Monnerville propose alors de réduire à six mois la suspension de la vie parlementaire, mais Le Troquer demande trois mois. « Je regrette de m'être déplacé pour rien », confiera ensuite de Gaulle à ses collaborateurs[2].

Pourtant, alors qu'à Alger Delbecque, Salan et Massu sont prêts à lancer « l'opération Résurrection » et que de Gaulle estime que la partie est perdue, René Coty envoie le lendemain 29 mai un message à l'Assemblée, lu comme il se doit par André Le Troquer, devant les députés debout : « Dans le péril de la patrie et de la République, je me suis tourné vers le plus illustre des Français [...] celui qui, aux heures les plus sombres de notre histoire, fut notre chef pour la reconquête de la liberté et qui, ayant réalisé autour de lui l'unanimité nationale, refusa la dictature pour établir la République. » Dans l'heure qui suit, « l'opération Résurrection » est annulée, le Général quitte Colombey pour l'Élysée, où il va rencontrer Coty peu avant 20 heures. L'accord entre les deux hommes étant rapidement trouvé (de Gaulle ne voulait initialement pas se présenter devant l'Assemblée ; il joue finalement la comédie en évoquant « l'honneur et le plaisir » de se trouver dans l'hémicycle...), il est entendu que de Gaulle sera investi le 1er juin. Puis, dans l'après-midi du 30 mai, le Général reçoit à Colombey l'ancien président socialiste Vincent Auriol, puis Guy Mollet et Maurice Deixonne, président du groupe parlementaire socialiste, afin de les rassurer sur ses intentions.

Il faut en effet rappeler que le message présidentiel a été accueilli par les cris d'indignation d'une partie des députés socialistes et de tous les communistes, aux cris de « Vive la République ! » et « Le fascisme ne passera pas ! ». C'est l'expression de la méfiance historique de la gauche envers tout ce qui peut évoquer la tradition bonapartiste de l'homme providentiel. Dans son éditorial du

1. Gaston Monnerville, *Vingt-deux Ans de présidence*, Paris, Le Cherche Midi, 2003, p. 79.

2. Georgette Elgey, *Histoire de la IVe République*, t. IV, *La République des tourmentes. 1954-1959*, Paris, Fayard, 2012, p. 27.

31 mai, Hubert Beuve-Méry, directeur du *Monde* et pape du journalisme français, voit en de Gaulle un homme « seul, trop seul », risquant de « fonder son pouvoir sur la force des prétoriens » et d'être « l'esclave – sans doute inconscient – d'organisations occultes ou de puissances financières ». Quant à Pierre Mendès France, conscience de la gauche, il est lui aussi très méfiant : « Cet homme en qui j'avais mis tant d'espoir est en train d'abandonner le rôle d'arbitre que j'avais espéré lui voir jouer », regrette-t-il devant le groupe parlementaire radical, le 31 mai.

Cependant, le même jour, de Gaulle réunit à l'hôtel La Pérouse, son pied-à-terre parisien depuis 1947, les principaux responsables politiques, à l'exclusion des communistes qui ont refusé. « Sur toutes les questions qui dominent la politique de la France, je suis d'accord avec la plupart d'entre vous, leur dit-il. Alors, laissez-moi faire[1]. » Les groupes parlementaires lui ayant répondu positivement, il se rend en fin d'après-midi à l'Élysée pour informer René Coty qu'il accepte de former le Gouvernement. Ce sera un cabinet restreint qui fera la part belle à des ministres techniques, tels le diplomate Maurice Couve de Murville aux Affaires étrangères, le préfet de la Seine Émile Pelletier à l'Intérieur ou Pierre Guillaumat aux Armées, de Gaulle cumulant la présidence du Conseil et la Défense nationale. C'est déjà la marque d'une nouvelle ère qui commence.

« Je vous ai compris ! »

Le Général prononce son discours d'investiture face à l'Assemblée nationale, le 1er juin 1958 à 15 heures, devant des tribunes combles et le corps diplomatique au grand complet. Mais, afin de bien marquer sa différence, il ne parle que sept minutes et demie, le temps de donner la composition de son Gouvernement, de demander les pleins pouvoirs pour six mois et la réforme de l'article 90 de la Constitution pour la réviser, puis, contrairement à l'usage, il s'éclipse au moment des réponses des groupes parlementaires. Une partie de la gauche le soutient, derrière Guy Mollet, mais Pierre Mendès France est indigné : « Je n'admets pas de voter sous la menace de l'insurrection et du coup de force militaire [...]. C'est

1. *Ibid.*, p. 45.

parce que le Parlement s'est couché qu'il n'y a pas eu de coup d'État ! » Le communiste Jacques Duclos se voit rappelé à l'ordre par le président Le Troquer car il dénonce « l'inadmissible pression » exercée par le chef de l'État sur l'Assemblée pour imposer de Gaulle. Enfin, François Mitterrand, qui se pose en chef de l'opposition au Général, déplore, lui aussi, que ce dernier détienne ses pouvoirs du « coup de force ». L'investiture est néanmoins votée par 329 voix sur 553 votants, et le général de Gaulle devient ainsi le seizième président du Conseil de la IVe République. Il conserve d'ailleurs dans son Gouvernement les ténors du régime, ceux qui ont accepté son retour au pouvoir, le socialiste Guy Mollet, le MRP Pierre Pflimlin, l'indépendant Louis Jacquinot et le leader du Rassemblement démocratique africain Félix Houphouët-Boigny, représentant l'outre-mer, tous nommés ministres d'État.

Le 2 juin, l'Assemblée accorde sans problème au gouvernement de Gaulle la reconduction des pouvoirs spéciaux en Algérie ainsi que les pleins pouvoirs pour six mois. En revanche, les socialistes déposent des amendements visant à imposer le passage du projet de nouvelle Constitution devant le Parlement. Le Général est contraint de venir lui-même combattre cette proposition, soutenue par la commission du suffrage universel, et il le fait avec un tel brio qu'il obtient une majorité de 350 contre 163. Par ce vote, les députés l'autorisent à mener à bien la réforme constitutionnelle, sous condition de respecter le suffrage universel, la séparation des pouvoirs, l'indépendance du pouvoir judiciaire, la transformation de l'Union française en une communauté francophone, et surtout le maintien de la responsabilité gouvernementale, qui assure la nature parlementaire du nouveau régime. Cette dernière condition exprime la méfiance que beaucoup de députés conservent à l'égard du général de Gaulle, considéré par certains comme un apprenti dictateur. Le lendemain, il défend son projet de révision constitutionnelle devant le Conseil de la République, qui s'y rallie par 236 voix contre 30. Quittant le palais du Luxembourg, il va s'installer à l'hôtel Matignon.

Dans l'immédiat, il se rend le 4 juin en Algérie, où il reçoit un accueil triomphal. *Paris Match*, reflet de la France conservatrice, consacre un très long reportage à cette « Algérie retrouvée », avec, en couverture, la photographie du Général saluant à Alger le drapeau tricolore. « Pendant trois jours, sur la terre algérienne vibrante de clameurs, de Gaulle a porté le poids de la foule et du soleil », s'enflamme le reporter, décrivant « une population exubérante, qui depuis le 13 mai […] attendait cette apothéose ». C'est le triomphe de l'imperator, mais à l'américaine, une grande parade algéroise dans le style Broadway, sous une pluie de papiers et de confettis lancés des fenêtres, puis la « mer » des 200 000 personnes venues l'écouter au Forum, le V de la victoire au balcon, et le fameux « Je vous ai compris ! ». Puis viennent d'autres bains de foule à Oran, où même les aveugles agitent leurs cannes blanches en son honneur, et à Bône, où il tient à saluer les musulmans descendus de la montagne. Le dernier jour, 6 juin, à Mostaganem, où la foule, plus de 100 000 personnes, se compose aux neuf dixièmes de musulmans, le Général lâche une formule, qu'il regrettera par la suite : « Vive l'Algérie française ! » C'est d'ailleurs la dernière fois qu'il la prononce. Lorsqu'il reviendra en Algérie, du 1er au 5 juillet, pour une tournée d'inspection qui tournera à nouveau au bain de foule, dans les Aurès, en Oranie, en Kabylie et à Alger, il prendra soin de ne pas recevoir une délégation du Comité de salut public et de ne jamais prononcer le terme d'« intégration » que les partisans de l'Algérie française auraient voulu le voir prononcer. Dans son allocution radiodiffusée du 3 juillet, exposant son plan de rénovation de l'Algérie, il affirmera sa volonté d'assurer à tous les habitants du pays l'égalité des droits.

Mais, en réalité, la priorité du général de Gaulle à l'été 1958 n'est pas tant de mettre fin à la guerre d'Algérie que de faire entrer la France dans une nouvelle République. En s'appuyant sur un cercle restreint de fidèles, il va faire rédiger en un temps record le nouveau projet constitutionnel, comme l'avaient fait Napoléon Bonaparte après le coup d'État du 18 Brumaire et son neveu Louis-Napoléon après celui du 2 décembre 1851.

La Constitution Debré

L'homme clé du dispositif est Michel Debré, fidèle des fidèles, nommé garde des Sceaux dans le Gouvernement formé le 1er juin, et chargé de piloter le comité d'experts qui va s'occuper de la rédaction de la Constitution. Sénateur depuis 1948, il n'a cessé de dénoncer l'impuissance et les dérives du régime des partis, que ce soit dans son *Courrier de la colère* ou dans plusieurs ouvrages. Il y proposait notamment de confier au Premier ministre, et non à l'Assemblée nationale, la direction effective de la politique nationale, de supprimer le cumul entre la fonction de ministre et celle de parlementaire et de remplacer le scrutin à la proportionnelle par un scrutin majoritaire. Pendant deux mois, son bureau au ministère de la Justice sera éclairé en permanence, vingt-quatre heures sur vingt-quatre.

Lors d'une conversation dans la Caravelle qui les ramène d'Algérie, le 6 juin, le général de Gaulle fixe ses priorités institutionnelles à Michel Debré, à Raymond Janot, conseiller pour les affaires constitutionnelles, et au professeur de droit François Luchaire, qui les prend en note : renforcer la place et le rôle du président de la République, qui doit disposer du droit de dissoudre l'Assemblée et de consulter le peuple par référendum ; établir un régime qui ne repose pas sur la confusion des pouvoirs, donc l'incompatibilité entre les fonctions ministérielles et parlementaires ; répartir clairement les compétences de la loi et celles du règlement afin de permettre l'élaboration d'un pouvoir gouvernemental autonome ; supprimer l'Union française et le Conseil économique et social[1]. À partir de ces grands principes, il laisse une grande latitude à Michel Debré pour piloter le petit groupe de juristes chargés de la rédaction. Ils ont été choisis soit en fonction de leur spécialisation dans les problèmes constitutionnels, soit parce qu'ils représentent les principaux membres du Gouvernement. Coordonnés par Raymond Janot, assisté de Jérôme Solal-Céligny et Jean Mamert, ce sont de jeunes hommes, issus du Conseil d'État, disposés à travailler sans ménager leur temps et leur énergie afin de résoudre les questions techniques posées par le texte constitutionnel.

Au fur et à mesure de leur rédaction, les articles sont soumis à l'approbation des ministres d'État au sein d'un comité interministériel comprenant aussi le vice-président du Conseil d'État René Cassin, ainsi que le secrétaire général du Gouvernement, Roger Belin, et le directeur du cabinet du Général, Georges Pompidou. La première réunion de ce comité, le 13 juin, donne l'occasion à de Gaulle de rappeler à nouveau les objectifs qui sont les siens, notamment la séparation des pouvoirs, qui veut que le Gouvernement ne procède pas du Parlement, le rôle essentiel du président de la République, « source de l'exécutif », et un parlement bicaméral

1. Comité national chargé de la publication des travaux préparatoires des institutions de la Ve République, *Documents pour servir à l'histoire de l'élaboration de la Constitution du 4 octobre 1958*, Paris, La Documentation française, 1987, vol. 1, p. 235.

composé d'une Assemblée issue du suffrage universel direct et d'un Sénat qu'il souhaite « fédéral », divisé en trois sections, la première traditionnelle, la deuxième à représentation économique et sociale et la troisième représentant l'outre-mer. Ce dernier point ayant soulevé la réprobation de Michel Debré et des ministres d'État présents, de Gaulle accepte de rester souple sur la question. En revanche, il reste très ferme sur la question de la prééminence du président de la République, tout en concédant à Guy Mollet que la dissolution pourrait se faire à la demande du Gouvernement ou du Parlement.

Les principales dispositions proposées par l'équipe du garde des Sceaux sont acceptées sans grand débat par le comité interministériel. Guy Mollet et Pierre Pflimlin obtiennent que soit bien défini le rôle du Gouvernement qui « détermine et conduit la politique de la nation ». Ils suggèrent par ailleurs que le chef du Gouvernement soit désormais appelé Premier ministre et que soit introduit le fameux article 49-3 permettant le vote bloqué. En revanche, un incident a lieu le 7 juillet lorsque Debré demande qu'il soit interdit aux ministres de conserver la mairie d'une grande ville, ce que Guy Mollet, maire d'Arras depuis 1945, se refuse à admettre. De Gaulle, furieux, ayant levé la séance, Debré accepte finalement d'abandonner cette proposition afin de calmer le jeu[1]. Et comme le Général s'impatiente, le garde des Sceaux s'isole au château de La Celle-Saint-Cloud, en compagnie de Raymond Janot, Jérôme Solal-Céligny et Jean Mamert, et, en trois jours, du 11 au 14 juillet, ils rédigent l'avant-projet constitutionnel. Le 23 juillet, de Gaulle en personne se charge de lire les 77 articles de ce texte préliminaire au Gouvernement tout entier, tandis que Michel Debré les commente, avant que la parole soit donnée aux ministres. L'essentiel est validé le 25 juillet au terme d'un second conseil de cabinet, donc sans le président Coty, et le texte est ensuite imprimé sous reliure rouge, ce qui lui vaudra d'être appelé « livre rouge ».

Le parlementarisme rationalisé

Il est soumis à partir du 29 juillet aux délibérations du Comité consultatif constitutionnel réuni dans les locaux du Conseil

---

1. Michel Debré, *Trois Républiques pour une France. Mémoires*, t. II, *Agir. 1946-1958*, Paris, Albin Michel, 1988, p. 398.

économique et social. Ce Comité, dont Jean Mamert est nommé secrétaire général, est composé de 16 députés et de 10 sénateurs, désignés par les commissions du suffrage universel des deux assemblées, ainsi que de 13 « personnalités compétentes » nommées par de Gaulle. Il est présidé par le doyen d'âge et ancien président du Conseil Paul Reynaud, 79 ans, qui fut le mentor politique du Général dans les années 1930 avant de le nommer sous-secrétaire d'État à la Guerre le 6 juin 1940. Durant quinze jours, ils étudient minutieusement le « livre rouge », en rajoutant un article et en modifiant 58, mais sans modifications majeures. Au sein du sous-groupe en charge de l'outre-mer, Léopold Sédar Senghor défend, dans le sillage du congrès du Parti du rassemblement africain, qui s'est tenu à Cotonou le 27 juillet, le principe de l'indépendance immédiate et la mise en place d'une confédération associant des fédérations africaines, dites « primaires », et la République française (RF). Félix Houphouët-Boigny soutient au contraire l'avant-projet du « livre rouge » dont le titre XI, intitulé « La Fédération », qui prévoit une organisation fédérale unissant la France et des territoires africains d'outre-mer accédant à un statut à définir. À l'instigation d'Alain Plantey, conseiller du ministre de la France d'outre-mer Bernard Cornut-Gentile, le général de Gaulle propose finalement une solution intermédiaire, à savoir une communauté organique d'États indépendants, mais non souverains du point de vue international, autour de la République française[1].

De Gaulle vient d'ailleurs expliquer l'ensemble du projet le 8 août aux membres du Comité consultatif constitutionnel. Pour justifier l'article 14, qui deviendra l'article 16 sur les pouvoirs exceptionnels en cas de crise, le Général estime qu'il s'agit moins de permettre au chef de l'État de prendre telle ou telle mesure exceptionnelle que de l'obliger à prendre toutes les responsabilités exigées par la situation. Il fait état d'une confidence d'Albert Lebrun, qui aurait exprimé des regrets de ne pas avoir pu, en juin 1940, expatrier le gouvernement français en dehors du territoire métropolitain, car il avait estimé que les lois constitutionnelles de 1875 ne le lui permettaient pas. Il semble avoir été moins convaincant sur l'article concernant les incompatibilités entre le mandat parlementaire et une fonction gouvernementale, une mesure qui lui tenait à cœur, mais que les membres du comité ont beaucoup contestée.

1. Frédéric Turpin, *Jacques Foccart. Dans l'ombre du pouvoir*, *op. cit.*, p. 131-132.

Néanmoins, ces derniers adoptent finalement l'essentiel du texte moyennant quelques amendements formels, car ils partagent pour la plupart le diagnostic d'échec de la IVe République et l'ambition réformatrice du Général. Puis, du 25 au 28 août, la troisième étape est l'examen du projet par le Conseil d'État, chargé d'en vérifier la conformité juridique. Michel Debré y intervient, le 27 août, pour le seul véritable exposé des motifs de la Constitution, présentant l'esprit et les deux grands axes du projet, à savoir « reconstruire un pouvoir sans lequel il n'est ni État, ni démocratie », et « sauvegarder et rénover cet ensemble que nous appelons traditionnellement la France d'outre-mer ». On notera par ailleurs que le garde des Sceaux commence sa présentation par la restauration d'un véritable régime parlementaire, rejetant dos à dos ce qu'il appelle le « régime conventionnel » ou « régime d'assemblée », et le « régime présidentiel ». Il exprime le souci de s'inscrire dans la continuité de l'histoire parlementaire de la France, mais en instaurant ce que l'on appelle le « parlementarisme rationalisé », c'est-à-dire l'encadrement du travail législatif, une idée exprimée par de nombreux juristes depuis le début du XXe siècle.

Mais ce qui est vraiment considéré à l'époque comme une révolution juridique, c'est la restriction du domaine de la loi qui sera consignée dans le futur article 34 de la Constitution. Cette restriction heurte plusieurs juristes parce qu'elle est totalement contraire à la tradition républicaine où le Parlement était omnipotent. Le Conseil d'État discute de nombreuses heures sur ce point et ce n'est qu'à la dernière minute qu'il parvient à trouver une rédaction du texte, plus longue et plus compliquée que ne le souhaitait Michel Debré. C'est la véritable fracture entre la IVe et la Ve République. Le 1er septembre, un nouveau conseil interministériel examine les préconisations du Conseil d'État, ce qui permet à Guy Mollet d'obtenir une modification notable, à savoir l'engagement de la responsabilité du Gouvernement sur le programme du Premier ministre ou éventuellement sur sa déclaration de politique générale. Enfin, le 3 septembre, le président de la République René Coty, jusque-là tenu à l'écart du débat constitutionnel, obtient que le Conseil des ministres y soit consacré, alors que Georges Pompidou avait dans un premier temps rejeté sa demande au nom du Général. Il formule quelques critiques, dont certaines sont retenues, notamment sur le Conseil supérieur de la magistrature. Au terme de cet ultime débat, la genèse du texte constitutionnel aura demandé moins de deux mois, un temps record si on le compare aux six mois de la IIe République et aux douze de la IVe, sans parler des cinq années qui ont séparé la proclamation de la IIIe République de l'adoption des lois constitutionnelles de 1875.

Le triomphe du « oui »

C'est en référence à la naissance de la IIIe République, qu'il a tant critiquée, que le général de Gaulle choisit de présenter son projet constitutionnel à la nation, le 4 septembre 1958. Le lieu choisi, place de la République, est non moins symbolique, et la tribune elle-même est ornée du sigle RF afin de bien montrer que l'on s'inscrit dans l'héritage de toute la tradition républicaine. Derrière le socle de la statue, voilée par des draperies tricolores, se dresse un immense « V » lui aussi tricolore de 40 mètres de haut, emblème de la victoire mais aussi du chiffre romain désignant la Ve République. La scénographie, imaginée par André Malraux, est faite pour marquer la rencontre entre la tradition républicaine et le sauveur. Le cadrage des caméras de télévision, qui retransmettent la cérémonie, donne l'impression d'une foule compacte, même si, dans les rues avoisinantes, au cœur d'un quartier traditionnel de la gauche française, on entend l'écho d'une manifestation hostile au Général.

Le premier orateur est le ministre de l'Éducation nationale Jean Berthoin, dont l'hommage aux grandes figures de la IIIe République, Gambetta, Ferry, Clemenceau, ne manque pas d'étonner certains gaullistes. En compagnie de huit autres ministres, il remet ensuite la Légion d'honneur à cent ouvriers venus de toute la France. Puis vient ensuite André Malraux, chargé en quelque sorte de « chauffer » l'auditoire, en faisant revivre le mythe de la Résistance : « Ici Paris ! Honneur et Patrie ! Une fois de plus, au rendez-vous de la République et de l'histoire, vous allez entendre le général de Gaulle ! » À l'instant précis de cette annonce, l'énorme rideau qui cachait l'accès à la tribune s'ouvre, et l'homme providentiel monte sur l'estrade, les bras écartés en forme de « V ». Ses premiers mots sont pour rendre hommage à la République, lui que l'on soupçonne de vouloir la museler. « Aujourd'hui, s'exclame-t-il, autant que jamais, nous voulons qu'elle demeure ! » S'il critique la IVe République, il affirme que c'est « dans la légalité » qu'il a « assumé le mandat exceptionnel d'établir un projet de Constitution nouvelle et de le soumettre à la décision du peuple ». Et après avoir expliqué pendant une vingtaine de minutes les grandes lignes de son projet, il exhorte les Français à le valider lors du référendum prévu le 28 septembre : « De tout mon cœur, au nom de la France, je vous demande de répondre : Oui ! » Et après avoir terminé son discours sur le traditionnel « Vive la République ! Vive la France ! », il entonne seul la *Marseillaise*, suivi quelques secondes après par la foule, enthousiaste. Pour André Malraux, cette cérémonie est un « triomphe[1] ».

Il est prévu que le référendum porte sur l'adhésion aux institutions de la Ve République, mais aussi sur le projet, lié à la nouvelle Constitution, de créer une nouvelle communauté franco-africaine à partir des territoires de l'Union française. C'est la raison pour laquelle de Gaulle vient présenter son projet dès la fin du mois d'août en Afrique noire, devant des foules en délire à Fort-Lamy, Madagascar, Brazzaville, Abidjan, Conakry et Dakar. « Le voyage du général est un immense succès, raconte le chef du gouvernement malgache, les gens ont grimpé jusque dans les branches des arbres pour voir le général [...] Les gens qui ont serré la main du général disent : "Je ne la laverai plus !"[2] » Le seul accroc de ce voyage triomphal se produit le 25 août à Conakry, où le leader guinéen Sékou Touré réclame, dans un discours provocateur, « le droit naturel et légitime à l'indépendance ». Profondément blessé, de Gaulle lui répond que l'indépendance est « à la disposition de la Guinée[3] ». Si les ressortissants de ces territoires votent pour la Constitution, ils adhéreront *de facto* à cette communauté, mais si un territoire est majoritairement contre, il deviendra indépendant.

« Tout dans l'immédiat dépend d'un homme », écrit Jacques Fauvet, persuadé que de Gaulle est seul capable « de concilier ici [en métropole] autorité et liberté, et là [en Algérie] de rétablir la tranquillité dans l'ordre, c'est-à-dire la paix[4] ». Guy Mollet, premier secrétaire de la SFIO, reconnaît quant à lui que « le Général est le mieux capable de trouver un règlement » à la crise ouverte depuis

1. Claude Mauriac, *Le Temps immobile*, t. III, *Et comme l'espérance est violente*, Paris, Grasset, 1976, p. 34.

2. *Paris Match*, 6 septembre 1958.

3. Pierre Messmer, *Après tant de batailles. Mémoires*, Paris, Albin Michel, 1992, p. 235.

4. *Le Monde*, 6 septembre 1958.

quelques mois. « Ne laissez pas l'opération de Gaulle se faire sans vous, ne laissez pas le Général prisonnier de la droite, [...] ne dites pas "non" à l'espérance qui vient de naître d'une façon presque magique », demande un responsable d'un comité radical à Pierre Mendès France[1]. René Coty, dernier président de la IVe République, soutient le « oui », de même que tous les grands noms du régime déchu. Les sondages montrent que la confiance dans le Général, la crainte d'une guerre civile, ainsi que la peur d'une dictature de gauche sont les critères majeurs du vote des Français.

À l'exception du Parti communiste, dont le secrétaire général Maurice Thorez appelle le 22 septembre à « dire non à la servitude », les partis de gauche se divisent. Au sein de l'Union démocratique et socialiste de la Résistance (UDSR), petite mais très influente formation de centre gauche issue de la Résistance, François Mitterrand obtient un vote favorable au « non », mais il est fortement contesté par René Pleven, partisan du « oui ». À la SFIO, les partisans du « non », hostiles à Guy Mollet, font sécession derrière Édouard Depreux. Ce dernier lance alors le Parti socialiste autonome en liaison avec l'Union des forces démocratiques, créée dès le 24 juin par une autre personnalité socialiste, Daniel Mayer. Pierre Mendès France, qui n'a pas pu rassembler la majorité du Parti radical derrière le « non », malgré le soutien de la fédération de la Seine et de l'ancien président du Conseil Édouard Daladier, a tenu une conférence de presse au lendemain même du discours du 4 septembre, dans laquelle il a esquissé un contre-projet constitutionnel. Mais cette initiative, qui visait à rassembler toute la gauche, n'a même pas été discutée par les partis, et Mendès France a finalement adhéré au Parti socialiste autonome de Depreux et Mayer. Les chrétiens de gauche de la Jeune République et l'Union de la gauche socialiste, créée autour de l'hebdomadaire *France-Observateur*, les rejoignent dans l'opposition au général de Gaulle, de même que les syndicats comme la Confédération générale du travail (CGT), la Confédération française des travailleurs chrétiens (CFTC), la Fédération de l'éducation nationale (FEN), la Ligue des droits de l'homme ou l'Association des juristes républicains, fondée en juin 1958.

Mais leurs moyens sont faibles face au raz-de-marée de la propagande gaulliste, illustrée par l'affiche où l'on voit une Marianne vêtue de tricolore lever les bras en V, signe de victoire, pour se

1. Lettre de Balensi à Pierre Mendès France, le 23 mai 1958 (Institut Pierre-Mendès-France, B1).

libérer de ses chaînes, avec derrière elle l'ombre du Général dans une posture identique, avec cette légende : « Oui à la République libérée du système. » Les moyens déployés sont colossaux. On a envoyé aux 26 603 464 électeurs inscrits en métropole le texte du discours du 4 septembre en même temps que les bulletins oui et non. Les tracts, affiches, affichettes, se chiffrent par centaines de millions. Un journal spécial, intitulé *France-Référendum*, sur le modèle du quotidien *France-Soir*, est tiré à plusieurs dizaines de milliers d'exemplaires. Un film diffusé dans les cinémas, *Rendez-vous de l'histoire*, se moque de la IVe République. À la radio nationale et à la télévision, qui sont sous le contrôle direct du Gouvernement, 17 partis et associations sur les 23 autorisés à faire campagne sont partisans du « oui ». Quant au général de Gaulle, il multiplie les déplacements et les discours à Rennes, Bordeaux, Strasbourg et Lille dans la semaine qui précède le référendum, avant de conclure sa campagne par une allocution radiophonique, le 26 septembre, dans laquelle il confie aux Français « le sort de la France ». Le résultat est à la mesure de cette débauche d'efforts : le référendum du 28 septembre 1958 évoque irrésistiblement les triomphes des plébiscites bonapartistes, avec 79,26 % de oui, et seulement 15,06 % d'abstentions en métropole, le taux le plus bas jamais enregistré pour une consultation au suffrage universel.

« La paix des braves »

Sur l'ensemble des territoires francophones, incluant la métropole et les anciennes colonies, le « oui » s'élève à 82,60 %, avec un taux d'abstention de 19,37 %. Les taux d'adhésion sont spectaculaires dans la plupart des territoires africains, par exemple 99,99 % en Côte d'Ivoire, 97,55 % au Sénégal, 96,59 % en Algérie, où, il est vrai, une grande partie des musulmans n'ont pas participé au vote. On peut rappeler que les dirigeants du FLN, repliés au Caire, avaient donné dès le 20 juin la consigne de boycotter la consultation : « Voter, c'est trahir la patrie algérienne, la race arabe, la religion musulmane. »

Ils ont multiplié pendant la campagne les exécutions de musulmans favorables à la France, soit 426 personnes assassinées sur le sol algérien en deux mois, et les attentats en métropole à partir de la fin août, notamment le 15 septembre, lorsqu'un commando a tiré à la mitraillette, à quelques mètres de la place de l'Étoile, sur la voiture du ministre de l'Information Jacques Soustelle, ancien gouverneur général en Algérie et partisan acharné de l'Algérie française. Mais *a contrario* les électeurs musulmans ont subi de fortes pressions de la part des militaires, le général Salan ayant été chargé d'organiser le vote, car il cumule, depuis le 6 juin, la fonction de délégué général du Gouvernement avec celle de commandant en chef en Algérie. Finalement, de tous les peuples consultés, seuls les Guinéens, suivant le dirigeant indépendantiste Sékou Touré, ont voté à 95,22 % contre le nouveau projet constitutionnel, s'excluant *de facto* de la nouvelle Communauté franco-africaine.

Le 2 octobre, quatre jours après le scrutin, le général de Gaulle revient une quatrième fois en Algérie afin de profiter de son succès pour imposer sa ligne aux « durs » de l'Algérie française. Le 3 octobre, à Constantine, devant une foule surtout composée de musulmans, il annonce un plan en sept points visant à ce que « l'Algérie tout entière prenne sa part de ce que la civilisation moderne peut et doit procurer aux hommes de bien-être et de dignité ». Ce « plan de Constantine », qui reprend en fait des projets élaborés en 1956 par le résident général Robert Lacoste, prévoit notamment d'attribuer 250 000 hectares de terres aux musulmans, de réserver aux « communautés arabe, kabyle ou mozabite » un dixième des postes de fonctionnaires métropolitains et de hausser les salaires et traitements algériens au niveau de ceux de la métropole.

De retour à Marseille, le 6 octobre, il mesure l'ampleur de sa popularité dans une ville pourtant classée à gauche. La presse y enregistre un « exceptionnel déchaînement d'enthousiasme populaire », plus chaleureux encore que lors de sa campagne pour le référendum. « Pas un seul cri hostile, pas une fausse note », écrit le reporter du *Monde*, décrivant parmi la foule des « trois cent mille manifestants enthousiastes » des « cheminots encore noirs de charbon, des dockers, des métallurgistes », des « groupes d'hommes en bleu de travail avec drapeaux tricolores », une foule en « délire » dans laquelle le Général se plonge avec délectation, remontant à pied la Canebière, bousculant le protocole, serrant des mains dans « une mêlée indescriptible », comme pour mieux s'immerger dans cette nation française qui l'a plébiscité[1].

---

1. *Le Monde*, 7 octobre 1958.

Le 23 octobre, il tient sa première et unique conférence de presse à Matignon, afin d'annoncer une nouvelle étape de sa politique algérienne : « la paix des braves ». S'appuyant sur le résultat positif du référendum du 28 septembre, il exhorte les dirigeants du FLN à déposer les armes et à s'adresser « à l'ambassade de France à Tunis ou à Rabat » pour ouvrir des négociations avec l'État français. « C'est une occasion sérieuse qui s'offre de rétablir la paix. Personne n'a le droit de la négliger », se réjouit Pierre Mendès France[1]. Si l'on en croit l'entourage du Général, Georges Pompidou aurait déjà retenu dans un hôtel parisien des chambres destinées aux négociateurs du FLN[2].

Mais la proposition du président du Conseil se heurte aussitôt à une fin de non-recevoir de la part du GPRA, le Gouvernement provisoire de la République algérienne dirigé par Ferhat Abbas, « décidé à mener le combat jusqu'à son terme, c'est-à-dire l'indépendance du pays ». Il semble d'ailleurs que de Gaulle n'ait pas été très affecté par ce refus, qu'il avait prévu : « Bon, ce n'est pas très grave. Simple péripétie sur le chemin d'une négociation importante [...]. Mais ils ont tort. Aux yeux du monde, ils vont faire figure d'emmerdeurs[3]. » Plus qu'une véritable ouverture en direction du FLN, la « paix des braves » apparaît surtout comme un message adressé aux grandes puissances et à l'opinion publique française, afin de manifester la volonté gaullienne de faire bouger les lignes pour sortir du bourbier algérien. C'est aussi, et peut-être surtout, l'affirmation de son autorité sur les responsables militaires en Algérie, à commencer par le général Salan, qui perdra début décembre ses deux fonctions de délégué général et de commandant en chef au profit du haut fonctionnaire Paul Delouvrier et du général Maurice Challe.

Pourtant, en dépit des injonctions du général de Gaulle, les militaires vont jouer un rôle dans la campagne électorale algérienne pour les élections législatives des 23 et 30 novembre 1958. Louis Terrenoire, directeur de l'information à la radiotélévision, constate que « si les élections sont libres, on ne peut pas en dire autant des candidatures », du fait des pressions exercées par l'armée française[4]. Une intense propagande est menée en faveur des

1. *Le Monde*, 25 octobre 1958.
2. *L'Express*, 30 octobre 1958.
3. *Ibid.*
4. Louis Terrenoire, *De Gaulle et l'Algérie. Témoignage pour l'histoire*, Paris, Fayard, 1964, p. 110.

candidats favorables à l'Algérie française, tandis qu'au contraire on entrave la liberté d'expression des candidats « libéraux ». C'est ainsi que l'ancien ministre socialiste Alain Savary, qui voulait se présenter pour la transformation du « combat militaire en combat politique », est obligé d'y renoncer huit jours plus tard, en constatant que « le fonctionnement du système démocratique n'est pas possible aujourd'hui en Algérie[1] ». Dans 3 des 18 circonscriptions algériennes, une seule liste est proposée aux électeurs, patronnée par les comités de salut public et par le « cartel » qui rassemble le ministre Jacques Soustelle et trois anciens ministres, Georges Bidault, Roger Duchet et André Morice, grands défenseurs de l'Algérie française. C'est pourquoi beaucoup de musulmans modérés, partisans de l'indépendance, mais sans rupture avec la France, s'abstiennent de se présenter, redoutant des élections truquées comme ce fut le cas dix ans plus tôt. La grande majorité des musulmans se désintéresse d'ailleurs d'un scrutin qui ne veut plus rien dire à leurs yeux. Résultat : le taux d'abstention frôle les 36 % et atteint même les 50 % dans certaines circonscriptions comme celle de Philippeville. Finalement, les 43 musulmans et 21 Européens élus en Algérie seront tous favorables à son maintien dans la France.

Le raz-de-marée gaulliste

En métropole, c'est autour de la personne du Général que se focalise la campagne législative. Dès le 1er octobre, à peine trois jours après le référendum, ses partisans ont lancé l'Union pour la nouvelle République (UNR), dans le bureau du ministre de l'Information Jacques Soustelle. Ses treize membres fondateurs, dont Michel Debré et Edmond Michelet, eux aussi ministres du Général, représentent les différents mouvements gaullistes, dont les plus actifs sont le Centre national des républicains sociaux (CNRS) – poumon du gaullisme pendant la « traversée du désert » –, la Convention républicaine – animée par Léon Delbecque – qui avait joué un grand rôle dans le retour au pouvoir du héros, et l'Union pour le renouveau français de Jacques Soustelle. Ce dernier aurait d'ailleurs souhaité devenir président de la nouvelle UNR, mais

1. Jean Lacouture, *De Gaulle*, t. II, *op. cit.*, p. 618-619.

de Gaulle s'y oppose. Il doit se contenter du titre de secrétaire général, sans réel pouvoir, car c'est à Matignon que se conduit la campagne. Le 16 octobre, Soustelle donne même sa démission car le collège de direction de l'UNR a refusé de signer un manifeste qu'il avait rédigé en compagnie de Bidault, Duchet et Morice, ceux que l'on appelle les « mousquetaires de l'Algérie française ». De Gaulle l'invite alors à prendre le café à Matignon et Soustelle accepte de reprendre son poste de secrétaire général.

Désavoué sur l'Algérie française, il l'est aussi à propos du mode de scrutin instauré pour les élections. Contrairement à son souhait d'un scrutin proportionnel similaire à celui de la IVe République, ou à celui de Michel Debré, favorable à un scrutin d'arrondissement à un tour, sur le modèle britannique, le Général a imposé le scrutin uninominal à deux tours, « celui de la République », a-t-il déclaré lors du conseil de cabinet du 7 octobre[1]. Au total, 552 sièges sont à pourvoir, dont 465 pour la métropole, ce qui représente une diminution de 79 sièges par rapport à l'Assemblée de la IVe République. Parmi les autres modifications de la règle électorale, on note que nul candidat ne peut se présenter sans un suppléant, au cas où il serait appelé au Gouvernement, que nul ne pourra participer au second tour s'il n'a pas obtenu au moins 5 % des suffrages exprimés, et qu'une caution est demandée à chaque candidat n'atteignant pas ce score afin de rembourser les affiches payées par le Gouvernement.

Contrairement à ce qui s'était passé pour les élections de 1951, où les candidats gaullistes étaient présents sur tout le territoire, l'UNR ne présente des candidats que dans 341 circonscriptions métropolitaines. On a voulu éviter de s'opposer aux 7 candidats-ministres non gaullistes, Guy Mollet, Pierre Pflimlin, Antoine Pinay, Louis Jacquinot, Robert Buron, Eugène Thomas et Max Lejeune. Seul ce dernier ne sera pas réélu. Par ailleurs, on ne présente pas de candidat contre les députés favorables au Gouvernement qui se présentent sous d'autres étiquettes, tels certains indépendants, républicains populaires, radicaux-socialistes ou même socialistes[2]. En revanche, l'UNR n'a pas pu éviter la concurrence de deux autres formations qui se réclament du

1. Georgette Elgey, *Histoire de la IVe République*, t. IV, *op. cit.*, p. 310.
2. Bernard Lachaise, Gilles Le Béguec, Frédéric Turpin (dir.), *Les Élections législatives de 1958 : une rupture ?*, Pessac, Presses universitaires de Bordeaux, 2011, p. 59.

gaullisme : d'un côté, le Centre de la réforme républicaine, fondé en juillet par le grand résistant Henri Frenay – qui entend incarner la sensibilité des gaullistes de gauche –, présente 32 candidats face à ceux de l'UNR ; de l'autre, le mouvement Renouveau et Fidélité lance 18 candidats peu connus à l'assaut de la « dictature des partis ».

Ils ne pèsent pas bien lourd dans les élections, tant la campagne est dominée par la figure du général de Gaulle. Pourtant, lors de sa conférence de presse du 23 octobre, ce dernier a bien précisé qu'il ne se mêlerait en aucun cas à la campagne, qu'il ne se prononcerait « en faveur de personne », même de ceux qui lui ont « toujours marqué un amical dévouement », et qu'il exigeait que son nom, même sous la forme d'un adjectif, ne soit utilisé dans le titre d'aucun groupe ou candidat. Mais cela n'empêche pas que la référence au fondateur de la Ve République et au référendum qui l'a plébiscité ne soit présente dans la grande majorité des professions de foi. C'est ainsi que la campagne de l'UNR se mène sur le thème de la confirmation. « Union pour la nouvelle République – Faites respecter votre "oui" », peut-on lire sur les affiches. Maurice Schumann, l'une des voix historiques de Radio-Londres, candidat du MRP dans le Nord, joint à sa profession de foi un billet amical que lui a envoyé le général de Gaulle en janvier 1958. En Dordogne, le socialiste Robert Lacoste affirme sur ses affiches que « refuser sa voix à Lacoste, c'est la refuser à de Gaulle ». Dans les Bouches-du-Rhône, un autre candidat socialiste demande à ses électeurs de faire confiance au Général, seul capable de « faire accepter à tous la solution démocratique et humaine[1] ». Même Jean-Marie Le Pen, fervent partisan de l'Algérie française et candidat sous l'étiquette du Centre national des indépendants, appelle à « l'union autour du général de Gaulle » qui a « restauré le prestige de la France ». François Mitterrand, candidat dans la Nièvre, et qui se pose en adversaire du général de Gaulle, rend néanmoins hommage dans sa profession de foi à celui qui nous a « apporté la République et la liberté ». Seuls les communistes l'ignorent, réservant leurs attaques les plus violentes à leurs anciens alliés socialistes. Quant à Pierre Mendès France, candidat dans son fief de Louviers, il ne cite pas le nom de celui qui a trahi à ses yeux les principes républicains.

---

1. Cité *in* Brigitte Gaïti, *De Gaulle, prophète de la Cinquième République, 1946-1962*, Paris, Presses de Sciences-Po, 1998, p. 245.

L'ancien président du Conseil est d'ailleurs l'une des principales victimes du premier tour du 23 novembre 1958, à l'instar de nombreuses personnalités de la IVe République. Marqué par une forte abstention de 23 %, contre 17,2 % seulement en 1956, ce scrutin confirme le manque d'intérêt des électeurs pour ce vote qui ne fait que confirmer le référendum. Il reflète par ailleurs une volonté très nette de renouveler la classe politique en fonction de la prépondérance du général de Gaulle. C'est ainsi que le Parti communiste, bien qu'arrivé en tête avec 18,9 % en France métropolitaine, perd plus de 1,6 million d'électeurs, soit près de 30 % de son électorat traditionnel. Les socialistes augmentent légèrement à 15,5 %, contre 14,6 % en 1956, en raison de l'engagement de Guy Mollet en faveur de la nouvelle République. *Idem* pour les centristes du MRP et pour les libéraux du Centre national des indépendants, qui progressent à 13,7 %. En revanche, les radicaux-socialistes et leurs alliés du centre gauche, assimilés au passé, chutent à 8,4 %. Et, au contraire, l'UNR gaulliste réalise une percée spectaculaire à 17,6 %, juste derrière le Parti communiste, sachant qu'il faut ajouter à ce score le total des autres formations gaullistes.

Le nombre de sièges pourvus lors de ce premier tour étant particulièrement faible, soit 9 % du total, l'essentiel de la partie va se jouer au second tour du 30 novembre, qui voit s'affronter 1 332 candidats, dont 420 communistes. Et, cette fois, par le jeu des désistements, c'est un véritable raz-de-marée pour l'UNR, qui obtient 189 des 482 sièges à pourvoir, avec 28,1 % des voix. Les Indépendants, leurs alliés potentiels, s'en tirent bien avec 132 sièges, de même que les divers droite avec 81 sièges. En revanche, c'est la dégringolade pour les partis dominants de la IVe République, 57 sièges pour le MRP, 40 pour la SFIO, qui perd plus de la moitié de ses sièges, 35 pour les radicaux et apparentés, et seulement 10 pour le Parti communiste, qui en détenait 145. Jamais une élection française n'a vu une telle hécatombe de sortants, parmi lesquels 6 anciens présidents du Conseil, les radicaux Édouard Daladier, Edgar Faure, Maurice Bourgès-Maunoury, Pierre Mendès France, l'indépendant Joseph Laniel et le socialiste Paul Ramadier, mais aussi 69 anciens ministres, dont François Mitterrand et le maire de Marseille Gaston Defferre, ainsi qu'une ribambelle de notables, maires et conseillers généraux. C'est un triomphe pour le général de Gaulle, la fin effective de ce qu'il appelait le « régime des partis ». « S'il y avait eu un tour de plus, il n'en serait plus resté du tout », se serait-il exclamé en riant[1].

Le sacre du « premier des Français »

Le 28 novembre au matin, avant même le second tour des élections présidentielles, le président du Conseil se rend à l'Élysée pour sonder René Coty à propos de la future élection présidentielle qui se profile. Comme prévu, le dernier président de la IVe République se prononce en faveur de la candidature du Général, car « le chef de la nation doit être le chef de l'État ». Conformément à l'article 6 de la Constitution du 4 octobre 1958, le futur président de la République et de la Communauté sera élu pour sept ans au scrutin uninominal majoritaire à deux tours « par un collège électoral comprenant les membres du Parlement, des conseils généraux et des assemblées des territoires d'outre-mer, ainsi que les représentants élus des conseils municipaux », soit 81 764 inscrits. L'ordonnance du 7 novembre 1958 portant loi organique précise les modalités du scrutin, prévoyant que les candidats doivent avoir réuni, douze jours au moins avant le premier tour, 50 signatures du collège électoral. Les grands électeurs voteront dans le chef-lieu de leur département d'élection, et si aucun candidat n'a obtenu la majorité des suffrages exprimés, un second tour est prévu dans un délai de huit jours. Le général de Gaulle aurait souhaité une élection au suffrage universel, comme en 1848, mais la rupture aurait été trop brutale avec les ténors de la IVe République.

De toute façon, l'issue du scrutin ne fait aucun doute tant son prestige écrase la vie politique de l'époque. Ses principaux opposants, tels François Mitterrand et Pierre Mendès France, ont refusé de se présenter à une élection dont ils récusent le principe. Par conséquent, les adversaires du Général sont loin d'être à sa mesure. Néanmoins, alors qu'on s'attend à un duel entre lui et le communiste Georges Marrane, ancien sénateur puis député de la Seine, la Commission constitutionnelle provisoire annonce le 13 décembre 1958 qu'un troisième candidat réunit les signatures nécessaires pour se présenter : Albert Châtelet, doyen honoraire de la faculté des sciences de Paris, soutenu par l'Union des forces

1. André Dulac, *Nos guerres perdues*, Paris, Fayard, 1969, p. 147.

démocratiques de Daniel Mayer. Mais ni l'un ni l'autre n'ont la stature nécessaire pour menacer le général de Gaulle, Châtelet reconnaissant même que sa candidature est « symbolique et de principe[1] ». Comme prévu, le général de Gaulle obtient facilement la majorité absolue des suffrages exprimés (soit 99,42 % des inscrits) dès le premier tour, le 21 décembre 1958, et ce dans tous les départements, soit un total de 77,5 % en métropole et 78,5 % pour l'ensemble de la communauté, contre 13,6 et 13 % pour Georges Marrane et 8,9 et 8,4 % pour Albert Châtelet.

Avant de s'installer à l'Élysée, il subit néanmoins deux contrariétés politiques. La première est l'élection de Jacques Chaban-Delmas au perchoir de l'Assemblée nationale, le 9 décembre. Ce dernier, fort de sa légitimité de gaulliste historique, se présente en tant que candidat de l'UNR alors que de Gaulle préconise l'élection de Paul Reynaud, en signe d'apaisement envers les Indépendants et peut-être par reconnaissance envers celui qui avait porté ses projets sur l'arme blindée avant la guerre. Il demande même à Jacques Soustelle et Michel Debré de dissuader Chaban-Delmas, mais en vain. Le Général ayant quitté le banc du Gouvernement au moment du vote, il n'assiste pas au triomphe de son indomptable disciple, victorieux du premier tour de scrutin par 259 voix contre 168. Paul Reynaud s'étant retiré du second, Jacques Chaban-Delmas l'emporte facilement avec 355 suffrages contre 132 à Max Lejeune, candidat du centre gauche, et 16 au communiste Fernand Grenier. Beau joueur, le Général lui envoie ses « félicitations cordiales » pour son « élection très brillante[2] ».

La seconde journée pénible pour de Gaulle est celle du 26 décembre, lorsqu'il réunit un conseil de cabinet exceptionnel, rassemblant les ministres ainsi que ses collaborateurs, Georges Pompidou et Roger Goetze, et le gouverneur de la Banque de France Wilfrid Baumgartner, afin d'entériner le plan de « rénovation économique et financière » proposé par le haut fonctionnaire Jacques Rueff, venu le défendre. « Cette soirée fut la plus rude que j'aie connue jusqu'alors », s'écriera Georges Pompidou, évoquant le tombereau de critiques déversées sur ce plan d'austérité monétaire et budgétaire par la quasi-totalité des ministres, au point que Guy Mollet présente même sa démission à l'issue du

1. *L'Express*, 18 décembre 1958.
2. Jean Garrigues, *Chaban-Delmas. L'ardent*, Paris, La Documentation française, coll. « Tribuns », 2015, p. 40.

Conseil[1]. Mais de Gaulle ayant demandé et obtenu la solidarité d'un Gouvernement de toute façon sur le départ, le conseil des ministres du 27 décembre valide sans discussion le plan Rueff. Dans son allocution radiodiffusée du 28 décembre 1958, celui qui n'est encore officiellement que le dernier président du Conseil de la IVe République présente aux Français les mesures de ce plan, qui sont « rudes », admet-il, notamment la hausse des impôts et des taxes. Mais il se réjouit par ailleurs de « l'appel » qui lui a été « adressé par le pays », exprimant « son instinct de salut » et sa volonté d'aller « à l'effort et au renouveau[2] ».

L'article 91 de la Constitution prévoyant que « les pouvoirs du président de la République en fonction ne viendront à expiration que lors de la proclamation des résultats de l'élection », Charles de Gaulle n'est intronisé chef de l'État que le 9 janvier 1959. À 11 heures, la voiture de la présidence de la République, portant le fanion tricolore désormais barré de la croix de Lorraine, vient le chercher à l'hôtel Matignon pour l'emmener à l'Élysée, où il est accueilli sur le perron par René Coty. À 12 h 12 précisément, René Cassin, vice-président du Conseil d'État et l'un des premiers à l'avoir rejoint à Londres, « proclame le général de Gaulle président de la République française ». Puis le général Catroux, qui fut lui aussi un compagnon de la première heure du Général en exil, lui remet au titre de grand chancelier le lourd collier qui le désigne comme grand maître de l'Ordre national de la Légion d'honneur. C'est ensuite au tour de René Coty de le reconnaître : « Le premier des Français est désormais le premier en France. » De Gaulle répond ensuite au « grand citoyen » par un long discours conclu par un message d'optimisme, « tandis qu'à l'horizon paraît la lumière de nos grandes espérances ». Après le déjeuner qui réunit le président sortant et son successeur, face à face, chacun entouré par ses onze plus proches collaborateurs, ils montent dans la voiture découverte qui les emmène vers l'Arc de Triomphe où le Général va ranimer la flamme sur la tombe du Soldat inconnu. Après avoir tous deux signé le livre d'or, il raccompagne René Coty à l'automobile qui l'attend, le saluant d'un cavalier « Au revoir, monsieur Coty ! ». Puis il redescend les Champs-Élysées

1. Pierre Viansson-Ponté, *Histoire de la République gaullienne. La fin d'une époque, mai 1958-juillet 1962*, Paris, Fayard, coll. « Les grandes études contemporaines », 1970, t. I, p. 118.
2. Allocution radiotélévisée du 28 décembre 1958.

dans la voiture présidentielle, mais cette fois avec Georges Pompidou à ses côtés. À 15 h 20 très précisément, il pénètre dans le parc de l'Élysée par la grille du Coq. C'est maintenant que la Ve République commence vraiment[1].

Tout a été dit ou écrit sur cette séquence de mai à décembre 1958 qui a vu les Français basculer dans les bras d'un héros que l'on croyait oublié et accepter sans rechigner un régime qui était en contradiction avec la grande tradition parlementaire héritée de la Révolution française. On peut gloser sans fin sur le désarroi des élites politiques de la IVe République ou sur les treize complots du 13 Mai qui auraient porté de Gaulle au pouvoir. L'essentiel n'est pas là, mais dans cette relation qui s'était nouée en 1944 entre un peuple et celui qui l'avait sauvé de la honte et du déshonneur. Cette relation s'était rompue brutalement en 1946, mais la nostalgie du héros restait là, bien présente, au cœur de beaucoup de Français. Ce qui apparut aux observateurs de l'époque, et à de Gaulle lui-même, comme une « traversée du désert » n'était en réalité qu'une longue préparation à une nouvelle rencontre. Il était dit que le général de Gaulle fasse revivre par deux fois le mythe si profondément français de l'homme providentiel.

LES INSTITUTIONS NOUVELLES

Alain Laquièze

« La dégradation de l'État entraîne infailliblement l'éloignement des peuples associés, le trouble de l'armée au combat, la dislocation nationale, la perte de l'indépendance. Depuis douze ans, la France, aux prises avec des problèmes trop rudes pour le régime des partis, est engagée dans ce processus désastreux[2]. » Dès sa première prise de parole après le soulèvement d'Alger, le général de Gaulle fait un constat sans concession de la crise des institutions. Pour lui, la IVe République, synonyme de « régime des partis[3] », n'est pas

1. *Le Temps*, 9 janvier 1959.
2. Déclaration du 15 mai 1958, *in* CDG, *Discours et Messages*, t. III, *Avec le renouveau. 1958-1962*, Paris, Plon, 1970, p. 3.
3. *Ibid.*

en mesure de régler les problèmes qui l'assaillent, à commencer par la crise algérienne. Cette crise de l'État est en grande partie le produit de la Constitution de 1946 qu'il qualifie de « mauvaise[1] » et qui a été élaborée « malgré moi et contre moi[2] ». L'échec de la IVe République était en effet largement attribué par le Général à la suprématie d'un Parlement qui donnait la toute-puissance aux partis politiques, dont la principale activité était de faire et de défaire les ministères, ce qui portait atteinte à l'efficacité gouvernementale et à l'autorité de l'État.

C'est pourquoi la réforme des institutions lui paraît, avec la demande des pleins pouvoirs pour six mois, comme un chantier majeur, au moment où il accède à la présidence du Conseil. Dans sa déclaration d'investiture à l'Assemblée nationale, le 1er juin 1958, il annonce son intention de proposer « les changements indispensables » que nécessite la Constitution et de soumettre son projet au référendum. Dans l'esprit du général de Gaulle, son retour aux affaires n'est pas suffisant en soi pour remettre de l'ordre et la reprise en main de l'État passe immédiatement par une refonte de son organisation[3]. Il y a sur ce point de la temporalité de la réforme constitutionnelle une différence majeure avec la période de la Libération. À l'époque, le Général avait alors attendu près d'un an, avant d'engager le processus de réforme constitutionnelle. Il fallait alors libérer et reconstruire le pays avant, dans un deuxième temps, de réorganiser l'État républicain. En 1958, le chantier institutionnel est une priorité absolue.

Tout comme de Gaulle avait adroitement placé son retour au pouvoir sous le signe de la légalité, entamant des négociations avec les chefs des principaux partis politiques, il va faire preuve de la même habileté lorsqu'il annonce son intention de changer les règles du jeu institutionnel. Il prend bien la précaution de ne pas appeler à l'élaboration d'une nouvelle constitution, mais évoque simplement des changements constitutionnels. Pour ne pas apparaître comme celui qui va renverser la Constitution de 1946, ce qui aurait pu être interprété comme la liquidation du régime républicain, il se place dans le cadre constitutionnel existant. C'est ainsi qu'il annonce le

---

1. Conférence de presse du 19 mai 1958, in *Le Monde*, p. 6.
2. *Ibid.*
3. Cette priorité est soulignée rétrospectivement par le général de Gaulle dans ses *Mémoires d'espoir*, t. I, *Le Renouveau. 1958-1962*, Paris, Plon, 1970, p. 7 et *sq.*, qu'il ouvre par un chapitre sur les institutions.

1er juin 1958 qu'il va demander une modification de l'article 90 de la Constitution. Cet article était relatif à la révision du texte constitutionnel, mais il confiait principalement cette compétence à l'Assemblée nationale. Il s'agissait donc de demander à celle-ci de confier au Gouvernement le soin de procéder à cette révision, avant de la soumettre au peuple. La loi constitutionnelle du 3 juin 1958 va officiellement lancer le processus constituant.

Le moment constituant de 1958

Les modalités d'élaboration de ce qui va devenir la Constitution du 4 octobre 1958, fondant ainsi la Ve République, sont intéressantes à plus d'un titre.

Tout d'abord, la question se pose de savoir si les événements de mai-juin 1958 peuvent s'analyser, du point de vue constitutionnel, comme une rupture et donc comme une révolution ou s'ils s'inscrivent dans une continuité. Pour un gaulliste comme Léo Hamon, le moment 1958 est, tout comme 1940 avec Vichy et 1944 avec la Libération, caractéristique d'un pouvoir en place qui « s'en est allé contre son gré et en dehors des éventualités normales[1] », malgré « la continuité dans les apparences légales[2] » et l'exclusion de la violence physique, celle-ci étant l'apanage des révolutions du XIXe siècle. En réalité, 1958 serait bien une révolution des temps modernes qui se définirait comme « un transfert d'autorité accompli de façon exorbitante à la normale, et sans libre disposition des détenteurs légaux du pouvoir[3] ». Raymond Aron, dont le jugement est critique sur les modalités d'accession au pouvoir du général de Gaulle, arrive à des conclusions assez similaires. Sous sa plume, les qualificatifs sont sévères : « révolution de mai[4] », « coup d'État légal ou semi-légal[5] »,

1. Léo Hamon, *De Gaulle dans la République*, Paris, Plon, coll. « Tribune libre », 1958, p. 6. Dans sa préface sur le livre de Hamon, rédigée alors qu'il était au Japon, René Capitant préfère parler du « coup d'État d'Alger » pour qualifier le 13 mai 1958 (*Ibid.*, p. VIII).

2. *Ibid.*, p. 6.

3. *Ibid.*, p. 16.

4. Raymond Aron, *L'Algérie et la République*, Paris, Plon, coll. « Tribune libre », 1958, p. 87 ; *Immuable et changeante. De la IVe à la Ve République*, Paris, Calmann-Lévy, coll. « Liberté de l'esprit », 1959, p. 182.

5. Introduction à Raymond Aron, *Démocratie et Totalitarisme*, Paris, Gallimard, coll. « Folio Essais », 1987, p. 10.

voire « conjoncture bonapartiste[1] ». L'accession de De Gaulle au pouvoir est comparée à celle d'Hitler en 1933[2] et la constitution qu'il prépare ressemble, à s'y méprendre, à celle de Pétain. En outre, Aron souligne l'originalité d'une révolution qui vise à faire tomber un régime qui est déjà constitutionnel et pluraliste. En d'autres termes, il n'est pas possible, selon lui, d'assimiler une révolution qui met fin à une monarchie absolue ou censitaire, comme cela s'est vu en 1789, 1830 ou 1848 avec un mouvement révolutionnaire qui aboutit au renversement d'un système démocratique libéral. Dans ce cas, « une révolution contre un régime constitutionnel pluraliste est normalement faite par une minorité, avec tout au plus le consentement de la majorité[3] ». Et c'est bien ce qui s'est passé en 1958, pour Aron. Le mouvement de mai est déclenché par la révolte des Français d'Algérie et de l'armée. De Gaulle mène le jeu. Il accède au pouvoir par des moyens légaux, mais c'est sous la contrainte que l'Assemblée nationale se prononce en sa faveur en juin 1958, « comparable à cet égard au vote de l'Assemblée nationale à Vichy en juillet 1940[4] ». Sous l'apparence de légalité, l'accession de De Gaulle au pouvoir est issue d'une contrainte sur les parlementaires qui, tel un vice du consentement, entache d'irrégularité ce processus. Il y aurait donc eu un « coup d'État légal ».

Ce point de vue qui présente le moment 1958 comme une révolution ou un coup d'État doit être fortement nuancé. Ces deux formulations, révolution et coup d'État, revêtent un sens très proche du point de vue juridique car elles renvoient également à la remise en cause d'un texte constitutionnel sans respecter les procédures prévues par celui-ci pour le réviser. Or, en 1958, tout a été fait pour montrer que l'on respectait la légalité et que c'est en modifiant régulièrement la Constitution de 1946 qu'on allait procéder. La technique utilisée fut celle de la révision : autrement dit, on utilisait la procédure de l'article 90 de la constitution existante, relatif à la révision constitutionnelle, pour modifier le contenu de l'article 90. L'idée n'était pas nouvelle. Son principe en était même admis par de nombreux parlementaires de la IVe République qui avaient eu l'occasion, à plus d'une dizaine de reprises, de demander la modification de l'article 90 auquel on

1. Raymond Aron, *Mémoires*, Paris, Julliard, 1983, p. 380.
2. Raymond Aron, *Démocratie et Totalitarisme*, *op. cit.*
3. *Ibid.*, p. 201.
4. *Ibid.*, p. 11.

reprochait d'une part de prévoir une procédure trop contraignante pour pouvoir modifier effectivement la Constitution et d'autre part d'écarter le Gouvernement de la procédure de révision. En recourant à la modification de l'article 90 en juin 1958, on donnait ainsi la possibilité au général de Gaulle et à son Gouvernement de piloter une réforme constitutionnelle, en s'émancipant de la tutelle jugée contraignante, voire obstructive, du Parlement.

C'est Raymond Janot qui, alors qu'il était secrétaire général du Conseil d'État, avait exposé cette technique juridique à Georges Pompidou lors d'un déjeuner à l'Automobile Club peu de temps avant 1958 : « J'ai le sentiment que le Général va revenir aux affaires et j'appelle votre attention sur le fait qu'il y a une erreur fondamentale à ne pas commettre ; il faut surtout, à tout prix, pour des raisons de convenance et pour des raisons juridiques essentielles, ne rien faire qui ressemble à la loi constitutionnelle du 10 juillet 1940. Pour cela, il n'y a qu'un moyen : la révision doit porter sur le mode de révision de la Constitution[1]. » Tout devait être fait pour ne pas rappeler le malheureux précédent de la loi constitutionnelle du 10 juillet 1940, dont la régularité juridique avait été discutée par les constitutionnalistes. À l'époque, le Parlement avait délégué le pouvoir constituant au gouvernement du maréchal Pétain, alors qu'aucune disposition constitutionnelle ne lui donnait cette autorisation. Fin mai 1958, Raymond Janot, présenté par Pompidou au Général, allait convaincre ce dernier de ses arguments en faveur de la procédure de révision de la Constitution de 1946, au détriment d'une simple délégation du pouvoir constituant. Il devient dès ce moment le conseiller des affaires constitutionnelles auprès du nouveau président du Conseil et va être, à ce titre, l'un des principaux acteurs du débat constituant.

La loi constitutionnelle du 3 juin 1958, véritable acte préconstituant, reprend donc les grandes orientations présentées par le général de Gaulle lors de son discours d'investiture du 1er juin. Elle fixe la feuille de route pour le pouvoir constituant. Dans le souci de s'inscrire dans la tradition républicaine, on procède d'abord à une révision de la Constitution de 1946, en se fondant sur son article 90

---

1. Voir le propos de Raymond Janot retranscrit dans Didier Maus, Olivier Passelecq (dir.), *Témoignages sur l'écriture de la Constitution de 1958*, Paris, La Documentation française, 1997, p. 11. Raymond Janot s'était confié auparavant sur cet épisode, *in* Odile Rudelle, *Mai 1958. De Gaulle et la République*, Paris, Plon, 1988, p. 271-273.

qui va néanmoins faire l'objet d'une dérogation, c'est-à-dire que la procédure qu'il prévoit pour réviser la Constitution est mise à l'écart pour élaborer le futur texte constitutionnel. On garantit ensuite que le projet constitutionnel respectera les grands principes républicains, au contraire de la loi constitutionnelle du 10 juillet 1940 qui laissait une grande liberté au pouvoir constituant. C'est ainsi que doivent être mis en œuvre la démocratie, par l'importance accordée au suffrage universel comme source du pouvoir, le libéralisme politique, par l'affirmation de la séparation des pouvoirs et du régime parlementaire, et la défense de l'État de droit, en rappelant que l'autorité judiciaire doit rester indépendante pour garantir les libertés définies par le Préambule de la Constitution de 1946 et la Déclaration des droits de l'homme. On ajoute aussi que la Constitution devra « permettre d'organiser les rapports de la République avec les peuples qui lui sont associés », ce qui est prendre acte du défi majeur représenté par les nouvelles relations à construire avec les peuples colonisés qui ont vocation à prendre leur autonomie, voire à demander leur indépendance.

La loi constitutionnelle du 3 juin 1958 prévoit également la procédure d'élaboration du texte constitutionnel qui sera dominée par le Gouvernement. Contrairement là encore à la loi constitutionnelle du 10 juillet 1940 qui avait prévu que l'Assemblée nationale donnait tout pouvoir au Gouvernement, « sous l'autorité et la signature du maréchal Pétain », afin de promulguer une nouvelle constitution, elle dispose que « la Constitution sera révisée par le Gouvernement investi le 1er juin 1958 ». Le mandat est donc donné à un gouvernement investi par l'Assemblée nationale à une date précise et non à un homme pour une durée indéterminée. Pour établir le projet, le Gouvernement doit recueillir l'avis d'un Comité consultatif constitutionnel, composé majoritairement de membres du Parlement existant. La création de ce comité est une concession accordée par de Gaulle aux chefs des grands partis politiques. Une fois cet avis recueilli, le projet de loi constitutionnelle sera arrêté en conseil des ministres et, après consultation du Conseil d'État, sera soumis à l'accord du peuple français par la voie du référendum.

Il résulte de la loi du 3 juin 1958 que la rédaction du texte constitutionnel sera principalement pilotée par le gouvernement du général de Gaulle. En donnant le rôle primordial de l'écriture de la Constitution à l'exécutif, on privilégie les caractéristiques généralement accordées à ce type de pouvoir : le souci de l'efficacité, la rapidité d'exécution et la confidentialité des débats. La volonté d'être efficace est clairement dans l'esprit des principaux inspirateurs de la Constitution, au tout premier rang desquels se trouve le général de Gaulle, qui souhaitent que leurs entreprises de restauration de l'État et de renforcement du pouvoir exécutif soient effectivement consacrées dans le nouveau texte constitutionnel. La rapidité d'exécution est aussi un impératif : au moment où la guerre civile menace de s'étendre en dehors même de l'Algérie, il n'est pas question de perdre du temps. Et de fait, cet objectif a été parfaitement tenu, puisque quatre mois seulement s'écouleront entre le lancement du processus constituant, le 3 juin 1958, et la promulgation de la Constitution, le 4 octobre 1958. Enfin, le secret des délibérations fut aussi un élément du processus constituant, puisque les travaux du Gouvernement dans ses différentes formations (groupe d'experts réuni place Vendôme auprès du garde des Sceaux, conseil interministériel, conseil de cabinet, Conseil des ministres) restèrent confidentiels. Ceux-ci se déroulèrent en particulier durant les mois de juin et juillet 1958 qui aboutirent à l'avant-projet de constitution des 26-29 juillet 1958, dans lequel les grands équilibres de la nouvelle Constitution étaient déjà précisément dessinés. De même, les débats qui eurent lieu au Comité consultatif constitutionnel la première quinzaine d'août ne donnèrent lieu qu'à une publicité partielle à la Documentation française en 1960. Dans l'ambiance très tendue que connaissait le pays en 1958, il paraissait inutile, voire dangereux, de divulguer l'ensemble des tractations et les éventuels désaccords qui préludaient à l'adoption de la nouvelle Constitution[1].

Par ces différents aspects, l'élaboration de la Constitution de 1958 se distingue de celle des constitutions françaises précédentes. Dans la tradition républicaine, il revient à une assemblée spécialement élue à cet effet d'exercer principalement la fonction constituante, ce qui renvoie à la théorie de la souveraineté nationale selon laquelle les représentants sont les seuls aptes à vouloir pour la nation. Les délibérations parlementaires prenaient généralement du temps – quatre ans pour accoucher difficilement

1. Il faudra attendre les années 1980 pour que l'ensemble des travaux constituants fasse l'objet d'une publication systématique : voir le décret du 8 juin 1984 portant création d'un comité national chargé de la publication des travaux préparatoires des institutions de la Ve République qui devait aboutir aux *Documents pour servir à l'histoire de l'élaboration de la Constitution du 4 octobre 1958*, 4 vol., Paris, La Documentation française, 1987-2001.

des lois constitutionnelles de 1875, un an et deux constituantes successives pour adopter la Constitution de 1946 – et faisaient l'objet d'une très large publicité. En 1958, les parlementaires sont réduits à la portion congrue et n'ont qu'une voix consultative dans le processus constituant. Ils siègent au sein du Comité consultatif constitutionnel, aux côtés de personnalités compétentes nommées par le Gouvernement. En vertu d'un décret du 16 juillet 1958, le Comité consultatif constitutionnel est effectivement composé de trente-neuf membres, dont les deux tiers sont désignés par les commissions compétentes de l'Assemblée nationale et du Conseil de la République, et dont le tiers restant est choisi par le Gouvernement. Parmi les personnalités nommées par celui-ci figure Paul Reynaud, un des leaders de la droite modérée dans les années 1930, qui avait alors eu pour collaborateur Michel Debré et qui avait repris les conceptions de Charles de Gaulle sur l'arme blindée. Paul Reynaud sera d'ailleurs élu à la tête du Comité consultatif constitutionnel, le 29 juillet 1958.

C'est donc au Gouvernement que va revenir l'essentiel de l'élaboration du projet constitutionnel. Le général de Gaulle esquisse les grandes lignes de ce projet, à l'occasion de plusieurs échanges au cours de la première quinzaine de juin : les fonctions parlementaires et ministérielles doivent être absolument séparées ; le chef de l'État doit être investi d'importantes prérogatives, telles que le droit de dissoudre librement l'Assemblée nationale et de consulter le peuple par voie référendaire ; le Gouvernement, tout en étant responsable devant le Parlement, ne doit pas procéder de ce dernier ; les sessions parlementaires doivent être raccourcies et les travaux des commissions doivent prendre plus d'importance ; enfin, le Sénat doit être divisé en trois sections, l'une politique, la deuxième économique et une troisième représentant l'outre-mer[1].

Au sein du Gouvernement, deux instances vont jouer un rôle déterminant dans l'élaboration du texte constitutionnel. La première est un conseil interministériel qui comprend autour du général de Gaulle les ministres d'État représentant les principales forces politiques, à savoir Guy Mollet, Pierre Pflimlin, Louis Jacquinot et Félix Houphouët-Boigny, ainsi que le garde des

---

1. Voir le résumé d'une conversation de François Luchaire avec le général de Gaulle, le 6 juin 1958, et le compte rendu de la réunion constitutionnelle du 13 juin 1958, *ibid.*, t. I, p. 235 et 245.

Sceaux, Michel Debré, qui était son rapporteur. Étaient également conviés à ses réunions Bernard Cornut-Gentille, le ministre de la France d'outre-mer, Antoine Pinay, ministre des Finances, René Cassin, vice-président du Conseil d'État, et Georges Pompidou, directeur du cabinet du président du Conseil. La seconde est un petit groupe de travail, réuni quotidiennement place Vendôme autour du garde des Sceaux, et qui est composé de plusieurs jeunes membres du Conseil d'État, dont Raymond Janot, de trois professeurs de droit et du secrétaire général du Gouvernement, Roger Belin. Ce groupe de juristes autour de Michel Debré va également occuper une place importante dans le processus de rédaction, car c'est lui qui aura en charge la préparation des textes et qui va les soumettre au conseil interministériel.

C'est à partir des échanges entre le conseil interministériel et le groupe d'experts conduit par Michel Debré que vont être produits les avant-projets de Constitution, en particulier celui du 15 juillet 1958 dit « projet de la Celle-Saint-Cloud » et celui soumis au Comité consultatif constitutionnel, le 29 juillet 1958, dit le « livre rouge », en raison de la couleur de la couverture de ce document. La lecture de ces deux avant-projets révèle que les grands équilibres institutionnels de la future constitution étaient déjà largement dessinés : renforcement de la place du pouvoir exécutif, en particulier du président de la République, détermination et conduite de la politique de la nation par le Gouvernement, incompatibilité des fonctions gouvernementale et parlementaire, encadrement des prérogatives du Parlement, définition matérielle du domaine de la loi, création d'un Conseil constitutionnel, juge de la régularité des élections législatives et de la constitutionnalité des lois avant promulgation, organisation de la Fédération pour les peuples associés. L'avant-projet du 29 juillet 1958 comporte néanmoins deux nouveautés importantes par rapport à celui du 15 juillet 1958 : d'abord, la souveraineté nationale n'est plus exercée uniquement par des représentants, mais peut l'être aussi directement par le peuple, par la voie du référendum ; ensuite, un mécanisme nouveau est introduit qui permet au Gouvernement d'engager son existence sur un texte et de faire adopter une loi, sans vote, si les parlementaires ne déposent pas de motion de censure. Était ainsi introduit un mécanisme qui allait susciter la polémique jusqu'à aujourd'hui, l'article 49 alinéa 3. Ce sont les ministres d'État, représentants des grands partis politiques, qui ont introduit cette procédure, afin d'assurer la stabilité gouvernementale[1]. Si on laisse de côté la Communauté, dont les dispositions feront l'objet de modifications en 1960, avant d'être abrogées en 1995, la Constitution, telle qu'elle est promulguée le 4 octobre 1958, « dans ses lignes maîtresses comme dans beaucoup de ses détails, diffère peu de l'avant-projet du 29 juillet[2] ».

Réuni du 29 juillet au 14 août 1958, le Comité consultatif constitutionnel, institué pour donner une représentation minimale aux parlementaires dans le processus constituant, n'a guère infléchi le contenu du projet constitutionnel et n'a pas remis en cause les grands principes déterminés par le Gouvernement. Sans doute certains de ses amendements ont été retenus dans le texte constitutionnel, par exemple l'indication du collège électoral du président de la République, la précision qu'il existe une responsabilité du Gouvernement devant le Parlement, celle selon laquelle le Premier ministre est responsable de la défense nationale ou l'augmentation des rubriques intégrées dans le domaine de la loi, notamment en matière économique et sociale. Mais il est significatif que certains amendements du Comité consultatif constitutionnel portant sur des sujets non négligeables ont été rejetés par le Gouvernement : c'est le cas de l'avis conforme du Conseil constitutionnel pour mettre en œuvre les pouvoirs exceptionnels du président de la République sur le fondement de l'article 16 ; c'est le cas aussi de la réduction de la portée de l'incompatibilité des fonctions ministérielle et parlementaire, le Comité ayant proposé une simple mise en congé des parlementaires acceptant un ministère ; c'est le cas aussi de l'élargissement de la saisine du Conseil constitutionnel à un tiers des membres de l'une ou l'autre assemblée, réforme qui interviendra finalement en 1974[3].

La deuxième quinzaine du mois d'août fut l'occasion pour le Gouvernement de finaliser le projet constitutionnel. Michel Debré présente les grandes lignes du texte au Conseil d'État, le 27 août 1958, où il est chaleureusement accueilli[4]. La Haute Assemblée, dans son

1. Ce qu'avait bien noté François Goguel dans son article « L'élaboration des institutions de la République dans la Constitution du 4 octobre 1958 », *Revue française de science politique*, vol. IX, n° 1, mars 1959, p. 76.

2. *Ibid.*, p. 85.

3. Voir l'avis du Comité consultatif constitutionnel en date du 14 août 1958, in *Documents pour servir à l'histoire de l'élaboration de la Constitution du 4 octobre 1958*, *op. cit.*, vol. 2, p. 557 et *sq.*

4. Comme le précise Michel Debré : « Je fais de mon exposé un acte de déférence à l'égard du Conseil d'État et un commentaire officiel de ce qui a été

avis du 28 août 1958, ne présente que des suggestions de modifications mineures, à l'exception de la répartition des compétences entre la loi et le règlement qui fait l'objet d'une nouvelle rédaction, en particulier de l'article 37. Il est vrai qu'elle n'avait guère de raisons de critiquer amplement un texte qui avait été pour une grande partie l'œuvre d'hommes issus de ses rangs[1]. Arrêté définitivement en conseil des ministres le 3 septembre, le texte constitutionnel est présenté par le général de Gaulle aux Français le 4 septembre 1958, place de la République. La mise en scène, savamment orchestrée par André Malraux, vise à la fois à célébrer la continuité républicaine, quatre-vingt-huit ans après la proclamation de la IIIe République, et le nouveau régime, porté par l'homme de la victoire, comme le symbolise le grand V qui surplombe la statue de la République. Le discours prononcé à cette occasion par le président du Conseil ouvre la campagne référendaire et appelle les Français à voter oui à la Constitution. La plupart des partis politiques appellent également à voter en faveur du texte, à l'exception du Parti communiste et de l'Union des forces démocratiques, cartel électoral de la gauche non communiste opposée au retour du général de Gaulle et dont les figures de proue sont Pierre Mendès France et François Mitterrand. Les résultats du référendum sont sans ambiguïté : moins de 20 % des Français s'abstiennent et 82 % des votants votent oui, allant au-delà des prévisions les plus optimistes. Il y avait évidemment une dimension plébiscitaire du référendum constituant, puisque, au-delà du texte, les Français étaient implicitement invités à se prononcer pour ou contre de Gaulle. La question qui leur était posée inclinait du reste en ce sens : « Approuvez-vous la Constitution qui vous est proposée par le gouvernement de la République ? »

La Constitution est promulguée le 4 octobre 1958. Il s'agit encore d'une loi constitutionnelle de la IVe République qui est signée par le président René Coty et contresignée par le président du Conseil, Charles de Gaulle, ainsi que les vingt-trois membres de son Gouvernement. Il est en effet prévu à l'article 91 que « Les institutions de la République prévues par la présente Constitution

---

voulu. Je parle longuement et avec flamme. Fait rare dans les annales, je suis applaudi », in *Trois Républiques pour une France. Mémoires*, t. II, *Agir. 1946-1958*, Paris, Albin Michel, 1988, p. 359.

1. Ainsi que le note Étienne Burin des Roziers, « Rôle du Conseil d'État dans l'écriture de la constitution », *in* Didier Maus, Louis Favoreu, Jean-Luc Parodi, *L'Écriture de la Constitution de 1958*, Aix-en-Provence, Economica/Presses universitaires d'Aix-Marseille (PUAM), 1992, p. 824.

seront mises en place dans le délai de quatre mois à compter de sa promulgation. […] Les pouvoirs du président de la République en fonction ne viendront à expiration que lors de la proclamation des résultats de l'élection prévue par les articles 6 et 7 de la présente Constitution ». Cette mise en place progressive est parachevée, lorsque le général de Gaulle succède comme président de la République à René Coty, le 8 janvier 1959, après avoir été six mois durant le dernier président du Conseil de la IVe République.

Les sources d'inspiration des auteurs de la Constitution

Il est toujours délicat de déterminer les origines intellectuelles d'une constitution parce qu'elle est toujours le produit non seulement d'acteurs aux intentions diverses, mais aussi de circonstances politiques souvent mouvementées. Le texte de 1958 n'échappe pas à la règle. Certes, il n'a pas été le produit d'une assemblée constituante mettant aux prises des partis politiques aux objectifs et aux arrière-pensées généralement divergents, comme cela a été le cas des constitutions républicaines précédentes, notamment celles de 1848, de 1875 et de 1946. Mais même si son processus de rédaction a été piloté par un Gouvernement dominé par deux personnalités, le général de Gaulle et Michel Debré, il n'a pas échappé, comme on le verra plus loin, à la conclusion de transactions entre les acteurs en présence, pour pouvoir être adopté. Non seulement de Gaulle et Michel Debré ne partageaient pas exactement les mêmes conceptions institutionnelles, mais ils durent aussi composer avec des chefs de partis, dont la lecture d'une république parlementaire à la française s'éloignait quelque peu de leurs convictions.

S'il faut trouver un inspirateur principal de la Constitution de 1958, nul doute qu'il ne faille l'identifier dans la personne du général de Gaulle. Il pouvait même être considéré comme son principal auteur, ainsi que le pensait Gaston Palewski qui, en tant que président du Conseil constitutionnel, jugeait délicat d'expliquer au Général le sens d'une disposition constitutionnelle dont il était en réalité à l'origine[1]. Les réflexions institutionnelles du général

1. « Tant que le siège présidentiel avait été occupé par le Général, le Conseil constitutionnel avait été rangé, par les critiques du régime, au nombre des "béni-oui-oui". À cet égard, je dois plaider coupable. En effet, il me semblait absurde

de Gaulle puisent davantage dans une observation attentive, dès l'entre-deux-guerres, du fonctionnement de la République parlementaire que dans une méditation spéculative sur l'organisation des pouvoirs publics. Dans son livre le plus connu, *Le Fil de l'épée*, publié en 1932, il fait un constat qui est le point de départ de son réformisme constitutionnel, celui de la crise de l'autorité : « Notre temps est dur pour l'autorité, écrit-il. Les mœurs la battent en brèche, les lois tendent à l'affaiblir. Au foyer comme à l'atelier, dans l'État ou dans la rue, c'est l'impatience et la critique qu'elle suscite plutôt que la confiance et la subordination. Heurtée d'en bas chaque fois qu'elle se montre, elle se prend à douter d'elle-même, tâtonne, s'exerce à contretemps, ou bien au minimum avec réticences, précautions, excuses, ou bien à l'excès par bourrades, rudesses et formalisme[1]. »

Il a pu d'ailleurs lui-même mesurer l'impuissance des gouvernants de la IIIe République. Racontant une entrevue avec le président du Conseil, Léon Blum, où il est venu plaider en faveur de l'armée blindée, il montre ce dernier certes intéressé par ses idées, mais dérangé continuellement par d'innombrables questions parlementaires et administratives. Et au moment où il prend congé, Léon Blum lui confie : « Voyez, dit-il, s'il est facile au chef du Gouvernement de se tenir au plan que vous tracez quand il ne peut rester cinq minutes avec la même idée[2] ! » De même, à la Libération, il a l'occasion de rencontrer le président Albert Lebrun, « fantôme mélancolique de la IIIe République[3] ». Et on connaît le jugement lapidaire que lui inspire le témoignage de celui qui avait cru devoir, le 16 juin 1940, appeler le maréchal Pétain à la présidence du Conseil : « Au fond, comme chef de l'État, deux choses lui avaient manqué : qu'il fût un chef ; qu'il y eût un État[4]. »

Le de Gaulle des années 1930 avait pourtant mis ses espoirs dans certains hommes politiques de la droite républicaine pour restaurer l'autorité de l'État. C'est le cas en particulier d'André Tardieu, dont l'accession à la présidence du Conseil lui paraissait un signal

---

d'expliquer à l'auteur de la Constitution de quelle manière celle-ci devait être appliquée » (Gaston Palewski, *Mémoires d'action*, Paris, Plon, 1988, p. 292).

1. CDG, *Le Fil de l'épée et autres écrits*, Paris, Plon, 1994, p. 179.
2. CDG, *Mémoires de guerre* [1954], Paris, Plon, 1990, t. I, p. 30.
3. *Ibid.*, t. III, p. 36.
4. *Ibid.*, p. 37.

de bon augure[1]. Les livres de Tardieu tendant à la restauration de l'État marquèrent également de Gaulle qui, bien plus tard, devait reconnaître la dette intellectuelle qu'il avait à son égard[2]. Il soutiendra également Paul Reynaud[3] et il sera d'ailleurs un conseiller militaire écouté de ce dernier.

Il ne faut pas omettre non plus son expérience au sein du secrétariat général du Conseil supérieur de la défense nationale où il a été affecté à partir du mois de novembre 1931. C'est au sein de cette institution, au carrefour entre le pouvoir politique et les hautes instances militaires, qu'il va mûrir sa pensée politique sur le Gouvernement. Déjà, l'idée d'un renforcement de l'exécutif était présente. Pour lui, « la politique de défense nationale[4] » doit être conduite non par les militaires à travers un grand quartier général, mais par le gouvernement civil. Ce dernier sera l'organe central de la conduite de la guerre. Dans cette optique, la présidence du Conseil qui a la responsabilité et l'effectivité du pouvoir doit, en temps de guerre, exercer les compétences des grands ministères régaliens, en particulier la Guerre, la Marine, l'Air et les Affaires étrangères. C'est à son titulaire que reviendra l'établissement du plan de guerre et non à un généralissime comme lors de la Première Guerre mondiale. Et il aura à sa disposition un état-major de la conduite de la guerre qui lui permettra d'exercer une autorité réelle

1. Voir lettres du 2 novembre 1929 et du 29 janvier 1932, *in* CDG, *Lettres, notes et carnets. 1905-1941*, Paris, Robert Laffont, 2010, t. I, p. 723 et 736-737 ; en 1932, de Gaulle écrit : « Fort heureusement, M. Tardieu a pris les choses en mains. Ses convictions et son tempérament le portent à la résistance. D'autre part, la disparition de fait de Poincaré fixe la figure de Tardieu. Il y a à prendre la place d'"homme national". Cette place est pour lui, et je crois qu'il s'en rend compte » (*loc. cit.*).

2. À propos d'André Tardieu, *La Réforme de l'État*, Paris, Flammarion, 1934, de Gaulle confie en 1966 à Alain Peyrefitte qui avouait ne pas l'avoir lu : « Voyons, il faut lire ce bouquin. Il y a tout ! Tardieu avait tout compris, mais il était bien le seul. Il disait que les députés détestent avoir à faire campagne. La dissolution est une pratique essentielle, parce qu'elle affirme la souveraineté du peuple et parce qu'elle remet les députés à leur juste place : représenter le peuple, au lieu d'outrepasser sa volonté pour usurper son pouvoir. », dans Alain Peyrefitte, *C'était de Gaulle*, t. III, Paris, éditions de Fallois/Fayard, 2000, p. 89. Ce livre de Tardieu était dans la bibliothèque du Général : voir Alain Larcan, *De Gaulle inventaire. La culture, l'esprit, la foi*, Paris, Bartillat, 2012, p. 828.

3. « Vous êtes dès à présent qualifié comme l'homme d'État qui, dans l'universelle carence, a, lui, des idées, un programme… et du courage » : lettre à Paul Reynaud en date du 6 mai 1935, *in* CDG, *Lettres, notes et carnets*, t. I, *op. cit.*, p. 775.

4. Titre d'un de ses textes, paru à la *Revue bleue*, le 4 mars 1933, reproduit dans CDG, *Le Fil de l'épée et autres écrits*, *op. cit.*, p. 753-759.

sur les commandants en chef des théâtres d'opérations. Les propositions qu'il fait alors anticipent sur l'organisation de la conduite des forces armées qu'il mettra en œuvre d'abord au moment de la France libre, puis à partir de 1958[1].

C'est surtout au lendemain du 8 mai 1945 que le général de Gaulle va commencer à élaborer ses idées constitutionnelles. La fréquentation de certains juristes de son entourage l'a aidé à mettre en forme ses convictions en ce domaine : il faut citer en particulier des personnalités telles que René Cassin, Jules Jeanneney, le dernier président du Sénat de la IIIe République, Michel Debré et René Capitant. C'est Capitant qui, à sa demande, lui a remis des ouvrages de droit constitutionnel, ceux de Léon Duguit et de Joseph Barthélemy[2], afin de renforcer ses connaissances dans cette matière. C'est également Capitant qui semble l'avoir convaincu d'utiliser la voie référendaire pour demander aux Français s'ils souhaitaient conserver les institutions de la IIIe République ou s'ils entendaient en changer. Avec Michel Debré, ce disciple de Raymond Carré de Malberg sera en effet l'un des principaux artisans de l'organisation du référendum du 21 octobre 1945[3]. Les deux hommes qui font le lien avec la tradition révisionniste d'avant-guerre n'ont sans doute pas été étrangers à certaines des propositions constitutionnelles que le général de Gaulle va présenter dans deux grands discours prononcés au moment de la discussion de la future constitution, le fameux discours de Bayeux du 19 juin 1946, puis celui d'Épinal, le 29 septembre de la même année[4].

Le général de Gaulle a expliqué rétrospectivement que le discours de Bayeux est la principale source intellectuelle du texte de 1958 :

---

1. Voir Nicolas Roussellier, *La Force de gouverner. Le pouvoir exécutif en France. XIXe-XXIe siècle*, Paris, Gallimard, 2015, p. 368 et *sq*.

2. Constitutionnaliste, membre de l'Alliance démocratique, ce grand juriste devient ministre de la Justice du régime de Vichy (1941-1943). Il a notamment cosigné la loi « portant statut des juifs » et celle sur la création des sections spéciales. Arrêté à la Libération, il meurt en détention en mai 1945.

3. Michel Debré le reconnaît dans ses mémoires : *Trois Républiques pour une France*, t. I, *op. cit.*, p. 393-395. C'est aussi le point de vue de Jean Foyer qui était au cabinet de Capitant, alors ministre de l'Éducation nationale, *in* Jean Foyer, *Sur les chemins du droit avec le Général. Mémoires de ma vie politique, 1944-1988*, Paris, Fayard, 2006, p. 29.

4. C'est ce que pense Nicholas Wahl dans son article « Aux origines de la nouvelle Constitution », *Revue française de science politique*, vol. 9, n° 1, mars 1959, p. 51 : « Le discours du général de Gaulle à Bayeux définissait un schéma très proche des idées de M. René Capitant et de M. Michel Debré et, avant eux, de la Résistance. »

« Ce qui va être fait, écrit-il dans les *Mémoires d'espoir*, c'est, en somme, ce que l'on a appelé "la Constitution de Bayeux", parce que là, le 16 juin 1946, j'ai tracé celle qu'il faut à la France[1]. » C'est effectivement dans ce grand discours que de Gaulle a présenté la Constitution qu'il appelait de ses vœux. Une formule de ce discours permet de résumer son propos : « Certes, il est de l'essence même de la démocratie que les opinions s'expriment et qu'elles s'efforcent, par le suffrage, d'orienter suivant leurs conceptions l'action publique et la législation. Mais aussi tous les principes et toutes les expériences exigent que les pouvoirs publics : législatif, exécutif, judiciaire, soient nettement séparés et fortement équilibrés et qu'au-dessus des contingences politiques, soit établi un arbitrage national qui fasse valoir la continuité au milieu des combinaisons[2]. » On trouve ici certains des principes qui seront aux fondements de la Constitution de 1958 : la priorité donnée à une démocratie effective qui permette aux citoyens d'avoir une action sur le fonctionnement des pouvoirs publics, ce qui sous-entend que ce n'était pas le cas auparavant, une séparation et un équilibre des trois pouvoirs, enfin une institution au-dessus du jeu politique et qui assure, par son arbitrage, la continuité de l'État. Dans le schéma institutionnel que de Gaulle esquisse, le Gouvernement, tout en étant responsable devant le Parlement, doit procéder du chef de l'État. C'est là la condition nécessaire pour que « l'unité, la cohésion, la discipline intérieure du gouvernement de la France [qui] doivent être des choses sacrées[3] » existent réellement et pour que chaque ministre ne soit pas « le mandataire d'un parti[4] ».

La pièce maîtresse de sa constitution est certainement le chef de l'État qui, pour ne pas être dépendant du Parlement, comme sous la IIIe République, doit être « élu par un collège qui englobe le Parlement, mais beaucoup plus large[5] ». Ce mode de désignation qu'on retrouvera dans la Constitution de 1958 avait pu être soufflé par Michel Debré qui, dans *Refaire la France*, ouvrage publié en 1945, avait suggéré ce collège électoral élargi[6] qui faisait lui-même

1. CDG, *Mémoires d'espoir*, t. I, *op. cit.*, p. 34.
2. CDG, *Discours et Messages*, t. II, *Dans l'attente (février 1946-avril 1958)*, Paris, Plon, 1970, p. 8.
3. *Ibid.*, p. 10.
4. *Ibid.*
5. *Ibid.*
6. Voir Nicholas Wahl, « Aux origines de la nouvelle Constitution », art. cit., p. 33.

écho au projet constitutionnel de Thiers-Dufaure de 1873, puis aux propositions du président Millerand, soucieux de voir renforcée l'autorité du président[1]. Les prérogatives que de Gaulle énumère dans le discours de Bayeux rappellent celles du président de la République dans les lois constitutionnelles de 1875, mais sans les limitations politiques que lui a apportées la pratique institutionnelle après la crise du 16 mai 1877 : nomination des ministres et du premier d'entre eux, promulgation des lois, édiction des décrets, présidence des conseils du Gouvernement, possibilité de dissolution de l'Assemblée, possibilité d'être le garant de l'indépendance de la nation si la patrie est en péril, ce qui semble annoncer la possibilité de recourir à des pouvoirs exceptionnels.

À Bayeux, le Général propose aussi un Parlement chargé de voter la loi et le budget. S'il reste bicaméral, comme sous la IIIe République, l'Assemblée nationale élue au suffrage universel direct aura le dernier mot en matière législative. La deuxième Chambre ne doit pas en revanche disposer de la même influence que le Sénat du régime précédent. L'originalité de cette assemblée réside en particulier dans sa composition, puisqu'elle sera composée non seulement de représentants des conseils généraux et municipaux, mais aussi des organisations économiques, familiales et intellectuelles. Cette importance accordée à la représentation corporative, que doit porter la deuxième Chambre, sera rappelée par de Gaulle en 1958, sans rencontrer le succès, puis reparaîtra dans ses idées sur la participation après Mai 68. Enfin, cette deuxième Chambre formera, avec les élus des assemblées locales des territoires d'outre-mer, le grand Conseil de l'Union française qui sera compétent pour adopter les lois intéressant l'Union.

Par rapport au discours de Bayeux qui demeure peu explicite sur les techniques constitutionnelles à adopter, le discours d'Épinal n'apporte guère de précisions. On relève toutefois une insistance quant à l'indépendance de la justice qui doit être garantie par un Conseil supérieur de la magistrature, dont la composition devrait être fermée aux représentants des partis, contrairement à ce que prévoyait le projet constitutionnel qui sera néanmoins entériné par les Français lors du référendum du 13 octobre 1946. À Épinal, de Gaulle met également une sourdine à son idée de représentation

1. Voir Jean-Félix de Bujadoux, « Le projet Thiers-Dufaure du 19 mai 1873. Un exemple inachevé de syncrétisme constitutionnel », *Jus Politicum*, n° 22, juillet 2019.

socio-professionnelle de la deuxième Chambre. Mais pour le reste, on retrouve les grandes lignes de son projet constitutionnel marqué en particulier par la volonté de restaurer l'autorité du Gouvernement. À ce sujet, il est caractéristique que si le Parlement est présenté comme l'institution qui vote la loi, il n'a pas vocation à dominer le pouvoir exécutif : « Il nous paraît nécessaire, déclare-t-il à Épinal, que le Parlement en soit un, c'est-à-dire qu'il fasse les lois et contrôle le gouvernement sans gouverner lui-même, ni directement, ni par personnes interposées[1] », ce qui implique « que le pouvoir exécutif ne procède pas du pouvoir législatif, même par une voie détournée qui serait inévitablement celle des empiètements et des marchandages[2] ». L'insistance du Général sur la séparation et l'équilibre des pouvoirs, ainsi que la place centrale du chef de l'État, prend tout son sens dans cette perspective et se retrouvera en 1958.

Aux côtés du Général, Michel Debré joue une place centrale dans l'élaboration de la Constitution de la Ve République. Les deux hommes entretenaient des débats suivis sur les questions institutionnelles depuis une douzaine d'années et le nouveau garde des Sceaux n'ignorait rien des intentions du Général sur le sujet. Pour autant, Michel Debré fut davantage qu'un simple exécutant car il avait développé depuis la guerre une réflexion approfondie sur les questions constitutionnelles. Il avait notamment participé aux travaux du Comité général d'études (CGE), fondé par Jean Moulin pour réfléchir aux mesures à prendre au moment de la Libération. C'est d'ailleurs lui qui publie anonymement un texte intitulé « Le problème constitutionnel français » en avril 1944, dans lequel il prône, après avoir rejeté tant le régime présidentiel à l'américaine que le régime d'assemblée, un régime parlementaire disposant d'un pouvoir exécutif qui ne soit pas soumis aux assemblées. Ce dernier serait bicéphale, le chef de l'État étant une sorte de monarque élu par un collège élargi aux élus locaux pour une durée très longue, douze ans, et le Premier ministre étant le chef politique de la nation ; responsable politiquement devant l'Assemblée, il pourrait demander au président la dissolution de celle-ci. Pour encadrer les pouvoirs d'un parlement bicaméral, il proposait déjà une limitation de la durée des sessions, ainsi que du débat budgétaire, une définition du domaine de la loi et un

---

1. CDG, *Discours et Messages*, t. II, *op. cit.*, p. 30.
2. *Ibid.*

encadrement des procédures d'engagement de la responsabilité ministérielle[1]. Ce texte qui est une synthèse des débats au sein du CGE n'est pas sans annoncer les thèses qui seront exposées pour une bonne part dans le discours de Bayeux, puis qui inspireront les constituants de 1958.

La pensée constitutionnelle de Michel Debré fut par la suite développée dans des ouvrages parus après la guerre[2]. Elle était fortement imprégnée d'un libéralisme politique compatible avec l'autorité de l'État, retrouvant ainsi la grande tradition française du XIXe siècle d'un libéralisme par l'État. Il s'affichait d'ailleurs comme un partisan résolu d'un régime parlementaire à l'anglaise jusque dans ses institutions – son idée n'était-elle pas de faire du président de la République un monarque constitutionnel ? – et dans ses mécanismes de désignation des représentants, en particulier le mode de scrutin uninominal majoritaire à un tour, seul à même de donner selon lui une majorité parlementaire solide pour un gouvernement. Debré est aussi un lecteur du grand juriste Carré de Malberg qui avait théorisé la souveraineté de la nation, celle-ci étant entendue non comme l'ensemble des individus vivant sur un territoire de l'État à un moment donné, mais comme une succession de générations, incluant les personnes décédées et celles à naître. En bon libéral, il reste attaché à une conception représentative de la démocratie, à l'opposé de l'idéal rousseauiste de la démocratie directe[3].

La réflexion constitutionnelle de Michel Debré est inséparable d'une méditation sur l'impuissance du parlementarisme républicain, incapable de doter la France d'un Gouvernement efficace. Elle est d'ailleurs étroitement liée au mouvement révisionniste des années 1930. Même s'il a difficilement assumé certaines de ses sources d'inspiration, il peut être vu comme un héritier des idées d'André Tardieu, dont il n'ignorait pas les livres proposant

---

1. Paru aux *Cahiers politiques*, n° 8, avril 1944, il est reproduit dans Henri Michel, Boris Mirkine-Guetzévitch, *Les Idées politiques et sociales de la Résistance*, Paris, Presses universitaires de France (PUF), 1954, p. 287-297. L'auteur raconte dans ses mémoires comment il a été amené à rédiger ce texte, *in* Michel Debré, *Trois Républiques pour une France*, t. I, *op. cit.*, p. 210-214.

2. Notamment dans les quatre ouvrages : *Refaire la France* (1945) ; *La Mort de l'État républicain* (1947) ; *La République et son pouvoir* (1950) ; *La République et ses problèmes* (1952).

3. Sur ces points, voir Jérôme Perrier, *Michel Debré*, Paris, Ellipses, 2010, p. 195 et *sq*.

une réforme des institutions républicaines dans le sens d'un renforcement de l'exécutif, ainsi que de celles d'un des principaux constitutionnalistes de l'entre-deux-guerres, Joseph Barthélemy, dont il avait suivi les cours à la faculté de droit de Paris et à l'École libre des sciences politiques[1]. Il est probable qu'il ait puisé une bonne partie de son inspiration chez ces auteurs pour avancer l'élargissement du collège électoral chargé d'élire le président de la République, le droit de dissolution de l'Assemblée ou l'encadrement des pouvoirs des parlementaires, qu'il s'agisse du remplacement des interpellations par un vote annuel de confiance sur le programme du Gouvernement ou de l'interdiction faite à ces derniers d'augmenter les dépenses publiques.

Il ne faut toutefois pas réduire Michel Debré à un simple épigone du réformisme constitutionnel des années 1930. Sa pensée puise pour une part à une source qui vient au moins du XIXe siècle français, comme on l'a dit. Ainsi, sa formule du chef de l'État, « clé de voûte », utilisée dans *Refaire la France*, puis dans son discours prononcé au Conseil d'État le 27 août 1958, rappelle la qualification déjà utilisée par Benjamin Constant en 1830 pour désigner les pouvoirs du monarque et fait écho à la théorisation par ce dernier du pouvoir royal comme pouvoir neutre[2]. De même, sa conception d'un État fort, garant des libertés, et sa relative indifférence à l'égard de la société civile font de lui un disciple du libéralisme à la française, représenté par Royer-Collard et Guizot au XIXe siècle.

Il est clair en tout cas que le constitutionnalisme de Michel Debré, très porté sur la défense d'un régime parlementaire à l'anglaise, doté d'un chef du Gouvernement fort, ne correspondait pas exactement à la vision du Général, dont la préoccupation première était de donner un chef à l'État, ce chef ne pouvant être dans son esprit que le président de la République.

En comparaison du général de Gaulle et de Michel Debré, les autres personnalités associées au processus constituant exercent une influence moindre dans les arbitrages. Il faut toutefois faire

---

1. Voir son témoignage *in* Michel Debré, *Trois Républiques pour une France*, t. I, *op. cit.*, p. 76.

2. Voir l'article de Constant, « De l'article 14 et de la fausse interprétation qu'on lui a donnée », *Courrier français*, 21 janvier 1830. Sur ce point, voir Lucien Jaume, « L'État républicain selon de Gaulle », *Commentaire*, n° 51, mars 1990, p. 524, note 4.

une place à part aux ministres d'État, représentant les grands partis politiques de la IVe République, et parmi eux, aux deux anciens présidents du Conseil, Guy Mollet et Pierre Pflimlin. Ils avaient déjà pesé pour que la nouvelle Constitution respecte les grands principes démocratiques et du régime parlementaire, rappelés dans la loi constitutionnelle du 3 juin 1958. Ils vont militer pour un parlementarisme rénové qui affirme l'autorité gouvernementale et limite le pouvoir des parlementaires. Ils soutiennent ainsi la limitation du domaine de la loi, celle de la durée des sessions du Parlement et de la discussion de la loi de finances. Ils se prononcent encore pour la suppression de l'initiative financière du Parlement. Ils sont également de fervents partisans du parlementarisme rationalisé et en particulier de la motion de censure prévue à l'article 49. Ils reprenaient ainsi les projets de réforme constitutionnelle de la IVe République, notamment celui présenté par Félix Gaillard en janvier 1958.

Mais il faut noter que certaines de leurs positions constitutionnelles contredisaient celles du général de Gaulle et obligèrent ce dernier à faire œuvre de prudence. C'est le cas en particulier de l'institution présidentielle. Il n'était pas question pour eux d'accepter que le président puisse être élu au suffrage universel direct, ce qui aurait rappelé le malheureux précédent de 1848, avec l'élection de Louis-Napoléon Bonaparte. De même, Guy Mollet et Pierre Pflimlin appelleront à une limitation des pouvoirs présidentiels, qu'il s'agisse des pouvoirs sans contreseing qui devaient concerner, selon eux, la seule nomination du Premier ministre et non celle de l'ensemble du Gouvernement, ou de la possibilité pour le président de refuser de signer un décret. De même étaient-ils très réticents face à la préoccupation du Général d'instituer l'interdiction de la compatibilité des fonctions ministérielle et parlementaire. Enfin, ils obtinrent qu'une autre des grandes idées du président du Conseil, à savoir la représentation socioprofessionnelle de la seconde Chambre, soit écartée[1]. Il n'est pas erroné de présenter le rôle des ministres d'État comme très représentatif de la position majoritaire des partis politiques, alors dominants, et faisant dès lors contrepoids aux intentions du général de Gaulle.

1. Voir Jean Gicquel, « Le rôle des ministres d'État », *in* Didier Maus, Louis Favoreu, Jean-Luc Parodi (dir.), *L'Écriture de la Constitution de 1958*, *op. cit.*, p. 777-784.

Même si leur rôle a été davantage technique que politique, il ne faut pas non plus négliger l'importance des juristes venant du Conseil d'État, tels que Raymond Janot et Jérôme Solal-Céligny. Leur contribution a été déterminante pour la rédaction des dispositions les plus détaillées de la Constitution, notamment son titre V consacré aux rapports entre le Parlement et le Gouvernement, et pour la défense de l'esprit du projet de constitution devant le Comité consultatif constitutionnel.

On notera encore que même si René Capitant fut le grand absent des débats constituants, ses idées ne furent pas ignorées. Retenu alors au Japon, où il dirigeait la maison franco-japonaise à Tokyo, il avait été depuis la guerre l'un des principaux conseillers juridiques du général de Gaulle. Par rapport à Michel Debré, son constitutionnalisme est moins libéral que rousseauiste, davantage porté sur l'exaltation de la souveraineté populaire et de la consultation directe du peuple par référendum que sur la défense de la souveraineté nationale et de la représentation. Il incarne également un gaullisme constitutionnel plus réceptif au fédéralisme afin de permettre la création d'États autonomes d'outre-mer. Il est enfin favorable à une séparation des pouvoirs rigoureuse qui passe notamment par la reconnaissance d'une incompatibilité constitutionnelle entre les fonctions ministérielles et parlementaires[1].

Capitant a laissé dans la préface du livre de Léo Hamon, *De Gaulle dans la République*, un jugement sans concession sur le texte de 1958. Il l'a qualifié de « texte le plus mal rédigé de notre histoire constitutionnelle, inférieur même à la Constitution de 1946 […] qui restera une cause d'humiliation permanente pour ceux qui ont tenu la plume[2] ». On ne peut s'empêcher d'y voir là, et même si le constat n'est pas erroné, une pointe de dépit à l'encontre de son rival qui l'avait en l'espèce supplanté, Michel Debré. Sur le fond, Capitant a toutefois approuvé ce qu'il appelle la « Constitution fédérale », c'est-à-dire les dispositions relatives à la Communauté, en ce qu'elles offraient une option aux territoires d'outre-mer qui pouvaient choisir soit de rester dans la RF, soit de s'en détacher en devenant des États autonomes, membres d'une communauté fédérale, ou des États indépendants.

---

1. Voir Nicholas Wahl, « Aux origines de la nouvelle Constitution », art. cit., p. 50-51.
2. Préface à Léo Hamon, *De Gaulle dans la République*, *op. cit.*, p. 14.

Il est plus réservé sur la « Constitution métropolitaine » qui dessine le régime politique de la France, auquel il voit deux grands défauts. Le premier est de renforcer excessivement les prérogatives gouvernementales au détriment du Parlement, fustigeant en particulier la distinction entre le domaine de la loi et celui du règlement, prévue aux articles 34 et 37 de la nouvelle Constitution. Le second est relatif à la place encore excessive accordée au régime représentatif, au détriment de la souveraineté populaire. S'il applaudit à l'institution du référendum législatif, il déplore que son champ d'application demeure trop restreint. En somme, regrette-t-il, « le système proposé est d'inspiration libérale plus que démocratique[1] ». Là aussi, on peut y voir une critique larvée du libéralisme conservateur de Michel Debré. Et il n'est pas étonnant que de retour en France en 1960, Capitant soutienne l'interprétation démocratique de la Constitution par le général de Gaulle, ce dernier recourant régulièrement au référendum, et établissant ainsi un lien étroit entre le chef de l'État et le peuple, par-delà les organes représentatifs.

Il est certain en tout cas que même si la Constitution de 1958 a été principalement l'œuvre d'un petit groupe d'hommes au sommet de l'État, elle a toutefois été le produit d'un certain nombre de transactions, afin de dégager un large consensus. Ces compromis pouvaient apparaître d'autant plus nécessaires que l'on ne pouvait pas s'accommoder des longues hésitations qui avaient été le prélude à la Constitution précédente, celle du 27 octobre 1946.

La Constitution du 4 octobre 1958 : la recherche de compromis

« Que le texte établi en 1958 soit un compromis, cela ressort du vote de la loi constitutionnelle du 3 juin 1958, de déclarations hautement qualifiées, enfin, de l'examen du texte lui-même, note André Hauriou quelques années après la promulgation de la Constitution, avant d'ajouter : Le discours de Bayeux, par la séparation marquée qu'il prévoyait entre l'exécutif et le législatif, orientait vers le Régime présidentiel ou, tout au moins, vers le présidentialisme. En 1958, l'essentiel du système parlementaire

1. *Ibid.*, p. 18.

est cependant accepté par le Général de Gaulle, et c'est surtout en cela que réside le compromis[1]. »

Le choix du régime parlementaire, c'est-à-dire d'un régime de collaboration et d'équilibre des pouvoirs, dans lequel le Gouvernement est responsable politiquement devant le Parlement, mais qui dispose également des attributions suffisantes pour assurer ses missions, apparaissait en effet comme un compromis dans l'esprit même de Michel Debré. Ce dernier, dans son discours au Conseil d'État, présentait en quelque sorte ce régime comme une voie moyenne entre un régime d'assemblée ou conventionnel qui « est celui où la totalité du pouvoir, en droit et en fait, appartient à un Parlement, et plus précisément, à une seule Assemblée[2] » et le régime présidentiel, dont la « marque est faite de l'importance du pouvoir donné en droit et en fait à un chef d'État élu au suffrage universel[3] ». Le garde des Sceaux plaçait du reste l'œuvre constituante « dans le respect des principes fixés d'un commun accord entre le gouvernement du général de Gaulle et les Assemblées parlementaires, accord qui s'est manifesté par la loi du 3 juin dernier[4] ».

En réalité, tout a été fait pour que l'objectif ultime fixé par le général de Gaulle, à savoir restaurer l'autorité de l'État ayant un chef à sa tête, n'apparaisse pas dans les déclarations publiques en 1958, y compris dans le discours d'investiture, très court il est vrai, du 1er juin 1958. C'est dans le huis clos d'une réunion ministérielle à l'hôtel Matignon, le 13 juin 1958, que le Général, en s'appuyant sur le principe de la séparation des pouvoirs, précise le fond de sa pensée en déclarant que « le gouvernement ne doit donc pas procéder du Parlement mais du chef de l'État[5] ». Cette démarche stratégique a également été mise en œuvre dans le texte constitutionnel, dont nombre de dispositions étaient volontairement ambiguës. Il était en effet important pour de Gaulle d'obtenir l'accord des principaux partis pour rassembler la grande majorité des Français au référendum du 28 septembre 1958. Le

1. André Hauriou, *Droit constitutionnel et institutions politiques*, Paris, éditions Montchrestien, 3e édition, 1968, p. 719.
2. Michel Debré, allocution prononcée au Conseil d'État le 27 août 1958, in *Documents pour servir à l'histoire de l'élaboration de la Constitution du 4 octobre 1958*, *op. cit.*, t. III, p. 255.
3. *Ibid.*, p. 256.
4. *Ibid.*, p. 266.
5. Michel Debré, *op. cit.*, t. I, p. 245.

texte devait préserver ce qui était essentiel aux yeux du Général, la fonction présidentielle, et complaire aux ministres d'État qui allaient défendre le projet auprès de leurs amis. C'est pourquoi les rédacteurs n'hésitèrent pas, à plusieurs reprises, à jouer sur les mots[1].

L'exemple le plus caractéristique est le terme « arbitrage » utilisé à l'article 5 de la Constitution à propos du président qui « assure, par son arbitrage, le fonctionnement régulier des pouvoirs publics ainsi que la continuité de l'État ». La compréhension qu'en avait le général de Gaulle, pour qui il était évident que le chef de l'État devait être un décideur, ne correspondait pas à celle des ministres d'État qui avaient une interprétation beaucoup plus modeste de son rôle dans un régime républicain. Dans une note adressée au général de Gaulle, Raymond Janot avait relevé que l'accord qui avait paru se réaliser lors des premières discussions constitutionnelles sur le rôle d'arbitre du président « est, dans une très large mesure, illusoire[2] ». Il alertait ainsi sur le malentendu : « pour des hommes formés par la tradition parlementaire française de ces dernières années, un président de la République arbitre est un personnage qui ne prend jamais parti sur les grands problèmes, qui ne prononce que des phrases très générales et dont l'autorité morale est d'autant moins contestée qu'elle ne s'exerce pratiquement pas. C'est bien évidemment à ce genre d'arbitre que pensaient MM. Guy Mollet et Pflimlin. Il va de soi qu'une telle conception n'a aucun sens aujourd'hui. Certes, un arbitre n'est pas un partisan. Mais ce n'est pas non plus un spectateur. Un arbitre est une personne qui décide dans certains cas particulièrement graves et qui, par conséquent, a le pouvoir propre de décider en ces cas graves[3] ».

Un autre exemple de disposition qui a pu prêter à confusion est relatif aux rapports du président et du Premier ministre, en particulier sur le point de savoir si le premier peut remercier le second.

---

1. On suivra ici l'analyse proposée par Pierre Avril qui s'inspire du concept de compromis dilatoire, utilisé par Carl Schmitt, pour désigner une solution d'attente du constituant, lequel ne parvient pas à satisfaire les exigences contradictoires qui se font jour dans le débat, voir Pierre Avril, *Les Conventions de la Constitution. Normes non écrites du droit politique*, Paris, PUF, coll. « Léviathan », 1997, p. 46 et *sq*.

2. Raymond Janot, « Note pour le général de Gaulle du 16 juin 1958 », *in* Michel Debré, *Documents pour servir à l'histoire de l'élaboration de la Constitution du 4 octobre 1958*, *op. cit.*, t. I, p. 257.

3. *Ibid.*

Lors d'une réunion constitutionnelle du 23 juin 1958, de Gaulle ne s'était pourtant pas embarrassé de mots : le président « doit pouvoir dissoudre l'Assemblée ou le gouvernement si l'un ou l'autre excède les limites de sa compétence[1] ». Face à l'hostilité affichée de Guy Mollet et de Pierre Pflimlin, il avait concédé qu'il ne disposerait de ce pouvoir qu'en cas de circonstances exceptionnelles. Puis, devant le Comité consultatif constitutionnel, il avait répondu à Paul Reynaud que le président « ne peut pas révoquer le premier ministre, sans quoi d'ailleurs le premier ministre ne pourrait pas gouverner avec l'esprit libre[2] » et qu'« il est un arbitre ; il n'a pas à s'occuper de la conjoncture politique, et c'est la raison pour laquelle, entre autres, le premier ministre et le gouvernement n'ont pas à être responsables devant lui[3] ». Cette réponse avait apaisé Reynaud qui se demandait si « cet avant-projet est inspiré de l'esprit présidentiel ou de l'esprit de la Constitution parlementaire[4] ». La formule finalement retenue de l'article 8, alinéa 1er, précisait que le président « met fin à ses fonctions sur la présentation par celui-ci de la démission du gouvernement ». Si elle pouvait être apparemment lue comme empêchant le chef de l'État de mettre fin, de sa propre initiative, aux fonctions du Premier ministre, la pratique constitutionnelle devait pourtant révéler une autre interprétation selon laquelle la présentation de la démission du Premier ministre est purement formelle et n'est pas nécessairement voulue par l'intéressé, rejoignant l'intention originelle du général de Gaulle.

Un cas de compromis peut encore être identifié à propos de l'engagement de la responsabilité politique du Gouvernement devant le Parlement. Ainsi, la rédaction de l'article 49, alinéa 1er, en vertu duquel « le Premier ministre, après délibération du Conseil des ministres, engage devant l'Assemblée nationale la responsabilité du gouvernement sur son programme ou éventuellement sur une déclaration de politique générale », pourrait laisser croire que l'on entendait s'inscrire dans les pratiques parlementaires de la IVe République, c'est-à-dire qu'un Premier ministre entrant en fonction engagerait automatiquement sa responsabilité devant le Parlement.

---

1. Raymond Janot, « Note pour le général de Gaulle du 16 juin 1958 », *op. cit.*, t. I, p. 277.
2. Raymond Janot, « Note pour le général de Gaulle du 16 juin 1958 », *op. cit.*, t. II, p. 300.
3. *Ibid.*
4. *Ibid.*

Toutefois, l'utilisation du présent de l'indicatif « engage », au lieu de l'utilisation de l'expression « doit engager », laissait en réalité une marge de manœuvre au Premier ministre qui pouvait se passer de demander la confiance, contrairement au président du Conseil de la IVe République. Et c'est bien dans ce sens que la disposition constitutionnelle a été interprétée, d'abord par les Premiers ministres du général de Gaulle, puis plus récemment par certains des Premiers ministres du président Macron.

La Constitution de 1958 : un texte à la signification ambiguë

On a pu écrire du texte constitutionnel de 1958 que « tout compromis incline à la confusion, dès qu'il s'agit de donner des institutions, une interprétation[1] ». On ne saurait mieux qualifier les incertitudes qui existent lorsqu'il s'agit d'apprécier le résultat de la mutation constitutionnelle qui a été opérée.

L'éclectisme et la complexité des principales dispositions constitutionnelles sont en effet patents. Ils sont visibles dès l'affirmation, dans l'article 3, du principe de souveraineté, avec l'expression, pour le moins imprécise, que « la souveraineté nationale appartient au peuple ». En effet, dans une conception classique du droit public français, la souveraineté nationale est exprimée uniquement par les représentants. Seuls les députés veulent pour la nation, pour reprendre une célèbre expression de Barnave. Mais ici, la souveraineté apparaît composite, puisqu'elle est à la fois exercée par les représentants et par la voie du référendum. Là aussi, on peut y voir une formule de compromis qui pouvait à la fois contenter les partisans du régime parlementaire et un général de Gaulle, partisan de la participation effective des citoyens à la prise de décision.

Le président de la République est, parmi les institutions politiques, cité en premier par le texte constitutionnel. En apparence, ses pouvoirs sont importants, notamment parce qu'il dispose de pouvoirs propres, c'est-à-dire de prérogatives exercées sans contreseing ministériel. Autrement dit, et contrairement aux Républiques

1. Jean Gicquel, *Essai sur la pratique de la Ve République. Bilan d'un septennat*, Paris, Librairie générale de droit et de jurisprudence (LGDJ), 1968, p. 19.

précédentes, le chef de l'État a la possibilité de prendre librement un certain nombre de mesures, sans demander l'autorisation au Premier ministre et aux ministres responsables. Mais ses pouvoirs propres, cités expressément à l'article 19 de la Constitution, ne sont que des compétences d'attribution, la plupart de ses décisions restant soumises à contreseing. Ils n'interviennent en outre que dans des situations qui se présentent rarement et le plus souvent pour résoudre une crise politique. En effet, la nomination d'un Premier ministre et de son Gouvernement (article 8, alinéa 1er), la tenue d'un référendum législatif (article 11), la dissolution de l'Assemblée nationale (article 12), l'exercice des pouvoirs exceptionnels (article 16), le droit de message aux assemblées (article 18) ou même la saisine du Conseil constitutionnel (articles 54 et 61), ainsi que la nomination de certains de ses membres (article 56) ne sont pas des prérogatives que le chef de l'État va utiliser quotidiennement. Et à y regarder de plus près, ce sont pour la plupart des compétences qui s'adressent à une autre autorité et qui l'invitent à se prononcer. Comme le note Michel Debré devant le Conseil d'État, « le président de la République, comme il se doit, n'a pas d'autre pouvoir que celui de solliciter un autre pouvoir : il sollicite le Parlement, il sollicite le Comité constitutionnel, il sollicite le suffrage universel[1] ». Cette vision de la fonction présidentielle correspond bien évidemment à la formule utilisée également par le garde des Sceaux selon laquelle « le président de la République doit être la clef de voûte de notre régime parlementaire[2] ». Cette métaphore, empruntée à l'architecture des cathédrales gothiques, renvoie à l'idée d'un chef de l'État qui fait tenir debout l'ensemble des institutions et qui est donc garant de leur bon fonctionnement, mais qui ne saurait être l'acteur politique principal.

Le président n'apparaît donc pas comme le premier dirigeant du pays. La nouvelle Constitution énonce effectivement que c'est « le Premier ministre qui dirige l'action du gouvernement » (article 21) et que c'est « le gouvernement [qui] détermine et conduit la politique de la nation » (article 20). Mais au-delà d'une lecture littérale de deux articles relatifs au gouvernement, une lecture comparée des dispositions concernant le président et le Premier ministre incite à

1. Michel Debré, allocution au Conseil d'État, in *Documents pour servir à l'histoire de l'élaboration de la Constitution du 4 octobre 1958*, *op. cit.*, t. III, p. 265.
2. *Ibid.*, p. 264.

la prudence sur la répartition des compétences entre les deux têtes de l'exécutif. Si le Premier ministre est responsable de la Défense nationale (article 21, alinéa 1er) et que le Gouvernement dispose de la force armée (article 20, alinéa 2), c'est le président qui est le chef des armées et qui préside les conseils de la Défense nationale (article 15), le Premier ministre pouvant le suppléer (article 21, alinéa 3). De même, le Premier ministre exerce en principe le pouvoir réglementaire et nomme à tous les emplois (article 21, alinéa 1er), sous réserve néanmoins des compétences réglementaires et individuelles du président exercées en conseil des ministres (article 13). Certes, on pourrait arguer que la Constitution de 1946 comprenait déjà ce type de répartition croisée des compétences. Mais sur la question cruciale des pouvoirs en matière de défense, l'article 33 de ladite Constitution indiquait que le président de la République « prend le titre de chef des armées », suggérant une fonction purement nominale, alors que le président du Conseil, de manière plus effective, « assure la direction des forces armées et coordonne la mise en œuvre de la défense nationale ».

L'ambiguïté du texte constitutionnel est également présente quant aux relations entre le Parlement et le Gouvernement. Le régime parlementaire qui est créé peut apparaître quelque peu atypique, lorsqu'il est énoncé d'un côté que le Gouvernement est responsable devant le Parlement (article 20, alinéa 3) et de l'autre, que les fonctions de membre du Gouvernement sont incompatibles avec l'exercice de tout mandat parlementaire, alors que le droit d'entrée et de parole d'un ministre dans les chambres s'explique par son appartenance à une des deux chambres, selon la conception classique du parlementarisme. Comme le note Maurice Duverger, on a mélangé deux systèmes incompatibles, un régime de collaboration des pouvoirs avec la séparation des pouvoirs qui isole les organes et délimite les fonctions[1]. Tout aussi imprécise est l'indication de la responsabilité du Gouvernement devant le Parlement qui paraît indiquer que, à l'image de la IIIe République, les ministres pourraient être renversés non seulement par les députés, mais aussi par les sénateurs. Pourtant, l'engagement de la responsabilité gouvernementale n'est mis en cause que devant l'Assemblée nationale, en vertu des articles 49 et 50.

---

1. Maurice Duverger, « Les institutions de la Cinquième République », *Revue française de science politique*, vol. 9, n° 1, mars 1959, p. 119.

La Constitution de 1958 : rupture ou continuité ?

Malgré ses imprécisions, le texte de 1958 comporte néanmoins des dispositions explicites et inédites qui ont été remarquées par les contemporains. Elles n'étaient pourtant pas inconnues des constituants car elles avaient été, pour la grande partie d'entre elles, déjà proposées lors de tentatives de révisions constitutionnelles les années précédentes. C'est sans doute une des raisons qui peuvent expliquer pourquoi le projet constitutionnel a pu être rapidement rédigé.

Une des innovations majeures de la nouvelle Constitution est l'encadrement du pouvoir législatif au profit du Gouvernement, qui se matérialise aussi bien du point de vue formel que matériel. La procédure législative est en effet désormais dominée par le Gouvernement. Celui-ci peut opposer l'irrecevabilité d'un amendement d'un parlementaire, soit parce qu'il serait onéreux pour les finances publiques (article 40), soit parce qu'il empiéterait sur le pouvoir réglementaire (article 41). C'est également le Gouvernement qui dispose de la maîtrise de l'ordre du jour des assemblées, et non plus ces dernières (article 48). Cette réforme importante fait désormais de l'exécutif le maître du temps parlementaire. C'est encore le Gouvernement qui a la possibilité de faire voter l'assemblée saisie sur tout ou partie du texte en discussion pour en accélérer l'examen (article 44, alinéa 3) et qui peut, en cas de résistance du Sénat, faire prévaloir le point de vue de l'Assemblée nationale (article 45). Le Gouvernement dispose enfin de l'arme absolue avec l'engagement de sa responsabilité sur un texte, les députés devant déposer une motion de censure pour obtenir un vote et éventuellement s'y opposer (article 49, alinéa 3). Toutes ces techniques caractéristiques du parlementarisme rationalisé sont en quelque sorte la réponse des constituants de 1958 à l'omnipotence parlementaire analysée par André Tardieu dans les années 1930 : « Par ces trois moyens, interpellation, amendement, initiative, la majorité des députés est, à tout instant, maîtresse de l'exécutif[1]. » Or, elles avaient déjà été conçues par plusieurs gouvernements de la IVe République, en particulier ceux de Guy Mollet et de Bourgès-Maunoury, avant d'être présentées par le Gouvernement

---

1. André Tardieu, *La Révolution à refaire*, t. II, *La Profession parlementaire*, Paris, Flammarion, 1937, p. 201.

de Félix Gaillard dans un projet de loi constitutionnelle déposé le 16 janvier 1958[1].

La limitation du domaine de la loi par la Constitution est également un élément central de l'entreprise de cantonnement de l'influence du Parlement. Pour la première fois, une constitution française vient donner une définition du contenu de la loi, en fixant précisément ses champs d'intervention (article 34). En comparaison, le domaine du pouvoir réglementaire est indéfini, puisqu'il concerne « toutes les matières autres que celles qui sont du domaine de la loi » (article 37). Et il revient à une institution nouvellement créée, le Conseil constitutionnel, de vérifier que le législateur n'empiète pas sur les compétences du Gouvernement. C'est aussi au Conseil constitutionnel de contrôler la constitutionnalité de la loi avant sa promulgation (article 61), ce qui constitue une première entorse au mythe du caractère sacré de la loi, en ce qu'elle serait la seule expression de la volonté générale. C'est encore lui qui est appelé à contrôler les règlements des assemblées, alors que celles-ci étaient jusqu'alors souveraines dans l'adoption de ce texte déterminant pour l'organisation de leurs délibérations. Il est significatif qu'en 1958, le Conseil constitutionnel est vu au mieux comme un organe qui devra surveiller le Parlement, « canon braqué vers le Parlement » selon la formule bien connue de Charles Eisenmann. Il n'a pas les prérogatives qu'il obtiendra par la suite, tant en ce qui concerne sa saisine que relativement l'exercice de son contrôle. Dès les premières années de son fonctionnement, certains de ses membres demanderont un élargissement de ses pouvoirs, et en particulier des conditions de sa saisine[2].

La délimitation, par l'article 34, d'un champ de compétences pour le législateur a fait couler beaucoup d'encre au moment de son adoption. On a pu parler de « révolution juridique[3] » ou de « véritable monstruosité juridique héritée des dernières pratiques, les plus dégradées, de la IVe République[4] ». Mais ces jugements portés sur le moment qui voyaient dans cette réforme une grande

1. Voir Didier Maus, *Études sur la Constitution de la Ve République. La mise en place, la pratique*, Nancy, éditions STH, 1990, p. 18 et *sq.*

2. Voir sur ce point le témoignage de Léon Noël, *De Gaulle et les débuts de la Ve République. 1958-1965*, Paris, Plon, coll. « Espoir », 1976, p. 129-131.

3. Paul Durand, « La décadence de la loi dans la Constitution de la Ve République », *JCP*, n° 1470, 1959.

4. René Capitant, préface à Léo Hamon, *De Gaulle dans la République*, *op. cit.*, p. XV-XVI.

Constitution de 1958, parce qu'elle a été « placée résolument sous le double signe du compromis et de l'ambivalence[1] », est dotée d'une grande plasticité. Elle est donc susceptible d'évoluer de différentes manières, soit comme un régime parlementaire moniste dans lequel le chef de l'État aurait un rôle institutionnel limité sur le modèle des républiques précédentes, soit comme un régime parlementaire dualiste, où le Gouvernement aurait des comptes à rendre tant devant le président que devant le Parlement, soit enfin comme un système politique dominé par le président et qui pourrait alors être qualifié indifféremment de « régime présidentialiste », de « République consulaire » ou de « principat ». Cela se comprend d'autant mieux que « le régime se définit moins par ses institutions que par son fondateur et son animateur. Il est essentiellement gaulliste et, à ce titre, entaché d'une relative précarité. De là, à estimer que la Constitution de 1958 était à l'origine une Constitution de circonstances, il n'y a qu'un pas [...][2] ».

Ce pas peut être franchi aisément car le texte constitutionnel est le produit d'un compromis entre des points de vue qui sont nettement différents. La grande majorité de la classe politique accepte une évolution du régime parlementaire dans le sens d'une meilleure efficacité gouvernementale, mais ne veut pas d'un pouvoir personnel. Elle a certes rappelé le général de Gaulle au pouvoir, mais dans son esprit, il s'agit pour lui de régler en priorité la crise algérienne. Une fois celle-ci réglée, l'Homme du 18 juin n'a pas vocation à s'éterniser au pouvoir. La pratique gaullienne des institutions ne peut donc être qu'éphémère, avant de retrouver, d'une manière ou d'une autre, les poisons et délices du parlementarisme, à partir d'une interprétation du texte constitutionnel, selon la tradition de la République parlementaire[3].

Le général de Gaulle est dans un état d'esprit différent. Il fallait certes qu'il limite ses ambitions dans le texte constitutionnel en 1958, pour rallier les principaux partis politiques à sa cause. En politique machiavélien, il a fait preuve d'un grand pragmatisme[4].

---

1. Jean Gicquel, *Essai sur la pratique de la Ve République*, *op. cit.*, p. 22.
2. *Ibid.*
3. Voir sur ce point l'analyse qu'en propose de Gaulle dans ses *Mémoires d'espoir*, t. I, *op. cit.*, p. 37.
4. Ce pragmatisme du général de Gaulle est visible en particulier dans le choix du mode de scrutin pour les élections législatives. Alors qu'il s'était prononcé pour la représentation proportionnelle en 1945, souhaitant minorer l'influence du Parti communiste à l'Assemblée constituante, il opte en 1958 pour le mode de

Mais dans cette hypothèse, il n'est pas faux de parler alors de « Constitution d'attente gaulliste[1] ». La signification du régime politique, telle qu'elle résulte de la loi fondamentale, dépend alors de ce que va en faire de Gaulle. Il ne s'en est d'ailleurs pas caché. Présentant le projet de constitution à Rennes, il explique : « Lorsque la formalité qu'on appelle le référendum aura été accomplie, il restera les problèmes qui nous pressent. Ce ne sont pas les textes constitutionnels qui les régleront, ce sont les hommes qui auront à utiliser ces textes[2]. » Le primat des pratiques sur le texte constitutionnel est une grande conviction du général de Gaulle qui le rappellera à de nombreuses reprises. Dans son discours à Westminster Hall, il fait l'éloge des institutions britanniques à ce propos : « Sûrs de vous-mêmes, sans presque en avoir l'air, vous pratiquez, dans la liberté, un régime solide et stable. [...] dépourvus de textes constitutionnels minutieusement agencés, mais en vertu d'un irrécusable consentement général, trouvez-vous le moyen d'assurer, en chaque occasion, le bon rendement de la démocratie [...][3]. » Dans la conférence de presse du 31 janvier 1964, il rappellera « qu'une Constitution, c'est un esprit, des institutions, une pratique[4] ». Et il confirmera ce point de vue, lorsqu'il reviendra dans ses mémoires sur la mise en place des institutions nouvelles : « Pourtant, ce qui est écrit, fût-ce sur un parchemin, ne vaut que par l'application. Une fois votée la Constitution nouvelle, il restera à la mettre en pratique de telle sorte qu'elle soit marquée, en fait, par l'autorité et l'efficacité qu'elle va comporter en droit. Ce combat-là, aussi, sera le mien[5]. »

Ce combat, le général de Gaulle allait le mener en se démarquant tant de la pratique du parlementarisme de la IVe République que de la lecture des institutions qu'en donnait Michel Debré dans son

scrutin uninominal majoritaire à deux tours, soucieux d'éviter une victoire trop nette de l'UNR, soupçonnée d'être favorable à l'Algérie française, et désireux de ménager la SFIO. En outre, il choisit de l'inscrire dans la loi et non dans la Constitution, ce qui permettait une modification éventuelle plus aisée. Voir Dominique Chagnollaud, « Les Présidents de la Ve République et le mode d'élection des députés à l'Assemblée Nationale », *Pouvoirs*, n° 32, 1985, p. 95-117.

1. Jean Gicquel, *Essai sur la pratique de la Ve République*, *op. cit.*, p. 23.
2. André Passeron, *De Gaulle parle*, Paris, Plon, 1962, p. 36, cité par Jean Gicquel, *ibid.*, p. 52.
3. Discours du 7 avril 1960, *in* CDG, *Discours et Messages*, t. III, *op. cit.*, p. 180-181.
4. *Ibid.*, t. IV, p. 163.
5. CDG, *Mémoires d'espoir*, t. I, *op. cit.*, p. 37.

agricoles et soutenues par 287 députés qui avaient demandé la convocation de cette session. Il est toutefois significatif que cet épisode, inédit dans l'histoire de la République, allait mécontenter les députés, jusqu'à provoquer le dépôt d'une motion de censure qui ne fut toutefois pas adoptée[1].

Mais c'est encore la question algérienne qui est indirectement à l'origine de deux marqueurs de la prépondérance présidentielle dès le début de la Vᵉ République. Le premier est la démission du Premier ministre, Michel Debré, à laquelle le général de Gaulle n'est pas étranger, et qui intervient juste après le référendum du 8 avril 1962. Celui-ci l'exprime en des termes choisis dans le courrier qu'il adresse au chef du Gouvernement, six jours après : « En me demandant d'accepter votre retrait du poste de Premier ministre et de nommer un autre gouvernement, vous vous conformez entièrement et de la manière la plus désintéressée à ce dont nous étions, depuis longtemps, convenus[2]. » Pour la première fois, et même si la démission est présentée comme un accord mûrement réfléchi, un Premier ministre doit quitter le Gouvernement à l'invitation du président.

Le second événement, plus important encore car il sera déterminant pour l'avenir des institutions, est le référendum du 28 octobre 1962 qui introduit l'élection du président au suffrage universel direct. Cette réforme, à laquelle de Gaulle songeait depuis longtemps[3], et qu'il avait en tout cas envisagée publiquement le 11 avril 1961[4], trouva un élément déclencheur avec l'attentat du Petit-Clamart du 22 août 1962. Cette révision de la Constitution suscita une vive opposition d'une grande partie de la classe politique, ainsi que les

---

1. Voir l'analyse de ce précédent *in* Pierre Avril, *Les Conventions de la Constitution*, *op. cit.*, p. 72 et *sq.*

2. CDG, *Lettres, notes et carnets*, *op. cit.*, p. 473. Voir aussi le témoignage de Michel Debré, *Trois Républiques pour une France*, t. III, *op. cit.*, p. 447-448.

3. Voir CDG, *Mémoires d'espoir*, t. II, *op. cit.*, p. 17.

4. Jugeant inadéquat pour ses successeurs le mode de désignation du président de la République par le collège électoral créé en 1958, de Gaulle expliquait : « Pour y remédier, en renforçant, si je puis m'exprimer ainsi, "l'équation personnelle" du futur Président, on peut penser qu'il faudrait qu'il soit choisi par la nation au suffrage universel. Cela peut être envisagé. Si l'échéance de mon remplacement devait survenir avant qu'on ait eu le temps de résoudre ce problème, il appartiendrait à ceux qui seront là quand je n'y serai plus de prendre les initiatives voulues. Mais, si moi-même en ai le temps et la possibilité, je pourrais, au moment voulu, mettre à l'ordre du jour ce point, fort important pour l'avenir de la France. » Conférence de presse du 11 avril 1961, *in* CDG, *Discours et Messages*, t. III, *op. cit.*, p. 301-302.

réticences de nombreux juristes[1]. On reprocha d'abord à de Gaulle la procédure qu'il utilisa car la Constitution prévoyait un article pour sa révision, l'article 89. En utilisant le référendum de l'article 11, ce qui lui permettait de se passer de l'accord préalable du Parlement pour modifier le texte constitutionnel, le chef de l'État utilisait donc une technique dont la régularité paraissait très contestable. On lui reprocha aussi le contenu de la révision, l'élection du chef de l'État au suffrage universel direct étant un épouvantail pour de nombreux républicains. La crise constitutionnelle, puisqu'il y avait un grave désaccord entre le président et le Parlement sur l'interprétation de la Constitution, déboucha sur une grave crise politique, dont le général de Gaulle devait sortir le grand vainqueur grâce à l'arbitrage du peuple français. Le référendum du 28 octobre 1962 donna la victoire du oui avec 62 % des suffrages exprimés. Les élections législatives des 18 et 25 novembre 1962, intervenant après la dissolution de l'Assemblée nationale prononcée par le chef de l'État, le 10 octobre 1962, elle-même déclenchée à la suite du renversement du gouvernement de Georges Pompidou, donnent à leur tour une nette victoire aux députés gaullistes[2].

À bien y regarder, la crise de l'automne 1962 est l'exact opposé de la crise du 16 mai 1877 qui s'était soldée par la défaite du président Mac-Mahon et l'affirmation de la prééminence des assemblées. D'abord, parce qu'elle consacre la victoire politique du président de la République sur le Parlement qui sort politiquement affaibli de l'affrontement. Depuis 1962, jamais une Assemblée nationale n'a été en mesure de renverser un Gouvernement et d'imposer, si l'on peut dire, sa loi au pouvoir exécutif[3]. Ensuite, parce qu'en introduisant l'élection du président au suffrage universel direct, la réforme constitutionnelle du 6 novembre 1962 conduit à la présidentialisation du régime. L'élection présidentielle

1. À l'exception notable d'un René Capitant qui voyait dans l'utilisation du référendum pour réviser la Constitution le respect fidèle à l'esprit de la Constitution. Ce dernier qui lui paraissait correspondre au principe de la souveraineté populaire devait l'emporter sur sa lettre : « 4 octobre 1962. Réfutation du non », voir René Capitant, *Écrits politiques*, Paris, Flammarion, 1971, spéc. p. 157-160.

2. Sur cette crise politique et constitutionnelle, voir une bonne synthèse dans Jean-Jacques Chevallier, *Histoire des institutions et des régimes politiques de la France de 1789 à nos jours*, Paris, Dalloz, 6e édition, 1981, p. 753 et *sq.*

3. Cela ne présage évidemment pas des évolutions possibles liées à l'état des forces politiques présentes à l'Assemblée nationale consécutivement aux élections législatives du début de l'été 2024.

mais doté des pleins pouvoirs par le vote du 2 juin 1958, que de Gaulle enclenche des réformes décisives. En quelques mois, la France passe d'une situation délicate, dominée par la guerre d'Algérie, dont le coût, assorti de mesures sociales non financées, creuse dangereusement le déficit public, à une autonomie retrouvée, marquée par une réorganisation du lien entre le pouvoir politique et l'administration et une reprise en main des finances publiques, qui, dans l'aspiration du règlement du conflit algérien, lui redonnent des marges de manœuvre. Ces faits sont difficilement contestables, même s'il convient d'en bien comprendre les ressorts, les conditions et les efforts qui les rendent possibles. Mais cette période suscite également une légende autour des « thérapies de choc » qui seraient nécessaires, de temps à autre, au pays, pour le remettre sur les rails.

C'est bien à une « thérapie de choc » que s'apparentent les derniers mois de la IVe République : des réformes de structure sont mises en œuvre, qui pavent le chemin de la Ve République, le général de Gaulle prenant officiellement ses fonctions le 8 janvier 1959. À résumer, le bilan de ces quelques semaines est considérable[1]. Posons quelques repères : un gouvernement de coalition allant des indépendants aux socialistes, d'Antoine Pinay à Guy Mollet, dirigé par Charles de Gaulle, qui légifère par ordonnances, supervise l'écriture de la Constitution, lance un plan ambitieux de redressement des finances publiques (plan Rueff), est à l'initiative du traitement de la crise algérienne, redéfinit la relation franco-allemande (entrevue de Gaulle/Adenauer à La Boisserie, le 14 septembre 1958) comme l'investissement de la France dans la Communauté économique européenne (CEE) (acceptation du traité de Rome), tout en préparant les premières ordonnances sur l'intéressement des travailleurs et en bouclant une refonte du système hospitalier et du système judiciaire. On pourrait ajouter au bilan quelques mesures fondamentales, comme l'allongement de l'âge de la scolarité obligatoire à seize ans. Entre le 3 juin 1958 et le 4 février 1959, pas moins de 396 ordonnances sont prises, qui lancent de manière significative le rebond du pays qui se prolongera dans le début des années 1960.

Bref, alors que la Ve République naît sur le papier puis rencontre l'approbation des Français, le temps n'est pas à l'attentisme, mais déjà à la décision et à l'action, dans un cadre hybride, qui n'est plus la IVe République, puisque la loi du 3 juin 1958, permettant de

---

1. Voir Arnaud Teyssier, *L'Énigme Pompidou-de Gaulle*, Paris, Perrin, 2021, p. 117 et *sq*.

légiférer par ordonnances, neutralise de fait le contrôle parlementaire, mais qui n'est pas encore le régime nouveau. Cet entre-deux s'avère tout particulièrement propice aux réformes. La situation est à la fois marquée par l'urgence des situations et la capacité d'une équipe, dont les bases ont déjà été posées à la Libération autour de De Gaulle, à se mettre au travail rapidement, en lien étroit avec la haute administration. Le cadre très particulier et éphémère d'une décision en boucle courte et la possibilité de légiférer par ordonnances vont alors permettre de débloquer des réformes longtemps enterrées, et d'en mener d'autres dans des délais très réduits. Nous ne traiterons donc pas ici en détail de la crise de mai 1958, ni de l'élaboration de la Constitution, abordées par ailleurs dans cet ouvrage, mais de la dynamique réformatrice de l'année 1958. À ce sujet, plusieurs hypothèses méritent d'être étudiées.

La première tourne autour de la notion de *rupture* qu'incarnerait le retour de De Gaulle en 1958. À cette date, la IVe République, vieille de onze années, a déjà fait le tour de ses limites, et, depuis les élections de 1956, qui donnent une Chambre sans majorité stable, lutte pour sa survie[1]. Ce constat est partagé dans la haute administration, mais il l'est également chez certains leaders politiques, comme Pierre Mendès France[2], Guy Mollet ou Félix Gaillard. Il faut donc partir des derniers soubresauts de la IVe République pour comprendre la dynamique qui nourrira l'ardeur réformatrice : les réformes de 1958 sont aussi, de manière plus modeste, celles que tente de mettre en place le gouvernement de Félix Gaillard, dans la première moitié de l'année. À son arrivée au pouvoir, Charles de Gaulle trouve une génération de hauts fonctionnaires décidée à faire évoluer le pays, désireuse de pouvoir s'appuyer sur un pouvoir politique stable, sur laquelle son Gouvernement et ses équipes vont pouvoir immédiatement s'appuyer. Il ne faut pas, bien évidemment, adopter une vision irénique de la synergie qui se met alors en place : conflits et crises de transition sont également présents[3]. Néanmoins, l'adéquation de vues et

1. Sur ces dernières années, voir Michel Winock, *La République se meurt. Chroniques, 1956-1958*, Paris, Le Seuil, 1978.

2. « J'ai dit un jour de l'hiver 1957-1958, j'ai retrouvé ça récemment, que c'était "probablement le dernier hiver" », *in* Pierre Mendès France, *Choisir*, Paris, Stock, 1974, p. 107.

3. Voir Brigitte Gaïti, *De Gaulle, prophète de la Cinquième République, 1946-1952*, Paris, Fondation national des sciences politiques (FNSP), 2003, p. 261 et *sq*.

1958 : une France dans l'impasse ?

S'il est difficile de dater exactement le début de la fin de la IVe République[1], une chose est absolument certaine : la crise de mai 1958 n'arrive pas comme un coup de tonnerre dans un ciel bleu. Si les élections de janvier 1956, anticipées de six mois par la dissolution voulue par Edgar Faure, parviennent à briser l'élan rénovateur porté par Pierre Mendès France, elles accouchent d'une Chambre aussi dépourvue de majorité de gouvernement que la précédente, l'éphémère vague poujadiste ayant neutralisé le système des apparentements, et privé l'éphémère Front républicain, conclu entre la SFIO, les radicaux de tendance mendésiste et les républicains sociaux de Chaban-Delmas, d'une véritable majorité de gouvernement. À compter de cette date, Pierre Mendès France, souvent considéré comme le dernier espoir de la IVe République sur la base de l'élan alors déjà bien terni, créé par son expérience gouvernementale de 1954-1955, est déjà hors de capacité d'agir. Comme le fait observer René Billères, son « non-choix » par René Coty pour former le premier gouvernement de la législature s'explique par une raison tellement évidente que nul n'y songe : la Chambre, particulièrement le MRP, ne l'aurait pas investi[2]. Condamné à un ministère sans portefeuille dans le gouvernement de Guy Mollet, qu'il quitte avec fracas le 22 juin 1956 sans pour autant appeler les membres de son parti à le suivre, il se réfugie dans un magistère moral sans grande prise sur les événements, dont il ne sortira plus véritablement[3].

Inconfortablement positionnés entre la vague mendésiste avortée et le retour du Général, on a un peu oublié les derniers efforts portés par les hommes des derniers temps de la IVe République, que ceux-ci émanent du monde politique (Guy Mollet, Maurice

1. Dans *Les Dernières Années de la IVe République*, Paris, Plon, 1968, Robert Buron considère qu'après la chute de Mendès France, en février 1955, on entre dans les « dernières années ». Symboliquement, l'agenda du général de Gaulle commence à se remplir à partir du début de l'année 1957, les principaux partis politiques comme les grandes ambassades lui envoyant de nouveau des émissaires après des années de « traversée du désert ».

2. Archives de la FNSP, fonds Odile Rudelle, entretien avec René Billères, 1er mars 1984.

3. Éric Roussel, *Pierre Mendès France*, Paris, Gallimard, coll. « NRF Biographies », 2007.

Bourgès-Maunoury, Félix Gaillard) ou de la haute administration. Pourtant, la réflexion alors lancée sur la crise interne de la IVe porte à la fois sur son impasse politique et sur son impasse financière, que la crise algérienne unifie. Concernant la crise financière, un effort de perspective est nécessaire. Si le décrochage est fortement perçu à l'époque, ce dont témoigne par exemple l'ouvrage de Jean-Marcel Jeanneney, *Forces et faiblesses de l'économie française*, paru en 1956, il s'agit pourtant d'une crise conjoncturelle dans un contexte général assez spectaculaire. Bref, selon la formule d'André de Lattre, « les apparences sont peut-être plus inquiétantes que la réalité ». Le choix de faire « accepter la Guerre d'Algérie au prix de réformes sociales non financées », selon la cruelle formule de Pierre Mendès France, conduit à une hausse rapide du déficit public (6,2 milliards de francs en 1955, 9,3 milliards en 1956, 10 milliards en 1957), et à un fort déficit des paiements courants sur le front extérieur (1 204 millions de dollars pour 1957, le taux de change se situant alors à 350 francs pour 1 dollar). La France doit alors quémander le soutien du Fonds monétaire international (FMI), mesure certes temporaire et au fond anecdotique, mais douloureuse sur le plan symbolique alors que le conflit algérien isole le pays sur la scène internationale.

L'historiographie postérieure a souvent soulevé le sentiment de panique et de résignation qui gagne les élites de la IVe face à cette situation[1]. Pourtant, le constat de l'époque apparaît lucide, centré sur des faiblesses structurelles d'une économie française où l'État reste la principale source de production de richesses, et surtout où il garantit nombre de positions acquises en tentant de les protéger de la concurrence étrangère. C'est d'ailleurs cette tradition ancrée qui conduit une partie du patronat français, mais aussi de la classe politique (Pierre Mendès France en tête), à rejeter le traité de Rome en juin 1957 : une confuse absence de confiance dans la capacité de notre économie à faire face à l'ouverture du marché national est alors un sentiment, sinon dominant, du moins très ancré[2]. Pourtant, dès cette époque, un diagnostic est posé, qui lie la nécessaire

1. Voir Thierry de Montbrial, « L'économie française en 1958 », *in* Institut Charles-de-Gaulle, *1958, la faillite ou le miracle. Le plan de Gaulle-Rueff*, Paris, Economica, 1986, p. 7-15.

2. Voir Laurent Warlouzet, *Le Choix de la CEE pour la France. L'Europe économique en débat de Mendès France à de Gaulle, 1955-1969*, Paris, Comité pour l'histoire économique et financière de la France (CHEFF), 2011.

solides et plus durables[1] ». En effet, Gaillard déplore que « les détenteurs théoriques du pouvoir se voient régulièrement condamnés à l'impuissance, pris entre une Assemblée qui pratique le jeu de massacre et une administration qui a la partie trop belle (étant inamovible) ». La réponse est donc cohérente, et indexée sur un retour au scrutin majoritaire. Mais ce texte, voté par l'Assemblée le 21 mars 1958, ne sera même pas examiné par le Sénat : le projet de loi instaurant un scrutin uninominal à deux tours (avec ballottage pour les candidats ayant 10 % des suffrages exprimés) est rejeté par l'Assemblée le 25 février, déséquilibrant l'ensemble de l'édifice, avant que l'affaire de Sakiet et des « bons offices » ne brûle les derniers feux du Gouvernement, et avec lui de la IVe République. Félix Gaillard est renversé le 15 avril 1958, la confiance lui étant refusée à une large majorité de 321 voix contre 259.

Bien évidemment, Félix Gaillard ne dispose ni de la légitimité, ni des équipes, ni des moyens d'action du général de Gaulle[2]. En revanche, il incarne une volonté de réforme d'une IVe République qui se sait à bout de souffle, volonté présente aussi bien dans la classe politique que dans une haute administration lasse de l'immobilisme. Son analyse de la crise s'avère prémonitoire, en ce qu'elle réhabilite dans la sphère politique un certain nombre de solutions que le général de Gaulle va mettre en œuvre.

Un cabinet « commando »

Avec le vote du 2 juin 1958, Charles de Gaulle a les coudées franches : pendant six mois, le Parlement se trouve mis en congé, ce qui lui laisse une large capacité d'action[3]. La formation du Gouvernement se fait au pas de charge, alternant les efforts pour convaincre des poids lourds du régime finissant, comme Guy Mollet, Pierre Pflimlin ou Antoine Pinay, et le choix de hauts fonctionnaires, bien souvent « les plus anciens dans le grade le plus élevé », comme les préfets Émile Pelletier (Intérieur) et Pierre Sudreau

1. *Combat*, 13 janvier 1958.
2. Pour un bilan, voir Samuel Cazenave, *Félix Gaillard, le président*, Paris, Gingko, 2011.
3. De Gaulle est investi le 1er juin 1958 par 328 voix contre 244. Seul le PCF est unanime dans son opposition. Les radicaux comme les socialistes se divisent. Pierre Mendès France et François Mitterrand se situent dans le camp des opposants.

(Construction), le conseiller d'État Bernard Chenot (Santé), l'ancien gouverneur Bernard Cornut-Gentille à la France d'outre-mer[1]. Cependant, ce gouvernement n'est déjà plus exactement le dernier de la IVe République pour une raison bien précise : le cabinet du président du Conseil y prend un poids et une organisation jusqu'ici inusitée[2]. Le mouvement de ces quelques mois va beaucoup se nourrir de la complémentarité et de l'expérience des équipes qui rejoignent l'hôtel Matignon. Le nombre, la spécialisation des conseillers, leur mode de fonctionnement, qui les voit bien souvent doubler, voire précéder l'action des ministres, font du cabinet le véritable gouvernement de combat à la manœuvre en 1958.

Cette mobilisation peut sembler paradoxale : de Gaulle sort alors des années dites de « traversée du désert », qui ont vu nombre de ses lieutenants s'éloigner. Certains, comme Jacques Chaban-Delmas ou Christian Fouchet, ont rejoint les républicains sociaux, participants aux diverses expériences gouvernementales à partir de Mendès France[3]. C'est ainsi Mendès France qui nommera Jacques Soustelle gouverneur général à Alger, dans les derniers jours de son gouvernement. D'autres sont retournés dans le monde des affaires (Georges Pompidou) ou dans la haute administration (René Brouillet, Étienne Burin des Roziers). Cependant, une continuité a été maintenue par une petite équipe, rue de Solférino, afin d'assurer la poursuite de l'implication du Général en politique, et l'entretien des réseaux. Parmi ces hommes, on retrouve Olivier Guichard[4], Jacques Foccart ou Pierre Lefranc. Leur tâche est double. D'abord, maintenir de Gaulle « dans le jeu », l'éloigner de la tentation du retrait, alors que ces années sont consacrées à la rédaction et à la publication de ses *Mémoires de guerre*. À considérer l'agenda des entretiens que de Gaulle accorde tous les mercredis après-midi,

1. Par ailleurs, François Bloch-Lainé, inspecteur des Finances et directeur de la Caisse des dépôts et consignations, refuse le ministère de l'Économie et des Finances, finalement dévolu à Antoine Pinay.

2. Voir Gilles Le Béguec, « Les cabinets ministériels sous la IVe République », *in* Xavier Bioy, Stéphane Mouton, Jean-Michel Eymeri-Douzans, *Le Règne des entourages. Cabinets et conseillers de l'exécutif*, Paris, Presses de Sciences-Po, 2015.

3. Voir Jean-François Sirinelli, Gilles Le Béguec (dir.), *Jacques Chaban-Delmas en politique*, Paris, PUF, 2007. Président de l'Assemblée nationale, Jacques Chaban-Delmas n'a jamais été ministre du Général.

4. Dont le rôle personnel a été réévalué par un récent colloque. Voir Gilles Le Béguec, Frédéric Fogacci (dir.), *Olivier Guichard*, Paris, Nouveau Monde éditions/Fondation Charles-de-Gaulle, 2018.

autour de la décision centrale, celle d'accepter pleinement la mise en application des clauses de libre-échange du traité de Rome au 1er janvier 1959. Mais il faut également souligner l'équilibre qui se crée entre Pompidou et Olivier Guichard, venu du RPF, directeur adjoint de cabinet, et chargé des questions politiques, qui se charge de « mettre du liant entre ce nouvel État et la classe politique, la presse, voir les gens, écouter, expliquer[1] », et qui supervise la création de l'UNR, coalition mise en place tardivement en vue des élections législatives. C'est aussi Olivier Guichard, expert électoral, qui se charge de proposer un découpage des circonscriptions pour les élections législatives, sujet que de Gaulle ne suit que de loin. Un échange a par exemple lieu entre les deux hommes au sujet de la circonscription de l'Eure de Pierre Mendès France, que de Gaulle ne désespère pas de voir devenir chef de l'opposition.

De manière assez unique, ce cabinet fonctionne comme un Gouvernement. C'est avec Jean-Marc Boegner, son conseiller diplomatique, que Charles de Gaulle prépare la venue de Konrad Adenauer à La Boisserie, le 14 septembre 1958. De même, Antoine Pinay, ministre de l'Économie et des Finances, est assez largement tenu à l'écart des travaux préparatoires du plan Rueff, auquel son nom sera pourtant accolé. Les témoignages d'époque décrivent Georges Pompidou animant les réunions de cabinet, recevant les ministres, bref, remplissant un rôle assez proche de celui d'un chef de Gouvernement, pendant que le Général définit les orientations stratégiques et incarne le lien avec les Français[2]. Une attention toute particulière est apportée à la communication : le normalien Raymond Labelle s'occupe des discours, et le duo Simone Servais/Philippe Ragueneau des relations avec la presse. Enfin, des « officieux », comme Arlette de la Loyère, prêtent leur concours, en fournissant des notes ou des contacts.

---

1. Institut Charles-de-Gaulle, *L'Entourage et De Gaulle*, Paris, Plon, 1979, p. 132.

2. Témoignage de Jean Aubry : « L'opinion était d'ailleurs largement partagée au sein du cabinet que Georges Pompidou était très vite devenu auprès du Général un acteur politique essentiel ; beaucoup plus, en réalité, qu'un simple directeur de cabinet. Ce qu'ont confirmé, au début de 1959, la proposition qui lui a été faite de devenir le premier des Premiers ministres de la Ve République et la place qu'il occupait, aux côtés du général de Gaulle, lors du défilé inaugural sur les Champs-Élysées. » Voir Bernard Lachaise, Gilles Le Béguec, Frédéric Turpin (dir.), *Georges Pompidou, directeur de cabinet du général de Gaulle*, *op. cit.*, p. 86.

Une équipe en lien étroit avec la haute administration

Au total, cette mise en place est cruciale. D'une part parce qu'elle fournit au Général l'équipe de combat dont il a besoin, réactive, et capable de suivre au plus près les inflexions de son évolution politique. En effet, beaucoup de choix stratégiques ne sont pas tranchés en mai 1958, et vont l'être dans une temporalité politique rapide, nécessitant donc une extrême réactivité de l'appareil d'État. D'autre part, car ce cabinet fait le lien entre la volonté politique qu'incarne le Général et le monde de la haute administration. Nombre des ordonnances adoptées durant ces quelques mois sont évidemment prêtes de longue date, dans les cartons des différentes administrations, et jusqu'ici différées dans leur application faute de volonté politique claire. La question du ralliement de la haute administration au pouvoir après mai 1958 est à tous égards cruciale[1]. De nombreux témoignages, comme celui de François Bloch-Lainé[2], racontent une histoire simple : une génération (Nora, Gruson, etc.), formée dans la Résistance, promue à la Libération, incarne le courant « modernisateur » de l'administration, présente dans certains bastions (commissariat général au Plan, Service des études économiques et financières [SEEF], etc.), et trouve enfin avec de Gaulle et Michel Debré un pouvoir politique à servir.

Le tableau d'ensemble n'est pas forcément faux, mais mérite d'être nuancé : la figure de Pierre Mendès France pèse sur cette génération et bloque ou retarde certains ralliements, Jean Monnet continue à jouer pour certains un rôle de figure tutélaire qui là aussi génère une certaine méfiance à l'égard du Général. Enfin, de Gaulle favorise la promotion à ses côtés de hauts fonctionnaires « régaliens », préfets, conseillers d'État, diplomates ou militaires, plus que d'inspecteurs des finances ou d'administrateurs civils. Mais en retour, la promotion de ministres « techniciens », la

1. Voir David Valence, « Une prise en main rigoureuse de l'appareil d'État ? Le pouvoir gaulliste face aux hauts fonctionnaires (1958-1962) », *Histoire@Politique*, n° 12, mars 2010.

2. François Bloch-Lainé, *Profession fonctionnaire. Entretiens avec Françoise Carrière*, Paris, Le Seuil, 1976. Voir aussi Michel Margairaz, « Les deux septennats à la tête de la Caisse des dépôts et consignations : François Bloch-Lainé, acteur principal d'une mutation réussie », in *François Bloch-Lainé, fonctionnaire, financier, citoyen*, Paris, CHEFF, 2005, p. 103-126.

sensibilité du Général aux enjeux de planification[1], le choix, également, de neutraliser temporairement le Parlement le légitiment auprès des grands commis de l'État. En définitive, son avènement tranche un certain nombre de débats dans l'administration, entre anciens et modernes, entre libéraux et planificateurs, puisqu'elle apparaît à tous comme une opportunité de renouer avec l'efficacité de l'action publique : comme le souligne Michel Jobert, « [De Gaulle et Mendès France] me disaient tous deux que la France filait un mauvais coton, qu'elle avait besoin de se resituer par rapport à elle-même, et qu'il fallait qu'elle se détermine à être dirigée. Par qui ? Eh bien par le Général, puisqu'elle l'avait sous la main. C'est cela, la Ve République ![2] ». Ce choix que va faire la haute fonction publique, la forte imbrication entre celle-ci et un cabinet de combat prêt à suivre et à répercuter les impulsions données par le Général, un volume de réformes et d'ordonnances prêtes à être adoptées, mais jusqu'ici bloquées par l'immobilisme du pouvoir politique : tels sont les piliers d'une cathédrale d'efficacité politico-administrative qui se déploie à compter de l'été 1958.

L'arme des ordonnances

Les ordonnances vont être l'outil fondamental d'action. Certes, une partie du cabinet ayant entouré de Gaulle à la Libération possède déjà une pratique des ordonnances, lesquelles, du rétablissement de la légalité républicaine à la définition des principes régissant la sécurité sociale, ont posé une partie des bases de la Libération. Cependant, le contexte est différent. En 1944, comme le fait observer Jean-Pierre Dubois[3], des ordonnances sont disjointes du temps constituant, elles servent à rendre exécutoires les promesses de la Libération. En 1958, le contexte est différent : il s'agit de préparer la nouvelle République en prenant, rapidement, un certain nombre de mesures jugées nécessaires, en vertu du vote du 2 juin 1958 qui donne au Général une délégation de pouvoirs

1. De Gaulle avait institué le commissariat général au Plan par le décret du 3 janvier 1946.
2. Dans Brigitte Gaïti, *De Gaulle, prophète de la Cinquième République*, *op. cit.*, p. 308.
3. Voir Jean-Pierre Dubois, « Les ordonnances de 1959-1959 », *in* Fondation Charles-de-Gaulle, *L'Avènement de la Ve République. Entre nouveauté et tradition*, Paris, Armand Colin, 1999, p. 73-74.

d'une étendue exceptionnelle. On ajoutera qu'il s'agit également, on le verra, de solder des réformes trop longtemps retardées par la IVe République, et que l'administration tient prêtes. La chronologie est d'ailleurs liée à la mise en place du Régime. Avant octobre 1958, les textes sont des décrets ayant valeur d'ordonnance. À partir d'octobre, une fois la Constitution adoptée, il s'agit d'ordonnances sur habilitation constitutionnelle, conformément à l'article 92 de la Constitution, qui annoncent le régime nouveau. Le rythme s'en ressent, le vote du 28 septembre ayant constitué une césure : 75 textes avant le mois d'octobre, 321 entre octobre et janvier. Cette accélération n'est pas un hasard : le référendum conforte les équipes, renforce personnellement le Général à la tête de son Gouvernement. Peut-être favorise-t-il aussi un effet d'aubaine, qui conduit les administrations à vouloir profiter de la fenêtre de tir pour faire voter un nombre élevé de textes. Ainsi, les contreforts de certaines réformes fondamentales, comme celle de l'Hôpital public, et celle de la Justice, sont définis par une série d'ordonnances prises dans les dernières semaines de 1958. Attendre, prendre le risque de revenir devant le Parlement, aurait également exposé aux blocages et aux réserves dont les députés s'étaient fait les porte-voix sous la IVe République.

Le plan de bataille

Le discours d'investiture prononcé par Charles de Gaulle le 1er juin à la tribune de l'Assemblée est des plus brefs : il dure sept minutes, et ne dessine guère d'engagements précis pour la suite. De Gaulle se borne à solliciter la confiance des députés pour agir, en des termes plus polis que diplomatiques. En revanche, le plan de bataille est prêt. Comme Félix Gaillard, de Gaulle entend prendre de front la question algérienne, la question du redressement des finances, crucial dans la perspective d'intégrer le Marché commun, la réforme de l'État et la réforme institutionnelle. Mais son originalité comme sa force sont de lier les dossiers. Il s'agit de lier, d'abord, la question algérienne à la question institutionnelle. Considérer que seule une République restaurée pourra prendre de front le défi algérien est une attitude constante chez le Général. De longue date, à tous ses collaborateurs, comme Soustelle, il oppose le préalable du changement de régime (« ils ne vous laisseront pas faire ») à toute action concrète[1]. La reprise en main de l'État, symbolisée par la nomination de Paul Delouvrier comme délégué général à la place du général Salan, symbolise la volonté de Paris de reprendre la main. Les instructions données à Delouvrier sont claires : « Vous êtes la France en Algérie. La France, son but, son autorité, ses moyens. La volonté du gouvernement est que l'Algérie, à travers ses épreuves et malgré ses retards, se révèle peu à peu dans sa réalité profonde grâce à l'action menée par toute la France. À ce titre, il vous faut pacifier et administrer, mais en même temps transformer.[2] » Dans ce domaine, de Gaulle prolonge, avec des moyens et une autorité nouvelle, une stratégie que plusieurs personnalités de la IVe République avaient déjà envisagée.

De même, la remise en ordre des finances de l'État est indissociable du choix de l'Europe, ou plus exactement de ne pas demander de report dans la mise en œuvre de tarifs douaniers préférentiels, prévue pour le 1er janvier 1959, et est intrinsèquement liée à l'élaboration du plan dit « Pinay-Rueff » de reprise en main de l'économie française, qui doit en fait beaucoup au travail du directeur du Budget, Roger Goetze, et à de Gaulle lui-même, qui s'en fait l'infatigable promoteur. Dans ce domaine, de Gaulle joue de l'incertitude à l'égard d'un traité au sujet duquel il n'a guère ménagé ses critiques[3] : l'acceptation de l'échéance permet à la fois d'engager sur de bonnes bases la relation franco-allemande, et d'imposer des réformes structurelles longtemps différées. Mais là aussi, la stabilité et la durée changent les perspectives : le 24 juillet, de Gaulle se rend à une conférence de presse du ministre de la Construction, Pierre Sudreau, afin de souligner que le Gouvernement est bien engagé dans des projets de long terme, et que les réformes mises en chantier ne visent pas à parer au plus pressé, mais bien à refonder.

---

1. Archives de la FNSP, fonds Odile Rudelle, entretien avec Jacques Soustelle, 23 avril 1979, p. 57-58.
2. Voir Georgette Elgey, *Histoire de la IVe République*, vol. 6, *op. cit.*, p. 267.
3. La décision ne semble pas fixée avant les jours précédant la venue du chancelier Adenauer à La Boisserie. Interrogé début septembre sur les intentions françaises par des diplomates britanniques lors de la réunion de l'OECE au château de la Muette, Maurice Couve de Murville reste dans le flou.

La reprise en main économique et financière : faire face à l'immédiat

Le point de départ est donc la reprise en main des finances publiques, tant leur maîtrise relève pour de Gaulle d'un enjeu de souveraineté. La situation économique de la France est alors marquée par une série de paradoxes : alors que la croissance est repartie, à un taux moyen de presque 5 % par an depuis 1950, l'économie française souffre pourtant de faiblesses à la fois structurelles et conjoncturelles. Les faiblesses structurelles résident massivement dans le rôle central, parfois omnipotent de l'État comme vecteur de modernisation de l'économie, ce qui a pour effet de préserver de nombreuses rentes de situation, qui s'adossent à un protectionnisme de fait, bien souvent adossé au corporatisme dans plusieurs secteurs économiques. Comme le souligne Thierry de Montbrial, dès le plan Monnet des années 1950, l'enjeu concernant l'économie est posé en termes de modernisation ou de décadence de l'appareil productif, sans pour autant considérer la possibilité d'une véritable ouverture du marché national[1] : celle-ci est considérée comme peu viable, et surtout comme peu susceptible d'être acceptée par le monde du travail en France. Le fort impact du mouvement poujadiste aidant, les négociations autour du traité de Rome se heurtent ainsi à l'incrédulité, sinon à l'hostilité, d'une grande partie du patronat, particulièrement de l'influent patronat colonial (Borgeaud, Blachère), hostile à une ouverture qui accélérerait un « découplage » entre l'économie de la métropole et celle de l'Empire. Mais cette vision pessimiste est partagée dans le monde politique. Pierre Mendès France[2], comme, à l'époque, Charles de Gaulle, doute de la capacité de l'économie française à faire face à l'afflux de produits que l'on imagine alors de meilleure qualité et de meilleur prix pour le consommateur. Roger Belin rapporte un conseil interministériel du début de l'année 1957 au cours duquel la totalité du gouvernement de Guy Mollet s'oppose à ce que le texte du traité de Rome soit soumis à l'Assemblée : Paul Ramadier, responsable du secteur économique, se montre

1. Thierry de Montbrial, « L'économie française en 1958 », *op. cit.*
2. Voir Laurent Warlouzet, *Le Choix de la CEE par la France*, *op. cit.*, Paris, CHEFF, 2011.

alors hostile à toute ouverture des frontières, obligeant Mollet à passer en force[1].

Cependant, le second problème est conjoncturel, le poids de la guerre d'Algérie, couplé, à partir de 1955, à la fin du soutien américain, conduit à une hausse spectaculaire des déficits publics (10 milliards en 1957), à un fort déficit des paiements courants (1 204 millions de dollars la même année) et à un décrochage du franc par rapport au dollar (350 francs pour 1 dollar). La France est alors contrainte, dans le contexte international déjà pesant créé par la guerre d'Algérie, de solliciter le FMI, alors que l'inflation (15 % en 1957) est très durement ressentie par les Français, et interprétée comme un signe d'effondrement. Alors que le 1er janvier 1959 se profile le début du désarmement douanier à l'égard des partenaires européens, la Banque de France ne dispose que de l'équivalent d'un mois d'importations (soit 200 millions de dollars) au 1er juin. Le diagnostic n'est donc pas évident : si l'évolution de long terme est bonne (croissance régulière, très faible taux de chômage), mais freinée par des faiblesses structurelles, des marqueurs d'une crise conjoncturelle (inflation, déficit) pèsent sur le contexte politico-économique. Il est donc nécessaire de faire face aux enjeux conjoncturels sans pour autant laisser passer l'occasion de mesures structurelles nécessaires à la modernisation de l'économie française. L'exercice intellectuel est ardu, car il faut alors sortir d'un simple souci de gestion « en bon père de famille » popularisé par Antoine Pinay, reposant sur une seule compression des dépenses, pour favoriser autant que possible la concurrence et l'innovation, et faire de l'inévitable dévaluation un élément de rebond.

Dans ce domaine, le cadre d'exercice du pouvoir existant en 1958 va s'avérer décisif. Il s'agit d'abord de répondre, non sans une certaine urgence, à l'impasse financière immédiate. L'idée de l'emprunt n'est pas nouvelle : au mois de mars 1958, Pierre Pflimlin, ministre des Finances de Gaillard, avait déjà envisagé un emprunt à 5 %, gagé sur le dollar. Mais avec la crise d'Alger, un petit mouvement de panique a gagné les épargnants : baisse des souscriptions de bons du Trésor, retraits massifs dans les caisses d'épargne, l'impact a été assez important pour réduire à néant le fruit des efforts mis en œuvre. Dans ce cadre, le rôle du ministre de l'Économie et des Finances, Antoine Pinay, s'avère central.

1. Voir Roger Belin, *Lorsqu'une République chasse l'autre, 1958-1962. Souvenirs d'un témoin*, Paris, Michalon, 1999.

Le lancement de l'emprunt est anticipé : de Gaulle l'annonce le 13 juin, et Pinay en précise, seul, les modalités le 17. Sur les murs se multiplient des affiches montrant une Marianne confiante, tricotant un bas de laine d'un fil tiré de l'or donné par les Français. Un seul slogan, « Rente 3,5 %, garantie Or ». En Algérie, une autre affiche joue habilement de la situation, avec le slogan « Confiance = Victoire, tous les Français confient leur argent au Général de Gaulle ». La « méthode Pinay » s'avère providentielle : l'exonération de l'impôt sur les successions du capital souscrit, la fixation à un cours voisin de 3 600 francs de la base d'indexation du capital (avantage étendu aux souscripteurs du « premier » emprunt Pinay de 1952), l'aide au rapatriement des capitaux provenant de l'étranger, l'investissement personnel du ministre de l'Économie, enfin, et sa capacité à cimenter la confiance jouent à plein[1].

En quelques jours, 324 milliards de francs, dont 293 en argent frais, entrent dans les caisses de l'État, soit la moitié de l'impasse budgétaire de 1958, ce qui permet de passer sans encombre les échéances de l'été. Huit cent soixante-dix mille souscripteurs ont contribué à l'effort national, environ 6 % des ménages, pour une contribution moyenne de 350 000 francs, soit six mois de salaire moyen de l'époque[2]. Si la collecte est moins massive qu'en 1952, il s'agit d'une première étape, qui donne au Gouvernement le temps d'envisager des mesures structurelles. Couplé à des mesures conjoncturelles prises fin juillet (délai dans le relèvement des salaires de la fonction publique, train fiscal supplémentaire de 50 milliards avec une contribution spéciale des hauts revenus), l'emprunt permet de limiter l'impasse budgétaire au niveau de 1956 et 1957.

Le choix stratégique de l'ouverture du marché

Cependant, le choix stratégique reste à faire. Comment être au rendez-vous de la nouvelle tranche de libération des échanges conclue avec l'Organisation européenne de coopération économique (OECE) (18 décembre 1957), et de l'accord monétaire européen du 1er janvier 1958 ? Faut-il accepter ou dénoncer les

1. Voir Sylvie Guillaume, *Antoine Pinay ou la confiance en politique*, Paris, Presses de la Fondation nationale des sciences politiques (FNSP), 1984.
2. Michel-Pierre Chélini, « Le plan de stabilisation Pinay-Rueff », *Revue d'histoire moderne et contemporaine*, n° 48-4, avril 2001, p. 102-123.

clauses du traité de Rome ? Comment, dans cette optique, juguler l'inflation ? Comme le souligne Michel-Pierre Chélini[1], deux options sont en présence, au sein même du Gouvernement, la première se fondant sur un contrôle fort de la dépense collective, la planification et le contrôle des prix. Cette option, somme toute classique, mais s'appuyant sur la stabilité politique nouvelle sans changer de logiciel économique, est défendue par des socialistes, comme Guy Mollet, artisan du traité de Rome, mais aussi par certains gaullistes orthodoxes. Elle a également les faveurs d'Antoine Pinay, pourtant réputé libéral, mais, dans les faits, surtout orthodoxe en matière budgétaire. Mais une autre option, bien plus aventureuse et transgressive, consiste à parier que l'ouverture du marché commun et l'ouverture à la concurrence peuvent servir de levier à la modernisation de l'économie française. Cette option, minoritaire, est moins défendue par des acteurs politiques que par des experts, des intellectuels et des hauts fonctionnaires.

Parmi eux se distingue une figure assez unique, celle de Jacques Rueff, inspecteur des Finances, conseiller de Raymond Poincaré dès 1926, directeur général des fonds du Front populaire[2]. Libéral de conviction, sensible à l'enjeu monétaire, Rueff s'impose comme une figure de proue des antikeynésiens, participant dès les années 1930 aux colloques Lippman. Mais sa réflexion globale porte sur le rôle de l'État dans la modernisation de la société : membre de X-Crise dans les années 1930, il rédige pendant la guerre son œuvre majeure, *L'Ordre social*. C'est ici que le contexte particulier de 1958 va jouer : intellectuel réputé et considéré, Rueff est cependant considéré comme hétérodoxe, particulièrement au ministère des Finances, où Antoine Pinay et son directeur de cabinet, Henri Yrissou, se méfient de lui. En revanche, une note qu'il rédige en juin 1958 sur les moyens de lutter contre l'inflation dans une optique libérale (s'attaquer aux barrières douanières, aux professions protégées, limiter la possibilité d'adosser les emprunts du Trésor à la Banque de France) retient l'attention du conseiller économique du Général, Roger Goetze, alors très proche de Georges Pompidou : c'est lui qui convainc Pinay de laisser Jacques Rueff mettre en place un comité d'experts chargé de réfléchir à

1. *Ibid.*
2. Voir Frédéric Tristram, « Le libéralisme de Jacques Rueff », *in* Dominique Barjot, Olivier Dard, Frédéric Fogacci, Jérôme Grondeux (dir.), *Histoire de l'Europe libérale*, Paris, Nouveau Monde éditions, 2016.

un plan. La méthode de gouvernement en boucle courte de 1958 joue ici un rôle décisif.

Les raisons de ce choix sont multiples. À l'origine, l'initiative de Roger Goetze fait sans doute écho à une certaine réserve des hauts fonctionnaires des Finances à l'égard de Pinay. Mais c'est surtout la dimension globale de la pensée de Rueff qui séduit et se trouve en phase avec la vision du général de Gaulle. Il s'agit de faire de la crise une occasion de moderniser le pays en profondeur, et de donner aux entreprises une chance de bénéficier de la baisse des tarifs douaniers, alors que l'opinion commune est alors qu'elles vont durement la subir. Bref, comme l'écrira de Gaulle, « faire ce qu'il faut pour que, sans perdre l'équilibre, l'élan se maintienne longtemps[1] ». On ne peut s'empêcher de faire le parallèle avec le choix que de Gaulle fit (et regretta) de la ligne Pleven contre celle de Pierre Mendès France (dont Goetze dirigeait alors le cabinet) pour lutter contre l'inflation, à la Libération[2]. Mais les souvenirs de Jean Guyot, alors directeur de la banque Lazard, le montrent[3], la mise en place de ce comité et ses réunions se tiennent dans un cadre quasiment clandestin, Pinay ne suivant pas les travaux. Rueff domine les débats, contrôlant l'ordre du jour, se réservant un lien direct avec les équipes de Matignon sur certains sujets. Face à lui, quelques personnalités de l'administration, comme Jean-Marcel Jeanneney, ou Jean Saltes, sous-gouverneur de la Banque de France, mais aussi du monde de l'entreprise (Raoul de Vitry, président de Péchiney, Maurice Lorain, président de la Société générale). On note enfin la présence de Claude-Joseph Gignoux, l'un des intellectuels libéraux du patronat, ancien président de la Confédération générale de la production française (CGPF) pendant le Front populaire[4]. Au terme de trente-neuf réunions, deux mois de

1. CDG, *Mémoires d'espoir*, t. I, *op. cit.*, p. 149.

2. De Gaulle précise alors dans ses *Mémoires de guerre* : « Ce n'est point que je sois convaincu par des arguments théoriques. En économie, non plus qu'en politique ou en stratégie, il n'existe, à mon sens, de vérité absolue. Mais il y a les circonstances. C'est l'idée que je m'en fais qui emporte ma décision. Le pays est malade et blessé. Je tiens donc pour préférable de ne pas, en ce moment, bouleverser sa subsistance et son activité. » Au contraire, en 1958, il souligne la nécessité de décisions « étendues et profondes ».

3. Jean Guyot, « Le comité Rueff : "Il était recommandé de ne pas faire de bruit" », *Espoir*, n° 154, juillet 2008, p. 55.

4. Voir Gilles Richard, « Claude-Joseph Gignoux, une biographie exemplaire ? », *Annales de Bretagne et des pays de l'Ouest*, n° 109-3, mars 2002, p. 141-156.

travail, d'auditions des grands directeurs d'administration centrale, d'étude des rapports statistiques, les conclusions sont avant tout celles de Rueff lui-même, tant de nombreux membres du comité ne masquent pas leurs réserves, se raccrochant à une tradition interprétée du keynésianisme en vogue depuis la Libération, selon laquelle l'inflation est considérée comme un mal nécessaire. Les grands axes proposés par Rueff (dévaluation, baisse drastique des dépenses publiques, limitation du soutien de l'État à certaines entreprises nationales) sont considérés par beaucoup des membres du comité comme catastrophiques pour l'activité de l'industrie française. C'est bien un conflit de conceptions qui se dresse, entre ceux qui imaginent encore l'économie française trop fragile pour vivre sans tutelle de l'État, et Rueff qui amorce un recentrage de l'action économique de l'État dans les domaines stratégiques, contribuant ainsi à fixer la doctrine du Général sur la question. C'est donc paradoxalement aux sources d'un certain libéralisme français que de Gaulle ira puiser, même s'il définira par la suite une forme de libéralisme d'État quand, la situation rétablie, l'État retrouvera un rôle stratégique, notamment dans la définition de grands programmes[1].

Le plan Rueff, un choix stratégique clivant mais central

Un peu isolé au sein de son propre comité, Rueff peut en revanche compter sur le soutien décisif d'un axe constitué de Georges Pompidou et de Roger Goetze, duo que Georgette Elgey qualifiera de *Deus Ex Machina* du comité. Le 12 novembre, c'est un texte de sa seule main que Rueff présente à Antoine Pinay, à la fois impressionné et rétif à engager des réformes aussi massives. Enfin, le 18 novembre, Rueff retrouve le Général, en compagnie du duo Pompidou/Goetze, mais aussi du gouverneur de la Banque de France, Wilfrid Baumgartner, et d'Antoine Pinay. Les réticences des deux hommes sont balayées par la capacité de Rueff à mettre en lumière la cohérence d'ensemble de son plan, qui impressionne le Général. Selon une anecdote célèbre, à de Gaulle réticent à prendre le risque de « bouleverser le pays » sans certitude de

1. Voir Lucien Jaume, « La notion de libéralisme d'État, le lien stabilité politique/État stratège », *in* Hervé Gaymard, Arnaud Teyssier (dir.), *Demain, la Vᵉ République ?*, Paris, Fayard, 2022.

succès, Rueff rétorque : « J'accepte que l'opinion que vous aurez de moi dépende entièrement du résultat obtenu[1]. »

Reste l'étape politique, que les résultats des élections législatives et la fragilisation des positions de la SFIO ne rendent que plus difficile. Corrigé par quelques dispositions sociales (augmentation de 4 % du salaire des fonctionnaires, augmentation du salaire minimum interprofessionnel garanti [Smig]), le projet est soumis à un vaste conseil intergouvernemental le 26 décembre, auquel assistent aussi les directeurs des grandes administrations centrales du ministère de l'Économie (Pierre-Paul Schweitzer pour le Trésor, Gilbert Devaux pour le budget, Jean Sadrin pour les finances extérieures). Cette réunion, qui dure près de dix heures, est le théâtre d'un affrontement de fonds, car se pose finalement la question de la remise en cause du logiciel économique hérité de la IVe République. La réunion est un concert de critiques, de Mollet qui refuse la dévaluation au ministre de l'Agriculture, Roger Houdet, qui critique la part excessive des efforts demandés aux agriculteurs. Autour de la table, le Général, outre Rueff, ne peut compter que sur Michel Debré et sur Antoine Pinay qui, ayant accepté ce plan, pèse pour le défendre. Au prix de quelques concessions (sur les allocations familiales, par exemple, mesures qui alourdissent l'impasse budgétaire de près de 80 milliards de francs), le plan est adopté. Après que Guy Mollet puis Antoine Pinay ont considéré, le lendemain, la possibilité de démissionner, tous deux sont finalement présents au conseil des ministres, qui entérine l'ensemble des mesures au *Journal officiel* du 31 décembre.

Le 28 décembre, de Gaulle annonce aux Français sa décision de « mettre nos affaires en ordre réellement et profondément », les mesures visant à « établir la nation sur une base de vérité et de sévérité, la seule qui puisse permettre de bâtir sa prospérité », ajoutant : « Je ne cache pas que notre pays va se trouver quelque temps à l'épreuve. Mais le rétablissement visé est tel qu'il peut nous payer de tout. » À bien des égards, le plan appelé Pinay-Rueff, mais dont une part de la paternité sera également attribuée à Roger Goetze, ainsi qu'à de Gaulle lui-même pour sa fermeté à faire appliquer les choix définis, est archétypal de l'esprit de 1958. Il lie en effet une méthode de gouvernement qui vise à

1. Anecdote rapportée par Jean Guyot, « Le comité Rueff : "Il était recommandé de ne pas faire de bruit" », art. cit., p. 56. Rueff intervient lui-même à la télévision début 1959 pour présenter son plan, avec un certain succès.

laisser les mains libres pour des choix stratégiques, une volonté de refondation du modèle français, et un souci de cohérence globale des choix. La méthode de gouvernement vise à organiser la capacité à choisir dans un cadre restreint. Les hommes ayant vraiment pesé sur le choix stratégique, hors de Rueff, sont peu nombreux : Georges Pompidou, Roger Goetze et son équipe (Jean Méo et Antoine Dupont-Fauville), Jean Guyot, ancien collaborateur de Monnet et homme de confiance de Rueff au sein du comité. Pinay comme Wilfrid Baumgartner sont consultés une fois les grandes orientations arrêtées. Cet aspect de *task force*, d'action presque clandestine s'avère fondamental car les critiques et les contre-propositions des ministres comme des administrations ne peuvent s'exprimer qu'une fois le texte sur la table, approuvé dans ses grandes lignes par le Général. Le rôle central de Georges Pompidou, capable d'interpréter la pensée du Général et d'anticiper que celui-ci validera les objectifs et les méthodes d'un plan pourtant éloigné de ses convictions réputées, est ici à réévaluer.

Car, si ce plan oblige le Général à reconsidérer un certain nombre de ses conceptions économiques, assez classiquement orthodoxes[1], il entre en résonance avec l'esprit de refondation de 1958. Dès sa note initiale du 10 juin 1958, Rueff marque sans doute des points en définissant sa ligne de conduite : le rôle du Gouvernement n'est pas d'appliquer une politique, mais « de rétablir les conditions nécessaires à l'existence même du pays ». Plus encore, Rueff voit dans la stabilité de la monnaie un instrument de confiance et d'ordre, mais aussi de souveraineté, argument que le Général reprendra à son compte (« Nous devons placer notre franc sur une base telle qu'il soit inébranlable »). C'est donc l'ensemble du logiciel économique communément accepté dans le monde politique et la haute fonction publique qu'il convient de reformuler. Rueff élabore donc un plan global, qui vise à rétablir l'assise de l'économie française, en s'attaquant à un mal que la IVe République considérait comme nécessaire ou inévitable, l'inflation. Le souci de limiter drastiquement les possibilités de création monétaire de la Banque de France, ce qui impose un strict encadrement des dépenses publiques et une dévaluation massive du franc (de 17,5 %), se corrèle avec la volonté de décloisonner l'économie française, de s'attaquer à nombre d'indexations, de

1. Voir le témoignage de Roger Goetze, le Général lui confie : « Eh bien, les Français crieront ! Et après ? », *Espoir*, n° 154, juillet 2008, p. 36.

rentes de situation, afin de la préparer à l'ouverture de son marché (Rueff suggère une ouverture du marché français à hauteur de 90 % dès le 1er janvier 1959).

Le programme qui en ressort est amer, difficile à faire accepter, particulièrement dans un Gouvernement qui compte encore en son sein plusieurs ministres socialistes. La dévaluation, couplée à l'augmentation de nombreuses taxes (sur les alcools et les tabacs, notamment), nécessite du courage, là où Pierre Mendès France avait tant souffert de s'aliéner les bouilleurs de cru. De fait, de Gaulle assume ces « rudes dispositions » : réduire le soutien du Trésor aux entreprises nationalisées, appeler les anciens combattants n'étant pas invalides à renoncer à leur retraite, instituer une taxe supplémentaire sur les hauts revenus, supprimer, enfin, nombre d'indexations, ce que vient contrebalancer l'augmentation du Smig, des retraites, et une augmentation de 4 % des salaires de la fonction publique. Il s'agit d'une véritable thérapie de choc, à laquelle répondra un véritable choc de croissance. En forçant la main de ses ministres lors de la réunion du 25 décembre, le Général remporte une victoire significative contre les héritages de la IVe République.

Mais les solutions apportées par Rueff ne sont compréhensibles qu'en adoptant une approche globale, « un ensemble dont toutes les parties se tiennent et se complètent », selon la formule du Général. Les efforts accomplis pour lutter contre l'inflation et sécuriser le franc suivent un autre objectif, celui d'être au rendez-vous de la construction européenne. Sur ce point, la décision stratégique date vraisemblablement du séjour d'Adenauer à Colombey, le 14 septembre 1958, et constitue, selon Roger Goetze, le point central de tout l'édifice[1]. L'enjeu de la compétitivité des entreprises françaises, que le pouvoir veut capables d'affronter l'échéance, devient crucial : il s'agit de les replacer à leur « rang international » pour faire face à l'ouverture des marchés. Mais il est intéressant de constater que cette demande de libéralisation et de modernisation est au final impulsée par des acteurs étatiques, et correspond plus à une volonté politique qu'à celle émanant du monde des entreprises.

1. *Ibid.*

Des dossiers à accélérer

Cependant, par-delà cette refondation, qui conditionne les choix stratégiques de la Ve République, les réformes de 1958 sont aussi faites de projets menés de longue date, qui aboutissent. La chronologie est doublement importante : à compter du mois d'octobre, après le référendum, les ordonnances sont prises selon l'article 92, la source juridique n'est donc plus la délégation de pouvoir de l'Assemblée, mais le peuple souverain. Jusqu'au mois d'octobre, ces ordonnances sont peu fréquentes (environ 75) et principalement destinées à assurer la continuité de l'État, avec des dispositions d'ordre financier et fiscal, liées au succès de l'emprunt, à l'organisation du référendum et des élections. Le but n'est pas d'impulser des réformes profondes, mais d'assurer la bonne marche de l'État. Il en va différemment après le mois d'octobre : le rythme de production des ordonnances se renforce, et des réformes structurelles sont désormais lancées. La concomitance entre le succès du référendum, qui légitime la démarche du Général, le choix stratégique d'honorer l'entrée dans le Marché commun, et la maturation d'équipes qui ont pris les dossiers en main conduit à une accélération vertigineuse du rythme des réformes : plusieurs réformes de structure ont déjà été bien avancées quand le Général est officiellement investi président de la République, le 8 janvier 1959. Cependant, il faut avoir à l'esprit une autre césure temporelle. Les réformes mises en œuvre sont à la fois des réformes préparées de longue date par les administrations de la IVe République, mais jusqu'ici reportées faute de véritable capacité politique à les porter, et des réformes structurelles voulues, portées par le Général, qui annoncent les grandes orientations de la Ve. Il existe donc un effet cumulatif qui explique le nombre impressionnant de 321 ordonnances prises entre octobre 1958 et janvier 1959. Mais il convient de distinguer ces deux sources.

Parmi les réformes de long cours, deux débouchent sur une réorganisation profonde de l'existant : la réforme des hôpitaux, et celle de la justice. Dans ces deux domaines, le recours aux ordonnances conduit à débloquer des projets de réforme souvent gelés par l'absence de majorité au Parlement. Dans le cas de la justice, l'opportunité constitutionnelle sert d'accélérateur : comme le fait remarquer Jean-Louis Debré, « l'article 64 de la Constitution de la Ve République prévoyait que le statut des magistrats serait défini par une loi organique. Mieux valait que cette loi prît la forme d'une ordonnance pour garantir la cohérence de la pensée du législateur[1] ». L'organisation judiciaire fonctionne toujours en 1958 selon le modèle de la justice de proximité. Pourtant, quand des tribunaux urbains sont submergés par l'afflux d'affaires à traiter, les juridictions de zones rurales ont une activité parfois très réduite, et des conditions d'exercice de l'activité artisanale, ce qui nuit au prestige et à la reconnaissance de la profession[2]. Le nœud du problème est politique : figure d'influence, le juge de paix est fermement défendu par les élus locaux et les députés, quand il s'agit de refondre la carte judiciaire, de supprimer ou même de fusionner des instances. Des formes de rivalités entre territoires, l'attachement à une proximité des services publics se coalisent pour faire obstacle à toute tentative de rationalisation de la carte judiciaire. Cette organisation a également des conséquences lourdes sur la carrière judiciaire, souvent très lente : il n'est pas rare pour un jeune magistrat d'être « oublié » par sa hiérarchie pendant de longues années dans un poste excentré, ce qui finit par nourrir une forme de malaise dans la profession. Cet ensemble se traduit par un tarissement des vocations, le nombre de candidats aux fonctions dans la magistrature étant en baisse sensible dans les années 1950. En somme, le diagnostic est précis, et pourtant, la justice apparaît comme irréformable, tant cette réforme charrierait d'intérêts politiques et administratifs contradictoires : Poincaré s'y essaie en 1926, pour échouer très largement.

C'est donc une réforme de structure de l'appareil judiciaire qui est entreprise par le biais des ordonnances, sous le contrôle étroit de Michel Debré, qui a entamé le travail par de longues auditions de spécialistes de la question : une série d'ordonnances, publiées les 22 et 23 décembre 1958, dresse les contours d'une réforme de fonds. Le travail commence par une rénovation du processus de formation des futurs magistrats, avec la création du Centre national d'études judiciaires, et par une unification de leur statut : le Conseil supérieur de la magistrature, créé en 1946, est confirmé, mais rénové. L'idée est de simplifier les procédures d'avancement, qui auparavant faisaient trop longtemps traîner les carrières dans

1. Voir Jean-Louis Debré, « Michel Debré, une certaine idée de la Justice », *Cahiers de la justice*, n° 1, janvier 2010, p. 47-57.

2. En 1957, un quart des tribunaux de première instance jugent moins de cent affaires civiles par an.

des grades subalternes. Dans une logique bien gaullienne, la mise à jour du cadre institutionnel d'action publique est la mère de toutes les réformes. Mais bien évidemment, l'objectif est d'en faire la matrice d'une refonte du service rendu au public : l'ensemble de la carte judiciaire est ainsi refondu, avec la création des tribunaux d'instance (un par arrondissement) et de grande instance (qui succède au tribunal civil au siège du département). L'évolution de la carte suit celle de la démographie, des progrès des transports, et de l'activité judiciaire, avec par exemple la création de cours d'appel à Versailles ou à Metz. La réforme accentue également la compétence des cours d'appel, et met en place l'aide judiciaire, revisite les juridictions pour enfants et la protection de l'enfance. Enfin, début janvier 1959, parmi les dernières ordonnances, la Haute Cour de justice est créée. En treize ordonnances et une trentaine de décrets, la plus importante réforme judiciaire depuis Napoléon est donc mise en place. La rapidité de la manœuvre permet de contourner les pesanteurs locales et les conservatismes.

Un autre exemple de réforme structurelle mise en place grâce au contexte particulier de 1958 est celle de la médecine[1]. Dans ce domaine, là encore, le système des centres hospitaliers, dont l'organisation date de Napoléon, est marqué par une forme de sclérose, le pouvoir étant donné à des chefs de service ou à des professeurs de médecine nommés directement par le ministre de la Santé, mais peu présents et peu investis dans la pratique médicale quotidienne. Dès la fin 1943, Robert Debré, pédiatre de renommée mondiale, à tel point que Vichy le dispensera de l'interdiction d'exercer faite aux médecins d'origine juive, rédige un rapport sur la réforme des études de médecine, qu'il intègre dans un projet de refonte complète de l'hôpital, liée à l'intégration des tâches de soins, d'enseignement et de recherche. Enterré à la Libération, l'ordre des médecins, créé par Vichy, ayant repris la main, ce projet est à partir de la fin des années 1940 repris à son compte par une génération de « Jeunes-Turcs » travaillant à l'Assistance publique. L'époque aidant, c'est autour de Pierre Mendès France et du Parti radical que ce projet va d'abord s'incarner dans les années 1950 : un plan de réforme de l'hôpital public paraît dans *L'Information radicale-socialiste* de février 1956, et le colloque de Caen sur la politique de recherche dynamise également le projet.

1. Voir Fondation Charles-de-Gaulle, *De Gaulle et la médecine*, Paris, L'Harmattan, 1994.

La coalescence se fait autour de Debré, tant les objectifs (réformer les études de médecine, renforcer l'importance de la biologie dans la formation, imposer des temps complets aux médecins hospitaliers, mieux lier enseignement et soins) coïncident avec le texte de 1944. Un « Comité pour l'étude des problèmes de l'enseignement médical, de la structure hospitalière et de l'action sanitaire et sociale », dont Debré prend la présidence à la demande du ministre de l'Éducation nationale du Front républicain, René Billères, sert de laboratoire à la réforme.

Au retour au pouvoir du général de Gaulle, l'essentiel du travail préparatoire est donc bouclé, et a été accepté tant par le comité de l'enseignement supérieur que par le comité des hôpitaux. La réforme s'inscrit d'ailleurs dans une certaine continuité des projets de la Libération, de Gaulle ayant eu connaissance début 1944 du rapport de Robert Debré. Mais c'est ici que le contexte de 1958 s'avère décisif. Le projet d'ordonnance est rédigé en un temps très réduit, sous la conduite du secrétaire général du comité, Raymond Poignant, et le texte est promulgué le 30 décembre 1958. On peut ici considérer qu'une forme de « course contre la montre » a joué, tant le projet de loi se serait heurté à l'opposition relayée au Parlement, d'une partie du corps médical à une réforme statutaire jugée contraignante : il fallait bénéficier des pouvoirs spéciaux avant leur extinction. L'essentiel de la réforme est donc posé : le gouvernement de Michel Debré la complétera ensuite par des textes précisant la réorganisation des études médicales, et généralisant l'externat en 1960.

Dans les deux cas, pour un problème ancien, diagnostiqué de longue date, une génération montante de hauts fonctionnaires ou de praticiens désireuse de mener des réformes profondes et clivantes trouve donc dans le gouvernement de Gaulle un relais qui allie volonté politique et efficacité administrative. Cependant, on peut objecter que le Gouvernement n'impose pas sa marque, reprenant à son compte un travail déjà accompli. Que trouver de spécifiquement gaulliste dans les réformes de 1958 ? On peut à cet égard poser deux hypothèses.

La première est que l'ensemble de ces réformes est en lien direct avec celles, mises en place ou avortées, de la Libération. À bien des égards, il s'agit de les réactiver, ou de leur donner des moyens de fonctionnement renouvelés. On peut ainsi penser à l'ordonnance qui fixe la scolarité obligatoire à seize ans, et non plus à quatorze, qui s'inscrit dans la lignée de celle sur les mineurs de 1945, visant à accompagner et à protéger la jeunesse dans un parcours de formation. On peut également y rattacher l'ordonnance sur la réorganisation du statut des fonctionnaires du 4 février 1959, préparée en 1958, qui reformule les devoirs des serviteurs de l'État, en termes de discipline ou de conflit éventuel d'intérêts : il s'agit de remobiliser l'ensemble de la fonction publique, là où les réformes de la Ve République vont fortement faire appel à sa loyauté et à son engagement.

Cependant, en janvier 1959, donc à l'échéance des pouvoirs spéciaux, paraissent également des textes qui annoncent de manière plus précise, plus directe, les orientations qui seront suivies par le Général. C'est d'abord l'ordonnance qui, le 7 janvier 1959, réorganise le commandement des forces armées[1]. Il ne s'agit alors que de la première étape d'un long cheminement qui conduira à l'affirmation de la primauté du chef de l'État : selon le texte de 1959, le chef d'état-major de la défense nationale est encore rattaché au Premier ministre, « responsable de la défense nationale ». En revanche, le président de la République est doté d'un état-major particulier, qui annonce sa progressive montée en responsabilité que les crises des années 1961-1962 parachèveront. L'important est dans l'affirmation d'un chef d'état-major interarmées, conformément à l'obsession du Général de regrouper les trois armes derrière une doctrine commune, que le choix du nucléaire va de toute façon reformuler. En 1958, il n'est pas encore question de déployer pleinement la République gaullienne : pour de nombreux soutiens au texte de 1958, le rôle de « chef des armées » du président de la République reste une fiction, et son affirmation trop directe constituerait un motif d'opposition. En revanche, il s'agit de paver le chemin vers les conceptions du Général, dont les crises de 1960 et 1961 accéléreront la réalisation.

Mais c'est peut-être surtout dans l'ordonnance parue le même jour sur la participation que les idées gaulliennes sont le plus nettement préfigurées. De fait, dès la fin des années 1940, autour d'hommes comme Louis Vallon ou Manuel Bridier, le RPF élabore

1. Voir Philippe Vial, « Acteurs et interfaces de la Défense : une refondation gaullienne du processus de décision politico-militaire ? », *in* Fondation Charles-de-Gaulle, *Défendre la France, l'héritage de De Gaulle à la lumière des enjeux actuels*, Paris, Nouveau Monde éditions/ministère des Armées, 2020, p. 47-80, particulièrement p. 53-54.

cette doctrine, destinée à contrer l'hégémonie communiste dans le monde ouvrier, et à contester toute logique « classe contre classe[1] ». Le texte du 7 janvier 1959 pose les premières bases d'une politique ambitieuse, mais incitative, en définissant le cadre des accords de participation dans l'entreprise (sur le modèle d'une convention collective, ou directement *via* des accords d'entreprise), son objet (participation collective aux résultats de l'entreprise, participation au capital, participation à l'accroissement de la productivité), et ses modalités (information régulière du personnel). Le texte ne rencontre alors qu'un écho modeste, peut-être noyé dans la masse de réformes qui s'accumulent dans les premiers jours de l'année 1959. Il constitue néanmoins un premier jalon dans la mise en œuvre de la politique sociale du gaullisme, concomitamment à la création de l'assurance chômage, le 31 décembre 1958.

En somme, une partie non négligeable du bilan des premières années de la Ve République précède l'entrée *stricto sensu* dans cette République. À compter du mois de janvier, le gouvernement de Michel Debré, en dépit des résultats surprenants de l'UNR aux élections législatives, doit faire avec une majorité relative reposant sur les Indépendants qui, si elle ne bride pas l'ardeur réformatrice, l'oriente néanmoins, puisque l'assise politique du Gouvernement se réduit.

En décembre 1958, le magazine *Time* fait du général de Gaulle son homme de l'année. De fait, le bilan de l'action gouvernementale en quelques mois est spectaculaire, puisque la prise en main des grands dossiers (l'Algérie, l'Europe) n'a pas ébranlé l'action réformatrice. Cette efficacité repose sur une répartition des rôles assez précise : alors que le Général gère les grands dossiers, et se réserve pour le niveau de décision stratégique, il peut compter autour de lui sur une équipe dirigée par Georges Pompidou qui sait précisément interpréter ses orientations, et favoriser des solutions techniques cohérentes avec celles-ci, en lien avec la haute fonction publique. La cathédrale d'efficacité politico-administrative qui se met alors en place repose bien sur ces deux pieds : à bien des égards, alors que le Général, chef du Gouvernement, se tient à un niveau présidentiel, Georges Pompidou, directeur de cabinet, joue un rôle assez proche de celui de Premier ministre, coordonnant l'action gouvernementale et dirigeant l'administration. L'extrême

1. Voir Patrick Guiol, *L'Impasse sociale du gaullisme, le RPF et l'Action ouvrière*, Paris, FNSP, 1985.

fluidité de la relation de l'ensemble du cabinet avec de Gaulle, soulignée par les acteurs de l'époque, s'avère absolument décisive.

Cependant, les réformes de 1958 sont des réformes permises par de Gaulle, mais ne sont pas nécessairement des réformes « gaulliennes ». À bien des égards, leur dénominateur commun est d'être celles que la IVe République n'a pu ou su mettre en œuvre, faute de volonté politique stable, faute de moyens, également. Elles résultent donc d'un effet de génération, des hauts fonctionnaires frustrés de disposer d'un soutien politique affirmé, mais porteurs de longue date d'analyses et de solutions trouvant enfin un relais politique. C'est ce qui justifie sans doute l'aspect « course contre la montre » de ces réformes, les pouvoirs spéciaux servant à faire adopter des réformes qui auraient clivé à l'Assemblée et suscité des manœuvres dilatoires de députés qui étaient aussi des élus locaux, comme la réforme des hôpitaux ou celle de la justice. Mais, précisément, la spécificité de ce Gouvernement est de faire de cette somme de réformes un tout cohérent, organisé autour de quelques grandes orientations, parmi lesquelles domine le choix de l'Europe, qui conditionne la réforme de l'État et la volonté de mettre en ordre les comptes de la nation. À des essais jusqu'ici jugés « fragmentaires, épisodiques et velléitaires », de Gaulle entend, dans ses *Mémoires d'espoir*, opposer une action qui se veut « fondamentale, soutenue et résolue ». Quand bien même les circonstances rencontrent la volonté politique, la Ve République a-t-elle finalement retrouvé une période aussi densément réformatrice ?

LA FIN ASSUMÉE DE L'EMPIRE COLONIAL

Frédéric Turpin

Depuis l'échec de son parti d'opposition à la IVe République, le RPF, Charles de Gaulle avait pleinement conscience que son retour au pouvoir ne pourrait se faire que dans un contexte exceptionnel. C'est ainsi qu'il avait analysé le succès foudroyant du jeune abbé Pierre au cours du terrible hiver 1954 : « Il a suffi, expliquait-il à Louis Terrenoire, qu'un homme agisse en dehors des chemins officiels pour que les Français marchent, mais il y a fallu le froid. Sans le froid, pas d'abbé Pierre ! » Et de conclure : « Quand la France aura froid, je pourrai agir moi aussi[1]. »

En 1958, le « froid » se nomme « cancer algérien » et, de manière plus générale, la décolonisation de l'empire colonial français. Face à l'incapacité de la IVe République à mener à bien une sortie de crise à la guerre d'Algérie, de Gaulle retrouve les chemins du pouvoir le 1er juin. Les Français font appel à son « équation personnelle » pour réussir là où ses prédécesseurs ont échoué. Pour l'Homme du 18 juin, la question algérienne ne forme qu'un élément d'un projet global : redonner à la France sa place parmi les grandes puissances. L'urgence commande d'abord de rebâtir un nouveau socle constitutionnel sans lequel aucun redressement national n'est possible. Mais il lui faut d'abord se rendre en Algérie. La politique de grandeur qu'il entend développer est conditionnée par les solutions à apporter au conflit algérien, principal stigmate de la décolonisation. L'Afrique subsaharienne appelle aussi une action immédiate sous peine de connaître, à son tour, des troubles nationalistes. C'est à la fois une œuvre de pacificateur et de bâtisseur, consistant à reforger les liens unissant la France et ses prolongements ultramarins afin de les rendre durables, qu'il doit assumer dans l'urgence.

La puissance par l'empire

En revenant au pouvoir à soixante-sept ans, Charles de Gaulle n'est pas un néophyte en matière d'outre-mer. Sa déjà longue carrière nationale a été scandée par les questions coloniales, en particulier pendant la France libre et à la Libération. En 1958, il manifeste une véritable pensée ultramarine qui est cependant indissociable du primat qu'il accorde à la nation et à l'État – qui la guide, la représente et la défend –, élément structurant des sociétés humaines et du système mondial. Le Général nourrit sa vie durant un profond patriotisme, « une certaine idée de la France », comme il le clame d'entrée de jeu dans la première page du premier tome de ses *Mémoires de guerre* paru en 1954. Cet ardent patriotisme

1. Louis Terrenoire, *De Gaulle 1947-1954. Pourquoi l'échec ? Du RPF à la traversée du désert*, Paris, Plon, 1981, p. 263.

se rattache, par son âge et sa formation, à une vision classique de la puissance de la France de la fin du XIXe siècle qui se décline notamment autour de la possession d'un vaste empire colonial qui permet à la France d'être présente sur tous les continents et toutes les mers.

Comme nombre de ses contemporains, Charles de Gaulle a adhéré au mythe de « la puissance par l'empire ». Mais, chez lui, cette croyance n'a jamais été fondée sur la défense et l'illustration de la colonisation. À sa sortie de l'École spéciale militaire de Saint-Cyr, il opte pour l'infanterie métropolitaine et son regard se porte sur « la ligne bleue des Vosges ». Sa carrière militaire, à l'exception d'un séjour de deux ans au Liban et en Syrie, entre 1929 et 1931, en qualité de responsable des 2e et 3e bureaux de l'état-major des troupes du Levant, n'est que métropolitaine et européenne. Il s'agit d'un choix voulu et assumé. Son passage au Levant est néanmoins essentiel dans sa formation et son éveil colonial. Il y perçoit clairement la force des nationalismes arabes – qualifiés, dans *Vers l'armée de métier*, de « lourdes secousses de l'Islam[1] » –, tout en repoussant, dans l'immédiat, l'idée d'indépendance.

De Gaulle ne communie pas avec la mystique impériale des années 1930. « Vraiment, écrit-il à son ami le colonel Meyer le 30 avril 1930, comment ne pas croire à l'armée quand on la voit achever l'Empire ? Est-ce un bien de devenir un Empire ? Ceci est une autre histoire[2]. » Il manifeste même une méfiance constante envers toute entreprise outre-mer dans laquelle la France risquerait de gaspiller son énergie et ses moyens[3]. L'empire paraît surtout se résumer à un élément parmi d'autres de la puissance française et s'inscrit dans des analyses plus vastes sur les moyens de la puissance et de la guerre moderne. En 1932, dans la conclusion du projet de loi relatif à l'organisation de la nation pour le temps de guerre préparé par le secrétariat général du Conseil supérieur de la défense, il met en avant – de manière fort classique pour l'époque – la nécessité de « nourrir la guerre avec les seuls moyens de la France et de son Empire ». À la

1. CDG, *Vers l'armée de métier*, Paris, Berger-Levrault, 1934, p. 112.
2. Cité *in* Vincent Duclert (dir.), *Le Colonel Meyer, de l'affaire Dreyfus à de Gaulle. Un visionnaire en République*, Paris, Armand Colin, 2007, p. 385.
3. Éric Roussel, *Charles de Gaulles*, Paris, Le Grand Livre du mois, 2002, p. 52-56 et 986-992.

veille de la Seconde Guerre mondiale, de Gaulle ne brille donc pas par son originalité dès qu'il s'agit des principes généraux de la puissance française et de sa déclinaison ultramarine, même s'il se distingue dans les domaines techniques (usage de l'arme blindée et de l'aviation).

Le désastre de 1940 et son refus de la défaite le conduisent à une certaine exacerbation de son patriotisme afin d'effacer l'humiliation et ses conséquences dramatiques pour la France. L'empire acquiert une dimension vitale pour la France libre et son chef qui y trouvent leur légitimité territoriale, en particulier face à Vichy. Surtout, tout au long du conflit, de Gaulle se montre intraitable dès que les droits de la France sur ses territoires ultramarins sont menacés par les Alliés ou par les populations sous tutelle. Il couvre de son autorité l'écrasement sanglant des aspirations nationalistes algériennes à Sétif, Guelma et Kherrata en mai 1945. Il envoie également un corps expéditionnaire pour reconquérir l'Indochine au cours de l'automne 1945.

Au sortir de la guerre, le président du GPRF fixe pour objectif de redonner à la France une position mondiale au moins équivalente à celle de 1939, c'est-à-dire celle d'une grande puissance. Les moyens de son rang à retrouver reposent sur une volonté de prendre part au multilatéralisme onusien en gestation en 1945 dans le contexte de la Grande Alliance de la guerre, et d'y jouer sa partition d'influence, ainsi que sur les facteurs classiques de sa puissance : forces armées, empire colonial, puissance industrielle et image positive de la France. Dans ce schéma de puissance, la France se doit de recouvrer les bases de son rayonnement international qui doivent s'ajouter aux nouvelles héritées de la mise en place du système international fondé sur l'ONU.

C'est dans ce contexte d'extrême dénuement des moyens français après-guerre, qui génère un sentiment quasi obsessionnel de décadence de la France, que le président du GPRF, puis le chef du RPF sous la IVe République, Charles de Gaulle, adhère à la « puissance par l'empire ». Il conçoit ainsi, pendant plusieurs années, l'empire comme un facteur plus que jamais nécessaire à la puissance française. « Unie aux territoires d'outre-mer, qu'elle a ouverts à la civilisation, déclare le Général le 27 août 1946, la France est une grande puissance. Sans ces territoires, elle risquerait de ne l'être plus. Tout nous commande d'organiser sur un plan nouveau, mais précis, les rapports entre la Métropole et les peuples de toutes races qui sont liés à son destin[1]. » Il y a chez de Gaulle la volonté de voir la France recouvrer son rayonnement passé au nom de sa mission universelle en faveur de « la cause du progrès humain[2] ».

Au-delà des considérations centrales liées à la notion de puissance, Charles de Gaulle nourrit une pensée ultramarine qui se refuse à tout dogmatisme et à tout juridisme excessif. L'homme n'est pas un doctrinaire tant il se projette dans l'action. S'il fait sien l'adage napoléonien selon lequel « la guerre est un art tout d'exécution », il n'en élabore pas moins des principes qui structurent ses réflexions et, finalement, ses actes. Ces principes, qui tiennent à sa personnalité, à son milieu et à ses expériences, s'articulent autour de grandes idées-forces. À rebours de nombre de ses contemporains, il ne montre aucun attrait pour la philosophie de l'assimilation. Pendant la guerre, sous l'influence de Félix Éboué et d'Henri Laurentie, il se convertit à la philosophie de l'association qui prône le respect des peuples colonisés et de leurs personnalités propres, y compris dans les structures et la manière de les gouverner. Cette conception des relations entre la métropole et ses prolongements coloniaux rend possibles les évolutions statutaires vers des solutions de plus grande autonomie des territoires d'outre-mer.

Du temps du RPF, l'Union française est, pour le général de Gaulle, un des piliers fondamentaux de la puissance française qu'il convient d'organiser solidement sur des bases fédératives. Conscient de la force des nationalismes mais aussi de la nécessité d'une véritable politique d'aide au développement, le Général met en avant une vision progressive de l'émancipation de ces territoires, par étapes successives, suivant le degré de développement de chacun d'entre eux. Le terme d'une telle évolution paraît être, pour plusieurs décennies, la constitution d'une Communauté organique de destin entre la France et son ancien empire colonial dans laquelle le gouvernement français ne conserverait plus que la direction des affaires régaliennes (diplomatie, défense et coordination économique générale).

C'est probablement sous le coup de Diên Biên Phu puis de l'enlisement de la France dans la guerre d'Algérie que la nécessité de décoloniser s'affirme plus nettement chez lui. L'accent mis dans

1. Déclaration du général de Gaulle du 27 août 1946, voir CDG, *Discours et Messages*, t. II, *Dans l'attente (février 1946-avril 1958)*, Paris, Plon, 1970, p. 19.
2. Discours du général de Gaulle à Bamako, 8 mars 1953, *ibid.*, p. 579).

ses discours sur « l'autorité » plutôt que sur la « souveraineté » de la France souligne combien de Gaulle, à partir du milieu des années 1950, réévalue progressivement le facteur empire dans la balance générale de la puissance de la France. Pour exercer un rôle mondial, il n'est plus besoin de posséder des territoires en pleine souveraineté. Une influence prépondérante lui apparaît bientôt plus à même de réaliser un jour ses desseins de grande puissance. Au moment où il retrouve le pouvoir en juin 1958, il entend que cette « autorité » de la France se décline encore sous la forme d'un système organique liant la RF et ses anciens territoires d'outre-mer.

Le grand projet gaullien : la Communauté

Dans la conception gaullienne, la « grandeur » de la France ne peut être et durer que si elle a à sa tête un État solide qui permette le rassemblement de tous les Français autour d'ambitions communes. Il doit être l'instrument d'une affirmation indépendante et respectée de la nation française sur la scène internationale. Ce préalable constitutionnel, qui doit, de manière générale, se traduire par un renforcement de l'exécutif au détriment du législatif, vaut également pour les questions ultramarines. Comment espérer, en juin 1958, alors que l'Afrique subsaharienne entre en ébullition et que le sang coule en Algérie, régler ces questions sans réformer en profondeur les liens unissant la métropole et ses prolongements outre-mer ? Le titre XII (« De la Communauté ») de la Constitution du 4 octobre 1958 entend répondre à ce défi vital pour l'avenir de la France.

L'accouchement de ce nouveau cadre constitutionnel ultramarin n'a pourtant pas été partie aisée. Pour de Gaulle, il s'agissait de pouvoir mettre en pratique les conceptions qu'il défend depuis la Libération tout en prenant en compte les évolutions statutaires opérées avec la loi-cadre de Gaston Defferre de 1956. Ces transferts de pouvoir limités à un peu plus d'autonomie interne aux territoires d'outre-mer entendaient répondre à l'affirmation des nationalismes africains. Les circonstances obligent le Gouvernement présidé par le Général à en tenir compte, ce qui est facilité par le fait que le processus engagé par la loi-cadre s'inscrit dans la philosophie outre-mer de l'association chère aux conceptions gaulliennes.

La Communauté franco-africaine porte ainsi bien la marque gaullienne. D'abord par sa volonté de maintenir ces territoires et leurs populations dans le giron de la France. La Communauté ne peut pas être réduite à un instrument au service de la seule politique algérienne même si celle-ci joue un rôle considérable dans sa genèse et son évolution. Elle constitue, pour de Gaulle, un projet géopolitique qui prend place dans son dispositif d'affirmation de la France sur la scène mondiale. Pour ce faire, le Général choisit de miser sur une construction organique centrée sur la RF dans le droit fil de ses projets de la Libération et de la IVe République.

Lors des travaux d'élaboration de la Constitution au sein du comité interministériel, devant l'opposition entre tenants d'une fédération et ceux d'une organisation confédérale[1], le général de Gaulle est obligé d'intervenir une première fois pour affirmer que ce nouveau cadre doit être « de type fédéral » avec un seul État et une seule souveraineté nationale[2]. Le garde des Sceaux, Michel Debré, et le secrétaire général du Gouvernement, Roger Belin, se chargent de la mise en forme des articles de loi. L'opération se révèle cependant « malaisée » tant « l'extraordinaire talent » oratoire du Général a « effacé, analyse Belin, la complexité du sujet et masqué une certaine ambiguïté, sans doute nécessaire, dans la conception même de la future fédération[3] ». Le terme « fédération » ne répond pas chez le président du Conseil et ses ministres à la stricte définition juridique. Il ne peut en aucun cas être question de placer sur un pied d'égalité la France et ses anciens territoires d'outre-mer. De Gaulle a d'ailleurs, dans un premier temps, refusé l'attribution du terme « État » aux « territoires membres de la Fédération » à créer[4]. Ce n'est que face au blocage d'une négociation à plusieurs étages – entre Paris et les capitales

1. Voir Yves Guéna, *Historique de la Communauté*, Paris, Fayard, 1962, p. 65-69 et Albert Bourgi, « Les relations entre la France et l'Afrique noire en 1958 », *in* Fondation Charles-de-Gaulle, Archives de France, université de Reims-Champagne-Ardenne (centre ARPEGE), *L'Avènement de la Ve République. Entre nouveauté et tradition*, Paris, Armand Colin, 1999, p. 127-128.

2. Jean Foyer, *Sur les chemins du droit avec le Général. Mémoires de ma vie politique, 1944-1988*, Paris, Fayard, 2006, p. 83. Maurice Vaïsse, *La Grandeur. Politique étrangère du général de Gaulle, 1958-1969*, Paris, Fayard, 1998, p. 93.

3. Roger Belin, *Lorsqu'une République chasse l'autre, 1958-1962. Souvenirs d'un témoin*, Paris, Michalon, 1999, p. 63-65.

4. Maurice Vaïsse, *La Grandeur*, *op. cit.*, p. 84.

africaines et entre les Africains eux-mêmes – que le Général se résout à accepter qu'ils soient érigés en États autonomes au sein d'un ensemble français.

Les débats au sein du Comité consultatif constitutionnel sur le projet de texte approuvé par le comité interministériel montrent clairement combien la thèse d'un État fédéral n'est plus de saison en 1958[1]. Le nouveau Parti du regroupement africain adopte, lors de son congrès constitutif de Cotonou, fin juillet, une motion réclamant « l'indépendance immédiate », tout en proposant de négocier avec la France « une confédération multinationale de peuples libres et égaux[2] ». Le 8 août, le général de Gaulle répond en précisant devant le Comité consultatif constitutionnel que les peuples d'outre-mer pourront obtenir l'indépendance immédiate en votant négativement lors du référendum[3], ce qui signifierait la fin de l'aide apportée par la France. En acceptant le principe de l'indépendance immédiate, mais en fixant lui-même les règles du jeu, de Gaulle place ses interlocuteurs africains face à leurs responsabilités : la sécession et la misère ou l'appartenance à un ensemble structuré dirigé par la France. Reste à trouver une formulation juridique suffisamment ambiguë pour permettre l'adhésion des tenants africains de la fédération (Félix Houphouët-Boigny et le RDA) et de ceux de la confédération (Léopold Sédar Senghor et le PRA) sans pour autant hypothéquer l'avenir (français). Le président malgache Philibert Tsiranana – « intelligemment conseillé[4] » – met toutes les parties d'accord en proposant le terme « Communauté ». Au-delà du vocable sans signification juridique précise, le projet finalement adopté, à la suite de multiples corrections apportées par le Général lors de son voyage en Afrique fin août 1958, demeure bien un ensemble organique bâti autour de la France. Le terme « fédération » disparaît au profit de celui de « Communauté » mais « le caractère fédéral, se souvient

1. Voir les commentaires de Raymond Janot dans Comité national chargé de la publication des travaux préparatoires des institutions de la Ve République, *Documents pour servir à l'histoire de l'élaboration de la Constitution du 4 octobre 1958*, La Documentation française, 1992, p. 11-12, 28, 44-46 et 199-202.

2. Le PRA regroupe tous les partis politiques d'AOF non affiliés au RDA.

3. Maurice Ligot, *Les Accords de coopération entre la France et les États africains et malgache d'expression française*, Paris, La Documentation française, 1964, p. 11. Jean Foyer, *Sur les chemins du droit avec le Général*, *op. cit.*, p. 89.

4. Jean Foyer, *Sur les chemins du droit avec le Général*, *op. cit.*, p. 88.

Roger Belin, domine[1] ». De Gaulle a donc atteint son objectif constitutionnel du point de vue ultramarin.

Le titre XII relatif à la Communauté de la nouvelle Constitution rappelle, à plus d'un égard, les projets d'organisation constitutionnelle de tendance fédérative de l'Union française du gaullisme d'avant 1958[2]. Faite pour durer et mieux asseoir la puissance de la France sur la scène internationale, la Communauté promeut en principe un multilatéralisme franco-africain. Dans les faits, elle consacre la prééminence du gouvernement français. L'organisation des pouvoirs au sein de la Communauté en atteste. D'abord parce que, si la distinction entre la Communauté et la République française est nette en termes juridiques, le général de Gaulle entend qu'elles soient « en tous points inséparables[3] ». Ainsi le président de la Communauté est de droit – article 80 de la Constitution – le président de la République française. Pour le chef de l'État français, « la politique générale de la Communauté est définie par le président de la Communauté, compte tenu des délibérations du Conseil exécutif et éventuellement du Sénat de la Communauté[4] ». L'interprétation gaullienne fait donc du président français le véritable centre décisionnel de l'ensemble franco-africain. La lecture présidentielle de la Constitution par le général de Gaulle s'applique donc tout particulièrement à la Communauté qui devient un véritable domaine réservé du président de la République. L'article 78 de la Constitution fait de la politique étrangère, de la défense, de la monnaie, de la politique économique et financière commune, de la politique des matières premières stratégiques, des domaines de compétence communautaires. Mais celles-ci sont exclusivement gérées par des ministres français. Le fédéralisme n'est donc que de façade car la France demeure le chef d'orchestre unique de cet ensemble. D'autant que se trouve à sa tête Charles de Gaulle dont l'autorité n'est contestée par aucun chef d'État ou de gouvernement africain membre. Ce cadre original porte bien la marque des conceptions outre-mer du Général et de son grand pragmatisme en matière de construction juridique. Et, plus encore peut-être que

1. Roger Belin, *Lorsqu'une République chasse l'autre*, *op. cit.*, p. 65.
2. Voir Frédéric Turpin, *Le Rassemblement du peuple français et l'outre-mer*, *Cahiers de la Fondation CDG*, n° 13, 2004, p. 65-81.
3. Directive du général de Gaulle au Premier ministre, Paris, 25 avril 1959 (AN, fonds Jacques Foccart, FPR102).
4. *Ibid.*, 24 avril 1959 (AN, FPR102).

pour l'ensemble de la Constitution de la Ve République, il est taillé sur mesure pour lui.

Une fois le cadre fixé, il reste au Général à le faire approuver par les populations africaines et leurs leaders. L'enjeu est de taille puisque le vote « non » au référendum du 28 septembre 1958 conduirait aux indépendances comme il le rappelle solennellement lors de son discours à Brazzaville le 24 août. De Gaulle se lance, du 20 au 26 août, dans un épuisant périple africain. Si les premières escales sont des triomphes (Madagascar, Congo-Brazzaville et Côte d'Ivoire), le choc se produit en Guinée. À Conakry, le 25 août, le président du Conseil de gouvernement Sékou Touré lance à la face d'un de Gaulle surpris : « nous préférons la liberté dans la pauvreté à la richesse dans l'esclavage ». L'affront ne sera jamais pardonné. Mais, quand les résultats du référendum tombent, le pari gaullien est gagné puisque seule la Guinée vote « non ». La Communauté est approuvée par les Africains eux-mêmes. Reste désormais à l'installer et à la faire vivre dans la durée.

Charles de Gaulle pense alors à une Communauté pour au moins vingt ans. C'est la durée qu'il donne à Pierre Messmer, le 28 juin 1958, lorsqu'il donne ses instructions à celui qu'il vient de nommer haut-commissaire en Afrique occidentale[1]. Le Général estime les indépendances inévitables à terme, mais pas tout de suite. Il organise à cette fin une transition de longue durée afin de permettre à ces nouveaux États de se préparer à une telle échéance. Il adapte les modalités de la présence française de manière à la rendre plus supportable. Chaque État membre acquiert l'autonomie interne. Son objectif n'en reste pas moins de maintenir l'influence et les intérêts de la France dans cette partie du monde. On est bien loin de la reconstruction historique du Général exposée dans le premier tome de ses *Mémoires d'espoir* dans laquelle il met en avant sa volonté, « en reprenant la direction de la France », de « la dégager des astreintes désormais sans contrepartie, que lui imposait son empire[2] ». Ce n'est que très progressivement que le premier président de la Ve République évolue sur ce dossier parallèlement à celui de l'Algérie.

Dans l'immédiat, le titre XII ne prévoit pas de possibilité d'évolution au sein de la Communauté. Ou bien un pays en fait

1. Frédéric Turpin, *Pierre Messmer. Le dernier Gaulliste*, Paris, Perrin/ministère des Armées, 2020, p. 123-124.

2. CDG, *Mémoires d'espoir*, t. I, *Le Renouveau. 1958-1962*, Paris, Plon, 2011, p. 41.

partie, comme État membre, ou bien il la quitte s'il veut être un État indépendant et pleinement souverain. Pour de Gaulle et ses contemporains, cela constitue une sécurité contre la désagrégation de ce qui reste de l'Empire français. Le Premier ministre Michel Debré résume bien l'action réalisée en écrivant au président de Gaulle, en août 1960 : « Votre retour a transformé les choses. La Communauté a été créée, seule forme assurant un certain maintien de notre présence et de notre autorité[1]. » Le 14 juillet 1959 est d'ailleurs symboliquement consacré à la Communauté avec une remise des drapeaux en grande pompe. « Toute l'Afrique française, se rappelle Roger Belin, est là : magnifique et émouvante vision d'une France impériale[2]. » De même, l'ostracisme belliqueux – suppression de toute assistance technique et des tentatives de déstabilisation – que subit la Guinée de Sékou Touré à la suite de son « non » à la Constitution s'explique par cette volonté gaullienne de ne pas immédiatement vider de sens la construction communautaire proposée aux autres territoires. Le Général veut « traiter par l'exemple, souligne Paul Masson, ceux qui n'ont pas choisi la Communauté ». Lorsque Masson est nommé haut-commissaire représentant le président de la Communauté auprès du gouvernement de la Haute-Volta, il est reçu, en janvier 1959, par le président de Gaulle qui le gratifie d'une « sortie brutale » : « Mais laissez-le donc Sékou Touré bouffer ses bananes et ses cacahuètes[3] ! » Le ton est donné. Tout au long de la courte existence de la Communauté, Charles de Gaulle s'y investit beaucoup tant par le temps et l'énergie qu'il y consacre que par les voyages et réceptions effectués. Elle est l'« enfant » du fondateur de la Ve République.

La fin assumée de l'empire

Le mouvement général en faveur de la décolonisation et la guerre menée par la France en Algérie ont rapidement raison d'une construction qui paraît appartenir à un autre âge, celui des empires

---

1. Lettre de Michel Debré au général de Gaulle, Paris, 15 août 1960 (FNSP, fonds Michel Debré 2DE29).
2. Roger Belin, *Lorsqu'une République chasse l'autre*, *op. cit.*, p. 149.
3. Entretien de Paul Masson réalisé par Frédéric Turpin et Émilie Willaert-Bois, 8 janvier 2004 (Institut Georges-Pompidou/AN, 1AV891).

coloniaux. Les limitations volontaires de souveraineté consenties initialement deviennent vite intolérables pour des chefs d'État africains en quête d'affirmation et de reconnaissance nationale et internationale[1]. Le président de Gaulle et son Gouvernement ne sont cependant pas prêts, initialement, à partager les attributs de la souveraineté extérieure et à défaire « leur » construction.

Dès septembre 1959, les États du Sénégal et du Soudan, réunis dans la fédération du Mali, font savoir officiellement à la France qu'ils veulent « accéder à l'indépendance dans le cadre d'une confédération multinationale[2] ». Ils demandent, à cette fin, l'ouverture de négociations. Madagascar les imite bientôt. Tous trois indiquent vouloir rester dans la Communauté à condition qu'elle soit réformée. La France se trouve dès lors confrontée à un dilemme politique crucial : faut-il accorder l'indépendance et faire disparaître une Communauté institutionnelle à peine née ? Ou faut-il s'y accrocher coûte que coûte ?

La réponse ne se fait guère attendre. Au cours du conseil exécutif, qui se tient à Saint-Louis du Sénégal les 11 et 12 décembre 1959, la France prend acte de la demande malienne et accepte l'ouverture de négociations sur le transfert des compétences communes. Conscient de l'impossibilité de concilier en 1960 le maintien de structures organiques unissant la RF avec ses anciens territoires d'outre-mer, même de manière libérale, et la force des nationalismes, de Gaulle prend acte des demandes d'indépendance des États membres de la Communauté. La mort dans l'âme, il décide donc d'en finir avec ce dernier avatar d'une conception organique de la puissance par l'empire. Pour lui, c'est une page de l'histoire de France qui se tourne. « Il est tout à fait naturel, explique-t-il aux Français dans son allocution du 14 juin 1960, qu'on ressente la nostalgie de ce qu'était l'Empire, tout comme on peut regretter la douceur des lampes à huile, la splendeur de la marine à voile, le charme du temps des équipages. Mais quoi ? Il n'y a de politique qui vaille en dehors des

1. Tony Chafer, *La Fin de l'empire colonial français en Afrique de l'Ouest. Entre utopie et désillusion*, Rennes, Presses universitaires de Rennes (PUR), 2019, p. 175-180.

2. Lettres du président du Conseil de la République soudanaise, président du Conseil de la fédération du Mali (Modibo Keita) et du président du Conseil de la république du Sénégal, vice-président du Conseil de la fédération du Mali (Mamadou Dia) et du président de l'Assemblée de la fédération du Mali (Léopold Sédar Senghor) au président de la République française, 26 septembre et 26 novembre 1959 (AN, FPR238).

réalités[1]. » C'est une évolution nécessaire, une mue à opérer par la France si elle veut continuer à exister. La décolonisation est considérée comme « un prurit d'affranchissement » au bénéfice d'une réorientation des modalités de la puissance de la France : « Nous n'avons plus intérêt à coloniser, explique-t-il dans le huis clos du conseil des ministres du 29 mars 1961. C'est notre développement intérieur qui sera la mesure de notre influence dans le monde ; notre ambition nationale est de nous faire puissants par l'intérieur[2]. »

Les dirigeants français n'entendent pas pour autant faire disparaître complètement la Communauté à l'instar du Premier ministre Michel Debré qui se montre jusqu'au bout un partisan résolu du maintien de liens organiques forts avec les États d'Afrique[3]. Le général de Gaulle brille lui aussi par la volonté de « maintenir » un lien d'une manière ou d'une autre[4] mais laisse son Premier ministre en première ligne. Le « maintien » de la France dans son ancien empire colonial passe dès lors, pour le gouvernement français, par la superposition d'une Communauté rénovée dite « contractuelle » avec l'ancienne dite « institutionnelle ». Il s'agit d'offrir, aux États membres de la première Communauté qui veulent devenir indépendants, la possibilité d'y demeurer sous la forme d'une association formalisée par des accords de coopération avec la France et de participation aux institutions de la Communauté. De Gaulle et son Gouvernement estiment alors que certains États membres ne voudront pas accéder à l'indépendance. Mais, visiblement peu rassurés par le désir durable d'adhésion du Mali et de Madagascar à la Communauté rénovée, les dirigeants français entendent lier la signature des accords de transfert des compétences communes à celle des accords de coopération et de participation à la Communauté[5].

La France procède à la réforme nécessaire de ses institutions afin de permettre le maintien d'un ensemble franco-africain sous la

1. CDG, *Discours et Messages*, t. III, *Avec le renouveau. 1958-1962*, Paris, Plon, 1970, p. 228.
2. Roger Belin, *Lorsqu'une République chasse l'autre*, *op. cit.*, p. 107.
3. Marc Michel, « La France et l'Afrique au temps du gouvernement Debré », *in* Serge Berstein, Pierre Milza, Jean-François Sirinelli (dir.), *Michel Debré. Premier ministre (1959-1962)*, Paris, PUF, 2005, p. 638.
4. Compte rendu du conseil exécutif du 21 mars 1960 (AN, FPR105), Jacques Foccart, *Foccart parle. Entretiens avec Philippe Gaillard*, Paris, Fayard/Jeune Afrique, 1995, t. I, p. 198-199.
5. Note du secrétariat général à la Communauté pour le président de la République, Paris, 26 mars 1960 (AN, FPR 106 et 239).

forme d'une Communauté rénovée. La loi du 4 juin 1960 modifie en ce sens la Constitution. Ce sont les dispositions inscrites dans les accords entre la France et les États intéressés qui déterminent le contenu de la Communauté nouvelle. De nouveaux accords sont signés entre la France et la fédération du Mali (22 juin 1960) et Madagascar (27 juin), bientôt suivis par ceux avec les quatre États issus de l'ex-AEF (Tchad, République centrafricaine, Congo et Gabon) entre le 13 et le 17 juillet. La Communauté rénovée doit rester un ensemble de solidarité, centré autour de la France, en matière économique, culturelle et de défense, et qui s'efforce à cette fin de promouvoir une harmonisation des différentes politiques nationales. Mais les dispositions relatives à la Communauté dans les accords de coopération ne comportent pas de définition juridique de son rôle ni de son fonctionnement. La cohésion de l'ensemble doit désormais reposer sur la coopération bilatérale et multilatérale franco-africaine. Le maintien des liens entre la France et les États africains membres de la Communauté rénovée doit ainsi passer par la politique française d'aide et de coopération technique.

La Communauté rénovée ne dure que le temps de la signature des accords. Son sort est rapidement scellé par le refus d'y adhérer des pays de l'Entente qui défendaient initialement le maintien de la Communauté institutionnelle. Pour les dirigeants africains de ces États, conduits par Félix Houphouët-Boigny, la question centrale n'est plus tant la Communauté rénovée elle-même. Tous s'accordent sur le maintien de liens étroits d'amitié avec la France dont ils ont un besoin vital. Ce qui pose problème et motive, finalement, le refus du président ivoirien et de ses alliés est une affaire de concurrence et de surenchères pour le leadership de l'Afrique francophone décolonisée. « Consterné » et « affaibli » par le résultat du conseil exécutif de Saint-Louis alors qu'il s'est posé « en champion de la Communauté, non seulement en Côte d'Ivoire mais aussi face à l'Afrique et au monde[1] », Félix Houphouët-Boigny doit reprendre la main. La Communauté rénovée fait les frais de cette concurrence entre dirigeants africains, notamment entre Senghor et Houphouët-Boigny. La Communauté rénovée, dès l'été 1961, est mort-née et ne relève plus, par la suite, que de la fiction juridique.

---

1. Lettre du haut-commissaire français en Côte d'Ivoire au Premier ministre, Abidjan, 11 janvier 1960 (FNSP, 2DE3). Voir aussi Jacques Foccart, *Foccart parle*, *op. cit.*, p. 199-200.

La France en prend acte sans autre forme de procès, ce qui révèle le poids écrasant du « cancer algérien » dans l'agenda politique français. La résignation des classes dirigeantes françaises à accepter la fin de la Communauté – institutionnelle puis rénovée – se trouve facilitée par la nécessité de « coller » le plus possible au Général afin qu'il sorte honorablement la France du bourbier algérien. Elle s'explique aussi par la mise en place de la politique de coopération franco-africaine qui permet de maintenir l'influence de la France en Afrique. La page de l'empire est tournée et celle de la coopération ne fait que commencer[1]. Reste à régler le cas algérien qui ne peut plus compter sur la perspective d'une longue transition politique *via* l'adhésion d'une Algérie – autonome – dans la Communauté avant son indépendance.

L'association France-Algérie

Plus que la question du devenir de la Communauté, qui a trépassé sans coup férir, c'est bien l'affaire algérienne qui concentre l'essentiel de la gestion gaullienne du processus de décolonisation. D'ailleurs, le Général n'a de cesse d'affirmer au cours de l'été 1958 que « c'est pour l'Algérie que je fais la Communauté[2] ». Les deux questions sont étroitement liées car la Communauté forme le cadre dans lequel un État algérien autonome pourrait adhérer[3]. Ce qui n'empêche pas la Communauté d'être, pour le général de Gaulle, un projet géopolitique à part entière.

Mais l'affaire algérienne constitue par excellence la question sur laquelle se jouent le sort du nouveau régime et la crédibilité du Général. N'a-t-il pas été rappelé au pouvoir pour trouver une solution à la crise algérienne qui a emporté la fragile IVe République ? Régler le « cancer algérien » constitue non seulement le test

1. Sur la politique de coopération, voir Frédéric Turpin, *De Gaulle, Pompidou et l'Afrique : décoloniser et coopérer (1958-1974)*, Paris, Les Indes savantes, 2010, et Jean-Pierre Bat, *Le Syndrome Foccart. La Politique africaine de la France de 1959 à nos jours*, Paris, Gallimard, coll. « Folio Histoire », 2012.

2. Cité *in* Jacques Chaban-Delmas, *Mémoires pour demain*, Paris, Flammarion, 1997, p. 311.

3. Charles-Robert Ageron, « Les États africains de la Communauté et la guerre d'Algérie (1958-1960) », *in* Charles-Robert Ageron, Marc Michel (dir.), *L'Afrique noire française. L'heure des indépendances*, Paris, CNRS éditions, 1992, p. 229-232.

de crédibilité personnelle pour Charles de Gaulle et sa toute jeune Ve République, mais aussi la condition *sine qua non* pour asseoir la politique de puissance qu'il entend mener autour du triptyque « Grandeur, indépendance et coopération ». Le Général le martèle sans relâche dans ses allocutions, comme celle du 29 janvier 1960, à la suite de la « semaine des barricades » à Alger : « Il est clair que l'unité, le progrès, le prestige du peuple français sont en cause et que son avenir est bouché tant que le problème algérien ne sera pas résolu[1]. »

En revenant à la tête de la France en 1958, le Général manifeste un positionnement assez original sur le fond de la question algérienne qui n'est pas bien perçu par tous, à commencer par les nationalistes (qui mêlent étroitement anticommunisme et maintien de l'empire) qui l'ont porté au pouvoir. Si de Gaulle n'a jamais été un thuriféraire de la colonisation, cela s'applique également à l'Algérie. Il ne communie pas sur un élément clé des partisans de l'Algérie française : l'assimilation ou sa version adaptée aux temps nouveaux de la guerre, l'intégration. Les activistes du 13 mai en Algérie le comprennent progressivement, tout en espérant et en croyant ferme que le Général la maintiendra *nolens volens* unie à la France.

Pourtant, de Gaulle a, par le passé, manifesté des positions traduisant sa distance vis-à-vis de la pensée dominante défendue notamment par le gaulliste Jacques Soustelle. Ce fut le cas en mai 1955, dans l'éditorial de *Lettre à l'Union française*, signé Jacques Foccart mais manifestement directement inspiré par lui. « C'est à bon droit, écrivait Foccart, que la France peut présenter l'Algérie comme son enfant. Mais peut-on faire qu'un enfant et sa mère, qui sont même chair et même sang, ne soient cependant non pas un mais deux êtres ? Deux êtres à qui il appartient de faire en sorte que leurs rapports soient conformes aux prévisions naturelles, c'est-à-dire reconnaissance, respect, amour. Ce qui implique pour la France, entre autres obligations, à la fois d'être forte et d'être attrayante, en sorte que les Algériens voient en elle leur recours et leur soutien. L'association France-Algérie ne peut résulter que d'un choix ; elle est, que l'on m'entende bien, affaire de sentiments[2]. » Cette conscience que l'Algérie sera un jour maîtresse de son destin, il en fait part également au prince Moulay Hassan du Maroc et

1. CDG, *Discours et Messages*, t. III, *op. cit.*, p. 163.
2. *Lettre à l'Union française*, bulletin de liaison intérieure des responsables RPF d'outre-mer, 18 mai 1955 (FCDG, fonds du RPF, RPF603).

au président de la République italienne Giovanni Gronchi[1]. Cette esquisse de cadre gaullien pour une solution à la guerre en Algérie, savamment distillée, ne paraît curieusement pas ou peu prise au sérieux par les tenants d'une Algérie française « intégrée ». Elle montre d'emblée une différence majeure lourde de conséquences entre eux et le Général.

Dans l'immédiat, le président du Conseil puis le président de la nouvelle Ve République Charles de Gaulle donnent des gages dans le sens du maintien de liens forts entre la France et l'Algérie, tout en laissant planer une certaine ambiguïté sur la question de l'intégration. Lors de son premier voyage en Algérie, depuis le balcon du Gouvernement général à Alger, il appelle, le 4 juin, à la « rénovation » et à la « fraternité » qui implique « qu'à partir d'aujourd'hui, la France considère que, dans toute l'Algérie, il n'y a qu'une seule catégorie d'habitants[2] ». Il se laisse même aller à Mostaganem, le 6 juin, à conclure son discours par un retentissant « Vive l'Algérie française ! » qui rassure et conforte l'armée et les pieds-noirs dans ses intentions. Au-delà des mots, même lâchés dans la ferveur patriotique du moment, l'offensive gaullienne pour régler le conflit se fait principalement autour de trois axes. Par le plan Challe, il s'agit d'abord de gagner la guerre sur le terrain en intensifiant les opérations de démantèlement des wilayas coupées de leurs sources de ravitaillement par le bouclage des frontières. Le schéma est chez de Gaulle toujours le même : pour négocier avec avantage, il faut se trouver en position de force. Parallèlement, il faut gagner la bataille des cœurs et des esprits en sortant de la misère la plus grande partie des Français de souche nord-africaine (FSNA suivant la terminologie de l'époque). C'est tout l'objet du plan de Constantine, conduit par le nouveau délégué général Paul Delouvrier, qui vise à un développement économique et social accéléré des départements algériens. Enfin, de Gaulle entend jouer de son charisme personnel en proposant la « paix des braves » aux combattants du FLN. Cet arrêt des hostilités permettrait d'engager des négociations afin de redéfinir de nouveaux modes de gouvernance plus inclusifs des FSNA. La stratégie gaullienne vise clairement à marginaliser le

1. Éric Roussel, « Le mystère de Gaulle », *Revue des deux mondes*, numéro de septembre 2019, p. 38-39.

2. Discours du général de Gaulle à Alger, 4 juin 1958 (CDG, *Discours et Messages*, t. III, *op. cit.*, p. 15-16).

FLN en s'adressant à toutes les branches du nationalisme algérien et à rallier les indécis, en particulier parmi les élites, afin de disposer d'interlocuteurs acceptant des compromis, du moins ceux qu'il propose. Si le Général paraît acquis, dès cette époque, à l'idée d'indépendance de l'Algérie, il semble ne l'envisager, comme pour la Communauté franco-africaine, qu'après un long délai. De plus, si les modalités de la présence française doivent être impérativement réaménagées pour répondre aux aspirations des nationalistes algériens, tant au cours de la période – estimée longue – de transition dans le cadre de la Communauté qu'une fois l'indépendance acquise, les intérêts stratégiques de la France (pétrole et bases militaires) doivent être sauvegardés.

Ce programme mené tambour battant donne certes nombre de satisfactions au général de Gaulle. Mais il échoue sur l'essentiel : les nationalistes algériens n'ont pas remisé leurs armes et le processus politique de sortie de crise n'a pas été enclenché. Pis, la population FSNA n'est pas plus gagnée à la cause de la France. Si les wilayas sont décimées par les coups de boutoir de l'armée française et le terrorisme urbain jugulé pour l'essentiel, les thèses du FLN gagnent incontestablement du terrain. C'est bien ce que constate Pierre Messmer lorsqu'il effectue en janvier 1960 une période de réserve comme lieutenant-colonel au sein du 8e régiment de parachutistes d'infanterie de marine en Petite Kabylie. Celui qui, un mois plus tard, est nommé ministre des Armées par le chef de l'État en ressort conforté sur la grande qualité des unités de manœuvre françaises en Algérie mais inquiet sur la réussite du plan Challe. Son analyse de la situation, à partir de la petite Kabylie, s'avère alors bien moins triomphaliste que les discours officiels. « Il était clair que nous ne contrôlions pas vraiment le bled et sûrement pas la nuit. Mais même le jour, nous ne le contrôlions que d'une façon approximative. Et cette situation appelait une réflexion sérieuse parce qu'à partir du moment où l'on cesse de contrôler le bled, il est certain que des problèmes très graves se posent très vite dans l'ensemble du pays […] Disons les choses simplement, la population n'acceptait plus l'autorité française comme elle l'avait acceptée autrefois[1]. » Le FLN campe plus que jamais sur son exigence d'indépendance tandis que la grande majorité des Français de souche européenne (FSE) (suivant

1. Entretien de Pierre Messmer avec Odile Rudelle (FNSP, fonds Odile Rudelle).

la terminologie de l'époque) et l'armée en Algérie réclament l'« intégration ». Le blocage est donc total et aucune sortie de crise n'est possible sans solution politique.

De Gaulle a conscience de l'impasse dans laquelle se trouve sa politique algérienne. Dès l'été 1959, il ne peut tirer qu'un bilan en demi-teinte d'un an d'action en Algérie. C'est bien ce qui le conduit à donner un premier coup de volant dans sa politique algérienne. Lors de sa conférence de presse du 16 septembre, il évoque, pour la première fois, « l'autodétermination », c'est-à-dire « le libre choix que les Algériens eux-mêmes voudront faire de leur avenir ». Sur les trois possibilités avancées, le président français en réfute deux d'emblée, la « sécession » (synonyme de « misère » et d'« affreux chaos politique ») et la « francisation complète », pour mieux souligner sa solution : « le gouvernement des Algériens par les Algériens eux-mêmes, appuyé sur l'aide de la France et en union étroite avec elle, pour l'économie, l'enseignement, la défense, les relations extérieures ». Du point de vue interne, l'Algérie devrait tendre vers un régime fédéral et plus d'autonomie. Tout en réitérant son offre de « paix des braves », le Général entend réduire le FLN et son GPRA à un élément de la société algérienne. Il n'est toujours pas question de lui donner le monopole de la représentation des populations algériennes[1].

Pour les tenants de l'Algérie française, dans sa version « intégration », le coup de barre gaullien fait l'effet d'une trahison. Car ouvrir le processus d'autodétermination de l'Algérie, c'est déjà accepter le principe même de l'indépendance. Les incompréhensions et la volonté de ne pas voir ou de minimiser les désaccords s'opposent. Même dans l'armée, les fissures se font jour, y compris chez les gaullistes les plus fidèles. Le général Jacques Massu, commandant le corps d'armée d'Alger, est rappelé à Paris, le 22 janvier 1960, à la suite d'un article très critique à l'encontre de la politique algérienne du Gouvernement. Deux jours plus tard, les activistes Algérie française tentent un nouveau 13 mai. Après avoir ouvert le feu et tué des gendarmes, ils dressent des barricades et s'enferment dans les facultés. La « semaine des barricades » débute. Mais contrairement à mai 1958, l'armée ne suit pas. Plus que par loyalisme

1. Conférence de presse du général de Gaulle, 16 septembre 1959 (CDG, *Discours et Messages*, t. III, *op. cit.*, p. 118-122).

à l'égard du Gouvernement, elle se montre surtout attentiste, ce qui n'échappe pas au Général. Le mouvement échoue. De Gaulle fait plier la rue à Alger. Mais le bilan est lourd : l'armée a montré une fidélité fragile et les activistes Algérie française s'engagent dès lors dans un processus d'opposition, coûte que coûte, à la politique algérienne du Gouvernement. L'OAS est ainsi créée fin janvier 1961. Elle prend toute son ampleur à la suite du putsch d'Alger, en avril 1961, qui voit les « soldats perdus » la rejoindre et la restructurer[1].

Pour le chef de l'État, la « semaine des barricades » sonne comme un avertissement, peut-être le dernier avant un affrontement avec ceux-là mêmes qui l'ont ramené au pouvoir à la suite du 13 mai 1958. Il l'interprète comme une somme de déficiences de l'appareil d'État qui n'a pas répondu avec la fermeté nécessaire. Il en tire les conséquences. Il lui faut renforcer son contrôle sur la politique algérienne et ses instruments s'il veut pouvoir être en mesure de faire avancer ses solutions. À partir de là, ce sont plus que jamais le président et ses hommes qui concentrent la décision et ses applications en matière de politique algérienne. La constitution, en février 1960, du Comité des affaires algériennes, qu'il préside, répond à cette mainmise présidentielle au détriment du Premier ministre Michel Debré, littéralement écartelé entre sa fidélité au Général et sa défense et illustration de l'Algérie française. Le 5 février, il place à la tête du ministère des Armées le compagnon de la Libération Pierre Messmer, qui vient de participer à la décolonisation de l'Afrique subsaharienne en qualité de haut-commissaire en Afrique occidentale. Il doit tenir l'armée « dont certains éléments seraient tentés de croire que cette guerre est leur guerre, non celle de la France, qu'ils ont droit à une politique qui ne serait pas celle de la France[2] ». Le 8, il informe Debré que, dorénavant, les affaires d'Algérie, les affaires étrangères, la défense et la Communauté devront « être traitées directement auprès de lui ». En novembre 1960, de Gaulle fait nommer Louis Joxe à la tête d'un ministère des Affaires algériennes[3].

1. Olivier Dard, *Voyage au cœur de l'OAS*, Paris, Perrin, coll. « Tempus », 2011, p. 76-84.

2. Allocution radiodiffusée et télévisée du général de Gaulle, 29 janvier 1960 (CDG, *Discours et Messages*, t. III, *op. cit.*, p. 165).

3. Chantal Morelle, *Comment de Gaulle et le FLN ont mis fin à la guerre d'Algérie. 1962. Les Accords d'Évian*, Paris, André Versaille éditeur, 2012, p. 93-94.

Cette concentration des pouvoirs entre les mains de Charles de Gaulle montre combien la sortie de crise qu'il envisage ne se concrétise pas comme il le souhaite. Les oppositions des tenants de l'Algérie française et des pieds-noirs de manière générale compliquent de plus en plus les projets gaulliens. Elles rendent difficiles, voire illusoires, la perspective d'une Algérie algérienne au sein d'un ensemble français. À l'autre bout de l'échiquier, le Général ne parvient pas plus à faire prévaloir un tiers parti algérien permettant de noyer le FLN dans une masse moins intransigeante sur la question de l'indépendance immédiate et de la sauvegarde des intérêts français. Plus les mois passent, plus le champ des possibilités se restreint tandis que le conflit coûte de plus en plus cher à la France.

De Gaulle poursuit néanmoins son action suivant les deux axes qu'il a définis, et ce malgré des vents contraires qui forcissent : mettre en place le processus de consultation des Algériens dans le cadre de l'autodétermination et rechercher des interlocuteurs algériens qui acceptent de jouer sa solution de transition. Il maintient la pression militaire sur le terrain car, comme il l'écrit le 14 octobre 1960 au général Jean Crépin, commandant en chef en Algérie : « Notre succès militaire indiscutable ne constituera évidemment pas le règlement politique. Celui-ci ne procédera pas de la force mais de la raison, de la délibération et du suffrage[1]. » Lors de sa « tournée des popotes » en Algérie, en mars 1960, il repousse énergiquement la perspective de l'indépendance qui condamnerait les Algériens « au chaos » tout en appelant de ses vœux « une Algérie algérienne liée à la France et unissant des communautés dont on sait combien elles sont diverses[2] ».

Face aux résistances des Français d'Algérie et de nombre de cadres de l'armée française, le président en appelle directement aux Français. Le 8 janvier 1961, le peuple répond présent et valide massivement (74,99 % des suffrages exprimés) le principe de « l'autodétermination des populations algériennes et l'organisation des pouvoirs publics en Algérie avant l'autodétermination ». Le Général a désormais les coudées franches. Il peut s'appuyer sur une opinion publique métropolitaine de plus en plus lasse d'une guerre qui n'en finit pas et continue à tuer ses fils. Mais, comme en 1958, la condition *sine qua non* de la réussite de la stratégie

1. CDG, *Lettres, notes et carnets*, t. VII, p. 402-403.
2. Communiqué du général de Gaulle, 7 mars 1960 (*ibid.*, p. 336-337).

gaullienne de sortie de crise réside fondamentalement dans sa capacité à susciter et à s'appuyer sur des élites algériennes non inféodées au FLN. Dans son instruction sur la marche à suivre en Algérie du 5 décembre 1960[1], le chef de l'État a précisé la feuille de route à engager une fois le vote favorable des Français acquis. Dans l'esprit de son programme de Communauté franco-africaine de 1958, il entend réformer en profondeur l'organisation des pouvoirs publics en Algérie afin d'« attirer vers les responsabilités politiques et administratives, tant pour l'ensemble du territoire que dans les régions et dans les départements, des éléments musulmans aussi qualifiés et représentatifs que possible ». Il exige de procéder « à une très vaste promotion musulmane » à tous les échelons de pouvoir. Il s'agit de « mettre en œuvre la coopération entre les communautés à tous les échelons des affaires publiques algériennes » avec en ligne de mire « d'orienter les populations dans le sens d'une solution pratique d'association en vue de la future autodétermination ». C'est le prix à payer, comme il n'a de cesse de le répéter aux officiers français lors de sa tournée en Algérie de décembre 1960, pour que « l'Algérie nouvelle [...] reste unie à la France[2] ». Et de Gaulle de préciser à Telergma : « Nous voulons que, dans tous les domaines où c'est normal, le domaine économique, le domaine technique, le domaine scolaire, le domaine militaire, cette Algérie-là soit unie à la France[3]. »

Comme en 1958-1959, mais cette fois de manière plus explicite, c'est bien le modèle de la Communauté, comme transition vers l'indépendance, qui est voulu par le chef de l'État, tout en tenant compte de la spécificité de l'Algérie qui n'a jamais été un territoire d'outre-mer. La nomination de Louis Joxe à la tête du ministère d'État aux Affaires algériennes relève certes de la volonté gaullienne de mainmise sur la direction de la politique algérienne. Elle s'interprète également par le projet de « nouvelle Algérie » envisagé par le Général dans son instruction du 5 décembre 1960. En s'inspirant du processus qui, de la loi-cadre Defferre, a conduit à la (défunte) Communauté franco-africaine, il s'agit de renforcer l'algérianisation des cadres de l'administration par une décentralisation accrue et de faire émerger des

1. *Ibid.*, p. 418-420.
2. Allocution du général de Gaulle devant les officiers de l'école militaire de Cherchell, 10 décembre 1960 (*ibid.*, p. 435).
3. *Ibid.*, p. 446.

cadres politiques. Pour cela, il veut mettre en place un « conseil exécutif algérien » (sorte de conseil de gouvernement africain de 1957-1958), sous la direction du délégué général français puis du haut-commissaire de la RF (qui garderait les « affaires de souveraineté » et l'administration de l'aide apportée par la métropole) et une Assemblée consultative algérienne. À l'heure où la Communauté franco-africaine organique disparaît au profit, espère-t-on à Paris, d'une Communauté contractuelle, Charles de Gaulle croit encore possible, au seuil de l'année 1961, de s'inspirer de ce modèle pour atteindre son objectif d'une Algérie algérienne associée à la France.

Clap de fin en Algérie

Les belles promesses de sortie de crise des premières semaines de l'année 1961 ne se concrétisent pas. Pire, elles virent progressivement à l'échec à tel point que nombreux sont ceux parmi les collaborateurs du chef de l'État à s'interroger sur la cohérence de sa politique algérienne. Au fond, de Gaulle maintient jusqu'au bout l'économie générale de sa solution mais doit sans cesse tâtonner sur les moyens et les interlocuteurs pour tenter d'y parvenir. Comme le remarque joliment Louis Terrenoire, à l'été 1961, à propos de l'interlocuteur FLN, « le Général m'apparaît alors comme un pêcheur qui a réussi à ferrer un gros poisson et qui le laisse se fatiguer avant de retenir sa ligne. Mais il arrive que le poisson, d'un coup de reins, casse la ligne[1] ».

Lors du conseil des ministres du 30 août 1961, c'est un Général fulminant qui multiplie les menaces qui ne font que traduire l'impasse dans laquelle se trouve sa politique algérienne : « Ceux du FLN, affirme-t-il, vont dans un sens inévitable, le sens révolutionnaire. C'est assez logique, dans la perspective d'une Algérie sans la France. Mais ils ne se sont pas aperçus que, nous aussi, nous prenons une direction révolutionnaire. Nous voulons nous dégager. C'est cela notre politique. Si ces messieurs acceptent de s'accorder avec nous pour quelque chose de convenable, ils le peuvent encore. S'ils ne le veulent pas, nous allons essayer d'en

1. Louis Terrenoire, *De Gaulle en conseil des ministres. Journal et notes de Louis Terrenoire, porte-parole du Gouvernement : février 1960-avril 1962, révélations sur la fin du conflit algérien*, Marigny, éditions Eurocibles, 2018, p. 62.

trouver d'autres. Et si ces derniers ne le veulent pas davantage, eh bien ! nous nous dégagerons quand même. Alors ce sera le regroupement avec toutes ses conséquences [...] Ce n'est pas nous qui ferons l'autodétermination, il faut que ce soit les Algériens. Et, si les uns et les autres ne le veulent pas, nous ferons le regroupement. Préparer regroupement et rapatriement ; voilà la vérité, il n'y en a pas d'autre. » Quelques semaines plus tard, le 4 octobre, dans le même lieu, le président de la République s'explique plus clairement sur ce qu'il faut attendre du regroupement affirmant qu'il ne peut s'agir que d'« une solution transitoire de sécurité[1] ». Ce qui ne l'empêche pas de demander une nouvelle fois, non sans ironie, à son ministre des Affaires algériennes « un dernier effort : essayez de trouver des gens qui prendraient conscience de leur responsabilité algérienne. Nos vœux vous accompagnent[2] ! ».

L'exhortation gaullienne n'est pas nouvelle. Depuis des années, il cherche les bons interlocuteurs algériens pour négocier et aboutir à un accord préservant les intérêts de la France. La « paix des braves » a constitué, en 1958 et 1959, une première approche autour de l'équation personnelle du Général. Elle a échoué. De Gaulle a cherché, dans le même temps, à développer une sorte de troisième force entre le FLN et les pro-Français. Le gouvernement français a ainsi soutenu le Mouvement national algérien (MNA) de Messali Hadj dans sa lutte à mort contre le FLN. En vain. Le chef de l'État a tout particulièrement cherché du côté des élites algériennes modérées, même après le putsch avorté d'avril 1961. Mais les ralliements espérés ne se produisent pas, du moins pas en nombre significatif pour espérer réaliser sa sortie de crise. À l'automne 1961, de Gaulle, même s'il ne renonce pas à trouver les « bons » interlocuteurs, doit se résoudre à l'évidence : le FLN a réussi à confisquer la représentation de la nation algérienne. « L'Algérie algérienne », qu'il appelle de ses vœux, ne pourra être que celle du FLN. L'association de « l'Algérie algérienne » avec la France risque fort de se réduire à une coopération avec une Algérie indépendante.

L'évolution des négociations secrètes avec le FLN illustre bien cette incapacité gaullienne à faire prévaloir la solution et les interlocuteurs de son choix. Pourtant au printemps 1960, les événements ont semblé donner raison à l'ostracisme persévérant du Général

1. Louis Terrenoire, *De Gaulle en conseil des ministres*, *op. cit.*, p. 72.
2. *Ibid.*, p. 63-64.

à l'encontre du FLN. Le chef de la wilaya IV Si Salah et deux de ses adjoints décident d'engager secrètement des négociations avec les représentants français[1]. La « paix des braves », prélude à un mouvement pluriel de ralliement des élites algériennes à une longue transition pacifique vers l'indépendance, paraît enfin trouver un commencement de concrétisation. L'affaire est suffisamment sérieuse pour que de Gaulle reçoive le chef de guerre à l'Élysée, le 10 juin. Quatre jours plus tard, le président s'adresse cette fois directement au FLN, dans un discours aux Français, lui enjoignant de venir à Paris « trouver une fin honorable aux combats ». Le GPRA le prend au mot et, du 25 au 29 juin 1960, délégations française et algérienne se retrouvent à Melun. L'échec est au rendez-vous ; le GPRA refuse l'exigence gaullienne d'un cessez-le-feu avant toute négociation.

De Gaulle a beau obtenir, le 8 janvier 1961, un feu vert massif des Français pour sa politique d'autodétermination, aucune troisième force algérienne n'émerge au fil des élections (commission d'élus, élections cantonales, etc.) et des réformes en faveur de « la promotion musulmane ». Pire, le FLN s'impose plus que jamais comme le seul interlocuteur. Le Général en tire les conséquences : si la France veut sortir du bourbier algérien, il lui faut en passer par un accord avec le FLN. Mais il espère jusqu'au bout pouvoir lui imposer ses conditions. Fin février et début mars 1961, son émissaire personnel, Georges Pompidou, négocie secrètement en Suisse avec les représentants du GPRA. Ces échanges butent une nouvelle fois sur les exigences gaulliennes, en particulier sur le Sahara que la France n'entend pas lâcher à l'heure où l'exploitation de son pétrole prend de l'ampleur. Les négociations suivantes butent invariablement sur les exigences intangibles du FLN : indépendance immédiate avant tout cessez-le-feu, refus de toute partition de l'Algérie coloniale (en particulier du Sahara et de ses réserves pétrolières), exclusivité du FLN à représenter le peuple algérien. Au cours de ces longs mois d'une guerre qui n'en finit plus et de ces séquences de négociations secrètes avortées (Évian en mai-juin, Lugrin en juillet), de Gaulle cède, progressivement, une à une aux revendications du FLN, faute d'autre solution pour se désengager d'un conflit sans commune mesure avec les avantages que la France peut en retirer. Le prix est lourd pour un homme de sa génération.

1. Sylvie Thénault, *Histoire de la guerre d'indépendance algérienne*, Paris, Flammarion, 2005, p. 97-98.

Mais il l'assume pleinement, même s'il continue à montrer des attitudes de maître du jeu, comme lors du conseil des ministres du 26 octobre 1961 : « Ou bien, affirme-t-il de manière péremptoire, nous ferons un arrangement convenable, ou bien il n'y aura pas d'accord et nous resterons au Sahara aussi longtemps qu'il nous plaira d'y rester[1]. » Le Sahara et son pétrole ne résistent toutefois pas à la nécessité vitale de conclure même si, pour de Gaulle, la permanence de la souveraineté française était considérée comme « une utopie ». « La souveraineté, explique-t-il lors du conseil des ministres du 2 août 1961, nous nous en fichons. Tout le problème tourne autour de cette formule : y aura-t-il ou non une association[2] ? » Et lorsque les négociations reprennent aux Rousses dans le Jura, à l'automne 1961, il s'agit bel et bien d'aboutir coûte que coûte.

L'échec de sa tentative de sortie tient aussi aux Français d'Algérie et aux activistes Algérie française. L'annonce d'une « Algérie algérienne », le 4 novembre 1960, met le feu aux poudres en Algérie. Le camp des tenants de l'Algérie française crie plus que jamais à la trahison. L'administration française en Algérie tangue à l'image de son secrétaire général qui démissionne. En privé, de Gaulle juge sévèrement « ces pauvres Français d'Algérie qui sont en train de se suicider » et « de ruiner les dernières chances qui leur restaient de pouvoir s'entendre avec les musulmans et de cohabiter avec eux dans l'Algérie algérienne[3] ». Au sein de l'armée de terre, les esprits s'échauffent d'autant que le référendum du 8 janvier 1961 donne un large quitus au chef de l'État pour mener à bien sa politique d'émancipation de l'Algérie. Les bruits de négociations secrètes en Suisse avec le FLN les confortent dans l'idée qu'il faut briser cette dynamique infernale dont le terme ne peut être que l'abandon de l'Algérie.

Le 21 avril 1961, « un quarteron de généraux à la retraite » prend la tête d'un putsch à Alger. Malgré de nombreuses alertes depuis des semaines, de Gaulle et le Gouvernement sont surpris. Les premières heures et la première nuit sont cruciales car le Gouvernement craint, sur le modèle de ce qui aurait pu être l'opération « Résurrection » fin mai 1958, l'arrivée de régiments parachutistes putschistes sur

1. Louis Terrenoire, *De Gaulle en conseil des ministres*, *op. cit.*, p. 80.
2. *Ibid.*, p. 389.
3. Alain Peyrefitte, *C'était de Gaulle*, t. I, *La France redevient la France*, Paris, éditions de Fallois/Fayard, 1994, p. 72.

Paris. La situation est grave car, dans les états-majors parisiens et métropolitains, les conspirateurs disposent de solides complicités. Lors du premier conseil des ministres qui suit l'échec du putsch, le 26 avril, le ministre des Armées Pierre Messmer ne cache pas au Général et à ses collègues qu'une tentative d'assaut des insurgés sur Paris la nuit du 21 au 22, ainsi que le samedi 22, n'aurait pas pu être interceptée[1]. Celle-ci n'a cependant pas lieu et l'intervention radiodiffusée et télévisée du chef de l'État, le 23, s'avère décisive. En uniforme et dans un geste théâtralisé, le Général décoche des traits acérés contre les putschistes : « Ce pouvoir a une apparence : un quarteron de généraux à la retraite. Il a une réalité : un groupe d'officiers, partisans, ambitieux et fanatiques. Ce quarteron et ce groupe possèdent un savoir-faire expéditif et limité. Mais ils ne voient et ne comprennent la nation et le monde que déformés à travers leur frénésie. Leur entreprise conduit tout droit à un désastre national. » Et de Gaulle d'annoncer l'activation de l'article 16 de la Constitution et d'interdire « à tout Français et, d'abord, à tout soldat d'exécuter aucun de leurs ordres[2] ». Dès le lendemain, la partie est gagnée. Le contingent ne suit pas ainsi qu'une partie des unités d'active. Une nouvelle phase de l'opposition armée des activistes Algérie française débute alors. Les « soldats perdus » entrent en clandestinité et restructurent l'OAS qui, dès la fin de l'été, commence à multiplier les attentats contre le FLN et les autorités françaises. La montée en puissance des actes terroristes de l'OAS au cours du second semestre 1961 rend de plus en plus difficile le jeu gaullien. Outre l'intransigeance du GPRA, il se heurte à celle des partisans jusqu'au-boutistes de l'Algérie française, soutenus par des pieds-noirs déboussolés quant à leur avenir. Dans cette indépendance d'une Algérie FLN qui se profile de plus en plus, et face au terrorisme croissant de l'OAS, de Gaulle ne montre guère d'empathie pour les Français d'Algérie. Lors du conseil des ministres du 13 septembre 1961, la dureté de son jugement surprend son auditoire : « La France ne doit rien à des gens qui travaillent contre son intérêt [...] Si finalement, on va vers un arrangement avec le FLN, on fera l'autodétermination dans des conditions convenables et, quant aux Européens, les nouveaux maîtres de l'Algérie voudront eux-mêmes utiliser quelques cadres[3]. »

---

1. Roger Belin, *Lorsqu'une République chasse l'autre*, *op. cit.*, p. 113.
2. CDG, *Discours et Messages*, t. III, *op. cit.*, p. 307-308.
3. Louis Terrenoire, *De Gaulle en conseil des ministres*, *op. cit.*, p. 68.

Cet épisode du putsch et de l'application de l'article 16 de la Constitution montre que le couperet n'est pas passé très loin. De Gaulle en tire les conséquences. Il accélère sa politique de désengagement de « cette boîte à chagrin », non sans vouloir, initialement du moins, imposer ses conditions aux Algériens. Dès juillet 1961, il retire deux divisions d'Algérie[1], tout en maintenant, à l'armée française en Algérie, les mêmes missions de recherche et destruction des wilayas et d'interdiction de franchissement des frontières par les unités de l'ALN. Et même si la négociation piétine de longs mois, il devient de plus en plus explicite, dès la fin de l'année, que la mission de préparer et d'assurer la bonne mise en œuvre du futur cessez-le-feu devient progressivement prioritaire pour l'armée française. Le conseil des affaires algériennes du 20 décembre 1961 renouvelle certes la priorité à la lutte contre le FLN. Mais, sur le terrain, les éléments des groupements de réserve en périphérie des villes sont de plus en plus amenés à intervenir dans les premiers mois de l'année 1962 dans les opérations de maintien de l'ordre urbain[2]. Les directives du président de la République du 26 février 1962 au général Charles Ailleret, commandant supérieur en Algérie, et au délégué général Jean Morin précisent cette fois clairement les missions de l'armée qui visent désormais fondamentalement à « préparer soit le cessez-le-feu, soit le regroupement[3] ». Dans un contexte explosif, entre les terrorismes du FLN et de l'OAS, le gouvernement français craint tout particulièrement des heurts sanglants entre communautés qui hypothéqueraient les efforts ultimes de négociation en vue de trouver un accord de sortie de crise.

La conclusion des accords d'Évian sonne comme le clap de fin tant attendu. Pour le Général, « c'est un aboutissement, l'aboutissement d'une crise. Mais un aboutissement n'est jamais qu'un départ… Il fallait tenir compte des réalités du monde. C'est une issue honorable. Il n'est pas nécessaire d'épiloguer sur ce qui a été fait ou n'a pas été fait naguère. Les hommes sont des hommes

1. Fiche sur les départs d'unités d'Algérie, commandement supérieur des forces en Algérie, Cabinet, 1er septembre 1965 (FCDG, fonds Jean Morin, F45/4).

2. Charles Ailleret, *Général du contingent. En Algérie. 1960-1962*, Paris, Grasset, 1998, p. 228-229. Directive du général de Gaulle au général Ailleret et au délégué général Jean Morin, Paris, 26 février 1962 (archives familiales de Charles Ailleret).

3. Note du général de Gaulle pour Michel Debré au sujet du retrait des forces en Algérie (CDG, *Discours et Messages*, t. III, *op. cit.*, p. 199).

et peuvent se tromper. Mais il était indispensable de dégager la France d'une situation qui ne lui procurait que des malheurs. Que les accords soient aléatoires dans leur application, c'est certain. Nous aurons à faciliter les choses à cette Algérie qui va apparaître. Mais il ne fallait pas l'empêcher de naître. On lui donne sa chance[1] ». De Gaulle entend faire de ces accords un exemple de coopération réussie. D'autant qu'ils garantissent à la France l'usage de la base de Mers el-Kébir ainsi que les centres d'expérimentations militaires du Sahara (engins nucléaires, armes chimiques et fusées). Au cours d'une conversation téléphonique avec le principal négociateur français à Évian, Louis Joxe, le matin de la conclusion des accords, le chef de l'État avait fixé le cap à suivre :

> Le but de l'accord en ce qui concerne la France c'est d'établir une situation telle qu'il y ait d'abord une période de l'ordre de trois années pendant laquelle seront tentées, d'une part la coopération franco-algérienne, d'autre part celle des communautés en Algérie. Si l'épreuve ne réussit pas, c'est qu'elle ne réussira jamais et alors nous nous trouverons devant un tout autre problème, dégagés que nous serons d'ailleurs de beaucoup d'actuelles servitudes […]. Notre intention est que cela colle, que la période d'essai réussisse, qu'il y ait une coopération qui s'établisse. Pour cela, nous faciliterons les choses par notre aide. Nous espérons fermement que la suite nous permettra de continuer notre aide. Mais nous ne pouvons pas être sûrs de l'avenir. Cela ne dépend pas seulement de nous. Cela dépend d'eux. Notre intention c'est de continuer[2].

Une fois les accords paraphés, le chef de l'État entend les appliquer au plus vite dans un état d'esprit qui s'apparente pleinement au « prurit d'affranchissement ». Il s'agit de tourner définitivement la page de l'Algérie française et de ce conflit qui n'en finit plus de nuire à l'image de la France sur la scène internationale et qui constitue un handicap rédhibitoire à sa politique de grandeur. De Gaulle entend que rien ne puisse faire obstacle à l'application de ces accords. Le 8 avril, il fait approuver massivement par les seuls Français de métropole les accords d'Évian. Le 1er juillet se

1. Louis Terrenoire, *De Gaulle en conseil des ministres*, *op. cit.*, p. 122.
2. Entretien téléphonique du général de Gaulle, en présence de Michel Debré, avec Louis Joxe, Robert Buron et Jean de Broglie, 18 mars 1962, voir l'enregistrement suivant : Pour Une, *Accords d'Évian. De Gaulle et Debré parlent à Joxe, Buron et de Broglie*, youtube.com, septembre 2023.

tient le référendum sur l'indépendance de l'Algérie qui recueille, sans surprise, un « oui » massif. La France reconnaît officiellement l'indépendance de l'Algérie deux jours plus tard.

Si ces accords marquent la fin du conflit, ils ne traduisent pas une désescalade des violences. Au contraire, l'Algérie entre de plain-pied « dans un degré de violence extrême[1] ». Or, plus l'échec de ces accords est patent, plus le Général accélère le désengagement de la France. Il écourte la période de transition à trois mois alors qu'elle peut aller jusqu'à six et organise au plus vite le référendum d'indépendance en Algérie. Dès la proclamation de l'indépendance, le 3 juillet, la France n'est plus responsable du maintien de l'ordre puisqu'elle remet toutes ses compétences au nouvel État. Surtout, au cours de la période de transition, la gouvernance politique, en théorie franco-algérienne, échoue complètement. L'exécutif provisoire, placé sous la présidence d'Abderrahmane Farès, ne se réunit pour la première fois que le 13 avril. Il est doté d'une hypothétique force locale qui se montre incapable de faire régner l'ordre face à des wilayas et à l'ALN qui en profitent pour occuper le terrain et imposer leurs lois, en contravention des accords. De Gaulle et son Gouvernement laissent faire préférant se concentrer sur la lutte à mort contre l'OAS, tant dans les grandes villes algériennes qu'en métropole. Le Général s'en tient jusqu'au bout et quelle que soit la situation sur le terrain à une « logique du respect à la lettre des accords d'Évian[2] ».

La France a tablé sur l'application des accords d'Évian par la partie algérienne. Or les Algériens se déchirent entre eux pour le pouvoir. L'amnistie prévue dans le texte est rapidement bafouée par les Algériens dans un contexte paroxysmique de crise qui voit les terrorismes OAS et FLN se répondre dans une symphonie sanglante d'une intensité inconnue jusque-là. La priorité est clairement donnée à la lutte anti-OAS par de Gaulle tout en accélérant le rapatriement des forces françaises. La multiplication des assassinats d'Européens ainsi que des anciens harkis ne le fait pas dévier de sa volonté de désengagement par l'application des accords.

Au cours de la période de transition, les « disparitions » de FSE prennent des proportions particulièrement alarmantes. L'OAS

---

1. Sylvie Thénaut, *Histoire de la guerre d'indépendance algérienne*, *op. cit.*, p. 126.

2. Chantal Morelle, *Comment de Gaulle et le FLN ont mis fin à la guerre d'Algérie*, *op. cit.*, p. 109-110.

est mise en cause par le gouvernement français. L'analyse des archives policières et militaires françaises montre cependant que les différentes factions algériennes, qui se disputent déjà le pouvoir, portent, elles aussi, une lourde responsabilité comme en attestent les différences de modes opératoires : le FLN cache les corps à la différence de l'OAS qui entend montrer au grand jour sa force. La Zone autonome d'Alger (FLN) entame dès fin avril la pratique clandestine d'un « nouveau terrorisme ». Du 3 au 13 mai 1962, d'après les rapports de la police d'État (française), sont recensés 209 tués (surtout musulmans), 181 blessés, 52 enlèvements d'Européens et 5 tentatives dans le Grand-Alger. Quatre-vingt-dix pour cent des violences sont imputables à l'OAS mais sur les 52 disparus, seuls 4 réapparaîtront[1]. Les résultats ne se font pas attendre : les pieds-noirs prennent massivement le chemin de l'exode dans des conditions catastrophiques. Le gouvernement français, son ministre d'État chargé des Affaires algériennes, Louis Joxe, et son secrétaire d'État aux Rapatriés, Robert Boulin, tablent initialement sur 100 000 rapatriés par an pendant quatre années. Cette « chasse à l'Européen » menée par les unités de l'ALN et une partie de la population musulmane se traduit immédiatement par plus de 100 000 départs d'Algérie en mai 1962 et 350 000 en juin[2]. Au total, ce sont 865 000 Français d'Algérie qui arrivent en France entre avril et septembre 1962 dans des conditions d'extrême dénuement[3]. Le chef de l'État ne montre aucune empathie envers ces Français brutalement rapatriés en qui il voit des soutiens des menées subversives de l'OAS. C'est ce qu'il explique sans fard, au cours du conseil des ministres du 19 mars 1962 : « On ne fait pas la paix en Algérie pour les Français d'Algérie. S'ils ne font pas ce que la France veut, ils ne sont pas des Français. Au surplus, on leur offre la possibilité de venir s'établir en France[4]. »

Le premier point (« De la sécurité des personnes ») de la Déclaration des garanties et dispositions générales des accords du

1. Roger Le Doussal, *La « Mission C ». Alger, décembre 1961-juin 1962 : de Gaulle contre l'OAS, histoire d'une répression*, Paris, Fauves éditions, 2020, p. 419-430.

2. Guy Pervillé, *Les Accords d'Évian, 1962. Succès ou échec de la réconciliation franco-algérienne, 1954-1962*, Paris, Armand Colin, 2012, p. 120-121.

3. Chantal Morelle, *Comment de Gaulle et le FLN ont mis fin à la guerre d'Algérie*, *op. cit.*, p. 233.

4. Louis Terrenoire, *De Gaulle en conseil des ministres*, *op. cit.*, p. 133.

19 mars a également réglé, sur le papier, la question des troupes supplétives et des collaborateurs civils de la France. Les accords prévoient une amnistie générale, en particulier pour les « musulmans fidèles à la France » (harkis proprement dits, mokhaznis, groupes mobiles de sécurité, groupes d'autodéfense et assas ou gardiens) estimés, au 1er janvier 1962, à 90 000 (dont 46 000 harkis)[1]. Dans le cadre de cette paix retrouvée et d'un pardon généralisé, la très grande majorité des harkis encore en service choisit (81,2 % suivant un recensement d'avril 1962), en toute bonne foi, de demeurer chez eux en Algérie et de retourner dans leurs villages puisqu'il s'agit essentiellement de ruraux de condition modeste. Mais, rapidement après le cessez-le-feu, les forces françaises, qui n'ont pas encore été rapatriées en France, reçoivent des informations sur le massacre d'ex-harkis et de leur famille dans le bled par ceux qui ont pu se réfugier auprès d'elles. Ces informations se font, de jour en jour, plus nombreuses et ne peuvent plus être considérées comme des actes isolés, même si les violences de masse contre les harkis se réalisent surtout après l'indépendance, quand le nouvel État algérien est maître chez lui et que la lutte entre les groupes constituant les nouvelles autorités algériennes crée une situation d'anarchie sanglante et de surenchère nationaliste. C'est alors que les harkis et leurs proches se réfugient massivement dans les zones contrôlées par les forces françaises. Entre juin 1962 et juin 1963, l'armée française transporte 30 000 personnes ex-supplétives et leurs familles.

Face à ces horreurs, certains ministres essaient d'infléchir la logique gaullienne « du respect à la lettre des accords d'Évian » tandis que d'autres, comme Louis Joxe, appliquent à la lettre les directives du Général. Dès le 22 mai, le ministre des Armées Pierre Messmer s'inquiète en conseil des ministres de la capacité des autorités algériennes à faire respecter l'ordre public après l'indépendance. La réponse du Général est sans appel : « Nous pourrions faire de l'assistance, mais rien de plus[2]. » Avec le redoublement des violences et massacres contre les ex-harkis, encadrés par l'ALN, à la suite de l'indépendance, le gouvernement français est dépassé par les événements et l'impulsion présidentielle manque. Messmer évoque de nouveau le sort des ex-harkis lors du conseil

1. Charles-Robert Ageron, « Le "drame des Harkis" : mémoire ou histoire », *Vingtième Siècle, revue d'histoire*, n° 68, 2000, p. 3.
2. Roger Belin, *Lorsqu'une République chasse l'autre*, *op. cit.*, p. 241.

des ministres du 25 juillet 1962[1], tandis que sur place, les forces françaises continuent d'assurer la protection des ex-harkis et de leurs proches qui sont parvenus à trouver refuge auprès d'elles. Pour le ministre des Armées et nombre de ses collègues, l'armée française dispose encore de troupes en nombre conséquent. Elle est donc en capacité de procéder, par des opérations coup-de-poing, à l'exfiltration des ex-harkis et de leurs familles. Cela implique d'accepter la possibilité d'affrontements armés avec les forces de l'ALN et donc la rupture du cessez-le-feu. Politiquement, le risque majeur est celui de l'échec de tout le processus de sortie de crise difficilement mis en place avec les accords d'Évian. Le général de Gaulle refuse catégoriquement ces opérations de sauvetage qui pourraient « rallumer la guerre d'Algérie[2] », au nom de l'objectif politique supérieur qui est celui de la paix et de la coopération entre la France et l'Algérie. Surtout, de Gaulle dénie le qualificatif de « rapatriés » aux ex-harkis puisqu'« ils ne retournent pas dans la terre de leurs pères ! Dans leur cas, il ne saurait s'agir que de réfugiés ! Mais on ne peut les recevoir en France comme tels, que s'ils couraient des dangers[3] ! ». Cette ligne, le Général s'y tient jusqu'au bout.

Si, avec les accords d'Évian, le Général obtient la fin du conflit qui obérait le redressement de la France et le déploiement de sa politique de grandeur à l'échelle mondiale, ils se soldent par un échec du point de vue de la coopération avec le nouvel État algérien qui plonge initialement dans la guerre civile. La coopération franco-algérienne donne, jusqu'au départ du pouvoir de De Gaulle, « l'impression, souligne Guy Pervillé, d'un combat d'arrière-garde visant essentiellement à protéger le plus longtemps possible les intérêts économiques et stratégiques de l'État français au Sahara », tout en accordant une aide budgétaire considérable et une importante aide technique et culturelle[4].

Au cours de la séquence 1960-1962, la France gaullienne assume, non sans grandes difficultés, la fin de l'Empire français. C'est une page de l'histoire de France qui se tourne. Mais ce « prurit d'affranchissement » ne signifie pas, pour le général de Gaulle et

1. *Ibid.*, p. 245.
2. Pierre Messmer, *Ma part de France. Entretiens avec Philippe de Saint Robert*, Paris, François-Xavier de Guibert, 2003, p. 119.
3. Alain Peyrefitte, *C'était de Gaulle*, t. I, *op. cit.*, p. 196.
4. Guy Pervillé, *Les Accords d'Évian*, 1962, *op. cit.*, p. 145 et 147.

sa majorité, la fin des relations privilégiées entre la France et ses anciennes colonies. Celles-ci sont indispensables à la politique de grandeur qu'il entend désormais pouvoir développer avec plus de latitude. L'heure n'est plus à la souveraineté mais à l'influence.

La décolonisation conduit ainsi le chef de l'État à adapter les instruments du rayonnement français dans le monde, tout particulièrement en ce qui concerne son ancien empire colonial. Une ère nouvelle des relations franco-africaines s'ouvre sur le principe de l'égalité juridique entre États indépendants. Dans les faits, l'aide vitale apportée par Paris à ses partenaires d'Afrique subsaharienne les maintient dans le giron de la France. Ces pratiques empiriques d'aide des premières années consécutives aux indépendances sont, dès janvier 1964, théorisées et magnifiées par le verbe gaullien sous le vocable de « coopération » et hissées au rang d'« ambition nationale ».

L'uniforme du président

Philippe Vial

En 1974, devenu président, Valéry Giscard d'Estaing surprend en choisissant de porter, pour son portrait officiel, un simple complet-veston. Seule, à son revers gauche, la rosette de grand-croix de la Légion d'honneur vient atténuer cette volonté de simplicité. C'est une rupture au regard de la représentation traditionnelle des chefs de l'État. Elle est d'autant plus marquée que la photo est prise pour la première fois en extérieur, en cadrage serré, un drapeau tricolore saturant l'arrière-plan. De manière là aussi inédite, le nouveau président, presque souriant, regarde l'objectif de face.

Il y aura ainsi un avant et un après dans le portrait du chef de l'État. Aucun des successeurs de Valéry Giscard d'Estaing ne renouera avec le port de « l'habit », barré du grand cordon de l'ordre de la Légion d'honneur, qui était traditionnellement « l'uniforme » du président pour son portrait officiel. Aux décorations près, ce choix n'avait d'ailleurs rien d'une spécificité française, mais s'inscrivait dans un mode de représentation classique pour les chefs d'État élus des démocraties modernes.

La double rupture gaullienne

La rupture giscardienne n'est pourtant pas une première. Et pas seulement parce que le portrait présidentiel est en 1959 pour la première fois en couleurs, bien qu'une série de photos en noir et blanc ait été prise parallèlement par le photographe Jean-Marie Marcel. Alors que les apparences vestimentaires plaident pour la continuité, comme le cadrage en « plan américain », au-dessus des genoux, le portrait officiel du fondateur de la Ve République est lui aussi disruptif. Ce n'est pas la queue-de-pie noire traditionnelle – « l'habit » – que porte Charles de Gaulle, mais sa déclinaison militaire, qui correspond à la « tenue de soirée » des officiers généraux de l'armée de terre telle qu'elle a été fixée en 1953.

De couleur bleu nuit, et non pas noire, l'habit est associé à un pantalon de même couleur, dont la couture est soulignée par une soutache or. Des pattes d'épaule que distingue un liseré doré marquent une nouvelle différence. Elles portent deux discrètes étoiles d'argent, qui sont les marques de grade d'un général de brigade. Plus visible, mais peu identifiable par les non-initiés, le « gilet d'arme » est une autre indication du statut d'officier de celui qui le porte. De couleur gris cendré, il marque l'appartenance du président aux « chars de combat », l'une des subdivisions de l'arme « cavalerie et arme blindée », pour reprendre les termes officiels de l'époque. Bien que fantassin d'origine, ayant longtemps servi dans les chasseurs à pied, de Gaulle a en effet commandé un régiment de chars en 1937-1939. Enfin, les boutons dorés de l'habit offrent une dernière indication. Leur coquille est ornée d'un insigne distinctif, propre aux officiers généraux, bien qu'on ne puisse le distinguer sur la photo.

Pour la première fois depuis le maréchal de Mac-Mahon, le président de la République porte l'uniforme à l'occasion de son portrait officiel. Un précédent qui demande d'ailleurs à être nuancé : en une période où la tradition n'est pas encore figée, plusieurs versions du portrait présidentiel sont diffusées entre 1873 et 1877 dont l'une au moins représente le maréchal en civil, portant l'habit, barré du grand cordon de la Légion d'honneur. Rien de tel avec de Gaulle, qui reste jusqu'à nos jours le seul président à avoir revêtu seulement l'uniforme militaire pour son portrait officiel.

La rupture opérée par Charles de Gaulle est alors d'autant plus nette qu'un deuxième portrait en uniforme est réalisé le même jour à quelques minutes d'intervalle, dans la même pièce, avec une pose et un cadrage identiques. Seule différence, la main droite du chef de l'État repose directement sur le guéridon, alors qu'elle prenait appui sur deux ouvrages de la bibliothèque lors de la prise précédente. Devant les rayonnages de la bibliothèque de l'Élysée, de Gaulle se tient debout, le corps légèrement tourné vers la droite, regardant de face, toujours tête nue, mais cette fois portant la « tenue de cérémonie » des officiers généraux de l'armée de terre.

Elle se compose d'une vareuse et d'un pantalon kaki clair jaspé, associés à une chemise blanche et une cravate en soie noire. Le pantalon est orné d'une double « bande de distinction » marron foncé – que l'on ne distingue pas sur la photo – appelée aussi « bande de commandement ». Posée à cheval sur la couture extérieure, elle est en effet propre aux tenues d'officiers. Sur les épaules de la vareuse, deux brides d'épaulettes, ou « attentes », ornées d'une fine broderie en cannetille mate avec paillettes or, signent son statut. Les branches de chêne figurant au centre de la broderie constituent en effet l'une des marques de grade traditionnelles des officiers généraux, tout comme les étoiles d'argent ornant le bas des manches de la vareuse qui, par leur nombre, précisent son grade : deux pour un général de brigade. Les boutons dorés de la vareuse sont une dernière indication du statut de celui qui la porte. À l'instar de ceux ornant l'habit de la « tenue de soirée », leur coquille est en effet ornée d'un insigne distinctif, propre aux officiers généraux – bien que difficilement visible.

Ne manque que le ceinturon de cérémonie marron foncé, de la couleur de la bande du pantalon, fermé de deux plaques or estampées chacune d'une tête de méduse, qui est spécifique aux officiers généraux dans l'armée de terre. Une absence d'autant plus notable que jusqu'en 1956 au moins, de Gaulle porte encore le ceinturon baudrier en cuir marron foncé qui était le sien depuis la guerre. Mais, quelle que soit sa nature, un ceinturon ne manquerait pas désormais de faire ressortir l'embonpoint du Général... Or, on sait son exigence en matière d'élégance ; elle le conduit à limiter au maximum le port en public des lunettes que sa myopie rend pourtant nécessaire. De manière encore plus radicale, de Gaulle devenu chef de l'État renonce désormais au port du ceinturon.

Cette tenue explicitement militaire, souvent complétée du képi de couleur kaki clair orné au centre de son bandeau de deux étoiles d'argent, est devenue l'une des images les plus emblématiques du fondateur de la Ve République. Pourtant, de manière paradoxale, ce n'est pas l'une des photos réalisées le 21 février 1959 avec cet uniforme qui sera finalement privilégiée. C'est l'un des clichés issus de la première série, où de Gaulle porte la « tenue de soirée » des officiers généraux de l'armée de terre, qui devient finalement le portrait officiel du fondateur de la Ve République.

Le statut du second portrait n'est aujourd'hui pas connu de manière certaine. En l'état, il semble être resté marqué d'une forme d'ambiguïté : pas entièrement officiel, pas caché non plus ! Et même utilisé... En attendant un recensement complet, on peut noter que ce portrait est employé un an plus tard pour illustrer la couverture d'un disque 33 tours qui n'a rien d'anodin. Il offre en effet l'enregistrement de l'intervention radiotélévisée du Général, depuis l'Élysée, durant la semaine des barricades à Alger. Alors que les émeutiers demandent l'abandon du projet d'autodétermination pour l'Algérie, de Gaulle, en uniforme, prononce une condamnation sans appel de l'insurrection, réaffirme avec force sa ligne politique et rappelle aux forces armées leur devoir d'obéissance. L'utilisation du second portrait permet ainsi d'être en concordance avec la tenue du chef de l'État et le lieu de son allocution. Édité dans la foulée par la Radiodiffusion-télévision française (RTF), ce disque relève indéniablement d'un choix de communication politique dans le contexte tumultueux du dénouement du conflit algérien.

Un deuxième exemple de l'emploi de ce portrait peut être relevé, à la fin de la décennie cette fois. Il atteste d'un autre type d'usage officiel, potentiellement beaucoup plus systématique. Le 27 janvier 1968, le sous-marin *Minerve* disparaît subitement corps et biens au large de Toulon avec 52 hommes à bord. Très affecté par cette tragédie, de Gaulle choisit de venir présider personnellement les cérémonies d'hommage organisées le 8 février. À l'issue, il tient à embarquer sur un sous-marin du même type, l'*Eurydice*, pour mieux tenter de comprendre les circonstances dans lesquelles a eu lieu le drame. Avant de revenir à terre, il laisse à l'équipage un cliché dédicacé de son portrait présidentiel en « tenue de cérémonie ».

Que le chef de l'État ait apporté cette photo pour l'offrir ou qu'elle ait déjà été présente à bord, cet épisode élargit le champ des possibles. Dans le premier cas, le portrait sert de présent présidentiel et il est probable qu'il s'agisse d'une pratique régulière. De fait, d'autres exemplaires dédicacés de ce portrait peuvent être identifiés, sur le site de salles de vente par exemple. Dans le second cas, cette photo est sans doute utilisée comme portrait officiel du chef de l'État. Ce qui tendrait à prouver que cet autre portrait a été employé comme tel dans les armées, sans doute en raison de son caractère plus explicitement militaire qui en fait une parfaite représentation du « chef des armées ». Si rien ne permet de trancher en l'état, l'épisode confirme que ce deuxième portrait présidentiel n'a pas été remisé à l'issue de sa réalisation, mais a eu une forme d'existence publique tout au long de la période. Et le Général reste ainsi, nouvelle singularité, l'unique président à avoir bénéficié – avec Mac-Mahon – d'une double représentation officielle, le seul dans ce cas sous la Ve République.

Les raisons d'un choix : le changement et la continuité

En l'état, on ignore les raisons qui ont poussé à privilégier le premier portrait. Le souci d'afficher la continuité avec la tradition républicaine a sans doute joué un rôle majeur dans le choix opéré. Si de Gaulle a été régulièrement élu chef de l'État, le 21 décembre 1958, les conditions de son retour au pouvoir quelques mois plus tôt sont infiniment plus discutables et encore dans toutes les têtes. Depuis, en dépit du succès écrasant du référendum du 28 septembre 1958, la nouvelle Constitution reste l'objet de critiques virulentes. Ses principes, les institutions qu'elle permet d'établir, sont jugés par une partie des élites et de l'opinion comme contraires aux principes de la tradition républicaine.

En sacrifiant en apparence au respect de ses codes, de Gaulle s'inscrit dans une forme de continuité qui permet de tourner la page. Quand bien même le nouveau président porte une tenue militaire, celle-ci reste en effet constituée d'un habit, très proche de celui de ses prédécesseurs. Comme eux, il arbore les insignes de grand-croix de la Légion d'honneur : « plaque » en vermeil (reproduisant la croix de la Légion d'honneur) sur la poitrine gauche, « grand cordon » (écharpe en tissu moiré de couleur rouge) porté en écharpe, passant sur l'épaule droite, et « bijou » (croix pendante en vermeil de grand-croix de la Légion d'honneur) ornant le nœud qui ferme en bas à gauche le grand cordon, dans le prolongement vertical de la plaque.

Au premier regard, de Gaulle s'inscrit ainsi dans la tradition républicaine à laquelle il rend une forme d'hommage. Pour autant le Général entend donner un nouveau lustre à la fonction de chef de l'État, ce qui passe en particulier par son « uniforme ». Le premier président de la Ve République doit donc faire vivre la tradition pour pouvoir la renouveler. Mais, symbole apparent de continuité, le portrait va être aussi manifeste du changement. L'Homme du 18 juin est revenu au pouvoir pour achever ce qu'il avait entrepris à la Libération et doter le pays de nouvelles institutions. En sacrifiant au rite du portrait, de Gaulle marche donc sur une ligne de crête. Il s'agit de refonder sans brusquer cette fois, c'est-à-dire d'incarner au sens fort le changement et la continuité. Opération réussie : la nouvelle image officielle va s'imposer avec une facilité déconcertante. Nulle polémique n'accompagnera sa diffusion.

De fait, nombreux sont encore aujourd'hui ceux qui n'identifient pas la dimension militaire de la tenue présidentielle. Le trompe-l'œil fonctionne ! La rupture aurait été beaucoup plus nette avec la « tenue de cérémonie », perçue comme militaire au premier coup d'œil. Compte tenu des circonstances dans lesquelles de Gaulle avait été rappelé au pouvoir moins d'un an auparavant, du procès en césarisme militaire qui continuait d'être instruit par certains de ses opposants, le Général a sans doute opté pour une forme de prudence.

D'autant que Pétain avait choisi en 1940 de poser en uniforme pour son portrait officiel comme « chef de l'État français », adoptant une tenue assez voisine de celle utilisée en 1959. Sélectionner le deuxième portrait n'aurait ainsi pas seulement conduit à ressusciter l'image du chef de la France libre et de la Résistance. En privilégiant la « tenue de soirée » des officiers généraux de l'armée de terre, de Gaulle change de tenue, au propre comme au figuré, et fait d'une pierre plusieurs coups.

Ce choix interdit en premier lieu toute possibilité de rapprochement avec les maréchaux qui l'ont précédé à la tête de l'État. Mais il marque également la rupture avec la période de l'Occupation, son caractère tragique et son ambivalence : Vichy et la Résistance sont les deux faces d'une même médaille. Enfin, de Gaulle met également à distance l'après-guerre. Une période où sa démission soudaine de la présidence du Gouvernement provisoire en janvier 1946 n'avait pas conduit à son rappel, et où l'aventure du Rassemblement du peuple français (RPF) s'était soldée par une impasse. L'homme revenu de Colombey marque ainsi la rupture avec ce qu'il a été et ce qui a été, tout en s'inscrivant dans la tradition républicaine. Symboliquement, ce portrait signe une époque nouvelle, pour la République comme pour de Gaulle.

Mais dans une certaine mesure seulement : ni l'Homme du 18 juin ni le Général, qui se pense et entend s'incarner comme un personnage unique dans l'histoire de France, ne s'effacent. À sa manière, ce portrait est bien un trompe-l'œil habilement construit, où chacun peut trouver ce qu'il souhaite. L'image proposée est à la fois une réponse à géométrie variable aux attentes des spectateurs dans leur diversité et un manifeste présidentiel sans concession. De Gaulle dit qui il est et qui il veut être en tant que chef de l'État, n'hésitant pas à subvertir discrètement mais résolument la tradition républicaine.

La dialectique des légitimités

Son « habit » reste une tenue d'officier, ce qu'un œil averti ne peut manquer de relever. Au regard d'une tradition républicaine forgée dans la hantise du césarisme militaire, que la crise du 13 mai et ses suites viennent de raviver, le symbole est fort. Mieux, alors qu'il ne porte pas d'autre décoration que les insignes de grand-croix de la Légion d'honneur, le nouveau président choisit d'arborer le collier de l'ordre de la Libération. Un collier reçu le 31 août 1947 et qui est l'attribut du grand maître, charge qu'il assure depuis qu'il a créé l'Ordre en 1940-1941.

C'est une double rupture au regard de la tradition républicaine. Bien que le président soit le grand maître de l'ordre de la Légion d'honneur, aucun de ses prédécesseurs n'en portait le collier sur son portrait officiel. Il faut remonter à Napoléon III pour trouver un précédent avec le tableau peint en 1855 par Winterhalter. On comprend que de Gaulle n'ait pas retenu cette option, qui aurait nourri l'assimilation à l'auteur du coup d'État du 2 décembre et le procès en illégitimité des nouvelles institutions. Deuxième rupture, par ce choix l'ancien chef de la France libre affirme symboliquement une forme de supériorité de l'ordre de la Libération. Alors que la hiérarchie républicaine le place seulement au second rang protocolaire, le Général manifeste qu'il est premier à ses yeux. Pour autant, le président ne le substitue pas à celui de la Légion d'honneur, comme Pétain l'avait fait *mutatis mutandis* avec la médaille militaire. Le portrait présidentiel devient ainsi le réceptacle d'une dialectique des légitimités, qui reçoit d'autres déclinaisons. Le choix de la tenue en offre un autre exemple.

C'est en uniforme que de Gaulle est devenu l'Homme du 18 juin. Un uniforme qu'il n'a pas quitté durant toute la guerre, n'usant publiquement d'un costume civil qu'à partir du 13 novembre 1945. Ce jour-là, il remet ses pouvoirs à l'Assemblée constituante nouvellement élue, avant que celle-ci ne le réinvestisse dans la foulée comme président du Gouvernement provisoire. Jusqu'à sa démission, le Général n'apparaîtra plus qu'en complet-veston devant les parlementaires ou pour présider le Conseil des ministres. Mais l'uniforme revient en force dans les années qui suivent. Jouant habilement de la confusion des genres, de Gaulle utilise en effet le cadre de commémorations pour lancer son action politique. C'est le cas lorsqu'il annonce la création de son parti à Bruneval, le 30 mars 1947, puis à Strasbourg, le 7 avril. La tenue militaire va devenir l'uniforme du chef du RPF.

Seules les conférences de presse font exception. De fait, c'est en civil qu'il reprend la parole le 19 mai 1958, lors de sa première rencontre avec les journalistes depuis celle du 30 juin 1955. Et durant toute la crise, on ne le voit jamais qu'en complet-veston... Pour autant, il remet l'uniforme dès sa tournée algérienne, début juin 1958, et va le porter ensuite régulièrement, par exemple lors des cérémonies du 14 Juillet à Paris, puis à Toulon, où il préside une revue navale. La tenue militaire installe de Gaulle dans la fonction de chef de l'État avant même qu'il ne le soit redevenu.

France libre, il est la France incarnée qui a su relever la tête du plus profond du désastre et résister. Une France qui, parce qu'elle a su reconquérir sa liberté, a retrouvé le droit de parler au monde et de lui proposer sa vision, son message.

Les tenues militaires autorisent ainsi un élargissement des possibles à la discrétion du général et président. Paradoxalement, l'uniforme permet de rompre l'uniformité des tenues traditionnelles du chef de l'État et d'accroître le déploiement de sa puissance symbolique. C'est un président « plus » qui s'offre aux regards, président d'une nouvelle République, doté constitutionnellement de pouvoirs sans commune mesure avec ceux de ses prédécesseurs, mais aussi d'une légitimité qui lui est propre et dont l'uniforme est le vecteur.

LA MATRICE DE LA POLITIQUE ÉTRANGÈRE DU GÉNÉRAL DE GAULLE (1958-1962)

Thomas Gomart

L'intendance ne suit pas, mais elle précède. Le 13 juin 1958, treize jours après avoir été investi président du Conseil, le général de Gaulle s'adresse aux Français : « Pour commencer, je vous demande, oui ! je vous demande instamment d'assurer un succès triomphal à l'emprunt que nous allons ouvrir. Première étape de notre redressement. Première preuve de confiance nationale que vous vous donnerez à vous-mêmes, et, permettez-moi de le dire, que vous m'accorderez à moi qui en ai tant et tant besoin ! » Six mois plus tôt, à la suite d'une intervention américaine, le FMI a accordé un nouveau crédit et des reports d'échéance à la France pour lui éviter la faillite. Nouvelle preuve, s'il en était besoin, de la vigueur de l'influence américaine sur la politique française depuis la Libération aussi bien dans le domaine économique que militaire. Aux yeux du général de Gaulle, la faillite de la IVe République est d'abord celle de sa politique étrangère, qui a créé une situation de forte dépendance à l'égard de Washington.

Dès son arrivée à Matignon, il se lance dans une intense activité diplomatique qui le conduit à recevoir John Foster Dulles, le secrétaire d'État américain, le 5 juillet 1958. Cette rencontre donne lieu à « une franche explication franco-américaine » selon de Gaulle ; elle s'apparente « à un round d'observation entre deux protagonistes pour qui l'heure de l'affrontement n'est pas venue[1] ». Pour retrouver son « rang » sur la scène internationale, la France doit commencer par reconfigurer ses relations avec la première puissance mondiale au moment où celle-ci, quatre ans après Diên Biên Phu, deux ans après Suez, suit très attentivement les opérations en Algérie. L'ensemble des entretiens diplomatiques du général de Gaulle, au cours de son premier trimestre à Matignon, reflète l'étiage diplomatique qu'il cherche à établir, en premier lieu, par rapport aux États-Unis. Se met alors en place « un schéma qui se reproduira par la suite au début de chaque nouvelle présidence sous la Ve République » consistant, au moins dans un premier temps, à rechercher « un resserrement significatif des liens franco-américains[2] ». Paradoxalement, la politique d'indépendance nationale voulue par le général de Gaulle, adaptée aux circonstances par ses successeurs, implique la reconnaissance des États-Unis comme si le poids international de la France se mesurait avant tout à l'importance qu'ils lui accordent.

À la fois discours et conduite, la politique étrangère exige autant de visions que de moyens pour la mettre en œuvre. Les interventions publiques du général de Gaulle, à travers ses mémoires, ses discours et ses conférences de presse, vont lui permettre d'exposer sa vision des enjeux planétaires et sa conception de la politique étrangère. De manière moins visible, ses prises de parole se transforment en doctrine, dont bien des éléments sont encore présents aujourd'hui, grâce au travail accompli par la machine diplomatico-militaire. En justifiant son retour au pouvoir par la nécessité d'un redressement national, le général de Gaulle ouvre trois chantiers en parallèle – le règlement de la crise algérienne, la réforme constitutionnelle et l'assainissement des finances publiques –, qui sont les préalables à la mise en œuvre d'une politique étrangère crédible. Arrivé au pouvoir par Alger, le général de Gaulle entend se débarrasser du fardeau algérien, qui ternit l'image de la France, divise les Français et pèse sur l'organisation de ses forces armées. Pour lui, l'enjeu stratégique principal se situe en Europe, et plus précisément en Allemagne, ce qui signifie de s'imposer non seulement auprès de la Grande-Bretagne mais surtout de l'URSS et des États-Unis, tout en nouant des relations étroites avec la jeune République

1. Georgette Elgey, *Histoire de la IVe République*, t. II, *op. cit.*, p. 787.
2. Frédéric Bozo, *La Politique étrangère de la France depuis 1945*, Paris, Flammarion, coll. « Champs Histoire », 2012, p. 71.

fédérale allemande (RFA) sans lesquelles tout projet européen serait vain. Les sept mois qui séparent son installation à Matignon de son installation à l'Élysée se révèlent décisifs pour « prendre le pli de la pratique du pouvoir[1] », qui sera observé jusqu'à son départ en 1969. La réforme constitutionnelle avec l'élection au suffrage universel du président de la République modifie profondément les conditions d'exercice du pouvoir exécutif en créant une stabilité propice à la mise en œuvre de la politique étrangère. Elle va de pair avec la préparation du plan Rueff. Donnant lieu à de vifs débats au sein du Gouvernement, ce plan est défendu par le général de Gaulle, qui estime impossible pour la France de retrouver son rang avec des caisses vides et une monnaie instable.

Reste un élément crucial à évoquer : l'arme atomique, condition *sine qua non* de toute ambition d'indépendance nationale dans une confrontation bipolaire. Alors que les États-Unis ne souhaitent pas que leurs alliés possèdent l'arme, de Gaulle annonce à John Foster Dulles : « La France aura sa bombe » dès le 5 juillet 1958. Pour saisir à la fois la substance, les réalisations, les orientations (et les ratés) de la politique étrangère du général de Gaulle au cours de la séquence 1958-1962, sans doute faut-il moins se concentrer sur la chronique diplomatique, désormais parfaitement connue, que sur la simultanéité des mesures prises, qui rendent possibles l'élaboration et la mise en œuvre d'une grande politique, destinée à réconcilier une ambition internationale renouvelée et des moyens nationaux limités. Elle vise à placer la France au centre de trois cercles concentriques : un « directoire » franco-anglo-américain, une Europe des Six et l'Eurafrique, « chacun des trois éléments renforçant les titres qu'avait Paris à jouer un rôle important par rapport aux deux autres[2] ». Dans quelle mesure cet objectif est-il atteint ?

Le cadre d'action

Il peut sembler paradoxal d'évoquer l'idéologie à propos du général de Gaulle, souvent présenté comme un pur réaliste en matière internationale dans la lignée de Richelieu. À titre

1. Nicolas Roussellier, *La Force de gouverner. Le pouvoir exécutif en France. XIXe-XXIe siècle*, Paris, Gallimard, 2015, p. 571.
2. Préface de Georges-Henri Soutou, *in* Irwin Wall, *Les États-Unis et la guerre d'Algérie*, Paris, Soleb, 2006.

d'exemple, lors de sa première rencontre avec John Foster Dulles, il réfute la lecture idéologique de l'affrontement Est-Ouest défendue par le secrétaire d'État auquel il explique que les nations sont plus fortes que les idéologies avant de minimiser le rôle du PC d'URSS : « Vous dites qu'il y a un gouvernement soviétique et un Parti communiste. Je crois qu'il y a surtout le tsar. Et quand les Russes disent "le Parti", c'est un peu comme vous quand vous dites "le Congrès"[1]. » Il serait trop simple de résumer la pensée et l'action de De Gaulle au « réalisme » au sens où l'entendent les politistes. Elles sont évidemment empreintes d'idéologie comprise comme le mélange des idées et de l'expérience vécue.

De Gaulle est le produit d'un milieu social dans lequel s'exerçaient les influences du nationalisme maurrassien, du catholicisme libéral, du monarchisme constitutionnel et du catholicisme social[2]. Sa vision du monde s'est construite sur une solide culture historique et littéraire, notamment transmise par son père Henri auquel il vouait une profonde admiration. Il appartient à « la génération de 1905 » profondément marquée par le débarquement du Kaiser à Tanger pour réclamer des droits sur le Maroc. Parmi ses influences intellectuelles, plusieurs noms reviennent souvent : Henri Bergson, Maurice Barrès et Charles Péguy. Socialiste, républicain, puis nationaliste et catholique, ce dernier considérait que la France avait pour mission historique d'éclairer l'humanité de ses lumières. Quant à Maurice Barrès, il écrivait : « Donner de la France une certaine idée, c'est nous permettre de jouer un certain rôle. » Phrase qui trouve un écho dans la fameuse première phrase des *Mémoires de guerre* : « Toute ma vie, je me suis fait une certaine idée de la France[3]. »

Chef de section d'infanterie, Charles de Gaulle reçoit son baptême du feu à Dinant en Belgique le 15 août 1914 : « En un clin d'œil, il apparaît que toute la vertu du monde ne prévaut point devant le feu », écrit-il plus tard dans un de ses livres[4]. Plusieurs fois blessé, il est fait prisonnier à Verdun avant de connaître trente-deux mois de captivité (cinq tentatives d'évasion) en Allemagne.

1. Cité *in* Georgette Elgey, *Histoire de la IVe République*, t. II, *op. cit.*, p. 787.
2. Julian Jackson, *De Gaulle. Une certaine idée de la France*, Paris, Le Seuil, 2019, p. 46.
3. *Ibid.*, p. 54.
4. CDG, *La France et son armée*, in *Le Fil de l'épée et autres écrits*, Paris, Plon, coll. « Omnibus », 1994, p. 481.

À noter, il n'intègre pas l'entrée en guerre des États-Unis dans le conflit à ses calculs stratégiques comme si la France restait seule à mener le combat[1]. Comme beaucoup d'anciens combattants, il évoque rarement ses souvenirs du front et de la détention, mais confie à sa nièce en 1945 : « cela m'a laminé l'âme[2] ». Après la guerre, ses séjours à l'étranger et ses différents postes complètent cette expérience fondatrice et enrichissent sa vision du monde. En avril 1919, il part pour la Pologne où il séjourne jusqu'à la fin 1920 : « La Pologne est un pays très mal gouverné, aucunement administré, n'ayant pas le goût du travail, et en proie à une misère économique très profonde. Nous aurons fort à faire pour tirer de la Pologne quelque chose, nous n'en tirerons jamais grand-chose. » S'il juge sévèrement les autorités polonaises, il reconnaît la force du patriotisme polonais qui permet la victoire et en tire l'enseignement suivant : un pays n'est vaincu que s'il perd la volonté de se battre. Après avoir servi à l'état-major du maréchal Pétain et une affectation en Allemagne, de Gaulle est nommé au Liban en 1929 pour une parenthèse impériale de dix-huit mois dans sa carrière qui exacerbe sa méfiance vis-à-vis des Britanniques[3].

Par la force des choses, le pays sur lequel de Gaulle a le plus investi intellectuellement est sans nul doute l'Allemagne à laquelle il consacre son premier livre – *La Discorde chez l'ennemi* (1924) – dans lequel il analyse « l'étendue exceptionnelle des qualités de guerre » et les fautes stratégiques des Allemands[4]. Suivent trois autres livres qui signent sa découverte des enjeux politico-militaires : *Le Fil de l'épée* (1932), *Vers l'armée de métier* (1934) et *La France et son armée* (1938). Ces années sont décisives dans la compréhension de la politique internationale d'autant qu'elles correspondent à la montée en puissance de l'Allemagne hitlérienne. Il approuve le pacte de sécurité signé avec Moscou en 1935. À sa mère, il expose sa vision en ces termes : « Nous n'avons pas les moyens de refuser le concours des Russes, quelque horreur que nous ayons pour leur régime. C'est l'histoire de François Ier allié aux musulmans contre Charles Quint[5]. » Entré en contact

1. Éric Roussel, *Charles de Gaulle*, Paris, Perrin, coll. « Tempus », 2020, p. 41.
2. Frédérique Neau-Dufour, *Geneviève de Gaulle-Anthonioz. L'autre de Gaulle*, Paris, éditions du Cerf, 2004, p. 118.
3. Julian Jackson, *De Gaulle*, *op. cit.*, p. 99.
4. CDG, *La Discorde chez l'ennemi*, Paris, Perrin, 2018, p. 77.
5. Cité *in* Julian Jackson, *De Gaulle*, *op. cit.*, p. 121.

direct avec Paul Reynaud, de Gaulle multiplie les interventions pour accélérer les transformations des forces armées face au péril, tout en soulignant la nécessité de se coordonner avec les Britanniques pour former « une entente des démocraties[1] ». Au bilan, la vision du monde construite par le général de Gaulle s'appuie sur sa formation initiale, l'expérience de la guerre et un intense travail intellectuel que ses livres reflètent en partie ; elle se traduit principalement par une hostilité de principe à l'égard de l'Allemagne (qui explique l'intérêt pour une alliance de revers avec la Russie), une rancœur vis-à-vis de la Grande-Bretagne et un dédain pour les États-Unis[2]. Raisonnant en fonction de l'histoire et de la géographie, il considère que la lutte des intérêts nationaux constitue le cœur de la politique internationale.

Nommé en 1932 au secrétariat du Conseil supérieur de la défense nationale, Charles de Gaulle découvre les mécanismes politico-militaires qu'il refondera avec la Ve République en 1958. D'emblée, il rédige une note circonstanciée en vue d'un projet de loi relatif à l'organisation de la nation pour le temps de guerre dans laquelle transparaissent des visions géopolitiques bien ambitieuses au regard du potentiel réel de la France. Au titre des buts de guerre, le chef de bataillon de Gaulle envisage par exemple : « L'établissement d'une fédération des États latins de l'Amérique (Amérique du Sud, Amérique centrale, Antilles) où la France entrerait pour ses Antilles et pour la Guyane et destinée à faire contrepoids aux États-Unis. » Remise en perspective historique par Éric Roussel, cette note traduit « la vision furieusement cocardière » de De Gaulle, qui laisse éclater « une inadéquation aveuglante entre les objectifs et les moyens[3] ». Le réalisme n'est pas inné. C'est l'expérience de la défaite et de la guerre qui va le forger définitivement chez de Gaulle.

À la fin de la guerre, l'idée d'une Europe comme réponse à l'affaiblissement de la France affleure dans son discours. À ses yeux, la France doit reprendre toute sa place au rang des grandes puissances après avoir perdu la bataille de 1940 et remporté celle de 1945. Cela implique de casser le militarisme prussien. Cette vision n'est guère partagée par les trois grands. En mars 1944, il évoque rapidement « une sorte de groupement occidental » qui réunirait la

---

1. *Ibid.*, p. 123.
2. Éric Roussel, *Charles de Gaulle*, *op. cit.*, p. 80.
3. *Ibid.*, p. 79.

France, la Belgique, le Luxembourg et les Pays-Bas, ainsi que la Ruhr et la Rhénanie, ensemble auquel la Grande-Bretagne serait associée si elle le souhaitait. En août 1944, il précise dans une note sa vision : « Progressivement, agir sur les petits États et sur les neutres, même sur l'Italie et l'Espagne, pour tâcher d'établir sur ces questions d'avenir une doctrine européenne autour de nous[1]. »

Dans le flot des événements de la guerre, deux épisodes méritent une attention particulière pour comprendre l'orientation de la politique étrangère française à partir de 1958 : le voyage en URSS (décembre 1944) et la conférence de Yalta (février 1945). La relation du premier dans les *Mémoires de guerre* nourrit la légende gaullienne : le général de Gaulle tient tête au maréchal Staline. On connaît aussi la phrase prononcée sur la route de Stalingrad devant les membres français de sa délégation : « Quel peuple ! Quelle armée, ces Allemands ![2] » Quant à la conférence, elle est devenue « le mythe fondateur de la politique extérieure de la Ve République » en laissant croire à « un partage du monde » imposé par la « double hégémonie » soviéto-américaine : « on a voulu régler hâtivement le sort de l'Europe sans l'Europe[3] ». Dès la fin de la guerre, comme l'explique Georges-Henri Soutou, apparaissent les grandes lignes d'une « géopolitique à la française » visant à contrôler et à diviser l'Allemagne avec l'aide de l'URSS, tout en réunissant, grâce à la division de l'ancien Reich, l'Europe occidentale dans le cadre d'une sorte de fédération centrée sur la France éventuellement aidée par les États-Unis[4]. Parallèlement, le général de Gaulle repense l'organisation de la diplomatie et des armées françaises indispensables à toute ambition internationale dans un contexte national marqué par les divisions internes et le poids du PCF. En novembre 1945, il résume ainsi les trois leviers de la politique étrangère française : « La diplomatie qui l'exprime, l'armée qui la soutient, la police qui la couvre[5]. »

Reste à disposer du cadre institutionnel pour mettre en œuvre une politique étrangère correspondant à cette « géopolitique à la

1. Cité *in* Julian Jackson, *De Gaulle*, *op. cit.*, p. 389.
2. Sur cet épisode voir Hélène Carrère d'Encausse, *Le Général de Gaulle et la Russie*, Paris, Fayard, 2017, p. 63-64.
3. Georges-Henri Soutou, *La Guerre froide de la France, 1941-1990*, Paris, Tallandier, 2018, p. 78.
4. *Ibid.*, p. 98-99.
5. Cité *in* Frédéric Fogacci (dir.), *De Gaulle et la défense de la France. D'hier à aujourd'hui*, Paris, Nouveau Monde éditions, 2017, p. 110.

française ». C'est l'objectif poursuivi, treize ans plus tard, par la Constitution de la Ve République profondément liée dans sa conception et dans son fonctionnement à l'acquisition de l'arme nucléaire. Ce point est capital : légitimé par l'histoire, le général de Gaulle revient au pouvoir après avoir tiré les enseignements de sa double expérience de chef de la France libre et de chef du Gouvernement (septembre 1944-janvier 1946) pour mettre en place une nouvelle constitution et, simultanément, lancer une politique étrangère marquée par « cet attachement à la grandeur et au rang de la France, conçu à la fois comme une philosophie de l'action et un devoir historique[1] ». Dans une lettre adressée au comte de Paris en juin 1958, le général de Gaulle définit sa mission en ces termes : « sauvegarder l'unité de la France, la préserver de l'anarchie, tâcher que, vis-à-vis du monde, elle retrouve sa grandeur[2] ».

Avec la Ve République, le centre de gravité de la politique étrangère se déplace du Quai d'Orsay à l'Élysée. « L'omnipotence élyséenne » en la matière s'explique par l'interprétation de l'article 5 de la Constitution qui se traduit dans la pratique par l'instauration d'un « domaine réservé », renforcé par la concentration des pouvoirs nucléaires et militaires dans les mains du président de la République[3]. La logique institutionnelle se retrouve dans le choix des hommes aux postes clés et dans l'exercice du pouvoir, visant l'un et l'autre à produire de la stabilité avec les soubresauts ministériels de la IVe République comme contre-modèle. Il s'agit bien de mettre le pouvoir exécutif à l'abri des crises ministérielles. Les deux ministères par excellence « régaliens », celui des Armées et celui des Affaires étrangères, sont respectivement occupés par Pierre Messmer pendant neuf ans et par Maurice Couve de Murville pendant dix ans, qui exerceront ultérieurement l'un et l'autre les fonctions de Premier ministre. Ambassadeur à Bonn, ce dernier est un des rares diplomates (issu de l'Inspection des finances) à avoir maintenu un contact régulier avec le général de Gaulle pendant sa traversée du désert. D'emblée, les deux hommes

1. Maurice Vaïsse, *La Grandeur. Politique étrangère du général de Gaulle, 1958-1969*, Paris, Fayard, 1998, p. 34.
2. Comte de Paris et CDG, *Dialogue sur la France. Correspondance et entretiens, 1953-1970*, Paris, Fayard, coll. « Pour une histoire du XXe siècle », 1994, p. 76.
3. Maurice Vaïsse, *La Puissance ou l'Influence ? La France dans le monde depuis 1958*, Paris, Fayard, 2009, p. 16-17.

s'accordent sur les deux points fondamentaux de la politique étrangère à conduire : l'indépendance de l'Algérie considérée comme inéluctable et même souhaitable ; le redressement économique de la France à travers la mise en vigueur du Marché commun[1].

La nouvelle Constitution vise fondamentalement à rompre avec l'instabilité ministérielle de la IVe République, qui s'est révélée inadaptée à la gestion des crises de puissance générées par la décolonisation. La matrice politico-militaire de la Ve République correspond à la fois à la légitimité historique de son fondateur et à l'avènement d'une démocratie exécutive recherchant la stabilité pour produire des effets durables. L'élection au suffrage universel du président de la République, concomitante de l'acquisition de l'arme nucléaire, est présentée non pas comme une régression mais comme le signe de l'efficacité de l'exécutif : « Chez de Gaulle, le politique est fondamentalement jugé à l'aune du militaire, explique Nicolas Roussellier avant d'ajouter : un régime politique se juge dans le fait d'avoir favorisé ou non la puissance de l'État, d'avoir garanti ou non la capacité ou non de défense nationale davantage que sur la liberté apportée, l'espoir de progrès ou de prospérité économique[2]. » Forgé pour l'action, le système politico-administratif qui découle de la nouvelle Constitution vise à pouvoir exécuter des décisions, nécessité qui ne se limite nullement au domaine « régalien » : « Les impératifs du modèle de décision propre au domaine militaire et diplomatique ont donc d'abord débordé sur les autres dimensions de l'action publique […]. C'est donc le primat de l'action qui fait basculer la pratique des nouvelles institutions de la Ve République au profit du rôle du président : il faut une "tête" pour diriger la politique extérieure et militaire mais aussi pour assurer les autres axes prioritaires de l'action gouvernementale. » Autrement dit, la nouvelle impulsion donnée à la politique étrangère de la France par le général de Gaulle provoque un effet d'entraînement sur l'ensemble du Gouvernement et des administrations.

Dans ses discussions avec Alain Peyrefitte, le général de Gaulle revient, à plusieurs reprises, sur le rôle spécifique dévolu aux forces armées : « Une nation ne tient debout que si elle a un cerveau, une ossature et une colonne vertébrale. Le cerveau, c'est le chef de l'État et son gouvernement. L'ossature, c'est l'État. La colonne

1. Georgette Elgey, *Histoire de la IVe République*, t. II, *op. cit.*, p. 592.
2. Nicolas Roussellier, *La Force de gouverner*, *op. cit.*, p. 592.

vertébrale, c'est l'armée. Dans les crises graves, à l'extérieur ou à l'intérieur, l'armée joue un rôle capital, pour peu qu'elle soit commandée[1]. » Pendant sa traversée du désert, le général de Gaulle est informé des avancées du programme nucléaire français, qui aboutit au premier essai nucléaire français à Reggane en février 1960. En novembre 1959, lors d'un discours à l'École militaire, le général de Gaulle indique que l'indépendance militaire de la France doit reposer sur « une force de frappe susceptible de se déployer à tout moment et n'importe où. Il va de soi qu'à la base de cette force sera un armement atomique ». Au salon du Bourget de 1959, le premier bombardier Mirage IV est présenté en vol. Sans doute convient-il de rappeler que le principe de la construction d'une arme atomique avait été acté en décembre 1954 par le gouvernement de Pierre Mendès France et avait été lancé, l'année suivante, par celui d'Edgar Faure. Compte tenu de sa nature, la mise en œuvre des armes nucléaires implique, d'une part, la création d'un véritable complexe militaro-industriel français et, de l'autre, une profonde refonte des relations civilo-militaires. Celle-ci disjoint la préparation de l'outil militaire qui revient au Gouvernement et son utilisation qui appartient au président de la République.

À Matignon, dès le 17 juin 1958, le général de Gaulle met un terme à toute collaboration nucléaire à des fins militaires avec des États étrangers, que ce soient la RFA, l'Italie et Israël lors de la première réunion du Comité de défense nationale de son Gouvernement. Les conséquences diplomatiques de cette décision continuent à se faire ressentir jusqu'à nos jours. Pour Israël, il semblerait que les atomistes français n'auraient pas révélé au général de Gaulle « tout ce qui a été fait avec Israël depuis 1956 » et n'auraient pas complètement stoppé les échanges[2]. En ce qui concerne la RFA, un projet de protocole franco-allemand de coopération « dans le domaine des conceptions militaires et des armements » est remis au chancelier Adenauer par Guy Mollet le 6 novembre 1956, jour où il fut décidé de mettre fin à l'opération de Suez. Quelques semaines plus tard, en janvier 1957, Franz-Joseph Strauss et Maurice Bourgès-Maunoury signèrent à Colomb-Béchar un protocole qui « devait permettre sans difficulté d'envisager explicitement la coopération au domaine nucléaire

1. Alain Peyrefitte, *C'était de Gaulle*, t. I, *La France redevient la France*, Paris, éditions de Fallois/Fayard, 1994, p. 322-323.

2. Georgette Elgey, *Histoire de la IVe République*, t. II, *op. cit.*, p. 778.

dès le mois de novembre de la même année[1] ». Le 15 novembre 1957, quatre membres clés du tout nouveau gouvernement de Félix Gaillard (Félix Gaillard, Christian Pineau, Jacques Chaban-Delmas et Maurice Faure) envisagèrent le cas de figure « où les Anglo-Saxons tiendraient à perpétuer un système d'inégalité avec leurs partenaires atlantiques », la possibilité d'une collaboration avec l'Allemagne et l'Italie « pour la production d'armes nucléaires, étant entendu que ces armes seraient produites [...] en France avec le concours scientifique et financier de ses alliés continentaux[2] ».

Gaulliste historique, Jacques Chaban-Delmas n'avait accepté d'entrer dans le Gouvernement comme ministre de la Défense que pour accélérer le programme nucléaire. Le général de Gaulle en suivait l'avancée très attentivement, notamment par l'intermédiaire d'Olivier Guichard[3]. À la différence de Gaillard, Pineau et Faure, pour lesquels ces accords devaient rééquilibrer l'Otan sans l'affaiblir, Chaban-Delmas estimait qu'ils pouvaient « déboucher sur une vaste révision de la défense occidentale[4] ». Ces différences d'approche autour de la place du nucléaire dans l'Alliance atlantique constituent le cœur de la politique du général de Gaulle. C'est pourquoi il est indispensable d'en préciser les origines. En novembre 1957 se met donc en place un mécanisme trilatéral entre Paris, Bonn et Rome visant à entériner « le principe de non-discrimination entre membres de l'Otan sur le plan nucléaire », tout en envisageant une forme d'autonomie européenne continentale en cas de refus américain[5]. Le 28 novembre, les trois ministres de la Défense signent un protocole concernant la coopération en matière d'armements conventionnels et nucléaires dans le cadre de l'Otan et de l'Union de l'Europe occidentale (UEO), tout en soulignant l'existence de « problèmes ayant un caractère européen propre ». Selon Georges-Henri Soutou, cet accord vise à fonder une véritable « communauté stratégique ».

Cependant, cette dynamique se heurte à de nombreux obstacles au premier semestre 1958 avant d'être stoppée net par le général

1. Georges-Henri Soutou, *L'Alliance incertaine. Les rapports politico-stratégiques franco-allemands, 1954-1996*, Paris, Fayard, 1996, p. 76.
2. *Ibid.*, p. 83.
3. Thomas Gomart, *Double Détente. Les relations franco-soviétiques de 1958 à 1964*, Paris, Publications de la Sorbonne, 2003, p. 205-206.
4. Georges-Henri Soutou, *L'Alliance incertaine*, *op. cit.*, p. 85.
5. *Ibid.*, p. 89-90.

de Gaulle. Dans le prolongement de l'accord de novembre 1957, les projets en cours concernant les armes conventionnelles doivent se poursuivre, alors que ceux concernant les armes atomiques sont arrêtés « pour le moment » : « la France est maintenant décidée à ouvrir seule la porte du club[1] ». Les choses sont en réalité plus complexes dans la mesure où, parallèlement, la France cherche, jusqu'en 1960, à obtenir l'aide américaine et britannique pour la mise au point des missiles à moyenne portée et des enjeux nucléaires[2]. Nous y reviendrons. À Alain Peyrefitte, le général de Gaulle explique, début 1963, que son « premier acte diplomatique » a été de dénoncer l'accord de novembre 1957 car, dit-il, « nous ne pouvons permettre, jusqu'à nouvel ordre, l'accession de l'Allemagne ni à l'armement atomique américain, ni au nôtre », ce qui serait un *casus belli* : « la guerre éclaterait rien que pour ça[3] ».

Les conditions de loyauté occidentale

La France est entrée dans la Première Guerre mondiale avec la Triple-Entente pour en sortir avec l'embryon d'Alliance atlantique. En 1916 s'opère « ce changement de partenaire principal » entre la Russie et le Royaume-Uni avant l'entrée en guerre des États-Unis l'année suivante[4]. Succédant à Paul Painlevé en novembre 1917, Georges Clemenceau recherche moins l'adaptation de l'équilibre européen traditionnel que « l'entente primordiale des trois grandes démocraties occidentales » dans une guerre qui fut celle du droit : l'expression « d'Alliance atlantique » commence à apparaître dans la correspondance diplomatique dès cette époque et annonce l'optique « atlantique » et non plus « européenne », qui prévaut à partir de 1918-1919[5]. Quarante ans plus tard, cette alternative se retrouve au cœur de la politique étrangère du général de Gaulle.

Les années de guerre (1939-1945) façonnent profondément les relations entre la Grande-Bretagne, les États-Unis et la France en plaçant cette dernière en situation d'infériorité stratégique

1. Archives du service des Pactes, été 1958, citées par Georges-Henri Soutou, *L'Alliance incertaine*, *op. cit.*, p. 137.
2. *Ibid.*, p. 133-134.
3. Alain Peyrefitte, *C'était de Gaulle*, t. I, *op. cit.*, p. 346.
4. Georges-Henri Soutou, *La Grande Illusion. Quand la France perdait la paix, 1914-1920*, Paris, Tallandier, 2015, p. 74.
5. *Ibid.*, p. 255.

par rapport aux deux autres. Son effondrement en six semaines provoque un choc profond aux États-Unis, lesquels voient leur « grande stratégie », reposant sur la solidité militaire prêtée aux armées françaises, complètement remise en cause[1]. C'est pourquoi le général de Gaulle ne restaure la puissance de la France en 1945 que de manière formelle, tout en comprenant que sa sécurité dépendait beaucoup plus de Washington et de Londres que de Moscou. Constatant que les Soviétiques ne démobilisent pas, le général Billotte, gouverneur de Rhénanie et Hesse-Nassau, remet une note au général de Gaulle préconisant un accord militaire secret entre les trois démocraties occidentales en septembre 1945. Nommé chef d'état-major adjoint de la Défense nationale, le général Billotte poursuit ses efforts en ce sens après le départ du général de Gaulle en janvier 1946, qui lui a donné son assentiment. Ces efforts, soutenus par Félix Gouin et Edmond Michelet, contribuent à la préparation de l'Alliance atlantique, ce qui fait dire à Georges-Henri Soutou : « On peut donc avancer, sans trop de paradoxe, que le Général a été l'un des lointains auteurs de cette alliance[2]… » Tout au long de la IVe République, le statut de troisième « grand » occidental n'est nullement assuré face aux États-Unis et à la Grande-Bretagne dans le cadre de l'Alliance atlantique[3]. C'est le premier objectif explicite du général de Gaulle, qui a bien approuvé le traité de Washington en 1949.

Cependant, l'Europe occidentale n'est plus en 1958 dans la même situation stratégique qu'en 1949, et la France envisage d'acquérir l'arme nucléaire à court terme. Plusieurs points de proche contexte méritent d'être rappelés pour comprendre les intentions du mémorandum adressé par le général de Gaulle à Eisenhower et Macmillan le 17 septembre 1958. En mars 1957, les Britanniques obtiennent l'assistance de Washington pour leur programme nucléaire. Lors de la première réunion du Conseil de défense (17 juin 1958), le général de Gaulle exprime sa volonté de reconfigurer l'Alliance atlantique : « Nous sommes l'objet d'une discrimination qui n'est pas acceptable, déclare-t-il, on nous écarte d'un domaine essentiel de la défense commune. » Avant d'ajouter : « Nous apportons

1. Michael Neiberg, *When France Fell. The Vichy Crisis and the Fate of the Anglo-american Alliance*, Cambridge, Harvard University Press, 2021, p. 12-13.
2. Georges-Henri Soutou, *La Guerre froide de la France*, *op. cit.*, p. 97.
3. Frédéric Bozo, *La Politique étrangère de la France depuis 1945*, *op. cit.*, p. 30.

une contribution considérable à l'Otan. Sans nous, l'Otan n'existerait pas[1]. » Quelques jours plus tard, au cours de ses entretiens (29-30 juin) avec Harold Macmillan, il indique que la France entend accéder rapidement au club nucléaire. Il le confirme à John Foster Dulles (5 juillet 1958) : « Cette force [atomique], vous l'avez [...]. Nous sommes très en retard sur vous [...]. Mais nous sommes sur la voie de nous faire une puissance atomique. Une chose est certaine : nous aurons l'arme atomique[2]. » Voilà les Alliés parfaitement informés des intentions du général de Gaulle qui, sur le plan tactique, cherche la manière de remédier à ce retard.

Au cours de l'été 1958, les Anglo-Américains interviennent au Liban, en juillet, sans la moindre concertation avec Paris. Le général de Gaulle réagit très vivement à l'utilisation par les Américains de la base de Châteauroux pour conduire une opération en dehors de la zone de l'Otan. En août, une crise dans le détroit de Taiwan fait craindre à de Gaulle de se retrouver entraîné dans une guerre générale qui se déclarerait en dehors de la zone atlantique. En 533 mots, le mémorandum pose la question de la solidarité au sein de l'Alliance en constatant qu'« à la solidarité dans les risques encourus ne correspond pas la coopération indispensable quant aux décisions prises et aux responsabilités ». À partir de là, le général de Gaulle formule trois revendications principales : l'élargissement de la compétence géographique de l'Otan ; la remise en question de l'intégration militaire et du monopole atomique américain ; l'exigence d'une association de la France à une direction politique et stratégique du monde libre. Jusqu'en 1960, le général de Gaulle conjugue une double approche afin, d'une part, d'essayer d'obtenir l'aide américaine pour le programme atomique français et, de l'autre, de prendre des décisions unilatérales remettant en cause l'intégration militaire. À titre d'exemple, en mars 1959, le général de Gaulle décide en conseil de défense de faire appel à l'aide américaine pour la mise au point des missiles portant une charge nucléaire. Le même mois, l'Otan est notifiée de sa volonté de reprendre le contrôle de la flotte de la Méditerranée. Un point important à noter pour illustrer la pression exercée par la situation en Algérie sur cette réorientation de la politique française : au cours d'entretiens avec John Kennedy, le général de Gaulle explique que la révolte des généraux contre son pouvoir trouve

1. Cité *in* Maurice Vaïsse, *La Grandeur*, *op. cit.*, p. 115.
2. *Ibid.*

des raisons psychologiques dans les habitudes prises de ne plus obéir au gouvernement français mais à l'Otan[1].

Cette double approche conduit à une impasse dans la mesure où trois négociations essentielles pour le général de Gaulle se trouvent bloquées au printemps 1960 : la réforme de l'Otan, l'aide pour les armes atomiques et l'aide pour les missiles. En d'autres termes, compte tenu de la fin de non-recevoir de Washington, le général de Gaulle ne parvient pas à « construire sa force de frappe avec l'aide anglo-américaine et [à] se faire admettre par Londres et Washington dans le club des puissances dirigeantes de l'Alliance atlantique[2] ». Paris ne parvient pas à corriger son statut d'infériorité stratégique né de la défaite. Entretenant des relations de confiance avec le président Eisenhower, le général de Gaulle se présente comme un allié indéfectible. Lors de son voyage aux États-Unis d'avril 1960, il déclare devant le Congrès : « Si, matériellement parlant, la balance peut sembler égale entre les deux camps qui divisent l'univers, moralement elle ne l'est pas. La France, pour sa part, a choisi ; elle a choisi d'être du côté des peuples libres, elle a choisi d'être avec vous. » Rétrospectivement, le mémorandum de septembre 1958 est présenté comme un « test » de solidarité occidentale pour lequel le général de Gaulle n'entretenait aucune illusion. À Alain Peyrefitte, il confie en janvier 1963 : « Ce mémorandum n'était qu'un procédé de pression diplomatique. Je cherchais alors à trouver un moyen de sortir de l'Otan et de reprendre ma liberté, que la IVe République avait aliénée. Alors, j'ai demandé la lune. J'étais sûr qu'on ne me l'accorderait pas[3]. » Cela explique pourquoi, simultanément, il mise sur une relance franco-allemande.

C'est bien la simultanéité de démarches à la fois distinctes et liées – règlement du dossier algérien, conduite de la décolonisation, reprise en main nationale du programme nucléaire, efforts de consultations avec les Anglo-Américains, tentative de rapprochement franco-allemand, nouvelle ambition européenne – qui caractérise sa politique étrangère à partir de 1958. Lors de leur rencontre à La Boisserie (14-15 septembre 1958), le général de Gaulle et le chancelier Adenauer ouvrent une nouvelle page des relations

---

1. Maurice Vaïsse, *La Grandeur*, *op. cit.*, p. 121.
2. Georges-Henri Soutou, *L'Alliance incertaine*, *op. cit.*, p. 136.
3. Alain Peyrefitte, *C'était de Gaulle*, t. I, *op. cit.*, p. 352.

franco-allemandes. « Un lien très fort entre les deux hommes » s'établit et devient le ciment de l'entente franco-allemande[1] : entre 1958 et 1963, ils se rencontrent à quinze reprises, le plus souvent en tête à tête, ce qui représente plus de cent heures d'entretiens, tout en entretenant une correspondance abondante (quarante lettres). Ils ont besoin l'un de l'autre. Pour de Gaulle, le futur de l'Allemagne demeure le dossier prioritaire de politique internationale dans la mesure où sa division reflète la confrontation Est-Ouest. Il n'est pas possible pour la France d'envisager sereinement son avenir sans parvenir à pacifier durablement les relations avec son grand voisin oriental. La RFA constitue la pierre angulaire sans laquelle les efforts d'autonomisation stratégique européenne à l'égard de Washington seraient vains. Pour Konrad Adenauer, la stabilisation de ses relations avec son grand voisin occidental est indispensable d'autant plus que la France est une des quatre puissances d'occupation. Il trouve à Paris une fermeté vis-à-vis de la menace soviétique qu'il ne trouve ni à Londres ni à Washington même s'il n'envisage la sécurité de son pays que dans le cadre de l'Otan. C'est bien entendu ce dernier point qui est le cœur des difficultés. Le 14 septembre, le général de Gaulle propose des mécanismes de consultation poussés, susceptibles de « prendre un caractère en quelque sorte organique », afin d'aboutir à une « politique commune », qui se « manifeste d'une manière indépendante à l'égard des Américains dans les questions mondiales et européennes ».

Il faut évidemment noter que le général de Gaulle ne mentionne pas son intention au chancelier Adenauer d'envoyer un mémorandum lors de leurs entretiens à Colombey, ce qui est interprété par certains à Bonn comme une duplicité manifeste. Elle provoque un fort agacement chez Adenauer. Cette omission est parfaitement volontaire. De Gaulle explique, plus tard, vouloir parler au nom de l'Europe dans ses relations avec Londres et Washington, ce qui lui permet de rappeler l'asymétrie fondamentale des relations franco-allemandes : ce sont les forces françaises qui se trouvent sur le territoire allemand, et non plus l'inverse. Pour le chancelier allemand, il s'agit fondamentalement de différer l'heure du choix entre la France, qui fait preuve de fermeté et sans laquelle le Marché commun n'aurait guère de sens, et les États-Unis, qui apportent la

1. Maurice Vaïsse, *La Grandeur*, *op. cit.*, p. 228-229.

garantie de sécurité ultime face à une menace soviétique particulièrement sensible à Berlin. Paris bénéficie d'un rapport de force favorable qui conduit Konrad Adenauer à « reconnaître implicitement la supériorité française[1] ». En mars 1959, lors d'une conférence de presse, le général de Gaulle confirme publiquement les propos tenus à Adenauer quelques mois plus tôt : « La réunification [...] nous paraît être le destin normal du peuple allemand » à partir du moment où elle respecte la ligne Oder-Neisse. En outre, Paris accorde à Bonn une égalité de traitement indispensable à Adenauer face à Moscou.

Les crises de Berlin, sur lesquelles nous reviendrons, renforcent l'importance que les deux dirigeants accordent à la relation bilatérale. Ils cherchent à élaborer des mécanismes de coopération. La volonté affichée masque des désaccords. L'explosion de Reggane provoque des réactions négatives de cercles en Allemagne qui dénoncent un double jeu de la France consistant à rechercher à la fois la solidarité et la supériorité sur ses partenaires. L'accueil réservé à Nikita Khrouchtchev en France (mars-avril 1960) suscite aussi des critiques outre-Rhin en raison de la propagande antiallemande à laquelle il se livre. Lors des entretiens de Rambouillet (29-30 juillet), le général de Gaulle rappelle son accord « de principe » à l'augmentation de la puissance militaire et navale de la RFA, tout en se montrant résolument hostile à son armement nucléaire. Quant à l'Otan, il distingue « entre l'Alliance, qui est bonne, et l'intégration, qui est mauvaise[2] ». Ce sont deux points majeurs de désaccord avec le chancelier Adenauer, qui préconise un plan commun de réforme de l'Otan. Cependant, le général de Gaulle entend accélérer l'organisation politique de l'Europe à partir du rapprochement franco-allemand en prévoyant de l'ouvrir au Benelux et à l'Italie. Or, 1960, « c'est l'été des dupes », comme l'explique Maurice Vaïsse, dans la mesure où la confiance entre les deux dirigeants s'altère profondément[3]. Fondamentalement, les relations franco-allemandes se tendent sur les questions de défense car la France fait de l'arme nucléaire un instrument non pas d'intégration mais de singularisation au sein du camp occidental.

L'année 1961 est marquée par les travaux de la commission Fouchet sur lesquels nous reviendrons aussi. Il faut bien comprendre la

1. *Ibid.*, p. 231.
2. *Ibid.*, p. 239.
3. *Ibid.*, p. 241.

dialectique étroite qui existe entre les échanges franco-allemands et les tentatives d'organisation politique des Six. Si les premiers sont indispensables aux secondes, ils peuvent aussi se concevoir de manière autonome. C'est bien la voie qui conduit au traité de l'Élysée de janvier 1963. Sans être exempt de tensions, le rapprochement franco-allemand trouve une nouvelle dynamique en 1962, mise en scène au cours des voyages officiels de 1962. Celui d'Adenauer en juillet précède celui de De Gaulle en septembre. En juillet, le Général pose une question directe : « La République fédérale accepterait-elle de conclure avec la France une union politique qui serait en fait et par la force des choses limitée à deux ? » Question à laquelle le chancelier répond en ces termes : « Nous serions prêts à accepter cette union restreinte en laissant la place ouverte aux autres membres[1]. » Le voyage de De Gaulle est un triomphe comme le résume *Der Spiegel* : « De Gaulle est venu en Allemagne président des Français et il en repart empereur d'Europe. » Au cours de l'automne 1962, des échanges préparent le traité de l'Élysée signé le 22 janvier 1963, qui doit créer une communauté de destin. Lors de sa ratification par le Parlement allemand (mai 1963), un préambule le vide de sa substance en indiquant que le texte ne doit nuire ni à l'Otan ni à la participation de la Grande-Bretagne à la Communauté européenne. En juillet 1963, le général de Gaulle déclare à Bonn : « Les traités, voyez-vous, sont comme les jeunes filles et comme les roses : ça dure ce que ça dure. Si le traité franco-allemand n'était pas appliqué, ce ne serait pas la première fois dans l'histoire. » Fondamentalement, Bonn comprend que sa situation stratégique lui interdit de choisir entre Paris et Washington, inventant ainsi sa propre troisième voie.

Le « choix européen » de la France ne date pas de la Ve République mais remonte aux appels d'Aristide Briand à la fin des années 1920. Largement bénéficiaire du plan Marshall, la France doit beaucoup aux États-Unis pour ce choix, qui s'accompagne d'une ouverture au libre-échange pour une économie marquée par des réflexes protectionnistes[2]. Dans la lignée de la IVe République, le général de Gaulle voit dans la construction européenne un multiplicateur de la puissance française, mais deux problèmes se posent d'emblée à lui : la mise en œuvre économique et financière du

1. *Ibid.*, p. 251.
2. Maurice Vaïsse, *La Puissance ou l'Influence ?*, *op. cit.*, p. 93.

Marché commun ; l'attitude à adopter à l'égard de la Grande-Bretagne. De plus, il estime que le Marché commun est indispensable à l'ancrage de l'Allemagne à l'Ouest. Les traités de Rome entrent en vigueur le 1er janvier 1959. Une forme de compétition apparaît entre l'Europe des Six et les Sept réunis par la Grande-Bretagne au sein de l'Association européenne de libre-échange (AELE)[1]. Le général de Gaulle s'y rallie alors qu'il avait vivement critiqué la supranationalité et l'intégration européenne, en particulier, il est vrai, dans le domaine militaire. Parallèlement, il impose la politique agricole commune (PAC) comme contrepartie aux échanges industriels. Le Marché commun stimule l'économie française et encourage une relance politique, qui intervient au lendemain de l'échec de la conférence au sommet de mai 1960. Il faut souligner une tendance décisive pour expliquer la liberté d'action acquise par le général de Gaulle en politique étrangère : les performances de l'économie française, qui connaît une croissance moyenne de 5 % au cours de ces années dépassant les niveaux records des miracles allemand et italien des années 1950. Pour le général de Gaulle, la question de la réforme de l'Alliance atlantique s'imbrique dans l'organisation politique de l'Europe. Les travaux de Georges-Henri Soutou permettent de faire évoluer l'historiographie en ce qu'ils n'opposent plus l'option de mécanismes de consultation à trois au sein de l'Otan et celle de l'organisation politique de l'Europe. Jusqu'en 1962, les deux directions sont poursuivies simultanément : « C'est à une réforme globale et simultanée du système européen et atlantique que pensait de Gaulle[2]. »

Ses ambitions diplomatiques sont indissociables de la reconfiguration des armées françaises. Orientées vers les théâtres extérieurs et la contre-guérilla avec des effectifs pléthoriques depuis 1945, elles entament une profonde transformation avec la mise en œuvre progressive des trois composantes de la dissuasion nucléaire, qui les recentrent mécaniquement sur le continent européen. Les entretiens de Rambouillet (juillet 1960), on l'a vu, ont suscité plusieurs malentendus entre Paris et Bonn. Cependant, côté français, ils marquent selon Frédéric Bozo un « point d'inflexion » entre la recherche, depuis 1958, d'un accord avec Washington et Londres et une politique qui, « sur le fond de mise en place du Marché commun et de montée en puissance de l'Europe des Six,

---

1. Royaume-Uni, Suisse, Norvège, Suède, Danemark, Autriche et Portugal.
2. Georges-Henri Soutou, *L'Alliance incertaine*, *op. cit.*, p. 130.

va désormais privilégier les rapports avec la République fédérale dans un cadre européen renouvelé[1] ». Dès août 1958, avant même d'avoir rencontré Adenauer, le général de Gaulle évoque ses idées de coopération politique avec Amintore Fanfani, président du Conseil italien. En mars 1959, il effectue d'ailleurs son premier voyage officiel en Italie au cours duquel il envisage une déclaration commune sur le problème allemand : « Si nous pouvons organiser une telle coopération entre nos trois pays, sans d'ailleurs en exclure les Belges, les Hollandais, et peut-être d'autres nations, nous constituerons peu à peu un poids important dans le monde, du point de vue économique et politique, et plus tard du point de vue militaire[2]. »

La première consultation entre les Six se tient à Rome en janvier 1960, mais laisse apparaître des divergences de vues. Plusieurs étapes conduisent à la mise en place de la commission Fouchet en février 1961. Ambassadeur au Danemark, gaulliste historique, Christian Fouchet est chargé de présider une commission d'études en vue d'une intégration politique où chaque État membre est représenté par un haut fonctionnaire. Dans ce cadre, Paris propose un projet de traité établissant une union d'États en octobre 1961. Les travaux de la commission Fouchet sont perturbés par la candidature de la Grande-Bretagne annoncée en juillet 1961, qui conduit les Belges et les Hollandais à vouloir associer Londres aux discussions en cours. Début 1962, Paris propose une nouvelle version du traité à ses partenaires interprétée par ces derniers « comme un grand pas en arrière et un retour total à la conception originelle de l'Europe des patries[3] ». La proposition française est rejetée. Dans une conférence de presse restée célèbre, en mai 1962, le général de Gaulle fustige l'Europe intégrée provoquant de vives réactions en France et dans les autres capitales européennes. Dès lors, il s'oriente, comme nous l'avons vu précédemment, vers un accord limité à la seule Allemagne.

Année décisive, 1962 permet au général de Gaulle de sortir de la guerre d'Algérie, tout en se faisant l'architecte d'une Europe occidentale à la recherche de son positionnement international. Différents processus interfèrent comme la relance européenne,

---

1. Frédéric Bozo, *La Politique étrangère de la France depuis 1945*, *op. cit.*, p. 79.
2. Cité *in* Maurice Vaïsse, *La Grandeur*, *op. cit.*, p. 177.
3. *Ibid.*, p. 184.

le rapprochement franco-allemand et la candidature britannique au Marché commun. En décembre 1962, le général de Gaulle et Harold Macmillan se retrouvent à Rambouillet alors que les négociations entre les Six et Londres ne progressent guère. Le Général exprime le fond de sa pensée en ces termes pour justifier le refus opposé à Londres : « Le poids de la France est considérable au sein du Marché commun. Mais si la Grande-Bretagne y entrait, bientôt suivie des Norvégiens, des Danois, des Irlandais, nul ne peut dire ce que deviendrait le Marché commun, et l'Europe elle-même. » Ce refus ne s'explique pas seulement par la crainte d'un déséquilibre économique au sein du Marché commun. À partir du moment où la Grande-Bretagne ne renonce pas à ses liens particuliers avec les États-Unis – le 21 décembre 1962, John Kennedy et Harold Macmillan signent les accords de Nassau –, noués par le nucléaire, le général de Gaulle ne peut envisager une adhésion qui se traduirait immédiatement par la fin de toute ambition d'indépendance à l'égard de Washington. En effet, la recherche d'une autonomie stratégique de l'Europe de l'Ouest reste la constante d'une politique initiée dès l'été 1958. « En définitive, construction politico-stratégique de l'Europe et rééquilibrage de l'Alliance atlantique sont, dans la politique du Général, les deux faces de la même pièce », note Frédéric Bozo[1].

Les capacités d'adaptation

Au cours de l'été 1958, la France suit les crises au Liban et dans le détroit de Taiwan en spectatrice. Cela joue évidemment sur les premières démarches diplomatiques du général de Gaulle. La France a des intérêts anciens au Levant, mais elle n'est pas consultée par les Anglo-Américains. En juillet 1958, Nikita Khrouchtchev propose la tenue d'une conférence au sommet consacrée au Moyen-Orient réunissant non seulement l'URSS, les États-Unis et la Grande-Bretagne, mais aussi la France et l'Inde. À la différence d'Eisenhower et de Macmillan qui préconisent une rencontre des chefs d'État dans le cadre du Conseil de sécurité de l'ONU, le général de Gaulle en accepte le principe et propose Genève comme

1. Frédéric Bozo, *Deux Stratégies pour l'Europe. De Gaulle, les États-Unis et l'Alliance atlantique, 1958-1969*, Paris, Plon/Fondation Charles-de-Gaulle, 1996, p. 16.

lieu de discussion. Une telle conférence symboliserait le nouveau statut du paria de Yalta. En dépit de l'urgence soulignée par le premier Soviétique, le projet n'aboutit pas en raison de son indécision. Fin août, Pékin commence à bombarder les îles de Quemoy et Matsu. La mise en garde de Washington et les conseils soviétiques de prudence permettent d'éviter l'escalade. À l'instar de celle du Levant, cette crise agit comme un révélateur stratégique pour le général de Gaulle. Avec ces deux épisodes, il fait savoir qu'il n'est pas hostile à un traitement multilatéral des crises, à condition que celui-ci se restreigne aux grandes puissances et ne s'inscrive pas dans le cadre onusien. Parallèlement, il adresse un signal aux Anglo-Américains, qui n'ont pas à attendre un alignement systématique de sa part et doivent à nouveau compter avec lui au Moyen-Orient. Le syndrome personnel de Yalta le conduit à rechercher un multilatéralisme restreint au sein duquel la relation franco-soviétique aurait toute son importance. Les Soviétiques ne manquent pas de noter cette évolution de Paris[1].

Le 10 novembre 1958, Nikita Khrouchtchev déclenche une nouvelle crise à Berlin en demandant aux Occidentaux d'évacuer Berlin-Ouest afin de transformer celle-ci en ville libre, tout en se déclarant prêt à transférer les fonctions exercées par les autorités soviétiques à Berlin-Est. Dix-sept jours plus tard, il adresse un ultimatum aux puissances occidentales : si elles n'évacuent pas Berlin-Ouest dans les six mois, Moscou signera un traité de paix séparé avec Pankow. D'emblée, le général de Gaulle adopte une ligne intransigeante face aux demandes soviétiques car il est convaincu que Khrouchtchev bluffe et ne veut pas la guerre. Sous son influence, les Occidentaux répondent aux Soviétiques qu'une négociation sur le statut de la ville ne saurait se tenir en dehors de négociations générales sur l'Allemagne. « Dans la crise berlinoise, la politique française fait une surenchère d'intransigeance verbale », note Raymond Aron quelques années plus tard[2]. Faire preuve d'intransigeance permet à de Gaulle de conforter la relation entre Paris et Bonn.

Pendant ces semaines de vives tensions internationales, le général de Gaulle est à la manœuvre pour maintenir l'unité occidentale. En mars 1959, après l'humiliation subie par Macmillan à Moscou, il

1. Thomas Gomart, *Double Détente*, *op. cit.*, p. 228-229.
2. Raymond Aron, *Les Rapports russo-américains et les rapports franco-russes. Convergences ou contradictions ?*, Paris, Association française de science politique, n° 7, 1967, p. 7.

s'entretient brièvement avec Sergueï Vinogradov, l'ambassadeur soviétique, et lui fait part de son pessimisme en citant Staline : « Il n'y a que la mort qui gagne. » Il le reçoit en audience deux jours plus tard et passe à l'offensive en lui demandant pourquoi l'Union soviétique, qui ne cesse de proclamer ses intentions pacifiques, a-t-elle déclenché une crise d'une telle intensité. Il évoque le droit de passage des Occidentaux à Berlin qui, s'il était obstrué, conduirait inévitablement à l'affrontement : « Nous pourrions prendre alors, avec d'autres, les moyens de le rétablir. Si la guerre doit en résulter, eh bien ! nous mourrons tous, vous aussi. » Après un nouvel échange, il renouvelle son avertissement en cas de dégradation de la situation : « Dans ce cas, a répété le Général, nous mourrons tous, mais vous aussi[1]. » En affichant une telle fermeté, de Gaulle sait qu'il s'attire le respect des Soviétiques, qui comprennent toujours le langage de la force. Dans le même temps, il impose son autorité au sein des quatre Occidentaux au moment où apparaissent des signes de faiblesse. Ses propos donnent des gages aux Allemands.

L'échec de la conférence au sommet à Paris en mai 1960, au lendemain du voyage de Khrouchtchev en France sur lequel nous allons revenir, annonce deux autres crises de haute intensité. À l'été 1961, l'annonce de la construction du mur de Berlin provoque la stupeur des Occidentaux : « Il faut l'avouer : nous avions tout prévu, sauf le mur[2]. » Cette décision ne provoque aucune réaction occidentale de nature politique, ce qui inquiète évidemment Bonn. De Gaulle en a parfaitement conscience et exprime une nouvelle fois publiquement sa résolution lors d'une conférence de presse (5 septembre 1961) : « À quoi bon régner sur des morts ! » dit-il avant d'indiquer que les Occidentaux doivent se tenir prêts à rendre coup pour coup. La défense de Berlin-Ouest pourrait s'avérer impossible : « Mais les Occidentaux pourraient fort bien riposter sur les mers et dans les ciels du monde que parcourent des navires ou des avions soviétiques qui, eux aussi, seraient loin de leurs bases. » Il conclut son analyse de la situation en affirmant que la France ne croit pas à l'opposition éternelle des blocs et en lançant un appel à la détente. Cinq jours plus tard, Nikita Khrouchtchev lui répond en rappelant que la France, à l'instar de la RFA et de la Grande-Bretagne, est un pays beaucoup plus

1. Cité *in* Thomas Gomart, *Double Détente, op. cit.*, p. 243-244.
2. Henri Froment-Meurice, *Vu du Quai. Mémoires 1945-1983*, Paris, Fayard, 1998, p. 227.

vulnérable que l'URSS. Au cours de l'automne 1961, le général de Gaulle refuse de s'associer aux démarches américaines et maintient une ligne intransigeante. À Sergueï Vinogradov, il déclare à la mi-novembre 1961 : « Aucune négociation n'est possible, concernant Berlin, tant que l'URSS adoptera les méthodes qui sont les siennes, c'est-à-dire celle du fait accompli… »

À l'été 1962, la crise de Cuba marque le paroxysme de la guerre froide. Même si la France n'est pas directement concernée, elle apporte un soutien sans faille aux États-Unis. Le général de Gaulle l'analyse en ces termes dans une lettre adressée au chancelier Adenauer le 26 octobre : « L'affaire de Cuba est, à nos yeux, de la plus grande importance possible. D'abord, elle marque, pour la première fois, du côté des États-Unis un sursaut élémentaire de sécurité […]. Un tel sursaut peut être salutaire. » Selon lui, elle doit permettre de renforcer la cohésion occidentale : « Mais évoquant le cas où la crise viendrait à intéresser l'état de choses existant en Europe (et, notamment, à Berlin), nous faisons connaître que, dans ce cas et dans ce domaine, l'alliance atlantique serait notre ferme et inébranlable politique. » Avec Macmillan il revient au projet de 1958 lorsqu'il lui écrit en novembre : « Ni vous ni nous n'avons été en l'occurrence consultés par les États-Unis et rien ne m'a convaincu davantage de la nécessité d'établir entre Washington, Londres et Paris la coopération organisée que j'avais en vain proposée en 1958. » En réalité, l'interprétation est opposée de part et d'autre de l'Atlantique car pour l'équipe Kennedy elle a illustré le fait que le pouvoir nucléaire est indivisible et implique un contrôle centralisé de son emploi éventuel, tout en soulignant l'importance de disposer de fortes capacités conventionnelles. Elle justifie aux yeux de Washington le principe de « réponse flexible » auquel s'oppose Paris au nom de sa conception de la dissuasion. La crise de Cuba renforce la logique bipolaire que le général de Gaulle est déterminé à combattre. Parallèlement, elle renforce sa conviction que Nikita Khrouchtchev ne veut pas la guerre et qu'il faut accélérer le rapprochement franco-allemand. Comme le résume Frédéric Bozo : « Entre fin octobre et fin décembre 1962, de Gaulle confirme son choix stratégique d'une entente avec l'Allemagne dans la perspective d'une Europe européenne en même temps qu'il s'éloigne toujours plus des Anglo-Saxons[1]. »

1. Frédéric Bozo, *Deux Stratégies pour l'Europe*, *op. cit.*, p. 94-95.

Concernant le mouvement communiste international, on connaît bien l'importance accordée par de Gaulle au fait national par rapport au fait idéologique. Le général de Gaulle évoque plus volontiers la Russie que l'URSS comme il le dit à Macmillan en juin 1958 : « Nous ne devons pas oublier qu'il y a aussi la vieille Russie qui enterrera le régime actuel. » Marqué par les deux guerres et l'alliance de revers, il pointe d'emblée sa différence de perception de l'Union soviétique lors d'un entretien avec le chancelier Adenauer en novembre 1958 : « Il est vrai que par sentiment et par habitude nous ne voyons pas la Russie soviétique comme les Allemands la voient. Nous n'avons pas souffert de son fait, comme vous. Nous la voyons dangereuse, mais pas hostile. » En décembre 1959, il confie à Macmillan : « Un jour viendra où l'on pourra s'arranger avec les Russes[1]. »

On se souvient moins, en revanche, du rôle joué en France par le PCF en matière de politique étrangère, de son poids électoral et de son influence dans des pans de la société française. Au cours de cette période, il adopte une posture extrêmement critique, à quelques exceptions près, à l'égard de la politique étrangère du général de Gaulle. Il relaie et adapte les directives de Moscou aux circonstances nationales, tout en suivant attentivement la construction européenne. D'emblée, le bureau politique fustige la politique de De Gaulle accusé, en juin 1958, de jouer « un plus grand rôle dans la politique occidentale d'agression et de préparation à la guerre ». Ses positions à l'égard de la RFA et de Berlin sont qualifiées de « munichoises » car elles encourageraient les revanchards allemands. En février 1959, le bureau politique adopte la ligne suivante : « Concernant le problème de Berlin, montrer les contradictions dans les positions actuelles de De Gaulle et celle qu'il avait au moment des accords de Potsdam. » Il mène une campagne de presse destinée à dénoncer sa politique car « les impérialistes, dont le gouvernement français, vont tenter d'exploiter cette situation contre notre parti[2] ».

Sur le plan stratégique, le point important réside dans la compréhension rapide, dès la crise de l'été 1958 dans le détroit de Taiwan, par le général de Gaulle des tensions fortes entre Moscou et Pékin, qui aboutissent au schisme sino-soviétique. Lors de leur entretien de septembre 1958, Adenauer et de Gaulle se retrouvent

1. Citations de ce paragraphe *in* Maurice Vaïsse, *La Grandeur*, *op. cit.*, p. 264.
2. Citations de ce paragraphe *in* Thomas Gomart, *Double Détente*, *op. cit.*, p. 241.

sur leur analyse de la Russie soviétique présentée par le chancelier allemand comme « une dictature asiatique ». Évoquant son voyage en URSS (1955), ce dernier rapporte les propos tenus par Khrouchtchev à propos de la Chine : « Ils nous sucent comme des sangsues. Aidez-nous, vous autres Allemands, à surmonter ces difficultés. » Le voyage en France du premier Soviétique (23 mars-3 avril 1960) connaît un retentissement considérable au moment où l'URSS opère un redéploiement vers l'Occident et tend ses relations avec la Chine. Sa préparation donne lieu à un reflux progressif des critiques de Moscou sur l'Algérie. La diplomatie française s'efforce de proposer une étape en Algérie à Hassi-Messaoud, mais en vain. La diplomatie soviétique cherche, quant à elle, à proposer ses bons offices entre Paris et le FLN, et se heurte à une fin de non-recevoir. Le tour de France de la délégation soviétique se termine par deux jours d'entretiens à Rambouillet dont l'enjeu est ainsi résumé par le général de Gaulle : « Il faut savoir ce que l'on veut. Faire la détente ou non. » Le triptyque – détente, entente, coopération – sur lequel il va fonder sa politique orientale dans la seconde moitié des années 1960 apparaît déjà au cours des échanges. Sur le plan diplomatique, c'est un incontestable succès pour lui car, vingt-deux mois après son retour au pouvoir, quinze mois après la première crise de Berlin et deux mois avant la conférence au sommet, le général de Gaulle obtient la première visite en France d'un dirigeant soviétique[1].

Avec le recul, il apparaît que la période allant de juin 1958 à janvier 1962 est la matrice de la politique étrangère de la Ve République. Ce qui frappe, ce sont les conséquences, jusqu'à nos jours, des décisions prises dans un contexte pourtant très marqué par la guerre d'Algérie. C'est fondamentalement l'arme nucléaire, indissociable de la logique institutionnelle, qui permet au général de Gaulle de retrouver des marges de manœuvre grâce aussi à une vigoureuse politique économique. Ce qui frappe également, c'est la capacité d'agir simultanément sur différents fronts dans une démarche d'ensemble : règlement du dossier algérien ; relations avec Washington, Londres et Bonn ; ambitions européennes ; contacts directs avec Moscou.

Le 14 janvier 1963, le général de Gaulle donne une conférence de presse à l'Élysée qui marque un tournant majeur et connaît un

1. *Ibid.*, p. 311.

retentissement exceptionnel. Il utilise cette tribune pour exprimer son « pouvoir de dire non[1] ». Non à la demande formulée par Macmillan de rejoindre la CEE. Et non à la proposition de Kennedy formulée à Nassau en décembre 1962 de rejoindre la force nucléaire multilatérale. Après avoir rappelé le principe et le déroulement des négociations ouvertes en novembre 1961 entre Londres et les Six, le général de Gaulle souligne l'incompatibilité en quelques mots : « Bref, la nature, la structure, la conjoncture qui sont propres à l'Angleterre diffèrent profondément de celles de Continentaux. » En ce qui concerne la proposition de Kennedy, il commence par rappeler « que la France entend avoir en propre sa défense nationale » et que « les alliances n'ont pas de vertus absolues, quels que soient les sentiments qui les fondent ». Il explique pourquoi la France ne peut souscrire à l'accord anglo-américain des Bahamas : « verser nos moyens dans une force multilatérale sous commandement étranger, ce serait contrevenir à ce principe de notre défense et de notre politique », et réaffirme l'ambition de construire et, le cas échéant, d'employer « nous-mêmes » une force nucléaire : « cela sans refuser bien sûr la coopération, qu'elle soit technique ou qu'elle soit stratégique, si celle-ci est, d'autre part, souhaitée par nos alliés », indique-t-il avant d'annoncer la visite la semaine suivante du chancelier Adenauer au cours de laquelle sera signé le traité de l'Élysée.

Ce sont deux stratégies fondamentalement différentes pour l'Europe qui se heurtent : si la querelle transatlantique s'amplifie, « c'est au fond que l'Europe consolide sa prospérité tout en se cherchant une existence politique, tandis que l'Amérique commence à ressentir les limites de sa puissance tout en voulant maintenir son *leadership*[2] ». Dans *Le Fil de l'épée* (1932), le général de Gaulle citait *Hamlet* : « Être grand, c'est soutenir une grande querelle. » À partir de 1963, sa plus grande querelle est avec les Américains. Sa politique suscite, dès lors, de très vives réactions aux États-Unis et, par voie de conséquence, dans le monde[3]. Ce sont ces réactions qui mériteraient désormais d'être étudiées, par pays et par grands dossiers, pour apprécier précisément la portée et les effets produits de la politique du général de Gaulle, et ainsi rompre avec une

1. Frédéric Bozo, *Deux Stratégies pour l'Europe*, *op. cit.*, chapitre IV.
2. *Ibid.*, p. 103.
3. Sebastian Reyn, *Atlantis Lost. The American Experience with De Gaulle, 1958-1969*, Amsterdam, Amsterdam University Press, 2009.

interprétation encore trop souvent franco-française de son action. Si ses successeurs à la magistrature suprême ne peuvent ignorer la matrice de la politique étrangère de la Ve République, ils devraient aussi être lucides sur le poids réel de la France et sur sa capacité d'entraînement. Hier comme aujourd'hui. Dans une correspondance privée en février 1963, le président Kennedy reconnaît la stature du général de Gaulle et « son droit souverain à élaborer une politique propre » avant d'ajouter : « d'un autre côté, peu de dirigeants européens avec lesquels j'ai parlé semblent assurés que l'unité et la sécurité européennes pourraient être assumées par une France à laquelle on aurait donné la possibilité de remplacer les États-Unis en tant que protecteur nucléaire de l'Europe[1] ». N'est-ce pas toujours le cas ?

LES TRANSFORMATIONS ÉCONOMIQUES, 1959-1969
CHANGER L'ÉCONOMIE

Yves Bouvier

S'il est bien un domaine dans lequel les continuités avec la IVe République, voire avec la IIIe République et le régime de Vichy, ont depuis longtemps été soulignées, c'est bien celui des mutations de l'économie et de la société. Dans ce champ en effet, les transformations structurelles paraissent parfois échapper à l'action politique et, que ce soit par l'introduction de nouvelles technologies ou par l'émergence d'une société de consommation de masse, il est de coutume de considérer la période allant de l'après-guerre au choc pétrolier comme un bloc. Si l'expression « Trente Glorieuses », forgée par l'économiste et statisticien Jean Fourastié en 1979, a depuis longtemps été relativisée, voire contestée[2], il n'en demeure

1. Lettre adressée à Clara Luce, le 19 février 1963, citée *in* Éric Roussel, *Charles de Gaulle*, Paris, Le Grand Livre du mois, 2002, p. 1010.
2. Christophe Bonneuil, Sezin Topçu, Céline Pessis (dir.), *Une autre histoire des Trente Glorieuses. Modernisation, contestations et pollutions dans la France d'après-guerre*, Paris, La Découverte, 2013, p. 309 ; Rémy Pawin, « Retour sur les "Trente Glorieuses" et la périodisation du second XXe siècle », *Revue d'histoire moderne et contemporaine*, vol. 60-1, janvier 2013, p. 155-175.

pas moins que plus de deux décennies ont été marquées par une forte croissance économique, un plein-emploi associé à une recomposition sectorielle qui permettait d'envisager une ascension sociale, une croissance des échanges internationaux et en particulier européens…

Sans ignorer aucunement la moyenne durée des transformations économiques, le nouveau pouvoir s'engage résolument dans des politiques industrielles, financières, commerciales, monétaires, conçues comme autant de piliers du projet politique de restauration d'une indépendance de la France. Plus que cela même, à de nombreuses reprises la solidité et la stabilité de l'activité économique sont considérées comme les conditions *sine qua non* d'une autonomie dans les champs diplomatique et politique. Contrairement à Michel Debré et Georges Pompidou dont l'intérêt pour les affaires économiques est mis en avant lorsqu'ils sont à Matignon, le général de Gaulle est parfois considéré comme un président de la République laissant de côté les questions économiques au profit d'une vision culturelle de la France. La formule apocryphe qui lui est prêtée en la matière – « l'intendance suivra » – révélerait toute l'ignorance d'un homme souhaitant que l'économie se plie à ses objectifs politiques. Pourtant, collaborateurs et ministres confirment que le chef de l'État n'abandonne pas les décisions économiques à ses Premiers ministres ou à ses ministres. Certes, les rouages économiques ne dépendent pas tous des rênes du locataire de l'Élysée, tant sont nombreux les acteurs en présence. Certes également, les structures économiques telles que les équilibres sectoriels, les systèmes techniques, les circuits de financement, la répartition des entreprises, entre autres, ne sont modifiées que de façon marginale en une décennie. Mais la première décennie de la Ve République est bien loin d'être la simple continuation des politiques antérieures, dans le domaine économique également.

Repenser la politique économique, financière et industrielle

Parmi les institutions nouvelles de la République gaullienne, le CES est généralement relégué loin derrière les nouveaux attributs de l'exécutif ou les rapports entre Assemblée nationale et Gouvernement dans la présentation des innovations institutionnelles. Avec raison. Pour autant, prenant la suite du Conseil économique créé en 1946, et lui-même héritier du Conseil national économique (1925-1940), le CES renforce son statut hybride, à mi-chemin entre un parlement de la société et un large cénacle d'experts. Installée au palais d'Iéna et non plus au Palais-Royal, l'Assemblée comprend 200 membres dont des représentants des syndicats. Émile Roche, membre du Parti radical, qui présidait déjà le Conseil économique depuis 1954, est réélu à sa tête jusqu'en 1974. Le maintien d'une telle assemblée n'allait pas de soi puisque le discours de Bayeux du général de Gaulle, en 1946, avait posé les fondements d'une seconde assemblée, mêlant représentations politiques des territoires et représentations professionnelles.

Avec un rôle consultatif, le CES est de fait saisi par le Gouvernement dans les premières années de son existence. Dès 1963, des projets de réforme se multiplient[1] tandis que l'activité se transforme. Alors que Michel Debré a recours à l'institution qui se présente elle-même comme la « troisième assemblée » de la Ve République, Georges Pompidou n'y fait plus guère appel. Dès lors, le CES utilise un flou relatif pour continuer son activité de think tank institutionnalisé, à savoir une procédure d'autosaisine qui lui permet de poursuivre la rédaction de rapports et d'analyses sans être sollicité par les pouvoirs publics. Systématiquement invoqué, l'article 3 de l'ordonnance 58-1360 mentionne en effet que le CES « peut, de sa propre initiative, appeler l'attention du gouvernement sur les réformes qui lui paraissent de nature à favoriser la réalisation des objectifs ».

Négligé par l'exécutif ne signifie pas négligeable puisque les publications du CES couvrent des thématiques larges, allant de l'adaptation de l'économie française au Marché commun jusqu'aux interrogations sur les choix nucléaires en passant par l'évaluation économique du rapatriement massif d'Algérie, par l'analyse des transformations de l'agriculture, des télécommunications, du tourisme ou du crédit. Avis et rapports constituent une documentation importante pour les acteurs économiques et sociaux, et en particulier les syndicats, mais également les parlementaires au moment de rédiger un texte législatif. Le général de Gaulle mentionne ainsi qu'il « consulte leurs compétences » tout en regrettant que

1. Alain Chatriot, « L'impossible réforme du Conseil économique et social (1962-1974) », *in* Alain Beltran, Gilles Le Béguec (dir.), *Action et pensée sociales chez Georges Pompidou : actes du colloque des 21 et 22 mars 2003 au Sénat*, Paris, PUF, 2004, p. 225-239.

« ces hommes qualifiés » aux propos mesurés concentrent leurs demandes sur l'État[1]. Enceinte négligée, voire méprisée, le Conseil économique et social accueille quelques figures qui contribuent à orienter les débats, à l'instar de Jean-François Gravier (1959-1964), Alfred Sauvy (1959-1974), Jacques Rueff (1962-1974) mais aussi des politiques comme Robert Poujade (1964-1967) qui y fait ses premières armes[2].

Sans pouvoir réel, sans réforme dans les années 1960, le CES est placé – bien contre la volonté de son président – sur le devant de la scène médiatique en 1969 puisque le référendum du 23 avril envisage la fusion du Sénat et du CES. Les arguments développés par le général de Gaulle reprennent ceux du discours de Bayeux de juin 1946, arguments ravivés par le discours du 24 mai 1968 prenant acte des transformations de la société. En considérant que le Sénat devait regrouper des représentants des régions mais également des activités économiques, sociales et culturelles, le général de Gaulle ne niait pas l'intérêt des travaux réalisés par le CES, mais souhaitait établir une participation active à la préparation des lois[3]. Le résultat du 27 avril 1969 assure la survie de l'institution.

Dans la pensée du général de Gaulle, le CES est associé au Plan. En effet, c'est à l'occasion d'une discussion sur le IVe Plan, le 17 novembre 1961, qu'il assiste à une séance au palais d'Iéna. De même, c'est pour présenter le Plan qu'il évoque le CES lors de la conférence de presse du 29 juillet 1963. Force est de reconnaître que la planification est un outil politique plus efficace, à la fois pour la participation effective de tous les secteurs de l'économie et pour la mise en œuvre concrète d'orientations définies au sommet de l'État. Le IIIe Plan, couvrant officiellement la période 1958-1961, avait été largement élaboré au milieu des années 1950 sous la conduite d'Étienne Hirsch, commissaire général avant son remplacement par Pierre Massé en février 1959. Ajusté à la suite de la crise de Suez, le Plan est officiellement adopté le 19 mars 1959 alors qu'il est déjà en application depuis un an. Contrairement aux deux premiers plans, son élaboration a

1. CDG, *Mémoires*, Paris, Gallimard, coll. « Bibliothèque de la Pléiade », 2000, p. 1129-1130.

2. Robert Poujade, *Avec de Gaulle et Pompidou. Mémoires*, Paris, L'Archipel, 2011.

3. Entretien télévisé et radiodiffusé avec Michel Droit, 10 avril 1969 (voir CDG, *Discours et Messages*, t. V, *Vers le terme. 1966-1969*, Paris, Plon, 1970, p. 397).

reposé sur le travail de 22 commissions couvrant la totalité des secteurs économiques.

Avec le changement de régime et du fait des difficultés économiques de 1958 et 1959, Wilfrid Baumgartner, ministre des Finances et des Affaires économiques depuis janvier 1960, élabore un « plan intérimaire » qui rectifie une nouvelle fois les objectifs en les minorant[1]. La croissance du PIB est ainsi ramenée à 23,3 % au lieu des 27 % initialement prévus. Ce « petit plan » de dix-huit mois assure la satisfaction des objectifs et la transition avec une refonte plus profonde de la planification sous l'égide de Pierre Massé. En effet, arrivant au commissariat général du Plan en février 1959, cet ingénieur polytechnicien du corps des Ponts et Chaussées avait déjà eu l'occasion de pratiquer les arcanes de la planification française en tant que directeur général adjoint d'Électricité de France (EDF). À la veille de son installation rue de Martignac, siège des bureaux du Plan, Pierre Massé relate l'audience que lui accorda le général de Gaulle : « C'est l'heure des grands desseins. L'État compte sur vous, comme vous pouvez compter sur lui[2]. »

En poste jusqu'en janvier 1966, Pierre Massé théorise la transformation de la planification en élargissant son périmètre lors de l'élaboration des IVe et Ve Plans. Dans *Le Plan ou l'Anti-hasard*, paru en 1965, le commissaire général présente la reprise des activités du commissariat général de la Productivité mais également les fonctions de concertation partiellement assurées par le CES, comme une forme de démocratisation économique et sociale. Les commissions du Plan et la brève réactivation du Conseil supérieur du Plan, entre 1961 et 1963, symbolisent la volonté de concertation, d'autant plus que la planification par branche permet de limiter les conflits politiques ou idéologiques. Ainsi, du côté des syndicats, les différentes fédérations de la CGT n'ont pas des positions identiques et le travail en commission sectorielle s'avère régulièrement plus coopératif que ne pourraient le laisser penser les déclarations publiques. De même, la participation de services spécialisés des ministères permet de limiter la dimension symbolique des politiques publiques.

Mais le Plan est avant tout un outil d'action économique et le credo de Pierre Massé est de considérer cette élaboration collective

1. Conférence de presse de Wilfrid Baumgartner et Pierre Massé, 31 mai 1960.
2. Pierre Massé, *Aléas et progrès. Entre Candide et Cassandre*, Paris, Economica, 1984, p. 154.

comme le préalable à sa réalisation : « Si les forces vives du pays sont associées au projet, elles s'associent plus volontiers à l'action[1]. » La mystique de la planification, trop souvent résumée à la formule employée par le général de Gaulle conférant à la réalisation des objectifs du Plan un « caractère d'ardente obligation[2] », accompagne un pragmatisme que défend Pierre Massé. Constatant que l'économie française des années 1960 est bien différente de celle de la Reconstruction, il transforme la planification en outil stratégique d'orientation (« instrument d'orientation de l'expansion économique et du progrès social[3] »). Non seulement les crédits du plan Marshall sont épuisés mais l'industrie française connaît une ouverture rapide, sous l'impulsion des accords du GATT (*General Agreement on Tariffs and Trade*) dont le Kennedy Round (1963-1966), mais également dans la perspective du Marché commun. Les échanges sont alors considérés comme le principal moteur de la croissance économique, avec l'arrivée sur le marché du travail d'une jeunesse nombreuse.

L'objectif affirmé du IVe Plan est bien « le maintien et le développement de l'aptitude de la production française à affronter la concurrence internationale sur le terrain des prix, sur celui de la qualité et sur celui de l'effort commercial ». Le texte officiel mentionne bien l'apparente contradiction entre l'exercice de la planification et l'ouverture économique croissante de la France. Le Plan est alors un outil permettant de s'adapter au « jeu international ». Mais surtout, pour Pierre Massé, le Plan français peut servir de référence pour les politiques européennes communes en cours d'élaboration : « D'autres nations commencent à pressentir que l'institution rapide de la liberté des échanges peut créer des problèmes, si elle n'est accompagnée de la mise en œuvre d'une politique commune ayant pour contenu réel, sous un nom ou sous un autre, les premiers rudiments d'un plan[4]. » Les objectifs en termes économiques sont de 5,5 % de croissance du produit intérieur brut par an pour le IVe Plan (1962-1965) et de 5 % pour le Ve Plan (1966-1970). Ils sont globalement atteints même si, dans

1. Pierre Massé, *Le Plan ou l'Anti-hasard*, Paris, Gallimard, 1965, p. 162.
2. Allocution télévisée et radiodiffusée, 8 mai 1961 (CDG, *Discours et Messages*, t. III, *Avec le renouveau. 1958-1962*, Paris, Plon, 1970, p. 314).
3. Loi n° 62-900 du 4 août 1962 portant approbation du plan de développement économique et social.
4. Quatrième plan de développement économique et social, 1962, p. 3.

le détail des secteurs, plusieurs résultats sont différents de ceux qui avaient été envisagés.

Par ailleurs, Pierre Massé ne manque pas de souligner que le Plan n'est aucunement dirigiste mais permet, à l'inverse, d'établir une continuité entre les entreprises publiques et les entreprises privées. Ces deux plans intègrent également une dimension individuelle avec des objectifs chiffrés d'augmentation du pouvoir d'achat. Le IVe Plan est d'ailleurs officiellement intitulé *Plan de développement économique et social* et le Ve Plan comporte même une commission des prestations sociales qui travaille sur le niveau de vie. Ce faisant, Pierre Massé s'inscrit bien dans les lignes politiques de Georges Pompidou, Premier ministre, auquel le Plan est officiellement rattaché. Son successeur au Plan, François-Xavier Ortoli, demeure un an et demi en poste avant de devenir ministre de l'Équipement et du Logement. En revanche, René Montjoie, commissaire général du Plan de juin 1967 à octobre 1974, dépend désormais d'un ministre en charge du Plan et de l'Aménagement du territoire. La décennie glorieuse de la planification s'achève avec la montée en puissance de l'aménagement du territoire et des personnalités qui y sont associées, en particulier Olivier Guichard.

Nourrie de réflexions remontant à la période de l'entre-deux-guerres, la politique gaulliste d'aménagement du territoire s'appuie sur un héritage conséquent de la IVe République[1]. Eugène Claudius-Petit, ministre de la Reconstruction et de l'Urbanisme à partir de septembre 1948, avait jeté les bases d'une politique nationale d'aménagement dans un texte de 1950. Un Fonds national d'aménagement du territoire avait été créé pour lutter contre les déséquilibres industriels mais également pour moderniser, de façon volontariste, la région Bas-Rhône-Languedoc (mission créée en 1951). Les conflits entre le commissariat général du Plan et le ministère de la Reconstruction et de l'urbanisme émaillèrent toutes les années 1950. La décentralisation industrielle, mise en œuvre à la suite du décret du 14 septembre 1954, reposait sur la réorganisation des régions économiques. Dans la lignée d'Étienne Clémentel, la régionalisation offrait la possibilité d'une action économique complémentaire de celle de l'État. Le

1. Patrice Caro, Olivier Dard, Jean-Claude Daumas (dir.), *La Politique d'aménagement du territoire. Racines, logiques et résultats : actes du colloque tenu à Besançon les 4, 5 et 6 octobre 2000*, Rennes, PUR, 2002 ; François Caron, Maurice Vaïsse (dir.), *L'Aménagement du territoire, 1958-1974 : actes du colloque tenu à Dijon les 21 et 22 novembre 1996*, Paris, L'Harmattan, 1999.

décret du 21 décembre 1958 opère la fusion des programmes d'action régionale et des plans d'aménagements régionaux.

Les années 1963-1965 sont considérées comme le « grand tournant » de l'aménagement du territoire. Les treize décrets et six arrêtés du 14 février 1963 créent un nouvel organisme, la Délégation à l'aménagement du territoire et à l'action régionale (Datar). La direction en est confiée à Olivier Guichard. Celui qui avait été l'un des rares fidèles du général de Gaulle pendant la « traversée du désert » est aussi le « plus jeune des barons[1] ». Une génération le sépare de Pierre Massé. Derrière les grandes étapes et actions politiques, telles que la création des régions administratives (1964) ou le lancement des métropoles d'équilibre (1964) et des villes nouvelles (1965), apparaît aussi le constat de l'échec de la création d'un ministère classique. En effet, Maurice Schumann, premier titulaire du portefeuille de l'Aménagement du territoire dans le gouvernement de Georges Pompidou constitué le 15 avril 1962, démissionne un mois plus tard à la suite de la conférence de presse du général de Gaulle du 15 mai 1962 au cours de laquelle le président de la République rejette toute idée d'une Europe supranationale (« volapuk intégré »). L'embryon de ministère est alors transformé en délégation générale.

S'il y a un domaine où le CES et le Plan ne connaissent que des résultats mitigés tandis que la Datar y rencontre le succès, c'est bien l'action régionale. Les commissions de développement économique régional (Coder) permettent de regrouper de façon plus rigoureuse que les comités d'expansion économique de 1954 les élus, les représentants des organisations professionnelles et syndicales et les acteurs de la vie économique. À la pratique, les désillusions sont nombreuses et les rééquilibrages territoriaux demeurent modestes au niveau des pouvoirs économiques, quand bien même décentralisation et déconcentration industrielles ont été mises en œuvre. Mais Olivier Guichard, par sa recherche des compromis et des actions concrètes, réussit à incarner une politique de rééquilibrage des territoires fondée sur le développement industriel.

Face à ces divers organismes (CES, Plan, Datar), la définition d'une politique économique cohérente n'est pas une évidence dans les premiers gouvernements de la Ve République. En outre, dans le champ économique et social, les portefeuilles sont nombreux et

1. Gilles Le Béguec, Frédéric Fogacci (dir.), *Olivier Guichard*, Paris, Nouveau Monde éditions/Fondation Charles-de-Gaulle, 2018.

les personnalités parfois opposées. Si Édouard Ramonet, ministre de l'Industrie et du Commerce dans le gouvernement de Gaulle du dernier semestre 1958, cède sa place à Jean-Marcel Jeanneney, c'est notamment parce qu'il ne parvient pas à être réélu député en décembre 1958. À l'inverse, Antoine Pinay occupe le poste de ministre des Finances jusqu'en janvier 1960, malgré des oppositions certaines avec la pensée du général de Gaulle. Le premier gouvernement de Michel Debré comprend, outre ces deux ministres, un ministre des Travaux publics et des Transports (Robert Buron), un ministre du Travail (Paul Bacon), un ministre de la Construction (Pierre Sudreau), un ministre des Postes et Télécommunications (PTT) (Bernard Cornut-Gentille) et un ministre de l'Agriculture (Roger Houdet). En d'autres termes, l'action économique est éclatée entre des administrations, mais surtout entre des personnalités différentes. En janvier 1960, le départ d'Antoine Pinay du Gouvernement n'est pas lié à des questions économiques ou à des arbitrages financiers mais bien à la question algérienne dont le leader des Indépendants entend se saisir pour construire une opposition au pouvoir gaulliste. La nomination de Wilfrid Baumgartner a toutes les allures – et l'intéressé ne s'en défend guère – de l'arrivée d'un technicien reconnu des Finances pour assurer la continuité de la politique.

Directeur du Trésor dans l'entre-deux-guerres, celui-ci est en effet gouverneur de la Banque de France depuis 1949, poste dans lequel il réussit à obtenir des marges de négociation appréciables qui lui permettent de refuser, à deux reprises, les propositions du général de Gaulle de le nommer au ministère des Finances[1]. L'impuissance relative du ministre durant les deux années d'exercice de son ministère est soulignée par tous les observateurs. Les conflits avec Jean-Marcel Jeanneney comme avec Valéry Giscard d'Estaing, son secrétaire d'État aux Finances, alimentent les rumeurs dans la presse et un désarroi perceptible chez Wilfrid Baumgartner qui va même jusqu'à confier au magazine *L'Express* que « le régime actuel ressemble de plus en plus à celui de Vichy. Je n'ai aucune envie de devenir un nouveau Bouthillier[2] ». Outre un désarroi personnel, le propos rend compte d'une transformation

1. Olivier Feiertag, *Wilfrid Baumgartner. Un grand commis des finances à la croisée des pouvoirs (1902-1978)*, Paris, CHEFF, 2006.
2. *L'Express*, 6 octobre 1960 (cité par Olivier Feiertag, *Wilfrid Baumgartner*, *op. cit.*).

profonde des modes de financement qui ne peut que heurter l'ancien gouverneur de la Banque de France. Avec la réforme des circuits de financement du Trésor, décidée lors du conseil restreint du 20 décembre 1963 présidé par le général de Gaulle, c'est la fin officielle du rôle d'État-banquier au profit d'un contrôle des logiques de marché que l'on souhaite restaurer[1]. Pour lutter contre l'inflation, le contrôle des émissions par le Trésor est ici érigé en principe de « neutralité monétaire ». Cet exemple n'est que l'une des nombreuses pierres de la transformation du ministère de la rue de Rivoli.

Avec Valéry Giscard d'Estaing, ministre de janvier 1962 à janvier 1966, puis Michel Debré, son successeur jusqu'en mai 1968, les réformes importantes se multiplient avec l'objectif affirmé de s'appuyer sur une administration modernisée pour inscrire la France dans un espace financier internationalisé. L'un et l'autre ne sous-estiment pas la tâche au sein d'un ministère qui se considère comme le cœur de l'administration française et qui fait figure de véritable « forteresse ». Le premier, énarque et inspecteur des Finances, est devenu incontournable comme secrétaire d'État aux Finances sous le ministère d'Antoine Pinay (1959-1960) puis de Wilfrid Baumgartner (1960-1962). Le second, fort de son expérience à Matignon, souhaite poursuivre les réformes qu'il n'a pas toujours eu le temps de mettre en œuvre. Sur le plan de l'organisation intérieure du ministère, les deux hommes cherchent à adapter le ministère aux nouveaux enjeux en redonnant une perspective internationale à la direction du Trésor (absorption de la direction des Finances extérieures en juillet 1965), en associant plus étroitement les études à la stratégie économique (transformation du service des Études économiques et financières en direction de la Prévision en 1965, ce qui permet parallèlement de confirmer l'Institut national de la statistique et des études économiques [Insee] dans son rôle d'élaboration des statistiques), augmentation considérable du nombre des membres du cabinet pour multiplier les initiatives (le cabinet comprend une trentaine de personnes avec Michel Debré, soit le double de celui de Valéry Giscard d'Estaing), création d'une direction du Personnel et des Services généraux unifiée, réorganisation de la direction générale des Prix, fusion des corps d'administrateurs civils en 1964, création d'un service

1. Laure Quennouëlle-Corre, *La Direction du Trésor, 1947-1967. L'État-banquier et la croissance*, Paris, CHEFF, 2000, p. 424-425.

de presse (juillet 1966), utilisation croissante de l'informatique, recrutement de nouveaux directeurs, principalement des énarques inspecteurs des finances.

Cette continuité dans la modernisation du ministère est contrebalancée par tout ce qui distingue les deux hommes[1]. En janvier 1966, l'amertume de Valéry Giscard d'Estaing qui considère son remplacement comme un « limogeage » filtre dans la presse. Sa sortie du ministère, à pied, illustre dans les médias cet état d'esprit. Au sein du ministère, les directeurs voient arriver avec une certaine prudence un responsable issu du Conseil d'État et non de l'Inspection des finances. Par ailleurs, sur le plan idéologique, l'ouverture américaine de Giscard d'Estaing semble remplacée par un retour à une vision stricte de l'indépendance nationale. Michel Debré entend accorder la priorité aux activités économiques et mettre les Finances au service de cet objectif. Symboliquement, le ministère des Finances et des Affaires économiques devient le ministère de l'Économie et des Finances. Concrètement, les mesures prises entre 1962 et 1966 concernent principalement l'inflation, conformément au plan de stabilisation de 1963. L'encadrement du crédit à la consommation, la création des Sicav (sociétés d'investissement à capital variable) pour orienter l'épargne, la publication du nouveau Code des marchés publics sont autant d'actions permettant de confirmer le rôle de garant financier du ministère. La généralisation de la TVA, par la loi du 6 janvier 1966, est l'aboutissement d'un travail de deux années et de longs débats parlementaires[2] qui illustrent bien le glissement qui s'opère rue de Rivoli à cette date. Créée par Maurice Lauré en 1954 comme innovation majeure, la TVA est alors étendue à tout le commerce de détail, dans une perspective européenne[3]. Cette grande réforme fiscale, dont l'entrée en vigueur est prévue au 1er janvier 1968, doit encore être précisée avec les organisations professionnelles et expliquée à l'ensemble des

1. Florence Descamps, « Michel Debré et la réforme du ministère des Finances : continuités et innovations 1938-1968 », *in* Animation de la recherche, *Michel Debré, un réformateur aux Finances, 1966-1968*, Paris, Institut de la gestion publique et du développement économique (IGPDE)/CHEFF, 2005, p. 145-181.

2. Guy Delorme, « La généralisation de la TVA et l'Europe 1964-1967 », in *De Rivoli à Bercy. Souvenirs d'un inspecteur des finances 1952-1998*, Paris, CHEFF, 2000, p. 83-111.

3. Frédéric Tristram, *Une fiscalité pour la croissance. La direction générale des impôts et la politique fiscale en France de 1948 à la fin des années 1960*, Paris, CHEFF/ministère de l'Économie, des Finances et de l'Industrie, 2005, p. 561-597.

commerçants. Les effets économiques sont justement une priorité pour Michel Debré. L'extension de la TVA ne provoque pas d'oppositions majeures. Sur la même période, entre 1966 et 1968, Michel Debré étend l'action du ministère de l'Économie et des Finances en réussissant à récupérer les trois principaux comités interministériels de réforme : administration (Lasry), entreprises publiques (Nora), structures industrielles (Saint-Geours). Son influence est confirmée avec l'adoption, en décembre 1967, de la rationalisation des choix budgétaires (RCB) qui permet d'introduire la notion d'efficacité et de freiner la croissance des dépenses de fonctionnement du ministère de l'Économie et des Finances, mais surtout de l'ensemble de l'administration[1]. Avec cette méthode, Michel Debré confirme la place centrale de son ministère dans l'administration puisque la RCB, en grande partie inspirée des méthodes comptables de l'administration américaine, a vocation à être appliquée dans tous les ministères comme forme embryonnaire de management public.

L'autre révolution silencieuse : l'intégration économique européenne

Tant pour les institutions que pour la politique économique menée, l'argument qui justifie chaque réforme est régulièrement la perspective du Marché commun. Les positions du général de Gaulle sur l'établissement d'institutions européennes ont fait l'objet de très nombreux travaux et ont, depuis longtemps, écarté l'idée d'une opposition à toute forme de construction européenne. Bien au contraire, si le général de Gaulle a régulièrement exprimé ses réticences pour une Europe supranationale, il a en revanche sans cesse reconnu l'intérêt pour la France de participer à une entente technique, économique, voire politique (plan Fouchet), plus large. Ainsi la signature, le 25 mars 1957, des traités de Rome instaurant la CEE et la Communauté européenne de l'énergie atomique (Euratom) a-t-elle amené le général de Gaulle à de sérieuses critiques en privé mais à ne jamais exprimer publiquement ses réticences[2]. Outre le

1. Philippe Bezes, Florence Descamps, Sébastien Kott (dir.), *Le moment RCB ou le rêve d'un gouvernement rationnel.1962-1978*, Paris, IGPDE, 2021.

2. William B. Cohen, « De Gaulle et l'Europe d'avant 1958 », *in* Institut Charles-de-Gaulle (éd.), *De Gaulle en son siècle*, t. V, *L'Europe*, Paris, La Documentation française, 1992.

respect de l'engagement de la France, plusieurs facteurs peuvent expliquer l'adhésion immédiate du général de Gaulle à ces traités. Le réalisme politique qui consiste à éviter de déclencher des crises franco-allemande et franco-italienne au moment où le pays est sous la pression des États-Unis après le bombardement de Sakiet est une explication. Mais la conversion du général de Gaulle repose surtout sur des arguments économiques tels que le risque de retour au protectionnisme et la nécessité de réformes pour restaurer le crédit extérieur de la France. Les milieux économiques, au premier rang desquels le Conseil national du patronat français (CNPF) lors d'une assemblée générale extraordinaire le 13 mai 1958, s'étaient engagés dans la voie de la CEE et avaient demandé des réformes permettant aux entreprises françaises de bénéficier de la liberté des échanges, de la vérité des prix et de l'abolition du contrôle des changes[1]. Dans ses *Mémoires d'espoir*, de Gaulle écrit : « j'ai voulu que la France et l'Allemagne deviennent de bonnes voisines, que prenne corps le marché commun des Six, que soit tracé le cadre dans lequel ils peuvent conjuguer leur action vers le dehors[2] ». Et de fait, le général de Gaulle fait des relations avec l'Allemagne le socle des institutions européennes, au risque de laisser à l'écart les quatre autres pays fondateurs de la CEE.

L'une des raisons pour lesquelles le général de Gaulle se rallie à la mise en application de la CEE est le fait de ne voir dans ce traité que la définition d'une aire économique, jugée de plus en plus favorablement par les économistes à mesure que l'idée de zone de libre-échange (ZLE) s'impose. Ce serait toutefois sous-estimer la lecture qui est déjà faite d'engagement vers une supranationalité et qui conduit le général de Gaulle à provoquer la crise de la « chaise vide » au 1er juillet 1965. Le ralliement du général de Gaulle à la CEE passe par une Europe intergouvernementale dans laquelle chaque État conserverait sa souveraineté. Des politiques communes peuvent être envisagées et mises en œuvre. Mais, à l'inverse de la haute autorité de la CECA, aucune instance supérieure n'est envisageable. En 1955, la conférence de Messine puis, l'année suivante, les négociations de Val Duchesse sous la responsabilité de Paul-Henri Spaak avaient acté l'absence

1. Laurent Warlouzet, *Le Choix de la CEE par la France. L'Europe économique en débat de Mendès France à de Gaulle, 1955-1969*, Paris, CHEFF, 2011, chapitre III, p. 143-157.
2. CDG, *Mémoires d'espoir*, t. I, *Le Renouveau*, Paris, Plon, 1970, p. 1143.

d'autorité supranationale tout en conservant la perspective fédéraliste de Jean Monnet puisque la règle de l'unanimité devait, à terme, céder la place à la règle de la majorité dans les votes. Ces négociations avaient fait l'objet d'une implication forte de la part du ministère français des Finances et une remise en cause aurait aussi pu être interprétée comme un désaveu[1].

L'objectif du traité de Rome instituant la CEE est de parvenir à l'abolition des barrières douanières entre les six pays en douze années. La réalisation de cette union douanière est anticipée de quelques mois, au 1er juillet 1968. À cette date, la circulation des produits n'est donc plus entravée par des taxes mais d'autres barrières subsistent, en particulier liées aux réglementations techniques. La volonté du général de Gaulle d'appliquer les traités de Rome est directement visible dans la mise en place de la PAC. Certes, la France a beaucoup à gagner d'une telle politique en raison des aides reçues par ses agriculteurs. Mais c'est également un cadre beaucoup plus rassurant pour envisager la modernisation des structures agricoles. En effet, la transformation de l'agriculture française, et avec elle d'une large partie de la société, est déjà en cours avec la mécanisation du travail agricole, l'exode rural, le remembrement. Productions, société et structure foncière sont étroitement mêlées dans un monde rural que les experts du Plan se refusent à appréhender simplement sous l'angle économique tant les enjeux politiques qui y sont associés sont forts. Le rapport Rueff-Armand de juillet 1960 renforce l'idée d'une crise profonde de l'agriculture. Constitué par décret en novembre 1959, le comité présidé par Jacques Rueff et Louis Armand tient 95 réunions en huit mois et remet son *Rapport sur les obstacles à l'expansion économique* à Michel Debré. Outre l'affirmation d'une doctrine plus libérale (« réduire les rigidités », « réformer l'administration », faciliter la circulation de l'information, rétablir la véracité des prix), correspondant sensiblement à la position exprimée en mai 1958 par une partie du CNPF, le rapport marque par le choix de l'industrie comme fondement de la croissance économique du pays. Dans le texte, après avoir dénoncé « l'archaïsme » des

1. Gérard Bossuat, « Les hauts fonctionnaires du ministère des Finances français et la construction européenne, 1948-1974 »*, in* René Girault, Raymond Poidevin (dir.), *Le Rôle des ministères des Finances et de l'Économie dans la construction européenne, 1957-1978 : actes du colloque tenu à Bercy les 26, 27 et 28 mai 1999*, Vincennes, CHEFF/IGPDE, 2002, t. I, p. 143-187.

structures parcellaires, les rapporteurs concluent que « le retard de développement dans l'agriculture freine indirectement l'expansion de l'industrie et du commerce[1] » et préconisent l'industrialisation des régions les plus rurales.

Ce schéma linéaire de développement, passant de l'agriculture à l'industrie, correspond parfaitement aux discours des « modernisateurs » ou « aménageurs » du début de la décennie 1960. Par l'initiative publique, à l'image du développement des télécommunications autour de Lannion dans les Côtes-du-Nord, ou par les investissements privés, à l'exemple de la multiplication des usines en milieu rural par la firme Moulinex en Basse-Normandie, des territoires ruraux s'industrialisent rapidement en employant une main-d'œuvre féminine disponible et bon marché. Cette mutation rapide de l'agriculture et du monde rural provoque quelques manifestations (Finistère, juin 1961) et une forte médiatisation (reportage de Jacques Krier, *Une bouchée de pain*, diffusé à la télévision en 1960). L'ouvrage de Michel Debatisse, secrétaire général du Centre national des jeunes agriculteurs (CNJA), paraît en 1963 et, sous le titre *La Révolution silencieuse. Le combat des paysans*, dresse un portrait chaleureux d'un monde en train de disparaître. S'il reconnaît la nécessité de diminuer le nombre de paysans et le besoin d'apporter des formes de modernité dans le monde rural (le premier chapitre s'intitule « Le Moyen Âge au temps de l'électronique »), l'auteur défend tout autant l'authenticité et la nécessaire pérennité de l'agriculture française, passant en particulier par des formes collectives d'organisation. Dès lors, le sujet est une priorité politique, d'autant plus pour un régime qui cultive l'attachement à l'image d'une France traditionnelle tout en se démarquant résolument des slogans vichystes.

C'est ainsi que la PAC devient le fer de lance de la construction gaullienne de l'Europe, construction à laquelle Georges Pompidou participe également activement[2]. Il est excessif de faire de cette politique une volonté de la seule France. Inscrite dans l'article 39 du traité de Rome (les articles 38 à 46 concernent l'agriculture), la PAC fait l'objet d'un large consensus et bénéficie

1. Rapport Rueff-Armand, p. 17.
2. Gilbert Noël, Émilie Willaert, *Georges Pompidou, une certaine idée de la modernité agricole et rurale*, Bruxelles, PIE-Peter Lang, 2007 ; Gilbert Noël, Émilie Willaert (dir.), *Georges Pompidou et le monde des campagnes, 1962-1974*, Bruxelles, PIE-Peter Lang, 2006.

du dynamisme du commissaire européen Sicco Mansholt. Auprès de celui-ci, le directeur général Louis Rabot et Berend Heringa travaillent pour définir la première politique européenne véritablement commune[1]. Indéniablement, une influence française existe *via* Louis Rabot mais celui-ci agit avant tout comme fonctionnaire européen. Il est vrai également que, depuis l'échec du « pool vert » en 1954, qui était une conférence européenne sur l'organisation des marchés agricoles constituée à l'initiative de la France[2], les fonctionnaires du ministère de l'Agriculture et du ministère des Affaires étrangères cherchaient à favoriser les échanges commerciaux agricoles à l'échelle européenne. La conférence de Stresa, dès juillet 1958, jette les bases de cette politique en confirmant l'intégration de l'agriculture dans le traité de la CEE. L'engagement français y est déjà réel, alors même que les positions du général de Gaulle sur la CEE n'ont pas encore été publiquement éclaircies. Dans les mois qui suivent, la DG VI de la Commission européenne élabore un véritable programme pour l'agriculture, ce qui permet, le 14 janvier 1962, de lancer officiellement la PAC. L'organisation de différents marchés au niveau communautaire est lancée : bœuf, riz, céréales, lait… Mais les débats sont vifs, notamment autour de la mise en place de prix uniques au niveau communautaire, prix supérieurs aux marchés mondiaux pour assurer le niveau de vie des agriculteurs. Robert Marjolin, l'un des négociateurs des traités de Rome et vice-président de la Commission européenne, déclare en 1959 que la CEE « peut être libérale dans le secteur industriel, mais protectionniste dans le secteur agricole ». Lors de la « crise des céréales » de l'automne 1964, France et Allemagne s'opposent sur la date d'entrée en vigueur du marché commun agricole. La position française, rappelant l'importance de cette politique agricole européenne, est exprimée clairement dans un communiqué du 21 octobre 1964 : « faire du marché commun agricole la pierre de touche de toute construction européenne est la condition même de cette construction ».

---

1. Jan van der Harst, « La politique agricole commune : un terrain d'action prioritaire », *in* Commission européenne, Michel Dumoulin (dir.), *La Commission européenne 1957-1973. Histoire et mémoires d'une institution*, Luxembourg, Office des publications de l'Union européenne, 2014, p. 329-350.

2. Gilbert Noël, *Du pool vert à la politique agricole commune. Les tentatives de communauté agricole européenne entre 1945 et 1955*, Paris, Economica, 1988.

Avec 43 % de la production agricole de la CEE à la fin des années 1950, la France est assurément en position de force dans la mise en place de la PAC mais la carte jouée est bien celle des interdépendances commerciales. Les arguments français ne sont ainsi pas élaborés par les seuls ministères de l'Agriculture ou des Affaires étrangères mais par la direction des Relations économiques extérieures du ministère des Finances et des Affaires économiques. Parallèlement aux lois d'orientation agricole de 1960, 1962 (loi Pisani) et 1964, qui encouragent la transformation des structures foncières notamment par l'institution des groupements agricoles d'exploitation en commun en 1962 et favorisent l'essor de la production, la PAC modifie les débouchés en instaurant des prix communs sur les marchés agricoles européens. Le Fonds européen d'orientation et de garantie agricole (Feoga), créé en 1962, assure le financement de ce soutien aux marchés agricoles ainsi que celui de la modernisation des équipements.

Les résultats de cette articulation entre une politique nationale et une politique européenne sont spectaculaires. Les statistiques ont souvent été présentées comme une célébration du tournant productiviste de l'agriculture : 1,2 million de tracteurs en 1970 contre 300 000 en 1955, 105 000 moissonneuses-batteuses contre 18 000, augmentation de près de 50 % de l'élevage bovin entre 1950 et 1970 (passage de 15,7 à 21,6 millions de têtes) et de 65 % de l'élevage porcin (de 6,8 à 11,2 millions de têtes). La production augmente en volume dans tous les domaines et les rendements connaissent une croissance spectaculaire, à l'image du blé qui passe de 15 à 35 quintaux à l'hectare entre 1955 et 1970. L'utilisation des engrais mais également des herbicides et pesticides, ainsi que la sélection des variétés expliquent le passage, en quelques années, d'une France importatrice à une France exportatrice dans le domaine agricole. L'Institut national de la recherche agronomique (Inra), créé en 1946, est le pivot de ce « front moderniste » qui entend forger les outils et mettre à disposition des agriculteurs les moyens techniques d'une agriculture productive, voire productiviste[1]. Edgard Pisani, ministre de l'Agriculture entre août 1961 et janvier 1966, incarne cette rencontre de l'État et des agriculteurs, accompagnant le général de Gaulle lors des visites effectuées au Salon de l'agriculture. L'événement est créé en mars 1964 et

1. Pierre Cornu, Egizio Valceschini, Odile Maeght-Bournay, *L'Histoire de l'INRA, entre science et politique*, Versailles, éditions Quae, 2018, p. 91.

le président de la République l'inaugure, pour la première fois, l'année suivante. Alors qu'existait déjà le Salon de la machine agricole, la volonté de promouvoir un événement qui ne se limite pas à la mécanisation ou au Concours général agricole s'inscrit dans la redéfinition de la place de l'agriculture dans la société. En effet, la part de l'agriculture dans le PIB chute rapidement, passant d'environ 17 % à la Libération à 10 % en 1960 puis à 6,5 % en 1970. Ainsi, la forte croissance de la production agricole s'accompagne d'une crise sociale intense : réduction des surfaces cultivées (34,5 millions d'hectares en 1958, 32,5 millions en 1970), diminution du nombre des exploitations agricoles (2,3 millions en 1955, 1,6 million en 1970), vieillissement rapide de la population active, exode rural… Le succès de fréquentation du Salon, avec 300 000 visiteurs par an dans les années 1960, contraste ainsi avec les manifestations régulières d'agriculteurs se sentant menacés par les « progrès techniques ». La CEE et la PAC permettent de stabiliser quelque peu le monde rural français, tout en faisant de la productivité et de la régulation des prix les nouveaux critères de la production agricole nationale.

La confiance relative dans la « modernité »

La transformation rapide de l'économie française ne se fait pas sans tensions, en particulier dans le monde agricole. Néanmoins, la forte croissance économique, portée par l'industrie et les services, permet d'atténuer une partie de ces tensions en assurant une hausse régulière du pouvoir d'achat de l'immense majorité des Français. Si la pauvreté et les inégalités sociales ne disparaissent pas au cours de la période, le revenu réel des ménages augmente rapidement.

Pourtant, en 1958, la situation est tout sauf sereine et les turbulences économiques, notamment monétaires, présentes depuis 1956, laissent penser que la croissance des années 1949-1956 est menacée. Dès 1949, la France avait retrouvé son niveau de production de 1930. Mais, entre 1956 et 1958, la situation de la balance des paiements s'est brutalement dégradée. Les réserves de la Banque de France diminuent de près de 75 % en deux ans, tandis que le déficit budgétaire ne cesse de croître, en particulier pour financer la guerre en Algérie. Les accords Dillon-Monnet du 30 janvier 1958 apportent une bulle d'oxygène aux finances publiques[1]. Mais la France se trouve dès lors soumise à des dépenses fléchées au sujet de ces 655 millions de dollars. L'engagement est également pris, auprès des financeurs que sont le FMI, l'Union européenne des paiements et les États-Unis, de réaliser un plan de stabilisation. Quelques mois plus tard, dans sa première grande allocution en tant que nouveau président de la République, le général de Gaulle dresse un état des lieux sévère de l'économie et des finances, engagées « sur la route de la catastrophe[2] ».

Dans le diagnostic établi en 1958, la question centrale est celle de la confiance dans la monnaie. Le plan de stabilisation Pinay-Rueff[3] est l'exemple même des compromis nécessaires de 1958. D'un côté en effet, le général de Gaulle constitue son Gouvernement en plaçant au ministère des Finances une personnalité bien connue, Antoine Pinay, associée à l'emprunt qui avait porté son nom. De l'autre, il crée un comité d'économistes et place à sa tête Jacques Rueff. La distinction entre la confiance populaire d'un côté et l'expertise technique de l'autre ne débouche pas sur une opposition entre les deux légitimités mais sur un compromis qui traduit l'imbrication profonde des dimensions économique et politique dans la pensée du général de Gaulle. La nomination d'Antoine Pinay n'est pas une évidence. Certes, l'élu de Saint-Chamond a fait le voyage à Colombey en mai 1958 et a soutenu la nomination du général de Gaulle à la présidence du Conseil. En outre, son positionnement modéré et libéral correspond bien à l'attachement des gaullistes à une limitation des contraintes administratives. Pour autant, le dirigeant du Centre national des indépendants et paysans (Cnip) n'est pas gaulliste. Le souvenir de son investiture, en 1952, reste un moment douloureux puisque le RPF s'est durablement divisé et affaibli à l'Assemblée nationale. L'ouvrage *La Droite en France de 1815 à nos jours*, publié par René Rémond en 1954[4], fait justement de la figure d'Antoine Pinay

1. Gérard Bossuat, *Les Aides américaines économiques et militaires à la France, 1938-1960. Une nouvelle image des rapports de puissance*, Paris, CHEFF/IGPDE, 2001, p. 355-356.

2. CDG, allocution du 28 décembre 1958, in *Discours et Messages*, t. III, *op. cit.*, p. 65.

3. Michel-Pierre Chélini, « Le plan de stabilisation Pinay-Rueff, 1958 », *Revue d'histoire moderne et contemporaine*, n° 48-4, avril 2001, p. 102-123.

4. René Rémond, *La Droite en France de 1815 à nos jours. Continuité et diversité d'une tradition politique*, Paris, Aubier, 1954. L'auteur a, par la suite, complété et mis à jour ce travail à de nombreuses reprises.

le représentant contemporain de la droite orléaniste, bien distincte de la tradition bonapartiste qu'incarnerait à la même époque le général de Gaulle. Jacques Rueff, de son côté, est un ingénieur-économiste au parcours emblématique : polytechnicien, inspecteur des Finances, il occupe différents postes dans le domaine financier de la haute fonction publique dans les années 1920, participe au groupe X-Crise[1] dans l'idée d'une modernisation technocratique de l'économie française et rédige un ambitieux ouvrage intitulé *L'Ordre social* qui paraît en 1945 seulement. Siégeant dans diverses institutions européennes dans les années 1950, dont la Cour de justice de la CECA, il fait figure de libéral attaché à la stabilité monétaire et à la liberté des prix, critique des politiques d'inspiration keynésienne, d'une planification rigoriste et d'un contrôle des prix, dénoncé dans son *Épître aux dirigistes* dès 1949.

La principale mesure du plan Pinay-Rueff est la stabilisation monétaire. Là encore, le sens politique et la logique économique sont profondément mêlés. En créant un « nouveau franc », au 1er janvier 1960, le Gouvernement fait bien plus que prendre une mesure technique de transformation de 100 anciens francs en 1 nouveau franc. Le fait que ce soit Antoine Pinay qui lance cette nouvelle monnaie renforce l'interprétation politique : le nouveau franc bâtit sa force en partie sur la confiance que lui accordent les Français, les banques et les institutions internationales telles que le FMI. Cette confiance est également une fidélité au pouvoir politique en place. D'ailleurs, le terme même de « fiduciaire », associé à la monnaie, a pour racine latine *-fides*. Dans le cas du nouveau franc de 1960, *Les Actualités françaises*, diffusées dans les salles de cinéma avant les films jusqu'en 1969, ne manquent pas de rappeler qu'il prend la suite du « franc Napoléon » qui avait duré cent cinquante sept ans[2], établissant symboliquement une filiation entre le général de Gaulle et Napoléon. L'ordonnance du 27 décembre 1958 décide la création de cette monnaie qui, dans les faits, correspond à une dévaluation de 17,55 %. Ces deux aspects (restauration de la confiance et dévaluation) sont directement liés, dans le plan Pinay-Rueff, comme étant la condition de la réinsertion de la monnaie française, et plus largement

---

1. Olivier Dard, « Voyage à l'intérieur d'X-Crise », *Vingtième Siècle. Revue d'histoire*, n° 47, 1995, p. 132-147.

2. Journal Les Actualités Françaises, *Les Actualités françaises, 6 janvier 1960*, « L'INA éclaire l'actu », ina.fr.

de son économie, dans un espace occidental libéral. Lors de son allocution du 28 décembre 1958, le général de Gaulle l'exprime clairement : « Au surplus, le vieux franc français, si souvent mutilé à mesure de nos vicissitudes, nous voulons qu'il reprenne une substance conforme au respect qui lui est dû. Quant aux échanges avec l'étranger nous avons pris la décision de les libérer à 90 %, ouvrant les vannes au courant et replaçant décidément la France, dans le domaine économique, à son rang international[1]. »

Cette gestion monétaire et économique du second semestre de l'année 1958 n'est pas, loin de là, la seule intervention directe du général de Gaulle dans les affaires économiques. André de Lattre, conseiller économique et financier à l'Élysée à la demande de Geoffroy de Courcel durant toute l'année 1959 puis directeur de cabinet de Wilfrid Baumgartner[2], relate les relations complexes entre Michel Debré, Antoine Pinay et la « Maison » qu'est l'Élysée lors des nombreux comités interministériels. Mais ce sont surtout lors des conseils restreints que le président de la République suit directement les questions économiques et financières. D'une façon générale, ce sont les ministres et le Premier ministre, que ce soit Michel Debré ou Georges Pompidou, qui élaborent les grandes lignes de la politique économique. En revanche, lorsque la situation devient plus délicate, c'est-à-dire lorsque les enjeux de souveraineté et de puissance apparaissent au premier plan, le président de la République n'hésite pas à reprendre la direction de la politique. C'est le cas en 1959 mais aussi au cours de l'année 1962, face à la résurgence des tensions inflationnistes[3]. Les différentes mesures, connues sous le nom de « plan de stabilisation de 1963 », sont indissociables de l'ascension politique de Valéry Giscard d'Estaing. Secrétaire d'État aux Finances dépendant d'Antoine Pinay puis de Wilfrid Baumgartner, il est en relations étroites avec Michel Debré et avec le cabinet de l'Élysée. S'il incarne parfaitement la nouvelle technocratie française (polytechnicien, énarque, inspecteur des Finances), Valéry Giscard d'Estaing sait surtout allier d'indéniables compétences économiques avec un sens politique certain. Lorsque Wilfrid Baumgartner, conformément à

1. CDG, allocution du 28 décembre 1958, in *Discours et Messages*, t. III, *op. cit.*, p. 67.
2. André de Lattre, *Servir aux Finances*, Paris, CHEFF, 1999, p. 107-142.
3. André de Lattre, « À propos du plan de stabilisation de 1963 », *Espoir*, n° 69, 1989.

ses souhaits exprimés en janvier 1960, quitte la rue de Rivoli en janvier 1962, Valéry Giscard d'Estaing lui succède logiquement comme ministre des Finances et des Affaires économiques, poste qu'il conserve jusqu'en janvier 1966.

L'une des réformes que revendique le nouveau ministre est justement le plan de stabilisation de 1963. Si les premières mesures sont prises en juin 1962, lors du retour de l'inflation (7 % en 1962), les décisions du début de l'année 1963 sont plus ambitieuses et passent par une réduction des déficits publics. L'objectif n'est pas seulement de faire cesser la course des prix et des salaires, c'est-à-dire la « spirale inflationniste[1] », mais également de consolider l'économie dans le cadre du Marché commun en évitant la multiplication des emprunts extérieurs et en limitant l'augmentation de la masse monétaire par création. C'est la raison pour laquelle le blocage des prix, mesure forte entrée en application en septembre 1963, s'accompagne d'une baisse des droits de douane. Certes, le plan de stabilisation de 1963 paraît moins libéral que les mesures préconisées par Jacques Rueff en 1958 puisqu'il utilise le contrôle administratif des prix. Mais il confirme et accentue l'ouverture de l'économie française. Dès l'automne 1963, les échanges sont nombreux entre le général de Gaulle, Georges Pompidou et Valéry Giscard d'Estaing pour esquisser les futures sorties de cette stabilisation des prix. Le discours de Lyon du 28 septembre 1963 est une justification de cette politique économique replacée dans une appréhension globale : « si nous entendons que la France pourvoie elle-même à la vie des Français et qu'elle ne retourne point à un ancien état de choses où, de mois en mois, elle n'évitait la culbute monétaire, financière et économique que par la grâce de l'étranger, c'est avant tout pour qu'elle puisse, dans le monde, conduire ses propres affaires[2] ». En d'autres termes, l'indépendance vis-à-vis des États-Unis et des autres puissances européennes n'est possible que si la monnaie et les finances publiques sont elles-mêmes indépendantes, donc saines.

Ces interventions directes du président de la République restent malgré tout rares. Michel Debré et Georges Pompidou sont beaucoup plus fréquemment mis en avant lorsque les questions économiques

---

1. Éditorial du journal *Le Monde*, 26 novembre 1962.
2. Discours de la place des Terreaux, Lyon, 28 septembre 1963, *in* CDG, *Discours et Messages*, t. IV, *Pour l'effort. Août 1962-décembre 1965*, Paris, Plon, 1970, p. 135.

sont évoquées. Maurice Couve de Murville, dans sa déclaration de politique générale du 17 juillet 1968, après les augmentations de salaire des accords de Matignon, reprend sensiblement ce qui s'est imposé comme l'orthodoxie économique française : contrôle de la masse monétaire, limitation de l'inflation, ouverture internationale. Ces tensions inflationnistes régulières menacent en effet la hausse du pouvoir d'achat qui caractérise la période. Durant la première décennie de la Ve République, le salaire réel des Français augmente de 3,6 % par an[1]. Si l'on suit les remarques de Jean-Marcel Jeanneney, après la période de transition de la fin de l'année 1958, la politique menée a permis à la France de dépasser les performances des autres économies occidentales à l'exception de l'Allemagne et du Japon. Le pouvoir d'achat n'est pas composé uniquement des salaires, même si ceux-ci en représentent la plus grande part. Les revenus de transfert, à savoir les prestations sociales, et les revenus du capital s'additionnent aux revenus du travail. La formule « l'expansion dans la stabilité » prend tout son sens au niveau de la définition d'une politique économique à l'Élysée ou rue de Rivoli. Mais elle a également une transcription au niveau des Français : les efforts imposés dans la lutte contre l'inflation sont d'autant mieux acceptés qu'ils correspondent à une amélioration sensible, perçue et réelle, du pouvoir d'achat.

Incarner la consolidation de l'économie de la nation

Si la politique économique et monétaire est associée à la notion de souveraineté et si le général de Gaulle, à plusieurs reprises, effectue lui-même le lien entre la monnaie et la capacité de la France à mener sa propre politique extérieure, la politique industrielle est l'autre domaine mis en avant dans la définition de la grandeur du pays. Le Marché commun, tout naturellement, sert de cadre et d'aiguillon aux profondes transformations des entreprises françaises, que ce soit dans le domaine industriel ou dans celui des services. Le Plan, avec ses inflexions en faveur d'une orientation stratégique, n'est plus – si tant est qu'il l'ait jamais été – l'outil permettant de piloter une France industrielle à reconstruire et à

1. Jean-Marcel Jeanneney, « L'économie française pendant la présidence du général de Gaulle », *in* Institut Charles-de-Gaulle (éd.), *De Gaulle en son siècle*, t. III, *Moderniser la France*, Paris, La Documentation française, 1992, p. 24-44.

moderniser. Pour autant, les secteurs industriels des transports, de l'énergie et des industries lourdes restent l'objet d'attention des pouvoirs publics en raison de leurs « effets structurants », notion comprenant aussi bien les produits et services de base que les effets sur les prix de l'ensemble de l'industrie. L'une des formules les plus reprises pour définir la politique industrielle de la période est certainement celle rapportée par Alain Peyrefitte en 1964 : « sans indépendance économique, il n'y a pas d'indépendance tout court ». Dans la conception gaullienne, il n'y a pas de souveraineté partielle et la dépendance dans des secteurs stratégiques tels que les premiers composants électroniques, l'équipement informatique, l'enrichissement de l'uranium justifie l'intervention de l'État.

La notion de souveraineté est en effet le fil conducteur de la politique industrielle, donnant naissance à des institutions nombreuses. On retrouve ici, appliquée au champ de l'industrie, le rôle de l'État qui, par ses moyens et la continuité de ses institutions, sait aller au-delà des changements politiques, des alternances électorales, mais aussi des carrières des hommes. Ces grandes institutions complètent les ministères dans la définition d'une action étatique. Il peut s'agir d'entreprises et en particulier de celles que le général de Gaulle a contribué à installer à la Libération : la Snecma en 1945, EDF, Gaz de France (GDF), Charbonnages de France (1946). Ces grandes entreprises publiques, bien installées en 1958, sont complétées par Sud Aviation (1957), l'Union générale des pétroles (1960) puis Elf Aquitaine (1967). Mais, dans l'inventaire des institutions, certaines administrations tiennent une place tout aussi importante : la création de la Délégation militaire pour l'armement (DMA) en 1961 est un modèle de modernisation de l'administration, tandis que la réforme de la direction générale des Télécommunications (1967) compense plusieurs décennies de sous-investissement dans le domaine.

Secteur privilégié des premiers plans, l'énergie reste au cœur de la politique industrielle nationale. D'un côté, la crise de Suez a montré les dépendances aux approvisionnements de pétrole du Moyen-Orient, de l'autre, les tentatives pour réduire cette dépendance n'ont débouché sur aucune alternative solide. Dans le domaine du charbon, la surproduction européenne, identifiée dès le milieu des années 1950, conduit le Gouvernement et les Charbonnages de France à privilégier les puits de mine les plus rentables et à envisager une « régression charbonnière ». L'augmentation de la production de charbon, qui atteint son apogée en France en 1958 avec 57,7 millions de tonnes, est le résultat de la modernisation spectaculaire effectuée depuis la fin de la Seconde Guerre mondiale. Toutefois, encouragées par la création de la CECA, les importations de charbon allemand et belge concurrencent les productions françaises. Le « drame des houillères » évoqué par Michel Toromanoff[1], ancien responsable du service des études économiques de Charbonnages de France, est celui du choix de diminuer la production nationale. Jean-Marcel Jeanneney avance avec beaucoup de prudence les arguments justifiant la remise en cause de la production de charbon en France. À partir du rapport Mayolle du CES, en octobre 1959, qui souligne la nécessité d'introduire le critère de rentabilité, jusqu'à l'annonce officielle du « plan Jeanneney » en juin 1960 qui fait de la fermeture de mines une des solutions d'adaptation de la production[2], le ministre de l'Industrie et du Commerce élabore un argumentaire économique précis sans faire porter la responsabilité de cette politique à la CECA. La fermeture du bassin de Graissessac-Le Bousquet-d'Orb (Hérault), en décembre 1959, est justifiée par l'ampleur du déficit d'exploitation (2 000 francs par tonne). Mais cette décision est la première de ce type. La grande grève des mineurs de 1963, avec la signature de l'ordre de réquisition, n'est que l'événement le plus visible de la transformation rapide du monde des mines dans les années 1960. Moins brutal que dans la Ruhr, le mouvement de fermeture des mines s'accompagne d'une reconversion parfois difficile du personnel mais également d'une crise sociale de territoires entiers. Outre la réduction de la consommation de charbon en France, la concurrence des charbons étrangers et les bas prix du pétrole infléchissent durablement la politique charbonnière[3]. Du côté des usages du charbon, l'électrification accélérée des voies ferrées par la SNCF et la substitution du pétrole à la houille dans la production d'électricité par EDF conduisent à rétrécir le marché intérieur. Pour les particuliers également, le charbon est de moins en moins présent, que ce soit pour le chauffage ou la cuisine.

---

1. Michel Toromanoff, *Le Drame des houillères*, Paris, Le Seuil, 1969.
2. Éric Kocher-Marboeuf, *Le Patricien et le Général. Jean-Marcel Jeanneney et Charles de Gaulle, 1958-1969*, 2 tomes, Paris, CHEFF, 2003, volume I, p. 99-138.
3. Philippe de Ladoucette, « Charbonnages de France et la société française », *Annales des mines*, mai 2004.

Cette diminution de la production de charbon s'accompagne de la montée d'autres sources d'énergie. L'hydroélectricité a été le symbole de la Reconstruction et des crédits du plan Marshall. Dans les années 1960 encore, plusieurs grands barrages sont inaugurés dont ceux de Roselend et du Mont-Cenis, en Savoie, ou de Monteynard (Isère). Mais les perspectives de nouveaux aménagements sont de plus en plus rares. De même, des centrales au fil de l'eau sont encore inaugurées sur le Rhône (centrales de Pierre-Bénite à la sortie de Lyon, de Bourg-lès-Valence et de Beauchastel par exemple), achevant la transformation du fleuve[1], mais également sur le Rhin (centrales de Marckolsheim, Rhinau et Strasbourg). Pour l'essentiel, ces réalisations ont été envisagées depuis plusieurs décennies et la « marque » du pouvoir gaulliste n'y est pas véritablement revendiquée même si l'hydroélectricité reste célébrée comme une ressource nationale. Seule ombre majeure au tableau, la rupture du barrage de Malpasset, le 2 décembre 1959, provoque plus de 400 décès à Fréjus. Construit comme retenue pour l'irrigation et non pour la production d'électricité, le barrage cède en raison de pluies diluviennes.

Le terrain des ressources nationales est également occupé par d'autres sources d'énergie, parfois marginales comme l'énergie marémotrice de l'usine de La Rance que le général de Gaulle inaugure en 1966, parfois quantitativement plus importantes comme l'utilisation du gaz de Lacq ou du pétrole d'Hassi Messaoud. Pour le gaz de Lacq, l'exploitation débute véritablement en 1957 mais les débats sur son utilisation courent depuis plusieurs années : faut-il réserver le gaz à l'industrie régionale, à l'industrie nationale, ou également promouvoir des usages domestiques ? Sous la responsabilité de GDF, qui opère en quelques années une spectaculaire conversion au gaz naturel, c'est la troisième proposition qui est adoptée[2]. Dès 1963, le gaz naturel dépasse le traditionnel « gaz de ville » dans les ventes de GDF. À Paris, le gaz de Lacq arrive en 1959 mais les abonnés ne bénéficient de ce changement qu'à partir de 1963. Le 17 février 1959, à l'occasion de son voyage dans le sud-ouest de la France, le général de Gaulle visite les installations de Lacq et la ville nouvelle de Mourenx. Signe de la médiatisation

---

1. Sara Pritchard, *Confluence. The Nature of Technology and the Remaking of the Rhône*, Cambridge, Harvard University Press, 2011.

2. Alain Beltran, Jean-Pierre Williot, *Le Noir et le Bleu. 40 ans d'histoire de Gaz de France*, Paris, Belfond, 1992.

systématique à l'œuvre depuis plusieurs années, le journaliste du *Monde* Jean Couvreur élude la description du site : « Le complexe énergétique et industriel du Sud-Ouest, ses installations, ses puits, sont trop connus, leur image est trop familière à tous les yeux pour qu'il soit besoin de revenir aujourd'hui sur cette réalisation[1]. » Au-delà de l'approvisionnement des principales métropoles françaises par gazoduc – plus de 5 000 kilomètres sont installés en 1968 –, et de la part du gisement dans l'énergie nationale (environ 5 % à la fin des années 1960), l'intérêt du gaz de Lacq réside dans le développement d'un complexe pétrochimique dans le Béarn. La situation est sensiblement différente avec le pétrole d'Hassi Messaoud et le gaz naturel d'Hassi R'Mel. Les intérêts de la Compagnie française des pétroles, qui a mis en exploitation le gisement d'Hassi Messaoud en 1956 en construisant la base de Maison verte dans le Sahara algérien, sont évidemment pris dans les discussions sur l'indépendance de l'Algérie. Durant tout le conflit, la production n'est pas interrompue et lors de l'indépendance algérienne, une continuité d'exploitation est assurée avec le maintien du personnel qualifié français. Pour la France, si la propriété du sous-sol algérien est perdue, la garantie de l'approvisionnement assure une sécurité bienvenue. Le général de Gaulle, qui s'était rendu à Hassi Messaoud en mars 1957, y fait de nouveau un passage, ainsi qu'à Hassi R'Mel, en décembre 1958. La présence des hydrocarbures modifie partiellement le règlement du conflit algérien puisque l'Organisation commune des régions sahariennes permet, un temps, de croire à la pérennité de l'influence directe de la France sur ces territoires. Néanmoins, l'indépendance ne modifie pas fondamentalement la situation : les approvisionnements de la France sont assurés pendant toutes les années 1960.

Investir l'avenir : les paris high-tech

La force de dissuasion nucléaire et le tournant nucléaire des forces militaires d'une façon générale restent évidemment les symboles de la souveraineté de la période gaullienne. Toutefois, dans le champ de la technique, la pensée gaullienne ne se limite pas au domaine militaire. Dans ses vœux aux Français pour 1965, le

1. Jean Couvreur, « Le général de Gaulle visite Tarbes, Lacq et Pau », *Le Monde*, 18 février 1959.

président de la République élargit la perspective : « il est clair qu'il nous faut produire toujours plus et toujours mieux, épargner et investir constamment et davantage, pousser sans relâche nos recherches scientifiques et techniques, sous peine de nous enliser dans une amère médiocrité et d'être colonisés par les participations, les inventions et les capacités étrangères. En 1965, nous ne relâcherons donc pas notre effort qui, au-dedans, nous vaut le progrès et, au-dehors, est la condition de notre indépendance[1] ».

Cette souveraineté, fondée sur les techniques et les recherches scientifiques, est régulièrement célébrée par le général de Gaulle dans ses discours. C'est le cas à Pleumeur-Bodou, en 1962, pour l'inauguration du radôme permettant les télécommunications spatiales par satellites, où, dans une brève prise de parole, le président de la République mentionne une « très grande réussite technique, immense synthèse de la mécanique, de la physique, de la chimie, de l'optique, de l'électricité, de l'électronique », mais aussi une « réussite nationale[2] ». Car, même si l'essentiel des appareils et des réalisations vient bien des États-Unis, de Gaulle évoque une « immense fierté » et une « profonde satisfaction ». Des propos presque identiques sont prononcés quatre ans plus tard pour l'inauguration de l'usine marémotrice de La Rance : la « grande victoire technique » est saluée « au nom du pays ». La conclusion est souvent citée : « Tout comme la Rance coule vers la mer parce que sa source l'y envoie, ainsi la France est fidèle à elle-même lorsqu'elle marche vers le progrès[3]. » La recherche de l'innovation technique n'est pas seulement une conséquence d'un « fossé technologique » qui se serait ouvert de part et d'autre de l'Atlantique, c'est également une stratégie industrielle de long terme, placée au premier rang des objectifs du Ve Plan par Pierre Massé et incarnée dans la seconde moitié des années 1960 par François-Xavier Ortoli[4]. Ces institutions ne sont pas seulement des bras armés de l'État ou des outils de politique internationale, même si l'on ne saurait négliger la diplomatie scientifique et technique, que ce soit vis-à-vis des anciennes colonies (traités de coopération et conventions de

1. Allocution radiotélévisée du 31 décembre 1964, *in* CDG, *Discours et Messages*, t. IV, *op. cit.*, p. 317.
2. Allocution du 19 octobre 1962 à Pleumeur-Bodou.
3. Discours du 26 novembre 1966, La Rance, *in* CDG, *Discours et Messages*, t. V, *op. cit.*, p. 122.
4. Laurence Badel, Éric Bussière, *François-Xavier Ortoli. L'Europe, quel numéro de téléphone ?*, Paris, Descartes & Cie, 2011.

coopération technique signés en 1960 et 1961) ou avec des pays européens.

Les entreprises publiques et administrations à vocation industrielle ont également le rôle de structuration d'un tissu industriel de haute technologie en fixant des objectifs à cinq, dix, vingt ans parfois et en organisant le pilotage des filières industrielles. La Ve République, en la matière, bénéficie largement de programmes industriels lancés par le régime précédent. Dans le domaine du nucléaire civil par exemple, le Commissariat à l'énergie atomique (CEA) a développé un réacteur nucléaire français, utilisant l'uranium naturel des mines de Vendée ou du Limousin, le gaz carbonique comme fluide caloporteur et le graphite comme modérateur de la réaction en chaîne. La technologie permet également de produire du plutonium. Sous l'impulsion de Félix Gaillard, le second plan quinquennal nucléaire, décidé en 1956, lance la réalisation de la bombe atomique française et l'expérimentation de la production d'électricité par la construction de la centrale nucléaire de Chinon. Une première expérience a été réalisée à Marcoule le 28 septembre 1956, en pleine crise de Suez. En engageant la construction du premier réacteur de Chinon et en confiant les travaux et l'exploitation future à EDF et non au CEA, Guy Mollet et Maurice Lemaire faisaient clairement le choix de construire une filière industrielle. Entre 1957 et 1963, date de la mise en service de ce réacteur, l'entreprise publique opère un véritable apprentissage du nucléaire, notamment pour les travaux en milieu contaminé. La dimension industrielle est d'emblée essentielle.

L'objectif de construire une industrie nationale du nucléaire suppose qu'EDF établisse des relations de maître d'œuvre avec les industriels en définissant les cahiers des charges, en assurant les vérifications et le suivi dans le montage des différents éléments. Le cœur du réacteur est naturellement l'élément le plus sensible car totalement nouveau même si certains industriels ont déjà travaillé avec le CEA. Les spécifications des parties non nucléaires (turbo-alternateur) relèvent également de l'entreprise publique. Dès la construction des premiers prototypes, la Société alsacienne de constructions mécaniques, Creusot-Loire, la Compagnie électromécanique, Alstom et la Compagnie générale d'électricité (CGE) sont associés pour la fourniture des nombreuses pièces nécessaires. Pierre Ailleret, directeur des études et recherches à EDF, formule avec précision les enjeux industriels de l'adoption du nucléaire en 1957 : « il faut aussi que nos industries se préparent à la grande transformation qu'apportera sans doute dans quelques années le passage à la phase rentable du combustible uranium. Il faut pour cela que l'industrie construise des centrales nucléaires, même si celles-ci doivent se démoder rapidement et apparaître dans peu d'années comme des engins périmés, que leurs conditions d'exploitation feront même peut-être abandonner malgré le gros capital investi. Ces prototypes n'auront pas moins été payants pour l'économie générale en préparant l'avenir. Ils sont la condition absolument nécessaire pour que l'industrie constitue les équipes dont elle aura très probablement besoin dans quelques années pour développer massivement les centrales nucléaires[1] ». La dimension économique est tout aussi cruciale. En effet, si la maîtrise des techniques est nécessaire, seule la rentabilité économique peut justifier des investissements massifs dans le nucléaire au point de devenir, comme cela est évoqué déjà par Louis Armand ou Louis de Broglie, la principale source d'énergie pour la production d'électricité en l'an 2000. Les aspects sociaux et culturels ne sont pas négligés pour autant même si les oppositions au nucléaire civil sont encore rares dans les années 1960, contrairement au nucléaire militaire. EDF adopte, pour l'implantation des premières centrales (Chinon, Saint-Laurent-des-Eaux, Bugey), les recettes expérimentées lors de la construction des grands barrages. Au-delà de l'indemnisation des propriétaires des terrains nécessaires à la construction des centrales, un dispositif complet d'accompagnement social et politique de l'installation est mis en place. Visites des chantiers, promontoires d'observation, conférences d'information, relations régulières avec les élus permettent à EDF de devenir incontournable dans les territoires concernés avant même la production du premier kilowattheure. Associée au pouvoir gaulliste, cette filière nucléaire a pu être interprétée comme le basculement d'une France coloniale à une puissance de second rang en quête d'une « grandeur[2] » perdue.

Au contraire, les années 1960 ont été celles de l'expérimentation des différentes technologies nucléaires et si la filière uranium

1. Pierre Ailleret, « Problèmes énergétiques à long terme et rapidité d'évolution des techniques », conférence prononcée à l'occasion de son élection comme président de la Société des ingénieurs civils de France, reproduite dans *Revue française de l'énergie*, n° 83, février 1957, p. 214.

2. Gabrielle Hecht, *Le Rayonnement de la France. Énergie nucléaire et identité nationale après la Seconde Guerre mondiale*, Paris, La Découverte, 2004.

naturel-graphite-gaz (UNGG) a été privilégiée, c'est parce qu'elle combinait intérêts politiques (production de plutonium, cohérence industrielle CEA-EDF) et promesses industrielles. La centrale de Brennilis, au centre de la Bretagne, est une centrale à eau lourde construite par le CEA mais exploitée conjointement avec EDF à partir de 1967. De puissance modeste (70 MW), isolée géographiquement, dotée d'une technologie développée essentiellement au Canada, la centrale de Brennilis est aussi l'objet des tensions entre le CEA et EDF. À Chooz, sous l'impulsion d'une société franco-belge, la Société d'électricité nucléaire des Ardennes, est construite la première centrale expérimentale à eau légère (eau pressurisée) avec un réacteur à uranium enrichi, au combustible importé des États-Unis[1]. Une telle réalisation illustre bien à quel point les pouvoirs publics, y compris le président de la République, considèrent que plusieurs options techniques et industrielles sont encore sur la table. Parallèlement, des filières d'avenir sont explorées, en particulier les surgénérateurs avec la mise en service du réacteur expérimental Phénix par le CEA à Marcoule. Voir dans le programme nucléaire une réalisation purement nationale est faire bien peu de cas de la conception gaullienne de la souveraineté. En application du traité de l'Élysée, le projet d'une centrale nucléaire franco-allemande est envisagé. À Fessenheim, en Alsace, les premiers repérages et les premières études débutent en 1966 pour la construction de deux réacteurs de technologie française. La localisation frontalière n'est nullement une provocation puisque, au contraire, industriels allemands et suisses sont associés au projet. Dès lors, loin d'être le sommet d'une culture technique nationale, le nucléaire civil est bien, dans les années 1960, l'un des éléments tangibles d'une coopération franco-allemande fondatrice d'une Europe industrielle. L'esprit du traité de l'Euratom, à défaut de la lettre, perdure dans les constructions de Chooz et Fessenheim[2].

Si le nucléaire civil illustre parfaitement les continuités avec les dispositifs antérieurs, l'exemple témoigne aussi de la capacité du pouvoir gaulliste à affirmer une dimension européenne aux grands

---

1. Pierre-Henri Floquet, *Histoire de la centrale nucléaire des Ardennes. Un exemple pionnier de coopération européenne dans un secteur de pointe*, Paris, Association pour l'histoire de l'électricité en France (AHEF), 1995.

2. Michel Dumoulin, Pierre Guillen, Maurice Vaïsse (dir.), *L'Énergie nucléaire en Europe. Des origines à l'Euratom : actes des journées d'études de Louvain-la-Neuve, des 18 et 19 novembre 1991*, Bruxelles, PIE-Peter Lang, 1994, p. 202.

projets nationaux. La coopération internationale est ainsi de mise dans pratiquement tous les projets techniques des années 1960. Dans l'aéronautique, l'avion supersonique Concorde est présenté à Toulouse et effectue son premier vol en mars 1969. Il est le fruit d'une coopération franco-britannique formalisée par le traité du 29 novembre 1962[1] que le général de Gaulle célèbre comme la « nouvelle entente cordiale[2] ». Les bases de cette coopération sont régulièrement interrogées, en fonction des résultats électoraux mais également parce que la répartition des rôles industriels est en négociation permanente. Français et Britanniques étaient engagés dans des projets séparés, les premiers avec l'Onera (Office national d'études et de recherches aérospatiales) depuis 1958 et les seconds avec le Royal Aircraft Establishment depuis novembre 1956. Les ingénieurs britanniques jouent un rôle décisif dans la conception des moteurs et du fuselage et la coopération est initialement une façon de mutualiser les coûts. Côté français, le supersonique civil prend la forme du projet « supercaravelle » présenté en 1961 par Lucien Servanty au Bourget. La fusion des deux projets, malgré le maintien du Royaume-Uni hors de la CEE, montre à quel point les coopérations européennes ne se limitent pas, pour le général de Gaulle, au seul espace communautaire et surtout que France et Royaume-Uni partagent des visions proches des industries de souveraineté.

Ce qui est à l'œuvre avec le projet Concorde, à travers une coopération bilatérale, se retrouve de façon élargie pour l'industrie spatiale. Le CNES (Centre national d'études spatiales) a été créé en décembre 1961 pour coordonner les activités spatiales et développer en particulier un lanceur. Les recherches dans le domaine existaient depuis les années 1950. En 1959, un comité de recherches spatiales commence à définir les priorités stratégiques en la matière. Pierre Auger puis Jean Coulomb, à la tête du CNES, lient les intérêts civils et militaires, tant au niveau de l'étude des fusées que de la conception des satellites. Toutefois, cette structuration nationale se

1. Emmanuel Chadeau, « Concorde », *in* Jean-Paul Barrière, Marc de Ferrière le Vayer (dir.), *Aéronautique, marchés, entreprises. Mélanges en mémoire d'Emmanuel Chadeau*, Lille, Publications de l'Institut de recherches historiques du Septentrion, 2004, p. 111-141 ; *Airbus, un succès industriel européen, 1965-1972 : actes du colloque, 23 juin 1994*, Paris, éditions Rive Droite, 1995, p. 3-15.

2. Conférence de presse du 14 janvier 1963, *in* CDG, *Discours et Messages*, t. III, *op. cit.*, p. 70. Au cours de cette conférence, le général de Gaulle ferme également la porte à l'entrée du Royaume-Uni dans la CEE.

comprend par une inscription dans des coopérations européennes. Dès juin 1960, le Groupe d'études européen pour la recherche spatiale, constitué à l'initiative de l'Italien Edoardo Amaldi, du Français Pierre Auger et du Britannique Harrie Massey, conduit à la création de la Copers (Commission préparatoire européenne de recherches spatiales, 1961) à laquelle participent douze pays. Le Cern (Centre européen de recherches nucléaires, créé en 1954) sert de modèle de coopération scientifique entre des États dont les divergences idéologiques (l'Espagne franquiste est signataire) et politiques (cinq des signataires participent à la CEE) ne doivent pas constituer un obstacle. Derrière la mise en avant de la coopération scientifique et technique, l'objectif est bien de doter l'Europe d'une industrie spatiale en mesure d'assurer une indépendance complète, quoique tardive après le lancement de Spoutnik (octobre 1957) et la création de la Nasa (juillet 1958). Dès lors, la création des deux organismes Cers-Esro (Centre européen de recherches spatiales, accords de Paris du 14 juin 1962, dix pays membres) et Cecles-Eldo (Conseil européen pour la construction de lanceurs d'engins spatiaux, accords de Londres du 29 mars 1962) correspond à cette recherche commune d'indépendance technique[1]. Un troisième organisme, la CETS-ECSC (Conférence européenne pour les télécommunications par satellites, 1963), constitué à l'initiative de la CEPT (Conférence européenne des postes et télécommunications, 1959), s'intéresse aux futures applications des satellites, en particulier pour les communications entre les États-Unis et l'Europe. Le lanceur européen (fusées Europa) connaît plusieurs échecs tandis que les satellites d'observation scientifique conçus par Esro sont lancés en 1968. Pierre Auger, directeur général du Cers-Esro jusqu'en 1967, permet aux industriels français de bénéficier de 40 % des commandes alors que la France n'abonde qu'à hauteur de 18 % au budget de l'organisme. Là encore, des coopérations industrielles européennes sont encouragées et trois consortiums transnationaux mis en place.

Dans le secteur de l'électronique et de l'informatique, les échecs relatifs des années 1970 ont souvent conduit à réinterpréter le plan

1. John Krige, Arturo Russo, Lorena Sebesta, *A History of the European Space Agency, 1958-1987*, vol. 1, *The Story of ESRO and ELDO, 1958-1973*, Noordwijk, European Space Agency, 1994 ; Hervé Moulin, *La Construction d'une politique spatiale en France. Entre indépendance nationale et dynamiques européennes, 1945-1975*, Paris, Beauchesne, 2017.

Calcul comme une initiative insuffisamment préparée. Présenté lors du conseil interministériel du 19 juillet 1966, le plan Calcul est officiellement lancé en octobre de la même année, avec la nomination de Robert Galley comme délégué à l'informatique. Le principe de cette initiative est de doter la France d'une industrie de l'informatique permettant de fournir les services de l'État, et en particulier la Défense, de façon à conserver une indépendance vis-à-vis de la firme américaine IBM qui vient de lancer l'IBM 360. C'est la raison pour laquelle les industriels français sont sollicités. Ils créent, en décembre 1966, la Compagnie internationale pour l'informatique (CII) dans laquelle Schneider et CSF sont les actionnaires principaux. La particularité de l'initiative est de ne pas y associer la firme Bull, société française passée dans le giron de General Electric deux ans plus tôt. La CII bénéficie d'un double soutien public : des crédits pour la recherche d'un côté, et des commandes des services publics de l'autre. L'objectif de fournir des ordinateurs pour les administrations, c'est-à-dire des ordinateurs de gestion, s'il crée une dynamique favorable à la réalisation des projets informatiques, coupe malgré tout un peu plus les industriels des structures de recherche en informatique telles que l'Institut de recherche en informatique et automatique (Iria), mais également les universités qui commencent à développer des formations dans ce domaine[1]. Par ailleurs, la volonté française de structurer une industrie nationale se heurte à la prépondérance commerciale d'IBM qui détient plus de 60 % des parts de marché à la fin de la décennie[2]. Surtout, la dimension européenne de la fabrication des calculateurs n'est prise en compte que tardivement, alors que les investissements publics dépassent déjà le demi-milliard de francs.

Dans le schéma français, la volonté de structurer une filière industrielle solide prend forme en confiant la responsabilité à une entreprise, publique ou privée, qui peut jouer le rôle de leader. Cette notion de champion national n'a de sens que si un tissu industriel de sous-traitants apparaît. Ceci est vrai pour le nucléaire civil et pour l'industrie spatiale, mais c'est également le cas dans

1. Pierre-Éric Mounier-Kuhn, *L'Informatique en France de la Seconde Guerre mondiale au plan Calcul. L'émergence d'une science*, Paris, Presses de l'université Paris-Sorbonne (PUPS), 2010.

2. Pascal Griset (dir.), *Informatique, politique industrielle, Europe. Entre plan Calcul et Unidata : actes des colloques, Paris, 4 mai 1990 et 7 juin 1995 organisés par l'Institut d'histoire de l'industrie*, Paris, éditions Rive Droite/Institut d'histoire de l'industrie (IDHI), 1998.

le domaine militaire. Pour le Mirage IV de Dassault, bombardier stratégique équipé d'un moteur Snecma et entré en service en 1964 après une dizaine d'années d'études, plus de 300 entreprises sont impliquées dans la construction. Ceci est tout aussi vrai pour une partie des équipements des navires militaires à l'exemple des missiles antiaériens Masurca qui, au milieu des années 1960, sont conçus par une coopération entre la Direction technique des constructions navales et l'entreprise privée Matra.

Dans le domaine de la recherche scientifique, la liste des établissements publics est impressionnante et la République gaullienne relance le mouvement de création de telles structures[1]. Alors que les années de la Libération avaient été marquées par la création du CEA (1945), de l'Inra (1946), et de l'Onera (1946), les années 1960 sont celles du Cnes (1961), de l'Institut national de la santé et de la recherche médicale (Inserm, 1964), de l'Iria (1965) avec un statut d'établissement administratif), du Centre national pour l'exploitation des océans (Cnexo, 1967)… L'Inserm prend la suite de l'Institut national d'hygiène tandis que le Cnexo résulte de la transformation d'un comité créé sept ans plus tôt. L'identification des enjeux de la recherche médicale conduit à la création d'une structure souple, fondée sur la porosité avec les laboratoires universitaires déjà en place[2]. Cet intérêt pour la recherche scientifique correspond bien à la mission d'impulsion des pouvoirs publics, à l'image de la délégation générale à la recherche scientifique et technique (DGRST, 1961), de la direction technique des constructions navales (1965), de la délégation générale à l'informatique (1966).

Les politiques sectorielles associées à chacune de ces institutions concourent à bâtir une France présente dans tous les domaines stratégiques et en particulier dans les domaines émergents, nouveaux, que sont l'espace, le nucléaire, l'électronique, l'informatique. Ce sont également des domaines dans lesquels les enjeux civils et militaires sont souvent imbriqués, voire indissociables. Et l'action de l'État est bien ici d'affirmer une présence française dans ce que l'on peut appeler des « industries de souveraineté ».

---

1. Fondation Charles-de-Gaulle, « Le Général de Gaulle et la recherche scientifique et technique » *: conférences prononcées en 2001-2003 à la Maison de la chimie à Paris*, Paris, *Cahiers de la Fondation Charles-de-Gaulle*, n° 12, 2003.
2. Pascal Griset, Jean-François Picard, *Au cœur du vivant. 50 ans de l'Inserm*, Paris, Le Cherche Midi, 2014.

La souveraineté dont il est question ne se réduit pas à la mission d'être au service de la nation. En effet, elles stabilisent et dynamisent un tissu économique et jouent un rôle d'intermédiaires dans des négociations internationales. Dans le cas des télécommunications spatiales, la station de Pleumeur-Bodou est pratiquement entièrement américaine mais elle offre à la France un accès aux télécommunications transatlantiques par satellites. Le Centre national d'études des télécommunications (Cnet) qui contribue à son édification négocie également directement avec les Bell Labs, les laboratoires de l'entreprise privée américaine ATT, pour obtenir des cessions de brevets afin que les industriels, français et étrangers, implantés en France puissent fabriquer les centraux téléphoniques modernes. Dans l'informatique, l'Iria ouvre dès 1967 des séminaires internationaux dans lesquels interviennent des enseignants des États-Unis mais aussi des pays communistes[1]. Des liens durables sont presque immédiatement établis avec Stanford et le Massachusetts Institute of Technology (MIT). Au sein même du CNRS, dont le budget augmente de 13 % par an entre 1959 et 1969 (inflation déduite), c'est en 1965 qu'est créé un service pour les relations internationales[2].

Par la monnaie, l'industrie, la science, la notion de souveraineté prend donc la forme d'une affirmation de la voix de la France comme politique publique mais également comme état de l'industrie. Surtout, la notion de souveraineté technique, économique et industrielle n'a de sens que dans une économie ouverte, sur le plan commercial comme sur le plan des coopérations internationales. Cette inscription internationale, loin d'affaiblir l'économie française, est au contraire la condition de son expansion dans les années 1960.

1. Alain Beltran, Pascal Griset, *Histoire d'un pionnier de l'informatique. 40 ans de recherche à l'INRIA*, Paris, EDP Sciences, 2007.

2. Denis Guthleben, *Histoire du CNRS de 1939 à nos jours. Une ambition nationale pour la science*, Paris, Armand Colin, 2009.

L'ÉLECTION PRÉSIDENTIELLE DE 1965 : UN TOURNANT MAJEUR

Mathias Bernard

La révision constitutionnelle de l'automne 1962 ouvre la voie à une reconfiguration politique majeure. Elle conduit tout d'abord à une clarification du paysage politique, le « cartel des non » fixant le périmètre des deux oppositions au gaullisme : une à gauche, une au centre et à droite. Elle donne surtout à l'ensemble des forces politiques, et notamment à celles qui se situent dans l'opposition, une perspective nouvelle : l'élection présidentielle au suffrage universel, prévue pour l'automne 1965, n'est-elle pas l'occasion d'un dialogue nouveau avec les Français et d'une médiatisation sans précédent des discours et des personnes qui n'ont pas facilement accès aux médias audiovisuels, contrôlés par le pouvoir d'État ? Le référendum d'octobre 1962 pour l'élection au suffrage universel constitue ainsi le prélude à une période intense de reconfiguration politique, qui s'effectue en trois étapes d'inégale longueur : les élections législatives de novembre 1962, qui dessinent le rapport de force structurant, pour une dizaine d'années, le paysage politique ; la préparation des oppositions à l'élection présidentielle, entre l'automne 1963 et la fin de l'été 1965 ; la campagne présidentielle proprement dite qui, à l'automne 1965, fixe le cadre et les rites de ce qui est appelé à devenir l'événement majeur de la politique française.

La clarification politique de l'automne 1962

La victoire sans équivoque du « oui » lors du référendum du 28 octobre 1962 n'est que la première bataille de la guerre décisive qu'a engagée de Gaulle contre les partis traditionnels, accusés de vouloir revenir au système de la IVe République. Trois semaines après ce scrutin doit en effet avoir lieu le premier tour des élections législatives provoquées par la dissolution de l'Assemblée nationale, à la suite du vote d'une motion de censure contre le Gouvernement par une majorité de députés le 5 octobre. La campagne éclair de ces législatives se situe donc dans le prolongement direct de la mobilisation politique qu'a enclenchée le général de Gaulle depuis la fin du mois d'août autour de l'évolution des institutions.

Les gaullistes espèrent pousser l'avantage que leur a donné le succès du « oui » au référendum. C'est d'ailleurs le sens de la courte allocution que le président de la République prononce le 7 novembre à la radio et à la télévision. S'adressant aux Français, il définit très clairement l'enjeu du scrutin : « Vous avez, le 28 octobre, scellé la condamnation du régime désastreux des partis et marqué votre volonté de voir la République nouvelle poursuivre sa tâche de progrès, de développement et de grandeur. Mais les 18 et 25 novembre, vous allez élire les députés. Puissiez-vous faire en sorte que cette deuxième consultation n'aille pas à l'encontre de la première. » C'est à André Malraux que revient le rôle, dévolu à Jacques Soustelle quatre ans plus tôt, de fédérer les organisations gaullistes au sein d'une association pour la Ve République. À cette occasion, l'Union démocratique du travail (UDT), qui regroupait les gaullistes de gauche, se fond au sein de l'UNR – et ses candidats sont réduits à la portion congrue. En revanche, ceux qui, comme Valéry Giscard d'Estaing ou Maurice Schumann, n'ont pas suivi leurs partis respectifs (le Cnip et le MRP) dans le « non » au référendum n'intègrent pas le parti gaulliste. Giscard espère même pouvoir constituer un groupe parlementaire avec la minorité de députés du Cnip qui sont restés fidèles au pouvoir gaullien, en dépit de l'abandon de l'Algérie française. Dans sa circonscription du Puy-de-Dôme, il doit d'ailleurs combattre un candidat présenté par le Cnip.

Rassemblées en octobre dans un combat pour le « non » au référendum, les oppositions au gaullisme laissent désormais apparaître leurs divisions. Certes, le programme d'action établi par le « cartel des non » à la veille du référendum sert d'appui pour faire prévaloir quelques candidatures communes dans des fiefs de personnalités antigaullistes, comme celles de Paul Reynaud, Bertrand Motte, ou contre des symboles du pouvoir, comme Jacques Chaban-Delmas. Les partis d'opposition sont en effet divisés sur la stratégie à suivre, notamment par rapport au communisme. Les socialistes semblent hésiter entre la poursuite de l'alliance avec les partis modérés, qui ressuscite la « troisième force » de la IVe République, et une stratégie d'alliance à gauche, à laquelle les invite le PCF. La SFIO ne présente d'ailleurs pas de candidat contre Maurice Thorez dans sa circonscription d'Ivry. La position exprimée le 12 novembre sur Europe 1 par Guy Mollet, qui envisage de voter pour un communiste plutôt que pour un gaulliste dans les circonscriptions où ces deux forces politiques sont restées en lice au second tour, suscite des remous au sein de ses alliés du « cartel des non ».

Les résultats du premier tour, le 19 novembre, sont d'abord marqués par une très forte abstention, la plus importante à une élection législative depuis 1881 : plus de 31 % des inscrits ont boudé les urnes. Certains d'entre eux ont sans doute jugé inutile de voter une nouvelle fois sur le même sujet, après un référendum qui avait déjà été marqué par une abstention relativement forte (près de 23 %) compte tenu de l'enjeu. D'autres n'ont sans doute pas voulu choisir au sein d'une offre politique qui, dans la majorité des circonscriptions, est composée d'un gaulliste, d'un communiste, d'un activiste et d'un représentant des « vieux partis », identifiés à la IVe République[1]. L'abstention a sans doute été plus forte dans l'électorat de ces partis. La droite traditionnelle pâtit de sa position jusqu'au-boutiste sur l'Algérie française et enregistre une véritable déroute, en perdant les deux tiers de ses électeurs de 1958 : elle n'atteint pas 10 % des voix. Le MRP et la SFIO continuent leur chute, avec respectivement 9 et 12,5 % des voix. L'extrême droite est laminée. Plus encore qu'en 1958, ce sont les communistes qui apparaissent comme la principale force d'opposition aux gaullistes. Ils recueillent à peu près le même nombre de suffrages que quatre ans plus tôt (un peu moins de 4 millions de voix) et, compte tenu de l'abstention, un score plus important lorsqu'il est rapporté aux suffrages exprimés (21,7 contre 19,2 % en 1958). La majorité sort donc largement vainqueur de ce premier tour, en recueillant plus de 36 % des voix : 32 % pour l'UNR-UDR (Union pour la défense de la République) qui recueille plus de voix qu'aucun autre parti (y compris le PC) ne l'a fait dans le passé, auxquels s'ajoutent les 4,5 % obtenus par les giscardiens. La majorité consolide ses bastions et progresse de façon particulièrement nette dans les régions où le MRP est bien implanté, comme la Bretagne et l'Alsace. Elle aborde le second tour en position de force.

La campagne du second tour accélère la décomposition du « cartel des non » et réactive le vieux clivage droite-gauche. Les

1. C'est l'analyse de Pierre Viansson-Ponté dans *Le Monde*, 20 novembre 1962.

électeurs ont davantage voté qu'au premier tour, sans doute parce que le choix politique était plus clair à leurs yeux. Les radicaux et la droite refusent le choix socialiste de voter pour un communiste contre un gaulliste, préférant rallier le candidat de la majorité. Au soir du second tour, le 25 novembre, la logique implacable du scrutin majoritaire consacre la suprématie gaulliste. L'UNR obtient 233 députés : elle constituera à l'Assemblée le groupe le plus important qu'ait compté jusqu'alors en France une Chambre parlementaire. Ses alliés RI comptent 36 députés – soit à peine moins que les communistes (41 députés) qui ont pourtant obtenu, au premier tour, cinq fois plus de voix ! La majorité a su attirer une partie des électeurs de droite et du centre en agitant la menace communiste et en ressuscitant la logique bipolaire[1]. Les socialistes profitent de ce retour à la logique de Front populaire et augmentent leur représentation parlementaire (66 députés, contre 44 en 1958) : ils ont d'ailleurs remporté 35 des 58 duels qui les opposaient à un candidat gaulliste, bénéficiant d'un excellent report de voix des électeurs communistes. Avec 55 sièges, le centre et la droite sont marginalisés. La nouvelle Assemblée nationale consacre la domination gaulliste, selon la logique qui a été clairement exposée par le Premier ministre lors d'un entretien diffusé à la RTF le 21 novembre[2] : le fait qu'il « puisse y avoir à l'Assemblée nationale une majorité cohérente, désirant travailler et cohabiter loyalement et en harmonie avec le Gouvernement et le président de la République », est « la base du bon fonctionnement des institutions démocratiques » ; c'est cette logique qui prévaut dans les grands pays démocratiques, comme les États-Unis ou le Royaume-Uni. Georges Pompidou réfute donc l'accusation de vouloir mettre en place autour de l'UNR un « parti unique ». Mais il incombe aux oppositions de se structurer pour faire face au parti majoritaire qui est désormais en position de force. À l'issue du scrutin, la gauche semble avoir davantage d'atouts pour rassembler une partie de cette opposition, même si les communistes ne sont pas sortis de l'isolement dans lequel la guerre froide les a cantonnés. C'est seulement en

1. Georges Dupeux, « Le comportement des électeurs français de 1958 à 1962, d'après une enquête par sondage », *Revue française de science politique*, n° 14-1, 1964, p. 70.

2. Voir la retranscription de cet entretien sur le site de l'Association Georges-Pompidou : https://georges-pompidou.org/georges-pompidou/portail-archives/entretien-televise-journaliste-rtf-21-novembre-1962.

mai 1964, à l'occasion de leur XVIIe congrès, qu'est lancé un véritable aggiornamento du PC, sous la houlette de son nouveau secrétaire général, Waldeck Rochet[1].

Les élections législatives de 1962 parachèvent le processus de consolidation des institutions de la Ve République. Elles marquent aussi la fin d'une époque. Tandis que Georges Pompidou conquiert définitivement sa position de chef de la majorité, son prédécesseur Michel Debré, qui se présentait dans la circonscription d'Amboise en Indre-et-Loire, est battu par un candidat radical soutenu par les communistes. À l'exception de Guy Mollet et de Maurice Faure, les dirigeants du « cartel des non » (Paul Reynaud, Bertrand Motte, André Marie) sont tous défaits. Le renouvellement de la représentation parlementaire est important, puisque l'on compte 225 nouveaux députés, dont la moitié siège dans le groupe de l'UNR-UDT (Union démocratique du travail). Des personnalités de l'opposition, éliminées en 1958, font également leur retour, comme les socialistes François Tanguy-Prigent, Robert Lacoste et Jules Moch, le républicain populaire Pierre Abelin ou les sénateurs François Mitterrand et Gaston Defferre, qui accède à cette occasion à la présidence du groupe socialiste à l'Assemblée nationale. Le Gouvernement a désormais une majorité solide et fiable, ce qui permet à Georges Pompidou de conserver la quasi-totalité de son équipe ministérielle. Le Gouvernement qu'il constitue au lendemain des élections, le 7 décembre 1962, et qui restera en fonction jusqu'aux présidentielles de 1965, ressemble à s'y méprendre à celui qui a été renversé le 5 octobre par la précédente Assemblée. L'opposition a, elle aussi, gagné en cohérence et est désormais clairement dominée par une gauche qui refuse la logique institutionnelle de la Ve République. Si elles ont consacré la domination du parti gaulliste, les élections législatives de 1962 ont aussi réactivé de forts clivages politiques qui entrent en ligne de compte pour la préparation des prochaines élections présidentielles.

L'échec de la candidature Defferre

Au cours de l'été 1963, une rumeur persistante suscite les premières manœuvres pour structurer l'opposition : le général de Gaulle

1. Stéphane Courtois, Marc Lazar (dir.), *Histoire du Parti communiste français*, Paris, PUF, 2022, p. 465 et *sq*.

aurait l'intention d'anticiper les élections présidentielles, prévues pour l'automne 1965, et de les organiser au printemps 1964. Afin de ne pas laisser le champ libre à un duel entre de Gaulle et le PC, qui tournerait fatalement à l'avantage du président sortant, la gauche non communiste se lance dans la recherche d'un candidat susceptible de rassembler largement. Guy Mollet préconise de recourir à une personnalité apolitique, comme Albert Schweitzer, le « grand docteur » auréolé du prix Nobel de la paix qui lui a été décerné en 1954. Mais c'est *L'Express* qui prend l'initiative la plus médiatique. Depuis sa naissance en 1953, l'hebdomadaire de Jean-Jacques Servan-Schreiber a gardé des liens forts avec les réseaux mendésistes. De ce fait, il est bien implanté dans la « deuxième gauche », celle des clubs et du Parti socialiste unifié (PSU), tout en multipliant les contacts avec la SFIO. Le 19 septembre 1963, son corédacteur en chef, Jean Ferniot, esquisse le portrait-robot du candidat capable de battre le président de la République[1]. Soucieux de s'en tenir à des critères politiques et d'ouvrir toutes les possibilités, il ne souhaite pas faire référence à une personnalité identifiée : c'est pourquoi ce candidat est nommé « Monsieur X ». Incarnation de « l'idéal politique de l'État moderne », « Monsieur X » doit être un homme d'action ayant l'expérience du terrain, un gestionnaire plutôt qu'un idéologue, mais aussi un homme attaché aux principes de la démocratie et de la République. *L'Express* mêle ainsi la référence à Mendès France, dont il a accompagné l'ascension politique dix ans plus tôt, et à Kennedy, dont « Monsieur X » semble être l'équivalent français : selon Ferniot, le candidat doit se nourrir de la lecture du livre de Ted White, *La Fabrique d'un président*, qui relate l'élection de Kennedy en 1960. *L'Express* lance ainsi une véritable campagne de presse, consacrant chaque semaine un article à décrire de façon plus précise les contours de ce mystérieux candidat. Le 3 octobre, « Monsieur X » est même représenté en couverture de l'hebdomadaire, vu de dos, la tête couverte d'un chapeau, avec pour simple titre : « "Monsieur X" contre de Gaulle ». Il s'agit là d'une véritable opération de marketing politique et médiatique, permettant d'accroître les ventes du journal tout en ouvrant de nouvelles perspectives à l'électorat de la gauche et du centre.

---

1. Anne-Laure Ollivier, « Battre l'homme providentiel. "Monsieur X" contre de Gaulle », *Parlement[s], Revue d'histoire politique*, n° 13, janvier 2010, p. 110-116.

Le 9 octobre, *Le Canard enchaîné* identifie Monsieur X, « l'homme au masque Defferre ». Sans confirmer explicitement l'information, *L'Express* y répond en plaçant en couverture de son numéro du 24 octobre une photographie de Gaston Defferre, surmontée du titre faussement interrogatif : « Defferre est-il Monsieur X ? » De fait, le président du groupe socialiste à l'Assemblée nationale répond aux différents critères définis par l'hebdomadaire. Il administre depuis 1953 la deuxième ville de France, Marseille, tout en ayant acquis une autorité dans les milieux politiques nationaux, aussi bien au Parlement qu'au sein de la SFIO. Contrairement à Guy Mollet, dont il est un opposant, à Pierre Mendès France ou à François Mitterrand, il a exercé peu de responsabilités sous la IVe République et n'est ainsi pas frappé par l'opprobre jeté sur ce régime. Comme ministre de l'Outre-mer en 1956, il est l'auteur d'une loi-cadre qui porte son nom et nourrissait l'ambition de libéraliser l'administration coloniale française. Ces différents atouts lui permettent d'avoir l'appui d'une grande partie de la gauche intellectuelle et des clubs qui se sont créés depuis les débuts de la Ve République, en marge de la SFIO. Gaston Defferre laisse toutefois planer le suspense quelques semaines, ce qui permet à cette initiative originale de produire tous ses effets. Maurice Duverger constate ainsi, dans un article publié par *Le Monde* le 11 décembre 1963, que cette campagne « a ouvert la voie à une opposition nouvelle, ouverte vers la République de demain et non vers la République d'hier ». Il se dit particulièrement frappé « que la plupart des hommes politiques du centre et de la gauche aient mis le même nom derrière Monsieur X » et « qu'un quasi-consensus se soit ainsi dégagé ».

Le 18 décembre 1963, Gaston Defferre met fin au suspense et confirme sa candidature. Le 12 janvier 1964, il prononce à Marseille son premier grand discours comme candidat[1]. Paradoxalement, il motive sa candidature non par le désir d'être élu – il affirme même d'emblée qu'« être battu par de Gaulle n'est pas un déshonneur » – mais par la conscience « qu'il était indispensable que l'opposition ose se manifester clairement pour qu'il y ait un véritable débat national, dont le pays est privé depuis cinq ans ».

Or, l'opposition ne peut être représentée ni par un des dirigeants de la droite et du centre – qui savent très bien qu'une grande partie

1. *Le Monde*, 14 janvier 1964.

de leurs électeurs voteront pour de Gaulle – ni par une candidature « apolitique » qui ne serait mue que par l'antigaullisme et ne pourrait pas proposer un vrai projet alternatif de gouvernement. Defferre bénéficie dès le 2 février 1964 de l'investiture de la SFIO, votée à l'unanimité des membres du congrès extraordinaire en dépit des réticences de Guy Mollet, qui aurait souhaité que le parti contrôle davantage la ligne suivie par son candidat. Il entreprend dès février 1964 une campagne active, multipliant les déplacements au contact des populations en province et intervenant volontiers dans les médias étrangers, désireux d'interroger celui qui ose défier de Gaulle et qui entend donner à sa démarche une dimension européenne et internationale. Il s'entretient ainsi avec l'Allemand Willy Brandt, le Belge Paul-Henri Spaak, le Néerlandais Sicco Mansholt, le Premier Ministre britannique Alec Douglas-Home, le chef du Parti travailliste Harold Wilson et même le président américain Johnson, ainsi que son secrétaire à la Défense Robert McNamara[1]. Le magazine américain *Life* lui consacre même un portrait de quatre pages abondamment illustrées, dans son numéro du 3 avril 1964.

Defferre parvient à rassembler rapidement autour de sa conception du président-arbitre et d'un programme tendu délibérément vers l'avenir une grande partie de la gauche des clubs et des réseaux intellectuels. Dès les premiers mois de 1964, le club Jean-Moulin, le club des Jacobins ainsi que les Lyonnais du cercle Tocqueville soutiennent une démarche dans laquelle ils voient une tentative de renouvellement de la vie politique. Le candidat entend agir pour les générations qui vivront dans la France des années 1980. « Horizon 80 » est d'ailleurs le nom qu'il donne à son comité national qu'il réunit pour la première fois le 20 mai 1964, en présence de représentants de la SFIO, du Rassemblement démocratique (dont François Mitterrand), de la CFTC, de l'Unef et de différents clubs (dont le résistant Henry Frenay, alors président du Mouvement européen). Defferre se heurte en revanche à l'opposition frontale du PC, qui le combat déjà depuis 1953 comme maire de Marseille et qui voit dans sa candidature une tentative de division des forces ouvrières et démocratiques. Dès février 1964, les dirigeants communistes et *L'Humanité* reprochent au candidat de se satisfaire des institutions de la Ve République, de prôner une laïcité ouverte au dialogue avec

1. Voir Alain Clément, « M. Defferre a favorablement impressionné les dirigeants américains », *Le Monde*, 26 mars 1964.

l'enseignement privé et d'être critique à l'égard des nationalisations. De son côté, Defferre affirme dès le 4 mars qu'il n'intégrera pas de communistes dans les gouvernements constitués sous sa future présidence. C'est donc vers le centre que Defferre cherche à obtenir de nouveaux soutiens. Dès juin 1964, il peut compter sur le soutien officiel de François Mitterrand et du radical Maurice Faure, dont le parti reste toutefois à l'écart de sa campagne. En revanche, le MRP reste réservé à l'égard d'un candidat présenté par la SFIO. Il préférerait une candidature portée par le Comité d'études et de liaison des démocrates, créé en avril 1963 sous la houlette du syndicaliste alsacien Théo Braun. En octobre 1964, le président du MRP, Jean Lecanuet, pose ses conditions à un ralliement à Defferre : « Si M. Gaston Defferre pouvait entraîner la SFIO vers une formation nouvelle groupant tous les démocrates humanistes, chrétiens ou pas, nous serions d'accord. Mais s'il veut rester dans la citadelle SFIO, ce n'est pas possible[1]. » Malgré tous ses efforts, le maire de Marseille a du mal à se défaire des clivages traditionnels de la vie politique française et semble coincé entre un PC qui tient à conserver son poids dominant à gauche et un centrisme qui voit dans le futur scrutin la possibilité d'incarner une nouvelle opposition au gaullisme. Au cours de l'automne 1964, sa campagne, sans doute engagée trop tôt, semble marquer le pas. Defferre cherche à enrayer cette stagnation, alors sensible dans les intentions de vote, en redoublant de combativité contre l'action du président et de sa majorité[2].

Les élections municipales de mars 1965 relancent l'idée d'une alliance entre socialistes et centristes. Ces ententes, qui s'étendent souvent à la droite modérée, sont majoritaires dans de nombreuses villes de province, même si, en région parisienne, les socialistes ont privilégié l'alliance avec les communistes. À Marseille, Defferre lui-même l'emporte à la tête d'une coalition regroupant la SFIO,

1. Propos tenus le 28 octobre 1964 et rapportés par Rédaction, « Jean Lecanuet : Le MRP ne peut, dans les conditions actuelles, soutenir la candidature de M. Defferre », *Le Monde*, 30 octobre 1964.

2. Voir, par exemple, le discours qu'il prononce le 12 décembre 1964 à Mulhouse et dans lequel il dénonce « six ans d'une politique au fil de l'eau, six ans de carence dans les domaines du logement et de l'éducation nationale, six ans sans aucune réforme de structure, […], six ans d'inflation, six ans d'échecs extérieurs […], six ans d'échecs répétés dont notre jeunesse sera la victime ». Et de conclure : « L'ère du gaullisme triomphal est close » (*Le Monde*, 14 décembre 1964).

les radicaux, le MRP et les indépendants, contre une liste composée des communistes et de socialistes dissidents. Ces succès ouvrent la voie à de nouvelles négociations, en vue de créer une « fédération démocrate socialiste » s'étendant « depuis les socialistes jusqu'aux démocrates-chrétiens », conformément à la proposition faite par Defferre le 8 mai 1965. Ce projet de grande fédération est au cœur des débats des congrès du MRP et de la SFIO, qui se tiennent respectivement à Vichy du 27 au 29 mai et à Clichy du 3 au 5 juin[1]. Les deux partis donnent leur accord de principe sur un rapprochement, non sans réticences et arrière-pensées aussi bien de la part de la direction du MRP, tiraillée entre les aspirations sociales de ses militants et le conservatisme politique de son électorat, que de celle de la SFIO, qui craint de perdre le contrôle sur le parti. Les 15 et 17 juin 1965, dix-sept représentants des partis et clubs de gauche et du centre[2] se réunissent au domicile de Jacques Duhamel, un député centriste proche d'Edgar Faure, puis à celui de Pierre Abelin, dirigeant historique du MRP et président du groupe Centre démocrate à l'Assemblée nationale, pour formaliser leur accord et donner naissance à cette grande fédération. Les discussions achoppent d'abord sur l'identité même de la fédération et sur la manière de la désigner : la SFIO souhaite l'emploi du qualificatif « socialiste », que réfute le MRP. Mais c'est surtout la question de la laïcité et du soutien de l'État à l'enseignement libre qui crée entre les deux partis un fossé infranchissable. Dans la nuit du 17 au 18 juin, au terme de ce que Jean Lecanuet a appelé une « nuit mémorable », les négociateurs doivent se rendre à l'évidence : l'entente est impossible. Le visage grave et pâle, Gaston Defferre fait l'acte de décès d'une fédération « morte avant d'avoir vécu », sans se prononcer encore sur l'avenir de sa candidature : « Je prendrai ma décision ultérieurement. Ce n'est pas à quatre heures du

1. Joan Taris, « L'échec de la grande fédération démocrate et socialiste », *in* Sylvie Guillaume (dir.), *Le Centrisme en France aux* XIX*e et* XX*e siècle. Un échec ? : actes du colloque des 25 et 26 mars 2004, à Bordeaux*, Pessac, Maison des sciences de l'homme d'Aquitaine, 2005, p. 143-152.

2. Sont présents Guy Mollet, Gaston Defferre, Roger Quilliot, René Schmitt pour la SFIO ; Jean Lecanuet, Joseph Fontanet, Pierre Abelin, André Colin pour le MRP ; Maurice Faure, René Billères, François Mitterrand, Jacques Duhamel pour le groupe parlementaire du Rassemblement démocratique ; Charles Hernu, Georges Lavau, Olivier Chevrillon et Jean-Jacques Servan-Schreiber pour les clubs (Convention des institutions républicaines, Assises de la démocratie, Horizon 80) ; le doyen Georges Vedel, en tant que conseiller juridique (*Le Monde*, 16 juin 1965).

matin qu'on peut le faire », lance-t-il à la presse[1]. C'est le 25 juin que, par un communiqué, il renonce à être candidat. Il rappelle alors la nécessité de constituer une « formation politique capable de battre l'UNR sans être liée au Parti communiste » – ce qu'il n'a pas réussi à faire – et refuse de « lancer un appel au peuple contre les partis politiques ». Le retrait de Gaston Defferre laisse le champ libre aux initiatives politiques de deux des négociateurs de juin 1965, qui défendent deux modèles alternatifs de regroupement antigaulliste : François Mitterrand et Jean Lecanuet.

L'émergence de deux candidats antigaullistes : François Mitterrand et Jean Lecanuet

Plus encore que Defferre, qui avait pris position pour le « oui » au référendum de septembre 1958 sur la Constitution de la Ve République, François Mitterrand apparaît comme un opposant incontestable au pouvoir gaulliste. Battu aux législatives de novembre 1958, discrédité par l'affaire de l'Observatoire en 1959, il a profité de sa mise en retrait forcée de la scène politique nationale pour engager une réflexion de fond portant à la fois sur la doctrine et sur les modalités d'action à mobiliser pour lutter contre de Gaulle. Son retour à l'Assemblée nationale, en novembre 1962, lui offre un nouveau départ. En mai 1964, il publie chez Plon *Le Coup d'État permanent*, un pamphlet dirigé aussi bien contre les institutions de la Ve République que contre la pratique du pouvoir par le général de Gaulle. Il reprend explicitement la posture de Victor Hugo fustigeant le régime de Napoléon III tout en se nourrissant de références aux régimes totalitaires du XXe siècle. Dès les premières pages, il lance une virulente charge sans craindre la caricature ni la diffamation : « Qu'est-ce que la Ve République sinon la possession du pouvoir par un seul homme ? […] Monarchie personnelle ? Consulat à vie ? Et qui est-il, lui, de Gaulle ? *Duce*, *Führer*, *caudillo*, *conducator*, guide ? » Avant de concéder : « Je veux bien par complaisance appeler ce dictateur d'un nom plus aimable : consul, podestat, roi sans couronne. » Dans une plume trempée au vitriol, Mitterrand dénonce tous les abus du pouvoir gaullien : intervention directe du président dans les affaires courantes, pression exercée

1. *Le Monde*, 19 juin 1965.

sur la justice, centralisation excessive, bureaucratie, affairisme, atteinte aux libertés, contournement du Parlement et des instances démocratiques… Et il assure que la légitimité de De Gaulle, qu'il ne remet pas en cause, ne justifie en rien ces manquements à l'état de droit et à la République démocratique. Immédiatement remarqué par la presse et les observateurs politiques, *Le Coup d'État permanent* ne trouvera réellement son public qu'au moment de la campagne présidentielle de 1965 : réédité en format de poche chez 10/18, ce sera le livre-programme du candidat Mitterrand.

Un mois seulement après la publication de cet ouvrage, Mitterrand lance et préside une organisation politique qui regroupe une cinquantaine d'associations et de clubs républicains situés au centre gauche et favorables à la construction européenne[1]. Il souhaite en effet occuper un espace politique que semblent vouloir préempter les clubs, d'inspiration mendésiste ou démocrate-chrétienne, qui se sont réunis à Vichy à la fin du mois d'avril 1964 en vue de définir de « nouvelles formes d'organisation politique », indépendantes des partis. Or, le député de la Nièvre juge qu'une telle démarche ne peut que « renvoyer à plus tard tout engagement politique réel[2] », alors que c'est maintenant qu'il faut agir. Créée les 6 et 7 juin 1964, la Convention des institutions républicaines regroupe le Centre d'action institutionnelle, lui-même issu de la fusion en mars 1963 de la Ligue pour le combat républicain (créée par Mitterrand en 1959) et du Club des Jacobins de Charles Hernu, ainsi que la Jeune République, l'Atelier républicain ou encore le club « Citoyens 60 ». Au-delà de leurs différences de parcours et de sensibilités politiques, les 5 000 militants de la Convention se donnent pour objectif commun « la rénovation de la gauche et notamment du socialisme ». Ils se distinguent à la fois de la SFIO, ce vieux parti marqué par la IVe République, et de la nébuleuse constituée autour du PSU, qui dérive à leurs yeux vers des positions trop radicales. Ils se concentrent sur la dénonciation du pouvoir gaulliste, un soutien sans faille au fédéralisme européen et la mise en œuvre d'une « démocratie économique », dont la planification est la pierre angulaire. La Convention soutient la précampagne de Gaston Defferre, tout en jugeant le maire de

1. Laurent Jalabert, « La Convention des institutions républicaines (1964-1971) », *Vingtième Siècle. Revue d'histoire*, n° 104, avril 2009, p. 123-139.
2. Selon les mots et le témoignage de Louis Mermaz, *Il faut que je vous dise. Mémoires*, Paris, Odile Jacob, 2013, p. 165.

Marseille trop lié à la SFIO. Quelques jours seulement après le renoncement de ce dernier, le 4 juillet 1965, elle organise un colloque à Saint-Gratien, qui rassemble autour de Mitterrand la plupart de ses fidèles : Louis Mermaz, Charles Hernu, Georges Dayan, Roland Dumas, Claude Estier. Sont alors définies les trois conditions d'une candidature du député de la Nièvre : le soutien de Mendès France, autorité morale indiscutable de la gauche antigaulliste ; le ralliement de Guy Mollet et l'investiture de la SFIO ; l'absence de candidature concurrente de la part des communistes, Mitterrand ayant bien saisi que le regroupement de toutes les gauches contre le pouvoir répond à la logique bipolaire à l'œuvre depuis l'automne 1962.

De nombreuses tractations ont lieu au cours de l'été et permettent de réunir ces conditions[1]. Claude Estier rencontre ainsi le nouveau secrétaire général du PC, Waldeck Rochet, qui lui « paraît très ouvert à l'égard de François Mitterrand[2] ». Il tente aussi de convaincre ses amis de *France-Observateur*, Gilles Martinet et Jean Daniel, hostiles à l'ancien garde des Sceaux de Guy Mollet. Avant de rendre publique sa décision, définitivement prise dès le début du mois de septembre, Mitterrand s'assure qu'il n'aura pas de concurrent de taille sur le terrain de l'antigaullisme. Il craint notamment le radical Maurice Faure, l'indépendant Antoine Pinay et surtout le socialiste Daniel Mayer, l'ancien disciple de Léon Blum, soutenu par les dirigeants du PSU qui refusent de voir en Mitterrand un candidat de gauche. Le 9 septembre, une demi-heure avant une conférence de presse du général de Gaulle, François Mitterrand annonce sa candidature par une déclaration qui, renonçant aux excès du *Coup d'État permanent*, pose nettement les enjeux de son affrontement avec de Gaulle : « Il s'agit essentiellement pour moi d'opposer à l'arbitraire du pouvoir, au nationalisme chauvin et au conservatisme social le respect scrupuleux de la loi et des libertés, la volonté de saisir toutes les chances de l'Europe et le dynamisme de l'expansion, ordonnée par la mise en œuvre d'un plan démocratique. » Sur une ligne politique finalement proche de celle qu'avait adoptée Gaston Defferre, François Mitterrand propose une stratégie d'alliance fidèle à la culture de la gauche

1. Jean Lacouture, *François Mitterrand. Une histoire de Français*, vol. 1, *Les Risques de l'escalade*, Paris, Le Seuil, 1998, p. 296-302.

2. Claude Estier, *J'en ai tant vu. Mémoires*, Paris, Le Cherche Midi, 2008, p. 94.

française, dans la mesure où elle inclut le PC et rejette le MRP et, *a fortiori*, la droite antigaulliste.

À trois mois du scrutin, le MRP se retrouve donc exclu de la fédération antigaulliste soutenue par les gauches. Encore mal remis de l'échec enregistré lors des législatives de novembre 1962, il est contraint d'être présent dans cette campagne électorale : c'est une question de survie politique. Au lendemain de l'entrée en campagne de Mitterrand, le Comité d'études et de liaison des démocrates, que le MRP a constitué depuis 1963 avec les radicaux et les indépendants, souhaite mettre en avant une candidature d'Antoine Pinay. Mais, malgré de multiples sollicitations, le principal intéressé renonce définitivement à se présenter au début du mois d'octobre. Contactées, d'autres personnalités refusent de livrer une bataille à l'issue fort incertaine : le « père de l'Europe » Jean Monnet, le résistant et académicien Louis Armand, le président du CES Émile Roche ou encore l'ancien ministre MRP du général de Gaulle, Pierre Sudreau, qui avait été, en 1943-1944, l'adjoint de Gaston Defferre au sein du réseau de résistance Brutus. Ces renoncements multiples poussent Jean Lecanuet, le jeune président du MRP – il a alors quarante-cinq ans – à se présenter presque malgré lui[1].

Alors que Pinay représente la droite conservatrice et les partis de la IVe République, Lecanuet incarne une volonté de rénover le MRP en en faisant le noyau d'un vaste rassemblement centriste[2]. Il s'y est attelé dès son arrivée à la tête du parti, en mai 1963. Une candidature à l'élection présidentielle lui donne l'occasion d'accélérer ce processus. Sans être encore candidat, il déclare le 13 octobre que « le centre doit avoir, et aura en tout état de cause, son candidat à la présidence de la République » – dans la continuité de la structuration d'un centrisme d'opposition fort et autonome.

---

1. C'est du moins l'image qu'il donne et que reprennent généralement les journalistes : dans *Le Monde* du 20 octobre 1965 ; Pierre Viansson-Ponté parle de « candidat pris au piège ». Toutefois, la jeune journaliste Michèle Cotta note : « je sais que Lecanuet songe à sa candidature depuis plusieurs semaines », *in* Michèle Cotta, *Cahiers secrets de la Ve République*, t. I, *1965-1977*, Paris, Fayard, 2007, p. 31.

2. Nadine-Josette Chaline, « L'irruption de Jean Lecanuet en politique : la présidentielle de 1965 », *in* Nadine-Josette Chaline *et al.*, *Jean Lecanuet et la passion du centre*, Paris, Beauchesne, 2007. Voir aussi la mise en perspective de Muriel Montero, « Le Centre démocrate de 1962 à 1974 : l'impossible défi de la conquête du pouvoir », *in* Sylvie Guillaume (dir.), *Le Centrisme en France aux XIXe et XXe siècle*, *op. cit.*, p. 133-142.

« Depuis bientôt deux ans, ajoute-t-il, nous nous battons pour donner à la France une force politique nouvelle capable d'être son recours pour l'avenir. Nous avons dit et nous maintenons notre volonté de nous dépasser nous-mêmes, pour donner à la France un grand mouvement démocrate, social et européen[1]. » C'est après le refus définitif de Pierre Sudreau que, le 19 octobre, Lecanuet annonce à la fois sa candidature et sa démission de la présidence du MRP : « J'ai déjà fait savoir que le centre aurait un candidat. Je suis ce candidat. » Il esquisse ensuite ce qui sera l'angle d'attaque de sa campagne : « Dans sa récente allocution, le Premier ministre ne voyait le combat qu'entre le présent et le passé. Je voudrais ainsi ouvrir les voies de l'avenir. »

En se lançant tardivement dans la campagne, alors même que les autres candidats – sauf de Gaulle – sont déjà déclarés, Jean Lecanuet prend des risques réels. En lieu et place du grand rassemblement centriste auquel il aspire, ne risque-t-il pas de constater au contraire la marginalisation d'une troisième voie entre la gauche d'une part et le pouvoir gaulliste d'autre part ? Son espace politique est réduit, à gauche, par la dynamique lancée par Mitterrand, qui séduit jusqu'aux radicaux, que heurte en revanche la sensibilité chrétienne de l'ancien président du MRP. À droite, il doit compter sur la concurrence du sénateur indépendant de Charente, Pierre Marcilhacy, ainsi que sur celle de Jean-Louis Tixier-Vignancour, qui aspire à rassembler au-delà des seuls nostalgiques de l'Algérie française. Mais il espère pouvoir compter sur le ralliement de ceux qui avaient soutenu le projet social et européen naguère porté par Gaston Defferre et qui ne se retrouvent pas dans l'alliance de circonstance entre François Mitterrand et les communistes. C'est notamment le cas de plusieurs radicaux qui, tels Maurice Faure et Félix Gaillard, lui apportent leur soutien, alors même que leur parti a choisi François Mitterrand lors d'un congrès tenu à Lyon à la fin du mois d'octobre 1965.

Une campagne brève, mais intense

Le 17 novembre 1965, le Conseil constitutionnel valide la liste des six candidats appelés à concourir lors du premier tour de

1. *Le Monde*, 14 octobre 1965.

scrutin, fixé le 5 décembre. François Mitterrand et Jean Lecanuet mènent alors depuis plusieurs semaines une campagne active qui leur a permis d'engranger des soutiens importants. Le premier apparaît définitivement comme le candidat de la gauche unie, après le ralliement des radicaux et celui, plus difficile, du PSU. Le second a étendu jusqu'aux confins de la droite conservatrice le périmètre de son rassemblement centriste : soutenu par le CNIP, il bénéficie également du désistement *in extremis* de Paul Antier, le dirigeant paysan, soutenu par les milieux poujadistes. Ce n'est qu'après avoir déposé sa candidature auprès du Conseil constitutionnel le 16 novembre que Paul Antier se désiste en faveur de Jean Lecanuet, qui reçoit par la même occasion l'appui de Pierre Poujade et de son parti, l'Union de défense des commerçants et artisans (UDCA). L'ancien président du MRP occupe une position presque symétrique de celle de François Mitterrand en rassemblant l'essentiel de la droite antigaulliste.

Contrairement à ses deux concurrents, le général de Gaulle juge inutile de faire une trop longue campagne. Il estime d'ailleurs que la légitimité que lui confèrent son passé et sa fonction le dispense de descendre dans l'arène politique, au milieu des autres candidats. S'il a pris la décision de se représenter dès le milieu de l'année 1964, à en croire le témoignage d'Alain Peyrefitte[1], il n'en a fait part qu'à un petit nombre de fidèles, laissant ainsi planer le doute sur ses intentions. Georges Pompidou, qui n'a pas été mis dans la confidence, se prépare à être candidat, au cas où le Général renoncerait, et s'agace au fil du temps de l'incertitude dans laquelle il reste plongé : « Ça me met dans une position impossible, confie-t-il à Peyrefitte le 13 octobre 1965, ajoutant : Son mutisme à mon égard est de plus en plus inconvenant[2]. » C'est sans doute là le premier accroc dans les relations jusqu'alors cordiales entre le président et son Premier ministre. De Gaulle est donc le dernier à déclarer sa candidature, le 4 novembre, en recourant à la communication qu'il privilégie depuis son accès à la présidence : l'allocution officielle radiotélévisée. Comme à l'occasion des référendums et des grandes crises liées à la guerre d'Algérie, il use d'un ton solennel pour appuyer un discours qui dramatise délibérément l'enjeu de l'élection. « Que l'adhésion franche et

1. Alain Peyrefitte, *C'était de Gaulle*, Paris, Gallimard, coll. « Quarto », 2002, p. 1155-1156.
2. *Ibid.*, p. 1182.

massive des citoyens m'engage à rester en fonction, l'avenir de la République nouvelle sera décidément assuré. Sinon personne ne peut douter qu'elle s'écroulera et que la France devra subir – mais cette fois sans recours possible – une confusion de l'État encore plus désastreuse que celle qu'elle connut autrefois. » Le Général se contente de faire de l'élection un référendum – d'aucuns diront un plébiscite – sur sa personne et les institutions de la Ve République, et reste finalement très vague sur le bilan de son action et ses projets. Defferre résume l'intervention par une expression qui se répand dans l'opinion : « Moi ou le chaos. »

Trois « petits candidats », à qui il manque soit une notoriété nationale soit le soutien d'un grand parti politique, briguent également les suffrages des électeurs. À l'extrême droite, Jean-Louis Tixier-Vignancour est sans doute le plus connu de ces « petits candidats ». Il mène depuis novembre 1963 une campagne active, coordonnée par l'ancien député poujadiste Jean-Marie Le Pen. Militant aux Camelots du Roy dans sa jeunesse puis aux Jeunesses patriotes et aux Croix-de-Feu dans les années 1930, cadre dirigeant de l'État français dont il fut le secrétaire général adjoint à l'Information en 1940-1941, anti-allemand mais frappé d'indignité nationale à la Libération et partisan inlassable d'une amnistie pour les faits liés à la Seconde Guerre mondiale, partisan de l'Algérie française et, à ce titre, favorable au retour de De Gaulle en 1958, avocat de l'OAS et des généraux factieux, il incarne à lui seul l'histoire de la droite nationaliste française depuis un demi-siècle. Il espère ainsi rassembler les nostalgiques du régime de Vichy, du poujadisme et de l'Algérie française en s'adressant plus particulièrement aux rapatriés et en fustigeant les supposées trahisons du général de Gaulle. Sur le modèle des vedettes de variétés, il entreprend, à l'été 1965, une tournée des plages où ce véritable tribun harangue les foules autour d'un discours nourri d'anecdotes et de digressions historiques invitant au réveil de la France. Prenant pour modèle le Parti conservateur britannique, il récuse le qualificatif d'extrémiste, sans parvenir toutefois à élargir son audience. S'il annonce, à la veille du scrutin, qu'une fois élu président il choisira comme Premier ministre le radical Gaston Monnerville, il ne peut effacer le soutien que lui apportent les dirigeants et intellectuels de l'extrême droite la plus traditionnelle, tel Xavier Vallat. Par ailleurs, les électeurs de la droite conservatrice et anticommuniste constituent la cible principale d'un autre candidat : le sénateur de Charente Pierre Marcilhacy. C'est en avril 1965 que ce dernier est choisi comme candidat par une Convention nationale libérale, convoquée par l'ancien député Jean-Paul David, un des principaux militants de l'atlantisme sous la IVe République. Sa campagne discrète – une « campagne de sénateur[1] » – ne lui permet pas de mobiliser les parlementaires et élus locaux qui, tels le président du Sénat Gaston Monnerville ou le maire de Lyon Louis Pradel, avaient initialement leur sympathie à son égard. Il ne peut ainsi combler un déficit de notoriété, sur lequel la presse ironise volontiers. L'ouvrage que lui consacre d'ailleurs le jeune journaliste Alain Ayache s'intitule *Monsieur Y* et commence par ce constat : « M. Marcilhacy, contrairement à M. Tixier-Vignancour, n'a pas fait ce qu'il est convenu d'appeler une campagne. Contrairement à M. Gaston Defferre il ne s'est vu lancer ni appuyer par aucun journal. Contrairement aux uns et aux autres, il ne s'est pas répandu en propos venimeux contre le régime du général de Gaulle[2]. » C'est bien là la limite de sa démarche.

Le dernier candidat, Marcel Barbu, occupe une position encore plus marginale sur la scène politique. Inconnu du grand public, ce militant associatif, né en 1907, n'est pourtant pas un néophyte en politique[3]. Pendant la Seconde Guerre mondiale, il fonda à Valence une entreprise d'horlogerie, sous la forme d'une « communauté de travail » inspirée par les principes du catholicisme social. Après avoir refusé de livrer la liste de ses ouvriers à l'administration du STO, il engage cette communauté dans le maquis de Vercors. Figure de la Résistance, il est élu en octobre 1945 député à l'Assemblée nationale constituante, où il siège parmi les non-inscrits. Déçu par cette expérience parlementaire, il ne se représente pas aux élections de juin 1946, se retire de la vie politique et s'engage dans la défense des mal-logés. Il crée en 1955 une association en vue de proposer aux plus démunis l'accès à des logements pavillonnaires à bas prix dans la région parisienne : l'Association pour la construction et la gestion immobilière de Sannois (ACGIS). Il combat la politique immobilière conduite par certaines municipalités

1. Selon l'expression de l'historien François Dubasque dans « Pierre Marcilhacy, "le candidat qui dit oui aux chrysanthèmes" », *Histoire@Politique*, n° 44, 2021, p. 7. http://journals.openedition.org/histoirepolitique/1094

2. Alain Ayache, *Monsieur Y. Pierre Marcilhacy*, Paris, Nouvelles Éditions latines, 1965, p. 7-8.

3. Louis Bachaud, « Marcel Barbu, l'archétype du "petit candidat" ? », *Histoire@Politique*, n° 4, 2021.

et mène des actions qui bénéficient d'une certaine médiatisation : en 1957, il fait une grève de la faim pour protester contre l'expulsion de familles populaires ; en 1960, il est appréhendé par la police lors d'une manifestation non-violente menée devant l'hôtel Matignon. C'est dans le prolongement de cette action militante que l'ACGIS présente la candidature de son président-fondateur à l'élection présidentielle. Refusant délibérément de se plier aux normes de la communication politique, Marcel Barbu détonne dans cette campagne, en admettant son incompétence sur certains sujets, en apostrophant de façon directe le Gouvernement, accusé de vouloir étouffer sa voix, et le président de la République que, dit-il, les Français « n'aiment pas ». Lors d'une de ses allocutions télévisées, le 23 novembre, il assume être « le candidat des chiens battus », c'est-à-dire des milieux populaires, écrasés aussi bien par les difficultés économiques et sociales que par l'exercice d'un pouvoir autoritaire et lointain.

Les six candidats ne disposent évidemment pas des mêmes moyens pour mener une campagne certes brève, mais exigeante en ressources. Soutenus par des appareils politiques puissants, François Mitterrand et Jean Lecanuet multiplient meetings, déplacements et conférences de presse. Bénéficiant du soutien de ses « comités T-V », Jean-Louis Tixier-Vignancour mène aussi une campagne de terrain active. Pierre Marcilhacy et Marcel Barbu sont contraints à plus de discrétion, même si leur action est suivie avec intérêt par la presse écrite. Mais tous ont un égal accès à ce qui constitue l'innovation principale de ce scrutin : la campagne officielle radiotélévisée[1]. Plus du tiers des foyers français sont équipés d'un téléviseur et la plupart disposent d'un poste de radio. Chaque candidat dispose d'un même temps de parole. Leurs différentes interventions, qui durent une dizaine de minutes, recueillent un écho considérable. Pour la première fois depuis le début de la Ve République, le général de Gaulle et son Gouvernement n'ont plus le monopole de la communication audiovisuelle. L'opposition a même cinq fois plus de temps de parole ! Les Français découvrent ainsi les opposants au général de Gaulle, leur personnalité, leur discours. Barbu émeut quand, le 29 novembre, il interpelle le général de Gaulle avec les sanglots dans la voix : « Mon Général…, commence-t-il, avant de s'interrompre, gagné

1. Alexandre Borrell, « 1965 : les candidats à la présidentielle crèvent le petit écran », *Parlement[s], Revue d'histoire politique*, n° 14, avril 2005, p. 149-158.

par l'émotion, puis de reprendre : Vous avez faim de l'amour des Français [...]. Mais jusque-là, vous n'avez réussi à obtenir d'eux... que leur admiration. Les Français vous admirent, mais ils ne vous aiment pas[1]. » Marcilhacy étonne par la maîtrise avec laquelle il aborde les dossiers les plus techniques, en recourant plus fréquemment que ses adversaires à des entretiens avec des membres de son équipe. Maîtres de l'art oratoire et habitués à l'éloquence des grands meetings, Tixier-Vignancour et Mitterrand sont à l'évidence moins à l'aise avec ce média de proximité, qui accentue la virulence avec laquelle ils condamnent la politique du général de Gaulle et sa pratique du pouvoir. En revanche, Lecanuet profite pleinement de ses allocutions pour conquérir une notoriété nouvelle et faire valoir sa jeunesse, son dynamisme et son volontarisme politique – des qualités qu'il met également en avant dans sa communication par affiches ou encarts publicitaires, coordonnée par un spécialiste du marketing, Michel Bongrand[2], qui a notamment étudié la campagne de Kennedy en 1960. Le 3 décembre, différents journaux publient ainsi une publicité qui invite les électeurs à faire « confiance au Kennedy français en votant pour Jean Lecanuet ». « Kennedy français », le slogan fait fortune et compense avantageusement les sobriquets (« Dents blanches », « Souriez Gibbs ») donnés par la presse satirique pour moquer le sourire éclatant qu'il arbore lors de ses différentes apparitions. Cette campagne présidentielle marque bien l'entrée de la politique française dans l'ère de la communication politique et du marketing électoral. Objets publicitaires, affiches et interventions audiovisuelles simplifient le discours des candidats au profit d'images et de formules-chocs. « Un homme neuf, une France en marche » et « Pour une France jeune dans une Europe unie » pour Jean Lecanuet. « Un président jeune pour une France moderne » pour François Mitterrand, qui met également en avant son statut de « numéro un de l'opposition » ou de « candidat des républicains ». « Pour l'avenir, pour la liberté », pour Jean-Louis Tixier-Vignancour.

Et le général de Gaulle ? Confiant dans la légitimité que lui confèrent son passé et son statut, le général de Gaulle refuse de

1. Cité et analysé *in* Christian Delporte, *La France dans les yeux. Une histoire de la communication politique de 1930 à aujourd'hui*, Paris, Flammarion, 2007.

2. Voir son témoignage dans Michel Bongrand, Alexandre Borrell, « Nous ne fabriquons pas un produit, nous servons des hommes et des idées », *Parlement[s], Revue d'histoire politique*, n° 4, février 2005, p. 42-51.

s'abaisser à faire campagne et d'utiliser le temps de parole dont il dispose. Il n'intervient pas dans le débat public au cours des trois semaines qui suivent sa déclaration de candidature. Il ne mobilise pas davantage son parti (l'UNR) pour répondre à ses concurrents. Cette attitude, qui laisse le champ libre à ses opposants, plus jeunes, plus dynamiques et plus présents, est sévèrement sanctionnée par l'opinion, telle que la mesurent les instituts de sondage. Avec ce premier scrutin uninominal national (et non de circonscription) au suffrage universel, les sondages s'imposent comme un élément clé de la campagne électorale et de sa dramaturgie. Et ils sont sans appel, mesurant la chute du général de Gaulle au profit de ses deux principaux opposants. Le 5 novembre, ils attribuent 66 % des intentions de vote au président sortant, contre 21 % à Mitterrand, 5 % à Lecanuet et 5 % également à Tixier-Vignancour. Dès le 20 novembre, les intentions de vote prêtées au général de Gaulle passent sous la barre symbolique des 50 %, contre 28 % à Mitterrand et 14 % à Lecanuet – alors même que sa mise en ballottage apparaissait, quelques mois plus tôt, comme très improbable. Les gaullistes entrent alors en campagne – mais trop tard. Le 30 novembre, de Gaulle lui-même se décide à intervenir dans le cadre de la campagne officielle. Très combatif, il s'en prend aux « cinq oppositions » qui « présentent cinq candidats », que les Français ont « tous entendus ». S'érigeant en juge de ces candidats, il dénonce « leurs voix dénigrantes sur tous les sujets, leurs promesses distribuées à toutes les catégories, leurs appels à l'effacement international de la France » et reconnaît en eux « les voix, les promesses, les appels des anciens partis ». Une fois de plus, de Gaulle se présente seul contre tous pour défendre l'intégrité et l'avenir de la France et de la République.

De Gaulle contesté, mais de Gaulle victorieux

Les résultats du premier tour du scrutin confirment la tendance observée par les sondages[1]. Le soir du 5 décembre, les premières « fourchettes » livrées par les principaux instituts situent le général de Gaulle entre 38 et 52 %. Peu avant 22 heures, les estimations se resserrent. Le président sortant est bien mis en ballottage. Dans

1. François Goguel, « L'élection présidentielle française de décembre 1965 », *Revue française de science politique*, n° 16-2, 1966, p. 221-254.

un scrutin marqué par une participation record (85 % des inscrits ont voté[1], et moins de 1 % des votants ont placé dans l'urne un bulletin blanc ou nul), il obtient 43,7 %. Il devra donc affronter au second tour François Mitterrand qui, avec 32,2 % des voix, a réussi son pari et s'impose comme le principal opposant au pouvoir. Recueillant 15,8 % des voix, Jean Lecanuet acquiert un statut national, tandis que Jean-Louis Tixier-Vignancour doit se contenter d'un score (5,3 %) cantonné à la clientèle électorale qui était initialement la sienne. Avec respectivement 1,7 et 1,1 % des voix, Pierre Marcilhacy et Marcel Barbu confirment leur position de petits candidats.

Ces résultats choquent une opinion et une classe politique qui, quelques semaines plus tôt, pariaient sur une réélection du président dès le premier tour. Ils ne sont pourtant pas surprenants si on les compare à l'influence des différentes sensibilités politiques, telles qu'elle a été enregistrée lors des élections législatives trois ans plus tôt. Ainsi, de Gaulle améliore de 7 points le total des voix qui s'étaient portées sur les candidats de sa majorité et obtient la majorité absolue dans 13 départements, essentiellement situés dans les bastions de la droite (Ouest intérieur et Est) : son statut personnel a donc permis d'aller au-delà des forces politiques qui le soutiennent et de capter notamment une fraction non négligeable de l'électorat communiste, qui a préféré voter pour l'ancien chef de la France libre que pour François Mitterrand. Celui-ci n'a pas réussi à fédérer l'ensemble des électeurs des différents partis qui l'ont soutenu et qui avaient recueilli plus de 44 % des voix à l'automne 1962 : la défection d'une partie des électeurs votant traditionnellement à gauche et surtout à l'extrême gauche est sensible dans les bastions du nord de la France. Mais le fait qu'il soit à moins de 12 points seulement du Général constitue en soi un succès. Quant à Jean Lecanuet, il obtient un résultat supérieur à celui que le MRP et les modérés antigaullistes avaient réalisé trois ans plus tôt. Ses meilleurs scores se situent dans les régions rurales où la droite de tradition catholique est bien implantée : Alsace, Ouest intérieur, Normandie, cœur du Massif central. Lecanuet a bien

1. Jamais les électeurs français n'avaient autant voté. Comme le remarque François Goguel (*ibid.*, p. 227), les précédents records de participation avaient été tenus par le référendum du 28 septembre 1958 sur la nouvelle République (84,94 %) et par les élections législatives du Front populaire en mai 1936 (84,30 %).

su rassembler le centre démocrate-chrétien et les droites opposées au gaullisme, à l'exception notable de l'électorat rapatrié, qui a privilégié la candidature de Jean-Louis Tixier-Vignancour. Le succès des candidats de l'opposition doit donc être relativisé. Mais pour les contemporains, en France comme à l'étranger[1], et notamment pour de Gaulle, une élection présidentielle n'est comparable à aucune autre. Ses résultats ne doivent pas être ramenés aux rapports de force entre partis ou coalitions politiques, mais plutôt à l'influence des personnalités candidates. Et de ce point de vue, l'analyse du résultat est sans appel : c'est un échec pour le général de Gaulle, qui n'a pas su rassembler ne serait-ce qu'un Français sur deux…

Dès l'annonce des résultats du premier tour, une rumeur persistante fait état de l'abattement qui aurait saisi le général de Gaulle, tenté de se retirer après ce qu'il considérerait comme un désaveu. Alors que le président demeure silencieux dans sa retraite de Colombey, les principaux responsables de la majorité multiplient les déclarations l'enjoignant à reprendre le combat. Sans doute mis en scène pour créer une inquiétude et un revirement de l'opinion, ce découragement est de courte durée. Dès le mardi 7 décembre, Georges Pompidou et le ministre de l'Information, Alain Peyrefitte, rassemblent les soutiens du président pour organiser la campagne de l'entre-deux-tours : la mobilisation générale est lancée, afin de ne pas laisser le champ libre à François Mitterrand ; et de Gaulle ne doit plus mener campagne seul, mais au contraire pouvoir compter sur l'engagement de sa majorité, du Premier ministre, mais aussi de personnalités extérieures au monde politique. Le 8 décembre, à l'issue du conseil des ministres, le président confirme que « naturellement, il sera présent à l'élection du 19 décembre ». Tandis que ses ministres (en particulier Maurice Schumann et André Malraux) multiplient les meetings et que Georges Pompidou intervient par une conférence de presse, tenue le 16 décembre, c'est essentiellement à la radio et à la télévision que de Gaulle mène sa campagne, avec notamment trois entretiens avec le journaliste Michel Droit. Descendant de son piédestal, il cherche une proximité nouvelle

---

1. Les commentaires de la presse internationale, relevés par *Le Monde*, au lendemain du premier tour, vont tous dans le même sens : « le général de Gaulle n'est plus le chef incontesté de la France » pour *The Guardian* ; il « ne sera désormais qu'un politicien de plus » pour *La Nación* de Buenos Aires. Pour le *Corriere della Sera*, le « peuple français […] rejette moralement et politiquement » de Gaulle.

avec les Français et s'attache à parler de leur quotidien et de ce qu'il projette pour eux. Loin de recourir au ton solennel, voire dramatique, qui était le sien dans ses allocutions du premier tour, il retrouve la gouaille qui caractérisait naguère ses conférences de presse. C'est à cette occasion qu'il évoque la « maîtresse de maison », incarnation de la France, qui veut avoir un aspirateur, un réfrigérateur, une voiture – « ça, c'est le mouvement », assure-t-il –, mais qui « ne veut pas que son mari s'en aille bambocher de toute part » – « ça, c'est l'ordre ». Le président devenu candidat assure vouloir concilier l'ordre et le mouvement…

La campagne de second tour de François Mitterrand ne connaît pas les mêmes hésitations initiales que celle de son concurrent. Le candidat de l'opposition relance immédiatement déplacements et interviews. Il recueille de nombreux soutiens, bien au-delà de sa famille politique. Marcel Barbu « conseille » à ses électeurs de voter François Mitterrand, « sans enthousiasme, il faut le dire ». Pierre Marcilhacy rallie également le député de la Nièvre, qui lui confie la présidence de la commission de contrôle qu'il a constituée en vue de veiller à la sincérité du scrutin en toute indépendance par rapport au pouvoir d'État. À la suite de Jean-Louis Tixier-Vignancour, l'extrême droite, les anciens poujadistes (à commencer par Pierre Poujade lui-même) et les nostalgiques de l'Algérie française (Jacques Soustelle, Georges Bidault, Pierre Sergent, Jacques Isorni) appellent à voter pour celui qui défie de Gaulle, leur bête noire. Les gaullistes exploitent ces ralliements pour dénoncer le caractère hétéroclite, voire immoral, de l'alliance des contraires qui se constitue autour de Mitterrand. À la veille du second tour, Léo Hamon ironise d'ailleurs sur cette résurgence du « cartel des non », promis au même échec qu'en 1962. Moins problématique est le soutien, à la veille du second tour, d'un des pères de l'Europe, Jean Monnet, qui appelle à voter « pour les États-Unis d'Europe » en la personne de Mitterrand.

Ce soutien ne compense toutefois pas les ambiguïtés de Jean Lecanuet, dont les électeurs détiennent pourtant les clés du scrutin. L'ancien président du MRP appelle à ne pas voter pour de Gaulle, mais refuse de choisir entre le vote blanc, que défendent les principaux notables démocrates-chrétiens et indépendants (Pierre Pflimlin, Bertrand Motte), et le désistement explicite en faveur de Mitterrand, auquel il inclinerait personnellement et que défend le radical Maurice Faure. Il préfère faire l'impasse sur ce second tour, évoquer « la fausse alternative que l'élection impose » et se projeter vers l'avenir, avec la création annoncée d'un « grand mouvement démocrate, social et européen ».

À la veille du vote décisif, deux visions de la France et de la politique se font face. Longtemps resté sur la défensive, de Gaulle propose finalement aux Français une nouvelle étape dans le développement de la France et de sa prospérité. En dépit de certaines ambiguïtés, qui lui permettent de se prévaloir simultanément du soutien du PC et de l'extrême droite antigaulliste, Mitterrand a réussi à se débarrasser des fantômes du passé et à représenter un avenir, celui de l'après-gaullisme, auquel il convient dès à présent de se préparer. C'est dans cette perspective qu'à la veille du scrutin, le patron du *Monde* lui apporte son soutien, dans un éditorial signé Sirius[1] : « Désespérant de voir le président sortant accepter des procédures plus normales, convaincus que la construction qu'il a échafaudée disparaîtra avec lui, bon nombre de ceux qui lui ont longtemps fait confiance et restent reconnaissants des services rendus en viennent à penser qu'il est grand temps, dans son intérêt et le nôtre, de changer de pilote. Pourquoi ne pas faire jouer dès maintenant l'alternance, qui est la règle courante des régimes démocrates ? » Et Sirius de conclure par une interrogation rhétorique : « L'échéance étant inéluctable, est-il urgent d'attendre ? »

Au soir du 19 décembre, le résultat final se dessine plus rapidement que quinze jours plus tôt. La victoire du général de Gaulle est nette, mais elle n'est pas triomphale. Il recueille 54,5 % des suffrages et l'emporte de 2 millions de voix sur son concurrent qui, pour une première tentative, réalise un score que tous s'accordent à reconnaître comme prometteur. Les deux candidats ont finalement attiré dans des proportions comparables les abstentionnistes et les électeurs du premier tour qui n'avaient pas voté pour eux. De Gaulle a su, mieux que Mitterrand, capter l'électorat de Jean Lecanuet. Il obtient ses meilleurs résultats dans les zones d'implantation traditionnelle du gaullisme et de la droite. Inversement, comme le souligne François Goguel, « la géographie des votes donnés le 19 décembre à François Mitterrand fait ressortir, malgré les apports de suffrages venus de l'extrême droite et du centre droit dont il a bénéficié au second tour, la grande analogie de ses positions avec celles qui sont traditionnellement celles de la

1. *Le Monde*, 18 décembre 1965.

gauche et de l'extrême gauche[1] ». L'intégration de l'affrontement entre gaullistes et antigaullistes dans le clivage traditionnel droite-gauche, enclenchée en 1962, se poursuit, même si le premier tour de scrutin a fait émerger un centrisme d'opposition qui représente une force électorale significative.

L'élection présidentielle de 1965 apporte à la vie politique française de multiples innovations. Les électeurs se sont pleinement appropriés cet événement majeur que représente l'élection du président au suffrage universel et ont massivement participé aux deux tours du scrutin. La campagne électorale a été marquée par le rôle toujours croissant des médias, anciens et nouveaux, et par l'émergence de la communication et du marketing politique. La préparation de l'élection a permis de clarifier le jeu politique autour de trois pôles d'inégale importance : la majorité gaulliste qui repose avant tout sur la personnalité du président et qui reste minoritaire en voix, tout en bénéficiant de la dynamique majoritaire des scrutins à deux tours ; l'union des gauches, qui a su dépasser les antagonismes idéologiques cristallisés au temps de la guerre froide et offrir de nouvelles perspectives politiques à un pur produit de la IVe République, François Mitterrand ; et un centrisme d'opposition qui, puisant une partie de ses forces au sein de la droite antigaulliste, a renouvelé la forme de son discours avec un candidat incarnant jeunesse et modernité. Expression d'une volonté de renouvellement du discours et des pratiques politiques, ce scrutin aurait dû constituer un tournant majeur dans la vie de la nation. Et pourtant, au lendemain du second tour, c'est bien la continuité qui semble prévaloir. Georges Pompidou est confirmé au poste de Premier ministre. La majorité reste inchangée, dans l'attente des prochaines élections législatives, prévues pour 1967. Et lorsque, le 31 décembre 1965, le président présente ses vœux aux Français, il n'indique aucune inflexion dans la politique qu'il souhaite conduire. Au contraire, constate-t-il, « nous sommes établis sur des institutions stables et qui viennent d'être confirmées, sur des finances et une économie assainies de fond en comble, sur une défense nationale dont ceux qui ont à l'assurer ne s'occupent pas d'autre chose ». La leçon du scrutin n'a sans doute pas été complètement entendue…

1. François Goguel, « L'élection présidentielle française de décembre 1965 », art. cit., p. 241.

UNE MAJORITÉ FRAGILISÉE

Éric Roussel

En 1962, lorsqu'il a souhaité faire adopter une réforme constitutionnelle instituant l'élection du président de la République au suffrage universel direct, le général de Gaulle entendait donner au futur élu du peuple une autorité incontestable. Or, paradoxalement, les résultats du premier scrutin présidentiel consécutif à ce changement ont sans conteste désacralisé le fondateur du régime établi en 1958. Jusque-là, de Gaulle comptait essentiellement sur sa légitimité historique issue de l'acte sans précédent du 18 juin 1940. Le vote des grands notables qui l'avait porté à l'Élysée en 1959 n'avait, à ses yeux, que valeur d'une sorte de ratification. Toute différente est sa situation au lendemain de la consultation électorale qui lui a donné un nouveau mandat de sept ans. Alors qu'au début de la campagne il s'était volontairement tenu à l'écart de la compétition, il a dû, face au résultat décevant du premier tour, se comporter en candidat, se réinsérer dans un univers partisan, se réclamer même d'une majorité. « Il est désacralisé, observe l'éditorialiste du *Monde*, Pierre Viansson-Ponté, ramené du plan de la mystique au plan de la politique. Il avait voulu un plébiscite. Il a d'abord joué la partie comme un référendum. Le second tour a été un contre-plébiscite[1]. » Rien désormais ne sera comme avant.

Et l'on ne va pas tarder à s'en apercevoir.

A priori, la continuité semble prévaloir. La reconduction de Georges Pompidou à Matignon en est le signe le plus évident. Le Général aurait pu changer de Premier ministre. Il ne l'a pas fait, sans doute par prudence. Au printemps 1967 doit en effet se tenir un scrutin législatif dont l'issue après l'élection présidentielle s'annonce plus incertaine qu'on aurait pu le penser. Dans ces conditions, Pompidou a le bon profil. Après des débuts hésitants à la tribune du palais Bourbon, il s'est imposé. Les députés de la majorité l'apprécient et il a fait la preuve de son autorité sur eux lors de la campagne présidentielle. Autre argument en

1. *L'Année politique* 1965, Paris, PUF, 1966, p. 33.

faveur de son maintien : personne ne paraît en mesure de rivaliser avec lui. Le chef de l'État n'a pas, pour l'instant, de solution de rechange évidente. Les relations entre le Général et son Premier ministre n'en sont pas moins modifiées et réellement altérées. Sur le moment, seuls les intimes des deux hommes perçoivent cela. Georges Pompidou a été blessé de ne pas connaître avant les Français la décision du président de se représenter ou non. « Humainement, cela a été difficile à vivre », avouait sa collaboratrice Simone Servais. Dans son *C'était de Gaulle*, Alain Peyrefitte rapporte que le chef du Gouvernement, à la mi-octobre, a jugé « inconvenant » le comportement du Général[1]. « Insultant », ajoute même Michel Jobert. Mais la preuve formelle de la blessure de Georges Pompidou se trouve dans un document très substantiel et précis où il rapporte les propos que le Général lui a tenus le 1er mars : « Après dix minutes sur des questions diverses, le Général change tout à coup de ton : "M. le Premier ministre, il faut que je vous parle de politique au sens le plus élevé du terme". […] Il me fait un topo que je connais sur le pouvoir, le rôle du chef de l'État, l'inadaptation du système anglais à la France. »

« C'est donc le chef de l'État, élu par le pays (au suffrage universel) qui doit être le chef de l'État, ajoute de Gaulle. Il faut qu'il en ait l'ambition et le comportement, ce qui veut dire qu'il soit décidé à briser tout, y compris le Parlement. Je ne comprends pas que des gens qui sont avec moi ne comprennent pas cela et restent intellectuellement acquis au régime des partis, c'est-à-dire à la IVe. C'est d'ailleurs le cas de Debré. »

« Je confirme mon accord sur tous ces points », rapporte Georges Pompidou, qui poursuit son récit :

> Il en vient ensuite à sa succession : « Je désignerai mon successeur mais il faut qu'à son tour, il veuille remplir le rôle comme je l'ai fait moi-même […] Si je pars à la fin de l'année, cela doit aller ainsi. Si par extraordinaire, je me représentais, il faudrait que celui que je désignerai prenne dès ce moment-là une attitude et une posture de successeur désigné. C'est difficile à exprimer. Pour tout vous dire, j'avais pensé à cela avec Debré. Il avait été Premier ministre. Le moment est venu où il fallait en changer. Mais sans l'avoir désigné clairement, j'aurais voulu qu'il prenne figure de

1. Alain Peyrefitte, *C'était de Gaulle*, t. II, Paris, éditions de Fallois/Fayard, 1997, p. 583.

chef de l'État éventuel. Mais cela n'a pas été possible. Il n'a pas pu s'empêcher d'être parlementaire, de parler et d'agir en tous sens[1].

On se doute que Georges Pompidou a modérément apprécié que le Général ait songé à Michel Debré pour lui succéder. Non seulement il n'a pas été mis dans la confidence des intentions du chef de l'État mais il s'est entendu dire que l'on n'avait pas spontanément pensé à lui. Et dans *Pour rétablir une vérité*, il ne cachera pas que de Gaulle, en maintenant le mystère sur son éventuelle candidature, a voulu l'éprouver, l'amener à se découvrir. C'est d'ailleurs ce qui s'est passé puisque, à tout hasard, le Premier ministre a laissé publier un livre très hagiographique consacré à son parcours politique[2].

Avec Valéry Giscard d'Estaing, secrétaire d'État puis ministre des Finances depuis 1959, les relations se trouvent encore plus dégradées. « VGE », comme la presse le surnomme, n'a jamais été un gaulliste de stricte obédience, loin de là. Issu par sa famille maternelle du courant orléaniste, il a d'abord fait carrière chez les Indépendants d'Antoine Pinay avant, peu à peu, d'affirmer sa personnalité propre. Valéry Giscard d'Estaing admire sincèrement de Gaulle, sans nécessairement ratifier tous ses choix. Ainsi n'a-t-il jamais caché que le plaidoyer du chef de l'État en faveur de l'étalon or lui paraissait totalement hors de propos : à telle enseigne qu'il a tout fait, de son propre aveu, pour dissuader – en vain – le Général de se lancer dans ce projet. De son côté, le président de la République porte à son jeune ministre une estime non dissimulée. Tous les témoins l'ont constaté : quand le grand argentier intervenait au conseil des ministres, le chef de l'État suivait ses propos avec une attention soutenue. De Gaulle, en matière économique et financière, voit les choses de haut et il apprécie que son ministre sache aller à l'essentiel. Sur le fond, aucun différend grave n'a opposé les deux hommes. Valéry Giscard d'Estaing n'a jamais fait mystère de ses réserves sur le règlement de l'affaire algérienne. Il a même refusé de faire partie de la délégation française lors des accords d'Évian. Apparemment, de Gaulle ne lui en a pas tenu rigueur puisqu'il l'a maintenu à son poste. En

1. Témoignage de Georges Pompidou (Archives nationales, fonds Georges Pompidou, 555AP5-6).

2. Merry Bromberger, *Le Destin secret de Georges Pompidou*, Paris, Fayard, 1965.

son for intérieur, le ministre des Finances a peut-être estimé que le plan de stabilisation voulu par le chef de l'État en 1963 aurait pu être assoupli. Il ne l'a pas moins appliqué avec loyauté. À l'approche de l'élection présidentielle, le Général lui a demandé de participer à la campagne – ce qu'il a fait. Accessoirement, il pense avoir apaisé ses relations compliquées avec Georges Pompidou puisque, à la demande de ce dernier, il lui a assuré, alors que les intentions du fondateur de la Ve République n'étaient pas encore connues, qu'il le soutiendrait le cas échéant. Valéry Giscard d'Estaing tombe donc de haut lorsqu'en janvier, au moment de la formation du nouveau gouvernement Pompidou, il comprend qu'il va devoir quitter le ministère des Finances où il se sent heureux et en capacité de mettre en œuvre la politique qu'il juge bonne pour le pays. La raison de son départ, il l'apprend vite, est le souhait de l'ancien Premier ministre Michel Debré de prendre en charge les Finances. Pour Valéry Giscard d'Estaing, le choc est rude et, cinquante ans plus tard, il ne le cachait pas :

> Le Général voulait absolument avoir Debré. Pourquoi ? Je n'en sais rien. Il avait confiance en lui et pensait peut-être que l'on pouvait me satisfaire en me confiant un poste assez inédit : l'Équipement et l'Énergie. Mais je n'ai pas pensé une seconde accepter cette proposition. Cela ne m'intéressait pas. Je n'étais pas compétent pour prendre en charge ce secteur. Je ne me sentais pas appelé à cela et j'ai donc refusé. Ce qui m'a surpris, c'est, encore une fois, que de Gaulle et Pompidou venaient de me demander de les aider dans le cadre de l'élection présidentielle. Mais, en définitive, mon départ n'a pas été dû principalement aux différends que j'avais pu avoir avec Georges Pompidou. Il a été le fait de De Gaulle actionné par Debré[1].

Plus encore qu'une rupture politique, c'est une rupture affective qui s'est produite entre le chef de l'État et son grand argentier. Les raisons en restent assez obscures. De Gaulle a-t-il sous-estimé l'attachement de son ministre à la rue de Rivoli ? Il n'a pas vraiment provoqué son départ mais il l'a rendu objectivement possible. L'échange de lettres qui clôt une collaboration de sept ans traduit bien ce contexte ambigu et, du côté de Giscard, le regret d'une relation contrariée. Le Général exprime au ministre surtout sa totale

1. Entretien de l'auteur avec Valéry Giscard d'Estaing (par la suite VGE).

satisfaction, déplore son départ et l'assure de sa « sincère amitié ». Valéry Giscard d'Estaing se livre, lui, d'abord, à un bilan détaillé des années durant lesquelles il a servi rue de Rivoli. Et après avoir évoqué l'œuvre de redressement accomplie, il souligne :

> Cependant, l'essentiel n'est pas là. L'important est que, pour la première fois, notre économie nationale a été soumise avec succès au feu de la concurrence internationale. Les lois du monde moderne sont sévères. Elles ne tolèrent ni le désordre ni la faiblesse […] Le problème le plus difficile n'est pas celui de l'expansion : l'ouest de l'Europe, au milieu de la pauvreté du monde, est exceptionnellement riche en hommes et en capitaux […] Le vrai problème est de savoir si les chefs d'entreprise, les cadres, les techniciens français resteront maîtres des établissements fixés sur notre sol, et haussés à la dimension de la concurrence internationale.

La très longue lettre de Valéry Giscard d'Estaing se clôt sur une note beaucoup plus personnelle. On y décèle regrets mais aussi attachement réel à la personne du chef de l'État : « Il me reste, mon Général, à vous remercier. Je garderai constamment à l'esprit l'image de l'éducateur que vous avez été pour moi, de l'homme d'État auprès duquel j'ai écouté pendant sept ans, encore ému à cause de l'âge, les rumeurs de l'histoire qu'il a traversées […] Oui à vous remercier. Quoiqu'il arrive, je vous garderai ma loyauté, ma fidélité et, si vous le permettez, mon affection[1]. »

S'il n'y a aucune raison de mettre en doute la sincérité des sentiments exprimés par Valéry Giscard d'Estaing, il n'en reste pas moins que la politique est un monde essentiellement fondé sur les rapports de force et les ambitions. Le départ de celui qui a été si longtemps en charge des Finances de la France va donc avoir des conséquences importantes. Membre du Gouvernement, conscient de la discipline exigée par le Général de ses ministres, Valéry Giscard d'Estaing s'est borné jusque-là à faire entendre au sein de la majorité une petite musique personnelle, teintée de libéralisme. Libre de ses mouvements, il ne va plus hésiter à poursuivre son affranchissement. Les RI dont il est le chef de file avaient du mal à se faire entendre. Désormais, toutes les occasions leur seront bonnes pour défendre leurs positions. D'autant plus qu'à ses côtés, Valéry Giscard d'Estaing aura de plus en plus son complice

1. Lettre de VGE au général de Gaulle (archives privées de VGE).

et ami Michel Poniatowski qui, pour des raisons personnelles et familiales, entretient avec les gaullistes des relations beaucoup plus tendues, voire conflictuelles.

L'autre changement majeur résultant de l'élection présidentielle concerne l'opposition. Jusque-là fractionnée, privée de chefs crédibles, ancrée dans des structures partisanes obsolètes, elle peinait à se faire entendre. Les élections législatives de 1962, consécutives à une dissolution provoquée par le renversement du gouvernement Pompidou – accusé de couvrir un usage non constitutionnel du référendum –, avaient signé l'échec retentissant de ce que l'on avait appelé le « cartel des non », c'est-à-dire les vieux partis attachés à la forme parlementaire du régime et opposés à l'élection du président de la République au suffrage universel direct. À l'issue de ce scrutin, les principaux leaders de ce « monde d'avant » avaient perdu leur siège au Parlement. Cela avait été le cas de Paul Reynaud et de Pierre Mendès France.

Réélu à l'Assemblée nationale dans la Nièvre, François Mitterrand avait entamé alors une solitaire remontée marquée notamment par la publication d'un livre retentissant, *Le Coup d'État permanent*, pamphlet aussi injuste que talentueux contre le général de Gaulle. Patiemment, l'ancien ministre de la IVe République avait commencé à tisser sa toile et défini surtout une stratégie dont il ne devait plus varier : pour lui, venu du centre gauche (sous la IVe République), pas de salut sans alliance avec le PC. Il n'est pas devenu subitement marxiste. Son objectif est de réduire l'influence du PCF mais il juge ses électeurs indispensables à la conquête du pouvoir par la gauche non communiste.

Cette stratégie, il l'a défendue avec force et c'est ainsi qu'il s'est imposé en tant que candidat unique de la gauche face au général de Gaulle. Et comme cette ligne a abouti non bien sûr à une victoire – personne ne la jugeait possible – mais à un score très honorable, François Mitterrand se trouve, en janvier 1966, dans une position favorable. À l'intérieur du parti du mouvement, les pesanteurs restent considérables. Entre l'antique SFIO, les clubs, le PSU et le vénérable Parti radical, le courant progressiste se trouve émietté, sclérosé aussi à l'évidence, manifestement dépassé par l'événement que vient de constituer la bonne performance de Mitterrand. Au sein de ces structures, le poids des habitudes se révèle considérable. Les responsables de chaque formation mettent en avant leur histoire pour s'opposer à un rassemblement plus large. Et François Mitterrand ne peut vraiment s'appuyer que sur la Convention des institutions républicaines, numériquement faible mais qui possède une force de proposition non négligeable.

En dépit de tous ces obstacles, François Mitterrand réussit à faire émerger une Fédération de la gauche démocrate et socialiste (FGDS) dont il est le président. Il s'agit d'une organisation assez peu structurée, peu disciplinée aussi, souvent déchirée par des querelles de chapelle mais que Mitterrand parvient tout de même à imposer avec pour objectif la fusion à court terme des organisations membres au sein d'un grand mouvement travailliste. Dans le même temps, dès la mi-mars, il parvient aussi à mettre sur pied, à l'exemple de la Grande-Bretagne, un contre-gouvernement composé de douze membres. La composition de ce petit cénacle certes déçoit. Avec Guy Mollet aux Affaires étrangères, le radical René Billères à l'Éducation nationale et Gaston Defferre aux Affaires sociales et administratives, l'effort de renouvellement n'apparaît guère évident. Dans *Le Figaro littéraire*, François Mauriac ironise : « La gauche, même quand ses chefs ont l'âge de Mitterrand, c'est vraiment une collection de vieux illustres, ils racontent une histoire finie. » De son côté, Jean Daniel, dans *Le Nouvel Observateur*, exprime son scepticisme. La deuxième gauche – celle qui suit Pierre Mendès France – se montre encore plus réservée, voire agressive, comme cela se manifeste au cours d'une réunion à Grenoble, les 30 avril et 1er mai, sous l'égide de l'ancien président du Conseil. François Mitterrand, malgré tout, continue de s'imposer. Le 20 décembre 1966, un texte commun est signé entre le PC et la FGDS : le principe de désistement réciproque y est acté, ce qui ne peut qu'être favorable aux socialistes. Mitterrand, finalement, apparaît donc en passe de gagner son pari. Et en dépit de la mauvaise impression créée par le contre-gouvernement, la campagne en vue des législatives de 1967 s'annonce sous des auspices plus favorables à la gauche qu'on avait pu le penser. Pour l'opinion, depuis l'élection présidentielle, François Mitterrand n'a cessé de marquer des points. La télévision ne peut complètement l'ignorer et il l'utilise avec un certain brio, même s'il ne maîtrise pas encore l'usage de ce média. Sa situation n'est pas facile. Elle est même assez acrobatique. « Le drame de la Fédération, souligne Catherine Nay, est qu'elle dépend des communistes et aspire à rallier les centristes. » Reste que le contexte apparaît radicalement modifié au bénéfice des forces de gauche.

La conjonction de la prise de distance entre de Gaulle et Pompidou, de l'indépendance acquise par Giscard du fait de sa sortie du Gouvernement, enfin de la montée en puissance de la gauche, tout cela marque profondément la période qui s'ouvre au début du nouveau septennat jusqu'aux élections législatives de 1967. Légèrement anesthésiée depuis 1962, la vie politique retrouve une certaine intensité. Au tout début de l'année 1966, les rebondissements de l'affaire Ben Barka y contribuent beaucoup. Tout a commencé en fait le 29 octobre 1965 quand on a appris que Medhi Ben Barka, chef de file de la gauche marocaine, et à ce titre principal opposant au roi Hassan II du Maroc, avait été enlevé en plein Paris devant le drugstore *Saint-Germain-des-Prés*. Assez vite, il est devenu évident que des policiers et des fonctionnaires français avaient été mêlés à l'événement. Il s'est avéré aussi que le sulfureux ministre de l'Intérieur marocain, le général Oufkir, était présent en France au moment des faits et y a pris une part active. Bien des indices enfin tendent à prouver que Ben Barka a été exécuté sur le sol français peu de temps après sa capture.

Miraculeusement pour le pouvoir, « l'affaire », comme la nommera Emmanuel d'Astier de la Vigerie, l'un des chefs de file de la gauche gaulliste, ne sera que peu évoquée au cours de la campagne électorale. Mais le scandale éclate vraiment et de manière violente au tout début du mois de janvier 1966 avec le suicide mystérieux d'un des protagonistes du drame, Georges Figon, la suspension du Service de documentation extérieur et de contre-espionnage (SDECE) d'un autre comparse (Antoine Lopez) et les mandats d'arrêt lancés contre Oufkir et son adjoint le colonel Dlimi. Pour tous les opposants, l'occasion est bonne de dénoncer la porosité existant entre les services de police et certains milieux flirtant avec le gangstérisme, plus ou moins tolérés, voire encouragés à la fin de la guerre d'Algérie afin de lutter contre l'OAS. Les critiques sont alimentées par la nomination du général Guibaud à la tête du SDECE, en remplacement du général Jacquier. Le départ de ce dernier est interprété par beaucoup comme un aveu du désordre existant.

L'affaire place le président de la République en première ligne. C'est vers lui que convergent toutes les critiques. Et d'abord celles de François Mitterrand. Celui-ci, fort de son récent score électoral, ne ménage pas ses coups. Pour lui, l'opposition n'a plus accès depuis longtemps aux véritables moyens d'information. « Ce régime si bavard depuis sept ans sait se taire », tonne-t-il lors d'une réunion à la Mutualité[1]. Il met en cause directement le chef de l'État qui, selon lui, était au courant des dysfonctionnements. « Nous n'accepterons pas, conclut-il, que l'affaire Ben Barka se résume à des sanctions frappant des coupables mineurs. Nous faisons le serment d'atteindre partout où elles se trouvent les responsabilités politiques. »

Face à cette offensive, le général de Gaulle ne dévie pas de la ligne qu'il observe toujours en pareille circonstance : quelle que soit la gravité des faits constatés, il couvre l'État, la République. « Tout cela, affirme-t-il lors de sa conférence de presse du 21 février 1966, n'a rien que de vulgaire et de subalterne. » Le moins que l'on puisse dire est que si la formule est remarquée, rares sont ceux qui croient qu'elle correspond à la vérité. Les opposants continuent de penser que de Gaulle veut étouffer l'affaire. Et quand l'ambassadeur Léon Noël se voit chargé d'une mission visant à une réforme de la police, l'initiative peine à convaincre.

Pourtant tout incite aujourd'hui à penser que si les tueurs de Ben Barka bénéficièrent de complicités en France, celles-ci ne se situaient pas à un très haut niveau. On a évoqué un fait troublant : l'intervention dans l'affaire d'un curieux avocat, Me Lemarchand, ami des truands, ancien des réseaux gaullistes contre l'OAS, qui était, de toute évidence, en contact avec le ministre de l'Intérieur Roger Frey. La formule « Foccart est au parfum », utilisée par l'un des protagonistes pour se couvrir, a aussi troublé. Cela ne suffit pas à établir des complicités[2]. Directeur général de la Sûreté nationale à l'époque, le préfet Maurice Grimaud s'en montrait convaincu : « Si Roger Frey a essayé discrètement de tirer d'affaire son ami Lemarchand, toute complicité de sa part dans l'enlèvement ou même toute approbation tacite me paraissent exclues. Sauf découverte de quelque fait nouveau, je crois encore que le Général a vu juste en laissant toute la responsabilité du crime à Oufkir et en le ramenant du côté français à des complicités "vulgaires et subalternes"[3]. »

Dans la perspective des élections législatives de 1967, le Premier ministre se trouve en première ligne. Ses initiatives se déploient sur plusieurs plans. Après le départ de Valéry Giscard d'Estaing, il lui appartient d'abord de mettre en œuvre une nouvelle politique

---

1. *Le Monde*, 27 janvier 1966.
2. Frédéric Turpin, *Jacques Foccart. Dans l'ombre du pouvoir*, Paris, CNRS éditions, 2021, p. 174-180.
3. Entretien de l'auteur avec Maurice Grimaud.

économique. Pompidou pense toujours que le plan de stabilisation est resté en place trop longtemps et son objectif prioritaire est de favoriser l'industrialisation du pays. C'est à cette époque qu'il pose les premiers jalons de son grand dessein pour la France. Le plan Debré, rendu public le 16 février, porte en réalité sa marque. Les dispositions essentielles sont celles qui visent à favoriser le regroupement d'entreprises. Ainsi, Usinor absorbera peu après Lorraine-Escaut, Peugeot et Renault passeront un accord d'association, Ugine et Kuhlmann fusionneront. De la même manière naîtra aussi la Banque nationale de Paris à partir d'un rapprochement entre le Comptoir d'escompte et la Banque nationale pour le commerce et l'industrie (BNCI).

Si cette orientation ne soulève pas de dissension au sommet de l'État, il n'en va pas de même des idées que Georges Pompidou commence à défendre avec âpreté en matière sociale. Alors que la reprise économique se confirme, Georges Pompidou campe en effet sur des conceptions très arrêtées en matière sociale. S'il n'est pas hostile systématiquement à des revendications salariales, il fait montre d'une extrême prudence quant à l'évolution des rapports sociaux. À ses yeux, le principe d'autorité à l'intérieur de l'entreprise ne saurait être discuté. C'est la raison pour laquelle il considère avec une extrême suspicion les projets du général de Gaulle en matière de participation des salariés aux fruits de l'autofinancement des entreprises. Porté essentiellement par des gaullistes de gauche très hostiles au Premier ministre, au premier rang desquels René Capitant et Louis Vallon, le projet est essentiel pour le chef de l'État : c'est d'ailleurs pour répondre à son vœu qu'a été inclus dans la loi de finances pour 1966 un amendement (dit « amendement Vallon ») qui fait théoriquement obligation au Gouvernement de déposer avant le 1er mai 1967 un projet de loi sur ce thème. De ce fait, le chef du Gouvernement se trouve au pied du mur. Et comme il n'est pas question pour lui de contrer ouvertement le Général, il va s'arranger pour faire étudier le projet par une commission présidée par François Matey, conseiller d'État, à la composition de laquelle il veillera de près. Le résultat sera conforme à son attente : les syndicalistes consultés craignant de se faire piéger et les patrons inquiets d'une possible remise en cause de leurs prérogatives, le projet est renvoyé aux calendes grecques. Personne n'est dupe. Le contentieux entre le Premier ministre et le Général s'alourdit évidemment et, fait nouveau, les journalistes et les milieux politiques s'en aperçoivent.

Le hiatus qui existe en fait quant à la conduite de la campagne électorale n'est à l'époque guère perçu par les observateurs. La vérité est que de Gaulle et son Premier ministre ne conçoivent pas l'échéance exactement de la même façon. Tous deux, certes, s'alarment des sondages qui, pratiquement dès le lendemain de l'élection présidentielle, laissent entrevoir une victoire de l'opposition lors du scrutin législatif. Mais le Général voit les choses de haut. Même s'il s'en accommode et souvent la favorise, la théorie du fait majoritaire lui est étrangère. Pour poursuivre ses objectifs à l'intérieur comme à l'extérieur, il lui arrive de penser qu'un soutien plus large, plus diversifié que celui du parti dominant serait souhaitable. Conscient de son prestige et des armes que lui donne la Constitution, briser les clivages habituels comme il l'a souvent fait ne lui déplairait pas. L'emprise d'un parti dominant l'inquiète plutôt, d'autant plus qu'il subodore de plus en plus que cette formation ne peut qu'être à l'avenir au service des ambitions de son Premier ministre. Il le lui dit d'ailleurs on ne peut plus clairement dans une lettre au ton très vif, consécutive à la publication sur l'initiative de Georges Pompidou d'un programme de la majorité.

Mon cher Premier ministre,

Je trouve fâcheux et, d'ailleurs, inadéquat du point de vue constitutionnel de faire un comité de la majorité. D'après les termes, l'esprit et la pratique de la Constitution, c'est le chef de l'État (pour l'orientation) et le Gouvernement (pour les éléments principaux) qui ont à faire le programme. Celui-ci ne peut être dans son ensemble formulé à l'initiative de la majorité.

D'autre part, sortir un programme de la Ve République c'est, contrairement à ce que vous paraissez penser d'après votre lettre, m'engager moi-même, ce que je n'admets pas.

Et d'autant moins que ce qui m'est soumis me vient deux jours avant d'être "adopté" et publié ; encore n'est-ce que partiel (18 pages !). Que sera dès lors l'ensemble ?

En résumé, je désapprouve le projet.

Bien amicalement[1].

Charles de Gaulle

1. Lettre du général de Gaulle à Georges Pompidou (AN, 555AP8).

Conformément à l'esprit des institutions, le Général revendique la gestion du temps long : il est, selon ses propres termes, « en charge de l'essentiel ». Sa légitimité confortée par le récent scrutin est incontestable. Il préférerait avoir une majorité – même monolithique. Mais il est convaincu que la Constitution lui donne les moyens d'agir dans l'hypothèse contraire. Le 10 septembre, à bord du croiseur *De Grasse* dans le Pacifique, il le dit à Alain Peyrefitte :

> Nous ne sommes plus un temps où les présidents du Conseil devaient plier les genoux devant les partis à la Chambre pour grappiller des voix. Et si jamais les députés parvenaient à voter la censure, il faut qu'ils sachent qu'ils devront s'expliquer aussitôt devant les électeurs… Si nous n'avons pas de majorité à l'Assemblée, nous nous en passerons ! À condition évidemment que nos troupes ne soient pas complètement écrasées. Cette constitution est faite pour gouverner sans majorité. Je ferai appel, comme en 1958, à des hommes nouveaux, des techniciens, des spécialistes… 485 élections locales ne peuvent pas prévaloir sur l'élection solennelle du président. Vous me voyez installer Mitterrand à Matignon ? Ça voudrait dire qu'on retournerait à la IVe République ! Dans ce cas-là, la Constitution donne au président les moyens de se tirer d'affaire, tout comme le président des États-Unis se tire d'affaire quand il a en face de lui un Congrès hostile[1].

Georges Pompidou est dans une logique différente. Lui aussi souhaite gagner les élections mais il songe évidemment à l'avenir, son propre avenir, et à l'échéance présidentielle de 1972. S'il ne le dit pas formellement, tout indique qu'il agit en fonction de cela. Et comme il n'a pas la même équation personnelle que de Gaulle, il lui faut impérativement s'appuyer sur un parti. D'où ses efforts à ce moment-là pour structurer la majorité, en commençant par le parti présidentiel.

Jusque-là, Georges Pompidou s'est peu occupé de la majorité. Cette fois, la proximité du scrutin législatif l'incite à sortir de sa réserve. Dès le 13 janvier 1966, il a présidé, pour la première fois, une réunion commune des instances dirigeantes de l'UNR-UDT. Pour gagner, a-t-il fait valoir, il faut aller unis au combat, c'est-à-dire réunir dans une même organisation tous ceux qui ont manifesté leur soutien à de Gaulle. Le Premier ministre se

1. Alain Peyrefitte, *C'était de Gaulle*, t. III, Paris, éditions de Fallois/Fayard, 2000.

trouve donc contraint de lutter en pratique sur deux fronts. D'une part, il lui faut tuer dans l'œuf les velléités d'indépendance des gaullistes de gauche qui, rassemblés autour de Vallon et Capitant, ne l'apprécient guère en raison de son conservatisme assumé. Mais, d'autre part, il doit aussi stopper le mouvement d'émancipation des partisans de Valéry Giscard d'Estaing, ulcéré par son limogeage et bien décidé à mener son propre jeu. Le 18 mars, il propose donc, devant le comité central de l'UNR-UDT, de constituer dans un délai de trois semaines un comité de liaison de la majorité. Immédiatement, il se heurte à un refus de son ancien ministre des Finances. Celui-ci repousse même l'idée d'une candidature unique de la majorité : ce simple accord de désistement lui semble suffisant. Georges Pompidou ne parvient à mettre en place qu'un comité d'action pour la Ve République, présidé par lui et où siègent 10 membres de l'UNR, 6 gaullistes indépendants et 5 républicains indépendants dont Valéry Giscard d'Estaing. Pour l'extérieur, on sauve les apparences. Le 1er juin quand Georges Pompidou se rend à la réception offerte par les RI à l'occasion de l'inauguration de leur nouveau siège boulevard Saint-Germain, les échanges restent courtois. « Nous sommes déjà un peu à l'étroit… comme dans la majorité d'ailleurs », observe Valéry Giscard d'Estaing. « Croissez et multipliez », rétorque, ironique, le Premier ministre.

À la compétition entre l'opposition et la majorité se superpose aussi un duel entre un Premier ministre de plus en plus en position de dauphin autoproclamé et le chef de file d'une fraction du camp majoritaire. Cela est si vrai qu'à cette époque Georges Pompidou ressent le besoin d'avoir recours pour conforter son image au cabinet de marketing politique, Services et Méthodes, dirigé par Michel Bongrand. Sans doute ne lui a-t-il pas échappé que ses rivaux, à commencer par Valéry Giscard d'Estaing, bénéficient d'une meilleure perception que lui, selon l'Ifop. Très clairement, le chef du Gouvernement commence aussi à placer ses hommes un peu partout. Certains de ceux qu'Alain Peyrefitte appellera les « Pompidou boys » sont incontestablement gaullistes. C'est le cas notamment de Jean Charbonnel, normalien prodige, agrégé d'histoire, énarque, et aussi de Pierre Mazeaud, issu d'une grande famille de juristes et lui-même magistrat. Jacques Chirac, qui entre alors dans l'orbite pompidolienne, vient en revanche d'un horizon différent marqué par le radicalisme. Mais le Premier ministre, dans l'intention non dissimulée de concurrencer Valéry Giscard d'Estaing, pousse aussi sur le devant de la scène des modérés tels qu'André Bettencourt, époux de l'héritière de L'Oréal, secrétaire d'État jadis dans le gouvernement de Pierre Mendès France, ou encore Raymond Marcellin, parlementaire du Morbihan, officiellement républicain indépendant mais en fait très peu giscardien. Ce sont ces hommes encore jeunes qui sont chargés par Georges Pompidou de partir à l'assaut des bastions de gauche, en particulier en Corrèze. La montée en puissance du Premier ministre est évidente et les journalistes ne s'y trompent pas. Dans *L'Express* du 31 octobre 1966, Jean Ferniot observe :

> Les participants de la réunion organisée à Poigny-la-Forêt le 14 octobre par M. Michel Bongrand, grand maître des opérations gaullistes, ont été frappés par les modèles d'affiches qui leur ont été présentés et par l'ordre dans lequel elles sont placardées sur les murs. La première représente le général de Gaulle dominant le candidat local. La seconde met en vedette M. Georges Pompidou et l'équipe dirigeante gaulliste. La troisième grossit le candidat et ignore, comme la précédente, le président de la République. Explication de M. Michel Bongrand : « La Ve République est désormais plus populaire que son fondateur. »

Georges Pompidou mène campagne sans se laisser apparemment impressionner par les sondages qui, unanimes, laissent toujours entrevoir une victoire de l'opposition. Il estime son bilan solide. En témoignent : une croissance de la production intérieure brute de 5 % ; une augmentation du pouvoir d'achat d'environ 2 % ; une hausse des prix stabilisée à 2,8 % avec, en outre, une nette reprise des investissements. Impavide face aux critiques de Valéry Giscard d'Estaing, il lui impose finalement le principe de l'unité de candidature dès le premier tour des législatives.

À l'approche du scrutin, les signes inquiétants pour la majorité, malgré tout, se multiplient. Le 20 décembre 1966, un accord électoral est finalement signé entre la FGDS et le PC. Mais le coup le plus rude lui vient de Valéry Giscard d'Estaing qui, ulcéré de son congédiement, tient le 10 janvier 1967 une retentissante conférence de presse au cours de laquelle il reproche en termes vifs au Gouvernement de perdre le contact avec l'opinion, de conduire une politique sociale peu généreuse, d'être incompétent en matière économique, enfin de tenir le Parlement dans un carcan insupportable. Et pour résumer sa position, l'ancien ministre prône à l'égard du pouvoir une position très personnelle : « Oui, mais. » Valéry Giscard d'Estaing a pris soin de ne pas attaquer de front de Gaulle mais, cette fois, celui-ci se sent visé. La réponse ne se fait pas attendre : « On ne gouverne pas avec des mais », affirme le chef de l'État en conseil des ministres. Georges Pompidou, quant à lui, fait observer que dans « Oui, mais », il y a « oui ». Il n'en est pas moins très mécontent.

Face au danger, la majorité se ressoude cependant, au moins en façade. Le 31 janvier, au palais des Sports de la porte de Versailles se tient une sorte de grand-messe, orchestrée par André Malraux où Valéry Giscard d'Estaing apparaît – caché au dixième rang, il est vrai. À la tribune, le Premier ministre dramatise l'enjeu : il dresse un tableau apocalyptique de la France en cas de victoire de la gauche. « La majorité, c'est nous », s'exclame-t-il devant un auditoire électrisé.

Le principal temps fort de la campagne est le débat organisé à Grenoble entre le chef de Gouvernement et Pierre Mendès France. Battu en 1958 à Louviers où il était élu depuis 1932, ce dernier a tenté sa chance, sans plus de succès, à Évreux en 1962. Cette fois, il a décidé de se porter candidat à Grenoble, ville universitaire, symbole de la nouvelle gauche, le courant dont il est héraut. Quelques mois plus tôt, les 30 avril et 1er mai s'y est tenu un colloque dont l'ancien président du Conseil des années 1954-1955 a été la vedette, aux côtés d'un jeune inspecteur des Finances, Michel Rocard. S'étant tenu à l'écart de la FGDS, méfiant à l'égard de François Mitterrand qui a été son ministre de l'Intérieur, Pierre Mendès France bénéficie alors d'un grand prestige (et pas seulement à gauche). Il incarne un progressisme moderne contrastant avec les us et coutumes d'une gauche institutionnelle sclérosée et qui, malgré le bon score de François Mitterrand à la présidentielle, peine à faire oublier l'héritage d'un Guy Mollet, marxiste en paroles et jusqu'au-boutiste en Algérie. Pierre Mendès France plaide en faveur de mesures hardies mais responsables. Beaucoup plus que Mitterrand qui traîne derrière lui une réputation d'aventurier, il fait alors figure d'homme d'État. Ses partisans, parmi lesquels beaucoup de chrétiens de gauche, sensibles à son exigence, lui portent une sorte de culte. Son influence est surtout d'ordre moral puisque, n'acceptant pas les institutions de la Ve République, il réprouve plus encore l'élection du chef de l'État au suffrage universel direct. Aucune grande pointure dans le camp gaulliste ne s'est portée volontaire pour l'affronter, comme si, de ce côté-là, on estimait qu'il n'est pas un adversaire comme les autres. Le ministre Jean-Marcel Jeanneney, sollicité par Georges Pompidou pour être son concurrent, a refusé, considérant que, malgré son opposition frontale au général de Gaulle, il a sa place au Parlement. Mendès France n'a donc contre lui qu'un gaulliste de faible envergure, Jean Vanier.

Le débat phare entre Georges Pompidou et Pierre Mendès France a lieu à Grenoble le 27 février. Le climat est tendu. Pierre Mendès France bénéficie d'une véritable aura, spécialement dans la ville où il a choisi de solliciter les suffrages des citoyens. « Mendès est passionnant parce que, pour la première fois depuis des années, voici que la gauche parle avec lui un langage d'État, d'État de gauche », souligne Maurice Clavel dans *Le Nouvel Observateur*. Pour autant, le débat est loin d'être à armes égales. L'UNR-UDT est la puissance invitante. Sur 4 000 places, 600 à peine sont réservées à Mendès France et à ses amis. Malgré cela, Georges Pompidou peine à marquer des points. Tour à tour goguenard ou furibard, il lasse un auditoire *a priori* bien disposé à son égard par une avalanche de chiffres. Il confiera plus tard à un ami : « Il fallait le faire. Mais c'était une corvée et cela ne m'a pas plu. » Le Premier ministre, qui a connu Mendès France au sein de la Ligue d'action universitaire républicaine et socialiste, ligue antifasciste où ils militaient tous deux, est peut-être gêné face à un adversaire qui a été un gaulliste des années de guerre particulièrement courageux. Finalement, Pierre Mendès France marque des points et sort de la salle ovationné par ses partisans.

Quelques jours plus tôt à Nevers, Georges Pompidou avait eu l'avantage sur François Mitterrand, de l'avis général. Cette fois, il a paru davantage à la peine.

À quelques jours du premier tour de scrutin, une certaine inquiétude s'installe dans la majorité. Le résultat final s'annonce incertain. Le président de la République semble partager cet émoi puisque, passant outre aux protestations des dirigeants de l'opposition, il n'hésite pas à intervenir le samedi soir précédant le scrutin, alors que la campagne est close. Selon son habitude, il adjure les Français de voter pour le camp majoritaire, faute de quoi la France devra subir, selon lui, de fâcheuses secousses précédant le déclin.

Le 5 mars, à l'issue du premier tour, la majorité est toutefois rassurée. Le score des partis soutenant, avec plus ou moins de nuances, le chef de l'État n'a rien d'éclatant puisque seuls 37,75 % des suffrages exprimés se sont portés sur le camp sortant. La perspective d'une bérézina, en revanche, semble improbable puisque le résultat des urnes montre qu'en 1962, les formations acquises à de Gaulle avaient obtenu un total de voix comparable. On observe aussi que, avec 18,7 % des suffrages, la FGDS enregistre un recul, alors que le PC monte légèrement (22,4 %) et que le Centre démocrate est laminé, obtenant seulement 13,4 % des voix. Du coup, le climat change. L'optimisme gagne les milieux du pouvoir. Avec 63 élus au premier tour, les dirigeants de la Ve République annoncent que la partie est gagnée. Seul Georges Pompidou, élu dans le Cantal, se montre plus prudent.

Bien lui en prend car, huit jours plus tard, il s'en faut de très peu pour que les gaullistes et leurs alliés ne perdent leur prépondérance à l'Assemblée nationale. La gauche peut pavoiser, même si elle ne gagne pas la partie. L'alliance électorale nouée avec le PC et voulue par François Mitterrand se révèle payante pour le parti du mouvement qui gagne globalement 61 sièges. Au contraire, les gaullistes et leurs alliés en perdent 40 : avec 2 élus UNR-UDT (qui choisiront désormais la dénomination d'Union démocratique pour la Ve République, en abrégé UDV^e^) et 44 RI giscardiens, ils ne disposent plus que d'une voix pour conserver la majorité absolue. En pratique, il faudra désormais compter pour chaque vote avec le groupe centriste Progrès et démocratie moderne (PDM) qui compte désormais 41 députés. Le résultat apparaît d'autant plus décevant pour le pouvoir jusque-là en place que 4 ministres – Maurice Couve de Murville, Pierre Messmer, Jean Charbonnel et Alexandre Sanguinetti – ont été battus. Le ministre des Affaires étrangères est défait dans le 7e arrondissement de Paris face à l'indéracinable élu du quartier, Édouard Frédéric-Dupond, mais gardera tout de même son portefeuille, contrairement à la règle définie par le Premier ministre. Il en ira de même pour Pierre Messmer, ministre des Armées depuis de longues années et maître d'œuvre de la force de dissuasion atomique voulue par le général de Gaulle[1].

1. Frédéric Turpin, *Pierre Messmer. Le dernier gaulliste*, Paris, Perrin/ministère des Armées, 2020, p. 189-190.

Même s'il n'est pas parvenu à gagner, François Mitterrand sort encore renforcé de ce second tour. Après avoir réussi à mettre de Gaulle en ballottage moins de dix-huit mois plus tôt, il est presque parvenu à lui imposer une cohabitation. Élu pour la première fois de sa carrière politique dès le premier tour avec 56 % des suffrages, l'ancien ministre de la IVe République voit de nouveau sa ligne validée par les électeurs. Depuis 1962, il ne cesse de répéter que la gauche n'a de chance de l'emporter qu'unie, c'est-à-dire bâtir un accord avec le PC. Longtemps son avis a été contesté, négligé. Il n'en va plus de même, d'autant plus que dans le sillage du député de la Nièvre une nouvelle génération de gauche arrive alors à l'Assemblée nationale, notamment ses amis Georges Dayan, Roland Dumas, André Rousselet et Louis Mermaz. Seule déception pour François Mitterrand : le résultat des élections législatives ne dynamise pas la FGDS comme il l'espérait sans doute. Dès le 16 mars, devant le comité exécutif de la SFIO, Pierre Mauroy, secrétaire général du parti, considéré comme le successeur probable de Guy Mollet, propose que, profitant de l'élan suscité par la poussée de la gauche aux législatives, la SFIO se transforme bientôt en grand PS. Un silence gêné accueille cette proposition. Cette résistance au changement est due à l'influence conservée par Guy Mollet, très réticent à l'égard de Mitterrand et de sa tactique, et opposé viscéralement à un rapprochement avec les communistes, même s'il use d'un vocabulaire marxiste. La Fédération meurt ainsi paradoxalement quelques jours après la victoire. Cela n'empêchera pas François Mitterrand, en avril, de se déclarer « prêt pour le pouvoir », ce qui lui attirera une cinglante réplique de Georges Pompidou : « Vous essayez de faire croire que vous avez gagné, tels ces amateurs de rugby qui, au soir de la défaite de leur club, expliquent qu'ils auraient pu gagner, que le terrain n'était pas bon, que l'arbitre n'avait pas tout vu. »

Après le ballottage surprise auquel le général de Gaulle a dû se soumettre lors de l'élection présidentielle de 1965, le résultat du scrutin législatif de 1967 fragilise de nouveau le régime. Du fait de l'étroitesse de la victoire, Valéry Giscard d'Estaing se trouve désormais en arbitre de la situation : pas de majorité sans ses amis. On peut être certain qu'il ne franchira pas le Rubicon en incitant son groupe à conserver le Gouvernement et non à le faire tomber au risque de provoquer de nouvelles élections législatives dont l'issue ne peut être que très incertaine. En revanche, l'ancien ministre des Finances, ulcéré du traitement qu'il a subi, est bien décidé à tenir la dragée haute au pouvoir. Tout l'y incite et, d'abord, la perspective d'un destin présidentiel dont le principal obstacle est Georges Pompidou.

Paradoxalement, les centristes qui sont sortis laminés et affaiblis du récent scrutin sont eux aussi dans une position relativement forte : sans eux, pas de renversement de la majorité, pas de censure. Georges Pompidou est si conscient de cet état de fait qu'il chargera bientôt l'un des membres de son cabinet, Marie-France Garaud, d'assurer un contact suivi avec le groupe centriste afin d'éviter toute mauvaise surprise.

Près de dix ans après l'instauration de la Ve République, la vie politique commence à s'ordonner selon des schémas que l'on avait crus obsolètes, avec une certaine montée en puissance des groupes charnières. Le premier à être conscient de cette situation non prévue est le général de Gaulle. Il est convaincu que l'étroitesse de la majorité et les velléités d'indépendance des indépendants giscardiens risquent, à plus ou moins brève échéance, de provoquer une crise dont l'issue ne peut être qu'une dissolution. En attendant, il va falloir louvoyer, ce qu'il déteste. La défaite de Maurice Couve de Murville l'empêche d'abord de le nommer Premier ministre, comme il en avait l'intention. Georges Pompidou, avec lequel il entretient des relations déjà distendues, restera donc Premier ministre. Contrairement à la règle, le Premier ministre ne lui remettra pas tout de suite la démission du Gouvernement. Vingt-deux ministres ont en effet été élus députés et, en vertu d'une disposition constitutionnelle instituant un délai d'un mois pour choisir la fonction qu'ils voudront exercer, ils ne peuvent prendre part à aucun scrutin au palais Bourbon. Il faut donc éviter qu'un nouveau ministère ne soit amené à poser la question de confiance et à s'exposer à être renversé en raison du caractère fragile de la majorité. Le gouvernement Pompidou restera donc en place jusqu'au 1er avril. Entre-temps, chacun aura pu observer les conséquences de la nouvelle donne électorale. La majorité apparaît tout de suite en proie à la fragmentation. Les gaullistes de gauche qui rendent Georges Pompidou responsable des résultats décevants veulent s'organiser, voire créer un groupe distinct. Les giscardiens, de leur côté, refusent de se fondre dans un groupe parlementaire unique et créent au sein de l'Assemblée leur propre structure. L'avenir s'annonce donc chargé d'incertitudes et seules les institutions mises en place en 1958 donnent au pouvoir reconduit mais fragilisé la possibilité de gouverner.

UNE DIPLOMATIE PLANÉTAIRE : À L'ASSAUT DE LA GRANDEUR[1]

Frédéric Turpin

« Si la France dans ses profondeurs m'a, cette fois encore, appelé à lui servir de guide, écrit Charles de Gaulle dans ses *Mémoires d'espoir*, ce n'est certes pas, je le sens, pour présider à son sommeil. Après le terrible déclin qu'elle a subi depuis plus de cent ans, c'est à rétablir, suivant le génie des temps modernes, sa puissance, sa richesse, son rayonnement, qu'elle doit employer le répit qui lui est, par chance, accordé, sous peine qu'un jour une épreuve tragique à la dimension du siècle vienne l'abattre pour jamais[2]. » En revenant au pouvoir le 1er juin 1958, comme dernier président du Conseil d'une IVe République à l'agonie, puis comme premier président d'une Ve République naissante, Charles de Gaulle nourrit un grand dessein pour la France : la hisser de nouveau à une place dans le monde qui en fasse une puissance qui compte.

Les premières années de la Ve République ne lui ont cependant pas permis de développer la politique étrangère qu'il souhaitait imprimer. Le contexte, tant national qu'international, n'y était guère favorable. De Gaulle a dû faire face à la décolonisation violente de l'Algérie, qui n'intervient qu'au cours de l'année 1962, et accepter celle plus pacifique de l'Afrique subsaharienne en 1960. Il s'est heurté à une logique bipolaire du système international en

1. Sur la politique étrangère du général de Gaulle, consulter Éric Roussel, *Charles de Gaulle*, Paris, Le Grand Livre du mois, 2002 ; Maurice Vaïsse, *La Grandeur. Politique étrangère du général de Gaulle, 1958-1969*, Paris, Fayard, 1998, et *La Puissance ou l'Influence ? La France dans le monde depuis 1958*, Paris, Fayard, 2009 ; Georges-Henri Soutou, *La Guerre froide de la France, 1941-1990*, Paris, Tallandier, 2018 ; Maurice Couve de Murville, *Une politique étrangère. 1958-1969*, Paris, Plon, 1971.

2. CDG, *Mémoires d'espoir*, t. I, *Le Renouveau 1958-1962*, Paris, Plon, 2011, p. 40.

situation de crise, tant à Berlin en 1961 qu'à Cuba à l'automne 1962. La détente entre les deux superpuissances américaine et soviétique ne s'amorce que progressivement. De plus, la fin difficile de la guerre d'Algérie redonne vie aux oppositions politiques contre le chef de l'État et sa pratique du pouvoir jugée trop peu « républicaine ». « Ce qui était acceptable, affirme le leader centriste Jean Lecanuet en octobre 1962, tant que durait le drame algérien et tant qu'il s'agissait du général de Gaulle, deviendrait une situation dont nous ne pouvons être complices, lorsque les temps deviendront normaux[1]. » La grave crise politique que la France traverse à l'automne 1962 se conclut néanmoins par la victoire du Général. Le gaullisme au pouvoir dispose dès lors d'une majorité solide à l'Assemblée nationale.

Au seuil de l'année 1963, le ciel international est en voie d'éclaircie, ce qui laisse plus de latitude à des puissances tierces pour s'affirmer au-delà de la logique des blocs. De Gaulle a les coudées plus franches pour se lancer pleinement dans une politique étrangère, audacieuse et innovante pour les uns, irritante et passéiste pour les autres, qui entend asseoir la France, de manière permanente, à la table des Grands de ce monde.

Un acteur souverain des relations internationales

L'action internationale de Charles de Gaulle est indissociable du primat qu'il accorde à la nation et à l'État qui la guide, la représente et la défend, élément structurant des sociétés humaines et du système mondial. Le Général nourrit sa vie durant un profond patriotisme, « une certaine idée de la France », comme il le clame d'entrée de jeu dans la première page de ses *Mémoires de guerre*. Cet ardent patriotisme se rattache, par son âge et sa formation, à une vision classique de la puissance de la France de la fin du XIXe siècle.

Avec la décolonisation, c'est-à-dire l'accession à la souveraineté politique internationale des anciennes colonies françaises, le Général adapte sa conception de la puissance aux temps nouveaux. L'élément de puissance réside désormais, plus encore que dans le passé, dans la capacité à influencer et non dans le fait de posséder

1. Intervention de Jean Lecanuet lors du comité national du MRP des 6 et 7 octobre 1962 (Archives nationales, fonds du MRP, 350AP62).

des territoires, au sens juridique du terme, et à imposer, y compris par la force. La politique extérieure gaullienne des années 1960 est indissociable de sa conception de la puissance française qui assume pleinement la fin des empires coloniaux. Le « rang » de la France ne peut être que celui d'une grande puissance, c'est-à-dire, suivant la définition donnée par Raymond Aron, « celle qui avait des moyens et des responsabilités tels que toutes les questions importantes lui étaient soumises, au moins pour consultation. Ce n'est pas une question de domination, mais c'est une notion de possession d'une place telle que l'on soit toujours consulté quand sont prises les décisions qui engagent l'avenir de tous[1] ». Avec puis sans Communauté franco-africaine, avec puis sans Algéric française, de Gaulle entend bien, suivant l'expression de son ministre des Affaires étrangères, Maurice Couve de Murville, « hisser les couleurs » de la France.

La politique internationale du général de Gaulle se fonde sur le primat donné à l'État-nation comme élément structurant des relations internationales. Cette conception nationale des relations internationales est le fruit d'une vision géohistorique de la France. Il y a chez lui une véritable prégnance de l'histoire et de la géographie dans l'analyse du présent et dans les chemins tracés pour l'avenir parce que, comme il le rappelle notamment dans son discours du 4 décembre 1954 à Paris : « la France vient de haut et de loin[2] ». Elle fut « la grande nation : celle qui garantit l'équilibre ; celle qui a joué un rôle capital dans les principaux drames du monde (croisades, menace de domination de l'empire de Charles Quint, tentative d'hégémonie maritime de l'Angleterre, indépendance américaine) ; celle qui accrédite les idées, donne le ton, fait la mode, et dont la langue est parlée par tout ce qui compte sous toutes les latitudes. En mobilisant ces forces accumulées, la Révolution tient tête à l'Europe et y répand ses doctrines. Ensuite, Napoléon domine le continent et ne succombe, enfin, qu'après avoir atteint l'impossible ». Mais depuis, la situation de la France s'est dégradée au point de connaître « quinze régimes différents » et « sept invasions ». La fin

1. Raymond Aron, « De Gaulle révèle sa vision du monde », *Réalités*, mars 1960, p. 49. Cité *in* Christian Malis, *Raymond Aron et le débat stratégique français. 1930-1966*, Paris, Economica/Commission française d'histoire militaire/ Institut de stratégie comparée, 2005, p. 578.

2. CDG, *Discours et Messages*, t. II, *Dans l'attente (février 1946-avril 1958)*, Paris, Plon, 1970, p. 621.

de la Seconde Guerre mondiale – au cours de laquelle la France « a traversé la pire épreuve de son histoire » – marque la fin de ce cycle de décadence à condition toutefois de saisir cette chance historique d'un « renouveau ». Charles de Gaulle fut l'homme de la Libération. Il entend être, à partir de 1958, celui qui « montre le chemin à la nation » pour « un avenir où l'État sera juste et fort, où l'homme sera libéré, où la France sera la France, c'est-à-dire grande et fraternelle[1] ».

Dans ce schéma, la politique extérieure du premier président de la Ve République repose, souligne Maurice Couve de Murville, sur un triptyque : « l'indépendance nationale, le primat de la paix et la coopération entre tous les peuples[2] ». Étant donné son histoire et « sa géographie de cap de l'Ancien Monde vers le Nouveau », de Gaulle estime que la France est « exposée » aux conflits et qu'elle a payé le prix fort depuis deux siècles. Elle a donc un « intérêt vital » à la paix. C'est non seulement son intérêt mais aussi sa vocation à en devenir « le champion » dans un système international structuré autour de l'antagonisme entre deux blocs. D'autant qu'elle peut compter sur une position singulière dans le concert des nations puisqu'elle dispose d'un « potentiel d'attrait, d'estime et de prestige » en sa faveur que l'on peut encore faire fructifier par une politique qui « serve la cause universelle, celle de la dignité et du progrès de tous les hommes ». La France doit être cet intermédiaire et ce faiseur de paix car elle ne nourrit aucun grief contre les États-Unis et l'URSS, pas plus qu'elle ne revendique de territoires. Pour lui, « par excellence, ce sont la voix et l'action de la France » qui peuvent servir de trait d'union pacificateur entre ces deux mondes qui s'opposent parfois de manière sanglante. Mais cette vocation historique et messianique de la France comme acteur central de la paix mondiale ne peut être que si elle est indépendante et non pas inféodée, d'une manière ou d'une autre, à l'un des « géants[3] » que leur « puissance prépondérante acquise » pousse « à ranger sous leur hégémonie respective les peuples qui sont à leur portée[4] ».

1. Conférence de presse du général de Gaulle, 12 novembre 1953, voir CDG, *Discours et Messages*, t. II, *op. cit.*, p. 600.

2. Maurice Couve de Murville, *Une politique étrangère*, *op. cit.*, p. 432.

3. CDG, *Mémoires d'espoir*, t. I, *op. cit.*, p. 175-176.

4. Conférence de presse du général de Gaulle, 9 septembre 1965 (CDG, *Discours et Messages*, t. IV, *Pour l'effort. Août 1962-décembre 1965*, Paris, Plon, 1970, p. 382).

L'indépendance nationale mise en avant par le Général est celle qui, dans la mesure des moyens de la France, lui permet d'assumer son rôle dans le monde conformément à sa vocation universelle. Cette exigence fondamentale d'indépendance et de grandeur nationales implique d'abord de développer les moyens économiques, commerciaux et monétaires de la France, tout autant que ses instruments militaires (force de frappe nucléaire, forces d'intervention). De plus, la nation française, éprise de liberté, est, par son histoire et sa géographie, comprise dans le monde occidental mais ne doit pas y être confinée. Elle entend respecter la liberté des autres peuples, quelle que soit la nature de leur régime politique interne, sans déterminer sa politique étrangère en fonction d'un système idéologique. Les objectifs fondamentaux de sa politique extérieure procèdent d'une philosophie des relations internationales fondée sur la reconnaissance réciproque de l'existence, de l'indépendance et de la dignité de tous les peuples.

Pour que la France puisse recouvrer la maîtrise de son destin et être un acteur indépendant qui travaille à « la détente », elle doit échapper à toute hégémonie politique ou économique comme à toute intégration militaire. La France gaullienne réfute par conséquent la division du monde en deux blocs antagonistes et entend la dépasser par ses atouts propres et son activisme. Ce refus de tout alignement systémique, qui reviendrait à une aliénation de sa souveraineté, n'exclut pas les solidarités. Une telle politique de grandeur implique que la France soit en mesure d'exercer une influence dépassant la mesure de ses seuls moyens matériels. De sorte que le Général entend appuyer le rôle mondial de la France sur des ensembles politico-géographiques qui formeraient sa sphère d'influence propre.

Au centre du dispositif, la France doit prendre la tête d'une Europe organisée sur le mode de la coopération intergouvernementale, celle proposée par le plan Fouchet en 1961 et 1962, qui doit permettre de contrôler le relèvement de la RFA et de positionner la France au cœur du processus de « détente » européenne et mondiale[1]. Puissance euro-africaine, elle doit également susciter autour d'elle la création d'un bloc maghrébin (Algérie, Maroc et

1. Voir Georges-Henri Soutou, *L'Alliance incertaine. Les rapports politico-stratégiques franco-allemands, 1954-1996*, Paris, Fayard, 1996.

Tunisie) et d'un bloc africain (Afrique subsaharienne francophone) qui doivent former le socle instrumental d'une grande politique à l'égard du Tiers-Monde. Ces sphères d'influence doivent servir de facteur de démultiplication de la puissance française à l'échelle mondiale. C'est à ce prix que la France pourra recouvrer son « rang » d'avant 1945 et déployer une politique étrangère à vocation mondiale.

Rien ne doit attenter à la souveraineté nationale dans le jeu international. Le Général privilégie en conséquence les relations diplomatiques sur le mode du bilatéralisme. Le multilatéralisme n'est pratiqué que dans la mesure où il respecte la souveraineté de la France, ce qui est un changement considérable avec la IVe République qui s'était engagée résolument dans les intégrations atlantique (Otan) et européenne (CECA, CED [Communauté européenne de défense], CEE) dans le contexte d'une guerre froide exacerbée. Il en va de même pour l'organisation mondiale par excellence : l'ONU et ses différentes agences.

En 1945, la création de l'ONU n'est acceptée par le général de Gaulle que parce qu'elle est fondamentalement vue comme une organisation d'États souverains (charte de San Francisco), « un forum ouvert à leurs débats[1] », et que la France siège, comme membre permanent avec droit de veto, au Conseil de sécurité. La sécurité collective est, dans les faits, subordonnée au bon vouloir des cinq membres permanents du Conseil et donc à celui de la France. Elle acquiert ainsi une place et une capacité d'influence mondiale parmi les grandes puissances au titre du rôle collectif que s'adjugent les vainqueurs de la Seconde Guerre mondiale.

Toutefois, le Général n'entend pas que l'ONU puisse être en elle-même une puissance, à plus forte raison qui s'ingérerait dans les affaires intérieures des États membres sans leur consentement. En 1960-1961, le président de Gaulle condamne en ce sens l'intervention de l'ONU dans la crise du Congo-Léopoldville (ex-Congo belge). Cette opposition s'explique certes par un conflit d'intérêts avec la politique africaine de la France. Il tient aussi au refus de toute forme d'interventionnisme supranational, à plus forte raison lorsqu'il est celui d'une Assemblée générale qui, sous la houlette du secrétaire général Dag Hammarskjöld, sert, de fait, les intérêts

---

1. Conférence de presse du général de Gaulle, 9 septembre 1965 (CDG, *Discours et Messages*, t. II, *op. cit. [DMT4]*, p. 384-385).

de la politique américaine[1]. C'est au Conseil de sécurité, constitué autour des cinq membres permanents vainqueurs, d'assumer la direction de l'ONU et du monde. Le qualificatif péjoratif de « machin » employé par le Général à l'encontre de l'ONU symbolise à la fois cette méfiance et ce refus de tout organisme « apatride » qui dépasserait les souverainetés nationales, à commencer par celle de la France.

La coopération constitue le complément naturel de l'indépendance nationale et la matrice fonctionnelle de sa politique extérieure. Comme le Général n'a de cesse de le clamer, la France, une fois son « indépendance nationale recouvrée », « en dépit des idéologies et des hégémonies des colosses, malgré les pressions et les préventions des races, par-dessus les rivalités et les ambitions des nations », s'autoérige en « un champion de la coopération[2] ». Il en fait même une grande « ambition nationale ». Ce concept traduit la volonté de la France gaullienne de mener une politique de très large entente avec tous les peuples qui veulent avoir avec elle des relations amicales. Elle intéresse non seulement les pays du Tiers-Monde, à commencer par les pays africains francophones. Elle concerne également les nations de l'Europe de l'Est (URSS, démocraties populaires) dans le cadre d'une grande politique de détente. Elle s'applique enfin à l'ensemble des pays occidentaux bien que l'histoire et la géographie posent en termes quelque peu différents les formes de cette coopération.

Pour le chef de l'État, il ne peut pas y avoir de politique durable de « grandeur » si la France ne représente que le seul intérêt national français. Elle doit « invoquer un principe universel ou assez largement connu pour obtenir le soutien actif ou tacite d'autres États[3] ». « Liberté et dignité des nations, écrivait en ce sens Maurice Couve de Murville : de l'une et de l'autre de Gaulle devenait ainsi en quelque sorte un symbole parce que mieux et plus fortement que quiconque il exprimait au nom de la France ce que les autres auraient voulu exprimer[4]. » Or, la coopération consiste fondamentalement en une relation partenariale. Elle fonde

1. Voir Pierre-Michel Durand, *L'Afrique et les relations franco-américaines. Aux origines de l'obsession américaine*, Paris, L'Harmattan, 2008.

2. Conférence de presse du général de Gaulle, 9 septembre 1965 (CDG, *Discours et Messages*, t. IV, *op. cit.*, p. 384).

3. Philip Cerny, *Une politique de grandeur. Aspects idéologiques de la politique extérieure de De Gaulle*, Paris, Flammarion, 1986, p. 145.

4. Maurice Couve de Murville, *Une politique étrangère*, *op. cit.*, p. 447.

entre des parties égales une association contractuelle pour agir ensemble dans un intérêt commun. La coopération suppose donc un certain rapport à autrui qui reconnaît l'autre comme autre, mais aussi comme un autre utile pour son ou ses propres desseins. Ce concept appliqué aux relations internationales se veut porteur d'un nouvel ordre mondial dans lequel les nations – souveraines et indépendantes – travailleraient ensemble au « progrès, à la sécurité et à la paix[1] ». Le monde régi par la coopération se refuserait à accorder au seul marché un rôle moteur dans le développement et les relations interétatiques. Elle s'oppose à la notion fondatrice de concurrence – sous sa forme antagonique – pour privilégier celle de collaboration librement acceptée entre partenaires égaux, au moins du point de vue juridique. Ce projet gaullien de nouvel ordre mondial doit permettre à la France de recouvrer pleinement sa liberté internationale en dépassant les clivages de la guerre froide.

Cette politique est servie par la maîtrise consommée du verbe gaullien, sa mise en scène et sa capacité de résonance internationale. Ses discours sont, par excellence, un outil de diffusion d'un message où tous les mots sont pesés et ciselés. Aucune place n'est laissée à l'improvisation car l'Homme du 18 juin 1940 sait parfaitement combien le choix des mots et du moment de leur expression publique peut faire ou défaire une politique. « Pour les hommes de ma génération, se souvient Édouard Balladur, de Gaulle était un héros qui faisait vivre à la France des moments esthétiques inoubliables. On le voyait toujours à travers le prisme du 18 Juin, entrée fracassante dans l'histoire de ce grand rebelle fondateur. Ce n'était plus lui que l'on voyait, mais son mythe[2]. » Par le verbe et par la représentation de lui-même associant étroitement un plan d'action immédiate et un passé reconstruit et idéalisé – tant sur l'histoire de sa personne que sur celle de la « France éternelle » – le Général permet à la France des années 1960 d'occuper sur la scène internationale une place bien au-delà de sa puissance réelle.

1. Discours du général de Gaulle devant le Sénat de la Communauté, 15 juillet 1959 (CDG, *Discours et Messages*, t. III, *Avec le renouveau. 1958-1962*, Paris, Plon, 1970, p. 112).

2. Édouard Balladur, *Deux Ans à Matignon*, Paris, Plon, 1995, p. 20.

Les difficultés franco-américaines

Les relations franco-américaines sont, sous les mandats du président Charles de Gaulle, à la fois passionnelles, confiantes et tendues. Pour de Gaulle, la France, les États-Unis et le Royaume-Uni forment les « trois puissances mondiales de l'Ouest[1] ». Mais ce statut de puissance doit lui être reconnu et se traduire dans leurs rapports en particulier dans l'organisation de la solidarité atlantique. La France et les États-Unis sont, à ses yeux, « les meilleurs alliés de nature [...] si le malheur devait arriver et si la liberté du monde était en cause[2] ». L'alliance franco-américaine face au danger totalitaire soviétique ne doit pas signifier la subordination de la France aux États-Unis, tel un vassal avec son suzerain. Pendant les années 1950, il n'a pas eu de mots assez durs pour fustiger la IVe République qui a accepté ce qu'il nomme « la docilité atlantique », refusant ainsi à la France d'être en mesure d'agir, par elle-même, tant en Europe que dans le monde.

Plus le contexte international est à la détente au cours des années 1960, plus le chef de l'État exprime sans fard sa volonté d'indépendance à l'égard des États-Unis. « Le fait que nous ayons repris notre faculté de jugement et d'action à l'égard de tous les problèmes, explique-t-il lors de son allocution aux Français du 27 avril 1965, semble parfois désobliger un État [les États-Unis] qui pourrait se croire, en vertu de sa puissance, investi d'une responsabilité suprême et universelle. Mais, qui sait si, quelque jour, l'intérêt que ce pays ami peut avoir à trouver la France debout ne l'emportera pas, de loin, sur le désagrément qu'il en éprouve à présent[3] ? »

Au-delà du refus de l'« hégémonie » américaine, le projet gaullien entend faire de la France l'aiguillon d'un nouvel ordre mondial. Elle y retrouverait un rôle de guide des nations, conforme à ce qu'il considère être son génie historique, qui assoirait durablement son « audience universelle ». « Comme, dans cette répartition de l'univers entre deux hégémonies et, par conséquent, en deux camps, la liberté, l'égalité et la fraternité des peuples ne trouvent

---

1. Conférence de presse du général de Gaulle, 5 septembre 1960 (CDG, *Discours et Messages*, t. III, *op. cit.*, p. 248-249).
2. Entretien du général de Gaulle avec Michel Droit, 14 décembre 1965 (CDG, *Discours et Messages*, t. IV, *op. cit.*, p. 428-429).
3. Allocution du général de Gaulle, 27 avril 1965 (CDG, *Discours et Messages*, t. IV, *op. cit.*, p. 357-358).

décidément pas leur compte, un autre ordre, un autre équilibre, sont nécessaires à la paix. Qui peut les soutenir mieux que nous pourvu que nous soyons nous-mêmes[1] ? »

L'Otan constitue, dès sa naissance, un point de cristallisation dans cette opposition franco-américaine quant à la place que la France gaullienne entend occuper sur la scène internationale et, en particulier, au sein du monde occidental[2]. Autant le Pacte atlantique est accepté par le général de Gaulle en 1949, parce que la France ne peut pas alors assurer seule sa sécurité face au danger soviétique, autant il refuse que soit confiée à un commandement intégré – dirigé par les seuls Américains – une partie importante des forces militaires françaises. Il entend également que cette alliance couvre tous les territoires français, y compris ses territoires d'outre-mer. Il réclame en vain, dès cette époque, une place importante pour la France dans la direction de l'Alliance atlantique.

En revenant au pouvoir en 1958, le Général entend, tout en maintenant la France au sein de l'Alliance atlantique, « à titre d'ultime précaution », la « dégager » de l'Otan afin, notamment, de pouvoir nouer avec l'URSS et les pays d'Europe de l'Est des relations visant à la détente. Surtout, il considère « que la défense d'un pays, tout en étant combinée, bien entendu, avec celle d'autres pays, doit avoir un caractère national. Comment, en effet, un gouvernement, un parlement, un peuple, à la longue, pourraient-ils apporter de toute leur âme, en temps de paix leurs dépenses et leurs services et, en temps de guerre, leurs sacrifices à un système où leur propre défense ne relèverait pas de leur propre responsabilité[3] ? ». Le Général voit donc dans l'Otan « l'organisation imposée à l'Alliance atlantique » et fustige « la subordination militaire et politique de l'Europe occidentale aux États-Unis d'Amérique[4] ».

Cette politique, il tente de la traduire en actes, dès son mémorandum du 17 septembre 1958, au président américain Dwight Eisenhower et au Premier Ministre britannique Harold MacMillan. Sa proposition d'un directoire à trois – « entre les puissances mondiales de l'Ouest » – ne rencontre pas l'assentiment

1. *Ibid.*, p. 358.
2. Voir Frédéric Bozo, *La France et l'Otan. De la guerre froide au nouvel ordre européen*, Paris, Masson, 1991 ; et Jenny Raflik, *La IVe République et l'Otan. Influence et dépendance. 1945-1958*, Rennes, PUR, 2013.
3. Conférence de presse du général de Gaulle, 5 septembre 1960 (CDG, *Discours et Messages*, t. III, *op. cit.*, p. 248-249).
4. CDG, *Mémoires d'espoir*, t. I, *op. cit.*, p. 177.

de Washington[1]. Que ce soit avec l'administration Eisenhower ou avec celles de Kennedy puis de Johnson, la revendication gaullienne d'un partage au sommet des responsabilités de l'Alliance reçoit une fin de non-recevoir. De Gaulle refuse parallèlement toutes les propositions américaines d'une force multilatérale qui permettrait à Washington de contrôler l'arme nucléaire française et d'en limiter le développement indépendant.

Le 7 mars 1959, le chef de l'État retire la flotte française de Méditerranée du commandement intégré de l'Otan. Cette première mesure est suivie, au cours des années suivantes, par d'autres retraits et formes de prise de distance à l'égard de l'Otan et de ses contraintes en termes de souveraineté. Comme il l'explique lors du conseil des ministres du 9 mai 1962, « il est normal que nous reprenions nos billes, non pas pour les sortir de l'Alliance atlantique, mais pour les employer dans l'Alliance atlantique en fonction de ce que nous croyons utile[2] ». En 1962, il retire la flotte française de l'Atlantique et de la Manche du commandement de l'Otan. Les forces françaises d'Algérie, au fur et à mesure de leur rapatriement en métropole, ne sont pas intégrées à l'Otan. Les forces américaines perdent le droit d'introduire des armements nucléaires sur le sol de la France qui reprend, parallèlement, le contrôle de son espace aérien. En mars 1966, le Rubicon est définitivement franchi avec l'annonce de la sortie de la France de l'Otan afin « de recouvrer sur son territoire l'entier exercice de sa souveraineté[3] ».

C'est un coup de tonnerre qui tend alors considérablement les relations franco-américaines pendant plusieurs mois. À Washington, bien que les intentions du Général soient connues depuis des années, la colère est vive et se vit comme un « coup de poignard[4] ». En France, centristes et socialistes condamnent ce coup porté à la diplomatie « atlantiste » qu'ils avaient mise en place sous la IVe République. Lors de la motion de censure qu'ils déposent contre le gouvernement de Georges Pompidou, François Mitterrand qualifie ce retrait de « volonté d'isolement fondée sur l'idée que le nationalisme est la vérité de notre temps ». Face aux critiques

---

1. Voir Thomas Gomart, « La matrice de la politique extérieure du général de Gaulle (1958-1962). »

2. Alain Peyrefitte, *C'était de Gaulle*, t. I, *La France redevient la France*, Paris, éditions de Fallois/Fayard, 1994, p. 288.

3. Lettre de CDG au président Lyndon B. Johnson, 7 mars 1966 (CDG, *Lettres, notes et carnets. Janvier 1964-juin 1966*, Paris, Plon, 1986, p. 261-262).

4. Éric Roussel, *Charles de Gaulle*, *op. cit.*, p. 1079-1080.

qui pleuvent, de Gaulle n'a de cesse, au cours des mois suivants, de fustiger « l'école du renoncement », en particulier les « dévots de l'obédience atlantique[1] ».

Toutefois, retrait ne signifie pas rupture avec l'Otan. Les liens de coopération sont redéfinis dès 1967 par les accords négociés entre le général Ailleret, chef d'état-major des armées, et le général Lemnitzer, commandant en chef de l'Otan. Si la France gagne une marge d'autonomie en cas d'intervention militaire de l'Otan, elle n'en reste pas moins une pièce maîtresse du dispositif de défense allié en Europe occidentale. D'ailleurs, la nouvelle relation fondée sur une coopération se fait au fil des ans et des décennies de plus en plus étroite[2].

De manière générale, le chef de l'État entend se dégager du suivisme de la diplomatie française – qu'il impute à la faiblesse de la IVe République – à l'égard des positions prises par les États-Unis. Dans la crise du Congo-Léopoldville, il repousse l'action de Washington, sous couvert de l'ONU, et mène un double jeu. Officiellement, la France, par son ministre des Affaires étrangères, prône la non-intervention dans les affaires intérieures. Officieusement, elle mène des opérations secrètes en faveur de la sécession du Katanga. De même, le Général est le premier chef d'État occidental à apporter son soutien aux États-Unis lors de la crise des missiles de Cuba en 1962. Mais, lorsque Washington rompt ses relations diplomatiques avec La Havane, de Gaulle refuse de suivre la recommandation américaine en faveur d'un embargo et maintient son ambassade sur place. Au cours des années suivantes, ce refus de suivisme se fait de plus en plus ostentatoire et critique, en particulier en Asie.

Le chef de l'État fustige la politique américaine de soutien au Sud-Vietnam qui ne peut conduire qu'à un engagement militaire massif des États-Unis dans la région[3]. Mais cette critique de fond est initialement peu audible. Le gouvernement français mène une diplomatie discrète auprès de Washington et défend une solution négociée au conflit sur la base de la déclaration politique de Genève de juillet 1954. Lors de la visite du président Kennedy

1. Allocution du général de Gaulle, 10 août 1967 (CDG, *Discours et Messages*, t. V, *Vers le terme. 1966-1969*, Paris, Plon, 1970, p. 203).

2. Frédéric Bozo, *La France et l'Otan : actes du colloque tenu à l'École militaire, 8, 9 et 10 février 1996, à Paris,* Bruxelles, Complexe, 1996, p. 146.

3. Voir Pierre Journoud, *De Gaulle et le Vietnam (1945-1969)*, Paris, Tallandier, 2011.

à Paris, le 31 mai 1961, de Gaulle le met en garde contre tout engrenage fatal en Indochine : « À partir du moment où des nations se sont éveillées, aucune autorité étrangère, quels que soient ses moyens, n'a de chance de s'y imposer [...] Je vous prédis que vous irez vous enlisant pas à pas dans un bourbier militaire et politique sans fond, malgré les pertes et les dépenses que vous pourrez y prodiguer. Ce que vous, nous et d'autres devons faire dans cette malheureuse Asie, ce n'est pas de nous substituer aux États sur leur propre sol, mais c'est de leur fournir de quoi sortir de la misère et de l'humiliation qui sont, là comme ailleurs, les causes des régimes totalitaires. Je vous le dis au nom de l'Occident[1]. »

Ses mises en garde ne sont guère entendues. Sous la houlette du président Johnson, l'engagement militaire de Washington se fait massif. Les réserves gaulliennes se font alors critiques publiques. Le chef de l'État condamne l'intervention militaire américaine, qui déstabilise un peu plus encore cette partie de l'Asie, ainsi que leurs bombardements sur Hanoï et les villes du Nord-Vietnam. Pour lui, les États-Unis se trompent de guerre : les communistes du Nord peuvent jouer sur l'aspiration de tous les Vietnamiens à la réunification et se présenter comme les champions de l'indépendance. Il est donc vain d'espérer conserver le Sud-Vietnam au « monde libre », à plus forte raison par l'intervention massive d'une armée étrangère. Il recommande en conséquence le départ des troupes américaines – du moins l'annonce de leur retrait – pour amorcer un processus de négociation[2].

De Gaulle entend marquer à la face du monde la différence et l'indépendance de la France. Le 2 septembre 1966, aux côtés de SAR le prince Norodom Sihanouk, dont il soutient la politique neutraliste, le Général prononce un grand discours à vocation planétaire, dans le stade de Phnom Penh, qui contribue un peu plus encore à refroidir les relations franco-américaines. Il expose, à quelques centaines de kilomètres des zones de combat, sa vision de la guerre et donc sa condamnation implicite de l'engagement militaire américain. Il fustige « les illusions relatives à l'emploi de la force » qui constituent des menaces pour la paix dans le monde. Il réitère l'impérieuse nécessité d'une solution négociée demandant aux États-Unis d'opter, au nom du « génie de l'Occident »,

1. CDG, *Mémoires d'espoir*, t. I, *op. cit.*, p. 269.
2. Lettre de CDG à Lyndon B. Johnson, 5 février 1966 (CDG, *Lettres, notes et carnets*, *op. cit.*, p. 249-250).

pour « un arrangement international organisant la paix et le développement d'une importante région du monde[1] ». Cette perspective qu'il trace, dans un fracas médiatique de portée mondiale, implique de « tirer les conclusions quant aux relations à établir » avec la République populaire de Chine (RPC) (la reconnaître) et « quant à la place qui lui revient aux Nations unies[2] » (lui donner le siège de membre permanent du Conseil de sécurité alors tenu par Taiwan). Au cours des mois suivants, le chef de l'État poursuit ses critiques publiques contre « la guerre odieuse[3] » que mènent les États-Unis au Vietnam. De manière générale, il s'efforce plus que jamais de s'affranchir de l'Amérique dans sa croisade contre les blocs. Ses initiatives, le plus souvent tonitruantes, témoignent même d'un « certain messianisme » comme s'il travaillait pour des objectifs dont il sait, l'âge venant, qu'il ne verra pas l'aboutissement[4].

Il faut attendre 1968 pour que le Général s'efforce de renouer des relations plus cordiales et confiantes avec Washington. Le changement d'administration présidentielle américaine y contribue ; de Gaulle n'ayant jamais eu – et réciproquement – beaucoup d'estime pour le président Lyndon Johnson qu'il surnomme, sans aménité, « le cow-boy radical[5] ». Le discours gaullien se fait dès lors moins offensif publiquement. Parallèlement, la diplomatie française fait jouer différents canaux pour favoriser l'ouverture de négociations secrètes à Paris entre Nord-Vietnamiens et Américains. Elles débutent au printemps 1968. Cela n'empêche pas le gouvernement français d'œuvrer, cette fois en coulisse, à l'arrêt des bombardements américains sur le Nord-Vietnam. La visite à Paris du président Richard Nixon, entre le 28 février et le 2 mars 1969, marque la réconciliation franco-américaine mais pas la fin des différends.

---

1. CDG, *Discours et Messages*, t. V, *op. cit.*, p. 77-78.
2. Conférence de presse du général de Gaulle, 28 octobre 1966 (CDG, *Discours et Messages*, t. V, *op. cit.*, p. 100).
3. Conférence de presse du général de Gaulle, 27 novembre 1967 (CDG, *Discours et Messages*, t. V, *op. cit.*, p. 235).
4. Éric Roussel, *Charles de Gaulle*, *op. cit.*, p. 1091-1092.
5. Alain Peyrefitte, *C'était de Gaulle*, t. II, Paris, éditions de Fallois/Fayard, 1997, p. 48.

« Faire de la France le champion d'une Europe européenne[1] »

La conception gaullienne de la construction européenne se fonde sur une libre association d'États souverains sur le mode de la stricte coopération intergouvernementale[2]. Le modèle est celui d'une confédération très souple qui, dans les faits, serait une sorte de club européen dirigé par la France. Elle y trouverait un instrument de démultiplication de sa puissance sans pour autant perdre – par des transferts de souveraineté à un organisme européen supranational – sa capacité à mener une politique indépendante conforme à ses intérêts nationaux. Le cadre conceptuel qui sert de matrice à cette politique relève largement de l'Europe des puissances du XIXe siècle. La guerre froide ne change pas en profondeur cette conception mais la modifie pour tenir compte des réalités géostratégiques et du déclassement – jugé momentané – de la puissance française.

Sous la IVe République, le lancement de la construction européenne sur la base de l'intégration politique et économique rencontre l'opposition virulente du Général et des gaullistes. Son parti, le RPF, repousse catégoriquement toute forme d'aliénation de la souveraineté nationale à un organisme européen. Ils font campagne contre la CECA puis s'engagent dans une lutte à mort contre le projet d'armée européenne intégrée (la CED). La critique gaullienne contre la CED porte à la fois sur le caractère supranational du projet et l'absence de participation du Royaume-Uni. Il fustige également la dépendance envers les États-Unis au nom de l'indépendance nationale mais aussi d'une Europe puissance (à vocation française) à construire. L'échec de la CED ne marque pas pour autant la victoire de l'Europe des États-nations prônée par le général de Gaulle. Il ne peut rien contre la signature des traités de Rome en mars 1957 (CEE et Euratom).

1. CDG, *Mémoires d'espoir*, t. I, *op. cit.*, p. 23.
2. Sur les questions européennes, voir Pierre Maillard, *De Gaulle et l'Europe entre la Nation et Maastricht*, Paris, Tallandier, 1995 ; Gérard Bossuat, *Faire l'Europe sans défaire la France. 60 ans de politique d'unité européenne des gouvernements et des présidents de la République française (1943-2003)*, Bruxelles, Peter Lang, 2005 ; Anne Dulphy, Christine Manigand, *La France au risque de l'Europe*, Paris, Armand Colin, 2006 ; N. Piers Ludlow, *The European Community and the Crisis of the 1960s. Negotiating the Gaullist Challenge*, Londres, Routledge, 2007 ; Laurent Warlouzet, *Le Choix de la CEE par la France, L'Europe économique en débat de Mendès France à de Gaulle, 1955-1969*, Paris, CHEFF, 2011.

De retour à la tête de la France en 1958, le président du Conseil puis président de la République Charles de Gaulle maintient son opposition catégorique à toute construction européenne de type supranational, qu'il assimile à « la soumission de la France à une loi qui ne serait pas la sienne ». « Construire l'Europe, c'est-à-dire l'unir explique-t-il lors de sa conférence de presse du 5 septembre 1960, c'est évidemment quelque chose d'essentiel. Il est banal de le dire, pourquoi faudrait-il que ce grand foyer de la civilisation, de la force, de la raison, de la prospérité, étouffe sous sa propre cendre ? […] Se figurer qu'on peut bâtir quelque chose qui soit efficace pour l'action et qui soit approuvé par les peuples en dehors et au-dessus des États, c'est une chimère[1]. » Tout au long de ses mandats présidentiels, de Gaulle pourfend méthodiquement toute forme de « construction dans laquelle des technocrates formant un "exécutif" et des parlementaires s'investissant du législatif – la grande majorité des uns et des autres étant formée d'étrangers – auraient qualité pour régler le sort du peuple français[2] ». Il repousse catégoriquement toute forme de « construction apatride ».

De Gaulle dévitalise le traité de l'Euratom, réservant ainsi la fabrication de l'arme nucléaire, symbole et outil indispensable de la souveraineté, au cadre national. En revanche, il maintient la participation de la France au Marché commun. Il entend profiter de l'effet de levier pour l'économie française, tout en refusant la mise en place d'une gouvernance supranationale à travers le passage des procédures de vote à l'unanimité à la majorité qualifiée. Il n'accepte donc la CEE qu'à condition qu'elle n'ait pour objectif que « l'harmonisation des intérêts pratiques des six États » et « leur solidarité économique vis-à-vis de l'extérieur et, si possible, leur concertation dans l'action internationale[3] ».

Face au risque d'une Europe supranationale, il entend réaliser ses projets – défendus dès le temps du RPF – d'une union de l'Europe pour des raisons qui tiennent aux caractères communs des nations qui la composent, tant des points de vue historique, géographique, spirituel que culturel. Il lui paraît « conforme à leur nature qu'elles en viennent à former un tout, ayant au milieu du monde son caractère et son organisation ». Cette « union de l'Europe ne saurait

1. Conférence de presse du général de Gaulle, 5 septembre 1960 (CDG, *Discours et Messages*, t. III, *op. cit.*, p. 244-245).
2. CDG, *Mémoires d'espoir*, t. I, *op. cit.*, p. 180.
3. *Ibid.*, p. 194.

être la fusion des peuples », mais devrait se construire à partir des « seuls éléments valables » : les États. Elle doit « résulter de leur systématique rapprochement » et se concrétiser en un « concert des États européens » qui développerait entre eux « des liens de toutes sortes » qui assureraient leur solidarité[1]. Cela suppose « un concert organisé, régulier des gouvernements responsables et puis, aussi, le travail d'organismes spécialisés dans chacun des domaines communs, organismes subordonnés aux gouvernements[2] ».

Pour le chef de l'État, l'objectif est double : réunir les États européens occidentaux dans « une Europe européenne » – qui ne serait pas subordonnée aux États-Unis –, ce qui pourrait permettre un jour de « rassembler ses deux moitiés[3] ». « Cette union des Six, explique-t-il lors de sa conférence de presse du 21 février 1966, peut et doit être aussi un des môles sur lesquels seraient progressivement bâtis, d'abord l'équilibre, puis la coopération, et puis, peut-être un jour, l'union de l'Europe tout entière, ce qui permettrait à notre continent de régler pacifiquement ses propres problèmes, notamment celui de l'Allemagne, y compris sa réunification, et d'atteindre, en tant qu'il est le foyer capital de la civilisation, à un développement matériel et humain digne de ses ressources et de ses capacités[4]. »

Le refus gaullien d'une Europe supranationale se concrétise d'abord par la proposition d'une union politique de l'Europe fondée sur le respect des souverainetés nationales. Ce projet dit « plan Fouchet », le président français tente, pendant deux ans, de le faire aboutir auprès de ses partenaires de l'Europe des Six. Le 17 avril 1962, le couperet tombe lors de la réunion des ministres des Affaires étrangères des Six à Paris : c'est l'échec que de Gaulle explique par l'incapacité de ses partenaires européens à s'affranchir du « protectorat de Washington ». Toutefois, en refusant à la fois la supranationalité et l'entrée du Royaume-Uni, la diplomatie gaullienne est allée droit à l'échec[5]. Le projet gaullien d'Europe organisée, véritable puissance européenne guidée par la France, a vécu. L'idée même d'une Europe puissance, propre à la pensée gaullienne, ne suscite

1. *Ibid.*, p. 181-182.
2. Conférence de presse du général de Gaulle, 5 septembre 1960 (CDG, *Discours et Messages*, t. III, *op. cit.*, p. 245).
3. CDG, *Mémoires d'espoir*, t. I, *op. cit.*, p. 207.
4. CDG, *Discours et Messages*, t. V, *op. cit.*, p. 22.
5. Jean-Marie Soutou, *Un diplomate engagé. Mémoires 1939-1979*, Paris, éditions de Fallois, 2011, p. 246.

aucun consensus chez les partenaires européens tant ils craignent qu'elle soit au service des seuls intérêts français.

Le chef de l'État entend néanmoins dépasser cet échec en renforçant, à défaut d'une Union européenne, la coopération entre la France et l'Allemagne fédérale. La RFA constitue, dans ce schéma gaullien, un élément clé tant dans la construction du concert des États européens que dans les liens préférentiels et bilatéraux à tisser avec la France. L'échec du projet Fouchet pousse un peu plus encore le Général dans le sens de relations franco-allemandes étroites. Le traité de l'Élysée du 22 janvier 1963 concrétise cet axe majeur de sa politique européenne. Mais, pas plus que son projet d'« Europe européenne » puissance, la coopération franco-allemande ne débouche sur une distanciation du lien RFA-Otan/États-Unis et la création d'un couple franco-allemand pilier d'une défense européenne. L'administration Kennedy entreprend avec succès, dès les premiers mois de 1963, une diplomatie active pour neutraliser cette nouvelle entente franco-allemande. La République fédérale reste dépendante du parapluie nucléaire américain et hantée par la question de la réunification.

Parallèlement à cet approfondissement bilatéral franco-allemand, qui reste limité dans les faits, la République gaullienne s'oppose frontalement aux réformes de modalités de gouvernance de la CEE proposées par la commission Hallstein. La proposition sur le financement de la PAC, élaborée en 1965 par le président de la Commission, Walter Hallstein, est le point de départ de la grave crise politique dite de la « chaise vide ». La proposition de la Commission va dans le sens du développement des ressources propres des Communautés, indépendamment des États, et attribue des pouvoirs budgétaires supplémentaires au Parlement européen et un rôle accru à la Commission. De plus, le passage, au 1er janvier 1966, à la troisième étape de la période transitoire prévue pour l'établissement du Marché commun doit s'accompagner de l'application du vote majoritaire (et non plus à l'unanimité) au conseil des ministres de la CEE.

La France gaullienne ne peut accepter une telle évolution qu'elle considère comme un abandon inacceptable de souveraineté. Le général de Gaulle reproche par ailleurs à Walter Hallstein d'avoir préparé sa proposition budgétaire sans s'être préalablement concerté avec les gouvernements des États membres. La France craint enfin qu'une coalition d'États membres ne remette en cause, par le jeu de la décision majoritaire, la PAC. En refusant toute solution de compromis, Maurice Couve de Murville, ministre français des Affaires étrangères du gouvernement de Georges Pompidou, provoque l'échec des négociations en vue du règlement financier de la politique agricole. Le 1er juillet, le gouvernement français rappelle à Paris son représentant permanent à Bruxelles et fait connaître l'intention de la France de ne plus siéger au Conseil des ministres jusqu'à ce qu'elle obtienne gain de cause. C'est le début de la crise de la « chaise vide ». C'est en effet la première fois, depuis l'entrée en vigueur du traité de Rome en 1958, que la CEE voit son fonctionnement paralysé par un État membre.

Pendant six mois, au cours du second semestre 1965, le gouvernement français maintient le retrait de ses représentants des organismes européens. L'objectif n'est pas de briser le Marché commun, dont le chef de l'État mesure parfaitement l'intérêt que son maintien représente pour la France. Il s'agit d'utiliser cette crise pour mettre un terme à ce que les autorités françaises considèrent comme la « dérive fédérale » de la construction européenne et des institutions communautaires. Une sortie de crise est trouvée en janvier 1966 par le « compromis de Luxembourg ». Cette simple déclaration commune des Six, qui ne modifie pas juridiquement les textes, ne règle rien sur le fond du différend entre la France et ses partenaires européens. Il bloque, dans l'immédiat – c'est l'objectif du Général –, les évolutions de la construction européenne vers la supranationalité tandis que le chef de l'État continue, en vain, de prôner « une Communauté des Six » qui devienne, « de son côté et pour son compte, une réalité politique et, par là, un élément essentiel d'un équilibre pacifique du monde[1] ». Plus que jamais, la construction communautaire doit servir, estime le Général, les intérêts français[2].

Dans cette « Europe européenne » voulue par le Général, le Royaume-Uni n'a sa place qu'à la condition qu'il se détache d'« un système atlantique », incompatible avec toute affirmation d'une Europe indépendante. Outre que l'adhésion britannique poserait des problèmes techniques sur le fonctionnement du Marché commun, en raison du Commonwealth ainsi que de la livre sterling, ce sont bien des considérations politiques et stratégiques qui poussent de Gaulle à rejeter l'adhésion britannique officiellement

1. Allocution du général de Gaulle, 10 août 1967 (CDG, *Discours et Messages*, t. V, *op. cit.*, p. 200).
2. Éric Roussel, *Charles de Gaulle*, *op. cit.*, p. 1072.

demandée en 1961. Après plusieurs mois de vaines tractations avec les Six, le chef de l'État tranche, lors de sa conférence de presse du 14 janvier 1963, réitérant formellement son opposition à la candidature britannique à la CEE. Pour lui, le pays est inféodé aux États-Unis, notamment du point de vue de sa défense (agrément américano-britannique de Nassau de décembre 1962 et *Polaris Sales Agreement* d'avril 1963). Au-delà de la question de l'Europe, c'est un « défi sans précédent » pour les Anglo-Saxons. Et c'est un « véritable bras de fer, souligne Frédéric Bozzo, qui s'engage entre Paris et Washington dans les premiers mois de 1963[1] ».

Cette défiance à l'encontre de l'État le plus « atlantique », de Gaulle ne s'en départit pas par la suite. Et lorsque, le 10 mai 1967, la Chambre des communes vote la proposition du Premier ministre Harold Wilson de présenter à nouveau la candidature de la Grande-Bretagne à la CEE, le président français la balaie, lors de sa conférence de presse du 16 mai, au nom de « la formation d'un ensemble qui serait européen à tous égards et, de ce fait, deviendrait capable non seulement de peser son propre poids en fait de productions et d'échanges, mais encore d'agir un jour politiquement par lui-même et pour lui-même vis-à-vis de qui que ce soit[2] ».

Ce nouveau veto français suscite de sérieuses tensions entre Londres et Paris. Au point qu'en février 1969, des fuites savamment orchestrées au sein du Foreign Office, relatant un entretien confidentiel entre le Général et l'ambassadeur britannique à Paris, Christopher Soames, déclenchent une crise européenne ; Londres tentant, de manière fort peu diplomatique, de mettre en difficulté le chef de l'État et de nuire aux relations franco-allemandes[3]. Le gouvernement britannique apprécie également fort peu l'activisme français dans la sécession du Biafra qui menace l'intégrité de la fédération du Nigeria.

Les refus de la France suscitent également, pendant plusieurs années, une forte tension avec ses partenaires européens qui ne goûtent guère une Europe unie à direction française. Si le veto de 1961 contribue fortement à l'échec du plan Fouchet en 1961-1962, celui de 1967, qui fait suite à la « crise de la chaise vide » et au « compromis de Luxembourg », scelle un peu plus la défiance des

1. Frédéric Bozo, *La Politique étrangère de la France depuis 1945*, Paris, Flammarion, coll. « Champs Histoire », 2012, p. 90-91.

2. CDG, *Discours et Messages*. t. V, *op. cit.*, p. 172.

3. Claire Sanderson, *Perfide Albion ? L'affaire Soames et les arcanes de la diplomatie britannique*, Paris, Publications de la Sorbonne, 2011.

Cinq à l'encontre de la France gaullienne. Le Marché commun des produits industriels est certes mis en place en avance sur le calendrier et connaît déjà le succès escompté. Mais l'Europe politique reste à quai. Elle bute sur la conception gaullienne opposée à la supranationalité et sur le jeu des équilibres de puissance que cristallise la question de l'adhésion britannique.

Une ouverture calculée aux mondes communistes

Le système international, selon le général de Gaulle, se fonde avant tout sur le jeu des rivalités et intérêts des États-nations. Les idéologies demeurent une donnée largement minorée par le fait qu'à ses yeux « le monolithisme du monde totalitaire est en train de se disloquer[1] ». URSS et Chine, bien que communistes, s'opposent tandis que les démocraties populaires d'Europe de l'Est cherchent à s'émanciper de la tutelle soviétique. Dans ce schéma, la coopération forme un concept opératoire de sa vision des relations internationales qui doit permettre à la France de retrouver un rôle majeur sur la scène internationale. Elle dépasse la seule perspective franco-africaine et doit permettre de s'affranchir de l'organisation bipolaire du monde en développant cette forme de relations entre nations souveraines et indépendantes. La reconnaissance de la RPC en 1964 en atteste. Son voyage en URSS (juin-juillet 1966) constitue un autre moment important de cette réaffirmation d'une France forte et indépendante, porteuse d'une certaine conception des relations internationales et, plus précisément, de la détente européenne et mondiale.

Cette volonté de renouer des relations franco-soviétiques qui permettent une véritable coopération entre les deux États est manifeste chez de Gaulle dès son retour au pouvoir[2]. Pétri d'histoire et de géographie, il considère que la France a « beaucoup d'affinités naturelles et d'importants intérêts communs » avec la Russie

1. Conférence de presse du général de Gaulle, 23 juillet 1964 (CDG, *Discours et Messages*, t. IV, *op. cit.*, p. 227).

2. Sur les relations franco-soviétiques, voir Marie-Pierre Rey, *La Tentation du rapprochement. France et URSS à l'heure de la Détente (1964-1974)*, Paris, Publications de la Sorbonne, 1991 ; Thomas Gomart, *Double Détente. Les relations franco-soviétiques de 1958 à 1964*, Paris, Publications de la Sorbonne, 2003 ; Maurice Vaïsse, *De Gaulle et la Russie*, Paris, CNRS éditions, 2006 ; et Hélène Carrère d'Encausse, *Le Général de Gaulle et la Russie*, Paris, Fayard, 2017.

« par-dessus les régimes qui passent[1] ». C'est lui qui, en sa qualité de président du GPRF, a signé le pacte franco-soviétique, à Moscou, en décembre 1944. L'objectif était alors d'établir une alliance contre une Allemagne nazie en voie d'écrasement et contre toute possibilité de résurgence du militarisme allemand. Ce pacte illustrait également une certaine conception des relations européennes qui relevait plus du Concert européen du XIXe siècle que de la guerre froide naissante. Mais, pas plus en 1958 qu'au cours des années suivantes, cette volonté gaullienne ne peut se traduire en actes. Le contexte est particulièrement défavorable : guerre d'Algérie jusqu'en 1962, crise de Berlin en 1961 et crise des missiles de Cuba en 1962, sans compter le traité de l'Élysée de janvier 1963 qui inaugure un rapprochement franco-allemand qui se veut étroit, au grand dam de l'URSS. Aux campagnes soviétiques contre la politique algérienne de la France, puis les anathèmes à l'encontre de son alignement sur la politique « revanchiste » de l'Allemagne, répondent les sévères critiques du Général contre l'expansionnisme de la Russie en Europe et son action de « domination coloniale en Asie[2] ».

Ce n'est qu'au cours de l'année 1964 que le « dégel » s'amorce progressivement entre Paris et Moscou avec en particulier la signature du traité de commerce franco-soviétique et le développement des contacts culturels. Pour les Soviétiques, il s'agit d'obtenir de la France une position plus ouverte sur leur proposition d'une conférence sur la sécurité en Europe – sans les Américains – qui consacrerait le *statu quo* issu de la Seconde Guerre mondiale et qui permettrait d'affaiblir l'Alliance atlantique. Le Général entend, quant à lui, s'engager résolument dans la politique de détente qu'il prône au nom d'une France indépendante et pacifique.

Se refusant à la politique des blocs qui conduit à un alignement de la France sur les positions américaines, le gouvernement français multiplie les contacts à l'est du « rideau de fer » et teste « sa » détente. Comme l'affirme notamment le Général à Bucarest le 14 mai 1968, « il n'y a plus pour elle [l'Europe] d'idéologies ni d'hégémonies qui vaillent en comparaison des bienfaits de la détente, de l'entente et

1. Allocution du général de Gaulle, 11 décembre 1965 (CDG, *Discours et Messages*, t. IV, *op. cit.*, p. 410-411).

2. Note de la direction des Affaires politiques-Europe du ministère des Affaires étrangères au sujet des relations franco-soviétiques (1958-1966), Paris, 26 mai 1966 (Fondation Charles-de-Gaulle, fonds AC98).

de la coopération entre toutes les parties d'elle-même[1] ». Le chef de l'État reçoit le président du Conseil des ministres roumain Maurer en juillet 1964, puis ses *alter ego* polonais Cyrankiewicz (septembre 1965), bulgare Todor Jivkov (octobre 1966), tchécoslovaque Josef Lenart (octobre 1967) et hongrois Jeno Fock (mars 1968). En retour, il effectue des voyages en Pologne (septembre 1967) et en Roumanie (en pleine crise de Mai 68). Dans l'esprit du Général, la détente doit se construire par des contacts et des coopérations à mettre en place entre les États, par-delà les blocs. C'est à partir de cette détente de fait qu'une solution à la question allemande – avec un éventuel traité de paix – pourra être apportée et non l'inverse. Le ministre des Affaires étrangères soviétique Andreï Gromyko effectue une visite remarquée à Paris en avril 1965 qui traduit le « réchauffement » des relations bilatérales. Cette convergence franco-soviétique se concrétise l'année suivante avec le voyage du chef de l'État en URSS (20 juin-1er juillet).

Cette visite gaullienne en URSS constitue un acte fondateur à plus d'un titre. Il pose les relations franco-soviétiques pour plusieurs décennies. Les convergences se retrouvent tant sur les relations entre les deux capitales que dans le domaine du système international et de ses problèmes. Il est décidé d'améliorer les relations politiques et commerciales entre les deux pays par le biais de commissions spécialisées et au-delà les rapports intereuropéens. De Gaulle et Brejnev partagent également la volonté d'une réorganisation de l'ONU suivant le strict respect de la charte (non-intervention), ce qui implique un Conseil de sécurité qui joue pleinement son rôle directeur et de manière collégiale. Il y a également convergence sur la question du Vietnam puisque tant Moscou que Paris sont hostiles, pour des raisons différentes, à l'engagement militaire américain.

Mais il y a une divergence de fond sur la question de l'Allemagne. Le Général se refuse à reconnaître la zone soviétique d'occupation comme un véritable État et prône une attitude plus conciliante de Moscou à l'égard de Bonn. Enfin, tout en demeurant ambigu, de Gaulle se refuse à rentrer dans le jeu soviétique qui, sous couvert de rapprochement franco-soviétique et dans la perspective d'une détente européenne à travers sa proposition de conférence sur la sécurité européenne, entend séparer l'Europe de l'Ouest des

---

1. Réponse au toast adressé par SE M. N. Ceausescu, président du Conseil d'État de la république socialiste de Roumanie, Bucarest, 14 mai 1968 (CDG, *Discours et Messages*, t. V, *op. cit.*, p. 279).

États-Unis en ressuscitant le thème « l'Europe aux Européens » des années 1950.

Ce voyage n'en constitue pas moins un coup de tonnerre médiatique en Europe et en Amérique. Il traduit la volonté d'un nouveau départ dans les relations franco-soviétiques. La commission mixte franco-soviétique est mise en place dans la foulée et le Premier ministre Kossyguine est reçu en grande pompe à Paris (1er-9 décembre 1966).

La coopération ne donne cependant pas les résultats escomptés au grand dam du Général. L'intervention militaire soviétique de « normalisation » du « Printemps de Prague » fin août 1968 sonne comme un échec de sa politique. S'il condamne « les événements dont la Tchécoslovaquie vient d'être le théâtre et la victime à l'intérieur du bloc communiste », il le fait surtout « au regard des perspectives de détente européenne » qui en pâtissent. De Gaulle n'en maintient pas moins la justesse de sa politique européenne et ne modifie pas fondamentalement le cap donné dans les relations franco-soviétiques. Quelques mois plus tard, elle inspire la RFA du nouveau chancelier allemand Willy Brandt (*Ostpolitik*). Cette répression sanglante conforte de Gaulle dans sa conviction qu'« il est trop tard pour qu'aucune idéologie, notamment le communisme, ne l'emporte sur le sentiment national ». Pour le chef de l'État, la France doit plus que jamais « travailler partout, et d'abord sur notre continent, d'une part pour l'indépendance des peuples et la liberté des hommes, d'autre part pour la détente, l'entente et la coopération[1] ». Dans l'immédiat, l'écrasement du « Printemps de Prague » signe en partie l'échec du rapprochement esquissé et de ses objectifs européens et internationaux.

La reconnaissance de la RPC, le 27 janvier 1964, est un autre geste fort. De Gaulle entend montrer que la France, bien que membre de l'Alliance atlantique, est une nation indépendante et que cette reconnaissance, audacieuse pour l'époque en Occident, ne doit rien à ses alliés, à commencer par les États-Unis[2]. Elle se fonde d'abord sur la nécessaire prise en compte d'une évidence : comment continuer à ignorer le pays le plus peuplé du monde (700 millions d'habitants) et ne voir en la Chine que Taiwan pour

1. Conférence de presse du général de Gaulle, 9 septembre 1968 (CDG, *Discours et Messages*, t. V, *op. cit.*, p. 334-335).

2. Voir Bernard Krouck, *De Gaulle et la Chine. La politique française à l'égard de la République populaire de Chine*, Paris, Les Indes savantes, 2012.

des raisons idéologiques ? De plus, comment pourrait-on rechercher la paix, du moins une certaine stabilité du système international, notamment en Asie, en ignorant l'une de ses principales puissances ? La reconnaissance de la RPC s'inscrit donc bien dans une volonté de coopération avec un des futurs géants de la planète et de dépassement de la logique bipolaire du système international. En outre, dans un contexte d'engrenage militaire dans la péninsule indochinoise, la clé d'une solution politique négociée peut passer, comme en 1954, par l'action modératrice de Pékin. Enfin, en reconnaissant la RPC comme seul gouvernement chinois authentique, la France escompte le développement des échanges économiques et culturels forts ainsi qu'un dialogue politique de haut niveau sur les grandes questions internationales. Déjà, en 1963, les gouvernements chinois et français s'étaient refusés – de manière séparée – à soutenir le traité de Moscou sur l'interdiction des explosions atomiques.

Ce coup de tonnerre d'une France gaullienne, acteur souverain de la scène internationale, ne connaît pas, au cours de la seconde moitié des années 1960, les résultats escomptés. Le gouvernement chinois est manifestement moins intéressé que son homologue français par les développements de cette coopération bilatérale. Pis, quelques mois plus tard, la Révolution culturelle ferme le pays jusqu'au début de la décennie suivante. Mais, pour de Gaulle, l'action fondatrice de janvier 1964 ouvre une page de coopération riche pour l'avenir dont ses successeurs profiteront. Elle constitue un des moments clés dans la traduction en actes de sa politique d'indépendance nationale et de réaffirmation de la France dans le monde.

Une France championne de la cause du Tiers-Monde

La perte de toute forme de souveraineté de la France sur son ancien empire colonial conduit le général de Gaulle à repenser les instruments de l'influence française dans le monde, tout particulièrement en ce qui concerne les pays issus de la défunte Communauté. Une nouvelle ère des relations franco-africaines s'ouvre sur le principe de l'égalité juridique entre États indépendants même si cette égalité théorique est contredite, dans les faits, par l'aide vitale apportée par Paris à ses partenaires africains francophones.

Ces pratiques empiriques d'aide des premières années consécutives aux indépendances sont, dès janvier 1964, théorisées sous le vocable de « coopération ». Surtout, Charles de Gaulle entend dépasser « le cadre africain » pour en faire « une politique mondiale[1] » porteuse d'une vision novatrice et positive de la France sur la scène internationale.

La France, une fois « libérée » du poids de ses colonies, peut dès lors mener une grande politique mondiale d'aide au développement et se poser en championne de la cause du Tiers-Monde. La nouvelle diplomatie gaullienne vise à positionner la France à l'avant-garde des pays riches qui veulent œuvrer pour un développement harmonieux de la planète. La France doit trouver dans cette « grande ambition[2] » une justification propre à sa vocation universelle et à sa volonté de grandeur.

De Gaulle manifeste un certain attachement aux peuples d'Afrique noire en souvenir de la France libre. Il y a aussi chez lui l'empreinte du christianisme social dans sa volonté d'aide aux pays en voie de développement. La considération éthique rejoint ici le projet géopolitique de puissance même s'il ne faut pas exagérer le poids de cette empreinte dans la définition et surtout l'application de la politique française d'aide au développement. Toutefois, la vision du Tiers-Monde du général de Gaulle ne relève pas que d'une conception réaliste de la puissance qui entend maintenir à l'État-nation France un statut mondial. Pour le Général, une telle politique constitue également un facteur fondamental de stabilisation du système international car aucune paix durable n'est possible si le monde reste divisé entre pays pauvres et riches. Le Général considère le problème du sous-développement comme la question majeure de la deuxième moitié du XXe siècle. Il regrette que cette « question mondiale par excellence[3] » soit dangereusement compliquée par le fait qu'elle s'insère dans le contexte de la guerre froide.

Le concept gaullien de « coopération » constitue la matrice fonctionnelle fondamentale de ce schéma de puissance. On y retrouve d'abord toute la politique de coopération entre la France et les anciens territoires de son empire : l'Afrique subsaharienne

1. Conférence de presse du général de Gaulle, 31 janvier 1964 (CDG, *Discours et Messages*, t. IV, *op. cit.*, p. 173).
2. *Ibid.*, p. 174.
3. *Ibid.*, p. 245.

francophone, à partir de 1960, mais aussi avec les pays du Maghreb. Par exemple, le traité franco-algérien d'Évian de mars 1962, outre les clauses qui organisent le cessez-le-feu et les conditions générales de la paix et de l'indépendance de l'Algérie, pose les bases d'une coopération franco-algérienne que le général de Gaulle veut exemplaire. Elle doit être le symbole de la nouvelle France qui a définitivement abandonné la colonisation comme moyen de puissance. Déçu par les résultats de cette coopération franco-algérienne, il entend dès lors relancer une grande politique maghrébine et arabe en s'appuyant tout particulièrement sur le Maroc du roi Hassan II. Le projet tourne court en raison des responsabilités marocaines dans l'enlèvement et la disparition de Medhi Ben Barka en plein Paris à l'automne 1965.

Au-delà de l'ancienne Afrique du Nord française, la politique gaullienne de coopération vise également à tisser ou plutôt à retisser des liens avec le monde arabe dans son ensemble. Une fois la guerre d'Algérie achevée et l'opposition du monde arabe envers la France désamorcée, il s'agit désormais de renouer avec une grande politique arabe qui doit être un des volets de la politique mondiale de détente et de coopération. La politique moyen-orientale du Général est marquée par le rééquilibrage entre Israël et les États arabes.

Au seuil des années 1960, la Ve République a progressivement pris ses distances avec les « liens spéciaux et très étroits » noués par la IVe avec Israël – qui bénéficie du soutien quasi inconditionnel des États-Unis –, tout en continuant à lui vendre des armements. Ce rééquilibrage trouve son paroxysme – notamment médiatique – lors de la guerre des Six Jours en juin 1967. Afin d'éviter toute nouvelle escalade, la France gaullienne avertit que le premier qui tirerait serait l'agresseur. Outre l'embargo sur les armes, le gouvernement français condamne, le 15 juin, la guerre déclenchée (et remportée facilement) par l'État hébreu. Le 22 novembre, le représentant français au Conseil de sécurité vote la résolution 242 qui demande la fin de l'occupation militaire israélienne des territoires palestiniens au grand dam des Israéliens. Surtout, cinq jours plus tard, lors de sa conférence de presse, le général de Gaulle réitère qu'« un règlement doit avoir pour base l'évacuation des territoires qui ont été pris par la force ». Mais il le fait en des termes qui choquent : « les Juifs » sont qualifiés de « peuple d'élite, sûr de lui-même et dominateur[1] ». En France, la presse et l'opposition se déchaînent et certains accusent même le chef de l'État d'antisémitisme. Le trouble est grand auprès de l'opinion française puisque 60 % des sondés se déclarent favorables à Israël. Le désaveu de l'action gaullienne est fort et inhabituel en matière de politique étrangère, y compris au sein de la majorité. Des caciques gaullistes, comme Michel Debré, Roger Frey ou encore Maurice Schumann, soutiennent publiquement de cœur la cause israélienne. La guerre des Six Jours donne cependant l'occasion au Général d'ouvrir la voie à une diplomatie plus équilibrée entre les protagonistes de ce conflit et de renforcer considérablement la position de la France dans le monde arabe. Le moment et la forme de ce changement restent contestables et contestés[2].

Un autre coup de tonnerre gaullien défraie, dans le même temps, la chronique nationale et internationale. Le 24 juillet 1967, du haut du balcon de l'hôtel de ville de Montréal, le Général lance un tonitruant « Vive le Québec libre ! ». Cet appel en faveur de l'autodétermination du Québec, partie intégrante du Canada, État allié membre de l'Alliance atlantique, suscite une vive tension avec le gouvernement fédéral d'Ottawa. De Gaulle écourte sa visite et rentre en France. Le coup d'éclat a été mûrement réfléchi et ne relève pas du propos de circonstance dans la ferveur de l'accueil populaire. Il s'inscrit pleinement dans la contestation de l'hégémonie américaine avec pour toile de fond le fait de « payer la dette de Louis XV[3] ». Avec le traité de Paris de 1763, la France abandonnait le Canada et ses habitants au Royaume-Uni. Plus que le développement du fait francophone, c'est l'affirmation du « fait français au Canada » et au-delà de « la communauté française » dans le monde qui est poursuivie par le Général[4]. Le Premier ministre Georges Pompidou se montre, en privé, critique sur « les formules du Général sur le peuple juif et sur le Québec libre, ces drames en série [...]. Tout ça, explique-t-il à Alain Peyrefitte le 31 août 1967, qu'est-ce que ça peut nous rapporter ? Seulement

1. Conférence de presse du général de Gaulle, 27 novembre 1967 (CDG, *Discours et Messages*, t. V, *op. cit.*, p. 232-233).

2. Éric Roussel, *Charles de Gaulle*, *op. cit.*, p. 1126.

3. Voir Frédéric Turpin, *La France et la francophonie politique. Histoire d'un ralliement difficile*, Paris, Les Indes savantes, 2018, p. 43-44.

4. Lettre du général de Gaulle au Premier ministre du Québec Daniel Johnson, 8 septembre 1967 (citée in *Les Cahiers d'histoire du Québec au XX*^e^ *siècle*, n° 7, printemps 1997, p. 97-98).

des ennuis. Mais il a l'impression de faire avancer l'histoire par un événement phare[1] ». Le ministre des Affaires étrangères, le fidèle Maurice Couve de Murville, qualifie en privé cette sortie de « connerie ». La presse française et étrangère se montre sévère à l'image du *Monde* qui, sous la plume d'Hubert Beuve-Méry, s'en prend à l'« hypertrophie maladive du moi » du Général : « ses intuitions politiques, souvent justes à l'origine, apparaissent vite dénaturées par une large surestimation du rôle et des possibilités de la France[2] ». Plus que jamais le caractère imprévisible des initiatives du chef de l'État vieillissant, avec les raisonnements et les réflexions d'un homme de son âge, interpelle ses contemporains.

La politique de coopération franco-africaine constitue le modèle d'aide au développement propre à la France et par là une nouvelle expression de sa vocation universelle puisque le chef de l'État souhaite l'étendre à l'ensemble du Tiers-Monde[3]. Par cette politique, la France du général de Gaulle entend reprendre le flambeau dont elle se considère être la détentrice, à savoir de « témoigner » et d'« inspirer[4] » le monde. Le choix d'une politique mondiale de coopération, initiée pour des raisons historiques et géographiques par l'Afrique noire, ne se réduit donc pas à une simple option technique parmi d'autres visant au prolongement d'une sphère d'influence traditionnelle. Il renvoie plus profondément à l'identité et à l'image que la France et ses dirigeants veulent donner de leur pays[5].

La politique française à l'égard de ses anciennes colonies africaines s'inscrit dans une politique plus générale à l'égard du Tiers-Monde. Elle forme un des volets, qui se veut exemplaire, du modèle d'aide au développement dispensé par la France nouvelle issue de l'ère coloniale. Elle est également conçue comme un multiplicateur de puissance qui permet au gouvernement français de « peser » dans les affaires du monde d'un poids supérieur à celui de la seule France. Pour cela, à partir de la fin de la Communauté institutionnelle en 1960, le gouvernement français s'efforce

1. Alain Peyrefitte, *C'était de Gaulle*, t. III, Paris, éditions de Fallois/Fayard, 2000, p. 350.
2. Éric Roussel, *Charles de Gaulle*, *op. cit.*, p. 1140-1142.
3. Voir Frédéric Turpin, *De Gaulle, Pompidou et l'Afrique. Décoloniser et coopérer (1958-1974)*, Paris, Les Indes savantes, 2010.
4. Maurice Couve de Murville, *op. cit.*, p. 431.
5. Voir Marie-Claire Smouts, Jacques Adda, *La France face au Sud. Le miroir brisé*, Paris, Karthala, 1989.

d'organiser puis de maintenir un véritable bloc politique formé par les États d'Afrique noire francophone : Union africaine et malgache (UAM) puis Organisation de coopération africaine et malgache (Ocam). Ce regroupement, influencé par Paris, joue un rôle stabilisateur sur le continent africain. La France gaullienne entend par la constitution de ce bloc, fondé sur les liens historiques existants, sur la politique d'aide et de coopération dispensée par elle et sa protection diplomatique et militaire, disposer d'un solide relais pour son influence tant en Afrique que dans le monde. En termes de rayonnement mondial, le bloc de l'Afrique noire francophone et de Madagascar doit symboliser, aux yeux de tous, que la France est une puissance de « standing international » avec sa propre sphère d'influence, avec « des amis qui soient des amis particuliers[1] ». Ils constituent aussi un renfort appréciable lorsque celle-ci se trouve mise en accusation sur la scène internationale (pendant la guerre d'Algérie ou lors de ses essais nucléaires), en particulier au sein de l'Assemblée générale de l'ONU.

À la suite du rapport de la commission d'études de la politique de coopération avec les pays en voie de développement, présidée par Jean-Marcel Jeanneney, en 1963, de Gaulle, tout en réaffirmant la priorité à la coopération française en faveur de l'Afrique francophone, fixe désormais comme objectif à terme de « mondialiser » son application. La France doit ainsi apparaître comme la nation qui joue un rôle moteur dans l'aide au développement au point de faire de sa politique de coopération franco-africaine le modèle français d'aide au développement susceptible d'être étendu à l'échelle mondiale. Le Général effectue en ce sens un voyage au Mexique en mars 1964 et surtout une grande tournée en Amérique latine (21 septembre-16 octobre 1964)[2]. Il parcourt ainsi 20 000 kilomètres et visite, au cours de l'année 1964, onze pays d'Amérique latine. L'Homme du 18 juin y reçoit un accueil populaire enthousiaste. Cette volonté de poser la coopération française en modèle d'aide au développement et en concept novateur des relations internationales excède toutefois largement les moyens de la France. Le charisme international du Général ne peut qu'un

1. Entretien du général de Gaulle avec Michel Droit, 14 décembre 1965 (CDG, *Discours et Messages*, t. IV, *op. cit.*, p. 451).

2. Voir Denis Rolland, *La Crise du modèle français. Marianne et l'Amérique latine, culture, politique et identité*, Rennes, PUR, 2000 et Maurice Vaïsse (dir.), *De Gaulle et l'Amérique latine*, Rennes, PUR, 2014.

temps sauver les apparences. Face au caractère indispensable de l'aide des États-Unis et au danger des révolutions castristes, une sorte de troisième voie se révèle impossible[1]. Le grand dessein gaullien ne connaît pas le succès escompté et dès 1965-1966, la coopération, tout en conservant son caractère d'exemplarité française en matière d'aide au développement, se restreint finalement surtout au maintien du « pré carré africain » de la France.

Parallèlement, la France défend une politique d'aide au développement au niveau mondial qui correspond à ce qu'elle a fait dans son empire et continue, pour partie, avec la coopération franco-africaine. Paris met en avant une politique volontariste fondée sur des processus de stabilisation des cours des matières premières et des produits tropicaux. À l'instar de la PAC, farouchement défendue par la France dans l'Europe des Six, elle prône des organisations mondiales de régulation des cours des matières premières. L'idée de régulation des cours des matières premières, qui forment l'essentiel des recettes d'exportation des pays en voie de développement, ne lui est certes pas propre. Mais elle constitue un des fondements du modèle français d'aide au développement déjà utilisé du temps de l'Union française puis de la Communauté franco-africaine à travers des caisses de stabilisation par produit. La diplomatie gaullienne développe cette argumentation au moins à deux niveaux. D'abord à l'échelle internationale, lors de la première Conférence des Nations unies sur le commerce et le développement (Cnuced) à Genève en 1964, la délégation française, conduite par André Philip, met en avant la nécessité de la régularisation des cours comme moyen durable de développement des économies sous-développées. Elle réitère ses propositions lors de l'Assemblée générale du FMI en septembre 1967. Surtout, la France s'efforce de convaincre ses partenaires européens de la CEE d'envisager des organisations de marché pour les produits tropicaux des pays, territoires puis États qui lui sont associés, et ce selon des modèles proches de celui de la PAC. Il s'agit, pour le gouvernement français, d'étendre ce système à un groupe de pays bailleurs de fonds car la France seule n'est plus en mesure de supporter durablement de telles charges. À défaut de réussir à l'imposer à ses partenaires européens, la France obtient avec la convention d'association Europe – Afrique de Yaoundé I

1. Éric Roussel, *Charles de Gaulle*, *op. cit.*, p. 1034-1038.

(1964-1969) – des aides européennes transitoires et dégressives à l'adaptation des productions à la commercialisation aux prix mondiaux. Cette politique ne trouve qu'en partie sa concrétisation en 1975 avec la signature de l'accord de Lomé entre la CEE et les pays Afrique-Caraïbe-Pacifique.

*
* *

Charles de Gaulle a incontestablement imprimé sa marque, pour plusieurs décennies, sur la conception de la puissance de la France et un de ses instruments, sa politique étrangère. Le sillon gaullien ne vaut pas seulement pour les principes (indépendance, coopération, paix au service de la grandeur nationale), qu'il a façonnés ou refaçonnés, et leurs modalités d'application. Il tient aussi au style. Le Général a incarné, à travers sa personne et sa mise en scène calculée, « une certaine idée de la France ». Il lui a redonné une voix propre et l'image d'une puissance indépendante. Mais son grand dessein de « puissance d'équilibre » s'est heurté à la modicité des moyens français et à un système international dans lequel la France était plus un enjeu qu'un sujet dans la rivalité planétaire entre Américains et Soviétiques. Qu'importe pour de Gaulle qui, à la suite de sa réélection, en 1965, investit plus que jamais le champ diplomatique. Au point de donner à sa politique un tour de plus en plus prophétique et de moins en moins compris par ses contemporains à mesure que son rêve de « puissance d'équilibre » peine à exister dans les interstices de la confrontation Est-Ouest.

Tout en conservant le cadre général, les successeurs du Général à l'Élysée amendent progressivement cette vision très nationale de la conception de la puissance française et de sa politique extérieure. Ils réinsèrent plus la France dans ses solidarités européenne et atlantique ainsi que dans un jeu international de plus en plus multilatéral. Il leur faut également l'adapter en fonction d'une présidence de la République qui n'a plus à sa tête un personnage à la stature historique de son vivant.

DE GAULLE, LES FRANÇAISES ET LES FRANÇAIS AVANT MAI 68

Sabrina Tricaud et Frédéric Turpin

« Je crois, affirme le général de Gaulle, lors de sa conférence de presse du 5 septembre 1961, que la nation française est vraiment digne de la France. » Le chef de l'État fait référence au « plus grand effort de renouvellement qu'elle se soit imposé » depuis son retour au pouvoir en 1958. « Elle poursuit son essor technique, économique, social. Elle multiplie sa jeunesse et en développe son instruction. Elle achève outre-mer son œuvre de décolonisation. Elle reprend son poids international. Elle modernise ses moyens de défense[1]. » Le satisfecit gaullien – qui est aussi un encouragement aux Français à poursuivre leurs efforts – vise le « progrès national » dans l'œuvre de « rénovation nationale » qui s'inscrit dans une conception globale de la puissance et du rang de la France. « Notre pays, explique-t-il aux Français dans son allocution du 2 octobre 1961, est en train d'accomplir une transformation qui le destine, pour l'avantage de tous ses enfants, à une prospérité et à une puissance dignes de lui[2]. »

Dans cette vision structurée de la France, il y a l'objectif (le « rang ») et les moyens dont le « développement » économique et social. Mais ce développement, pour réussir, doit demeurer dans une « discipline », celle du plan (même incitatif) dans l'ordre économique, celle du rôle de régulateur de l'État du point de vue sociétal. Les grandes réformes sociétales, comme celles de l'éducation, sont tournées vers cet objectif de puissance. Elles supposent que les Françaises et les Français communient dans un certain patriotisme qui fait adhérer à ce programme. La société doit pour cela reposer sur des valeurs encadrant les volontés individuelles qui doivent irriguer tout le tissu social : respect de l'autorité, discipline collective et individuelle. C'est bien une morale de l'effort sur soi et collective qui est véhiculée par cette volonté gaullienne de « rénovation nationale » qui puise largement ses sources dans une vision conservatrice de la société.

---

1. CDG, *Discours et Messages*, t. III, *Avec le renouveau. 1958-1962*, Paris, Plon, 1970, p. 347-349.
2. *Ibid.*, p. 349.

Cette vision de la société française se heurte cependant aux évolutions de fond de celle-ci. La France est entrée pleinement dans les Trente Glorieuses qui voient se conjuguer les effets d'une forte expansion démographique et d'une forte croissance économique. Une jeunesse de plus en plus nombreuse aux valeurs différentes conteste de plus en plus celles de ses aînés. Toutefois, ce ne sont pas seulement les valeurs de la jeunesse qui peuvent désunir le bel ordonnancement que doit être une société française en quête de puissance. Ce sont aussi les valeurs de la société de consommation de masse et des loisirs qui poussent à un individualisme croissant ne répondant plus à la « discipline » collective chère au Général et à sa vision de la France et des Français.

La vision gaullienne de la société française

Au commencement était la nation française, fruit de l'histoire et de la géographie, guidée par un État fort, que le Général compare à un être vivant. « Certes, la vie est la vie, autrement dit un combat, pour une nation comme pour un homme. Il y a, il y aura, toujours et partout, des difficultés à vaincre, des efforts à déployer, des peines à supporter, afin d'avancer en fait de dignité, de justice, de fraternité. Mais, tous ensemble, nous sommes un peuple, dont l'évolution moderne rend les enfants chaque jour plus solidaires pour le meilleur ou le pire. Ce que ce peuple accomplit commande notre sort particulier. Ce qui arrive à l'un ou à l'autre compte dans le destin commun[1]. » Les Français et les Françaises sont considérés comme une somme organique d'individus unis par des liens historiques et civilisationnels[2].

De Gaulle développe cette conception de la nation française à travers ses écrits et ses interventions publiques. Outre la fameuse première page de ses *Mémoires de guerre* qui explicite sa « certaine idée de la France », le Général livre plus précisément sa conception de la nation et de la société durant l'entre-deux-tours de l'élection présidentielle de 1965. Il se trouve alors dans l'obligation de mieux expliquer sa politique pour convaincre ses concitoyens

1. Allocution du général de Gaulle, 31 décembre 1964 (CDG, *Discours et Messages*, t. IV, *Pour l'effort. Août 1962-décembre 1965*, Paris, Plon, 1970, p. 319).
2. Voir aussi CDG, *Mémoires d'espoir*, t. I, *Le Renouveau 1958-1962*, Paris, Plon, 2011, p. 7.

d'y adhérer plus massivement. Selon de Gaulle, la nation française est au service de quelque chose qui la dépasse bien qu'elle en soit un élément constitutif fondamental. « La France, c'est plus que les Français du moment, la France vient de loin, elle est ce qu'elle est maintenant, et puis elle a de l'avenir ; autrement dit, la France embrasse toutes les générations de Français et, d'abord, bien entendu, les générations vivantes. Ces générations vivantes sont responsables de la France et c'est ainsi c'est vrai, que je considère, dans leur ensemble, les Français, et c'est ainsi que je souhaite que les Français, dans leur ensemble, se considèrent eux-mêmes. Il y a à cet égard-là entre eux, et pour cela, une solidarité que je dis être nationale, faute de laquelle la France risque de n'être pas ce qu'elle est, ce qu'elle est de tout temps, et par conséquent de ne plus jouer son rôle, de ne plus, à proprement parler, exister. » Les Français du passé, du présent et du futur sont donc les dépositaires d'une mission essentielle : « C'est eux qui font la France. C'est eux qui en sont responsables, de génération en génération[1]. »

Faire la France consiste, à plus forte raison après avoir acté la décolonisation, à la rendre forte par son développement intérieur. Cet impératif de grandeur nationale passe nécessairement par le développement industriel. « Notre pays, martèle inlassablement le Général, ne peut s'accommoder de lui-même à l'intérieur et compter à l'extérieur que si son activité est accordée à son époque. À l'ère industrielle, il doit être industriel[2]. » L'État gaullien en majesté doit en ce sens impulser, par le Plan, encadrer et participer, par les entreprises publiques et par les politiques publiques d'accompagnement, à ce vaste mouvement d'industrialisation de la France. Il doit également en gérer les conséquences, à commencer par « le transfert d'une partie énorme de la population française de l'agriculture à l'industrie[3] ». Cela implique non seulement une vaste réorganisation du monde paysan, en particulier grâce à la loi d'orientation agricole du 5 août 1960 et au développement de la PAC de la CEE, qui doit beaucoup au gouvernement français. Mais cet exode rural sans précédent doit aussi être facilité par une politique massive de construction de logements neufs pour

1. Entretien du général de Gaulle avec Michel Droit, 13 décembre 1965 (CDG, *Discours et Messages*, t. IV, *op. cit.*, p. 413).
2. CDG, *Mémoires d'espoir*, t. I, *op. cit.*, p. 141.
3. CDG, *Discours et Messages*, t. IV, *op. cit.*, p. 417.

accueillir ces hommes et ces femmes venus du monde rural dans les centres urbains existants ou dans des villes nouvelles, et encouragé par une politique d'aménagement du territoire[1], qui permette un rééquilibrage entre les régions.

Ce changement est probablement sans précédent. Au cours des années 1950 et 1960, une France encore largement rurale et moyennement industrialisée se mue en une France majoritairement urbaine et industrialisée. Le secteur primaire, qui représente encore, en 1946, 37,9 % de la population active, n'en compte plus que 14,6 % en 1968. Parallèlement, le secteur secondaire connaît une forte croissance pour culminer, en 1968, à 38,9 % de la population active. Quant au secteur tertiaire, il poursuit inexorablement sa progression pour atteindre déjà 46,5 % de la population active en 1968. De Gaulle a parfaitement conscience des bouleversements structurels de l'économie et de la société françaises. Il les explique aux Français par l'avènement de « la civilisation moderne », c'est-à-dire les « résultats combinés des découvertes des savants et de l'agencement des machines qui modifient profondément la condition physique des hommes[2] ». « Tous ces biens matériels et spirituels auxquels chacun souhaite accéder, explique-t-il lors de sa conférence de presse du 14 janvier 1963, il s'agit de les rendre de plus en plus accessibles, d'abord en en multipliant le nombre, puis en procurant des moyens accrus pour les acquérir. Cette transformation touche aussi la vie collective dont il faut s'efforcer qu'elle soit de plus en plus aisée et de plus en plus féconde, et cela pour les familles, pour les villes, pour les campagnes, pour les professions ; d'où la nécessité de ces investissements sociaux qui s'appellent l'Éducation, le Logement, l'Hospitalisation, l'Équipement urbain, agricole, sportif. » Mais cette transformation n'est possible que sous la houlette d'un État fort et selon une loi immuable : « Il n'y a pas une seule société humaine dans le monde, quel que soit son régime politique, économique et social, qui puisse nourrir le progrès autrement que par l'expansion[3]. »

1. Créée en février 1963, la Datar a pour mission, à partir des objectifs fixés par le Plan, de préparer et de coordonner les éléments nécessaires aux décisions gouvernementales en matière d'aménagement du territoire et d'action régionale de manière à donner une meilleure cohérence spatiale à la modernisation économique de la France.

2. Allocution du général de Gaulle, 9 septembre 1962 (CDG, *Discours et Messages*, t. IV, *op. cit.*, p. 17.

3. *Ibid.*, p. 64.

Le Général analyse les formidables progrès scientifiques et technologiques comme un homme du début du XIXe siècle. Pour autant, il ne peut pas être qualifié de « penseur social ». Issu de la bourgeoisie de tradition, plus attachée aux valeurs morales qu'aux richesses matérielles, de Gaulle appartient au monde des « bonnes familles » qui lisaient *Le Correspondant* avant la Première Guerre mondiale. Il se caractérisait par la volonté de concilier une tradition religieuse – celle de l'Église avec un vrai souci de charité et de justice sociale – avec la liberté moderne, mais sans esprit dogmatique[1]. Même si Charles de Gaulle est marqué par l'empreinte du catholicisme social, René Rémond souligne qu'il ne faut pas trop en exagérer l'influence. Il s'en sépare notamment sur deux points essentiels. Le principe de subsidiarité, qui est au cœur de la doctrine sociale de l'Église, « est tout à fait étranger à sa pensée dont le rôle de l'État est la clé de voûte ». De plus, « sa défiance des corps intermédiaires qu'il taxe d'égoïsme est un élément de son désaccord récurrent avec le MRP dont la philosophie sociale fait au contraire la part belle à toutes les réalités qui s'interposent entre les individus et l'État ». Si l'inspiration de sa pensée sociale montre un éclectisme certain, le Général s'est forgé au fil du temps des convictions fortes : « l'horreur de l'injustice, le dédain de l'argent devaient lui inspirer un souci véritable de remédier aux malfaçons de l'ordre social[2] ».

Si la révolution technologique modifie les modes de production et les modes de vie, elle n'implique pas chez lui de révolution des valeurs et des mœurs. Il continue à penser la société comme un homme de sa génération issu d'un milieu patriote et catholique. L'État, l'autorité, la famille demeurent des cadres indépassables. Ce qui n'empêche pas l'intuition et la capacité d'initiative, mais dans un cadre mental qui reste celui de la juste mesure en toutes choses. L'adaptation nécessaire de la condition humaine à la modernité technologique ne doit pas signifier l'abdication de tout cadre moral individuel et collectif. C'est ce qu'il explique à la jeunesse allemande, le 9 septembre 1962 : « la vie du monde est dangereuse. Elle l'est d'autant plus que, comme toujours, l'enjeu

1. Éric Roussel, *Charles de Gaulle*, Paris, Le Grand Livre du mois, 2002, p. 15-38.

2. Introduction de René Rémond *in* Marc Sadoun, Jean-François Sirinelli, Robert Vandenbussche (dir.), *La Politique sociale du général de Gaulle : actes du colloque de Lille, 8-9 décembre 1989*, Villeneuve-d'Ascq, Centre d'histoire de la région du Nord et de l'Europe du Nord-Ouest, 1990, p. 9-10.

est moral et social. Il s'agit de savoir si, à mesure de la transformation du siècle, l'homme deviendra, ou non, un esclave dans la collectivité, s'il sera réduit, ou non, à l'état de rouage engrené à tout instant par une immense termitière ou si, au contraire, il voudra et saura maîtriser et utiliser les progrès de l'ordre matériel pour devenir plus libre, plus digne[1] ». Dans une optique positiviste chère à la Belle Époque, le chef de l'État appelle de ses vœux un progrès matériel partagé, mais qui « permette d'accroître le beau, le juste et le bon ». Progrès matériel et progrès moral doivent se conjuguer pour redonner à la France un rayonnement à vocation mondiale. Il fixe l'objectif aux Français dès le début de son magistère. « À mesure que le couple de l'essor et de la raison nous ramène à la puissance, affirme-t-il lors de ses vœux du 31 décembre 1962, la France retrouve son rang, son attrait, ses moyens[2]. »

Une troisième voie : la participation

Il est tout à fait caractéristique de la pensée de Charles de Gaulle que le premier tome de ses *Mémoires d'espoir* ne comporte pas de chapitre consacré à la société alors que s'égrènent les chapitres sur les institutions, la décolonisation, les grands problèmes de relations internationales et l'économie. Les Françaises et les Français sont fondamentalement analysés à l'aune de cet objectif national de grandeur et de puissance, ce qui nécessite un cadre et une politique sociale adaptés pour ordonner le mouvement général dans le sens souhaité. « Je sais bien, explique-t-il aux Français le 30 janvier 1959, que c'est l'infanterie qui gagne toujours les batailles et que la grandeur de la France n'a jamais été faite que par la masse de ses enfants[3]. » Pour le chef de l'État, « le but de l'effort pour la prospérité n'est pas tant de rendre la vie plus commode à tels ou tels Français que de bâtir l'aisance, la puissance et la grandeur de la France[4] ». La paix sociale constitue la condition d'une action efficace pour une grande politique.

1. CDG, *Discours et Messages*, t. IV, *op. cit.*, p. 18.
2. Allocution du général de Gaulle, 31 décembre 1962 (CDG, *Discours et Messages*, t. IV, *op. cit.*, p. 53).
3. CDG, *Discours et Messages*, t. IV, *op. cit.*, p. 77.
4. CDG, *Mémoires d'espoir*, t. I, *op. cit.*, p. 168.

Cela ne signifie nullement que Charles de Gaulle ne nourrit pas un grand dessein social. Dans un souci de transcender les divisions et de rassembler les Français, le grand projet gaullien en la matière tient fondamentalement au dépassement des rapports de production organisés par le capitalisme, sans tomber dans le communisme : la participation. Celle-ci constitue un instrument important de son objectif de puissance de la France car elle doit conditionner l'évolution de la société. La vision gaullienne de la société française ne se veut pas libérale et capitaliste. Dans ses *Mémoires d'espoir*, il juge sévèrement le capitalisme dont il condamne « l'infirmité morale ». De Gaulle est encore moins un adepte du communisme qui conduit à « l'écrasement des individus » et à l'inefficacité « faute de profit pour l'initiative[1] ». « Nous repoussons, explique-t-il aux Français lors de sa conférence de presse du 29 juillet 1963 qui vise notamment à justifier le plan de stabilisation de l'économie française, la tyrannie du totalitarisme et en même temps nous rejetons le fatalisme inhumain du laisser-faire, laisser-passer[2]. »

Depuis le temps du RPF, il a développé sa troisième voie : l'association capital-travail. Devenu chef de l'État d'une Ve République qu'il a bâtie, il continue à dresser le constat qu'« il n'y a, pour un grand nombre, qu'une participation passive à nos progrès collectifs[3] ». De sorte qu'il entend apporter un profond changement à la condition ouvrière : « que tous ceux qui accomplissent l'œuvre économique soient mieux informés de ses réalités et participent d'une manière plus significative à ses responsabilités, ce qui implique à la base une association plus étendue du personnel à la marche des entreprises et au sommet la collaboration la plus étroite des représentants des activités nationales, économiques, sociales, administratives, culturelles, aux travaux des Conseils où sont élaborés et contrôlés le développement de nos régions et celui de notre pays[4] ».

Dès son retour au pouvoir, de Gaulle entend promouvoir cette « troisième voie » sans pour autant avoir une vision claire de sa

1. Conférence de presse du général de Gaulle, 4 février 1965 (CDG, *Discours et Messages*, t. IV, *op. cit.*, p. 327).
2. *Ibid.*, p. 115.
3. Conférence de presse du général de Gaulle, 28 octobre 1966 (CDG, *Discours et Messages*, t. V, *Vers le terme. 1966-1969*, Paris, Plon, 1970, p. 112.
4. Conférence de presse du général de Gaulle du 14 janvier 1963 (CDG, *Discours et Messages*, t. IV, *op. cit.*, p. 65).

traduction concrète. L'ordonnance du 7 janvier 1959 sur l'intéressement des travailleurs aux bénéfices de l'entreprise en constitue une première réalisation, certes bien loin du grand dessein de changer la société française par l'association capital-travail du RPF[1]. La mesure est limitée par son caractère facultatif. Elle l'est aussi parce qu'elle ne concerne que le partage des bénéfices d'exploitation par contrats librement négociés. De plus, elle s'inscrit parfaitement dans le cadre du droit existant et n'attente nullement aux mécanismes habituels de gestion des entreprises, en particulier en matière de droit des actionnaires. Cette ordonnance ne rencontre finalement guère d'écho dans les milieux du travail. D'autant qu'elle paraît « au milieu de nombreuses mesures d'application du plan Pinay-Rueff » et se veut « la contrepartie sociale de dispositions administratives et financières fort rigoureuses[2] ».

Absorbé par l'affaire algérienne et la priorité donnée au développement industriel, le chef de l'État n'insiste pas, même s'il n'abdique pas son rêve de transformer la « société mécanique moderne » qui manque d'« un ressort humain ». L'idée gaullienne manque d'armature théorique et programmatique qui donnerait « un peu de chair à cette quête d'une “troisième voie”[3] ». La diffusion de la thèse pan-capitaliste de Marcel Loichot, au milieu des années 1960, semble cependant lui apporter, ainsi qu'à nombre de gaullistes de gauche, des éléments de réponse. Le débat rebondit avec un amendement du député gaulliste de gauche Louis Vallon à l'article 33 de la loi du 12 juillet 1965 modifiant l'imposition des entreprises et des revenus des capitaux immobiliers. Il oblige le gouvernement de Georges Pompidou à déposer, avant le 1er mai 1967, un projet de loi « définissant les modalités selon lesquelles seront reconnus et garantis les droits des salariés sur l'accroissement des valeurs d'actifs des entreprises dû à l'autofinancement ». L'amendement paraît instituer virtuellement un droit nouveau que le Général reprend publiquement à son compte lors de ses conférences de presse de 1966 et 1967 : le droit des salariés « à une part capitalisée des plus-values en capital[4] ». De Gaulle interprète

1. Patrick Guiol, *L'Impasse sociale du gaullisme, le RPF et l'Action ouvrière*, Paris, FNSP, 1985.
2. Jean Charbonnel, *À la gauche du Général*, Paris, Plon, 1996, p.137.
3. *Ibid.*, p. 138.
4. Conférence de presse du général de Gaulle, 28 octobre 1966 (CDG, *Discours et Messages*, t. IV, *op. cit.*, p. 112).

le ballottage de 1965 comme un signe de mécontentement social. Pour y répondre, il décide de faire de la participation l'un des grands chantiers de son second mandat présidentiel. Il s'appuie pour cela sur l'aile gauche du gaullisme, autour de Louis Vallon et de René Capitant, qui milite pour une véritable révolution sociale.

Cette troisième voie suscite cependant réserves et oppositions, à commencer par les organisations syndicales et les partis de gauche. Les réticences sont également fortes au sein de la majorité présidentielle, en particulier de la part du Premier ministre Georges Pompidou[1] et du ministre de l'Économie et des Finances Michel Debré, qui se montrent agacés par cette surenchère sociale issue de leur propre camp. Pour eux, la participation ne peut avoir d'existence que tant qu'elle forme un projet économiquement viable, c'est-à-dire qui n'attente pas à la compétitivité des entreprises. En outre, ils ne veulent pas d'une réforme coûteuse imposée par l'État à des partenaires sociaux hostiles au projet. Pompidou tente, dans un premier temps, de faire avorter la réforme en la confiant à une commission d'études présidée par Raymond Mathey. Ses avis, rendus le 1er juillet 1966, manifestent effectivement la plus grande réserve à l'encontre d'un tel projet. Le chef de l'État maintient néanmoins le cap, ce qui donne lieu à une « guéguerre » incessante entre Matignon et l'Élysée sur l'élaboration du projet[2].

De Gaulle finit par admettre que ce « support nouveau de notre édifice économique et social » doit demeurer dans l'épure de la modernisation économique de la France, principale source de sa puissance retrouvée. « Cette réforme, recadre le chef de l'État le 28 octobre 1966, doit s'accomplir sans ébranler les autres piliers, qui sont d'une part l'investissement des capitaux pour l'équipement des entreprises et, d'autre part, l'initiative et l'autorité de ceux qui ont à les diriger[3]. » L'ordonnance du 17 août 1967 qui en résulte est un compromis laborieux en deçà du souffle épique des ambitions gaulliennes[4]. Pompidou et Debré ne peuvent pas empêcher le caractère obligatoire de la réforme qui s'applique à toute entreprise

1. Frédéric Turpin, « Georges Pompidou et le "gaullisme social" : de la participation dans l'entreprise », *in* Alain Beltran, Gilles Le Béguec (dir.), *Action et pensée sociales chez Georges Pompidou*, Paris, PUF, 2004, p. 50-55.

2. Éric Roussel, *Georges Pompidou*, Paris, Jean-Claude Lattès, 1984, p. 193-194.

3. CDG, *Discours et Messages*, t. V, *op. cit.*, p. 113.

4. Témoignage d'Édouard Balladur dans « La participation dans l'entreprise », *Cahiers de la Fondation Charles-de-Gaulle*, n° 5, 1998, p. 20.

de plus de cent salariés. Mais l'ordonnance reconnaît uniquement un droit de créance des salariés sur les bénéfices et non sur le capital comme le préconisent Loichot et les gaullistes de gauche, voire le Général[1]. Dans ces conditions, la réforme ne conduit pas à l'appropriation progressive de l'entreprise par les salariés. Le Premier ministre réussit donc à faire glisser la participation vers l'intéressement tout en élaborant un dispositif d'épargne collective favorisant l'amélioration du financement des investissements. De plus, il obtient que l'unité et l'autorité de la direction de l'entreprise ne soient pas affaiblies et que les négociations à venir se fassent de manière contractuelle au sein de chaque entreprise.

L'accueil de l'ordonnance de 1967 sur la participation se révèle mitigé. Les gaullistes de gauche la qualifient d'« affadissement caricatural du grand dessein proclamé maintes fois[2] ». La révolution sociétale n'est pas au rendez-vous. Le gaullisme au pouvoir renforce ainsi un peu plus encore son image plus centrée sur la modernisation économique que sur le progrès social alors même que le fossé entre les aspirations des Françaises et des Français et les conceptions sociales du chef de l'État et de sa majorité ne cesse de s'approfondir.

Conservatisme social ?

Si la vision gaullienne de la société prend en compte les bouleversements technologiques et la volonté d'être mieux associé aux processus de décision, elle semble en revanche orpheline de la compréhension des évolutions des mentalités liées à la société de consommation de masse et des loisirs. De Gaulle conçoit le progrès social à travers le progrès économique et une meilleure information et participation aux décisions. Il ne paraît pas voir, du moins accepter, ce qu'induit l'élévation générale du niveau de vie des Français en termes de loisirs, de bien-être, au-delà de la satisfaction des besoins matériels. Les loisirs et les divertissements ne font pas fondamentalement partie de son logiciel. De même, la société que de Gaulle appelle de ses vœux reste très largement

1. Lucette Levan-Lemesle, « La participation dans l'entreprise : de la théorie à la pratique », *in* Marc Sadoun, Jean-François Sirinelli, Robert Vandenbussche (dir.), *La Politique sociale du général de Gaulle*, *op. cit.*, p. 191-193.
2. Jean Charbonnel, *À la gauche du Général*, *op. cit.*, p. 138.

fondée sur des normes héritées du XIXe siècle, alliant modèle social de l'honnête homme et morale traditionnelle. D'ailleurs, il exprime lors de ses interventions publiques ce double axe indissociable que représentent « l'ordre et le progrès[1] ». Le Général ne dédaigne pas faire sienne cette sentence de Charles Péguy : « L'ordre, l'ordre seul fait en définitive la liberté. Le désordre fait la servitude[2]. » « La République, lance-t-il à l'adresse des mineurs et des syndicats le 19 avril 1963, pour être le progrès, ne peut être la facilité. » Il martèle cette vision très organisée de la société française tout au long de ses années au pouvoir. Au préalable constitutionnel, qui permet de disposer d'« un bon édifice politique », doit correspondre, « dans le même esprit, des règles et des pratiques adéquates dans le domaine économique et social ». « Pour réaliser complètement le grand destin de prospérité, de fraternité, de puissance », les Français doivent s'appliquer « d'importants changements en fait de discipline et d'organisation sociales ». Si le message est initialement entendu et approuvé globalement par la société française, qui constate au quotidien l'amélioration de ses conditions de vie, cela n'empêche pas la persistance de tensions et de conflits sociaux.

Au seuil de l'année 1963, le chef de l'État et le gouvernement de Georges Pompidou ont cependant conscience qu'après les sacrifices consentis, depuis 1958, sur l'autel des impératifs de l'équilibre budgétaire, de l'entrée dans le Marché commun, de la compétitivité des industries, il faut remettre en avant la politique sociale. 1961 et 1962 ont été marquées par une augmentation notable des conflits sociaux. Le parti gaulliste, l'UNR-UDT, décrète en ce sens que l'année 1963 sera une « année sociale ». La grande grève des mineurs de Lorraine et du Nord du début 1963 confirme son caractère « social », mais pas dans le sens souhaité par le Gouvernement. En effet, les nécessaires transformations encadrées par les pouvoirs publics ne sont pas acceptées par les mineurs des charbonnages de France et leurs représentants. Alors que le conflit s'éternise au cours des premières semaines de 1963 et pénalise l'économie française, le chef de l'État signe, le 2 mars, un ordre de réquisition pour briser le mouvement. Les mineurs n'obtempèrent pas. Pis, les ingénieurs les rejoignent tandis que l'Église appelle à la solidarité avec les

1. Allocution du général de Gaulle du 14 juin 1960 (CDG, *Discours et Messages*, t. III, *op. cit.*, p. 225).
2. Alain Peyrefitte, *C'était de Gaulle*, t. II, Paris, éditions de Fallois/Fayard, 1997, p. 188.

mineurs. Et c'est le pouvoir qui recule. Georges Pompidou réunit une Commission des sages, sous la présidence de Pierre Massé, qui évalue le retard salarial accumulé depuis 1958 par les mineurs. Le Premier ministre accepte ses propositions lors des négociations. Les mineurs obtiennent une augmentation totale qui s'élèvera à 11 % au 1er janvier 1964. La grande grève des mineurs se conclut par un échec cinglant pour le Général et son Gouvernement.

Face à des bouleversements économiques et sociaux qui touchent une catégorie phare de l'industrie et un des symboles de la classe ouvrière, l'opinion publique soutient les grévistes et leurs revendications pour ne pas disparaître. « Contrairement à ce que le Gouvernement imaginait, se souvient l'ancien secrétaire général de Force ouvrière (FO), André Bergeron, la grève a été populaire. L'opinion connaissait les conditions de travail des mineurs et condamnait l'attitude du Gouvernement. Peut-être aussi les gens se réjouissaient-ils de les voir tenir tête à un pouvoir à qui ils reprochaient une certaine indifférence à l'égard des préoccupations journalières de chacun[1]. » Cela traduit d'une part le refus de la disparition du monde ancien et de certaines figures socialement bien identifiées ; d'autre part que les Français et les Françaises ne se laissent pas enrégimenter dans le respect d'un ordonnancement social autour des impératifs du Plan. La vision et le discours gaulliens qui impliquent de se contraindre « aux disciplines inhérentes à cette vaste transformation[2] » montrent leurs limites. Quant à la courbe de popularité du Général, elle subit alors l'une de ses baisses les plus fortes (de 63 % d'opinions favorables à 41 %), tandis que la réputation sociale du gouvernement gaulliste est fortement et durablement entamée.

Quelques semaines plus tard, lors de sa conférence de presse du 29 juillet 1963, de Gaulle reconnaît le caractère inévitable des « heurts » dans « une transformation aussi rapide et aussi profonde ». Mais il se félicite que l'action d'encadrement et d'impulsion de l'État permette d'éviter « les grandes secousses[3] ». Et une fois la guerre d'Algérie achevée, au moment des vœux de

1. Témoignage d'André Bergeron, *in* Marc Sadoun, Jean-François Sirinelli, Robert Vandenbussche (dir.), *La Politique sociale du général de Gaulle*, *op. cit.*, p. 323-324.

2. Allocution du général de Gaulle du 19 avril 1963 (CDG, *Discours et Messages*, t. IV, *op. cit.*, p. 94).

3. CDG, *Discours et Messages*, t. IV, *op. cit.*, p. 115.

chaque nouvelle année, le chef de l'État martèle le thème d'une France et d'une société française qui ne connaissent plus « les épreuves d'autrefois », ces « bouleversements politiques et sociaux qui ont déchiré notre peuple[1] ». Lorsque ce rappel des crises passées, par comparaison avec la stabilité politique et sociale de la Ve République, ne suffit pas, il fustige « les tenants de l'ancien régime » qui spéculent sur les tensions sociales inhérentes à un tel bouleversement économique. Ils les accusent de jouer sur « les regrets, les soucis et les griefs […] dans chacune des régions et des catégories » ainsi « que sur la propension naturelle à beaucoup de gens de considérer leurs divers cas particuliers plutôt que l'intérêt général[2] ». Le propos moralisateur du Général vise d'ailleurs de plus en plus directement les Français dans leur ensemble, en particulier après la victoire étriquée aux élections législatives de mars 1967. « Si tout le monde, lance-t-il lors de sa conférence de presse du 16 mai 1967, est, en principe, pour le progrès, en pratique cela ne va pas soulever chez beaucoup de l'aigreur ou de l'inquiétude. Mais quoi ? On n'a rien pour rien. L'avantage qu'il y a pour la France à se transformer comme l'exigent l'évolution et la concurrence entraîne inévitablement saccades et difficultés qu'il faut savoir admettre et surmonter[3]. »

Ce discours moralisateur, à mesure que les nouvelles générations, qui n'ont pas ou peu connu la guerre, s'affirment, s'avère de plus en plus en décalage avec les Français. De manière générale, une fois les spasmes de la crise algérienne dissipés, les Français se tournent résolument vers des préoccupations qui touchent à leur qualité de vie, leur pouvoir d'achat et leurs conditions de travail. La morale de l'effort national, inlassablement prônée par le chef de l'État, trouve une audience déclinante dans un pays qui aspire de plus en plus à profiter de la vie et de ses plaisirs.

La persistance de tensions sociales et de nombreuses grèves tout au long de ces années de forte croissance économique traduit bien ce décalage. Certes, une partie d'entre elles touche des secteurs de production et des régions en difficulté car en pleine reconversion. Mais c'est aussi le sens même du travail qui évolue. Et les

---

1. Allocution du général de Gaulle, 31 décembre 1966 (CDG, *Discours et Messages*, t. V, *op. cit.*, p. 128).
2. Conférence de presse du général de Gaulle, 16 mai 1967 (CDG, *Discours et Messages*, t. V, *op. cit.*, p. 158).
3. *Ibid.*, p. 160.

modestes traductions du grand projet gaullien de participation ne constituent pas un nouveau contrat social à même de répondre à ces aspirations de changement des rapports sociaux au sein d'une société française dont les règles sont perçues comme de plus en plus rigides.

Le chef de l'État concède lui-même que, depuis son retour au pouvoir, il met l'accent sur l'économie, contrairement à la Libération où le social l'avait nettement emporté (création de la Sécurité sociale, des comités d'entreprise, des allocations familiales, nationalisations, etc.), car « il fallait que nous retrouvions, après cette secousse épouvantable, notre équilibre[1] ». En cela, il entend répondre aux critiques des Français qui le trouvent surtout préoccupé par la politique internationale et trop distant de leurs préoccupations quotidiennes. Il est caractéristique qu'après avoir été mis en ballottage par François Mitterrand à l'élection présidentielle de 1965, il consacre, durant l'entre-deux-tours, son premier entretien avec Michel Droit aux questions économiques et sociales pour tordre le cou à la formule et à l'image qu'on lui prête : « l'intendance suivra ».

Il est vrai que le chef de l'État établit clairement, tout au long de ses mandats, l'ordre des priorités (nationales), à commencer par la « prospérité nationale » : « Il faut que le peuple français soit prospère. Il le faut, parce que, s'il n'est pas prospère, la France [...] ne pourrait pas jouer son rôle dans le monde d'aujourd'hui[2]. » Cette « prospérité nationale » passe par l'« expansion » qu'il définit comme « l'accroissement régulier de la production, dans des conditions telles que le revenu national augmente, que le niveau de vie s'améliore à mesure du progrès général, enfin que les investissements nécessaires au développement soient assurés tant par les entreprises que par l'État[3] ».

Dans l'immédiat, le quotidien des Français est d'abord ce qu'il qualifie de « politique des revenus ». Il la définit comme l'action publique « qui adapte à mesure le revenu national aux besoins et aux progrès de la collectivité, de chacune de ses branches économiques et de chacune de ses catégories sociales ». Cela ne signifie nullement « la parité dans le progrès » entre les différentes catégories socioprofessionnelles sous peine de « supprimer l'émulation ».

---

1. Entretien du général de Gaulle avec Michel Droit, 13 décembre 1965 (CDG, *Discours et Messages*, t. IV, *op. cit.*, p. 415).
2. *Ibid.*
3. Conférence de presse du général de Gaulle, 23 juillet 1964 (CDG, *Discours et Messages*, t. IV, *op. cit.*, p. 223).

En revanche, « toutes les catégories avancent en même temps que l'ensemble, afin que chacun ait sa part ». Et c'est précisément le rôle du plan que d'organiser « cette harmonie élémentaire[1] », ferment nécessaire à la cohésion nationale. Mais cette politique des revenus « exige que les organisations qui portent des responsabilités économiques et sociales prennent part à sa mise en œuvre et, ensuite, à son application[2] ». Le Conseil économique et social doit avoir, aux yeux du Général, plus d'importance dans le dispositif institutionnel.

Pour sa part, après la crise sociale du premier semestre 1963, le Premier ministre Georges Pompidou prend conscience qu'il faut sortir du plan de stabilisation afin d'éviter l'explosion sociale. L'ordre ne peut pas être une fin en soi. Même s'il communie lui aussi pleinement avec l'impératif industriel dont il est le maître d'œuvre vigilant, il entend que ce soit d'une manière plus respectueuse des préceptes de l'État-providence. Son action « est guidée par l'idée qu'il convient, analyse Sophie Chauveau, par des mesures d'initiative publique, de corriger les inégalités suscitées par la croissance et de favoriser l'adaptation des individus à la société industrielle[3] ». Mais « il faut bien être conscient, écrit-il au Général, le 15 novembre 1964, qu'en France, politique sociale et politique démagogique sont machinalement confondues[4] ».

Pompidou estime qu'il faut rétablir le dialogue social, ce qui implique de définir et de mettre en place de véritables procédures de concertation entre les partenaires sociaux à l'initiative de l'État. Celles-ci, à l'exemple de la Commission des sages de 1963, doivent permettre la mise au point d'une politique salariale fondée sur un rapport contractuel. Le Premier ministre crée à cette fin une commission, présidée par le conseiller d'État Jean Toutée, chargée de lui remettre un rapport sur les négociations collectives dans les relations professionnelles des grandes entreprises du secteur public.

1. Conférence de presse du général de Gaulle, 4 février 1965 (CDG, *Discours et Messages*, t. IV, *op. cit.*, p. 328-329).

2. Conférence de presse du général de Gaulle du 14 janvier 1963 (CDG, *Discours et Messages*, t. IV, *op. cit.*, p. 225).

3. Sophie Chauveau, « Négociation collective et politique contractuelle : le dialogue avec les forces sociales », *in* Jean-Paul Cointet, Bernard Lachaise, Gilles Le Béguec, Jean-Marie Mayeur (dir.), *Un politique : Georges Pompidou : actes du colloque des 25 et 26 novembre 1999 au Sénat*, Paris, PUF, 2001, p. 321.

4. Georges Pompidou, *Lettres, notes et portraits. 1928-1974*, Paris, Robert Laffont, 2012, p. 374.

Tandis qu'une conférence des revenus commence parallèlement ses travaux en octobre 1963, Toutée rend son rapport prescrivant la fixation d'une masse globale par entreprise en relation avec les prévisions du Plan. Le conseil interministériel du 12 mars 1964 adopte les recommandations des rapports Toutée et Massé. Les « procédures Toutée » créent des commissions de constatation de salaires tout en engageant la consultation des organisations syndicales sur la répartition de la masse salariale dans les entreprises publiques. « D'une politique indicative sur les salaires, souligne Jean-Pierre Williot, la crise des mineurs fait passer à une politique contractuelle[1]. » Toutefois, bien que poursuivies jusqu'en 1968, les procédures Toutée connaissent d'importantes difficultés d'application. Le calcul de la masse salariale divise État et syndicats. Les syndicats sont hostiles à ces procédures qui limitent leur marge d'action. Ils leur reprochent d'être un instrument de la politique économique du Gouvernement qui vise à limiter l'inflation. Enfin, ces procédures ne prennent pas en compte « les nouvelles revendications ouvrières centrées non plus sur les salaires, mais sur l'amélioration des conditions de travail[2] ».

La demande du corps social qui n'est pas satisfaite entraîne l'érosion politique du pouvoir. Elle conduit le général de Gaulle et ses gouvernements à renforcer la politique concertée des revenus qui constitue, pour l'essentiel, une politique d'accompagnement social de la croissance. Après la secousse politique du ballottage du Général lors de l'élection présidentielle, le climat social est tendu. Le premier semestre 1966 se solde par 2,25 millions de journées de grève, un record depuis 1960.

Le Premier ministre Georges Pompidou et son ministre de l'Économie et des Finances Michel Debré arrêtent, le 16 février 1966, une série de mesures. Elles visent au développement des investissements, à aider l'agriculture et à l'accélération de la construction de logements. Elles consistent en l'amélioration des salaires des catégories de travailleurs les moins favorisées, à l'augmentation des allocations familiales et de l'allocation aux personnes âgées. Le climat social

1. Jean-Pierre Williot, « Georges Pompidou et l'apprentissage du dialogue social : la grève des mineurs en 1963 », *in* Alain Beltran, Gilles Le Béguec (dir.), *Action et pensée sociales chez Georges Pompidou*, *op. cit.*, p. 106-107.

2. Laure Machu, « La négociation collective et la pratique contractuelle », *in* Alain Beltran, Gilles Le Béguec (dir.), *Action et pensée sociales chez Georges Pompidou*, *op. cit.*, p. 287-288.

s'améliore au cours du second semestre 1966 puisque celui-ci compte neuf fois moins de journées de grève que lors du premier semestre.

Le répit relatif sur le front social s'avère de courte durée. Dès les premières semaines de 1967, la dégradation des rapports sociaux se traduit par une vague de grèves plus ou moins massives et longues dans plusieurs secteurs (Berliet à Lyon, Sud-Aviation à Saint-Nazaire, mineurs de fer de Lorraine). Le « décalage, souligne Éric Kocher-Marboeuf, entre un monde du travail qui entend bénéficier de l'expansion et des dirigeants inquiets de l'effort d'adaptation à fournir » explique ce qui est qualifié de « dépression sociale de 1967 ». La complexité du moment tient aux craintes du patronat quant à la compétitivité des entreprises françaises à l'heure de l'ouverture du Marché commun. Elle s'explique également par des revendications des travailleurs qui traduisent les évolutions de la société française. Aux traditionnelles revendications catégorielles des anciens s'ajoutent celles des plus jeunes ouvriers, moins syndiqués et soucieux de l'élévation de leur niveau de vie. « Les conflits de 1967 présentent souvent les revendications de cette "nouvelle classe ouvrière" […]. Ouvriers qualifiés, agents de maîtrise et techniciens, prolétaires en col blanc des ateliers de dessin industriel vont progressivement évoquer un "combat pour la dignité" bien mal compris par leurs interlocuteurs[1]. » Les élections législatives de mars 1967 ainsi que la gestion des conflits sociaux par le Gouvernement permettent à la gauche de marteler l'un de ses thèmes favoris : le « mépris social » du régime gaulliste.

Le Premier ministre Georges Pompidou et Michel Debré, son ministre de l'Économie et des Finances, décident alors de reprendre la main par une série d'ordonnances qui visent à placer la question sociale au premier rang de l'action gouvernementale. Il s'agit de mobiliser la courte majorité parlementaire sortie des urnes autour d'un projet de loi d'habilitation législative qui permettrait des réformes plus rapides. Le Gouvernement entend mener, tambour battant, ses réformes autour de quatre catégories d'ordonnances : une proprement économique, une sur la Sécurité sociale, une sur l'emploi et une sur la participation[2]. Elles doivent permettre « l'adaptation

1. Éric Kocher-Marboeuf, « Les grèves de 1967 et l'adoption des ordonnances économiques et sociales », *in* Alain Beltran, Gilles Le Béguec (dir.), *Action et pensée sociales chez Georges Pompidou*, *op. cit.*, p. 116-117.

2. Témoignage d'Édouard Balladur, « La participation dans l'entreprise », art. cit., p. 20.

des secteurs et des régions aux conditions nouvelles de l'économie, l'évaluation et la régulation des charges pesant sur la production, la protection des Français contre les conséquences des mutations et leur association aux résultats, c'est-à-dire leur donner des garanties dans le domaine de l'emploi et les intéresser aux profits de l'expansion[1] ». Toutes ces réformes, dans la continuité de la commission Toutée, s'inscrivent dans une pensée sociale, chère à Georges Pompidou, qui est celle de la contractualisation des rapports sociaux. Préparées par le Gouvernement et signées par le chef de l'État, une série d'ordonnances se succèdent au cours de l'été et de l'automne 1967 : création de l'Agence nationale pour l'emploi (13 juillet), participation des salariés aux fruits de l'expansion des entreprises (17 août), organisation administrative et financière de la Sécurité sociale (21 août), groupements d'intérêt économique (21 septembre), création de la Commission des opérations de Bourse (28 septembre).

Malgré les craintes du Gouvernement et de la presse, la rentrée sociale de l'automne 1967 est relativement plus apaisée que les mois précédents. C'est bien dans ce contexte flottant que Pierre Viansson-Ponté écrit, le 15 mars 1968, son fameux article dans lequel il affirme que « les Français s'ennuient ». Avec le recul, il s'agit probablement plus d'une accalmie avant la tempête. À la veille de Mai 68 – que personne n'avait prévu –, le dialogue social paraît bloqué entre les partenaires sociaux et le choix des ordonnances économiques et sociales n'apporte pas une réponse d'ensemble adaptée aux attentes de nombreux Français. Les « feux de broussailles de 1967 » se transforment en Mai 68 des travailleurs.

Pour les Français des années 1960, l'image du gaullisme au pouvoir reste, pour l'essentiel, attachée à un certain conservatisme social qui privilégie le développement industriel à la condition quotidienne des travailleurs. Certes, le trait est révélateur d'une perception des politiques publiques d'accompagnement social du développement économique qui ne les assimilent pas à une véritable politique sociale. Celle-ci tient en partie à l'opposition politique de gauche qui a beau jeu de se présenter comme le défenseur attitré de la condition ouvrière et, de manière générale, de la qualité de vie des Français. Mais, peut-être plus encore, comme le rappelle René Rémond, « la mémoire collective ne retient le souvenir que des réformes arrachées par la lutte et la revendication et oublie

1. Éric Kocher-Marboeuf, « Les grèves de 1967 et l'adoption des ordonnances économiques et sociales », *op. cit.*, p. 115.

celles qui ont été accordées sans conflit ni affrontement[1] ». De ce point de vue, les mandats gaulliens sont marqués par deux grandes crises sociales qui voient le pouvoir reculer et concéder : grève des mineurs de 1963 et « accords » de Grenelle du 27 mai 1968. La représentation contemporaine et le souvenir de ces « luttes » ont plus fait pour déterminer la carence de l'image sociale du gaullisme que la politique des revenus fondée sur le dialogue et le contrat.

Une jeunesse nombreuse, gage d'avenir

Pour le général de Gaulle, le facteur démographique constitue le fondement de toute forme de puissance d'une nation. Véritable organisme vivant, son expansion démographique détermine, pour une bonne part, sa trajectoire de vie. En cela, le gaullisme s'inscrit pleinement dans les conceptions traditionnelles de la puissance qui font de la vitalité démographique un facteur clé de celle-ci : à la fois moyen nécessaire mais pas suffisant de la puissance et symbole d'une société en expansion. Ce qu'il qualifie d'« aiguillon démographique » doit porter le redressement de la France.

Lorsque le général de Gaulle retrouve le pouvoir en juin 1958, le mouvement d'expansion démographique de la France est bien engagé. Il conduit d'une France de 40,2 millions d'habitants en 1946 à 49,9 en 1968 ; la barre des 50 millions est franchie l'année suivante. Le baby-boom se traduit encore, dans les années 1960, par des taux de natalité élevés, bien qu'en baisse. Le renouvellement des générations est, contrairement à l'entre-deux-guerres, assuré, et ce sans compter un solde migratoire positif. De Gaulle se félicite du « redressement magnifique de notre démographie » pour l'avenir de la nation française. Dans l'immédiat, cela implique « de préparer de grand cœur, mais à grands frais, l'entrée en ligne d'une nouvelle et nombreuse jeunesse[2] ».

L'effort budgétaire est considérable pour essayer de répondre à un accroissement exponentiel des jeunes scolarisés. Entre 1958 et 1968, le nombre d'élèves dans l'enseignement secondaire passe

---

1. Introduction de René Rémond *in* Marc Sadoun, Jean-François Sirinelli, Robert Vandenbussche (dir.), *La Politique sociale du général de Gaulle*, *op. cit.*, p. 12.

2. Déclaration du général de Gaulle devant le CES, 17 novembre 1961 (CDG, *Discours et Messages*, t. III, *op. cit.*, p. 362).

de 2 à un peu plus de 3 millions. Cette massification de l'enseignement tient aussi à la prolongation de la scolarité jusqu'à seize ans avec la loi Berthoin de 1959. Entre 1962 et 1968, 1 500 collèges d'enseignement secondaire sont ouverts (soit une moyenne de près de 220 par an). Au début des années 1950, 32 000 élèves deviennent bacheliers. Ils sont 5 fois plus nombreux au début des années 1970. La part d'une classe d'âge à détenir ce diplôme passe, en deux décennies, de 5 à 20 %, ce qui sonne la fin de la France du « Certif », du certificat d'études[1]. Cette mutation n'est pas seulement quantitative car, avec la massification de l'enseignement, la mixité triomphe dans les cours d'écoles, ce qui constitue un facteur essentiel de l'émancipation des femmes françaises.

Cet effort s'inscrit pleinement dans le projet gaullien de puissance. « Tout exige, explique le chef de l'État lors de la campagne électorale de 1965, que l'enseignement soit ouvert à tous les Français et le soit à tous les étages, non seulement parce que c'est juste, mais aussi parce que c'est l'intérêt national, car dans tout ça, c'est l'intérêt national qu'il faut voir aussi[2]. » L'objectif se dessine sous le verbe gaullien : « La jeune France est à l'école pour devenir, en fait de culture, de science et de technique, un guide de son époque[3]. » L'école doit former « les cadres de la nation, petits, moyens et supérieurs[4] ». Cela passe aussi par la revalorisation des filières d'enseignement technique et professionnel du secondaire, adaptées aux besoins de l'économie française. La création des instituts universitaires technologiques (IUT), dans le cadre de la loi Fouchet de 1963, rencontre un vif succès auprès des jeunes. Ils constituent rapidement un véritable outil de promotion sociale. Pour le Général, qui intervient beaucoup sur les questions d'éducation, les réformes doivent donc répondre à l'impératif de la massification, mais aussi « créer de nouveaux diplômes, mieux adaptés aux réalités économiques » et dans un cadre qui doit être celui de l'orientation/sélection[5].

1. Jean-François Sirinelli, *Les Baby-boomers. Une génération 1945-1969*, Paris, Fayard, 2003, p. 62.
2. CDG, *Discours et Messages*, t. IV, *op. cit.*, p. 419.
3. Allocution du général de Gaulle du 12 juillet 1961 (CDG, *Discours et Messages*, t. III, *op. cit.*, p. 329).
4. CDG, *Discours et Messages*, t. IV, *op. cit.*, p. 419.
5. Laurent Jalabert, « Transformer l'université. La politique pour l'enseignement supérieur avant la loi Faure (1958-1968) », *in* Bruno Poucet, David Valence

Ces vagues nouvelles de jeunes qu'annoncent les cinéastes Godard et Truffaut ne sont pas une simple affaire de chiffres. La révolution démographique est aussi une révolution sociale. À la hausse sans précédent des effectifs scolaires, puis universitaires, succèdent bientôt une évolution puis une révolution des mœurs. Celle-ci est favorisée par la mixité scolaire. Cette mutation sociétale commence timidement à être officialisée par la loi Neuwirth de 1967, autorisant les moyens de contraception, mais sans les faire rembourser par la Sécurité sociale. Il s'agit d'ailleurs d'une proposition de loi car le Gouvernement n'a pas voulu s'engager sur le sujet. Le chef de l'État n'approuve pas, loin de là. Il s'en explique à Alain Peyrefitte : « La pilule ? Jamais ! […] On ne peut pas réduire la femme à une machine à faire l'amour ! Vous allez contre ce que la femme a de plus précieux, la fécondité. Elle est faite pour enfanter ! Si on tolère la pilule, on ne tiendra plus rien ! Le sexe va tout envahir[1] ! » Le conseil des ministres du 7 juin 1967 se rallie à la proposition Neuwirth – car elle est « inévitable » du fait de l'opinion publique –, en soulignant les risques « d'une libération explosive des mœurs » (Alain Peyrefitte) et en l'accompagnant d'une politique nataliste volontariste[2].

La jeunesse universitaire est au cœur de ces tensions entre tradition et modernisation. Comme pour l'enseignement secondaire, les pouvoirs publics sont d'abord confrontés au problème du nombre. L'Université compte 175 000 étudiants en 1958, 575 300 dix ans plus tard. L'Université française change de monde : elle opère sa massification tout en demeurant, malgré des réformes successives, encore largement fondée sur des normes héritées d'un système élitiste socialement. Or ce sont les enfants des classes nouvelles qui composent le gros des effectifs étudiants dont un tiers de boursiers. Avec eux, l'esprit des temps nouveaux pénètre en force au sein d'une université pluricentenaire. Comme le remarque Raymond Aron, ces chocs entre comportements nouveaux et codes anciens suscitent malaise et bientôt mal-être[3]. Car les inégalités sociales ne disparaissent pas. La massification de l'enseignement ne signifie

---

(dir.), *La Loi Edgar Faure. Réformer l'université après 1968 : actes du colloque tenu à Paris les 22 et 23 septembre 2011*, Rennes, PUR, 2016, p. 33-35.

1. Alain Peyrefitte, *C'était de Gaulle*, t. II, *op. cit.*, p. 600.
2. Alain Peyrefitte, *C'était de Gaulle*, t. III, Paris, éditions de Fallois/Fayard, 2000, p. 244-246.
3. Raymond Aron, *La Révolution introuvable. Réflexions sur les événements de mai*, Paris, Fayard, 1968.

pas sa démocratisation. Nombreux sont les élèves scolarisés dans le secondaire qui ne parviennent pas jusqu'en terminale. Certes, entre un fils d'ouvrier et un fils de cadre supérieur ou de profession libérale, les chances d'obtenir un diplôme du supérieur évoluent de 1 à 41 en 1962, de 1 à 25 en 1968. Mais les étudiants restent une minorité au sein de cette jeunesse, minorité d'héritiers, issue des classes sociales moyennes et supérieures. Un fils de cadre supérieur a quatre-vingt fois plus de chances d'entrer à l'université qu'un fils de salarié agricole et quarante fois plus qu'un fils d'ouvrier[1].

Ces comportements nouveaux se transforment rapidement en contestation. Celle-ci, avant d'être politique, est d'abord sociale et culturelle. Les avant-gardes artistiques s'en font, au seuil des années 1960, les porte-drapeaux. François Truffaut commence sa prolifique carrière, en 1959, par un film, *Les Quatre Cents Coups*, en partie autobiographique, sur les difficultés d'une enfance malheureuse. Mais, derrière la dérive délinquante du héros, le jeune Antoine Doinel, il montre un être humain plus complexe et mal payé en retour d'une bonne volonté maladroite. L'heure n'est plus à la condamnation exclusive du déviant social, fût-il jeune. C'est d'ailleurs en 1959 que l'expression « blousons noirs », jusqu'ici attachée à une culture juvénile exportée des États-Unis, est associée au monde des jeunes voyous à la suite d'une rixe entre bandes rivales à Paris. Le développement de ces bandes de jeunes voyous devient alors, sous l'effet d'une presse avide de recensions de faits divers, un véritable phénomène qui traduit des peurs de la société française. « Combinant les angoisses provoquées par l'augmentation des statistiques de la délinquance juvénile, souligne Laurent Mucchielli et Marwan Mohammed, les fantasmes suscités par les bandes de jeunes et les craintes générées par l'émergence d'une émancipation de la population adolescente, le phénomène blouson noir traduit les inquiétudes de la société vis-à-vis de sa jeunesse. Il sert aussi de réceptacle aux peurs de Français confrontés à la modernisation économique, à l'américanisation de la société et à la transformation de la structure urbaine du pays, chamboulée par la construction des grands ensembles[2]. »

1. Pierre Bourdieu, Jean-Claude Passeron, *Les Héritiers. Les étudiants et la culture*, Paris, les Éditions de Minuit, 1964, p. 12.
2. Laurent Mucchielli, Marwan Mohammed, *Les Bandes de jeunes. Des « blousons noirs » à nos jours*, Paris, La Découverte, 2007, p. 64.

Au-delà de ces violences juvéniles, qui font craindre au corps social un « péril jeune », les comportements nouveaux sont le plus souvent pacifiques. Il s'agit de rompre avec l'ordre et les valeurs des aînés jugés trop autoritaires et corsetés. C'est bien ce qui est en cause dans les luttes des étudiants des cités universitaires, comme celle d'Anthony. Outre la possibilité d'y rester au-delà de trois ans, les étudiants réclament la mixité des bâtiments afin de pouvoir vivre leur vie sexuelle et amoureuse comme bon leur semble. Les règlements intérieurs de ces cités universitaires, héritiers d'une morale conservatrice, ne le permettent pas. À la suite de nombreux mouvements et manifestations, dont celle du 25 janvier 1965 dans les rues d'Anthony, qui défraient la chronique, la mixité des bâtiments est consentie en 1967. Le septuagénaire de Gaulle s'agace de ces comportements de l'élite de la jeunesse, plus préoccupée par la « bagatelle » que par l'avenir de la nation. Fondamentalement, il ne comprend pas leurs revendications d'une société moins rigide, que ce soit dans l'espace privé de la famille (relations parents-enfants, relations hommes-femmes) ou dans l'espace public (monde du travail et rapport aux patrons, police, justice et État).

De manière générale, ce sont des modes culturels propres aux jeunes qui s'affirment dans la société française. Ils ont leurs codes et leurs signes de reconnaissance qui les distinguent de leurs aînés, par le vêtement (blue-jeans, polos, blousons et vestes de cuir, tee-shirts imprimés, et pour les filles, la minijupe), le langage (des « copains »), les modes de sociabilité (la « surprise-partie ») et la musique (électrophone, 45 tours, photographies et posters des « idoles »). Être jeune dans les années 1960, c'est, grâce à l'argent de poche, acheter un magazine spécialement conçu pour eux, *Salut les copains*. C'est écouter de la musique, à l'heure des yé-yés, francisation du *yeah yeah* qui rythme le blues, le jazz et le rock'n'roll. La jeunesse sort, danse et bat au rythme et au son des musiques anglo-saxonnes, et se reconnaît dans ses vedettes. Ces nouveaux modes de vie et de consommation sont décrits dès 1963 par le sociologue Edgar Morin[1]. Cette génération est porteuse d'une culture jeune qui se diffuse dans toute la société, par un phénomène de capillarité. Ce sont les jeunes qui commencent à imposer leurs codes culturels aux anciens. D'autant qu'en 1968, 33 % des Français ont moins de vingt ans et qu'ils sont l'une des

1. Edgar Morin, « Salut les copains, une nouvelle classe d'âge », *Le Monde*, 6 juillet 1963.

principales cibles de la société de consommation et des industries de biens culturels inspirés des États-Unis. Pour une partie de plus en plus importante de cette jeunesse nourrie à l'*American way of life*, le général de Gaulle incarne une société de valeurs passéistes et de contraintes sociales pesantes. Pour le chef de l'État, les jeunes « ne constituent pas une catégorie à part, explique-t-il lors du conseil des ministres du 11 mai 1966. Ce sont des Français qui commencent leur existence, ce n'est pas une spécialité[1] ». Le décalage ne cesse de s'approfondir au cours des années 1960.

Le temps de l'évolution des mentalités est, le plus souvent, plus lent que celui du politique et du droit qui entendent encadrer ces évolutions de fond. Si, avant Mai 68, la jeunesse bouscule ses aînés par ses valeurs et mots d'ordre, elle n'a pas encore pris les rênes de la société. Son influence culturelle sur le corps social se fait progressivement. Par exemple, même si l'émancipation des Françaises progresse incontestablement au cours des années 1960, toutes n'adoptent pas la minijupe, loin de là. Apparue à partir de 1965, elle n'est pas encore un vêtement comme les autres. André Courrèges a beau l'adopter dans son défilé haute couture au printemps 1966, des jeunes femmes en minijupe continuent de se faire houspiller dans la rue par des dames d'un âge plus avancé qui leur reprochent leur tenue « indécente ».

Citoyens d'une grande puissance ou consommateurs invétérés ?

La croissance économique se traduit par l'irruption du mieux-être dans la vie quotidienne des Françaises et des Français. L'amélioration de la qualité de vie matérielle passe par le logement. Depuis la Libération, le pays souffre d'une pénurie de logements liée aux héritages de l'entre-deux-guerres, aux destructions du second conflit mondial et à la rapide croissance démographique. On compte encore de nombreux bidonvilles en périphérie des villes tandis que le parc immobilier reste encore assez vétuste et peu confortable. Au début des années 1960, plus de 4 logements sur 10 n'ont pas encore l'eau courante, un quart à peine dispose d'un WC intérieur, et seulement 10 % d'une douche ou d'une

1. Alain Peyrefitte, *C'était de* Gaulle, t. III, *op. cit.*, p. 75.

baignoire. L'effort de construction de logements est énorme et s'accélère sous les mandats du Général. Entre 1945 et 1968, plus de 5 millions de logements sont construits, avec une moyenne de 300 000 logements achevés chaque année. C'est le temps des grands ensembles, qui s'accompagnent d'une amélioration de l'habitat et de son confort. À l'époque, loin du discrédit actuel, ils sont vécus comme un progrès matériel à destination des classes moyennes qui accèdent à travers eux au confort moderne. En 1968, 9 % des logements n'ont pas l'eau courante, 52 % disposent d'un WC intérieur et 47 % d'une baignoire ou d'une douche.

Cette élévation générale – qui laisse néanmoins de côté nombre de personnes âgées et de travailleurs pauvres – se traduit également par une hausse spectaculaire de l'équipement en appareils électroménagers des foyers français. En 1954, seuls 7,5 % des ménages disposent d'un réfrigérateur et 8,4 % d'une machine à laver le linge. Ils sont respectivement 72,5 et 49,9 % à en être dotés en 1968. Ces appareils sont des instruments de l'amélioration de la vie quotidienne car ils facilitent la vie de la ménagère. C'est particulièrement vrai pour le lave-linge qui constitue même une révolution pour les Françaises. Ces équipements font gagner du temps aux femmes comme le clame, en 1961, le slogan publicitaire d'une grande marque française qui s'affiche sur tous les murs de France et dans les médias : « Moulinex libère la femme. » Ce temps gagné sur les tâches ménagères a pour conséquence de leur permettre de travailler de plus en plus hors du foyer, ce qui est un facteur essentiel de leur émancipation par rapport à leur mari.

L'automobile symbolise probablement encore plus ce changement qualitatif de la vie des Français. En 1954, 21 % des ménages possèdent une voiture. En 1968, ils sont 53,3 %. Cela profite tout particulièrement aux industries automobiles françaises qui lancent, avec succès, des modèles populaires comme la Renault 4L ou la Citroën 4 CV. Mais, au-delà de son aspect utilitaire, la voiture individuelle devient un symbole des changements de mode de vie. Si elle incarne toujours la réussite sociale, elle véhicule une image de liberté et d'évasion. Elle est le corollaire indispensable au développement de la société des loisirs. Parallèlement, sous l'impulsion de l'État, la France accélère le développement de son réseau autoroutier. En 1958, les autoroutes ne dépassent pas 130 kilomètres. En 1960, le plan directeur d'aménagement du réseau routier prévoit le tracé de 3 558 kilomètres dont 1 933 à réaliser avant 1975. Dix ans plus tard, elles couvrent 963 kilomètres, sans compter la mise aux normes de plusieurs milliers de kilomètres de routes nationales de premier ordre.

La voiture est le symbole de son époque. L'automobile est placée au cœur de la société, tant dans son espace – elle pénètre au centre des villes comme en atteste la voie sur berge Georges-Pompidou à Paris inaugurée par ce dernier en décembre 1967 – que dans son imaginaire. Roland Barthes décrit la Citroën DS, qui est aussi la voiture officielle du président Charles de Gaulle, comme « l'équivalent exact des grandes cathédrales gothiques […]. La nouvelle Citroën tombe manifestement du ciel dans la mesure où elle se présente d'abord comme un objet superlatif. […] La "Déesse" a tous les caractères […] d'un de ses objets descendus d'un autre univers, qui ont alimenté la néomanie du XVIIIe siècle dans notre science-fiction : la Déesse est un nouveau Nautilus[1] ».

Cette frénésie d'équipements qui incarnent la modernité des temps nouveaux se traduit sur les modes de consommation[2]. L'offre s'adapte à la demande et aux nouveaux modes de vie. La France des petits commerces de détail voit la naissance puis, rapidement, se développer la concurrence de la grande distribution. En janvier 1963, Marcel Fournier ouvre à Sainte-Geneviève-des-Bois, dans la banlieue parisienne, le premier hypermarché, *Carrefour*, inspiré des modèles américains : quatre mille mètres carrés de libre-service permettent de s'approvisionner vite, facilement – on gare sa voiture sur le vaste parking prévu à cet effet – et en tout (produits alimentaires et non alimentaires). Le concept se généralise à l'ensemble du territoire et, en 1968, la France compte déjà plus de mille supermarchés. Parallèlement, les pratiques alimentaires des Français se modifient. Ils consomment de plus en plus de produits élaborés et de moins en moins de viande, de pain, de « rouge ». L'industrie agroalimentaire se développe en s'adaptant aux nouveaux modes de vie, liés en particulier à l'augmentation du taux d'activité des femmes, qui consacrent moins de temps aux tâches ménagères et à la préparation des repas. La purée Mousline apparaît en 1963 tandis que le marché des surgelés s'envole avec le lancement de Vivagel en 1960. En entrant de plain-pied dans la société de consommation de masse, les Français et les Françaises

1. Roland Barthes, *Mythologies*, Paris, Le Seuil, 1957, p. 150-151.
2. Jean-Claude Daumas, *La Révolution matérielle. Une histoire de la consommation. France XIXe-XXIe siècle*, Paris, Flammarion, 2018.

deviennent des consommateurs invités à consommer sans entrave. La publicité, qui n'est plus la réclame d'antan, les y incite en permanence. Elle est omniprésente dans les médias : presse et radio. Les spots publicitaires à la télévision n'apparaissent toutefois que le 1er octobre 1968. Il en est de même dans l'espace public couvert de grandes affiches le long des routes et sur les façades des habitations. Le produit crée le besoin et l'envie que se charge de légitimer la publicité.

La consommation ne transforme pas que la vie quotidienne des citoyens français. Elle change leur horizon de vie, désormais plus largement tourné vers la satisfaction de leurs envies de consommateurs. C'est ce que le romancier Georges Pérec décrit, en 1965, dans *Les Choses* (sous-titré *Une histoire des années soixante*), à travers la vie de Jérôme et Sylvie. « Dans le monde qui était le leur, écrit-il, il était presque de règle de désirer toujours plus qu'on ne pouvait acquérir. Ce n'était pas eux qui l'avaient décrété ; c'était une loi de la civilisation, une donnée de fait dont la publicité en général, les magazines, l'art des étalages, le spectacle de la rue, et même […] l'ensemble des productions communément appelées culturelles, étaient les expressions les plus conformes[1]. » Si Pérec décrit sans complaisance la société de consommation (du moins celle du luxe et des grands bourgeois), il ne propose pas de morale de remplacement. Il en est de même du cinéaste Jacques Tati qui, dans son troisième opus de M. Hulot, *Playtime*, sorti en 1967, montre, avec humour et exagération caricaturale, les travers de la société de consommation. Signe des temps ou susceptibilité des consommateurs français, le film est un cuisant échec commercial.

L'enrichissement général de la société, qui la fait entrer dans la consommation de masse, favorise également le développement des loisirs. Ceux-ci ne sont pas nés avec les Trente Glorieuses. Mais ils se démocratisent et se massifient surtout à partir des années 1960. En 1956, 5 Français sur 7 ne partaient pas en vacances. En 1969, 45 % des Français sont partis en vacances. Cette massification est favorisée par l'allongement des congés payés qui passent de trois à quatre semaines en 1968, ainsi que par la diffusion de l'automobile. En 1964, la 2 CV joue les stars, aux côtés de Louis de Funès, dans la comédie à succès de Jean Girault,

1. Georges Pérec, *Les Choses. Une histoire des années soixante*, Paris, Julliard, 1965, p. 50.

Le Gendarme de Saint-Tropez. La mobilité accrue allonge les distances et les destinations, tout particulièrement vers les littoraux, ce qui implique le développement d'infrastructures touristiques pour accueillir ce tourisme de masse. C'est le début de l'âge d'or des stations balnéaires, notamment sur le littoral languedocien (grands travaux d'aménagement lancés à partir de 1962), et des stations intégrées de sports d'hiver de Savoie et Haute-Savoie (Plan neige de 1964). L'État impulse, encadre, finance ces projets qui s'inscrivent dans la vaste politique d'aménagement du territoire. Les sports d'hiver connaissent une véritable explosion : on passe d'une cinquantaine de stations en 1960 à 137 stations dès 1966.

La pratique du ski alpin est assez révélatrice de l'état d'esprit d'une société qui aspire à plus de liberté. En montagne, l'ascension est souffrance. L'industrie des remontées mécaniques y met fin. La machine assume le principe de réalité, le skieur se réserve le principe du plaisir, plaisir individuel. Les loisirs deviennent l'une des valeurs clés de la société française à partir des années 1960, ce que le sociologue Edgar Morin qualifie, pour la dénigrer, de « valeur des grandes vacances ». Si la pratique des loisirs est révélatrice de l'esprit nouveau marqué par un individualisme croissant, elle l'est aussi par la persistance des inégalités. La démocratisation du tourisme ne doit pas laisser la part trop belle à des images, véhiculées par la télévision et le cinéma, qui cachent des réalités plus complexes. Les sports d'hiver demeurent l'apanage d'une élite économique et sociale et les inégalités face au tourisme restent très fortes. Un fossé sépare le monde des campeurs, le tourisme populaire, et ceux qui fréquentent les riches hôtels du Club Méditerranée, fondé en 1955.

Les nouvelles normes et valeurs socioculturelles qui s'affirment progressivement par la consommation de masse et les loisirs – même si tous sont encore loin d'en bénéficier pleinement – creusent un décalage de plus en plus important avec la fonction existentielle que le chef de l'État assigne aux Français. Si de Gaulle admet volontiers que « tout individu est constamment en proie au désir de posséder les biens nouveaux créés par l'époque moderne », il l'analyse suivant les limites que l'honnête homme, modèle social des XVIIIe et XIXe siècles, s'impose pour ne pas tomber dans la démesure. Cette révolution sociale par la consommation de masse et les loisirs induit des conceptions de l'existence et du bonheur qui mettent la satisfaction personnelle au cœur des chaînes de valeurs fondant les processus sociaux[1]. « L'autonomie individuelle, souligne Jean-Claude Daumas, est la grande conquête de la période[2]. »

La notion de bonheur, qui s'impose dans ces années, illustre ces différences de perception croissantes. Le chef de l'État la définit comme « ce degré relatif de bien-être et de sécurité ». Mais il en fait fondamentalement une lecture collective, « pour un peuple[3] », et non individualiste. Chez lui, la grandeur de la France l'emporte sur le bonheur des Français. Il ne peut cependant l'éluder tant la notion de bonheur perce au cours de sa présidence. Le Général en fait d'abord une affaire de chiffres qu'il conçoit comme des éléments objectifs d'évaluation de l'élévation du « niveau de vie réel » des Français. Pendant la campagne présidentielle de 1965, le candidat Charles de Gaulle reprend inlassablement des pourcentages censés être éloquents. « Depuis sept ans, le niveau de vie des Français a augmenté de 3,7 % par an » et de prédire que, si l'on s'en tient aux prévisions du Ve Plan, il aura doublé en 1976 compte tenu de la maîtrise de l'inflation autour de 2,5 % par an[4]. S'il ne repousse pas la notion de bonheur, il en relativise manifestement la portée auprès des Français, en particulier la part de subjectivité qui le compose. Pour lui, « le bonheur, ça existe par comparaison[5] ». Les statistiques officielles de l'Insee montrent une nette amélioration quantitative du pouvoir d'achat et des éléments du confort moderne. Les Français sont donc appelés à se souvenir de l'état de la France et de leur pouvoir d'achat avant son retour au pouvoir pour mesurer le chemin parcouru et l'apprécier à sa juste valeur.

Il y a bien une « conversion au bonheur[6] » des Français au cours des années 1960, qui participe à la postérité flatteuse de ces années de croissance et de progrès qualifiées ensuite de Trente Glorieuses. Elle s'appuie sur les progrès matériels dans la vie quotidienne de la majorité des Français. Pour autant, croissance et progrès ne riment pas nécessairement avec bonheur, comme

---

1. Jean-François Sirinelli, *Les Baby-boomers*, *op. cit.*, p. 207-211.
2. Jean-Claude Daumas, *La Révolution matérielle*, *op. cit.*, p. 441-443.
3. CDG, *Mémoires d'espoir*, t. I, *op. cit.*, p. 139.
4. CDG, *Discours et Messages*, t. IV, *op. cit.*, p. 415.
5. *Ibid.*
6. Rémy Pawin, *Histoire du bonheur en France depuis 1945*, Paris, Robert Laffont, 2013, et « La conversion au bonheur en France dans la seconde moitié du XXe siècle », *Vingtième Siècle. Revue d'histoire*, n° 118, février 2013, p. 171-184.

le révèlent les enquêtes d'opinion des instituts de sondage. Elles révèlent un bien-être subjectif qui se différencie nettement des critères d'évaluation matérielle retenus par le chef de l'État et ses gouvernements. L'enquête de la Sofres sur le moral des Français, présentée dans l'émission *Caméra 3*, le 3 octobre 1967, montre ainsi que 50 % des Français se déclarent aller « plutôt bien », 34 % « plutôt mal » (tout particulièrement les agriculteurs et les personnes âgées) et 16 % « comme ci comme ça[1] ». L'augmentation objective du niveau de vie des ménages n'est pas nécessairement vécue comme un facteur de bien-être moral, qui dépend aussi de ressorts psychologiques.

La conception et le discours gaulliens de la puissance de la France et ses différentes déclinaisons pratiques paraissent de moins en moins constituer un ressort individuel et collectif pour justifier auprès des Français la poursuite des efforts. C'est ce que traduit l'érosion politique du gaullisme au pouvoir et tout particulièrement du général de Gaulle, du ballottage aux élections présidentielles de 1965 au référendum d'avril 1969, en passant par la victoire étriquée aux élections législatives de 1967 et l'explosion de Mai 68.

Information et télévision

La télévision constitue, avec l'automobile, l'autre symbole de l'entrée des Français et des Françaises dans la société de consommation de masse et des loisirs. En 1954, 1 % des ménages dispose d'un téléviseur. Dans les années 1950, le poste de télévision équipe le café du village et, dans les villes, les gens la regardent en passant devant les vitrines des grands magasins. Mais tout change rapidement au cours des années 1960. Si, en 1962, 23,1 % des ménages sont équipés d'un téléviseur, en 1968, ils sont désormais 61,9 %. La télévision est cependant bien plus qu'un réfrigérateur ou un lave-linge. Elle introduit des changements considérables dans les habitudes quotidiennes et les modes de sociabilité de la majorité des Français. Le dîner familial devant la télévision devient la norme tandis que regarder les programmes le soir remplace la lecture et les jeux de société. Elle rompt des liens sociaux tissés depuis des générations.

1. Caméra 3, *Le Moral des Français en 1967*, 1967, « L'INA éclaire l'actu », ina.fr.

La télévision publique participe à l'effort national d'éducation des Français voulu par le Général et André Malraux, son ministre des Affaires culturelles. Elle traduit aussi de plus en plus les évolutions de la société. Au cours des années 1960, elle devient le principal média et le principal vecteur de diffusion d'une culture de masse qui est d'abord une « culture télé » ou culture cathodique. Elle propose tout autant des images d'événements planétaires (guerre du Vietnam) que nationaux (Tour de France). Le magazine *Cinq Colonnes à la une* présente chaque mois, entre janvier 1959 et mai 1968, une sélection de reportages de terrain sur des sujets nationaux et internationaux très divers (mais qui évitent soigneusement la politique intérieure). La télévision participe au processus de démocratisation de la culture, en diffusant des pièces de théâtre, des concerts de musique classique. Entre 1953 et mai 1968, *Lectures pour tous* est la première émission littéraire de la télévision française. Le bilan s'avère cependant limité car ces émissions jugées trop élitistes lassent, voire déplaisent. Tandis que la télévision programme aussi des émissions divertissantes et très populaires, de la variété, des séries françaises (*Les Saintes chéries*, qui mettent en scène la vie quotidienne d'un couple de Français moyens) et américaines (*Les Envahisseurs*, *Les Mystères de l'Ouest*), des émissions pour les enfants et les jeunes (*Le Manège enchanté*) qui ont les faveurs du « téléspectateur Français moyen[1] ». Ce sont les grandes heures de « La France de Guy Lux » – titre de la couverture de *L'Observateur* du 26 juillet 1967 – et de Léon Zitrone qui bat, chaque été, au rythme des *Intervilles*.

La télévision n'échappe pas au processus d'écartèlement entre la culture « cultivée » et la culture « populaire ». Elle se divise entre programmes grand public et programmes plus intellectuels, tels que *Les Dossiers de l'écran* d'Armand Jammot diffusés pour la première fois en 1967. Son concept est original pour l'époque : proposer un film (en relation avec la thématique de la soirée) suivi d'un débat contradictoire en direct. Les téléspectateurs peuvent téléphoner pour poser des questions aux invités sur le plateau. Si les thèmes sont initialement historiques, dès janvier 1968, des sujets de société s'immiscent dans la programmation (alcoolisme et dépendance, délinquance juvénile, scandales immobiliers).

1. Géraldine Poels, *Les Trente Glorieuses du téléspectateur. Une histoire de la réception télévisuelle des années 1950 aux années 1980*, Paris, INA éditions, 2015, p. 43-50 et 101-108.

L'émission est caractéristique du processus de médiatisation qui touche alors toutes les couches de la société.

Face aux évolutions d'un public de plus en plus amateur de divertissements et à la nécessité de réformer les structures et modes de financement de la RTF (qui date de 1949), le Gouvernement procède à une grande réforme. Le 27 juin 1964, le ministre de l'Information Alain Peyrefitte remplace la RTF au profit d'une nouvelle structure : l'ORTF (Office de radiodiffusion-télévision française) qui compte désormais deux chaînes de télévision. Il lui fixe l'ambitieuse mission de « satisfaire les besoins d'information, de culture, d'éducation et de distraction du public ». Le ministre entend rendre l'ORTF plus autonome en la dotant d'un conseil d'administration, ce qui n'est pas du goût du général de Gaulle qui a d'abord réclamé « de rendre à l'État son autorité » contre « les combines de quelques-uns qui reposent sur l'intimidation[1] ». La libéralisation escomptée ne se concrétise cependant pas. La nomination de directeurs et sous-directeurs gaullistes entrave la liberté des personnels et des journalistes tandis que, parallèlement, en juillet 1963, le Service des liaisons interministérielles pour l'information (SLII) voit le jour. Créé pour moderniser et coordonner la communication du Gouvernement, il devient rapidement l'outil de contrôle et de censure de l'information audiovisuelle et radiophonique[2]. Ce qui ne manque pas d'être régulièrement dénoncé par les journalistes ainsi que par l'opposition politique. Le député socialiste Georges Fillioud fustige devant l'Assemblée nationale, le 10 novembre 1967, la « véritable direction des informations parlées et filmées nationales » qu'exerce le SLII. Celui-ci disparaît dans la tourmente de Mai 68 avant d'être recréé, en novembre 1968, sous une autre forme : le comité interministériel de l'information. Le contrôle de l'information se poursuit.

Pour le général de Gaulle, comme pour les gouvernements de la IVe République, la télévision et la radio d'État ne sont pas des médias d'expression libre. Elles sont placées sous l'étroit contrôle du Gouvernement et du ministre de l'Information qui veille scrupuleusement à la teneur des informations données aux téléspectateurs du journal télévisé et aux auditeurs des radios publiques (France Inter et stations régionales). Pour le chef de l'État, l'ORTF est la

---

1. Alain Peyrefitte, *C'était de Gaulle*, t. II, *op. cit.*, p. 171-174.

2. Jérôme Bourdon, *Haute Fidélité. Pouvoir et télévision. 1935-1994*, Paris, Le Seuil, 1994, p. 77-81.

« voix de la France », suivant l'expression ultérieure du président Georges Pompidou, comme il l'expose lors de son discours d'inauguration de la Maison de la Radio, le 14 décembre 1963. « La conception gaullienne, analyse Hélène Eck, des intérêts supérieurs de la France et de l'autorité de l'État sous-tend une vision de la conduite de l'opinion et du rôle de l'information qui s'oppose radicalement aux pratiques journalistiques[1]. » Le chef de l'État fustige les journalistes accusés d'orchestrer le « bruyant concert du doute, de la critique et du persiflage » en se faisant systématiquement l'écho « des échecs plutôt que des réussites[2] ». Les médias publics doivent au contraire appuyer la démarche gaullienne de « rénovation nationale » et contribuer à rassembler les Français autour des objectifs et des politiques engagées. Lors de la grève des réalisateurs de l'ORTF en février 1965, de Gaulle réclame de la fermeté à son ministre Alain Peyrefitte afin qu'il se débarrasse « enfin de cette maffia » qu'il qualifie de « décadente ». Sa condamnation est sans appel : « Il faut les empêcher de montrer complaisamment ce qui est malade plutôt que ce qui est sain, la veulerie plutôt que l'effort, les échecs plutôt que les succès, les hontes de l'histoire plutôt que ses gloires ! Vos types ne s'intéressent qu'à ce qui est moche ou à ce qui choque[3]. »

C'est le Général qui, à son retour au pouvoir en 1958, fait de la télévision son canal d'expression privilégié. Elle est alors, en termes de communication politique, son domaine réservé. Ses conférences de presse, dix-sept entre 1959 et 1969, constituent de véritables événements au cours desquels le chef de l'État expose sa politique. Il y impose un style bien particulier, fait de grandeur, de brusques familiarités et d'expressions marquantes (« quarteron de généraux », « volapuk », etc.). De Gaulle est par ailleurs un téléspectateur assidu qui multiplie les notes interventionnistes au Premier ministre et à son ministre de l'Information[4].

Le Gouvernement en use également dans sa communication. Le Premier ministre Georges Pompidou l'utilise régulièrement lors de « causeries au coin du feu » à partir de 1962. Le format se veut

1. Hélène Eck, « Information », *in* Claire Andrieu, Philippe Braud, Guillaume Piketty (dir.), *Dictionnaire De Gaulle*, Paris, Robert Laffont, coll. « Bouquins », 2006, p. 623.
2. CDG, *Mémoires d'espoir*, t. I, *op. cit.*, p. 302-303.
3. Alain Peyrefitte, *C'était de Gaulle*, t. II, *op. cit.*, p. 180.
4. Jérôme Bourdon, *Haute Fidélité*, *op. cit.*, p. 58-60.

plus convivial qu'une conférence de presse modèle gaullien. Mais l'exercice relève de la communication et non du débat contradictoire : le Premier ministre répond à des questions sur des thèmes manifestement préparés qui sont posées par des journalistes fort peu critiques[1]. L'exercice évolue après les élections présidentielles de la fin de l'année 1965.

La campagne électorale permet à l'opposition politique d'avoir enfin accès à la télévision et à la radio publiques. Elle dénonce la mainmise de l'information par le pouvoir qui se sert des outils télévisuels et radiophoniques pour sa propagande. Pour autant, au lendemain de la campagne de 1965, elle n'obtient pas d'y avoir un véritable accès. Le débat politique contradictoire entre membres du Gouvernement et membres de l'opposition n'est pas à l'ordre du jour sauf sur Europe n° 1 (radio privée). Du moins obtient-elle de pouvoir participer aux nouvelles émissions qui confrontent hommes politiques (opposition comprise) et journalistes. L'émission *Face à face* est diffusée pour la première fois le 24 janvier 1966 et est remplacée par *En direct avec* en octobre de la même année. Le Premier ministre Georges Pompidou en est le quatrième invité le 28 mars tandis que le Général continue à organiser ses grandes messes télévisuelles que sont ses conférences de presse dans le grand salon de l'Élysée. Il faut attendre le 13 novembre pour voir le premier duel politique à la télévision, entre Michel Debré et Gaston Defferre. D'autres lui succèdent. Reportages, débats et sondages commencent à devenir des modes de traitement usuels tant pour les problèmes de société que pour les questions politiques.

L'opposition reproche également au chef de l'État et à ses gouvernements de censurer les informations transmises par les journaux télévisés ainsi que d'exercer sa censure sur toutes les étapes de confection des émissions de l'ORTF. Le traitement de la fièvre sociale du premier semestre 1967 est, par exemple, pour le moins partial. Contrairement à la grève des mineurs de 1963 qui a été suivie heure par heure sur les ondes de la RTF, le SLII et la direction de l'ORTF exercent cette fois une censure efficace qui permet, un temps, de masquer l'étendue des conflits et de

---

1. Jérôme Bourdon, Agnès Chauveau, « Un politique conservateur, un communicateur oublié : Georges Pompidou et la radiotélévision », *in* Jean-Claude Grohens, Jean-François Sirinelli (dir.), *Culture et action chez Georges Pompidou*, Paris, PUF, 2000, p. 253-260.

l'opposition au Gouvernement. Les images de la manifestation contre la réforme de la Sécurité sociale sont alors montrées en muet, comme d'ailleurs celles de la grève de la RATP deux ans plus tôt. Le traitement des meetings de l'opposition est également d'« une partialité exemplaire », ce qui déclenche un tollé grandissant[1]. « L'évolution des moyens d'information, souligne Hélène Eck, dans la seconde moitié des années 1960 – succès des "news magazines" et de la presse jeune, débats radiophoniques – révèle rétrospectivement l'écart accru entre les aspirations d'une société rajeunie, enrichie, sensible à la consommation, et le pouvoir gaullien dont les modes de communication et d'expression demeuraient inchangés : hauteur, volonté, autorité, toujours[2]. »

Culture d'État et contre-cultures

Dans la conception de la puissance du général de Gaulle, le rayonnement de la France se décline aussi par sa créativité artistique. Elle en est même l'un de ses piliers constitutifs. Car, comme le rappelle le chef de l'État, lors de son allocution devant l'Unesco, le 4 novembre 1966, « la France a, de tout temps, labouré avec passion le champ de l'intelligence et offert à la terre entière d'assez précieuses récoltes ». De plus, elle a mis « à la disposition du monde une langue adaptée par excellence au caractère universel de la pensée[3] ». De Gaulle entend donc qu'elle redevienne un des grands phares des arts et de la culture à travers le monde. Le grand écrivain et intellectuel André Malraux est chargé de cette mission universelle. Le décret du 24 juillet 1959 fixant les missions du ministère des Affaires culturelles expose clairement ce que doit être la politique culturelle de la France gaullienne : « rendre accessibles les œuvres capitales de l'humanité et d'abord de la France, au plus grand nombre possible de Français ; assurer la plus vaste audience à notre patrimoine culturel ; favoriser la création des œuvres de l'art et de l'esprit qui l'enrichissent ». Le périmètre de son action culturelle s'étend donc bien au-delà des beaux-arts traditionnels.

Son action, à la tête du ministère des Affaires culturelles, de juillet 1959 à juin 1969, vise à faire rayonner la culture française

1. Jérôme Bourdon, *Haute Fidélité*, *op. cit.*, p. 83.
2. Hélène Eck, « Information », *op. cit.*, p. 624.
3. CDG, *Discours et* Messages, t. V, *op. cit.*, p. 118.

à travers le monde. Mais sa politique culturelle se fixe également pour objectif de donner accès à tous les Français, quelle que soit leur condition sociale, à la culture des élites. Politique du patrimoine – en particulier la loi-programme sur la restauration ou celle du 4 août 1962 sur les secteurs sauvegardés – et diffusion la plus large possible de la création artistique se conjuguent afin d'élever le niveau culturel des Français et des Françaises, tout en participant à l'aménagement du territoire. Le ministère soutient en ce sens des manifestations culturelles existantes ou la création de nouvelles, comme la Biennale de Paris inaugurée par Malraux, en octobre 1959, au Musée d'art moderne de la ville de Paris. De plus, le ministre développe un grand projet de maisons de la culture qui illustre cette ambition de démocratisation et de décentralisation culturelles. Ces maisons « doivent devenir, souligne Charles-Louis Foulon, des cathédrales dans son siècle. Il en veut donc 90, une par département[1] ». Débutée en 1961 au Havre, l'aventure des maisons de la culture, malgré de belles réalisations à Bourges, à Amiens ou à Thonon-les-Bains, se conclut par une petite dizaine en 1969. Le programme manque cruellement de financements et les arbitrages rendus par le Premier ministre ne lui sont guère favorables. Malraux en est réduit à arguer, devant l'Assemblée nationale, en octobre 1966, que développer 10 maisons de la culture équivaut au coût de 25 kilomètres d'autoroute.

Les liens traditionnels entre l'État et le monde des arts se poursuivent. D'abord par les commandes de prestige, comme celle du décor peint des plafonds de l'opéra Garnier par Marc Chagall et de l'Odéon par André Masson, mais aussi par le soutien à la condition des artistes. Pour favoriser la création artistique et pour tenir compte de la situation spécifique des créateurs d'œuvres de l'esprit, Malraux fait créer un régime de sécurité sociale des artistes (peintres, sculpteurs et graveurs) par la loi du 26 décembre 1964. Cette réforme leur assure une certaine sécurité.

Des artistes de renom, tout particulièrement dans le milieu du théâtre, s'impliquent dans la politique culturelle portée par Malraux. Les comédiens Madeleine Renaud et Jean-Louis Barrault sont nommés à la direction de la scène nationale de l'Odéon. Ils trouvent en Malraux un précieux soutien pour faire jouer leur

---

1. Charles-Louis Foulon, « Un grand rêve d'André Malraux : les maisons de la culture, cathédrales de son siècle », *Présence d'André Malraux*, n° 11, automne 2014, p. 31.

programmation. *Les Paravents*, de Jean Genet, créés le 16 avril 1966, dans une mise en scène de Roger Blin, suscitent de violentes polémiques et contestations. Le 29 avril, des militants d'extrême droite investissent l'Odéon-Théâtre de France, montent sur scène et molestent des comédiens. Le spectacle finit par reprendre mais, désormais, chaque soir de représentation, un service d'ordre étoffé doit protéger le théâtre contre les militants d'Occident venus manifester leur mécontentement. Dans un décor de douar, sur fond de guerre d'Algérie, cette ultime œuvre de Genet, composée de dix-sept tableaux et interprétée par une quarantaine de comédiens (dont Madeleine Renaud, Maria Casarès et Jean-Louis Barrault), tient de la fable symbolique, mêlant indigènes et colons, légionnaires et rebelles, petites gens et traîtres, vivants et morts. Mais les plaies de la guerre d'Algérie sont toujours à vif. Les anciens combattants et les nostalgiques de l'Algérie française ne sont guère sensibles au « poème métaphysique » salué par nombre de critiques. Ils n'y voient qu'un pamphlet politique antifrançais aux scènes vulgaires et choquantes. La scène d'un soldat qui pète au-dessus du visage d'un officier mourant afin qu'il emporte avec lui un peu d'air du pays de France déchaîne leur indignation et leur colère. Face à une polémique qui fait grand bruit dans la presse ainsi que dans les rangs de la majorité, Malraux défend en personne, le 26 octobre 1966, devant l'Assemblée nationale, la représentation de l'œuvre et se refuse à supprimer la subvention publique attribuée à l'Odéon-Théâtre de France : « La liberté n'a pas toujours les mains propres, mais il faut choisir la liberté. »

Toutes les œuvres n'ont pas la chance d'être défendues par Malraux en personne. Certaines subissent les foudres d'une censure encore très mordante, comme le film *La Religieuse* de Jacques Rivette, adapté du roman éponyme de Denis Diderot. Plus que le thème d'une fille rebelle et mal-aimée contrainte d'entrer dans les ordres, ce sont les tribulations de l'héroïne Suzanne Simonin qui heurtent certains esprits : d'abord victime de la cruauté et des sévices de l'abbesse sadique de son premier couvent, elle est ensuite la proie des avances sexuelles de sa nouvelle abbesse saphique ; avant de se suicider, elle officie comme fille de joie dans une maison close. Un premier scénario reçoit, en 1962, un avis de précensure défavorable de la commission de contrôle du ministère de l'Information. Le texte est modifié et reçoit, cette fois, un avis favorable, mais avec interdiction aux moins de dix-huit ans. L'immoralité du personnage central et l'anticléricalisme de l'œuvre, fidèle en cela à Diderot, suscitent de vives oppositions dans les milieux catholiques. Ils réclament l'interdiction pure et simple de l'œuvre de Rivette. Tant le ministre de l'Information Alain Peyrefitte que le général de Gaulle, prévenu par son épouse, sont alertés et poussent en ce sens. Le 22 mars 1966, la commission de contrôle n'en maintient pas moins son avis consultatif de sortie du film avec interdiction aux moins de dix-huit ans. Le nouveau secrétaire d'État à l'Information, Yvon Bourges, décide néanmoins d'interdire la sortie du film. Le scandale de la censure de *La Religieuse* de Rivette est lancé. Jean-Luc Godard signe, dans *Le Nouvel Observateur* du 6 avril, une lettre ouverte incendiaire à l'adresse d'un Malraux, qualifié de « ministre de la Kultur », par ailleurs particulièrement gêné dans cette affaire. Un « manifeste des 1789 » réunit des milliers de signatures de personnalités de tous bords politiques, y compris du clergé. Le producteur engage une bataille juridique tandis que le film est présenté au festival de Cannes avec l'accord de Malraux et de Georges Pompidou[1]. En mars 1967, le tribunal administratif invalide finalement la décision de censure et le film sort dans les salles, toujours interdit aux moins de dix-huit ans, le 26 juillet 1967.

La politique culturelle de Malraux repose explicitement sur une hiérarchie entre les différentes formes d'art – l'action de l'État est surtout centrée sur quelques missions prioritaires, notamment la promotion du patrimoine – tout en fixant comme objectif central la démocratisation de l'accès à la culture classique. Il entend promouvoir une culture reposant sur l'amour des chefs-d'œuvre et non sur la valorisation des pratiques des amateurs. De plus, il rejette toute possibilité de confusion entre la culture et les loisirs, comme il le clame lors de son discours d'inauguration de la maison de la culture de Bourges, le 18 avril 1964 : « Si la culture existe, ce n'est pas du tout pour que les gens s'amusent[2]. » Toutefois, la société de consommation s'étend à la culture et aux produits culturels. La croissance économique entraîne un changement quantitatif et qualitatif qui accélère, au cours des années 1960, la « massification » de la culture engagée depuis le début du XXe siècle. La culture

1. Charles-Louis Foulon, *Malraux. Ministre de l'irrationnel*, Paris, Gallimard, 2010, p. 216-219.
2. *Ibid.*, p. 85-86 et 114-115.

« cultivée » glisse progressivement vers un monde culturel dont le périmètre devient bientôt aussi vaste que flou, agrégeant les industries de loisirs, les industries créatives, aussi bien que les activités marchandes et non marchandes liées au spectacle et au patrimoine. Les profondes transformations sociétales constituent d'abord une source d'inspiration pour les artistes dans leurs œuvres. Mais, dans le même temps, l'art devient un espace de contestation de cette même société de consommation.

La démocratisation culturelle voulue par Malraux est cependant limitée. Comme pour l'école, massification n'est pas synonyme de démocratisation. Seule une minorité de Français et Françaises fréquente les lieux de la culture « cultivée ». Celle-ci reste l'apanage des classes moyennes supérieures et des professions libérales et intellectuelles. La culture de masse ne signifie pas homogénéisation des pratiques culturelles. La diffusion au plus grand nombre s'accompagne d'une diversification croissante de l'offre culturelle et d'une tension, d'un « écartèlement » entre la culture « cultivée » et la culture « populaire[1] ».

Cette politique culturelle d'État est diversement reçue par les acteurs du monde des arts, sans compter les intellectuels qui, majoritairement marqués au sceau du marxisme, sont prompts à dénoncer le pouvoir autoritaire[2]. Loin d'apprécier ce soutien gouvernemental en faveur des arts, nombre d'artistes dénoncent au contraire un enrégimentement de la culture dans une perspective de puissance de la France (au sens du *soft power*) et surtout au service du régime gaulliste. Les avant-gardes se distinguent tout particulièrement dans ces réserves et ces condamnations. Nombreux sont les artistes et les intellectuels qui entendent, face à ce qui est perçu comme la culture officielle, celle de l'État gaulliste, s'ériger en contre-cultures. Ces avant-gardes culturelles et artistiques sont donc, le plus souvent, politiques et contestataires.

Les mutations de l'économie, de la société, des Français et des Françaises sont à l'œuvre pour provoquer une révolution culturelle et morale, que Jean-François Sirinelli qualifie de « changement de

1. Serge Berstein, Jean-Pierre Rioux, *La France de l'expansion*, t. II, *L'Apogée Pompidou, 1969-1974*, Paris, Le Seuil, 1995, p. 240-248.

2. François Chaubet, « De Gaulle et les intellectuels : histoire d'un différend », *in* Serge Berstein, Pierre Birnbaum, David Valence (dir.), *De Gaulle et les élites*, Paris, La Découverte, 2008, p. 264-269.

bain anthropologique[1] ». Ce ne sont pas seulement les modes de vie qui sont en train de changer, mais les modes de pensée. Certains penseurs soulignent, avant Mai 68 et ses suites, que la société de consommation est le fossoyeur des valeurs morales. Ils dénoncent même une décadence intellectuelle, corrélative au progrès matériel. « De la vacance des grandes valeurs, affirme le sociologue Edgar Morin en 1962, naît la valeur des grandes vacances[2]. » Ils sont encore plus nombreux une fois les Trente Glorieuses achevées, à l'instar du père du concept Jean Fourastié. Lui aussi déplore que la promotion du niveau et du genre de vie des Français n'ait pas eu d'équivalent dans les domaines philosophique, artistique, littéraire. « Si j'ai pu qualifier de "glorieuses" les trente années séparant les recensements de 1945 et de 1975, explique Fourastié, c'est parce que je les considérais quant à la promotion du niveau de vie et du genre de vie des Français ; je dois dire qu'elles ne me paraissent telles – et de loin – en aucun autre domaine, ni quant à la réflexion philosophique, ni quant à l'art, ni quant aux lettres, ni quant à la vie spirituelle, ni quant à la démographie, à la vitalité, à la vertu… Nous n'avons pas même reconstitué, à la faveur de notre prospérité économique, la personnalité de notre peuple et son consensus social ; une agression extérieure nous laisserait plus veules encore que celles de 1940[3]. »

Le foisonnement artistique des années 1960 incite cependant à nuancer ces critiques. Intellectuels et artistes contemporains montrent que la croissance et la société de consommation questionnent, interrogent et sont loin de faire l'unanimité. Une nouvelle génération d'artistes s'impose et donne un véritable « coup de jeune » à l'art. C'est le temps des « nouvelles vagues », des avant-gardes artistiques et culturelles. Le terme apparaît sous la plume de Françoise Giroud dans *L'Express* du 3 octobre 1957, dans une enquête sociologique sur les phénomènes de génération. Il est ensuite repris par Pierre Billard en février 1958 dans la revue *Cinéma 58*. Cette expression concerne essentiellement le cinéma des années 1959-1960, mais elle peut être étendue à d'autres domaines artistiques.

---

1. Jean-François Sirinelli, *Les Vingt Décisives. Le passé proche de notre avenir 1965-1985*, Paris, Fayard, 2007, p. 64.
2. Edgar Morin, *L'Esprit du temps*, Paris, Grasset, 1962, p. 101.
3. Jean Fourastié, *Les Trente Glorieuses ou la Révolution invisible de 1946 à 1975*, Paris, Fayard, coll. « Pluriel », 2010, p. 277.

Au cinéma, une relève générationnelle entend s'émanciper de la tutelle de ses aînés. En 1959, *Le Beau Serge* puis *Les Cousins* de Claude Chabrol ouvrent le bal, bientôt suivis des *Quatre Cents Coups* de François Truffaut. L'année suivante, Jean-Luc Godard réalise le film qui symbolise cette nouvelle génération de cinéastes, *À bout de souffle*, avec le jeune Jean-Paul Belmondo, égérie de la Nouvelle Vague. En littérature s'impose le « Nouveau Roman », théorisé par l'écrivain Alain Robbe-Grillet dans son *Pour un nouveau roman*, en 1963. Samuel Beckett, Nathalie Sarraute, Michel Butor, Marguerite Duras, ainsi qu'Alain Robbe-Grillet, sont les principaux représentants de ce courant qui traduit un effort pour inventer une nouvelle manière d'écrire, de dire, de voir le monde. Les artistes du mouvement « Nouveau Réalisme » expriment la même idée. Fondé en octobre 1960 par une déclaration dont les signataires sont, entre autres, Yves Klein, François Dufrêne, Raymond Hains, Martial Raysse, Jean Tinguely, César, Niki de Saint Phalle, le mouvement se veut une tentative commune « d'appropriation directe du réel ». Tournant le dos à l'abstraction qui domine la scène artistique depuis l'après-guerre, les « nouveaux réalistes » intègrent dans leurs œuvres des objets de la vie courante, ce que le critique d'art Pierre Restany appelle un « recyclage poétique du réel urbain, industriel, publicitaire[1] ». En reprenant l'appellation de « réalisme », ils se réfèrent au mouvement artistique et littéraire du XIXe siècle qui entendait décrire, sans la magnifier, la réalité quotidienne. Mais ce réalisme est « nouveau », car il s'attache à rendre la réalité nouvelle issue des transformations des Trente Glorieuses, avec de nouveaux matériaux et de nouvelles techniques. Ainsi César compresse-t-il des automobiles, ces « DS/déesses » des temps modernes évoquées par Roland Barthes.

On retrouve également dans les sculptures mouvantes de Tinguely les objets-déchets de la société de consommation, ainsi que dans les œuvres de Martial Raysse : ses *Étalages-Hygiène de la vision* superposent des ustensiles de ménage, accrochés autour d'un balai-brosse, des jouets de plage, le tout surmonté d'une effigie publicitaire, donnant à voir l'univers des supermarchés. Il est d'ailleurs considéré comme le jeune créateur français le plus proche du *Pop Art* des Américains, et participe à de nombreuses

1. Pierre Restany, *60/90. Trente ans de Nouveau Réalisme*, Paris, La Différence, 1990, p. 76.

manifestations artistiques à travers l'Europe et l'Amérique durant les années 1960. Le Nouveau Réalisme apparaît ainsi comme la métaphore de la société dans laquelle vivent ces artistes, une sorte de version française du *Pop Art* américain qui s'implante rapidement en France, soutenu par un réseau de galeristes et de collectionneurs.

Ces avant-gardes cherchent à rompre avec l'académisme. Au cinéma, si la Nouvelle Vague refuse d'être une école, elle impose une nouvelle façon de filmer et de jouer. Le tournage n'a plus lieu en studio, les dialogues sont plus spontanés. Le cinéaste devient l'auteur de ses films, au même titre que l'écrivain l'est de ses romans, selon le principe de la « caméra-stylo » (l'expression est du réalisateur Alexandre Astruc).

Comme les cinéastes de la Nouvelle Vague, le Nouveau Roman rejette les conventions du roman traditionnel, telles que l'idée d'intrigue, la nécessité de descriptions ou de portraits psychologiques des personnages. Lors d'une interview au *Figaro littéraire*, en 1966, Georges Pompidou résume les apports du Nouveau Roman en ces termes :

> Les romans traditionnels se posent en spectateurs décrivant ce qui se passe, ce qui se dit, ce qui se manifeste et leur talent consiste à nous faire pénétrer par effraction progressive dans l'intérieur des âmes. […] Ce qui me paraît peut-être le plus intéressant dans l'art nouveau, c'est la façon dont il tire parti des techniques actuelles. […] Dans certains romans, l'auteur décrit ce que verrait l'œil d'une caméra, c'est-à-dire des actes, des gestes, des attitudes qu'il enregistre sans les interpréter ni les expliquer, mais la succession finit par reconstituer des êtres, créer une atmosphère et exprimer une conception de l'homme et de la vie. […] Il y a là un apport neuf qui me passionne[1].

Le monde des intellectuels est également secoué, au cours des années 1960, par ce qui peut s'apparenter à une révolution copernicienne : le structuralisme. Il désigne une méthode héritée des travaux sur la linguistique, qui étudie la langue comme un système dans lequel chacun des éléments n'est défini que par les relations (structures) qu'il entretient avec les autres.

1. Extraits de l'interview de Georges Pompidou au *Figaro littéraire*, 1er septembre 1966 (Archives nationales, fonds de la présidence de la République de Georges Pompidou, 5AG2/1087).

L'être humain peut ainsi être appréhendé à travers un réseau de relations symboliques qui sont autant de structures auxquelles il participe sans en être conscient. Ces théories structuralistes deviennent au cours des années 1960 un mouvement de pensée qui pénètre toutes les sciences sociales. Il comporte un caractère anti-académique comparable à celui qui s'exprime dans les « nouvelles vagues » artistiques. L'anthropologue Claude Lévi-Strauss en est le porte-drapeau, avec ses *Mythologiques* publiés entre 1964 et 1971. Le structuralisme imprègne également la linguistique, avec les *Mythologies* de Roland Barthes, la psychanalyse de Jacques Lacan (« l'inconscient est structuré comme un langage »), les travaux du sociologue Pierre Bourdieu ou encore la philosophie de Michel Foucault qui connaît un véritable succès avec la publication, en 1966, de son ouvrage *Les Mots et les Choses*. Cet antihumanisme théorique, qui caractérise la pensée structuraliste, provoque un vif débat parmi les intellectuels. Mais cette nouvelle dispute des Anciens et des Modernes ne fait qu'approfondir les critiques du monde intellectuel contre Charles de Gaulle et son rôle de grand homme que Malraux qualifie d'« homme de l'histoire qui a assumé la France et que la France ne retrouvera pas demain[1] ».

Si, comme l'écrit Alain Duhamel, Mai 68 est « une crise existentielle collective » qui conteste « un mode de vie » et rejette « une organisation de la société », alors ses prodromes se lisent rétrospectivement dans le décalage croissant entre la vision et la pratique de la société par le général de Gaulle et les évolutions de la condition et des aspirations des Français. « 1958 ou le retour de l'autorité, 1968 ou la résurgence du rêve […] Puisqu'il convenait de mettre en cause l'autorité, il allait de soi qu'elle n'épargnerait pas celui qui l'incarnait depuis dix années. Mai 68 s'en prend d'abord à l'Université et aux mœurs, ensuite à l'entreprise et au type de société, finalement au chef de l'État, ce héros de Corneille dans la France de Françoise Sagan[2]. » Ce qui frappe également, c'est que le Premier ministre du Général, Georges Pompidou, ne brille pas non plus par une action susceptible d'amender dans un sens plus social sa politique. S'il a senti monter les évolutions des Français, comme le montrent tout particulièrement son ouverture sur les avant-gardes artistiques et ses

1. Charles-Louis Foulon, *Malraux*, *op. cit.*, p. 74-75.
2. Alain Duhamel, *Journal d'un observateur*, Paris, L'Observatoire, 2018, p. 59-60.

goûts personnels, il demeure dans une conception très gaullienne du pouvoir et des relations avec les Français. Le prurit d'affranchissement se fait avec Mai 68, son discours du 14 mai sur « la crise de civilisation » et sa quasi-rupture avec de Gaulle. Il entame alors sa tentative d'adaptation de la matrice gaullienne de la France au temps nouveau tandis que le Général relance et élargit sa grande ambition sociale de la participation.

André Malraux et les maisons de la culture

Charles-Louis Foulon

S'il retrouve en juin 1958, dans le dernier Gouvernement de la IVe République, le poste de ministre de l'Information qui fut le sien à l'automne 1945, André Malraux doit céder la place, après quelques semaines, à un partisan de l'Algérie française. Dès lors il est cantonné aux Affaires culturelles. Charles de Gaulle donne à son « ami génial » le titre de ministre d'État en janvier 1959 et le maintient plus de dix ans à la tête d'un ministère pauvre en crédits. S'il reste, au temps des campagnes électorales, le ministre de la Parole par de grands discours enflammés, Malraux se veut ministre du Rayonnement culturel. C'est dans cette perspective qu'il rêve de 90 maisons de la culture « afin que n'importe quel enfant de seize ans, si pauvre soit-il, puisse avoir un véritable contact avec son patrimoine et avec la gloire de l'esprit de l'humanité[1] ».

Un programme ambitieux

Pour accueillir dignement tout ce qui doit être exemplaire, ont été envisagés la construction de 25 maisons neuves et l'aménagement de 5 bâtiments pour un coût de 63,4 millions de francs[2]. Il fut finalement inscrit au IVe Plan, pour les années 1962-1965, une demande de 85,6 millions de francs devant permettre de créer 4 maisons importantes, 8 maisons avec des salles polyvalentes et 8 autres sans salles de spectacles. Pour Malraux, dans une humanité tout entière « investie par d'immenses puissances de fiction », alors qu'il y a « en chacun de nous une vulnérabilité du rêve », il est encore temps d'affirmer « qu'en face du cinéma et de la télévision les plus détestables [il devait y avoir] quelque chose qui compte ». C'est ce qui nourrit sa politique des maisons de la culture.

1. Déclaration devant les députés, le 17 novembre 1959.

2. Pour les vingt premières expérimentations, voir Philippe Poirrier, *L'État et la culture en France au XXe siècle*, Paris, Librairie générale française, 2000, p. 99-100, et Philippe Urfalino, *L'Invention de la politique culturelle*, Paris, La Documentation française, 1996, p. 79-80.

Aux yeux du ministre d'État, les maisons de la culture se doivent d'être un phénomène historique ne répondant « nullement à un besoin de distraction ». Quand il parle, Malraux reste hanté par le néant. Celui qui s'est affirmé vers 1950 comme « homme contre la mort » espère en une immortalité des hommes et surtout des œuvres d'art. La culture reste pour lui « l'ensemble des réponses mystérieuses que peut se faire un homme lorsqu'il regarde dans une glace ce que sera son visage de mort ». À Bourges, le 18 avril 1964, le ministre se félicite de l'existence de la République gaullienne grâce à qui la France reprend « sa mission dans l'ordre de l'esprit ». Il rappelle que, de tous côtés, on lui répond : « Faites donc appel aux Français, ils ne viendront pas ! » Il salue, dans une ville de 60 000 habitants, « une salle entière de gens qui se sont dérangés pour le domaine de l'esprit ». Il veut croire que la culture devient « l'autodéfense de la collectivité, la base de la création et l'héritage de la noblesse du monde ».

Apporter l'admiration et l'amour

Le 7 novembre 1964, le ministre martèle sa conviction devant les députés : « aucune Sorbonne apportant un enseignement de connaissances ne peut remplir le rôle de la maison de la culture, qui apporte l'admiration et l'amour ». Toutefois la doctrine de l'action culturelle qui ne commence à être définie qu'à l'automne 1961 se construit encore en 1965. Le philosophe qui s'y essaye avec le concours d'Émile Biasini, Gaëtan Picon, avoue alors imprudemment : « Ce que seront les maisons de la culture, nous le savons moins que nous ne le cherchons ensemble ; elles exigeaient d'exister. L'existence des maisons de la culture est là pour prouver que le ministère des Affaires culturelles est bien autre chose que la promotion de l'ancien secrétariat d'État. Rien n'est fait : tout est à faire. Rien n'est garanti : tout est à risquer. Par nous. Par vous. »

Les cathédrales du XXe siècle

Aux députés dubitatifs, le ministre lance, le 27 octobre 1966 :

> Avec le Ve Plan, il ne s'agit pas du tout d'avoir quatre, cinq ou six maisons de la culture. Il ne s'agit pas d'avoir une jolie maison à Amiens où nous mettons des Fragonard. Il s'agit de faire ce que la IIIe République avait réalisé, dans sa volonté républicaine, pour l'enseignement ; il s'agit de faire en sorte que chaque enfant de France puisse avoir droit aux tableaux, au théâtre, au cinéma, etc., comme il a droit à l'alphabet [...]. Religion en moins, les maisons de la culture sont les modernes cathédrales : le lieu où les gens se rencontrent pour rencontrer ce qu'il y a de meilleur en eux. Sachez que chaque fois que nous en bâtissons une dans une ville moyenne, nous changeons quelque chose d'essentiel en France. [...] Pour le prix de 25 kilomètres d'autoroutes, nous maintenons que la France qui a été le premier pays culturel du monde en son temps, qui est en train de refaire des expériences sur lesquelles le monde entier a l'œil fixé, la

France, pour cette somme misérable, peut, dans les dix ans qui viendront, redevenir le premier pays culturel du monde.

Le rêve de Malraux se brise, non parce qu'il veut récuser le mélange loisirs et culture, mais d'abord parce que ses deux Premiers ministres, Michel Debré et Georges Pompidou, doutent de ses capacités à gérer un dossier où il faut s'acharner au quotidien. La doctrine du ministère n'est pas assez fortement affirmée pour que les Finances débloquent les crédits nécessaires alors que pèsent successivement le coût de la guerre d'Algérie puis les contraintes du plan de stabilisation. Et pourtant la stratégie de Biasini est économe grâce au principe de la parité des financements de l'État et des municipalités et grâce au concours de directeurs de centres dramatiques décentralisés très impliqués dans cette aventure.

C'est à Bourges, dans un bâtiment des années 1930, que Gabriel Monnet concrétise l'espérance ministérielle. S'il est précédé en théorie par le musée-maison de la culture du Havre, inauguré en juin 1961 par Malraux, c'est bien à Bourges que s'est réellement esquissé ce que doit être une maison de la culture. C'est ensuite à Amiens, Grenoble et Rennes que des édifices spécifiques sont bâtis. Leurs maîtres d'œuvre savent alors l'exigence du ministre et de ses collaborateurs :

— des bâtiments ayant le pouvoir de s'adapter à toutes les formes de l'art, de la pensée, de l'expression ;
— des maisons devant rassembler « toutes les activités créatrices d'une petite ville ou d'un quartier de grande ville[1] » ;
— des établissements se développant autour d'un centre d'art de caractère professionnel.

Un rêve trop ambitieux ?

Même si, à Bourges, le 14 mai 1965, le président de Gaulle salue en son ministre d'État « l*e plus* qualifié pour créer des maisons de la culture, le plus qualifié pour comprendre, pour vouloir et pour faire connaître ce qu'est l'esprit humain », il n'intervient que rarement pour que soient abondés les crédits du ministère chargé des Affaires culturelles. Ils sont toujours restés inférieurs à 0,40 % du budget de l'État. Dans les bureaux de la rue de Rivoli, on choisit de privilégier le soutien aux sports et à la jeunesse rassemblés dans les maisons des jeunes et de la culture (MJC). Dès 1962, alors qu'une loi-programme inscrit une dotation de 90 MF pour la construction d'équipements socioéducatifs dépendant du haut-commissariat à la Jeunesse et aux Sports, les méconnues MJC, il n'est accordé que 1,85 MF pour les projets d'action culturelle d'André Malraux bien que son cabinet ait chiffré les besoins à 10 MF ! En mai 1966, une note d'un inspecteur général des Finances l'indique sans ambages : « la mission tracée aux maisons de la culture, leur nom même sont trop ambitieux ».

1. Philippe Urfalino, *L'Invention de la politique culturelle*, *op. cit.*, p. 68-73.

Alain Malraux entend son « presque père » lancer à l'époque : « Ce que je veux est fou, ce que je peux est nul[1]. » À André Holleaux, son second directeur de cabinet, il confie qu'on ne peut lui demander une politique en lui refusant les moyens de la mettre en œuvre. Mais la réticence du ministère des Finances est confortée au fil des ans par des critiques diverses : celle du sénateur communiste Roger Garaudy voyant dans les maisons un « instrument culturel pour la propagande du régime » est moins percutante que le pamphlet de Dubuffet, *Asphyxiante Culture*, où le peintre affirme : « l'art n'a rien à gagner à être promu au rang de religion d'État. À l'État, je ne connais qu'un visage, celui de la police et je ne peux me figurer le ministère de la Culture autrement que comme la police de la culture, avec son préfet et ses commissaires ». Écrivaine célèbre et amie des Pompidou, qui partagent probablement son avis, Françoise Sagan dénonce quant à elle le snobisme effroyable avec lequel on inflige à des malheureux claqués, sortant de leur travail, du Brecht ou du Pirandello : « qu'on leur colle des pièces pour les faire penser ! On devrait leur donner du Feydeau pour qu'ils s'amusent. Le théâtre est quand même essentiellement un divertissement ».

Il est vrai que le dirigisme des animateurs est patent lorsqu'ils entendent proposer « pas uniquement des distractions agréables mais une forme de vie plus intense et plus harmonieuse » et qu'ils veulent organiser les loisirs des habitants « en les informant intelligemment ». À Paris, le Théâtre de l'Est parisien, équivalent d'une maison de la culture pour le quartier de Belleville, affiche une haute ambition : « mettre un terme à ce privilège social qu'était la culture ». *A contrario*, son responsable Guy Rétoré déclare franchement : « nous avons abandonné un certain nombre d'individus qui n'ont pas voulu s'intéresser à nos programmes, parce qu'ils préfèrent la belote, et le pastis. Ceux-là ne viendront jamais[2] ».

Changer l'âme des villes

Après les polémiques sur la censure et certaines lettres ouvertes au ministre de la *Kultur*, déjà traité de « Goebbels d'un nouvel Hitler » au temps du RPF, les événements de Mai 68 vont ensuite être délétères pour l'optimisme ministériel qui transparaît encore dans son échange de 1967 avec le journaliste gaulliste Michel Droit : « dans le domaine des Affaires Culturelles, ce à quoi je tiens plus que tout c'est à faire des Maisons de la culture. Il y a une chose qui me passionne, c'est de pouvoir faire la Maison de la Culture. Là où il y en a, tout le monde est au courant. Quand vous arrivez à Amiens, vous venez au musée, il y a quatre personnes. Vous avez une exposition à la Maison de la Culture, il y en a 4 000, et le soir il en sera passé 20 000 [*sic*] [...] à partir du

1. Voir Alain Malraux, *Les Marronniers de Boulogne*, Paris, Plon, 1978.
2. Déclarations publiées dans *Affrontement*, n° 27, avril 1964 et reprises dans l'ouvrage collectif *L'Animation culturelle*, Paris, Les Éditions ouvrières, 1964, p. 72-73 et 76).

moment où l'on fait une Maison de la Culture, c'est l'âme même de la ville qui est changée ». Pour les distractions qu'il dédaigne, Malraux admet seulement qu'il y a aussi « les entractes dont il vaut mieux ne pas parler ».

Le ministre a beau se féliciter que, pour la saison 1966-1967, les maisons de la culture aient recueilli 100 000 adhésions et accueilli 700 000 spectateurs, le rêve de réduire la masse à sa fécondité s'effiloche dans le culte d'une consommation des loisirs et dans des contestations politiques du conservatisme gaullien. Le ministre reste confiant quand, à Grenoble le 4 février 1968, il se réjouit des 11 500 abonnés de la maison de la culture de Bourges et des 18 000 adhésions grenobloises. Mais les acteurs de l'action culturelle dans les régions vont se dénoncer comme les gardiens de la culture bourgeoise.

Un gauchisme incantatoire

Nourries des travaux de sociologues engagés derrière Pierre Bourdieu, les flagellations du printemps 1968 débouchent sur la déclaration de Villeurbanne du 25 mai 1968. La quasi-totalité des directeurs de maisons de la culture approuve ce mea culpa jurant qu'ils aideraient le non-public à se libérer des « mystifications de tout ordre » pour que cette immensité humaine invente sa propre humanité (*Le Monde* du 28 mai 1968). Leur déclaration affirme : « la "simple" diffusion des œuvres d'art, même agrémentée d'un peu d'animation, apparaissait déjà de plus en plus incapable de provoquer une rencontre effective entre ces œuvres et d'énormes quantités d'hommes et de femmes [...] la coupure ne cessait de s'aggraver [...] entre ces exclus et nous tous qui, bon gré mal gré, devenions de jour en jour davantage complices de leur exclusion ». Grâce à ce qui est dénommé le « viol de l'événement », ces responsables de l'action culturelle mettent fin aux « incertitudes de [leurs] fragiles réflexions », affirmant aussi que la culture se trouve dans une impasse radicale. Ils annoncent donc leur volonté d'aider le non-public à se libérer des « mystifications de tout ordre » pour que cette immensité humaine invente sa propre humanité. Ayant écrit qu'il est « tout à fait clair qu'aucune définition de la Culture ne sera [it] valable, n'aura [it] de sens qu'au prix d'apparaître utile aux intéressés eux-mêmes », les fédérés énoncent que « tout effort d'ordre culturel ne pourra plus que [leur] apparaître vain aussi longtemps qu'il ne se proposera pas expressément d'être une entreprise de politisation[1] ». La violence de cette dénonciation balaie l'optimisme ministériel de 1967 et renforce l'hostilité de la majorité politique issue des élections de juin 1968.

Quand s'achève la décennie de Malraux au pouvoir, six maisons de la culture existent à Amiens, Bourges, Firminy, Grenoble, Le Havre, Rennes. Numériquement, les maisons de la culture sont

1. L'essentiel du texte de la déclaration figure dans Alain Lombard, *La Noblesse du monde, 1959-2009. La politique culturelle en question(s)*, Vénissieux, La Passe du vent, 2009, p. 62-64.

un succès par leur nombre d'abonnés. Mais, comme le rappelle Catherine Tasca[1], vouloir la rencontre de tous les arts et de tous les publics et la parité des financements par l'État et les collectivités locales, « c'était cumuler beaucoup d'objectifs et forcément beaucoup d'embûches ». Le gauchisme incantatoire du printemps 1968 a contaminé les militants de la culture ou les a désarçonnés. Le printemps 1968 marque la fin de l'ère Malraux « tonitruante, unificatrice et, ici ou là, réalisatrice[2] ». On peut comprendre, cinquante ans après, l'envie de Jean Vilar de lancer à ceux qui faisaient rimer son nom avec celui du dictateur Salazar : « Vous n'êtes que des hurleurs, des tapageurs de la nuit, des fils de famille[3]. »

Un consensus édulcorant

Face aux dénonciations du nihilisme, les services du ministère résistent : « Il y a certainement eu une maladie infantile des maisons de la Culture mais ce n'est pas une raison pour pratiquer à leur égard l'euthanasie que constituerait leur transformation en théâtre municipal[4]. » Il est indubitable que l'unanimité initiale témoigne d'un consensus dont Jean-Jacques Queyranne montre bien le caractère édulcorant. Il masque des divergences idéologiques certaines autour des « grands thèmes de la démocratie culturelle, égalité, progrès, démocratie[5] ». La critique des maisons de la culture et de leurs ambitions ne connaît guère d'entractes et s'exerce, comme pour la politique de défense gaullienne, tous azimuts !

Les élus de droite prennent leur part dans une croisade contre les « mabouls intellectuels » et les maisons qui ont « apporté leur pierre aux barricades de mai, tant pendant les événements qu'auparavant[6] ». André Malraux tient à rappeler aux députés que les maisons de la culture ne sont pas devenues le pire après avoir été le meilleur[7]. Il soutient qu'elles restent des lieux qui n'apportent pas des connaissances mais des émotions, « des œuvres d'art rendues vivantes au peuple qui est en face de ces œuvres d'art[8] ».

1. « Les maisons de la culture, un rêve qui a essaimé », article de la brochure célébrant les cinquante ans du ministère.

2. Pascal Ory, *L'Entre-deux-Mai. Histoire culturelle de la France, mai 1968-mai 1981*, Paris, Le Seuil, 1983, p. 64.

3. Notes inédites de juillet 1968, publiées dans le numéro spécial des *Cahiers de la maison Jean Vilar*, et citées dans *Le Nouvel Observateur* des 24 au 30 juillet 2008.

4. Note pour le directeur de cabinet du ministre du 5 novembre 1968.

5. Jean-Jacques Queyranne, *Les Maisons de la culture*, université de Lyon II-Lumière, thèse d'État de science politique, 1975, p. 19.

6. Rappelé dans *Le Quotidien de Paris*, le 20 juin 1980.

7. Discours à l'Assemblée nationale, le 13 novembre 1968.

8. Discours à Dakar, le 30 mars 1966, au premier Festival mondial des arts nègres.

Au temps de Malraux comme ensuite, c'est le plus souvent à un public déjà cultivé, issu des classes moyennes, que profite la multiplication des offres culturelles. En termes de pratiques culturelles, les bénéficiaires de ces politiques ne changent pas socialement beaucoup. Ceci débouche peu après sur une réflexion amère d'un sociologue : « le temps libre n'a pas réduit les inégalités car il est fait pour ceux qui ont du fric et de la culture. Pour les autres, il crée de la frustration[1] ».

« Un rêve qui a essaimé »

Portant le nom de « maison de la culture », il ne reste guère que quelques structures associatives, la MCA à Amiens et, sans doute grâce à Jacques Ralite, la MC 93. Leur héritage est porté par les centres dramatiques nationaux dont certains responsables font encore écho aux propos de leurs devanciers tenus à Villeurbanne « quand ils se refusent à ce que leurs structures soient d'abord des outils d'action culturelle et qu'ils les dénoncent comme "un pansement social"[2] ».

Dans la brochure éditée pour célébrer le cinquantième anniversaire du ministère, Catherine Tasca, troisième femme à être devenue ministre de la Culture, signe le texte sur les maisons de la culture, « un rêve qui a essaimé ». Elle y signale que la formule « la maison de la culture » peut être jugée « doublement prétentieuse » en semblant dire qu'il ne peut y avoir qu'une maison et qu'une culture. Elle souligne toutefois que l'inauguration au Havre a été le commencement d'une belle aventure « animée à la fois par un idéal et une utopie », l'idéal de l'accès de tous à la culture, « l'utopie de la culture élitiste pour tous donnant à voir au public le plus large les œuvres les plus accomplies », le rêve défini par Malraux devant les députés en 1959 : que chacun ait « un véritable contact avec son patrimoine et avec la gloire de l'esprit de l'humanité ».

Pascal Ory l'a constaté naguère : « l'écart est plus grand encore entre la légende du grand dessein culturel de 1959 et la réalité des résultats concrets atteints dix ans plus tard[3] ». C'est peut-être parce que, pour le ministre lui-même, les maisons de la culture n'étaient « pas du tout quelque chose qui devait être programmé » ? Mais on peut admettre l'optimisme manifesté en 2009 par Catherine Tasca. Il y a toujours beaucoup de bon grain à moudre dans l'expérience des maisons de la culture et des scènes nationales où se sont forgés « deux acquis fondamentaux : l'intuition de la nécessité absolue de l'Art dans la cité et dans la vie de chacun et la prise de conscience de la responsabilité politique en matière de développement culturel ».

1. Daniel Mothé, *L'Utopie du temps libre*, Paris, Esprit, 1997.
2. *Le Monde*, 3octobre 2017.
3. Pascal Ory, *L'Aventure culturelle française : 1945-1989*, Paris, Flammarion, 1989, p. 58.

MAI 68
LA FAILLE ET LA FÊLURE

Sabrina Tricaud

« La situation de la France était bonne. […] Le climat social était calme. […] Je n'avais pas prévu les événements, encore moins leur gravité », écrit Georges Pompidou dans *Pour rétablir une vérité*[1]. Comme la majorité de ses contemporains, la crise de Mai 68 l'a surpris par sa soudaineté, sa radicalité et sa violence. Mai 68 ne se laisse pas aisément comprendre alors que depuis 1962 et la fin de la guerre d'Algérie, la France vit en paix, connaît la prospérité et le plein-emploi. S'agit-il d'une révolution sociale ? D'une crise de régime ? D'une tentative de subversion communiste ? Autant de questions que se posent intellectuels, hommes et partis politiques, représentants syndicaux, tous surpris et divisés par un « événement Janus » selon l'expression de Jean-François Sirinelli[2].

Le pouvoir exécutif se trouve plongé dans la tourmente : une révolution d'enfants gâtés, qui crient qu'il est interdit d'interdire et que la société de consommation doit périr de mort violente, révèle subitement tous les maux de la grande mutation et de la modernisation des « Trente Glorieuses ». La radicalité de la contestation déstabilise l'État, l'Administration, les Institutions et, jusqu'au sommet de l'État, son chef, le général de Gaulle, et son Premier ministre Georges Pompidou. L'acmé se situe le 29 mai, jour où de Gaulle disparaît… avant de revenir pour mieux vaincre les oppositions et qu'une sortie de crise se dessine. Ce jour-là, nombreux sont les hommes et les femmes qui, à l'image du préfet de police de Paris Maurice Grimaud, ont été plongés dans un « extrême désarroi. On a l'impression d'être au seuil d'événements totalement imprévisibles[3] ». Le Premier ministre est tout particulièrement affecté par le départ mystérieux du Général, « irrité de

1. Georges Pompidou, *Pour rétablir une vérité*, Paris, Flammarion, 1982, p. 179-181.
2. Jean-François Sirinelli, *Mai 1968. L'événement Janus*, Paris, Fayard, 2008.
3. Maurice Grimaud, *En mai fais ce qu'il te plaît*, Paris, Stock, 1977, p. 288.

l'attitude du président à [son] endroit[1] ». Le mois de Mai 68 altère profondément la relation entre Charles de Gaulle et Georges Pompidou. Tous les témoignages des acteurs concordent pour souligner qu'entre les deux hommes une fêlure s'est créée[2]. Pourtant, depuis plusieurs années, quelques sujets de friction existent entre les deux têtes de l'exécutif. Après les élections législatives de mars 1967, le président a envisagé de changer de Premier ministre, et de nommer Maurice Couve de Murville, mais la défaite électorale de ce dernier a rendu l'hypothèse caduque[3]. Georges Pompidou confesse connaître « depuis longtemps les crises psychologiques du Général et la tentation périodique du départ[4] ». Mais cette fois-ci, et pour le chef de l'État, et pour le locataire de Matignon, les choses se passent différemment.

De ces deux hommes plongés dans la tempête, on ne connaît que la perception de Georges Pompidou, qui a raconté les événements dans *Pour rétablir une vérité* et qui en propose une analyse dans *Le Nœud gordien*, publiés à titre posthume. Les *Mémoires* du Général ne couvrent pas cette période. Les récits des acteurs et des hommes de pouvoir abondent. Mais cette pléthore de témoignages, écrits majoritairement après les faits, est souvent à charge ou à décharge, rarement objective. D'un côté se trouvent les défenseurs du Général, qui louent son coup de génie tactique du 29 mai 1968 ; de l'autre stationnent les partisans de Georges Pompidou qui soulignent que seul le Premier ministre a tenu et qu'il a révélé dans l'action toute sa stature d'homme d'État. Ainsi, Mai 68 aurait publiquement ouvert la voie du successeur du Commandeur. Ces analyses divergentes tiennent pour beaucoup de la reconstruction *a posteriori*. Le 30 mai 1968 au soir, nul ne sait qu'un an plus tard Charles de Gaulle aura cédé l'Élysée à son Premier ministre. Georges Pompidou, bien avant mai 1968, s'est déjà posé en successeur du Général. En outre, la gestion de la crise relève, pour l'un comme pour l'autre, bien davantage de la navigation à vue que de la stratégie mûrement réfléchie. Les deux têtes de l'exécutif ont été prises au dépourvu quand le souffle de mai fut venu.

1. Georges Pompidou, *Pour rétablir une vérité*, *op. cit.*, p. 196.
2. Bernard Lachaise, « Les relations de Gaulle-Pompidou en mai 1968 », *in* Bernard Lachaise, Sabrina Tricaud (dir.), *Georges Pompidou et mai 1968*, Bruxelles, PIE-Peter Lang, 2009, p. 95-109.
3. Éric Roussel, *Charles de Gaulle*, Paris, Le Grand Livre du mois, 2002, p. 1150.
4. Georges Pompidou, *Pour rétablir une vérité*, *op. cit.*, p. 192.

L'histoire du Mai 68 du pouvoir exécutif doit tenir compte de la part d'irrationnel, d'improvisation, de sentiments qui a présidé aux choix des hommes. Dans l'épreuve, chacun a révélé ses forces et ses faiblesses, mais c'est ensemble – et non l'un contre l'autre – qu'ils ont construit l'heureux dénouement. L'issue de Mai 68 est bien, en ce sens, une victoire du couple de Gaulle-Pompidou.

« La France [ne] s'ennuie » pas

Pierre Viansson-Ponté, dans son éditorial du *Monde* le 15 mars 1968, écrit :

> Ce qui caractérise actuellement notre vie publique, c'est l'ennui. Les Français s'ennuient. […] La jeunesse s'ennuie. Les étudiants manifestent, bougent, se battent en Espagne, en Italie, en Belgique, en Algérie, au Japon, en Allemagne, en Pologne même. […] En France, les empoignades, les homélies et les apostrophes des hommes politiques de tout bord paraissent à tous les jeunes au mieux plutôt comiques, au pire tout à fait inutiles, presque toujours incompréhensibles. […] Le général de Gaulle s'ennuie. Il s'était bien juré de ne plus inaugurer les chrysanthèmes et il continue d'aller, officiel et bonhomme, du Salon de l'agriculture à la Foire de Lyon. […] Seuls quelques centaines de milliers de Français ne s'ennuient pas : chômeurs, jeunes sans emploi, petits paysans écrasés par le progrès, victimes de la nécessaire concentration, […] vieillards plus ou moins abandonnés à tous. Ceux-là sont si absorbés par leurs soucis qu'ils n'ont pas le temps de s'ennuyer, ni d'ailleurs le cœur à manifester et à s'agiter. Et ils ennuient tout le monde. […] N'y a-t-il vraiment d'autre voie qu'entre l'apathie et l'incohérence, l'immobilité et la tempête ? […] Le vrai but de la politique n'est pas d'administrer le moins mal possible le bien commun… Il est de conduire un peuple, de lui ouvrir des horizons, de susciter des élans, même s'il doit y avoir un peu de bousculade. […] L'ardeur et l'imagination sont aussi nécessaires que le bien-être et l'expansion.

Le journaliste se faisait ainsi l'écho des frémissements et des signes annonciateurs de la tempête de Mai 68. Dès 1967, les prémices d'un malaise étudiant, d'une crise sociale et d'une crise politique sont en gestation.

Dans le monde universitaire, le premier trimestre 1968 est marqué par la montée d'un climat de violence, à Paris comme en province. Il reflète la métamorphose de l'enseignement supérieur depuis le début des années 1960. Entre 1960 et 1968, le nombre d'étudiants a doublé. Plus de 500 000 jeunes hommes et filles étudient à l'université contre 100 000 vingt ans plus tôt. Depuis fin 1967, des mouvements étudiants s'élèvent contre la réforme Fouchet, qui fait planer le doute d'une sélection à l'entrée de l'université. Les règlements intérieurs des cités universitaires, qui interdisent les visites des garçons dans les bâtiments des étudiantes et réciproquement, suscitent de nombreuses protestations. La politisation de la jeunesse étudiante, phénomène constaté à l'échelle internationale dans la lutte contre la guerre du Vietnam, conduit à la radicalisation des conflits. Au mois de janvier, pour réclamer la réintégration d'un élève du lycée Condorcet de Paris, 400 lycéens manifestent dans le quartier de Saint-Lazare et se heurtent violemment aux policiers. Des échauffourées ont également lieu à la faculté de lettres de Nanterre, où des étudiants organisent une manifestation pour protester contre la présence de policiers en civil à l'intérieur de l'université. Ils dénoncent la constitution d'une « liste noire » sur laquelle l'administration consignerait les noms des étudiants à exclure, et la menace d'expulsion d'un étudiant d'origine allemande, Daniel Cohn-Bendit. Ce dernier avait apostrophé le ministre de la Jeunesse et des Sports, François Missoffe, venu inaugurer la piscine de la faculté. Des bagarres se déroulent sur le campus. À Caen, Alain Peyrefitte, ministre de l'Éducation nationale, est conspué. En février, les manifestations étudiantes se multiplient un peu partout en France. Les étudiants réclament l'abrogation des règlements intérieurs des résidences universitaires, une amélioration des conditions de travail, des réformes, de nouveaux rapports maîtres-étudiants. Des manifestations contre la guerre du Vietnam ont lieu le 7, le 13 et le 21 février, proclamée « Journée pour le Vietnam ». En mars débute à proprement parler la phase étudiante du mouvement de mai puisque naît le « Mouvement du 22 mars » à Nanterre. Dans la soirée du 22 mars, 300 étudiants de la faculté de lettres se réunissent pour protester contre l'arrestation de plusieurs militants qui manifestaient contre la guerre du Vietnam. Ils envahissent les locaux de l'administration, occupent la salle du conseil des professeurs. Le doyen leur octroie une salle pour les réunions politiques. Mais pour empêcher une nouvelle manifestation avec occupation des locaux annoncée le 29 mars, le doyen suspend les cours jusqu'au 1er avril. À la

Sorbonne, le 29 mars, des étudiants occupent un amphithéâtre et d'autres manifestations rassemblent des lycéens. Les cours reprennent à Nanterre le 1er avril, mais dès le lendemain, l'occupation des locaux reprend. Daniel Cohn-Bendit déclare à ses camarades : « Il faut montrer la fonction sociale de l'Université. Nous refusons d'être les futurs cadres de l'exploitation capitaliste, et c'est pour cela que nous avons boycotté les examens qui nous mènent à cette situation. » Dans les jours suivants, les occupations de locaux par les étudiants se multiplient. Les bourgeons de mai éclosent.

Le climat social est lui aussi particulièrement tendu. Depuis 1965, l'activité économique ralentit et le chômage augmente : en novembre 1966, la France compte 160 000 chômeurs, 238 000 en novembre 1967 et 273 000 en février 1968. Début 1967, la dégradation du climat social est patente. Le journaliste Didier Dutailly, dans *Combat*, écrit que le Gouvernement craint une explosion sociale pour le premier trimestre 1967. Le 3 mai 1968, sur les ondes d'Europe n° 1, Eugène Descamps, le secrétaire général de la CFDT, déclare que « nous connaissons actuellement une crise économique ». Les industries textiles, la sidérurgie sont particulièrement affectées. À Longwy, par exemple, fin 1967, les moins de vingt-cinq ans représentent 50 % des demandeurs d'emploi, contre 25 % deux ans auparavant[1]. Les conflits sociaux se succèdent depuis 1967 dans les secteurs publics, aux usines Berliet de Vénissieux, à Sud-Aviation, à Rhodiaceta, mais aussi chez les mineurs lorrains, les métallurgistes de Saint-Nazaire…

Ludivine Bantigny a souligné que ces mouvements sont, dans leurs acteurs et dans leurs formes, annonciateurs des mobilisations de mai. À Caen, fin janvier-début février 1968, une grève totale a lieu dans trois usines de la Société anonyme de véhicules industriels et d'équipements mécaniques (Saviem), de Jaeger et de la Sonormel. Les ouvriers spécialisés (OS) se mettent en grève pour protester contre les conditions de travail et pour une revalorisation des salaires. Ils sont soutenus par les étudiants de l'Unef et de la Jeunesse communiste révolutionnaire (JCR). Dans la nuit du 26 au 27 janvier, des violences opposent manifestants et policiers, des barricades sont dressées. À Redon, le 11 mars, un

1. Ludivine Bantigny, *1968. De grands soirs en petits matins*, Paris, Le Seuil, 2018, p. 33.

cortège d'ouvriers, de lycéens et de paysans se mesure aux forces de l'ordre après avoir tenté de bloquer la voie ferrée[1]. Ainsi, les protagonistes de mai sont en place, la logique de solidarité, la violence, la répression sont d'ores et déjà présentes. Face à la grogne sociale et à la montée du chômage, le Gouvernement a adopté les ordonnances économiques et sociales de 1967 qui créent l'Agence nationale pour l'emploi (ANPE), augmentent le ticket modérateur à la charge de l'assuré d'environ 10 %. Elles ne satisfont guère les syndicats (dont la place dans les conseils d'administration de la Sécurité sociale est réduite) et l'opposition de gauche[2].

Du point de vue politique enfin, la majorité est sortie affaiblie des élections législatives de 1967 où elle n'a acquis la majorité absolue qu'à une voix. Des ministres ont été battus (Maurice Couve de Murville et Alexandre Sanguinetti à Paris, Pierre Messmer à Lorient, Jean Charbonnel à Brive-la-Gaillarde). Pierre Viansson-Ponté écrit, dans *Le Monde* : « La majorité, fragile, va devoir lutter pour resserrer et élargir à la fois ses rangs. Des élections acquises de justesse vont être contestées âprement. Une nouvelle étape de l'histoire de la Ve République a commencé dimanche. » De Gaulle a reconduit Georges Pompidou à Matignon. Mais le Premier ministre sait qu'il doit cette nouvelle nomination à l'échec électoral du ministre des Affaires étrangères, que de Gaulle souhaitait voir lui succéder[3]. La fragile majorité est fracturée : les gaullistes de gauche, René Capitant et Louis Vallon, n'assistent pas aux assises du parti gaulliste en octobre 1967 à Lille, car y dominent « ceux qui proclament situer déjà leur action dans les perspectives de l'après-gaullisme ». Les querelles intestines se multiplient. Dans sa conférence de presse du 14 novembre 1967, de Gaulle prend soin de rappeler qu'il « appartient au président de la République, au chef de l'État, de maintenir les institutions dans leur esprit et dans leurs termes et d'orienter la politique de la France pour tout temps qu'il est – le seul – mandataire du peuple français tout entier ».

---

1. *Ibid.*, p. 39-41.
2. Éric Kocher-Marbeouf, « Les grèves de 1967 et l'adoption des ordonnances économiques et sociales », *in* Alain Beltran, Gilles Le Béguec, *Action et pensée sociales chez Georges Pompidou : actes du colloque des 21 et 22 mars 2003 au Sénat*, Paris, PUF, 2004, p. 11-128.
3. Éric Roussel, *Georges Pompidou*, Paris, Perrin, coll. « Tempus », 2004, p. 205.

De Gaulle et la « chienlit »

Dans ce contexte politique, économique et social tendu, le Premier ministre doit partir en voyage officiel en Iran et en Afghanistan pour une dizaine de jours. Il quitte Paris le 2 mai, le garde des Sceaux Louis Joxe assurant l'intérim. La première phase du mouvement de Mai 68, la phase étudiante, est donc directement gérée par le chef de l'État, jusqu'au retour de Georges Pompidou en France le 11 mai au soir. Or dès le 2 mai, de nouveaux incidents se produisent à la faculté de Nanterre où le doyen suspend les cours. Le lendemain, à la demande du recteur de l'académie de Paris, Jean Roche, la police fait évacuer la Sorbonne. L'Unef et le Syndicat national de l'enseignement supérieur (SNESup) décident aussitôt d'une grève illimitée et le Quartier latin connaît sa première soirée d'émeutes. Des voitures sont brûlées et des barricades édifiées. La Sorbonne est fermée le 4 mai. Le 6 mai se déroulent des manifestations étudiantes pour protester contre la condamnation à deux mois de prison ferme de 4 manifestants étudiants ayant jeté des pierres sur les forces de l'ordre. De véritables combats de rue ont lieu toute la soirée entre le carrefour Mabillon et la place Saint-Germain-des-Prés. Le bilan est lourd : près de 600 étudiants et policiers blessés, 422 arrestations. Les incidents se multiplient le 7 mai, y compris en province. Charles de Gaulle ne comprend guère la nature de l'agitation étudiante. Face à ses interlocuteurs, il fait montre d'une grande fermeté. Quand Louis Joxe ou Christian Fouchet, le ministre de l'Intérieur, se déclarent partisans d'une certaine modération, le Général ne déroge pas : la Sorbonne ne doit pas être rouverte et les forces de l'ordre doivent venir à bout des agitateurs. À plusieurs reprises, il montre des signes d'agacement voire explose : « Quand un enfant se met en colère et passe la mesure, la meilleure façon de le calmer c'est quelquefois de lui donner une taloche », explique le chef de l'État à Louis Joxe. Ce dernier lui répond : « Le problème c'est que ce ne sont plus tout à fait des enfants et pas encore des adultes[1]. » De Gaulle, né en 1890, âgé de soixante dix-sept ans, ne saisit pas ce que sont les baby-boomers ni leurs revendications : « de Gaulle a son âge, les raisonnements de son âge, les réflexes de son âge »,

---

1. Alain Peyrefitte, *C'était de Gaulle*, t. III, Paris, éditions de Fallois/Fayard, 2000, p. 470.

écrit Éric Roussel[1]. Il s'agit d'un charivari, d'une « chienlit », selon le terme qu'il emploie à plusieurs reprises. Et la Sorbonne de rester fermée et les émeutes de continuer.

Durant la nuit du 10 au 11 mai, le Quartier latin se couvre des barricades que le préfet de police Maurice Grimaud ordonne de prendre d'assaut après avoir obtenu l'aval de Christian Fouchet à 2 heures du matin. Les auditeurs des postes périphériques, RTL et Europe n° 1, peuvent suivre en direct les heurts violents entre étudiants et forces de l'ordre durant toute la nuit. Au petit matin du samedi 11 mai, la cinquantaine de barricades a été démantelée et les manifestants dispersés. Le bilan est lourd : 367 blessés dont 32 dans un état grave, 460 interpellations, 188 véhicules incendiés ou endommagés, des rues entières dépavées. Des brutalités policières sont attestées par les témoins. Tout au long de la crise, Maurice Grimaud donne pourtant des consignes aux forces de l'ordre afin de limiter les violences contre les manifestants. Dans une lettre envoyée à chaque fonctionnaire de la préfecture le 29 mai, il écrit que « frapper un manifestant tombé à terre, c'est se frapper soi-même en apparaissant sous un jour qui atteint toute la fonction policière. [...] Dites-vous bien et répétez autour de vous : toutes les fois qu'une violence illégitime est commise contre un manifestant, ce sont des dizaines de ses camarades qui souhaitent le venger. Cette escalade n'a pas de limite[2] ». Pour limiter les débordements, des contacts sont également établis entre les commissaires de la ville de Paris et les manifestants dès la nuit des barricades. Maurice Grimaud lui-même a des contacts avec certains représentants syndicaux et il se rend sur le terrain. Ses relations avec plusieurs personnalités de gauche, telles que Pierre Cot, permettent à plusieurs reprises d'éviter que la situation ne dégénère[3].

Néanmoins, afin de protester contre les violences policières, les centrales ouvrières et la FEN appellent à une grève générale le 13 mai. De Gaulle, qui a pour habitude de se retirer dans ses appartements privés vers 20 heures, n'a pas été réveillé et

1. Éric Roussel, *Charles de Gaulle*, *op. cit.*, p. 1170.
2. Lettre de Maurice Grimaud aux fonctionnaires de la préfecture de police, 29 mai 1968, FNSP/CHSP, fonds Maurice Grimaud, GRI39, cité par Philippe Nivet, « Maurice Grimaud et mai 1968 », *Histoire@Politique*, n° 27, septembre-décembre 2015.
3. Philippe Nivet, « Maurice Grimaud et mai 1968 », art. cit.

Pompidou est en Afghanistan. Au petit matin, le réveil est douloureux. Dès 6 heures, il convoque Louis Joxe, Pierre Messmer et Christian Fouchet. [1]l envisage de recourir à l'armée mais Pierre Messmer l'en dissuade1. Il s'exclame : « On ne capitule pas devant l'émeute ! On ne discute pas avec les émeutiers ! Si vous vous déculottez, il n'y a plus d'État ! Le pouvoir ne recule pas ou il est perdu[2]. » L'incompréhension semble totale entre les émeutiers d'une part et le président de la République d'autre part, tandis que ses ministres tentent d'éviter un bain de sang. La situation semble bloquée.

Seul le retour du Premier ministre change la donne. De Kaboul, Georges Pompidou a été en relation quotidienne avec son directeur de cabinet, Michel Jobert, qui l'a tenu informé de la situation par téléphone ou télégramme chiffré. Dans un premier temps, le chef du Gouvernement s'est montré favorable à une certaine fermeté à l'égard des mouvements étudiants[3], mais il revient avec l'impression qu'« à Paris on flottait[4] ». Dans l'avion qui le reconduit en France, il a visiblement réfléchi et arrêté sa stratégie : celle de l'apaisement. Ayant été absent pendant une semaine, il peut en effet apparaître comme un homme neuf pour engager la désescalade et rompre la chaîne répression-solidarité. Dès qu'il pose le pied sur le tarmac, il informe son cabinet de ses décisions, et tient à Matignon une réunion avec les ministres Joxe, Fouchet et Peyrefitte. Il les informe de ses intentions : la réouverture de la Sorbonne et la libération des manifestants arrêtés. Bien que ses ministres doutent de sa capacité à faire changer la position du président, celui-ci part confiant. À la surprise générale, Georges Pompidou obtient l'aval du Général. Alain Peyrefitte, dans ses *Mémoires*, relate une confidence de Charles de Gaulle laissant entendre que le Premier ministre aurait mis sa démission dans la balance[5]. À l'inverse, Georges Pompidou relate que « notre conversation fut très brève. J'obtins immédiatement

1. Frédéric Turpin, *Pierre Messmer. Le dernier gaulliste*, Paris, Perrin/ministère des Armées, 2020, p. 192.
2. Alain Peyrefitte, *C'était de Gaulle*, t. III, *op. cit.*, p. 501.
3. Voir la lettre de Michel Jobert à Louis Joxe, 8 mai 1968, Archives nationales, fonds Michel Jobert, 89AJ3, cité *in* Sabrina Tricaud, *L'Entourage de Georges Pompidou. Institutions, hommes et pratiques*, Bruxelles, PIE-Peter Lang, 2014, p. 91.
4. Georges Pompidou, *Pour rétablir une vérité*, *op. cit.*, p. 183.
5. Alain Peyrefitte, *C'était de Gaulle*, t. III, *op. cit.*, p. 573, 597.

l'accord du président de la République sur mon dispositif[1] ». On peut penser que le Premier ministre a imposé ses vues sans batailler. Le témoignage de Bernard Tricot, secrétaire général de l'Élysée, concorde avec celui de Georges Pompidou. Le collaborateur du président souligne que la solution proposée par le Premier ministre était alors la seule possible pour dénouer une situation qui semblait inextricable et il l'a défendue auprès du chef de l'État[2]. Ainsi, à 23 h 15, Georges Pompidou prononce son allocution télévisée. « J'ai réuni les ministres compétents, puis après avoir conféré avec le président de la République, et avec son accord, j'ai décidé que la Sorbonne serait librement rouverte à partir de lundi, les cours reprenant à la diligence du recteur et des doyens. […] À partir de lundi également, la Cour d'appel pourra, conformément à la loi, statuer sur les demandes de libération présentées par les étudiants condamnés. Ces décisions sont inspirées par une profonde sympathie pour les étudiants et par la confiance dans leur bon sens. […] Je demande à tous, et en particulier aux responsables des organisations représentatives d'étudiants, de rejeter les provocations de quelques agitateurs professionnels et de coopérer à un apaisement rapide et total. Cet apaisement, j'y suis pour ma part prêt. Puisse chacun entendre mon appel. »

Au soir du 11 mai, le chef de l'État, peut-être de guerre lasse, laisse donc à son Premier ministre la gestion de la crise étudiante, une crise qu'il n'a pas su résoudre. Non pas que de Gaulle approuvât en soi la stratégie pompidolienne de temporisation. Durant toute la crise, deux stratégies s'opposent au sommet de l'État : celle de l'apaisement et celle de la fermeté. Ces deux stratégies ne sont pas nécessairement celle de Matignon d'un côté, celle de l'Élysée de l'autre. Elles divisent les ministres et les entourages des deux têtes de l'exécutif. Avec le retour du locataire de Matignon, qui propose une réponse pouvant paraître novatrice, le président peut prendre la distance nécessaire à sa fonction, et ce, à un moment où de Gaulle est dans l'irrésolution. Le 19 mai, il confie ainsi à Bernard Tricot : « C'est précisément parce que la situation est dès maintenant insaisissable que je ne frappe pas un grand coup. Quand je serai au clair sur ce que je peux faire,

1. Georges Pompidou, *Pour rétablir une vérité*, *op. cit.*, p. 184.
2. Bernard Tricot, *Mémoires*, Paris, Quai Voltaire, 1994, p. 286.

je le ferai[1]. » C'est pourquoi Georges Pompidou enjoint au chef de l'État de partir en voyage officiel en Roumanie comme c'était prévu. De Gaulle s'envole pour Bucarest le 14 mai.

« Une crise de civilisation »

À partir du 11 mai au soir, Matignon assure directement la gestion de crise, les ministres étant marginalisés. Les nuits d'émeutes, une cellule de crise se constitue au premier étage de l'hôtel Matignon autour du conseiller technique chargé des affaires de l'Intérieur, le préfet Pierre Somveille, secondé par le directeur de cabinet, Michel Jobert, ainsi qu'Édouard Balladur et Claudius Brosse. Le bureau du conseiller technique, grâce au camion radio stationnant dans la cour de Matignon, se transforme en poste de commandement d'où le Premier ministre suit le déroulement des opérations et transmet directement ses instructions aux forces de police, au grand dam du ministre de l'Intérieur[2]. Tous les matins, du 17 au 25 mai, Georges Pompidou organise une réunion « maintien de l'ordre ». Elle réunit les principaux ministres et hauts fonctionnaires responsables de l'ordre public : les ministres Christian Fouchet, Pierre Messmer, Yves Guéna, Olivier Guichard et Jean-Marcel Jeanneney ; le préfet de police Maurice Grimaud, le préfet Pierre Aubert, secrétaire général de la préfecture de police, le préfet Jean Dours, directeur général de la Sûreté nationale, et le directeur général de la gendarmerie. Michel Jobert et/ou Édouard Balladur y assistent. Le Premier ministre y donne des directives, tant sur les problèmes relatifs au maintien de l'ordre que concernant l'approvisionnement en essence, la fourniture d'électricité, le maintien des liaisons téléphoniques…

Le 13 mai 1968, à la suite des appels syndicaux à la grève, plus de 500 défilés se déroulent à Paris et en province. Les premières émeutes étudiantes avaient reçu un mol soutien de la part des organisations syndicales. Dans *L'Humanité* du 3 mai, Georges Marchais critiquait le mouvement nanterrois du 22 mars, accusant les « faux révolutionnaires à démasquer » et s'en prenant à « l'anarchiste allemand Cohn-Bendit ». Le journal communiste reproche au Gouvernement son refus de construire des facultés et

1. *Ibid.*, p. 289.
2. Maurice Grimaud, *En mai fais ce qu'il te plaît*, *op. cit.*, p. 190-191.

les instituts universitaires technologiques nécessaires à la périphérie de la région parisienne, tout en accusant les « groupuscules » de se faire « objectivement les complices du pouvoir et de sa politique » en empêchant par leurs agissements le fonctionnement normal de l'Université. Mais la nuit des barricades change la donne : les grandes confédérations syndicales, pour protester contre les violences policières, se rallient au mot d'ordre de grève lancé par les centrales étudiantes et par le SNESup. Georges Séguy, le secrétaire général de la CGT, déclare dans un communiqué : « Les travailleurs sont indignés. Solidarité aux étudiants. » Le 11 mai, à l'issue d'une rencontre qui réunit à la Bourse du travail à Paris la CGT, la CFDT, la FEN, l'Unef et le SNESup, un appel à la grève générale de vingt-quatre heures est lancé le lundi 13 mai. La Confédération générale des cadres se joint au mouvement. L'allocution télévisée de Georges Pompidou à son retour d'Afghanistan, le 11 mai au soir, ne modifie pas le mot d'ordre syndical. La grève générale du 13 mai est largement suivie dans tous les secteurs professionnels. Tous les observateurs sont frappés par la longueur des cortèges, tant à Paris qu'en province, qui rassemblent des milliers de travailleurs, d'étudiants et de lycéens. Dans la capitale, un imposant cortège défile de la République à Denfert-Rochereau. Il réunit environ 500 000 personnes. À Toulouse, *La Dépêche du Midi* note : « On ne s'attendait pas à un tel déferlement. » Même les petites villes de province ont leurs défilés : 2 000 manifestent à Tarbes, 350 à Cahors ou à Bagnères-de-Bigorre… À Tulle, on peut lire les slogans suivants : « À l'usine, aux champs, à l'université, un ennemi commun : le pouvoir[1]. » Les occupations d'usine commencent dès le lendemain, alors que la Sorbonne, réouverte, est immédiatement occupée par les étudiants. Les murs se couvrent d'inscriptions comme « L'imagination a pris le pouvoir » ou « Il est interdit d'interdire ». Le mouvement s'étend rapidement aux autres facultés de Paris et de province. Des discussions, des débats, des assemblées générales ont lieu jour et nuit. C'est une véritable libération de la parole, une explosion de liberté. À partir du 14 mai, l'effervescence étudiante se double d'une généralisation de la grève : à Nantes, l'usine Sud-Aviation est occupée. L'après-midi, le Premier ministre prononce un long discours sur la crise universitaire.

1. Ludivine Bantigny, *1968*, *op. cit.*, p. 64.

Georges Pompidou y développe son analyse immédiate des événements. Il a ensuite laissé une vue rétrospective dans *Pour rétablir une vérité* et surtout *Le Nœud gordien*. Cette analyse est à la fois celle de l'homme d'État et du professeur de lettres pétri d'humanités classiques. Après avoir rappelé l'action conduite depuis son retour d'Afghanistan le 11 mai, que de Gaulle s'adressera au pays le 24 mai, il rend hommage au sang-froid des forces de l'ordre après la nuit des barricades, puis il définit la nature de la crise étudiante :

> c'est qu'il ne s'agit pas, simplement, de réformer l'Université. À travers les étudiants, c'est le problème même de la jeunesse qui est posé, de sa place dans la société, de ses obligations et de ses droits, de son équilibre moral même. [...] Traditionnellement, la jeunesse était vouée à la discipline et à l'effort, au nom d'un idéal ou d'une conception morale en tout cas. La discipline a en grande partie disparu. L'intrusion de la radio et de la télévision a mis les jeunes dès l'enfance au contact de la vie extérieure. L'évolution des mœurs a transformé les rapports entre parents et enfants, entre maîtres et étudiants. Les progrès de la technique et du niveau de vie ont pour beaucoup supprimé le sens de l'effort. Quoi d'étonnant enfin si le besoin de l'homme de croire à quelque chose, d'avoir solidement ancré en soi quelques principes fondamentaux, se trouve contrarié par la remise en cause constante de tout ce sur quoi l'humanité s'est appuyée pendant des siècles : la famille est souvent dissoute, en tout cas relâchée, la patrie discutée, souvent niée, Dieu est mort pour beaucoup et l'Église elle-même s'interroge sur les voies à suivre et bouleverse ses traditions. Dans ces conditions, la jeunesse, non pas tant peut-être la jeunesse ouvrière ou paysanne qui connaît le prix du pain et la rude nécessité de l'effort, mais qui est plus inquiète que d'autres aussi pour son avenir professionnel, la jeunesse universitaire en tout cas, se trouve désemparée. Les meilleurs s'interrogent, cherchent, s'angoissent, réclament un but et des responsabilités. D'autres, et qui ne sont pas toujours les pires, se tournent vers la négation, le refus total et le goût de détruire. Détruire quoi ? Ce qu'ils ont sous la main d'abord et, pour les étudiants, c'est l'Université. Et puis la société, [...] la société tout court, la société moderne, matérialiste et sans âme à leurs yeux. Je ne vois de précédent dans notre histoire qu'en cette période désespérée que fut le XVe siècle, où s'effondraient les structures du Moyen Âge et où, déjà, les étudiants se révoltaient en Sorbonne. À ce stade, ce n'est plus, croyez-moi, le Gouvernement qui est en cause, ni les institutions, ni même la France. C'est notre civilisation

elle-même. Il s'agit de recréer un cadre de vie accepté de tous, de concilier ordre et liberté, esprit critique et conviction, civilisation urbaine et personnalité, progrès matériel et sens de l'effort, libre concurrence et justice, individualisme et solidarité.

Georges Pompidou, qui avait lu l'œuvre du sociologue américain Herbert Marcuse *L'Homme unidimensionnel*, qui avait saisi dans la Nouvelle Vague et le Nouveau Roman les transformations profondes des sociétés industrielles, rend compte des bouleversements qui traversent la jeunesse des années 1960 et de la contestation du modèle sociétal porté par les revendications des étudiants de mai. Il a compris la remise en cause radicale de l'autorité dans l'école et la famille portée par les baby-boomers ainsi que la condamnation exprimée contre une société d'abondance vide de sens. Cette compassion à l'égard d'une jeunesse révoltée, qu'il compare à la crise de la fin du Moyen Âge, ne signifie pas adhésion aux formes de la contestation. Il condamne fermement la violence des groupes d'extrême gauche, minorité agissante « d'enragés ». Il opère ainsi une distinction entre les différents types de jeunesse : d'une part la jeunesse étudiante, urbaine, politisée, en révolte, d'autre part la jeunesse ouvrière et paysanne. La majorité des jeunes est d'ailleurs spectatrice des faits, tandis que les jeunes ouvriers participent aux mouvements sociaux comme les autres classes d'âge[1]. Et à l'intérieur même de la jeunesse étudiante, il prend soin de dissocier les militants de l'Unef des « extrémistes », « des individus déterminés, munis de moyens financiers importants, d'un matériel adapté aux combats de rue, dépendant à l'évidence d'une organisation internationale ». Son discours reflète sa stratégie de temporisation : distinguer la crise étudiante de la crise sociale, circonscrire les groupes gauchistes, réformer l'Université[2]. Il évoque en effet la mise en place d'un comité de réflexion qui comprendra des représentants des étudiants, des professeurs et des parents d'élèves. Mais son discours n'ébranle pas la combativité de l'opposition. Les groupes communistes et fédérés (FGDS de François Mitterrand) déposent une motion de censure. La discussion en est fixée aux 21 et 22 mai.

1. Laurent Jalabert, « "Je voulais traiter le problème de la jeunesse séparément" : Georges Pompidou et les jeunes en mai 1968 », *in* Bernard Lachaise, Sabrina Tricaud (dir.), *Georges Pompidou et mai 1968*, *op. cit.*, p. 26.
2. *Ibid.*, p. 24.

Le climat social et politique continue de se dégrader. Des débrayages spontanés se multiplient les jours suivants, sans consignes syndicales, avec occupation des lieux de travail. Les usines Renault de Cléon, en Seine-Maritime, le 15 mai, celles de Flins et Billancourt le 16 mai, en même temps que Rhodiaceta et Berliet à Lyon, sont occupées. Le théâtre de l'Odéon est à son tour occupé le 17 mai, où une « permanence révolutionnaire créatrice » fait salle comble. L'initiative vient de la base. Les services publics sont atteints à compter du 17 mai : la SNCF, les PTT, et le 20 mai débute une grève à l'ORTF. L'intersyndicale des journalistes décide de créer un « Comité pour le respect et l'objectivité de l'information ». Pompidou multiplie les appels au calme, sans succès. Il prononce une nouvelle allocution radiotélévisée le jeudi 16 mai à 21 h 30 :

> Françaises, Français, j'ai fait la preuve de ma volonté d'apaisement. Avec l'accord du président de la République qui s'adressera à vous dans quelques jours, j'ai rendu l'Université à ses maîtres et à ses étudiants. Je leur ai tendu la main pour la concertation la plus large et la plus constructive. J'ai libéré les manifestants arrêtés. J'ai annoncé une amnistie totale. Mes appels n'ont pas été entendus par tous. Des groupes d'enragés, nous en avons montré quelques-uns, se proposent de généraliser le désordre avec le but avoué de détruire la nation et les bases mêmes de notre société libre. […] Le Gouvernement doit défendre la République. Il la défendra. Je m'adresse à vous avec calme mais avec gravité. Étudiants, ne suivez pas les provocateurs qui déclarent eux-mêmes se désintéresser des trois quarts d'entre vous. Écoutez la voix de la raison. Nous sommes prêts à entendre toutes vos revendications légitimes. Ne les ruinez pas par des excès. […] Il vous appartient de montrer, par votre sang-froid, mais aussi par votre résolution, quelles que soient vos préférences politiques, quelles que soient vos revendications sociales, que vous refusez l'anarchie. Le Gouvernement fera son devoir. Il vous demande de l'aider.

L'impuissance

Le 18 mai au soir, de Gaulle rentre de Roumanie après avoir avancé son retour d'une demi-journée. Il est furieux. Le 19 mai, il convoque à l'Élysée Pompidou, Christian Fouchet, Pierre Messmer, Georges Gorse et Maurice Grimaud. Il laisse à nouveau exploser sa colère : « cette fois, c'est la chienlit, c'est l'anarchie, ce n'est pas tolérable. Il faut que cela cesse. J'ai pris mes décisions ». Et il donne l'ordre d'évacuer immédiatement la Sorbonne et l'Odéon[1]. Mais l'exécution des ordres du Général est matériellement impossible. Le préfet de police Maurice Grimaud explique au chef de l'État les difficultés d'une telle entreprise, le Premier ministre tente également de l'en dissuader[2], et Pierre Messmer va dans le même sens[3]. Le président reste ferme, Pompidou et Grimaud réussissant seulement à le persuader de dégager l'Odéon d'abord, et ce d'ici deux à trois jours[4]. Tout au long de la crise, le préfet de police défend auprès de l'exécutif la stratégie de la temporisation pour éviter toute effusion de sang. Philippe Nivet souligne que Maurice Grimaud ne croit pas à une tentative de subversion et de renversement du pouvoir par la violence. Selon lui, seuls les groupuscules maoïstes et trotskistes, les « enragés » dont parle Georges Pompidou, sont dangereux, mais ils sont minoritaires. Il convient donc de les isoler et de les combattre avec fermeté, sans tomber dans la répression indifférenciée et tous azimuts[5]. Le préfet de police est le principal allié du Premier ministre dans cette affaire, et tous deux œuvrent pour qu'il n'y ait pas de victimes. L'Odéon ne sera pas évacué avant le 14 juin, et la Sorbonne le 16. C'est peut-être à partir de ce moment que se forge chez Charles de Gaulle un sentiment d'impuissance et que l'État l'est tout autant que lui – alors même que ses ministres lui sont fidèles. Sa parole, soudain, n'est plus performative et la « chienlit » continue.

Le 20 mai, la France est paralysée par la grève. Plus de 10 millions de travailleurs ont cessé le travail. Les transports publics ne fonctionnent plus, les aéroports, les banques et les postes sont fermés, les grands magasins sont en grève, les ordures envahissent les trottoirs des grandes villes. Un air de juin 1936 flotte sur la France. L'opposition réclame la démission du Gouvernement. Le 21 mai commence le débat à l'Assemblée nationale sur la motion de censure. Les échanges sont vifs. François Mitterrand réclame une dissolution de l'Assemblée et le départ de Georges Pompidou, qui se défend longuement et se déclare prêt à engager le dialogue avec

1. Maurice Grimaud, *En mai fais ce qu'il te plaît*, *op. cit.*, p. 209.
2. *Ibid.*, p. 212-214.
3. Frédéric Turpin, *Pierre Messmer*, *op. cit.*, p. 193.
4. Éric Roussel, *Charles de Gaulle*, *op. cit.*, p. 1174-1175.
5. Philippe Nivet, « Maurice Grimaud et mai 1968 », art. cit.

les organisations syndicales. La motion de censure est repoussée (233 voix sur les 244 requises pour son adoption). Mais 34 députés centristes – qui font pourtant partie de la majorité parlementaire – sur 42 l'ont votée. Et deux gaullistes ont manifesté leur opposition : René Capitant, qui démissionne de son mandat pour ne pas voter la censure, ainsi qu'Edgar Pisani, qui vote la motion avec l'opposition. Le coup est dur pour le Premier ministre, qui, selon le témoignage de l'un de ses amis, est « très atteint par ce résultat[1] ».

Le jeudi 23 mai, les organisations syndicales se déclarent prêtes à négocier avec le patronat et le Gouvernement. Les négociations sont prévues pour le 25 mai. Lors du conseil des ministres du 23 mai 1968, le général de Gaulle critique la stratégie de temporisation du Premier ministre, qui n'a pas porté ses fruits. Le président propose l'organisation d'un référendum sur la participation, « une opération de confiance ». Il procède à un tour de table, relaté par Alain Peyrefitte[2]. Le Premier ministre aurait alors dit qu'il était plutôt favorable à une dissolution de l'Assemblée et à l'organisation d'élections législatives, mais il se range derrière l'avis du Général : « Mon général, nous avons été fidèles à votre personne, et nous le resterons[3]. » Georges Pompidou n'est guère convaincu par l'idée du référendum, persuadé que le temps favorisera de lui-même une sortie de crise et que le référendum ne permettra pas de rétablir l'ordre, cristallisant les passions autour du Général[4]. Mais il se rallie au choix présidentiel par la force des choses.

Le 24 mai à 20 heures, de Gaulle prononce son allocution et annonce la tenue d'un référendum sur la participation pour le 16 juin. Son analyse tranche avec la « crise de civilisation » énoncée par Georges Pompidou. Le président évoque en effet « la jeunesse qui est soucieuse de son propre rôle et que l'avenir inquiète trop souvent ». La crise de l'Université est une crise « provoquée par l'impuissance de ce grand corps à s'adapter aux nécessités modernes de la nation en même temps qu'au rôle et à l'emploi des jeunes ». Elle a « par contagion, déclenché dans beaucoup d'autres milieux une marée de désordres, ou d'abandons, ou d'arrêts de travail. Il en résulte que notre pays se trouve

1. Éric Roussel, *Georges Pompidou*, *op. cit.*, p. 238.
2. Alain Peyrefitte, *C'était de Gaulle*, t. III, *op. cit.*, p. 535-540.
3. *Ibid.*, p. 540.
4. Édouard Balladur, *L'Arbre de mai*, Paris, Plon, 1998, p. 291 et Michel Jobert, *Mémoires d'avenir*, Paris, Grasset, 1974, p. 48.

au bord de la paralysie. Devant nous-mêmes et devant le monde, il s'agit pour nous, Français, de régler un problème essentiel que nous pose notre époque, à moins que nous ne roulions, à travers la guerre civile, aux aventures et aux usurpations les plus odieuses et les plus ruineuses ». Cette première partie de l'allocution résume le malentendu qui existe, en ce mois de mai, entre le chef de l'État et la jeunesse révoltée. De Gaulle réfléchit du point de vue de la France, de la « nation », non de celui des Français et encore moins des baby-boomers. Nulle réflexion sur le malaise profond du monde universitaire confronté à une massification sans précédent. L'Université lui semble un grand corps malade, inapte à la réforme. « Depuis bientôt trente ans, continue le chef de l'État, les événements m'ont imposé, en plusieurs graves occasions, le devoir d'amener notre pays à assumer son destin, afin d'empêcher que certains ne s'en chargent malgré lui. J'y suis prêt, cette fois encore. Mais, cette fois encore, cette fois surtout, j'ai besoin – oui, j'ai besoin – que le peuple français dise qu'il le veut. » Il annonce ensuite la tenue d'un référendum pour le mois de juin dans lequel il demande « un mandat pour la rénovation ». Et il précise que « si le résultat est non, je n'assumerai pas plus longtemps mes fonctions ». L'effet du discours est désastreux. Près de la gare de Lyon, des manifestants crient « Adieu de Gaulle ». Les fenêtres du ministère de la Justice sont brisées. François Mitterrand proclame que « nous refusons le plébiscite », tandis que pour Pierre Mendès France, « un plébiscite, cela ne se discute pas, cela se combat ». La magie du verbe gaullien ne fonctionne pas. L'effet attendu ne s'est pas produit. Comme le note Ludivine Bantigny, les rapports des Renseignements généraux (RG) montrent la déception de l'opinion. « De toute part on entend : “Ce n'est pas la peine d'avoir mis huit jours pour dire cela” », notent les RG de la Loire. Dans le Pas-de-Calais, ils expliquent que le discours n'a pas créé le « choc psychologique que souhaitait la grande majorité de la population[1] ». La verve de celui qui avait ramassé le tronçon du glaive, lorsque ceux qui avaient le devoir de manier l'épée de la France l'avaient laissée tomber brisée, semble avoir disparu. L'homme de l'Appel lance un cri, presque désespéré, au soutien populaire. Mais l'usure du pouvoir gaullien transparaît. De Gaulle confie : « j'ai tapé à côté

1. Rapports des RG cités par Ludivine Bantigny, *1968*, *op. cit.*, p. 231.

de la plaque[1] ». Comme le souligne Éric Roussel, après cette allocution, le Général plonge dans une « dépression violente ». Il se sent dépassé par les événements. Et les péripéties des jours suivants ne font qu'aggraver son état.

La nuit du 24 au 25 mai est particulièrement violente. Pour la première fois, les manifestants parisiens débordent le Quartier latin pour édifier des barricades aux alentours de la gare de Lyon, de la Bastille, de la Nation. La Bourse est incendiée. Les affrontements les plus violents ont cependant lieu dans le Quartier latin, et le bilan de la nuit est lourd : plus de 500 blessés et 648 interpellations. Le 25 mai, en fin de matinée, Georges Pompidou fait une courte déclaration depuis l'hôtel Matignon. Il condamne les violences de la nuit et réitère un appel au calme invitant une nouvelle fois les étudiants à refuser toute provocation et à ne pas se mêler aux manifestations. Il annonce l'ouverture des négociations de Grenelle. Il précise que « [s]on objet, pour le moment, c'est de résoudre la crise actuelle. L'objet du président de la République, au-delà de cette crise actuelle, c'est de préparer l'avenir et de faire que les causes du malaise qui s'est révélé puissent définitivement disparaître : tel sera l'objet du référendum ». Il résume la manière dont Charles de Gaulle et lui travaillent depuis des années, conformément à la vision gaullienne des institutions : le Premier ministre gère l'intendance avec une marge d'autonomie certaine, le chef de l'État donne les impulsions. Après le discours du 24 mai, de Gaulle donne carte blanche à Pompidou pour négocier avec les syndicats, y compris d'exclure Michel Debré, le ministre de l'Économie et des Finances, des négociations.

Du 25 au 27 mai ont donc lieu les négociations au ministère des Affaires sociales qui conduisent aux « accords » de Grenelle. Outre le Premier ministre siègent Jean-Marcel Jeanneney, ministre des Affaires sociales, et Jacques Chirac, secrétaire d'État à l'Emploi. Le patronat est représenté par le président du CNPF, Paul Huvelin. Les représentants syndicaux autour de la table sont Benoît Frachon et Georges Séguy pour la CGT, Eugène Descamps de la CFDT, et André Bergeron pour FO. Les discussions sont longues. Georges Pompidou lit lui-même la déclaration dans laquelle il donne le contenu du protocole d'accord le 27 mai au petit matin :

---

1. Éric Roussel, *Charles de Gaulle*, *op. cit.*, p. 1176. Voir également Jacques Foccart, *Journal de l'Élysée*, t. II, *Le Général en mai : 1968-1969*, Paris, Fayard/Jeune Afrique, 1998, p. 142-144.

augmentation du Smig de 2,22 à 3 francs (30 % d'augmentation), les salaires réels sont augmentés au 1er juin 1968 de 7 %. Le pourcentage est porté au 1er octobre à 10 % étant entendu que toutes les hausses intervenues à compter du 1er janvier 1968 entrent dans ce total. S'y ajoutent une augmentation de l'allocation minimum aux personnes âgées, une revalorisation des allocations familiales, l'abaissement du ticket modérateur de la Sécurité sociale, ainsi que l'indemnisation partielle des journées de grève. Le Gouvernement s'engage à soutenir un projet de loi sur l'exercice du droit syndical en entreprise. Pompidou conclut : « J'estime que nous avons atteint un résultat de première importance et qui doit permettre la reprise du travail dans des conditions aussi rapides que le permet la technique[1]. » Mais malheureusement, la solution de sortie de crise sociale tant espérée ne fonctionne pas. Aux usines Renault de Billancourt, Frachon et Séguy ne peuvent convaincre les adhérents de la CGT de reprendre le travail. Les grévistes rejettent le protocole d'accord. Même réaction de la base à Cléon et au Mans, chez Citroën, Berliet, Rhodiaceta, Sud-Aviation, Snecma. La grève continue et pour la première fois, des coupures de courant sont pratiquées à EDF à titre d'avertissement.

En ce 27 mai, ni la crise étudiante ni la crise sociale ne semblent avoir d'issue prochaine. Pis, la crise politique s'aggrave. À 14 h 45 a lieu un nouveau conseil des ministres. De Gaulle est d'une « humeur exécrable » et en « position de faiblesse[2] ». Il condamne à nouveau la stratégie d'apaisement, réclame le rétablissement de l'ordre public, acte sans enthousiasme le résultat des négociations de Grenelle. Il maintient sa stratégie du référendum prévu pour le 16 juin, en dépit de l'avis défavorable du Conseil d'État sur le projet. « Manifestement, écrit Éric Roussel, De Gaulle est au fond de l'abîme[3] », tandis que la politisation de la crise se poursuit : un grand meeting au stade Charléty, à Paris, rassemble environ entre 30 000 et 50 000 personnes à l'appel de l'Unef, du PSU, du SNESup, de FO. André Barjonet, démissionnaire de la CGT et du PCF, affirme qu'« aujourd'hui, la révolution est possible. Mais il faut s'organiser vite, très vite ». Pierre Mendès France, qui

1. Sur ces négociations, se reporter à Antoine Prost, « Les négociations de Grenelle », *in* Alain Beltran, Gilles Le Béguec (dir.), *Action et pensée sociales chez Georges Pompidou*, *op. cit.*, p. 129-140.
2. Éric Roussel, *Charles de Gaulle*, *op. cit.*, p. 1178.
3. *Ibid.*

craint que le rassemblement ne dégénère, est présent mais reste silencieux. Ce dernier suit les événements avec attention depuis son retour à Paris le 12 mai. Il a participé au défilé du 13 mai aux côtés des dirigeants de la gauche, tels François Mitterrand ou Guy Mollet. Pour celui qui a combattu le retour au pouvoir du général de Gaulle en juin 1958 et ne cesse de dénoncer le régime présidentiel, la crise étudiante, sociale et politique n'est pas une surprise. Au fil des jours, Mendès France voit croître sa popularité auprès des jeunes et à gauche, dans les rangs de la CFDT et du PSU, même si elle suscite des oppositions[1]. Alors que le pouvoir semble vacillant, voire à prendre, l'hypothèse Pierre Mendès France apparaît comme sérieuse. Le rejet des accords de Grenelle par la base, le 27 au matin, lui fait craindre que le pouvoir n'use de la force contre les manifestants rassemblés à Charléty. Il confie à Jacques Julliard, alors responsable du syndicat SGEN-CFDT, qu'il « veut être là pour éviter le pire. Pompidou avec son cynisme habituel va utiliser ce qui se passe pour justifier la répression, comme cela a été le cas en Allemagne après l'incendie du Reichstag[2] ». C'est pourquoi l'ancien président du Conseil se rend au stade où il assiste au meeting sans dire un mot. Son aura grandissante conduit François Mitterrand, qui a mis en ballottage le Général aux présidentielles de 1965, à réagir au plus vite. Domicilié rue Guynemer, à Paris, à proximité du Quartier latin, Mitterrand a suivi le développement de l'agitation étudiante. Il a pu constater combien sa popularité était inversement proportionnelle à celle de Mendès auprès des jeunes[3]. Le leader de la FGDS entend, selon les termes de Roland Dumas, « ligoter Mendès, le neutraliser[4] ». Tel est l'un des objectifs de la conférence de presse du 28 mai, alors que la tension est à son comble et que le Général est de plus en plus abattu : Jacques Foccart constate qu'il est écœuré et meurtri[5].

Tandis que le pouvoir semble à prendre, que le nom de Mendès apparaît de plus en plus sur les lèvres, François Mitterrand fait une conférence de presse dans laquelle il se déclare candidat à la présidence de la République en cas de vacance du pouvoir.

---

1. Éric Roussel, *Pierre Mendès France*, Paris, Gallimard, coll. « NRF Biographies », 2007, p. 486-490.
2. Propos cités dans Éric Roussel, *Pierre Mendès France*, *op. cit.*, p. 489.
3. Éric Roussel, *François Mitterrand. De l'intime au politique*, Paris, Robert Laffont, 2015, p. 324-325.
4. Cité dans Éric Roussel, *François Mitterrand*, *op. cit.*, p. 326.
5. Jacques Foccart, *Journal de l'Élysée*, t. II, *op. cit.*, p. 143.

L'auteur du *Coup d'État permanent* dresse un tableau assassin de la gestion de la crise par le pouvoir gaulliste : « En France, depuis le 3 mai 1968, il n'y a plus d'État, et ce qui en tient lieu ne dispose même pas des apparences du pouvoir. Tous les Français savent que le Gouvernement actuel est incapable de résoudre la crise qu'il a provoquée. [...] Il convient dès maintenant de constater la vacance du pouvoir et d'organiser la succession. » Il propose un programme de sortie de crise après le départ du général de Gaulle « au lendemain du 16 juin, s'il ne se produit pas avant » : organisation d'un Gouvernement provisoire composé de dix membres « choisis sans exclusive et sans dosage périmé », organisation d'élections présidentielles puis dissolution de l'Assemblée nationale. Il propose le nom de Pierre Mendès France pour diriger ce Gouvernement provisoire et conclut qu'il sera candidat à l'élection présidentielle à venir. Mendès France, qui n'en a pas été averti préalablement, ne dément pas. Dans les jours qui suivent, le délitement de l'État s'aggravant, la proposition de François Mitterrand fait florès. Dans *Le Monde* du 29 mai 1968, Alfred Fabre-Luce, personnalité très marquée à droite, publie un article intitulé « Mendès à l'Élysée », et l'édition du 30 mai évoque, dans un article de Raymond Barillon, un duo Mitterrand-Mendès pour mettre un terme à la crise politique dans le pays[1]. Seuls le PC et la CGT fustigent l'anticommunisme du stade Charléty, et dénoncent « une manœuvre de grande envergure » qui se développe « dans le dos des travailleurs ». Waldeck Rochet, le secrétaire général du PCF, commente qu'il « n'est pas sérieux de prétendre aller au socialisme sans les communistes[2] ». Mais l'hypothèse Mitterrand-Mendès France ne se concrétise pas, du fait de la tournure prise par les événements le 29 mai.

L'estocade mitterrandienne a sans doute contribué à achever le président de la République. En outre, Mme de Gaulle, en ce 28 mai, a été insultée dans la rue alors qu'elle était à bord de la DS présidentielle comme elle le rapporte à Jacques Foccart. Elle est profondément choquée et l'état psychique de son époux

1. Archives du journal *Le Monde*, consultées le 14 juin 2022 : Alfred Fabre-Luce, « Mendès à l'Élysée », *Le Monde*, 29 mai 1968 et Raymond Barillon, « Le général de Gaulle est parti pour Colombey. Le conseil des ministres est reporté. Le tandem de demain ? », *Le Monde*, 30 mai 1968.

2. Roger Martelli, Jean Vigreux, Serge Wolikow, *Le Parti rouge. Une histoire du PCF, 1920-2020*, Paris, Armand Colin, 2020, p. 186-187.

l'inquiète[1]. Pompidou fait une nouvelle déclaration à la presse en début d'après-midi. Il annonce la démission d'Alain Peyrefitte du ministère de l'Éducation nationale et prend lui-même en charge le ministère ; il va demander à des universitaires une mission d'information pour étudier les moyens de mettre un terme aux problèmes et pour remettre en marche les universités. À propos de la crise sociale, il constate l'échec des accords de Grenelle. Il appelle à la reprise du travail et à considérer l'ampleur des concessions obtenues par les salariés lors des négociations… sans succès.

La disparition

Le 29 mai 1968, le régime paraît au bord de l'abîme. La journée s'annonce en effet particulièrement difficile car la veille, la CGT a annoncé une immense manifestation et compte rassembler près de 800 000 personnes qui défileront de Bastille à Saint-Lazare. Au ministère de l'Intérieur, on demande à la préfecture de police de prévoir des renforts de l'armée et des unités de parachutistes de réserve. Mais le préfet de police s'y oppose, car il ne croit guère que les communistes veulent violer la légalité républicaine pour arriver au pouvoir[2]. À l'Élysée, le Général est sur le départ, des bagages se préparent. Vers 9 h 30, il annule le conseil des ministres reporté au lendemain. En fin de matinée, il rencontre son gendre Alain de Boissieu auquel il veut confier une lettre à remettre à Georges Pompidou. Mais Boissieu refuse. À 11 heures, le président appelle son Premier ministre, lui annonce qu'il part pour Colombey-les-Deux-Églises se reposer et qu'il reviendra le lendemain pour le conseil des ministres. Il achève ainsi la conversation : « Je suis vieux, vous êtes jeune, c'est vous qui êtes l'avenir. Au revoir. Je vous embrasse[3]. » Pompidou est extrêmement surpris par la teneur de ces propos ; il s'interroge. De Gaulle quitte l'Élysée en fin de matinée et son hélicoptère décolle un peu avant 12 heures. Mais le pire advient quelques heures plus tard : le convoi n'atteint pas Colombey. Vers 14 h-14 h 30, le secrétaire général de l'Élysée, Bernard Tricot, arrive dans son bureau pour lui signifier que la trace du Général est perdue. Dans l'après-midi,

1. *Ibid.*, p. 144.
2. Philippe Nivet, « Maurice Grimaud et mai 1968 », art. cit.
3. Georges Pompidou, *Pour rétablir une vérité*, *op. cit.*, p. 193.

Pierre Messmer apprend, de la bouche du général Massu, chef des forces françaises stationnées en Allemagne, que le Général est à Baden-Baden et qu'il rejoindra Colombey en fin de journée. Le ministre des Armées prévient immédiatement Georges Pompidou. Le chef de l'État, de retour à La Boisserie, appelle son Premier ministre vers 18 h 30 pour lui confirmer le conseil des ministres du lendemain.

Comme l'a relaté Éric Roussel, le Général, en ce 29 mai 1968, a véritablement songé à se replier sur l'Aventin et à faire appel à l'armée pour ramener l'ordre[1]. Sa stratégie de sortie de crise demeure donc la même : l'usage de la force militaire pour rétablir l'ordre public. Le ministre des Armées Pierre Messmer lui a déjà enjoint de ne pas franchir le Rubicon[2], mais l'aggravation de la situation rend dans son esprit cette éventualité toujours plausible. En outre, il semble convaincu que sa famille n'est plus en sécurité : il a voulu fuir pour protéger son épouse, son fils, sa belle-fille et ses petits-enfants, qui restent d'ailleurs une dizaine de jours en Allemagne. Épuisé, il a cherché à s'extraire d'une situation inextricable, à prendre du recul, à accomplir une nouvelle traversée pour prendre du champ. Enfin, il a aussi envisagé de cesser le combat, de se retirer, de laisser à terre le tronçon du glaive. À son retour, il confie à Pompidou que « pour la première fois de ma vie, j'ai eu une défaillance, je ne suis pas fier de moi[3] ». Le 7 juin, dans son entretien avec Michel Droit, de Gaulle précise : « Oui, le 29 mai, j'ai eu la tentation de me retirer. Et puis, en même temps, j'ai pensé que si je partais, la subversion menaçante allait déferler et emporter la République. Alors, une fois de plus, je me suis résolu. » Mais grâce à l'action déterminante du général Massu, le président rentre à Colombey vers 18 heures et reprend l'initiative.

Le Premier ministre appréhendait, depuis quelques jours, « la tentation [...] du départ » du président, constatant comme son entourage son profond découragement depuis l'échec du discours du 24 mai. Le 29 mai au matin, il la redoute : « L'hypothèse du départ m'apparaissait comme une catastrophe. Non seulement le prestige du Général restait un élément essentiel du pouvoir, mais juridiquement son retrait me placerait dans une situation

---

1. Éric Roussel, *Charles de Gaulle*, *op. cit.*, p. 1181-1190.
2. Frédéric Turpin, *Pierre Messmer*, *op. cit.*, p. 193.
3. Georges Pompidou, *Pour rétablir une vérité*, *op. cit.*, p. 201.

inextricable[1]. » Lorsqu'il apprend sa disparition, durant quelques heures, il est plongé dans le désarroi et l'angoisse. Son fils, sa future épouse ainsi que Claude Pompidou, qui ont déjeuné avec lui, le voient revenir dans les appartements privés sidéré après que Bernard Tricot lui a annoncé que la trace du chef de l'État était perdue[2]. Dès qu'il apprend la destination du Général, le soulagement est grand.

Il y a dans cette journée du 29 mai 1968 quelque chose du tragique shakespearien. Le Général est abattu, plongé dans une profonde mélancolie. Alors qu'Hamlet s'interroge sur l'essence de la vie, « être ou ne pas être », de Gaulle se demande s'il faut « partir ou rester » ; Pompidou, l'angoisse passée, se sent trahi et abandonné. Dans ses *Mémoires*, il évoque la « singulière désinvolture » avec laquelle il a été traité, à la fois du point de vue institutionnel (un chef de l'État qui quitte le territoire national sans en informer le Premier ministre) et du point de vue émotionnel[3]. Il sait que les sentiments n'ont pas leur place dans le mode de fonctionnement gaullien, comme il l'a confié à Alain Peyrefitte au début de l'année : « Ne parlez pas au Général de la confiance qu'il doit vous faire. Il n'en fait à personne. Cela fait partie de ses théories. Il me l'a dit à moi-même à plusieurs reprises. Il estime que le rôle du président de la République n'est pas de faire confiance au Premier ministre, mais de le contrôler et par conséquent, dans une certaine mesure, de le suspecter. [...] La notion de confiance est une notion sentimentale qui n'entre pas du tout dans son univers[4]. » Mais, malgré cette analyse, la disparition provoque une fêlure chez Georges Pompidou : de Gaulle ne l'a pas mis dans la confidence. Il en est intimement blessé. D'ailleurs, dans la soirée, il est résolu à démissionner et rédige sa lettre.

À Paris aussi la tension est palpable. Plusieurs centaines de milliers de manifestants, à l'appel de la CGT, défilent pacifiquement de la Bastille à la gare Saint-Lazare. Les slogans illustrent le durcissement du mouvement : on entend des appels à la formation d'un « gouvernement populaire » et des « Adieu de Gaulle ». Dans la soirée, Pierre Mendès France déclare aux journalistes qu'il

1. *Ibid.*, p. 192.
2. Georges Pompidou, *Lettres, notes et portraits. 1928-1974*, Paris, Robert Laffont, 2012, p. 56.
3. Georges Pompidou, *Pour rétablir une vérité*, *op. cit.*, p. 197.
4. Alain Peyrefitte, *C'était de Gaulle*, t. III, *op. cit.*, p. 413.

accepte de prendre la direction du « Gouvernement provisoire » préconisé par François Mitterrand dans sa conférence de presse du 28 mai[1]. Car la nouvelle de la « disparition » s'est répandue et le bruit court que le chef de l'État envisage de se retirer. Dans les milieux politiques, certains souhaitent le départ du Général, d'autres la démission de Georges Pompidou. Quelques membres de l'entourage du Premier ministre ont, de leur propre initiative, propagé des rumeurs en faveur du départ de Charles de Gaulle. « À Matignon, explique Alain Peyrefitte, certains membres du cabinet murmurent : "Notre problème, c'est de savoir comment se débarrasser du Général." L'un d'eux résume ces propos en une formule joyeuse : "Le Vieux au placard !"[2] » Si certains membres de son cabinet considèrent que de Gaulle est « fini », Georges Pompidou n'a pas commandité ces rumeurs, et il les condamne[3]. Néanmoins, ces rumeurs reflètent l'extrême fébrilité dans laquelle la disparition du Général a plongé le Premier ministre, les milieux politiques, et même l'opinion. Ce 29 mai 1968, sans l'avoir formulé, Georges Pompidou – et en cela son entourage n'aurait fait que traduire une opinion partagée – s'est trouvé, *de facto*, plongé dans l'après-de Gaulle. La double solitude du 29 mai, solitude du chef exilé d'une part, solitude de son lieutenant abandonné et livré à lui-même d'autre part, forge le destin divergent des deux hommes.

Le dénouement

Mais, dans l'immédiat, le couple exécutif demeure uni pour une heureuse sortie de crise. En fin de matinée, le 30 mai, de Gaulle est de retour à l'Élysée. Il a déjà rédigé son allocution. Avant le conseil des ministres, à 14 h 30, il reçoit Georges Pompidou décidé à lui remettre sa démission. Mais il change d'avis en voyant de Gaulle ragaillardi, le « grand de Gaulle » selon ses propres termes[4]. De Gaulle lui soumet son projet d'allocution, toujours décidé à organiser un référendum. Pompidou le convainc de dissoudre l'Assemblée nationale, arguant qu'un référendum sur un

1. Éric Roussel, *Pierre Mendès France*, *op. cit.*, p. 491-493.
2. Alain Peyrefitte, *C'était de Gaulle*, t. III, *op. cit.*, p. 561.
3. Sur la nature de ces rumeurs et leurs propagateurs, voir Sabrina Tricaud, *L'Entourage de Georges Pompidou*, *op. cit*, p. 99-107.
4. Georges Pompidou, *Pour rétablir une vérité*, *op. cit.*, p. 197.

vague sujet de régionalisation n'intéresserait guère, peut prêter le flanc à la critique, alors que l'opposition ne pourrait guère contester des élections législatives et rejeter la consultation populaire. Le Général cède et rature quelques mots de son allocution. Le conseil des ministres est bref. Les ministres approuvent le recours aux élections législatives, le report du référendum[1]. Contrairement à l'habitude, le ministre de l'Information se refuse à toute déclaration après le conseil. La tension monte, dans l'attente de la déclaration du chef de l'État, qui a été annoncée à 13 heures. À 16 h 30, de Gaulle prononce son allocution. Délibérément, il choisit de la radiodiffuser et non de la télédiffuser. Il joue sur le mythe de l'Homme du 18 juin, sur la voix de l'appel. La magie du verbe, du verbe guerrier et résistant, qui avait échoué le 24 mai, fonctionne à plein. Le texte est percutant :

> Françaises, Français, étant le détenteur de la légitimité nationale et républicaine, j'ai envisagé depuis 24 heures toutes les éventualités sans exception qui me permettraient de me maintenir. J'ai pris mes résolutions. Dans les circonstances présentes, je ne me retirerai pas. J'ai un mandat du peuple. Je le remplirai. Je ne changerai pas de Premier ministre, dont la valeur, la solidité, la capacité, méritent l'hommage de tous. Il me proposera les changements qui lui paraîtront utiles dans la composition du Gouvernement. Je dissous aujourd'hui l'Assemblée nationale. [...] Quant aux élections législatives, elles auront lieu dans les délais prévus par la Constitution, à moins qu'on entende bâillonner le peuple français tout entier en l'empêchant de s'exprimer en même temps qu'on l'empêche de vivre, par les mêmes moyens qu'on empêche les étudiants d'étudier, les enseignants d'enseigner, les travailleurs de travailler. Ces moyens sont l'intimidation, l'intoxication et la tyrannie exercées par des groupes organisés de longue main en conséquence et par un parti qui est une entreprise totalitaire. [...] Partout et tout de suite il faut que s'organise l'action civique.

François Mitterrand commente : « C'est la voix de la dictature... C'est un appel à la guerre civile. » Une demi-heure plus tard, la manifestation de soutien au chef de l'État, organisée par les militants gaullistes depuis la veille[2], réunit sur les Champs-Élysées plus

1. Bernard Tricot, *Mémoires*, *op. cit.*, p. 308.
2. Jérôme Pozzi, « Georges Pompidou et les mouvements gaullistes en mai 1968 », dans Bernard Lachaise, Sabrina Tricaud (dir.), *Georges Pompidou*

d'un demi-million de personnes. En tête du cortège qui monte vers l'Arc de Triomphe, on reconnaît Michel Debré, André Malraux, François Mauriac et de nombreux parlementaires de la majorité. Drapeaux tricolores, chants de la *Marseillaise*, les manifestants crient « De Gaulle n'est pas seul », « Mitterrand, c'est raté ». C'est un triomphe.

Le 31 mai, le Gouvernement est remanié. Les quatre ministères clés de la crise changent de titulaires : René Capitant est nommé garde des Sceaux, Raymond Marcellin ministre de l'Intérieur, François-Xavier Ortoli, un ancien collaborateur de Georges Pompidou, prend l'Éducation nationale, Yves Guéna l'Information. Michel Debré devient ministre des Affaires étrangères et Maurice Couve de Murville ministre de l'Économie. Les gaullistes de gauche font une entrée en force dans le cabinet : outre la Justice à René Capitant, qui déclare, sur le perron de l'Élysée, qu'il « avaler [a] la couleuvre Pompidou[1] », Yvon Morandat est secrétaire d'État aux Affaires sociales et Philippe Dechartre à l'Éducation nationale. Georges Séguy déclare le 31 mai : « La CGT n'entend gêner en rien le déroulement de la consultation électorale. » Et le leader du PCF, Jacques Duclos, que « nous voulons aller à la lutte dans un climat d'ordre et de tranquillité publique ». Depuis le début du mouvement, le PC se fait le champion de l'ordre, face aux dérives gauchistes des « pseudo-révolutionnaires ». C'est pourquoi la CGT a accepté de négocier à Grenelle : elle pense aux accords de Matignon de juin 1936 et à ses conquêtes sociales. Après la signature du protocole d'accord, elle ne cesse d'appeler ses adhérents et les grévistes à la reprise du travail. Pour les dirigeants syndicaux ainsi que pour la direction du PC, la grève est finie ainsi que le conflit social. La dissolution leur apparaît comme la meilleure solution politique. Par antigauchisme, le PC et la CGT ont donc fait le jeu du pouvoir gaullien. Raymond Aron le note avec lucidité dans *La Révolution introuvable* : « Les erreurs commises par le Gouvernement tiennent, pour une part, à une confiance excessive dans le soutien du Parti communiste. En dernière analyse, celui-ci n'a pas trompé cette confiance. Dans l'heure qui a suivi l'allocution du président de la République, il a désamorcé la bombe et consenti à des élections qu'il n'a guère

---

et mai 1968, *op. cit.*, p. 70, et Jérôme Pozzi, *Les Mouvements gaullistes. Partis, associations et réseaux, 1958-1976*, Rennes, PUR, 2011, p. 242-243.

1. Éric Roussel, *Georges Pompidou*, *op. cit.*, p. 251.

l'espoir de gagner.[1] » Et progressivement, le travail reprend, le mouvement étudiant cesse. De Gaulle et Pompidou ont gagné la partie.

Le 30 mai 1968 au soir s'esquisse la sortie de crise. Elle est le résultat de l'action conjointe du président et du Premier ministre. Georges Pompidou a raisonnablement évité l'effusion de sang, négocié pour trouver une issue au vaste mouvement de grèves et imposé au Général la dissolution pour déjouer la crise politique. Charles de Gaulle a fait trembler la France et les Français en disparaissant. Son discours du 30 mai a rappelé les grandes heures du gaullisme triomphant et retourné l'opinion publique de guerre lasse. Les deux hommes ont joué leur partition, chacun à sa manière, chacun avec son tempérament, mais indubitablement ensemble : Pompidou a été fidèle au Général et à son rôle de Premier ministre, devant gérer l'intendance. Tout au long de la crise, il considère qu'on ne règle pas une « crise de civilisation » par la force, mais par le dialogue social. De Gaulle a donné les impulsions décisives, puis misé sur le repli tactique avant l'assaut final. Le militaire est demeuré ferme, favorable à l'usage de la force, à l'usage du référendum pour renforcer le lien entre le président et le peuple. Ainsi, la sage mesure du professeur de lettres et le fil tranchant du verbe gaullien réussissent à vaincre la « chienlit ». Cependant, le couple ne sort pas indemne de l'épreuve. De Gaulle montre ses limites : il a failli. Pompidou est blessé de n'avoir pas été mis dans la confidence le 29 mai. La victoire du 30 mai est donc une double victoire à la Pyrrhus : de Gaulle croit avoir triomphé, mais son prestige est atteint et il est vaincu quelques mois plus tard à l'issue du référendum d'avril 1969. Pompidou croit avoir gagné la partie, mais il s'est aliéné une partie des gaullistes – qui lui demeureront hostiles une fois à l'Élysée – et surtout, il se sent abandonné par celui à qui « il doit tout[2] ».

Le Mai 68 du pouvoir exécutif apparaît en définitive comme une triple crise de confiance : au cours du mois de mai, Charles de Gaulle prend conscience qu'une partie croissante des Français et des Françaises ne lui fait plus confiance et que « dix ans, ça suffit ». Comme le note Frédéric Turpin, « la crise politique de mai 1968 n'est donc pas une crise de régime en tant que telle, […] mais

---

1. Cité par Ludivine Bantigny, *1968*, *op. cit.*, p. 145-146.
2. Portrait de CDG par Georges Pompidou, in *Lettres, notes et portraits*, *op. cit.*, p. 479.

celle d'un désamour croissant entre le général de Gaulle et les Français[1] ». Deuxièmement, le chef de l'État perd, entre le 24 et le 29 mai, confiance en lui, en sa capacité à présider aux destinées de la France. La « fuite à Varennes » du 29 mai est l'expression du désespoir d'un homme épuisé et impuissant à tenir le gouvernail pour rétablir le cap. Enfin, Georges Pompidou, alors que le Général a eu une absence, a tenu : il a pris confiance en lui, en ses possibilités, et peut-être en son destin. Comme le dira François Mauriac dans l'un de ses *Bloc-notes*, en juillet 1968, le Premier ministre est apparu, aux yeux des Français « comme l'homme d'État qui a tenu presque seul tous les fronts[2] ». Mais il a perdu la confiance du Général. La faille gaullienne s'est muée en fêlure pompidolienne. Le futur successeur de Charles de Gaulle ne peut dès lors que méditer cette maxime qui lui fut maintes fois répétée par son maître : « Soyez dur, Pompidou[3]. »

Baden-Baden 68

Frédéric Turpin

29 mai 1968, peu après 11 heures, le président de la République Charles de Gaulle, qui vient de reporter le conseil des ministres, termine son appel téléphonique avec le Premier ministre Georges Pompidou par une formule qui le surprend : « Je suis vieux, vous êtes jeune, c'est vous qui êtes l'avenir. Au revoir. Je vous embrasse[4]. » Quelques dizaines de minutes après, de Gaulle, son épouse, son fils et sa famille, avec des bagages volumineux, s'embarquent, depuis l'héliport d'Issy-les-Moulineaux, dans trois hélicoptères Alouette III. Direction : Saint-Dizier. Il s'agit, pour le chef de l'État, d'échapper à la pression de Paris et de ses contestations multiformes pour se retrouver chez lui à La Boisserie en Haute-Marne.

Ce qui aurait dû être un voyage sans histoire se transforme rapidement en drame potentiel : l'hélicoptère du Général disparaît des écrans radar, laissant le Gouvernement et bientôt le Tout-Paris dans l'ignorance quant au sort du chef de l'État. L'angoisse

1. Frédéric Turpin, « Mai 1968 : une "crise de régime" pour Georges Pompidou ? », *in* Bernard Lachaise, Sabrina Tricaud (dir.), *Georges Pompidou et mai 1968*, *op. cit.*, p. 60.

2. François Mauriac, *Bloc-notes*, t. V, *1968-1970*, Paris, Le Seuil, coll. « Points : Essais », 1993, p. 100.

3. Portrait de CDG, *in* Georges Pompidou, *Lettres, notes et portraits*, *op. cit.*, p. 477.

4. Georges Pompidou, *Pour rétablir une vérité*, *op. cit.*, p. 193.

atteint son comble dans l'après-midi tant la crainte d'un accident mortel assaille le Premier ministre et ses ministres alors que la situation politique et sociale est plus incertaine que jamais. Ce n'est qu'au bout de quelques heures que le ministre des Armées, Pierre Messmer, apprend du chef d'état-major des armées que le Général a bien atterri à Saint-Dizier avec sa famille. Mais au lieu de rejoindre, par la route, sa résidence de Colombey-les-Deux-Églises, ils sont repartis en hélicoptère pour une destination qui se révèle être Baden-Baden, en RFA, siège de l'état-major des forces françaises d'occupation commandées par le général Jacques Massu.

Après un peu plus de deux heures passées auprès du compagnon de la Libération Massu, le président de la République regagne la France. Le lendemain, de Gaulle prononce, en début d'après-midi, une allocution radiophonique qui agit comme un électrochoc et mobilise des centaines de milliers de Français et de Françaises sur les Champs-Élysées. La rue change de camp et le mouvement de Mai 68 commence son reflux. Le Général a retourné une situation qui paraissait alors bien compromise pour nombre d'acteurs et d'analystes de la scène politique et médiatique.

L'équipée gaullienne à Baden-Baden suscite encore des interprétations contradictoires, de la fuite de Varennes au coup de génie politique. La thèse gaulliste, plus que gaullienne car le Général ne s'est pas exprimé publiquement sur le sujet, présente cet épisode sous l'angle du calcul politique du stratège de Gaulle. La « disparition » tactique se serait fixé pour but de créer un électrochoc en faveur de la majorité présidentielle et de la « majorité silencieuse » des Français. Le Général aurait orchestré, de manière théâtrale, sa disparition pour mieux revenir. Cette thèse s'appuie surtout sur le déroulement des événements après son retour à Paris : un de Gaulle qui reprend la main avec son allocution radiophonique, un succès avec la manifestation de masse sur les Champs-Élysées le 29, ce qui amorce la décrue du mouvement de mai.

Le général Alain de Boissieu, gendre de Charles de Gaulle et commandant de la 7e division à Mulhouse, s'est tout particulièrement illustré dans la défense de cette thèse. Il a rédigé à cet effet un compte rendu des journées des 28 et 29 mai 1968 bien qu'il n'ait pas été du voyage à Baden-Baden. Le matin du 29, à l'Élysée, de Boissieu trouve son beau-père « soucieux et préoccupé », prêt à rentrer chez lui pour écrire ses *Mémoires*. Il lui aurait alors instamment demandé de n'en rien faire et l'assure du soutien des armées en cas d'épreuve de force. C'est alors que le Général, rasséréné, aurait ourdi son voyage chez Massu et lui aurait demandé le plus grand secret dans le but « de plonger les Français, y compris le Gouvernement, dans le doute et l'inquiétude afin de ressaisir la situation ». La plus grande discrétion voulue par le chef de l'État s'explique également selon de Boissieu pour ne pas avoir à prévenir le gouvernement de la RFA et ainsi risquer d'éventer le plan. Une fois à Baden-Baden, le général Massu aurait eu le grand mérite de convaincre de Gaulle d'abandonner la solution de gouverner depuis Colombey ou depuis Strasbourg. Et de Boissieu de conclure que « le général de Gaulle aura toujours pour le général Massu une certaine affection parce que ce jour-là il l'avait bien conseillé avec une très grande franchise[1] ».

Cette thèse d'une « disparition » préméditée a été, très tôt, mise en doute tant par les adversaires politiques que, d'une manière plus nuancée, par les proches collaborateurs du chef de l'État. À Georges Pompidou, celui-ci dira, après coup, le 1er juin : « Pour la première fois de ma vie, j'ai eu une défaillance, je ne suis pas fier de moi. » Et le futur président de la République de se dire convaincu que le Général, ce jour-là, a « eu une crise de découragement[2] ».

Le témoignage du chef d'état-major particulier du président de la République, le général André Lalande, s'avère décisif. Le 28 mai, il est témoin du pessimisme aigu du Général. Le lendemain, après avoir convoyé l'amiral de Gaulle et sa famille à Baden-Baden, il a la surprise d'y retrouver le chef de l'État. Sur le tarmac, celui-ci lui indique qu'après avoir vu Massu, il lui remettra une lettre pour Georges Pompidou. Entre deux conversations avec de Gaulle, Massu lui glisse : « J'ai dit au Général qui vient se réfugier en Allemagne que c'est impossible, il commet une folie. Il ne peut pas, il ne doit pas abandonner ainsi la partie. » Le compagnon de la Libération Lalande précise que la décision de rentrer en France est précédée par la mise en œuvre d'un plan de camouflage ; trop de personnes ayant vu le Général pour espérer pouvoir cacher sa venue à Baden-Baden. Commentaire de Lalande : « Nous avons le sentiment d'avoir échappé à la catastrophe. Dans cette affaire, Massu a été formidable et par son dynamisme a su convaincre puis retourner le Général[3]. »

Le général Jacques Massu confirme le « coup de déprime » du chef de l'État. Le compte rendu de ces journées établi par le général de Boissieu lui ayant été adressé, il exprime son désaccord sur son contenu[4]. Il refuse d'abord de donner publiquement quitus à cette version puis, avec la sortie chez Plon de son livre *Baden 68. Souvenirs d'une fidélité gaulliste* en 1983, ne se prive plus de l'infirmer point par point. Hors caméra, Massu se montre plus direct. « Le voyage à Baden, explique-t-il à Jean Mauriac le 7 juillet 1982, ça a été la fuite à Varennes. Quand Boissieu raconte que le général de Gaulle ne voulait pas aller à Baden, il ment. Toutes ces histoires de projet de retour, le soir même du 29 mai, à Mulhouse ou à Colombey, ce sont des mensonges. Le général de Gaulle s'installait à Baden avec sa femme, son fils et sa belle-fille et ses petits-enfants. Pour combien de temps ? Je ne le sais pas. Il ne me l'a pas dit. Ce que je sais, c'est que c'est bien à Baden qu'il voulait aller et

1. Compte rendu des journées des 28 et 29 mai 1968 établi par le général de Boissieu, 6 juin 1968 (archives de l'Institut Georges-Pompidou).

2. Georges Pompidou, *Pour rétablir une vérité*, *op. cit.*, p. 201.

3. Éric Roussel, *Charles de Gaulle*, Paris, Gallimard, coll. « NRF Biographies », 2002, p. 870-878.

4. Préambule au compte rendu du général de Boissieu, 12 mai 1981 (Institut Georges-Pompidou).

qu'il voulait rester, peut-être seulement pour une nuit ; en tout cas, pas pour deux heures[1]. »

Dans le style franc et direct qui est le sien, Massu explique au Général, qu'il trouve « un peu prostré », « les différents motifs pour le décider à le faire partir ». Il va même jusqu'à lui dire « qu'un homme comme le général de Gaulle ne peut pas laisser tomber le pays et qu'il se déshonorerait s'il le faisait ». Il avouera par la suite qu'« à un moment, j'étais hors de moi et je lui ai dit tout ce que je pouvais lui dire ». Enfoncé dans le fauteuil du visiteur, celui-ci reçoit l'algarade de son compagnon de la France libre comme un uppercut. Le coup porte puisque de Gaulle se lève, donne l'accolade à Massu et annonce qu'il repart[2].

La thèse du « coup de déprime » s'appuie en outre sur le *Journal de l'Élysée* de Jacques Foccart, très proche collaborateur du chef de l'État, qui ne peut pas être suspecté d'antigaullisme. La veille au soir de la « disparition », il s'entretient longuement avec le Général chez qui il sent « qu'une décision est en train de germer dans son esprit et que cette décision est d'abandonner la lutte, écœuré et meurtri de voir que ce pays ne réagit pas ». Les propos de De Gaulle suscitent chez lui une très vive inquiétude : « Je vous dis que je ne peux pas lutter contre l'apathie, contre la volonté de tout un peuple de se laisser dissoudre. Ce n'est pas possible, on ne peut pas sans arrêt le tenir à bout de bras. Qu'est-ce que vous voulez, on aura fait ce que l'on aura pu. » Quelques instants plus tard, Jacques Foccart trouve Mme de Gaulle encore sous le choc d'avoir été, pour la première fois, conspuée par un automobiliste très virulent. Le chef de l'État et son épouse nourrissent tout particulièrement la crainte de voir le palais de l'Élysée envahi par des manifestants et de se trouver entre leurs mains hostiles.

Le lendemain, alors qu'il apprend que le conseil des ministres est reporté et que le Général part tout de suite se reposer à La Boisserie, Foccart sent « qu'un drame se joue à l'Élysée ». Arrivé au palais présidentiel après 11 heures, il s'entretient avec Alain de Boissieu « atterré ». Celui-ci lui explique qu'il part avec son beau-père pour Colombey et qu'il lui trouve « un moral extrêmement mauvais ». L'après-midi, le gendre du Général, qui s'est arrêté à La Boisserie, lui explique, par téléphone, que de Gaulle « m'a dit qu'il ne savait pas quand il reviendrait sur une espèce de ton qui avait l'air de signifier qu'il ne savait pas s'il reviendrait ». C'est d'ailleurs ce que confie le général Lalande, le 30 au matin à l'Élysée, à Foccart : « En principe, le Général partait pour ne pas revenir. » Vers 12 h 30, Foccart retrouve le président et c'est « un homme tout à fait différent, transformé, décidé ». Il obtient de lui qu'il prononce en début d'après-midi l'allocution radiophonique qui doit galvaniser la manifestation qui a été organisée,

1. Entretien de Jacques Massu avec Jean Mauriac, 7 juillet 1982 (Fondation Charles-de-Gaulle, fonds Jean Mauriac, F36/6).

2. Intervention de Jacques Massu dans *Les Dossiers de l'écran*, *Jacques Massu, sur l'entrevue avec le général de Gaulle à Baden-Baden*, « L'INA éclaire l'actu », 7 juin 1983.

initialement non sans inquiétude quant à son succès, avant la « disparition ». De Gaulle confie à son très proche collaborateur, qui n'est pas dupe : « Je suis parti parce que je voulais prendre du recul et j'ai envisagé toutes les hypothèses. J'ai envisagé mon départ. J'ai envisagé tout, y compris la France libre. Recommencer à me battre de l'extérieur, parce qu'ici je pensais que ce n'était plus possible[1]. »

L'affaire du voyage à Baden-Baden s'est transformée, au fil des ans, en un débat mémoriel et historique autour de la question d'une défaillance momentanée de Charles de Gaulle. Pour certains, la figure du Commandeur interdit toute faiblesse. Pour d'autres, y compris dans les rangs gaullistes, à l'instar du général Massu, « De Gaulle n'a rien à craindre de la vérité : il a eu une défaillance. Je lui ai parlé. Je l'ai convaincu de repartir. J'ai réussi. Il est reparti. Il en a fait lui-même l'aveu[2] ». Sur le moment, la « disparition » du chef de l'État contribue fortement, par la peur créée, au processus de reflux du mouvement de Mai 68. Mais cette « disparition » symbolise aussi, *a contrario*, l'incapacité du Général à gérer une crise qu'il ne comprend pas et qui le dépasse. D'ailleurs, aux yeux des Français, le grand vainqueur n'est autre que son Premier ministre Georges Pompidou qui, au cours des événements, acquiert définitivement la stature du successeur de Charles de Gaulle. Malgré le retournement spectaculaire qui s'ensuit, l'équipée de Baden-Baden traduit un point de rupture entre le Général et ses concitoyens qui se concrétise l'année suivante avec l'échec du référendum du 27 avril 1969 et son départ du pouvoir.

Charles de Gaulle entreprend, du 10 mai au 19 juin, un long périple en Irlande pour, comme il confiera, « être en face de moi-même ». C'est bien cette tentation du retrait qu'il avait manifestée le 29 mai au soir auprès de son aide de camp François Flohic : « J'y serais resté [en Allemagne] un temps puis je me serais rendu en Irlande, pays de mes ancêtres maternels, les Mac Cartan, originaires de Killarney, puis beaucoup plus loin. De toute façon, je ne serais pas resté en France[3]. »

1. Jacques Foccart, *Journal de l'Élysée*, t. II, *op. cit.*, p. 145-150.
2. Entretien de Jacques Massu avec Jean Mauriac, 7 juillet 1982 (Fondation Charles-de-Gaulle, fonds Jean Mauriac, F 36/6).
3. François Flohic, *De Gaulle intime. Un aide camp raconte : mémoires*, Paris, L'Archipel, 2010, p. 109.

LES ÉLECTIONS DE JUIN 1968 ET LE DÉPART DE GEORGES POMPIDOU DE MATIGNON

Jérôme Pozzi

Au moment où la crise de Mai 68 bat son plein au Quartier latin et où la grève générale s'installe dans le pays, les députés qui siègent à l'Assemblée nationale ont été élus un an auparavant, à l'occasion des élections législatives des 5 et 12 mars 1967. Celles-ci se sont soldées par une victoire d'extrême justesse pour la majorité sortante[1], ce qui a été interprété comme un signal d'alarme par le pouvoir exécutif. Alors que la crise se propage dans toutes les strates du monde politique, ce qui donne l'impression que « l'État est dans tous ses états[2] », la majorité, composée de gaullistes et de leurs alliés de droite, est traversée par un vent de panique. Comme a pu l'écrire Édouard Balladur, alors conseiller technique au cabinet du Premier ministre Georges Pompidou : « Dans tous les cercles de la politique, parmi les parlementaires, les hommes de parti, c'était tantôt l'exaltation, tantôt l'abattement, selon les heures, les informations reçues, les émotions. Rares étaient ceux qui se gardaient dans le même état d'un bout à l'autre d'une journée[3]. »

Dans son allocution du 24 mai 1968, le général de Gaulle propose aux Français un référendum pour sortir démocratiquement de la crise. Mais comme il le reconnaît plus tard, il a « mis à côté de la plaque[4] ». Après le rejet par la base de la CGT du protocole de Grenelle (27 mai) et l'épisode de Baden-Baden (29 mai), le pouvoir exécutif entend reprendre la main sur le cours des événements.

---

1. Sur un total de 487 sièges, la majorité absolue étant de 244, les gaullistes de l'Union pour la démocratie française (UDF) n'en obtiennent que 200. Néanmoins, grâce à l'appui de leurs alliés RI et des députés élus sous les couleurs du mouvement gaulliste en outre-mer, la majorité dispose finalement de 247 sièges.
2. Voir Gilles Le Béguec, « L'État dans tous ses états », *in* Geneviève Dreyfus-Armand, Robert Frank, Marie-Françoise Lévy, Michelle Zancarini-Fournel (dir.), *Les Années 68. Le temps de la contestation*, Bruxelles, Complexe, 2008, p. 461-473.
3. Édouard Balladur, *L'Arbre de mai*, Paris, Plon, 1998, p. 294.
4. François Flohic, *Souvenirs d'Outre-Gaulle*, Paris, Plon, 1978, p. 175.

Dissolution ou élections législatives anticipées : vers une sortie de crise ?

Le succès de la manifestation gaulliste sur les Champs-Élysées dans l'après-midi du 30 mai 1968[1], qui rassemble plus de 500 000 personnes qui remontent l'artère parisienne de la Concorde à la place de l'Étoile[2], crée un climat favorable au retournement de la situation en faveur du pouvoir exécutif. Pour la première fois, au cours de cette crise insaisissable, l'effet de surprise semble être du côté du chef de l'État. De ce fait, le discours radiodiffusé qu'il doit prononcer en fin d'après-midi est très attendu. Dans une allocution d'une durée de moins de trois minutes, avec un ton combatif et déterminé, le général de Gaulle annonce qu'il ne démissionne pas, qu'il ne change pas de Premier ministre, mais que celui-ci lui proposera les changements qui lui paraîtront utiles dans la composition du Gouvernement, que la « situation actuelle empêche matériellement[3] » que le référendum annoncé le 24 mai puisse avoir lieu et qu'il dissout l'Assemblée nationale. La journée du 30 mai 1968, marquée par la manifestation gaulliste[4] et par le discours du président de la République, peut être considérée comme une reprise en main énergique d'une situation qui jusque-là échappait au pouvoir.

Le choix de la dissolution plutôt que du référendum a fait l'objet de nombreux débats en haut lieu. Lors du conseil des ministres du 23 mai, il y a déjà eu un tour de table sur le choix de l'une ou l'autre de ces deux stratégies et les avis sont partagés[5]. Certains ministres sont partisans du référendum (André Malraux, Jacques Chirac, Roger Frey, Olivier Guichard), alors

1. Voir Frank Georgi, « Le pouvoir est dans la rue. La manifestation gaulliste des Champs-Élysées (30 mai 1968) », *Vingtième Siècle. Revue d'histoire*, n° 48, octobre-décembre 1995, p. 46-60 ; Jérôme Pozzi, « Georges Pompidou et les mouvements gaullistes en mai 1968 », *in* Bernard Lachaise, Sabrina Tricaud (dir.), *Georges Pompidou et mai 1968*, Bruxelles, PIE-Peter Lang, 2009, p. 61-73.

2. CHAN, fonds Paul-Marie de La Gorce, 588AP17, note de la préfecture de police de Paris sur la manifestation gaulliste du 30 mai 1968.

3. CDG, *Discours et Messages*, t. IV, *Pour l'effort. Août 1962-décembre 1965*, Paris, Plon, 1970, p. 292-293.

4. Le 31 mai 1968, des manifestations de soutien au chef de l'État et au Gouvernement ont lieu dans un certain nombre de villes de province, rassemblant des milliers de personnes.

5. CHAN, 539AP9, séance du conseil des ministres du 23 mai 1968.

que d'autres penchent pour des élections législatives anticipées (Alain Peyrefitte, Georges Gorse, Raymond Marcellin). Pour le général de Gaulle, le référendum permet de revivifier sa légitimité démocratique et de s'inscrire dans la tradition plébiscitaire du gaullisme, puisqu'il a déjà utilisé l'article 11 de la Constitution de la Vᵉ République à plusieurs reprises depuis son retour au pouvoir en 1958[1]. Pour le Premier ministre, il convient plutôt de recourir à la voie parlementaire – même s'il est initialement partisan du référendum – en prononçant la dissolution de l'Assemblée nationale, un sentiment que partage son président Jacques Chaban-Delmas[2]. Cette solution permettrait d'éviter un référendum sanction, dont le vote « non » serait une sorte de réceptacle de tous les mécontentements. En outre, en choisissant la voie électorale plutôt que référendaire, Georges Pompidou essaie de décentrer la crise politique de Paris vers la province, en d'autres termes du pouvoir central vers les circonscriptions électorales. Comme a pu l'écrire Michel Jobert, alors directeur de cabinet du Premier ministre[3] : « En renvoyant les députés aux électeurs, et les électeurs vers les députés, on émiettait les solutions, on détournait la passion dans 490 canaux différents. On occupait enfin tant de talents politiques que le référendum aurait laissés inemployés[4]. » Ainsi, par pragmatisme, Georges Pompidou arrache le recours aux élections législatives anticipées au chef de l'État, quelques heures avant son allocution du 30 mai, en mettant dans la balance sa démission de Matignon : « Mon Général, vous me demandez de rester. Je vous demande la dissolution[5]. » De fait, l'affrontement entre les contestataires et le pouvoir exécutif « tend à se déplacer, de la rue aux urnes[6] ».

Le 31 mai, le Gouvernement est largement remanié. Les ministres dont on considère, à l'Élysée et à Matignon, qu'ils ont montré quelques faiblesses dans la gestion de la crise sont remerciés,

---

1. Voir Jean-Paul Thomas, Gilles Le Béguec, Bernard Lachaise (dir.), *Mai 1958, le retour du général de Gaulle : actes du colloque tenu au Centre d'histoire de Sciences po, mardi 13 mai 2008*, Rennes, PUR, 2010.
2. Jacques Chaban-Delmas, *L'Ardeur*, Paris, Stock, 1975, p. 308.
3. Voir Sabrina Tricaud, *L'Entourage de Georges Pompidou. Institutions, hommes et pratiques*, Bruxelles, PIE-Peter Lang, 2014.
4. Michel Jobert, *Mémoires d'avenir*, Paris, Grasset, 1974, p. 48.
5. Georges Pompidou, *Pour rétablir une vérité*, Paris, Flammarion, p. 197.
6. Michelle Zancarini-Fournel, Christian Delacroix, *La France du temps présent 1945-2005*, Paris, Belin, 2010, p. 409.

comme le ministre de l'Éducation nationale Alain Peyrefitte, le garde des Sceaux Louis Joxe, le ministre de l'Intérieur Christian Fouchet ou encore François Missoffe (Jeunesse), Georges Gorse (Information) et Jean-Marcel Jeanneney (Affaires sociales). Ils sont remplacés par des fidèles du Premier ministre (François-Xavier Ortoli à l'Éducation nationale, Raymond Marcellin à l'Intérieur[1]), des gaullistes de gauche (René Capitant à la Justice et deux secrétaires d'État : Philippe Dechartre et Yvon Morandat[2]) et un baron du gaullisme en la personne de Michel Debré, qui quitte la rue de Rivoli pour le Quai d'Orsay[3]. Le nouveau Gouvernement se fixe deux objectifs principaux. D'une part, rétablir l'ordre pour permettre le retour à une vie normale. D'autre part, organiser les élections législatives qui sont prévues pour les 23 et 30 juin[4].

Depuis la nuit du 24 mai, qui est marquée par de nouvelles violences dont la tentative d'incendie de la Bourse, le mouvement étudiant semble être sur le reflux, comme s'il avait été assommé par la résurrection du général de Gaulle au soir du 30 mai. Le 1er juin, trente mille personnes défilent encore entre la gare Montparnasse et la gare d'Austerlitz, avec comme slogan « Élections, trahison ! », mais le vent semble avoir tourné en faveur du pouvoir. Même si des manifestations et des grèves ont encore lieu dans la première quinzaine de juin, la reprise du travail s'effectue progressivement dans les entreprises et les usines. L'État reprend le dessus, avec entre autres l'évacuation par les forces de l'ordre de l'Odéon (14 juin) et de la Sorbonne (16 juin). Le 12 juin, Raymond Marcellin présente en conseil des ministres un décret – en s'appuyant sur la loi du 10 janvier 1936[5] – qui prononce la dissolution de onze organisations

---

1. Le remplacement de Christian Fouchet par Raymond Marcellin et la fermeté avec laquelle il reprend en main la place Beauvau auraient fait dire au Général : « Enfin Fouché, le vrai ! », *in* Raymond Marcellin, *L'Importune Vérité*, Paris, Plon, 1978, p. 25.

2. Respectivement secrétaires d'État à l'Équipement et au Logement ; aux Affaires sociales.

3. Il y remplace Maurice Couve de Murville qui obtient le portefeuille de l'Économie et des Finances, poste qu'occupait Michel Debré depuis janvier 1966.

4. Selon les termes de l'article 12 de la Constitution de la Ve République, les élections générales ont lieu « vingt jours au moins et quarante jours au plus après la dissolution ».

5. La loi du 10 janvier 1936 sur les groupes de combat et milices privées permet au Gouvernement de dissoudre des groupes présents sur le territoire français lorsqu'ils représentent une menace contre l'ordre public. Cette loi avait été votée après la manifestation des ligues qui avait été organisée sur la place de la Concorde le 6 février 1934.

« gauchistes » accusées d'avoir semé le désordre dans le contexte des événements de mai, dont les plus connues sont la JCR, le Mouvement du 22 mars et l'Union des jeunesses communistes marxistes-léninistes (UJCml).

Comme pour les élections législatives de mars 1967, la préparation de la campagne électorale est pilotée depuis Matignon. En véritable chef de la majorité, Georges Pompidou joue un rôle de premier plan dans cette opération. Toutefois, à la différence de 1967, l'équipe qui détermine la stratégie de campagne et règle les questions relatives aux investitures est plus restreinte. Il convient de gagner en efficacité et d'éviter des négociations sans fin, dans la mesure où les délais sont très courts. D'où l'impression d'un « joyeux bordel » qui s'en dégage, pour reprendre l'expression du Premier ministre[1]. La petite équipe qui se réunit à Matignon[2] rassemble des barons du gaullisme (Jacques Chaban-Delmas, Michel Debré, Roger Frey, Olivier Guichard, Jacques Foccart), le président du groupe gaulliste au palais Bourbon Henri Rey, le secrétaire général de l'UDV^{e} Robert Poujade, le ministre de l'Intérieur Raymond Marcellin, un RI proche de Georges Pompidou, mais également trois membres de l'entourage du Premier ministre, en l'occurrence Michel Jobert, Pierre Juillet et Édouard Balladur.

Le choix de l'unité de candidature est la tactique retenue et les candidats sélectionnés par ce comité informel reçoivent l'étiquette « UDR ». Dans les faits, l'investiture est octroyée aux députés sortants de l'UDV^{e} ou à ceux qui ont été battus sous ses couleurs en 1967 dans un contexte qui était moins favorable[3], aux RI et aux centristes du groupe PDM, à condition qu'ils n'aient pas voté la censure du gouvernement de Georges Pompidou le 22 mai[4]. Ainsi, les centristes Bernard Lafay (Paris), René Pleven

1. Cette expression est rapportée par Robert Poujade *in* Bernard Lachaise, Sabrina Tricaud (dir.), *Georges Pompidou et mai 1968*, *op. cit.*, p. 133.

2. Jacques Foccart, *Journal de l'Élysée*, t. II, *Le Général en mai : 1968-1969*, Paris, Fayard/Jeune Afrique, 1998, p. 164.

3. À titre d'exemple, ceci est le cas de Robert Calméjane (5e circonscription, Seine-Saint-Denis) et de Jean Bernasconi (27e circonscription, Paris), tous deux battus en 1967, candidats en 1968 et réélus à l'occasion de ce scrutin.

4. Le débat sur la motion de censure a provoqué des remous au sein du groupe parlementaire gaulliste. René Capitant préfère démissionner pour ne pas avoir à la voter et Edgard Pisani vote la censure et démissionne ensuite. La motion de censure est votée par 233 députés, mais il en aurait fallu 244 pour qu'elle soit adoptée.

(Côtes-du-Nord), Pierre de Montesquiou (Gers) et Jean Poudevigne (Gard) n'ont pas de candidats UDR contre eux. Des députés qui siègent chez les non-inscrits et qui n'ont pas voté la motion de censure reçoivent le soutien de l'UDR comme Jean Royer (Indre-et-Loire) et Olivier de Pierrebourg (Creuse). Dans les circonscriptions où le député sortant est de gauche, chacune des deux formations de la majorité (gaullistes et RI) présente son candidat. Toutefois, il y a quelques cas particuliers qui dérogent à cette règle d'ensemble. Ainsi, Valéry Giscard d'Estaing se présente sous ses propres couleurs dans le Puy-de-Dôme puisque l'UDR ne lui apporte pas son soutien, même si les gaullistes ne présentent pas de candidat contre lui[1]. Le président de la commission des finances de l'Assemblée nationale et ancien ministre du général de Gaulle n'est pas en odeur de sainteté chez les partisans du Général. Dans le contexte de la campagne des élections législatives de mars 1967, il a utilisé la formule « oui, mais » à l'encontre de la politique économique et sociale du pouvoir gaulliste. Face à ces réserves giscardiennes, le chef de l'État aurait répondu en conseil des ministres : « On ne gouverne pas avec des mais[2]. » Par la suite, à l'été 1967, il a critiqué la politique étrangère du général de Gaulle et dénoncé « l'exercice solitaire du pouvoir », alors que la gauche concentre ses attaques depuis 1958 contre son « pouvoir personnel ». Pendant les événements de mai, Valéry Giscard d'Estaing se montre discret. Par ailleurs, son bras droit Michel Poniatowski, qui ne cache pas son antigaullisme viscéral, se voit opposer dans sa circonscription du Val-d'Oise un candidat UDR, ce qui ne l'empêche toutefois pas d'être réélu.

Ces élections sont aussi le moyen de lancer dans la bataille des gaullistes qui ont manifesté une fidélité sans faille au pouvoir exécutif et qui n'ont pas tremblé pendant les événements de mai. Quelques jeunes pousses du gaullisme sont ainsi candidats sous la bannière de l'UDR, comme Jacques Godfrain dans les Pyrénées-Orientales, même si l'intéressé est battu au second tour par le député sortant et maire de Perpignan Paul Alduy, ou Robert Grossmann, parachuté dans le Jura contre le centriste Jacques Duhamel, qui a voté la censure le 22 mai. Robert Grossmann se

1. Mathias Bernard, *Valéry Giscard d'Estaing. Les ambitions déçues*, Paris, Armand Colin, 2014, p. 132.

2. Cité par Georges Valance, *Valéry Giscard d'Estaing. Une vie*, Paris, Flammarion, 2011, p. 246-247.

retire finalement dans l'entre-deux-tours « sur ordre de Georges Pompidou[1] ». Parfois, il s'agit de personnalités plus expérimentées qui reçoivent, pour services rendus, l'investiture de l'UDR, comme le « quadra » Charles Pasqua, envoyé dans les Hauts-de-Seine, où il l'emporte contre Parfait Jans, député-maire communiste de Levallois-Perret.

Dans un contexte de remise en ordre et de restauration de l'autorité de l'État, les candidats qui se présentent sous les couleurs de l'UDR partagent cette conviction qu'il faut défendre la République contre l'agitation à laquelle ils ont assisté au cours des semaines précédentes. Pour la plupart d'entre eux, il s'agit même de lutter contre la menace de la subversion et le risque du totalitarisme[2]. Sur ce point, l'analyse des professions de foi des candidats de l'UDR est révélatrice de l'état d'esprit dans lequel ils se trouvent pour ces élections. Charles Pasqua termine sa profession de foi en écrivant : « Non au communisme, au désordre et à la misère. Vive la République ! Vive la France ![3] ». Pour sa part, Jacques Godfrain écrit : « Des agitateurs professionnels tentent par la violence de renverser l'ordre établi, contestant les fondements de notre société, l'Université, la propriété, la famille. Profitant de cette situation, l'organisation totalitaire du Parti communiste s'apprête à mettre la main sur les institutions économiques et administratives de notre pays, aidée par des politiciens professionnels dont les trahisons permanentes favoriseraient la décomposition de l'État s'il n'y avait à sa tête des hommes conscients de leur devoir[4]. » Cette dialectique de la menace imminente que ferait planer le communisme sur la France n'est pas l'apanage d'une aile droite de la famille gaulliste, très conservatrice, puisqu'elle est partagée, tout au moins dans le discours, par d'autres candidats dont l'engagement, antérieur aux élections de juin 1968, est plus marqué à gauche. Ainsi, une personnalité comme le juriste Léo

1. Robert Grossmann, *L'Appel du gaullisme. De Charles de Gaulle à Nicolas Sarkozy 1958-2007*, éditions du Rocher, 2008, p. 203-205.

2. Jérôme Pozzi, « Mai 1968 à travers les mémoires et les discours des dirigeants gaullistes. Permanences et évolutions », *in* Jean-Philippe Melchior, Philippe Tétart (dir.), *Mai 1968 cinquante ans après. Mémoires, traces, représentations*, Le Mans, Éric Jamet éditeur, 2020, p. 47-64.

3. Archives électorales du Cevipof, profession de foi de Charles Pasqua, Hauts-de-Seine, 4e circonscription, Clichy, Levallois-Perret, 23 et 30 juin 1968.

4. Archives électorales du Cevipof, profession de foi de Jacques Godfrain, Pyrénées-Orientales, 1re circonscription, Perpignan Est, Céret, 23 et 30 juin 1968.

Hamon[1], ancien vice-président du Comité parisien de Libération à l'été 1944, puis membre du MRP, peut écrire dans sa profession de foi que ces élections offrent le choix entre, « d'une part, le communisme et l'anarchie, le drapeau rouge et le drapeau noir mêlés ; d'autre part, la République au drapeau tricolore, les libertés maintenues et des réformes efficacement réalisées dans l'ordre[2] ».

Les candidats soutenus par le pouvoir mettent en avant des éléments de langage identiques dans leurs documents électoraux. On les retrouve également dans la propagande qui provient d'organisations qui incarnent un « gaullisme d'ordre[3] », comme les comités de défense de la République[4] (CDR) créés dans l'effervescence de mai-juin 1968. La défense de la Ve République et de ses réalisations semble constituer un horizon non négociable et indépassable pour la majorité sortante. Georges Pompidou le rappelle en soulignant qu'« il s'agit avant tout de permettre l'existence, à l'Assemblée nationale, d'une majorité large, solide, cohérente, décidée à défendre la République et pour cela, à apporter son concours au président de la République et à son Gouvernement. [...] C'est l'existence même de la France, c'est le bonheur et la tranquillité des Français, c'est nos libertés qui sont en péril[5] ». Pourtant, il convient aussi de tirer les leçons de la vague de mai afin de ne pas sombrer dans un certain conservatisme. Dans le manifeste programme des candidats investis par l'UDR, on peut ainsi lire : « La contestation de notre forme de société a un côté anarchique, négatif, révolutionnaire, que l'immense majorité du pays rejette. Mais elle a eu aussi des aspects positifs en faisant apparaître une soif de renouveau. Les candidats de l'UDR prennent l'engagement de soutenir un grand effort national tendant à hâter le renouvellement de nos structures économiques, sociales et universitaires, avec le concours des intéressés[6]. »

---

1. Léo Hamon est candidat dans l'Essonne (4e cir., Limours, Palaiseau).
2. Jérôme Pozzi, « Léo Hamon et la famille gaulliste : un acteur réfléchi ? », *in* Gilles Le Béguec, Emilia Robin, Nicolas Roussellier (dir.), *Léo Hamon (1908-1993)*, Bruxelles, PIE-Peter Lang, 2018, p. 109-124.
3. François Audigier, « Le gaullisme d'ordre des années 68 », *Vingtième Siècle. Revue d'histoire*, n° 116, octobre-décembre 2012, p. 53-67.
4. Voir Jérôme Pozzi, *Les Mouvements gaullistes. Partis, associations et réseaux, 1958-1976*, Rennes, PUR, 2011, p. 233-241.
5. Georges Pompidou, *Pour rétablir une vérité*, *op. cit.*, p. 202-203.
6. CHAN, fonds privé Édouard Balladur, 543AP8, manifeste programme de l'UDR, juin 1968.

Les deux têtes de l'exécutif ne ménagent pas leur peine dans cette campagne, même si c'est surtout le Premier ministre qui est « omniprésent dans les médias[1] » et *de facto* en première ligne, alors que le chef de l'État n'intervient que deux fois, le 7 juin, lors d'un entretien radiotélévisé avec Michel Droit, et le 29 juin lors d'une allocution. À l'avant-veille du second tour, Georges Pompidou rappelle dans un discours que l'élection est « la seule manifestation authentique de la volonté populaire » et que pour « sauvegarder ce droit essentiel », il faut « s'en servir, c'est-à-dire voter[2] ». De son côté, la veille du scrutin, le général de Gaulle trace une perspective pour l'avenir en décrivant le chemin qu'il faut suivre : « Il s'agit que l'Homme, bien qu'il soit pris dans les engrenages de la société mécanique, voie sa condition assurée, qu'il garde sa dignité, qu'il exerce sa responsabilité, il s'agit que dans chacune de nos activités, par exemple, une entreprise ou une université, chacun de ceux qui en font partie soit associé directement à la façon dont elle marche, au résultat qu'elle obtient, au service qu'elle rend à l'ensemble national. Bref, il s'agit que la participation devienne la règle et le ressort d'une France renouvelée[3]. » De fait, les rôles sont bien répartis au sein du couple exécutif. Au chef de l'État, les grandes lignes de l'action future et les ambitions nationales. Au Premier ministre, la mobilisation de l'électorat qui soutient la majorité et la réalité plus prosaïque de la bataille électorale. Ainsi en est-il d'une Ve République qui fonctionne normalement, tout au moins du point de vue de l'interprétation des institutions, même si dans ces deux discours, on retrouve l'idée qu'en cas d'échec, une porte vers le vide politique s'ouvrirait, avec le départ du général de Gaulle. Dans l'opposition, les socialistes et les communistes essaient de rassurer les électeurs, notamment les seconds sur leurs velléités révolutionnaires, à l'exception du PSU dont les militants mènent campagne sur une ligne plus radicale, dans la continuité des thèmes de mai[4].

---

1. Sabrina Tricaud, « Georges Pompidou et les élections législatives de juin 1968 », *in* Bernard Lachaise, Sabrina Tricaud (dir.), *Georges Pompidou et mai 1968*, *op. cit.*, p. 111-131.

2. CHAN, fonds de la présidence de la République de Georges Pompidou, 5AG2/1088, déclaration de Georges Pompidou à l'hôtel Matignon, 28 juin 1968.

3. *Le Monde*, 30 juin 1968.

4. Voir Noëlline Castagnez, Laurent Jalabert, Marc Lazar, Gilles Morin, Jean-François Sirinelli (dir.), *Le Parti socialiste unifié. Histoire et postérité*, Rennes, PUR, 2013.

Une victoire éclatante : un sursis plutôt qu'un sursaut pour la majorité ?

Après une campagne électorale qui se déroule dans un climat de « guerre civile froide », selon le journaliste du *Monde* André Fontaine, marquée notamment par la mort du lycéen Gilles Tautin, militant maoïste, à proximité de l'usine Renault-Flins[1] (10 juin), le premier tour de scrutin connaît une forte participation, légèrement supérieure à 80 % des électeurs inscrits. Les slogans « Élections, piège à cons ! » ou « Élections, trahison ! », qui sont alors très en vogue chez les militants gauchistes, ont un impact limité sur la mobilisation des électeurs. Avec plus de 10 millions de voix et 46 % des suffrages exprimés, la majorité gouvernementale progresse de 8 points par rapport aux élections législatives de 1967, alors que les forces politiques de l'opposition reculent. La FGDS perd 590 000 voix et le PCF plus de 600 000 voix par rapport au scrutin de l'année précédente. En revanche, le PSU progresse d'un peu plus de 380 000 voix[2], même si cela ne représente tout compte fait qu'un peu moins de 4 % des suffrages exprimés. Au soir du 23 juin, 154 sièges sont pourvus dont 144 au profit de candidats UDR ou RI, 6 au profit de candidats du PCF et 4 de candidats du PDM[3].

La tendance amorcée au premier tour est confirmée et amplifiée lors du second. Sur les 316 circonscriptions dans lesquelles on assiste à un ballottage, il y a 269 duels droite-gauche, ce qui conduit les électeurs centristes et modérés, à l'inverse de 1967, à se reporter sur les candidats de l'UDR. Ainsi, au soir du second tour, l'UDR obtient 293 sièges sur 487. Pour la première fois dans l'histoire de la République, un parti politique conquiert à lui seul la majorité des sièges au palais Bourbon. Le mouvement gaulliste peut donc se passer de ses alliés pour gouverner. Toutefois, si on ajoute au groupe pléthorique de l'UDR les 61 députés RI et les 33 députés PDM, qui sont de plus en plus attirés vers la majorité,

1. Ludivine Bantigny, *1968. De grands soirs en petits matins*, Paris, Le Seuil, 2018, p. 166-167. Cette question a fait l'objet d'une interprétation différente par Philippe Buton, *Histoire du gauchisme. L'héritage de mai 1968*, Paris, Perrin, 2021, p. 21-22.

2. Une des raisons permettant d'expliquer la progression du PSU entre les deux scrutins tient au nombre de candidats présentés : 117 en 1967 contre 321 en 1968.

3. François Goguel, « Les élections législatives des 23 et 30 juin 1968 », *Revue française de science politique*, vol. 18, n° 5, 1968, p. 837-858.

la victoire est totale. La gauche connaît une défaite qui est surtout amplifiée par le jeu habituel du scrutin majoritaire. La FGDS passe de 121 à 57 députés et le PC de 73 à 34 députés. Par-delà le résultat des différentes forces politiques, les élections de juin 1968 peuvent être considérées comme « un signe fort de l'attachement de la majorité des Français – de gauche comme de droite – aux institutions de la Ve République et à l'unité nationale[1] ».

Le raz-de-marée gaulliste des élections de juin 1968 est incontestable, mais son interprétation en haut lieu fait alors débat. Georges Pompidou est l'artisan de cette victoire mais il relativise ce succès en déclarant : « L'étendue de notre victoire nous impose la discrétion[2]. » Cette campagne électorale lui permet, tout comme son action pendant les événements de mai 1968, de montrer qu'il est un homme d'État capable d'être le recours pour sa famille politique, le jour où le général de Gaulle viendrait à quitter le pouvoir. À l'Élysée, le chef de l'État raille cette « Chambre PSF (Parti social français)[3] » à qui il veut faire mener une « politique PSU[4] ». Le paradoxe de ces élections réside dans cette victoire aux allures de triomphe qui amène au palais Bourbon une Chambre introuvable, mais qui annonce une sorte de fin de règne. Dans les faits, cette victoire est plus un sursis pour le général de Gaulle qu'un sursaut. En aparté, il qualifie avec un certain réalisme ce scrutin d'« élections de la trouille ». À Pompidou qui lui dit qu'« il faut savoir dominer sa victoire », il répond froidement : « Non, l'exploiter, si l'on peut[5]. » Somme toute, dans ses *Cahiers*, la journaliste Michèle Cotta peut ainsi noter, non sans une certaine amertume : « Les communistes avaient finalement raison. L'agitation gauchiste a tellement effrayé les Français que seule la droite sort vivante des décombres de mai. Bravo, vraiment, à tous ces jeunes gens qui croyaient pouvoir exercer le pouvoir, qui voulaient

---

1. Michelle Zancarini-Fournel, « L'épicentre », *in* Philippe Artières, Michelle Zancarini-Fournel (dir.), *68. Une histoire collective (1962-1981)*, Paris, La Découverte, 2015, p. 209-269, ici p. 269.
2. CHAN, 5AG2/1088, commentaire de Georges Pompidou sur le résultat des élections, AFP, 30 juin 1968.
3. Allusion au PSF fondé par le colonel de La Rocque le 7 juillet 1936 à la suite de la dissolution de la ligue des Croix-de-Feu.
4. Cité par Jean Lacouture, *De Gaulle*, t. III, *Le Souverain (1959-1970)*, Paris, Le Seuil, 1986, p. 726.
5. Cet échange est rapporté par Marie-France Garaud, *La Fête des fous. Qui a tué la Ve République ?*, Paris, Plon, 2006, p. 55.

faire le bonheur du peuple malgré lui, et qui ont assuré à de Gaulle et à Pompidou des lendemains meilleurs[1] ! »

Une analyse d'ensemble des 293 députés qui siègent au sein du groupe UDR – le mouvement de la rue de Lille change de nom au lendemain des élections pour devenir l'Union des démocrates pour la République – permet de comprendre ce passage entre deux âges du gaullisme, d'une génération gaullienne à une génération pompidolienne. Parmi les 85 nouveaux entrants du groupe gaulliste, c'est-à-dire les députés qui sont élus pour la première fois en 1968, plus du quart d'entre eux ont entre trente et quarante ans. Tel est le cas par exemple de Jean-Philippe Lecat, Pierre Mazeaud et Olivier Stirn que la presse surnomme le « Kennedy du bocage ». Ayant tous trois été membres de cabinets ministériels dans les années 1960, ils sont respectivement élus en Côte-d'Or, dans les Hauts-de-Seine et dans le Calvados. Ils symbolisent cette génération appelée à exercer des responsabilités importantes dans les années suivantes. Ainsi, avec 41 députés âgés de moins de quarante ans sur 293, ces élections parachèvent sur le plan parlementaire la réforme interne du mouvement gaulliste amorcée lors des assises de Lille[2] (24-26 novembre 1967). Ce rajeunissement, souhaité par Georges Pompidou et incarné par Robert Poujade à la tête du secrétariat général de l'UDR, donne l'image d'un parti renouvelé et rénové.

En outre, le scrutin de juin 1968 constitue une sorte de revanche pour des candidats gaullistes qui ont été battus aux législatives de mars 1967, dans un contexte nettement moins favorable. Parmi les 85 nouveaux entrants de 1968, 19 se sont déjà présentés à une élection législative, dont 17 ont été battus en 1967[3]. C'est notamment le cas de Joseph Comiti (Bouches-du-Rhône), Léo Hamon (Essonne), Pierre Lelong[4] (Finistère). De même, Pierre Mazeaud s'est déjà présenté à Limoges en Haute-Vienne en 1967, dans le cadre de l'opération des « jeunes loups » partis à la reconquête des terres radicales-socialistes du Sud-Ouest, une opération orchestrée par le

1. Michèle Cotta, *Cahiers secrets de la Ve République*, t. I, *1965-1977*, Paris, Fayard, 2007, p. 135.

2. Jérôme Pozzi, *Les Mouvements gaullistes*, *op. cit.*, p. 154-161.

3. Jérôme Pozzi, « Investitures, parachutages et communication politique des candidats gaullistes lors de la campagne des élections législatives de 1967 », *in* Éric Kocher-Marboeuf, François Dubasque (dir.), *Terres d'élections. Les dynamiques de l'ancrage politique 1750-2009*, Rennes, PUR, 2014, p. 375-384.

4. Pierre Lelong, *Une expérience française. Cinquante ans au cœur de la République*, Paris, France-Empire, 2012, p. 130-139.

député-maire de Brive Jean Charbonnel[1]. Toutefois, ce mouvement de rajeunissement qui touche le groupe gaulliste à la suite des élections de 1968 porte en lui un paradoxe. Les parlementaires qui siègent au cœur de cette « Chambre introuvable » sont plus animés par une volonté de remise en ordre de la France que par un esprit d'ouverture qui tirerait les conséquences des mouvements sociaux du printemps. Ce paradoxe va susciter de nombreuses tensions lorsque Georges Pompidou succédera au Général, notamment entre son Premier ministre Jacques Chaban-Delmas, défenseur d'une « nouvelle société », et le groupe parlementaire de l'UDR.

Le départ de Georges Pompidou et la nomination de son successeur

Entre le 30 juin 1968, date du succès de l'UDR au second tour des élections législatives dont Georges Pompidou a été le maître d'œuvre, et le 10 juillet, date de son départ de Matignon, on assiste à une succession de malentendus et de rendez-vous manqués entre le chef de l'État et son Premier ministre. Comment imaginer que le Premier ministre puisse être remercié après le raz-de-marée gaulliste des législatives ?

Dans les faits, le général de Gaulle a déjà envisagé de remplacer Georges Pompidou par Maurice Couve de Murville quelques semaines avant l'élection présidentielle de 1965[2], ainsi qu'au lendemain des élections législatives de mars 1967. Toutefois, la défaite du ministre des Affaires étrangères face à Édouard Frédéric-Dupont, l'inoxydable député du 7e arrondissement de Paris, l'a contraint à écarter cette possibilité, afin également de ne pas désavouer Georges Pompidou qui n'est pas, selon lui, responsable de la victoire étriquée de la majorité. Il y a donc déjà eu, de la part du chef de l'État, la volonté de se séparer de Georges Pompidou en amont du printemps 1968. Pour le général de Gaulle : « Un Premier ministre ne doit pas rester trop longtemps. C'est vrai pour ce qui concerne les personnes, qui se fatiguent. C'est

1. Voir Gilles Le Béguec, Jérôme Pozzi (dir.), *Jean Charbonnel. Un intellectuel gaulliste en politique*, Paris, L'Harmattan, coll. « Historiques. Série Travaux », 2023.

2. Alain Peyrefitte, *C'était de Gaulle*, t. II, Paris, éditions de Fallois/Fayard, 1997, p. 582.

vrai aussi pour ce qui concerne les institutions qui ne peuvent pas bien fonctionner s'il y a une permanence dans la fonction de Premier ministre[1]. » L'argument de la durée de la fonction qu'occupe Georges Pompidou, en poste depuis avril 1962, soit un peu plus de six ans, n'est donc pas à écarter dans la volonté du chef de l'État de le remplacer, même s'il semble paradoxal de changer de Premier ministre au lendemain d'une victoire électorale. Par ailleurs, le fait que Maurice Couve de Murville, ancien inspecteur des Finances, soit nommé ministre de l'Économie et des Finances dans le cadre du remaniement gouvernemental du 31 mai 1968 est peut-être le signe de la volonté gaullienne de recentrer celui-ci sur des questions nationales dans la perspective de sa nomination imminente à Matignon.

Toutefois, d'autres éléments peuvent être pris en considération, comme la place qu'occupe le Premier ministre dans l'horlogerie du pouvoir exécutif. Depuis 1958, le général de Gaulle considère que celui-ci n'est que le premier des ministres, c'est-à-dire qu'il est doté de pouvoirs d'ordre technique et organisationnel. Il joue un rôle central, mais en aucun cas il ne peut et il ne doit être question d'un « couple exécutif » au sommet de l'État, une expression fréquemment utilisée de nos jours dans les médias et qui *de facto* ne signifie rien du point de vue institutionnel. Le Premier ministre est là pour mettre en œuvre la politique que le chef de l'État a décidée. Sur ce point, il est significatif de constater que le général de Gaulle n'utilise jamais ou presque l'expression de chef de Gouvernement, car il estime que le chef de Gouvernement, c'est lui. Par conséquent, le premier alinéa de l'article 20 de la Constitution de la Ve République qui stipule que « le Gouvernement détermine et conduit la politique de la nation » est à considérer avec un recul certain. En effet, lorsque « le Gouvernement est subordonné au président de la République, il lui cède, volontiers ou non, son pouvoir de déterminer la politique de la Nation[2] ». Ainsi, cet alinéa s'applique exclusivement en période de cohabitation, une hypothèse éloignée des conceptions gaulliennes de la Ve République.

1. Propos du général de Gaulle rapportés par Michel Debré, *Entretiens avec le général de Gaulle 1961-1969*, Paris, Albin Michel, 1993, p. 143.
2. Guy Carcassonne, *La Constitution*, Paris, Le Seuil, coll. « Points », 1996, p. 114-115. Voir également Dominique Chagnollaud, Jean-Louis Quermonne, *La Ve République*, t. I, *Le Régime politique*, Paris, Flammarion, coll. « Champs », 2000, p. 192-194.

Georges Pompidou est parfaitement conscient de cette répartition des rôles au sommet de l'État. Il rédige par exemple cette note en juillet 1968 :

> Le Premier ministre ne porte pas les responsabilités suprêmes. Celles-ci appartiennent au chef de l'État. À lui les institutions fondamentales, les choix principaux, les arbitrages ultimes. Le Premier ministre partage assurément les responsabilités dès lors qu'il accepte d'appliquer une politique. Mais il est essentiel qu'il se rappelle que ce n'est pas lui qui décide en dernier ressort. Il y a là, pour le Premier ministre, une limite à ses pouvoirs, mais aussi une source de tranquillité morale, surtout quand le président de la République est le général de Gaulle[1].

Celui-ci a répondu lors de la conférence de presse du 31 janvier 1964, au cours de laquelle un journaliste l'a interrogé, entre autres, sur le bilan des premières années du nouveau régime : « La Constitution, c'est un esprit, des institutions et une pratique. » Si Georges Pompidou a bien compris l'esprit des institutions, le général de Gaulle est le maître du temps pour ce qui relève de sa mise en pratique. Le départ du Premier ministre peut donc être interprété comme une volonté de recentrer les pouvoirs sur l'Élysée, alors que le processus de décision a connu une translation vers Matignon pendant la crise de Mai 68, ce que confirme d'ailleurs Michel Debré lorsqu'il écrit : « Le Général voulait à Matignon un homme obéissant ; un super-directeur de cabinet. En 1962, nous nous étions déjà heurtés sur cette conception du rôle subordonné du Premier ministre ; en juillet 1968, c'est elle que le général de Gaulle choisit de faire triompher[2]. »

Autre élément à prendre en considération, la lassitude de Georges Pompidou dans ses fonctions dont « le harassement est continuel[3] » et qui le conduit à vouloir démissionner. Le 29 juin, le Premier ministre rencontre Bernard Tricot, secrétaire général de la présidence de la République, pour lui faire part de son souhait de prendre du champ. Il lui exprime sa lassitude, mais également l'intérêt tactique de son départ :

1. Georges Pompidou, *Lettres, notes et portraits. 1928-1974*, Paris, Robert Laffont, 2012, p. 398.
2. Michel Debré, *Entretiens avec le général de Gaulle 1961-1969*, *op. cit.*, p. 133.
3. Selon la citation de Raymond Barre, *in* Raphaëlle Bacqué, *L'Enfer de Matignon. Ce sont eux qui en parlent le mieux*, Paris, Albin Michel, 2008, p. 8.

> Si je pense à l'avenir, il est très clair que ces élections, qui sont pour moi un succès évident, m'offrent le meilleur moment pour me retirer. Plus j'y pense, plus il me paraît évident qu'une retraite provisoire serait à tous égards une bonne chose pour moi à condition qu'elle ne dure pas trop longtemps. D'abord il ne faut pas que l'opinion ait le temps de m'oublier. Il s'est produit fin mai un fait nouveau que je ne peux pas ignorer. Il tient à moi, même s'il est d'abord extérieur à moi. C'est l'image que l'opinion s'est faite de ma personne. Je suis apparu au pays comme l'homme responsable au jour le jour de son destin, il m'a vu agir, me multiplier partout où naissait une menace, faire front partout et finalement, avec le Général bien sûr, nous sortir tous de là. Cette image s'incorpore à moi, devient un élément de ma personnalité de sorte qu'à vrai dire, je ne suis plus le même. Je me sens à la fois grandi et moins libre. […] Si je pense à de futures élections présidentielles, je dois prévoir que j'aurai en face de moi un concurrent plus jeune, il ne faut pas qu'on puisse me qualifier de sexagénaire[1].

La question des relations de Gaulle-Pompidou est un autre élément d'explication, qu'il ne faut pas négliger pour comprendre ce départ, car celles-ci se sont distendues au fil du temps. Sur ce point, force est de constater que le « mois de mai 1968 a créé un profond malaise entre les deux hommes, aggravant les tensions antérieures datant d'au moins 1965[2] ». En effet, Georges Pompidou s'est senti meurtri de ne pas avoir été mis dans le secret d'une nouvelle candidature du chef de l'État dans les mois qui ont précédé l'élection présidentielle de décembre 1965, ce qui a été rapporté par plusieurs témoins[3]. En outre, le général de Gaulle semble avoir joué avec les nerfs de son Premier ministre, ce qui a fait dire au locataire de Matignon : « Son mutisme à mon égard est de plus en plus inconvenant[4]. » Nombreux sont les témoignages, issus des entourages des deux personnalités, qui soulignent ces tensions latentes, tout comme le rôle d'accélérateur joué par la crise de mai qui a été pour les intéressés une « source

1. Bernard Tricot, *Mémoires*, Paris, Quai Voltaire, 1994, p. 317.
2. Bernard Lachaise, « Les relations de Gaulle-Pompidou en mai 1968 », *in* Bernard Lachaise, Sabrina Tricaud (dir.), *Georges Pompidou et mai 1968*, *op. cit.*, p. 95-109 ; « 1962-1970 : du président de Gaulle au président Pompidou », *Espoir*, n° 148, septembre 2006, p. 12-19.
3. Éric Roussel, *Charles de Gaulle*, Paris, Perrin, coll. « Tempus », 2020, p. 1063-1065.
4. Alain Peyrefitte, *C'était de Gaulle*, t. II, *op. cit.*, p. 583.

de blessures et d'incompréhension[1] ». De Gaulle reproche à son Premier ministre son manque de fermeté, dont la réouverture de la Sorbonne le 13 mai 1968 est à ses yeux le symbole. De même, il existe une incompréhension réciproque sur la question de la participation[2], chère aux gaullistes de gauche, liée à la politique sociale du Gouvernement. À plusieurs reprises, le chef de l'État tient des propos assez durs à l'encontre du locataire de Matignon : « Georges Pompidou est, au fond, d'un tempérament très radical. Il est très arrangeant, il compose[3] » ou encore « Il n'exécute pas ma politique, il traficote tout le temps, il négocie, il arrange les choses[4] ». Jacques Chaban-Delmas qui, en baron du gaullisme, a bien connu les deux intéressés, explique la rupture par une cause plus profonde :

> Au fil des années, on peut imaginer qu'entre deux hommes de cette trempe, et quelle que soit la qualité de leur relation, les petits malentendus, les petits agacements, les petits froissements s'accumulent, comme dans un couple. Mais la raison principale du divorce n'était pas là. Elle tenait à l'action incessante que menait Pompidou contre tout ce qui lui paraissait utopique dans les projets du général de Gaulle et cela se rattachait pour l'essentiel à l'évolution de la société. Pompidou, malgré sa culture et son expérience du monde, était resté en profondeur un homme de la terre, un de ces paysans français pour qui les nouveautés ne sont acceptables que lorsqu'elles ont cessé d'être nouvelles[5].

Lorsque Bernard Tricot fait part au général de Gaulle de la volonté de Georges Pompidou de quitter Matignon, celui-ci lui demande d'insister pour qu'il revienne sur sa décision[6]. Le 4 juillet, Bernard Tricot rencontre une seconde fois le Premier ministre qui semble hésiter car ses proches souhaiteraient qu'il demeure dans ses fonctions[7]. Il maintient toutefois sa décision. Ainsi, le 5 juillet,

1. Marie-France Garaud, *La Fête des fous*, *op. cit.*, p. 53.
2. Frédéric Turpin, « Georges Pompidou et le gaullisme social : de la participation dans l'entreprise », *in* Alain Beltran, Gilles Le Béguec (dir.), *Action et pensée sociales chez Georges Pompidou : actes du colloque des 21 et 22 mars 2003 au Sénat*, Paris, PUF, 2004, p. 43-60.
3. Jacques Foccart, *Journal de l'Élysée*, t. I, *op. cit.*, p. 691.
4. *Ibid.*, p. 736.
5. Jacques Chaban-Delmas, *Mémoires pour demain*, Paris, Flammarion, 1997, p. 418.
6. Bernard Tricot, *Mémoires*, *op. cit.*, p. 318.
7. Éric Roussel, *Georges Pompidou*, Paris, Jean-Claude Lattès, 1984.

de Gaulle dit à Foccart : « Ce n'est pas moi qui lui demande de partir ; je lui ai demandé de rester. Il ne veut pas, il est usé, fatigué, il en a assez. C'est la lassitude, et j'ai bien senti que ce n'était pas la peine d'insister[1]. » Pourtant, le 6 juillet, Georges Pompidou contacte Bernard Tricot pour lui dire qu'il est disposé à rester[2]. Mais il arrive trop tard, car le chef de l'État a proposé, la veille, à Maurice Couve de Murville de devenir Premier ministre, après avoir hésité, semble-t-il, avec Pierre Messmer[3]. S'agit-il d'un malentendu ou d'une affirmation du pouvoir présidentiel ? Sans doute un peu des deux, même si, dans la Ve République, le sort du Premier ministre est entre les mains du chef de l'État qui peut mettre fin à ses fonctions à tout moment. Le général de Gaulle ne renvoie pas Georges Pompidou. Mais, dans les faits, il ne le retient plus. Ainsi, il veut montrer que c'est lui et seulement lui qui prend l'ultime décision, même si la demande vient initialement de son Premier ministre. Georges Pompidou écrit au sujet de cet ultime épisode :

> J'eus soudain une révélation. Certes, je comprenais que le Général fût gêné à l'idée de revenir sur sa proposition à Couve. Mais enfin celle-ci n'était due qu'à ma volonté de départ. Or, je proposais de rester et je ne devais donner ma démission que le mercredi suivant. C'était donc la preuve que le Général avait le désir de changer de Premier ministre. Ce désir, je le comprenais. J'avais, au cours des dernières semaines, été un peu trop sur le devant de la scène. Pour la personne du Général, pour le bon équilibre des pouvoirs, ne fût-ce qu'en apparence, il était en effet souhaitable qu'un Premier ministre devenu trop encombrant s'effaçât au profit d'un autre qui ramènerait la fonction à sa dimension constitutionnelle[4].

Le 10 juillet, Georges Pompidou présente sa démission. Le jour même, le général de Gaulle lui adresse une lettre pour le remercier de son action pendant ces six années à Matignon. Il ajoute en forme d'épilogue : « Là où vous allez vous trouver, sachez, mon cher ami, que je tiens à garder avec vous des relations particulièrement étroites. Je souhaite, enfin, que vous vous teniez prêt à accomplir

1. Jacques Foccart, *Journal de l'Élysée*, t. II, *op. cit.*, p. 265.
2. Bernard Tricot, *Mémoires*, *op. cit.*, p. 318.
3. Jacques Foccart, *Journal de l'Élysée*, t. II, *op. cit.*, p. 264-272.
4. Georges Pompidou, *Pour rétablir une vérité*, *op. cit.*, p. 206.

toute mission et à assumer tout mandat qui pourraient vous être un jour confiés par la nation[1]. » Jacques Foccart, le proche conseiller du chef de l'État[2], peut ainsi écrire : « Le Général a donc trouvé là la formule qui convient pour marquer d'une façon extrêmement précise son intention de faire de Pompidou son successeur à l'Élysée[3]. » S'il redevient simple député du Cantal, Georges Pompidou n'en demeure pas moins en réserve de la République, prêt à exercer le moment venu des responsabilités plus importantes. Son départ de Matignon sème le trouble, voire l'incompréhension, dans les rangs de la famille gaulliste, notamment chez les parlementaires de l'UDR qui savent très bien qu'ils lui doivent en partie leur succès. Le député de l'Allier Hector Rolland, élu pour la première fois en 1968, évoque une « déconvenue » au sujet de « l'éviction[4] » de Georges Pompidou. Léo Hamon, élu député de l'Essonne, également pour la première fois en 1968, fait part de sa « surprise » à l'annonce de cette nouvelle. Il ajoute que « ce sentiment n'était pas isolé[5] ». Un parlementaire gaulliste plus aguerri, Raymond Triboulet, député du Calvados depuis 1946, s'inquiète pour sa part d'une probable erreur de choix : « Quand j'apprends la désignation de Couve de Murville, je ressens de vives inquiétudes. Non seulement son personnage me semble à l'opposé de celui qui, après une telle secousse, serait nécessaire : un politique expérimenté et chaleureux, non un diplomate de haute classe, à la si triste figure, égaré dans la politique ; mais surtout je suis presque certain que son jugement sur les causes et les conséquences de Mai 68, sur les fauteurs de désordres et les réactions populaires est erroné[6]. » Pourtant, la nomination de Maurice Couve de Murville à Matignon ne doit rien au hasard, même s'il n'est parvenu à être élu député qu'en juin 1968, dans un contexte favorable aux candidats de l'UDR. L'intéressé a occupé pendant dix ans (juin 1958-mai 1968) le poste de ministre des Affaires étrangères après avoir été ambassadeur à plusieurs reprises sous la IVe République. Sa longévité au Quai d'Orsay en dit long sur sa capacité et sa loyauté à être le maître d'œuvre de la

1. Lettre du général de Gaulle à Georges Pompidou, 10 juillet 1968, reproduite *in* Georges Pompidou, *Pour rétablir une vérité*, *op. cit.*, p. 242.
2. Voir Frédéric Turpin, *Jacques Foccart. Dans l'ombre du pouvoir*, *op. cit.*
3. Jacques Foccart, *Journal de l'Élysée*, t. II, *op. cit.*, p. 285.
4. Hector Rolland, *Souvenirs dérangeants d'un godillot indiscipliné*, Paris, Albin Michel, 1990, p. 40-41.
5. Léo Hamon, *Vivre ses choix*, Paris, Robert Laffont, 1991, p. 443.
6. Raymond Triboulet, *Un ministre du Général*, Paris, Plon, 1985, p. 312.

politique extérieure gaullienne. Pour le général de Gaulle, il devrait appliquer fidèlement sa politique tout en restant à sa place.

Dès le début de la déclaration de politique générale, qu'il prononce le 17 juillet, le Premier ministre Maurice Couve de Murville fait part de son estime et de son amitié à l'égard de son prédécesseur qui est assis sur les bancs du palais Bourbon comme simple député. Cet hommage est applaudi longuement au sein de l'hémicycle. Robert Poujade, dans le discours qu'il prononce au nom du groupe UDR, en réponse à la déclaration de politique générale, s'attarde un peu plus et affirme : « Vous succédez à un homme pour qui vous éprouvez, comme nous tous, une admiration et une affection profondes. Georges Pompidou a su gagner, au fil des années dans le travail quotidien, puis dans l'épreuve, un capital de confiance qui reste à disposition de la nation, au moment où il a le droit de s'éloigner un peu des affaires[1]. » Dans les rangs du groupe UDR, un certain flottement règne dans les premiers jours, lié notamment à l'incompréhension par certains députés du départ de Pompidou. Ainsi, l'élection du président du groupe UDR ne se passe pas aussi bien qu'à l'accoutumée. En effet, le candidat soutenu par l'Élysée, en l'occurrence Henri Rey[2], recueille 158 voix contre 79 à son concurrent, le député de Meurthe-et-Moselle Roger Souchal[3], auxquelles s'ajoutent de nombreux votes blancs. Le fait qu'il y ait une autre candidature est déjà un signe, mais le fait qu'il reçoive autant de voix révèle un malaise. Comme le rapporte Jacques Foccart au général de Gaulle, les voix qui se sont portées sur Roger Souchal viennent de députés qui expriment par là leur mécontentement à la suite du départ de Pompidou[4]. Quelques jours plus tard, la question de l'élection des présidents de commission est marquée par une reprise en main de l'Élysée. Le chef de l'État tient à ce que Valéry Giscard d'Estaing ne soit plus président de la commission

1. *JORF*, Débats parlementaires, Assemblée nationale, séance du 17 juillet 1968, p. 2263.

2. Député de Loire-Atlantique (1958-1971), Henri Rey préside le groupe parlementaire de l'UNR, puis de l'UDR à l'Assemblée nationale de 1963 à 1969.

3. Roger Souchal est député UNR, puis UDR de Meurthe-et-Moselle (1958-1970). Il est battu par Jean-Jacques Servan-Schreiber en juin 1970 dans le cadre d'une élection législative partielle. Celle-ci a été provoquée par la démission de Roger Souchal de son mandat de député afin de protester contre le tracé de l'autoroute A4 Paris-Strasbourg qui passe à proximité de Metz plutôt que de Nancy.

4. Jacques Foccart, *Journal de l'Élysée*, t. II, *op. cit.*, p. 289.

des finances, fonction qu'il occupait dans la précédente législature, car il considère qu'il a été assez discret pendant les événements de mai et qu'il fait dorénavant partie des « adversaires[1] » des gaullistes. S'il ne vote pas la censure du gouvernement Pompidou le 22 mai, il ne participe toutefois pas à la manifestation des Champs-Élysées le 30 mai et laisse entendre, en coulisse, que le locataire de Matignon doit démissionner et qu'il faut ouvrir la majorité[2]. Le 16 juillet, Valéry Giscard d'Estaing se présente à la présidence de la commission des finances, avec le soutien des parlementaires RI et notamment de Raymond Mondon, président du groupe parlementaire RI. Toutefois, il est battu par le gaulliste Jean Taittinger[3] qui obtient 30 voix contre 11 à Valéry Giscard d'Estaing. Le député du Puy-de-Dôme qui « paye le prix de son attitude ambiguë du mois de mai[4] » est « vexé par cet affront et n'en fait pas mystère[5] ». En guise de représailles, le groupe RI fait immédiatement démissionner tous ses députés des bureaux des commissions et déclare considérer le comportement de l'UDR comme « une faute politique grave[6] ».

Le gouvernement Couve de Murville comporte peu de modifications par rapport au remaniement qui a été effectué par Georges Pompidou le 31 mai. François-Xavier Ortoli remplace Maurice Couve de Murville au ministère des Finances, un portefeuille qu'il n'occupe que depuis le remaniement. Ortoli est remplacé à l'Éducation nationale par Edgar Faure. Jean-Marcel Jeanneney reçoit le portefeuille des Réformes constitutionnelles et administratives, laissant les Affaires sociales à Maurice Schumann. La plupart des autres ministres demeurent en place, Michel Debré aux Affaires étrangères, Raymond Marcellin à l'Intérieur, René Capitant à la Justice, Olivier Guichard au Plan et à l'Aménagement du territoire, Pierre Messmer aux Armées. La grande affaire du Gouvernement consiste à accomplir un projet qui est cher au général de Gaulle, en l'occurrence la participation. Celle-ci

1. *Ibid.*, p. 295.
2. Jean-Claude Colliard, *Les Républicains indépendants. Valéry Giscard d'Estaing*, Paris, PUF, 1971, p. 142.
3. Député de la Marne depuis 1958, Jean Taittinger est maire de Reims depuis 1959.
4. Mathias Bernard, *Valéry Giscard d'Estaing*, *op. cit.*, p. 132.
5. Roger Chinaud, *De Giscard à Sarkozy. Dans les coulisses de la Ve*, Paris, L'Archipel, 2009, p. 69.
6. Cité par Jean-Claude Colliard, *Les Républicains indépendants*, *op. cit.*, p. 148.

doit être mise en œuvre rapidement dans deux domaines. Tout d'abord, au sein de l'Université, une mission qui incombe à Edgar Faure. Ensuite, l'organisation administrative de la France avec la question de la réforme régionale, une tâche à laquelle s'affaire Jean-Marcel Jeanneney et qui doit aboutir à un référendum. Le 12 novembre 1968, la loi d'orientation universitaire, plus communément dénommée « loi Faure », est adoptée[1]. Cette loi s'appuie sur deux grands principes. D'une part, l'autonomie universitaire, notamment dans le domaine des formations. D'autre part, la participation des enseignants et des étudiants à la gestion des établissements. Si cette loi est votée à contrecœur par la majorité gaulliste issue des élections de juin 1968, les élus de l'UDR le font surtout pour ne pas avoir à désavouer le chef de l'État, alors que son ancien Premier ministre Georges Pompidou est opposé à une loi dans laquelle il voit une désorganisation de l'Université plutôt que sa réforme[2].

Les événements de Mai 68 ne peuvent se comprendre qu'en prolongeant leur analyse dans les semaines, voire les années, qui suivent. Le mois de juin est marqué par la reprise progressive du travail, la campagne pour les élections législatives, suivies du départ de Georges Pompidou de Matignon. Cet enchaînement d'événements permet de considérer la période de mai-juin 1968 comme un tournant dans l'histoire politique de la Ve République. Alors qu'il est fortement contesté en mai, le pouvoir sort apparemment conforté des élections législatives de juin. La majorité gaulliste est certes malmenée par la rue dans le contexte d'une crise aux multiples visages. Mais les urnes semblent lui avoir donné un second souffle, ou tout au moins un sursis salvateur. Les élections de juin sont pour ainsi dire le troisième panneau d'un triptyque gaullien, dont les deux premiers sont composés de l'épisode de Baden-Baden le 29 mai et de la journée du 30 mai, marquée par l'allocution radiodiffusée du général de Gaulle et la manifestation gaulliste sur les Champs-Élysées. De la peur du vide à la reprise en main, le pas est franchi avec succès. Toutefois, à l'échelle des relations entre le chef de l'État et le Premier ministre, les événements de mai-juin 1968 continuent de creuser « l'éloignement

1. Voir Bruno Poucet, David Valence (dir.), *La Loi Edgar Faure. Réformer l'université après 1968 : actes du colloque tenu à Paris les 22 et 23 septembre 2011, organisé par la Fondation Charles-de-Gaulle*, Rennes, PUR, 2016.

2. Éric Roussel, *Georges Pompidou*, *op. cit.*, p. 258.

progressif[1] » entre le général de Gaulle et Georges Pompidou, ce qui conduit au départ de celui-ci. Ce fossé s'élargit par la suite, avec l'affaire Markovic (automne 1968) et les propos tenus par Georges Pompidou à Rome (17 janvier 1969) puis à Genève (13 février 1969). La nomination de Maurice Couve de Murville à Matignon alors que son prédécesseur est populaire au sein du groupe parlementaire gaulliste de l'Assemblée nationale montre bien que le chef de l'État se veut le maître du jeu politique. Comme a pu l'écrire l'historien Nicolas Roussellier, avec la Ve République, « la République du Parlement a cédé la place à la République du président[2] », même si les mois qui suivent montrent que le chef de l'État a moins de prise sur l'opinion qu'il ne le semble à la fin du mois de juin.

FIN DU IER ACTE POUR LA V[E] RÉPUBLIQUE : JUIN 1968-AVRIL 1969

David Valence

Les 23 et 30 juin 1968, les électeurs accordent une victoire nette aux gaullistes de l'UDR. Ce succès témoigne surtout d'une volonté de retour rapide à l'ordre public, sans trancher des interprétations des événements de mai ni des réponses durables à y apporter. L'opinion comprend mal que Georges Pompidou quitte Matignon après ce raz-de-marée électoral. Elle lui reconnaît d'avoir « tenu » dans la crise et contenu sa propagation par les généreux accords de Grenelle (27 mai 1968).

Si de Gaulle décide pourtant de changer de Premier ministre, c'est qu'il veut répondre dans la durée aux aspirations d'une société française en pleine transformation et sait son ancien directeur de cabinet très rétif au concept de participation. Pour incarner une nouvelle donne, le chef de l'État choisit pourtant un « homme d'hier » peu à son aise dans les joutes politiques : Maurice Couve

---

1. Bernard Lachaise, *Georges Pompidou : avec de Gaulle 1944-1959*, éditions Codex, 2020, p. 223.

2. Nicolas Roussellier, *La Force de gouverner. Le pouvoir exécutif en France. XIXe-XXIe siècle*, Paris, Gallimard, p. 411.

de Murville. Le vernis d'une majorité monolithique craque dès septembre 1968, avec l'examen de la loi d'orientation de l'enseignement supérieur. Jugée trop « libérale » par nombre de gaullistes, elle n'est adoptée que dans une trompeuse unanimité. La crise monétaire de novembre renforce l'impression que la personnalité du général de Gaulle ne suffit plus à garantir « miraculeusement » la stabilité que les milieux d'affaires désirent. Le refus de dévaluer a beau être présenté comme acte de volonté politique, il s'accompagne d'un retour à la rigueur qui rompt avec le laxisme financier de la fin de l'été et du début de l'automne.

Au surplus, de Gaulle n'a pas renoncé au référendum annoncé le 24 mai 1968. Il doit permettre aux Français de lui confier un « mandat pour la rénovation », ce que n'ont pas fait à ses yeux les élections législatives de juin. Le contenu de cette consultation se fait moins nébuleux le 9 septembre. Un texte liant régionalisation et réforme du Sénat est évoqué. Au-delà de cet objet inattendu et discuté, chacun comprend qu'il s'agit en réalité de redonner de l'autorité au régime. Le 2 février 1969, à Quimper, de Gaulle annonce officiellement la tenue du référendum. Le corps électoral, qui n'a plus été consulté sous cette forme depuis le 28 octobre 1962, est moins sensible qu'alors à l'alternative du « moi ou le chaos ».

Georges Pompidou a en effet fait savoir sa disponibilité pour incarner le gaullisme d'après, dans des déclarations très commentées depuis Rome puis Genève, début 1969. Un référendum mal compris, sur des sujets qui préoccupent peu les Français, l'opposition des centristes et de la gauche, l'hostilité de Valéry Giscard d'Estaing, les réticences de nombreux gaullistes, une campagne vigoureuse des élus « du seigle et de la châtaigne » contre la transformation du Sénat : telles sont les circonstances d'une défaite (52,4 % de « non ») d'autant plus nette le 27 avril 1969 que le taux de participation dépasse les 80 %. Peu après minuit, la démission du chef de l'État ouvre un nouveau temps pour la France : celui d'une Ve République qui survit à son fondateur.

Une victoire amère et ambiguë

Les législatives du 30 juin 1968 accouchent d'une majorité absolue pour les seuls gaullistes. La FGDS subit un échec cuisant (16,5 % des suffrages). Elle perd plus de la moitié des sièges conquis lors des législatives de 1967. La défaite de Pierre Mendès France face au ministre Jean-Marcel Jeanneney dans la deuxième circonscription de l'Isère[1] vient illustrer cette désaffection des électeurs : la complaisance supposée de la gauche non communiste face aux violences de mai se trouve sanctionnée dans les urnes. Un sort électoral plus rude encore frappe l'ancien ministre Edgar Pisani qui, quoique gaulliste, avait voté la motion de censure du 22 mai 1968[2]. Sa défaite dès le 1er tour dans la 4e circonscription du Maine-et-Loire[3] et l'échec de la quarantaine de candidats présentés dans toute la France par son tout récent « Mouvement pour la réforme » sonnent l'heure d'un douloureux réveil pour ceux qui ont rêvé en mai d'un « gaullisme révolutionnaire ».

Il reste surtout qu'avec 293 sièges à l'Assemblée nationale, l'UDR dispose seule de la majorité. Les gaullistes n'ont plus besoin désormais de l'appoint des RI – qui, eux aussi, ont gagné des sièges[4] – pour gouverner. La situation apparaît presque inédite depuis que la France s'est dotée d'institutions représentatives. D'aucuns convoquent le souvenir de la Chambre bleu horizon de novembre 1919, voire de la Chambre introuvable d'août 1815, deux précédents d'assez mauvais augure pour la cohésion de la majorité.

Aux premiers jours de la mandature, les gaullistes multiplient du reste les vexations à l'égard de Valéry Giscard d'Estaing. Beaucoup ne lui pardonnent pas d'avoir réclamé le départ de Georges Pompidou et de son Gouvernement le 30 mai 1968, à quelques heures à peine de la prise de parole du général de Gaulle à la radio puis de la contre-manifestation initiée par le député de Paris Pierre-Charles Krieg sur les Champs-Élysées. Une première escarmouche a lieu lorsque des élus UDR proposent que leurs collègues RI

1. Placé en tête des suffrages dès le 1er tour de scrutin, Jean-Marcel Jeanneney ne l'emporte que de justesse au second tour sur l'ancien président du Conseil, avec une centaine de voix d'avance.

2. Ministre de l'Équipement et du Logement, Edgar Pisani avait démissionné du gouvernement Pompidou le 20 avril 1967, désavouant la volonté du Premier ministre de gouverner par ordonnances. Sa prise de distance vis-à-vis du gaullisme de gouvernement vient donc de plus loin que des événements de mai 1968.

3. Élu député par la 1re circonscription du Maine-et-Loire (Angers) en mars 1967, démissionnaire le 22 mai 1968, l'ancien ministre de l'Agriculture choisit de solliciter les électeurs de la 4e circonscription (Saumur) en juin 1968. Il n'y réunit que 9 478 suffrages, contre 20 408 pour le gaulliste Robert Hauret, élu dès le 1er tour.

4. Ils passent de 45 à 64 députés au palais Bourbon.

siègent désormais à l'extrême droite de l'hémicycle. La défaite de Valéry Giscard d'Estaing face au député gaulliste de la Marne Jean Taittinger pour la présidence de la commission des finances vaut, elle, comme un véritable avertissement : les gaullistes ont les moyens, seuls, d'assurer la majorité parlementaire. Ils n'entendent plus partager les responsabilités comme auparavant. En guise de protestation, les élus RI démissionnent de l'ensemble des bureaux des commissions à l'Assemblée nationale. Les partisans de Valéry Giscard d'Estaing se sentent en particulier déliés de toute obligation de soutien systématique au Gouvernement. Ils entendent incarner le « dialogue voulu par les Français », selon la formule de leur chef, face à la tentation hégémonique des gaullistes. Il faut dire que les « mauvaises manières » n'ont pas manqué dès la campagne électorale, comme cette candidature UDR opposée dans le Val-d'Oise à Michel Poniatowski, premier lieutenant de Valéry Giscard d'Estaing.

Le risque du monolithisme et de l'enfermement de la majorité dans un « gaullisme d'ordre » est bien identifié par Georges Pompidou. Réélu député du Cantal, celui qui est encore Premier ministre a réuni les députés UDR et RI au palais d'Orsay dès le lundi 1er juillet 1968, pour leur passer ce message simple : « il ne faut pas abuser de la victoire[1] ». À tous, il apparaît comme le grand vainqueur des législatives et le « patron » naturel de la majorité. On le sait prêt à œuvrer à une forme d'ouverture vers les centristes du groupe PDM de l'Assemblée nationale[2], comme le député du Jura Jacques Duhamel. Mais la crise de mai a mis le chef du Gouvernement à rude épreuve. Il a pu nourrir le sentiment de tenir et d'incarner presque seul l'autorité de l'État, là où de Gaulle multipliait les erreurs d'analyse et affichait des réflexes schématiques face au désordre de la rue. Il demeure surtout sceptique sur la « participation », une expression au sens d'abord circonscrit à l'actionnariat salarié, mais où de Gaulle voit désormais un principe global devant orienter l'action du Gouvernement.

Comme le veut la mécanique des institutions, le Premier ministre remet donc sa démission au président de la République au lendemain des élections législatives des 23 et 30 juin 1968. Souhaite-t-il

1. Roger Chinaud, *De Giscard à Sarkozy. Dans les coulises de la Ve*, Paris, L'Archipel, p. 68-69.

2. Les centristes ont perdu 8 sièges par rapport aux élections législatives de 1967, passant de 41 à 33 députés.

alors sincèrement quitter Matignon ? C'est probable. Il ressent le besoin de prendre du champ, peut-être pour mieux se préparer à succéder au général de Gaulle. Il y a songé en 1965, avant que le chef de l'État fasse connaître sa décision de se représenter. Il aspire en tout cas à quitter le Gouvernement, après la tourmente de mai et alors que les premiers signes de son mal se font peut-être sentir. Il s'en ouvre au général de Gaulle à deux reprises, le 1er puis le 3 juillet. Mais la même sincérité conduit Pompidou, sur les instances de sa famille, à se dire finalement prêt à continuer sa tâche de Premier ministre, lors d'un échange avec le secrétaire général de l'Élysée Bernard Tricot, samedi 6 juillet 1968. Assez embarrassé, ce dernier l'informe alors que le général de Gaulle a proposé à Maurice Couve de Murville de prendre la tête du Gouvernement. Georges Pompidou a le désagréable sentiment d'avoir été joué, traité sans affection ou estime particulières par de Gaulle. Cette « semaine des dupes » accentue la distance que les événements de Mai 68 avaient déjà établie entre le chef de l'État et son ancien directeur de cabinet, puis Premier ministre. Aux yeux des parlementaires gaullistes comme d'une large fraction de l'opinion, Georges Pompidou figure comme « un homme d'État » « en réserve », qui pourrait assumer la succession du général de Gaulle au terme normal de son mandat présidentiel, en 1972[1].

Le 10 juillet 1968, la nouvelle est donc officielle : la France a un nouveau Gouvernement. Son chef est protestant[2], fils de magistrat, inspecteur des Finances, devenu diplomate. Il s'appelle Maurice Couve de Murville. Ministre des Affaires étrangères pendant dix ans, il était passé depuis quelques semaines à peine à l'Économie et aux Finances dans le gouvernement Pompidou remanié. De Gaulle, qui apprécie sa loyauté, ses capacités d'analyse et sa fermeté face aux Américains, avait pensé à lui dès l'année précédente pour Matignon. Il s'en était même alors ouvert à plusieurs membres du Gouvernement et parlementaires[3]. Mais l'humiliante défaite de « Couve » face à Édouard Frédéric-Dupont aux législatives de mars 1967 dans le 7e arrondissement de Paris, alors que Pompidou

1. Comme semble le suggérer François Mauriac dans son « Bloc-notes » du *Figaro*, le 12 juillet 1968.

2. Aucun protestant n'avait été président du Conseil ou Premier ministre depuis Gaston Doumergue en 1934.

3. Voir notamment le témoignage de Jean Foyer, in *Sur les chemins du droit avec le Général. Mémoires de ma vie politique, 1944-1988*, Paris, Fayard, 2006, p. 346.

était élu triomphalement député de la 2e circonscription du Cantal, avait rendu caduque cette hypothèse. Les législatives de juin 1968 ont en revanche permis à « Couve » de s'imposer fort opportunément dans la 6e circonscription de Paris (8e arrondissement).

Son gouvernement présente une physionomie très proche de celle du cabinet Pompidou, tel que le remaniement du 31 mai 1968 l'avait laissé. Pierre Messmer poursuit son bail entamé en février 1960 au ministère des Armées. Même affaibli par l'affaire Langlois à la Cinémathèque française, André Malraux continue d'incarner les Affaires culturelles. Michel Debré conserve les Affaires étrangères et Maurice Schumann les Affaires sociales, qui leur ont été confiées quelques semaines plus tôt. Henri Rey quitte en revanche le Gouvernement – où il n'a siégé que quelques semaines, comme ministre d'État chargé du Tourisme – pour reprendre la présidence du groupe gaulliste à l'Assemblée nationale. Le jeune député gaulliste de la Sarthe Joël Le Theule, promu aux départements et territoires d'outre-mer dans le dernier gouvernement Pompidou, se voit confier le portefeuille très stratégique de l'Information. Six nouvelles personnalités seulement intègrent cette équipe Couve de Murville, dont quatre secrétaires d'État. Les évolutions significatives sont le retour de Jean-Marcel Jeanneney[1], nommé ministre d'État pour préparer le référendum annoncé par de Gaulle le 24 mai, et le passage d'Edgar Faure de l'Agriculture à l'Éducation nationale, afin d'y travailler très vite à une grande loi de réforme de l'Université. Réputé homme de dialogue et de compromis, l'ancien président du Conseil est considéré avec méfiance par Georges Pompidou, qui le juge « démagogue » en privé. Il apparaît donc d'emblée que la mise en œuvre de cette « participation » chère à de Gaulle et dont les contours demeurent nébuleux, entre libéralisation politique et actionnariat salarié, repose surtout sur les épaules de Jean-Marcel Jeanneney et d'Edgar Faure.

Quant aux gaullistes de gauche, ils ne trouvent pas tout à fait dans ce Gouvernement la traduction de l'inflexion qu'ils appellent de leurs vœux. Le choix de Maurice Couve de Murville les surprend pour Matignon. Gilbert Grandval n'est pas le seul à avoir plutôt imaginé un Jacques Chaban-Delmas, confirmé comme président de l'Assemblée nationale, pour conduire une politique plus

1. Ministre des Affaires sociales depuis janvier 1966, Jean-Marcel Jeanneney avait perdu son portefeuille lors du remaniement du 31 mai 1968.

sociale et démocratique[1]. René Capitant est certes maintenu comme garde des Sceaux et Philippe Dechartre à un secrétariat d'État. Mais la sortie d'Yvon Morandat est à peine compensée par l'entrée de l'ancien mendésiste Jean de Lipkowski. Au total, les grands équilibres gouvernementaux n'évoluent donc qu'à la marge par rapport au dernier gouvernement Pompidou. Le député du Cantal conserve surtout de très solides appuis dans le cabinet formé par son successeur. Raymond Marcellin à l'Intérieur, François-Xavier Ortoli à l'Économie et aux Finances, mais aussi le « baron » Roger Frey aux Relations avec le Parlement, Olivier Guichard au Plan et à l'Aménagement du territoire, André Bettencourt à l'Industrie, Jacques Chirac au Budget, Yves Guéna aux PTT, Albin Chalandon à l'Équipement et au Logement ou Jean Chamant aux Transports sont tous regardés comme des proches ou des soutiens de l'ancien Premier ministre. Dès les premières semaines de travail de son Gouvernement, Maurice Couve de Murville choisit de laisser une grande latitude d'action à ses ministres, rompant avec l'interventionnisme de ses deux prédécesseurs, Michel Debré et Georges Pompidou.

Premier acte : une loi libérale pour « une Chambre PSF[2] »

Pour de Gaulle, la réponse aux événements est à trouver dans la « participation aux responsabilités », comme il l'a exprimé dans son discours du 24 mai 1968. Politique de réserve ou de rechange jusque-là, évoquée régulièrement mais n'ayant accouché que de mesures favorisant l'intéressement des salariés en 1959 puis 1967, la participation prend en apparence une dimension plus globale d'orientation de l'action du Gouvernement. Elle recouvre en réalité deux dimensions bien distinctes, qui toutes deux suscitent du reste de vives réactions d'hostilité dans la majorité issue des législatives du 30 mai : l'association capital-travail, thème déjà ancien chez de Gaulle mais qui n'a jamais fait l'unanimité chez les gaullistes,

1. Avant les élections législatives de juin 1968, certains députés centristes ou RI avaient aussi vu en Edgar Faure un possible successeur de Georges Pompidou à Matignon.
2. Selon le mot du général de Gaulle et en référence au PSF fondé par le colonel François de La Rocque en 1936.

et la libéralisation du régime politique comme du fonctionnement de la société. C'est sur ce second terrain, avec la participation des étudiants à la vie de l'Université, que s'engage prudemment le Premier ministre dans son discours devant l'Assemblée nationale, le 17 juillet 1968. Il a pris soin au préalable de consulter le turbulent allié qu'est Valéry Giscard d'Estaing et l'opposant incertain qu'est Jacques Duhamel[1]. Devant l'Assemblée nationale, il expose le programme d'action de son Gouvernement, mais ne demande pas à le faire « valider » par un vote des députés comme l'article 49-1 de la Constitution lui en offrait la possibilité.

Autour de De Gaulle et de Couve de Murville, les positions sont très partagées sur les conséquences à tirer de la crise de mai en matière éducative. Le secrétaire général de l'Élysée Bernard Tricot comprend au départ la nécessité de faire évoluer la pédagogie au lycée comme l'organisation de l'Université, là où le directeur de cabinet du Premier ministre Bruno de Leusse semble très méfiant vis-à-vis du ministre de l'Éducation nationale Edgar Faure[2]. Le 24 juillet 1968, ce dernier fait le pari d'élaborer et de faire voter une loi sur l'enseignement supérieur concomitamment à la préparation d'une rentrée universitaire à hauts risques. Or, les discussions conduites en août par son cabinet, tout autant que l'engagement personnel du ministre, orientent rapidement le texte vers un contenu de « loi-cadre » à l'ambition réformatrice affirmée. Sur la démocratisation des instances et leur ouverture aux représentants des étudiants, sur l'autonomie administrative, financière et pédagogique des universités et l'absence de sélection à l'entrée, Edgar Faure obtient globalement gain de cause auprès de l'Élysée et de Matignon dans des échanges d'arbitrage qui se déroulent entre les 2 et 19 septembre, conservant au texte son orientation « libérale ». La commission des affaires culturelles, familiales et sociales de l'Assemblée nationale anticipe l'examen de ce texte d'importance en multipliant les auditions entre les 5 et 26 septembre. C'est un ancien recteur et directeur des lycées au ministère de l'Éducation nationale, le néo-député gaulliste Jean Capelle, qui est désigné comme rapporteur du texte. Comme le président de la commission Alain Peyrefitte, lui-même ancien ministre de l'Éducation nationale, il se montre réservé sur plusieurs de ses

1. Le 12 juillet 1968.
2. Antoine Prost, « La loi Faure, de l'Élysée à Matignon », *in* Bruno Poucet, David Valence (dir.), *La Loi Edgar Faure*, *op. cit.*, p. 64.

dispositions, sans relayer pour autant les inquiétudes de ceux qui y voient une « loi de désordre ».

Les critiques les plus vives se font entendre lors des journées parlementaires de l'UDR à La Baule, les 10, 11 et 12 septembre 1968. Elles tiennent d'abord à la personnalité d'Edgar Faure. Ministre de l'Agriculture dans les gouvernements Pompidou III et IV, passé d'un radicalisme de centre droit à un gaullisme libéral, cet homme brillant, disert, ouvert, cultivant de nombreuses amitiés à gauche, est mal armé pour séduire des parlementaires gaullistes majoritairement préoccupés par le retour à l'ordre à l'Université et qui ne lui pardonnent pas tous d'avoir incarné parmi d'autres le régime de la IVe République. Sur le fond, l'entrée des étudiants et la parité étudiants-enseignants dans les conseils universitaires agitent pour beaucoup le spectre de leur politisation, de même que la sélection à l'entrée de l'enseignement supérieur conserve de nombreux partisans. Ces réticences sont alors partagées par l'ancien Premier ministre Georges Pompidou[1]. Au lendemain des journées parlementaires, le nouveau député du Cantal déclare à un quotidien du soir qu'« on ne construit pas une Université nouvelle en un seul été à moins de se jeter dans l'improvisation[2] ».

La méfiance des élus gaullistes trouve à s'exprimer lors de la discussion qui s'ouvre pleinement à l'Assemblée nationale sur cette loi devenue « loi d'orientation », à partir du 3 octobre 1968. C'est à fronts renversés que le débat se déroule. Les oppositions communiste, socialiste et radicale, comme les centristes ou les alliés des RI, apportent un soutien plus ou moins affirmé au projet de loi. Des députés gaullistes expriment au contraire leurs doutes, d'Alexandre Sanguinetti au secrétaire général de l'UDR Robert Poujade[3], sur la participation des étudiants aux conseils universitaires. Ils obtiennent l'abandon de la parité enseignants-étudiants au bénéfice des premiers, mais finissent par joindre leurs voix à celles de l'opposition pour soutenir le texte, le 10 octobre 1968. La loi « libérale » largement rédigée et portée par Edgar Faure lui-même est même adoptée à l'unanimité, par 441 voix en sa faveur, pour 39 abstentions seulement[4].

---

1. Éric Roussel, *Georges Pompidou*, Paris, Jean-Claude Lattès, 1984, p. 258.
2. *Le Monde,* 13 septembre 1968.
3. *JORF,* Assemblée nationale, 2e séance du 4 octobre 1968, p. 3072-3073 et 1re séance du 3 octobre 1968, p. 3007-3009.
4. Soit 6 UDR et l'ensemble du groupe communiste.

Il s'agit en première lecture d'un succès indiscutable pour la participation, entendue comme une adaptation des institutions aux aspirations « libérales » de la société. Il ne suffit pas pourtant à convaincre qu'un « nouveau gaullisme » est possible, tant les principaux soutiens du régime nourrissent eux-mêmes des doutes sur cette politique. Du moins la loi d'orientation a-t-elle rempli un de ses premiers objectifs, en donnant le sentiment que le Gouvernement répondait vraiment au malaise de l'Université : la rentrée s'y déroule de manière plus calme qu'attendu en ces mêmes jours d'octobre 1968[1].

Un crédit très entamé en matière économique et face aux marchés financiers

Or, il semble que les projets de « participation » envisagés par le général de Gaulle vont se heurter, dans leur acception sociale, à une situation économique très dégradée. Près de 10 millions de Français n'auraient pas travaillé pendant la deuxième quinzaine de Mai 68. Le PIB se serait contracté de 5,3 % au deuxième trimestre. Les perspectives financières et monétaires ne sont guère plus réjouissantes. Dès le 30 mai 1968, jour de l'annonce de la dissolution de l'Assemblée nationale par de Gaulle, un contrôle des changes officieux a été rétabli. Dans les jours qui ont suivi, la Banque de France a dû mobiliser très largement son fonds de stabilisation afin d'éviter que le cours du franc s'éloigne trop des parités officielles.

L'évasion des capitaux et liquidités vers l'étranger – et singulièrement vers la Suisse – est déjà évidente lors de la réouverture de la Bourse de Paris, le 6 juin, de même que la spéculation contre le franc. Quelques jours plus tard, en pleine campagne des élections législatives, des perspectives de dévaluation sont évoquées de façon récurrente dans les milieux économiques, à tel point que Maurice Couve de Murville, alors ministre de l'Économie et des Finances de Georges Pompidou, doit les infirmer officiellement[2]. La large victoire gaulliste aux élections législatives des 23

1. Maurice Grimaud, *Je ne suis pas né en mai 1968. Souvenirs et carnets 1934-1992*, Paris, Tallandier, 2007, p. 374-376.

2. Le patronat français (représenté par le CNPF) était plutôt favorable à une dévaluation. Voir Sylvie Guillaume, « Le gaullisme et le patronat, 1958-1974 »,

et 30 juin n'a pas suffi à « rassurer » les marchés ni à dissiper la pénible impression de faiblesse qu'a donnée l'État au cœur des événements de mai. L'entrée dans l'union douanière européenne, effective le 1er juillet 1968, est redoutée par les petites entreprises[1] et par l'industrie française, souvent mal préparées à l'ère de la concurrence. Leur compétitivité est en outre écornée par les effets des accords de Grenelle et d'Oudinot : l'augmentation de 35 % du Smig s'accompagne d'une hausse de 10 % de toute la grille des salaires et donc du coût du travail. Pour le gouvernement Couve de Murville, l'enjeu est de répondre rapidement à la dégradation spectaculaire des finances publiques et des grands équilibres économiques sans remettre en cause la hausse attendue du pouvoir d'achat pour les salariés.

Faut-il laisser faire ou serrer la bride ? C'est un choix ferme et assumé, malgré l'incertitude, que les acteurs du monde économique attendent du Gouvernement au second semestre 1968. Or, celui-ci donne le sentiment d'hésiter, voire de louvoyer, entre « rigueur » et « laxisme ». Les premiers actes du cabinet Couve de Murville sont certes marqués d'un sceau affiché de sérieux économique et financier. Dès le 17 juillet, le Premier ministre prévient que « des sacrifices […] s'imposent à tous pour rétablir une situation que l'épreuve a rapidement compromise ». Un plan de redressement économique et financier est annoncé, incluant une réduction ambitieuse des dépenses publiques. Deux autres pistes sont également étudiées pour restaurer les finances publiques : l'augmentation de l'impôt sur le revenu pour plus de 2 millions de contribuables et une majoration des droits de succession. Du côté de Matignon comme de la rue de Rivoli, on ne sous-estime pas l'impopularité de telles mesures. Mais elles permettraient aussi de renouer symboliquement avec les débuts de la Ve République, presque dix ans plus tôt, à l'heure où de Gaulle apparaissait comme un « sauveur » à une large fraction de l'opinion, y compris face à la menace du désordre financier. Le changement de régime en 1958-1959 s'est en effet accompagné d'une politique vigoureuse de redressement des comptes publics. Les désordres du printemps 1968 ont pu au

---

in François Audigier, Bernard Lachaise, Sébastien Laurent (dir.), *Les Gaullistes. Hommes et réseaux*, Paris, Nouveau Monde éditions, p. 287.

1. Les 25 et 26 mai 1968, la Confédération générale des petites et moyennes entreprises (CGPME) a pu prendre part aux discussions qui conduisent aux accords de Grenelle avec une délégation autonome de celle du CNPF.

contraire donner le sentiment que même une Ve République avec de Gaulle ne suffisait plus à restaurer la crédibilité de la France. En annonçant une forme de rigueur dès ses premiers jours à Matignon, Maurice Couve de Murville renoue donc avec la geste des débuts de la Ve République.

Il suffit pourtant de quelques semaines pour que ces options soient totalement remises en cause par l'exécutif. Les chiffres de l'économie au lendemain de la crise de Mai 68 apparaissent en effet bien meilleurs qu'attendu : le PIB croît de 8 %, effaçant les pertes des mois précédents. La consommation reprend sur un rythme très soutenu. En septembre 1968, la croissance paraît donc s'être déjà redressée. Les annonces de juillet et notamment celle d'un plan de redressement économique et financier semblent en profond décalage avec cette embellie. Le Gouvernement ne tarde donc pas à changer complètement de cap : dès le 4 septembre, le contrôle officieux des changes est à nouveau supprimé. Les vannes du crédit se réouvrent. Pour la presse économique, cette évolution traduit une certaine perplexité de l'exécutif face à la situation financière nationale et européenne. En privé, des experts ou hauts fonctionnaires comme Raymond Barre ne mâchent pas leurs mots sur cette valse-hésitation[1]. Comme pour ajouter à la confusion, on annonce que la hausse de la fiscalité des successions et de l'impôt sur le revenu, évoquée dès juillet dans le cadre d'une « rigueur » assumée, reste à l'ordre du jour du projet de loi de finances pour 1969. Cette apparente incohérence ne peut que nourrir la spéculation contre le franc et pour le mark : elle atteint son paroxysme en novembre 1968. Le spectre d'une dévaluation du franc, synonyme de défaite pour le régime sur le terrain financier, se profile alors presque inéluctablement, d'autant plus humiliante qu'elle s'accompagnerait d'une comparaison avec la « solidité » de la monnaie et de l'économie du voisin allemand. La crise monétaire est si profonde que la solution ne peut plus venir des seuls remèdes nationaux.

Dévaluation du franc ou réévaluation du mark ? Les États-Unis multiplient les pressions pour que l'Allemagne fédérale intervienne sur la valeur de sa monnaie, mais le gouvernement de Kurt Georg Kiesinger s'y refuse absolument. Après une réunion des gouverneurs

---

1. L'ancien ministre des Finances VGE choisit étonnamment de rester discret pendant l'ensemble de cette période de tensions économiques et monétaires, qui culmine en novembre 1968. Voir Georges Valance, *Valéry Giscard d'Estaing. Une vie*, Paris, Flammarion, 2011, p. 272-273.

des principales banques centrales le 16 novembre 1968, le désordre monétaire provoque une conférence des ministres des Finances de l'Europe des Six à Bonn le 21 novembre. Malgré l'intervention de l'économiste Raymond Barre, alors vice-président de la Commission européenne, le ministre français François-Xavier Ortoli se retrouve en minorité devant ses homologues. Il doit admettre le principe d'une dévaluation du franc. L'arbitrage européen n'a pas permis au gouvernement Couve de Murville de sauver la face. La décision de dévaluer lui revient en principe, mais beaucoup la jugent inexorable. Elle témoignerait d'une double faiblesse : du Gouvernement face aux marchés et de la France face à ses partenaires européens. Le journaliste Pierre Viansson-Ponté parle alors d'un « régime dévalué ».

L'autorité du général de Gaulle paraît bien impuissante face à la défiance des financiers. Un conseil des ministres extraordinaire est annoncé le 23 novembre 1968. Nul ou presque ne doute qu'il accouche d'une dévaluation du franc. Il s'achève pourtant sans que la position du gouvernement français soit explicitée. Trois personnalités se mobilisent tout particulièrement en cette journée du 23 novembre pour convaincre de Gaulle de ne pas dévaluer. Elles arguent qu'une facilité de crédit monétaire peut être obtenue auprès des autres banques centrales de l'Europe des Six pour soutenir le franc. Roger Goetze, ancien collaborateur de De Gaulle devenu gouverneur du Crédit foncier de France, le ministre Jean-Marcel Jeanneney et Raymond Barre concentrent leurs efforts d'argumentation sur le chef de l'État et son entourage direct. Jeanneney recommande d'augmenter la taxe sur la valeur ajoutée. Raymond Barre réussit à s'entretenir avec le général de Gaulle immédiatement après le conseil des ministres[1]. Au soir du 23 novembre 1968, un communiqué annonce finalement que « la parité du franc est maintenue », que les crédits bancaires vont être restreints, que le contrôle des changes est à nouveau rétabli et que des efforts budgétaires vont être rapidement engagés par la France. C'est une immense surprise pour la plupart des commentateurs. Le refus de dévaluer vient réaffirmer la primauté du politique sur l'économique, et du national sur l'européen : la décision est indiscutablement gaullienne. L'impression demeure toutefois d'un pouvoir hésitant et affaibli, qui n'a fait que reculer devant un obstacle qui se représentera à lui tôt ou tard.

1. Christiane Rimbaud, *Raymond Barre*, Paris, Perrin, 2015, p. 104-106.

La scène internationale n'est pas plus favorable à la France en cet après-Mai 68. La sortie du commandement intégré de l'Otan en 1966 a en effet installé de Gaulle au sein du monde libre dans une position de héraut de l'indépendance nationale. Au centre, chez des intellectuels comme Raymond Aron, mais aussi dans une large fraction de l'opinion publique française, les doutes quant au bien-fondé de la liberté gaullienne se sont exprimés avec force lors de la guerre des Six Jours (juin 1967) puis du voyage du général de Gaulle au Québec (juillet 1967). Or, les protestations d'indépendance vis-à-vis de l'allié américain ont besoin de la « détente » effective depuis 1963 entre les deux blocs pour être comprises. Les 20 et 21 août 1968, l'invasion de la Tchécoslovaquie par les troupes soviétiques vient au contraire rappeler aux Européens que la guerre froide n'est pas un front stabilisé. La brutalité de la réponse de l'URSS au Printemps de Prague et à ses espoirs de libéralisation est réprouvée jusqu'au PCF : son secrétaire général Waldeck Rochet exprime publiquement sa « douloureuse […] surprise », son « amertume » et son « déchirement[1] ». En cette fin d'été 1968, l'heure est bien à l'unanime réprobation du coup de force soviétique chez les gouvernements occidentaux. L'analyse gaullienne semble désavouée par les événements ou du moins en décalage avec la nécessaire solidarité du monde occidental face à la menace soviétique. Comment faire entendre en effet une voix singulière dans cette Europe à qui on vient rappeler avec violence, douze ans après Budapest et sept ans après l'érection du mur de Berlin, qu'elle demeure le premier théâtre de la guerre froide ?

Un Gouvernement au travail, mais suspendu à la perspective référendaire

Dans ce contexte particulièrement difficile, le gouvernement Couve de Murville continue de chercher à concilier l'aspiration à l'ordre qui s'est exprimée lors des législatives de juin 1968 avec une œuvre de réforme. Un des premiers textes adoptés sous la nouvelle législature établit ainsi « une amnistie générale de toutes les infractions commises en relation avec les événements d'Algérie ».

1. Jean Vigreux, *Waldeck Rochet. Une biographie politique*, Paris, La Dispute, 2000, p. 278-279.

L'œuvre d'amnistie avait commencé en mars 1962, avec deux décrets concernant respectivement les Algériens s'étant battus en Algérie pour l'indépendance et « les faits commis dans le cadre des opérations de maintien de l'ordre ». La loi du 23 décembre 1964 avait étendu l'amnistie à d'autres condamnés, en excluant toutefois les entreprises « tendant à empêcher l'exercice de l'autorité de l'État ou à substituer à cette autorité une autorité illégale[1] », avant que celle du 17 juin 1966 autorise le président de la République à décider de mesures individuelles d'amnistie pour les autres condamnés, notamment ceux ayant participé au « putsch des généraux » du 21 avril 1961 ou aux menées de l'OAS. Mais la question d'une amnistie totale et globale pour les partisans de l'Algérie française restait très présente dans le débat public, comme on avait pu le constater à nouveau au moment de l'élection présidentielle de décembre 1965. En décembre 1967, un projet de loi prévoyant d'étendre une nouvelle fois l'amnistie à tous ceux « qui n'avaient pas commis les crimes les plus graves » n'avait pu être adopté par l'Assemblée nationale, nombre de députés le jugeant trop restrictif.

Le texte que l'Assemblée nationale examine en séance publique le 23 juillet 1968 prévoit au contraire une amnistie totale. Lors des débats, les députés d'opposition ne manquent pas l'occasion de railler le ralliement du garde des Sceaux René Capitant à ces dispositions d'amnistie générale, alors qu'il s'y était opposé avec constance comme président de la commission des lois de l'Assemblée nationale, de décembre 1962 au 21 mai 1968[2]. Dès le 24 juillet, la loi est adoptée, ouvrant la voie au retour d'un Jacques Soustelle ou d'un Georges Bidault notamment sur le sol français. Pour beaucoup de commentateurs, ce texte témoigne d'un déplacement des périls pour le pouvoir gaulliste, de la subversion nationaliste à la menace gauchiste.

À l'inflexion à droite donnée symboliquement par cette amnistie des actes de l'OAS répond au contraire l'inflexion à gauche donnée par le projet de loi sur les droits syndicaux dans l'entreprise, début décembre 1968. Défendu par le ministre des Affaires sociales Maurice Schumann, le texte reprend les éléments des

1. *JORF*, Lois et décrets, 24 décembre 1964, p. 11499.

2. Voir notamment l'intervention du député communiste du Nord Georges Bustin dans *JORF*, Débats parlementaires, Assemblée nationale, séance du 23 juillet 1968, p. 2474.

accords de Grenelle sur le droit syndical en entreprise : liberté de constitution des syndicats ou des sections de centrales syndicales en entreprise, crédit d'heures et protection des représentants syndicaux, droit de réunion, liberté de diffusion de la propagande syndicale. Comme pour la loi Faure quelques semaines plus tôt, l'essentiel des critiques ou réticences se concentre sur les bancs de la pléthorique majorité parlementaire, chez des gaullistes et RI qui craignent avant tout « le désordre ». Le député RI du Val-de-Marne Alain Griotteray défend les syndicats « maisons » de certaines entreprises, jugés plus raisonnables, contre la prime accordée selon lui aux grandes organisations syndicales par la loi. L'ancien ministre Raymond Triboulet comme l'ancien collaborateur du général de Gaulle René Ribière réclament une reconnaissance de la liberté du travail, pour faire pendant à celle de l'exercice du droit syndical en entreprise[1]. Le Gouvernement mesure la difficulté de faire accepter des dispositions très « libérales » à une partie de sa majorité et décide de déclarer l'urgence du projet de loi, afin d'en réduire au maximum le temps d'examen par le Parlement. Le 5 décembre 1968, la loi est effectivement adoptée à une large majorité (438 voix), avec le soutien des députés communistes, contrairement à la « loi Faure » sur l'enseignement supérieur. Quatre députés de la majorité s'y sont opposés et 37 se sont abstenus ou n'ont pas participé au vote[2].

La loi d'amnistie de juillet et la reconnaissance du droit syndical de décembre 1968 résument l'équilibre précaire que le Gouvernement doit tenir avec sa majorité parlementaire. Or, il est une ombre qui plane sur l'été et l'automne politiques de 1968 : celle du référendum annoncé par de Gaulle dès le 24 mai 1968, puis différé. Il n'y a pas renoncé et le redit dans sa conférence de presse du 9 septembre 1968, en précisant que la consultation concernera la régionalisation et une réforme profonde du Sénat. Mais les doutes sur l'opportunité sont largement partagés chez les gaullistes, y compris par des fidèles comme Michel Debré[3]. Pourquoi prendre un tel risque ? Pourquoi consulter les Français sur des questions

1. *Le Monde*, 5 décembre 1968.

2. Dans le détail, 3 RI ont voté « contre » et 12 ne se sont pas prononcés, soit près du quart de l'ensemble du groupe. Chez les gaullistes, la dissidence est plus circonscrite mais non moins réelle, avec 1 voix contre et 25 abstentions ou absences au moment du vote, sur 291 députés au total.

3. Gaetano Quagliariello, *La Religion gaulliste*, Paris, Perrin, 2007, p. 507.

dont la loi pourrait disposer ? Pourquoi rechercher une légitimité « plébiscitaire » comme lors des événements d'Algérie, alors que les élections législatives de juin 1968 ont clairement fait connaître la volonté populaire ? Si la date du référendum n'est toujours pas annoncée à l'automne, les propos que tient Valéry Giscard d'Estaing le 8 décembre 1968 sont partagés par nombre d'élus UDR ou RI en privé : « Pour répondre aux besoins de calme et d'union des Français, il faut écarter toute consultation électorale nationale qui crée des secousses et creuse des divisions pendant l'année 1969. Si la réforme régionale apparaît urgente, elle peut être réalisée par la voie législative normale[1]. » Face à un chef de l'État très attaché à son projet référendaire, les regards de la majorité ne peuvent que se tourner avec insistance vers Georges Pompidou.

Un autre président est possible : l'alternative Pompidou

À son départ de Matignon en juillet, Georges Pompidou constitue autour de lui une petite équipe d'anciens collaborateurs : Édouard Balladur, Michel Jobert et les très « politiques » Pierre Juillet et Marie-France Garaud. Des locaux sont opportunément mis à sa disposition par le ministre de l'Intérieur Raymond Marcellin avenue de La Tour-Maubourg, non loin de l'Assemblée nationale. Chef des gaullistes à l'Assemblée nationale sans en assumer le titre, Georges Pompidou ne peut exprimer autrement qu'en privé ses désaccords de méthode et de fond avec l'action de son successeur Maurice Couve de Murville et de certains de ses ministres. Malgré le malentendu de juillet 1968, le lien n'est pas rompu avec le général de Gaulle en septembre-octobre 1968.

Une bien laide rumeur, partie d'un fait divers et qui fait vite le tour des milieux politiques, creuse pourtant le fossé entre Pompidou et de Gaulle dans la seconde partie de l'automne 1968. Le point de départ en est la découverte du corps décomposé d'un ancien garde du corps d'Alain Delon, le 1er octobre 1968, dans une décharge d'Élancourt, en région parisienne. La presse relaie très vite des informations selon lesquelles la victime aurait participé à des « soirées spéciales ». Elle y aurait pris des photographies sur lesquelles figureraient des personnalités parisiennes

1. *Le Monde*, 10 décembre 1968.

bien connues. Dès les derniers jours d'octobre, le nom de Claude Pompidou, épouse de l'ancien Premier ministre, est prononcé. Début novembre, *Le Figaro* se risque à évoquer l'implication de l'épouse d'un ancien ministre. Le 3 novembre, un ancien chargé de mission à Matignon de 1962 à 1968, l'économiste Jean-Luc Javal, informe Georges Pompidou de la rumeur qui implique sa femme dans l'affaire Markovic. Une autre fidèle de Georges Pompidou, Anne-Marie Dupuy, désormais salariée au siège de l'UDR rue de Lille, a été alertée quelques jours plus tôt ; mais elle n'a pas eu le courage de s'en ouvrir à son ancien patron[1]. Incrédule puis indigné, Georges Pompidou consacre ses efforts à rassembler les preuves d'une machination visant à l'empêcher de succéder à de Gaulle. Dès Noël 1968, il est établi que les photographies représentant prétendument son épouse sont de grossiers photomontages[2].

Entre le 7 novembre et le 12 décembre, dates de ses échanges avec le chef de l'État, l'ancien Premier ministre identifie aussi les ressorts d'une véritable conjuration du silence : des collaborateurs de l'Élysée, de Matignon ou de la place Beauvau, mais aussi des personnalités politiques proches ont su, mais ne lui ont rien dit. Le garde des Sceaux René Capitant a semblé très intéressé à ce que l'enquête se déroule vite et dans un sens peu favorable à la disculpation de Claude Pompidou. Quant à de Gaulle lui-même, sans croire aux sordides allégations qui agitent les rédactions parisiennes notamment, il ne peut s'empêcher devant son collaborateur Jacques Foccart de blâmer l'imprudence du couple Pompidou dans ses fréquentations mondaines. « Il est facile de se laisser entraîner dans des réceptions organisées par les artistes lorsqu'on veut se donner un genre. Et puis là, voyez-vous, il se passe des choses pas convenables, et puis il y a des gens qui font des photographies[3]. » Georges Pompidou est terriblement meurtri par l'affaire Markovic. La rumeur a été véhiculée et entretenue par des petites mains du gaullisme légitimiste, mais aussi par des personnalités politiques qu'il connaît bien. Un Michel Debré ou un Valéry Giscard d'Estaing ont au contraire manifesté leur soutien

1. François Audigier, *Histoire du SAC. La part d'ombre du gaullisme*, Paris, Stock, 2003, p. 192.

2. L'affaire Markovic est toutefois loin d'être refermée à cette date et les tentatives diverses de mise en cause de Claude et Georges Pompidou se poursuivent jusqu'au début du printemps 1969. Voir Éric Roussel, *Georges Pompidou*, *op. cit.*, p. 278-279.

3. Jacques Foccart, *Journal de l'Élysée*, t. II, *Le Général en mai : 1968-1969*, Paris, Fayard/Jeune Afrique, 1998, p. 414.

à l'intéressé dans la tourmente. Il demeure que ces semaines fangeuses viennent émanciper en quelque sorte Georges Pompidou : elles lui donnent une douloureuse liberté de ton et d'action vis-à-vis de ceux dont il estime qu'ils lui ont manqué.

Après le difficile examen de la loi de finances pour 1969, au cours duquel de nombreux gaullistes ont tenté de contrecarrer les mesures d'austérité avancées par le Gouvernement, les derniers jours de 1968 voient rebondir dans la presse l'hypothèse d'un référendum au printemps 1969. Annoncée le 24 mai, repoussée le 30 mai, puis à nouveau évoquée par de Gaulle dans sa conférence de presse du 9 septembre 1968, la consultation sur « la participation » s'est peu à peu fixée sur deux objets : la régionalisation et la réforme du Sénat. De juillet à décembre 1968, les ministres Jean-Marcel Jeanneney et Olivier Guichard y travaillent avec leurs collaborateurs[1]. De Gaulle n'évoque pas explicitement le référendum dans ses vœux aux Français pour 1969, mais ses interlocuteurs sont tous frappés par son attachement à cette consultation.

C'est dans ce contexte que, le 17 janvier 1969, tombe une dépêche de l'Agence France-Presse (AFP) sur des propos tenus par Georges Pompidou devant des journalistes français lors d'une conversation à bâtons rompus, à Rome : « ce n'est, je crois, un mystère pour personne que je serai candidat à une élection à la présidence de la République quand il y en aura une, mais je ne suis pas pressé[2] ». L'information est reprise par l'ensemble des grands quotidiens nationaux et régionaux dans les jours qui suivent. Georges Pompidou n'avait pas nécessairement voulu une telle publicité pour des propos qu'en réalité il tient volontiers en privé depuis quelques semaines. La veille de son départ pour Rome, il avait ainsi indiqué au numéro deux de l'ambassade des États-Unis à Paris, après avoir ouvertement critiqué de Gaulle : « Je serai président avant la fin de l'année[3]. » L'embarras des dirigeants de l'UDR est réel, comme la colère des gaullistes de gauche, souvent hostiles à Georges Pompidou, à l'image du garde des Sceaux René Capitant. La déclaration du député du Cantal vient pourtant

1. Michèle Cotta, *Cahiers secrets de la Ve République*, t. I, *1965-1977*, Paris, Fayard, 2007, p. 172-178.

2. Cité par Michèle Cotta, *Cahiers secrets de la Ve République*, t. I, *op. cit.*, p. 156-157.

3. Éric Roussel, *Charles de Gaulle*, Paris, Le Grand Livre du mois, 2002, p. 1219-1220.

mettre des mots sur un sentiment qu'éprouvent de nombreux cadres gaullistes et des millions de Français : oui, un gaullisme sans de Gaulle est possible ; non, le départ du Général ne signerait pas le basculement de la France dans le chaos. Le référendum voulu par le chef de l'État est dès lors vidé de son essence plébiscitaire et dramatique, c'est-à-dire d'une partie de ses chances de succès. Le risque est si bien identifié par de Gaulle que, quelques jours plus tard, il se sent tenu de réaffirmer dans une déclaration écrite son intention d'aller au terme du mandat de sept ans que lui ont confié les Français[1], c'est-à-dire jusqu'en 1972.

Un dernier dialogue manqué avec les Français

C'est depuis Quimper, le 2 février 1969, que le général de Gaulle annonce la consultation des Français par référendum sur la régionalisation et une transformation profonde du Sénat. Si depuis 1959 le chef de l'État a effectué 25 voyages en province, la pratique s'est considérablement raréfiée sous son second septennat : un voyage par an seulement en 1966 et 1967, aucun en 1968. Le déplacement en Bretagne de février 1969 doit permettre à de Gaulle de communier à nouveau avec les Français, mais il est plus bref que les grandes itinérances du premier septennat et marqué par une considérable mobilisation des forces de l'ordre. Quelques mois à peine après Mai 68, les services de Raymond Marcellin craignent un incident, une contestation violente à l'endroit de la personne du président de la République. Aux yeux des journalistes qui suivent de Gaulle pour ce déplacement, l'effet de souffle escompté pour l'annonce du référendum est plutôt manqué[2]. Les images télévisées montrent une foule nombreuse, mais où la ferveur semble absente, hormis pour saluer les quelques mots risqués par le président de la République en breton.

Le moment choisi pour annoncer ce référendum de transformation et de relégitimation semble toutefois opportun à première vue. Les résultats des élections universitaires prévues par la loi Faure marquent, fin janvier 1969, un vrai succès pour le Gouvernement. Un peu partout en France, les scrutins se déroulent dans le calme et sans heurt. Les débats épineux sur le redressement économique

1. Éric Roussel, *Georges Pompidou*, *op. cit.*, p. 276.
2. Michèle Cotta, *Cahiers secrets de la Ve République*, t. I, *op. cit.*, p. 159-161.

et financier sont passés, qui ont troublé la majorité à l'Assemblée nationale fin 1968. Les centristes sont divisés entre tendance à l'opposition et tendance au soutien du Gouvernement. La tentative d'unir la gauche non communiste a échoué à l'automne, avec la démission de François Mitterrand de la présidence de la FGDS. Quant au PC, qui demeure puissamment organisé et implanté dans le pays, il est très marqué par la douloureuse surprise qu'a constituée la répression violente du Printemps de Prague. Les principales forces d'opposition potentielles au référendum voulu par de Gaulle[1] sont donc affaiblies. La décision prise par la France fin 1968 de suspendre les livraisons d'armes à Israël a certes ému une grande fraction de l'opinion ; mais la visite d'État du nouveau président américain Richard Nixon devrait permettre, fin février, de rassurer les plus inquiets des atlantistes en témoignant de la qualité des relations franco-américaines.

L'annonce du référendum agit pourtant comme un électrochoc pour les oppositions à de Gaulle. Sans attendre de connaître le détail du texte, le PCF, la SFIO, la Convention des institutions républicaines avec François Mitterrand, l'Union des clubs pour le renouveau de la gauche et le Parti radical font connaître leur opposition résolue au retour de la pratique référendaire, comme du reste à une « fausse régionalisation » et à la transformation du Sénat en une manière de « Chambre corporative ». Une majorité des centristes bascule aussi pour le « non », derrière l'ancien candidat à la présidentielle de 1965 Jean Lecanuet. D'autres, derrière le président du Sénat Alain Poher, cherchent à obtenir du Gouvernement qu'il dissocie les deux questions : un vote pour la régionalisation (qu'ils approuvent), un vote pour la transformation de la Chambre haute (qu'ils rejettent). Au sein de la majorité, les RI sont très partagés : autour du ministre de l'Intérieur Raymond Marcellin, les élus les plus proches de l'exécutif plaident pour le « oui », cependant que Valéry Giscard d'Estaing n'a cessé d'argumenter contre un référendum[2], quel qu'en fût d'ailleurs l'objet, depuis les lendemains de mai 1968. Quant aux

1. Les sentiments de Maurice Couve de Murville sur l'opportunité de la consultation référendaire sont très réservés. Pour autant, il ne déploie pas d'énergie particulière pour convaincre de Gaulle d'en différer le projet ou d'y renoncer.

2. L'ancien ministre des Finances a fait connaître directement son opposition au principe même d'un référendum lors d'un entretien avec le général de Gaulle, fin janvier. Il la réaffirme sur l'antenne de RTL le 29 janvier 1969, à quelques jours à peine du discours du général de Gaulle à Quimper.

gaullistes, ils assistent à un nouveau rebond du « duel » à distance entre Georges Pompidou et le général de Gaulle[1]. Le 13 février 1969, dans un entretien accordé à la télévision suisse romande depuis Genève où il se trouve en déplacement, le député du Cantal réaffirme à la fois sa fidélité au gaullisme, son soutien au Gouvernement et, implicitement, sa disponibilité pour succéder au général de Gaulle, le moment venu : « J'aurai peut-être, si Dieu le veut, un destin national […]. J'ai dit, le premier, que le général de Gaulle est à l'Élysée et que son mandat expire en 1972. Il n'y a donc pas de problème de succession. Cela étant, il y aura bien un jour une élection à la présidence de la République[2]. »

Le chef de l'État comprend courant février que le risque d'une défaite ne saurait plus être totalement écarté. Il donne le sentiment à certains de ses proches d'hésiter quant à l'opportunité de tenir un référendum aussi tôt, y compris après que la date en a été arrêtée au 27 avril 1969. Mais si son entourage et les « barons du gaullisme » sont très réservés sur l'opportunité de la consultation, il leur paraît impossible de reculer désormais devant l'obstacle[3]. Le 27 février 1969, un premier état du texte référendaire est examiné en conseil des ministres. Il est touffu (une cinquantaine d'articles), très détaillé. Il a pour auteur principal le ministre d'État Jean-Marcel Jeanneney, mais de Gaulle y a apporté lui-même de nombreuses corrections.

Le titre 1 en est consacré aux régions, reconnues comme collectivités locales et dont les limites sont identiques à celles fixées par le décret du 2 juin 1960. Elles seraient désormais compétentes pour la réalisation, l'entretien et la gestion d'équipements collectifs en matière scolaire (premier et second degrés), sportive, de voirie, de voies navigables et de formation professionnelle, selon des modalités destinées à être précisées par la loi. Les conseils régionaux en sont pensés comme des instances mixtes, mêlant élus du suffrage universel (conseillers généraux, municipaux, députés) et représentants des organisations socioprofessionnelles. Il est enfin proposé que le contrôle des délibérations de l'assemblée régionale se fasse *a posteriori*, même si le projet de budget en serait

1. Philippe Alexandre, *Le duel De Gaulle-Pompidou*, Paris, Grasset, 1970.
2. *Le Monde*, 15 février 1969.
3. Julian Jackson, *De Gaulle. Une certaine idée de la France*, Paris, Le Seuil, 2019, p. 816.

préparé et présenté par le préfet de région. En l'état, les dispositions concernant les régions marquent un vrai progrès vers une possible décentralisation.

Le titre 2 de l'avant-projet référendaire prévoit une évolution très significative des prérogatives et de la composition du Sénat. La Chambre haute rénovée résulterait d'une manière de fusion entre le CES et le Sénat prévue par la Constitution de 1958, soit une assemblée mêlant des représentants des activités économiques, sociales, culturelles aux élus du suffrage universel, pour des mandats de six ans. Cette conception du Sénat n'est pas neuve chez de Gaulle. Elle fait directement écho au deuxième discours de Bayeux du 16 juin 1946. Elle rappelle aussi aux plus érudits des commentateurs les visions corporatistes du catholicisme social ou du personnalisme des années 1930. Sa mise en œuvre marquerait la fin d'un bicamérisme équilibré. La Chambre ainsi privée de toute initiative législative serait pourtant consultée pour avis avant l'Assemblée nationale sur l'ensemble des textes de lois.

L'enthousiasme du Conseil des ministres face au texte, comme des principaux responsables gaullistes, est tout relatif. Il est regardé comme « rapiéçage de plusieurs lois ». Il n'a pas « la simplicité souhaitable pour un référendum[1] ». Mais les critiques de fond restent discrètes, à l'image du mutisme d'un Michel Debré pourtant plus jacobin que girondin. Le texte définitif soumis à l'examen des Français subit quelques modifications de forme avant sa publication officielle dans le décret du 2 avril convoquant un référendum. En mars 1969, les principaux responsables de l'opposition organisent une campagne vigoureuse pour le « non ». Ils reprochent au président de la République de vouloir se « débarrasser » d'un Sénat très critique à l'endroit de son action depuis le début des années 1960. Le président de la Chambre haute Alain Poher, qui a succédé quelques mois auparavant au radical Gaston Monnerville, offre un visage rassurant au camp du « non ». Élu local, notable modéré, il rassure en demandant au général de Gaulle de rester au pouvoir même en cas de vote négatif. Dans chaque département, les sénateurs se déploient pour convaincre du caractère peu démocratique de la réforme proposée. Le camp du « oui » n'est pas moins mobilisé. Michel Debré, André Malraux et même Georges Pompidou battent vraiment la campagne pour convaincre les Français[2].

1. Yves Guéna, *Mémoires d'Outre-Gaulle*, Paris, Flammarion, 2010, p. 39.
2. Éric Roussel, *Georges Pompidou*, *op. cit.*, p. 279-280.

Lorsque s'ouvre la campagne officielle début avril, de Gaulle et ses soutiens ne peuvent pourtant plus ignorer que le référendum est « mal parti ». Les orateurs dépêchés pour animer des réunions publiques dans toute la France font état de foules apathiques, peu enthousiastes. Quand les salles sont combles, cela ne tient qu'à des militants convaincus[1]. Seule l'intervention directe du chef de l'État dans la campagne paraît susceptible de changer peut-être la donne. Le 10 avril, il répond donc aux questions du journaliste Michel Droit pour l'ORTF. Le format rappelle les entretiens des 13, 14 et 15 décembre 1965, quand de Gaulle s'était enfin décidé à entrer en campagne présidentielle, mais aussi l'entretien du 7 juin 1968, au lendemain de la crise de mai et de la dissolution de l'Assemblée nationale. Comme lors des référendums des débuts de la Ve République, la menace d'un départ en cas de verdict négatif est avancée[2]. Le Général apparaît cependant « blafard et fatigué » à l'écran et « les impressions du camp gaulliste sont d'emblée négatives[3]. L'entretien télévisé, qui n'est plus une innovation en 1969, ne permet […] pas au Général de trouver le ton juste ».

Le jour même de l'entretien accordé par le général de Gaulle, les RI décident de laisser la liberté de vote à leurs adhérents pour le scrutin du 27 avril. La position de Valéry Giscard d'Estaing est attendue comme un moment clé de la campagne référendaire : si une partie de la majorité fait officiellement défaut, les chances de l'emporter risqueraient de s'étrécir encore. L'ancien ministre des Finances a déjà publié dans *L'Aurore* et dans plusieurs quotidiens régionaux, les 8 et 9 avril, deux articles dénonçant le contenu du texte soumis à référendum[4]. Très attentif aux symboles, il choisit sa mairie de Chamalières pour faire connaître formellement sa position, le 14 avril. « Tout compte fait, ce référendum n'est pas un moyen moderne et raisonnable d'engager l'avenir de la France. Ce n'est pas ainsi qu'elle doit être gouvernée. C'est pourquoi à la seule question posée, qui est d'approuver par une seule réponse

---

1. Bernard Lefort, *Souvenirs et secrets des années gaulliennes, 1958-1969*, Paris, Albin Michel, 1999, p. 344.

2. « Si donc le peuple français s'y opposait, quel homme serais-je si je ne tirais pas sans délai la conséquence d'une aussi profonde rupture et si je prétendais me maintenir dérisoirement dans mes fonctions actuelles ? »

3. Sophie Masse-Quief, « Entretiens avec Michel Droit », *in* Claire Andrieu, Philippe Braud, Guillaume Piketty (dir.), *Dictionnaire de Gaulle*, Paris, Robert Laffont, coll. « Bouquins », 2006, p. 442.

4. Georges Valance, *Valéry Giscard d'Estaing*, *op. cit.*, p. 274.

l'ensemble du projet de loi, en ce qui me concerne, avec regret mais avec certitude, je ne l'approuverai pas[1]. » Si le verbatim de la déclaration ménage la possibilité d'un vote blanc, il est désormais clair pour tous les observateurs que le député du Puy-de-Dôme souhaite la victoire du « non ». Le camp du « oui » se limite donc à des UDR pour beaucoup saisis par le doute et à une fraction des RI. Certains gaullistes essaient alors d'obtenir de Georges Pompidou qu'il s'engage, en cas de démission du général de Gaulle, à ne pas se présenter à l'élection présidentielle qui suivrait. C'est avouer que l'alternative « moi ou le chaos », brandie implicitement au début de la Ve République, n'a plus de sens en 1969. Georges Pompidou, sans aller plus loin dans des déclarations sur son destin personnel, continue de mener campagne sur une ligne de soutien au président de la République, plus que d'approbation du contenu du texte soumis à référendum[2].

Comment l'Homme du 18 juin vit-il les derniers jours qui le séparent du référendum qu'il a souhaité plus que personne, pour y retrouver une légitimité directe écornée par la crise de Mai 68 ? Il semble amer de ce que Georges Pompidou ait refusé de s'engager à ne pas être candidat à son éventuelle succession. Ceux qui échangent avec lui le trouvent résigné. Si les Français rejettent son texte, il partira… et « ce n'est pas une mauvaise manière de partir[3] ». Il envisage d'ores et déjà le déménagement de ses archives de l'Élysée, dont le statut n'est pas absolument précisé par les textes en vigueur. Les sondages font pourtant état d'un relatif équilibre entre le bloc du « oui » et les phalanges du « non ».

Deux jours avant le vote, le général de Gaulle s'adresse aux Français depuis le palais de l'Élysée. L'allocution est courte : huit minutes à peine, tout en balancements entre les effets représentés d'un « non » et les perspectives positives ouvertes par un « oui ». L'importance du vote est d'abord affirmée, contre ceux qui jugent l'objet du scrutin byzantin ou peu essentiel : « c'est beaucoup de faire renaître nos anciennes provinces aménagées à la moderne sous le nom de régions ». La dramatisation de l'enjeu ne fait pas défaut : la formule « votre réponse va engager le destin de la France » est répétée à deux reprises. De Gaulle réaffirme qu'il démissionnera en cas de défaite, de façon plus tranchée encore que

1. *Ibid.*, p. 275.
2. Gaetano Quagliariello, *La Religion gaulliste*, *op. cit.*, p. 510-511.
3. Jacques Foccart, *Journal de l'Élysée,* t. II, *op. cit.*, p. 679.

dans son entretien avec Michel Droit, deux semaines plus tôt : « si je suis désavoué par une majorité d'entre vous, solennellement et sur ce sujet capital [...], ma tâche actuelle de chef de l'État deviendra impossible et je cesserai aussitôt d'exercer mes fonctions ». L'argumentation pèche toutefois par une forme de contradiction. Si de Gaulle craint un « ébranlement national » en cas de défaite le 27 avril 1969, il évoque avec une étonnante sérénité son départ de l'Élysée au terme normal de son mandat, en 1972 : pourquoi ce qui serait simple et apaisé en 1972 ne pourrait-il pas l'être en 1969 ? Il entre là, probablement, une manière de rappel implicite des événements de Mai 68 et de la menace de désordre qu'ils ont fait ressentir dans tout le pays. Dans l'ensemble, l'allocution est réussie, mais manque de force pour emporter tout à fait la conviction d'une majorité de Français.

Le 27 avril 1969, le général de Gaulle vote à Colombey-les-Deux-Églises. Quelques heures plus tard, on saura que la Haute-Marne compte au nombre des 24 départements français de métropole qui ont choisi le « oui » au référendum. Les bastions de l'est, de l'ouest et du sud du Massif central ont tenu. Ce n'est pas suffisant pour éviter une défaite acquise à plus de 1 million de voix de différence, par 52,4 % des suffrages exprimés. Nul ne peut ignorer alors que ce résultat signifie le départ du général de Gaulle, mais la forme et le calendrier de la décision surprennent beaucoup de commentateurs. C'est en effet par un simple communiqué de presse émanant de l'Élysée, le soir même du scrutin, peu après minuit, que l'Homme du 18 juin décide de se retirer. « Je cesse d'exercer mes fonctions de président de la République. Cette décision prend effet aujourd'hui à midi[1]. » En deux phrases laconiques, la Ve République vient de changer d'ère.

1. CDG, *Discours et Messages*, t. V, *Vers le terme. 1966-1969*, Paris, Plon, 1970, p. 407.

PARTIE II

GEORGES POMPIDOU

GEORGES POMPIDOU

Éric Roussel

Élu président de la République au lendemain de la démission du général de Gaulle, Georges Pompidou est un personnage plus complexe qu'on ne pourrait le penser de prime abord. L'aimable hédoniste décrit par certains se révéla un homme de pouvoir scrupuleux, courageux jusqu'aux limites de ses forces quand la maladie l'atteignit. L'amateur d'art contemporain se montrait nostalgique d'un mode de vie à l'ancienne, ancré sur des valeurs assez traditionnelles. Le gaulliste qu'il devint à partir de 1944 reste indéchiffrable si l'on oublie qu'il fut d'abord un enfant de la méritocratie républicaine telle que le régime disparu en 1940 en avait fixé le modèle.

Georges Pompidou naît le 5 juillet 1911 à Montboudif, au cœur de la Haute-Auvergne, dans un milieu modeste mais éclairé. Son père Léon Pompidou, d'abord instituteur, deviendra professeur d'espagnol (on lui doit un dictionnaire franco-espagnol qui fait autorité). Sa mère, née Marie-Louise Chavagnac, restera pour sa part institutrice. Du côté paternel, le plateau de la Châtaigneraie, aux confins du Quercy, de la Xaintrie et de la Haute-Auvergne, semble être le berceau de la famille. Issus d'un certain Martin Pompidou, laboureur de son état, né en 1768, les ascendants du futur chef de l'État sont pour la plupart d'humbles métayers. Jacques Pompidou, l'arrière-grand-père de Georges, exerce ce métier. Il ne sait ni lire ni écrire. Du côté maternel, le milieu est un peu différent. Étienne Chavagnac, le père de Marie-Louise, était le fils d'un maquignon avisé devenu cafetier de Montboudif qui avait fait fortune dans le commerce du drap. En vérité, c'est Léon Pompidou qui a fait franchir aux siens une étape dans l'échelle sociale. Pour autant, il n'oubliera jamais ses origines ni la nécessité d'un constant effort pour réussir. « Mon père et ma mère, écrira Georges Pompidou, appartenaient profondément à la race française dure au travail, économe, croyant au mérite, aux vertus de l'esprit, aux qualités du cœur. Je n'ai pas eu une enfance gâtée. Mais, si loin que je remonte, je n'ai reçu que des leçons de droiture, d'honnêteté et de travail. Il en reste toujours quelque chose. »

Très entouré par ses parents, fortement influencé par l'exemple de son père, Georges Pompidou révèle très précocement des dons intellectuels remarquables. À trois ans, il sait déjà lire. Sa scolarité – à Albi où son père a été affecté – est brillante. Régulièrement, il décroche tous les premiers prix. Grand lecteur, il semble ne jamais travailler, ce qui renforce encore l'aura dont il bénéficie auprès de ses professeurs. S'il s'avoue mortifié de n'obtenir aucune mention à son baccalauréat, il se rattrape vite, décrochant un premier prix de version grecque au concours général en 1929. Et ce n'est là qu'un début. Bientôt, il intègre une khâgne des plus prestigieuses : celle du lycée Louis-le-Grand à Paris. Il y fait la connaissance de tous ceux qui resteront ses amis les plus chers : en particulier René Brouillet, futur directeur de cabinet du général de Gaulle, Jean Stoetzel, le grand spécialiste des sondages, et Léopold Sédar Senghor qui deviendra le premier président du Sénégal indépendant. Peut-être grisé par son succès et toujours un peu dilettante, il se trouve contraint de redoubler sa khâgne, ce qui ne l'empêche pas d'être reçu en 1931 au concours d'entrée à l'École normale supérieure. Admissible premier, il n'est que huitième sur la liste définitive, ce qui le déçoit. À Jean Bousquet, qu'il nommera bien des années plus tard à la tête de l'École et qui décroche la première place, il avoue : « Tu es mon remords vivant. »

Le personnage qui se révèle dans ces années-là, d'après tous les témoignages, paraît sorti du célèbre roman de Jules Romains, *Les Copains*. Goût de la blague et du canular, affectation d'un extrême détachement, dandysme, Georges Pompidou entre dans la vie en donnant l'image d'un jeune homme suprêmement cultivé, curieux de tout, qui ne met rien au-dessus de la découverte de Marcel Proust, un auteur, à cette époque, encore loin d'être reconnu. Belle preuve d'indépendance de jugement de la part du futur président de la République.

La politique, cependant, ne laisse pas Georges Pompidou complètement indifférent. Son père était socialiste, disciple de Jaurès. Il l'est aussi et avec énergie. À preuve, son engagement dans une organisation antifasciste dont le président n'est autre que Pierre Mendès France. Ce dernier gardait même le souvenir d'un Pompidou à l'époque beaucoup plus à gauche que lui. La correspondance de celui qui succédera à Charles de Gaulle laisse aussi apparaître un mystérieux militantisme au sein d'un non moins mystérieux « Front unique », société secrète socialiste ayant des ramifications dans le monde entier, de tonalité nettement trotskiste. À l'évidence, cette foucade étonnante fut de courte durée et, à mesure que les années passèrent, Georges Pompidou portait un regard de plus en plus critique sur la IIIe République et ses principaux responsables, socialistes compris. A-t-il été tenté un moment par le néosocialisme ? Plusieurs témoins l'ont suggéré sans pouvoir le prouver. L'effort de renouvellement doctrinal opéré par ce mouvement a pu l'intéresser, étant entendu que personne ne prévoyait à l'époque que plusieurs partisans de cette ligne, à commencer par Marcel Déat, ministre de l'Air d'un cabinet du Front populaire en 1938, se retrouveraient pendant l'Occupation parmi les collaborateurs les plus forcenés.

L'impuissance des gouvernements qui se succèdent à un rythme accéléré, leur incapacité à définir une ligne claire face aux dangers qui, à l'extérieur, commencent à surgir du fait de la multiplication des dictatures en Europe, tout cela inquiète et déçoit Georges Pompidou. Peu à peu, il se détache de tout engagement. La littérature, l'art sous toutes ses formes semblent le passionner bien plus.

Pompidou paraît se chercher et pas seulement sur le plan politique. Théoriquement, il se prépare à devenir enseignant. La voie royale de la rue d'Ulm y conduit tout droit. Mais en a-t-il vraiment envie ? Certains passages de l'introduction qu'il donnera beaucoup plus tard à l'ouvrage d'Alain Peyrefitte incitent à se le demander. « On est normalien comme on est prince de sang, note-t-il […]. Cette qualité est consubstantielle. On ne devient pas, on naît normalien, comme on naissait chevalier […]. Qu'on n'imagine point pour autant que la qualité de normalien prédestine aux situations brillantes […]. Précipité dans la vie quotidienne, le normalien y fait toujours figure d'étranger. Sa médiocre expérience des usages de la société contemporaine lui donne des complexes. »

Ces interrogations expliquent sans doute pourquoi, parallèlement à son passage rue d'Ulm, Georges Pompidou ne dédaigne pas la rue Saint-Guillaume. Pour un provincial dépourvu de relations à l'époque, Sciences-Po, ou plutôt l'École libre des sciences politiques, constituait une sorte de sésame utile pour l'avenir. Pour Georges Pompidou, ce choix s'imposait d'autant plus qu'il a fait confidence à son ami Robert Pujol de son intention de préparer le concours de l'Inspection des finances. Ce projet n'eut pas de suite, sans doute parce que, à l'époque, l'Inspection était un corps quasi mythique – un monde très fermé où l'entre-soi paraissait la règle et où il semblait difficile d'entrer quand on ne se trouvait pas issu de la grande bourgeoisie parisienne, vivier traditionnel de ce grand corps. Il n'en reste pas moins que la perspective d'enseigner toute sa vie ne comblait pas Georges Pompidou.

C'est néanmoins la voie qu'il suit quand, à la fin de son passage rue d'Ulm et reçu premier au concours de l'agrégation de lettres, il rejoint Marseille en qualité de professeur au lycée Saint-Charles. Auparavant, il a effectué son service militaire et a épousé Claude Cahour, une jeune étudiante en droit native de Château-Gontier où son père était médecin-chef de l'hôpital. Le bonheur qu'il trouve au sein de son couple et l'agrément d'une région encore peu touchée à l'époque par le tourisme de masse rendent ce séjour plus que supportable. Au soleil et dans la joie de découvrir avec sa femme une contrée splendide, Pompidou paraît oublier l'ambition de rejoindre la haute fonction publique. Comme toujours, il lit énormément, écoute de la musique, va au théâtre, au cinéma, noue des amitiés – en particulier avec l'écrivain Jean-Paul de Dadelsen. Ce qu'il y eut un moment en lui de Rastignac et qu'avaient perçu nombre de ses camarades apparemment s'est évanoui. Presque disparu aussi son intérêt pour la politique. Il est loin le temps où il combattait avec force l'Action française au Quartier latin. Cela ne signifie pas que les événements les plus inquiétants qui secouent l'Europe le laissent indifférent. Au début des années 1930, un voyage en Allemagne lui a permis de voir la réalité du national-socialisme. Pour autant, il juge de plus en plus sévèrement l'attitude des hommes politiques français face à ce danger. Il reste un républicain convaincu mais, pour lui, l'époque du militantisme est terminée. « Est-ce que ce salaud de Laval se décidera à laisser tomber l'Italie ? » interroge-t-il dans une lettre à Robert Pujol en octobre 1939. Cette remarque traduit à la fois son état d'esprit et ses convictions.

À la veille de la Seconde Guerre mondiale, Georges Pompidou donne l'impression de ne pas avoir encore atteint son unité. Il a profité de la vie, trouvé le bonheur aux côtés de sa femme, l'équilibre à travers ses relations amicales, mais il garde secrètement le regret d'une autre vie, plus tournée vers l'action. Quant à ses idées politiques, elles semblent mal fixées, comme si depuis plusieurs années, déçu par les responsables français, il aspirait à trouver une autre voie, peut-être un homme porteur de principes correspondant à ses espoirs.

Le conflit qui éclate en septembre 1939 va tout changer pour Georges Pompidou, comme pour beaucoup d'autres. Mobilisé au 141e régiment d'infanterie alpine, il gagne dès le mois d'octobre avec son unité la Lorraine. En première ligne, il vit ce que l'on a appelé la « drôle de guerre » ; attente déprimante dans les casemates suivie de quelques escarmouches. En avril, le jeune officier se porte volontaire pour la Norvège mais l'offensive allemande du 10 mai annihile ce projet. Finalement replié sur Compiègne, puis sur Sully-sur-Loire, le régiment de Georges Pompidou affronte les Allemands au prix de lourdes pertes avant que n'arrive la nouvelle de l'armistice, le 17 juin.

Décoré de la croix de guerre, Pompidou est démobilisé en novembre. Tout de suite, il reprend ses cours à Henri-IV. Sa correspondance le montre persuadé que la guerre n'est pas définitivement perdue, en sympathie avec la France libre mais extérieur à la Résistance. De son propre aveu, Georges Pompidou respecte, au moins un temps, Pétain. On trouve là l'un des traits permanents de sa personnalité : il est la vivante antithèse d'un homme d'aventure, ce qui le sépare définitivement des hommes et des femmes qui, peu à peu, ont rejoint soit Londres, soit les réseaux et mouvements. Rien d'indigne dans son attitude. Simplement une inaptitude à s'engager tant qu'une situation paraît échapper à la raison. Cela ne l'empêche pas de réfléchir à l'avenir. Ses lettres à Robert Pujol attestent qu'il redoute un retour aux événements de la IIIe République, craint l'emprise des communistes et, dans une mesure à peine moindre, celle des « alliés » anglo-saxons sur la France.

En histoire, les théories providentialistes sont évidemment à proscrire. Mais, en l'occurrence, on ne peut s'empêcher de penser que Georges Pompidou, depuis des années et singulièrement depuis la guerre, se trouvait en attente d'une réponse à ses inquiétudes et interrogations. Une réponse qui allait prendre chair dans la personnalité du général de Gaulle.

Les circonstances dans lesquelles Pompidou rejoignit l'entourage de l'Homme du 18 juin à la Libération sont bien connues.

Contrairement à une légende très répandue, de Gaulle ne recherchait nullement « un agrégé sachant écrire » ; c'est Georges Pompidou, lassé de décliner « rosa la rose », qui prit l'initiative de reprendre contact avec son ancien camarade René Brouillet devenu directeur de cabinet du Général, chef du Gouvernement provisoire. L'offre de service fut immédiatement acceptée. Les qualités intellectuelles de l'impétrant, son don de synthèse, sa rapidité d'esprit lui assurèrent vite une place éminente parmi le cercle rapproché du Général.

Apprécié particulièrement par Gaston Palewski, le directeur de cabinet de De Gaulle, Pompidou ne reste pas longtemps confiné dans le secteur qu'on lui a d'abord confié : l'Éducation nationale et l'Information. Bientôt des notes de caractère proprement politique lui sont demandées. Le Général les remarque. Des liens plus étroits se nouent. Aussi, lorsqu'en janvier 1946, l'ancien chef de la France libre, en butte à l'hostilité des partis, quitte le pouvoir, il prend soin de faire nommer au Conseil d'État celui qui est devenu l'un de ses collaborateurs les plus proches.

La suite des événements va vite confirmer la solidité du singulier duo formé par les deux hommes, l'un entré dans l'histoire, l'autre tout juste sorti de l'anonymat. Pendant les dix-huit premiers mois, Pompidou a peu d'occasions de voir de Gaulle. Celui-ci vit isolé, d'abord dans un pavillon de chasse à Marly puis à Colombey. À peine sort-il de son silence en juin 1946 pour prononcer à Bayeux un discours fondateur esquissant à grands traits un système institutionnel fondé sur le renforcement de l'exécutif qu'il appelle de ses vœux. De son côté, Georges Pompidou travaille au Conseil d'État puis au commissariat au Tourisme. Malgré tout, le contact n'est pas perdu : les liens se révèlent même plus forts au fil des mois, prenant un tour personnel.

La période, de nouveau, fait apparaître la prudence de Georges Pompidou, sa méfiance à l'égard de tout ce qui peut avoir un parfum d'aventure. En 1947, de Gaulle, surpris par la résistance que lui oppose une IVe République qu'il jugeait fragile, lance le RPF. Officiellement, il s'agit d'un mouvement et non de l'un de ces partis que le Général condamne. L'hostilité à l'égard du régime est en tout cas manifeste. Dans un premier temps, le succès semble devoir être au rendez-vous. Lors des élections municipales de 1947, le RPF effectue une percée très remarquée. Mais peu à peu l'élan se brise. En 1951, le résultat des élections législatives annonce le déclin du mouvement. Durant toute cette période, Pompidou s'est trouvé à la fois en marge – il n'appartient pas au RPF – et au centre de tout. Dans un premier temps, Gaston Palewski lui a demandé d'animer, aux côtés de personnalités comme Raymond Aron, Michel Debré ou Albin Chalandon, un groupe d'études chargé en particulier de l'élaboration d'un projet de réforme constitutionnelle et aussi d'un projet de loi-cadre assez novateur et audacieux. Puis, en avril 1948, il est devenu le chef de cabinet du Général – un poste clé en marge du RPF et qui donne à son titulaire la mission de garder le contact avec le monde politique en dehors du Gouvernement et avec la haute administration. Tout au long de ces années, Pompidou n'a cessé d'approfondir sa relation avec de Gaulle, tout en maintenant à l'égard de son mouvement une indépendance et même une distance certaine, comme on s'en est aperçu lorsqu'ont été publiées ses notes confidentielles et sa correspondance.

C'est ce positionnement très original et unique qui caractérise Georges Pompidou. Il y a eu des gaullistes des années de guerre. Leur adhésion a reposé sur un réflexe patriotique, un attachement personnel au Général souvent. Pompidou n'a pas fait partie de cette petite cohorte. Plus tardif, son ralliement a fait de lui un gaulliste réfléchi dont la fidélité à « l'homme de Gaulle » est d'autant plus forte qu'elle se trouve fondée sur des arguments rationnels. L'ancien professeur a assisté, affligé, au naufrage de la IIIe République. Partant l'analyse de l'Homme du 18 juin l'a définitivement convaincu de la nécessité de renforcer l'exécutif et d'adopter à l'extérieur une ligne cohérente ayant pour finalité la restauration de la puissance française et l'indépendance du pays. En ces années-là, Georges Pompidou ne nourrit aucun doute sur la pertinence des solutions prônées par le solitaire de Colombey. Ses notes prises sur le vif laissent même percevoir une sorte de fascination, en tout cas une très forte admiration. Mais, et c'est en cela que Pompidou se distingue aussi de beaucoup d'autres fidèles, cet attachement ne le conduit pas à une obéissance aveugle. Le normalien n'a pas le même tempérament que le Connétable. D'accord avec ce dernier sur les grands objectifs, son analyse le conduit parfois à prôner une tactique différente pour les atteindre.

Plus le temps passe, plus de Gaulle attend tout d'un effondrement du régime, « la catastrophe », comme il le répète souvent à ses interlocuteurs. Pompidou se montre moins catégorique. Comme les notes qu'il a laissées l'attestent, sans doute pense-t-il souvent, à l'instar d'un Jacques Soustelle, que le chef du RPF n'explore pas suffisamment les possibilités offertes par la voie parlementaire. Il restera donc extérieur à l'aventure du Rassemblement, méfiant à l'égard de la ligne imposée par le Général. Pour autant, sa loyauté est totale, fondée sur un lien personnel extraordinairement fort. S'il n'était pas à Londres, Pompidou est plus proche du grand homme que maints compagnons, ce qui ne va pas sans générer des jalousies, voire des haines.

Cette fidélité à toute épreuve, Georges Pompidou la démontre à partir de 1953 quand la IVe République, ayant réussi à contrer l'élan du Rassemblement au moyen d'une astuce électorale (la loi des apparentements), de Gaulle se retire à Colombey pour y terminer ses *Mémoires de guerre*. En prenant congé des Français, de Gaulle a évoqué la nécessité de « préparer le recours », mais pour son ancien chef de cabinet, il ne s'agit que d'une clause de style. Il se dit alors profondément convaincu que jamais le Général ne reviendra aux affaires. Pour cette raison, il entre alors à la banque Rothschild où il fera carrière jusqu'à être nommé directeur de la célèbre institution financière. Mais cela ne l'empêche nullement de demeurer extrêmement proche du Général dont il reste l'homme de confiance, chargé en particulier de la négociation de ses contrats d'édition.

De 1953 à 1958, c'est donc sans aucune idée de retour sur investissement, pour employer une expression triviale, que Georges Pompidou assure auprès de l'ermite de La Boisserie un service minimal. Ce qui le guide alors, c'est la conviction que l'ancien chef de la France représente un capital moral précieux dont il se désespère que la France ne fasse pas meilleur usage.

En mai 1958 se produit pourtant enfin ce que personne n'attendait plus : devant l'impossibilité pour le régime de venir à bout de la crise algérienne, le président de la République René Coty se décide à faire appel au plus « illustre des Français ». La solution, à vrai dire, ne s'est pas imposée avec la force de l'évidence. Pour que le chef de l'État en arrive là, il a fallu que la pression monte et de Gaulle, relayé par ses lieutenants, a joué son rôle dans cette partie de bras de fer. Un moment, on a même bien cru que seule l'arrivée de parachutistes sur la capitale ferait plier la classe politique et le président. Mais de tous les fidèles de l'Homme du 18 juin, Georges Pompidou est resté le plus en retrait. Une fois encore, son tempérament a dicté son attitude. À

Jacques Foccart et Olivier Guichard, beaucoup plus engagés que lui, il n'a pas caché ses craintes. « Vous risquez de finir en prison », leur a-t-il dit. Cela ne l'a pas empêché quelques jours plus tard d'être appelé par de Gaulle, au plus près de lui, pour diriger son cabinet à Matignon où il siège, dernier président du Conseil de cette IVe République tant vilipendée.

De Gaulle-Pompidou : seuls les initiés connaissaient jusqu'alors la proximité entre les deux hommes. À partir de ce moment, on découvre un duo singulier et indissociable. Les silhouettes évoquent irrésistiblement Don Quichotte et Sancho Pança. Autant le Général est immense, massif, tout en arêtes vives, autant son collaborateur apparaît rond, patelin, goguenard – seul le regard charbonneux démentant l'impression de bonhomie qui paraît, de prime abord, émaner du personnage. Jusqu'à la sonorité de leur patronyme, tout semble opposer ces deux êtres. Et pourtant, il existe entre eux complémentarité et complicité.

Dès l'arrivée du Général à Matignon, les initiés savent quel rôle capital joue son directeur de cabinet. De Gaulle se concentre sur l'Algérie et la réforme des institutions. Sur tout le reste, Pompidou intervient et, quelquefois, de façon décisive. « Dans la pratique, dira un bon témoin, le banquier Jean Guyot, il jouait déjà le rôle de Premier ministre qui allait lui incomber officiellement quelque trois ans plus tard. » Le directeur de cabinet s'attache notamment à amortir les incidents qui éclatent parfois entre le président René Coty ou certains ministres et de Gaulle. De concert avec son ami Léopold Sédar Senghor, il réussit aussi à imposer le principe de l'autodétermination des colonies. Enfin, au cours de la mise en œuvre du plan Rueff qui va faire souffler un grand vent de libéralisme sur la France, Pompidou parvient à imposer à la fois une forte dévaluation, prélude à la création du nouveau franc, et des mesures sociales propres à atténuer les conséquences fâcheuses du plan pour les plus démunis.

Le 8 janvier 1959, quand s'ouvre officiellement la Ve République et que de Gaulle, élu par un collège de notables, en devient le président, Georges Pompidou se voit quasiment adoubé dans sa fonction de collaborateur le plus proche : c'est lui, en effet, qui a l'honneur d'être assis aux côtés du nouveau chef de l'État dans la voiture qui, descendant les Champs-Élysées, les conduit à l'Élysée.

Curieusement, Georges Pompidou ne fait alors partie ni de l'équipe entourant le Général, ni du Gouvernement. Conformément à ce qu'il avait annoncé en prenant ses fonctions à Matignon, il reprend son poste à la banque Rothschild. Il accepte seulement de devenir membre du Conseil constitutionnel, une institution qui n'a pas alors l'importance qu'elle a acquise au fil des ans. Fait-il alors le pari d'être un jour directement nommé Premier ministre ? On l'a dit. Il y pense sans doute car tout atteste que de Gaulle lui garde une totale confiance. À la fin de l'interminable conflit algérien, il sera l'envoyé secret du Général auprès des responsables de la rébellion afin de trouver une issue. Et de 1958 à 1962, il garde un contact étroit avec l'Élysée, envoyant de temps à autre des rapports où éclatent sa fidélité mais aussi son indépendance. De Gaulle veut s'affranchir le plus vite possible de la tutelle américaine. Pompidou ne récuse pas l'objectif mais s'interroge ouvertement sur la méthode, trop heurtée à son goût.

Le Général ne lui en tient pas rigueur puisque, dix jours après la signature des accords d'Évian, il l'appelle à succéder à Michel Debré. La nomination surprend. Pompidou n'a jamais affronté le suffrage universel. Seul de Gaulle pouvait se payer le luxe de nommer directement Premier ministre le directeur de la banque Rothschild. En vérité, le chef de l'État a hésité. Louis Joxe, en charge de l'Algérie précédemment, avait aussi des titres à ses yeux. Mais après la fin du conflit algérien, l'économie devient prioritaire et, dans ce contexte, Georges Pompidou est l'homme de la situation. La plupart des observateurs estiment alors qu'en nommant son plus proche collaborateur, de Gaulle va réduire à néant la fonction de Premier ministre. Lourde erreur. À peine nommé, l'ancien banquier marque que, si loyal soit-il, il gardera son libre arbitre. Le 13 avril 1962, une juridiction d'exception, le Haut Tribunal militaire, a condamné à mort le général Edmond Jouhaud, ex-numéro deux de l'OAS. Le chef de l'État est décidé à refuser la grâce. Peu après, à sa grande fureur, le général Salan échappe au châtiment suprême. De Gaulle veut un exemple. Dans cette obstination, Pompidou voit une erreur très grave qui risque d'être durablement reprochée au Général. Jouhaud, au surplus, est d'origine pied-noir. Il semble donc, dans une certaine mesure, plus excusable. S'ensuit sur-le-champ une vraie partie de bras de fer entre le président et le Premier ministre, utilement relayé par le garde des Sceaux Jean Foyer. En définitive, de Gaulle cède : le chef du Gouvernement, à peine nommé, a mis sa démission en jeu. Il serait pire que tout d'ouvrir ainsi une crise institutionnelle.

Les rôles respectifs sont donc, dès le départ, clairement délimités et le Premier ministre existe bel et bien. Tandis que de Gaulle commence à mettre en œuvre la grande politique étrangère dont il rêve, Pompidou prend en main la marche de l'économie, les affaires sociales aussi. À partir de l'automne 1962, le partage est d'autant plus institutionnalisé que, du fait de la réforme constitutionnelle ayant abouti à l'élection du président de la République au suffrage universel direct, le chef de l'État détient *de facto* une autorité renforcée. Cela le conduit à intervenir chaque fois qu'il le juge utile hors de son « domaine réservé ». C'est le cas notamment en 1963 quand de Gaulle, inquiet de la montée de l'inflation, impose à Georges Pompidou et au ministre des Finances, Valéry Giscard d'Estaing, un plan de stabilisation assez rigoureux. Le Premier ministre ne se montre pas ravi de la mise en œuvre de cette mesure qui, à ses yeux, est de nature à freiner l'expansion. Il a cependant la satisfaction de constater que, pour le reste, ses compétences sont respectées. Pompidou existe même si bien qu'il commence à s'imposer aux yeux de l'opinion. Lorsqu'il est arrivé à Matignon, ses débuts à la tribune du palais Bourbon notamment n'ont pas été jugés très impressionnants. Mais au fil des mois, la densité du personnage est devenue plus évidente. Face à François Mitterrand qui ne l'a jamais sous-estimé, il marque alors des points lors de débats. À telle enseigne que l'on commence à voir en lui un possible dauphin. Le Général ne sera pas éternel. Il aura bientôt soixante-quinze ans. Et son mandat prend fin en janvier 1966. Fatalement, le problème de la succession se posera et Georges Pompidou en est bien conscient. Cela le place bientôt dans une position très délicate. Le chef de l'État tarde à révéler ses intentions. Pour parer à toute éventualité, le Premier ministre se prépare discrètement. Une biographie très laudative, écrite par le journaliste Merry Bromberger, paraît en librairie et l'on soupçonne évidemment l'entourage du Premier ministre de l'avoir suscitée. Ça n'est pas tout à fait faux, à ceci près que Georges Pompidou se montre secrètement furieux d'avoir fait l'objet d'une telle hagiographie !

À l'approche de la date fatidique du dépôt des candidatures, la situation se tend. Le Général, jusqu'au dernier moment, entretient le mystère autour de ses intentions. Six mois environ avant l'échéance, il fait venir Georges Pompidou et envisage toutes les éventualités, en spécifiant qu'il désignera un jour clairement un successeur, à charge pour ce dernier de s'engager à accomplir sa mission dans le même esprit que lui. « Pour tout vous dire, avoue-t-il, j'avais pensé à Debré mais il n'a pu s'empêcher d'être parlementaire, de parler et d'agir en tous sens. » Entendant cela et constatant que le Général ne juge pas bon de l'avertir de sa décision, Pompidou a le sentiment d'avoir vu sa fidélité éprouvée. Il n'en garde pas un bon souvenir. Première vraie fêlure entre l'Homme du 18 juin et celui qui a été jusqu'alors son collaborateur le plus proche.

Le malaise de Georges Pompidou s'accroît encore quand de Gaulle, le 4 novembre, annonce au pays sa candidature, sans avoir pris soin d'en avertir le Premier ministre. Finalement, le Général est réélu, non sans avoir eu le désagrément d'être mis en ballottage et de devoir affronter François Mitterrand au second tour. En apparence, la machine est relancée. En vérité, tout est changé et, d'abord, les relations entre les deux têtes de l'exécutif. Et plus le temps passera, plus le fossé se creusera. De Gaulle, désormais, se consacre prioritairement à la politique étrangère. Il a reconnu la Chine de Mao, il sort maintenant du commandement intégré de l'Otan, dénonce l'intervention américaine au Vietnam, appelle les Canadiens français à retrouver leur identité et prend ses distances vis-à-vis d'Israël. Pompidou, plus que jamais, a la charge du reste et notamment des affaires sociales. Or, il se trouve qu'en ce domaine, le Général a des idées précises inspirées du catholicisme social. Il veut mettre en œuvre la participation des salariés aux fruits de l'entreprise et à son fonctionnement. C'est peu dire que Georges Pompidou se montre réservé sur le sujet. Il craint que le projet ne mine l'économie et freine autant qu'il le peut. Bientôt le conflit entre le chef de l'État et le Premier ministre est évident.

À la veille des élections législatives de mars 1967, le Général manifeste sa mauvaise humeur lorsqu'il constate que, sans le consulter, Pompidou veut faire naître un « comité de la majorité » doté d'un programme ; il juge l'initiative « fâcheuse et inadéquate du point de vue constitutionnel ». « Je désapprouve le projet », tranche-t-il. La mésentente apparaît si palpable que de Gaulle décide à ce moment-là de se séparer de son Premier ministre et de le remplacer par Maurice Couve de Murville. Seul l'échec de la candidature de ce dernier dans le 7e arrondissement de Paris torpille le projet.

Pompidou, désormais, est en sursis. Sur d'autres sujets importants, il se trouve en désaccord avec l'Élysée. Le Général souhaite une sélection à l'entrée de l'université. Georges Pompidou la refuse, convaincu par sa propre expérience qu'il faut laisser leurs chances au maximum d'élèves. Et quelques mois plus tard, quand éclate la révolte étudiante, un vrai divorce se fait jour.

Ce qui s'est passé à ce moment au sommet de l'État est à présent bien connu. À la stratégie du Premier ministre, convaincu de la nécessité de ne pas jeter de l'huile sur le feu, s'est opposée presque frontalement la volonté du président de la République de mettre fin aux désordres – au besoin en employant la manière forte. À la fin du mois de mai, le duo en place depuis six ans est tout près de se briser. De Gaulle disparaît à Baden-Baden le 29 sans prévenir personne. Pompidou en est ulcéré. La rupture intervient à ce moment-là. De retour à Paris le 30, de Gaulle se voit imposer par son Premier ministre une dissolution de l'Assemblée, préalable à de nouvelles élections, alors que son intention initiale était de proposer un référendum sur la participation. Dans l'immédiat, le couple se ressoude. Mais un peu plus d'un mois plus tard, après un scrutin à l'issue duquel une Chambre très conservatrice est entrée au palais Bourbon, le divorce se produit. Il se double en outre d'un pénible malentendu, Pompidou s'entendant dire que le Général a pris au pied de la lettre son intention de prendre du champ et a nommé Premier ministre Maurice Couve de Murville.

La relation de Gaulle-Pompidou, jugée un moment exemplaire, se dégrade définitivement dans les derniers mois de la présidence du Général. À l'automne éclate la terrible affaire Markovic, du nom d'un jeune voyou, garde du corps d'Alain Delon, retrouvé assassiné dans les Yvelines. Le crime crapuleux est suivi d'une exploitation politique tendant à impliquer Claude Pompidou dans un scandale sexuel dont Markovic aurait été le témoin, ce qui aurait provoqué sa perte. Le montage est grossier, mais la rumeur court dans Paris, et Pompidou en est indigné. Il en vient à soupçonner l'entourage du chef de l'État d'alimenter les ragots. Très vite, le Premier ministre est dans le viseur de son prédécesseur. Georges Pompidou soupçonne aussi le garde des Sceaux René Capitant, un gaulliste de gauche qui le déteste, d'alimenter la campagne de dénigrement contre lui. Et comme il sait que la meilleure tactique est l'attaque, il n'hésite pas à déclarer à Rome, le 17 janvier 1969, son intention de se porter un jour candidat à la présidence de la République. Cette fois, le point de non-retour est atteint. De Gaulle fait savoir qu'il a « le devoir et l'intention d'exercer son mandat jusqu'à son terme ». Quelques jours plus tard à Genève, le 12 février, l'ancien Premier ministre récidive au cours d'une interview. Un dernier dîner à l'Élysée réunit les deux hommes, le 11 mars 1969, dans une ambiance lugubre. Des griefs réciproques sont évoqués à mots à peine couverts. Pompidou s'est senti lâché, abandonné. De Gaulle ne pardonne pas à son ancien Premier ministre de s'être posé en successeur potentiel. L'initiative de Georges Pompidou est perçue à l'Élysée d'autant plus négativement que le Général a décidé l'organisation prochaine d'un référendum portant à la fois sur la transformation profonde du Sénat et la mise en œuvre de la régionalisation. De fait, au fil des semaines apparaissent les dégâts provoqués par l'annonce de Pompidou : les électeurs modérés attachés à l'ordre savent désormais qu'un départ éventuel de De Gaulle ne débouchera pas sur le chaos. La succession est assurée.

Pompidou a beau participer *a minima* à la campagne pour le oui, il ne peut rien contre la nouvelle donne créée par sa déclaration. Et le 27 avril, comme les sondages le laissaient prévoir, les Français congédient de Gaulle. Tandis qu'il s'enferme à Colombey, son ancien Premier ministre annonce sa candidature à la prochaine élection présidentielle et, après un démarrage difficile, est élu facilement.

Dix ans après avoir descendu les Champs-Élysées aux côtés du Général devenu le premier président de la Ve République, Pompidou, ainsi adoubé par avance, fait son entrée à l'Élysée. Destin à peine croyable pour un homme encore inconnu sept ans plus tôt. Reste que les circonstances dans lesquelles il a pris le relais de De Gaulle n'ont pas été celles qu'il avait rêvées. De son propre aveu, il devait tout à l'Homme du 18 juin : sa carrière, sa formation, la plupart de ses idées politiques. Or, depuis plusieurs années, l'incompréhension puis le conflit se sont installés entre eux. Le destin a amené Pompidou à affronter le Général et même à s'opposer à lui. Plus grave encore, le lien de confiance s'est trouvé rompu lors de l'affaire Markovic. Et pour continuer d'exister, l'ancien Premier ministre a été obligé de réagir énergiquement, en tuant le père, au moins symboliquement. Comment serait-il heureux de tout cela ? Dans la relation qu'a eue Georges Pompidou avec Charles de Gaulle, il y avait une part d'affectivité, au moins du côté du plus jeune. À présent, tout est différent et le nouveau chef de l'État a dû ressentir douloureusement le passage d'une lettre que lui a adressée le Général au moment de sa déclaration de candidature : il y était indiqué que cette candidature était « archinaturelle et tout à fait indiquée », approuvée donc à ce titre, mais aussi qu'il était « regrettable que cette intention ait été annoncée » plusieurs semaines à l'avance, « ce qui a fait perdre des voix au "oui" et pourra aussi vous gêner dans votre personnage si vous êtes élu ».

On aurait pourtant tort de croire qu'en prenant son autonomie par rapport au géant qui vient de s'effacer, Georges Pompidou a tiré un trait sur le gaullisme. Au contraire, s'aventurera-t-on à soutenir. Les historiens n'aiment pas beaucoup la psychologie. Reste qu'on ne peut toujours en faire l'économie. Dans le cas précis, on ne court pas grand risque de se tromper en affirmant que les circonstances très particulières et déplaisantes pour lui de cette succession ont induit de la part du second président de la Ve République la résolution inébranlable d'assumer dans toute la mesure du possible l'héritage du Général. Depuis son entrée au cabinet de l'ancien chef de la France libre à la Libération, il n'a cessé d'être l'objet non seulement de sourdes jalousies mais d'attaques venimeuses émanant de ceux qui estimaient avoir beaucoup plus de titres que lui pour mériter une marque de confiance éclatante. Avec son arrivée à l'Élysée dans le contexte que l'on vient de décrire, les commentaires fielleux se sont multipliés. Assez vite, un gaulliste de gauche, Louis Vallon, a publié un brûlot contre lui intitulé *L'Anti-de Gaulle*. Tout cela était loin de laisser Pompidou de marbre. D'autant plus que, jusqu'à la mort de Charles de Gaulle le 9 novembre 1970, l'hypothèse d'un désaveu cinglant venant de Colombey était prise très au sérieux par lui. Cible de tous les nostalgiques de l'Homme du 18 juin, Georges Pompidou paraît avoir mis un point d'honneur à tout mettre en œuvre pour contrer ces critiques.

À dire vrai, dès l'été 1968, il avait amorcé une réflexion de fond sur la France, son rôle dans le monde, la Ve République, son avenir, la société enfin. Éloigné du pouvoir après la tourmente de Mai 68, mis en réserve de la République, selon l'expression du chef de l'État, il ressentit alors le besoin de ramasser ses idées, de tirer la leçon de l'expérience accumulée depuis 1962, étant entendu que les pages qu'il noircissait n'avaient pas forcément vocation à être publiées dans un proche avenir. De fait, inachevé, le manuscrit ne parut qu'après sa mort en avril 1974, seuls quelques extraits ayant été publiés de son vivant par le quotidien *L'Aurore*. Avec le recul, on comprend pourquoi Georges Pompidou décida de garder secret ce livre. Au cours de la campagne présidentielle consécutive à la démission du Général, il avait amorcé un rapprochement avec certains centristes, donné l'impression de vouloir arrondir les angles sur beaucoup de sujets. Et après sa victoire contre Alain Poher, le choix de Jacques Chaban-Delmas pour occuper le poste de Premier ministre avait paru aller dans le même sens. Or la tonalité générale de l'ouvrage écrit durant les vacances bretonnes du nouveau président de la République attestait au contraire la fidélité de ce dernier à une vision gaullienne.

Pompidou, évidemment, ne prétendait pas remplacer de Gaulle. Il savait qu'il n'avait pas son passé ni son charisme. Il semblait donc qu'il ne pourrait mener exactement la même politique que celui qui avait été son mentor. Il avait aussi le souci bien légitime d'apporter sa propre marque. Ainsi se montrait-il plus résolu que jamais à réaliser son grand dessein : l'industrialisation du pays. Reste que, sur l'essentiel, son accord avec son illustre prédécesseur apparaissait manifeste. Primauté de l'exécutif, rôle de l'État dans la politique économique, responsabilité de la puissance publique en matière sociale : tous ces « fondamentaux » du gaullisme avaient pour lui valeur d'évidence. En matière institutionnelle, Pompidou assumait une continuité presque totale. À l'instar de De Gaulle, il souhaitait que l'autorité de l'État se manifestât partout où elle semblait utile et légitime. Comme lui encore, il ne faisait pas mystère de son hostilité envers les formes de dialogue pratiquées entre l'exécutif et le législatif sous les IIIe et IVe Républiques. Le Parlement, pour lui, devait être un lieu d'échanges et d'explications aussi fréquents que possible entre le Gouvernement, la majorité et les opposants. Pour autant, les assemblées parlementaires n'avaient pas, à son estime, vocation à devenir un théâtre d'affrontements stériles comme autrefois. À ses yeux, le rôle du président de la République était central. Tout s'ordonnait autour de lui. La seule différence avec le Général était que Georges Pompidou, conscient du fait que personne n'avait la même autorité que le fondateur de la Ve République, estimait que la présidentialisation du régime était inéluctable. De Gaulle était un homme d'interventions rares mais éclatantes. Celui qui prit le relais en 1969 se jugeait, quant à lui, quasiment obligé d'intervenir beaucoup plus directement et activement dans la marche des affaires. Par voie de conséquence, le lien entre le président et le parti majoritaire était appelé, selon Pompidou, à se renforcer. De Gaulle proclamait qu'il n'était l'homme de personne. Les partis faisaient l'objet de sa part d'une condamnation absolue. Mais il est de fait qu'il créa un mouvement qui avait tout d'une structure partisane sous la IVe République et que, installé à l'Élysée, il ne découragea pas, loin de là, la constitution d'une formation accueillant ses fidèles.

On l'a compris : seule la nécessité de donner un certain contenu à l'ouverture en direction des centristes a dissuadé Georges Pompidou de révéler ses intentions en publiant le résultat de ses réflexions où éclate une empreinte gaullienne profonde. Beaucoup de contemporains n'ont pas senti à quel point le second président de la Ve République avait été marqué par son prédécesseur. Toute une littérature a mis l'accent sur la rupture entre les deux hommes après Mai 68 et l'affaire Markovic. En oubliant que, si affecté qu'il ait pu être par l'altération de sa relation avec de Gaulle, Pompidou n'avait nullement renié les principes directeurs d'une action à laquelle il avait apporté son concours et son ardente adhésion. Éloigné des querelles françaises, Henry Kissinger aura été plus lucide :

> Pompidou était un homme d'une intelligence, d'une dignité et d'une force de caractère extraordinaires, écrit-il dans ses *Mémoires*. […] Il faisait rarement allusion à de Gaulle mais quand cela lui arrivait, sa vive blessure apparaissait. Et pourtant, Pompidou était manifestement un président du style de De Gaulle. Il avait la même distance. Son maintien était royal, en accord avec la monarchie élective dont la Ve République avait investi son président. Il avait une conscience aiguë des prérogatives de son poste dans lesquelles il voyait, avec quelques raisons, le symbole de l'unité, de l'assurance et de l'influence retrouvée de la France.

Partant, on comprend mieux l'attitude de Georges Pompidou au cours des cinq années durant lesquelles il présida aux destinées du pays. Après avoir provoqué, en juillet 1972, la démission de Jacques Chaban-Delmas avec qui il ne s'était jamais entendu, il appela à Matignon Pierre Messmer, ancien ministre des Armées du Général, et cette nomination a souvent été mise sur le compte de la dégradation de son état de santé : après un Premier ministre avec lequel il n'avait cessé d'éprouver des difficultés à travailler, il aurait eu le souci d'avoir recours à un exécutant fidèle et sans états d'âme. L'explication contient une part de vérité mais la véritable raison de la promotion de Pierre Messmer, principal animateur de l'amicale Présence et action du gaullisme, paraît bien être la volonté du président de marquer symboliquement son attachement à l'œuvre entreprise depuis 1958. L'hypothèse est corroborée par l'attitude de Georges Pompidou en matière internationale. Dans ce domaine, la continuité n'a guère connu d'entorse. On doit même observer qu'après 1972, et surtout à partir de 1973, quand Michel Jobert est arrivé au Quai d'Orsay, une ligne diplomatique proche de celle conduite sous l'autorité du Général fut mise en œuvre : indépendance marquée à l'égard des Américains, distance à l'égard de l'État hébreu, rapprochement avec les pays arabes ; toutes les caractéristiques de la politique étrangère des années 1960 étaient perceptibles.

Le temps apprivoise les antagonismes, relativise les ruptures, rend plus évidentes les continuités. De ce fait, le mandat écourté de Georges Pompidou est de plus en plus perçu comme un prolongement de la présidence du général de Gaulle. Cela ne signifie nullement que l'empreinte propre du deuxième président de la Ve République doit être minimisée. De Gaulle voulait une France libre, souveraine, indépendante à l'égard des blocs. Pompidou ne cessa de faire siens ces objectifs mais en veillant à ce que le pays fût en position de faire vraiment prévaloir ses intérêts, autrement dit qu'il pût s'appuyer sur une économie saine, moderne et compétitive. Déjà, lorsqu'il était Premier ministre, cet objectif était à ses yeux essentiel. La création d'une industrie puissante et la concentration des entreprises constituaient pour lui des impératifs. Ayant accédé aux responsabilités suprêmes, il redoubla d'efforts. Plus ou moins directement, il favorisa nombre de fusions utiles. Grâce au regroupement Saint-Gobain-Pont-à-Mousson, Péchiney-Ugine-Kulhmann, toutes les filières aluminium, alliage, titane et zirconium sont réunies. Autour de Thomson et de la CGE, il pousse de même à un début de réorganisation du secteur de l'industrie électrique et électronique. Dans le domaine aéronautique, il approuva le rapprochement Sud-Aviation, Nord-Aviation et Société d'étude et de réalisation d'engins balistiques (Sereb) qui donna naissance à la Société nationale industrielle aérospatiale (SNIAS). La croissance des secteurs de pointe était également prioritaire aux yeux de Georges Pompidou : dans le domaine des télécommunications, de l'aéronautique, du nucléaire et de l'informatique, les progrès furent spectaculaires, concrétisés par exemple par le succès de l'Airbus. L'industrie était alors le moteur de l'expansion. De 1969 à 1973, la productivité de l'industrie française s'accrut au taux de 7 % l'an. Parmi les pays de l'Organisation de coopération et de développement économiques (OCDE), la France devint la championne de la croissance industrielle, un peu derrière le Japon, nettement devant les autres pays européens ou les États-Unis. Pour atteindre ces résultats, Pompidou a évidemment bénéficié du climat très favorable des Trente Glorieuses. Reste que ses choix ont pesé dans le bon sens puisque à la même époque, et dans un contexte identique, un pays comme la Grande-Bretagne sombrait au contraire dans le déclin. La réussite doit d'autant plus être soulignée qu'elle fut réalisée dans une relative paix sociale. Là encore, Georges Pompidou imprima sa marque. Au motif qu'il désapprouva le discours sur la nouvelle société prononcé par son Premier ministre Jacques Chaban-Delmas, le 16 septembre 1969, on croit parfois que les progrès sociaux ne faisaient pas partie de ses priorités. À tort car les résultats de la politique mise en œuvre par Georges Pompidou sont loin d'avoir été négligeables. S'il ne ressentait pas la nécessité d'une évolution des rapports humains à l'intérieur de l'entreprise, il a veillé à l'amélioration du sort des salariés. Sur ses directives, le salaire minimum interprofessionnel de croissance (Smic) a été revalorisé de 28 % entre 1969 et 1974, la retraite minimale des personnes âgées a été augmentée de 44 %, enfin la grande réforme de la mensualisation est devenue effective. Mai 68 avait rendu le chef de l'État particulièrement attentif aux problèmes sociaux. La bonne marche de l'économie permettait des avancées : c'était l'époque où la France enregistrait la croissance la plus forte d'Europe (avec un taux de 6 % par an). Ce qui permit aux habitants de l'Hexagone de voir leur niveau de vie augmenter de 25 % entre 1969 et 1974.

Dans le domaine international, Pompidou, s'il demeura fidèle aux principes gaulliens, avait sa sensibilité propre. Il se montrait plus méfiant que son prédécesseur à l'égard des Soviétiques et, surtout, il fit le pari d'arrimer la Grande-Bretagne à l'Europe en lui ouvrant les portes de la Communauté. C'était là évidemment une rupture par rapport à ce qui avait été l'attitude du Général sur ce problème. Les rares visiteurs qui franchissaient les grilles de La Boisserie entendaient d'ailleurs le maître des lieux critiquer vertement cette initiative. Georges Pompidou ne cachait pas qu'il avait décidé de faire ce choix avec l'arrière-pensée d'éviter tout glissement vers la supranationalité : le compte rendu d'un de ses entretiens avec le Premier Ministre Edward Heath atteste que ce dernier s'engagea à avaliser ce que l'on appelle le « compromis de Luxembourg », c'est-à-dire la possibilité pour ce pays membre de la Communauté de demander un vote à l'unanimité chaque fois que ses intérêts supérieurs se trouvaient en jeu. En ce sens, on peut dire que Pompidou se situait dans une logique gaullienne. Mais il reste qu'aux yeux du Général, les liens de la Grande-Bretagne avec les États-Unis constituaient un problème essentiel sur lequel on ne pouvait faire l'impasse. En donnant son accord à l'entrée de l'Angleterre dans le Marché commun, Georges Pompidou sortait donc de l'épure tracée par son prédécesseur. Il y avait aussi de sa part la volonté implicite de recentrer l'Europe autrement. Pour de Gaulle, la réconciliation franco-allemande était essentielle – même s'il avait été déçu par les suites ou plutôt la fin de non-recevoir réservée par Bonn au traité de l'Élysée de 1963. Pour des raisons plus personnelles, Georges Pompidou voyait les choses différemment : l'Allemagne, du fait de l'histoire, ne lui inspirait pas des sentiments très chaleureux. Cette disposition d'esprit se trouvait aggravée par la mauvaise qualité de ses relations avec le chancelier Willy Brandt. L'ancien bourgmestre de Berlin-Ouest regardait vers l'est avec, en perspective, une possible réunification. Cela ne pouvait que déplaire à Pompidou. D'où l'idée de se tourner vers Londres où était justement au pouvoir un Européen convaincu, le conservateur Edward Heath. L'idée de donner un nouvel axe au Vieux Continent et aussi d'amorcer une coopération très poussée en matière de défense avec le seul autre pays européen détenteur de l'arme atomique. À terme, le deuxième président de la Ve République n'excluait pas non plus la possibilité de voir naître une monnaie unique. « Je suis triffinien », avait-il noté en marge d'un rapport et par référence au Pr Robert Triffin, apôtre de la monnaie unique.

Reste une grande question : quel a été l'impact de la maladie sur la personnalité de Georges Pompidou et ensuite sur l'évolution de sa présidence ? Son adhésion aux principes directeurs du gaullisme n'en a pas, de toute évidence, été affectée. Il était arrivé à une véritable maturité politique au moment de sa rencontre avec le Général et les notes consignées dans ses ouvrages, *Pour rétablir une vérité* ou *Lettres, notes et portraits*, attestent son accord total le plus souvent avec de Gaulle, même si sur la mise en œuvre de la doctrine il se montrait parfois circonspect ou attentiste. Et même après sa rupture affective avec le Général, la fascination à l'égard du personnage perdura. Les seules réserves qu'il exprime concernent le caractère du personnage, son côté brutal et intraitable. L'épreuve de la maladie semble plutôt avoir accentué certains traits de sa personnalité. « Georges Pompidou était un pessimiste gai, disait l'un de ses amis. Après la découverte du mal qui le rongeait resta le pessimisme. » Il avait tendance à penser depuis toujours que le temps aplanissait bien des problèmes. Dans son livre *Le Nœud gordien*, il développa la thèse selon laquelle le progrès technologique provoquant de toute façon d'immenses bouleversements dans la société, le rôle de la puissance publique devait être de prévenir les chocs. Dans un moment où les croyances anciennes s'effaçaient, il fallait assurer une certaine stabilité, protéger d'abord ceux que l'on appelait les « exclus de l'expansion » : personnes âgées, petits patrons, etc. Plus le temps passa, plus Georges Pompidou se montra convaincu de ces vérités. Le contraste devenait flagrant entre l'amateur d'art contemporain qu'était le président et l'orientation de sa politique de tonalité plus nettement conservatrice, attestée par le rôle joué auprès de lui par deux conseillers, souvent mis en cause pour leurs supposées manœuvres de couloir : Marie-France Garaud et Pierre Juillet.

Georges Pompidou était un personnage complexe formé à l'école de la IIIe République dont il incarnait toutes les valeurs, ensuite totalement acquis au gaullisme. Son destin est semé de contradictions assumées. Le lettré curieux de toutes les formes d'expression demanda pour ses obsèques une messe chantée en grégorien. Le chantre de l'adaptation de Paris à la voiture se montrait attaché à une existence provinciale. Le conservateur qu'il était s'opposa assez fermement au principe de la sélection à l'entrée de l'université, bravant ainsi le vœu du général de Gaulle. Par un triste paradoxe enfin, cet homme fait pour le bonheur et dont le mandat écourté correspondit à une période généralement jugée heureuse de la vie nationale se vit, pratiquement dès son entrée en fonction, plongé dans une tragédie personnelle qu'il supporta avec un courage unanimement salué.

LES ÉLECTIONS DU PRINTEMPS 1969

Frédéric Fogacci

L'élection présidentielle de 1969 est « la plus importante de la Vᵉ République, en ce qu'elle termine le cycle gaullien et en ouvre un nouveau qui n'est pas encore terminé », déclarait Gérard Grunberg en 2013[1]. On laissera à chacun le soin de déterminer si, près de dix ans plus tard, cette affirmation est toujours soutenable, mais elle pouvait déjà sembler à la fois hardie et stimulante à l'époque. En effet, dans l'historiographie récente de la Vᵉ République, cette élection, seconde en date au suffrage universel, et conséquence directe du référendum du 27 avril, apparaît plus volontiers comme un moment de transition étrange, résolu dans une configuration de second tour sans lendemain (candidat gaulliste contre candidat centriste) qui semblait constituer un dernier avatar avant l'inéluctable bipolarisation du champ politique, et dont le mandat tragiquement interrompu de Georges Pompidou renforçait la dimension éphémère et atypique. De fait, ce cycle électoral semble à première vue enfermé entre ce qui l'a rendu possible, la crise de Mai 68, puis le référendum de 1969, sa trop lourde tâche de clore la période gaullienne de la Vᵉ République, et celle, incertaine, de définir de nouveaux horizons politiques. Organisée dans la foulée du référendum, concentrée sur une période de campagne électorale assez courte, elle se trouve donc résumée, selon le titre de l'ouvrage de Roger-Gérard Schwartzenberg[2], à une « Guerre de succession », dans laquelle interviennent plusieurs personnages politiques sans destin national majeur dans les années suivantes, comme Alain Poher, Gaston Defferre ou Jacques Duclos, tandis que l'acteur principal, le général de Gaulle, en est absent. De manière frappante, à l'exception d'Alain Krivine, aucun des candidats de 1969 ne le sera cinq années plus tard, en 1974[3],

1. Gérard Grunberg, « Ouverture, les enjeux politiques et institutionnels », *in* Frédéric Fogacci, Cédric Francille, Gilles Le Béguec (dir.), *L'Élection présidentielle de 1969*, Bruxelles, PIE-Peter Lang, coll. « Georges Pompidou, Études », 2016, p. 17.

2. Roger-Gérard Schwartzenberg, *La Guerre de succession. Les élections présidentielles de 1969*, Paris, PUF, 1969.

3. Ni même à aucune autre élection présidentielle, si l'on considère que Michel Rocard a dû, par deux fois, s'effacer devant François Mitterrand après avoir mené une pré-campagne, en 1980 puis en 1987.

et l'élection présidentielle donnera alors l'impression d'amorcer le choix pour les électeurs entre droite et gauche, latent depuis la réforme de 1962 et jusqu'ici différé. Second tour du référendum d'avril ou troisième tour des législatives de juin 1968, ces élections auraient donc traduit la difficulté des Français à véritablement rompre avec le général de Gaulle, au point de massivement choisir, au second tour, celui qui fut pendant six années son Premier ministre.

Se conformer à cette vision conduirait pourtant à passer à côté de l'originalité de ce moment politique, mais également à négliger son rôle dans la reconfiguration du pays, bref, à sous-estimer la modernité politique. Sans doute, cette campagne imprévue n'offre pas le grand débat sur les acquis du gaullisme dont la France aurait eu besoin. Pour autant, il s'agit aussi d'un moment de renouvellement. Pierre Mendès France, candidat associé à Gaston Defferre, y clôt par un échec spectaculaire sa carrière politique nationale, enterrant par là même pour un bon moment, à gauche, le projet politique social-démocrate, tandis que Michel Rocard commence à y bâtir son destin national. Au contraire, le score spectaculaire du candidat du PC, Jacques Duclos, valide la stratégie d'union de la gauche de l'absent de l'élection, François Mitterrand. L'échec très net d'Alain Poher au second tour fragilise la famille centriste, et le soutien de Valéry Giscard d'Estaing, partisan du « non » au référendum, à Georges Pompidou augure d'une majorité de gouvernement elle-même bipolaire, dans laquelle l'intéressé jouera un rôle important. Il faut aussi en voir la modernité institutionnelle : avec Georges Pompidou, c'est une manière de prolonger la lecture gaullienne de la Constitution et de la fonction présidentielle qui s'impose, quand celle d'Alain Poher aurait probablement conduit à restaurer la prééminence du Parlement. En ce sens, cette élection finit de dissiper les conflits d'interprétation sur le sens du texte de 1958 qu'avait soulevés la réforme d'octobre 1962. Enfin, il ne faut pas sous-estimer le contexte socio-économique dans lequel se tiennent les élections : avec la fin des années 1960, dans un contexte social tendu de l'après 1968, la France amorce sa sortie des années de forte croissance, tout en bénéficiant de l'appareil politico-administratif performant et des grands projets hérités de l'État gaullien. Bien des choses sont donc à réinventer.

Enfin, il ne faut pas négliger de considérer ce que la campagne elle-même dit de l'évolution de la vie politique. Si celle de 1965, modelée par l'engagement tardif du général de Gaulle, avait déjà ouvert la voie à l'« américanisation » de la vie politique incarnée par exemple par Jean Lecanuet[1], celle de 1969 s'inscrit dans cette évolution sans pour autant correspondre à une accélération significative, tant dans la mobilisation des appareils politiques que dans l'usage de la communication, et dans la personnalisation du débat politique. Georges Pompidou a bien travaillé à construire une stature présidentielle, nourrie de son action aux côtés de De Gaulle, de ses initiatives lors de la crise de 1968, puis d'une traversée du désert marquée notamment par sa déclaration de Rome (janvier 1969) pour trouver dans des délais très raccourcis la légitimité du candidat, même s'il ne faut pas exagérer la simplicité de ce processus, ni les réticences qu'il suscite chez certains gaullistes de gauche. On se souvient de ce slogan gaulliste, qui vise à distinguer Pompidou de Poher : « On veut un homme, et non un bonhomme. » Sa victoire nette, nimbée du large succès des gaullistes aux élections législatives de juin 1968, et enrichie de sa capacité à élargir sa majorité vers les centristes et les RI, constitue à bien des égards un modèle de campagne électorale réussie. Mais puise-t-il dans cette campagne une capacité à refonder ? Y trouve-t-on un lien direct avec le projet de « nouvelle société » que Jacques Chaban-Delmas proposera au mois de septembre ?

On tentera donc de soulever ces quelques points : le chemin vers l'élection à compter du référendum d'avril 1969, la campagne électorale, son impact sur la société française, et enfin la complexité des résultats, qui outrepasse la simple et évidente victoire de Georges Pompidou.

Prolégomènes à une élection anticipée

Quand commence le processus qui conduit aux élections présidentielles de 1969 ? Il y a à ce sujet plusieurs interprétations possibles. La première serait évidemment de considérer que le scrutin de ballottage qui s'impose au général de Gaulle en décembre 1965

1. De Gaulle avait initialement manifesté son refus d'apparaître « en pyjama » devant les Français. Au soir du premier tour, il s'était reproché d'avoir confondu campagne référendaire et campagne présidentielle, et d'avoir négligé la dimension personnelle de cette dernière. (François Broche, « Deux notes de François Goguel », *Espoir*, n° 145, p. 147.

pose les bases d'un second mandat fragilisé, mais également qu'il définit ce que seront les élections présidentielles et le processus auquel elles conduiront. Pour mémoire, le Général envisage, au soir du premier tour conclu par un score décevant de 44 %, de se retirer, quitte à laisser le champ libre à François Mitterrand. Ce sont les analyses de François Goguel, basées sur le modèle des primaires américaines, qui le convainquent du caractère inéluctable du second tour, chaque force politique ayant l'occasion de se compter et de mobiliser les électeurs[1]. L'idéal envisagé d'une rencontre entre un homme et un peuple ne saurait dès lors s'abstraire du recours à des procédés classiques de campagne électorale. Se déclarant tardivement, un mois avant le premier tour, refusant de bénéficier d'une machine partisane pour privilégier une association de soutien sise rue de Solférino et bien moins experte en ingénierie politique, refusant de faire campagne pour s'adresser directement aux Français[2], de Gaulle laisse ces avantages à ses concurrents, au premier rang desquels Jean Lecanuet et François Mitterrand. Quatre années plus tard, l'importance de la campagne électorale, d'une organisation partisane capable de mobiliser moyens et militants pour la soutenir, des enjeux de personnalisation et d'incarnation du candidat portés par la communication politique n'échappe plus à aucun camp. Des spécialistes de ces questions, comme Michel Bongrand, s'affirment. La stratégie « américaine » de Jean Lecanuet, le « Kennedy français », dont le score a été une des surprises du scrutin, symbolise ce qui apparaît alors comme une mutation profonde[3].

Les leçons sont également politiques : cette élection valide la stratégie de François Mitterrand, celle d'union de la gauche,

---

1. François Broche, « Deux notes de François Goguel », *op. cit.*, p. 147. En 1962, Goguel avait déjà convaincu le Général qu'en raison de l'abstention « structurelle » et non significative sur le plan politique, 47 % de vote positif parmi les inscrits au référendum pouvait être considéré comme une majorité absolue. Sa note rédigée le 5 décembre 1965 insiste sur le fait que « le ballottage est inévitable dans notre nouveau système. Il correspond aux "primaires" à l'américaine. Il n'empêche nullement qu'ensuite, le président proclamé se conduise comme l'élu de tous les Français ». Cette note, transmise au Général par Étienne Burin des Roziers, semble l'avoir définitivement décidé à s'engager dans la campagne de second tour.

2. Avant le premier tour, le Général se limite à deux brèves interventions télévisées, les 30 novembre et 3 décembre.

3. Christian Delporte, « Lecanuet en 1965 : l'effet télévision ? », *Matériaux pour servir à l'histoire de notre temps*, n° 46, 1997, p. 32-35.

soutenue par le PCF : en découle la création de la FGDS, qui tente d'assembler la SFIO, les radicaux et la nébuleuse des clubs. Le relatif succès des législatives de 1967, qui voient une nette poussée des partis de gauche, et ne laissent au gouvernement de Georges Pompidou qu'une majorité étroite, se brise sur les élections législatives de juin 1968, qui laissent les partis de gauche divisés et considérablement affaiblis à l'Assemblée.

L'ombre portée de Mai 68 ?

La crise de Mai 68 est bien évidemment l'autre point de départ menant aux élections[1]. La dissolution annoncée par le général de Gaulle le 30 mai n'est en effet qu'une des options de sortie institutionnelle de la crise, après le référendum et, sans doute, la démission et l'organisation de nouvelles élections présidentielles, moins de trois ans après celles de décembre 1965. Précisons : si le Général lui-même privilégie sans doute l'option référendaire, annoncée lors de son intervention sans écho du 24 mai, ses opposants tirent profit de l'épisode de Baden-Baden pour considérer le pouvoir comme « vacant » et envisager une nouvelle élection présidentielle. Il faut se souvenir des mots de François Mitterrand lors de sa conférence de presse du 28 mai 1968 à l'hôtel *Continental* : considérant l'échec du projet de référendum gaullien comme acté et la démission du Général comme inévitable, il annonce d'ores et déjà sa candidature à une future élection présidentielle, et associe Pierre Mendès France à son projet en le proposant pour diriger le Gouvernement provisoire.

Cependant, le choix de la dissolution, annoncée le 30 mai par le général de Gaulle, place son Premier ministre depuis avril 1962, Georges Pompidou, encore un peu plus en première ligne. La gestion de la révolte étudiante, puis ouvrière, est un enjeu de pouvoir et d'influence entre les deux hommes : l'épisode de Baden-Baden laisse certaines traces, sans doute moins entre le Général et Georges Pompidou qu'entre leurs entourages respectifs. Pourtant, à bien des égards, leurs initiatives au cours de ce mois peuvent apparaître paradoxalement complémentaires. Georges Pompidou s'impose comme le chef de campagne de la majorité pour les

1. Sur les évolutions politiques de fond, voir Gilles Richard, *Mai 1968... et après*, Bordeaux, éditions du CRDP d'Aquitaine, 2008.

élections législatives : le succès des élections des 23 et 30 juin 1968 (367 députés élus, ce qui donne pour la première fois une majorité absolue au parti gaulliste) est avant tout le sien. Sa capacité à « tenir » au plus fort de la crise de mai lui donne un ascendant fort sur le groupe parlementaire. Son remplacement, au terme d'une suite de malentendus, par Maurice Couve de Murville, n'apparaît pas nécessairement comme une rupture franche, même s'il apparaît que la perception de ce qu'est la participation (« Je ne le sais pas », oppose Pompidou) est alors différente chez les deux hommes. Le rôle des gaullistes de gauche, comme René Capitant, est alors sensible dans cette incompréhension.

Georges Pompidou, du départ de Matignon à la « présidentialisation »

Le départ de Matignon conduit donc Georges Pompidou à une prise de distance organisée, essentielle pour la suite. À la rentrée de septembre 1968, le député du Cantal prend ses quartiers boulevard de La Tour-Maubourg, lieu qui devient rapidement un point de ralliement pour une équipe, animée par Michel Jobert, pour de nombreux députés, mais aussi pour des ministres et secrétaires d'État restés proches du député du Cantal, comme Jacques Chirac. Sabrina Tricaud[1] montre que certains conseillers ministériels restés en poste gardent également attache, nourrissant Pompidou en notes, ou répondant à ses interrogations. Si ce dernier s'astreint un premier temps au silence public, son influence au sein du groupe parlementaire est profonde. Les débats autour de la loi Edgar Faure sur la réforme des universités le montrent : la majorité, très large, dont dispose Maurice Couve de Murville n'en est pas pour autant inconditionnelle[2].

L'idée que la crise de mai a été tranchée par les urnes y domine. Pourtant, dans un mouvement contraire, les personnalités gaullistes hostiles à Georges Pompidou ont vu leur poids se renforcer au Gouvernement. S'en suit donc un climat de brouille et de malentendus,

1. Sabrina Tricaud, « Georges Pompidou, du départ de Matignon à la candidature », *in* Frédéric Fogacci, Cédric Francille, Gilles Le Béguec (dir.), *L'Élection présidentielle de 1969*, *op. cit.*, p. 25-26.

2. Bruno Poucet, David Valence (dir.), *La Loi Edgar Faure. Réformer l'université après 1968*, Rennes, PUR, 2016.

dont l'affaire Markovic est le symbole[1]. L'assassinat de l'ancien garde du corps de l'acteur Alain Delon, les rumeurs impliquant Claude Pompidou, le rôle des entourages, qui empêchent un dialogue direct entre Georges Pompidou et le Général, nourrissent une montée des tensions, dont le garde des Sceaux, René Capitant, suspecté sans preuves d'être lié à la divulgation de rumeurs, est le point de cristallisation. Georges Pompidou s'en explique sans fard dans son ouvrage *Pour rétablir la vérité*, accusant certains hauts personnages de l'État, dont Couve de Murville et Capitant, d'une passivité coupable. Le député du Cantal mobilise en retour ses réseaux au ministère de l'Intérieur, tenu par un de ses proches, Raymond Marcellin, et sollicite une audience auprès du Général pour dénoncer le complot le visant. L'invitation à dîner à l'Élysée lancée par le Général, le 4 octobre 1968, intervient trop tard pour restaurer une pleine confiance.

Les mois qui suivent sont donc pour Pompidou une période de prise de distance et d'affirmation, dont la fameuse déclaration de Rome le 17 janvier 1969 constitue le point d'orgue. On a beaucoup écrit sur cette conférence de presse informelle au cours de laquelle Pompidou laisse tomber cette formule selon laquelle il sera candidat à une élection présidentielle « quand il y en aura une ». C'est là manière de prendre acte de son nouveau statut, conquis au plus fort de la crise de Mai 68, et peut-être de le rappeler là où d'autres ambitions, comme celles de Valéry Giscard d'Estaing, à la tête de la Fédération nationale des républicains indépendants (FNRI), commencent à s'affirmer. Mais cette manière de prendre date s'inscrit dans un contexte où la prochaine échéance présidentielle se situe en décembre 1972. La question d'une nouvelle candidature du Général, à quatre-vingt-deux ans passés, peut alors légitimement être posée. Encore une fois, dans cette atmosphère politique de faux-semblants, cette phrase ne peut pourtant être interprétée indépendamment des éléments précités : elle est majoritairement lue comme une déclaration d'indépendance qui ouvre de fait la succession du Général, et rassure l'électorat gaulliste sur l'existence d'une solide solution de continuité. Le Général ne l'interprète pas autrement, rappelant au terme du conseil des ministres qui suit son « devoir et son intention de remplir son mandat jusqu'à son terme ». La seconde déclaration de Georges Pompidou, celle de

1. Arnaud Teyssier, *L'Énigme Pompidou-de Gaulle*, Paris, Perrin, 2021, p. 266-273.

Genève, a selon Bernard Tricot un effet durable chez de Gaulle, car elle dissipe à ses yeux l'idée d'une maladresse de son ancien Premier ministre : « M. Pompidou, c'est fini[1]. »

Le référendum d'avril 1969 et la mise en place du rapport de force politique

Du point de vue gaullien, la crise de Mai 68 vient de loin, de l'affirmation du corps social, de la tension quasiment inévitable entre une société qui se libéralise en bénéficiant pleinement de la croissance des années 1960 et la cathédrale d'efficacité politico-administrative qu'est la Ve République des années gaulliennes. Comme le note Gaetano Quagliariello, les effets concrets de la politique de modernisation gaullienne conduisent plus à l'affirmation de la société de consommation et de valeurs individualistes et hédonistes qu'à une convergence autour de la notion d'effort national[2]. Conscient de la nécessité de rapprocher l'État des citoyens, de trouver des relais à son action sans pour autant diluer son efficacité, conscient également que la crise de mai s'est réglée par une élection législative qui ne le mettait pas en première ligne face aux Français, comme à son habitude, de Gaulle réfléchit dès l'été 1968 à des solutions pour reprendre la main. Point important, le référendum ne s'impose pas nécessairement : celui annoncé le 24 mai 1968 ayant été ajourné, la possibilité de mener la réforme par voie parlementaire est sérieusement envisagée. « Ce référendum, je ne le sens pas », confie à plusieurs reprises le Général à Bernard Tricot[3]. Plusieurs raisons nourrissent ce pressentiment, particulièrement le peu d'enthousiasme des Français pour des enjeux techniques et complexes, et non de principe, comme en Mai 68. Le Premier ministre, Maurice Couve de Murville, peu enthousiaste, s'en fait l'écho.

Le choix du référendum a été décrit, selon la célèbre formule de François Mauriac, comme un « cas unique de suicide en plein bonheur ». D'autres interprétations, comme celle d'André Malraux (« rechercher l'ingratitude des Français »), sont allées dans le sens d'un référendum de « relégitimation » voulu par le Général, quitte à accepter un départ du pouvoir dramatisé, mais pleinement cohérent

1. Bernard Tricot, *Mémoires*, Paris, Quai Voltaire, 1994, p. 357.
2. Gaetano Quagliariello, *La Religion gaulliste*, Paris, Perrin, 2007.
3. Bernard Tricot, *Mémoires*, *op. cit*, p. 356.

avec le souci constant de « légitimité ». Pourtant, à y regarder de près, les thématiques portées viennent de loin. La réforme régionale est déjà mentionnée explicitement lors du discours de la Foire de Lyon, le 24 mars 1968 (« Ce sont les activités économiques qui s'imposent comme les ressorts de la puissance économique de demain »), la participation, comme on l'a vu, est l'un des thèmes récurrents du second mandat : lors de la conférence de presse du 28 octobre 1966, le Général a déjà explicitement soutenu l'action de Louis Vallon, qui contrarie pourtant le gouvernement Pompidou. Ces deux idées se retrouvent dans son intervention du 24 mai 1968, assorties d'une remarque si profondément gaullienne qu'elle est peu relevée sur le moment : l'enjeu du référendum sera de donner « à l'État, et d'abord à son chef, un mandat pour la rénovation ». On y ajoutera que la représentation des compétences, des « forces vives » au sein de la seconde Chambre est présente dans la pensée gaullienne dès le discours de Bayeux, « pour que se fasse entendre, au-dedans même de l'État, la voix des grandes activités du pays ».

Le basculement de la campagne référendaire à l'élection présidentielle

Pour des raisons qu'il ne nous revient pas de développer ici, la campagne de la majorité présidentielle s'avère rapidement laborieuse. Si Georges Pompidou y joue un rôle actif, devant à plusieurs reprises se défendre de se poser en alternative au Général, la défection de Valéry Giscard d'Estaing pèse dans sa dynamique. Alain Poher, qui a succédé à Gaston Monnerville à la tête du Sénat, mobilise efficacement des réseaux notabiliaires dont la résilience comme l'influence ont sans doute été sous-estimées par le pouvoir. En dépit de l'énorme effort déployé par les partisans du « oui », qui éditent à 15 millions d'exemplaires le journal *France-Régions* et multiplient les réunions publiques et les apparitions à l'ORTF, la tendance devient progressivement défavorable, et pour la première fois, six jours avant le vote, les intentions de vote négatif l'emportent selon l'Ifop. Cette chronologie est essentielle pour la suite, tant la possibilité d'une élection présidentielle dans la foulée du référendum n'apparaît aux états-majors politiques que tardivement, l'hypothèse d'une courte victoire du projet gouvernemental ayant longtemps prévalu.

On trouve dans l'ultime intervention du Général, le 25 avril, un ton crépusculaire : quelques instants avant de prendre la parole, il a pris connaissance d'une enquête de l'Ifop donnant 53 % au « non », qui renforce encore son pessimisme. Après avoir brièvement rappelé le caractère crucial à ses yeux de la participation, il envisage déjà la fin de son mandat, même en cas de victoire au référendum : « Enfin, une fois venu le terme régulier, sans déchirement, sans bouleversement, tournant la dernière page du chapitre que, voici trente ans, j'ai ouvert dans notre histoire, je transmettrai ma charge officielle à celui que vous aurez élu pour l'assumer après moi[1]. » Ces derniers mots, largement interprétés, évoquent déjà, pour certains, l'issue offerte par Georges Pompidou, quand d'autres y voient l'occasion pour le Général de refermer le long roman d'une relation particulière, privilégiée avec les Français, forgée un peu moins de trente années plus tôt.

L'atmosphère n'est guère à l'optimisme à l'Élysée quand le Général part pour Colombey, le vendredi 25 au soir, peu après son allocution : tout est prêt pour qu'il n'ait jamais à y revenir, de la lettre au Premier ministre à la déclaration à l'AFP, en passant par les instructions pour le traitement des archives et le reclassement des collaborateurs[2]. Dès minuit onze, le soir du 27 avril, paraît un communiqué lapidaire : « Je cesse d'exercer mes fonctions de président de la République. Cette décision prend effet demain à midi. » Au même moment, quelques militants gagnent l'Élysée pour vider le bureau du Général : ses affaires personnelles, en l'absence d'un logement parisien à sa disposition, sont entreposées dans son bureau de la rue de Solférino, devenu le siège de l'association de soutien, et qui abritera bientôt, selon son souhait, l'institut à son nom. La rupture est violente et suscite sans doute une forme d'incrédulité, en France, mais aussi à l'étranger. Citons le magazine *Time* : « *Most frenchmen woke up in the first days of what might be called A. D (After De Gaulle) slightly dazed and and a little disbelieving at what they had wrought*[3]. » On ne saurait négliger le fait que la campagne de 1969 oblige ses acteurs à

1. CDG, *Discours et Messages*, t. V, *op. cit.*, p. 406.
2. Bernard Tricot, *Mémoires*, *op. cit*, p. 358-359. « Quand, au début de l'après-midi de vendredi dernier, le général de Gaulle a quitté l'Élysée, nous sentions bien que c'était la dernière fois », déclare Tricot lors de l'ultime réunion des collaborateurs du Général.
3. « France Enters a New Era », *Time Magazine*, 9 mai 1969, p. 25.

agir très vite dans un contexte politique pourtant marqué par une certaine sidération.

Un mois et demi pour élire un successeur au Général : une course de vitesse

Mais c'est là le drame des vainqueurs : leur victoire s'est faite contre le Général, leur majorité est donc négative. Quel projet politique fonder dessus ? Quelle suite proposer pour la Ve République ? Dans un étrange éditorial daté du 28 avril, Jean-Jacques Servan-Schreiber, tout en se réjouissant du départ du Général (« Pour la première fois dans la vie d'un homme de ma génération, on peut être fier de son pays »), met en garde contre le « pauvre calcul » de vouloir revenir à un gouvernement d'Assemblée : « À partir du moment où l'électeur ne voit plus, ne ressent plus, ne constate plus de ligne directe entre son vote et la nature du pouvoir, l'orientation du Gouvernement, la composition de l'équipe dirigeante, il ne se considère plus lié par aucun contrat et c'est le sauve-qui-peut des égoïsmes et des revendications qui empêche alors toute réelle ambition collective dans la conduite des affaires publiques[1]. »

La transition constitutionnelle est d'une extrême rapidité. Le 28 avril au matin, la lettre de démission du Général est transmise au Conseil constitutionnel, et à 15 heures, Alain Poher, président du Sénat, arrive à l'Élysée pour prendre ses fonctions de président de la République par intérim. Dès le 2 mai, les élections présidentielles sont fixées aux 1er et 15 juin. Pour autant, Alain Poher ne dispose d'aucune majorité de Gouvernement. Face au gouvernement de Maurice Couve de Murville, qui expédie les affaires courantes, il concentre l'essentiel de ses services au secrétariat pour les affaires africaines et malgaches où, après avoir envisagé quelques jours le maintien de Jacques Foccart, il nomme Daniel Pepy. Dès le 2 mai, André Méric, sénateur SFIO, qui remplace temporairement Poher à la tête de la Haute Assemblée, assure publiquement sa certitude que ce dernier « saura préserver l'unité du peuple de France », tout en se refusant « volontairement » à

1. Jean-Jacques Servan-Schreiber, « Après lui, qui ? », *L'Express*, avril 1969, p. 5.

rendre hommage au général de Gaulle[1]. Le spectre d'une candidature « sénatoriale » se dessine assez vite, afin de prolonger la dynamique référendaire.

Cependant, la situation politique présente également pour les vainqueurs dès le lendemain du référendum des contraintes nombreuses. La première réside précisément dans cet exercice temporaire de la présidence de la République, qui limite la possibilité pour Poher de se lancer dans une campagne quand pèsent sur lui à la fois la nécessité de gérer les affaires courantes et celle d'incarner le rassemblement d'une majorité référendaire essentiellement de rejet. Bien vite, les différents partis fourbissent leur stratégie propre, renvoyant Poher à l'apport modeste de sa famille d'origine, le Centre démocrate. La seconde réside, surtout, dans le fait d'être implicitement candidat à une « normalisation » de la fonction présidentielle. Ce handicap, qui était déjà apparu dans les campagnes avortées menées en 1965 par Gaston Defferre (Monsieur X), puis par Maurice Faure, renvoie à un paradoxe difficilement dépassable : comment convaincre les Français qu'on est candidat à un poste dont on souhaite remettre en cause les prérogatives définies par le Général ? En effet, le référendum de 1969 n'était pas celui d'octobre 1962, et l'interprétation gaullienne a, elle, été largement validée par les Français. Face à ces deux obstacles, il est difficile de faire perdurer la dynamique politique du référendum dès lors que s'ouvre la campagne présidentielle.

En effet, celle-ci apparaît comme une course de vitesse inédite à tous égards. Alors qu'en 1965, de Gaulle avait souffert de se confronter à des adversaires entrés en campagne bien avant lui, quatre années plus tard, il s'agit de définir des stratégies, des thématiques et de trouver des candidats dans l'urgence. Peu de forces politiques ont véritablement préparé cette campagne en amont du 27 avril, pour une raison simple : la dynamique en faveur du « non » ne s'impose que tardivement dans les sondages, une semaine avant le vote final. C'est donc ici que le travail préalable de construction de l'image des candidats, de mise en place des équipes va s'avérer décisif.

1. *Le Monde*, 2 mai 1969 : « M. André Méric, Président provisoire, rend hommage à faction de M. Alain Poher, dont la candidature est souhaitée par de très nombreux sénateurs. »

Georges Pompidou : une entrée en campagne préparée, rapide et réussie

Le travail effectué par Georges Pompidou, qui dispose d'équipes constituées dans son QG du boulevard de La Tour-Maubourg, et d'une légitimité patiemment entretenue auprès du groupe parlementaire, s'avère essentiel dans la réussite d'une opération aussi rapide que bien menée. Dès le mardi 29 avril au matin, il convoque la presse pour annoncer sa « volonté de maintenir une continuité et une stabilité nécessaires » et son « espoir de préparer l'avenir ». La démarche cherche à s'inscrire dans les pas du Général : Pompidou se déclare directement aux Français, il refuse donc initialement de conditionner sa candidature à un parti, comme de Gaulle l'avait fait en 1965. Au même moment, à Colombey, Bernard Tricot remet au Général une lettre de Pompidou, à laquelle de Gaulle répond en trouvant « normale et satisfaisante » la candidature de son ancien Premier ministre, et en « souhaitant son succès ». Si le message peut sembler manquer de chaleur, il est dûment transmis à Pompidou, l'après-midi même, par Jacques Foccart[1], et l'équipe du candidat se chargera de faire connaître la position du Général. La question de la légitimation de la candidature est donc tranchée.

À peine sorti de sa conférence de presse, Georges Pompidou se rend à l'Assemblée nationale, pour solliciter et obtenir le soutien du bureau politique du groupe, puis plancher, l'après-midi, devant l'ensemble des députés UDR, en salle Colbert, avant de conclure sa journée au bureau national du parti. Cette étape, indispensable, lui permet de s'assurer d'un plein et entier soutien d'un parti qui va s'avérer central dans la campagne. Alors que le général de Gaulle avait, en 1965, refusé d'être le candidat d'un parti, se privant des services d'élus bien implantés, Georges Pompidou ne commettra pas la même erreur, s'appuyant pleinement sur eux et sur le secrétaire général Robert Poujade pour mener à bien sa campagne, particulièrement dans un temps réduit. Si la stratégie de Pompidou neutralise les oppositions internes au camp gaulliste, celles-ci sont pourtant bien existantes. René Capitant refuse ainsi d'apporter son soutien à Pompidou, et laisse vivre l'idée de sa propre candidature

1. Bernard Tricot, *Mémoires*, *op. cit*, p. 364.

avant de se désengager le 12 mai, sur l'insistance de Jacques Chaban-Delmas et de Michel Debré.

Pour autant, la partie la plus délicate pour Georges Pompidou ne se joue pas directement dans son propre camp, mais chez les alliés RI, pour deux raisons. La première est que la rivalité opposant Pompidou à son ancien ministre des Finances, Valéry Giscard d'Estaing, structure en grande partie le débat à droite. Interprétée comme un défi lancé au Général, la déclaration de Rome l'est bien moins souvent comme une volonté chez Pompidou de marquer une prééminence face aux ambitions présidentielles de moins en moins dissimulées de Giscard d'Estaing. Beaucoup se joue à ce sujet le lundi 28 avril entre Chamallières et Paris, au lendemain de l'échec du référendum. Dès le lundi matin, les plus proches lieutenants de Giscard d'Estaing, Michel Poniatowski et Michel d'Ornano, tentent de susciter une candidature d'Antoine Pinay, tandis que Giscard lui-même fait l'éloge devant la presse d'une « candidature d'apaisement » : « Pour prendre le relais d'un homme d'exception, il faut un homme d'expérience[1]. » Ce projet d'une candidature d'Antoine Pinay n'est pas exactement nouveau. Dès 1958, chez les radicaux et les indépendants, certains conjecturaient déjà qu'elle pourrait mobiliser le collège électoral dans le but de congédier le général de Gaulle. Si la réforme d'octobre 1962, en confiant à l'ensemble des Français le soin d'élire le président, fait échouer la manœuvre, Antoine Pinay incarne néanmoins un projet de « reparlementarisation » de la Ve République.

Pinay refusant rapidement l'opération, la question se repose le lendemain à l'Assemblée, alors que se réunit le groupe des RI. Celui-ci se partage entre les partisans d'un soutien immédiat à Georges Pompidou, porté notamment par Raymond Marcellin ou André Bettencourt, et ceux qui, autour de Valéry Giscard d'Estaing et de sa garde rapprochée, continuent à plaider pour une candidature d'apaisement, laquelle n'est désormais plus clairement identifiée. La venue de Pompidou devant le groupe augure d'un échange tendu, sur lequel le témoignage de Jean-Pierre Soisson est éclairant[2]. Après que Pompidou a été rudement questionné, notam-

---

1. Roger-Gérard Schwartzenberg, *La Guerre de succession*, *op. cit.*, p. 37-43. Voir aussi Sylvie Guillaume, *Antoine Pinay ou la confiance en politique*, Paris, Presses de la FNSP, 1984.

2. Jean-Pierre Soissons, « Témoignage », *in* Frédéric Fogacci, Cédric Francille, Gilles Le Béguec (dir.), *L'Élection présidentielle de 1969*, *op. cit.*, p. 183-184.

ment sur le futur rôle gouvernemental dévolu à Giscard d'Estaing, c'est le député des Vosges, Albert Voilquin, qui dénoue le débat d'une formule sans ambiguïté : « Valéry, il est trop tôt pour toi. » Le lendemain, les indépendants portent à Pompidou une liste de six conditions à un ralliement (ouverture de la majorité aux centristes d'opposition, meilleure prise en compte du Parlement, défense de la monnaie, ouverture de l'ORTF à l'opposition, maintien des alliances et élargissement du Marché commun), lequel les accepte dans la foulée. Valéry Giscard d'Estaing, après avoir temporisé une dernière fois (il joue avec la presse en évoquant les « trois P » qui peuvent incarner une « candidature d'apaisement »), pressé par son groupe parlementaire, annonce alors le soutien des RI à l'ancien Premier ministre.

Ce ralliement, durement obtenu, est essentiel pour plusieurs raisons. La première est que, dès le 30 avril, il brise les frontières politiques du référendum, sur la base desquelles ne se fera donc pas l'élection présidentielle. Les études de la Sofres montrent précisément que l'électorat indépendant est de ceux qui ont manqué au Général, faisant basculer le résultat final. Avec ce ralliement, Alain Poher ne peut rester le « candidat du non », dont la victoire est renvoyée à des alliances de circonstance. Plus encore, elle prive le président du Sénat de ralliements précieux là où Georges Pompidou se place au contraire dans la situation de reconstituer le corpus de soutiens dont avait bénéficié le Général en 1965. Une semaine plus tard, Pompidou peut engager des négociations avec le parti PDM et Jacques Duhamel, qui conduisent au ralliement de ce dernier au terme d'un long dialogue radiophonique. Robert Poujade rapporte cette confidence que lui fait de Gaulle sur « l'après-lui » : « Pompidou peut-être, à condition qu'il se fasse un destin qui soit son destin[1]. » En quelques jours, son ancien Premier ministre s'en est donné les moyens.

À gauche : la division du camp du « non »

Pour la gauche, la campagne présidentielle qui s'ouvre constitue à la fois une opportunité et un piège. C'est tout d'abord l'opportunité de se relever du désastre qu'ont constitué la crise de

1. Robert Poujade, *Avec de Gaulle et Pompidou. Mémoires*, Paris, L'Archipel, 2011, p. 173.

Mai 68 et les élections législatives qui ont suivi. À cette occasion, la gauche institutionnelle a démontré son absence de prise sur le mouvement social et étudiant et, dans le cas du PC, ses réticences à laisser les deux composantes se rencontrer[1]. Au contraire, une gauche étrangère à l'union en formation, symbolisée par le PSU de Michel Rocard, a seule réussi à trouver un temps un lien avec le mouvement étudiant, sans pour autant trouver un quelconque débouché dans les urnes au mois de juin. En effet, divisée, la gauche a retrouvé son unité pour échouer massivement aux élections législatives de juin 1968. À peine plus d'un an après la percée des élections législatives de mars 1967, elle passe de 199 députés à 91. Le PC n'a qu'un député de plus que le groupe PDM, et le PSU n'a pas le moindre élu. Ces élections, souvent qualifiées à gauche de « salaire de la peur », ont démontré l'extrême difficulté, théorisée plus tard par Michel Rocard, à fonder une force politique issue de 1968, le PSU étant à bien des égards le laboratoire de cette impasse[2].

Plus encore, cette élection vient questionner la stratégie institutionnelle de la gauche face à la Ve République. Le concept même d'élection du président au suffrage universel est, dès 1962, massivement rejeté. Les atermoiements autour d'une candidature de gauche en 1965 (celle de Gaston Defferre, puis de Maurice Faure) sont mus par une volonté de modifier l'équilibre institutionnel au détriment de la fonction recherchée. La logique de François Mitterrand, si elle s'inscrit dans ce discours (son slogan en 1965 de « rendre » le pouvoir aux Français), repose en revanche sur une pleine acceptation de la logique institutionnelle de la Ve République, et en particulier par une recherche systématique de l'union de la gauche comme moyen privilégié de parvenir au pouvoir. Chef de la Convention des institutions républicaines, étranger aux deux grands partis de gauche, Mitterrand réussit, peut-être pour cette raison, à mobiliser un plus (PCF) ou moins (SFIO) loyal soutien à sa candidature en 1965, quitte pour cela à adopter un discours de campagne assez vague, plus porté par la critique du pouvoir gaulliste que sur les propositions. Néanmoins, sa capacité

1. Pour cette interprétation, Danielle Tartakowsky, « Mai 1968 ou la gauche à contretemps », *in* Jean-Jacques Becker, Gilles Candar, *Histoire des gauches en France*, vol. 2, *XXe Siècle. À l'épreuve de l'histoire*, Paris, La Découverte, 2004, p. 266-273.

2. Pierre-Emmanuel Guigo, *Michel Rocard*, Paris, Perrin, 2020, p. 75.

à amener la gauche au second tour (10,5 millions de voix) et à mettre le général de Gaulle en ballottage légitime son effort pour unir la gauche dans le cadre de la FGDS, qui unit la SFIO, la Convention des institutions républicaines et le Parti radical, du moins les composantes les plus unitaires de ce dernier, autour du président René Billères.

Plus que tout, ce mouvement de regroupement s'accompagne d'un effort pour sortir le PCF de son isolement, et lever à gauche les interdits qui existent encore à son encontre. Cette double démarche porte des fruits électoraux en mars 1967, mais s'effondre à l'été 1968, sous le triple coup de boutoir de la crise de mai, de l'échec des législatives de juin 1968 qui en découle et de l'intervention soviétique à Prague dans la nuit du 20 au 21 août 1968, qui ravive l'interdit politique pesant sur le PCF. En effet, alors que la FGDS connaît une fin prématurée, le clivage autour de l'attitude à adopter face au PCF se réaffirme, chez les radicaux-socialistes comme au sein de l'aile social-démocrate de la SFIO. La volonté de Mitterrand, exprimée en octobre 1968, de fonder un « Nouveau Parti socialiste » (NPS) et de se mettre en retrait de toute fonction nationale laisse la gauche dans une position d'entre-deux. La campagne référendaire ne permet pas véritablement de refaire l'unité de la gauche ; certains éléments, comme Félix Gaillard chez les radicaux, plaidant au contraire pour un retour à une configuration de type « troisième force », déjà poursuivie en vain par Gaston Defferre en 1965, mais cette fois en lien avec Alain Poher et les centristes. Sentant l'hostilité croissante des leaders socialistes et radicaux à son encontre, François Mitterrand mène une campagne « à la base » pendant la campagne référendaire, multipliant les réunions publiques.

Pour le PC, les élections arrivent également à un moment charnière. Waldeck Rochet, premier secrétaire et homme clé de l'union de la gauche en 1965, est confronté à l'épreuve de mai, mais surtout aux conséquences de l'intervention soviétique à Prague. Plusieurs conséquences fâcheuses en sont sorties. Tout d'abord, la crise a montré le peu de lien entre le PCF et la jeunesse de Mai. La sortie de Georges Marchais, dans *L'Humanité* du 3 mai, contre l'« anarchiste allemand » Cohn-Bendit, comme plus tard l'échec cuisant de la revue du PCF destinée à la jeunesse, *Nous les garçons et les filles*, censée faire de l'ombre à *Salut les copains*, sont là pour le rappeler. Des intellectuels comme Jean-Pierre Vernant reprochent violemment à leur parti d'avoir appréhendé la crise de manière trop politique, et d'avoir entièrement mésestimé sa dimension sociétale, bref, d'avoir eu, selon Vernant, finalement peur d'une situation potentiellement révolutionnaire[1]. D'autant qu'après avoir marqué sa sympathie pour le Printemps de Prague, le PCF s'en tient à une prudente « réprobation » de l'intervention des troupes soviétiques, excluant ceux qui trouvent cette réaction insuffisante (Roger Garaudy) ou laissant partir du bureau politique ceux qui la trouvent excessive (Jeannette Vermeersch, veuve de Maurice Thorez), sans entrer dans une réflexion de fond comparable à celle du Parti communiste italien[2]. Affaibli, bientôt malade, Waldeck Rochet doit faire face à la défiance de certains hauts dirigeants orthodoxes, parmi lesquels le futur candidat Jacques Duclos. La montée en puissance du secrétaire général adjoint, Georges Marchais, qui s'accélère après l'été 1969, en est le signe le plus marquant.

Toutefois, comme le souligne Philippe Buton[3], on est parfois tenté de surestimer la crise interne du PCF après 1968. On ne constate pas d'hémorragie militante après la crise de mai, l'expression politique du « gauchisme » est soigneusement surveillée par le bureau politique et, plus que tout, le parti sent monter ce qu'il nomme une tentation « atlantiste » d'une partie de la bourgeoisie française. Il anticipe dès lors sans doute bien mieux que d'autres à gauche le résultat du référendum d'avril, puis la candidature d'Alain Poher. Le Manifeste de Champigny, adopté en octobre 1968, est donc une forme de *via media* : il souligne la volonté du parti de parvenir pacifiquement au pouvoir, et sa conviction que toute alternative au gaullisme ne pourra se faire sans sa masse d'électeurs et de militants. Si l'analyse du rapport de force social suscite peu d'inquiétudes chez les dirigeants communistes, l'impasse est avant tout tactique. Les efforts de dédiabolisation destinés à sortir de l'isolement à gauche, qui ont pleinement rencontré la stratégie de François Mitterrand en 1965 comme en 1967, sont, eux, au contraire compromis. Après le refus des autres

1. Jean-Pierre Vernant, « Mai 1968 », *Entre mythe et politique*, Paris, Le Seuil, coll. « Points », 2000.

2. Marc Lazar, *Maisons rouges. Les partis communistes français et italien de la Libération à nos jours*, Paris, Aubier, 1992.

3. Philippe Buton, « Le PCF, les élections de 1969 et la divine surprise », *in* Frédéric Fogacci, Cédric Francille, Gilles Le Béguec (dir.), *L'Élection présidentielle de 1969*, *op. cit.*, p. 170-171.

formations de gauche faites par le PCF, le 2 mai, celui-ci s'oriente donc vers une candidature propre, entérinée le 5 mai. Les problèmes de santé de Waldeck Rochet lui interdisent d'être candidat, et même d'intervenir dans la campagne. D'un handicap, le PCF fait une force, puisque son candidat, Jacques Duclos, parvient, n'étant pas identifié à la « ligne » communiste, à rassembler largement : il prend d'ailleurs soin de ne pas mentionner publiquement son parti afin de rassembler des électeurs unitaires déçus de la candidature Defferre, même s'il dispose avec *L'Humanité* d'un soutien constant et dévoué. Le slogan de Jacques Duclos est à cet égard transparent : « Voter Jacques Duclos, c'est voter pour le candidat d'union des forces ouvrières et démocratiques. »

La tentative avortée de François Mitterrand : la gauche en ordre dispersé

Pourtant, Guy Mollet, toujours influent au sein de la SFIO, enterre la stratégie d'union de la gauche en se prononçant, dès le 27 avril au soir, pour un président qui sera « un pur arbitre », manière transparente de soutenir la conception présidentielle qu'incarne Alain Poher, en espérant que sa victoire conduise à une dissolution de l'Assemblée nationale. La journée du 28 est consacrée, cité Malesherbes, à bloquer une éventuelle candidature unitaire de Mitterrand et à faire dès lors pièce à toutes les initiatives unitaires portées par ses lieutenants, comme Claude Estier. L'idée première pour y parer est de favoriser une candidature d'attente, celle de Christian Pineau, laquelle pourrait opportunément s'effacer devant celle d'Alain Poher ou, pourquoi pas, de Guy Mollet lui-même. Alors que doit se constituer le « NPS », soit la fusion entre la SFIO et la Convention des institutions républicaines de Mitterrand, la journée du 29 fait exploser toute cette stratégie. Devant le groupe de la FGDS, Gaston Defferre propose en effet sa candidature, soutenu par la puissante fédération du Nord d'Arthur Notebart et Pierre Mauroy[1]. Cette alliance, qui préfigure celle du congrès d'Épinay (1971), est cette fois dirigée contre François Mitterrand et contre l'union de la gauche. Guy Mollet

1. Anne-Laure Ollivier, *Gaston Defferre, un socialiste face au pouvoir, de Marseille à l'élection présidentielle de 1969*, thèse de doctorat sous la direction d'Olivier Wieviorka, ENS Cachan, 2011.

la considère également comme dirigée contre lui, pas forcément à tort, puisque se joue également le contrôle du futur NPS… Le lendemain, c'est Alain Savary qui, au nom de la composante des clubs de gauche hors Convention, propose sa propre candidature d'Union. Devant l'impasse politique, deux congrès sont convoqués pour le 4 novembre, l'un fondateur du NPS, à Alfortville, et l'autre d'une de ses composantes prévues, la Convention des institutions républicaines, à Saint-Gratien. Au terme d'une journée de tractations intenses, le compromis trouvé est peu porteur : la candidature de Gaston Defferre est finalement approuvée par une majorité limitée des mandats de la seule SFIO, nantie d'une motion envisageant son possible retrait en faveur d'un candidat républicain. Cette candidature n'étant pas unitaire, Mitterrand se garde d'y apporter son soutien[1].

Ces méandres un peu fastidieux sont néanmoins porteurs de deux enseignements importants. Le premier est que le choix de François Mitterrand de « laisser passer l'échéance » de 1969 ne s'opère qu'au bout d'une semaine de guerre d'appareils, et relève avant tout du refus absolu de Guy Mollet et de l'aile libérale de la FGDS, des sociaux-démocrates de la SFIO aux radicaux, comme Maurice Faure, de parrainer une seconde fois une candidature d'Union de la gauche. Par là même, c'est toute la stratégie mitterrandienne qui se trouve mise en cause : pour ces hommes, Alain Poher constitue une solution bien plus souhaitable pour sortir du gaullisme. Mais c'est aussi, paradoxalement, la chance de François Mitterrand. L'hypothèque d'une candidature présidentielle de centre gauche est levée dans un contexte politique des plus défavorables. En effet, malgré son alliance avec Pierre Mendès France, dans un « ticket » inédit sous la Ve République, annoncé officiellement le 15 mai, Gaston Defferre ne peut gagner de voix sur sa gauche. Sa démarche autorise en effet une candidature autonome du PCF, et François Mitterrand lui refuse tout soutien, entraînant avec lui l'union des groupes et clubs socialistes de Jean Poperen. Mais il est également empêché de se déployer vers le centre, la candidature d'Alain Poher mobilisant rapidement les énergies de certains soutiens potentiels, comme le président du Parti radical,

1. Pour un récit détaillé, voir Laurent Jalabert, *La Restructuration de la gauche socialiste en France des lendemains de mai 1968 au congrès de Pau du Parti socialiste (janvier 1975)*, mémoire d'habilitation à diriger des recherches, Institut d'études politiques de Paris, 2008.

Maurice Faure, qui avait pourtant engagé Defferre à se présenter, ou Jean-Jacques Servan-Schreiber, inventeur de « Monsieur X » en 1963. Enfin, il ne bénéficie que d'un soutien très mesuré de son propre parti, toujours fermement tenu en main par Guy Mollet. En somme, comme le font observer Anne-Laure Ollivier et Christine Vodovar[1], la candidature de Gaston Defferre a le mérite paradoxal de faire éclater au grand jour un certain nombre de faux-semblants à gauche, parmi lesquels l'aversion des notables de la SFIO pour François Mitterrand et leur refus de l'union de la gauche. Cependant, pour Gaston Defferre, cette sortie de l'ambiguïté politique se fera à son plein détriment électoral. L'étonnant est finalement son obstination à maintenir jusqu'au bout, avec Pierre Mendès France, une candidature bien mal née.

Cependant, ce même 4 novembre, un autre candidat est investi à gauche, Michel Rocard, inspecteur des Finances et secrétaire général du PSU. Ce faisant, le PSU sort de sa position de 1965 (participation à la campagne sans soutien marqué à un candidat), ayant en juin 1967 fait le choix de l'autonomie autour de Michel Rocard, en dépit d'accords électoraux fructueux lors des législatives de mars. En 1969, son objectif est de tenter de capitaliser sur le mouvement étudiant et ouvrier de mai, et d'incarner une forme de renouveau de l'action politique. Certes, le départ de Pierre Mendès France après sa défaite aux élections législatives de juin 1968 prive le parti de sa figure la plus connue des Français. Pourtant, elle trouve en Rocard un candidat jeune et efficace, dont la simplicité et l'humour peuvent séduire. Ses proches rapportent ainsi une anecdote significative : lors de chaque passage dans les médias, particulièrement à la télévision, il prend le soin de saluer personnellement les cameramen et preneurs de son, ce qui lui vaut un traitement bienveillant par l'image. Le ton qu'il emploie, souvent humoristique, parfois même irrévérencieux, tranche avec celui, plus solennel et empesé, de Gaston Defferre. Cependant, sur le fond, il ne remet nullement en cause la fonction présidentielle, à l'image d'un parti qui, né en 1958 d'un rejet de De Gaulle, joue pourtant le jeu des institutions. Trois jours plus tard, c'est Alain Krivine qui est investi, à son corps défendant, par la jeune Ligue communiste révolutionnaire (LCR), pour une candidature de témoignage, destinée à faire connaître et à populariser ses idées.

---

1. Anne-Laure Ollivier, Christine Vodovar, *L'Élection présidentielle de 1969*, Bruxelles, P.I.E Peter Lang, 2016, p. 165, « Defferre, Rocard et la tentation Poher ».

Sorti d'une peine de prison liée à ses activités révolutionnaires, Krivine vient alors d'être incorporé sous les drapeaux pour honorer ses obligations militaires.

Reste, enfin, la candidature la plus baroque, celle de Louis Ducatel. « Français moyen qui a des moyens », selon la formule du *Monde*[1]. Entrepreneur de travaux publics à succès, Ducatel est avant tout un original, peintre à ses heures, qui se targue d'offrir ses tableaux à ses employés. Plus classiquement, il est un produit du Parti radical et de ses dissidences antimendésistes des années 1950 (Rassemblement des gauches républicaines, Centre républicain), dont il a conservé le discours antifiscal (il se vante ainsi d'avoir défié en duel un malheureux agent des contributions publiques de Nice qui avait mis en doute la sincérité de sa déclaration de revenus) et un éloge constant de l'entrepreneuriat. Sa critique virulente du gaullisme se focalise sur une politique de grandeur hors des moyens de la France, et sur le soutien aux « potentats nègres », selon sa formule. Son discours à la fois exalté et plein de faconde (il envisage de former son futur gouvernement avec des « copains ») est accueilli avec ironie, mais aussi une forme de gêne, tant le ton qu'il emploie tend à désacraliser l'élection présidentielle.

Il faut alors 100 signatures de maires et d'élus, issus d'au moins 10 départements différents, pour valider une candidature, et cette barrière s'avère infranchissable pour certains candidats. Significativement, il n'y a pas de candidat d'extrême droite pour prendre la succession de Jean-Louis Tixier-Vignancour : Pierre Sidos, président de l'Œuvre française, ancien membre du Parti franciste de Marcel Bucard, emprisonné à la Libération, puis proche de l'OAS, ne voit pas sa candidature validée. Le Conseil constitutionnel rejette également les candidatures du juriste fédéraliste Guy Héraud, et du poète Michel-Ange Micberth, président de la Jeune Force poétique française.

Le dilemme d'Alain Poher

La position d'Alain Poher est donc inconfortable. Sa légitimité, issue du référendum et de sa position « au-dessus des partis »,

1. *Le Monde*, 17 mai 1969.

menace de s'effriter dès son entrée en campagne, d'où la tentation de retarder celle-ci tandis que les autres candidats mettent en place leur dispositif. Pendant douze jours, Alain Poher consulte des représentants de l'ensemble des partis, gaullistes et communistes exclus, et ce sont finalement des études prometteuses de la Sofres qui semblent le convaincre de franchir le pas de la candidature. À lire ses mémoires, son hésitation n'était pas feinte[1]. Mobilisé par un intérim mené avec le gouvernement de Maurice Couve de Murville (consacré notamment à la crise du Biafra), soucieux de garantir l'impartialité des élections, il conclut : « Non, décidément, j'avais mieux à faire pour le moment[2]. » Ce n'est que le 11 mai que sa décision est prise, et que son collaborateur Pierre Bordry peut le lendemain annoncer au Sénat que Poher a « accepté » de se présenter. Ce délai et cette réticence affichée ont un coût politique important. Là où Georges Pompidou marque, selon les études de la Sofres, les Français par sa compétence et son énergie, Poher leur apparaît plutôt comme un homme modeste et sympathique. Ce retard dans l'entrée en campagne est décisif sur un autre point : devant gérer les affaires courantes avec un gouvernement unanimement engagé aux côtés de Georges Pompidou, à commencer par son ministre de l'Intérieur, Raymond Marcellin, Poher néglige de mettre en place un véritable comité de campagne. Celui-ci s'organise finalement autour d'une structure réduite liée au secrétariat aux Affaires africaines, autour d'une garde rapprochée composée de son gendre Jean-Pierre Joussain, Henry Lhéricy ou Jacques Lelièvre, tandis que Pierre Abelin prend la tête de son « brain-trust » et que Bernard Guyomard anime l'association de soutien à sa campagne. Un modeste reliquat de fonds secrets permet de financer un appareil de fait limité et éclaté, puisque réparti en trois lieux de décision, au Sénat, rue de Vaugirard (association de soutien à la candidature) et rue Bonaparte, chez le questeur du Sénat Fosset, où se réunit un brain-trust bigarré, liant des hommes comme le centriste Michel Durafour, le radical Pierre Brousse ou le socialiste André Chandernagor[3]. Les partisans d'Alain Poher se trouvent donc face à un paradoxe douloureux : une équipe peu structurée (au sein de laquelle émerge quand même la figure

1. Alain Poher, *Trois fois président*, Paris, Le Seuil, 1993, p. 189.
2. *Ibid.*, p. 186.
3. Informations glanées dans le fonds Alain Poher conservé aux archives du Sénat.

dominante de Pierre Sudreau, Premier ministre pressenti), qui se voit quand même confier des responsabilités essentielles, le candidat lui-même ne souhaitant pas s'impliquer directement dans un premier temps.

Une campagne électorale en demi-teinte ? Communication politique et machines partisanes

Cette campagne a-t-elle passionné les Français ? On surestime souvent le poids des questions politiques sur l'opinion publique. À titre d'exemple, comme le montre Bastien François, à l'été 1958, les exploits de l'équipe de France de football lors de la Coupe du monde en Suède passionnent bien plus l'opinion que l'écriture de la Constitution. Les principales revues intellectuelles semblent fluctuer entre la volonté de voir ces élections trancher le débat ouvert en 1968 et celle de les voir tirer un bilan des années de Gaulle. Assez rapidement, les difficultés de la gauche non communiste à s'organiser et la faible dynamique des candidatures de Gaston Defferre et de Michel Rocard provoquent une forme de découragement, patent par exemple dans *Le Monde* (éditoriaux de Jacques Fauvet, futur directeur) et dans *Esprit*. À cet égard, la capacité d'entraînement propre à Pierre Mendès France s'est considérablement émoussée. Les flèches sont assez vite concentrées sur Georges Pompidou, tenant d'un « gaullisme Sancho Pança », « président du Business », Jean Daniel estimant au sujet de l'héritage gaullien qu'« on ne prolonge pas un accident aussi éclatant de l'histoire[1] ». Sur ce point, seul Jean-Paul Sartre se distinguera en diagnostiquant, dans les *Temps modernes*, une solution de continuité du « Bloc des possédants ». À droite, peu d'intellectuels s'engagent clairement pour Georges Pompidou. François Mauriac se distingue par la netteté de sa prise de position à la veille du premier tour, tandis que Raymond Aron plaide pour une « libéralisation » du gaullisme. Entre ces feux, Alain Poher fait figure de parent pauvre, son interprétation de la Ve République ne séduisant ni les partisans de la continuité ni ceux de la rupture. La question de l'héritage de Mai 68, et du sort de la

1. *Le Nouvel Observateur*, 12 mai 1969. Pour une synthèse, voir Anne-Laure Ollivier et Christine Vodovar, *L'Élection présidentielle de 1969*, *op. cit.*, Lucia Bonfreschi, « Les intellectuels français et les élections de 1969 », p. 199-215.

jeunesse, est finalement la grande absente des débats. En dehors de positions timidement portées à gauche (Duclos, Rocard) sur la majorité électorale à dix-huit ans, la question de l'enseignement supérieur est bien rarement abordée.

La mobilisation pour la campagne électorale est dès lors sans doute inférieure à celle de 1965 : plusieurs indices, rassemblés par Ricardo Brizzi, tendent à le prouver[1]. D'abord, les forces en présence. La campagne de 1965 s'était trouvée polarisée par la candidature de Charles de Gaulle, longtemps en suspens, et par l'enjeu du regroupement des oppositions, particulièrement de la gauche, le PCF sortant de son isolement. Le fait qu'il s'agissait de la première campagne électorale employant des méthodes « modernes » (télévision, sondages) avait renforcé cet intérêt massif des Français, traduit par une participation élevée (84 % aux deux tours). En mai 1969, beaucoup de ces éléments ne sont pas au rendez-vous. Tout d'abord, la brièveté de la campagne pèse. Le débat n'a pas le temps de se mettre en place de manière aussi claire qu'en 1965 : quand bien même Alain Poher plaide pour des dates aussi éloignées que possible, le premier tour est fixé au 1er juin 1969, à peine un mois après le référendum. Même l'équipe de Georges Pompidou, constituée de longue date boulevard de La Tour-Maubourg autour d'Édouard Balladur, peine à trouver dans les premiers temps le rythme de la campagne : à titre d'exemple, il faut plusieurs jours pour disposer d'un standard téléphonique fiable ! Une certaine improvisation prévaut. Sont donc avantagés les candidats disposant d'une machine partisane réactive et donc de relais locaux, à condition que ceux-ci acceptent pleinement de se mobiliser. C'est le cas pour Georges Pompidou : la machine UDR, mobilisée par son secrétaire général, Robert Poujade, tourne à plein régime. Ainsi, dès le 29 avril, les premiers comités de soutien se constituent : 130 émergent jusqu'au 22 mai, soit près du double de ceux soutenant Alain Poher. Robert Poujade en convient : « L'UDR avait reçu pour consigne de se montrer discrète, mais sur le terrain, elle assurait l'essentiel des activités électorales comme la distribution de tracts, le collage des affiches, la préparation des réunions publiques[2]. » Jacques Duclos, candidat communiste, bénéficie éga-

1. Ricardo Brizzi, « Les médias et l'opinion », *in* Frédéric Fogacci, Cédric Francille, Gilles Le Béguec (dir.), *L'Élection présidentielle de 1969*, *op. cit.*, p. 73-90.

2. Robert Poujade, *Avec de Gaulle et Pompidou*, *op. cit.*, p. 173.

lement de la force de frappe militante de son parti, et du soutien massif de son journal *L'Humanité*. C'est là que l'on peut, par exemple, considérer la différence avec Gaston Defferre, que la direction de la SFIO, Guy Mollet et Claude Fuzier, soutient avec modération. La campagne multiplie les ratés, Defferre devant massivement s'appuyer, jusque dans le financement, sur sa fédération des Bouches-du-Rhône et sur son journal, *Le Provençal*.

Par ailleurs, les principaux candidats refusent massivement la personnalisation de la campagne. « Un président de la République, fût-il intérimaire, ne monte pas sur les tréteaux », déclare Alain Poher. Georges Pompidou se démarque également du général de Gaulle sur ce point, déclarant le 15 mai, sur Europe 1 : « Je ne suis pas le général de Gaulle et ne prétends pas l'être. Je serai forcément (et je crois qu'à l'heure actuelle le pays a un désir de cela) plus persuasif, plus conciliant, plus homme de dialogue, c'est normal, parce que tout le monde s'inclinait automatiquement devant la personnalité historique du général de Gaulle. Tout le monde ne s'inclinerait pas devant la mienne[1]. » L'ombre tutélaire du Général, en voyage en Irlande pendant la campagne, oblige finalement les candidats à une approche modeste, tant l'enjeu est d'incarner la fonction après celui qui l'a créée et personnifiée. Pourtant, les interventions publiques (1 h 30 à l'antenne télévisée, 1 h 30 sur l'antenne de RTL) creusent des différences à ne pas sous-estimer. À gauche, Gaston Defferre se lance dans de longues et austères digressions sur la politique fiscale, lisant des notes et multipliant les chiffres, régulièrement interrompu par Pierre Mendès France, assis à ses côtés, se lançant lui-même dans de longs dégagements, sous le feu des questions du journaliste Roger Priouret[2]. Le discours, extrêmement technique, souvent allusif, tranche avec celui de Michel Rocard, lequel s'adresse directement à l'électeur du fond de son fauteuil, fait preuve d'humour, et fait passer son message d'homme de demain, puisqu'homme « ni de la IVe, ni de la Ve République », selon la formule du journaliste Étienne Guibert, qui l'interroge[3]. Les deux candidats ne disposant que de moyens financiers réduits pour aller à la rencontre de l'électeur (peu de meetings et de déplacements, Rocard en tenant

---

1. Archives nationales, fonds de la présidence de la République de Georges Pompidou, 5AG2/1007.
2. Ces émissions sont visibles sur le site de l'INA (ina.fr).
3. Pierre-Emmanuel Guigo, *Michel Rocard*, *op. cit.*, p. 65.

un seul d'envergure, Porte de Versailles, le 29 mai), la dynamique est incontestablement favorable à Rocard, qui peut considérer son unique campagne présidentielle complète comme réussie. De son côté, Jacques Duclos bénéficie, avec Georges Pompidou, de l'appareil politique le mieux organisé et le plus dévoué. Son dialogue avec René Andrieux, éditorialiste de *L'Humanité*, au cours duquel les deux hommes se tutoient ostensiblement, lui permet de dégager un message clair, sur sa candidature d'unité, et sur sa volonté d'être le candidat « du peuple » face aux candidatures Pompidou et Poher communément représentatives selon lui des « puissances d'argent ».

Les termes du duel Pompidou/Poher

Cette différence s'opère également entre Georges Pompidou et Alain Poher. Là où le second refuse tout échange direct avec les auditeurs, Pompidou s'y soumet, et n'hésite pas à débattre à l'antenne. C'est ainsi au terme d'un long échange, au ton assez libre, avec Jacques Duhamel, le 22 mai 1969 à l'antenne d'*Europe soir*, que celui-ci finit par lui apporter son soutien, ainsi que celui d'un tiers des députés du PDM. À réécouter la joute entre les deux hommes, Georges Pompidou accepte les critiques, particulièrement sur les institutions, affirme son originalité à l'égard du général de Gaulle (« le rôle du Parlement a pu être diminué dans une certaine mesure par la personne même du général de Gaulle, qui semblait tout effacer autour d'elle et qui faisait que les députés de la majorité apparaissaient comme des chargés de dire oui en toutes circonstances »), et confesse avoir « changé » en six années passées à Matignon. Un document intéressant de son fonds d'archives[1] détaille les réponses possibles aux questions sur sa candidature, préparées par Édouard Balladur et Michel Jobert, et modifiées de la main du candidat. Ainsi, à la question de savoir pourquoi de Gaulle l'a écarté en juin 1968, l'argumentaire répond que « M. Pompidou avait manifesté le désir de prendre un peu de champ après la crise du mois de Mai au cours de laquelle son énergie inlassable a écarté le pire ». Pompidou ajoute : « Au surplus, le président de la République est libre de choisir le Premier ministre. » À la question de

1. Documents consultés dans AN, 5AG2/1007.

savoir si les déclarations de Rome et Genève ont joué dans l'échec du référendum, à la réponse selon laquelle les « raisons du non sont diverses et complexes et ne sauraient s'analyser comme le refus à un homme », Pompidou ajoute que « les résultats du référendum ont prouvé qu'une attitude différente n'aurait rien changé mais aurait compromis l'avenir ». De manière subtile, Pompidou marque donc sa différence avec le Général, sans pour autant s'inscrire dans une rupture avec son ombre tutélaire. Toutefois, questionné sur la recomposition de la majorité, il biffe une réponse prudente (« Il ne s'agit pas déjà de répartir les portefeuilles, c'est une question de respect de la Constitution, de convenances et de bon sens »), pour ajouter : « Bien entendu, il faut des hommes nouveaux : c'est ce que signifie l'ouverture. »

Il n'hésite pas non plus à lâcher des coups contre Alain Poher lors de ses interventions radiophoniques (« Il paraît même que je parle trop et que ce n'est pas parce qu'on parle qu'on agit. Ce n'est pas parce qu'on se tait qu'on est capable d'action, entre nous »). Cet équilibre, assez subtil, permet à Pompidou de mener campagne, de se situer dans le débat sans jamais déroger à sa stature d'homme d'État. Il laisse à ses lieutenants le soin de rappeler qu'Alain Poher, tout président de la République intérimaire qu'il est, n'a été auparavant que « trois fois secrétaire d'État, la seconde fois pour cent vingt-deux heures » : tout juste s'autorise-t-il à lancer qu'un président de la République « n'est pas un pendule sur une cheminée », formule suggérée par un conseiller en communication de l'agence Havas (qui a également proposé d'autres slogans perfides : « Poher, un président par hasard », « Un président en pantoufles dans une chambre en désordre », ou « Est-ce qu'une bonne tête suffit pour gouverner la France[1] ? »). En outre, la campagne de Georges Pompidou est la seule qui soit marquée par un véritable quadrillage du territoire et par la multiplication des meetings électoraux et des affiches. C'est sans doute dans ce domaine que Pompidou fait le plus nettement la différence avec ses concurrents, tenant un marathon de 44 réunions publiques, dont 25 en province. Sa profession de foi est imprimée à 32 millions d'exemplaires, une brochure de 8 pages présentant son projet est tirée à 4 millions d'exemplaires, 22 500 panneaux publicitaires sont réservés. Des méthodes expérimentales, comme les appels

1. AN, 5AG2/1008.

téléphoniques pré-enregistrés, sont également utilisées. Si Michel Bongrand, pionnier de la communication politique, n'est pas placé au centre du dispositif, cette campagne tranche par son professionnalisme et par la mobilisation forte des élus. En somme, cet effort massif permet à Pompidou de mobiliser massivement son électorat dès les jours qui suivent l'échec du référendum (il rassemble 40 % des intentions de vote dès le début du mois de mai), puis de partir à la conquête d'un électorat indécis à compter de la mi-mai.

Faire campagne en présidant : la campagne empêchée d'Alain Poher

Confronté à cette déferlante, Alain Poher se trouve pris à un double piège. Tout d'abord, il s'agit pour lui d'incarner la fonction de président intérimaire, donc de refuser, quelque part, d'entrer dans le jeu de la personnalisation : ne déclare-t-il pas, dans le texte lu par Pierre Bordry le 12 mai, qu'il « accepte » d'être candidat à l'élection présidentielle, et que « rien ne sera changé en ce qui concerne l'intérim de la présidence de la République » ? De fait, Alain Poher, soucieux de démontrer la continuité de l'État, ne s'éloigne guère de Paris pendant la campagne de premier tour. Dès lors, le retard initial de sa candidature et le relatif immobilisme de ses troupes le conduisent à dilapider une part importante du capital politique accumulé après le référendum. Parti avec un capital de plus de 35 % au premier tour, monté à 39 % dans le sondage Sofres des 16/17 mai, Poher décroche ensuite par paliers, tombant en dessous de 35, puis de 30 % fin mai, au moment où les courbes d'intention de vote pour le second tour des deux candidats se croisent. En somme, après un court effet d'aubaine, sa déclaration officielle de candidature annonce sa chute. Ce point est intéressant : selon les études de l'Ifop[1], il bénéficie dans les premiers jours de mai d'un large rassemblement, particulièrement d'électeurs de la gauche non communiste, qui trouvent dans sa candidature un vote « utile » pour rompre avec l'héritage gaullien. Il semble alors un homme de conciliation, capable d'incarner une autre manière de présider. Mais ces mêmes études montrent que ce

1. Données puisées dans Pierre Weil, Jean-Luc Parodi, « L'évolution de l'électorat français entre janvier et avril 1969 », *Revue Française de Science Politique.*

désir de rupture franche s'estompe assez rapidement. À compter de la mi-mai, la dynamique politique née du référendum est éteinte, l'absence de projet politique défini (Poher se limitant à douze « orientations », et centrant son propos sur sa manière différente d'incarner la présidence) lui faisant perdre un électorat de gauche qui s'était rallié à lui. Il est finalement paradoxal que Poher ait plaidé en faveur d'élections les plus éloignées possibles du référendum, quand le temps a finalement joué contre sa candidature[1].

Sans doute le contraste entre sa campagne et celle de Pompidou joue-t-il à plein, car Poher s'enferme dans un second piège, celui de refuser la personnalisation : pas d'affiches, aucun journal de campagne. Ses interventions télévisées, au cours desquelles il refuse tout effort de mise en scène (il lit des déclarations, après avoir chaussé ses lunettes) et tout débat contradictoire, sont marquées par son engagement de mener campagne « avec modération », au point de tenter de faire de ce devoir de grisaille un atout, déclarant à la radio, le 22 mai : « Certes, ma campagne a été plus discrète, moins vive que celle des autres candidats. Qu'importe ! N'est-ce pas d'abord la France qu'il faut servir, et les Français qu'il faut rassembler ? » À l'évidence, il cherche à incarner ce président « arbitre », en retrait, récusant toute relation directe avec les Français. Le ton employé est alors neutre, et les soutiens embarrassés. Si Alain Poher plaide une fidélité à la conception originelle de 1958, que le général de Gaulle aurait ensuite déformée, la campagne de Georges Pompidou l'enferme en retour assez facilement dans une image d'homme du passé, de reliquat de la IVe République, et lui dénie la qualité d'opposant privilégié. Ainsi, la question de l'éventualité d'une dissolution de l'Assemblée nationale élue en juin 1968 constitue un piège redoutable : après l'avoir envisagée, Poher finit par déclarer publiquement qu'il exclut cette éventualité, ce qui le prive d'un argument majeur auprès des électeurs de gauche.

---

1. David Ouvrard, *Alain Poher, l'autre force tranquille*, Paris, L'Harmattan, 2011, p. 99-124.

Un débat limité sur la situation du pays et l'héritage du Général

De manière assez frappante, la campagne, très courte, n'offre pas véritablement l'occasion de dresser un bilan politique des années gaulliennes. À gauche, seul le PC est finalement en mesure de proposer un programme audible, basé sur son analyse de la crise de 1968 et son rejet du « gauchisme ». Pour le reste, seules quelques thématiques émergent du débat, au premier rang desquelles la construction européenne. En effet, c'est principalement la poursuite de celle-ci, et particulièrement la question de l'intégration de la Grande-Bretagne, après les deux veto gaulliens de 1963 et 1967, qui clive la famille centriste, laquelle est l'objet d'une lutte d'influence entre Alain Poher et Georges Pompidou. C'est donc dans ce domaine qu'Alain Poher porte ses coups les plus affirmés, déclarant par exemple le 22 mai : « La France n'a pas à jouer un rôle de domination en Europe. Nous avons connu pendant dix ans une politique chimérique et qui, souvenez-vous-en, a souvent changé de cap. Nous avons dérouté nos amis traditionnels sans convaincre de nouveaux amis. [...] Faire l'Europe ou ne pas la faire, c'est améliorer ou laisser se dégrader le niveau de vie de chacun. À Strasbourg, j'ai pu mesurer les illusions d'une politique qui s'enfermait dans un nationalisme désuet qu'il ne faut pas confondre avec le patriotisme[1]. » En somme, la politique gaullienne est intégralement lue à travers la quête d'une « grandeur » inaccessible, qui aurait justifié des dépenses militaires inconsidérées tout en privant l'Europe de toute dynamique d'élargissement. Proche de Robert Schuman, président du groupe démocrate-chrétien à l'Assemblée de la CECA, puis président du Parlement européen de 1966 à son entrée à l'Élysée, Poher s'inscrit dans une tradition très clairement fédéraliste. Face à cela, Georges Pompidou trouve un équilibre entre continuité et évolution, se déclarant sensible à la candidature de l'Angleterre au Marché commun. C'est notamment l'un de ses arguments clés face à Jacques Duhamel, lors de leur entretien sur Europe 1 le 22 mai. Après avoir appelé à la mise en place d'une « conscience politique de l'Europe », il s'engage à proposer une relance européenne, manière discrète d'ouvrir la

1. Fonds Alain Poher, archives du Sénat.

voie à un élargissement. Pompidou tiendra parole quelques mois après son élection, à la conférence de La Haye. L'économie est paradoxalement peu présente. Les engagements de Pompidou portent essentiellement sur la mensualisation des salaires, et sur l'alignement du Smig sur la hausse moyenne des salaires dans le privé (et non plus sur les prix), sans multiplier les mesures catégorielles. Sur ce point, les interpellations viennent surtout de la gauche, particulièrement de Pierre Mendès France, qui parle en expert économique de Gaston Defferre, et du PCF.

Un premier tour décisif

Au soir du premier tour, les résultats sont clairs. La participation est de 77 % des inscrits : c'est 7 points de moins qu'en décembre 1965, mais également 4 de moins par rapport aux législatives de 1967 et 1968. Le fait est singulier : le général de Gaulle polarisait les Français, les amenait aux urnes, suscitant très majoritairement un mouvement de loyauté ou de rejet. L'élection de 1969 ouvre la voie à une Ve République dépassionnée. Certes, la démobilisation des électeurs de gauche, vite privés de tout espoir de victoire finale, pèse sans doute. Les sondages des derniers jours ne laissent que peu d'incertitudes face à l'issue du premier tour, et *a fortiori* du second. Le score de Georges Pompidou atteint presque celui du général de Gaulle trois ans et demi plus tôt : avec 44,47 %, soit un peu plus de 10 millions de voix, il tire les pleins bénéfices d'une campagne dynamique, au cours de laquelle il a réussi à trouver une distance convaincante à l'égard du général de Gaulle, entre fidélité (sa première intervention radiophonique à l'ouverture de la campagne officielle, le 16 mai, s'ouvre par un hommage appuyé) et prise de distance (le 28 mai, pour sa dernière intervention, il déclare « tout au long de cette campagne, j'ai essayé d'être plus précis, plus mesuré, plus réel »). Les données de l'époque montrent que Georges Pompidou arrive largement en tête chez toutes les catégories de Français : il fait jeu égal avec Jacques Duclos dans l'électorat ouvrier, et recueille 40 % des voix chez les électeurs de moins de trente-cinq ans. En somme, il a « fait le plein » de son électorat tout en triomphant des clivages que la crise de mai ou le référendum auraient pu créer avec la jeunesse ou le monde ouvrier.

Dans une large mesure, Jacques Duclos fait, lui aussi, avec 21 % des voix le plein de l'électorat communiste, se situant presque au niveau des élections législatives de 1967. La surprise vient plutôt de l'effondrement de deux candidats, Alain Poher (23,31 %) et, dans une plus large mesure, Gaston Defferre (5,01 %). Le score de Poher sera jugé par lui-même, dans ses *Mémoires*, « guère brillant[1] » : après avoir culminé quinze jours plus tôt à 39 % d'intentions de vote, la décrue est spectaculaire. Pourtant, l'examen des sondages de la Sofres la rend plus explicable : de candidat du « non », choisi massivement par la gauche et une partie de l'électorat de droite, notamment celui des RI, Alain Poher redevient progressivement, dès que la campagne débute vraiment, le candidat du centre. La bonne campagne de Jacques Duclos enclenche un réflexe de « vote utile » à gauche, sans doute tempéré par l'idée que la victoire finale du candidat communiste est peu envisageable, et la démarche de Gaston Defferre, finalement assez similaire à la sienne dans ses objectifs (créer une fédération des centres, mais à partir du centre gauche), prive Poher de réserves. En ce sens, Alain Poher et Gaston Defferre se nuisent mutuellement, pour finir par se neutraliser. Pour autant, le ralliement de Valéry Giscard d'Estaing et de Jacques Duhamel est d'une importance que l'on aurait tort de relativiser, tant il prive Poher de réserves au centre droit : l'électorat gaulliste en 1965, mais « noniste » au référendum, revient par ce biais à la candidature de Georges Pompidou.

La campagne du second tour : la dynamique pompidolienne

La campagne de second tour est dès lors peu mobilisatrice, tant les résultats semblent écrits d'avance. Dès le 2 juin, André Guérin tire des leçons du premier tour dans *L'Aurore* : « Pour avoir supposé qu'un candidat pouvait se contenter de soutenir ses chances de loin, sans prendre le contact direct des électeurs, sans se faire appuyer par un réseau de propagande appuyé dans tout le pays, M. Poher n'a pas atteint le pourcentage que sondages et pronostics lui promettaient. La tactique d'extrême discrétion choisie par lui n'a pas été payante. La compétition pour l'Élysée exige que l'on

1. Alain Poher, *Trois fois président*, *op. cit.*, p. 203.

se batte, que l'on se livre de sa personne, bref que l'on donne du spectacle. » De fait, Alain Poher doit faire face à des appels à se retirer d'Antoine Pinay ou de Michel Poniatowski, et même le soutien de Jean-Jacques Servan-Schreiber dans *L'Express* du 2 juin semble mesuré, présentant le vote de Poher comme « un choix raisonnable, la réduction possible des antagonismes et des inégalités, la voie ouverte à la modernisation de notre vie publique ». C'est pourtant alors que les jeux semblent faits qu'Alain Poher s'engage dans une campagne de second tour bien plus offensive, paradoxe qu'il souligne lui-même, le 6 juin :

> Au premier tour, exerçant mes fonctions de président de la République intérimaire, j'ai vraiment pratiqué avec modération le style électoral de la campagne. Il s'agit pour moi, maintenant, d'honnêteté politique et de porter témoignage. J'ai cette mission de mener la campagne et, je l'ai dit l'autre soir, je la mènerai avec vigueur, au plan de mes idées, au plan de l'engagement politique, mais sans jamais lui donner de caractère personnel[1].

Et de souligner ce paradoxe dans ses *Mémoires* :

> J'entrepris un tour de France électoral. Sans doute aurait-il été plus judicieux de faire une campagne active au premier tour et me montrer plus discret au second. Or je faisais l'inverse, mais avais-je eu le choix ? Pompidou pouvait compter sur une base élargie, donc n'avait pas besoin de dissoudre. Je me trouvais à la tête d'une coalition de centre gauche bien plus hétéroclite[2].

Pourtant, ce changement de style se heurte à une impasse politique. Alors qu'il peut s'agir pour Poher de ressusciter le « cartel des non », de tenter de mobiliser autour de sa personne une large coalition antigaulliste, seul Gaston Defferre appelle explicitement à voter en sa faveur. Le score important de Jacques Duclos constitue un obstacle peu surmontable. Des soutiens potentiels, comme le maire de Nice, Jean Médecin, se désolidarisent d'un candidat « qui a besoin de rassembler 50 % des voix communistes pour l'emporter ». Or si la célèbre formule de Jacques Duclos, « Bonnet blanc et blanc bonnet », en fait inspirée d'une analyse qu'il développe le 17 mai, renvoie au refus de Poher de dissoudre après l'élection,

1. Déclaration à l'ORTF, fonds Alain Poher, archives du Sénat.
2. Alain Poher, *Trois fois président*, *op. cit.*, p. 205.

donc au fait qu'il devra gouverner avec les gaullistes, la position du PCF n'en est pas moins claire : son atlantisme, son attachement à l'Otan comme son engagement européen passé constituent des préalables indépassables qui conduisent à un appel clair à « aller à la pêche », donc à s'abstenir, largement suivi par l'électorat communiste (poussée de 12,5 % de l'abstention entre les deux tours). Plus encore, Georges Pompidou peut capitaliser sur ce changement de pied d'Alain Poher, non sans humour. Ainsi, le 10 juin, il déclare à la télévision : « De même, il nous dépeint le régime gaulliste et mes années de gouvernement comme un régime de terreur où tous les Français vivaient sous une emprise policière et sans la moindre liberté d'opinion. Alors je me demande ce que faisait M. Poher, qui était sénateur et aurait pu dénoncer cet abominable régime. Qu'a-t-il fait ? En 1967, il a déposé une question orale relative à la clinique chirurgicale d'Athis-Mons, dans l'Essonne. Je ne doute pas de l'importance de cette clinique chirurgicale, mais enfin, si nous étions sous un régime de terreur, et que j'aie été parlementaire, j'aurais fait, me semble-t-il, davantage[1]. »

Cependant, le rythme de campagne de Georges Pompidou reste soutenu jusqu'au bout. Il enchaîne les déplacements thématiques (le 6 juin à Mulhouse sur l'indépendance nationale, le 9 à Saint-Quentin sur l'industrie, le 10 à Bayonne sur l'aménagement du territoire, où il salue la foule coiffé d'un béret basque, le 11 à Alençon puis Guingamp sur les problèmes agricoles), à chaque fois soutenu par les élus locaux. Significativement, Jacques Chaban-Delmas, son futur Premier ministre, est à ses côtés toute la journée du 10. Face à cette machine électorale, l'effort massif d'Alain Poher apparaît trop tardif. S'il commence à partir du 9 juin une tournée de 13 villes en cinq jours, à aucun moment il ne parvient à créer de dynamique électorale. Dès le 4 juin, seuls 4 % des électeurs lui donnent une chance de l'emporter, et les sondages des 4 et 11 juin lui donnent entre 42 et 43 % des intentions de vote, ce qui sera proche de son résultat final[2].

En effet, les résultats du 15 juin donnent à Pompidou une majorité très confortable de 57,6 % des voix, avec une participation en nette baisse de 12,5 %, largement due à l'appel du PCF. Seuls deux départements, l'Indre et le Loir-et-Cher (département de

1. Déclaration du 10 juin 1969, AN, 5AG2/1007.
2. Alain Lancemot, Pierre Weill, « L'évolution des électeurs français de février à juin 1969 », *Revue française de science politique*, n° 20-2, 1970, p. 249-281.

Pierre Sudreau), placent Alain Poher en tête. Si, dans *Démocratie moderne*, Pierre Abelin écrira, le 19 juin, qu'« il eût suffi d'un déplacement de 5 % des suffrages pour qu'Alain Poher fût élu », cette analyse semble relever du *wishful thinking*, peu en phase avec la dynamique du scrutin : celui-ci semble plutôt confirmer un avantage que Georges Pompidou a progressivement construit dans la seconde quinzaine de mai, une fois la parenthèse référendaire refermée. Avec ce score, il excède en pourcentage celui du général de Gaulle en 1965, tout en mobilisant 2 millions de voix de moins, du fait de l'abstention. Cependant, ces voix ne sont pas tout à fait les mêmes. Là où Charles de Gaulle allait chercher bien au-delà de son cœur d'électorat, dans le « marais » centriste et même à gauche, particulièrement chez les communistes, l'électorat de Georges Pompidou apparaît plus homogène, sans doute plus proche de la carte électorale des élections législatives de juin 1968. En ce sens, s'il n'y a pas d'alternance, il existe un réel reclassement de la majorité à droite, sans doute inévitable en raison de l'équation personnelle tout à fait unique qui définissait le lien des Français au général de Gaulle. L'objectif de rassemblement propre à de Gaulle s'efface sans doute, et l'idée selon laquelle 1969 n'aurait été qu'une parenthèse avant la bipolarisation du champ politique est à relativiser : il s'agit plutôt d'une étape transitoire. Alain Poher également fait le plein de ses voix potentielles, mais se heurte, de manière compréhensible, à l'abstention de l'électorat communiste, ses prises de position pro-Otan et pro-européennes constituant des obstacles peu dépassables. L'échec d'une stratégie centriste est acté, pour longtemps, à gauche, où le vainqueur paradoxal est l'absent, François Mitterrand, et sa volonté d'union de la gauche, qui débouchera en 1972. Avec un score décevant de 3,66 %, Michel Rocard échoue, malgré une campagne dynamique, à populariser les idées d'une gauche alternative. Là aussi, cette occasion manquée ne se représentera pas : quand il rejoint le PS, dans la foulée de l'élection de 1974, Michel Rocard est minoritaire et tributaire de la stratégie déterminée par François Mitterrand.

Des élections de transition ?

Au total, le cycle électoral du printemps 1969 propose-t-il pour la Ve République une transition, une rupture progressive avec la période gaullienne ? Il est compliqué de répondre à cette question tant le rythme politique, après avoir été lent et laborieux à compter de la déclaration d'intention du Général, s'accélère dans les derniers jours. De fait, considérer ces élections dans leur ensemble démontre que les forces politiques ne commencent à envisager une victoire du « non », et donc un départ du Général, que dans les derniers jours le précédant. Si l'on y ajoute le fait que le terme présidentiel prévu, celui de 1972, laisse encore bien des stratégies en gestation, une conclusion difficilement contournable s'impose : la victoire du « non » et le départ du général de Gaulle, lents à se dessiner, laissent les Français et leurs élus dans une forme de sidération, comme si cette éventualité n'avait pas été sérieusement envisagée avant terme. L'élection présidentielle se déroule donc, pour la majorité des forces en présence, dans un état d'impréparation organisationnelle, mais aussi intellectuelle. Se sont alors dégagés ceux qui, comme Georges Pompidou, avaient su se bâtir aux yeux des Français une stature présidentielle, quand bien même l'échéance est arrivée sans doute bien plus tôt que prévu et souhaité, soit ceux qui, comme le PCF, avaient développé une grille d'analyse de la crise que traverse le pouvoir gaulliste à compter de 1967. Les autres forces politiques sont surprises au milieu du gué, et contraintes à une forme d'improvisation qui démontre surtout que leur positionnement par rapport à la Ve République n'est pas encore pleinement fixé. Les élections de 1969 peuvent donc apparaître comme des élections de transition au sens où pour l'essentiel elles concernent des forces politiques en période de transition, et donc dépourvues d'une ligne comme d'une stratégie. La part d'improvisation, le caractère très rapide des candidatures laissent donc une large part à la tactique et aux manœuvres de court terme. Et ces élections ménagent finalement l'avenir de ceux qui n'y concourent pas.

En revanche, ces élections tirent-elles le bilan des années gaulliennes ? On peut à ce sujet noter, comme Arnaud Teyssier[1], que le débat référendaire passe assez largement à côté du sujet posé par de Gaulle. La question du bilan des années gaulliennes et de leur pérennité reste ouverte, précisément car elle n'est pas soldée par une échéance politique dédiée. De manière assez singulière, les thématiques du référendum ne sont pas celles de la campagne électorale, finalement réduites à un conflit sur l'incarnation de la fonction

1. Arnaud Teyssier, *De Gaulle 1969, l'autre révolution*, Paris, Perrin, 2019.

présidentielle, et à quelques grandes thématiques, parmi lesquelles l'Europe peine à se forger une place centrale. Reste que Georges Pompidou parvient à s'inscrire dans les pas de De Gaulle tout en faisant percevoir aux Français son originalité, marquée rapidement par des ruptures (nomination de Jacques Chaban-Delmas à Matignon et discours de la « nouvelle société », conférence de La Haye où, fin 1969, est acquis le principe de l'entrée du Royaume-Uni dans le Marché commun), même si l'on peut aussi interpréter son quinquennat comme un retour progressif et régulier aux fondamentaux gaulliens[1]. Cette campagne lui permet également de faire monter en responsabilité ses équipes, et d'amorcer une refonte de la majorité, où les RI de Valéry Giscard d'Estaing sont promis à un rôle important. En somme, les circonstances particulières ne l'empêchent pas de tirer de cette séquence électorale des atouts solides pour gouverner, au terme de cette folle période de quelques semaines dans la vie politique de notre pays.

GEORGES POMPIDOU ET JACQUES CHABAN-DELMAS : CHRONIQUE D'UN DIVORCE AU SOMMET

Sabrina Tricaud

Lorsque Georges Pompidou, le 15 juin 1969, est élu président de la Ve République, il lui incombe la lourde mission de succéder à Charles de Gaulle, c'est-à-dire de succéder à celui à qui, aux dires du Général lui-même, « on ne succède pas[2] ». Avant même la démission du fondateur de la Ve République, Georges Pompidou s'interroge, dans *Le Nœud gordien*, sur la nécessaire adaptation des institutions à un « retour à la normale », lorsque le chef de l'État ne serait plus un héros national. Il pose alors le cadre de son

1. Voir Arnaud Teyssier, *L'Énigme Pompidou-De Gaulle*, Paris, Perrin, 2021.
2. Après la déclaration de Rome, le 17 janvier 1969, le général de Gaulle confie à Jacques Foccart : « En réalité, il a fait une gaffe ; il n'avait pas à parler comme il l'a fait. […] On ne succède pas à de Gaulle : on est élu président de la République après de Gaulle », Jacques Foccart, *Journal de l'Élysée*, t. II, *Le Général en mai : 1968-1969*, Paris, Fayard/Jeune Afrique, 1998, p. 555-556.

action à venir : « Je suis convaincu que les futurs présidents de la République seront amenés à intervenir dans la direction de l'État de façon constante, permanente, et à maintenir par l'action quotidienne cette suprématie qu'ils ne tiendront pas automatiquement du “coefficient personnel”. » Il conclut en soulignant l'« accentuation du rôle fonctionnel – et non plus personnel – du chef de l'État. Liaison plus étroite et mieux organisée entre le Gouvernement et l'Assemblée. Telles me paraissent les directions souhaitables pour le maintien de nos institutions[1] ». Georges Pompidou entend donc maintenir la pratique gaullienne des institutions et l'affirmation de la primauté présidentielle. Pourtant, à l'image de son slogan de campagne, il envisage des changements dans la continuité. La nomination de Jacques Chaban-Delmas à Matignon l'incarne.

Les deux hommes se connaissent depuis le temps du gaullisme d'opposition mais n'ont jamais entretenu de relations à proprement parler amicales ou intimes. Issus de deux branches différentes de « l'arbre généalogique » gaulliste, selon l'expression de Jacques Chaban-Delmas lui-même, ils ont l'un envers l'autre un profond respect. Ils partagent une foi commune en Charles de Gaulle et dans le gaullisme, un gaullisme qui doit continuer d'exister sans de Gaulle et après lui. Ainsi Chaban a-t-il été ministre sous la IVe République alors que le Général met le RPF en sommeil ; de même Pompidou se pose, dès janvier 1969, en candidat à la succession de De Gaulle. Mais les deux hommes ont des personnalités très différentes. Chaban-Delmas « se veut jeune, beau, séduisant et sportif ». Cet ancien rugbyman et joueur de tennis cultive sa forme physique tout comme son image. On le voit gravir deux à deux et d'un pas sautillant les marches du perron de l'Élysée ou de Matignon. Il aime être aimé, être « bien avec tout le monde, toujours à la recherche du compromis[2] ». Pompidou au contraire, éternelle cigarette aux lèvres, est un homme « proche du terroir », qui reflète le bon sens paysan et « croit aux germinations lentes », écrit Chaban. Et de conclure ce jeu des différences : « Pompidou était de raison. J'étais d'intuition. […] Il vivait imbibé de sagesse humaniste. J'étais un sportif habitué à se dépasser[3]. »

---

1. Georges Pompidou, *Le Nœud gordien*, Paris, Flammarion, 1984, p. 65 et 71.
2. Portrait de Jacques Chaban-Delmas par Georges Pompidou, *in Lettres, notes et portraits. 1928-1974*, Paris, Robert Laffont, 2012, p. 345.
3. Jacques Chaban-Delmas, *Mémoires pour demain*, Paris, Flammarion, 1997, p. 426-427.

Le choix de Jacques Chaban-Delmas s'impose, en juin 1969, au successeur de De Gaulle. Il symbolise la politique d'ouverture qu'il veut impulser. Dès sa nomination, le nouveau locataire de Matignon bénéficie des faveurs des journalistes et de l'opinion publique. L'alliage des deux têtes de l'exécutif doit permettre de répondre au mieux aux revendications exprimées dans le mouvement de Mai 68 tout en maintenant la fidélité aux principes du gaullisme. L'après-de Gaulle se met en place avec un nouveau souffle, certes moins épique. Les auspices gaullistes paraissent initialement favorables.

Pourtant, dès l'automne 1969, les racines de la discorde entre les deux hommes germent. Le discours de politique générale du Premier ministre, le 16 septembre 1969, sur la « nouvelle société » ouvre la brèche. Dès lors, le fossé ne cesse de se creuser entre les deux hommes. La détérioration du climat politique sur fond de fronde parlementaire de la majorité gaulliste, de persistance de l'agitation sociale et de scandales politico-financiers, qui atteignent le Premier ministre lui-même, conduit à une véritable usure du pouvoir chabaniste. À partir du printemps 1972, avec la perspective des élections législatives de 1973, Jacques Chaban-Delmas est clairement en sursis, face à un président qui est de plus en plus agacé, mais qui n'est pas sans hésiter sur le sort de son Premier ministre. Début juillet néanmoins, il est disgracié : comme l'écrit l'historien Gilles Le Béguec, il s'agit d'un « départ forcé ». Dans ses *Mémoires*, Chaban se pose en incompris par sa majorité, par le président, et en victime d'un complot permanent des conseillers de l'Élysée. « Je me suis trouvé pris au piège d'une stratégie présidentielle dont j'ignorais les ressorts profonds[1]. » Toutefois, il évoque les scandales politico-financiers qui l'ont éclaboussé ainsi que ses « erreurs ». Aussi faut-il se garder d'envisager les relations entre Georges Pompidou et Jacques Chaban-Delmas comme la chronique d'une mort annoncée. Les différences de tempérament, l'opposition de leurs visions de la société ne doivent pas faire oublier le poids du contexte, des considérations politiques, les enjeux politiciens, les basses manœuvres – qui font partie de la vie politique. Ces éléments ont largement pesé dans le divorce d'un couple exécutif qui, aussi mal assorti peut-il sembler, pouvait fonctionner.

1. *Ibid.*, p. 430.

Chaban à Matignon : incarner le changement

La nomination de Jacques Chaban-Delmas à Matignon le 20 juin 1969 n'est pas une surprise. Elle a été évoquée durant la campagne présidentielle et son nom régulièrement avancé dans la presse. Jacques Foccart le mentionne dans son *Journal de l'Élysée* dès le 1er juin 1969 à l'occasion d'un déjeuner chez Chaban, puis lors d'un échange quelques jours plus tard avec Michel Debré où celui-ci rapporte qu'il s'est entretenu à ce sujet avec Pompidou[1]. Le jeudi 12 juin, Pompidou confie ainsi à Foccart : « Je prends Chaban, ce n'est pas l'idéal, ce sera critiqué ; mais après tout, je n'ai pas le choix, je ne vois pas bien qui je pouvais prendre. Je ne pouvais pas reprendre ce malheureux Michel [Debré], vous le savez bien[2]. » Michel Jobert, le nouveau secrétaire général de l'Élysée, confirme que le choix de Chaban a été fait en amont et ajoute qu'il s'imposait au président comme « impérieux[3] ».

Jacques Chaban-Delmas présente en effet le profil idéal pour symboliser le « changement dans la continuité » souhaité par le successeur du général de Gaulle. La continuité réside dans son gaullisme, un gaullisme de la première heure, celui d'un résistant. Jacques Chaban-Delmas a cinquante-quatre ans lorsqu'il devient l'hôte de Matignon. Après des études de droit et de sciences politiques, il intègre l'Inspection des finances en 1943. Il participe activement à la Résistance sous le nom de « Chaban » et devient le plus jeune général des Forces françaises de l'intérieur (FFI) en 1944, à vingt-neuf ans. Compagnon de la Libération, il entre en politique, au Parti radical, est élu député de la Gironde en novembre 1946 puis maire de Bordeaux en octobre 1947. Dès avril 1947, il s'engage auprès de Charles de Gaulle dans l'aventure du RPF et devient progressivement l'un des barons du gaullisme. Mais le gaullisme de Chaban demeure teinté de radicalisme, empreint de ses habiletés manœuvrières et de « ses roueries florentines » selon le mot du Général[4]. Il fait d'ailleurs partie de ces gaullistes qui ont choisi de jouer le jeu parlementaire sous

1. Jacques Foccart, *Journal de l'Élysée*, t. III, *Dans les bottes du Général*, Paris, Fayard/Jeune Afrique, 1999, p. 34, 44-45.
2. *Ibid.*, p. 49-50.
3. Michel Jobert, *Mémoires d'avenir*, Paris, Grasset, 1974, p. 89.
4. Propos cités par Georges Pompidou dans son portrait de Jacques Chaban-Delmas, *in* Georges Pompidou, *Lettres, notes et portraits*, *op. cit.*, p. 345.

la IVe République. Il a été ministre de Pierre Mendès France, en 1954-1955, puis de Guy Mollet et de Félix Gaillard en 1956-1958. Après la fondation de la Ve République, il est élu à la présidence de l'Assemblée nationale, alors que le candidat adoubé par Charles de Gaulle est Paul Reynaud. Depuis une dizaine d'années, au perchoir, il se montre soucieux de la préservation des droits du Parlement, comme il l'explique, par exemple, dans son discours du 6 juillet 1961 : « L'Assemblée nationale n'est plus omnipotente, elle l'admet, mais elle ne saurait se contenter d'être une chambre d'enregistrement[1]. » Il a enfin une incontestable fibre sociale, que symbolisent deux de ses principaux collaborateurs à Matignon, Simon Nora et Jacques Delors. Tous deux issus du mendésisme, le premier est chargé des affaires économiques à son cabinet, et le second, provenant du syndicalisme chrétien, suit les affaires sociales. Sa nomination à Matignon constitue donc un signe fort en faveur de la politique d'ouverture.

Elle est confirmée par la composition du Gouvernement. « Il [le président] a adopté presque entièrement la liste que je lui ai soumise. La difficulté principale touchait aux Affaires culturelles[2] », c'est-à-dire à la succession de Malraux. Deux autres postes font l'objet de nombreuses consultations : l'attribution du Quai d'Orsay à Maurice Schuman, et l'Éducation nationale qui échoit à Olivier Guichard. Le Gouvernement compte 39 ministres et secrétaires d'État contre 31 pour le Gouvernement précédent. De Gaulle aurait commenté que « c'est la Quatrième en pire » et ironisé sur le nombre de secrétaires d'État[3]. Les gaullistes se taillent la part du lion (l'UDR détient 27 maroquins) et la continuité est assurée par Michel Debré à la Défense, Edmond Michelet aux Affaires culturelles, et Roger Frey aux Relations avec le Parlement. Mais des personnalités du centre, qui ont apporté leur soutien à la candidature de Georges Pompidou, font également leur entrée : René Pleven devient garde des Sceaux, Jacques Duhamel est nommé à l'Agriculture, et Joseph Fontanet au Travail. Antoine Pinay ayant refusé le ministère de l'Économie, Pompidou se résout à y rappeler le leader des RI, Valéry Giscard d'Estaing. Le ministère de l'Information est supprimé, conformément à la promesse de libéralisation

---

1. Discours de Jacques Chaban-Delmas à l'Assemblée nationale, 6 juillet 1961, *JORF*, 6 juillet 1961, p. 1480.
2. Jacques Chaban-Delmas, *Mémoires pour demain*, *op. cit.*, p. 425.
3. Jacques Foccart, *Journal de l'Élysée*, t. III, *op. cit.*, p. 66.

de l'ORTF du candidat Pompidou. En attendant d'être réformé, l'Office est directement rattaché au Premier ministre.

Dès sa nomination, le nouveau Premier ministre manifeste son intention de faire de l'ouverture une réalité en annonçant sa volonté de recevoir à Matignon les représentants des organisations professionnelles, syndicales et sociales, afin de jeter les bases d'un processus de concertation permanente entre l'État et les partenaires sociaux. Lors de sa déclaration de politique générale devant l'Assemblée nationale, le 26 juin, Jacques Chaban-Delmas affirme qu'il souhaite conduire un gouvernement « de réconciliation et d'action » et une « nouvelle société » (le mot est lâché mais passe alors inaperçu) qui doit être « une société solidaire [...] à l'égard des faibles et des malchanceux ».

« Monsieur le Premier ministre a amené à 6 heures du soir la liste de son Gouvernement et à 18 h 05, la rupture entre Georges Pompidou et Jacques Chaban-Delmas était consommée. En réalité, ils ont vécu en chiens de faïence pendant trois ans[1]. » Selon le ministre de l'Agriculture Michel Cointat, le différend entre Georges Pompidou et son Premier ministre daterait de la présentation même du Gouvernement. Cela relève de la reconstruction *a posteriori* et de l'emphase. L'été 1969 semble au contraire avoir été une période de relative harmonie entre les deux pôles de l'exécutif. Le Premier ministre souligne que l'ambiance est alors très cordiale entre le chef de l'État et lui-même au moment de la composition du Gouvernement[2]. Dans sa première conférence de presse, le 10 juillet 1969, Georges Pompidou rappelle l'équilibre institutionnel défini par Charles de Gaulle : « Je crois que le choix qu'a fait le peuple français démontre son adhésion à la conception que le général de Gaulle a eue du rôle du président de la République : à la fois chef suprême de l'exécutif, gardien et garant de la Constitution, il est à ce double titre chargé de donner les impulsions fondamentales, [...] à la fois arbitre et premier responsable national. Une telle conception n'empiète évidemment pas sur les droits du Parlement qu'il s'agisse de son pouvoir législatif ou de son contrôle de l'action gouvernementale. Elle laisse un rôle extrêmement important et d'ailleurs très lourd – j'en ai fait

1. Entretien de Michel Cointat, ministre de l'Agriculture de janvier 1971 à juillet 1972, par Véronique Pradier le 6 juin 1997 (AGP, Archives nationales, 1AV200).
2. Jacques Chaban-Delmas, *Mémoires pour demain*, *op. cit.*, p. 426.

moi-même la longue expérience – au Premier ministre, dans la marche des affaires, dans la direction des administrations, et dans les rapports avec le Parlement ; mais une telle conception comporte la primauté du chef de l'État qui lui vient de son mandat national et qu'il est de son devoir de maintenir. »

Ce cadre gaullien reposé, le chef de l'État entend bien que le Gouvernement débatte des questions économiques et sociales, qu'il assume l'intendance, comme Pompidou l'avait fait à Matignon durant la présidence de Charles de Gaulle. Le chef de l'État, quant à lui, se réserve les grandes orientations, les grandes impulsions. Il donne des consignes claires en ce sens à son entourage : suivre les dossiers, sans captation excessive du Palais, et sans interférer avec le cabinet du Premier ministre, ne pas organiser de réunions interministérielles à l'Élysée. Dans *L'Ardeur*, Jacques Chaban-Delmas explique qu'il avait fixé une méthode de travail avec Georges Pompidou dès sa nomination à Matignon, précisant que « le cabinet élyséen s'abstiendrait de toute intervention auprès des ministères[1] ». Les témoignages des collaborateurs du Premier ministre soulignent volontiers que « le circuit fonctionnait assez bien », que le secrétaire général de l'Élysée (Michel Jobert) et son adjoint (Édouard Balladur) travaillaient en bonne entente avec le cabinet du Premier ministre[2].

Cependant, l'équilibre qui s'était instauré spontanément entre le président de Gaulle et son Premier ministre Georges Pompidou devient plus précaire et instable entre le président Pompidou et le chef du Gouvernement Chaban du fait même que le premier a exercé six années durant les fonctions de Premier ministre. La donne est radicalement différente des duos exécutifs précédents et une nouvelle partition est à écrire. Cette tâche est d'autant plus difficile pour les deux hommes que l'ombre du Général

1. Jacques Chaban-Delmas, *L'Ardeur*, Paris, Stock, 1975, p. 345. Michel Jobert, *Mémoires d'avenir*, *op. cit.*, p. 161 et *L'Autre Regard*, Paris, Grasset, 1976, p. 105-106.

2. Entretien de Gérard Worms, conseiller technique au cabinet de Jacques Chaban-Delmas de 1969 à 1971, par Armelle Demagny, 5 avril 2002 (AN, AGP, 1AV844), et d'Yves Cannac, chargé de mission puis conseiller technique au cabinet du Premier ministre de 1969 à 1972, du 22 septembre 2000 par Armelle Demagny et Anne Lebboucher-Sebbab (AN, AGP, 1AV729). Jacques Delors souligne également qu'Édouard Balladur et Michel Jobert ne lui « ont jamais compliqué la tâche », et que « en ce qui concerne le cabinet explicite du président de la République, les relations étaient bonnes », Jacques Delors, *Mémoires*, Paris, Plon, 2003, p. 99-100.

plane sur l'Élysée jusqu'à son décès en novembre 1970. Georges Pompidou doit asseoir son autorité et donner des gages de fidélité aux gaullistes orthodoxes, qui, pour certains d'entre eux, tel Louis Vallon, récusent qu'il défende l'héritage. Il craint parfois les foudres d'un éventuel communiqué gaullien[1]. Il n'ignore pas les propos parfois très durs à son encontre que tient de Gaulle à ses visiteurs à La Boisserie qui ne se privent pas de les colporter ensuite[2]. Pour Jacques Chaban-Delmas, l'esprit des institutions exclut toute déloyauté à l'égard du chef de l'État. Mais, comme il l'écrit dans *L'Ardeur*, le Premier ministre « doit être capable de se démettre s'il estime que se soumettre entraînerait des conséquences plus graves que celles de son départ. [...] La République n'a rien à gagner d'un dialogue au sommet où seraient tolérées la veulerie, la complaisance et la servilité. Ni la République. Ni son président[3] ». Se soumettre à la prééminence présidentielle n'interdit donc pas de manifester son opposition, y compris publiquement...

Or la gestion des dossiers par le Premier ministre suscite des réserves à l'Élysée. Chaban avoue avoir une connaissance insuffisante des affaires de l'État lorsqu'il accède à Matignon, alors que Georges Pompidou en a une parfaite maîtrise[4]. Le président de la République et son entourage constatent une certaine « légèreté » et une certaine « désinvolture » du Premier ministre, qui laisse trop ses conseillers décider en lieu et place[5]. Rapidement, le président invite ses collaborateurs à resserrer le contrôle et la surveillance de l'activité gouvernementale : « J'ai reçu, pendant mes quatre années près de lui, explique le secrétaire général de l'Élysée Michel Jobert, des instructions successives d'extrême vigilance à l'égard des affaires du Premier ministre, et de mansuétude distante[6]. » Les archives privées de Simon Nora semblent effectivement indiquer que le contrôle de l'Élysée sur les affaires gouvernementales s'est intensifié à compter du printemps et de l'été 1970, soit environ un an après la nomination du Gouvernement : par exemple, le

1. Jacques Chaban-Delmas, *Mémoires pour demain*, *op. cit.*, p. 453.
2. Frédéric Turpin, *Pierre Messmer. Le dernier gaulliste*, Paris, Perrin/ministère des Armées, 2020, p. 218-219.
3. Jacques Chaban-Delmas, *L'Ardeur*, *op. cit.*, p. 408-409.
4. *Ibid.*, p. 345.
5. Selon les expressions d'Édouard Balladur, dans son entretien du 25 février 2000, réf. cit, et de Michel Jobert, *L'Autre Regard*, *op. cit.*, p. 106.
6. Michel Jobert, *Mémoires d'avenir*, *op. cit.*, p. 161.

Premier ministre n'est pas toujours convié aux déjeuners entre le chef de l'État et tel ou tel ministre au cours desquels il fixe directement avec eux les grandes orientations de leur action. À Matignon, on s'inquiète, à plusieurs reprises, d'être placé en position de suiveur, voire en porte-à-faux[1]. À l'été 1971 d'ailleurs, Simon Nora quitte son poste au cabinet du Premier ministre, « un peu déçu que Jacques Chaban-Delmas n'ait pas joué un peu plus net, affirmé son image face au président, quitte à s'appuyer sur le peuple ou l'Assemblée nationale », confie-t-il à l'historien Éric Roussel. Ce dernier conclut qu'à cette époque, Georges Pompidou détient *de facto* plus de pouvoir que n'en a jamais eu de Gaulle[2]. Pourtant, cette captation progressive par l'Élysée n'avait initialement rien d'évident.

La « nouvelle société » : les germes de la discorde

La première pomme de discorde entre le président et son Premier ministre est le discours sur la « nouvelle société ». Le 16 septembre 1969, devant l'Assemblée nationale réunie en session extraordinaire, Jacques Chaban-Delmas fait une déclaration de politique générale et présente son projet de « nouvelle société ». La première partie du discours brosse un portrait aux « couleurs sombres » d'une France malade, sclérosée par un État « défectueux » et « tentaculaire », « l'archaïsme et le conservatisme de nos structures sociales », et « la fragilité de notre économie ». Puis il se fixe comme objectif de « construire une nouvelle société », « prospère, jeune, généreuse et libérée ». Il propose, entre autres, une libéralisation de l'ORTF, pour mieux informer le citoyen ; le développement de la formation professionnelle et de l'apprentissage ; le « rajeunissement des structures sociales », une « revalorisation de la condition ouvrière » par la mensualisation des salaires, la revalorisation des bas salaires par la création du Smic, la revalorisation du minimum vieillesse et des allocations familiales… Le discours a été principalement rédigé par Simon Nora et Jacques Delors, qui se sont inspirés des travaux du sociologue Michel Crozier sur la

1. Archives d'histoire contemporaine, FNSP, archives privées de Simon Nora au cabinet de Jacques Chaban-Delmas, fonds Simon Nora, cartons 4 et 38, notamment la note de Simon Nora au Premier ministre en date du 23 juillet 1970.

2. Éric Roussel, *Georges Pompidou*, Paris, Jean-Claude Lattès, 1984, p. 417.

« société bloquée[1] ». Les accents mendésistes sont perceptibles et font écho aux sympathies chabanistes pour des hommes de la gauche non communiste.

Le style du discours et son contenu provoquent les critiques du président. Non pas que le thème puisse surprendre le chef de l'État. En effet, durant la campagne présidentielle, le concept avait été soumis au candidat Pompidou par Olivier Guichard, et il l'avait balayé d'un revers de main[2]. Mais la vision sociale du président et celle de son Premier ministre diffèrent profondément. Alors que Jacques Chaban-Delmas déclare dans *Le Monde*, en décembre 1969 : « ou nous sommes capables d'avoir vingt ans, et tout est possible ; ou nous avons notre âge, et il n'y a plus d'espoir », Georges Pompidou confie, le 7 octobre, à Alain Peyrefitte qu'une « nouvelle société, c'est impossible ! La société est ce qu'elle est ; il faut vivre avec ! Rien n'est pire que de vouloir faire rêver les Français[3] ».

Au-delà du fond, la forme et le procédé irritent le chef de l'État. Le discours n'aurait été soumis à l'Élysée que quelques heures avant d'être prononcé. La maladresse, dont tous les témoins s'accordent à dire qu'elle n'est pas délibérée, froisse le président qui s'estime marginalisé. Jacques Chaban-Delmas reconnaît, dans ses *Mémoires*, qu'il a sa part de « responsabilité dans cette affaire » et qu'il s'agit de sa première erreur[4]. Le 22 septembre 1969, Georges Pompidou donne une nouvelle conférence de presse, pour reprendre l'initiative. Elle revêt essentiellement la forme d'un appel à l'opinion pour qu'elle participe à l'effort de redressement et porte sur les questions économiques, sociales et financières. Le président se montre concret et pragmatique, ponctuant ses réponses de chiffres ou évoquant la femme d'un salarié qui, après une augmentation

1. Association Chaban aujourd'hui, *La Nouvelle Société de Jacques Chaban-Delmas*, actes du colloque du 16 septembre 2009, Paris, Economica, 2010 et Pierre Guillaume, « Un projet : la "Nouvelle société" », *in* Gilles Le Béguec, Jean-François Sirinelli (dir.), *Jacques Chaban-Delmas en politique : actes du colloque organisé à Bordeaux, les 18 au 20 mai 2006/Par le Centre aquitain d'histoire moderne et contemporaine et le Centre d'histoire des Sciences po*, p. 183-199.

2. Michel Jobert, *L'Autre Regard*, *op. cit.*, p. 110.

3. Cités par Bernard Lachaise, « Georges Pompidou et la "Nouvelle société" », *in* Alain Beltran, Gilles Le Béguec (dir.), *Action et pensée sociales chez Georges Pompidou : actes du colloque des 21 et 22 mars 2003 au Sénat, Paris*, Paris, PUF, 2004, p. 61-70.

4. Jacques Chaban-Delmas, *L'Ardeur*, *op. cit.*, p. 368 ; *Mémoires pour demain*, *op. cit.*, p. 446.

de salaire, « ait envie de changer sa machine à laver. Eh bien, elle peut se dire “Grâce à cette augmentation, au printemps, je m'achèterai ma nouvelle machine à laver.” Mais elle peut se dire aussi : “Achetons-la tout de suite, je vais emprunter”. [...] C'est cette dernière attitude qui consiste à dépenser l'argent qu'on n'a pas gagné et qui, si elle se généralise, conduit à l'endettement national ». Loin des élans chabanistes, le chef de l'État ramène les Françaises et les Français dans l'immanence des contingences matérielles. Dans cette approche différenciée des problèmes réside sans doute le divorce philosophique entre les deux têtes de l'exécutif. Le journaliste Jacques Fauvet résume le dilemme, dans *Le Monde* du 24 septembre 1969 : « Le Premier ministre ayant fait la semaine dernière, devant l'Assemblée nationale, un discours de président de la République, le chef de l'État s'est trouvé condamné à faire une déclaration de chef de Gouvernement devant la presse. »

Moins que le concept de nouvelle société, ce sont les conséquences politiques du discours du 16 septembre 1969 qui opposent Georges Pompidou et Chaban-Delmas. La gauche accueille favorablement les propos du Premier ministre. La majorité en revanche, tout en accordant largement sa confiance au Gouvernement (la déclaration de politique générale est approuvée par 369 voix contre 85), se montre beaucoup plus circonspecte, en particulier l'UDR. François Mitterrand commente d'un trait mordant : « Quand je vous regarde, je ne doute pas de votre sincérité, mais quand je regarde votre majorité, je doute de votre réussite. » Les velléités réformistes du Premier ministre s'expriment face à la Chambre élue en juin 1968, dans un contexte de peur sociale, à très large majorité gaulliste. Charles de Gaulle avait alors ironisé sur la contradiction entre une « Chambre PSF » et « une politique PSU » à lui faire mener[1].

L'affaire de la libéralisation de l'ORTF tend davantage encore les relations entre le président, le Premier ministre et le parti gaulliste. Durant la campagne présidentielle de 1969, Georges Pompidou s'est prononcé en faveur d'une libéralisation de la radiotélévision étroitement contrôlée par le pouvoir par le biais du ministère de l'Information. Celui-ci est supprimé dans le Gouvernement Chaban-Delmas, qui se dote d'un secrétaire d'État porte-parole du gouvernement en la personne de Léo Hamon, rapidement brocardé par *Le Canard enchaîné* en « Léo parleur ». Des unités d'information

---

1. Jean Lacouture, *De Gaulle*, t. III, *Le Souverain (1959-1970)*, Paris, Le Seuil, 1986, p. 726.

autonomes sont créées sur chaque chaîne de télévision, dirigées par un directeur nommé pour deux ans par le Premier ministre. Jacques Chaban-Delmas propose deux noms : Pierre Desgraupes pour la première chaîne et Jacqueline Baudrier pour la seconde. Pierre Desgraupes est producteur à la télévision depuis le milieu des années 1950. Il a notamment produit les célèbres émissions *Cinq Colonnes à la une* et *À armes égales*. En mai 1968, il a fait partie des journalistes grévistes à l'ORTF. Pour toute une partie de la majorité gaulliste et de l'entourage présidentiel, la nomination de Pierre Desgraupes est inadmissible. « Avec Georges Pompidou, écrit Chaban dans ses *Mémoires*, l'affaire a pris une tournure désastreuse[1]. » Le président refuse, arguant que le Premier ministre va ouvrir une crise politique majeure et que le Gouvernement et la majorité parlementaire risquent d'exploser. Un véritable bras de fer s'engage alors entre Matignon et l'Élysée qui dure environ trois semaines. Dans l'entourage présidentiel, on reproche au Premier ministre de vouloir livrer la télévision aux adversaires du régime. Le conseiller politique du président, Pierre Juillet, accuse Chaban-Delmas d'être « l'homme qui amène le socialisme en France. […] Votre politique en toutes choses avantage des gens qui ne sont pas nos électeurs et qui ne vous en sauront aucun gré, tandis que notre clientèle traditionnelle se détourne[2] ». Le secrétaire général de l'Élysée, Michel Jobert, relate qu'« entre lui et Chaban, il y eut une scène violente, sans témoins. Mais des éclats de voix, tout à fait inusités, parvenaient dans mon bureau, malgré les doubles portes qui le séparaient de la pièce présidentielle[3] ». Le Premier ministre se bat (plusieurs options sont envisagées comme celle de nommer Pierre Lazareff – qui refuse) et finit par obtenir gain de cause. Le nom de Pierre Desgraupes a fuité dans la presse. Il est difficile de se dédire, d'autant que cette nomination illustre la politique de libéralisation promise par le candidat Pompidou. De guerre lasse sans doute, le chef de l'État cède. Mais le bât blesse.

L'information demeure une pomme de discorde pérenne entre les deux têtes de l'exécutif. L'Élysée s'inquiète de la force médiatique du service de presse de Matignon, dirigé par Roger Vaurs et Pierre Hunt, qui, comme le note Michel Jobert, est « tout dévoué à bâtir la gloire du Premier ministre » et en vient à oublier celle du chef de

1. Jacques Chaban-Delmas, *Mémoires pour demain*, *op. cit.*, p. 452.
2. Jacques Chaban-Delmas, *L'Ardeur*, *op. cit.*, p. 372.
3. Michel Jobert, *L'Autre Regard*, *op. cit.*, p. 113-114.

l'État[1]. Son efficacité paraît confirmée par les sondages. En 1970, d'après un sondage, 40 % des Français pensent que les grandes orientations de la politique sont fixées par le Gouvernement et 38 % seulement par le chef de l'État. À l'Élysée, la popularité de Jacques Chaban-Delmas est considérée comme antinomique avec celle du président, tandis qu'à Matignon, on pense que lorsque le président est seul à s'exprimer, le Gouvernement est marginalisé. La presse s'interroge, courant mars 1970, sur les éventuelles tensions entre le président et son Premier ministre. André Ribaud écrit dans *Le Canard enchaîné* que « le général trouvait que ses Premiers ministres étaient secondaires. M. Pompidou semble juger le sien superflu ». En ce printemps 1970, les divergences au sommet de l'État sont devenues un secret de Polichinelle.

Chaban, Pompidou, l'UDR : un trio infernal ?

La relation entre le président et le chef du Gouvernement ne peut être dissociée des liens qu'entretiennent les deux têtes de l'exécutif avec la majorité parlementaire, dont le pilier est l'UDR. Or dès la nomination de Jacques Chaban-Delmas, les choses commencent fort mal. En juillet 1969 est lancée l'amicale parlementaire « Présence et action du gaullisme » dirigée par Pierre Messmer, dont le but est de préserver les fondamentaux du gaullisme, et ce, avec le soutien de Charles de Gaulle. Le président estime qu'il s'agit d'une « machine dirigée contre lui » bien que l'ancien ministre des Armées du Général tente de le dissuader du contraire. Le mouvement parvient à rassembler une soixantaine de parlementaires gaullistes orthodoxes et glisse progressivement d'une position réservée à l'encontre de Georges Pompidou à une attitude d'hostilité envers son Premier ministre[2]. Pour beaucoup, le discours sur la « nouvelle société » est perçu comme une critique du gaullisme et de l'action du général de Gaulle dont ils se sentent orphelins[3]. Les critiques fondent sur Chaban-Delmas. Durant l'exercice de ses fonctions, le

1. Michel Jobert, *Mémoires d'avenir*, *op. cit.*, p. 161.
2. Frédéric Turpin, *Pierre Messmer*, *op. cit.*, p. 219-220 et Jérôme Pozzi, *Les Mouvements gaullistes. Partis, associations et réseaux, 1958-1976*, Rennes, PUR, 2011, p. 262-263.
3. Entretien d'Hubert Germain par Jérôme Pozzi, 24 février 2006 (document aimablement communiqué par Jérôme Pozzi, archives privées).

Premier ministre doit affronter une véritable fronde parlementaire et une hostilité du parti gaulliste. Le président reproche, à plusieurs reprises, à Chaban-Delmas de ne pas s'imposer comme le chef de la majorité parlementaire et de ne pas tenir l'UDR.

Face à la persistance de l'agitation sociale et étudiante, aux manifestations des groupes gauchistes, à la violence qui perdure, le président et le parti gaulliste vitupèrent sans cesse l'inaction du Gouvernement, qui se perd en palabres au lieu de rétablir l'ordre. À chaque déplacement en province, le chef de l'État donne l'impression de tenir le langage de fermeté à la place de son Premier ministre. Le 16 mai 1970, à Murat, dans le Cantal, il déclare qu'il « n'est pas admissible que certains, pour faire valoir leurs idées ou parce que ces idées sont la destruction pure et simple, s'attaquent aux personnes et aux biens. [...] Nous ne sommes pas le pays des procès de tendance, des répressions violentes, des tortures ou des assassinats, mais nous serons, s'il le faut, le pays de la fermeté ». Pourtant, début avril, Jacques Chaban-Delmas a précisé, dans un entretien télévisé avec Pierre Desgraupes, qu'il « est inadmissible qu'on puisse [...] saccager, briser, endommager, détruire des bâtiments, des installations, et du matériel ». Il a ajouté la nécessité que les « casseurs soient les payeurs ». Mais les réactions à cet entretien télévisé ont été défavorables, l'UDR se limitant à un prudent silence quand les oppositions ont vilipendé la démagogie du Premier ministre. Lors de ses entrevues bihebdomadaires avec Jacques Foccart, Georges Pompidou ne cache pas son agacement. Le 10 février 1970, par exemple, il confie : « Je ne sais pas comment le faire comprendre à Chaban. Je lui ai déjà dit sur tous les tons. » Et le 12 mai : « Vous comprenez, c'est bien difficile. Et puis, il faut que je secoue Chaban sans arrêt ; il est certain qu'il est trop mollasson[1]. » La majorité n'est guère plus tendre avec le chef du Gouvernement. Dès le printemps 1970, le parti gaulliste s'oppose publiquement au Premier ministre. Les réunions du bureau de l'UDR sont de plus en plus houleuses au fur et à mesure des mois. Les députés ont le sentiment que le Premier ministre considère les alliés de la majorité, RI et centristes du groupe PDM, comme « plus astucieux, plus intelligents, intellectuellement plus aptes[2] ».

La question de l'ouverture de la majorité, à l'approche des élections municipales de 1971, provoque de nouvelles divisions.

---

1. Jacques Foccart, *Journal de l'Élysée*, t. III, *op. cit.*, p. 234 et 334.
2. *Ibid.*, p. 349.

À Royan, le 4 avril 1970, Roger Frey, ministre des Relations avec le Parlement, affirme, sans en avoir averti l'Élysée, mais visiblement avec l'accord de Matignon, que la majorité doit s'ouvrir. La proposition ne fait pas l'unanimité au sein du mouvement gaulliste. Robert Poujade, le secrétaire général de l'UDR, réplique que la majorité ne doit pas se transformer en « auberge espagnole » et Pierre Messmer pour Présence et action du gaullisme dénigre « la cuisine politique ». Le chef de l'État formule lui-même des objections et, lors de son voyage en Alsace les 27 et 28 juin 1970, fait preuve de prudence et de fermeté : « L'ordre n'est pas une fin en soi, l'ouverture non plus. Elle est un état d'esprit, une attitude faite de tolérance et d'esprit de dialogue mais à des fins précises et pour une politique acceptée[1]. » Dans sa conférence de presse du 21 janvier 1971, il déclare : « Je souhaite donc d'une façon générale… qu'il y ait en France une majorité qui soit à peu près définie, sans être fermée, et une opposition qui soit à peu près définie, sans être non plus, elle, ouverte à tous vents. » Et, plus clairement encore, il affirme à Jacques Foccart, le 3 novembre 1970, au sujet des municipales : « J'ai dit à Chaban très nettement que les contours de la majorité seraient fixés[2]… » Lors du conseil national de l'UDR à Versailles du 25 au 27 juin 1970, Jacques Chaban-Delmas reçoit un accueil glacial. Pierre Messmer affirme que « nous n'avons aucune raison de nous confondre avec le Gouvernement ». Le Premier ministre doit défendre sa politique et rappeler à ses camarades que « nous sommes une famille fraternelle [qui] repose sur la confiance ». Le 11 août, en vacances au fort de Brégançon, Georges Pompidou se montre cinglant à l'égard du Gouvernement. À propos du projet de réforme régionale, il déclare : « Je veillerai à ce que le Gouvernement prépare et soumette, en vue de la déconcentration et de la décentralisation, des projets sérieux, et non de la poudre aux yeux, comme on l'a fait tant de fois. »

Mais le maire de Bordeaux est loin d'être politiquement usé. Sa position est confortée par sa réélection triomphale en septembre 1970. Le 26 juillet 1970, son suppléant, Jacques Chabrat, décède. Une élection législative partielle a donc lieu. Dès le lendemain, le Premier ministre annonce qu'il est candidat. Le 30 août,

1. Extrait du discours prononcé à Strasbourg, le 27 juin 1970, par Georges Pompidou (AN, 5AG2/1089).
2. Jacques Foccart, *Journal de l'Élysée*, t. III, *op. cit.*, p. 491.

Jean-Jacques Servan-Schreiber déclare sa candidature. Malgré la médiatisation dont il bénéficie, il ne parvient pas à déraciner Jacques Chaban-Delmas de son fief électoral. Ce dernier est élu le 20 septembre avec 63,55 % des suffrages contre 16,56 % pour le leader radical. À la rentrée parlementaire, sa déclaration de politique générale du Gouvernement est approuvée par une majorité massive de 382 voix.

Toutefois, le répit est de courte durée. Lorsque le secrétaire général du mouvement, Robert Poujade, est remplacé en janvier 1971 par René Tomasini, directement choisi par l'Élysée, la tension s'accroît et Chaban-Delmas devient une « cible » du parti[1]. Elle culmine le 12 juillet 1971 lorsqu'est publié dans la presse un « manifeste des présidents » issus de la majorité. Le texte est signé par les cinq présidents UDR des commissions de l'Assemblée nationale (Jean Charbonnel, Jean Foyer, Alain Peyrefitte, Alexandre Sanguinetti, Maurice Lemaire) plus Hubert Germain pour Présence et action du gaullisme. Le manifeste dénonce « une mauvaise conception des rapports de l'exécutif avec le législatif ». Les signataires critiquent ouvertement la politique gouvernementale, dénoncent les infractions commises à l'égard des règlements des assemblées, remettent en cause la politique de concertation du Premier ministre. Ils regrettent la place accordée à « ces interlocuteurs privilégiés » que sont les dirigeants d'organisations socioprofessionnelles qui obtiennent « une audience disproportionnée à leur capacité de se faire suivre ». La condamnation de la politique et de la méthode de Jacques Chaban-Delmas est sans appel.

L'initiative du texte revient à Hubert Germain et Jean Charbonnel. Elle est accueillie très fraîchement à Matignon, tandis qu'à l'Élysée, certains se réjouissent[2]. Elle révèle toute l'ambiguïté de la position du président. D'une part, le président cherche l'appui de la majorité pour durcir le ton contre le Gouvernement et lui imposer d'agir plus efficacement contre la persistance de la grogne sociale et de l'agitation étudiante et lycéenne. Il a besoin d'une majorité présidentielle solide pour le soutenir. Mais d'autre part, il trouve la majorité parlementaire trop conservatrice pour réformer, et soutient en ce sens l'action de son Premier ministre. Lors de sa conférence de presse du 21 septembre 1971, Georges Pompidou

1. Jérôme Pozzi, *Les Mouvements gaullistes*, *op. cit.*, p. 260-261.
2. *Ibid.*, p. 264-265.

distingue les deux types de majorité, ce que d'aucuns perçoivent comme une menace à peine voilée contre certains éléments indisciplinés du camp majoritaire[1]. « Quel est le rôle du chef d'État ? explique Georges Pompidou. Ce n'est pas d'avoir des rapports avec la majorité. Ceci est le rôle du Premier ministre, qui est d'ailleurs responsable devant cette majorité et devant l'Assemblée. » Quant au président, il a été porté au pouvoir par une majorité présidentielle. « Cela ne veut pas dire que j'ignore la majorité. [...] Je crois qu'il est bon pour le fonctionnement des institutions qu'il se trouve à l'Assemblée une majorité qui accepte de soutenir dans ses grandes lignes la politique définie par le chef de l'État. »

Dans la perspective des élections législatives de 1973, il appelle indirectement la majorité à serrer les rangs derrière le Premier ministre. Car le contexte est particulièrement morose et la majorité fait pâle figure face à une gauche revivifiée. À l'été 1971, le NPS porte à sa direction l'ancien leader de la Convention des institutions républicaines, François Mitterrand. Le premier secrétaire du PS entame des négociations avec les communistes en prévision des futures élections législatives. La dynamique unitaire, qui conduit à la signature du programme commun de gouvernement en juin 1972, s'engage. Le président reproche à Jacques Chaban-Delmas de ne pas suffisamment s'investir dans la préparation des élections : « Mais enfin, explique Georges Pompidou à Jacques Foccart le 17 septembre 1971, comment faudrait-il lui parler pour qu'il se décide à mettre le paquet ? C'est lui le chef de la majorité, c'est à lui de se mouiller, ce n'est pas à moi. [...] Rappelez-vous [...], du temps où j'étais Premier ministre, je me suis jeté dans la bataille. Maintenant, c'est à lui de le faire[2]. » Le chef de l'État s'interroge sur la capacité de Jacques Chaban-Delmas à conduire la majorité gaulliste à la victoire, dans un contexte marqué par les scandales politico-financiers.

Stupeur et tremblements

La détérioration des rapports entre le président et le Premier ministre s'accélère fin 1971-début 1972, d'autant plus que Jacques

1. Éric Roussel, *Georges Pompidou*, *op. cit.*, p. 491.
2. Jacques Foccart, *Journal de l'Élysée*, t. IV, *La France pompidolienne : 1971-1972*, Paris, Fayard, 2000, p. 400.

Chaban-Delmas est affaibli par plusieurs affaires. En juillet 1971 éclate l'affaire de la Garantie foncière, une société civile de placement immobilier qu'a présidée le député gaulliste de Paris André Rives-Henrys. Il est inculpé d'escroquerie, d'abus de confiance, de complicité d'abus de biens sociaux. Le pouvoir est ébranlé. Le Premier ministre puis le président de la République sont contraints de s'expliquer. L'affaire est évoquée en conseil des ministres. La presse dénonce la corruption du régime, la collusion entre hommes politiques et milieux d'affaires, plus ou moins sulfureux. L'opposition organise une manifestation devant la mairie du 19e arrondissement de Paris pour demander la démission de Rives-Henrys. Pierre Viansson-Ponté écrit, dans les colonnes du *Monde*, le 23 juillet : « La fleur vénéneuse épanouie dans le marécage du gaullisme immobilier empoisonne dangereusement l'atmosphère. » En novembre 1971, le frère d'un ancien membre de l'entourage de Jacques Chaban-Delmas, l'inspecteur des impôts Édouard Dega, est inculpé pour fraude fiscale. En janvier 1972, *Le Canard enchaîné* porte un coup décisif à l'image du chef du Gouvernement. Le journal satirique publie, le 19 janvier, ses feuilles d'impôts de 1966 à 1969, dont il ressort que le Premier ministre n'a pas payé d'impôt sur le revenu pendant ces quatre années, et cela, le plus légalement possible. C'est le système de « l'avoir fiscal » (exonération totale de l'indemnité de Premier ministre, et partielle de l'indemnité parlementaire). Malgré les déclarations du Premier ministre et du ministre des Finances, Valéry Giscard d'Estaing, que certains accusent d'être à l'origine des « fuites », le scandale enfle, relayé par d'autres affaires politico-financières touchant des membres du Gouvernement et de la majorité. Michel Poniatowski, le lieutenant de Valéry Giscard d'Estaing, dénonce « la République des copains et des coquins ». En septembre 1972, l'affaire Aranda, du nom de Gabriel Aranda, un ancien conseiller technique au cabinet du ministre de l'Équipement, Albin Chalandon, provoque un nouveau scandale. Il révèle puis divulgue à la presse des documents administratifs faisant état de la délivrance de permis de construire, sous pression politique, dans des espaces de montagne pourtant interdits à la construction. L'affaire est rapidement politisée à l'approche des élections législatives. Ces différents épisodes contribuent à la détérioration du climat politique en cette fin d'année 1972. La preuve en est que les Français, sondés par l'Ifop en septembre 1972, considèrent que ces scandales sont le problème politique le plus important du moment (26 % des sondés), avant les questions relatives aux salaires et aux prix (17 %) et la tenue de prochaines élections (15 %). La majorité des personnes interrogées considère que ces scandales profitent à l'opposition et que le Gouvernement n'a pas la volonté de faire toute la lumière sur ces affaires[1].

Dans ce contexte plus que morose, une dissolution anticipée de l'Assemblée est envisagée et évoquée, à plusieurs reprises, entre le président et le Premier ministre. Elle est soutenue par Michel Debré ou Olivier Guichard[2]. Cela aurait le mérite de casser la dynamique unitaire de la gauche. Georges Pompidou s'y refuse et fait bloc derrière son Premier ministre : « Dans le climat actuel, explique-t-il à Jacques Foccart le 1er février 1972, il faut faire front autour de Chaban – qui est maladroit. Je dois dire que je ne comprends pas, dans la position où il est, que l'on s'arrange pour ne pas payer d'impôts. […] Alors, il faut laisser passer l'orage, courber le dos, et ensuite, on contre-attaquera. Je vous garantis que je m'en chargerai moi-même[3] ». Le chef de l'État décide de reprendre la main en organisant un référendum. À l'occasion de sa conférence de presse du 16 mars 1972, il annonce la tenue d'un référendum sur l'entrée de la Grande-Bretagne dans la CEE. Les enjeux de politique intérieure sont indéniables dans cette décision. Le référendum peut jouer un rôle de diversion, tout en ressoudant la majorité et en poursuivant l'élargissement de la majorité présidentielle engagée en 1969. Trois ans après son élection, le président espère enfin une consolidation de sa politique, dans un domaine aussi fondamental que la construction européenne. Conscient que la procédure référendaire engage directement la responsabilité du chef de l'État, Georges Pompidou ne lie pourtant pas son mandat aux résultats du référendum, comme le faisait le fondateur de la Ve République. L'entourage du chef de l'État est divisé et la majorité se lance dans la campagne sans grand enthousiasme.

Le président s'engage personnellement dans la bataille, adressant une déclaration aux électeurs le 5 avril, et intervenant à plusieurs

1. Sondages réalisés par l'Ifop pour l'hebdomadaire *Le Point*, le 19 septembre 1972.

2. Jacques Foccart, *Journal de l'Élysée*, t. IV, *op. cit.*, p. 211 et Jacques Chaban-Delmas, *L'Ardeur*, *op. cit.*, p. 417.

3. Jacques Foccart, *Journal de l'Élysée*, t. IV, *op. cit.*, p. 216.

reprises à la télévision[1]. Malgré la large majorité de « oui » qui se prononce en faveur de l'adhésion de la Grande-Bretagne au Marché commun le 23 avril 1972 (67,7 % des suffrages exprimés), les résultats du référendum déçoivent Georges Pompidou par leur forte abstention. Presque 40 % des électeurs ne se sont pas rendus aux urnes, répondant ainsi au mot d'ordre d'abstention du PS de François Mitterrand, mais surtout se sentant peu concernés par le caractère abstrait de la consultation. Le président, n'ayant pas su mobiliser, considère les résultats comme un échec personnel. Il « avait très mal pris ce résultat, écrit Jacques Chaban-Delmas. Il se croyait, bien à tort, dépossédé de son charisme. Je ressentais la nécessité de resserrer les rangs, par une prise de position sans équivoque sur l'action gouvernementale. Georges Pompidou en fut aisément d'accord. À l'occasion d'une rencontre avec les correspondants parisiens de la presse quotidienne régionale, j'annonçai pour le 23 mai 1972 l'ouverture d'un débat de politique générale[2] ». Sans le savoir, le Premier ministre vient de sceller son sort.

La cabale et la chute

L'entourage de Georges Pompidou a incontestablement un rôle déterminant dans la démission de Jacques Chaban-Delmas en juillet 1972. Depuis l'automne 1969, les conseillers politiques du chef de l'État jouent contre le Premier ministre. Dans ses *Mémoires*, Jacques Chaban-Delmas se dit victime du « complot permanent[3] » de Pierre Juillet et de Marie-France Garaud, qui forment le « cabinet noir[4] » de l'Élysée. Leur bureau apparaissait, selon Philippe Séguin, comme « celui de tous les mystères [...] C'était dans ce bureau que les initiatives purement politiques – les petites et les grandes – se tramaient ; c'était là qu'on travaillait contre Chaban[5] ». Le personnage de Pierre Juillet est en grande partie mythique et construit par l'intéressé lui-même qui entretient

1. Jean-Paul Cointet, Bernard Lachaise, Sabrina Tricaud, *Georges Pompidou et les élections (1962-1974)*, Bruxelles, PIE-Peter Lang, 2008.
2. Jacques Chaban-Delmas, *Mémoires pour demain*, *op. cit.*, p. 461.
3. *Ibid.*, p. 446.
4. Formule de Jacques Delors, in *Mémoires*, *op. cit.*, p. 100.
5. Philippe Séguin, *Itinéraire dans la France d'en bas, d'en haut et d'ailleurs*, Paris, Le Seuil, 2003, p. 161.

savamment l'image d'un « père Joseph ». Ce Creusois, fils et frère de préfet, fut un résistant et maquisard. Il a participé à l'aventure du RPF dès 1947 et en fut l'un des délégués régionaux mais sans jamais en être l'un de ses « barons ». Il connaît Georges Pompidou depuis cette époque et les deux hommes se lient d'amitié. Conseiller politique de Pompidou depuis avril 1962, son rôle grandit à l'Élysée où, avec le titre de « chargé de mission auprès du président de la République », il exerce les fonctions de conseiller politique personnel du chef de l'État. Il est secondé dans sa tâche par Marie-France Garaud. Ancienne attachée parlementaire de Jean Foyer, cette Poitevine est entrée dans l'entourage de Pompidou en 1967. Officiellement conseillère technique au secrétariat général de la présidence de la République, elle est l'adjointe de Pierre Juillet, dont elle occupe conjointement le bureau. Son domaine de prédilection étant les coulisses du pouvoir, elle y déploie ses talents de tacticienne et de manipulatrice. Bien qu'elle ne soit pas issue de la famille gaulliste, elle partage avec Pierre Juillet « une passion de la France absolue, irréductible, au point de ne souffrir aucun compromis en matière de souveraineté nationale[1] ». Intransigeante, opiniâtre, volontiers cassante, elle est, de juin 1969 à avril 1974, le bras séculier de Pierre Juillet, qui, n'aimant pas se mettre en avant, préfère envoyer Marie-France au feu. Leur principale fonction est d'assurer la liaison entre Georges Pompidou, les parlementaires et la majorité, ce qui confère aux deux conseillers politiques un réel pouvoir d'influence[2], comme Jacques Foccart avait pu l'être, dans un autre style, auprès du président Charles de Gaulle[3]. L'historien Jérôme Pozzi, dans son étude sur les mouvements gaullistes, montre combien Pierre Juillet et Marie-France Garaud instrumentalisent l'UDR contre le Premier ministre, notamment par le biais de l'amicale Présence et action du gaullisme et la nomination de René Tomasini à la tête du parti gaulliste[4]. Durant trois ans, ils font un travail de sape quotidien contre Chaban-Delmas.

Ils font grief au chef du Gouvernement de ne pas restaurer l'ordre social et l'autorité dans le pays, dans l'Université, d'avoir

1. Jacques Chirac, *Chaque pas doit être un but. Mémoires*, Paris, éditions du Nil, 2009, p. 136.

2. Voir Sabrina Tricaud, *L'Entourage de Georges Pompidou. Institutions, hommes et pratiques*, Bruxelles, PIE-Peter Lang, 2014.

3. Frédéric Turpin, *Jacques Foccart. Dans l'ombre du pouvoir*, Paris, CNRS éditions, 2015, p. 230-233.

4. Voir Jérôme Pozzi, *Les Mouvements gaullistes*, *op. cit.*

livré la télévision aux adversaires du régime, et, au fond, de conduire le pays vers le socialisme. Mais la pierre d'achoppement concerne sa pratique institutionnelle. Car pour les deux conseillers politiques, la pratique gouvernementale de Jacques Chaban-Delmas incarne une tentative de rééquilibrage institutionnel au profit de la rive gauche. Sur ce point, ils partagent la même analyse que les deux autres principaux collaborateurs du président, le secrétaire général de l'Élysée Michel Jobert et son adjoint Édouard Balladur. Début mai 1972, celui-ci explique, dans une note au président, que « pour le Gouvernement, la façon d'être, l'attitude, la rapidité, le sentiment d'être capable d'agir vite et avec autorité comptent autant que le contenu même des décisions. Si l'on ne réglait que la moitié des problèmes qui vous sont signalés dans cette récapitulation, ou même le quart, mais on les réglait bien en entraînant la majorité et l'administration, le climat serait tout différent[1] ». La critique de l'action engagée depuis presque deux ans par le gouvernement de Jacques Chaban-Delmas est sans appel, à quelques jours de sa démission. Sans intriguer contre le chef du Gouvernement à l'image du tandem Juillet-Garaud, le secrétaire général et son adjoint contribuent sans conteste au sentiment de lassitude et parfois d'agacement du président envers son Premier ministre, comme il le confie, à plusieurs reprises, à Jacques Foccart. L'affaire du vote de confiance, en mai 1972, est le *casus belli*. Pour le chef de l'État et son entourage, en engageant la confiance du Gouvernement devant l'Assemblée nationale, contre l'avis du président, le Premier ministre franchit le Rubicon, et ce peu après le semi-échec présidentiel du référendum sur l'entrée de la Grande-Bretagne dans la CEE.

Effectivement, le 17 mai 1972, le Premier ministre sollicite du Conseil des ministres l'autorisation d'engager la responsabilité du Gouvernement au cours du débat de politique générale qui doit s'ouvrir le 23 mai au palais Bourbon. Mais des rumeurs circulent déjà sur ce vote dans la presse. Fait rare, le président de la République organise un tour de table et résume en ces termes les enjeux du débat :

---

1. Extrait de la note d'Édouard Balladur au président, 2 mai 1972, dans l'entretien d'Édouard Balladur par Noëlline Castagnez et Anne Leboucher-Sebbab, 25 février 2000, AN, AGP, 1AV579. La note originale doit être conservée dans le carton 5AG2/1048, dont l'accès nous a été refusé.

Dans l'ensemble, ici, la majorité voit plus les inconvénients que les avantages de ce vote. Le seul argument en faveur de ce vote est qu'il est déjà considéré comme autorisé. […] Si le débat était intact, je serais formellement opposé à autoriser ce vote de confiance. […] Malheureusement, le débat est ailleurs. Refuser un vote au Premier ministre, c'est aujourd'hui le condamner. Aussi faut-il vous autoriser. On laisse cela à votre disposition. On vous laisse juge en fonction du débat. […] Mais il faudra préciser dans la déclaration que le Gouvernement ne vient pas demander à l'Assemblée de lui témoigner sa confiance, mais surtout d'affirmer sa solidarité interne, et que les institutions de la Ve [République] n'imposent nullement cette attitude, et que par conséquent la majorité doit marquer son attachement à ces institutions que toutes les oppositions veulent abattre, leur seul terrain d'entente[1].

Georges Pompidou désapprouve la procédure sollicitée par son Premier ministre parce qu'elle porte atteinte à l'interprétation gaullienne des institutions de la Ve République. La procédure du tour de table en conseil des ministres permet au président de faire une « démonstration multidirectionnelle et quasi parfaite[2] » de sa prééminence présidentielle. Vis-à-vis du Premier ministre, il rappelle que le Gouvernement procède du chef de l'État et non du Parlement ; vis-à-vis du Gouvernement, Georges Pompidou montre que cette question peut être posée s'il le souhaite, en dépit d'une majorité d'avis hostiles. Avec le recul, Jacques Chaban-Delmas comprend qu'il avait franchi « la ligne jaune. Aux yeux du président, j'empiétais sur ses pouvoirs constitutionnels[3] ». Il est particulièrement surpris par la violence des mots du chef de l'État et de sa volte-face, alors même que Georges Pompidou l'aurait assuré, quelques jours auparavant, de son soutien. Pour le Premier ministre, un tel revirement est l'œuvre de la cabale qui se trame contre lui dans l'entourage élyséen[4]. Il est vrai que Pierre Juillet lui porte l'estocade finale le 22 mai 1972.

À la veille du débat de confiance du gouvernement de Jacques Chaban-Delmas, Pierre Juillet rédige une longue note manuscrite

1. Exposé de Georges Pompidou au conseil des ministres du 27 mai 1972, d'après la retranscription de M. Jobert (AN, 89AJ12).
2. Entretien d'Édouard Balladur, 25 février 2000, réf. cit.
3. Jacques Chaban-Delmas, *Mémoires pour demain*, *op. cit.*, p. 462.
4. Jacques Chaban-Delmas, *L'Ardeur*, *op. cit.*, p. 407-408.

à l'attention du président. Il y explique que l'annonce par voie de presse de la résolution du Premier ministre de demander à l'Assemblée nationale un vote de confiance avant que l'autorisation lui en ait été donnée officiellement en conseil des ministres est « une atteinte sérieuse à l'autorité du président de la République et par là même aux institutions ». Et d'ajouter : « Cette faute grave, publique et avouée, n'a pas été sanctionnée : le président et le Conseil se sont inclinés. Il y a un mois l'autorité indiscutée du président aurait ramené cette affaire au niveau de l'incartade relevant de la réprimande en Conseil, après le référendum elle a été ressentie comme un signe de faiblesse. Malgré le désir de chacun de minimiser, le coup a été porté et la blessure reste ouverte. Sur le plan politique, les répercussions sont aussi graves : sous le prétexte de reprendre en main une majorité désorientée mais qui n'a jamais failli, la manœuvre a pour but de conforter publiquement le Premier ministre, pour rendre sinon impossible, du moins insolite, son remplacement. En second lieu, elle contraint la majorité à lier son sort à celui du Premier ministre et à le reconnaître pour chef tant pour accorder les investitures que pour conclure des alliances qui préfigureront l'Assemblée nouvelle. » Le risque, ajoute le conseiller, est le retour au régime d'assemblée. Il demande en conséquence au président de reprendre l'initiative. Pour ce faire, Pierre Juillet propose de changer de gouvernement au profit d'un « gouvernement de combat » dirigé par Pierre Messmer, au plus tard au courant de l'été[1].

Le conseiller politique entend, par cette note, achever son travail de diabolisation de l'action du Premier ministre et dresser son oraison funèbre. Son importance est indéniable. Mais elle s'avère d'autant plus décisive qu'elle s'adresse à un chef de l'État qui, depuis l'été 1971, affiche clairement ses doutes, et sa volonté d'affirmer que le président de la République est la « clé de voûte » des institutions. Or contre la tentation parlementaire incarnée par le Premier ministre, Pierre Juillet propose un renforcement du caractère présidentiel du régime, conforme aux vues pompidoliennes déjà formulées dans *Le Nœud gordien*.

Le 25 mai 1972, au terme de deux journées de débat, Jacques Chaban-Delmas obtient la confiance par 368 voix contre 96 et 6 abstentions. Il est dès lors clairement en sursis. Car malgré les

1. Note manuscrite de Pierre Juillet, 11 pages, datée du 22 mai 1972 (AN, fonds Jean-René Bernard, 86AJ4).

pressions de ses conseillers politiques, soutenus par les secrétaires généraux de l'Élysée, le chef de l'État demeure indécis. Le 16 juin 1972, Georges Pompidou explique à Jacques Foccart :

> Je dois vous dire que je n'ai pas caché ma façon de penser à Chaban et je ne suis pas près de l'oublier, parce que ce ne sont pas des méthodes convenables. Qu'est-ce que vous vouliez que je fasse ? Si à ce moment-là, j'avais refusé, c'était une condamnation de Chaban, une condamnation très moche, et il serait parti dans les plus mauvaises conditions. Je ne sais pas ce que je dois faire. Avancer les élections ? J'ai peur qu'on ne crie à la combine. Évidemment, si je n'avais pas fait un référendum, ou si le référendum avait été un grand succès, j'aurais pu le faire. […] Dissoudre a des avantages : prendre les gens de vitesse, aller à l'épreuve avant que les adversaires soient prêts. Mais le grand inconvénient, c'est qu'on ne sait pas comment les gens réagissent[1].

Le 23 juin, alors que les bruits qui circulent sur un changement ministériel créent un mauvais climat, le président répond : « On verra ça. Attendez d'abord que l'Assemblée se mette en congé. Deuxièmement, il faut que j'aie réglé […] les problèmes financiers européens et les problèmes avec les Allemands. Je ne sais pas. Dois-je garder Chaban ? […] Faut-il prendre les gens de vitesse ? C'est possible, mais alors qui mettre[2] ? » Les scandales politico-financiers rendent le changement de Gouvernement difficile et le référendum sur l'Europe d'avril 1972 condamne l'hypothèse de la dissolution et l'organisation d'élections anticipées. Mais il s'agit pour le président de restaurer la prééminence présidentielle. Il attend le moment opportun. Jacques Chaban-Delmas ne peut donc qu'être démis à défaut de s'y être soumis. Le 5 juillet 1972, durant les vacances du Parlement, le Premier ministre démissionne à l'issue du conseil des ministres. « Vous m'avez fait part de votre intention de changer de Gouvernement. » Telle est la première phrase de la lettre que Jacques Chaban-Delmas rédige pour présenter la démission de son Gouvernement, qui s'apparente à une révocation. Elle consacre la subordination du Premier ministre et rappelle, s'il en est besoin, que le Gouvernement, et donc son chef, procède du président et non du Parlement.

---

1. Jacques Foccart, *Journal de l'Élysée*, t. IV, *op. cit.*, p. 386.
2. *Ibid.*, p. 400.

Une crise d'adaptation

Le divorce entre Georges Pompidou et Jacques Chaban-Delmas est acté en juillet 1972. Le 10 juillet 1972, quelques jours après la démission de Jacques Chaban-Delmas, Georges Pompidou, qui ne rate jamais un match de l'équipe de France de rugby du Tournoi des Cinq Nations, explique ainsi : « Avec Chaban, je ne savais jamais où j'en étais. J'étais là, au milieu du terrain, et j'avais en face de moi un type qui faisait tellement de passes de toutes sortes qu'on ne savait plus exactement où on en était ; il annonçait des trucs, et ça ne collait pas[1]. » L'équation s'avère, dès le départ, complexe. Le tandem Pompidou-Chaban fonctionne, quelles que soient les difficultés rencontrées et les différences d'approche sur les dossiers, pendant un peu plus de trois ans. Certes, les oppositions de caractère ne facilitent guère l'apaisement des différends. Mais cela reste souvent le lot quotidien de la vie politique et gouvernementale sans entraîner pour autant une rupture immédiate. Il paraît donc difficile de réduire la crise de juillet 1972 à des incompatibilités de personnalités attisées par des entourages – à commencer par le « cabinet noir » de l'Élysée – aux objectifs antagoniques. Une action politique d'une telle durée implique une usure du pouvoir différenciée entre le président et son Premier ministre qui, en première ligne, voit son crédit largement érodé à l'été 1972. À cette date, garder Jacques Chaban-Delmas à Matignon représente un risque qui, politiquement, peut s'avérer très coûteux pour la majorité en place. La perspective d'élections législatives cruciales, en mars 1973, et les scandales politico-financiers qui éclaboussent jusqu'au chef du Gouvernement plaident en faveur d'un changement du locataire de Matignon.

Ainsi, le « couple » président Pompidou-Premier ministre Chaban-Delmas est victime d'une crise de reconversion. Le problème central reste, en définitive, celui de la succession du Général et de la gestion de son héritage. Elle implique un nouvel équilibre

1. Jacques Foccart, *Journal de l'Élysée*, t. IV, *op. cit.*, p. 429. Georges Pompidou critique à de nombreuses reprises l'action de son Premier ministre lors de ses audiences avec le secrétaire général du SGAM. Le 10 février 1970, par exemple, Jacques Foccart relate ces propos du chef de l'État : « Je ne sais pas comment le faire comprendre à Chaban. Je lui ai déjà dit sur tous les tons », Jacques Foccart, *Journal de l'Élysée*, t. III, *op. cit.*, p. 234.

politico-institutionnel à établir entre les deux têtes de l'exécutif. Pour assurer la pérennité du socle institutionnel, Pompidou est persuadé qu'il faut renforcer la prééminence du chef de l'État, tandis que Jacques Chaban-Delmas souhaite que le Gouvernement « détermine et conduise la politique de la nation », comme le stipule l'article 20 de la Constitution. Pour gouverner, Pompidou souhaite disposer d'une solide majorité présidentielle, bien circonscrite, alors que Jacques Chaban-Delmas recherche une majorité parlementaire élargie, y compris à gauche. Enfin, pour réformer sans renier les dogmes gaulliens, Georges Pompidou considère qu'il faut partir de l'existant, l'adapter, l'améliorer, quand Jacques Chaban-Delmas veut inventer, innover, transformer. Le risque de dyarchie au sommet de l'État ne s'est pas posé dans les mêmes termes au cours de la présidence de Charles de Gaulle. Cela tenait à la stature historique du Général qu'aucun homme politique ne pouvait égaler de son vivant. Néanmoins, Charles de Gaulle, dès sa réélection en décembre 1965, puis à la suite des élections législatives de mars 1967, avait souhaité remplacer le locataire de Matignon, Georges Pompidou, qui jouissait d'une autorité qu'il estimait déjà trop importante par rapport à la sienne. Le départ du Commandeur, auquel succède son ancien Premier ministre, laisse entière la question de l'équilibre à trouver entre le président et le chef du Gouvernement. Après avoir longtemps retenu la corde d'alliage, Pompidou tranche finalement en juillet 1972 le nœud gordien, au moment où le contexte politique risque de voir celle-ci se rompre au profit du retour du pouvoir rive gauche de la Seine. La prééminence présidentielle est ainsi établie jusqu'à la première cohabitation en 1986.

Le couple Marie-France Garaud et Pierre Juillet : Merteuil et Machiavel

Sabrina Tricaud

Le 19 janvier 1974, en une de *Paris Match*, sous le titre « Comment Pompidou gouverne », apparaissait la photographie de Marie-France Garaud et Pierre Juillet, surplombant le palais de l'Élysée aux côtés d'Édouard Balladur[1]. Depuis la fin des années 1960 et l'élection de Georges Pompidou à la présidence de la République, le duo formé par Marie-France Garaud et Pierre Juillet ne cesse de susciter tous les fantasmes de la presse, de

1. *Paris Match*, n° 1289, 19 janvier 1974.

l'opinion et des milieux politiques. Toutes les basses manœuvres politiciennes leur sont attribuées, et une légende noire entoure les actions de ces deux conseillers politiques de Georges Pompidou puis de Jacques Chirac. « À eux seuls, écrit Denis Baudouin, ils justifieraient un livre d'histoire ou un roman[1]. » Si plusieurs épisodes apparaissent comme l'œuvre du couple, telle la disgrâce de Jacques Chaban-Delmas en juillet 1972 ou l'appel de Cochin en 1979, la juste appréciation de leur rôle et de leur influence est, pour l'historien, une tâche ardue[2]. À la différence des autres collaborateurs du président Pompidou ou de Jacques Chirac, ils n'ont guère laissé d'archives écrites, car ils n'en ont pas – ou peu – produit. Leur mode d'action principal est le verbe, un verbe tranchant, un verbe gaullien, un verbe intransigeant. Dans cette sphère de la parole performative et injonctive, ils excellent à merveille et se complètent parfaitement.

La genèse du couple date de 1967-1968, les événements de mai ayant contribué à forger leur union. Née en 1934, Marie-France Garaud est la fille d'un avoué de Poitiers, conseiller général de la Vienne. Elle suit des études de droit à la faculté de Poitiers, dont elle est diplômée, puis débute comme avocate au barreau de Poitiers. En 1961, Jean Foyer, son ancien professeur de droit, la recrute comme collaboratrice. Attachée parlementaire de Jean Foyer de novembre 1961 à avril 1962, puis chargée de mission à son cabinet au ministère de la Justice d'avril 1962 à avril 1967, elle entre ensuite au cabinet de Georges Pompidou. C'est Pierre Juillet, qui est alors conseiller politique du Premier ministre, qui la recrute, avec pour mission de travailler au retour des centristes dans la majorité. Pierre Juillet, de treize ans son aîné, est un gaulliste de la première heure. Résistant et maquisard, avocat, il s'engage au RPF en juillet 1947. Ancien délégué régional du RPF, il connaît Georges Pompidou depuis le début des années 1950, lorsque le futur Premier ministre exerce les fonctions de chef de cabinet de Charles de Gaulle. Il n'appartient pas au cercle des « barons » du gaullisme, mais il demeure un membre des entourages gaullien et gaulliste. Dès que Georges Pompidou est nommé à Matignon en avril 1962, il fait appel à Pierre Juillet, ainsi qu'à Olivier Guichard, pour s'occuper des affaires politiques et des relations avec les parlementaires de la majorité. Son rôle de conseiller politique s'affirme véritablement après les élections législatives de mars 1967 et avec le départ d'Olivier Guichard du cabinet. Pierre Juillet enrôle Marie-France Garaud à cette époque, alors qu'elle n'est pas issue de la famille gaulliste. La nouvelle collaboratrice fut, selon ses propres termes, « séduite[3] » par la personnalité de Pierre Juillet, avec lequel elle partage « une passion

1. Denis Baudouin, *Dans les allées du pouvoir*, Paris, Jean-Claude Lattès, 1990, p. 83.

2. Olivier Faye, *Marie-France Garaud, la femme la plus puissante de la Ve République*, Paris, Fayard, 2022.

3. Marie-France Garaud, *La Fête des fous. Qui a tué la Ve République ?*, Paris, Plon, 2006, p. 42.

de la France absolue, irréductible, au point de ne souffrir aucun compromis en matière de souveraineté nationale[1] ». À Matignon, elle s'installe dans le bureau de Pierre Juillet, qu'elle seconde en arpentant les couloirs de l'Assemblée nationale. Le « couple » se cimente véritablement durant la crise de mai-juin 1968. Ils apparaissent alors comme les défenseurs d'une ligne dure et répressive, alors que les autres collaborateurs du Premier ministre sont davantage enclins à la négociation et à la temporisation. Ils ne sont pas étrangers à la diffusion des rumeurs qui se propagent, courant mai, au plus haut sommet de l'État, et qui évoquent un nécessaire départ du Général... et son remplacement par Georges Pompidou pour résoudre la crise. Le Premier ministre doit d'ailleurs intervenir auprès de son entourage pour qu'elles cessent. Dès le printemps 1968, les deux conseillers se situent clairement dans l'après-de Gaulle[2].

Leur union est définitivement scellée à l'Élysée à partir de juin 1969. Tous deux sont officiellement les conseillers politiques du président, avec le titre de « conseiller technique au secrétariat général de la présidence de la République » pour Marie-France. Pierre Juillet est nommé « chargé de mission auprès du président de la République », donc hors hiérarchie. Leur bureau, toujours partagé, se situe à gauche du bureau présidentiel, dont ils sont séparés par une antichambre, dans laquelle sont installés les aides de camp et le chef de cabinet. Là siège, selon l'expression de Jacques Delors, alors conseiller du Premier ministre Jacques Chaban-Delmas, le « cabinet noir[3] », celui « de tous les mystères, écrit Philippe Séguin [...]. C'était dans ce bureau que les initiatives purement politiques – les petites et les grandes – se tramaient ; c'était là qu'on travaillait contre Chaban ; c'était là qu'on s'employait à éliminer, l'un après l'autre, les barons[4] ». Marie-France Garaud devient alors un « Richelieu en jupons[5] » et en 1973, *Newsweek* la désigne comme « *the most powerful woman of France*[6] ». Pierre Juillet cultive savamment son image de « père Joseph ». Arthur Conte a dressé un subtil portrait de ces deux personnalités. « Lui, c'est effectivement un bon chasseur : il ne trouve sa plénitude qu'à travers les landes humbles de sa Creuse natale. L'on comprend aussi qu'après avoir jonglé avec les fauves des zoos politiques [...], il apprécie, toujours dans sa Creuse, d'élever des moutons. [...] Ayant un sens défini de l'autorité, il aime autant s'entourer de fidèles qu'être fidèle lui-même, et, homme de raison glacée, très convaincu de la force des déterminismes, dissimulant peu sa conviction barrésienne de la primauté de la volonté,

1. Jacques Chirac, *Chaque pas doit être un but*, *op. cit.*, p. 136.
2. Sabrina Tricaud, *L'Entourage de Georges Pompidou*, *op. cit.*, p. 99 et *sq*.
3. Jacques Delors, *Mémoires*, *op. cit.*, p. 100.
4. Philippe Séguin, *Itinéraire dans la France d'en bas, d'en haut et d'ailleurs*, *op. cit.*, p. 161.
5. « Marie-France Garaud, un Richelieu en jupons », *in* Claire Cauvin, Dominique Poncet, *Les Femmes de Giscard*, Paris, Téma éditions, 1975, p. 17-28.
6. *Newsweek*, 10 décembre 1973.

plus porté aux vertus de l'enracinement qu'aux jaillissements de l'imagination, il engagerait volontiers la Justice aux services de l'Ordre, et la charité aussi. Petit, ramassé sur lui-même, visage carré, cheveux en brosse, c'est un personnage d'ordonnance. [...] L'arme est perceptible sous le fourreau doux. Mais s'il apprécie les hiérarchies, surtout celles qu'il fabrique, il a aussi, sur le plan des analyses politiques, le flair animalier de nos radicaux début de siècle[1]. » Quant à « Marie-la-France » comme on la désigne parfois, Arthur Conte la décrit comme « forte et belle femme brune, rond visage très blanc, yeux d'impala, bouche menue, parler rapide et chantant. Elle respire l'amitié chaude. Voici quelqu'un qui, au sens le plus beau du terme, aime et sait s'attacher. [...] Il faut pourtant contempler le cou. C'est par lui, puissant et souple, que se trahit la Walkyrie guerrière, âpre au combat[2] ». Intransigeante, opiniâtre, dominatrice, elle est, de juin 1969 à avril 1974, le bras séculier de Pierre Juillet, qui, n'aimant pas se mettre en avant, préférait envoyer Marie-France au feu.

Les actions du tandem élyséen sont connues : la disgrâce de Jacques Chaban-Delmas, victime de leur « complot permanent[3] », la nomination de Pierre Messmer à Matignon, d'Arthur Conte à la direction de l'ORTF, ou encore de René Tomasini à la tête du mouvement gaulliste sont autant de manœuvres que l'on impute à l'influence des conseillers politiques du président. Ils ont en effet patiemment œuvré à saper l'autorité du Premier ministre Jacques Chaban-Delmas. Cependant le pouvoir de nuisance du couple infernal n'est pas sans limites : d'une part, Marie-France semble avoir exercé une moindre influence sur le chef de l'État que son mentor Pierre, qui a un accès quotidien au président. D'autre part, les deux conseillers n'ont pas toujours obtenu gain de cause et leur capacité d'influence a varié dans le temps. Elle culmine du printemps 1972 au printemps 1973, avant une éclipse de quelques mois. Ils ont alors indubitablement lutté au quotidien contre Chaban-Delmas. Outre la démission du Premier ministre, les travaux de Jérôme Pozzi sur les mouvements gaullistes ont montré combien Pierre Juillet et Marie-France Garaud ont instrumentalisé l'UDR contre Jacques Chaban-Delmas, notamment par le biais de l'amicale Présence et action du gaullisme, et joué un rôle non négligeable dans la dégradation des relations entre les gaullistes, en particulier les barons, et le président[4]. Si le chef de l'État aime les conseils avisés de Pierre Juillet, il n'en tire pas pour autant les mêmes conclusions. Après les élections législatives de mars 1973, les rapports entre ce compagnon du gaullisme et Georges Pompidou se sont ternis. Le chargé de mission auprès du président est en désaccord avec lui sur la composition du second gouvernement Messmer. Il aurait souhaité placer Jacques Chirac

1. Arthur Conte, *Hommes libres*, Paris, Plon, 1973, p. 22-23.
2. *Ibid.*
3. Selon la formule de Jacques Chaban-Delmas, in *Mémoires pour demain*, *op. cit.*, p. 446.
4. Voir Jérôme Pozzi, *Les Mouvements gaullistes*, *op. cit.*, p. 249 et *sq.*

au ministère de l'Économie et des Finances, plutôt que de laisser la rue de Rivoli aux mains de Valéry Giscard d'Estaing, un RI. En outre, il désapprouve le projet de réduction du mandat présidentiel de sept à cinq ans[1]. Pierre Juillet quitte vraisemblablement l'Élysée au début du mois d'avril 1973. Cependant, la retraite du conseiller politique n'est pas totale. Il laisse Marie-France Garaud pour assurer la permanence à l'Élysée et revient de temps à autre prendre le pouls.

En revanche, à partir de janvier 1974, quand la santé du président se dégrade, le duo revient en force. Pierre Juillet rejoint le palais de l'Élysée début 1974. Affaibli par la maladie, Georges Pompidou semble alors plus réceptif aux conseils de son cabinet politique. D'après les différents témoignages écrits et oraux, il apparaît que le couple Pierre Juillet et Marie-France Garaud joue, à partir de cette date, un jeu personnel qui se situe dans l'après-Pompidou. En prévision des futures élections présidentielles, dont ils ne doutent plus de la proximité et du fait que le président ne sera pas candidat, les deux acolytes mettent toute leur énergie pour barrer la route à Jacques Chaban-Delmas. En sus de leur hostilité personnelle à l'égard du maire de Bordeaux, il s'agit de barrer la route à François Mitterrand. Le remaniement ministériel du 27 février 1974 porte sans conteste la marque de leur influence en ce sens. La nomination de Jacques Chirac, bras armé des ambitions du tandem, au ministère de l'Intérieur en remplacement du RI Raymond Marcellin est sans conteste l'œuvre de Pierre Juillet et de Marie-France Garaud en prévision des futures échéances électorales. À l'approche d'une élection présidentielle qui leur paraît certaine, ils placent leur poulain dans un ministère clé pour l'organisation de la future campagne.

Dans l'immédiat, leur objectif semble être de contrôler la future élection présidentielle et de promouvoir un candidat gaulliste sans faille en la personne de Pierre Messmer. Ils peinent à le convaincre, mais celui-ci accepte à la seule condition que Jacques Chaban-Delmas, qui a annoncé sa candidature dès le lendemain du décès de Georges Pompidou, se retire. Or Chaban refuse et Messmer renonce à se porter candidat. L'option Messmer étant caduque[2], Pierre Juillet et Marie-France Garaud se rallient à la candidature du RI Valéry Giscard d'Estaing. Ils sont les artisans, en coulisse, de « l'appel des 43[3] » : le 13 avril 1974, Jacques Chirac rend public un manifeste signé par 39 parlementaires et 4 ministres (dont lui-même, Jean-Philippe Lecat, ministre de l'Information, Olivier Stirn, secrétaire d'État chargé des Relations avec le Parlement, et Jean Taittinger, ministre de la Justice) qui, en dénonçant la multiplicité des candidatures de la majorité,

---

1. Gilles Le Béguec, Frédéric Turpin, *Georges Pompidou et les institutions de la Ve République*, Bruxelles, PIE-Peter Lang, 2006, p. 267-278.
2. Frédéric Turpin, *Pierre Messmer*, *op. cit.*, p. 274-280.
3. Jérôme Pozzi, « L'appel des 43 et le mouvement gaulliste : manœuvre politique, relève générationnelle et fronde des "godillots" », *Parlement[s]*, n° 7, 2007, p. 109-120.

signe le ralliement d'une partie des gaullistes à la candidature de Giscard d'Estaing. Le rôle du duo durant les derniers mois du mandat de Georges Pompidou peut se résumer par les propos échangés entre la journaliste Michèle Cotta et Michel Jobert le 26 avril 1972 : « Juillet se serait comporté en veuve abusive ? Oui, mais avant le veuvage[1] ! » Désormais, Juillet et Garaud travaillent pour Jacques Chirac, sa carrière politique, et la survie d'une certaine idée – conservatrice – de la France et du gaullisme, contre le « libéralisme avancé » giscardien.

Valéry Giscard d'Estaing élu président de la République, Jacques Chirac est nommé Premier ministre. Marie-France Garaud et Pierre Juillet le suivent à Matignon. Plus que jamais, Marie-France cultive son statut de femme de l'ombre. Elle n'apparaît pas dans l'organigramme officiel du cabinet du Premier ministre, mais continue de jouer le rôle de conseillère officieuse et de collaboratrice de Pierre Juillet, officiellement nommé auprès de Jacques Chirac. Le « couple » n'est pas innocent dans la multiplication des différends qui opposent le Premier ministre et le chef de l'État. Les deux conseillers sont les premiers à considérer que Jacques Chirac ne dispose pas des moyens d'exercer ses prérogatives. Ils sont également inquiets de la poussée de la gauche, que les élections cantonales du printemps 1976 ont à nouveau révélée. Dans cette perspective, ils ont vraisemblablement poussé le Premier ministre à écrire au président pour lui demander, le 31 mai 1976, une dissolution de l'Assemblée nationale afin de provoquer des élections législatives anticipées à l'automne 1976. Et ils poussent Jacques Chirac à démissionner le 25 août 1976[2]. Le couple est la cheville ouvrière de la fondation du Rassemblement pour la République (RPR) en décembre 1976, véritable machine de guerre contre le président de la République. Les réunions préparatoires ont d'ailleurs lieu chez Pierre Juillet, à Puy-Judeau dans la Creuse, et ce dernier est membre de son bureau politique. Marie-France Garaud et Pierre Juillet poussent leur « petit poussin[3] » à prendre la mairie de Paris en 1977, dès l'annonce de la candidature « officielle » de Michel d'Ornano. Ils le suivent alors à l'hôtel de ville de la capitale. Ils continuent d'exercer un ascendant sur leur poulain, mais celui-ci semble supporter de plus en plus mal leur tutelle. Franz-Olivier Giesbert se fait l'écho de différents témoignages soulignant l'infantilisation de Jacques Chirac par le tandem Juillet-Garaud, qui, selon Jacques Friedman, « n'arrivaient pas à comprendre que Jacques n'était plus le jeune homme qu'ils avaient formé. Il supportait mal d'être claquemuré[4] ».

1. Michèle Cotta, *Cahiers secrets de la Ve République*, t. I, *1965-1977*, Paris, Fayard, 2007, p. 499-500.

2. Jacques Chirac, *Chaque pas doit être un but*, *op. cit.*, p. 208-216 et Marie-France Garaud, *La Fête des fous*, *op. cit.*, p. 128-132.

3. C'est ainsi que Marie-France Garaud appelait Jacques Chirac, selon Claire Cauvin, Dominique Poncet, *Les Femmes de Giscard*, *op. cit.*, p. 27.

4. Franz-Olivier Giesbert, *Jacques Chirac*, Paris, Le Seuil, 1987, p. 253 et 311.

La rupture entre le « couple » et Chirac se produit en janvier 1979, après l'épisode de l'appel de Cochin, le 6 décembre 1978. Les grandes lignes de ce qui devait être un discours de Jacques Chirac sur l'Europe avaient été définies quelques jours auparavant. Le maire de Paris devait y préciser son opposition à l'élection du Parlement européen au suffrage universel ainsi qu'à l'élargissement de la Communauté à l'Espagne ou au Portugal. Or le 26 novembre, il est victime d'un accident de voiture, en Corrèze, et transporté d'urgence à l'hôpital Cochin à Paris. Là, alors qu'il est souffrant et affaibli après avoir été opéré en urgence, le maire de Paris donne son accord sur la dernière version du texte, publié, à défaut de pouvoir être prononcé par l'intéressé, sous la forme d'un appel. L'appel du 6 décembre 1978 dénonce « le parti de l'étranger » qui est à l'œuvre pour « abaisser la France », à savoir le parti présidentiel, l'UDF, fondée par le chef de l'État en février 1978. La violence du discours est délibérément choisie par les deux conseillers, qui cherchent à acter la rupture avec le pouvoir giscardien en prévision des futures élections présidentielles. Pierre Juillet l'explique en ces termes à Bernard Billaud quelques jours plus tôt : « C'est maintenant qu'il faut rompre. Demain il sera trop tard, car toute tentative ultérieure pour se démarquer de Valéry Giscard d'Estaing apparaîtrait à l'opinion comme une opération guidée par l'ambition personnelle[1]. » Mais l'appel suscite des réactions hostiles, y compris au sein du RPR, tandis que le garde des Sceaux du gouvernement Barre, Alain Peyrefitte, adresse une lettre à tous les députés RPR jugeant « outranciers et regrettables » les propos du maire de Paris. Il ajoute qu'il veut « croire que ces démarches surprenantes s'expliquent par l'absence momentanée de Jacques Chirac. Je veux croire qu'elles ont été prises par certains personnages occultes qui semblent s'être emparés de l'appareil de notre mouvement[2] ». Le sort du « couple » n'est pourtant pas scellé. Le divorce pressenti a lieu au printemps 1979, au lendemain des résultats des élections européennes : la liste RPR ne totalise que 16 % des voix contre 27 % pour la liste conduite par Simone Veil pour l'UDF, soit la quatrième position derrière la liste du PS (23 %) et du PC (20 %). Jacques Chirac limoge alors ses deux conseillers, précisant, dans ses *Mémoires*, que « le départ de Pierre Juillet et Marie-France Garaud n'est pas seulement lié aux résultats des élections européennes. Il est avant tout la conséquence d'une volonté de domination excessive qui s'est exercée, non seulement sur moi, mais aussi sur la direction du mouvement tout entière, au point d'être devenue au sein du RPR un facteur inquiétant de rivalités et divisions. Y mettre un terme était de mon devoir[3] ».

1. Bernard Billaud, *D'un Chirac à l'autre*, Paris, éditions de Fallois, 2005, p. 175.

2. *Ibid.*, p. 199. Jérôme Pozzi, « La famille gaulliste et les élections européennes de juin 1979 », *Les Cahiers Irice*, vol. 4, n° 2, 2009, p. 101-112.

3. Jacques Chirac, *Chaque pas doit être un but*, *op. cit.*, p. 253-254.

Pierre Juillet démissionne de ses fonctions et déclare abandonner la politique. Depuis 1979, il apparaît régulièrement pour morigéner la droite, mais poursuit sa vie professionnelle dans le privé. L'intrigante de l'Élysée devenue matrone de Jacques Chirac n'abandonne pas la politique : elle est candidate aux élections présidentielles de 1981, se mobilise en 1993 contre le traité de Maastricht, intervient régulièrement dans la presse et les médias. Ainsi, le « couple » soudé en 1968 s'éteint en 1979, chacun poursuivant sa trajectoire. Depuis, ils n'ont cessé d'alimenter les légendes médiatiques sur le rôle des conseillers occultes des hommes politiques : figures parfois qualifiées de « diaboliques[1] », ils furent sans doute l'alliance d'une marquise de Merteuil et d'un Machiavel. Mais leur influence fut, en définitive, plus limitée que la mémoire de leur « couple » ne l'a laissé à la postérité.

POLITIQUE EXTÉRIEURE : 1969-1972, CONTINUITÉ ET INFLEXION

Jenny Raflik

De 1958 à 1968, le général de Gaulle avait incarné la politique extérieure de la France. Parce que, institutionnellement, il en avait fait son domaine réservé. Et surtout, car, aux yeux du monde, de Gaulle était la France. Cette personnalisation était telle, qu'une question semblait devoir se poser : la politique de grandeur du Général, sa « certaine idée » de la France, pouvait-elle lui survivre ? Fidèle collaborateur, Premier ministre du Général de 1962 à 1968, Pompidou voudrait-il – et pourrait-il – poursuivre cette politique ? Les tensions entre les deux hommes au cours des derniers mois précédant l'élection présidentielle de 1969 annonçaient-elles une évolution ? L'évolution du contexte, intérieur comme extérieur, obligerait-elle Pompidou à modifier la ligne gaullienne ?

À l'intérieur, il doit en effet composer avec les centristes, profondément européistes et hostiles à l'anti-américanisme affiché du Général. À l'extérieur, la décolonisation, la détente entre les deux grands, l'émergence de nouvelles puissances comme le Japon ou la Chine impulsent un renouveau de l'ordre international. Le

1. « Marie-France Garaud et Pierre Juillet : les “diaboliques” », *L'Histoire*, hors-série n° 2, mars 2016.

développement de conflits périphériques (Vietnam, guerres israélo-arabes…) pèse d'un poids nouveau dans les relations entre les deux grands ainsi que dans celles internes aux blocs. Et si l'Europe connaît ses dernières années de forte croissance, le début de la crise monétaire qui frappe les États-Unis dès 1971 déstabilise l'économie mondiale, notamment celle des États européens, et remet en cause certains rapports de force. Ainsi, en Europe, le succès économique allemand menace la place de la France. Face à ce monde de plus en plus complexe, certaines postures ne sont plus tenables. Des adaptations s'imposent. Le changement d'homme à la présidence peut être une opportunité. De fait, si, sur le fond, Pompidou se révèle rapidement « le continuateur et parfois même le défenseur intransigeant de l'œuvre du général de Gaulle[1] », sur la forme, le changement de style conduit à un réel renouveau. Les premières années du septennat, en particulier, de 1969 à 1972, se singularisent par des inflexions apparentes (relance de la dynamique européenne, rapprochement avec les États-Unis), tout en consolidant certains axes de la politique gaullienne, notamment en direction de l'Afrique francophone et du Proche-Orient.

Pompidou, ou la poursuite de la politique gaullienne par d'autres moyens

Les éléments de continuité les plus probants concernent les objectifs de la politique extérieure. Pompidou accorde à la nation la même primauté que de Gaulle, et partage son refus du supranational. Il en conçoit néanmoins l'évolution. En 1970, il reconnaît, dans un entretien accordé au magazine *Réalités*, ne pas totalement adhérer à « une conception de la nation tournée entièrement vers le passé et vers un héritage historique ». Elle est pour lui « un être vivant » et « comme tout être vivant elle a un passé, elle a un présent, et elle a un avenir ». Ce qui suppose une possible « évolution de la nation elle-même, et dans une certaine mesure de sa conception, en tout cas de ses rapports avec l'extérieur ». La politique extérieure peut donc évoluer, mais dans l'intérêt de la nation. Pompidou ne peut envisager une dilution de la nation française dans une nation européenne :

---

1. Frédéric Bozo, *La Politique étrangère de la France depuis 1945*, Paris, Flammarion, coll. « Champs Histoire », 2012, p. 120.

> Sur l'Europe, et sur la nation française par rapport à l'Europe, il faut être à la fois très simple et très nuancé. C'est absurde de comparer, par exemple, ce que pourrait être l'avenir de l'Europe avec la création des États-Unis d'Amérique. Il y avait, d'un côté, 13 petites colonies peu peuplées, […] elles n'avaient aucune existence historique d'aucune espèce qui les distinguât vraiment les unes des autres. […] Alors, vous prenez l'Europe. Vous avez la France, dont il faut bien dire qu'en gros elle a été une nation unifiée depuis un millénaire, même si ses limites n'ont pas toujours été semblables. L'Angleterre est un tout petit peu différente, mais tout de même, en gros, elle a derrière elle presque un millénaire d'existence en tant que nation. […] Tout cela représente quelque chose, cela ne s'efface pas du jour au lendemain. […] Tout ce monde a des langues, tout ce monde a des États, tout ce monde a des habitudes, tout ce monde a des législations. […] Alors, s'imaginer qu'on va mettre tout cela ensemble, qu'on va élire Dupont président, 600 députés, qu'il sortira un gouvernement, et que cela fera l'Europe, […] c'est une blague, c'est une pure blague, et c'est dans la mesure où l'on prend cette position qu'on tue les chances européennes.

Et d'ajouter, citant de Gaulle : « Je crois que c'est par les États qu'on peut faire l'Europe, que l'Europe peut être une association d'États qui, petit à petit, mettraient en commun leur politique[1]. » Georges Pompidou, comme le Général, a à cœur d'éviter les dérives supranationales au sein des Communautés européennes. Pour cela, la Grande-Bretagne peut être un allié de poids au sein des institutions communautaires.

Pour imposer ces vues, il importe de défendre la place de la France dans le concert des nations. Pompidou poursuit donc la ligne d'indépendance nationale impulsée par Charles de Gaulle. Il reprend la politique militaire de son prédécesseur, à la fois en ce qui concerne les alliances (dans l'Alliance atlantique mais en dehors du commandement militaire intégré de l'Otan), et pour l'effort nucléaire. Il poursuit la politique de dissuasion. La base de l'île Longue entre en service en 1970 et accueille tour à tour les sous-marins nucléaires lanceurs d'engins (SNLE) *Le Redoutable* (1971), *Le Terrible* (1972) et *Le Foudroyant* (1973). La doctrine de dissuasion est codifiée de façon durable dans le *Livre blanc de la*

1. Georges Pompidou, entretien avec le magazine *Réalités*, 14 avril 1970.

défense nationale de 1972. Attribut essentiel de la puissance française, elle en conforte l'indépendance, contre la logique des blocs, et lui donne un avantage au sein des Communautés européennes. La force nationale stratégique permet à la France de jouer un rôle international inaccessible aux autres, notamment à l'Allemagne. Les confettis de l'empire, disséminés entre l'océan Pacifique, l'océan Indien et les Antilles, renforcent cette position mondiale. La France tient à garder le contrôle des bases du Centre d'expérimentation du Pacifique en Polynésie française et de lancement des satellites à Kourou en Guyane française. Au-delà même de la puissance nucléaire et des territoires ultramarins, la modernisation économique, le développement industriel, la défense de la culture française et notamment de sa langue sont, pour Pompidou, autant d'outils au service, dans la continuité du Général, de la défense du « rang » de la France dans le monde.

Le style, en revanche, évolue. « Privée du charisme du prestige gaullien, la diplomatie française devient plus soucieuse de convaincre que d'affirmer », écrit Frédéric Bozo[1]. Cela tient en partie à la personnalité du nouveau président. Pompidou n'a sans doute pas totalement le choix. Il n'est pas de Gaulle. Il n'a ni la stature historique ni le prestige international du chef de la France libre. Et succéder à un mythe n'est pas chose aisée. Il doit imprimer sa marque.

L'approche de Pompidou est conciliante, là où celle de De Gaulle était abrupte. Il ouvre le dialogue là où de Gaulle opposait la chaise vide. Plus de discours tonitruants, aux petites phrases et formules tranchantes, comme le « Vive le Québec libre ! » de 1967. En revanche, plus de dialogues. Le tempérament de Pompidou et les vues de son ministre des Affaires étrangères Maurice Schumann répugnent au coup d'éclat. Les rapports d'homme à homme prennent une place essentielle dans les relations avec les homologues étrangers, même si elles ne sont pas toujours faciles, notamment avec Willy Brandt. « J'attache beaucoup d'importance […] à mes rapports personnels avec le chancelier. Je ne vois qu'avantage à des échanges de vues directs et confidentiels[2] », note Pompidou en novembre 1969. Mais lui et Brandt n'ont que peu d'atomes

1. Frédéric Bozo, *La Politique étrangère de la France depuis 1945*, *op. cit.*, p. 120.

2. Note de Georges Pompidou, 28 novembre 1969, in *Lettres, notes et portraits. 1928-1974*, Paris, Robert Laffont, 2012, p. 561.

crochus. L'interprète du Quai d'Orsay témoigne que, lors des tête-à-tête, « c'était à celui qui se tairait le plus longtemps[1] ». Les deux hommes ne s'aiment pas. Mais pour autant, souligne Sylvain Schirmann, « les ponts entre les deux hommes ne sont jamais coupés[2] ». En revanche, Pompidou entretient de bonnes relations avec le Premier ministre britannique Edward Heath :

> Ce n'est pas un aristocrate et son parti ne l'admet comme leader qu'à contrecœur, écrit de lui Pompidou, mais il a deux qualités fondamentales : il est sûr de lui et sûr de son pays. […] L'homme s'est fixé des objectifs, et il est convaincu qu'il les atteindra. Il agit avec obstination et gentillesse, bonne connaissance de ses dossiers et passion de l'Angleterre. J'estime, quant à moi, que ce pays a de la chance d'avoir à sa tête un homme qui pense pour lui et qui veut pour lui. […] Nous nous heurterons souvent, à coup sûr. Il n'en est pas moins de tous les dirigeants que j'ai rencontrés, celui pour qui j'ai le plus d'estime[3].

Mais non sans lucidité :

> [Heath] me fait, aux *Chequers*, un dîner excellent parce qu'il me croit sensible à la nourriture. Il oblige ses fonctionnaires à apprendre le français parce qu'il pense que la prééminence, à Bruxelles, de la langue française, est ma manie. Mais sur l'essentiel, il est irréductible. On l'a bien vu pour le siège du secrétariat politique : Paris ne sera pas la capitale politique de l'Europe. Comme ce ne peut être Londres, il faut que ce soit Bruxelles et là on fera le nécessaire pour que le poids de l'Angleterre soit prépondérant, en attendant de réclamer le transfert du Parlement européen à Londres. Et petit à petit, la langue anglaise aussi prendra le dessus[4].

Les relations de Georges Pompidou sont plus étroites encore avec Léopold Sédar Senghor : les deux hommes se sont connus en 1929 en khâgne à Louis-le-Grand : « La suite assez extraordinaire de nos vies n'a rien changé aux sentiments qui nous unissaient. Nos lettres quand j'étais chef de Gouvernement et lui chef d'État,

---

1. Association Georges-Pompidou, *Georges Pompidou et l'Europe*, Bruxelles, Complexe, 1995, p. 334.
2. Sylvain Schirmann, Sarah Mohamed-Gaillard, *Georges Pompidou et l'Allemagne*, Bruxelles, Peter Lang, 2012, p. 17.
3. Portrait de Heath, *in* Georges Pompidou, *Lettres, notes et portraits*, *op. cit.*, p. 632-633.
4. *Ibid.*

nous aurions pu les écrire au temps des copains[1]. » Les relations sont cordiales, également, avec Léonid Brejnev.

Une inflexion imposée par la nécessaire adaptation au contexte

Le changement de style favorise une évolution douce de la politique extérieure française, sans rupture, mais avec une inflexion sensible. Celle-ci est annoncée, dans son volet européen notamment, dès la campagne présidentielle. Elle est en partie motivée par une nécessité politique interne, face à la candidature d'Alain Poher, démocrate-chrétien et ancien collaborateur de Robert Schuman. Pompidou a besoin de rallier les RI et les centristes du Centre démocratie et progrès (CDP). Mais ces deux groupes ne partagent ni l'anti-américanisme ni les positions européennes du général de Gaulle[2]. Il faut donc leur donner des gages. Cette ouverture politique vers les projets européens est confirmée par la nomination comme Premier ministre de Jacques Chaban-Delmas (UDR) et comme ministre des Affaires étrangères de Maurice Schumann (UDR), tous deux connus comme des Européens engagés. Le Gouvernement compte en outre quatre membres du Comité d'action pour les États-Unis d'Europe de Jean Monnet : Valéry Giscard d'Estaing (FNRI) aux Finances, René Pleven (CDP) à la Justice, Jacques Duhamel (CDP) à l'Agriculture et Joseph Fontanet (CDP) au Travail.

À cela s'ajoute le poids de la situation économique : Pompidou est convaincu de l'importance de la CEE pour la modernisation de la France, surtout sur fond de crise monétaire. La dévaluation de 12,5 % du franc, en août, ainsi que l'instauration provisoire et unilatérale de taxes à l'importation et de subventions à l'exportation des produits agricoles illustrent l'affaiblissement économique de la France, et ce, au moment où l'Allemagne affiche de bons résultats. Or, en maintenant son veto à l'adhésion britannique, la France s'est isolée au sein des Six. Elle a agacé ses partenaires, de moins en moins

1. Georges Pompidou, préface du livre de Milcent sur Léopold Sédar Senghor, in *Lettres, notes et portraits*, *op. cit.*, p. 634-635.

2. Georges-Henri Soutou, « Georges Pompidou et VGE : deux réconciliations et ruptures avec les États-Unis », *Relations internationales*, n° 119, 2004, p. 218-303.

enclins au compromis. Ses blocages ont, en définitive, empêché un accord sur le règlement financier définitif de la PAC, essentielle pour les intérêts économiques français. Ce rapport de force inégal avec l'Allemagne remet en cause le rang de la France au sein des Six. Son crédit est fortement entamé au moment où le nouveau chancelier allemand, Willy Brandt, élu en octobre 1969, amorce un revirement important de sa politique extérieure en s'ouvrant à l'Est[1]. L'*Ostpolitik* réveille toutes les craintes françaises, et notamment celle d'une Allemagne réunifiée hors de l'Otan, qui laisserait la France en première ligne face aux troupes soviétiques. Pompidou évoque régulièrement ses inquiétudes à l'égard de l'Allemagne. Il confie à Pierre Viansson-Ponté, le 15 décembre 1970 : « Mon analyse personnelle tout entière repose sur l'Allemagne. […] L'Europe doit servir à amarrer l'Allemagne à l'Europe de telle façon qu'elle ne puisse pas s'en détacher[2]. » Aux Açores, il dit la même chose à Nixon :

> Il faut que l'Europe soit unie pour faire solidement face à l'Est. C'est surtout nécessaire à l'égard de l'Allemagne qui est maintenant, je le pense, fortement ancrée à l'Occident, mais dont on ne sait jamais quelle peut être l'évolution. Il est clair qu'en fin de compte sa réunification ne peut être accordée que par l'Union soviétique et un jour l'Allemagne donnera-t-elle la priorité à cet aspect ? On peut s'interroger[3].

L'*Ostpolitik* remet en outre en cause la place de la France dans l'équilibre Est-Ouest. La politique gaulliste en avait fait un interlocuteur privilégié de Moscou. L'Allemagne risque désormais de la supplanter, là aussi. La France doit reprendre la main, et jouer un rôle moteur dans la construction européenne, pour affirmer sa place dans le monde :

> Il s'agit d'abord pour notre pays d'être puissant, d'être fort, d'être fier. Il le faut pour l'Europe car, sans une France forte, l'Europe n'est pas équilibrée. Et il le faut pour l'Europe car, sans une France forte, l'Europe n'est pas indépendante. […] Mais il faut aussi et

1. La politique d'ouverture à l'Est débouche sur le traité de Moscou en août 1970, le traité germano-polonais reconnaissant la frontière Oder-Neisse en décembre 1970, puis sur le traité fondamental entre les deux Allemagne en décembre 1972.

2. Cité par André Fontaine, *Un seul lit pour deux rêves. Histoire de la Détente (1962-1981)*, Paris, Fayard, 1981, p. 257.

3. Cité par Éric Roussel, *Georges Pompidou*, Paris, Jean-Claude Lattès, 1984, p. 469.

d'abord pour notre pays, pour lui donner l'image de la prospérité et les moyens du progrès, pour sauver et sauvegarder [...] nos traditions, notre civilisation[1].

Un renouveau visible de la politique extérieure française au sein du bloc occidental

C'est sans doute dans la politique interne au bloc occidental, en pleine guerre froide, que les inflexions sont les plus visibles. Elles s'observent en particulier dans la relance, sur une initiative française, de la dynamique d'intégration européenne, et par le réchauffement spectaculaire des relations avec les États-Unis.

En levant d'emblée le veto français à l'entrée de la Grande-Bretagne dans la CEE, Pompidou ouvre la voie à une véritable relance de l'intégration européenne. C'est par ailleurs la place accordée à la politique européenne dans l'ensemble de la politique extérieure qui est profondément revalorisée : « Moyen parmi d'autres de l'affirmation du rang de la France pour de Gaulle, elle est pour Pompidou la condition même de sa puissance, notamment face à une Allemagne dont l'influence politique croissante, en particulier dans les relations Est-Ouest, se combine désormais au dynamisme économique[2] », souligne Frédéric Bozo.

Les initiatives françaises ne se font donc pas attendre. Dès sa déclaration gouvernementale du 26 juin, Jacques Chaban-Delmas annonce : « Nous sommes prêts, en matière de construction européenne, à aller aussi vite et aussi loin que nos partenaires sont eux-mêmes disposés à aller vite et loin dans le sens d'une Europe consciente de son destin propre[3]. » La première conférence de presse du président Pompidou, le 10 juillet 1969, précise la direction générale de cette nouvelle politique européenne :

La période transitoire doit se terminer le 31 décembre et la période définitive commencer le 1er janvier 1970. Notre première volonté, notre premier effort, est de terminer cette phase et de passer

1. Discours de Georges Pompidou à l'hôtel de ville de Colmar, 27 juin 1970, cité par Sabrina Tricaud, *Les Années Pompidou*, Paris, Belin, 2014, p. 266.
2. Frédéric Bozo, *La Politique étrangère de la France depuis 1945*, *op. cit.*, p. 121.
3. Jacques Chaban-Delmas, *Déclaration de politique générale*, Assemblée nationale, 26 juin 1969.

à la période définitive. C'est à cela que nous donnons la priorité dans nos préoccupations et dans le temps.

En second lieu, nous souhaitons précisément, parce que nous croyons que l'Europe doit être une réalité, que l'on approfondisse la notion européenne, c'est-à-dire qu'on fasse progresser la Communauté pour en faire une véritable Communauté. […]

Reste le problème de l'élargissement. […] Sur ce point, je voudrais dire que nous n'avons pas, en dépit de quelques mécomptes récents, d'objection de principe à l'adhésion éventuelle de la Grande-Bretagne ou de tel autre pays à la Communauté, mais nous pensons qu'il convient d'abord que les Six, entre eux, se mettent d'accord, sur les conditions de cette adhésion et les conséquences qu'elle pourrait avoir sur l'avenir et sur la nature même de la Communauté[1].

Ainsi est lancé le triptyque « achèvement, approfondissement, élargissement ». Pompidou suggère une rencontre au niveau des chefs d'État et de Gouvernement. Dès le 21 juillet, lors d'une réunion des six ministres des Affaires étrangères, à Bruxelles, Maurice Schumann formule officiellement la proposition française d'une conférence à La Haye à l'automne 1969 et recueille l'approbation de ses partenaires. Reste à préparer la rencontre en amont pour en assurer le succès. Maurice Schumann est à la manœuvre, rencontrant tour à tour chacun de ses homologues, et proposant le compromis français : un retrait du veto sur l'élargissement, en échange d'un règlement définitif financier de la PAC avant le 1er janvier 1970. En coulisse, Jean Monnet est également très actif, intervenant plusieurs fois auprès de Willy Brandt, membre de son Comité d'action.

Le sommet se tient à La Haye les 1er et 2 décembre dans une atmosphère cordiale : « par rapport au général de Gaulle, le changement était évident dans le style[2] », écrit l'historien Pierre Gerbet. Les Six se mettent d'accord sur le triptyque proposé par le gouvernement français, mais avec une modification de l'ordre des termes : si l'achèvement est bien prioritaire, l'approfondissement et l'élargissement sont perçus comme pouvant être concomitants. Mais les décisions prises à La Haye débloquent la situation. Et l'activité communautaire peut reprendre.

---

1. Conférence de presse de Georges Pompidou au palais de l'Élysée, 10 juillet 1969.
2. Pierre Gerbet, *La Construction de l'Europe*, Paris, Imprimerie nationale, 1999, p. 304.

L'achèvement de la Communauté européenne, en l'occurrence le financement pérenne de la PAC, était, pour le gouvernement français, la condition *sine qua non* des deux autres éléments du triptyque. Or, la question restait en suspens depuis la crise de la chaise vide (1965-1966). La levée du veto français sur l'adhésion britannique permet la reprise des négociations. Dès juillet 1969, la Commission avait préconisé l'affectation progressive aux communautés des prélèvements agricoles et des recettes douanières, ainsi que le transfert des pouvoirs budgétaires au Parlement européen. Malgré un accord de principe des Six, les positions restaient divergentes sur les modalités de mise en œuvre, du fait des intérêts nationaux opposés. La France, qui recevait l'essentiel du financement communautaire en la matière, tenait tout particulièrement au principe de la préférence communautaire, alors que les Italiens et les Allemands, principaux contributeurs du fait de leurs niveaux d'achats agricoles, voulaient avant tout plafonner les dépenses agricoles. Les Néerlandais, eux, souhaitaient différer au maximum l'abandon à la Communauté des importants droits de douane perçus grâce au port de Rotterdam. Le 22 décembre 1969, un accord est finalement trouvé sur le principe des ressources propres, avec une application en deux phases. La première, du 1er janvier 1971 au 31 décembre 1974, est transitoire. Durant ce temps, les prélèvements agricoles seront intégralement versés à la Communauté, mais les droits de douane seulement progressivement, tandis que le solde des dépenses non couvertes par les ressources propres sera compensé par des contributions nationales. Second temps : à partir de 1975, le financement devrait, en théorie, reposer sur les ressources propres. Le 22 avril 1970 est finalement adopté le traité de Luxembourg[1]. Les modalités sont révisables en cas de nouvelle adhésion, mais uniquement à l'unanimité. Les intérêts français semblent préservés. L'achèvement acquis, les approfondissements et élargissements peuvent commencer.

Les négociations pour l'adhésion du Danemark, de l'Irlande, de la Norvège et du Royaume-Uni s'ouvrent à Luxembourg le 30 juin 1970. Depuis le 18, la Grande-Bretagne est dirigée par Edward

1. « Traité portant modification de certaines dispositions budgétaires des traités instituant les Communautés européennes et du traité instituant un Conseil unique et une Commission unique des Communautés européennes (22 avril 1970) », *Journal officiel des Communautés européennes (JOCE)*, 2 janvier 1971, p. 1.

Heath, membre du Comité d'action de Jean Monnet. Les bonnes relations qu'entretient Pompidou avec Heath facilitent le rapprochement franco-britannique. Mais les dossiers à régler sont nombreux : rôle de la livre sterling, contribution financière britannique (pendant les années de transition, les Anglais refusent de payer plus de 15 % du budget communautaire, quand les Français leur en demandent 20 %), importations agricoles du Commonwealth (bacon, lait, œufs, sucre des Caraïbes…). Les négociations durent, et Pompidou s'impatiente.

> Nous avons souvent eu l'occasion de dire que la France souhaitait l'entrée de la Grande-Bretagne dans le Marché commun, et qu'elle y croyait. C'est toujours ma position, réaffirme-t-il devant la presse le 21 janvier 1971, mais bien entendu cela dépend d'abord des Anglais. Les Anglais, on leur reconnaît volontiers entre autres trois qualités : l'humour, la ténacité et le réalisme. Il m'arrive de penser que nous sommes encore un peu au stade de l'humour[1].

La rencontre entre Heath et Pompidou, les 20 et 21 mai 1971, à Paris, permet de débloquer la situation. Heath accepte les préférences agricoles communautaires, les Français les importations dérogatoires de beurre et de fromage néozélandais et de sucre des Caraïbes. Le 23 juin, un accord est finalement conclu, et les quatre traités d'adhésion sont signés à Bruxelles le 22 janvier 1972. Pompidou soumet l'élargissement à référendum, le 23 avril 1972. Le résultat est mitigé. Le oui l'emporte, avec 68 % des suffrages exprimés. Mais l'abstention atteint le chiffre record de 39,76 %, et 7 % de ceux qui se sont déplacés ont voté blanc ou nul. C'est également par référendum que les Norvégiens renoncent à intégrer la CEE. Le 1er janvier 1973, la Grande-Bretagne, l'Irlande et le Danemark intègrent officiellement le Marché commun.

Pour la France, ces élargissements sont un succès. Paris a repris la main et renoué avec son rôle moteur au sein des institutions européennes. Mais désormais, il faudra compter avec une nouvelle force au sein de la Communauté. Si la France sait pouvoir compter sur la Grande-Bretagne pour freiner toute dérive supranationale, il reste bien des incertitudes sur l'attitude britannique face aux autres dossiers européens.

---

1. Conférence de presse de Georges Pompidou au palais de l'Élysée, 21 janvier 1971.

Parallèlement aux élargissements, l'approfondissement débouche lui aussi sur des négociations difficiles. Les contours de la coopération politique sont dessinés par le rapport d'Étienne Davignon (27 octobre 1970), le directeur belge des Affaires étrangères, qui affirme la « vocation politique » de l'Europe. Les désaccords persistent sur sa nature. La France maintient son opposition à toute dérive supranationale. Pour Pompidou, la coopération doit rester strictement intergouvernementale. Il s'oppose aux projets belges de renforcement du Parlement européen. De même qu'il refuse que la Commission ou l'Assemblée parlementaire mènent une politique régionale, industrielle ou de la recherche. Néanmoins, au sommet de Paris d'octobre 1972, les neuf acceptent le principe d'un projet français d'Union européenne, pour l'horizon 1980. L'expression Union européenne a été préférée à celle de Confédération, souhaitée par Pompidou, et à celle de Fédération chère à Willy Brandt. Reste à en négocier le contenu…

La mise en œuvre de l'Union économique et monétaire pose également de nombreuses difficultés. À La Haye, Brandt a proposé un projet inspiré des travaux du Comité d'action de Jean Monnet : une Union économique et monétaire et un Fonds européen de réserve pour le Marché commun. C'est Pierre Werner, le chef du gouvernement et ministre des Finances du Luxembourg, qui est chargé d'en proposer les étapes. Le rapport Werner, rendu en octobre 1970, propose une convertibilité monétaire totale et irréversible entre les Six, une politique monétaire et budgétaire commune et la création d'une Réserve fédérale européenne[1]. Le gouvernement français refuse le plan Werner. Impossible d'envisager l'abandon de la souveraineté monétaire française. Les Allemands de leur côté ne sont pas très enclins à partager leurs réserves monétaires. Pour autant, comme le souligne Éric Roussel, Pompidou est « décidé à aller assez loin en matière monétaire. "Je suis triffinien !" a-t-il noté en marge d'un article de l'économiste Robert Triffin, théoricien de l'Union monétaire, ce qui tend à prouver que ses réserves à l'égard du plan Werner, en 1970, n'avaient pas figé sa réflexion[2] ». Mais dans l'immédiat, l'effondrement du système monétaire international dès le début de l'année 1971 complique encore les choses. L'Allemagne et les

1. Marion Gaillard, *France-Europe, la politique européenne de la France de 1950 à nos jours*, Paris, De Boeck, 2010, p. 185.
2. Éric Roussel, *Georges Pompidou*, *op. cit.*, p. 602.

pays du Benelux laissent « flotter » leur monnaie à la hausse. Les Allemands proposent un flottement concerté des monnaies européennes autour du Deutsche Mark, ce que la France refuse avec véhémence. Le 15 août 1971, Nixon suspend la convertibilité or du dollar et décide de taxer de 10 % les importations. Pompidou reprend la main en allant négocier avec Nixon, aux Açores, l'accord du Smithsonian Institute, le 18 décembre 1971 : « Je parlerai en Européen, déclare-t-il à son homologue américain, mais pas au nom de l'Europe[1]. »

Il obtient la suppression de la taxe de 10 % et l'autorisation de la fluctuation des monnaies par rapport à leur parité officielle de 2,25 % au lieu de 1 %. Fort de cette avancée, il revient vers les Six et relance le projet d'union économique et monétaire. Les accords de Bâle du 21 mars et du 24 avril 1972 créent le serpent monétaire européen, première étape de la longue marche vers l'union économique et monétaire, concrétisée à la fin des années 1990. Au total, la conférence de La Haye et ses développements ont tout de même permis de relancer la construction européenne. La France a repris la main, et cessé d'être le « trublion » qui bloquait systématiquement le processus d'intégration. Pour autant, l'Europe de Pompidou reste une Europe qui doit assurer à la France son « rang », sinon mondial, du moins occidental.

Un rapprochement spectaculaire avec les États-Unis

Les années 1969 à 1972 se caractérisent par une embellie de la relation franco-américaine. Le Général, avant de quitter l'Élysée, avait esquissé un début de rapprochement avec les États-Unis, motivé par le peu de résultats de sa politique d'ouverture à l'Est. L'arrivée de Pompidou à la présidence permet de confirmer et d'approfondir ce virage de la politique extérieure française. Cette embellie de la relation transatlantique bénéficie de relations personnelles apaisées[2]. Lors de la rencontre des Açores, Kissinger affirme avec emphase : « S'il y a un chef d'État avec lequel le président Nixon ressent qu'il a une relation spéciale, c'est avec le président

1. Sabrina Tricaud, *Les Années Pompidou*, *op. cit.*, p. 270.
2. Laurent Cesari, « Les relations personnelles entre Nixon, Pompidou et leurs entourages », *Relations internationales*, n° 158, 2014, p. 93-102.

de la République française[1]. » Pompidou, lui, voit en Nixon « un esprit précis, intéressé par la pensée des autres quand elle lui paraît claire et réaliste[2] ». Mais, comme pour Heath, Pompidou est sans naïveté sur la personnalité du président américain, chez lequel il observe « un extraordinaire exemple d'ambition politique réalisée au prix d'efforts constants et obstinés[3] » :

> Il s'est fixé de lui-même ou sous l'influence de ses conseillers des objectifs grandioses : fin de la guerre du Vietnam, entente avec l'URSS, rapprochement avec la Chine, plus important à ses yeux dans le long terme. Par voie de conséquence, soumission de l'Europe et du Japon, mais inversement recherche de point d'appui dans cet ensemble : le Japon en Extrême-Orient, bien sûr, en Europe, l'Allemagne dans un premier temps, puis la France[4].

Quant à Kissinger, Pompidou écrit de lui : « il y a un peu de Nostradamus dans Kissinger. À côté de qualités intellectuelles brillantes et d'un goût de paraître en contradiction avec le rôle d'éminence grise[5] ». Laurent Cesari souligne par ailleurs que Nixon trouve un intérêt personnel à entretenir de bonnes relations avec le président français, du point de vue de sa propre relation avec Kissinger :

> Lors de la rencontre des Açores en décembre 1971, Pompidou fait part à Nixon de ses entretiens avec les dirigeants soviétiques que le président américain n'a pas encore rencontrés. Nixon, en compétition intellectuelle avec Kissinger, s'enchante de disposer, grâce à Pompidou, d'informations encore inconnues de son conseiller[6].

Mais au-delà des relations personnelles, c'est surtout le contexte qui explique le rapprochement des deux diplomaties : les deux gouvernements partagent un profond anticommunisme et une

1. Cité par Maurice Vaïsse, « Les “relations spéciales” franco-américaines au temps de Richard Nixon et Georges Pompidou », *Relations internationales*, n° 119, 2004, p. 345.
2. Michel Jobert, *L'Autre Regard*, Paris, Grasset, 1976, p. 134.
3. Portrait de Nixon, *in* Georges Pompidou, *Lettres, notes et portraits*, *op. cit.*, p. 630-631.
4. *Ibid.*
5. *Ibid.*
6. Laurent Cesari, « Les relations personnelles entre Nixon, Pompidou et leurs entourages », art. cit., p. 96.

méfiance à l'égard de l'*Ostpolitik* de Willy Brandt. La question est régulièrement évoquée dans les rencontres franco-américaines. Les deux soupçonnent l'Allemagne fédérale d'envisager la neutralisation en échange de la réunification. Et avec le recul, Nixon semble considérer que la politique gaulliste de refus des blocs peut, en définitive, conférer à la France une « fonction de truchement diplomatique utile à l'ensemble du camp occidental[1] ».

L'embellie des relations franco-américaines commence pourtant dans un contexte troublé. Alors que Pompidou doit se rendre en visite aux États-Unis du 24 février au 3 mars 1970, l'affaire des Mirage libyens fait la une de la presse américaine. Les Français ont vendu 110 Mirage à la Libye, où le colonel Kadhafi vient de prendre le pouvoir, alors même qu'ils maintiennent l'embargo sur les armes à destination du Proche-Orient, et donc d'Israël. La presse américaine pose la question de l'opportunité de la visite présidentielle. Le gouvernement américain lui-même s'inquiète de voir ces armes passer en Égypte. Et si le voyage est maintenu, il est parsemé d'incidents. Pompidou est accueilli à San Francisco le 27 février au cri de « *No Mirage for Libya!* ». À Chicago, 10 000 manifestants se rassemblent autour de l'hôtel où le président français prononce son discours. Certains pénètrent dans le hall au moment où Georges et Claude Pompidou sortent de l'ascenseur. Le président prend le bras de sa femme, visiblement fortement troublée, et le couple regagne sa voiture sous la protection de la police. Pompidou envisage de rentrer en France. Nixon l'appelle et lui demande de rester. Il accepte. Mais de nouvelles manifestations ont lieu à New York le 2 mars, où éclate un nouvel incident : le gouverneur de l'État de New York et le maire de la ville refusent de participer au dîner offert en l'honneur du président français. Encore une fois, Nixon intervient, spectaculairement, en faisant à l'improviste le déplacement pour participer au dîner aux côtés du couple présidentiel. Un geste que les médias interprètent comme une excuse officielle des États-Unis à l'égard de la France.

Malgré ces incidents, le voyage marque un renforcement de la relation franco-américaine. Notamment dans le domaine de la coopération nucléaire, esquissée lors de la visite de Nixon à de Gaulle en février-mars 1969, et concrétisée lors de ce voyage

1. *Ibid.*, p. 95.

aux États-Unis[1]. Longtemps gardée secrète, cette coopération a été révélée en 1989 par un article de Richard Ullman[2], et confirmée ensuite par les travaux, entre autres, de Pierre Mélandri et Maurice Vaïsse[3].

Quand Pompidou arrive au pouvoir, on l'a vu, la force de dissuasion est une réalité. Mais elle en est à ses débuts. Une aide américaine peut en accélérer la réalisation, d'autant que le déséquilibre en la matière est énorme entre les forces françaises et celles qu'alignent Américains et Soviétiques. Lorsque la question est évoquée, lors des entretiens Pompidou-Nixon les 24 et 26 février 1970, Nixon affiche clairement l'évolution profonde de la position américaine en affirmant qu'il n'est « nullement préoccupé par la politique française d'indépendance ». Il ajoute : « Je suis convaincu qu'une France forte et indépendante est un élément favorable aux intérêts des États-Unis[4]. » En conséquence, après de premiers échanges au niveau des « techniciens », le 5 mai 1971, les États-Unis proposent à la France une coopération sans contrepartie dans trois domaines : les missiles, la sécurité nucléaire, les ordinateurs de grande puissance. La France accepte, tout en demeurant prudente en refusant, par exemple, la négociation de bloc à bloc sur la réduction équilibrée des forces annoncée en 1971. Néanmoins, la coopération nucléaire franco-américaine constitue un revirement spectaculaire de la politique extérieure des deux pays, et satisfait profondément Pompidou : « Nixon a vraiment – le premier – admis la position de la France. Nous sommes des alliés sûrs. Et notre force militaire n'est pas négligeable. Après les Mirage IV, le relais des sous-marins est pris. L'arme tactique bouleverse les situations. On nous prend maintenant au sérieux, malgré ce qui se dit ou s'écrit (hommes politiques, presse…)[5]. »

1. Bruno Bourliaguet, « Les technocrates et les "relations spéciales" franco-américaines, 1969-1973 », *Relations internationales*, n° 165, 2016, p. 117-134.

2. Richard Ullman, « The French Covert Connexion », *Foreign Policy*, n° 75, 1989, p. 3-33.

3. Pierre Mélandri, « Aux origines de la coopération nucléaire franco-américaine », *in* Maurice Vaïsse, *La France et l'Atome*, Bruxelles, Bruylant, 1994, p. 235-254 ; Maurice Vaïsse, « Les "relations spéciales" franco-américaines au temps de Richard Nixon et Georges Pompidou », *Relations internationales*, n° 119, 2004, p. 345-362.

4. Cité par Maurice Vaïsse, « Les "relations spéciales" franco-américaines au temps de Richard Nixon et Georges Pompidou », art. cit., p. 349.

5. Notes de Michel Jobert, conseil des ministres, 12 juillet 1972, cité par Laurent Cesari, « Les relations personnelles entre Nixon, Pompidou et leurs entourages », art. cit., p. 95.

La visite du ministre de la Défense, Michel Debré, aux États-Unis en juillet 1972 vient confirmer cette profonde évolution. C'est la première d'un ministre de la Défense français, depuis 1966 et la sortie du commandement intégré de l'Otan. Le Pentagone lui réserve un accueil somptueux. Le voyage vise à obtenir des transferts de technologie. Mais Debré en profite pour demander à Kissinger le partage d'informations sur la localisation et les capacités de défense antimissile soviétiques. Demandes auxquelles Kissinger se montre ouvert.

Mais c'est la rencontre avec Nixon et Kissinger aux Açores, les 13 et 14 décembre 1971, qui semble être le temps fort de la relation franco-américaine. Pompidou s'y rend, pour négocier au nom des Six les modalités de sortie de la crise monétaire ouverte par les Américains le 15 août. Mais c'est l'occasion de faire le point sur la relation franco-américaine. Lors de la première rencontre préliminaire entre Pompidou et Kissinger, ce dernier affirme : « s'il y a une nation européenne avec laquelle nous avons des relations spéciales, c'est la France. [...] Le président pense que nous devons avoir une relation spéciale avec la France parce que la stabilité générale de l'Europe dépend en grande mesure des bonnes relations entre la France et les États-Unis[1] ». Le lendemain, Pompidou expose à son tour à Nixon ce que lui-même appelle sa « philosophie politique en matière de rapports franco-américains » et affirme à son tour : « la France est un pays occidental et donc, aussi bien pour des raisons de sentiments historiques, elle est déterminée à maintenir l'amitié et l'alliance avec les États-Unis ». Cependant, le sommet des Açores est surtout, pour reprendre les mots d'Éric Roussel, un « succès d'apparence[2] ». Non seulement l'accord économique est fragile, mais surtout, derrière les accords se profilent les « malentendus transatlantiques ».

L'aide au programme nucléaire français révèle ainsi surtout les hésitations américaines à l'égard de leur engagement militaire en Europe. « En fin de compte, annonce Nixon, ce qui déterminera la politique des États-Unis comme celle de la France, c'est leur intérêt propre[3]. » Et Pompidou de prophétiser : « Dans l'hypothèse d'un grand conflit, c'est non pas une partie de la

---

1. Cité par Maurice Vaïsse, « Les "relations spéciales" franco-américaines au temps de Richard Nixon et Georges Pompidou », art. cit., p. 356.
2. Cité par Éric Roussel, *Georges Pompidou*, *op. cit*, p. 490.
3. *Ibid.*, p. 470.

flotte américaine qui serait détruite [comme à Pearl Harbor], mais l'Europe occidentale tout entière. […] Après, vous nous vengerez, mais ce sera une consolation apportée dans un cimetière[1]. » Si les États-Unis sont désormais prêts non seulement à accepter mais aussi à aider le développement de la force de dissuasion française, c'est parce qu'elle leur permet de se désengager militairement de la défense de l'Europe. Désengagement que combattent les Français, inlassablement, depuis la fin de la Seconde Guerre mondiale, et que la mise en place de l'Alliance atlantique devait pallier en 1949[2].

En revanche, les États-Unis ne comptent pas se désengager politiquement vis-à-vis de l'Europe en construction. Si désormais Nixon et Kissinger l'envisagent sous une dimension intergouvernementale et non plus fédérale, comme Pompidou, c'est bien pour maintenir la prééminence américaine sur le continent. Kissinger l'explique dans un article dès 1969 : « Une Europe confédérale permettra aux États-Unis de maintenir leur influence sur plusieurs centres de décision, plutôt que de tout miser sur leur crédit auprès d'un unique organisme supranational[3]. »

La « relation spéciale » évoquée par Kissinger avec la France n'excluait pas une autre « relation spéciale » avec la Grande-Bretagne ou l'Allemagne. Tout au plus, provisoirement, la relation franco-américaine bénéficiait-elle de l'irritation de Kissinger et Nixon envers les sentiments trop pro-européens à leur goût de Heath, et envers l'*Ostpolitik* de Brandt. Mais les sujets de discorde demeuraient nombreux. Pompidou le savait. « La politique européenne […] suscitera des heurts avec [les États-Unis][4] », soulignait-il avant la conférence des Açores.

D'autant que la politique française heurtait les intérêts américains dans d'autres régions du monde, que ce soit par sa continuité à l'égard des partenaires de l'Est, mais surtout en Afrique et au Proche-Orient.

1. *Ibid.*, p. 471.
2. Jenny Raflik, *La Quatrième République et l'Alliance atlantique*, Rennes, PUR, 2013.
3. Cité par Geir Lundestad, *« Empire » by Integration. The United States and European Integration, 1945-1997*, Oxford, Oxford University Press, 1997, p. 102-103.
4. Notes de Michel Jobert sur le conseil des ministres, 8 décembre 1971, cité par Laurent Cesari, « Les relations personnelles entre Nixon, Pompidou et leurs entourages », art. cit., p. 98.

Poursuivre la logique de refus des blocs

À l'égard du bloc communiste, la politique extérieure pompidolienne poursuit les efforts d'entente et de coopération initiés par le Général, mais dans un contexte nouveau : au dialogue bilatéral privilégié de l'URSS avec la France se substitue une détente multilatérale, où Américains, Français et Allemands rivalisent pour l'ouverture à l'Est.

Néanmoins, Pompidou hérite de la période gaullienne une place privilégiée dans les rapports avec l'URSS. Depuis 1966, une ligne directe relie Paris et Moscou. Et Pompidou annonce dès son arrivée à la présidence sa volonté de poursuivre la politique du Général : « Lorsque le général de Gaulle a pris position sur les relations franco-soviétiques, […] j'étais Premier ministre, et par conséquent du même avis. Je n'en ai pas changé, annonce-t-il à Gromyko le 2 juin 1970, pour des raisons qui tiennent au fond des choses et non pas à des circonstances passagères[1]. »

Cela ne l'empêche pas de personnaliser son approche. Notamment, il ne croit pas à l'Europe de l'Atlantique à l'Oural chère au Général[2]. Il ne reprend jamais l'expression, dans aucune de ses prises de parole. À ses yeux, en outre, le processus de détente avec l'Est ne peut être dissocié du processus de construction européenne.

« Pour moi, dit-il à Willy Brandt en décembre 1971, la politique de rapprochement avec l'Europe de l'Est, la vôtre et la nôtre, suppose une Europe occidentale forte. Si l'Europe occidentale se divise, cette politique deviendrait vite dangereuse[3]. »

La relance de la dynamique européenne est donc pour lui une condition *sine qua non* de la détente avec l'Est. Pompidou est également convaincu qu'à long terme, la détente conduira à une disparition du système communiste : « Je ne crois pas en l'avenir du système communiste, déclare-t-il. Je n'y crois pas parce que je suis pour la liberté, et de plus je n'y crois pas parce que je suis pour le progrès économique ; or, il me paraît évident que c'est

---

1. Cité par Marie-Pierre Rey, « Georges Pompidou, l'Union soviétique et l'Europe », *in* Association Georges-Pompidou, *Georges Pompidou et l'Europe*, *op. cit.*, p. 144.
2. Sabrina Tricaud, *Les Années Pompidou*, *op. cit.*, p. 282.
3. Cité par Marie-Pierre Rey, « Georges Pompidou, l'Union soviétique et l'Europe », *op. cit.*, p. 146.

un régime qui ne permet pas la liberté, et qui paralyse le progrès économique[1]. »

C'est la théorie de la convergence, selon laquelle les différences entre l'Europe de l'Est et de l'Ouest pourraient s'estomper à long terme grâce au commerce et aux transformations internes que les États socialistes seraient obligés d'accepter pour résoudre leurs problèmes structurels[2]. Mais pour favoriser cette évolution, il importe que la détente se poursuive de façon progressive, sans éclat. D'où une évolution des relations de la France avec les autres pays du bloc. Ainsi, si la France maintient ses bonnes relations avec la Roumanie, Pompidou tient à ce qu'elles ne se fassent pas contre, mais avec l'URSS. Cela n'empêche pas que la visite du dirigeant roumain Ceausescu en juin 1970 soit un réel succès. C'est une occasion de montrer la France sous le jour de la modernité et de négocier des marchés pour les entreprises françaises, *via* les visites de l'usine Renault à Flins, d'une usine aéronautique à Toulouse, de la centrale nucléaire de Cadarache, et d'une installation électrique près de Lyon. Mais les relations franco-roumaines se relâchent dès 1971. Le ralliement à l'idée d'une conférence de sécurité commune en Europe (CSCE) offre en effet de nouvelles possibilités à la diplomatie française.

Ce ralliement est annoncé dès le communiqué publié à l'issue de la rencontre des ministres des Affaires étrangères des deux pays, à Moscou, en octobre 1969. Cette initiative lancée en 1954 par l'URSS avait été relancée en mars 1969 par un message adressé par les États membres du pacte de Varsovie aux Européens de l'Ouest.

Pour les Soviétiques, la CSCE est un moyen d'obtenir la reconnaissance du *statu quo* hérité de la Seconde Guerre mondiale, et en quelque sorte l'irréversibilité des frontières communistes. À plus long terme, l'URSS espère susciter l'émergence d'un sentiment paneuropéen. La réaction française tranche avec l'attentisme de ses partenaires occidentaux. De son côté, le ralliement français s'explique par plusieurs éléments[3] : dans le cadre de la détente, refuser le projet soviétique serait renier la politique

1. Georges Pompidou, entretien avec le magazine *Réalités*, 14 avril 1970.
2. Samuel Pisar, *Les Armes de la paix*, Paris, Denoël, 1970 ; Marie-Pierre Rey, *Le Dilemme russe. La Russie et l'Europe occidentale d'Ivan le terrible à Boris Eltsine*, Paris, Flammarion, 2016, p. 316.
3. Marie-Pierre Rey, « Georges Pompidou, l'Union soviétique et l'Europe », *op. cit.*, p. 153-154.

d'ouverture initiée par de Gaulle. La France ne pouvait pas non plus prendre le risque d'être devancée en la matière par la RFA ou les États-Unis. Il fallait conserver la main et rester symboliquement le pays occidental le plus engagé en faveur de la détente. Vis-à-vis des Soviétiques, la CSCE pouvait les conduire à desserrer leur étau sur les démocraties populaires, et ce faisant ouvrir la voie à l'influence française dans cette région. Toutefois, en octobre 1969, le ralliement français au projet de CSCE reste conditionnel : pour Pompidou, cela suppose une avancée préalable sur la question allemande. Et pour ancrer l'Allemagne à l'ouest, il défend les prérogatives quadripartites sur l'Allemagne dans le cadre de l'accord sur Berlin, signé le 3 septembre 1970[1]. Il s'agit, pour les Occidentaux, d'obtenir des Soviétiques un accord permettant de maintenir la viabilité de Berlin-Ouest ; condition préalable posée par le gouvernement ouest-allemand à une ratification par le Bundestag du traité germano-soviétique signé à Moscou le 12 août 1970. Deuxième condition : la conférence sur la sécurité et la coopération en Europe devra aborder la question des droits de l'homme ainsi que les échanges culturels et humains entre l'Est et l'Ouest. C'est, pour Paris, une opportunité de dépasser les blocs, et de permettre aux nations européennes de s'exprimer dans un cadre multilatéral. L'insistance française est payante, puisqu'elle finit par convaincre les Soviétiques d'accepter lors de la conférence le principe des trois « corbeilles », la troisième concernant les questions culturelles et les droits de l'homme.

Le ralliement français à la CSCE facilite les relations bilatérales, marquées par de nombreuses rencontres entre les deux gouvernements. Pompidou lui-même voit régulièrement Brejnev. Il se rend à Moscou en octobre 1970 avec le ministre des Affaires étrangères (Maurice Schumann), le secrétaire général de l'Élysée (Michel Jobert) et le secrétaire général du Quai d'Orsay (Hervé Alphand). Michel Jobert témoigne de la bonne ambiance de ce voyage : « il régnait, entre les délégations, une atmosphère bon enfant qui surprenait dans un monde habituellement compassé[2] ». Le voyage est l'occasion de signer un protocole qui institue des

1. Georges-Henri Soutou, « La France et l'accord quadripartite sur Berlin du 3 septembre 1971 », *Revue d'histoire diplomatique*, n° 1, 2004, p. 45-73 ; Matthieu Osmont, « La négociation de l'accord quadripartite sur Berlin (1969-1971) : le rôle du groupe de Bonn », *Relations internationales*, n° 135, 2008, p. 37-52.

2. Michel Jobert, *L'Autre Regard*, *op. cit.*, p. 157.

consultations périodiques, « en principe deux fois par an[1] », au niveau des ministères des Affaires étrangères. Toutefois, Pompidou refuse de signer le traité d'amitié que lui proposent les Soviétiques sur le modèle de celui que les Allemands de l'Ouest ont accepté en août. Il est hors de question de paraître à la traîne des Allemands. Le voyage de Brejnev à Paris en octobre 1971 est néanmoins l'occasion de signer, non un traité, mais une déclaration intitulée « Principes de la coopération franco-soviétique ».

Ces rencontres sont l'occasion de noter les nombreuses convergences des deux diplomaties. Mais elles permettent aussi de mettre au jour une divergence fondamentale sur le dossier des *Mutual Balanced Forces Reduction* (MBFR). Les Soviétiques se rallient progressivement au cours de l'année 1971 à cette initiative lancée par l'Otan en 1968. Pour la France, les MBFR sont l'expression même de la logique des blocs. Pompidou y voit un danger pour l'Europe – et pour la France. Il s'en ouvre à Brejnev en octobre 1971 :

> La réduction des forces, qui s'effectuera sûrement un jour, doit être subordonnée aux conditions politiques et morales d'une meilleure sécurité. La conférence sur la sécurité doit avoir la priorité. En fonction du succès de cette conférence, capable de créer entre les deux parties de l'Europe une détente profonde et des contacts entre tous les États, l'on peut imaginer et souhaiter que cela entraîne des conséquences au niveau des armements. […] mais entre tous, et non pas entre deux blocs représentés, je suis franc, par l'Union soviétique et les États-Unis, le symbole de ce que la France a voulu combattre[2].

La France reste fidèle à son refus de la logique des blocs. Refus qu'elle réaffirme en développant ses efforts vers d'autres régions du monde.

Réaffirmer la vocation méditerranéenne de la France

Pompidou, comme de Gaulle, croit à la vocation méditerranéenne de la France, du fait de sa situation géographique mais

1. Protocole franco-soviétique du 13 octobre 1970.
2. Entretien Pompidou-Brejnev, 29 octobre 1971, cité par Marie-Pierre Rey, « Georges Pompidou, l'Union soviétique et l'Europe », *op. cit.*, p. 159.

aussi de son héritage historique. S'y ajoute une importance stratégique : la Méditerranée constitue un enjeu essentiel au cours de la guerre froide, comme le montrent depuis 1952 les élargissements de l'Otan dans cette direction. Cette importance revêt ensuite une autre dimension avec le développement du conflit entre Israël et ses voisins arabes. La région représente, enfin, un enjeu économique avec l'approvisionnement en pétrole des industries françaises.

Les relations avec Israël restent extrêmement tendues, aggravées par l'affaire des vedettes de Cherbourg. Le 24 décembre 1969, un commando israélien prend possession de 5 vedettes rapides lance-missiles, non armées, dans le port de Cherbourg, et les conduit jusqu'au port d'Haïfa. Les vedettes en question étaient initialement destinées à Israël, mais elles avaient été stoppées en raison de l'embargo décidé après le raid israélien sur l'aéroport de Beyrouth. Derrière cet embargo officiellement maintenu, la France continue discrètement de fournir à Israël des pièces détachées de Mirage. Mais l'affaire des vedettes est une humiliation pour le gouvernement français. Les premiers éléments de l'enquête révèlent en effet des connivences entre les états-majors français et israéliens. Dans ce contexte, l'annonce de la vente de 110 chasseurs-bombardiers Mirage et de 200 chars de combat à la Libye ne fait qu'exaspérer les tensions. D'autant que les détails du contrat sont révélés à la presse par des fuites organisées par les services secrets israéliens.

Pour Pompidou, comme pour de Gaulle avant lui, l'essentiel est d'éviter la bipolarisation du problème israélo-arabe. Il souhaite favoriser la concertation entre les quatre grands, États-Unis, URSS, France et Royaume-Uni, concertation acceptée avec réticence par Washington début 1969 et poursuivie sans succès jusqu'en septembre 1971. Pour la diplomatie française, la solution réside dans une application stricte de la résolution 242 du Conseil de sécurité de l'ONU, prônant le retour d'Israël aux frontières de 1967 et l'évacuation des territoires occupés. Face aux réticences américaines, la France cherche le soutien de ses partenaires européens, et parvient à faire adopter par les Six, en mai 1971, un document commun réaffirmant la centralité de la résolution 242. Un texte qui peine à masquer le manque d'unité réelle des Européens sur la question.

Il est vrai que la France a des intérêts propres dans la région qui peuvent alimenter les réticences de ses partenaires. Notamment en matière économique. En 1970, la France accède au rang de troisième exportateur mondial d'armes. Dans cette progression, le marché arabe occupe une part importante. De façon générale, Pompidou donne à la politique arabe une envergure que de Gaulle n'avait qu'amorcée, et à laquelle le pousse une partie de son entourage, notamment le secrétaire général de l'Élysée Michel Jobert. La politique française s'oriente d'abord vers l'Irak, dont le vice-président Saddam Hussein visite officiellement la France en juin 1972. Cela permet à la France d'y préserver ses intérêts pétroliers, et de conclure des contrats entre la Compagnie française de pétrole et l'Iraq Petroleum Company. Parallèlement, Paris se rapproche des États du Golfe et notamment de l'Arabie saoudite dont le roi Fayçal est en voyage officiel à Paris en 1973. Pompidou est aussi convaincu de la nécessité d'une grande politique méditerranéenne pour renouer les liens avec le Maghreb. Les relations s'améliorent de fait avec la Tunisie et le Maroc. Mais le premier partenaire dans la région est celui avec lequel les relations sont les plus complexes : l'Algérie. En février 1971, le président Boumediene annonce la nationalisation des compagnies pétrolières françaises. Il demande le paiement préalable des livraisons de pétrole et en interrompt le chargement. Si l'affaire trouve une solution diplomatique avec la signature d'un protocole entre les sociétés françaises et algériennes, le président Pompidou est conscient de la fragilité de la relation franco-algérienne :

« Nous sommes prêts à participer au développement économique de l'Algérie, dans la mesure de nos possibilités, de nos intérêts, et en fonction de la valeur de projets entrepris. […] Mais si je vais au fond des choses, il est probable que les relations entre la France et l'Algérie avaient besoin d'une mise au point et que cette mise au point ne pouvait pas se faire sans une petite crise. Pour qu'il en fût autrement, il aurait fallu, de part et d'autre, davantage d'indifférence[1]. »

En prolongement de la politique arabe, la politique africaine menée par Georges Pompidou s'enracine profondément dans la conception gaullienne de la puissance de la France. Elle est complémentaire, et non rivale, de la politique européenne : la France veut être à la fois le chef de file d'une Europe organisée sur le

1. Entretien de Georges Pompidou avec Jean Ferniot, 24 juin 1971, cité par Sabrina Tricaud, *Les Années Pompidou*, *op. cit.*, p. 288-289.

modèle de la coopération intergouvernementale et celui d'un bloc africain ; les deux lui assurant le statut de principale puissance euro-africaine, et donc un rang mondial.

Cette politique s'enracine dans la continuité de la période gaullienne dans sa définition géographique. Frédéric Turpin souligne qu'elle « reste centrée sur le pré carré africain de la France, c'est-à-dire les anciens territoires d'outre-mer de l'Union française. La continuité est de mise en matière d'ostracisme à l'encontre de la Guinée de Sékou Touré puisque Pompidou se refuse aux assouplissements proposés par le secrétaire général pour les affaires africaines et malgaches ou le Quai d'Orsay[1] ». Toutefois, le nouveau président de la République caresse le désir d'étendre la coopération en Afrique anglophone. Mais faute de moyens financiers suffisants, cet élargissement demeure un vœu pieux. « À défaut, la politique française vise au moins à renouer des liens avec le Nigéria, acteur désormais incontournable en Afrique de l'Ouest, qu'elle soit anglophone ou francophone. […] Surtout, Pompidou entend développer de solides liens avec l'autre géant de l'Afrique subsaharienne : le Congo Kinshasa du président Mobutu[2]. » Les inflexions majeures, par rapport à la période gaullienne, découlent de l'évolution institutionnelle qui encadre la présence française en Afrique, et du vocabulaire qui accompagne cette évolution. Après les indépendances, la puissance française ne repose plus sur son empire, mais sur une politique de coopération avec les nouveaux États indépendants, exprimée dans deux grands cadres : l'aide au développement et le soutien à la francophonie.

L'aide au développement est, selon les mots du président Pompidou, « un des points essentiels de [la] mission et de [la] vocation naturelle [de la France][3] ». Elle repose sur les accords conclus entre la France et les États africains et malgaches au moment des indépendances, lesquels posent les principes et les formes de la relation franco-africaine jusqu'au seuil des années 1970. En découle une coopération multisectorielle, dont les pratiques sont largement héritées de la colonisation, et les acteurs majoritairement issus des anciens cadres de la France d'outre-mer.

---

1. Jacques Foccart, *Journal de l'Élysée*, t. III, *Dans les bottes du Général*, Paris, Fayard/Jeune Afrique, 1999, p. 144.
2. Frédéric Turpin, *De Gaulle, Pompidou et l'Afrique : décoloniser et coopérer (1958-1974)*, Paris, Les Indes savantes, 2010, p. 69.
3. Discours de Georges Pompidou à Dakar, 5 février 1971, *in Entretiens et discours, 1968-1974*, Paris, Flammarion, 1984, p. 200.

En la matière, l'inflexion entre Pompidou et de Gaulle se lit d'abord dans le vocabulaire : le discours sur « l'œuvre civilisatrice » de la France disparaît peu à peu, pour être remplacé par le concept d'aide au développement, qui permet de légitimer la présence française, non seulement auprès des populations africaines, mais aussi d'une opinion publique française de plus en plus critique, et séduite par l'axiome « la *Corrèze* plutôt que le *Zambèze* ». La France cherche à tourner la page de la période coloniale et à transformer son image. Il s'agit de faire rayonner le pays des droits de l'homme et de la Révolution de 1789. À la coopération de substitution des premières années des indépendances succède celle de formation et de promotion du développement ; les accords de coopération de deuxième génération, initiés par Pompidou et signés entre 1972 et 1975, font sauter bon nombre de garde-fous devenus insupportables aux dirigeants africains comme le décanat automatique à l'ambassadeur de France.

L'évolution se lit ensuite dans la volonté d'africaniser les cadres et les personnels. Pompidou met l'accent sur « la formation de techniciens africains puis celle des formateurs capables de transmettre sur place leurs connaissances et leur expérience à leurs compatriotes[1] ». Un objectif qui tarde à se réaliser, mais progresse tout au long du septennat. Enfin, l'évolution est marquée par l'introduction d'une dose de multilatéralisme, réclamée par les États africains (premier sommet des chefs d'État et de Gouvernement à Paris, le 13 novembre 1973, qui, outre les questions politiques, traite beaucoup de la question de la zone franc). Au niveau économique, Paris veut « favoriser le développement des ressources des États par des entreprises africaines et favoriser la mise en exploitation de richesses nouvelles[2] » afin de renforcer leur structure économique. Les investissements privés, y compris issus des partenaires européens de la France, sont sollicités, à la condition que les capitaux français restent majoritaires. Paris veut pousser ses homologues européens à investir en Afrique, mais sans remettre en cause la primauté de la coopération bilatérale des États africains avec la France. Il s'agit de « garder la maîtrise de l'évolution, ce qui veut dire tenir le volant et n'utiliser les pédales qu'en

1. Bilan de la politique africaine par René Journiac, note de synthèse rédigée après le décès du président, 1974, AN, 5AG3/1171, citée par Frédéric Turpin, *De Gaulle, Pompidou et l'Afrique*, *op. cit.*, p. 68.

2. *Ibid.*

fonction des circonstances[1] ». On retrouve des préoccupations similaires dans l'évolution du fonctionnement de la zone franc. La dévaluation du franc français le 9 août 1969, réalisée sans concertation préalable, avait mécontenté les partenaires africains de la France, placés devant le fait accompli. L'accord de Brazzaville du 22 novembre 1972 et l'accord de Dakar du 14 novembre 1973 assouplissent les règles de fonctionnement de la zone franc, tout en maintenant la garantie illimitée de la France : au sein de la zone, souligne Hubert Gerardin, « la logique suivie lors des indépendances a été inversée et l'intégration monétaire régionale a été confortée sur le plan institutionnel[2] ». Le Conseil des ministres de l'Union monétaire ouest-africaine (UMOA) est désormais uniquement africain. Quant au conseil d'administration des banques centrales, le nombre de représentants français y est fortement réduit.

Le deuxième grand axe de la politique pompidolienne est la défense de la francophonie. Le concept n'est pas nouveau. Le mot est apparu en 1880 dans l'ouvrage d'Onésime Reclus, *France, Algérie et colonies*. Le concept réapparaît au début des années 1960 sous la plume de Léopold Sédar Senghor dans un article consacré au « français dans le monde » dans la revue *Esprit*[3]. Mais la francophonie telle que la conçoit Pompidou est plus que l'usage du français comme outil de puissance et de rayonnement : « Ses convictions et sa formation le portent à y attacher un grand prix. Il évaluait les dividendes que nous étions en droit d'attendre de nos opérations de coopération, pour une bonne part, en se fondant sur le renforcement de la francophonie et du rôle du français qu'elles pouvaient entraîner[4]. »

Pour Pompidou, comme pour son camarade de khâgne, Léopold Sédar Senghor, ce n'est pas seulement la langue qui unit les peuples, mais aussi les valeurs qu'elle transmet. Le développement de l'enseignement et de l'usage de la langue française constitue « l'un des meilleurs moyens d'assurer la permanence d'un courant d'échange franco-africain, à travers la Méditerranée et le Maghreb,

1. Note de Pompidou sur l'évolution de la politique de coopération en Afrique francophone, 19 novembre 1972, citée par Sabrina Tricaud, *Les Années Pompidou*, *op. cit.*, p. 293.
2. Cité par Frédéric Turpin, *De Gaulle, Pompidou et l'Afrique*, *op. cit.*, p. 126.
3. Léopold Sédar Senghor, « Le français, langue de culture », *Esprit*, n° 11, 1962, p. 837-844.
4. Bilan de la politique africaine par René Journiac, cité par Frédéric Turpin, *De Gaulle, Pompidou et l'Afrique*, *op. cit.*, p. 217.

selon l'un des axes naturels du rayonnement de la France[1] ». En février 1970 est créée la première organisation francophone de coopération intergouvernementale, l'Agence de coopération culturelle et technique (ACCT), ancêtre de l'Organisation internationale de la francophonie (OIF). Le premier sommet franco-africain de Paris, le 13 novembre 1973, est lui aussi perçu comme une francophonie de fait, selon Senghor le « premier sommet francophone[2] ». C'est dans le développement ultérieur de la francophonie que réside aussi l'héritage pompidolien.

Les premières années du septennat, tout en poursuivant les objectifs d'indépendance nationale et de maintien du rang de la France dans le monde, hérités du général de Gaulle, ont été marquées par un profond renouveau de la politique extérieure.

À l'échelle européenne, la France n'est plus perçue comme le trublion qui bloque la construction communautaire. Au contraire, elle a initié le processus qui conduit aux premiers élargissements au 1er janvier 1973, et a lancé le projet d'Union européenne – dont le nom même a été choisi par Georges Pompidou. Elle a aussi permis de mettre sur les rails le projet d'union économique et monétaire. Les grandes réalisations des années 1990 sont ainsi amorcées. Les relations avec les États-Unis se sont spectaculairement améliorées, et Pompidou est allé, aux Açores, négocier pour les Européens un accord monétaire. Précaire, il fait néanmoins provisoirement de la France un interlocuteur privilégié des États-Unis sur le continent. Les États-Unis sont prêts non seulement à accepter, mais aussi à aider, l'existence de la force de dissuasion française, et à reconnaître à la France son statut de grand au sein du bloc occidental, mais aussi son rôle particulier dans la détente.

Le maintien d'une relation privilégiée avec l'Union soviétique semble en effet permettre à la France de jouer ce rôle d'intermédiaire entre les deux blocs qui tenait à cœur au Général. Le ralliement français à la proposition soviétique de conférence pour la sécurité commune en Europe y participe. La France parvient d'ailleurs à en orienter le contenu, et à élargir la conférence aux domaines de la culture et des droits de l'homme. Mais pour poursuivre la politique de grandeur initiée par le Général, la France ne peut cantonner ses efforts à l'Europe, ou aux relations entre les deux blocs. Elle poursuit donc, sous Georges Pompidou, ses

1. *Ibid.*, p. 69.
2. Léopold Sédar Senghor, *Ce que je crois*, Paris, Grasset, 1988, p. 164.

efforts en direction du monde arabe et du continent africain, où elle pose les bases d'une coopération renouvelée, *via* l'aide au développement et la défense de la francophonie.

Ainsi, les premières années du septennat de Georges Pompidou ont permis de poser, sans rupture, sans coup d'éclat, les bases d'un profond renouvellement de la politique extérieure française, et de lui impulser un véritable dynamisme. Le choc pétrolier de 1973 rebat les cartes du système international, et remet tout en question.

LE VOLONTARISME FACE À L'OUVERTURE : L'ÉCONOMIE DES ANNÉES 1969 À 1974

Yves Bouvier

Dans le domaine économique et social, la présidence de Georges Pompidou se place sans ambiguïté dans la continuité des mandats du général de Gaulle. Non seulement l'homme avait, six années durant à Matignon, lancé des projets industriels et participé à la définition des grands axes de la politique économique, mais un tournant majeur avait été pris dans la seconde moitié des années 1950 avec l'achèvement de la période de sortie de la guerre et l'ouverture économique permise par les traités de Rome et les négociations commerciales internationales du GATT. Par ailleurs, la croissance économique, l'augmentation du pouvoir d'achat, l'essor de la consommation de masse ne sont pas interrompus au tournant des années 1970, même si les effets des accords de Grenelle sont perceptibles et systématiquement mentionnés, voire dénoncés, par les contemporains. Toutefois, nuançant cette idée d'un prolongement parfait des mandats du général de Gaulle, la période allant de juin 1969 à avril 1974 est aussi marquée par de profondes inflexions qui sont des ruptures économiques majeures. Au-delà de l'investissement dans la construction européenne, les effets perturbateurs d'une économie ouverte apparaissent et favorisent des politiques économiques plus libérales.

Parce qu'il a été un Premier ministre s'exprimant régulièrement et avec précision sur les enjeux économiques, Georges Pompidou conserve cette image de l'ancien banquier de Rothschild, parvenu à la tête de l'État grâce à des compétences indispensables à l'homme d'État moderne. Pourtant, sa présidence est indissociable d'autres noms, que ce soit celui de Valéry Giscard d'Estaing, ministre de l'Économie et des Finances durant la totalité de son mandat, celui de François-Xavier Ortoli, ministre du Développement industriel et scientifique puis président de la Commission européenne, celui de Bernard Esambert, son conseiller à Matignon puis à l'Élysée sur les projets industriels, celui de Joseph Fontanet au ministère du Travail et de l'Emploi… Cet entourage renforce le rôle de Georges Pompidou comme président plus qu'il ne contribue à l'effacer, en particulier face à ses deux Premiers ministres.

L'européanisation accrue des grands projets industriels

Si la politique industrielle vise bien à donner à la France un rang mondial, conformément à la doctrine gaulliste mais également à des réflexions politiques aux racines plus profondes, Georges Pompidou incarne l'idée qu'une industrie française ne saurait être forte que dans une Europe solide. La politique dite des « champions nationaux », qui consiste à favoriser l'émergence par concentration d'une grande entreprise française d'envergure mondiale, n'a de sens qu'en adoptant *a minima* l'espace européen comme échelle pertinente. C'est parce qu'elles sont en compétition avec des entreprises étrangères, notamment allemandes, britanniques, italiennes, belges et néerlandaises, que les entreprises françaises doivent s'unir. La création de grandes entreprises françaises s'impose dans tous les secteurs industriels. Mais c'est également parce qu'elles sont en concurrence avec des entreprises américaines et parfois déjà japonaises que des accords intra-européens peuvent aboutir à la constitution de groupes industriels mondiaux. Les deux dimensions ne sont pas contradictoires et trouvent leur place dans les réflexions de Bernard Esambert et François-Xavier Ortoli. Celui-ci, nommé ministre du Développement industriel et de la Recherche scientifique en juin 1969, est un proche de Georges Pompidou dont il a été directeur de cabinet à Matignon avant d'exercer différents postes ministériels dont celui de l'Économie et des Finances. Énarque et inspecteur des Finances, François-Xavier Ortoli a également participé à la Seconde Guerre mondiale en

Indochine, contre les Japonais. Bernard Esambert, polytechnicien du corps des Mines, est moins connu du grand public à cette époque puisqu'il est le fidèle conseiller aux questions industrielles de Georges Pompidou à partir de 1967.

La publication, à la fin de l'année 1967, de l'ouvrage de Jean-Jacques Servan-Schreiber *Le Défi américain*[1] représente, pour l'opinion publique, un véritable tournant. Dans cet essai, le journaliste insiste sur le dynamisme des entreprises américaines, en particulier sur l'avance prise dans le domaine des hautes technologies, et surtout sur leur capacité à traiter le marché européen comme un ensemble dans la lignée du plan Marshall, voire à jouer des rivalités entre les États européens pour implanter firmes, usines et technologies en Europe mais également pour en capter les résultats de recherche. L'une des solutions proposées par l'auteur est ainsi un fédéralisme économique européen, en opposition avec la conception européenne du général de Gaulle. Les analyses du directeur général de *L'Express* tranchent certes avec une partie du discours sur la politique industrielle de l'époque mettant en avant les succès nationaux. Mais elles recoupent aussi largement celles qui sont effectuées depuis une décennie par une partie du personnel politique en France et en Europe. Le projet français de « société européenne » dès 1965, la politique de la recherche scientifique et technique, mais plus encore le mémorandum sur la politique industrielle de juillet 1967[2], font de l'aiguillon américain un accélérateur de la construction européenne : achèvement du marché intérieur, investissement dans la recherche, coordination des politiques sectorielles sont les trois piliers du texte présenté à la Commission par Guido Colonna di Paliano. De hauts fonctionnaires français, à l'instar d'Alain Prate, Michel Albert mais également Raymond Barre en tant que vice-président de la Commission, partagent sensiblement ces vues même si certains, comme Raymond Barre, réfutent toute dimension supranationale à la politique industrielle. Michel Albert inspire directement la plume de Jean-Jacques Servan-Schreiber. Lorsque Georges Pompidou entre à l'Élysée, l'idée, déjà partiellement mise en application, que la souveraineté industrielle française passe par l'européanisation accrue

---

1. Jean-Jacques Servan-Schreiber, *Le Défi américain*, Paris, Denoël, 1967. Le succès en France est considérable avec plus de deux millions d'exemplaires vendus. Des traductions en anglais, allemand, italien notamment paraissent dès 1968.

2. Laurent Warlouzet, *Le Choix de la CEE par la France. L'Europe économique en débat de Mendès France à de Gaulle, 1955-1969*, Paris, CHEFF, 2011.

et non par un nationalisme industriel est solidement implantée dans l'opinion, la haute fonction publique et les milieux industriels.

Les secteurs de haute technologie sont privilégiés dans l'inflexion opérée par Georges Pompidou. Dans le domaine de l'informatique, le plan Calcul élaboré par François-Xavier Ortoli peine à consolider l'industrie française autour de la CII. En juillet 1971, une seconde convention, faisant suite à celle du 13 avril 1967, est signée entre l'État et les deux actionnaires privés de la CII, les groupes Thomson et CGE. Si la préférence commerciale est réaffirmée, la convention inclut également une obligation de coopération internationale, étant entendu que « les négociations doivent être menées en priorité avec des sociétés européennes ». La justification de cette coopération était la « nature internationale du marché de l'informatique ». En d'autres termes, il était hors de question de constituer un marché national protégé par l'originalité technique, comme cela avait pu être le cas avec le système de télévision Sécam (séquentiel couleur à mémoire) ou, plus anciennement, avec les récepteurs de télévision à 819 lignes. L'objectif est bien de faire de la CII un acteur industriel compétitif sur le marché mondial grâce à une large gamme de produits[1]. Encore faut-il trouver un industriel européen complémentaire. Après l'échec du rapprochement avec la firme britannique ICL (International Computers Limited), la CII se tourne vers Siemens et un accord est signé en janvier 1972 pour la création d'Unidata. En juillet 1973, les activités informatiques de Philips, le géant néerlandais de l'électronique, intègrent l'ensemble. L'alliance a des qualités sur le papier et témoigne d'une volonté politique de doter l'Europe d'une entreprise majeure face à IBM. Mais les industriels présents dans Unidata, tant en France qu'à l'étranger, ne participent qu'en raison des garanties accordées par les États. Le volontarisme politique se heurte très vite à l'absence de vrai projet industriel compétitif. Les premiers mois de l'année 1974 oscillent entre la présentation du premier ordinateur Unidata en janvier, le 7-720, correspondant à l'entrée de gamme, et, dès février, l'accumulation des nuages sur l'avenir de cette alliance européenne. Le comité interministériel du 12 février 1974 accorde bien des crédits de recherche supplémentaires mais d'un montant inférieur à ce que souhaite la CII par la voix de son patron, Michel Barré, et avec

1. Pascal Griset (dir.), *Informatique, politique industrielle, Europe. Entre plan Calcul et Unidata : actes des colloques, Paris, 4 mai 1990 et 7 juin 1995 organisés par l'Institut d'histoire de l'industrie*, Paris, éditions Rive Droite/IDHI, 1998.

plus d'un an de retard. Michel Barré ne manque pas une occasion de dénoncer l'irresponsabilité des groupes actionnaires français, Thomson et la CGE, qu'il accuse de sous-investir sciemment dans l'informatique. L'échec industriel et politique de cette européanisation est patent à la fin du mandat de Georges Pompidou.

Le contraste avec d'autres secteurs industriels est frappant. Dans les domaines de l'aéronautique et de l'espace, la même politique d'européanisation conduit à la création de la société Airbus. Là encore, la coopération franco-allemande sert de fondement à l'édification d'une industrie européenne, d'abord par l'accord du 29 mai 1969 qui prévoit la construction d'un nouvel appareil, loin du Concorde et de ses prestigieuses technologies, le projet Airbus A300B. En décembre 1970, le groupement d'intérêt économique Airbus est officiellement constitué et, deux ans plus tard, en octobre 1972, le premier vol se déroule sans souci au-dessus de Toulouse. Certes, les deux moteurs sont de fabrication américaine, ceux qui équipent également les 747 de Boeing, mais la mise en service commercial de ce gros-porteur en mai 1974 ouvre l'ère d'une aviation européenne performante et compétitive au plan mondial. Pourtant, entre 1972 et 1977, le succès commercial tarde à venir et Airbus n'arrive pas à obtenir des ventes en dehors de Lufthansa et d'Air France. Les années Pompidou sont ainsi davantage marquées par des hésitations et des espoirs que par le triomphe dans le domaine de l'aéronautique.

Il en va de même dans le secteur de l'industrie spatiale avec des recompositions aboutissant à la création de l'Agence spatiale européenne en 1975. Les échecs des organismes européens consacrés aux satellites (Esro) et aux lanceurs (Eldo) marquent le début de la présidence Pompidou : la fusée Europa accumule les déboires, ce qui conduit l'Italie et le Royaume-Uni à se retirer du projet en 1969. La fusée Europa II, financée par la France et l'Allemagne, explose après son lancement de Kourou en novembre 1971, aboutissant à l'arrêt officiel du programme le 27 avril 1973. Alors que les États-Unis font pression pour l'abandon de tout lanceur européen de satellites, le succès du projet français de missile balistique change la donne et conduit Richard Nixon, en 1972, à laisser entrevoir une politique américaine plus libérale. La nécessité d'un projet de lanceur lourd européen est sans conteste une décision française, défendue par François-Xavier Ortoli lors de discussions avec son homologue allemand en charge de la recherche, Hans

Leussink, dès juin 1971[1]. L'objectif de souveraineté vis-à-vis des États-Unis est affirmé (« assurer l'accès des Européens au marché en brisant le monopole américain et la domination américaine », selon les mots du ministre français), justifié par l'attitude parfois intransigeante des États-Unis dans la gestion d'Intelsat ou dans le dossier des satellites Symphonie, et passe par la capacité à développer une technologie performante. Le projet LIIIS (pour Lanceur de substitution de 3e génération) est adopté comme programme lors de la conférence spatiale européenne du 31 juillet 1973 et devient officiellement le projet Ariane en décembre 1973, la France prenant en charge 62,5 % du financement[2]. L'existence du centre spatial de Kourou est un argument favorable à cet investissement de la France. Mais c'est bien l'association de la volonté politique du chef de l'État et des compétences du CNES qui permet de tenir une telle ligne.

Les rapports entre la France, l'Europe et les États-Unis varient sensiblement d'un domaine à l'autre. Dans le secteur des télécommunications, la situation française est contrastée, avec la maîtrise des technologies numériques d'un côté et le retard conséquent dans l'équipement téléphonique des Français de l'autre. Yves Guéna avait, dans les derniers mois de 1968, suivi les conseils de Bernard Esambert pour donner à l'administration des Télécommunications les moyens d'investissements massifs, bien supérieurs aux contraintes du budget annexe des PTT. Le recours à des sociétés de financement privées est instauré par la loi du 24 décembre 1969 : les équipements sont financés par le système du crédit-bail, ce qui permet à l'administration d'augmenter ses investissements de près de 40 % grâce à quatre sociétés financières. L'administration des Télécommunications investit dans des centres de recherche sous la conduite de Pierre Marzin, directeur du Cnet de 1955 à décembre 1967, puis directeur général des Télécommunications de cette date à octobre 1971. Celui qui avait accueilli le général de Gaulle à Pleumeur-Bodou en 1962 devient par la suite maire de Lannion (avec une liste allant du centre gauche à la droite) et sénateur des Côtes-du-Nord inscrit dans le groupe de la gauche démocratique. Son successeur au Cnet

1. Emmanuel Chadeau (dir.), *L'Ambition technologique. Naissance d'Ariane*, Paris, éditions Rive Droite/IDHI, 1995.

2. John Krige, Arturo Russo, Lorena Sebesta, *A History of the European Space Agency, 1958-1987*, vol. 2, *The Story of ESA, 1973-1987*, Noordwijk, ESA Publications Division, 2000.

puis à la tête de la DGT, Louis-Joseph Libois, poursuit la même stratégie d'investissement dans la recherche et d'autonomisation des télécommunications par rapport à l'administration postale. La réussite la plus éclatante est la mise en service du central téléphonique à commutation temporelle de Perros-Guirec en janvier 1970 puis de celui de Lannion en juin de la même année[1]. En effet, les équipes du laboratoire public et de l'industriel CIT-Alcatel opèrent un « saut de génération » en mettant au point le premier central téléphonique numérique, pariant sur l'amélioration des composants électroniques. En juillet 1972, dans la même région du Trégor, est installé le premier réseau de télécommunications entièrement numérique au monde dans lequel transitent des données, que ce soit la voix d'une communication téléphonique, une photographie ou un fichier informatique. Certes, tout ceci est expérimental mais les premières commandes commerciales par l'administration française sont passées. Situation confirmée par les visites d'ingénieurs du monde entier, l'industrie française a désormais des atouts lui permettant de concurrencer les géants américains, allemands ou suédois.

Dans cette optique, Bernard Esambert prône non pas l'édification d'un « champion national » mais l'instauration d'une concurrence entre les deux grands industriels français, Thomson et la CGE (dont dépend CIT-Alcatel) pour ne pas laisser l'administration dépendante d'un seul fournisseur. Ceci revient à invalider les accords de juin 1969 entre les deux groupes[2]. Il est intéressant de noter que Bernard Esambert qualifie, dans ses notes à Georges Pompidou, la CGE de « nationaliste » et voit dans Thomson une entreprise beaucoup plus ouverte à des accords internationaux. Cette internationalisation s'inscrit dans une authentique perspective européenne : « On peut craindre, note un rapport de la Commission européenne consacré à l'électronique, que la constitution de groupes nationaux avec le concours des pouvoirs publics ne soit de nature à gêner une authentique intégration européenne[3]. »

---

1. François du Castel, Françoise Lavallard, Jean-Paul Bloch, Philippe Bata, *Le Centre national d'études des télécommunications, 1944-1974. Genèse et croissance d'un centre public de recherche*, Paris, CRCT, 1990.

2. Yves Bouvier, *Connexions électriques. Technologies, hommes et marchés dans les relations entre la Compagnie générale d'électricité et l'État. 1898-1992*, Bruxelles, PIE-Peter Lang, 2014.

3. CEE, *La Recherche et le développement en électronique dans les pays de la Communauté et les principaux pays tiers*, Série industrielle n° 2, Bruxelles, coll. « Études », 1969.

Il faut toutefois attendre le comité interministériel du 25 janvier 1973, présidé par Pierre Messmer, en présence de Valéry Giscard d'Estaing, Hubert Germain et Jean Charbonnel, pour que soit entérinée une accélération de l'équipement téléphonique par l'entrée de nouveaux groupes français sur le marché des télécommunications (Thomson, mais également Matra et Dassault).

Toutefois, les avancées techniques majeures dans le secteur de l'électronique, malgré leur reconnaissance internationale, ne cachent pas l'ampleur de la « crise du téléphone ». Dénoncée de toutes parts, la situation est calamiteuse pour les usagers : sous-équipement chronique (15 postes téléphoniques pour 100 habitants), délai considérable d'obtention du téléphone (seize mois d'attente en moyenne en 1973), automatisation inachevée (73 % en 1969 alors qu'Italie et RFA sont à 100 %), coupures fréquentes… Le fameux sketch de l'humoriste Fernand Raynaud, « Le 22 à Asnières » (1955), est sans cesse repris et régulièrement diffusé : l'humoriste met en scène un individu dont la communication doit passer par New York pour être établie avec la commune de la banlieue parisienne. De même, la presse locale ne cesse de relater des faits divers liés à l'absence de téléphone comme l'expérience qui montre qu'il est plus rapide, lors de la saison touristique estivale, d'aller à vélo de Deauville à Honfleur (20 kilomètres) que de chercher à joindre un interlocuteur par téléphone. Henri Jannès, ingénieur polytechnicien et ancien directeur du Cnet, publie en 1970 *Le Dossier secret du téléphone* dans lequel il dénonce les méthodes de gestion de l'administration publique. Il rejoint en cela l'analyse de Bernard Esambert qui souhaite « désétatiser » les télécommunications pour y introduire des logiques d'entreprise industrielle. Les syndicats, au premier rang desquels la CGT, demandent l'instauration d'un véritable service public du téléphone. L'Association française des utilisateurs du téléphone est créée en 1969 et multiplie les démarches pour accélérer les investissements et pour dénoncer les carences de l'administration. Les ingénieurs des télécommunications eux-mêmes, au sein de leur association professionnelle, proposent de nouvelles organisations du secteur. En 1967, Valéry Giscard d'Estaing avait porté un projet d'Office des télécommunications. Durant tout le mandat présidentiel de Georges Pompidou, l'idée d'une séparation de la Poste et des Télécommunications est avancée, mais elle n'est pas réalisée car de profondes résistances existent également, que ce soit au sein du ministère des Postes et Télécommunications, mais également au sein du ministère des Finances qui ne voit pas d'un bon œil lui échapper les recettes générées par les communications téléphoniques. Ministre des Postes et Télécommunications dans le gouvernement Chaban-Delmas, Robert Galley ne reste pas inactif : les sociétés de financement permettent de passer des commandes, de bâtir les immeubles des futurs centraux téléphoniques modernes, d'introduire ponctuellement des matériels modernes. Son successeur, Hubert Germain, pose ainsi la première pierre du central téléphonique Masséna, rue Albert à Paris, le 14 septembre 1972. Le central est mis en service à la fin de l'année 1974. Toutefois, la quasi-totalité des commandes passées lors de cette première phase du « plan de rattrapage » est faite en matériels électromécaniques (technologie dite « Crossbar ») et fabriqués sous licence des firmes américaine ITT (Pentaconta) ou suédoise Ericsson (CP400). Conformément au *Livre blanc du téléphone* d'avril 1969, les investissements de la première moitié des années 1970 ne commencent à porter leurs fruits qu'à partir de 1975, lorsque les infrastructures permettent l'augmentation rapide du nombre des abonnés. Par ailleurs, ces commandes massives qui font des P & T le premier investisseur national s'accompagnent de la construction d'usines, installées en région parisienne mais également en Bretagne. Les matériels construits appartiennent toutefois à une génération que les centres de recherche viennent de supplanter par la mise au point de matériels électroniques numériques. L'exemple montre ici la difficile conciliation de la politique industrielle, des stratégies de recherche et de la satisfaction d'un service public dont l'utilité économique était de plus en plus évidente à partir du milieu des années 1960.

Si le pragmatisme l'emporte dans le secteur des télécommunications, c'est aussi parce que Georges Pompidou et Bernard Esambert établissent régulièrement la comparaison avec le domaine du nucléaire civil. Dans celui-ci, la décision politique également était devenue urgente lors de l'arrivée de Georges Pompidou à l'Élysée. En effet, après avoir développé une filière nationale à uranium naturel, et tout en ayant expérimenté d'autres techniques, la France n'avait pas lancé de vaste programme nucléaire en 1969. Contrairement à ses partenaires européens, la France avait consacré la seconde moitié des années 1960 à hésiter entre sa filière nationale à uranium naturel et les filières américaines à eau légère mais à uranium enrichi. L'annonce par Marcel Boiteux, directeur général d'EDF, de l'adoption de la filière américaine en octobre 1969 lors de l'inauguration de la centrale de Saint-Laurent-des-Eaux n'est qu'une demi-surprise. Georges Pompidou, tout en admonestant le directeur général de l'entreprise publique[1], confirme une réorientation technique qui est devenue une évidence au sein de la commission Péon[2]. Georges Pompidou est d'autant plus enclin à accompagner ce changement que les industriels français le désirent également.

À partir du moment où ce choix est fait, l'indépendance technologique et énergétique ne peut être garantie que par l'acquisition des capacités d'enrichissement de l'uranium. C'est ce que Georges Pompidou évoque dès décembre 1969 lors du sommet européen de La Haye. La proposition française vise plutôt à rattraper en marche le train européen qu'à positionner la France comme seul leader. En effet, l'idée d'une usine européenne d'enrichissement de l'uranium a déjà fait l'objet de discussions et d'un accord de principe signé à Londres en mars 1969, entre le Royaume-Uni, les Pays-Bas et la RFA. Le projet Urenco repose sur deux usines d'enrichissement par ultracentrifugation. À l'inverse, le projet français, auquel se rallient Italie, Belgique et Espagne, s'appuie sur l'enrichissement par diffusion gazeuse, une technique étudiée au CEA depuis 1956 et mise en œuvre à des fins militaires à partir du début de l'année 1960 à Pierrelatte. Les longues négociations, à l'échelle européenne, aboutissent à l'accord de novembre 1973 et ne doivent pas masquer la constante de la politique française en la matière. L'usine Eurodif de Pierrelatte est le volet « combustible » de la réorientation de la filière française vers les techniques américaines[3]. L'autre volet de ce basculement concerne les entreprises industrielles. En effet, EDF ne prend pas seule le virage des réacteurs à uranium enrichi. Deux consortiums industriels sont constitués, correspondant aux deux techniques américaines. Le premier, organisé

1. Marcel Boiteux, *Haute Tension*, Paris, Odile Jacob, 1993.
2. Production d'électricité d'origine nucléaire. Cette commission créée en 1955 est chargée d'évaluer la filière nucléaire et de proposer des orientations industrielles.
3. Jean-Pierre Daviet, *Eurodif. Histoire de l'enrichissement de l'uranium : 1973-1993*, Anvers, éditions Mercator, 1993.

autour de Creusot-Loire et du groupe Empain-Schneider, signe des accords de cession de licence avec le géant américain Westinghouse pour un transfert de la technologie des réacteurs à eau pressurisée. Le second, avec la CGE qui vient de prendre le contrôle d'Alsthom en 1969, signe des accords similaires pour les réacteurs à eau bouillante de General Electric. Paul Delouvrier et Marcel Boiteux, respectivement président et directeur général d'EDF, souhaitent établir une concurrence entre fournisseurs afin que l'entreprise publique ne soit pas dépendante d'un seul groupe industriel tandis que Bernard Esambert, en novembre 1970, envisage plutôt un regroupement général dans une seule entreprise française. Lors des premiers appels d'offres, pour les centrales de Fessenheim et de Bugey, c'est le réacteur de Creusot-Loire/Westinghouse qui est retenu par EDF. Au printemps 1973, EDF passe également commande à CGE/General Electric de réacteurs à eau bouillante. Les notes de Bernard Esambert à Georges Pompidou sur le sujet de la politique industrielle du secteur nucléaire sont extrêmement nombreuses et témoignent des influences et des rumeurs. Les vives tensions entre les milieux industriels et les entreprises publiques, mais également entre EDF et l'Élysée, se comprennent dans cette période de choix technique engageant l'industrie française pour plusieurs décennies[1], au moment également où s'affirment des oppositions de plus en plus vives au nucléaire civil. Les manifestations locales, parfois importantes comme en juillet 1971 au Bugey avec 10 à 15 000 personnes, sont complétées par la perturbation des enquêtes publiques (avec vol des documents officiels et blocage des mairies), même si les actions violentes interviennent principalement après 1975[2].

L'entreprise publique EDF n'est toutefois pas seule à décider et à organiser l'industrie nucléaire nationale, même si son influence commence à être dénoncée par les mouvements environnementalistes. Georges Pompidou, avec entre autres François-Xavier Ortoli et Bernard Esambert, donne son aval à une véritable transition vers le nucléaire dès 1970, à la suite de l'adoption des

1. Boris Dänzer-Kantof, Félix Torres, *L'Énergie de la France. De Zoé aux EPR, l'histoire du programme nucléaire*, Lormont, Les Éditions nouvelles François Bourin, 2013.

2. Sezin Topçu, *La France nucléaire. L'Art de gouverner une technologie contestée*, Paris, Le Seuil, 2013.

technologies américaines. À cette date, le nucléaire est considéré comme une technologie mature, fiable, pouvant permettre au pays de développer une filière industrielle indépendante dans le domaine de l'énergie. Le nucléaire est alors perçu comme l'outil d'une double substitution : au charbon, dont la régression est déjà en cours depuis plus d'une décennie, mais également au pétrole, dont les importations pèsent sur la balance commerciale. Dès 1970, un équipement du pays est envisagé avec un nucléaire devant devenir majoritaire dans la production d'électricité au cours des années 1980 et pouvant couvrir 75 à 80 % de la production d'électricité à la fin du siècle. Près de 200 réacteurs nucléaires sont alors envisagés de façon prospective, sur 30 sites, tandis que les chantiers sont lancés dans la vallée du Rhône (Tricastin), la vallée de la Loire (Dampierre) et le Nord (Gravelines) en 1972.

Les tensions du marché pétrolier de 1971 justifient une première accélération de ce programme nucléaire : Marcel Boiteux emploie d'ailleurs la formule « tout nucléaire » pour indiquer que tous les investissements productifs de l'entreprise sont réalisés dans le nucléaire. La formule est rapidement reprise par les mouvements antinucléaires. Le comité interministériel du 22 mai 1973 décide ainsi d'augmenter le programme nucléaire français en passant de 8 à 13 mégawatts l'objectif de lancement d'ici 1977. Mais c'est naturellement le premier choc pétrolier, en octobre 1973, qui symbolise le « virage nucléaire » français. Le plan Messmer, élaboré conjointement avec EDF en novembre et décembre 1973, est adopté, à la surprise de Marcel Boiteux, lors du comité interministériel du 4 mars 1974. Ce programme comprend, pour les années 1974 et 1975, une nouvelle augmentation de 50 % des commandes fermes de centrales. Dans son entretien télévisé avec Jean-Marie Cavada, le 6 mars 1974, Pierre Messmer associe cet investissement dans le nucléaire avec les économies d'énergie consécutives au choc pétrolier. Surtout, il justifie le fait de « prendre des mesures méditées, réfléchies et de longue durée », en constatant que c'est un ordre mondial nouveau qui s'est établi. La vision de long terme et la primauté de l'intérêt national sont ici portées par l'État. Le choc pétrolier marque un tournant symbolique, avec une légitimation auprès de l'opinion publique d'un tournant nucléaire, déjà engagé depuis plusieurs années.

Les tensions politiques apparaissent autour des projets nucléaires, d'abord portées par une « nébuleuse[1] » dont l'opposition à la construction des centrales nucléaires est bien souvent le seul point commun. Alors que les années 1960 avaient été marquées par des contestations isolées comme la création de l'Association pour la protection contre les rayonnements ionisants par l'instituteur de Seine-et-Marne Jean Pignero, et portant généralement sur les usages militaires, dès le début des années 1970 apparurent des mouvements locaux d'opposition aux usages civils. À Fessenheim, en Alsace, alors que les premiers repérages et les premières études se sont déroulés dans une sorte d'indifférence entre 1966 et 1970, le début du chantier provoque la mobilisation originale et emblématique du mouvement antinucléaire. Regroupant aussi bien des riverains que des membres des élites locales, cette contestation utilise les médias et cristallise autour du cas de Fessenheim une coalition d'intérêts très large. Le Comité de sauvegarde de Fessenheim et de la plaine du Rhin, animé notamment par Esther Peter-Davis, publie dès 1970 une brochure explicite intitulée *Fessenheim, vie ou mort de l'Alsace*. La position frontalière favorise la participation de nombreux militants écologistes allemands et suisses aux manifestations organisées sur place. Ceux-ci sont eux-mêmes engagés dans l'opposition aux centrales de Wyhl et de Kaiseraugst, jouant un rôle majeur dans l'émergence d'un véritable mouvement transnational[2], alors même que se structurent deux grandes associations, Greenpeace et Les Amis de la Terre (création de l'antenne française en 1970). Les motivations de ces mouvements sont variées, allant d'une hostilité systématique à toute forme d'énergie nucléaire au souci de préservation des paysages et de l'environnement. À Paluel, en Seine-Maritime, dès 1972, le baron Henri de Sancy de Rolland constitue l'Association de défense pour la valleuse de Sussette, au nom de la préservation du monde rural. Sur le plan syndical, la CFDT devient le fer de lance de la mobilisation antinucléaire tandis que les autres syndicats, CGT en tête, défendent la politique énergétique pronucléaire.

Si Pierre Messmer est bien le Premier ministre qui, en mai 1973 puis en mars 1974, accroît les investissements et opère le tournant

---

1. Alexis Vrignon, *La Naissance de l'écologie politique en France. Une nébuleuse au cœur des années 68*, Rennes, PUR, 2017.
2. Andrew S. Tompkins, *Better Active than Radioactive! Anti-Nuclear Protest in 1970s France and West Germany*, Oxford, Oxford University Press, 2016.

vers un nucléaire de masse, il ne peut prendre ces décisions que parce que François-Xavier Ortoli, en particulier, a engagé la substitution du nucléaire au pétrole dès 1970. L'année 1971 est notamment considérée par les médias comme un « choc pétrolier » en raison des accords de Téhéran et de Tripoli de l'Organisation des pays exportateurs de pétrole (Opep). Créée en 1960, l'Opep a son siège à Vienne. Dix ans plus tard, la demande de pétrole, en particulier européenne, est sans cesse croissante et excède même l'offre. Avec 85 % de la production mondiale, l'Opep définit un programme de renégociation avec les compagnies pétrolières, conduisant à une augmentation de la fiscalité et des prix, d'abord limité au pétrole du golfe Persique (accords de Téhéran du 14 février 1971), puis également négocié avec la Libye (accords de Tripoli du 2 avril 1971). À ces négociations entre compagnies pétrolières et États producteurs s'ajoute, pour la France, l'achèvement de la nationalisation du pétrole algérien. En effet, depuis l'indépendance de 1962, la Compagnie française des pétroles avait continué à opérer en Algérie, en particulier à Hassi Messaoud. À partir de novembre 1969, des négociations entre la France et l'Algérie sont menées pour réviser les conventions de fourniture de pétrole algérien à la France. Devant l'incompatibilité des positions des deux pays, l'Algérie décide une augmentation unilatérale des prix et Georges Pompidou désigne François-Xavier Ortoli pour reprendre les négociations[1]. Dans le contexte international de durcissement des relations entre l'Opep et les compagnies pétrolières, la France refuse finalement les demandes algériennes. Le 24 février 1971, le président Houari Boumediene annonce la nationalisation complète du pétrole algérien et la prise de 51 % des concessions accordées aux sociétés françaises. Après quelques mois d'hésitation, la Compagnie française des pétroles, contrairement à l'avis du ministre des Affaires étrangères Maurice Schumann, choisit de poursuivre ses coopérations techniques avec la société algérienne Sonatrach en échange de la fourniture de pétrole[2]. En d'autres termes, dans un dossier aussi sensible, économiquement et politiquement, que

1. Éric Bussière, « François-Xavier Ortoli et les négociations pétrolières franco-algériennes, 1970-1971 », *in* Alain Beltran, Éric Bussière, Giuliano Garavini (dir.), *L'Europe et la question énergétique. Les années 1960-1980*, Bruxelles, PIE-Peter Lang, 2016, p. 161-172.

2. Radouan Mounecif, *Chercheurs d'or noir : les pétroliers français entre le Sahara et le monde (1924-2003). Hommes, savoirs et représentation*, thèse de doctorat, sous la direction de Pascal Griset, Sorbonne université, 2021.

celui des relations franco-algériennes, les intérêts nationaux ne sont pas portés seulement par les ministères mais également par la compagnie pétrolière. Ce sont bien ces incertitudes et tensions sur le pétrole, tant au niveau des garanties d'approvisionnement que des prix, qui justifient pour le président comme pour ses conseillers et ministres l'investissement croissant dans le nucléaire.

Face aux perturbations économiques internationales

À l'européanisation croissante et volontariste de l'industrie française correspond un ensemble de déséquilibres économiques internationaux pour lesquels la perspective européenne ne constitue pas nécessairement une planche de salut. Ainsi en va-t-il des désordres monétaires liés à la fin du système de Bretton Woods, instauré au lendemain de la Seconde Guerre mondiale autour de la suprématie du dollar. Les raisons de la décision du président Richard Nixon de suspendre la convertibilité en or du dollar sont bien connues. Pour la première fois depuis 1893, les États-Unis connaissent un déficit commercial en 1971 et le printemps 1971 voit un départ massif de capitaux vers l'Europe et, dans une moindre mesure, le Japon. La surévaluation du dollar conduit la RFA à suspendre la cotation du dollar. Le 15 août 1971, Richard Nixon annonce donc la fin de la convertibilité du dollar, permettant une dévaluation de fait du dollar par rapport au yen et au Deutsche Mark. Mais il annonce également une surtaxe de 10 % sur les importations[1].

Un conseil restreint est convoqué et spécialement consacré à la nouvelle donne monétaire le 18 août 1971. La fluctuation des monnaies est inévitable et les intérêts commerciaux et financiers américains clairement préférés à la stabilité mondiale. Pour la France, la situation est d'autant plus inconfortable que les attitudes européennes varient considérablement d'un pays à l'autre. S'écartant de la stratégie du général de Gaulle, Georges Pompidou, Valéry Giscard d'Estaing et Jean-René Bernard, le conseiller économique pour les affaires européennes de l'Élysée, cherchent à

1. Luciano Segreto, « États-Unis, Europe et crise du système monétaire international (1968-1973). Vers le flottement général des monnaies », *in* Éric Bussière (dir.), *Georges Pompidou face à la mutation économique de l'Occident, 1969-1974*, Paris, PUF, 2003, p. 9-45.

se rapprocher de l'Allemagne en acceptant des changes variables sous certaines conditions. Sans parvenir à une position européenne commune, la France cherche à établir un nouveau système monétaire international où la fluctuation des monnaies est limitée. Ces principes sont adoptés lors de la rencontre des 3-4 décembre 1971 entre le président français et le chancelier allemand Willy Brandt. Dix jours plus tard, lors de la rencontre des Açores entre Georges Pompidou et Richard Nixon, les 13 et 14 décembre 1971, le président français et Michel Jobert, qui l'accompagne, croient bien être parvenus à cet objectif de stabilité par le rétablissement de parités fixes. Le communiqué commun mentionne en effet l'objectif d'un « réalignement rapide des parités ». De fait, le 18 décembre, au Smithsonian Institute de Washington, des accords entérinent ces dispositifs (dévaluation du dollar de 7,9 %, fluctuation de 2,5 % des monnaies[1]). Mais les États-Unis n'acceptent pas d'investir pour soutenir, dans la durée, ce nouveau système.

Dès lors, c'est bien par le biais d'une coopération européenne que les monnaies européennes peuvent retrouver une stabilité et surtout ne pas dépendre uniquement du dollar américain. Le conseil européen du 21 mars 1972 met ainsi en place un « serpent monétaire européen » qui encadre la variation des différentes monnaies. Les banques centrales doivent intervenir pour réguler les différentes monnaies. Porté par le Luxembourgeois Pierre Werner, ce système entend réaliser l'équilibre des positions française et allemande. En pratique, et malgré l'intégration des monnaies irlandaise, danoise et britannique, le système monétaire européen (SME) reste incapable de garantir la stabilité relative des différentes monnaies européennes. La spéculation et le coût des interventions des banques centrales conduisent la livre sterling à se retirer dès juin 1972, suivie par la livre irlandaise, la couronne danoise et finalement la lire italienne en janvier 1973. Les nouvelles dévaluations du dollar en février puis mars 1973 affaiblissent encore davantage le dispositif et, en janvier 1974, le franc français quitte à son tour le serpent monétaire

1. Éric Bussière (dir.), « Georges Pompidou et la crise du système monétaire international : intérêt national, solidarité européenne et enjeux internationaux », in *Georges Pompidou face à la mutation économique de l'Occident, 1969-1974*, *op. cit.*, p. 69-106 ; Robert Frank, « Georges Pompidou, le franc et l'Europe, 1969-1974 », *in* Jean-René Bernard, François Caron, Maurice Vaïsse, Michel Woimant (dir.), *Georges Pompidou et l'Europe. Actes du colloque organisé par l'Association Georges Pompidou en novembre 1993*, Bruxelles, Complexe, 1995, p. 342-344.

européen pour quelques mois. Parallèlement, l'idée d'une véritable union économique et monétaire est avancée de façon de plus en plus pressante, comme solution pour retrouver une stabilité et pour consolider les économies européennes face au dollar.

Avec la fin du système de Bretton Woods, les responsables politiques, dont Georges Pompidou, se retrouvent donc en première ligne dans les négociations monétaires internationales. Si le franc français bénéficie d'une réputation flatteuse, notamment par rapport aux monnaies italienne et britannique, certaines fragilités de l'économie nationale le placent nettement en retrait par rapport à la monnaie allemande. Parmi ces fragilités, l'augmentation de l'inflation dans les années 1970 a des effets sur la solidité de la monnaie et sur le pouvoir d'achat des ménages. Alors que l'augmentation des prix était inférieure à 3 % par an entre 1965 et 1967, elle dépasse les 5 % durant tout le mandat de Georges Pompidou, atteignant même 9,2 % en 1973 avant de passer à deux chiffres l'année suivante. Ceci s'explique en partie par les conséquences économiques des accords de Grenelle de 1968 et par le renchérissement de l'énergie, mais également par une croissance économique de plus en plus portée par l'ouverture commerciale et donc les importations. Un équilibre entre maîtrise de l'inflation et croissance de la consommation est obtenu par tâtonnements durant trois ans mais les tendances inflationnistes augmentent à la fin de l'année 1972, un an avant le choc pétrolier. Valéry Giscard d'Estaing, rue de Rivoli, propose alors en décembre 1972 « une nouvelle dimension de la lutte contre l'inflation » par l'émission d'un emprunt de 7 milliards de francs, pour compenser une baisse de la TVA de 23 à 20 % sur les produits industriels et les services et de 7,5 à 7 % sur les produits alimentaires[1]. À ceci s'ajoute le blocage des tarifs publics pendant trois mois et la volonté de limiter la hausse du pouvoir d'achat à près de 3 %. Cet emprunt s'inscrit d'ailleurs dans une nouvelle étape de régulation financière puisque la loi du 3 janvier 1973, dite « loi sur la Banque de France », renforce les contrôles sur les avances au Trésor. Comme l'ont bien étudié Éric Monnet et Vincent Duchaussoy[2], cette loi ne livre pas

1. Michel-Pierre Chélini, Laurent Warlouzet (dir.), *Calmer les prix. L'inflation en Europe dans les années 1970*, Paris, Presses de Sciences-Po, 2017.

2. Éric Monnet, *Central Banking and the Planned Economy in Postwar France, 1948-1973*, Cambridge, CUP, 2018 ; Vincent Duchaussoy, *Histoire*

les finances publiques aux marchés financiers mais entérine des pratiques telles que l'interdiction du financement à court terme direct. La convention du 17 septembre 1973 fixe à 20,5 milliards de francs le plafond des apports en trésorerie de la Banque de France, dont la moitié à titre gratuit. Au-delà de ce plafond, l'État a recours aux marchés financiers.

Le retour d'une inflation élevée pose naturellement la question du pouvoir d'achat et de l'augmentation des salaires. L'une des principales mesures de Jacques Chaban-Delmas, annoncée lors de son discours de politique générale du 16 septembre 1969, est « l'adoption d'un nouveau régime concerté pour le Smig ». Le Smig, créé en 1950, était en effet indexé sur l'inflation et assurait ainsi un maintien du pouvoir d'achat pour les personnes touchant ce salaire minimum. Or, au cours des deux décennies, la croissance économique avait permis une augmentation du pouvoir d'achat dont ne bénéficiaient pas automatiquement les salaires les plus faibles. En instaurant le Smic par le décret du 2 janvier 1970, Jacques Chaban-Delmas entend favoriser la consommation des ménages les plus modestes. Le Smic est ainsi automatiquement revalorisé de la moitié de l'augmentation du pouvoir d'achat de la moyenne des salaires ouvriers. L'augmentation du pouvoir d'achat des ménages demeure élevée entre 1970 et 1973 avec respectivement 7,3 % en 1970, 5,4 % en 1971, 5,6 % en 1972 et 5,9 % en 1973. Le mécanisme du Smic semble donc pertinent. En revanche, avec l'augmentation de l'inflation en 1973 et la hausse contenue des salaires, cette croissance n'est plus que de 3,2 % en 1974. Lors de sa conférence de presse du 21 septembre 1972, Georges Pompidou évoque le sujet, soulignant l'impossibilité de « faire de la France une oasis de stabilité dans un monde qui est en inflation » et préconisant une action en profondeur pour ralentir l'augmentation de la masse monétaire. Concernant le pouvoir d'achat, Georges Pompidou poursuit en mettant en avant les retraités, les handicapés, les veuves et les femmes seules qui n'ont pas les moyens de revendication des salariés. Le rôle de l'État est bien ici d'assurer une cohésion sociale ne se limitant pas au monde du travail.

Mais c'est à une redéfinition de la place du travail que s'attelle le Premier ministre à partir de 1969. Les formules fortes de son

---

de l'organisation et de la gouvernance de la Banque de France (1936-1993) : la création d'une institution de marché ?, thèse de doctorat, sous la direction d'Olivier Feiertag, université de Rouen, 2013.

discours de septembre 1969, dénonçant « l'archaïsme et le conservatisme » des structures sociales, justifient des mesures dans le domaine de la formation professionnelle mais également dans le cadre du travail. Avec Joseph Fontanet, ministre du Travail, de l'Emploi et de la Population, auquel est associé Philippe Dechartre comme secrétaire d'État jusqu'en mai 1972, plusieurs dispositifs majeurs sont installés, présentés comme autant d'adaptations à une société moderne. La loi du 16 mai 1969 qui avait instauré la quatrième semaine de congés payés est appliquée. La mensualisation des salaires, annoncée en 1969 et promesse de campagne de Georges Pompidou, fait l'objet d'un accord entre les syndicats et le CNPF le 20 avril 1970 et est généralisée en 1973. Cette mesure évite les variations liées au nombre de jours effectivement travaillés mais elle contribue surtout à aligner progressivement les salaires horaires sur les rémunérations mensuelles[1]. Dans le domaine juridique, la loi du 13 juillet 1971 reconnaît l'existence d'un « droit des travailleurs à la négociation collective », et non plus seulement aux conventions collectives, tandis que celles du 16 juillet 1971, largement conçues par Jacques Delors, donnent naissance à un « droit à la formation ». La loi du 22 décembre 1972 réaffirme l'égalité de rémunération entre les hommes et les femmes. Tout ceci conduit à l'élaboration d'un nouveau Code du travail, officiellement promulgué le 2 janvier 1973, qui remplace le texte de 1927. Dans le même sens, la loi du 13 juillet 1973 sur le licenciement individuel, portée par Georges Gorse qui a succédé à Joseph Fontanet, institue une procédure de licenciement avec un entretien préalable et impose la justification par une « cause réelle et sérieuse », mettant fin, en droit, aux licenciements discrétionnaires.

Au-delà de leurs effets sur le pouvoir d'achat, les structures commerçantes poursuivent une mutation rapide marquée par l'implantation massive de la grande distribution. Alors que l'on compte 1 453 supermarchés en France en 1969, ils sont 2 574 à la fin du mandat de Georges Pompidou. Les hypermarchés, apparus en 1963 à Sainte-Geneviève-des-Bois, passent de 76 à 257 sur la même période[2]. Plébiscités pour la baisse des prix qu'ils apportent,

1. Boris Dänzer-Kantof, Véronique Lefebvre, Félix Torres, avec le concours de Michel Lucas, *Un siècle de réformes sociales. Une histoire du ministère du Travail, 1906-2006*, Paris, La Documentation française, 2006.

2. Jean-Claude Daumas, *La Révolution matérielle. Une histoire de la consommation. France XIXe-XXIe siècle*, Paris, Flammarion, 2018.

super- et hypermarchés accélèrent la fermeture de nombreux petits commerces des centres urbains. À partir de 1967, le nombre de fermetures dépasse celui des ouvertures et, selon un sondage de décembre 1969, les commerçants sont la catégorie professionnelle la plus pessimiste[1]. Le 17 février 1969, Gérard Nicoud réunit 15 000 personnes au Palais des Glaces de Grenoble et lance un mouvement qui prend une envergure nationale en juillet 1970. Il se formalise en avril 1970 sous le nom de « Cid-Unati », regroupement du Comité interprofessionnel de défense des commerçants et artisans et de l'Union nationale des travailleurs indépendants. Les actions menées, allant du saccage de perceptions fiscales jusqu'à l'enlèvement de deux policiers, assurent une médiatisation à un mouvement de plus en plus solidement ancré dans la profession. Arrêté et condamné à plusieurs reprises, Gérard Nicoud est défendu aussi bien par des groupes issus du mouvement poujadiste que par des mouvements gauchistes qui en font une icône populaire. Derrière des revendications portant sur la protection sociale des commerçants et artisans (demande d'une retraite minimale), Gérard Nicoud accumule les dénonciations de l'appareil étatique. Les succès aux élections des Chambres de métiers en novembre 1971 (43 % des sièges mis au scrutin) puis surtout aux caisses d'assurance maladie en mars 1974 (21 caisses sur 27, conduisant Gérard Nicoud à la présidence de la Caisse nationale d'assurance maladie en juillet 1974) ne laissent pas les pouvoirs publics sans réaction. La loi Royer du 27 décembre 1973 vise ainsi à préserver les commerces des centres urbains en réglementant l'implantation des grandes surfaces par l'examen d'une autorisation préalable. Toutefois, en instaurant cette procédure, la loi permet davantage de réguler la concurrence entre les enseignes de la grande distribution, concurrence particulièrement vive. Sans surprise, ces enseignes ne voient pas la loi d'un œil favorable et Édouard Leclerc en particulier mène une campagne médiatique et commerciale contre cette loi. La place de la grande distribution alimente les débats, d'autant plus que les hypermarchés utilisent l'argument de la lutte contre l'inflation. Dès 1970, Leclerc commence la vente d'essence à « prix coûtant » dans certains supermarchés de l'Ouest, ce qui

1. Sylvie Guillaume, « La place et le rôle des artisans et commerçants du Cid-Unati dans les contestations des années 1970 », *in* Gilles Richard, Jacqueline Sainclivier (dir.), *Les Partis à l'épreuve de 68. L'émergence de nouveaux clivages, 1971-1974*, Rennes, PUR, 2012.

représente une baisse de 5 centimes par rapport au prix fixé par l'administration. Si la mesure est généralisée à la fin des années 1970 seulement, elle illustre le dynamisme et l'agressivité commerciale avec lesquels doit composer le Gouvernement.

Les perturbations économiques internationales menacent également une partie de l'industrie française. Dans la logique gaulliste, la structuration d'industries nouvelles doit s'appuyer sur une politique publique permettant d'assurer une souveraineté industrielle. Commandes publiques, aides à la recherche, incitations aux regroupements sont autant de leviers pour favoriser des industries dynamiques et participant d'autant plus à la consolidation de la nation qu'elles sont présentes dans des projets européens et compétitives sur le plan mondial. En revanche, cette logique de grands projets ne répond absolument pas aux difficultés rencontrées par des industries solidement établies. L'Institut de développement industriel (IDI), créé au début de l'année 1970 en application, encore une fois, des engagements de campagne de Georges Pompidou et du programme de gouvernement de Jacques Chaban-Delmas, doit permettre le financement de la modernisation des petites et moyennes entreprises. Avec des fonds publics, l'IDI doit ainsi prendre des parts dans de petites structures, apportant les fonds propres nécessaires à l'investissement modernisateur. Rapidement ces principes d'action sont mis à l'épreuve. Non seulement l'État dote l'IDI de sommes inférieures aux prévisions, conduisant son conseil d'administration à rappeler aux ministres des Finances et de l'Industrie leurs engagements par lettre du 8 mai 1973, mais les demandes arrivant des entreprises traduisent plus souvent des sollicitations d'aides ponctuelles que des projets d'investissement.

Alors que sont sans cesse et sans équivoque rappelés les objectifs du développement industriel comme principe politique (« il n'y a pas loin du retard économique à la subordination politique », déclare ainsi Jacques Chaban-Delmas en septembre 1969), le Gouvernement est confronté à une fragilisation de pans entiers de l'industrie et au début d'une désindustrialisation. Le secteur qui capte d'abord l'attention des médias et des pouvoirs publics est celui de la sidérurgie. Le Marché commun, les accords commerciaux du GATT, les investissements des pays en voie de développement font de la sidérurgie un secteur stratégique menacé. La littoralisation des activités est la partie dynamique de la politique industrielle : la société Solmer, créée en juin 1969 par la famille de Wendel, doit construire une usine sidérurgique moderne à Fos-sur-Mer avec le soutien des pouvoirs publics. Celui-ci est acquis dès la fin de l'année 1969 et la construction de l'usine commence pour une mise en service en 1973, finalement retardée de quelques mois. Jusqu'en 1974, les difficultés s'accumulent et les indicateurs sont pratiquement tous défavorables à l'industrie française, en particulier à la sidérurgie lorraine, mais la production augmente. Parmi les indicateurs négatifs, il faut, en 1973, 11 heures de travail en France pour produire une tonne d'acier, contre 8,2 heures en Allemagne, 7,3 heures en Belgique, 7,2 heures en Italie et même 6,9 heures au Luxembourg. Par ailleurs, à cette même date, l'endettement représente 84 % du chiffre d'affaires des sociétés françaises contre seulement 23 % en Allemagne. Pourtant les fusions des entreprises réalisées depuis les années 1950 ont progressivement constitué trois groupes industriels plus solides, Wendel-Sidelor, Sollac et Sacilor, qui rencontrent toutefois de réelles difficultés de trésorerie et ne parviennent pas à développer des coopérations internationales[1]. Dans la première moitié des années 1970, c'est ainsi l'emploi en Lorraine[2] qui devient une préoccupation politique. Lors de son voyage dans l'Est de la France, du 13 au 15 avril 1972, Georges Pompidou mentionne à plusieurs reprises sa conviction que la reconversion des activités sidérurgiques doit permettre le maintien d'une industrie redevenue compétitive. À Longwy, le 13 avril, il s'interroge : « Est-ce que le minerai lorrain est encore compétitif ? Est-ce que la sidérurgie lorraine n'est pas condamnée à la récession au profit de sidérurgies lointaines fondées sur le minerai de fer d'outre-mer ? Par conséquent, ce pays, qui a été un pays non seulement de prospérité mais de puissance économique au profit de la France tout entière, est-ce que la France va le laisser dépérir ? D'autant plus que, traditionnellement confrontés avec l'Allemagne, autrefois là sur le champ de bataille, aujourd'hui dans la compétition économique, technique, culturelle, on peut se demander si nous sommes en mesure de tenir le coup et je suis ici mes amis, pour vous dire oui[3]. » À Thionville, à Hayange, pour

1. Philippe Mioche, « Georges Pompidou et la modernisation manquée de la sidérurgie française, 1969-1974 », *in* Éric Bussière (dir.), *Georges Pompidou face à la mutation économique de l'Occident, 1969-1974*, *op. cit.*, p. 297-313.
2. Pascal Raggi, *La Désindustrialisation de la Lorraine du fer*, Paris, Classiques Garnier, 2019.
3. Discours de Georges Pompidou à Longwy, 13 avril 1972.

la sidérurgie, à Saint-Dié pour l'industrie textile, à Forbach pour les mines, le président de la République réitère les engagements de l'État et insiste sur les reconversions en cours. L'effondrement de la sidérurgie lorraine intervient avec brutalité dans les mois qui suivent le décès de Georges Pompidou.

À l'inverse, d'autres secteurs sont tôt touchés par les fermetures d'usines et les licenciements. L'affaire Lip éclate ainsi en avril 1973 lorsque ouvrières et ouvriers de cette usine d'horlogerie de Besançon refusent par anticipation le plan social projeté. La culture ouvrière spécifique de l'entreprise, le poids des syndicats et en particulier de la CFDT, le rôle des ouvrières et les prolongements de Mai 68 peuvent expliquer un mouvement qui prend des formes nouvelles : blocage de l'usine, affirmation de l'autogestion par la relance de la production, manifestation gigantesque de soutien dans Besançon le 29 septembre 1973[1]. Pour Jean Charbonnel, ministre du Développement industriel, la médiation est d'abord indispensable mais celle-ci échoue. Pierre Messmer décide l'envoi des forces de l'ordre pour expulser les ouvriers de l'usine. Une fois « l'ordre rétabli », des négociations ont lieu pour que l'entreprise soit reprise par un entrepreneur[2]. Sous l'influence de l'aile gauche du CNPF, c'est finalement Claude Neuschwander, l'un des dirigeants de Publicis proche de Michel Rocard, qui devient le nouveau responsable de l'usine. La grève s'arrête ainsi au mois de mars 1974 et l'activité peut être relancée. L'exemple montre la gestion pragmatique des principaux ministres mais également des formes d'incompréhension face à ces mouvements associant critique du capitalisme et défense de l'emploi industriel. Un tel mouvement, combinant revendications ouvrières et soutien des populations, avait été médiatisé quelques mois plus tôt, en avril 1972, à Saint-Brieuc, avec la grève des ouvriers du Joint français. Si la revendication salariale est somme toute classique, le caractère hétéroclite des soutiens, allant d'artistes à l'évêque de la ville en passant par les agriculteurs de la Fédération nationale des syndicats d'exploitants agricoles (FNSEA) et le PSU,

---

1. Donald Reid, *L'Affaire Lip. 1968-1981*, Rennes, PUR, 2020.
2. Franck Georgi, « Un "conflit autogestionnaire" sous Georges Pompidou : les pouvoirs publics face à l'affaire Lip (1973-1974) », *in* Alain Beltran, Gilles Le Béguec, Jean-Pierre Williot (dir.), *Action et pensée sociales chez Georges Pompidou : actes du colloque des 21 et 22 mars 2003 au Sénat, Paris*, Paris, PUF, 2004, p. 157-176.

témoigne d'un nouveau rapport au travail industriel. Pour les pouvoirs publics, ces grèves ont des effets politiques d'abord par la médiatisation nationale qui leur est accordée. De nombreux autres conflits sociaux marquent les années 1972-1973 par leur dureté, l'implication des ouvrières, la diversité des secteurs concernés (textile, électroménager, mais également les autres industries)[1].

Nouvelles perspectives

L'entrée de Jacques Chaban-Delmas à Matignon est associée à sa volonté modernisatrice des structures étatiques. Ne limitant pas sa position politique à la critique de l'existant, le Premier ministre entend aussi engager des actions publiques dans des domaines nouveaux correspondant aux attentes de la société. Cette volonté s'inscrit bien dans une tradition gaulliste faisant de l'État un outil au service de la nation.

L'illustration parfaite des délicats compromis politiques de la « nouvelle société » se trouve dans la création du ministère de la Protection de la nature et de l'environnement, le 8 janvier 1971. L'exemple américain semble avoir influencé le président de la République ou tout du moins avoir emporté sa décision. Son voyage outre-Atlantique est l'occasion d'un discours remarqué à Chicago, le 28 février 1970, lors duquel il évoque la nature comme « un cadre précieux et fragile qu'il importe de protéger pour que la Terre demeure habitable à l'homme ». Sa vision s'inscrit néanmoins dans la perspective plus globale d'une modernité agricole plus que dans les enjeux spécifiquement sanitaires de l'environnement[2]. Le ministère n'est pas une transposition du Department of the Environment britannique (octobre 1970) ni de l'Environmental Protection Agency américaine (décembre 1970). Alors qu'au Royaume-Uni Edward Heath fait le choix de regrouper travaux publics, transport et logement dans une même administration, et qu'aux États-Unis c'est le modèle de l'agence indépendante du Gouvernement qui est adopté, la France se singularise par la création d'un ministère nouveau mais aux moyens limités. Ce ministère s'appuie sur la direction générale de la Protection de la nature,

1. Xavier Vigna, *L'Insubordination ouvrière dans les années 68. Essai d'histoire politique des usines*, Rennes, PUR, 2007.

2. Gilbert Noël, Émilie Willaert (dir.), *Georges Pompidou, une certaine idée de la modernité agricole et rurale*, Bruxelles, PIE-Peter Lang, 2007, p. 259-277.

créée au sein du ministère de l'Agriculture en février 1970. Celle-ci était elle-même le regroupement des services antérieurement chargés de la pollution de l'eau et du suivi des parcs nationaux.

Cette institutionnalisation est aussi le prolongement des « cent mesures » proposées par Louis Armand en 1970, dans un rapport réalisé à la demande du Premier ministre Jacques Chaban-Delmas. Le texte est intéressant dans son élaboration. D'après Robert Poujade en effet, c'est Louis Armand qui demande que l'on lui confie la responsabilité d'un livre blanc sur l'environnement à l'été 1969. Mais une réflexion pour la définition d'un programme français de l'environnement était déjà en cours au sein de la Datar, en particulier avec Serge Antoine. Finalement, la lettre de mission associait l'ingénieur savoyard, engagé depuis la fin des années 1950 dans la lutte contre la pollution atmosphérique, et la nouvelle génération des aménageurs[1]. Le rapport est présenté au Conseil des ministres le 10 juin 1970 et conduit à créer un Haut Comité de l'environnement. La « nouvelle société » intègre ainsi une dimension environnementale dès son origine, à condition toutefois de ne pas empêcher le développement industriel et la croissance économique et de ne pas bénéficier de moyens supplémentaires. Dépendant directement du Premier ministre, ce « ministère de l'Impossible » comme le qualifie Robert Poujade, titulaire du poste, au sortir de son expérience[2], est en effet pris entre les bonnes intentions sans cesse réaffirmées à la tête de l'État et la faiblesse des moyens, non seulement financiers mais surtout administratifs, dont il dispose. D'envergure interministérielle afin d'introduire l'environnement dans chaque action publique, il se heurte en pratique à chacune des administrations en place, que ce soit au ministère de l'Équipement et du Logement, au ministère du Développement industriel ou au ministère de l'Économie et des Finances[3]. Le décret du 27 mars 1973 lui donne un peu plus de poids en créant, à partir de services du ministère du Développement industriel, la direction de la Prévention des pollutions et nuisances. D'autres ministères, tel celui de la Santé, développent également des actions consacrées à l'environnement. Dans les

---

1. « Aux sources de la création du ministère de l'Environnement : des années 1950 à 1971 », *Pour mémoire*, numéro hors-série, printemps 2013.

2. Robert Poujade, *Le Ministère de l'impossible*, Paris, Calmann-Lévy, 1975.

3. Florian Charvolin, *L'Invention de l'environnement en France. Chroniques anthropologiques d'une institutionnalisation*, Paris, La Découverte, 2003.

médias, les effets de la dégradation de l'environnement sur les espaces de vie sont régulièrement évoqués, dans la lignée de la « Journée de la Terre » organisée avec succès aux États-Unis le 22 avril 1970. À l'image de l'émission télévisée *La France défigurée*, diffusée de 1971 à 1977, l'environnement devient un objet politique et médiatique. Présentée par Louis Bériot et Michel Péricard, l'émission est mensuelle la première année puis hebdomadaire, passant à cette occasion de la seconde à la première chaîne publique. Dans l'émission, la prise en compte de l'enjeu environnemental est bien plus une amélioration du cadre de vie qu'une revendication d'ordre politique. L'environnement ne doit pas être un obstacle au progrès industriel : l'émission invite Robert Poujade à neuf reprises et diffuse les propos du président de la République à l'occasion de la Semaine internationale de l'environnement à la Porte de Versailles en juin 1972[1]. Par la défense des paysages ruraux comme urbains, par la lutte contre les décharges sauvages, par la dénonciation de la pollution atmosphérique et de la pollution de l'eau, cette émission reprend tous les thèmes privilégiés du ministère de l'Environnement, laissant de côté les engagements politiques et certaines analyses pourtant médiatisées sur la finitude des ressources. En effet, alors que le thème de l'environnement pouvait paraître consensuel en 1971 et de nature à atténuer les fractures politiques avec une partie de la jeunesse française, les années 1972 et 1973 sont marquées par l'émergence d'une écologie plus radicale. La publication du rapport du Club de Rome en 1972, *Halte à la croissance ?*, est un véritable best-seller et symbolise cette idée que la croissance économique ne peut être infinie en raison de l'épuisement rapide des ressources. Rédigé par Dennis Meadows, professeur au MIT, ce rapport se veut une réflexion globale sur l'avenir de la planète.

Parallèlement, la formulation d'une aspiration au bonheur et non plus à la richesse matérielle est illustrée par les propositions de Sicco Mansholt, éphémère président de la Commission européenne en 1972, suggérant la mise en place d'un indicateur du bonheur national brut en lieu et place du produit national brut. Le texte qu'il rédige en février 1972 invite l'Europe à mettre en place une politique de limitation des gaspillages par l'extension de la durée de vie des biens matériels, de réduction de la consommation des

1. Thibault Le Hégarat, « La France défigurée, première émission d'écologie à la télévision », *Le Temps des médias*, n° 25, février 2015, p. 200-213.

matières premières et de l'énergie, de mise en place d'une économie du recyclage par une exemption de la TVA. Qu'au plus haut niveau de l'exécutif européen soit formulé un objectif de réduction de la consommation venait en contradiction avec la ligne politique nationale. Le 18 juillet 1972, l'émission télévisée *À armes égales* voit ainsi s'affronter le président néerlandais de la Commission européenne Sicco Mansholt et le vice-président du CNPF Ambroise Roux autour de la question : « Faut-il avoir peur de la croissance économique ? » Concilier protection de l'environnement et croissance industrielle définit ainsi l'action publique dans le domaine environnemental.

La même recherche de compromis est perceptible dans la modernisation du rôle économique de l'État. Le VIe Plan, pour la période 1971-1975, est bel et bien élaboré par un travail en commissions et présenté par le ministre André Bettencourt et le commissaire général René Montjoie en 1970. Centré sur la croissance, le plan est rapidement remis en cause par les difficultés commerciales, monétaires et industrielles tandis que le choc pétrolier impose un nouveau contexte à la planification. Toutefois, l'action modernisatrice passe de moins en moins par le plan et privilégie les négociations directes. Avec les entreprises publiques, l'instauration des « contrats de progrès » dès 1969 correspond à la définition d'un cadre de la politique sociale sur plusieurs années. Charbonnages de France, SNCF, Air France, EDF bénéficient, par ces contrats, d'une plus large autonomie. Concrètement, les négociations salariales peuvent désormais être menées directement entre les syndicats et les dirigeants des entreprises publiques. De même, la loi du 21 janvier 1970 prévoit la distribution d'actions de la régie Renault au personnel. Dans d'autres entreprises publiques (RATP, SNCF, EDF, CEA), des accords conduisent à une réduction substantielle du temps de travail. Au final ces mesures ne sont pas tant une réforme de l'État qu'une adaptation de ses outils à une économie ouverte, *de facto* plus libérale. Des mesures identiques doivent être également appliquées dans les entreprises privées, le CNPF y apportant généralement son soutien. Les relations entre pouvoirs publics et intérêts privés sont de plus en plus suivies par les médias et font l'objet de rumeurs récurrentes, à l'instar des relations supposées entre Georges Pompidou et Ambroise Roux. Certains scandales, telle l'affaire Aranda qui éclate en septembre 1972 lorsqu'un ancien membre du cabinet d'Albin Chalandon évoque la corruption dans le secteur de l'immobilier, ternissent durablement l'image du pouvoir. Dénoncée par la gauche comme par les mouvements d'extrême droite, la collusion du pouvoir et de l'argent alimente la presse écrite et nuance la perception qu'a l'opinion publique des réalisations économiques et industrielles des gouvernements.

George Pompidou et l'environnement

Olivier Sibre

Pour illustrer l'attachement de Georges Pompidou à la « nature », on peut rappeler sa lettre à Jacques Chaban-Delmas du 17 juillet 1971, dénonçant les arbres qu'on abat le long des routes françaises. Autre épisode significatif : la première chasse à Chambord, lorsque Pierre Juillet fait connaître à Christian Delaballe, directeur général de l'Office national des forêts de 1965 à 1974, « la surprise du président d'avoir vu des chênes marqués, et par conséquent, condamnés ». « Le président, explique Juillet, entend bien qu'il ne soit pas touché à ces chênes qui sont encore beaux à voir et ont encore de longues années devant eux. Il m'a chargé de vous le dire. » Christian Delaballe soulève le paradoxe pompidolien des routes, des tours, et finalement des arbres :

> C'était un conservateur au sens le plus honorable, le plus respectable du terme. L'homme qui se sera accommodé du gigantisme urbain, des tours de la Défense, décidées, il est vrai, avant qu'il ne soit au pouvoir, mais qu'il laissait se multiplier, du Front de Seine, de Fos..., ne concevait pas que l'on puisse modifier, même pour des raisons valables, son paysage familier, celui de ses souvenirs, celui de sa culture[1].

Et Georges Pompidou tient à ce point aux arbres qu'il écrit encore le 24 octobre 1972 à Olivier Guichard, ministre de l'Aménagement du territoire, de l'Équipement et des Transports :

> Je renouvelle d'autre part les instructions que j'avais données à votre Premier ministre sur les arbres en particulier le long des routes nationales. Leur suppression, leur massacre par tronçonneuse [...] constituent une des occupations favorites des ingénieurs des ponts et chaussées. Monsieur Chalandon avait, à ma demande, donné des instructions qui n'ont été me semble-t-il que partiellement exécutées [...][2].

---

1. AN, 555AP/13, article de presse, Christian Delaballe, « Pompidou, ami des arbres », Office national des forêts.

2. *Ibid.* Note de Georges Pompidou, « Pour Messieurs Guichard et Duhamel », 24 octobre 1972.

« L'environnement », ce mot médiéval, passé outre-Manche, et finalement revenu en France au début des années 1960, trouve un écho personnel chez Georges Pompidou, dans ses racines familiales cantaliennes, comme espace vécu, une part de lui-même tant sur le plan symbolique qu'affectif, à l'image de l'une de ses villégiatures, Cajarc. Michel Woimant, conseiller technique en charge de l'agriculture, de l'urbanisme et du logement, résume simplement les choses, à l'occasion du quarantième anniversaire du ministère de l'Environnement en 2011[1] : Georges Pompidou est un homme qui a été formé dans le Cantal et dans la ville d'Albi, il est très attaché aux arbres des routes du Sud-Ouest. C'est donc aussi une expérience individuelle de l'automobile, une de ses passions, dont la Porsche est l'archétype. Pour Michel Woimant, c'est à partir de cet espace vécu, à partir de ses origines que Georges Pompidou s'est forgé une « doctrine de la protection de la nature », une « pensée », et une « ligne de conduite très ferme ».

Les quelques mots prononcés par Georges Pompidou à l'hôtel *Palmer House* de Chicago lors du dîner organisé par l'Alliance française et le Chicago Council on Foreign Relations le 28 février 1970 font partie de ses discours les plus inspirés, rédigés de sa propre main. Robert Poujade, nommé à la tête du premier ministère de l'Environnement le 7 janvier 1971, affirme qu'ils constituent « les bases de la politique française de l'environnement ».

Le couple présidentiel, chahuté à son arrivée à l'hôtel par des opposants à la politique française au Proche-Orient, faillit quitter les États-Unis. D'autant plus que le maire de Chicago, Richard Joseph Daley (1955-1976), refuse finalement d'assister au dîner[2].

Dans ce contexte difficile et en quelques mots, Georges Pompidou embrasse toutes les perspectives. Il donne une dimension philosophique à « l'environnement », fondant une sorte d'humanisme en utilisant d'abord le concept de nature. Comme l'écrit Robert Poujade, « dans la conscience de Georges Pompidou, il s'agissait d'une recherche à travers les contradictions des sociétés et des civilisations modernes » :

> L'emprise de l'homme sur la nature est devenue telle qu'elle comporte le risque de destruction de la nature elle-même. [...] La nature nous apparaît de moins en moins comme la puissance redoutable que l'homme du début de ce siècle s'acharnait encore à maîtriser mais comme un cadre précieux et fragile qu'il importe de protéger pour que la terre demeure habitable pour l'homme[3].

1. Michel Woimant (témoignage), « Actes de la journée : les 40 ans du ministère de l'Environnement. "Aux sources de la création du ministère de l'Environnement : des années 1950 à 1971" », *Revue du ministère de l'Écologie, du Développement durable et de l'Énergie*, numéro hors-série, printemps 2013, p. 92-94.

2. Pour tout le contexte de discours, voir Éric Roussel, « Un voyage mouvement », *in* Éric Roussel, *Georges Pompidou*, Paris, Jean-Claude Lattès, 1984, p. 349-367.

3. Georges Pompidou, *Discours de Chicago. La crise des civilisations, Textes choisis*, n° 2, Paris, Institut Georges-Pompidou, 2016.

L'analyse de l'interaction entre l'homme et la nature conduit Georges Pompidou à une éthique individuelle et collective pour préserver « l'environnement » qui remplace progressivement la « nature » dans son propos, une « morale de l'environnement imposant à l'État, aux collectivités, aux individus, le respect de quelques règles élémentaires faute desquelles le monde deviendrait irrespirable ».

Dans la capitale de la Rust Belt, il attaque frontalement le mythe du progrès linéaire en déconstruisant le rêve américain, cette promesse du bonheur matériel et sa croissance perpétuelle dont la parfaite traduction serait l'urbanisation incontrôlée. L'homme est amené à remettre en question la croyance à un progrès linéaire selon laquelle « chaque succès de la découverte s'ajouterait aux précédents dans une chaîne continue conduisant au bonheur ».

Bien sûr, cette condamnation du progrès comme le discours sur le déclin de la civilisation ne sont pas nouveaux. Mais l'interprète récurrent de la crise de 68, crise de civilisation et d'une jeunesse qui ne pourrait se satisfaire longtemps de la seule société de consommation, analysée comme une civilisation matérielle et technique – ce que notait déjà le général de Gaulle –, va beaucoup plus loin pour énoncer les termes de la catastrophe depuis le hublot de la mission Apollo 11 :

> Enrobée de vapeurs, parée des couleurs impressionnistes, la Terre nous est apparue comme un îlot perdu au milieu de l'immensité, mais dont nous savons qu'il est doté de ce privilège fragile et peut-être unique qu'est la vie. Quelle vision mieux que celle-là, étrange et pourtant familière, pourrait nous donner conscience de la précarité de notre univers terrestre et des devoirs de solidarité qu'implique la sauvegarde de la maison des hommes[1] ?

Et c'est en posant le problème à Chicago, à l'échelle de préoccupations mondiales, que Georges Pompidou est certainement le plus entendu. Le 28 mai 1971, Robert Poujade écrit dans une note au président de la République :

> Les déclarations de Chicago sur la « morale de l'environnement » ont eu à l'étranger un retentissement considérable qu'on mesure mal en France. J'ai retrouvé spontanément cette expression dans la bouche du haut conseiller du président Nixon pour l'Environnement, M. Train, des ministres responsables de l'Environnement de l'Italie et du Mexique, de MM. Ruete, Soames, et Watson pour ne citer qu'eux... Le discours de Chicago a eu de profonds échos en Amérique latine, au Japon, etc. On y voit une affirmation actuelle de la vocation constante de la France à répandre des valeurs de civilisation[2].

1. *Ibid.*
2. AN, AG/5 (2)/295, Robert Poujade, « Note à l'attention de Monsieur le Président de la République. 28 mai 1971 ».

Quelques mois plus tard, le 6 juin 1970, le Gouvernement lance les débats sur l'environnement avec la présentation en conseil des ministres, par André Bettencourt, ministre de l'Industrie, de « cent mesures pour l'environnement ». Douze ministères et deux secrétaires d'État participent à l'élaboration de ces mesures, sous l'impulsion du ministre chargé du Plan et de l'Aménagement du territoire. Par décret du 10 avril 1970, la direction générale de la Protection de la nature est chargée des questions concernant les parcs nationaux, les parcs naturels régionaux, les réserves naturelles, la protection de la faune, l'organisation et la réglementation de la chasse et de la pêche, les haras, les forêts. Au ministère de l'Industrie, la direction des Mines, par décret du 12 mai 1970, devient la direction de la Technologie, de l'Environnement industriel et des Mines : prévention des nuisances, problèmes de pollution, réglementation des installations « classées » et questions de l'eau. Le 30 juillet 1970 est créé le Haut Comité de l'environnement, dont le délégué à l'Aménagement du territoire, Jérôme Monod, est nommé président, assisté d'un secrétaire général, Serge Antoine. Le nombre de fonctionnaires mis à sa disposition, une demi-douzaine, reste faible au regard de l'ampleur de la tâche. Enfin, le décret du 2 février 1971 porte sur les attributions du nouveau ministère chargé de l'Environnement. Robert Poujade est le choix personnel du président et « le ministère de l'Environnement naquit clairement de la réflexion et de la volonté de Georges Pompidou[1] », à tel point que d'aucuns y voient un pas de plus vers le « régime présidentiel ». Il rencontre pourtant de grandes difficultés à arracher des compétences aux différents ministères comme il en témoigne dans son ouvrage publié en 1975, *Le Ministère de l'impossible* :

> Georges Pompidou m'expliqua ma mission singulière avec un mélange d'indulgence amicale, de scepticisme qui dosait la confiance, et de cynisme où s'abritait la sincérité. [...] Georges Pompidou ne m'encombra ni de conseils, ni d'orientations : apprendre aux Français à respecter la nature, empêcher de couper des arbres, protéger les paysages. Il en revenait toujours à ces thèmes. Au fil des années, quand l'action du ministère se développa, quand nous ramassâmes ici et là des morceaux de pouvoir, il constata avec un peu d'étonnement cet impérialisme[2].

Quelles que soient les intentions « écologiques » de Georges Pompidou, en tant que président de la République, il est d'abord garant de la puissance française, du maintien de son rang selon l'expression gaullienne. Et cela passe par la puissance économique et au cœur de la croissance par une politique industrielle totale et offensive lancée dans la « guerre économique ».

Or, le successeur du général de Gaulle a toujours défendu, et Chicago semble faire exception, la compatibilité entre la

1. Robert Poujade, *Le Ministère de l'impossible*, *op. cit.*, p. 217.
2. *Ibid.*, p. 26 et *sq*.

croissance économique – c'est plutôt dans ce sens qu'il faut souvent comprendre le mot « progrès » dans ses autres prises de parole publiques – et la protection de l'environnement. Dès lors, on peut se demander si la prédication pompidolienne de Chicago ne s'adresse pas d'abord aux Américains.

En effet, Georges Pompidou n'est pas dupe d'une stratégie des normes environnementales de Washington – et des inégalités de développement, qui le préoccupent également, et de façon générale la déshumanisation par une pollution de l'air, de l'eau, et l'urbanisation galopante. Il propose donc une diplomatie de l'environnement que servirait la France, intermédiaire au service de la cause entre les puissances industrielles mais aussi les pays en voie de développement, pour établir des réglementations justes. Robert Poujade écrit dans une note du 28 mai 1971 au président de la République :

> [...] l'effort américain pour l'environnement s'inscrit dans des perspectives préoccupantes. Il tient compte des campagnes très vives menées aux États-Unis en faveur de la qualité de la vie, et s'inspire de la volonté de favoriser l'expansion commerciale américaine par la définition de normes en matière de nuisances correspondant à l'état d'avancement des technologies américaines. Cette volonté risque de se manifester lors des travaux de la conférence de Stockholm en 1972. [...] Le danger de voir la diplomatie américaine utiliser l'environnement comme un outil de conquête des marchés est grand. Cela implique de notre part une vigilance constante. [...] Notre pays, par ses traditions, pourrait en ce domaine comme dans d'autres servir d'intermédiaire[1].

La perspective de cette guerre des normes inclut bien entendu la création d'une fiscalité environnementale. La prospective des années 1960[2] reliait déjà la préservation de la biosphère et la question économique, en reprenant le principe du pollueur-payeur importé de Grande-Bretagne et des États-Unis. C'est l'idée que la destruction de l'environnement a un coût pour la croissance économique. D'abord parce que la pollution (de l'air, le bruit, l'urbanisation anarchique, etc.) augmente le niveau de stress des populations et a donc un impact psychologique sur l'homme. Il ne s'agit pas pour autant de décroissance. Bertrand de Jouvenel et ses contemporains ne veulent pas entendre parler de malthusianisme. Mais il est entendu qu'environnement et économie sont liés. Georges Pompidou va dans le même sens : on ne peut arrêter le progrès, et donc la croissance industrielle, et ce peut être compatible avec la préservation de

1. AG/5 (2)/295, Robert Poujade, « Note à l'attention de Monsieur le Président de la République ».

2. Olivier Dard, « Penser l'environnement et son futur durant les années 1960 », *in* Michel Woimant (témoignage), « Actes de la journée : les 40 ans du ministère de l'Environnement. “Aux sources de la création du ministère de l'Environnement : des années 1950 à 1971” », art. cit., p. 25-29.

l'environnement. On doit donc situer les jalons de la pensée pompidolienne de l'environnement au croisement effectif ou théorique d'un parcours personnel depuis le Cantal, l'expertise des milieux scientifiques, la prospective de la technostructure et l'action publique. Le principal défi est la traduction réglementaire, en particulier fiscale, d'une politique de l'environnement, comme le soulignent deux notes[1] de Bernard Esambert, conseiller scientifique et industriel de Georges Pompidou, à Michel Woimant, sur les contours et l'impact d'une fiscalité environnementale sur l'industrie française, c'est-à-dire à l'échelle de la concurrence internationale, au moment où le président de la République fait de l'industrie la clé de voûte de la puissance économique française.

Par ailleurs, dès le début de la politique d'aménagement du territoire, beaucoup de travaux relevaient de ce qui a été ensuite l'environnement. Et les différents noms du ministère depuis 1971, et en particulier des secrétariats d'État, traduisent les difficultés à développer une approche globale dans les périmètres de l'action publique, sachant que Georges Pompidou a une vision transversale du ministère. Robert Poujade est en effet ministre « délégué auprès du Premier ministre », afin d'établir une nouvelle politique de l'environnement, jusqu'alors partagée entre plusieurs administrations. Par exemple, la loi sur l'eau de 1964 fut le produit d'une équipe « commando[2] » au sein de la Datar comme le souligne Robert Poujade, décrivant la « dialectique » pompidolienne de la protection de l'environnement et du « progrès scientifique, technique et matériel » :

> Georges Pompidou n'a cessé de fonder son action sur une dialectique du développement et de la qualité de la vie. [...] Le même homme qui s'inquiétait du rang difficile de l'industrie française, trop faible et pas assez concurrentielle, n'a pas cessé de s'inquiéter des risques de destruction du cadre de vie. Dans ce cadre, il s'agissait de concilier libéralisme et volontarisme. Recherche consubstantielle à la tradition gaulliste[3].

Respecter l'environnement, c'est donc intégrer l'esthétique et le bien-être dans l'espace vécu. C'est penser l'aménagement du territoire, non pas seulement comme une optimisation des économies d'échelle et des ressources à des fins de performance économique, mais comme une humanisation du quotidien. Et au cœur de cette ambition, Paris et l'agglomération parisienne. Georges

1. AN, AG/5 (2)/295.
2. Michel Woimant (témoignage), « Actes de la journée : les 40 ans du ministère de l'Environnement. "Aux sources de la création du ministère de l'Environnement : des années 1950 à 1971" », art. cit., p. 92-94.
3. François Caron, Maurice Vaïsse (dir.), *L'Aménagement du territoire, 1958-1974 : actes du colloque tenu à Dijon les 21 et 22 novembre 1996*, Paris, L'Harmattan, p. 319-321.

Pompidou explique ainsi, le 24 octobre 1972, à Olivier Guichard et à Jacques Duhamel, ministre des Affaires culturelles, que Paris et les problèmes d'environnement qui y sont liés relèvent directement du pouvoir régalien :

> Comme vous le savez les problèmes d'urbanisme parisiens et ceux d'architecture ou d'environnement qui y sont liés, qu'il s'agisse de protection des sites ou de constructions nouvelles, m'intéressent au plus haut chef [...]. Paris, capitale de la France, ne peut pas se transformer sans l'aval du chef de l'État, qui ne doit pas apprendre les décisions, positions ou initiatives, par la voie de la presse[1].

Et dans une note personnelle concernant les conditions de vie, classée sous le thème « environnement », il souligne l'importance d'une éducation à l'environnement[2].

Le procès-verbal manuscrit de Michel Woimant du conseil restreint du 2 novembre 1971 consacré à l'environnement, premier bilan de l'action du ministère depuis quelques mois et surtout premier cadrage d'une politique française de l'environnement, montre très bien que la création du ministère n'est pas simplement un « coup politique ». Georges Pompidou déclare lors de ce conseil :

> J'ajoute que la solution gagnera à être recherchée dans un cadre international et dans la coopération de toutes les nations, en particulier de toutes les nations industrielles, également préoccupées des dangers qui les menacent et soucieuses de les écarter. Vous savez que le président Nixon a pris des initiatives en ce sens. De même, la France et les États-Unis, dans leurs accords récents pour développer leur coopération scientifique et technique, ont à juste titre placé au premier rang des problèmes qui leur paraissent requérir une action commune, ceux de l'urbanisme, de la lutte contre la pollution, de l'aménagement des transports. En développant une coopération qui ne comporte bien entendu aucune exclusive, nos deux pays donneront un exemple dont je souhaite qu'il soit suivi[3].

Face au peu de relais de ces propositions sur le plan international, Georges Pompidou définit une stratégie ciblée qui met l'intérêt national au-dessus de tout, et esquisse une politique étrangère et singulièrement européenne de la France ajustée au défi environnemental. Encore une fois, la réglementation ne doit pas se faire au détriment de l'attractivité française.

1. AN, 555AP/13, note de Georges Pompidou, « Pour Messieurs Guichard et Duhamel », 24 octobre 1972.
2. 555AP/13, note manuscrite de Georges Pompidou sur l'environnement, 1970.
3. AN, 5AG2/5 (2)/63, conseil restreint sur l'environnement du 2 novembre 1971 à 15 h 30, procès-verbal rédigé par Michel Woimant.

En définitive, du discours de Chicago à une politique de puissance, Georges Pompidou s'appuie sur une « pensée de l'environnement », puisée à différentes sources, et la première, sans doute, son rapport personnel à la nature non sans contradictions. Dans ce cadre, la création d'un ministère tente de relever le défi d'une politique publique de l'environnement, avec peu de moyens financiers, mais une équipe resserrée menée par un homme de confiance, Robert Poujade, capable d'être du « poil à gratter » pour l'ensemble des ministères et des administrations concernés. La pensée et l'action de Georges Pompidou dans ce domaine posent d'emblée tous les défis et toutes les contradictions auxquels vont être confrontés ses successeurs.

« RENDRE LES FRANÇAIS HEUREUX », LA POLITIQUE CULTURELLE ET SOCIALE SOUS LA PRÉSIDENCE DE GEORGES POMPIDOU

Sabrina Tricaud

Inaugurant le nouveau bâtiment de l'Unesco à Paris, le 17 mars 1970, Georges Pompidou s'interroge :

> Qu'est-ce que la culture par rapport à une société donnée ? […] Pour les uns, les idées mèneraient le monde, pour d'autres, elles ne seraient que le reflet d'un état momentané de la société. Vous étonnerai-je si je recherche la vérité à mi-chemin de ces deux théories extrêmes ? La culture est un fait humain, inséparable des hommes qui la possèdent. Elle ne saurait donc échapper à l'influence du milieu auquel appartiennent ces hommes. Mais la pensée n'est pas un produit de consommation banal, fruit d'un organisme social donné, adapté à la demande de cet organisme. […] [La culture] est par vocation et par réaction un ferment d'évolution, voire de révolution.

La culture serait, par essence, contestataire. Georges Pompidou est un homme de culture, pétri d'humanités classiques, mais il n'est pas un révolutionnaire. La postérité retient au contraire de lui l'image d'un homme d'ordre, voire de conformisme social. La complexité de l'homme – et du chef de l'État – est pourtant tout entière contenue dans son rapport à la culture. On tend souvent à opposer l'amoureux des arts contemporains, qui conduit une politique culturelle ambitieuse, et le président qui censure l'information et est hostile à la légalisation de l'avortement. Il incarnerait ainsi une tension incompréhensible entre modernité et tradition. Cette contradiction reflète, à maints égards, les bouleversements qui traversent la société des « Trente Glorieuses ». Le rapport de Georges Pompidou à la culture, à l'art, à la littérature constitue assurément une clé de compréhension de l'homme, mais aussi de sa politique culturelle et sociale.

Un lettré au pouvoir

Ses analyses sur la société de son temps sont le produit de sa culture classique et humaniste. Georges Pompidou ne nourrit pas une vision théorique mais pragmatique de la société. Profondément libéral, il refuse le marxisme et la société communiste, comme il ne croit guère aux expériences d'autogestion. L'historienne Sylvie Guillaume évoque ainsi son « libéralisme humaniste[1] », car il dit attacher plus d'importance à l'homme qu'à la société, à la place de l'homme dans la société qu'à la forme de la société elle-même[2]. Or à travers l'art contemporain, il perçoit les contradictions, les contestations, les angoisses de son époque. L'art contemporain est l'expression de son temps, y compris de la révolte contre cette civilisation. C'est en cela qu'il séduit l'homme de culture et l'homme d'État. « Art contemporain, art par essence contradictoire, explique Georges Pompidou. Strict comme les mathématiques ou violemment lyrique, sincère jusqu'à l'impudeur ou insolent dans l'imposture, explosion de couleur et de joie ou négation de tout, y compris de lui-même, il est toujours à l'affût du lendemain. N'est-ce pas l'image de notre monde[3] ? » Aussi veut-il répondre à la « crise de civilisation » que la révolution de Mai 68 a mise en évidence. Il a pleinement conscience que la croissance, le progrès matériel, l'augmentation du niveau de vie ne peuvent résoudre le problème du sens de la vie et que la société d'abondance et

1. Sylvie Guillaume, « La philosophie générale de Georges Pompidou sur la société française et son avenir », *in* Alain Beltran, Gilles Le Béguec (dir.), *Action et pensée sociales chez Georges Pompidou : actes du colloque des 21 et 22 mars 2003 au Sénat, Paris*, Paris, PUF, 2004, p. 35.

2. Selon les termes de sa conférence de presse du 2 juillet 1970 (AN, fonds de la présidence de la République française Georges Pompidou, 5AG2/1089).

3. Déclaration de Georges Pompidou sur l'art et l'architecture, *Le Monde*, 17 octobre 1972.

de consommation n'est pas une raison d'être. Mais il rejette une vision purement individualiste du bonheur qui passerait par la satisfaction immédiate et égoïste des besoins et désirs, tout en réfutant la vision socialiste, collective, du bonheur, justement au nom de la liberté de l'individu. Dans son esprit, il ne s'agit pas de « jouir sans entrave » mais d'être heureux dans une société qui impose des limites aux aspirations individuelles. On retrouve ici l'homme de l'ordre social, y compris d'un certain ordre moral. « Si j'ai souvent médité cette phrase de Péguy, écrit-il en avril 1972 : "l'ordre et l'ordre seul fait en définitive la liberté, le désordre fait la servitude", elle m'a aussi toujours paru trop simple. Car l'ordre n'est pas une fin en soi. Ce qui peut être bon dans l'ordre est la cause qui le crée, l'assentiment et le dévouement du plus grand nombre à un but commun, et le respect d'une éthique commune dont l'aspect le plus élémentaire est un ensemble de règles sociales et morales simples[1]. » Ainsi, le but de l'action politique est, selon lui, d'humaniser la société et de rendre les Françaises et les Français heureux.

Georges Pompidou est un humaniste et un homme de l'écrit. Il commente les notes de ses collaborateurs comme un professeur corrige et annote une copie : il pense en écrivant. Ce fort en thème, normalien, lauréat de l'agrégation de lettres classiques, est féru de poésie. Il ponctue ses discours, ses conférences de presse de vers qu'il connaît par cœur depuis sa plus tendre enfance. En 1961, il publie, chez Hachette, une *Anthologie de la poésie française*. Cet amour des belles-lettres n'est pas un héritage stérile. La littérature et la poésie en particulier sont pour Georges Pompidou des propédeutiques à toute action politique. Car « toute politique implique quelque idée de l'homme ». Cette citation de Paul Valéry est plusieurs fois mentionnée par Pompidou, notamment dans *Le Nœud gordien*. Elle caractérise le lien étroit qui existe à ses yeux entre littérature et politique. La littérature a pour objet l'homme, sa nature, sa destinée. Elle donne une connaissance approfondie de ce que furent et sont les sociétés humaines, condition nécessaire à l'action politique : « Poètes et politiques doivent avoir la connaissance intuitive et profonde des hommes, de leurs sentiments, de leurs besoins, de leurs aspirations.

1. Il s'agit du paragraphe d'une lettre qu'il écrit le 24 avril 1972 et qui est cité dans la note de synthèse sur l'éducation nationale rédigée en avril 1974 après le décès du président Pompidou à la demande d'Édouard Balladur (AN, 5AG2/1169).

Mais, tandis que les poètes les traduisent avec plus ou moins de talent, les politiques cherchent à les satisfaire avec plus ou moins de bonheur[1]. » Si Georges Pompidou aime tant la poésie baudelairienne, c'est parce que l'auteur des *Fleurs du mal* a su traduire, mieux que personne, la sensibilité de l'homme moderne. Ce qu'il dit de l'œuvre baudelairienne peut pleinement s'appliquer à son lien avec l'art contemporain : il est, comme Baudelaire, « un homme qui a reçu une éducation et une formation traditionnelles… mais qui, du fait du bouleversement des connaissances et des mœurs, se trouve confronté, sans y avoir été préparé, avec un univers qui ne ressemble plus du tout à celui qu'on lui apprit[2] ». Ainsi Pompidou contemple-t-il les œuvres des artistes des « Trente Glorieuses » comme des témoignages, des traductions, des figures de son temps. Fasciné par le processus de création artistique, il cherche dans les autres arts les mêmes émotions que celles qu'il peut ressentir dans les belles-lettres. Il y trouve à la fois la vitesse, le mouvement et la violence qui caractérisent les changements sociaux des années 1960-1970. Il observe également les œuvres d'art avec sa culture classique. « Georges Pompidou, explique Jean-Louis Prat, portait le même regard sur une œuvre de Piero della Francesca et de Giacometti que sur un Soulages en voulant être sûr que cette œuvre, cette création reflète le moment dans lequel elle s'est passée. […] Il avait l'intuition que Soulages représentait justement les années 1960-1970. Mais il regardait cela avec la profondeur du temps et du passé[3]. » Dans ce regard à la fois esthétique et historique, Georges Pompidou reflète l'homme du passé et l'homme du présent. Loin de rejouer la querelle des Anciens et des Modernes, il conçoit l'action politique dans un cadre spatio-temporel qui inclut les trois dimensions de la conscience historique. Il veut épouser son siècle, et pense que « la meilleure manière de sauvegarder le passé d'un peuple c'est de construire son avenir[4] ». Il ne s'agit pas de s'affranchir du

---

1. Discours de Georges Pompidou à la Comédie-Française le 28 avril 1969, prononcé par Jacques Toja (cité *in* Élisa Capdevila, Jean-François Sirinelli, *Georges Pompidou et la culture*, Bruxelles, PIE-Peter Lang, 2011, p. 63-69).

2. Extrait de l'allocution de Georges Pompidou lors d'un colloque organisé par la faculté des lettres et sciences humaines de Nice, du 25 au 27 mai 1967. L'allocution vient clore le colloque (citée *in* Élisa Capdevila, Jean-François Sirinelli, *Georges Pompidou et la culture*, *op. cit.*, p. 39).

3. Entretien de Jean-Louis Prat par Frédéric Turpin, 21 janvier 2004 (AN, 1AV897). Jean-Louis Prat fut président de la fondation Maeght.

4. Extrait du discours prononcé par Georges Pompidou, Premier ministre, à l'Assemblée nationale le 19 mai 1965 (AN, 5AG2/1087).

passé, qui vit toujours en nous, mais de bâtir un cadre de vie au présent pour un futur meilleur tout en conservant l'héritage de nos aïeux. En ce sens, on peut dire que la culture constitue une sorte d'éthique de son action politique et sociale.

De ce fait, il ne peut exister, pour Georges Pompidou, de « nouvelle société » : il est impossible de faire table rase du passé et de créer du nouveau *ex nihilo*. La société est telle qu'elle est, fruit d'évolutions antérieures, et les politiques doivent s'en accommoder ; la réformer sans doute, mais ils ne peuvent espérer la remplacer par une autre. Cette vision de la société s'oppose à celle de Jacques Chaban-Delmas, comme l'ont souligné de nombreux collaborateurs des deux hommes[1]. Elle n'exclut cependant pas le progrès social et les changements *ad hoc*, et il serait faux de l'assimiler à un conservatisme social. De son analyse de Mai 68 comme « crise de civilisation », Georges Pompidou tire la conclusion qu'une nouvelle Renaissance doit avoir lieu. Dans son discours du 14 mai 1968 à l'Assemblée nationale ou encore dans sa conférence de presse du 13 février 1969 – alors qu'il n'est plus que simple député du Cantal – il compare la crise que traversent les sociétés occidentales à celle de l'Europe de la fin du Moyen Âge, au XVe siècle, et appelle de ses vœux une nouvelle Renaissance, « dont sortent renouvelés les principes et les règles d'une vie individuelle aussi bien que les rapports sociaux, que les rapports entre les peuples et continents, que les croyances fondamentales de l'homme et les cadres de leur expression[2] ». Le président Georges Pompidou incarne la recherche d'un juste milieu entre modernisation et ordre social, entre innovation et conservation, entre conformisme et progressisme.

Gérer les conséquences de Mai 68

Cette recherche d'un équilibre entre le passé, le présent et le futur s'inscrit dans un contexte caractérisé par la persistance d'une

1. Bernard Lachaise, « Georges Pompidou et la "Nouvelle société" », *in* Alain Beltran, Gilles Le Béguec, *Action et pensée sociales chez Georges Pompidou*, *op. cit.*, p. 61-70, ainsi que *La « Nouvelle Société » de Jacques Chaban-Delmas*, colloque du 16 septembre 2009, Paris, Economica, 2010.

2. Extraits de la conférence de Georges Pompidou au Cercle français de Genève, 13 février 1969 (AN, 5AG2/1088).

violence contestataire qui marque profondément les années postérieures à 1968, et qui n'est pas propre à la France[1]. Si le président souhaite accompagner les changements sociaux, il est hostile à tout désordre social qui porte atteinte aux libertés et condamne sans ambages, comme il l'a fait durant Mai 68, les désordres et l'anarchie. La contestation se manifeste à l'école, dans le monde du travail, dans la rue.

« Loin de solder le contentieux, écrit l'historien Xavier Vigna, les grèves du printemps 1968 ouvrent la boîte de Pandore du mécontentement ouvrier qui va se prolonger[2]. » De fortes conflictualités dans le monde du travail perdurent, notamment en 1970-1971. Elles présentent de nouvelles formes d'action. La cessation de travail à l'échelle d'un atelier, ou d'un point de la chaîne de production, dite « grève bouchon », devient de plus en plus courante, par exemple lors des grèves des usines Renault du Mans au printemps 1971. L'autogestion, pratiquée lors du conflit social des Lip, en 1973, est la manifestation la plus symbolique de ces nouvelles pratiques ouvrières. Dans un premier temps, le conflit social présente des formes classiques : affiches, tracts, manifestations à Besançon et à Paris, démarches auprès des autorités et des élus, notamment auprès du ministre du Développement industriel et scientifique Jean Charbonnel, puis occupation des usines. Mais le 18 juin 1973, l'assemblée générale des grévistes décide la remise en route partielle des chaînes de montage, la production et la vente de montres sous contrôle ouvrier. L'objectif est d'assurer par le produit de la vente un salaire de survie aux ouvriers grévistes. Le succès est au rendez-vous. Les montres, vendues avec un fort rabais, sont présentées comme un symbole de soutien à la lutte des travailleurs. Plusieurs dizaines de milliers de montres sont ainsi écoulées. Une caravane « Lip » participe au Tour de France au mois de juillet 1973[3]. La force du symbole Lip fait des émules. Fin juin 1973, dans l'usine occupée Robin à Lorient, des ouvrières produisent et commercialisent des pantalons. Fin août à Cerizay,

1. Geneviève Dreyfus-Armand, Robert Frank, Marie-François Lévy, Michelle Zancarini-Fournel (dir.), *Les Années 68. Le temps de la contestation*, Paris, Complexe, 2000.

2. Xavier Vigna, *Histoire des ouvriers en France au XXe siècle*, Paris, Perrin, 2012, p. 261.

3. Frank Georgi, « Un "conflit autogestionnaire" sous Georges Pompidou : les pouvoirs publics face à l'affaire Lip (1973-1974) », *in* Alain Beltran, Gilles Le Béguec (dir.), *Action et pensée sociales chez Georges Pompidou*, *op. cit.*, p. 157-176.

en Vendée, des femmes OS en grève contre le licenciement de leur déléguée CFDT fabriquent et vendent des chemisiers. Pourtant, derrière ces nouvelles formes d'action se profile l'essoufflement du concept. L'expérience est l'illustration du passage de l'euphorie et de l'utopie des « Trente Glorieuses » à l'ère des doutes où sévissent le chômage de masse et la crise. Car ces expériences ont lieu dans des petites et moyennes entreprises en difficulté. Le basculement dans les « Trente Piteuses » modifie la donne et condamne, en un sens, l'autogestion au rang d'utopie soixante-huitarde.

Cependant, la contestation sociale s'exprime parfois de manière beaucoup plus brutale, avec une violence qui est à la fois verbale et physique, éparse et socialement diffuse. Il n'est pas rare que les forces de l'ordre fassent usage de la violence. Si la paix règne depuis la fin de la guerre d'Algérie, la société française est loin d'être pacifiée. En 1972, le président refuse de gracier deux condamnés à mort, Claude Buffet et Roger Bontemps. Les deux hommes, détenus à la centrale de Clairvaux, ont tenté de s'échapper en septembre 1971. Ils ont tué deux otages, un gardien de prison et une infirmière. Ils sont condamnés à mort par le tribunal de Troyes en juin 1972. Leurs avocats, Robert Badinter, Philippe Lemaire, Thierry Levy et Rémi Crauste, sont reçus par Georges Pompidou. Bien qu'il n'ait laissé aucun condamné aller à la guillotine depuis son arrivée à l'Élysée en 1969, le président refuse cette fois la grâce. Les deux hommes sont exécutés le 24 novembre 1972[1]. Le chef de l'État ne prend pas cette décision sans états d'âme, comme il le confie, en mars 1970, au journaliste Serge Maffert : « Lorsque je me trouve en présence d'un condamné à mort et que je dois prendre sur moi la décision et moi seul, […] pour moi, à chaque fois, c'est un drame de conscience. » L'exécution de Buffet et Bontemps relance le débat sur l'abolition de la peine de mort en France, alors qu'un sondage du 6 décembre 1972, publié dans *Le Monde*, montre que 63 % des Français se déclarent favorables au maintien de la peine de mort.

La violence s'exprime dans la rue. Ce n'est pas une spécificité française, à l'heure des « années de plomb », marquées par les attentats de la Fraction armée rouge en Allemagne de l'Ouest, des Brigades rouges en Italie, ou encore par le terrorisme palestinien qui s'est tragiquement illustré lors de la prise d'otages d'athlètes

---

1. Robert Badinter, *L'Exécution*, Paris, Grasset, 1973 et Georges Pompidou, *Lettres, notes et portraits. 1928-1974*, Paris, Robert Laffont, 2012, p. 465-467.

israéliens à l'occasion des Jeux olympiques (JO) de Munich en 1972. Dans ce contexte, la France paraît relativement épargnée et l'agitation de rue y est alors sans commune mesure avec les actes terroristes cités. Elle est néanmoins alimentée par les étudiants et lycéens qui n'ont pas désarmé après Mai 68. En 1971, l'affaire Guiot relance le mouvement relativement atone depuis 1968. Gilles Guiot, un élève du lycée Chaptal à Paris, est interpellé le 9 février 1971 près de la place de Clichy où se tient une manifestation du Secours rouge, mouvement qui rassemble des formations d'extrême gauche. Il est condamné à six mois de prison dont trois fermes. Dès l'annonce du verdict, professeurs et élèves du lycée Chaptal se mobilisent contre cette condamnation qu'ils estiment injuste. Mi-février, le mouvement prend de l'ampleur lorsque la cour d'appel de Paris rejette la requête de mise en liberté provisoire de Gilles Guiot. Grèves, manifestations et sit-in se multiplient à Paris et en province, soutenus par des groupes gauchistes et des organisations syndicales. Le 19 février, le prévenu est finalement relaxé. L'agitation retombe, mais elle renaît avec force au printemps 1973 contre la loi Debré relative au service militaire. En 1970, le ministre de la Défense fait adopter une nouvelle législation. Le service militaire est ramené d'une durée de vingt-quatre à douze mois, tandis que la loi abroge le sursis pour études au-delà de vingt et un ans. La loi s'applique à partir de 1973 : dès la fin février, des grèves et des manifestations ont lieu dans toute la France. Mi-mars, ce sont presque les trois quarts des lycées français qui sont touchés par le mouvement. Le 21 mars, deux cent mille manifestants défilent dans les rues des grandes villes de France. Les slogans résument l'esprit des jeunes : « Non aux lycées casernes ! », « Service national, service du capital ! », « L'armée, ça pue, ça tue et ça rend con ». L'époque est propice aux thèses antimilitaristes. Michel Debré et le ministre de l'Éducation nationale, Joseph Fontanet, annoncent qu'en dépit des protestations, la loi ne sera pas modifiée. La mobilisation ne faiblit pas. Le 2 avril, la coordination appelle à une nouvelle journée d'action qui s'élargit aux élèves de l'enseignement technique, aux étudiants qui protestent contre la réforme du DEUG. Trois cents à cinq cent mille personnes descendent dans la rue à Paris et en province. Des incidents se produisent à Strasbourg, le 3 avril au soir, entre étudiants et policiers. Mais les vacances de Pâques affaiblissent le mouvement, tandis que le pouvoir demeure inflexible. Avant la rentrée scolaire, Joseph Fontanet diffuse une circulaire sur la discipline dans les établissements scolaires en ce sens. Les piquets de grève sont interdits. La suppression des allocations familiales est envisagée en cas de manquement à l'obligation scolaire. La rentrée s'effectue dans le calme, malgré les protestations vigoureuses des lycéens et étudiants.

Il faut dire que le président de la République fixe, comme priorité, à ses ministres de l'Éducation nationale, de rétablir l'ordre dans les établissements scolaires et les universités. Mais Georges Pompidou, ancien professeur de lettres, n'entend pas faire de l'éducation nationale un « domaine réservé ». Il laisse ses ministres, Olivier Guichard puis Joseph Fontanet, agir, sacrifiant parfois son opinion personnelle. Ainsi, alors que le président souhaite revenir à l'enseignement du latin dès la classe de sixième (celui-ci ayant été repoussé en quatrième par Edgar Faure), il se range à l'avis de son ministre : le latin commencerait en cinquième sous la forme d'une initiation pour tous les élèves, et il accepte la suppression du latin en classe de seconde scientifique. S'il faut réformer l'enseignement et ses pratiques, en tenant compte des maux révélés par Mai 68, le chef de l'État veut rétablir une certaine autorité dans le système scolaire : « savoir adapter les programmes, les méthodes d'enseignement, à tout ce qui est moderne, à la vie, au développement des connaissances », comme il l'explique lors de son entretien télévisé du 24 juin 1971, mais « savoir mettre au pas, s'il le faut à la porte, ces quelques enseignants qui prennent leur chaire pour une tribune politique ». La circulaire Guichard de novembre 1971 invite les proviseurs à la fermeté, mais non à la répression. Elle refuse aux lycéens l'existence d'un droit de grève. À l'université, il convient d'appliquer la loi Faure. L'ancien Premier ministre du général de Gaulle désapprouve cette réforme, et s'il ne s'y oppose pas publiquement, il ne cache pas en privé son désaccord[1]. Il lui reconnaît néanmoins le mérite d'avoir rétabli le calme et le dialogue entre l'État, les organisations syndicales, les professeurs et les étudiants.

---

1. Vincent Léonard, *Georges Pompidou et l'Éducation nationale (1962-1974)*, mémoire de maîtrise sous la direction de Bernard Lachaise, université Bordeaux III, 1992 ; ainsi que Bruno Poucet, David Valence (dir.), La loi Edgar Faure, *Réformer l'université après 1968 : actes du colloque tenu à Paris les 22 et 23 septembre 2011, organisé par la Fondation Charles-de-Gaulle*, Rennes, PUR, 2016, et Bruno Poucet, « Au ministère de l'Éducation nationale, Olivier Guichard : un réformateur malgré lui ? », *in* Gilles Le Béguec, Frédéric Fogacci (dir.), *Olivier Guichard*, Paris, Nouveau Monde éditions/Fondation Charles-de-Gaulle, 2018, p. 107-132.

Georges Pompidou a également à cœur d'ouvrir l'université sur le monde économique et industriel, en relation avec sa politique d'industrialisation et de modernisation de la France. Il soutient ainsi l'initiative d'Olivier Guichard de création de l'université de technologie de Compiègne, en octobre 1972. Elle reflète à maints égards la vision pompidolienne de l'Université, autour de trois grandes idées. Premièrement, la sélection. L'université technologique recrute librement ses professeurs et sélectionne sur dossier ses étudiants. Deuxièmement, la promotion de disciplines nouvelles telles que la biologie, l'informatique et leur ancrage dans le monde économique et industriel. Université de technologie supérieure, l'université de Compiègne est inspirée du MIT. Troisièmement : une université dirigée par un directeur disposant d'une réelle autorité et nommé par le ministre. Le premier directeur de l'université de Compiègne est Guy Deniélou, ingénieur et chercheur au CEA. Dans l'esprit du président Pompidou, l'autonomie des universités ne signifie pas l'autogestion des universités. Il faut un capitaine à bord du navire. Le chef de l'État est soucieux de maintenir l'autorité des professeurs, à tous les échelons du système éducatif.

Ce mélange subtil entre liberté et autorité est difficile à trouver face à une jeunesse fortement politisée. L'extrême gauche en particulier exerce une influence certaine sur les mouvements lycéens et étudiants, qu'il s'agisse des trotskistes de la LCR, de Lutte ouvrière (LO), ou des formations maoïstes comme la Gauche prolétarienne ou Vive la révolution ! Ces groupes rassemblent quelques milliers de militants, mais leur audience dépasse largement ce cercle étroit grâce à une forte médiatisation et à leurs organes de presse (*La Cause du peuple* ou le quotidien *Libération* fondé en 1973). Ils sont considérés, par le pouvoir, comme socialement dangereux, d'autant plus qu'ils sont soutenus par des intellectuels influents tel Jean-Paul Sartre. Ils affectionnent les coups d'éclat médiatiques : le 10 janvier 1970 par exemple, des militants gauchistes accompagnés d'écrivains comme Marguerite Duras, Maurice Clavel ou Jean Genet occupent le siège du CNPF pour dénoncer le sort des travailleurs immigrés, à la suite des obsèques de cinq Africains morts intoxiqués dans leur foyer d'hébergement à Aubervilliers. Le 8 mai 1970, place de la Madeleine, un commando attaque le magasin *Fauchon*. Les militants maoïstes parviennent à emporter (ou à détruire) pour environ 3 000 francs de produits de luxe, qui sont distribués le lendemain dans les bidonvilles de la banlieue parisienne au cri de « *Fauchon* nourrit les bidonvilles » ! Ces actions visent à dénoncer la violence d'un État policier accusé de dérives fascistes, comme en témoigne l'affaire Overney en 1972. Le 25 février 1972, aux usines Renault de Billancourt, le militant Pierre Overney, licencié pour propagande maoïste, est tué par balle par un vigile, alors qu'il est venu avec d'autres camarades pour distribuer des tracts. La condamnation est unanime de la part des organisations syndicales et des partis de gauche qui critiquent l'existence des polices privées. L'émotion est grande, le 4 mars 1972, lors de ses obsèques au Père-Lachaise. Un cortège de près de deux cent mille personnes, socialistes, communistes, syndicalistes, militants d'extrême gauche, représentants de la Ligue des droits de l'homme, accompagnent le cercueil du « martyr » recouvert d'un drapeau rouge et porté par des compagnons de la Gauche prolétarienne. Quelques jours plus tard, la branche armée de l'organisation, la Nouvelle Résistance populaire (NRP), kidnappe Robert Nogrette, l'un des responsables des ressources humaines chez Renault. Le groupe exige la libération des camarades arrêtés après la mort de Pierre Overney. Le 10 mars, quarante-huit heures après son enlèvement, Robert Nogrette est libéré. Georges Pompidou, au Salon de l'agriculture, décrit un acte « inqualifiable et digne d'un pays de sauvages ». L'opinion est sur ce point unanime.

L'extrême gauche n'a pas le monopole de la violence militante. Les différents mouvements d'extrême droite battent aussi le pavé. L'extrême droite, à l'image de l'extrême gauche, rassemble des courants et des organisations diverses dont le groupe Ordre nouveau fondé en 1969. Y militent des anciens de l'OAS, notamment après l'amnistie dont ils bénéficient en juillet 1968, des nationalistes, des anciens poujadistes… Les heurts entre les formations des deux bords contribuent au maintien d'un climat de tensions. Ainsi, le 21 juin 1973, Ordre nouveau réunit à la Mutualité un meeting sur le thème de « l'immigration sauvage ». Neuf organisations d'extrême gauche appellent à une contre-manifestation, dont la Ligue communiste. Des affrontements brutaux (cocktails Molotov à l'appui) ont lieu aux abords de la Mutualité, à laquelle les policiers interdisent l'accès aux contre-manifestants. Avec 73 policiers blessés dont 2 grièvement brûlés, les forces de l'ordre sont particulièrement éprouvées. Le lendemain, des perquisitions ont lieu à la fois au siège d'Ordre nouveau et au siège de la Ligue communiste. Des armes sont trouvées et des activistes des deux camps arrêtés. Le conseil des ministres du 28 juin décide la dissolution conjointe des deux organisations.

Face à cette violence sociale diffuse, le pouvoir se montre inflexible. Le ministre de l'Intérieur, Raymond Marcellin, est surnommé « Raymond la Matraque ». La répression est d'ailleurs encadrée par la loi. En juin 1970 est adoptée la loi dite « anti-casseurs ». Pour le Premier ministre Jacques Chaban-Delmas, « il est nécessaire que les casseurs soient les payeurs ». La loi crée la responsabilité pénale collective de tous les participants à une manifestation et institue la responsabilité civile des coupables d'actions violentes au cours de rassemblements en les condamnant solidairement à payer les dommages et intérêts. Pour l'opposition, il s'agit ni plus ni moins que d'une interdiction de manifester et d'une atteinte aux libertés individuelles et collectives : le président symbolise le conservatisme social du pouvoir gaulliste et la répression d'un État où la liberté d'expression n'existerait pas.

Il est vrai que l'information est, comme du temps de la présidence du général de Gaulle, étroitement contrôlée par le pouvoir. Deux exemples l'illustrent tout particulièrement. Le 13 décembre 1971, l'écrivain Maurice Clavel quitte, en direct, le plateau de l'émission *À armes égales* au cri de « Messieurs les censeurs, bonsoir[1] ! ». Dans le film projeté auparavant, intitulé *Le Soulèvement de la vie*, et qu'il a réalisé, les producteurs de l'émission ont coupé, à son insu, le mot « aversion » du commentaire : « À l'heure où le président de la République confie à un très grand journal américain l'aversion et l'agacement que lui inspire la Résistance française. » L'écrivain, ancien résistant, est alors proche des maoïstes. Après la projection, il se lance dans un réquisitoire contre la censure et quitte le plateau, refusant de débattre avec Jean Royer, sous les applaudissements de la salle. Second exemple, l'affaire du « Watergate-sur-Seine » selon l'expression du *Canard enchaîné*. Dans la nuit du 3 au 4 décembre 1973, dans les futurs locaux du *Canard enchaîné* rue Saint-Honoré à Paris, André Escaro, dessinateur et administrateur du journal, surprend cinq hommes installant ce qui se révèle être un système permanent d'écoute des conversations. Le directeur du journal, Roger Fressoz, plus connu sous

1. *À armes égales*, *Messieurs les censeurs, bonsoir*, « L'INA éclaire l'actu », 13 décembre 1971.

le pseudonyme d'André Ribaud, porte plainte pour violation de domicile et tentative d'écoute et d'enregistrement illégal. « Oh, Marcellin, quelle watergaffe ! » titre-t-il le 5 décembre. Le ministre nie toute participation des services de police à l'opération. Mais l'enquête révèle rapidement qu'il y a bien eu tentative de pose de micros et que la direction de la Surveillance du territoire (DST) serait impliquée. La presse est unanime pour dénoncer les agissements du ministre de l'Intérieur. À l'occasion du remaniement ministériel de février 1974, Raymond Marcellin quitte la place Beauvau pour le ministère de l'Agriculture. Il est remplacé par Jacques Chirac, l'un des poulains du président Pompidou. L'affaire est rapidement enterrée.

L'épisode souligne l'épineux problème de la libéralisation de l'information et du monopole exercé par l'ORTF. Georges Pompidou a affirmé, durant la campagne présidentielle de 1969, sa volonté de libéraliser l'Office, ce dont témoigne la suppression du ministère de l'Information dans le premier gouvernement de Jacques Chaban-Delmas. Le Premier ministre met en chantier une réforme de l'Office. En mai 1972, Philippe Malaud, secrétaire d'État à la Fonction publique, est chargé de faire le point sur ce dossier. Il déclare au *Figaro*, le 27 mai, qu'il s'agit « de rendre à la majorité silencieuse la parole qui ne lui était que trop souvent ravie », et d'arracher la télévision à « l'influence des intellectuels maboules et des soviets de dingues[1] ». Le ton est donné. Le monopole de l'Office est réaffirmé par la loi du 3 juillet 1972. La réforme du statut de l'ORTF prévoit que les trois chaînes de télévision fonctionneront comme des régies autonomes. Un président-directeur-général (PDG), nommé pour trois ans en conseil des ministres, sera le patron de l'Office. La libéralisation de l'information échoue. Le ministère de l'Information est rétabli dans les gouvernements de Pierre Messmer. Le chef de l'État rappelle, lors de sa conférence de presse du 21 septembre 1972 : « Qu'on le veuille ou non, la télévision est considérée comme la voix de la France, et par les Français, et par l'étranger. » Georges Pompidou reproche à la télévision de montrer que la France est dans un problème social permanent.

1. Propos cités par Jérôme Bourdon, Agnès Chauveau, « Un politique conservateur, un communicateur oublié : Georges Pompidou et la radiotélévision », *in* Jean-Claude Grohens, Jean-François Sirinelli (dir.), *Culture et action chez Georges Pompidou*, Paris, PUF, 2000, p. 268.

Pour qui a regardé la télévision depuis un an, […] il y avait toujours des grèves, des usines vides, […] des ménagères qui défilaient, des délégués syndicaux qui revendiquaient et qui se plaignaient, des représentants du patronat qui gémissaient et qui se défendaient, d'autres qui annonçaient qu'il n'y avait pas de grève, mais qu'il allait y avoir une grève. […] Alors je dis que le téléspectateur n'a pas eu à la fin de l'année une image objective d'une situation sociale qui a été caractérisée par le calme[1]. »

Ces affirmations sont perçues comme l'aveu d'une pratique et d'une doctrine qui font du petit écran un outil au service de la propagande gouvernementale.

Toutefois, il existe des formes pacifiques d'opposition à la politique gouvernementale. Ainsi en est-il d'un conflit emblématique de cette époque : le Larzac. Tout commence en 1971, lorsque le ministre de la Défense, Michel Debré, annonce l'extension du camp militaire du Larzac (de 3 000 à 17 000 hectares). Initialement, la contestation est le fait des exploitants agricoles, menacés d'expulsion, et des élus locaux inquiets par la militarisation du plateau. Le Larzac est profondément traversé par les transformations agricoles des « Trente Glorieuses ». Il rassemble des petites et moyennes exploitations familiales, ainsi que des exploitations modernisées et industrialisées pour la production du roquefort. Au printemps 1972, la centaine de paysans menacés d'expropriation s'engage à lutter contre le projet d'extension. Leur protestation est rapidement soutenue par un ensemble de mouvements hétérogènes : des militants antimilitaristes, des objecteurs de conscience, des gauchistes, des syndicalistes (des ouvriers Lip par exemple), des représentants du PSU, des nationalistes occitans, des hippies, des membres du mouvement Désarmement, paix et liberté, qui pratiquent l'amour libre, et dont certaines militantes se promènent seins nus… Un choc culturel sur ce plateau rural ! Le recours à la non-violence donne sa coloration particulière à ce mouvement, qui reçoit également l'appui de la hiérarchie catholique locale. Tous les opposants au projet d'extension (plus de 50 000 personnes) se retrouvent les 25 et 26 août 1973 au lieu-dit « Rajal del Gorp », dans une ambiance festive qui n'est pas sans rappeler celle du festival de

1. Extraits de la conférence de presse de Georges Pompidou, 21 septembre 1972 (AN, 5AG2/1090).

Woodstock. Le Larzac devient ainsi un symbole de la lutte contre l'autoritarisme du gouvernement, contre le pouvoir central, contre l'armée, contre le nucléaire, contre une agriculture intensive. Il est particulièrement révélateur des contestations profondes du mode de développement des « Trente Glorieuses », de sa société d'abondance et de consommation.

Le temps des contestations féministes

L'épisode témoigne également de la libéralisation des mœurs engagée depuis le début des années 1960 et notamment de l'évolution de la condition féminine. Le mandat de Georges Pompidou correspond à un temps fort des luttes féministes après l'autorisation de la contraception par la loi Neuwirth de 1967 : le combat pour la libéralisation de l'interruption volontaire de grossesse (IVG). « Je crois que le XXe siècle est à coup sûr le siècle de la libération de la femme et de sa marche vers l'égalité », commente Georges Pompidou durant la campagne présidentielle de 1969[1]. Il y a chez le chef de l'État une indéniable fibre féministe. Elle apparaît au sujet de l'affaire Gabrielle Russier. En septembre 1969, la France apprend qu'une jeune professeure de lettres de Marseille, Gabrielle Russier, a mis fin à ses jours. En juillet, elle a été condamnée à un an de prison avec sursis et à 500 francs d'amende pour détournement de mineur après avoir entretenu une relation avec l'un de ses élèves âgé de dix-sept ans. Simple fait divers initialement, le sujet émeut opinion et médias. Lors de sa conférence de presse du 22 septembre 1969, le président s'exprime sur l'affaire en récitant des vers du poète Éluard : « J'ai ressenti comme beaucoup, eh bien, "comprenne qui voudra, moi mon remords ce fut… la victime raisonnable au regard d'enfant perdu, celle qui ressemble aux morts qui sont morts pour être aimés". C'est de l'Éluard. » La citation ne manque pas d'ambiguïté – et suscite la polémique – puisque le poème d'Éluard (*Comprenne qui voudra*) évoque les femmes tondues à la Libération. Mais elle traduit une indéniable sensibilité du chef de l'État sur l'évolution des mœurs, alors que la classe politique est relativement unanime, à quelques exceptions près, dans sa condamnation de Gabrielle Russier. L'affaire est

---

1. Extrait de l'entretien télévisé de Georges Pompidou avec Rose Vincent, Annick Beauchamp et Christian Bernadac, le 23 mai 1969 (AN, 5AG2/1088).

révélatrice des conflits qui traversent la société entre la liberté sexuelle, le droit au plaisir et la morale traditionnelle[1]. Prendre en compte ces bouleversements sociétaux tout en maintenant un certain ordre au sein d'institutions telles que la famille, la justice ou l'école s'avère là encore une équation complexe à résoudre pour le pouvoir.

Durant son mandat, le président Pompidou se montre soucieux de promouvoir les femmes à des postes qualifiés dans la haute fonction publique, véritable bastion masculin, et au sein même de son entourage. Le chef de l'État fait d'Anne-Marie Dupuy sa directrice de cabinet, la première femme à siéger au Conseil d'État. Michel Debré, ministre de la Défense nationale de 1969 à 1973, intègre les femmes à Polytechnique, qui devient mixte en 1971. Mais d'autres corps demeurent plus réticents à cette féminisation. Il faut toute l'énergie du chef de l'État pour y remédier : l'Inspection des finances s'ouvre aux femmes en 1973, mais ce n'est qu'en juin 1974 qu'une femme, Florence Hugodot, entre dans le corps préfectoral avec le grade de sous-préfet. En décembre 1972 est adoptée la première loi « relative à l'égalité de rémunération entre les hommes et les femmes » alors qu'au début des années 1970, la moitié des femmes âgées de vingt-cinq à cinquante-neuf ans sont actives. C'est le premier texte à introduire le principe « à travail égal, salaire égal » dans le Code du travail. La féminisation de la population active est inégale selon les secteurs d'activité. Le secteur tertiaire (fonction publique, métiers de la santé et de l'enseignement) est le plus féminisé. Les femmes constituent également une partie importante de la main-d'œuvre non qualifiée des industries textiles et des industries nouvelles, telles que l'électronique, très demandeuses en OS. Les filles réussissent par ailleurs brillamment dans un enseignement de masse qui s'est démocratisé. En 1968, il y a, pour la première fois, autant de garçons reçus au baccalauréat que de filles. En 1971, elles sont même plus nombreuses à rentrer dans l'université. Dans la famille, les normes évoluent également. L'âge du mariage recule et la mise en ménage avant le mariage ainsi que le concubinage et l'union libre sont de plus en plus fréquents. En ce début des années 1970, la « cohabitation juvénile » (selon la terminologie officielle) se développe et est progressivement admise par l'opinion. La loi

1. Corinne Bouchoux, « L'affaire Gabrielle Russier », *Vingtième Siècle. Revue d'histoire*, n° 33, janvier-mars 1992, p. 56-64.

accompagne ces mutations. La « puissance paternelle » disparaît du Code civil au profit de « l'autorité parentale conjointe » par la loi du 4 juin 1970. Elle implique des droits et des devoirs égaux du père et de la mère dans l'éducation des enfants. Désormais « les deux époux assurent ensemble la direction morale et matérielle de la famille », le mari n'est plus le « chef de famille » du Code Napoléon.

Mais le chef de l'État est loin d'approuver toutes les revendications des féministes. Georges Pompidou se montre partisan de la promotion de la femme dans la société, de son égalité dans le monde du travail et au sein du couple. Il reste un homme de son temps (né en 1911), qui affirme, avec maintes précautions, que la pratique de l'avortement le « révulse », bien qu'il ne s'oppose pas à ce que la législation sur le sujet évolue[1]. Le président souhaite que la question ne devienne pas un enjeu politique et électoral à la veille des élections législatives de 1973. Les féministes l'entendent différemment. Elles manifestent avec force durant son mandat et espèrent à l'inverse que la médiatisation de leurs luttes favorisera l'abrogation de la loi de 1920. Tel est le sens des actions du Mouvement de libération des femmes, le MLF, dont on date la naissance d'août 1970, lorsqu'une dizaine de militantes déposent une gerbe, sous l'Arc de Triomphe, à la femme du Soldat inconnu : « il y a plus inconnu que le Soldat inconnu : sa femme ». Un tract distribué à cette occasion résume leurs revendications.

> Nous, militantes pour la libération des femmes, annonçons la fin des temps où la femme : – à travail égal avec l'homme touche un salaire inégal […] – fournit à la maison un travail essentiel à la société, non payé […] – est exploitée dans son corps par l'impossibilité de décider si oui ou non elle veut un enfant, par l'interdiction d'avorter légalement, par l'interdiction morale de disposer d'elle sexuellement – est maintenue en esclavage par le système patriarcal […], support fondamental de l'exploitation capitaliste. Osons lutter ! Unissons-nous ! Libération des femmes. Année zéro[2].

Le MLF s'ancre à l'extrême gauche et propose de nouvelles formes de militantisme. Refusant toute organisation hiérarchique (un principe de domination masculine), le mouvement n'a ni chef

1. Selon les termes employés dans sa conférence de presse du 9 janvier 1973.
2. Tract distribué le 26 août 1970, cité par Christine Bard, *Le Féminisme au-delà des idées reçues*, Paris, Le Cavalier bleu éditions, 2012, p. 102.

ni porte-parole, et il est non mixte (la libération des opprimées devant être l'œuvre des opprimées elles-mêmes). D'autres structures, mixtes, voient le jour à la même époque. En 1971, l'avocate Gisèle Halimi crée l'association Choisir. Elle se bat sur le terrain juridique en défendant toute personne poursuivie pour avortement. En avril 1973, le Mouvement de libération de l'avortement et de la contraception (MLAC) regroupe d'autres féministes venues de la gauche. Toutes ces associations font de la question de l'avortement une question publique et politique. Tel est l'objectif du « manifeste des 343 » publié le 5 avril 1971 dans *Le Nouvel Observateur* dans lequel trois cent quarante-trois femmes, dont Simone de Beauvoir, Catherine Deneuve, Marguerite Duras, Gisèle Halimi, Jeanne Moreau, Marie-France Pisier, Christiane Rochefort, Delphine Seyrig, déclarent avoir avorté. Le texte est repris par les radios, la télévision, la presse. Le débat devient passionnel et divise profondément la société, les hommes politiques, le corps médical, tandis que les actions militantes se radicalisent. Le MLAC organise un avortement public, le 8 avril 1973, à l'hôpital Saint-Antoine à Paris. Fin 1973, un film de Charles Belmont et Mariette Issartel, *Histoire d'A*, qui débute par un avortement, est interdit par le ministre des Affaires culturelles, Maurice Druon. La Fédération nationale du spectacle proteste contre cette nouvelle atteinte à la liberté d'expression. Les producteurs tentent de projeter le film le 15 novembre dans trois cinémas parisiens. La police procède à la saisie des bobines. Contrairement aux vœux du président Pompidou, l'avortement devient bien un enjeu politique et électoral en cette année 1973. La libéralisation de l'avortement figure en effet dans le programme commun de la gauche. Le programme de la majorité, conduite par le Premier ministre Pierre Messmer, évoque la nécessité de réformer la loi sur l'avortement « tout en prenant garde que cela pose la grande question du respect de la vie[1] ». Après les élections, le projet de loi du gouvernement Messmer arrive au Parlement en décembre 1973. Il rend légale l'IVG (le terme est employé pour la première fois) dans trois cas : un danger pour la santé physique ou psychique de la future mère, une grave malformation du fœtus, et une grossesse résultant d'un crime. La décision revient à la femme, après avoir consulté un médecin et un délai de réflexion de sept jours. Les médecins

1. Selon les termes du programme de Provins, prononcé par Pierre Messmer le 7 janvier 1973.

ont un droit de réserve et ne sont pas contraints de pratiquer des avortements. Les débats parlementaires des 13 et 14 décembre 1973 révèlent les clivages entre « pro- » et « anti- » avortement[1]. Le projet est renvoyé en commission par 255 voix contre 212. La discussion, reportée au printemps 1974, est repoussée par le décès du président Pompidou, le 2 avril 1974. Les féministes ont donc réussi à politiser le privé et l'intime, sans obtenir l'abrogation de la loi de 1920, qui est réalisée sous la présidence de Valéry Giscard d'Estaing.

Œuvrer au bonheur des Françaises et des Français

Soucieux de l'amélioration du sort de ses compatriotes, Georges Pompidou n'a pas seulement pour ambition de présider aux destinées de la France. Il veut être un président au service des Français et de leur bien-être. Après le temps du Commandeur, de l'État gaullien en majesté, advient le règne d'un Français parmi les Français, d'un homme inquiet des travaux et des jours d'une société en mutation. Il n'est d'ailleurs pas rare qu'il évoque, en conférence de presse, le « panier de la ménagère ». Plusieurs réformes sociales traduisent l'attention portée aux conditions matérielles de la vie quotidienne de ses concitoyens. En 1970, le Smig devient le Smic. Le changement de nom n'est pas seulement symbolique. Alors que le Smig était indexé sur les prix, ce qui impliquait que le pouvoir d'achat des smigards restait constant, les smicards bénéficient d'une revalorisation annuelle du taux horaire à la date du 1er juillet. Ils profitent ainsi d'une augmentation de leur pouvoir d'achat analogue à celle des progrès que l'économie procure en moyenne à la masse des autres salariés. La mensualisation des salaires, engagée début 1970, est une autre mesure emblématique. Il s'agit de réduire le fossé qui sépare les mensuels des horaires. Les écarts de rémunération entre ces deux catégories impliquaient une différence de statut social et de hiérarchie dans le monde du travail. Les jours fériés étaient payés aux mensuels, pas aux horaires, de même pour les congés maladie, maternité, ou les accidents du travail. Tout risque social se traduisait pour l'horaire par une amputation immédiate de son revenu que ne compensait pas l'indemnité de la Sécurité

---

1. Bibia Pavard, *Si je veux. Quand je veux. Histoire de la contraception et de l'avortement en France (1956-1979)*, Rennes, PUR, 2012.

sociale. La mensualisation des salaires consiste à aligner le statut des ouvriers horaires sur celui des employés, en leur accordant les mêmes avantages : paiement de certains jours fériés, diminution, voire suppression, du délai de carence en cas de maladie, attribution de primes d'ancienneté. Pour Georges Pompidou, cette réforme est « ce qu'on a fait de plus important pour la transformation de la condition ouvrière depuis la loi sur les congés payés de Léon Blum[1] ». Cette disposition, qui apporte plus de dignité et de sécurité aux conditions de vie des ouvriers, est caractéristique de la volonté pompidolienne d'intégrer ceux qui sont exclus de la société de consommation et du progrès. On retrouve cette logique dans le développement des aides pour les travailleurs agricoles, l'augmentation des allocations vieillesse ou des aides en faveur des personnes handicapées. Toute une série de lois sont adoptées, au début des années 1970, pour la revalorisation des pensions de retraite et l'harmonisation des différents régimes. La loi Boulin du 31 décembre 1971 prévoit le passage de 120 (trente ans) à 150 trimestres (trente-sept ans et demi) de la période d'assurance ouvrant droit à une retraite à taux plein, sur la base des dix meilleures (et non plus dernières) années de salaire. Les femmes assurées sociales ayant élevé au moins deux enfants bénéficient d'une majoration de durée d'assurance d'une année par enfant. En 1972, deux autres lois alignent les régimes des artisans et commerçants sur le régime général, et généralisent la retraite complémentaire à l'ensemble des salariés et anciens salariés affiliés au régime général de la Sécurité sociale.

Ces différentes lois sociales sont, en dépit des critiques toujours fortes de la part des syndicats, massivement approuvées par la population. Elles cherchent également à favoriser le dialogue entre l'État et les organisations syndicales et patronales. Georges Pompidou est particulièrement attaché au dialogue social, qu'il avait mis concrètement en œuvre lors des négociations de Grenelle en mai 1968. « Je suis convaincu, écrit-il dans *Le Nœud gordien*, que le rôle de l'État doit être d'exemple et d'incitation plus que de contrainte et qu'il appartient à un syndicalisme intelligent et bien organisé de faire valoir [...] les revendications des salariés[2]. » Dans cette optique, le président Pompidou se montre favorable à une réforme de la « politique contractuelle ». Elle consiste à relancer

1. Extraits de la conférence de presse de Georges Pompidou le 3 janvier 1971.
2. Georges Pompidou, *Le Nœud gordien*, Paris, Flammarion, 1984, p. 156.

les négociations collectives dans les entreprises publiques et privées, tout en décentralisant le niveau de négociation de la branche d'activité vers l'entreprise elle-même. Pour ses partisans, elle permet d'alléger l'arbitrage de l'État, de libérer l'initiative sociale en tenant mieux compte des aspirations de la base. Elle est vue comme l'un des moyens de « débloquer » la société, en déchargeant l'État de l'administration des relations sociales au profit des syndicats et directions d'entreprise[1]. Cette politique se concrétise, dans le secteur public, par la signature de « contrats de progrès » entre les syndicats et la direction. Ils prévoient, suivant les secteurs d'activité, l'ajustement des salaires, la réduction des écarts de rémunération, ainsi que, par exemple, une garantie d'emploi ou des possibilités de formation. Dans le secteur privé, la reconnaissance de la section syndicale dans l'entreprise, acquis du mouvement social de mai 1968, et la réforme des conventions collectives en 1971 tentent d'institutionnaliser l'entreprise comme niveau de négociation. La loi du 13 juillet 1971 reconnaît ainsi l'existence « d'un droit des travailleurs à la négociation collective » dans le cadre de l'entreprise sous un régime identique à celui de la branche d'activité. Cette politique demeure inaboutie, en 1974, pour des raisons multiples, à la fois politiques, économiques et sociales : une majorité hostile à trop d'avancées sociales quand se multiplient les grèves chez les OS, un chef de l'État qui ne souhaite pas accorder trop de poids aux syndicats, des syndicats divisés et sceptiques, voire opposés à la politique contractuelle dont les objectifs sociaux ne leur paraissent pas assez développés, un patronat qui ne joue pas toujours le jeu… Mais elle est révélatrice de la volonté de pérenniser, sur le terrain, un dialogue social engagé depuis Mai 68.

La création d'un médiateur de la République répond au même objectif, ainsi qu'au vœu de rapprocher l'administration des citoyens. Georges Pompidou a le souci constant de faire du service de l'État un service plus humain, plus juste, comme il le rappelle dans son allocution aux corps constitués le 1er janvier 1974 :

> En raison des missions du service public qui vous incombent, vous êtes aussi le visage que l'État montre aux citoyens et que ceux-ci rencontrent dans leurs relations avec l'administration. […]

---

1. Laure Machu, « La négociation collective et la politique contractuelle », *in* Alain Beltran, Gilles Le Béguec (dir.), *Action et pensée sociales chez Georges Pompidou*, *op. cit.*, p. 293.

Vous devez, en second lieu, être simples afin d'être compréhensibles. L'administration n'est pas une fin en soi ; elle est faite pour les administrés, non pour les administrateurs. […] Vous devez enfin être justes, parce que l'État doit l'être pour le bien des citoyens. Soyez attentifs aux plus modestes qui ont le plus grand besoin du secours de l'administration et qui ont la plus grande peine à s'en faire entendre et comprendre[1].

Inspiré de l'exemple de l'ombudsman suédois (qui existe depuis le début du XIXe siècle) et du « commissaire parlementaire pour l'administration » créé au Royaume-Uni en 1967, le médiateur de la République voit le jour en France par la loi du 3 janvier 1973. Le médiateur, nommé par décret en conseil des ministres, a pour vocation l'amélioration des relations quotidiennes entre les administrations et les citoyens. Autorité indépendante, il est chargé de résoudre à l'amiable les différends individuels opposant un administré à une administration de l'État, une collectivité territoriale ou tout autre organisme investi d'une mission de service public. Le médiateur ne peut être saisi directement par les citoyens, mais par l'intermédiaire d'un parlementaire, député ou sénateur, intercesseur entre les administrés et les pouvoirs publics. Antoine Pinay est le premier à occuper cette fonction et reçoit, en 1973, année de sa création, 1 773 réclamations. La création du médiateur est une réponse aux critiques formulées contre l'administration et ses représentants, ce que le Premier ministre Jacques Chaban-Delmas avait appelé, dans son discours du 16 septembre 1969, un État « tentaculaire et en même temps inefficace », dénonçant la technocratie.

Pour rapprocher la prise de décisions au plus près des citoyens, Charles de Gaulle avait soumis par référendum aux Français, en avril 1969, un projet faisant des régions des collectivités territoriales aux compétences élargies en matière d'équipements collectifs, de logement, d'urbanisme. Dans l'esprit du Général, cette réforme était une manière de répondre au désir de participation exprimé par les Français au cours des événements de Mai 68, car elle associait les « forces vives de la nation » aux décisions locales. L'échec du référendum laissait intacte la question de la réforme territoriale. Par la loi du 5 juillet 1972, les régions deviennent des

1. Allocution de Georges Pompidou aux corps constitués, 1er janvier 1974 (AN, 5AG/1092).

« établissements publics à vocation spécialisée ». Elles acquièrent la personnalité juridique et l'autonomie budgétaire, mais elles ne sont pas encore des collectivités territoriales. Elles sont administrées par un conseil régional et le préfet de région qui veille à l'exécution des délibérations. Le conseil régional est composé de députés et sénateurs élus de la région, de représentants des conseils généraux et des communes. Georges Pompidou ne cherche pas à constituer un nouvel échelon administratif. La région doit déconcentrer les responsabilités en évitant de créer un écran supplémentaire. Les compétences des régions sont, dans son esprit, des œuvres de conception, d'imagination et de programmation, les tâches de gestion restant l'apanage de l'échelon départemental et communal. L'État maintient la prédominance du pouvoir exécutif du préfet, attribue aux députés de la région des sièges aux conseils régionaux – ce qui sert le pouvoir en place. Dans cette perspective d'aménagement des territoires, la région reçoit des ressources financières propres, avec un plafond. La réforme de 1972 se situe donc à mi-chemin entre le processus de déconcentration des services de l'État et celui de décentralisation, qui, à partir des lois de 1982, a progressivement transféré des compétences de l'État à des collectivités locales.

Une politique culturelle ambitieuse

Pour le successeur de Charles de Gaulle, la culture a un rôle fondamental à jouer dans la définition de solutions à la « crise de civilisation » qui s'est exprimée en Mai 68. Son mandat correspond à un tournant dans les rapports entre la culture et le pouvoir politique après l'ère de Gaulle/Malraux. Georges Pompidou prête une attention particulière aux affaires culturelles, davantage que Charles de Gaulle, faisant de ce champ un « domaine réservé » du chef de l'État[1]. Tout au long de son mandat, le président suit de très près les dossiers culturels, par le biais de son conseiller à l'Élysée, son beau-frère Henri Domerg. Il s'investit personnellement dans différents projets culturels, notamment à Paris. La politique culturelle est impulsée, encadrée, dirigée par le chef de l'État et mise en œuvre par ses ministres successifs de la Culture,

1. Élisa Capdevila, Jean-François Sirinelli, *Georges Pompidou et la culture*, *op. cit.*

dont les nominations illustrent les rythmes politiques du mandat. En juin 1969 s'éteignent l'ère et le souffle de Malraux. Le gaulliste Edmond Michelet lui succède rue de Valois. C'est « François Coppée succédant à Pindare », commente-t-il lui-même. Michelet peine à trouver sa place face à une volonté présidentielle affirmée. Jacques Duhamel, le chef des centristes ralliés à Georges Pompidou, rehausse le prestige du ministère et incarne mieux que son prédécesseur la politique d'ouverture de Jacques Chaban-Delmas, de janvier 1971 au printemps 1973. La nomination de Maurice Druon, à l'inverse, symbolise le tournant conservateur du régime[1]. L'accession de l'académicien et auteur des *Rois maudits* (adaptés à la télévision en 1972 avec succès) à la rue de Valois est interprétée comme le signe d'une réaction. Le nouveau ministre affirme lui-même que « les gens qui viennent à la porte de ce ministère avec une sébile dans une main et un cocktail Molotov dans l'autre devront choisir[2] ». Le 13 mai, une manifestation anti-Druon est organisée pour protester contre « l'enterrement de la liberté d'expression ».

Nonobstant, la politique culturelle de Georges Pompidou ne rompt pas avec celle d'André Malraux. Comme l'auteur de *La Condition humaine*, le président veut conserver le patrimoine, stimuler la création artistique, diffuser le plus largement possible la culture. Il imprime néanmoins sa marque personnelle. Le chef de l'État accroît le budget du ministère des Affaires culturelles. Il était de moins de 600 millions de francs en 1969, et dépasse le milliard dès 1973. La part du budget de l'État allouée à la Culture atteint 0,55 % du budget sous le ministère de Jacques Duhamel, bien que cela reste très inférieur au 1 % revendiqué par les milieux culturels. Un Fonds d'intervention culturelle (FIC) est mis en place en 1971 pour soutenir les expériences innovantes dans le domaine artistique, en favorisant la coopération interministérielle et en impliquant davantage les collectivités locales. Des postes de directeurs régionaux des affaires culturelles sont créés en 1973, parmi l'ensemble des mesures destinées à rapprocher l'administration des citoyens. Ainsi, la politique culturelle de Georges Pompidou est inséparable de son analyse des évolutions sociales

1. Pascale Goetschel, Emmanuelle Loyer, « Les relations de Georges Pompidou avec les ministres des Affaires culturelles », *in* Jean-Claude Grohens, Jean-François Sirinelli (dir.), *Culture et action chez Georges Pompidou*, *op. cit.*, p. 313-337.
2. Déclaration de Maurice Druon reproduite dans *Le Monde* du 4 mai 1973.

des « Trente Glorieuses » et des liens qui existent, dans sa pensée, entre l'art et la politique.

Georges Pompidou cherche à maintenir un équilibre entre le passé, le présent et le futur. Il souhaite une France non défigurée par le progrès, mais ne fait pas de la conservation du patrimoine un impératif catégorique. On peut en donner plusieurs exemples, à propos des pavillons Baltard ou de la rénovation de l'Élysée. Le transfert des Halles de Paris à Rungis est décidé en 1959. L'annonce de la destruction des pavillons réalisés au milieu du XIXe siècle par Victor Baltard, symboles d'une architecture métallique de l'époque haussmannienne, suscite de nombreuses critiques dans le monde de l'art et de l'architecture. Georges Pompidou pense que leur maintien est incompatible avec l'opération de rénovation des Halles (ce n'est pas le Parthénon, aurait-il ajouté), mais il se montre favorable à la conservation d'un pavillon. De fait, les pavillons sont détruits, à l'exception d'un seul, démonté et remonté à Nogent-sur-Marne[1].

Cette tentative de synthèse entre la nécessité de bâtir la modernité et celle de garder les traces du passé se retrouve dans les travaux du palais de l'Élysée. La manufacture des Gobelins, celle de Sèvres, l'Atelier de création du Mobilier national sont sollicités par le président pour créer, dans un style contemporain, des ensembles décoratifs nouveaux pour les résidences présidentielles. Il s'agit de stimuler la création artistique et de faire des palais présidentiels des vitrines de la modernité, des reflets de la qualité des créations françaises, du made in France. Ainsi remeuble-t-il les salons du rez-de-chaussée de l'aile est (dite « aile Grévy ») de l'Élysée, et réaménage-t-il les pièces des appartements privés au premier étage. Les travaux sont confiés au designer Pierre Paulin et à l'Atelier de recherche et de création du Mobilier national. Le cahier des charges précise que les nouveaux aménagements devront être amovibles, afin de préserver le cadre existant. Les salons Paulin offrent des fauteuils en corolle ronds et moelleux, recouverts de daim marron. Les murs, dont Paulin supprime les angles droits, sont tendus de lainage beige. La deuxième pièce de réception est plus intime. Les murs sont des panneaux de tissu grège qui se rejoignent au plafond en formant une sorte de coupole. Au centre, une table ronde en verre fumé soutenue par une grande fleur en plastique éclairée par le sol. Entre ce salon et la couleur, une grande bibliothèque en

1. Voir Mathieu Flonneau, Pascal Geneste, Philippe Nivet, Émilie Willaert, *Le Grand Dessein parisien de Georges Pompidou*, Paris, Somogy éditions, 2010.

transacryl transparent, composée de 19 casiers rectangulaires qui se chevauchent en quinconce. La salle à manger est surplombée d'un immense lustre formé de 22 caissons irréguliers en forme de pétales, dans lesquels brillent des milliers de petites cannes et billes de verre diffusant une lumière dont on peut régler à volonté l'intensité[1]. Yaacov Agam réalise l'antichambre de 34 mètres carrés des appartements privés du président.

> Le couple [présidentiel] me donne carte blanche. […] Dans cet « espace-temps », couleur et lumière doivent structurer l'espace. Ainsi la luminosité bleue du plafond s'intensifie à mesure qu'on avance dans la pièce. Pour les murs, j'imagine des parois en structures détachées, qui incarnent le temps en mouvement : le jour qui se lève, la nuit qui s'assombrit. […] Six portes coulissantes font office d'entrée. […] Au centre, je crée une sculpture monumentale : un cube sur lequel est posée une sphère surmontée d'un triangle. D'où que l'on soit, l'image du spectateur s'y reflète[2].

L'installation finale comprend 6 portes en transacryl coloré, 53 verres peints bicolores, 32 verres diffusants, 54 réflecteurs en tôle laquée blanche, 54 réglettes fluo, 32 profilés « zigzag » en alu peint… Le salon Agam est inachevé au moment du décès du président. Il est terminé au cours de l'année 1974. Valéry Giscard d'Estaing le fait démonter et entreposer, avant d'être présenté en 1979 au Centre Pompidou.

« Paris n'est pas une ville morte, ce n'est pas un musée à entretenir. […] Nous sommes des conservateurs de civilisation. La difficulté est d'être aussi des créateurs[3]. » Ancrer la France dans la modernité, ouvrir la France sur le monde signifient faire de Paris la capitale internationale des arts, position que New York est en passe de lui voler[4]. Pour faire face à la concurrence américaine, le chef de l'État souhaite renforcer l'offre culturelle de la capitale.

---

1. Description des salons Paulin dans *Sélection du Reader's Digest*, cité par Charles-Louis Foulon, « Georges Pompidou, le mobilier national et la modernité », *in* Jean-Claude Grohens, Jean-François Sirinelli (dir.), *Culture et action chez Georges Pompidou*, *op. cit.*, p. 352.
2. Karine Grunebaum, « … pour les Pompidou, j'ai transfiguré un salon de l'Élysée », *Paris Match*, 16 novembre 2011.
3. Déclaration de Georges Pompidou sur l'art et l'architecture, art. cit.
4. Élisa Capdevila, « Georges Pompidou et Paris, capitale des arts », *in* Mathieu Flonneau, Pascal Geneste, Philippe Nivet, Émilie Willaert, *Le Grand Dessein parisien de Georges Pompidou*, *op. cit.*, p. 191 et *sq*.

Le président se montre favorable à différents projets de musées, dont l'ouverture d'un musée des arts impressionnistes dans la gare d'Orsay transformée. Une attention particulière est portée à la scène théâtrale et lyrique parisienne. Les théâtres nationaux parisiens sont en crise depuis 1968. Leur fréquentation baisse ; leur répertoire est jugé périmé comme à la Comédie-Française ou trop avant-gardiste, comme au Théâtre national populaire (TNP) dirigé par Georges Wilson. Pour relancer les activités, de nouvelles personnalités sont nommées à la tête de ces différentes institutions culturelles. Jack Lang, le promoteur du Festival international de théâtre de Nancy, prend ainsi la tête du Théâtre national de Chaillot en 1972. En confiant cette direction à Jack Lang, le ministre des Affaires culturelles espère réunir un public plus nombreux et diversifié à Chaillot, et l'ouvrir à des formes de spectacles plus contemporaines, mélangeant les différents arts[1]. L'Opéra et son orchestre sont placés sous la direction de deux des meilleurs directeurs de théâtre lyrique de l'époque : Rolf Liebermann et Georg Solti. Musicien, compositeur, le Suisse Liebermann prend la direction de l'Opéra de Paris en 1973. Il est considéré comme le « sauveur » de l'Opéra de Hambourg, « le saint-bernard des théâtres en détresse », qui est passé par la Scala de Milan et le Metropolitan Opera de New York. Il fait venir à Paris les meilleurs chanteurs du moment. Il est secondé par le célèbre chef d'orchestre Georg Solti, directeur musical de l'Orchestre de Paris.

La création du Centre Beaubourg illustre davantage l'ambition de démocratiser l'accès à la culture. Outre la volonté de donner à voir l'art moderne à un public qui dépasse celui des amateurs éclairés, le projet vise à refonder un musée d'art moderne et à promouvoir la lecture publique, par le biais d'une vaste bibliothèque.

> Je voudrais passionnément que Paris possède un centre culturel comme […] aux États-Unis avec un succès jusqu'ici inégalé, qui soit à la fois un musée et un centre de création, où les arts plastiques voisineraient avec la musique, le cinéma, les livres, la recherche audiovisuelle, etc. Le musée ne peut être que d'art moderne, puisque nous avons le Louvre. La création, évidemment, serait moderne,

1. Pascale Goetschel, « L'Élysée, le théâtre et l'action culturelle à Paris et en banlieue », *in* Mathieu Flonneau, Pascal Geneste, Philippe Nivet, Émilie Willaert, *Le Grand Dessein parisien de Georges Pompidou*, *op. cit.*, p. 205-206.

et évoluerait sans cesse. La bibliothèque attirerait des milliers de lecteurs qui du même coup seraient mis en contact avec les arts[1].

La comparaison avec le célèbre Museum of Modern Art (MoMA) de New York est implicite. Il existe déjà un musée d'art moderne dans la capitale, au palais de Tokyo, construit en 1937 à l'occasion de l'Exposition universelle. Les collections ont vieilli, le public le boude : il reçoit environ 165 000 visiteurs en 1971, contre 4 millions à la même époque pour le MOMA. Il faut ouvrir les musées, aller à la rencontre du public, en faire des espaces de relations entre créateurs et récepteurs, et pas seulement des lieux de conservation/exposition. La décision de construire le nouveau musée d'art moderne de la capitale est arrêtée en conseil restreint le 11 décembre 1969, sur l'emplacement du plateau Beaubourg (« choisi uniquement parce que c'était le seul disponible et que je voulais aller vite, sûr que si j'attendais, rien ne se ferait jamais », explique le président[2]). Dans une lettre datée du 15 décembre 1969, Georges Pompidou précise au ministre des Affaires culturelles, Edmond Michelet, la façon dont il conçoit le projet. Il souhaite qu'un concours international soit organisé, « le plus souple possible ». Aucune servitude de hauteur ne doit être imposée dans un premier temps. Le concours doit être accessible à tout architecte de talent, « serait-il jeune et dépourvu de moyens financiers ». Robert Bordaz, qui avait été responsable du pavillon français à l'Exposition universelle de Montréal en 1967, est nommé en conseil des ministres « délégué pour la réalisation du Centre du plateau Beaubourg », qu'il dirige de 1970 à 1977. Outre le Musée national d'art moderne et contemporain, Beaubourg comprend un centre de recherches acoustiques (l'Ircam de Pierre Boulez), un Centre de création industrielle (dirigé par François Mathey), et une bibliothèque publique d'information. La direction du musée d'art moderne est confiée au Suédois Pontus Hulten, qui a dirigé le Moderna Museet de Stockholm, musée pilote dans la création contemporaine et très ouvert aux avant-gardes. Le choix du concours d'architecture illustre pareillement la volonté de Georges Pompidou d'ouvrir l'art français à la création internationale. Présidé par le grand constructeur Jean Prouvé, le jury, qui compte des architectes de renom tels que Philip Johnson et Oscar Niemeyer, désigne

1. Extraits de la déclaration de Georges Pompidou sur l'art et l'architecture, art. cit.
2. *Ibid.*

comme lauréat le projet de l'Italien Renzo Piano et du Britannique Richard Rogers. Il s'inspire de la culture pop britannique et crée un espace ouvert sur la ville : sa façade ouest, transparente, laisse entrer la lumière et offre, du haut des escaliers mécaniques, une vue panoramique sur Paris. Il fait face à un parvis (la *piazza*), encaissé et coupé à la circulation. La fonction du bâtiment guide également sa conception : l'intérieur est totalement flexible. Les zones de service et les circulations sont toutes placées à l'extérieur, côté rue du Renard, dans des tuyaux dont chaque couleur correspond à un élément : le bleu pour l'air, le vert pour l'eau, le jaune pour l'électricité et le rouge pour la circulation. La superstructure est composée d'éléments préfabriqués en usine, acheminés par camion et montés la nuit. L'architecture du centre suscite maintes interrogations et critiques. Admiré par les uns, il est honni par les autres : « Beaubourg est un coup de force, un viol, un King-Kong architectural, aérolithe déposé au cœur du vieux Paris », commente le journaliste et critique André Fermigier[1]. Georges Pompidou aurait apprécié le projet sélectionné par le jury, suggérant seulement l'importance des couleurs, et de recourir à des coloristes de talent tels que Vasarely ou Agam[2]. Il s'est imposé dans le paysage parisien, intégré au cœur historique de Paris, tout en symbolisant la modernité architecturale du mandat de Georges Pompidou – et parfois son rejet.

Avant l'inauguration du centre et de ses collections, dont son décès prématuré l'a privé, Georges Pompidou souhaite qu'une grande exposition réunissant les principaux artistes vivant et travaillant en France ait lieu durant son mandat. Il confie à François Mathey le soin de l'organiser. L'exposition doit selon le chef de l'État répondre à un double souci. D'une part contribuer à lutter contre la tendance à faire croire que la France et Paris ont disparu au profit de New York, en tant que centres importants de la création artistique. D'autre part, faire connaître au public les tendances de l'art actuel. Et de conclure : « Au total, il faut se moquer des critiques et faire ce qu'on a à faire, qui est bon et utile à l'art et à la France dont on peut se préoccuper quand on est français et qu'on aime l'art sans faire pour autant preuve d'un

1. Cité par Simon Texier, « Georges Pompidou, l'architecture et Paris », *in* Mathieu Flonneau, Pascal Geneste, Philippe Nivet, Émilie Willaert, *Le Grand Dessein parisien de Georges Pompidou*, *op. cit.*, p. 181.

2. Élisa Capdevila, Jean-François Sirinelli, *Georges Pompidou et la culture*, *op. cit.*, p. 165-166.

nationalisme excessif[1]. » Concrètement, l'exposition tente de faire la synthèse entre les tendances novatrices artistiques françaises à travers l'œuvre de soixante-douze artistes. Mais le projet est mal accueilli par les milieux culturels. Nombreux sont ceux qui considèrent que l'exposition est une entreprise hypocrite de séduction de l'État qui ne fait rien pour les aider. Plusieurs invités refusent d'y exposer, tels Gilles Aillaud, Daniel Buren, Jean Dubuffet. Au sein de la majorité, les critiques vont également bon train, tandis que le chef de l'État est accusé de vouloir créer et imposer un art « majoritaire ». Le vernissage de l'exposition 72/72, *Douze Ans d'art contemporain en France*, a lieu le 16 mai 1972 au Grand Palais. Il vire au fiasco. Le vernissage est perturbé par la manifestation d'un groupe d'artistes hostiles à l'intervention de l'État dans l'art, le Front des artistes plasticiens (FAP), qui rassemble, sous la conduite de Gérard Fromanger, des plasticiens d'extrême gauche. Ils bousculent les visiteurs de l'exposition aux cris de « L'expo 72 : des artistes au service du capital ». Les CRS chargent deux fois dans la soirée. L'exposition ferme le soir même, pour une semaine. Une assemblée générale décide la réouverture moyennant le droit pour chaque artiste de manifester son mécontentement dans ses œuvres. Jacques Villeglé, François Dufrêne, Étienne Martin, Pierre Alechinsky retirent leurs œuvres, Joël Kermarrec retourne ses toiles, Daniel Spoerri entrepose des fromages dans sa salle pour suggérer les « puanteurs de l'expo ». Finalement, Georges Pompidou s'abstient de la visiter et l'exposition reçoit un peu plus de 70 000 spectateurs, ce qui est fort loin des ambitions affichées.

L'échec de l'exposition 72/72 résume les tensions entre le goût pompidolien pour la modernité, l'ambition de démocratisation culturelle et le maintien de l'ordre contre la persistance d'une société profondément contestataire. Elles sont à l'image de cette quête continue d'un équilibre, par définition instable, entre le passé, le présent et le futur, d'un juste milieu entre académisme et contestation des normes artistiques, entre tradition et modernité. Tels furent le syncrétisme pompidolien et la pensée d'un homme, qui, au seuil de son existence, confie à son ministre des Affaires culturelles Maurice Druon : « Plus je vais, plus je suis

1. Note tapuscrite de Georges Pompidou à François Mathey, 1er février 1972 (AN, 5AG2/1062 ; publiée *in* Elisa Capdevila, Jean-Francois Sirinelli, *Georges Pompidou et la culture*, *op. cit.*, p. 151-153).

convaincu que ce sont les littéraires qui doivent conduire le Gouvernement[1]. » Dans cette nouvelle recherche du temps perdu, « au fond de l'inconnu pour trouver du nouveau », disait Baudelaire, la politique culturelle et sociale du président Pompidou révèle un attachement profond au bien-être de ses concitoyens, à leur cadre de vie, à l'amélioration de leur quotidien. L'humaniste amoureux des arts n'a sans doute pas de grand dessein social mais il veut impérieusement rendre les Français et les Françaises heureux :

> Les peuples heureux n'ont pas d'histoire, je souhaiterais que les historiens n'aient pas trop de choses à dire sur mon mandat. Pas de guerre, pas de révolution, notamment. Je souhaiterais en revanche qu'on lise dans les manuels d'histoire que, de 1969 à 1976, la France a connu une période d'expansion, de modernisation, d'élévation du niveau de vie ; que grâce au progrès économique et social elle a connu la paix intérieure, que l'étranger l'a respectée […]. En un mot, que notre pays est resté fidèle à ses meilleures traditions tout en se tournant résolument vers l'avenir et vers la jeunesse. Que mon nom soit mentionné ou ne le soit pas n'est pas très important. Ce qui compte, c'est que mon mandat soit pour la France une période de sécurité et de rénovation, de bonheur et de dignité[2].

L'affaire Gabrielle Russier

Sabrina Tricaud

Le 1er septembre 1969, Gabrielle Russier, professeure de lettres âgée de trente-deux ans, est retrouvée morte dans son appartement, à Marseille. Elle s'est suicidée. Elle avait été condamnée pour détournement de mineur quelques mois plus tôt, après avoir entretenu une relation avec l'un de ses élèves, Christian Rossi. Cette fin tragique clôt une histoire somme toute commune, celle d'un amour devenu impossible, et juridiquement condamné, entre une professeure et son élève. Mais les circonstances du décès de la jeune femme, qui aurait pu signifier la fin d'un fait divers parmi tant d'autres, déclenchent une véritable « affaire », dont le débat se déploie dans les médias : qui a tué Gabrielle Russier ? Qui faut-il condamner ? L'opinion publique, la presse, les hommes et

1. Entretien de Maurice Druon par Noëlline Castagnez le 8 janvier 1997 (AN, AGP, 1AV85). Georges Pompidou aurait prononcé cette phrase lors du dernier entretien qu'il eut avec Maurice Druon, ministre des Affaires culturelles d'avril 1973 à février 1974.

2. Propos de Georges Pompidou cités par Édouard Balladur dans son avant-propos aux *Entretiens et discours, 1968-1974*, Paris, Flammarion, 1984, p. 21.

les femmes politiques, les artistes s'interrogent sur le sens de ce geste de désespoir qui, à maints égards, révèle toutes les tensions, les contradictions, les craquements de la société d'après-Mai 68.

Tout commence en effet en 1968. Gabrielle Russier, jeune agrégée de lettres, vient d'être nommée au lycée – mixte – des quartiers nord de Marseille. Elle se distingue de ses collègues par sa pédagogie que l'on qualifierait aujourd'hui d'innovante. Loin de la norme du cours magistral, *ex cathedra*, prononcé par le professeur du haut de son estrade, Gabrielle Russier pratique le cours dialogué, se déplace entre les tables, développe une pédagogie intuitive et interactive avec ses élèves. Les adolescents et les adolescentes peuvent échanger librement avec leur enseignante, et ce, même après les cours. Elle prend l'habitude de réunir autour d'elle, au café ou bien à son domicile, quelques lycéens avec lesquels elle entretient une relation privilégiée. Elle organise des sorties culturelles et sportives, qui font découvrir le théâtre ou le ski à ces fils et filles de milieux populaires. Puis vient le mouvement de Mai 68. Comme certains de ses collègues, elle participe aux manifestations aux côtés des lycéens. Et dans l'effervescence de ce mois de mai, elle commence à fréquenter Christian Rossi, son élève de seconde, âgé de seize ans quand elle en a trente et un. Cette relation ne paraît alors pas déplaire aux parents de Christian, universitaire dans la mouvance du PCF[1]. Le père de Christian soutenait d'ailleurs les revendications étudiantes. Mais la relation se poursuit durant l'été et les deux amants voyagent ensemble en Italie, à l'insu des parents de Christian. À la rentrée, ceux-ci veulent que leur fils rompe avec son enseignante, mais il refuse et fugue. Après maints conflits familiaux, les Rossi décident de porter plainte contre Gabrielle Russier pour enlèvement et détournement de mineur en novembre 1968. Elle est alors incarcérée à la prison des Baumettes durant cinq jours, puis libérée après que Christian a été retrouvé. Mais ils continuent de se fréquenter alors que le procès ne s'est pas encore tenu. Gabrielle est arrêtée une seconde fois en avril 1969. Elle est à nouveau internée durant cinquante jours aux Baumettes, et sort mi-juin. L'audience a lieu en juillet, à huis clos, car Christian est mineur. La presse commence à suivre l'affaire. Le jugement précise qu'il « est manifeste que la prévenue a abusé de l'ascendant qu'elle a pris sur ce jeune homme et l'a perturbé, par son obstination, au point de compromettre son avenir[2] ». Gabrielle Russier est condamnée à douze mois de prison avec sursis et 1 500 francs d'amende. Or, durant son incarcération, Charles de Gaulle a démissionné et Georges Pompidou a été élu à la présidence de la République. Elle peut ainsi espérer bénéficier de la grâce présidentielle. Mais le procureur a décidé de faire appel de ce jugement. L'objectif est de la faire condamner de telle sorte que la grâce présidentielle

1. Franz-Olivier Giesbert, *Histoire intime de la V*^e^ *République*, t. II, *La Belle Époque*, Paris, Gallimard, 2020, p. 342.

2. Pascale Robert-Diard, Joseph Beauregard, « L'affaire Gabrielle Russier : la condamnée », *Le Monde*, 29 juillet 2020.

ne puisse être mise en œuvre afin de pouvoir la radier de l'Éducation nationale. Alors que l'audience en appel doit avoir lieu mi-septembre, très atteinte psychologiquement, Gabrielle Russier met fin à ses jours le 1er septembre 1969.

Le fait divers se meut alors en affaire médiatique, qui polarise l'opinion entre soutiens bienveillants et empathiques et moralisateurs vilipendant la décadence sociale à travers cette histoire d'amour impossible. Dans *Paris Match*, le journaliste Jean Cau, ancien secrétaire de Sartre, fustige Gabrielle qui « n'avait pas le droit – avec son âge et ses deux enfants – d'engager un adolescent de seize ans et demi dans ce qui, au bout de la course, était une impasse de malheur, d'échec et de larmes. Elle a fui dans le suicide plutôt que de briser son orgueil et la dure écorce de son égoïsme [...][1] ». Mais la plupart des médias s'indignent contre l'acharnement judiciaire dont Gabrielle Russier a fait l'objet et cherchent des coupables : les parents de Christian, le système judiciaire... Pour une partie de la gauche et de l'extrême gauche, le suicide de Gabrielle est une véritable exécution et les coupables sont l'École, la Justice, la Police (des mœurs), les pouvoirs publics, le président et ses ministres... Toutes ces institutions sont représentées sur l'œuvre monumentale des peintres contestataires Alleaume, Latil, Cueco, Mikaeloff, Parré et Tisserand, les artistes de la coopérative des Malassis. Ils réalisent une suite narrative composée d'une cinquantaine de tableaux intitulée « Qui tue ? ou l'affaire Gabrielle Russier » avec pour sous-titre « L'histoire vraie d'une jeune femme, de son histoire d'amour, de sa mort », en 1970.

Le président de la République prend lui-même la parole lors de sa conférence de presse du 22 septembre 1969. Le service de presse de l'Élysée a demandé à un journaliste, Jean-Michel Royer, rédacteur en chef de Radio-Monte-Carlo, de poser une question sur cette affaire au président. C'est le seul exemple connu, sous la présidence Pompidou, où un journaliste a été sollicité pour évoquer un point particulier. D'ordinaire, le service de presse se met d'accord avec les journalistes accrédités sur les thématiques des entretiens. Les questions précises ne sont pas connues à l'avance[2]. Georges Pompidou a donc anticipé et préparé sa réponse. Il s'exprime sur l'affaire Gabrielle Russier en récitant des vers du poète Éluard : « J'ai ressenti comme beaucoup, eh bien, "Comprenne qui voudra/Moi mon remords ce fut/ [...] La victime raisonnable/ [...] Au regard d'enfant perdue/ [...] Celle qui ressemble aux morts/ Qui sont morts pour être aimés". C'est de l'Éluard. » Le président, normalien, agrégé de lettres classiques, ancien professeur à Marseille puis au lycée Henri-IV, avait coutume de citer des poèmes – il en connaissait des centaines par cœur – dans ses conférences de presse. Mais le poème d'Éluard qu'il a choisi ici, et qui figure dans son *Anthologie de la poésie française* publiée en 1961 chez

1. Pascale Robert-Diard, Joseph Beauregard, « L'affaire Gabrielle Russier : la mauvaise conscience », *Le Monde*, 31 juillet 2020.

2. Sabrina Tricaud, *L'Entourage de Georges Pompidou. Institutions, hommes et pratiques*, Bruxelles, PIE-Peter Lang, 2014.

Hachette, fait référence aux femmes tondues à la Libération. Beaucoup trouvent la citation ambiguë et en critiquent l'usage. Pourtant, elle résume bien le drame qui s'est noué. Les relations charnelles interdites, en temps de guerre comme en temps de paix, peuvent donner lieu à des amours passionnels, à des amours vraies et durables, où la raison, la morale, la justice ne font plus sens. Le chef de l'État perçoit indéniablement la réalité émotionnelle de cette histoire d'amour, comme durant la guerre, il avait pu en exister entre Françaises et soldats allemands. Dans son discours du 14 mai 1968, il avait analysé la « crise de civilisation » qui traversait la société française et il comprend vraisemblablement ce que l'affaire Russier révèle des aspirations libertaires de la jeunesse. Gabrielle lui paraît alors être la victime expiatoire d'une société qui crie sur les murs qu'il est interdit d'interdire, mais qui aspire désormais au retour à l'ordre politique, moral, sociétal, après l'anarchie du printemps 1968. L'acharnement judiciaire contre Gabrielle est sans doute, dans son esprit, comparable à la tonte des femmes de 1945, qui avait été une mesure épuratoire, la « condition nécessaire au nettoyage du pays[1] ».

Dans *L'Express* du 5 octobre 1969, Françoise Giroud s'interroge, elle aussi, sur le sens du geste de Gabrielle Russier : « On ne se suicide pas par amour, mais faute d'amour [...]. Le plus jeune des deux, si c'était elle ? » La future secrétaire d'État à la Condition féminine écrit :

> Une femme amoureuse et affectivement adulte eût rusé pour garder son amant. Avec le juge. Avec ces curieux parents, universitaires prompts à solliciter de l'ordre bourgeois ses gendarmes quand il s'agit de leur fils, qu'à le combattre quand il s'agit du fils des autres. [...] Une femme abritant non pas une révolte globale, donc puérile, [...] mais une véritable conscience politique, eût fortifié cette conscience en prison, au lieu d'en sortir exténuée. Mais une petite fille ? Une petite fille à laquelle on dit : « Tu es sale, tu es vilaine, on ne t'aime plus, on te méprisera... » Que fait-elle ? Elle le croit.

Et la journaliste de conclure : « Il faut se haïr pour se tuer. Mais comme ils s'y sont mis, tous, pour l'aider... » Françoise Giroud interprète le drame comme le résultat d'une intériorisation, par l'enseignante, des normes de genre, inculquées dès l'enfance. Le geste de Gabrielle Russier serait le désespoir d'une jeune fille confrontée à l'intransigeance du monde des adultes, aux injonctions qui assignent à chaque sexe son rôle et sa place : être mère, être femme, être professionnelle, et ne pas déroger.

Car l'affaire Gabrielle Russier remet en cause toutes les normes sociales et morales que la jeunesse des années 1960 a violemment contestées durant Mai 68. La jeune professeure incarne, par son mode de vie et sa pédagogie, les aspirations de ces baby-boomers révoltés. Tandis que la majorité est à vingt et un ans et que les

1. Fabrice Virgili, « Les "tondues" à la Libération : le corps des femmes, enjeu d'une réappropriation », *Clio. Femmes, genre, histoire*, n° 1, 1995, p. 111-127.

adolescents sont enjoints d'obéir à leurs parents malgré leurs aspirations à plus de liberté et de fureur de vivre, Gabrielle leur donne le droit de s'exprimer. Elle refuse le slogan « Sois jeune et tais-toi », mais encourage ses élèves à participer et à s'engager. La jeune femme était divorcée, à une époque où seule une minorité de couples se sépare (environ 10 %). Elle était mère de deux jeunes enfants, âgés de huit ans, dont elle avait la garde, mais elle vivait en femme libre. Sa relation avec son élève reflète la libération sexuelle à laquelle aspirent de nombreuses jeunes femmes, alors que la pilule contraceptive se diffuse lentement et que la sexualité commence à être dissociée de la procréation. Avec Christian, Gabrielle pratique la « cohabitation juvénile », ce que d'aucuns critiquent comme un symptôme d'une crise de la famille. En 1968-1969, le droit de la famille fait encore de la femme une mineure juridique soumise à l'autorité du mari (le concept d'autorité parentale ne s'impose qu'en 1970, le divorce par consentement mutuel en 1975). La réaction des parents de Christian traduit la forte conflictualité entre les générations qui s'exprime dans de nombreuses familles. La relation entre les deux amants est caractéristique du rejet de l'autorité dans la famille, dans l'école et, de manière générale, dans la société. Car l'enseignante et son élève s'attaquent, malgré eux, aux institutions qui surveillent et punissent. L'objectif de la condamnation de Gabrielle Russier est de permettre sa radiation de l'Éducation nationale. Le procureur justifie ainsi l'appel après le suicide de la jeune femme[1]. Le recteur de l'académie, le professeur de médecine Claude Franck, aurait été lui aussi décidé à faire de cette affaire un exemple[2]. La « chienlit » finie, il s'agit de ne plus tolérer d'agitation révolutionnaire dans les lycées, ni dans les mœurs de ses fonctionnaires : rappeler le sens du devoir et de la morale. Tous ces éléments expliquent l'écho de l'affaire dans la presse et le débat qu'elle suscite entre les « pro-Gabrielle » et les « anti-Gabrielle ». Les artistes, chanteurs comme Léo Ferré, écrivains ou actrices, telle Simonne Signoret, accusent, aux accents d'Émile Zola, le système d'avoir tué Gabrielle. Les « anti » fustigent la dangereuse gauchiste qui a détruit le respect dû au professeur, le mauvais exemple donné à la jeunesse et aux mères de famille. Ainsi s'étale dans les médias le sempiternel rejeu de la querelle entre les Anciens et les Modernes, entre les partisans de l'ordre moral et du progrès social.

La relation de Gabrielle Russier et de Christian Rossi est devenue, dans la tourmente de mai, une question socialement vive, une affaire médiatique, un scandale politique. Et un drame que tente de retracer, dès 1971, le réalisateur André Cayatte avec son film *Mourir d'aimer* où l'actrice Annie Girardot incarne la jeune professeure de lettres. Charles Aznavour interprète la chanson du film : « Puisque notre amour ne peut vivre/Autant en refermer le livre/Mourir d'aimer. »

1. Pascale Robert-Diard, Joseph Beauregard, « L'affaire Gabrielle Russier : la mauvaise conscience », art. cit.

2. Pascale Robert-Diard, Joseph Beauregard, « L'affaire Gabrielle Russier : la condamnée », art. cit.

RETOUR AUX SOURCES DU GAULLISME : PIERRE MESSMER À MATIGNON, LES ÉLECTIONS LÉGISLATIVES DE MARS 1973

Jérôme Pozzi

Le demi-échec du référendum sur l'élargissement des Communautés européennes du 23 avril 1972 est ressenti par Georges Pompidou comme le signe d'une faiblesse dans la capacité du gouvernement à mobiliser les électeurs de la majorité. Les relations entre le chef de l'État et le Premier ministre se crispent sur d'autres questions, notamment la réforme de l'ORTF, mais la rupture entre Matignon et l'Élysée se cristallise en mai, lorsque Jacques Chaban-Delmas propose d'engager la responsabilité de son gouvernement devant l'Assemblée nationale à la suite d'un débat de politique générale. Georges Pompidou estime que son Premier ministre lui force la main. Dans la logique de la Ve République, le gouvernement ne peut procéder que du chef de l'État et ce n'est pas aux députés de lui imposer le maintien du gouvernement. À partir du 23 mai 1972, date à laquelle l'Assemblée nationale vote la confiance demandée à une large majorité, les jours de Jacques Chaban-Delmas à Matignon sont comptés.

À la demande du président de la République, le maire de Bordeaux donne sa démission à l'issue du conseil des ministres du 5 juillet 1972. En dehors du fait que Georges Pompidou et Jacques Chaban-Delmas ne partagent pas la même idée du fonctionnement des institutions de la Ve République, le chef de l'État entend remettre de l'ordre au sein de la majorité et faire taire les voix discordantes qui l'accusent de s'éloigner des masses de granit du gaullisme, d'où l'enjeu du choix du locataire de Matignon. Le discours que prononce Georges Pompidou le 18 juin 1972, à l'occasion de l'inauguration du mémorial de Colombey-les-Deux-Églises, témoigne de sa détermination et montre à quel point il entend resserrer les rangs du gaullisme autour de sa personne : « Pour nous qui portons devant l'histoire le terrible poids d'être ceux qui, après Charles de Gaulle, ont assumé la responsabilité du pays, nous faisons, devant cette croix de Lorraine et sur votre tombeau, serment d'être fidèles à la leçon que nous avons reçue de vous : tout pour que vive la France. »

Pierre Messmer à Matignon : resserrer les liens avec l'Élysée

La nomination de Pierre Messmer au poste de Premier ministre (6 juillet 1972) marque un tournant dans les relations entre l'Élysée et Matignon, à savoir le passage d'une période de tensions – qui correspond aux trois années que Jacques Chaban-Delmas a passées rue de Varenne – à une période de sereine collaboration. Pourtant, tout semble opposer le normalien Pompidou au légionnaire qui a combattu à Bir Hakeim[1], qu'il s'agisse de leur formation intellectuelle, de leur parcours au sein de la famille gaulliste ou de leur style personnel. À l'inverse du chef de l'État, Pierre Messmer n'est pas un homme tout droit sorti de l'appareil partisan ou de l'entourage du Général. Cependant, son engagement gaulliste est au-dessus de tout soupçon, avec les combats de la France libre, l'ordre de la Libération et surtout le poste de ministre des Armées sous de Gaulle de 1960 à 1969, comme bornes témoins[2]. Cette longévité en dit long sur la confiance que le Général portait à un homme qui a rejoint les chemins de la France libre dès 1940. En juin 1969, Pierre Messmer quitte la rue Saint-Dominique avec le « sentiment du devoir accompli[3] », sans être surpris de ne pas avoir été reconduit dans ses fonctions par le nouveau président de la République. Dès 1967, Georges Pompidou lui avait dit qu'il occupait ce poste depuis trop longtemps et qu'il devrait le quitter prochainement[4]. Au moment où il accède à l'Élysée, les rapports entre Georges Pompidou et Pierre Messmer ne sont donc pas spécialement chaleureux. Mais ils ne peuvent pas être considérés pour autant comme mauvais, même si ses idées sur la participation ne sont pas les mêmes que celles du chef de l'État[5]. Par ailleurs, Pierre Messmer se présente comme le gardien de la flamme gaulliste depuis que le général de Gaulle

1. Voir Jean-François Muracciole, « Pierre Messmer et la France libre : un Français libre exemplaire », *in* François Audigier, François Cochet, Bernard Lachaise, Maurice Vaïsse (dir.), *Pierre Messmer. Au croisement du militaire et du politique*, Paris, Riveneuve, 2012, p. 61-73.

2. Voir Frédéric Turpin, *Pierre Messmer. Le dernier gaulliste*, Paris, Perrin/ministère des Armées, 2020.

3. Interview de Pierre Messmer par Jérôme Pozzi, 24 mai 2002.

4. *Ibid.*

5. Pierre Messmer, *Après tant de batailles. Mémoires*, Paris, Albin Michel, 1992, p. 353-354.

a quitté le pouvoir. Il crée le 8 mai 1969 l'association Présence et action du gaullisme dont la présidence est assurée par un de ses proches, le député de Paris Hubert Germain. Cette association est doublée quelques semaines plus tard d'une amicale parlementaire lancée par Jacques Vendroux[1], le beau-frère de l'Homme du 18 juin, avec pour but de « poursuivre les objectifs fondamentaux du gaullisme[2] ». Même si Georges Pompidou considère initialement que Présence et action du gaullisme est « une machine dirigée contre lui[3] », elle est ensuite instrumentalisée par son entourage, notamment Pierre Juillet et Marie-France Garaud, afin de concentrer ses attaques à l'encontre du Premier ministre Jacques Chaban-Delmas.

Au sein de sa famille politique, Pierre Messmer est considéré – selon ses propres termes – comme « quelqu'un d'extérieur à l'appareil politique gaulliste, mais qu'il faut ménager[4] ». Il n'a jamais été membre du RPF, le mouvement gaulliste opposé à la IVe République, et c'est seulement lors des élections législatives de 1967 qu'il effectue son baptême du feu électoral, en se présentant sous l'étiquette de l'UDV^e^ dans la circonscription de Lorient, où il est battu au second tour. Malgré cet échec, le général de Gaulle le maintient au Gouvernement, afin qu'il poursuive le travail de réorganisation qu'il a entamé à la tête du ministère des Armées et de création de la force de frappe nucléaire[5]. En juin 1968, Pierre Messmer est candidat à la demande du chef de l'État[6], dans la circonscription de Sarrebourg, ville de tradition militaire, où il est élu facilement au premier tour. Pierre Messmer parvient à se constituer en Moselle un fief électoral : il est élu conseiller général (1970), maire de Sarrebourg (1971), conseiller régional (1972) puis président de la région Lorraine[7] (1978).

1. Jérôme Pozzi, « Le gaullisme de Jacques Vendroux : entre fidélité et intransigeance », *Revue du Nord*, n° 394, janvier-mars 2012, p. 171-184.
2. Jacques Vendroux, *Souvenirs de famille et journal* politique, t. II, *Ces grandes années que j'ai vécues, 1958-1970*, Paris, Plon, 1975, p. 353.
3. Jean Mauriac, *L'Après de Gaulle. Notes confidentielles, 1969-1989*, Paris, Fayard, 2006, p. 39-40.
4. Interview de Pierre Messmer par Jérôme Pozzi, 24 mai 2002.
5. Jacques Foccart, *Journal de l'Élysée*, t. I, *op. cit.*, p. 593. Voir Frédéric Turpin, *Pierre Messmer*, *op. cit.*, en particulier le chapitre VII intitulé : « Louvois du Général », p. 169-211.
6. Interview de Pierre Messmer par Jérôme Pozzi, 24 mai 2002.
7. Voir François Roth, « Pierre Messmer en Lorraine : présidence du Conseil régional », *in* François Audigier, François Cochet, Bernard Lachaise, Maurice Vaïsse (dir.), *Pierre Messmer*, *op. cit.*, p. 351-366.

Pourtant, le choix de Pierre Messmer pour le poste de Premier ministre ne va pas naturellement de soi. En dehors des différences liées à leurs itinéraires politiques et professionnels ainsi qu'à leurs tempéraments respectifs, Georges Pompidou nourrit de profonds liens d'amitié avec Olivier Guichard, le député-maire de La Baule, que de nombreux gaullistes voient déjà succéder au maire de Bordeaux à Matignon. Comment expliquer que l'hypothèse Guichard ait été écartée ? Échaudé par l'expérience de son rendez-vous manqué avec Jacques Chaban-Delmas, le chef de l'État entend tourner la page, sur le fond comme sur la forme. Comme a pu l'écrire Michel Jobert, alors secrétaire général de l'Élysée, Georges Pompidou est convaincu de la « nécessité d'un changement profond[1] ».

Ainsi, l'entourage du chef de l'État, notamment Pierre Juillet et Marie-France Garaud, pèse de tout son poids pour le choix de Pierre Messmer à Matignon[2]. Anne-Marie Dupuy, chef de cabinet de Georges Pompidou, lui est favorable[3] et confie au chef de l'État : « C'est un militaire dans l'âme [...]. Pierre Messmer a toujours été un homme d'une grande fidélité, d'une discipline et d'une droiture exemplaires. Si vous le prenez comme Premier ministre, il vous sera tout aussi dévoué[4]. » Dans une même veine, Xavier Marchetti, chargé de mission au service de presse de l'Élysée, confie au sujet de Pierre Messmer à la journaliste Michèle Cotta : « C'est un homme de l'Est, discipliné, plus facile, plus obéissant que Chaban[5]. » Par ailleurs, il ne faut pas négliger deux aspects. D'un côté, l'effet de surprise de la nomination de Pierre Messmer alors que la majorité, tout comme l'opinion publique, s'attend plutôt à celle d'Olivier Guichard. De l'autre, le fait que l'ancien ministre des Armées apparaisse plutôt comme un homme neuf par rapport à Olivier Guichard, bien qu'il soit un peu plus âgé que ce dernier. Cette impression est en partie liée au fait que Pierre Messmer n'apparaît pas, à proprement parler, comme un homme politique issu d'un appareil partisan et de ce fait en première ligne dans les combats électoraux passés.

1. Michel Jobert, *Mémoires d'avenir*, Paris, Grasset, 1974, p. 205.
2. Marie-France Garaud, *La Fête des fous. Qui a tué la Ve République ?*, Paris, Plon, 2006, p. 87.
3. AN, Institut Georges-Pompidou (désormais abrégé en IGP), 1AV320-324, entretien d'Anne-Marie Dupuy.
4. Anne-Marie Dupuy, *Le Destin et la Volonté*, Paris, La Table ronde, 1996, p. 194.
5. Michèle Cotta, *Cahiers secrets de la Ve République*, t. I, *1965-1977*, Paris, Fayard, 2007, p. 371.

Le choix de Pierre Messmer est donc stratégique pour le chef de l'État. Il lui permet tout d'abord de faire taire les procès d'intention à son encontre en provenance des marges de la famille gaulliste, ensuite de prendre ses distances vis-à-vis des barons, qu'il trouve « de plus en plus encombrants[1] », enfin de remettre de l'ordre dans les rangs de l'UDR. D'ailleurs cette dernière raison est fondamentale aux yeux de Georges Pompidou[2], tout comme la volonté de tourner la page d'un certain nombre de scandales politico-financiers qui concernent des membres du mouvement gaulliste sous sa présidence[3]. L'argument de l'autorité du chef de l'État sur son Premier ministre est primordial pour expliquer le choix de Messmer. Comme a pu l'écrire Michel Jobert : « Georges Pompidou avait hésité entre Olivier Guichard et Pierre Messmer. Peut-être avait-il craint qu'avec le premier il n'eût encore le souci quotidien de deviner les initiatives ou de les contrôler[4]. » Tout compte fait, le choix du ministre d'État en charge des Territoires et Départements d'outre-mer (février 1971-juillet 1972) doit être considéré comme une « décision positive, c'est-à-dire prise en faveur de Pierre Messmer, et non pas une décision négative, c'est-à-dire en défaveur d'Olivier Guichard[5] ». En outre, la nomination de Pierre Messmer traduit une évolution vers la droite de la présidence pompidolienne.

Le chef de l'État reprend donc en main le cours des événements et bénéficie avec l'arrivée de Pierre Messmer à Matignon d'un nouveau souffle. De plus, l'Élysée entend montrer que le nouveau Premier ministre a dorénavant moins de marge de manœuvre que son prédécesseur[6] et que le sommet de l'exécutif doit reposer sur « des relations de confiance plus apaisées et qu'il n'y aura pas de problème d'accords sur la politique et le rythme à donner à celle-ci[7] ». D'ailleurs, le fait que le directeur de cabinet du nouveau Premier ministre, en l'occurrence le préfet Pierre Doueil, soit choisi personnellement par

1. Interview de Pierre Messmer par Jérôme Pozzi, 24 mai 2002.
2. Michel Debré, *Entretiens avec Georges Pompidou, 1971-1974*, Paris, Albin Michel, 1996, p. 108.
3. Michel Jobert, *Mémoires d'avenir*, *op. cit.*, p. 206.
4. *Ibid.*, p. 230.
5. Gilles Le Béguec, « Être gaulliste après de Gaulle », *in* Gilles Le Béguec, Frédéric Fogacci (dir.), *Olivier Guichard*, Paris, Nouveau Monde éditions/Fondation Charles-de-Gaulle, 2018, p. 65-81.
6. Michel Jobert, *L'Autre Regard*, Paris, Grasset, 1976, p. 227-228.
7. AN, IGP, 1AV578-581, entretien d'Édouard Balladur.

Georges Pompidou[1] reflète la symbiose qui doit être désormais la règle au centre d'un triangle dont les trois sommets sont composés du chef de l'État, de son entourage et du cabinet de Matignon.

Cependant, l'effet de surprise provoqué par la nomination de Pierre Messmer ne se répercute pas dans la composition du Gouvernement, qui n'est pas fondamentalement bouleversée par rapport au précédent. Du côté des gaullistes, Michel Debré demeure dans ses fonctions aux Armées, Olivier Guichard prend en charge un ministère de l'Aménagement du territoire taillé sur mesure et Jacques Chirac quitte avec plaisir les Relations avec le Parlement – confiées à Robert Boulin[2] – pour succéder à Michel Cointat à l'Agriculture. En outre, Jean Charbonnel, Jean Foyer et Hubert Germain font leur entrée au Gouvernement. Ils avaient tous les trois signé le 12 juillet 1971 le manifeste des présidents des commissions de l'Assemblée nationale[3], en compagnie d'Alain Peyrefitte, Alexandre Sanguinetti et Maurice Lemaire. Ce manifeste dénonçait « une mauvaise conception des rapports de l'exécutif avec le législatif », un texte perçu comme une attaque contre la manière de gouverner et les méthodes du Premier ministre Jacques Chaban-Delmas. Dans ce premier gouvernement Messmer, il convient de souligner la sortie de Roger Frey, qui retrouve son siège de député en 1973, avant d'être nommé président du Conseil constitutionnel en mars 1974. Par ailleurs, l'équilibre politique au sein du Gouvernement reste inchangé. Maurice Schumann conserve les Affaires étrangères, René Pleven demeure à la Justice, Raymond Marcellin à l'Intérieur et Valéry Giscard d'Estaing à l'Économie et aux Finances. Enfin, Edgar Faure est nommé ministre d'État chargé des Affaires sociales. Tout compte fait, le premier gouvernement Messmer est un gouvernement de combat, dont l'objectif est avant tout de conduire la bataille des élections législatives de mars 1973.

Plus que la composition en elle-même du Gouvernement, c'est l'état d'esprit qui prévaut à sa mise en œuvre qui est essentiel. L'entente et l'harmonie sont de mise entre l'Élysée et Matignon dans la nomination de tel ou tel ministre, car la feuille de route du

1. Jérôme Pozzi, *Les Mouvements gaullistes. Partis, associations et réseaux, 1958-1976*, Rennes, PUR, 2011, p. 273.

2. Voir Hubert Bonin, Bernard Lachaise, Christophe-Luc Robin (dir.), *Robert Boulin. Itinéraires d'un gaulliste (Libourne, Paris)*, Bruxelles, PIE-Peter Lang, 2011.

3. Hubert Germain est alors le président de l'amicale parlementaire Présence et action du gaullisme et se joint aux signataires.

Premier ministre peut se résumer en un défi de taille : « Huit mois pour gagner les législatives[1]. » Comme a pu l'écrire l'intéressé : « De juillet 1972 à mars 1973, la préparation et la campagne des élections législatives représentent l'essentiel de mes soucis et de mon travail[2]. » Dans les faits, la perspective d'une défaite de la majorité parlementaire permet à *L'Express* de titrer sans détour : « Messmer : mission impossible[3]. »

À gauche, la signature du programme commun de gouvernement, le 27 juin 1972, donne des ailes à l'opposition qui espère bien « changer la vie[4] » après avoir remporté la bataille des législatives de mars 1973. Quelques années après les événements de Mai 68, l'accord fournit des perspectives aux militants et sympathisants de gauche qui y voient une unité retrouvée entre le PS et le PC, unité qui se complète par la suite avec le ralliement des radicaux de gauche. Le programme commun est constitué de quatre parties intitulées « Vivre mieux, changer la vie », « démocratiser l'économie, développer le secteur public, planifier le progrès », « Démocratiser les institutions et garantir les libertés » et « Contribuer à la paix et développer la coopération internationale ». Ce programme « marxo-keynésien[5] » propose la semaine de trente-neuf heures, la retraite à soixante ans et des nationalisations d'entreprises, une série de mesures qui est en partie reprise dans les *110 Propositions pour la France* du candidat François Mitterrand dans le cadre de l'élection présidentielle de 1981. Dans le registre institutionnel, le programme propose l'abrogation de l'article 16, la limitation des possibilités d'avoir recours au référendum, le passage du septennat au quinquennat pour le mandat présidentiel et l'élection au suffrage universel des assemblées régionales.

Dans la majorité, le programme commun est rapidement perçu comme une menace à quelques mois des élections législatives[6].

1. Nous reprenons ici le titre du chapitre XVIII de Pierre Messmer, *Après tant de batailles*, *op. cit.*, p. 357.

2. *Ibid.*, p. 359.

3. *L'Express*, 16 juillet 1972.

4. *Changer la vie. Programme de gouvernement du Parti socialiste et programme commun de la gauche*, Paris, Flammarion, 1972.

5. Mathieu Fulla, « Le programme commun de gouvernement : rupture économique ou artefact politique ? », *in* Danielle Tartakowsky, Alain Bergounioux (dir.), *L'Union sans unité. Le programme commun de la gauche, 1963-1978*, Rennes, PUR, 2012, p. 67-82.

6. Bernard Lachaise, « Les droites et le programme commun, 1972-1978 », *in* Danielle Tartakowsky, Alain Bergounioux (dir.), *L'Union sans unité*, *op. cit.*, p. 119-131.

Pierre Messmer comprend que cet accord des gauches en vue d'un futur Gouvernement peut être interprété par l'électorat comme la possibilité crédible d'une alternance politique : « Il a créé un climat politique nouveau. L'union de la gauche, hier simple cartel électoral, propose maintenant une solution de rechange au régime qui, depuis quinze ans, gouverne la France[1]. » Un sondage réalisé par la Sofres du 10 au 16 janvier 1973 confirme que les intentions de vote sont à l'avantage de la gauche (46 %) par rapport à la majorité (38 %). Certes, les gaullistes s'attendent à ne pas retrouver le groupe pléthorique qu'ils ont obtenu aux élections législatives de juin 1968. Mais la perspective d'une victoire de l'opposition contribue à resserrer les rangs derrière le Premier ministre qui est *de facto* le chef de la majorité. Par ailleurs, en cas de victoire de la gauche, que ferait le président de la République ?

Pour le pouvoir exécutif, ces élections ne se présentent initialement pas sous un jour favorable. En dehors du rassemblement de l'opposition derrière la bannière du programme commun, la famille gaulliste est traversée depuis plusieurs mois par des scandales politico-financiers[2]. En juillet 1971, le scandale financier et immobilier de la Garantie foncière est révélé au grand jour. Il met en lumière les liens étroits qui unissent des élus de l'UDR et des promoteurs peu scrupuleux, au premier rang desquels le député de Paris André Rives-Henrys, un ancien collaborateur de Jacques Chaban-Delmas[3]. Michel Poniatowski, le bras droit de Valéry Giscard d'Estaing, en profite pour fustiger « la République des copains et des coquins ». Plus subtil, le journaliste Pierre Viansson-Ponté se contente de faire remarquer que « la fleur vénéneuse épanouie dans le marécage du gaullisme immobilier empoisonne dangereusement l'atmosphère[4] ». En novembre 1971 éclate l'affaire Édouard Dega, du nom d'un inspecteur des impôts qui a permis à des contribuables de son ressort de bénéficier d'un avoir fiscal et dont les péripéties aboutissent en janvier 1972 à la publication de la feuille d'impôts de Jacques Chaban-Delmas. Alors qu'on aurait pu croire que l'arrivée

1. Pierre Messmer, *Après tant de batailles*, *op. cit.*, p. 363.
2. Voir Jean Garrigues, *Les Scandales de la République. De Panama à l'affaire Elf*, Paris, Robert Laffont, 2004, p. 198-206.
3. « Le député-pédégé compromis dans le scandale de la Garantie foncière vient de chez Chaban », *Le Canard enchaîné*, 7 juillet 1971.
4. *Le Monde*, 23 juillet 1971.

de Pierre Messmer à Matignon éteindrait l'incendie des affaires, force est de constater qu'il n'en est rien. Le 13 septembre 1972, *Le Canard enchaîné* publie les révélations, documents à l'appui, du haut fonctionnaire Gabriel Aranda, bientôt surnommé par la presse l'« Archange ». Ancien conseiller technique chargé des relations avec la presse au cabinet d'Albin Chalandon, ministre de l'Équipement et du Logement, il dévoile des documents compromettants sur les pratiques de financement de l'UDR, *via* des sociétés immobilières et la construction d'autoroutes. Il fait notamment état de pots-de-vin dans la construction d'un chalet de l'UCPA à Val-d'Isère, qui a été emporté par une avalanche le 10 février 1970, faisant trente-neuf morts. Or, un permis de construire a été délivré pour ce chalet, alors qu'il se trouvait en zone inconstructible, moyennant quelques enveloppes savamment distribuées.

Comment tourner la page de ces affaires à quelques mois des élections législatives ? À l'UDR, toutes ces mises en cause de parlementaires conduisent à une sorte d'épuration du mouvement gaulliste, à la demande de Georges Pompidou[1] et de Pierre Messmer[2]. De même, il convient de remplacer le secrétaire général de l'UDR, en l'occurrence René Tomasini[3], dont le nom a été cité dans certaines de ces affaires et que *Le Canard enchaîné* surnomme « Toto Fricotin ». Le changement de direction à la tête du mouvement de la rue de Lille doit permettre de partir sur de nouvelles bases à l'approche des élections. Pierre Messmer propose au chef de l'État de s'orienter vers Alain Peyrefitte, président de la commission des affaires culturelles, familiales et sociales de l'Assemblée nationale pour succéder à René Tomasini[4]. Ancien élève de l'École normale supérieure et de l'École nationale d'administration (ENA), il est solide sur le plan intellectuel, ce qui rassure Georges Pompidou[5]. Député de Seine-et-Marne depuis 1958, élu

1. Jacques Foccart, *Journal de l'Élysée*, t. IV, *La France pompidolienne : 1971-1972*, p. 495 et 529.
2. Pierre Messmer, *Après tant de batailles*, *op. cit.*, p. 352.
3. Jérôme Pozzi, « René Tomasini : parlementaire de choc, grand organisateur et homme de réseaux », *in* David Bellamy (dir.), *Parlementaires gaullistes de Normandie, Picardie et Nord-Pas-de-Calais, 1958-1981*, Amiens, éditions Encrage, 2013, p. 46-58. Actes de la journée d'études organisée à Amiens le 17 mai 2011 par le Centre d'histoire des sociétés, des sciences et des conflits de l'université de Picardie Jules-Verne, dans le cadre du projet Gaulhore de l'Agence nationale de la recherche.
4. Jacques Foccart, *Journal de l'Élysée*, t. IV, *op. cit.*, p. 465.
5. *Ibid.*, p. 459.

maire de Provins en 1965, il a été proche du général de Gaulle et a occupé plusieurs postes ministériels, ce qui lui confère une expérience politique certaine. Son profil paraît à la fois rassurant et intéressant pour le sommet de l'État. Dans ces conditions, Alain Peyrefitte est élu secrétaire général de l'UDR le 5 septembre 1972 avec pour mission de resserrer les rangs et de conduire son camp vers la victoire aux prochaines élections.

Toutefois, au sein de la majorité, les problèmes de l'UDR font pour ainsi dire le bonheur de Valéry Giscard d'Estaing. Lors de son discours de Charenton – une localité du Val-de-Marne choisie car le député de la circonscription n'est autre que le RI Alain Griotteray[1] –, un meeting qui marque le lancement de la campagne des giscardiens en vue du scrutin législatif, il affirme que « la France souhaite être gouvernée au centre[2] ». Il considère qu'il faut apporter une perspective autre que celle de « l'État-UDR[3] » que dénonce notamment le député radical et ancien fondateur de *L'Express* Jean-Jacques Servan-Schreiber. Néanmoins, les gaullistes ne l'entendent pas ainsi et Michel Debré rétorque au ministre des Finances que « la conception d'un gouvernement de centre n'est pas compatible avec celle que l'UDR envisage pour la France[4] ». Par conséquent, le mouvement gaulliste n'entend pas remettre en cause sa ligne politique à la suite des affaires dévoilées dans la presse et oppose une fin de non-recevoir aux RI.

Les élections législatives des 4 et 11 mars 1973

La préparation des investitures pour les élections législatives se déroule dans un climat tendu, dans la mesure où la perspective d'une victoire de la gauche n'est pas exclue, ce que confirment un certain nombre de sondages préélectoraux. Face à une gauche unie derrière le « programme commun de gouvernement », la majorité se doit de tendre vers l'unité de

1. Alain Griotteray, *Mémoires. Aimer et servir la France*, Monaco, éditions du Rocher, 2004, p. 208.
2. VGE, discours de Charenton, 8 octobre 1972.
3. Jean-Jacques Servan-Schreiber a lancé cette formule lors du congrès radical de Suresnes en octobre 1971.
4. Édouard Bonnefous, Jean-Baptiste Duroselle et Pierre Gerbert (dir.), *L'Année politique, économique et sociale en France 1972*, Paris, PUF, 1973, p. 74.

candidature, ce qui n'est pas initialement la priorité des RI. Les négociations entre l'UDR, les RI et les centristes du CDP ont été ouvertes dès février 1971 à la demande du chef de l'État et confiées à Jacques Chirac, alors ministre délégué chargé des Relations avec le Parlement. Toutefois, il faut attendre la rentrée de septembre 1972 pour que les discussions progressent réellement. Cela s'explique en grande partie par un changement d'interlocuteurs, avec d'une part l'arrivée d'Alain Peyrefitte au secrétariat général de l'UDR et, d'autre part, le remplacement de Jacques Chirac par Robert Boulin dans le premier gouvernement Messmer. À cela vient s'ajouter l'insistance de Georges Pompidou pour parvenir à une discussion sereine sur l'unité de candidature alors que, dans le même temps, Michel Debré répond aux provocations de Michel Poniatowski en sonnant la charge contre les « gens de la majorité qui ne sont pas UDR et décident qu'il faudrait avoir partout une candidature UDR[1] ». Si l'ancien Premier ministre adopte une position intransigeante à l'égard de ceux qui tentent de discréditer le gaullisme, malgré les appels au calme du chef de l'État[2], l'attitude de ses compagnons est en revanche plus conciliante.

Somme toute, le choix des candidats pour les différentes circonscriptions s'effectue en deux temps. Tout d'abord, chaque composante de la majorité règle ses problèmes en famille, autour de quelques personnes habituées à traiter ces questions, comme Michel Herson à l'UDR. Ensuite, les réunions d'arbitrage se déroulent à Matignon autour de Pierre Messmer, Pierre Juillet, Philippe Mestre[3], Robert Boulin, Raymond Marcellin[4] et des trois secrétaires généraux des partis de la majorité[5] (Alain Peyrefitte, Michel Poniatowski et Jean Poudevigne). Le 12 décembre, la majorité publie la liste des 405 candidats qui sont investis pour se présenter sous l'étiquette de l'« Union des Républicains de progrès pour le soutien au président

1. Jacques Foccart, *Journal de l'Élysée*, t. IV, *op. cit.*, p. 495-496.
2. *Ibid.*, p. 552.
3. Neveu du député de Meurthe-et-Moselle Pierre-Olivier Lapie, dont il a été l'attaché parlementaire, Philippe Mestre est conseiller politique auprès de Pierre Messmer et chargé spécialement du dossier des investitures. Directeur de cabinet de Raymond Barre à Matignon (1978-1981), il est ensuite élu député UDF de la Vendée (1981-1993), avant d'être nommé ministre des Anciens combattants dans le gouvernement dirigé par Édouard Balladur (1993-1995).
4. Raymond Marcellin, *L'Importune Vérité*, Paris, Plon, 1978, p. 86.
5. Pierre Messmer, *Après tant de batailles*, *op. cit.*, p. 361.

de la République » (URP). Le sigle de l'URP tout comme les documents de campagne effacent toute référence à la Ve République ou au gaullisme afin de donner une image plus inclusive de la majorité. Dans 77 circonscriptions, on assiste à des « primaires » entre deux ou trois candidats de la majorité. Toutefois, l'URP n'investit pas de candidat contre l'ancien ministre Christian Fouchet[1], dont les critiques envers le pompidolisme ont tendance à s'accentuer depuis 1969.

Le 7 janvier 1973, Pierre Messmer présente le programme de la majorité à Provins, ville dont le premier édile est Alain Peyrefitte. La journée nationale de l'URP rassemble près de 1 500 participants (candidats, suppléants et délégués nationaux) et démontre la solidarité et l'unité de vue des trois partis de la majorité qui présentent publiquement leurs candidats. Les discours mettent l'accent sur le danger d'une victoire de la gauche aux prochaines élections et sur la menace que fait peser sur la France le programme commun. Alain Peyrefitte prédit le retour à la IVe République en cas de victoire des forces de gauche : « M. Mitterrand, sa rose au poing, souhaiterait que M. Pompidou inaugure les chrysanthèmes de la société collectiviste[2]. » Dans un long discours-programme de deux heures, Pierre Messmer se présente comme le véritable chef de la majorité, impressionnant au passage Jacques Foccart[3], qui doutait jusqu'alors de ses capacités de leader. Le Premier ministre dresse le bilan des premières années du mandat de Georges Pompidou, fait des propositions concrètes et critique le programme commun, dont il considère qu'il est composé de « déclarations de principes qui sont surtout des lieux communs[4] » regroupées en trois catégories : « des réformes que nous avons déjà réalisées, des projets que nous réaliserons, des bouleversements que nous refusons[5] ». Régulièrement interrompu par des applaudissements nourris, le Premier ministre détaille son projet politique et les réformes qu'il compte mener, soit un catalogue de 33 propositions, à l'instar de l'abaissement de la majorité civile de vingt et un à dix-neuf ans[6]

1. Jérôme Pozzi, « Christian Fouchet en Lorraine : une tentative d'implantation réussie ? », in *Bulletin des Amis du vieux Saint-Germain, actes du colloque Christian Fouchet (1911-1974). Un Saint-Germanois en politique*, n° 54, 2017, p. 44-59.
2. *La Nation*, 9 janvier 1973.
3. Jacques Foccart, *Journal de l'Élysée*, t. V, *op. cit.*, p. 31.
4. *Le Monde*, 9 janvier 1973.
5. *Ibid.*
6. Cette question a été débattue à plusieurs reprises au sein de la famille gaulliste en amont et en aval de mai 1968. Voir Jérôme Pozzi, « La question de

– une proposition qui est portée entre autres par les CDR[1], un mouvement gaulliste créé en Mai 68 –, de la réforme de la loi de 1920 qui réprime l'avortement, la construction de 600 000 logements par an, le doublement des retraites minimales, l'extension de la participation des salariés dans l'entreprise… Pierre Messmer conclut son discours en affirmant : « Nous avons mené à bien tant de réformes que la France de 1973 offre au monde un visage de jeunesse et de santé. Je puis le dire avec assurance : le changement, c'est nous ! Le mouvement, c'est nous ! Et nous le prouverons, non en paroles, mais en actes[2]. »

Le programme de Provins est un acte fort qui marque les esprits et permet de lancer la campagne de la majorité sur de bons rails. Rapidement, la campagne électorale de l'URP se concentre autour de trois axes, qui s'enchaînent chronologiquement de janvier à mars 1973 et s'articulent également les uns par rapport aux autres. Le premier axe repose sur une dénonciation radicale du programme commun qui émane de personnalités des trois partis de cette coalition électorale. Le deuxième est centré sur le fonctionnement des institutions en cas de victoire de la gauche, ce qui conduit un certain nombre de gaullistes à s'interroger sur ce que devrait faire le chef de l'État au cas où cette situation viendrait à se produire. Enfin, dans la dernière semaine de la campagne, mais aussi entre les deux tours de scrutin, la question de l'ouverture de la majorité aux réformateurs se pose, même si Alain Peyrefitte ne fait pas preuve, sur ce point, d'une grande diplomatie en qualifiant Jean-Jacques Servan-Schreiber de « Paganini de la girouette » et ses partisans de « trapèzes volants[3] ».

Afin de critiquer point par point le programme commun, Jean-Philippe Lecat, alors porte-parole du Gouvernement, a l'idée de confier à trois jeunes quadras de la majorité le soin d'écrire un livre. Cette suggestion est validée par l'entourage de Georges

---

la place des jeunes dans la vie politique sous Georges Pompidou (1969-1974) », *Revue du Nord*, n° 430, avril-juin 2019, p. 429-442.

1. *Citoyen*, n° 37, août-septembre 1972, compte rendu des travaux du 3e congrès national des CDR (27 au 28 mai 1972). Voir Jérôme Pozzi, « La question de la place des jeunes dans la vie politique sous Georges Pompidou (1969-1974) », art. cit.

2. *Le Monde*, 9 janvier 1973.

3. Cité *in L'Année politique, économique et sociale en France 1973*, Paris, PUF, 1974, p. 10.

Pompidou. *Le Piège*[1] est rédigé en « trois jours et trois nuits[2] » par Jean-Pierre Soisson (secrétaire général adjoint des RI), Bernard Stasi (vice-président du CDP) et Olivier Stirn (secrétaire national de l'UDR). Sans surprise, l'ouvrage prend des allures de pamphlet et critique le « piège » qui se refermerait sur les Françaises et les Français en cas de victoire de la gauche. Les auteurs démontent une à une les propositions du programme commun et prophétisent des « libertés surveillées » et une « régression planifiée » si l'alternance se produit. Par ailleurs, d'autres rameaux de la majorité sont mobilisés pour faire bloc derrière les candidats de l'URP. Ainsi, le club Nouvelle Frontière, présidé par Jean Charbonnel[3], ministre du Développement industriel et scientifique, publie un ouvrage collectif intitulé *Radioscopie des oppositions*[4] qui analyse le programme de la gauche et l'état de ses partis politiques. Parmi les auteurs, on remarque la présence de Paul-Marie de La Gorce, Annie Kriegel et Jean-Louis Bourlanges.

Georges Pompidou intervient, à plusieurs reprises, au cours de la campagne électorale. Tout d'abord, il réaffirme qu'il tient ses pouvoirs du peuple et qu'il compte bien exercer son mandat même en cas de victoire de la gauche, c'est-à-dire en appliquant la Constitution et en ayant recours, si la situation l'exige, à la dissolution de l'Assemblée nationale[5]. Ensuite, il s'en prend à l'attitude de François Mitterrand qui se voit déjà à Matignon. Il lui rappelle au passage qu'il a déjà procédé ainsi, sans succès, le 28 mai 1968, en prétendant dans une conférence de presse organiser la succession du général de Gaulle[6]. Enfin, il met en garde les électeurs contre l'hypothèse de l'alternance car si la gauche devient majoritaire à l'Assemblée nationale, « le président de la République, dans ce système, aurait moins de pouvoirs qu'il n'en avait dans la IVe République[7] ».

---

1. Jean-Pierre Soisson, Bernard Stasi, Olivier Stirn, *Le Piège. Comment lire le programme commun*, Paris, France-Empire, 1973.
2. AN, IGP, 1AV410-417, entretien de Jean-Philippe Lecat.
3. Voir Gilles Le Béguec, Jérôme Pozzi (dir.), *Jean Charbonnel. Un intellectuel gaulliste en politique*, Paris, L'Harmattan, coll. « Historiques. Série Travaux », 2023.
4. Jean Charbonnel *et al.*, *Radioscopie des oppositions*, Paris, Plon, 1973.
5. AN, 5AG2/1090, conférence de presse de Georges Pompidou, 21 septembre 1972.
6. AN, 5AG2/1091, conférence de presse de Georges Pompidou, 9 janvier 1973.
7. AN, 5AG2/1091, entretien télévisé de Georges Pompidou avec le journaliste Jacques Alexandre, 8 février 1973.

Dans la communication politique des ministres du Gouvernement et des candidats de l'URP, la dénonciation du danger collectiviste en cas de victoire de la gauche est omniprésente. Sur ce point, on retrouve des éléments de langage qui ont déjà été utilisés par les candidats de l'UDR lors des élections législatives de juin 1968. D'ailleurs, force est de constater que l'analyse des professions de foi révèle que les candidats gaullistes usent plus de cet argument que leurs homologues centristes et RI, à l'exception notable de Michel Poniatowski qui annonce, en cas de victoire de la gauche, le risque d'« une dictature collectiviste[1] ». Dans les Hauts-de-Seine, Charles Pasqua se présente ainsi comme « le seul défenseur des libertés démocratiques face au candidat du Parti communiste[2] », alors que Bernard Pons est plus modéré en parlant d'un « choix de société[3] » qui se présente aux électeurs. De même, Robert Poujade évoque un choix entre la société libérale et démocratique défendue par les candidats de la majorité et « la société du socialisme démocratique qui a au moins deux défauts essentiels : son économie de contrainte freine l'élévation du niveau de vie ; elle brime les libertés essentielles : d'opinion, de religion, de propriété, d'héritage[4] ». Quant à Robert Galley, ministre des Transports et maire de Troyes, il interpelle les électeurs de sa circonscription en leur disant : « Vous ne tomberez pas dans le piège tendu à la France par les socialo-communistes qui vous proposent, avec un programme démagogique incohérent et dangereux, une société de contrainte qui ouvre la voie au totalitarisme et à la dictature[5]. »

Au soir du 4 mars 1973, la majorité recule par rapport aux élections de 1968, ce qui était prévisible dans la mesure où la surreprésentation des gaullistes ne reflète guère la réalité du poids de chacune des forces politiques. Toutefois, elle se maintient

1. Archives électorales du Cevipof (Cevipof par la suite), profession de foi de Michel Poniatowski, Val-d'Oise, 1ère circonscription, élections législatives des 4 et 11 mars 1973.

2. Cevipof, profession de foi de Charles Pasqua, Hauts-de-Seine, 4e circonscription, élections législatives des 4 et 11 mars 1973.

3. Cevipof, profession de foi de Bernard Pons, Lot, 2e circonscription, élections législatives des 4 et 11 mars 1973.

4. Cevipof, profession de foi de Robert Poujade, Côte-d'Or, 1ère circonscription, élections législatives des 4 et 11 mars 1973.

5. Cevipof, profession de foi de Robert Galley, Aube, 2e circonscription, élections législatives des 4 et 11 mars 1973.

à environ 38 % des voix, soit le score obtenu au premier tour des législatives de mars 1967. La participation est forte puisque plus de 80 % des électeurs inscrits se sont rendus aux urnes. Les centristes ne parviennent pas à percer. Les réformateurs obtiennent 12,5 % des voix, soit légèrement moins que le Centre démocrate en 1967, mais ils sont en position d'arbitres dans un certain nombre de circonscriptions. Le Mouvement réformateur a été créé en novembre 1971 et associe sous la forme d'une coalition le Centre démocrate de Jean Lecanuet, le Parti radical de Jean-Jacques Servan-Schreiber – mais sans les radicaux de gauche qui ont signé le programme commun sous la conduite de Robert Fabre –, le Centre républicain d'André Morice et le Parti de la démocratie socialiste d'Émile Muller[1]. Les réformateurs peuvent ainsi faciliter ou entraver l'élection du candidat de l'URP[2]. Pourtant, avec un tel résultat, force est de constater que les réformateurs ont raté leur opération « Troisième force ». La gauche connaît quant à elle une progression significative de 5 % par rapport à 1968. Par ailleurs, le programme commun profite plus aux socialistes qu'aux communistes. Certes, le PC demeure le premier parti de gauche, mais de peu. L'écart avec le PS s'est considérablement réduit, en l'occurrence 21 % pour le premier et 20,5 % pour les candidats de l'Union de la gauche démocratique et socialiste (UGDS). À lui seul, le PS passe de 16,5 % des suffrages en 1967 à 20 % en 1973. Par conséquent, le rééquilibrage de la gauche que s'est fixé François Mitterrand lors du congrès d'Épinay (11-13 juin 1971) semble être en passe de réussir. L'extrême gauche demeure résiduelle avec 3 % des suffrages exprimés, divisés entre les trois formations trotskistes et le PSU[3]. Enfin, le tout jeune Front national, qui a été fondé le 5 octobre 1972, n'obtient que 1,33 % des suffrages exprimés et Jean-Marie Le Pen, candidat dans le 14e arrondissement de

1. Voir Muriel Montero, « Le parti radical dans le mouvement réformateur », *in* Serge Berstein, Marcel Ruby (dir.), *Un siècle de radicalisme*, Villeneuve-d'Ascq, Presses universitaires du Septentrion, 2004, p. 187-201.

2. François Goguel, « Les élections législatives des 4 et 11 mars 1973 », in *Chroniques électorales*, t. III, *La Cinquième République après de Gaulle*, Paris, FNSP, 1983, p. 19-37.

3. Voir Noëlline Castagnez, Laurent Jalabert, Marc Lazar, Gilles Morin, Jean-François Sirinelli (dir.), *Le Parti socialiste unifié. Histoire et postérité*, Rennes, PUR, 2013.

la capitale[1], recueille à peine plus de 5 % des suffrages, soit un peu moins que le candidat du PSU.

Pour ce qui relève de la géographie électorale, la majorité qui présente ses candidats sous la bannière de l'URP connaît un certain recul dans l'Ouest et dans l'Est, à savoir dans ses fiefs traditionnels. Dans cinq régions, la majorité perd plus de 5 % des suffrages exprimés par rapport aux élections de 1967 : Nord, Picardie, Haute-Normandie, Lorraine, région parisienne. En revanche, elle étend son emprise dans des départements comme le Jura, la Haute-Saône, la Saône-et-Loire, le Loir-et-Cher et progresse sensiblement dans le Midi aquitain[2]. À gauche, le PC recule sans pour autant que l'on puisse parler d'un déclin. Le recul est très net à Paris où il passe de 22,3 % en 1967 à 17,9 % en 1973. Dans les neuf circonscriptions de la Seine-Saint-Denis, il ne refait son score de 1967 que dans une seule[3]. Pourtant, à l'échelle nationale, il se maintient dans nombre de ses bastions de la banlieue parisienne, du Nord-Pas-de-Calais et des Bouches-du-Rhône. La progression de la gauche non communiste est forte en Lorraine, Basse-Normandie, Bretagne et dans les Pays de la Loire, même si ses principales zones de force demeurent dans le quart sud-ouest du pays.

La semaine de l'entre-deux-tours est marquée, comme il se doit, par un certain nombre de tractations et d'appels au vote utile des responsables de la majorité. Ainsi, il apparaît indispensable au chef de la majorité de s'assurer des bonnes grâces des centristes d'opposition. Des contacts discrets ont été noués entre Jean Lecanuet et Jacques Chaban-Delmas, à l'époque où celui-ci était Premier ministre. Pierre Messmer renoue ces contacts et reçoit discrètement le sénateur-maire de Rouen à Matignon, afin de convenir d'une tactique pour le second tour qui « consiste à maintenir celui des candidats qui est arrivé en tête et à prévoir le désistement de l'autre[4] », ce qui permet à la majorité de « sauver une trentaine de sièges[5] ».

---

1. Il s'agit ici de la 15e circonscription de Paris (Petit-Montrouge, Montparnasse, Montsouris).

2. François Goguel, *Chroniques électorales*, t. III, *op. cit.*

3. Jacques Ozouf, « Géographie des élections législatives de mars 1973 », *Esprit*, n° 425, juin 1973, p. 1295-1317.

4. Témoignage de Pierre Messmer, *in* Jean-Paul Cointet, Bernard Lachaise, Gilles Le Béguec, Jean-Marie Mayeur (dir.), *Un politique : Georges Pompidou : actes du colloque des 25 et 26 novembre 1999 au Sénat, organisé par l'Association Georges Pompidou*, Paris, PUF, 2001, p. 377-387.

5. *Ibid.*

À la veille du second tour, le président de la République prononce une brève allocution dans laquelle il dit simplement aux Françaises et aux Français qu'ils doivent choisir entre « le communisme marxiste et les alliés qu'il s'est assurés[1] » et « tous les autres[2] », ce qui place ainsi avec une certaine habileté les centristes d'opposition dans le même camp que les partis de la majorité. Il dramatise ce choix de société en soulignant que deux modèles s'affrontent lors de ce second tour :

> D'un côté une société qui ignore ou qui supprime les libertés individuelles, la liberté politique, le droit de propriété et qui soumet la vie de chacun à l'autorité d'un parti et d'une administration totalitaires. De l'autre, une société libre, avec ses imperfections et ses injustices certes, comment le nier, mais qui respecte les droits de l'individu, qui permet à chacun de se servir comme il l'entend, pour lui-même et pour ses enfants, de ce qu'il a acquis, et de diriger, de rester maître de sa vie et de son destin, autant que faire se peut[3].

Une approche somme toute assez classique et bipolaire de la vie politique mais qui porte ses fruits.

Le 11 mars 1973, la dynamique favorable à la majorité se confirme. Les candidats de l'URP sortent vainqueurs des urnes et conservent la majorité avec 268 sièges (183 UDR, 55 RI, 30 CDP[4]) sur 490, contre 175 à la gauche (102 socialistes et radicaux de gauche, 73 communistes) et 34 pour les réformateurs[5]. À l'inverse de 1967, le résultat est net, même s'il l'est beaucoup moins qu'en 1968, puisque les gaullistes perdent une centaine de sièges, d'où l'impression d'une « victoire à la Pyrrhus[6] ». Les voix centristes permettent de dégager une majorité claire. Par conséquent,

---

1. AN, 5AG2/1091, allocution radiotélévisée de Georges Pompidou, 10 mars 1973.
2. *Ibid.*
3. *Ibid.*
4. En réalité, le groupe parlementaire de l'Union centriste parvient à être constitué, à la demande de Georges Pompidou, grâce au ralliement de six députés qui auraient dû siéger au groupe UDR (Pierre Lelong, André Audinot, François Bénard, Pierre Cornet, Frédéric Gabriel, Gérard Godon). Voir Pierre Lelong, *Une expérience française. 50 ans au cœur de la République*, Paris, France-Empire, 2012, p. 172-174.
5. Jacques Chapsal, *La Vie politique sous la Ve République*, t. I, *1958-1974*, Paris, PUF, 1987, p. 487-488.
6. Gilles Richard, « Les élections législatives de mars 1973 : victoire à la Pyrrhus des gaullistes et renforcement de la bipolarisation politique », *in* Gilles

la majorité n'a pas besoin de compter sur l'appui occasionnel des réformateurs pour faire passer sa politique à l'Assemblée nationale. Dans l'ensemble, le résultat du scrutin marque une évolution de l'électorat gaulliste. Celui-ci devient plus rural qu'ouvrier, ce qui traduit le passage progressif – certes amorcé depuis 1969 – d'un gaullisme teinté de social à un gaullisme plus conservateur, en d'autres termes d'un gaullisme gaullien à un gaullisme pompidolien. Ainsi, comme a pu l'écrire François Goguel : « Les élections législatives de 1973 ont en réalité marqué la fin d'une époque de la vie politique française, dominée par la personnalité du général de Gaulle et caractérisée par la prépondérance électorale du gaullisme. En ce sens, sans doute préfiguraient-elles le résultat qui devait être celui de l'élection présidentielle de 1974[1]. »

De timides lendemains

Les élections législatives remportées par la majorité mettent un terme à une période de doutes et d'incertitudes pour la majorité. Parmi les 183 députés gaullistes (159 inscrits et 24 apparentés), 47 font leur entrée au palais Bourbon pour la première fois, soit un peu plus du quart de l'effectif total du groupe UDR[2]. Certains d'entre eux entament en 1973 le début d'une belle carrière parlementaire comme Jacques Legendre (Paris), Étienne Pinte (Seine-et-Marne) et Jean Tiberi[3] (Paris). Le renouvellement générationnel du gaullisme semble en marche, même si les barons sont encore présents dans les coulisses. Au conseil des ministres du 14 mars 1973, Georges Pompidou tire les leçons du scrutin : « En définitive, le pays a souhaité que soient conciliés stabilité et renouvellement, continuité et ouverture[4]. » Le chef de l'État et son Premier ministre sont satisfaits des législatives et sortent renforcés de cette échéance électorale, alors que la gauche avait le vent en poupe. Pourtant,

Richard, Jacqueline Sainclivier (dir.), *Les Partis à l'épreuve de 68. L'émergence de nouveaux clivages, 1971-1974*, Rennes, PUR, 2012, p. 185-193.

1. François Goguel, *Chroniques électorales*, t. III, *op. cit.*
2. Jérôme Pozzi, *Les Mouvements gaullistes*, *op. cit.*, p. 187-204.
3. Suppléant de René Capitant lors des élections législatives de juin 1968, Jean Tiberi a occupé son siège de député lorsque celui-ci a rejoint le gouvernement de Georges Pompidou comme ministre de la Justice (31 mai 1968), portefeuille qu'il conserve dans le gouvernement de Maurice Couve de Murville.
4. Cité par Pierre Messmer, *Après tant de batailles*, *op. cit.*, p. 367.

la victoire de la majorité ne rejaillit pas sur le Premier ministre. Son image dans l'opinion est toujours celle d'une personnalité passée qui a peu de prise sur les événements, en d'autres termes un exécutant fidèle.

La rentrée parlementaire débute par la bataille pour le perchoir. Le président sortant, Achille Peretti, souhaite quitter ses fonctions et verrait bien Jacques Chaban-Delmas, ancien président de l'Assemblée nationale (1958-1969), le remplacer. Toutefois, Georges Pompidou met son veto car il estime que le maire de Bordeaux pourrait lui succéder à l'Élysée et considère qu'il devrait se placer en réserve de la République : « S'il m'arrive quelque chose, c'est Chaban le mieux placé. [...] Chaban sera mieux placé s'il n'est ni au Gouvernement ni président de l'Assemblée. [...] Il faut qu'il soit véritablement en réserve et qu'il puisse se faire valoir[1]. » En effet, depuis quelques mois, les rumeurs se multiplient au sein des entourages sur l'état de santé du chef de l'État et sur la mystérieuse maladie dont il serait atteint, ce qui conduit sans doute l'intéressé à projeter sa réflexion vers une échéance future. Pourtant, cette volonté d'écarter Jacques Chaban-Delmas du perchoir ne présage en rien de la désignation du maire de Bordeaux comme successeur désigné par le chef de l'État. D'ailleurs, Georges Pompidou émet en aparté de sérieux doutes sur la capacité de Chaban à exercer un jour la magistrature suprême[2], alors qu'à l'inverse il semble fasciné par la capacité de travail et l'esprit d'analyse de Valéry Giscard d'Estaing[3], même s'il ne l'aime pas. Ainsi, lorsqu'il reçoit à déjeuner les députés RI en avril 1973, il rend hommage à leur chef en évoquant la future échéance présidentielle :

> Je vous ai toujours dit que si vous étiez UDR, vous auriez la bénédiction de tous les députés de ce groupe, que vous fascinez quand vous leur parlez et qui, dès que vous avez le dos tourné, vous maudissent... Il faut que vous dépassiez ce cadre-là et que,

1. Propos rapportés par Jacques Foccart, *Journal de l'Élysée*, t. V, *op. cit.*, p. 112.
2. Georges Pompidou, *Lettres, notes et portraits. 1928-1974*, Paris, Robert Laffont, 2012, p. 480-483.
3. Cf. Michèle Cotta, « Pompidou choisit Giscard », *L'Express*, 4 février 1974. Cet article relaie une fuite provenant de Jean-Philippe Lecat, porte-parole du Gouvernement, encouragé par Pierre Juillet et Marie-France Garaud. La journaliste laisse entendre que Pierre Messmer s'apprête à être remplacé à Matignon par VGE. Voir Michèle Cotta, *Cahiers secrets de la Ve République*, t. I, *op. cit.*, p. 477.

tout en ayant vos amis autour de vous, vous apparaissiez comme une personnalité nationale et il n'y en a pas beaucoup, trois peut-être, peut-être quatre, c'est tout[1].

Après avoir rencontré Jacques Chaban-Delmas, qu'il convainc de ne pas se porter candidat au perchoir, Georges Pompidou soutient en coulisse la candidature d'Edgar Faure[2], car celui-ci lui semble capable de fédérer en bonne intelligence les gaullistes et les giscardiens. L'ancien président du Conseil de la IVe République, qui a été ministre sous de Gaulle et Pompidou, sorte d'« Ulysse aux mille tours[3] », apparaît ainsi comme l'homme idoine pour exercer cette fonction de premier plan. Le 2 avril, lors de la première séance de la nouvelle assemblée, Edgar Faure est élu président par 274 suffrages contre 180 à Pierre Mauroy, candidat de la gauche. Si le baron du gaullisme Jacques Chaban-Delmas a été habilement écarté de la présidence, Roger Frey est élu président du groupe parlementaire UDR. La consolation paraît bien maigre à ceux qui sont persuadés que Georges Pompidou écarte progressivement les barons des responsabilités importantes. Par ailleurs, le 3 avril, Edgar Faure donne lecture du message que le chef de l'État adresse aux députés. En dehors des formules de circonstance, il avance l'idée d'une réforme de la durée du mandat présidentiel par la voie parlementaire[4], c'est-à-dire en recourant à l'article 89 de la Constitution, ce qui va engendrer quelques remous et critiques dans les rangs de la famille gaulliste.

Reconduit dans ses fonctions, Pierre Messmer est appelé à former un deuxième Gouvernement le 5 avril. Georges Pompidou demande au locataire de Matignon de rencontrer Jean Lecanuet, afin de négocier son entrée au Gouvernement[5]. Le député-maire de Rouen accepte cette rencontre et demande le portefeuille des Affaires étrangères, sachant pertinemment que le chef de l'État refusera, ainsi que deux autres ministères importants pour des

1. Cité par Anne Nourry, Michel Louvois, *Le Combat singulier*, Paris, Denoël, 1980, p. 43.

2. Jean Mauriac, *L'Après de Gaulle*, *op. cit.*, p. 106-109.

3. Selon l'expression utilisée *in* Robert Poujade, *Avec de Gaulle et Pompidou. Mémoires*, Paris, L'Archipel, 2011, p. 157.

4. Cet axe est précisé par Pierre Messmer dans sa déclaration de politique générale prononcée devant l'Assemblée nationale le 10 avril 1973.

5. Témoignage de Pierre Messmer, *in* Jean-Paul Cointet, Bernard Lachaise, Gilles Le Béguec, Jean-Marie Mayeur (dir.), *Un politique : Georges Pompidou*, *op. cit.*

réformateurs, dont un pour Jean-Jacques Servan-Schreiber[1]. Vu les conceptions européistes et atlantistes de Jean Lecanuet, sa nomination au Quai d'Orsay serait perçue comme un *casus belli* par les parlementaires gaullistes. Quant à l'arrivée de l'auteur du *Défi américain*, ennemi déclaré de « l'État UDR », à la tête d'un ministère, elle serait interprétée comme une provocation. Tout compte fait, Jean Lecanuet et les réformateurs n'entrent pas au Gouvernement, ce qui fait finalement l'affaire de Georges Pompidou[2].

La composition du nouveau Gouvernement révèle néanmoins quelques surprises. Un certain nombre de départs sont liés aux circonstances. L'état de santé de Jacques Duhamel ne lui permet pas de demeurer dans ses fonctions, René Pleven et Maurice Schumann ont été battus aux élections législatives et ne sont pas reconduits. Michel Debré choisit, pour sa part, de ne pas faire partie de la nouvelle équipe car il se voit refuser le ministère des Finances par Georges Pompidou, un poste qu'occupe Valéry Giscard d'Estaing. En outre, le chef de l'État supporte de plus en plus mal les conceptions politiques rigides de Michel Debré et notamment son hostilité à l'ouverture au centre de la majorité. De ce fait, il est remplacé aux Armées par Robert Galley, le gendre du maréchal Leclerc. Par conséquent, il ne reste plus qu'un seul baron du gaullisme au Gouvernement, en l'occurrence Olivier Guichard, qui hérite du portefeuille de l'Aménagement du territoire et de l'Équipement, un choix cohérent pour une personnalité qui a été le premier délégué à la Datar en 1963. Alain Peyrefitte est nommé ministre des Réformes administratives et Jean Taittinger garde des Sceaux. Par ailleurs, deux personnalités conservatrices rejoignent le Gouvernement. D'une part, le député-maire de Tours Jean Royer, héraut de l'ordre moral et de la lutte contre la pornographie, nommé au Commerce et à l'Artisanat. D'autre part, l'académicien Maurice Druon qui hérite des Affaires culturelles. Considéré par certains comme le « Malraux de Pompidou », il se fait rapidement remarquer lorsqu'il affirme que les directeurs de théâtre, qui réclament au ministère des subventions, en tenant « la sébile d'une main et le cocktail Molotov de l'autre », devront

1. Michèle Cotta, *Cahiers secrets de la Ve République*, t. I, *op. cit.*, p. 414.
2. Témoignage de Pierre Messmer, *in* Jean-Paul Cointet, Bernard Lachaise, Gilles Le Béguec, Jean-Marie Mayeur (dir.), *Un politique : Georges Pompidou*, *op. cit.*

choisir. Deux entrées au Gouvernement donnent lieu à plus de commentaires que d'autres. Tout d'abord, la nomination de Michel Poniatowski au ministère de la Santé publique et de la Sécurité sociale, alors que le lieutenant de Valéry Giscard d'Estaing n'a jamais ménagé ses coups contre les gaullistes. Ensuite, dans un style différent, l'arrivée au Quai d'Orsay de Michel Jobert qui était jusqu'alors le secrétaire général de l'Élysée, poste où il est remplacé par Édouard Balladur[1].

Quelles sont les réactions de la majorité à l'égard de la composition du deuxième gouvernement Messmer ? Sans surprise, les ministres sortants font preuve d'une certaine amertume. Ainsi, Jean Foyer, quittant ses fonctions au profit de Michel Poniatowski, voit l'avènement d'une nouvelle ère : « Mon élimination, comme celle des ministres du Général en 1973, était un signe du temps. Une nouvelle génération, qui n'avait pas le même sens de l'État, plus attachée à la fortune de Jacques Chirac qu'à l'héritage du général de Gaulle, poussait le personnel du Général vers la sortie[2]. » Michel Debré voit dans son départ une sorte de caution donnée aux centristes et considère que ce Gouvernement « fait la part trop belle à des antigaullistes notoires[3] ». Le journaliste Raymond Barrillon, en fin connaisseur des arcanes de la Ve République, ne s'y trompe pas lorsqu'il écrit :

> L'ouverture voulue par un président de la République tout-puissant et désireux de regrouper sous sa bannière tous les modérés postulait la mise à l'écart d'un gaulliste intégriste. […] Michel Debré qui se sentait mal à l'aise depuis plusieurs mois et s'était trouvé en désaccord avec la stratégie électorale du chef de l'État […] se retrouve donc simple député. Serait-ce la fin d'une époque ? C'est un tournant. La France pompidolienne se cherchait depuis juin 1969. Elle s'est trouvée[4].

Dans les rangs de l'UDR, le départ de Michel Debré et l'arrivée de Michel Poniatowski sèment le trouble. Certains considèrent

1. Voir Sabrina Tricaud, *L'Entourage de Georges Pompidou. Institutions, hommes et pratiques*, Bruxelles, PIE-Peter Lang, 2014, p. 166-179.

2. Jean Foyer, *Sur les chemins du droit avec le Général. Mémoires de ma vie politique, 1944-1988*, Paris, Fayard, 2006, p. 455.

3. Michel Debré, *Combattre toujours. Mémoires, 1969-1993*, Paris, Albin Michel, 1994, t. V, p. 145-148.

4. Raymond Barrillon, « Une réalité et un tournant », *Le Monde*, 4 avril 1973.

que le chef de l'État est en train de brader l'héritage du Général[1]. Alexandre Sanguinetti, député de la Haute-Garonne et vieux grognard du gaullisme, se fait l'interprète de ce sentiment d'un malaise diffus lorsqu'il déclare : « L'ouverture ne doit pas être l'effacement du gaullisme au profit de ceux qu'il a battus[2]. » Par ailleurs, le fait qu'Alain Peyrefitte cumule un portefeuille ministériel et le poste de secrétaire général de l'UDR provoque quelques réticences chez les responsables de l'appareil partisan. Michel Debré envisage la création d'une présidence de l'UDR, une idée qui reçoit le soutien de Maurice Couve de Murville[3]. Mais le chef de l'État la rejette car il la considère comme une menace personnelle[4]. Lors du bureau exécutif du 11 avril, les débats opposent deux camps. Ceux qui pensent qu'Alain Peyrefitte doit quitter ses fonctions rue de Lille et ceux qui estiment qu'il peut cumuler les deux jusqu'aux prochaines assises du mouvement, prévues à Nantes pour l'automne 1973[5]. Jacques Foccart parvient à faire accepter le choix du chef de l'État, c'est-à-dire le maintien de Peyrefitte pour quelques mois, ce qui permet de gagner du temps en mettant sous cloche, pour l'instant, les velléités d'autonomie de l'UDR par rapport à l'Élysée[6]. Le 6 octobre 1973, deux candidats s'affrontent pour occuper le poste de secrétaire général de l'UDR : André Fanton, un proche de Michel Debré, et Alexandre Sanguinetti, une candidature à laquelle se rallient Georges Pompidou et Pierre Messmer, même s'ils auraient préféré une autre personnalité[7]. Pour la première fois dans l'histoire du mouvement gaulliste depuis 1958, l'élection du secrétaire général est réellement ouverte. Alexandre Sanguinetti l'emporte par 58 voix contre 56 à son challenger. Si pour le chef de l'État la déconvenue a été évitée de justesse, le nouveau secrétaire général résume bien dans sa déclaration à la presse toute la logique du parti majoritaire sous la Ve République : « La voie est étroite entre le soutien et la loyauté au Gouvernement et la nécessité de ne pas être un simple appendice du pouvoir. »

---

1. Jacques Foccart, *Journal de l'Élysée*, t. V, *op. cit.*, p. 168.
2. Cité *in L'Année politique, économique et sociale en France 1973*, *op. cit.*, p. 40.
3. *Le Monde*, 23 mars 1973.
4. Michel Debré, *Entretiens avec Georges Pompidou, 1971-1974*, *op. cit.*, p. 132-142.
5. Voir Jérôme Pozzi, *Les Mouvements gaullistes*, *op. cit.*, p. 285-286.
6. Jacques Foccart, *Journal de l'Élysée*, t. V, *op. cit.*, p. 182.
7. *Ibid.*, p. 308.

De l'été 1972 à l'été 1973, soit du départ de Jacques Chaban-Delmas de Matignon aux lendemains des élections législatives, la pompidolisation de la Ve République s'accentue. Le choix d'un Premier ministre qui n'est pas à proprement parler, du fait de son parcours, un professionnel de la politique, mais qui dispose d'une solide autorité, ce qui est lié à son caractère et à ses brillants états de service dans la France libre, témoigne de la part du chef de l'État d'une volonté de reprise en main de la majorité. Comme a pu l'écrire Robert Poujade au sujet de Pierre Messmer : « Il n'avait du grand fauve politique ni la fièvre d'ambition, ni la volonté de puissance, ni l'instinct du tueur. Mais il avait le goût et le sens de l'administration et du commandement[1]. » La nomination de l'ancien gouverneur de la France d'outre-mer à Matignon est une inflexion majeure du septennat tronqué de Georges Pompidou. Toutefois, si le nouveau Premier ministre semble moins imprévisible et plus méthodique que le héraut de la « nouvelle société », cette deuxième partie du mandat du président Pompidou ne connaît pas pour autant la fin des crispations internes à la majorité. Le climat de fin de règne, lié aux rumeurs sur la maladie du chef de l'État[2], crée une atmosphère pesante, le temps des spéculations semble lentement se substituer au temps de l'action. D'une part, sur les marges de sa famille politique, Georges Pompidou est accusé, à tort, de ne pas être le gardien scrupuleux d'une lecture orthodoxe du gaullisme. D'autre part, la montée en puissance des RI et surtout de leur jeune chef de file Valéry Giscard d'Estaing, à l'allure dynamique et moderne, contraste avec l'image déclinante du président en exercice. Ce contraste entre les deux hommes fait émerger dans l'opinion publique l'idée qu'une alternative aux gaullistes existe dans les limites de la majorité. Pour les gaullistes au pouvoir depuis le début de la Ve République, il ne s'agit pas en soi de la fin du monde, dans la perspective d'une victoire de l'union de la gauche aux élections législatives de mars 1973, mais assurément de la fin d'un monde.

---

1. Robert Poujade, *Avec de Gaulle et Pompidou*, *op. cit.*, p. 242.
2. En particulier après son déplacement à Reykjavik (31 mai-1er juin 1973). Voir Éric Roussel, *Georges Pompidou*, Paris, Perrin, coll. « Tempus », 2004, p. 571.

LE CHOC PÉTROLIER ET LA RIPOSTE FRANÇAISE

Annick Steta

De la Libération au début des années 1970, la France connaît une période exceptionnellement longue de croissance économique soutenue. Durant plus d'un quart de siècle, le taux de croissance annuel moyen du PIB reste supérieur à 5 %. Cette performance est plus spectaculaire que celle des États-Unis et du Royaume-Uni, pays dans lesquels le taux de croissance annuel moyen atteint respectivement 3,6 et 2,7 % pendant cette même période[1]. Elle se traduit par une hausse significative du revenu réel par tête : exprimé en monnaie constante, celui-ci est multiplié par 2,6 entre 1949 et 1973[2]. L'absence de récession[3] depuis la fin de la Seconde Guerre mondiale nourrit l'espoir d'une élévation ininterrompue du niveau de vie. La persistance d'une croissance économique forte a, par ailleurs, éloigné le spectre du chômage : le taux de chômage n'excède pas 2,8 % de la population active en 1973, ce qui correspond peu ou prou au chômage frictionnel[4]. Grâce à ce desserrement de la contrainte économique, une majorité de Français peut goûter aux joies de la société de consommation et envisager l'avenir sereinement.

Le choc pétrolier de 1973 reste dans la mémoire collective comme l'événement qui a mis fin à l'âge d'or des « Trente Glorieuses ». En réalité, le quadruplement du prix du pétrole observé entre septembre 1973 et janvier 1974 a été, comme l'a écrit Jean-Charles Asselain, « le simple révélateur d'une crise préexistante[5] ». La libéralisation des échanges internationaux, l'épuisement du système de taux de change stables mais ajustables adopté en 1944 à

1. Serge Berstein, Pierre Milza, *Histoire du XXe siècle*, vol. 2, *De 1953 à nos jours, la croissance et la crise*, Paris, Hatier, 1984, p. 170-171.

2. Source : Maddison Project Database 2020.

3. L'Insee définit la récession comme un recul du PIB sur au moins deux trimestres consécutifs.

4. Le chômage frictionnel correspond au délai nécessaire pour trouver un premier emploi ou changer d'emploi.

5. Jean-Charles Asselain, *Histoire économique de la France du XVIIIe siècle à nos jours*, t. II, *De 1919 à la fin des années 1970*, Paris, Le Seuil, coll. « Points : Histoire », 1984, p. 143.

Bretton Woods et le changement de paradigme dans les relations entre pays importateurs et pays producteurs de pétrole portaient en germe le ralentissement de la croissance des économies avancées au milieu des années 1970.

Pour comprendre la succession d'événements qui a conduit à la hausse brutale du prix du pétrole, il faut remonter à la première moitié du XXe siècle. La découverte à partir de 1908 de gisements pétrolifères au Proche-Orient a aiguisé les appétits des puissances occidentales. Les compagnies pétrolières américaines et britanniques, auxquelles s'ajoutait la Compagnie française des pétroles (future Total)[1], ont posé les principes qui régiraient la prospection et l'exploitation des gisements durant plusieurs décennies. Les États de la région ont conclu avec les compagnies des contrats de concession qui portaient sur de vastes territoires et dont la validité s'étendait sur de longues périodes. Ces contrats transféraient aux concessionnaires la propriété des ressources pétrolières contenues dans le sous-sol et leur accordaient le droit de les exploiter. En contrepartie, les concessionnaires versaient aux États une redevance (royalty) et payaient un impôt sur les bénéfices qu'ils déclaraient[2]. L'ensemble de la région, qui ne représentait que 5 % de la production totale de pétrole en 1945, est rapidement devenu le centre de gravité de l'industrie pétrolière mondiale sous l'effet de l'accroissement des volumes extraits par l'Arabie saoudite et le Koweït. Cette tendance a été accentuée par l'émergence au début des années 1960 d'un autre grand producteur de pétrole, Abu Dhabi[3].

En 1951, le Royaume-Uni riposte à la nationalisation par l'Iran de son secteur pétrolier, jusqu'alors contrôlé par l'Anglo-Iranian Oil Company (l'ancêtre de l'actuelle British Petroleum Company), en imposant un embargo sur les exportations de pétrole iranien. Après trois années de crise, un nouvel accord est conclu en

---

1. La Compagnie française des pétroles a été créée en 1924 pour administrer la participation française (23,75 %) dans la Turkish Petroleum Company (future Iraq Petroleum Company). Celle-ci a obtenu en 1925 une concession lui permettant de chercher des gisements de pétrole dans l'ensemble de l'Irak.

2. Jean-Pierre Angelier, « L'évolution des relations contractuelles dans le domaine pétrolier », *Liaison Énergie-Francophonie*, 2008, p. 23-26.

3. Michel Chatelus, « Brève histoire du pétrole dans la péninsule Arabique », *in* Centre d'études et de recherches sur l'Orient arabe contemporain, *La Péninsule Arabique aujourd'hui*, éditions du Centre national de la recherche scientifique, t. I, 1982.

août 1954 avec l'Iran. Cet accord reconnaît que la National Iranian Oil Company est l'unique propriétaire des ressources pétrolières du pays. La production, la transformation et la commercialisation du pétrole iranien sont confiées à un consortium de compagnies internationales baptisé Iranian Oil Participants. Ce consortium comprend huit compagnies. L'Anglo-Iranian Oil Company détient 40 % des parts. L'anglo-néerlandaise Shell en possède 14 %. Cinq sociétés américaines disposent chacune de 8 % des parts : Texaco, Gulf Oil, Standard Oil of New Jersey (la future Exxon), Standard Oil of New York (Socony, puis Mobil) et Standard Oil of California (Socal, puis Chevron). Ces trois dernières entreprises sont issues de la Standard Oil, qui avait été fondée en 1870 par John D. Rockefeller et dont la Cour suprême des États-Unis a ordonné le démantèlement en 1911 en application du *Sherman Antitrust Act*[1]. Enfin, 6 % des parts ont été attribués à la Compagnie française des pétroles.

Les sept compagnies américaines et britanniques membres de l'Iranian Oil Participants ont dominé l'industrie pétrolière mondiale du milieu des années 1940 au milieu des années 1970. Elles formaient un cartel connu à partir des années 1950 sous le nom de « Sept Sœurs ». Cette formule a été inventée par l'industriel Enrico Mattei, qui a façonné puis dirigé la société nationale italienne des hydrocarbures (Ente Nazionale Idrocarburi ou ENI). Mattei souhaite que l'ENI, qui a été fondée en 1953 pour donner un nouveau visage et un second souffle à l'ancienne Azienda Generale Italiana Petroli (Agip) héritée du régime fasciste, devienne membre de l'Iranian Oil Participants. Mais il se heurte au refus des principales compagnies pétrolières américaines et britanniques. Le patron de l'ENI cherche dès lors le moyen de contester le monopole que les « Sept Sœurs » ont créé et qu'elles sont parvenues à maintenir en déterminant de façon concertée volumes de production et prix de vente. En 1948, le Venezuela a obtenu des compagnies internationales actives sur son sol une répartition égalitaire des bénéfices produits par l'exploitation du pétrole[2]. L'Arabie saou-

1. Adopté en 1890, le *Sherman Antitrust Act* interdit les ententes anticoncurrentielles ainsi que les activités individuelles visant à réduire la concurrence sur un marché donné de façon à créer un monopole. Son objectif consiste à préserver la concurrence afin de protéger les consommateurs d'éventuels abus.

2. Le « prix affiché » (*posted price*) servait de base au calcul du bénéfice sur lequel l'État producteur prélevait sa part.

dite et le Koweït ont négocié des accords similaires au début des années 1950. Le principe du partage « fifty-fifty » est rapidement devenu la norme. Mattei le fragilise en ne demandant que 25 % des bénéfices pour l'ENI. C'est ainsi que la société nationale italienne remporte des concessions en Iran, en Inde, en Égypte, en Tunisie, au Maroc, en Somalie et au Soudan[1]. Mattei conclut par ailleurs en 1960 un accord avec l'Union soviétique qui prévoit l'importation de pétrole en contrepartie de l'exportation de solutions technologiques[2]. La menace d'un recours massif au pétrole soviétique par certains pays avancés contribue à accroître la pression sur les « Sept Sœurs ». Les États producteurs acceptent de plus en plus mal un partage de la rente pétrolière qui leur est défavorable.

La création en septembre 1960 de l'Opep contribue à faire évoluer le rapport de force entre pays producteurs et grandes compagnies internationales. Dans les années 1950, l'abondance du pétrole originaire du Proche-Orient, où les coûts d'extraction étaient faibles, a conduit les producteurs indépendants des États-Unis à réclamer l'imposition de barrières douanières pour protéger leur activité. L'administration Eisenhower a fini par leur donner satisfaction : elle a mis en place en 1957 des quotas volontaires d'importation de pétrole brut, quotas qu'elle a rendus obligatoires en 1959. À partir de 1962, le volume maximal de brut importé s'élève à 12,2 % de la production nationale. Les principaux pays producteurs du Proche-Orient et d'Amérique latine répliquent en unissant leurs forces au sein de l'Opep. Les cinq États fondateurs (l'Arabie saoudite, l'Iran, l'Irak, le Koweït et le Venezuela) seront rejoints par huit autres pays entre 1961 et 1975[3]. Durant la première décennie de son existence, l'Opep s'emploie à préserver les recettes des pays exportateurs exprimées en pourcentage du prix du baril, ce en dépit de la lente baisse du cours du pétrole[4], ainsi qu'à combattre le principe du « fifty-fifty ». L'Opep parvient à faire accepter aux compagnies pétrolières que le prix affiché soit décroché du prix

1. « Italy: Powerful Man », *Time*, 2 novembre 1962.

2. Roberto Cantoni, « Breach of Faith? Italian-Soviet Cold War Trading and ENI's "International Oil Scandal" », *Quaestio Rossica*, vol. 3, 2015, p. 180-198.

3. Ces huit pays sont : le Qatar (1961), l'Indonésie (1962), la Libye (1962), Abu Dhabi (1967), l'Algérie (1969), le Nigeria (1971), l'Équateur (1973) et le Gabon (1975).

4. Bernard Mommer, « The Shocking History of Oil », *in* Elisabetta Bini, Giuliano Garavini, Federico Romero (éd.), *Oil Shock. The 1973 Crisis and its Economic Legacy*, I. B. Tauris, 2016, p. 23.

de marché et qu'il devienne ainsi un prix de référence fiscale. Elle obtient par ailleurs que la redevance sur la production, qui s'élevait en général à 12,5 %[1] et était incluse à titre de crédit d'impôt dans la part du bénéfice revenant au pays producteur, soit considérée comme une charge déductible. L'assiette du prélèvement du pays producteur correspond donc au prix affiché diminué du prix de revient et de la redevance sur la production[2]. Tout au long des années 1960, la part revenant aux États producteurs augmente progressivement au fil de leurs négociations avec les compagnies pétrolières internationales. Les États importateurs de pétrole ne sont pas parties prenantes à ces négociations. Parallèlement à l'Opep, l'Arabie saoudite, le Koweït et la Libye créent en 1968 l'Organisation des pays arabes exportateurs de pétrole (Opaep), qui a pour objectif de coordonner les politiques énergétiques de ses membres. Les trois pays fondateurs seront rejoints par l'Algérie, Bahreïn, les Émirats arabes unis et le Qatar en 1970, par l'Irak et la Syrie en 1972, puis par l'Égypte en 1973.

À partir de 1970, plusieurs phénomènes se conjuguent pour renforcer la position des États producteurs du Proche-Orient. Tandis que la demande de pétrole continue de croître, la production des États-Unis et du Venezuela atteint un plafond. La hausse du prix du brut s'accompagne d'une dépendance grandissante des pays importateurs à l'égard des producteurs proche-orientaux[3], qui sont désormais les seuls à disposer de capacités de production inutilisées. Cette situation permet aux États producteurs d'obtenir une répartition plus avantageuse des bénéfices. En septembre 1970, la Libye négocie avec la compagnie Occidental Petroleum un accord réservant 55 % des bénéfices à Tripoli. Forte de cette avancée, l'Opep, dont les membres assurent alors 85 % des exportations mondiales de pétrole, réclame l'alignement des prix affichés dans les différents pays producteurs sur le prix affiché le plus élevé en vigueur. Mais en janvier 1971, le Venezuela décide unilatéralement de porter à 60 % le taux de prélèvement sur les bénéfices. Pour éviter une escalade, les États importateurs acceptent que des représentants de la Standard Oil of New Jersey et de BP

1. Michel Chatelus, « Brève histoire du pétrole dans la péninsule Arabique », *op. cit.*

2. Jean Devaux-Charbonnel, « Les accords de Téhéran et de Tripoli », *Annuaire français de droit international*, vol. 17, 1971, p. 134.

3. Bernard Mommer, « The Shocking History of Oil », *op. cit.*, p. 23.

négocient avec les membres de l'Opep au nom de la quasi-totalité des grandes compagnies pétrolières internationales. Un premier accord, dit « accord de Téhéran », est conclu le 14 février 1971. Il est limité à six pays du golfe Persique : Abu Dhabi, l'Arabie saoudite, l'Irak, l'Iran, le Koweït et le Qatar. Il prévoit une augmentation de 50 à 55 % du taux de prélèvement des pays producteurs sur les bénéfices ainsi que des majorations progressives et substantielles du prix de référence. Un accord similaire est conclu le 2 avril 1971 entre le gouvernement libyen et les compagnies intéressées. Ces deux accords entrent en vigueur pour une durée de cinq ans. Leurs effets seront peu à peu étendus aux pays non signataires[1].

Parallèlement aux efforts qu'ils consentent pour arracher une fraction plus importante de la rente pétrolière aux compagnies internationales, les pays producteurs entreprennent d'éroder la position dominante des *majors* en créant des compagnies nationales. Tous ont à l'esprit la situation dans laquelle s'est trouvé l'Iran lorsqu'il a nationalisé son industrie pétrolière : en raison de l'insuffisance des compétences techniques des personnels locaux, les puits n'ont pas été correctement entretenus et leur rendement s'est effondré. Créer des sociétés nationales permet aux États producteurs d'acquérir les technologies nécessaires et de se préparer ainsi à exploiter les ressources pétrolières de façon indépendante[2].

Alors que les années 1960 ont été marquées par une tendance à la baisse du prix du pétrole, celui-ci commence à augmenter à partir de décembre 1970. Mais cette hausse est entièrement compensée par la dépréciation du dollar jusqu'à l'été 1973[3]. Il est important à ce stade de noter que les montants mentionnés dans les contrats de concession conclus par les compagnies pétrolières internationales et les États du Proche-Orient durant la première moitié du XXe siècle étaient exprimés en or. Après l'adoption en 1944 d'un étalon de change-or (*Gold Exchange Standard*), le prix du pétrole était exprimé en dollars des États-Unis. Cette monnaie

1. Jean Devaux-Charbonnel, « Les accords de Téhéran et de Tripoli », art. cit., p. 136-142.
2. Michel Chatelus, « Brève histoire du pétrole dans la péninsule Arabique », *op. cit.*
3. Jean-Charles Asselain, *Histoire économique de la France du XVIIIe siècle à nos jours*, t. II, *op. cit.*, p. 150.

a fini par s'imposer dans le cadre de la rédaction des contrats pétroliers[1]. En annonçant le 15 août 1971 que les États-Unis mettaient fin de manière unilatérale à la convertibilité du dollar en or, sans consulter ni leurs partenaires ni le FMI, le président Nixon a fait entrer le *Gold Exchange Standard* en agonie. Les accords de Washington, conclus le 18 décembre 1971, ne lui ont accordé qu'un bref répit : ils prévoyaient une dévaluation de 7,89 % du dollar et portaient de ± 1 à ± 2,25 % les marges de fluctuation des autres monnaies par rapport au dollar. En février 1973, une nouvelle dévaluation du dollar par rapport à l'or a ouvert une crise de change qui a eu pour conséquence l'abandon du « tunnel » dans lequel les monnaies internationales évoluaient par rapport au dollar. Le dollar fluctuerait dorénavant librement[2].

C'est dans ce contexte que s'inscrit la hausse du prix du pétrole observée au début des années 1970. Les États producteurs cherchent à préserver le pouvoir d'achat de leurs exportations de brut. L'augmentation des prix affichés du pétrole libellés en dollars a pour principal objectif de compenser l'impact des dévaluations successives du dollar des États-Unis. Ce phénomène a débuté bien avant la guerre du Kippour, qui est généralement considérée comme le point de départ du choc pétrolier de 1973. Entre janvier et septembre 1973, l'Opep a multiplié les prix affichés du pétrole par deux[3]. La guerre qui a opposé, du 6 au 25 octobre 1973, Israël à une coalition menée par l'Égypte et la Syrie a eu pour conséquence une accélération spectaculaire de l'augmentation des prix du brut. Par mesure de rétorsion contre les alliés de l'État hébreu, les membres de l'Opaep, dont les représentants se sont réunis au Koweït les 16 et 17 octobre 1973, décident d'augmenter de 70 % les prix affichés du brut et de réduire chaque mois de 5 % leur production de pétrole jusqu'à ce qu'Israël se retire des « territoires occupés », selon la terminologie de la résolution 242 adoptée par le Conseil de sécurité des Nations unies le 22 novembre 1967, et retrouve les frontières établies par les accords d'armistice israélo-arabes de 1949. L'Arabie saoudite, qui est à cette époque à l'origine de 21 % de

1. David Hammes, Douglas T. Wills, « Black Gold: the End of Bretton Woods and the Oil Price Shocks of the 1970s », *The Independent Review*, vol. 9, n° 4, été 2005, p. 501-511.

2. Jacques de Larosière, *Cinquante Ans de crises financières*, Paris, Odile Jacob, 2016, p. 70-73.

3. Michel Lepetit, « En 1973, la stratégie du choc », *Le Monde*, 6 au 7 mars 2022, p. 35.

la production mondiale de pétrole, impose par ailleurs un embargo de ses exportations de brut vers les États-Unis, qui ont accordé à Israël une aide militaire d'urgence de 2,2 milliards de dollars[1], et vers plusieurs autres soutiens de l'État hébreu : les Pays-Bas, le Portugal, l'Afrique du Sud et la Rhodésie. À l'exception de l'Irak et de la Libye, les autres pays arabes producteurs de pétrole s'associent à cet embargo. Les membres non arabes de l'Opep soutiennent les décisions prises par l'Opaep[2]. Le 22 décembre, l'Opep annonce une nouvelle augmentation des prix du pétrole, qui atteint cette fois-ci près de 130 %. En l'espace de trois mois, le prix du baril est ainsi passé de 2,90 à 11,65 dollars.

La hausse brutale du prix du pétrole exprimé en dollars constitue un choc d'offre exogène pour les pays importateurs. À l'opposé, elle permet aux pays producteurs de ramener le prix du pétrole « exprimé en or » à un niveau voisin de celui auquel il s'établissait par le passé. Deux économistes américains, David Hammes et Douglas Wills, ont mis en lumière les conséquences de l'absence d'accord des pays producteurs et des pays importateurs sur la définition du prix *réel* du pétrole. Pour les pays importateurs, le prix réel du pétrole était égal au prix courant du pétrole corrigé de la variation du niveau général des prix par rapport à une année de base. Du point de vue des États-Unis par exemple, le prix réel du pétrole augmenta de 370 % durant les années 1970. Mais pour se placer du point de vue des pays producteurs de pétrole, il est nécessaire de tenir compte des conséquences de l'effondrement du système de Bretton Woods. En octobre 1973, le cours du baril de pétrole s'établissait à 4,31 dollars. En raison des dévaluations successives du dollar par rapport à l'or décidées entre 1971 et 1973 ainsi que de la hausse ultérieure du cours de l'once d'or[3], exprimés en dollars, les pays de l'Opep auraient reçu 11,83 dollars par baril en octobre 1973

---

1. Le montant de cette aide militaire était très supérieur aux besoins d'Israël. En débloquant une somme colossale, les États-Unis envoyaient un message politique à l'Union soviétique, qui soutenait militairement l'Égypte et la Syrie : il était hors de question de laisser les pays arabes menacer la sécurité de l'État hébreu.

2. Akram Belkaïd, « 1973, un choc pour prolonger l'âge du pétrole », *Le Monde diplomatique*, juin 2022, p. 14-15.

3. Les accords de Bretton Woods avaient fixé la convertibilité en or du dollar au taux de 35 dollars l'once. Après la décision des États-Unis de les suspendre, l'once fut réévaluée à 38, puis à 42 dollars. À la mi-1973, le prix de l'once d'or atteignait 90,50 dollars. Son cours frôla les 200 dollars fin 1974 avant de se retourner et de baisser jusqu'à 100 dollars en août 1976. Il remonta ensuite jusqu'à dépasser 455 dollars à la fin de la décennie.

si les contrats les liant aux compagnies pétrolières internationales avaient été libellés en or[1]. Ce prix est supérieur à celui que l'Opep a imposé aux pays importateurs à la fin de l'année 1973.

En 1970, les pays producteurs avaient besoin d'un peu plus de 10 barils pour acheter une once d'or. Ce prix est passé à près de 12 barils pour une once d'or juste après que le *Gold Exchange Standard* eut été abandonné, puis à près de 34 barils pour une once d'or à la mi-1973. La hausse spectaculaire des prix du pétrole annoncée par l'Opep fin décembre 1973 entre en vigueur le 1er janvier 1974. Le prix du pétrole exprimé en or atteint alors 12,8 barils pour une once d'or. Il restera dans sa fourchette historique de 1974 à la fin des années 1970, période qui inclut la phase de hausse rapide du prix nominal du baril qui débutera en 1979. En augmentant les prix nominaux du pétrole entre 1971 et 1973, les pays producteurs ont réussi à neutraliser l'impact de la fin du système de Bretton Woods sur leur pouvoir d'achat exprimé en or[2].

Le prix annuel moyen du baril de pétrole exprimé en dollars reste relativement stable de 1974 à 1978 : il oscille entre 11 et 12,79 dollars durant cette période. La levée de l'embargo sur les importations de pétrole que l'Arabie saoudite a imposé aux États-Unis ainsi qu'à plusieurs autres alliés d'Israël est annoncée le 18 mars 1974 à la suite d'une conférence réunissant les représentants des pays arabes de l'Opep à Vienne. Le président de la République arabe d'Égypte, Anouar el-Sadate, a réussi à convaincre le roi Fayçal d'Arabie saoudite que les États-Unis sont disposés à rééquilibrer leur action diplomatique au Proche-Orient. L'Arabie saoudite met néanmoins en garde ses partenaires internationaux par la voix de son ministre du Pétrole et des Ressources minérales, Ahmed Zaki Yamani : dans une interview accordée au quotidien égyptien *Al-Akhbar* et publiée le 14 mars 1974, celui-ci prend la peine de rappeler que « si nous sommes d'accord pour la reprise des fournitures de pétrole aux États-Unis, cela ne signifie pas que l'usage de l'arme du pétrole soit terminé. L'arme du pétrole est toujours entre nos mains et le monde sera toujours attentif à ses intérêts dans l'avenir[3] ». L'embargo n'a pas permis aux pays

---

1. David Hammes, Douglas T. Wills, « Black Gold: the End of Bretton Woods and the Oil Price Shocks of the 1970s », art. cit., p. 502-503.
2. *Ibid.*
3. Cité *in* Cerès Wissa-Wassef, « L'Arabie saoudite et le conflit israélo-arabe du mois d'octobre 1973 », *Politique étrangère*, n° 39-2, 1974, p. 199.

arabes d'atteindre leur objectif affiché, qui était le retour d'Israël aux frontières établies en 1949. Mais en asséchant le marché du pétrole, l'Arabie saoudite a fait une démonstration de force et s'est imposée comme la puissance dominante du Proche-Orient.

La raréfaction du pétrole disponible sur les marchés internationaux prend les pays importateurs de court. En 1973, le Proche-Orient est à l'origine de 36,7 % de la production de pétrole brut[1]. Il est évidemment difficile de trouver rapidement des sources d'approvisionnement alternatives permettant de compenser les quantités de pétrole dont l'Opep a décidé de priver les pays importateurs. Les États concernés adoptent donc dans l'urgence des mesures destinées à réduire immédiatement leur consommation de pétrole. Les importations de pétrole couvrent 19 % de la consommation des États-Unis en 1973, contre 8 % en 1950[2]. Ce pays, qui est la principale cible de l'embargo imposé par les États arabes, doit diminuer sa consommation de pétrole de près d'un cinquième. Le 7 novembre 1973, le président Nixon, qui est englué dans le scandale du Watergate, annonce la création d'un projet, baptisé *Project Independence*[3], qui a pour objectif d'assurer l'indépendance énergétique des États-Unis d'ici 1980 en associant économies d'énergie et développement d'énergies alternatives. Il encourage les Américains à réduire leur consommation d'énergie, notamment en baissant la température de chauffage des logements, en diminuant la vitesse à laquelle ils conduisent, et en éliminant les éclairages inutiles. Il s'adresse une nouvelle fois à ses concitoyens le 25 novembre 1973 afin de leur présenter les mesures d'économie d'énergie qu'il souhaite mettre en place. Les entreprises de transport aérien de passagers sont contraintes de réduire leur consommation de kérosène de 25 %. Une vitesse limite de 55 miles par heure (88,5 kilomètres par heure) est adoptée par le Congrès le 2 janvier. Les livraisons de fioul domestique sont réduites de 15 % pour les ménages, de 25 % pour les magasins et autres locaux à usage commercial, et de 10 % pour les entreprises industrielles. La Maison Blanche incite par ailleurs les Américains à diminuer de 25 à 30 % leur consommation de

1. Source : Agence internationale de l'énergie (AIE).

2. Frank A. Verrastro, Guy Caruso, « The Arab Oil Embargo – 40 Years Later », Center for Strategic & International Studies, 16 octobre 2013.

3. Ce nom rappelait le projet Manhattan (*Manhattan Project*), qui aboutit à la mise au point de la première bombe atomique durant la Seconde Guerre mondiale.

carburants. Dès la première semaine de décembre, la circulation automobile diminue et la vitesse moyenne constatée sur les routes chute sensiblement[1].

Les pays d'Europe occidentale sont bien plus dépendants des importations de brut que ne le sont les États-Unis : le pétrole, qu'ils importent à hauteur de 99 % de leur consommation, couvre en moyenne plus de 50 % de leurs besoins en énergie. La France est particulièrement vulnérable : en 1973, les importations de pétrole atteignent 75 % de ses besoins énergétiques contre 69 % en 1971. Son principal partenaire européen, la RFA, ne dépend des importations de brut qu'à hauteur de 42 % de sa consommation d'énergie[2]. Comme les États-Unis, les États ouest-européens mettent rapidement en place des mesures visant à réduire leur consommation d'hydrocarbures. À l'exception de l'Espagne et de l'Italie, tous les pays d'Europe occidentale limitent la vitesse sur les routes ou abaissent la vitesse maximale autorisée. En France, un décret du 3 décembre 1973 fixe à titre temporaire la vitesse maximale à 90 kilomètres à l'heure sur l'ensemble des routes et à 120 kilomètres à l'heure sur les autoroutes[3]. Cette décision est annoncée par le Premier ministre, Pierre Messmer, dans une allocution télévisée prononcée le 30 novembre 1973. Soucieux de rassurer les Français, Pierre Messmer précise qu'aucune restriction importante ne s'impose grâce aux stocks que le Gouvernement a pris la précaution de reconstituer lors des derniers mois. Il incite néanmoins ses concitoyens, « par prudence », à mettre un terme aux gaspillages d'énergie « par un grand nombre de petites mesures quotidiennes » : baisser la température de chauffage des logements, préférer les transports en commun aux véhicules individuels dans les grandes agglomérations, régler correctement les moteurs des voitures… L'administration montrera l'exemple en réduisant l'éclairage et le chauffage de ses locaux ainsi qu'en limitant l'utilisation des véhicules mis à sa disposition. Le Premier ministre présente par ailleurs un ensemble de mesures d'économie de carburant qui viendront renforcer les

1. Andrew Glass, « This Day in Politics: Nixon responds to Nationwide Fuel Shortages, Nov. 25, 1973 », *Politico*, 25 novembre 2018.

2. Aurélie Élisa Gfeller, *Building a European Identity. France, the United States, and the Oil Shock, 1973-1974*, New York, Berghahn Books, 2012, p. 116.

3. Par un décret du 28 juin 1973, le gouvernement Messmer avait limité la vitesse à 110 kilomètres par heure sur les routes à grande circulation et à 100 kilomètres par heure sur les autres routes.

limitations de vitesse : la suspension jusqu'à nouvel ordre des courses automobiles et des rallyes ainsi que la limitation au strict nécessaire de la fréquence des liaisons aériennes. Il insiste enfin sur la nécessité de diminuer la consommation d'électricité, dont une grande partie est produite dans des centrales au fioul. La publicité lumineuse, l'éclairage des vitrines des magasins et les illuminations des monuments publics seront interdits de 22 à 7 heures, sauf le samedi soir et pendant les fêtes de fin d'année. L'éclairage des bureaux inoccupés sera lui aussi interdit durant la nuit. L'ORTF mettra fin pour sa part aux programmes télévisés à 23 heures, sauf, là encore, le samedi et durant la période des fêtes. Ces différentes dispositions porteront leurs fruits : les économies réalisées par rapport à l'évolution tendancielle de la consommation de pétrole se sont montées à 5 millions de tonnes d'équivalent pétrole (tep)[1] en 1974, 12 millions en 1975 et 18 millions en 1979[2]. Dans l'intervalle, le renchérissement du pétrole impose à l'économie française un « surcoût pétrolier » évalué à 6 milliards de dollars en année pleine. Or les réserves de change dont dispose la France ne se montent qu'à 3 milliards de dollars. L'État est donc contraint de recourir à l'endettement extérieur, privé comme public. La croissance attendue de l'endettement privé des grandes entreprises est de l'ordre de 3 milliards de dollars pour l'année 1974. La direction du Trésor se fixe pour objectif d'augmenter l'endettement extérieur public d'un montant voisin. Devenu directeur du Trésor en juin 1974 après avoir dirigé le cabinet de Valéry Giscard d'Estaing au ministère de l'Économie et des Finances, Jacques de Larosière est immédiatement chargé de négocier avec l'Iran un dépôt de 1 milliard de dollars, réparti en trois versements annuels, auprès de la Banque de France. Ce dépôt pourra ensuite être utilisé pour régler les dépenses liées à l'accord de coopération scientifique que le Gouvernement dirigé par Jacques Chirac a signé avec l'Iran et qui est destiné à permettre à ce pays de développer un programme nucléaire civil.

1. La tep représente la quantité d'énergie contenue dans une tonne de pétrole brut, soit 41,868 gigajoules. Cette unité est utilisée pour exprimer dans une unité commune la valeur énergétique des diverses sources d'énergie (source : Insee).

2. Alain Beltran, « La question énergétique », *in* Serge Berstein, Jean-Claude Casanova, Jean-François Sirinelli (dir.), *Les Années Giscard. La politique économique, 1974-1981 : actes de la journée d'études, palais du Luxembourg, Paris, le 4 février 2008*, Paris, Armand Colin, 2009, p. 80.

Mais durant trois ans, il abondera les réserves en devises de la France[1].

L'adoption en urgence de mesures d'économie d'énergie laisse penser que les pays occidentaux n'ont pas pris la mesure des conséquences de la raréfaction des quantités de pétrole mises sur le marché par les pays producteurs et du renchérissement du brut. À travers les propos tenus par Pierre Messmer, la crise énergétique apparaît comme un mauvais moment à passer. La tonalité n'est pas très différente dans d'autres économies avancées. L'erreur d'analyse consistant à considérer la hausse du prix du brut comme la conséquence de l'utilisation de l'arme pétrolière par les États arabes dans le contexte créé par la guerre du Kippour explique le retard avec lequel les pays importateurs infléchissent leur politique économique pour répondre à ce choc exogène. Ce retard est particulièrement marqué en France : alors que l'inflation a fortement progressé durant le dernier trimestre de l'année 1973, les premières mesures significatives destinées à enrayer la hausse du niveau général des prix ne sont adoptées que début 1974. La RFA a mis en œuvre deux plans de stabilisation, en février puis en mai 1973, de façon à endiguer la montée de l'inflation provoquée par la chute du dollar et par le passage au flottement généralisé des monnaies en mars 1973[2]. Bien que ces mesures n'aient pas produit tous les effets attendus, le différentiel d'inflation se creuse en 1973 et en 1974 entre la France et son principal partenaire européen. Dans une interview accordée à Roger Priouret et publiée en septembre 1974, Pierre Messmer a regretté la modestie des dispositions qui avaient été prises sous son autorité pour contrecarrer les effets du choc pétrolier et a précisé que le président Pompidou « n'en voulait pas d'autres[3] ».

Les mesures d'application immédiate destinées à réduire la dépendance des économies avancées à l'égard du pétrole provenant du Proche-Orient ne peuvent suffire à amortir le choc créé par la hausse du prix du brut et par son maintien à un niveau élevé. Comme le rappelle Helmut Schmidt dans un article publié en avril 1974, alors qu'il est pour quelques semaines encore ministre

---

1. Jacques de Larosière, *Cinquante Ans de crises financières*, *op. cit.*, p. 87-89.

2. Edward Nelson, « The Great Inflation and Early Disinflation in Japan and Germany », *International Journal of Central Banking*, mars 2007, p. 23-76. Voir aussi Alfred Wahl, *Histoire de la République fédérale d'Allemagne*, Paris, Armand Colin, 2000, p. 118.

3. Éric Roussel, *Valéry Giscard d'Estaing*, Paris, L'Observatoire, 2018, p. 236.

fédéral des Finances de la RFA, l'élasticité de la demande de pétrole au prix est très faible à court terme[1]. Il est extrêmement difficile pour les pays importateurs de basculer rapidement vers des énergies de substitution. Les économies avancées, dont les processus de production et les modes de consommation reposent pour une large part sur le pétrole, subissent donc de plein fouet les conséquences de son renchérissement.

L'envolée du prix des importations de pétrole se traduit par une dégradation du solde des échanges extérieurs. Les pays concernés sont plus ou moins gravement affectés en fonction de l'état antérieur de leur balance commerciale et de leur balance des transactions courantes. Ceux qui disposent d'un excédent des transactions courantes sont mieux préparés à affronter cette crise que les autres. C'est le cas de la RFA. Au printemps 1974, Helmut Schmidt prévoyait que « même la hausse des prix du pétrole n'aurait probablement pas pour résultat un déficit des transactions courantes[2] ». Cette prévision a été vérifiée par les faits. L'excédent de la balance courante, qui représentait 1,05 % du PIB en 1973, atteint 2,04 % du PIB en 1974 avant de s'établir à 0,63 % du PIB en 1975, 0,72 % en 1976 et 0,65 % en 1977. À l'opposé, les États dont la balance des transactions courantes était à l'équilibre ou déficitaire à l'automne 1973 font face à d'importantes difficultés. Au Royaume-Uni, la balance des transactions courantes, qui était quasiment à l'équilibre en 1972, enregistre un déficit de 1,25 % du PIB en 1973 et de 3,61 % en 1974. La balance commerciale de la France, qui était très légèrement excédentaire en 1973 (0,64 % du PIB), se détériore sous l'effet de la hausse du prix du pétrole : elle présente un déficit de 1,10 % du PIB en 1974[3].

Parallèlement à la dégradation du solde des échanges extérieurs, le choc énergétique a pour conséquence une hausse du niveau général des prix. À cette époque, la taxation des produits pétroliers était beaucoup plus faible qu'elle ne l'est actuellement. Il n'était donc pas possible de jouer sur le montant de cette taxation pour limiter l'impact de l'augmentation du cours du brut sur les consommateurs et, *in fine*, sur le niveau général des prix. Aux États-Unis, le taux d'inflation passe de 3,27 % en 1972 à 6,18 %

---

1. Helmut Schmidt, « The Struggle for the World Product – Politics between Power and Morals », *Foreign Affairs*, vol. 52, n° 3, avril 1974, p. 444.
2. *Ibid.*, p. 447.
3. Source : Banque mondiale.

en 1973 et 11,05 % en 1974. Les prix s'emballent plus rapidement encore au Royaume-Uni : la croissance annuelle de l'indice des prix à la consommation, qui était de 7,07 % en 1972, atteint 9,20 % en 1973, 16,04 % en 1974 et 24,21 % en 1975. Grâce aux mesures qu'elle a précocement mises en œuvre pour freiner l'inflation, qui a franchi la barre des 5 % en 1972, la RFA parvient quant à elle à limiter la hausse du niveau général des prix à 7,03 % en 1973 et 6,99 % en 1974. La France est dans une position intermédiaire : le taux d'inflation s'établit à 6,06 % en 1972, 7,38 % en 1973, 13,65 % en 1974 et 11,69 % en 1975[1].

Le gouvernement français ne réussit pas à empêcher la boucle prix-salaires de s'enclencher : les salaires nominaux augmentent de 20 % en 1974 et de 16 % en 1975. Les salariés, qui veulent préserver leur pouvoir d'achat et sont soutenus par des syndicats combatifs, ont demandé et obtenu des augmentations de salaire qui devançaient l'accélération de l'inflation[2]. La hausse des salaires et des charges sociales a pour résultat une déformation brutale du partage de la valeur ajoutée entre le facteur travail et le facteur capital : la part de la valeur ajoutée rémunérant le facteur travail passe de 64 à 68 % entre 1972 et 1975-1978. Ce phénomène contribue à expliquer la diminution de la rentabilité économique[3] des entreprises privées : celle-ci chute de 7,9 % pour la période 1971-1973 à 3,8 % pour la période 1974-1975[4].

En pesant sur le budget des ménages, l'augmentation du prix du pétrole limite la part de revenu disponible[5] que ceux-ci peuvent consacrer à d'autres dépenses de consommation. Du fait du caractère global du choc pétrolier, le ralentissement de la croissance de la consommation ne peut pas être compensé par la hausse des exportations. Dès 1974, la croissance économique ralentit fortement en France : le taux de croissance du PIB passe de 6,34 % en 1973

1. Source : Banque mondiale.

2. Jean-Charles Asselain, « La conduite de la politique économique », *in* Serge Berstein, Jean-Claude Casanova, Jean-François Sirinelli (dir.), *Les Années Giscard*, *op. cit.*, p. 21.

3. La rentabilité économique mesure la rentabilité d'exploitation d'une entreprise indépendamment de son mode de financement.

4. Jean-Charles Asselain, *Histoire économique de la France du* XVIII*e siècle à nos jours*, t. II, *op. cit.*, p. 154-155.

5. Le revenu disponible est le revenu après redistribution qui prend en compte le revenu initial, augmenté des prestations sociales reçues et diminué des impôts versés.

à 4,30 % en 1974 puis à – 0,96 % en 1975. Les États-Unis, qui dépendent moins que les autres pays occidentaux du brut proche-oriental mais qui ont été placés sous embargo par les pays arabes exportateurs de pétrole, voient leur taux de croissance chuter de 5,65 % en 1973 à – 0,54 % en 1974. La baisse de l'activité est encore plus marquée au Royaume-Uni : le taux de croissance du PIB, qui était de 6,52 % en 1973, tombe à – 2,48 % en 1974 et ne dépasse pas – 1,47 % en 1975. La RFA, qui est moins tributaire du pétrole que la France, parvient à limiter l'impact du choc énergétique sur l'activité : le taux de croissance du PIB, qui s'est établi à 4,78 % en 1973, s'élève à 0,89 % en 1974 avant d'entrer en territoire négatif. Après avoir atteint – 0,87 % en 1975, le taux de croissance de l'économie ouest-allemande bondit à 4,95 % en 1976[1].

Sous l'effet du choc pétrolier, les économies occidentales entrent dans une période marquée par la coexistence d'une croissance économique faible ou nulle, voire temporairement négative, associée à un taux de chômage élevé, et d'une forte inflation. Le Britannique Ian Macleod a forgé en 1965 le terme « stagflation » pour désigner une telle situation. Chancelier de l'échiquier du cabinet fantôme de l'opposition conservatrice, Macleod a déclaré le 17 novembre 1965, lors d'une intervention à la Chambre des communes, que « nous avons à présent le pire des deux mondes – non seulement l'inflation d'un côté et la stagnation de l'autre, mais les deux ensemble. Nous avons une sorte de situation de "stagflation"[2] ». Ce phénomène contredit une interprétation simplificatrice de la théorie keynésienne selon laquelle il existe un arbitrage entre inflation et chômage. L'envolée des prix observée dans les économies avancées entre 1973 et 1975 s'accompagne en effet d'une forte hausse du chômage que les Gouvernements concernés ne parviennent pas à enrayer. En France comme dans les autres pays de la CEE, le taux de chômage franchit la barre des 3 % de la population active en 1974 et des 4 % en 1975. Il progressera ensuite jusqu'à dépasser les 6 % à la fin des années 1970. L'augmentation du prix du brut n'est qu'une des causes de la progression du sous-emploi. L'étiolement de l'activité et la hausse du chômage constatés dans la seconde moitié des années 1970 étaient pour l'essentiel le produit

1. Source : Banque mondiale.

2. UK Parliament, *Hansard*, Economic Affairs, volume 720 : débattu le mercredi 27 novembre 1965.

de l'épuisement du modèle de croissance économique dont les différents éléments avaient été mis en place au lendemain de la Seconde Guerre mondiale. Les chocs pétroliers de 1973 et de 1979 n'ont fait qu'accélérer ce processus.

À l'automne 1973, les gouvernements des États occidentaux n'envisagent pas que la crise énergétique puisse durer plus de quelques mois. La conviction que la hausse des prix du brut est le produit d'un bras de fer entre les États arabes et les alliés d'Israël leur interdit de comprendre les causes profondes de la hausse des prix du pétrole exprimés en termes réels. Cette erreur d'appréciation contribue à expliquer la modestie des mesures de politique économique adoptées en 1973 et en 1974. La France tarde plus encore que ses voisins à agir. L'état de santé du président Pompidou, qui entre alors dans la dernière phase de la maladie de Waldenström, exerce un effet paralysant sur l'action gouvernementale. Tandis que la RFA lutte fermement contre l'inflation, la France se contente fin 1973 de bloquer en valeur absolue les marges bénéficiaires des commerçants pour certains produits de consommation courante, dont des produits alimentaires[1], de retirer aux entreprises exposées à la concurrence internationale la liberté de fixer leurs prix qui leur avait été accordée en avril 1972[2], et d'avancer la date d'exigibilité du dernier acompte d'impôt sur les sociétés[3]. La loi de finances pour 1974 suspend par ailleurs les hausses de loyer du 1er janvier au 30 juin 1974[4].

Georges Pompidou et Pierre Messmer refusent que la conséquence « inéluctable du choc pétrolier [soit] la diminution du niveau de vie, au moins temporairement[5] ». De manière à réduire l'impact du renchérissement du pétrole sur les ménages, le Gouvernement fait porter l'essentiel de l'effort sur les entreprises. Or celles-ci ne peuvent pas répercuter la hausse des coûts de production sur les consommateurs en raison du contrôle des prix

1. Alain Vernholes, « Le Gouvernement bloque les marges commerciales de certains produits », *Le Monde*, 3 novembre 1973.
2. Jean-Pierre Vesperini, *L'Économie de la France sous la Ve République*, *op. cit.*, p. 122.
3. Article 1er de la loi n° 73-965 du 16 octobre 1973.
4. Jean-Pierre Vesperini, *L'Économie de la France sous la Ve République*, *op. cit.*, p. 122.
5. Cité par Frédéric Turpin, *Pierre Messmer. Le dernier gaulliste*, Paris, Perrin/ministère des Armées, 2020, p. 262.

exercé par l'État depuis 1945[1]. Les choix de politique économique faits par le gouvernement français immédiatement après le choc pétrolier de 1973 se traduisent par un affaiblissement significatif du secteur productif[2] et marquent le début du chômage de masse[3]. Contrairement à la France, la RFA met dès 1974 l'accent sur la relance de la production. Helmut Schmidt lance en septembre 1974 un programme consistant à injecter 950 millions de Deutsche Mark dans des secteurs en difficulté. Un second ensemble de mesures, qui entre en vigueur en décembre de la même année, comprend des investissements massifs dans les secteurs de l'énergie et du transport, des subventions aux entreprises créatrices d'emplois, ainsi que des prêts à taux bonifiés notamment destinés aux entreprises contribuant aux économies d'énergie[4].

Après la mort de Georges Pompidou, survenue le 2 avril 1974, l'élection à la présidence de la République de Valéry Giscard d'Estaing change la donne. Giscard, qui entre en fonction le 27 mai 1974, demande immédiatement au ministre de l'Économie et des Finances, Jean-Pierre Fourcade, de mettre en place un « plan de refroidissement » afin d'enrayer l'inflation. L'économie française enregistre durant le premier semestre de 1974 une brève accélération de la croissance essentiellement due à une reprise temporaire des exportations. Il paraît donc opportun de mettre à profit cette embellie pour lutter contre la hausse des prix[5]. Annoncé le 12 juin, le « plan Fourcade » comprend une palette de mesures : durcissement du contrôle quantitatif du crédit, augmentation du taux d'intérêt sur le marché monétaire et du taux d'escompte de la Banque de France, majoration de l'impôt sur le revenu des personnes physiques, contribution exceptionnelle des entreprises égale à 18 % de l'impôt sur les sociétés relatif au dernier exercice, effort de compression des dépenses publiques et mise en œuvre d'un nouveau régime de programmation des prix. Cette politique restrictive pèse sur l'activité économique, dont la chute s'accélère à partir de

1. *Ibid.*

2. Jean-Claude Trichet, « A President's Esprit and Lessons on European Integration », *Nikkei Asia*, 11 septembre 2014.

3. Jean-Claude Trichet, « Préparer l'économie et la société aux défis de demain », *Revue des deux mondes*, février 2021, p. 74.

4. Alfred Wahl, *Histoire de la République fédérale d'Allemagne*, *op. cit.*, p. 126-127.

5. Jean-Pierre Vesperini, *L'Économie de la France sous la Ve République*, *op. cit.*, p. 132-133.

septembre 1974. Les entreprises cessent d'embaucher – en termes nets – à partir du troisième trimestre 1974 avant de commencer à réduire leurs effectifs. Dans le même temps, la population active continue d'augmenter, essentiellement sous l'effet de la hausse du solde naturel[1]. La conjonction de ces deux phénomènes se traduit par une augmentation spectaculaire du chômage : le nombre de chômeurs passe de 592 800 en 1973 à 631 700 en 1974 et à 900 600 en 1975[2]. De manière à atténuer les conséquences sociales du chômage et à soutenir la consommation, le Gouvernement encourage la négociation par le patronat et les syndicats d'un accord portant sur l'indemnisation du chômage. Conclu le 14 octobre 1974, celui-ci prévoit une garantie de ressources égale à 90 % du salaire brut pendant une durée maximale d'un an pour les salariés ayant fait l'objet d'un licenciement économique. Ce régime d'indemnisation, particulièrement généreux, restera en vigueur jusqu'en 1982[3].

À mesure que la France s'enfonce dans la crise, les principaux responsables politiques commencent à comprendre que le ralentissement de l'activité économique déclenché par la hausse du prix du pétrole ne sera pas transitoire. Le président de la République exprime clairement cette idée dans une déclaration faite en septembre 1974 : « Nous sommes entrés dans une autre époque de la croissance économique : le temps de la croissance sauvage [...] est terminé[4]. » La France est alors sur le point d'entrer en récession : le taux de croissance du PIB plonge à – 1,6 % au quatrième trimestre de l'année 1974 avant de s'établir à – 0,96 % en 1975. Afin de sortir le pays de l'ornière, le gouvernement de Jacques Chirac met en œuvre à partir de décembre 1974 un plan de relance reposant sur une politique monétaire et une politique budgétaire expansionnistes. La politique monétaire adoptée par le gouvernement Chirac associe l'assouplissement du contrôle quantitatif du crédit, l'amélioration de la liquidité bancaire et la baisse des taux d'intérêt. En facilitant l'accès au crédit, ces mesures favorisent la reprise de l'investissement. Celui-ci est également soutenu par l'augmentation des dépenses publiques. Après avoir accéléré

---

1. Le solde naturel est la différence entre le nombre de naissances et le nombre de décès enregistrés au cours d'une période.
2. Jean-Pierre Vesperini, *L'Économie de la France sous la Ve République*, *op. cit.*, p. 151.
3. *Ibid.*, p. 144.
4. Cité par Jean-Charles Asselain, « La conduite de la politique économique », *op. cit.*, p. 22.

l'engagement des crédits d'équipement à partir de janvier 1975, l'État débloque plus de 15 milliards de francs supplémentaires pour financer des investissements publics. Les investissements privés sont quant à eux encouragés par des mesures d'ordre fiscal ainsi que par des aides financières. Le Gouvernement adopte enfin des mesures en faveur de la consommation. En septembre 1975, 5 milliards de francs sont versés sous forme d'allocations aux familles nombreuses et aux personnes âgées[1].

Ce plan de relance produit les résultats attendus. Le taux de croissance du PIB atteint 4,36 % en 1976, soit un niveau très proche de celui enregistré en 1974. À partir du deuxième semestre 1975, l'activité a été tirée par la hausse de la consommation des ménages et de l'investissement productif. Les exportations prennent le relais au premier semestre 1976 : elles augmentent fortement sous l'effet de la reprise de l'économie mondiale. Le redémarrage de la croissance permet de stabiliser le nombre de demandeurs d'emploi du quatrième trimestre 1975 au troisième trimestre 1976[2]. Les mesures en faveur de certaines catégories de travailleurs adoptées en 1975 ont contribué à cette stabilisation[3]. La relance de l'activité se traduit par un déséquilibre modéré des échanges extérieurs. Ce déséquilibre s'aggrave au second semestre 1976 en raison de deux phénomènes. D'une part, les importations en volume croissent plus vite que les exportations en volume. D'autre part, les prix des importations augmentent plus vite que ceux des exportations en raison de la hausse des prix internationaux exprimés en devises ainsi que de la dépréciation du franc, qui s'accélère durant le second semestre 1976[4].

Le franc est dans le viseur des opérateurs de marché depuis plus de deux ans. Il a subi de rudes attaques spéculatives au début du mois de janvier 1974. La Banque de France, qui luttait pour préserver la parité du franc, a vu ses réserves de change s'amenuiser dangereusement. Le 19 janvier 1974, le président Pompidou et Valéry Giscard d'Estaing, alors ministre de l'Économie et

1. Jean-Pierre Vesperini, *L'Économie de la France sous la Ve République*, *op. cit.*, p. 159-163.
2. *Ibid.*, p. 165-170.
3. Ces mesures concernent pour l'essentiel les jeunes de moins de vingt-cinq ans. Voir sur ce point Jean-Pierre Revoil, « L'emploi en 1975, l'impact de la récession », *Économie et statistique*, n° 79, juin 1976, p. 11.
4. Jean-Pierre Vesperini, *L'Économie de la France sous la Ve République*, *op. cit.*, p. 171-173.

des Finances, se sont résolus à laisser flotter le franc pour une durée initialement fixée à six mois. Au printemps 1975, Giscard, devenu président de la République, décide de mettre à profit le recul de l'inflation et le redressement de la balance des paiements courants pour réintégrer le franc au serpent monétaire européen[1]. Cette réintégration est effective le 10 juillet 1975. Mais le franc recommence à chuter par rapport aux principales devises durant le premier trimestre 1976. Après avoir vainement cherché à obtenir un réalignement général des parités, le gouvernement français annonce le 14 mars 1976 que le franc quitte une nouvelle fois le serpent monétaire européen. Un cercle vicieux se développe lors des mois suivants, « la dépréciation du franc et la dégradation de l'équilibre extérieur se renforçant mutuellement[2] ».

La réduction de la dépendance au pétrole constitue un autre axe des politiques mises en œuvre par les gouvernements successifs à partir de l'automne 1973. La France cherche à sécuriser ses approvisionnements en concluant des accords commerciaux avec les pays de l'Opep. Ces accords, négociés de façon bilatérale, incluent des contrats commerciaux de long terme et des contrats de troc[3]. Le mémorandum signé le 30 novembre 1973 par la France et l'Arabie saoudite prévoit ainsi la livraison à un tarif préférentiel de 27 millions de tonnes de pétrole pour la période 1974-1976[4]. Pompidou est par ailleurs persuadé, comme le Quai d'Orsay, que les pays arabes n'ont pas intérêt à abuser de l'arme pétrolière. S'ils plongeaient les économies européennes dans la dépression, ils prendraient le risque de rendre les opinions publiques hostiles à leur cause. C'est ce que le président de la République s'est efforcé de faire comprendre au ministre algérien de l'Énergie, Belaïd Abdessalam, et au ministre saoudien du Pétrole, Ahmed Zaki Yamani, lors d'un entretien au palais de l'Élysée le 26 novembre 1973. Les autres membres de la CEE qui tentent de conclure des accords bilatéraux avec des pays producteurs connaissent des fortunes diverses. Alors que la marche vers une Europe unie a débuté par la gestion

---

1. Le serpent monétaire européen était un accord monétaire qui limitait les fluctuations de taux de change entre les pays membres de la CEE. Créé en 1972, il fut remplacé le 13 mars 1979 par le SME.

2. Jean-Pierre Vesperini, *L'Économie de la France sous la V*[e] *République*, *op. cit.*, p. 173.

3. John Ikenberry, *Reasons of State. Oil Politics and the Capacities of American Government*, Ithaca, Cornell University Press, 2018.

4. Frédéric Turpin, *Pierre Messmer*, *op. cit.*, p. 261.

concertée de la ressource charbonnière, qui était une des raisons d'être de la CECA, les États membres de la CEE ne parviennent pas à afficher un front uni face aux pays producteurs de pétrole. Lors du sommet européen qui s'est tenu à Bruxelles en mai 1973, seul le ministre français des Affaires étrangères, Michel Jobert, a refusé de soutenir une proposition de la Commission européenne prévoyant l'ouverture de négociations en matière d'énergie avec les États-Unis et le Japon. La France souhaite en effet que la CEE se dote d'une politique énergétique commune qui ne soit pas contraire à ses intérêts nationaux avant d'entamer des discussions avec des pays tiers[1].

Cette position devient plus difficile à défendre après le déclenchement de la guerre du Kippour. Durant le sommet européen de Copenhague des 14 et 15 décembre 1973, les chefs de gouvernement du Danemark, des Pays-Bas et de la RFA se prononcent en faveur de la création d'un mécanisme de partage de la ressource pétrolière. Le Royaume-Uni, qui tient à préserver sa capacité d'exploiter ses champs d'hydrocarbures de mer du Nord, découverts dans les années 1960, conditionne son accord à la création d'un fonds de développement régional doté de moyens financiers substantiels. La RFA, qui serait le principal contributeur net à ce fonds, n'est pas disposée à l'abonder dans les proportions souhaitées par les Britanniques. Le président Pompidou s'oppose quant à lui à ce projet[2]. Il clarifie sa position le 20 décembre 1973 lors d'une rencontre au palais de l'Élysée avec le secrétaire d'État des États-Unis, Henry Kissinger, qui cherche à rallier les pays d'Europe de l'Ouest au projet américain de création d'une organisation destinée à gérer collectivement les questions énergétiques : il ne veut à aucun prix « d'un syndicat de pays industrialisés riches essayant de s'imposer aux pays producteurs[3] ». Contrairement aux États-Unis, qui ne sont tributaires des pays arabes que pour une fraction de leurs besoins en pétrole, la France en dépend entièrement. Elle ne peut pas se passer du pétrole proche-oriental, « même pendant un an[4] ».

Pour le gaulliste farouchement attaché à l'indépendance nationale qu'est Pompidou, qui vient de surcroît de décider d'accélérer

1. Aurélie Élisa Gfeller, *Building a European Identity*, *op. cit.*, p. 117.
2. *Ibid.*, p. 118-119.
3. Cité par Jean-Pierre Teyssier, « L'année 1973 dans la politique étrangère du président Pompidou », *Politique étrangère*, n° 4-5, 1974, p. 500.
4. Éric Roussel, *Georges Pompidou*, *op. cit.*, p. 609.

le développement du programme électronucléaire, le corollaire du « dialogue » entre producteurs et consommateurs proposé par Henry Kissinger au nom des États-Unis est inacceptable : il consiste en une intensification de la coopération entre pays consommateurs en ce qui concerne les autres sources d'énergie[1]. Pompidou n'ignore pas que le projet d'Energy Action Group a vocation à renforcer le leadership américain en Europe de l'Ouest. Ce projet devient toutefois plus attractif pour les autres membres de la CEE à mesure que le prix du pétrole augmente. L'annonce faite par l'Opep, le 22 décembre 1973, d'une hausse de 130 % du prix affiché du brut renforce la détermination des États-Unis à intensifier la coopération des pays consommateurs. Le 9 janvier 1974, le président Nixon invite plusieurs pays importateurs de pétrole – dont la France, les Pays-Bas, la RFA et le Royaume-Uni – à participer à une conférence consacrée aux questions énergétiques qui se tiendra en février à Washington. L'objectif de cette conférence consiste à faire émerger une position commune des pays consommateurs de pétrole à l'égard des pays producteurs. Afin de rendre cette proposition plus acceptable par la France, l'administration Nixon y ajoute la promesse d'organiser une rencontre entre producteurs et consommateurs dans les quatre-vingt-dix jours qui suivront la conférence. La réaction de la France ne se fait pas attendre : le 18 janvier, Michel Jobert demande au secrétaire général de l'ONU, Kurt Waldheim, d'organiser une conférence internationale sur les questions énergétiques dans le cadre de l'ONU. Mais cette manœuvre échoue rapidement. Certains pays arabes, dont l'Algérie, veulent étendre le champ d'une telle conférence à l'ensemble des matières premières. Les partenaires européens de la France ne sont guère enthousiastes. Le Royaume-Uni, qui ne veut pas mettre en danger sa « relation spéciale » avec les États-Unis, juge que la lourdeur de la machine onusienne ne permet pas de répondre à l'urgence de la situation[2]. Les membres de la CEE autres que la France accueillent néanmoins la proposition américaine avec circonspection. Ils reprochent aux États-Unis de faire de la question énergétique un test de la qualité de la relation transatlantique. Ils redoutent par ailleurs des réactions hostiles de la part des pays arabes. Mais ils taisent leurs réserves lors de la conférence de Washington, durant laquelle Kissinger fait voler en éclats l'unité

1. *Ibid.*, p. 610.
2. Aurélie Élisa Gfeller, *Building a European Identity*, *op. cit.*, p. 122-124.

de la CEE. À l'issue de cette conférence, le 13 février, Michel Jobert est le seul à ne pas signer le communiqué préparé par l'administration Nixon[1].

Soucieux de ne pas envenimer leurs relations avec les pays arabes et désireux de préserver leurs liens avec la France, les autres États membres de la CEE finissent toutefois par accepter, au grand dam des États-Unis, la proposition française consistant à formaliser le dialogue euro-arabe. Un projet est signé en ce sens le 4 mars 1974 à Bruxelles. Il contredit l'approche des États-Unis qui, sous l'impulsion de Henry Kissinger, privilégient les relations bilatérales avec les pays arabes[2]. Le bras de fer qu'engagent alors Paris et Washington est momentanément interrompu par la mort de Georges Pompidou.

L'élection à la présidence de la République de Valéry Giscard d'Estaing, qui a de longue date pris ses distances avec le gaullisme, laisse espérer une inflexion de la politique étrangère française. Giscard, qui veut concentrer ses efforts sur la réforme institutionnelle des Communautés européennes[3] et s'est fixé pour objectif de « construire l'Europe confédérale [...] sans heurts frontaux avec les États-Unis[4] », cherche à donner au dialogue euro-arabe un cadre acceptable pour les autres membres de la CEE, qui s'opposent à ce que des représentants de l'Organisation de libération de la Palestine (OLP) prennent part à la Commission générale du dialogue euro-arabe[5]. Un compromis consistant à remplacer les représentants politiques des différentes parties prenantes par des experts est approuvé par les ministres des Affaires étrangères des États de la CEE en février 1975. La première réunion du comité d'experts marque le lancement officiel du dialogue euro-arabe en juin 1975. En parallèle, le président de la République décide de ne pas s'opposer à la transformation du mécanisme de partage

1. *Ibid.*, p. 129.
2. *Ibid.*, p. 143-145.
3. Les Communautés européennes étaient au nombre de trois : la CEE, la CECA et la CEEA (ou Euratom).
4. Cette formule est de Jean Sauvagnargues, ministre des Affaires étrangères de 1974 à 1976. Elle est citée par Aurélie Élisa Gfeller, *Building a European Identity*, *op. cit.*, p. 172.
5. La Commission générale était l'instance supérieure du dialogue euro-arabe, cadre général de négociation mis en place en 1973 par la Ligue des États arabes et la CEE. Voir sur ce point Bernard Corbineau, « Le dialogue euro-arabe, instance du nouvel ordre international (1973-1978) », *Revue française de science politique*, n° 3, 1980, 30e année, p. 560-563.

de la ressource pétrolière voulu par les États-Unis en une AIE. Celle-ci est créée en novembre 1974 et abritée par l'OCDE, dont le siège se trouve à Paris. La France ne rejoindra cependant l'AIE qu'en 1992. Afin de calmer l'ire des producteurs arabes de pétrole, Giscard propose le 24 octobre 1974 d'organiser une conférence internationale sur le pétrole qui réunirait pays producteurs, pays consommateurs industrialisés et pays consommateurs en développement. En décembre 1975, la conférence sur la coopération économique internationale rassemble à Paris les représentants de 8 pays avancés et de 19 pays en développement[1].

Les économies d'énergie ainsi que la sécurisation des approvisionnements de pétrole ont permis à la France de traverser le choc pétrolier de 1973 sans faire face à une pénurie de brut. Ces mesures, efficaces en courte période, ne pouvaient suffire à desserrer durablement la contrainte énergétique. Pour atteindre cet objectif, Georges Pompidou et Valéry Giscard d'Estaing ont choisi de développer le programme électronucléaire français. La création par le général de Gaulle, le 18 octobre 1945, du CEA, a marqué le début de ce programme. La France a tout d'abord développé une filière nucléaire associant l'uranium naturel (le combustible), le graphite (le modérateur) et un gaz (le caloporteur, qui permet d'extraire la chaleur du réacteur)[2]. Les premiers réacteurs à l'UNGG sont construits à partir de 1952. À la fin des années 1960, le débat sur la technologie à adopter pour passer du stade expérimental au stade industriel tourne à la « guerre des filières ». La filière UNGG, retenue par la France et le Royaume-Uni, est plus coûteuse que la filière à uranium enrichi et eau ordinaire ou légère (par opposition à l'eau lourde[3]) déployée par les États-Unis[4]. Or la France ne dispose pas d'installation d'enrichissement d'uranium pour l'industrie nucléaire civile. Le président Pompidou tranche ce débat en novembre 1969 : il acte l'abandon de la filière UNGG au profit de la technologie à uranium enrichi

1. Aurélie Élisa Gfeller, *Building a European Identity*, *op. cit.*, p. 174-175 et 179.

2. Claire Le Renard, « Les débuts du programme électronucléaire français (1945-1974) : de l'exploratoire à l'industriel », *Hérodote*, La Découverte, n° 165, février 2017, p. 55.

3. Les réacteurs à eau lourde utilisent une eau dont les molécules d'hydrogène sont remplacées à plus de 99 % par du deutérium, un isotope lourd de l'hydrogène. Cette eau lourde, qui sert de modérateur, permet d'utiliser un combustible non enrichi (source : Agence internationale de l'énergie atomique).

4. Marcel Boiteux, Canal Académies, 31 décembre 2004.

et eau ordinaire, commercialisée par des constructeurs américains. En parallèle, il propose à ses partenaires européens de prendre part à une étude de faisabilité portant sur la création d'une installation d'enrichissement d'uranium de dimension internationale. L'État autorise la construction de 6 réacteurs à eau sous pression[1] : 2 à Fessenheim et 4 à Bugey.

En avril 1973, la commission consultative pour la production d'électricité d'origine nucléaire, dite « commission Péon », recommande d'accélérer le développement du programme nucléaire afin de couvrir par l'électricité une fraction plus importante de la consommation nationale d'énergie[2]. Le Premier ministre, Pierre Messmer, qui a été la cheville ouvrière de la force de frappe nucléaire lorsqu'il était ministre des Armées (1960-1969), réunit le 22 mai 1973 un comité interministériel qui propose d'accroître la capacité du programme nucléaire prévue par le sixième plan de développement économique et social en le portant de 8 000 à 13 000 mégawatts pour la période allant de 1972 à 1977[3]. Après le déclenchement du choc pétrolier, Pompidou et Messmer décident de passer à la vitesse supérieure : le 6 mars 1974, le Premier ministre annonce que l'augmentation de capacité prévue pour 1972-1977 sera intégralement engagée en 1975 et que le nouvel objectif consiste à atteindre 50 000 mégawatts durant la période 1974-1980[4]. C'est à Valéry Giscard d'Estaing que reviendra la responsabilité de réaliser les projets adoptés sous l'autorité de son prédécesseur. Le directeur général d'EDF, Marcel Boiteux, devra faire face à la tentation de l'administration de réduire l'ambition du programme nucléaire, dont le financement pèse sur les finances publiques. Il fera à plusieurs reprises appel au président de la République, qui apportera un soutien sans faille à ce programme[5]. Entre 1976 et 1980, la production

1. Les réacteurs à eau ordinaire se divisent en deux catégories : les réacteurs à eau sous pression produisent la vapeur qui sert à actionner la turbine dans un générateur de vapeur séparé, tandis que les réacteurs à eau bouillante utilisent directement la vapeur produite à l'intérieur du cœur du réacteur pour faire tourner la turbine (source : Agence internationale de l'énergie atomique).

2. Claire Le Renard, « Les débuts du programme électronucléaire français (1945-1974) », *op. cit.*, p. 64.

3. Frédéric Turpin, *Pierre Messmer*, *op. cit.*, p. 264.

4. *Ibid.*, p. 265.

5. « Grand témoin : Marcel Boiteux », *in* Serge Berstein, Jean-Claude Casanova, Jean-François Sirinelli (dir.), *Les Années Giscard*, *op. cit.*, p. 92.

d'énergie nucléaire passe de 1,9 à 6,7 % de la consommation nationale d'énergie. La construction d'une installation d'énergie nucléaire nécessitant six à sept ans, les effets des décisions prises en 1973 et 1974 n'apparaîtront pleinement qu'à partir de 1980. À cette date, la capacité des installations nucléaires existantes était de 8 250 mégawatts tandis que celle des installations en construction atteignait 31 000 mégawatts. La France acquiert par ailleurs dans les années 1970 la maîtrise de l'ensemble du cycle nucléaire, qui va de l'extraction de l'uranium au stockage d'éléments radioactifs[1]. L'accélération du développement du programme nucléaire civil a permis à la France de réduire sa dépendance aux hydrocarbures et d'accroître sa production d'électricité bas carbone.

L'impact du choc pétrolier sur l'activité économique contraint par ailleurs le gouvernement français à mettre en œuvre des mesures de politique industrielle qui étaient étrangères au programme du candidat Giscard d'Estaing, d'inspiration libérale. De nombreuses entreprises sont profondément déstabilisées par la hausse du prix du pétrole. Celle-ci pèse d'autant plus sur leurs marges qu'elles ne sont pas libres de fixer leurs prix de vente. À cela s'ajoute l'intensification de la concurrence liée à la libéralisation des échanges de produits industriels au sein du Marché commun de la CEE, qui a été achevée le 1er juillet 1968, ainsi qu'à l'abaissement des tarifs douaniers sur les produits industriels prévu par l'accord général sur les tarifs douaniers et le commerce (le GATT, signé le 30 octobre 1947). Plusieurs secteurs très riches en emplois et fortement exposés à la concurrence internationale sont mis en difficulté : c'est notamment le cas du textile, de la chaussure et de la tannerie[2]. Le Gouvernement, qui redoute les conséquences économiques et sociales d'une vague de fermetures d'établissements et de liquidations d'entreprises, cherche le moyen de réagir. Jérôme Monod, qui est depuis 1968 à la tête de la Datar et deviendra le 1er septembre 1975 directeur du cabinet du Premier ministre, Jacques Chirac, a l'idée de constituer une « cellule de crise » pour venir en aide aux entreprises menacées[3]. Le comité interministériel pour l'aménagement des structures industrielles (CIASI) est formellement installé le 28 novembre

1. Alain Beltran, « La question énergétique », *op. cit.*, p. 79.
2. Entretien avec Michel Pébereau, 16 juin 2022.
3. Jacques de Larosière, *Cinquante Ans de crises financières*, *op. cit.*, p. 89-90.

1974. Présidé par le ministre de l'Économie et des Finances, Jean-Pierre Fourcade, il comprend le délégué à l'Aménagement du territoire et à l'Action régionale, Jérôme Monod, le directeur du Trésor, Jacques de Larosière, le directeur général de l'Industrie, Hugues de l'Estoile, le directeur général du Travail et de l'Emploi, Gabriel Oheix, le commissaire général au Plan, Jean Ripert, le directeur général du Crédit à la Banque de France, le directeur de la Concurrence et de la Consommation, le directeur des Affaires économiques du ministère de l'Environnement et du Cadre de vie, ainsi qu'un représentant du Premier ministre. Jérôme Monod impose d'entrée de jeu une règle aux membres du CIASI : à l'exception du ministre de l'Économie et des Finances, ses membres ne peuvent se faire représenter lors des réunions parce que leurs représentants n'auraient pas le même poids qu'eux et que le fonctionnement du CIASI s'en trouverait déséquilibré[1]. La direction du Trésor assure le secrétariat général et la logistique du CIASI. La cheville ouvrière du comité est un jeune inspecteur des Finances, Michel Pébereau, qui a été conseiller technique auprès de Valéry Giscard d'Estaing au ministère de l'Économie et des Finances avant d'être nommé chef du Bureau du financement des entreprises en juin 1974. Ce bureau gère notamment les prêts directs consentis à des conditions plus favorables que celles du marché à partir de ressources allouées à un compte spécial du Trésor, le Fonds de développement économique et social (FDES). Lorsque les premiers cas d'entreprises privées en difficulté se sont posés, ils sont remontés jusqu'au Bureau du financement des entreprises. C'est donc très naturellement à Michel Pébereau qu'est confié le secrétariat général du CIASI, fonction qu'il assume parallèlement à celle de chef du Bureau du financement des entreprises. L'équipe du comité comprend initialement quatre rapporteurs mis à disposition par l'Inspection générale des finances, la Banque de France, la Caisse nationale des marchés de l'État et le Crédit national ainsi qu'un administrateur de l'Insee affecté au Bureau du financement des entreprises. Les rapporteurs préparent les dossiers qui sont examinés lors de la réunion hebdomadaire du CIASI. Le caractère novateur du comité tient pour l'essentiel à la doctrine dont il s'est doté sur proposition de Michel Pébereau. Celui-ci a suggéré que le CIASI n'intervienne

1. Entretien avec Jacques de Larosière, 16 mars 2022.

« que pour des entreprises fondamentalement saines dont les difficultés étaient temporaires et provoquées par la conjoncture, étant entendu que l'intervention de l'État ne serait possible que pour autant qu'un plan de redressement crédible soit proposé par le responsable de l'entreprise, que ce plan soit approuvé et soutenu par les banques, et qu'il soit sécurisé par la situation financière du repreneur éventuel ainsi que, lorsque c'est possible, par un apport en capital ». Il faut en outre « que l'intervention de l'État puisse être un simple catalyseur, c'est-à-dire qu'elle soit très modeste par rapport aux volumes financiers mobilisés ». L'action de l'État doit enfin « préserver l'emploi dans des proportions aussi élevées que possible[1] ». Les moyens financiers affectés au CIASI comprennent la majeure partie de la dotation du FDES allouée au Bureau du financement des entreprises ainsi que des subventions renforçant les fonds propres provenant du ministère de l'Industrie. Le CIASI, qui deviendra en 1982 le comité interministériel de restructuration industrielle (Ciri), « n'[est] pas une machine à perpétuer des "canards boiteux", c'[est] un comité chargé d'aménager les structures d'entreprises en difficulté, en adaptant leur situation financière, en poussant, si nécessaire, au changement des équipes dirigeantes, en favorisant des rapprochements, des reprises ou des fusions de nature à présenter des avantages en termes d'efficacité et de renforcement des bilans[2] ». Cette règle souffre une exception : celle des usines Garnier, entreprise de fabrication de matériel agricole installée à Redon. Le cas de cette entreprise est soumis au CIASI en 1975. À l'évidence, elle ne peut être sauvée. Mais Jérôme Monod met en garde contre les troubles à l'ordre public qu'une décision de fermeture pourrait déclencher. Le risque d'un soulèvement violent des ouvriers des usines Garnier ne peut être écarté[3]. Michel Pébereau, à la demande de Jérôme Monod et avec l'accord du ministre, met en place un plan de sauvetage temporaire permettant de reporter de deux ans le règlement de ce dossier[4].

En 1974 et 1975, le CIASI parvient à régler 169 dossiers et à sauver 127 000 emplois, ce en utilisant des moyens relativement

1. Entretien avec Michel Pébereau, 16 juin 2022.
2. Jacques de Larosière, *Cinquante Ans de crises financières*, *op. cit.*, p. 90-91.
3. Jérôme Monod, *Les Vagues du temps. Mémoires*, Paris, Fayard, 2009, p. 113.
4. Entretien avec Michel Pébereau, 16 juin 2022.

réduits[1]. Mais l'héritage de ce comité, qui a été créé dans l'urgence pour atténuer les effets destructeurs du choc pétrolier sur le tissu industriel, ne se limite pas à ses résultats immédiats. Les membres de la petite équipe du CIASI constituaient « la fine fleur des espoirs de l'administration financière française[2] ». Outre Michel Pébereau, en ont notamment fait partie Jean-Claude Trichet, qui a été successivement rapporteur puis secrétaire général du CIASI[3], Philippe Jaffré, Gilles Guitton et Pascal Lamy. Ces différentes personnalités, qui ont joué par la suite un rôle important dans la vie économique, ont acquis au sein du comité une culture d'entreprise ainsi que les éléments fondamentaux de l'analyse microéconomique. Le CIASI a par ailleurs été l'incubateur d'une révolution culturelle à la direction du Trésor et à l'Inspection générale des finances. Celles-ci ont compris que les entreprises « ne sont pas des entités qu'on peut traiter comme des services administratifs : elles sont indispensables à la croissance économique et donc au progrès social, et elles ont une identité, des besoins et des contraintes qu'il faut respecter[4] ».

Entre 1973 et 1975, l'État a mobilisé l'ensemble des outils de politique conjoncturelle et de politique structurelle afin de limiter l'impact négatif du renchérissement brutal du pétrole sur l'économie française. S'il est parvenu à relancer l'activité, il a échoué à enrayer la progression du chômage. Le choc pétrolier de 1973 marque en effet le basculement vers un régime de croissance économique moins rapide que celle observée durant les « Trente Glorieuses ». Le ralentissement de la croissance économique[5] s'accompagne d'une diminution du nombre des emplois créés. Celle-ci est due à la réduction constante des effectifs de l'industrie et à la baisse du rythme de l'augmentation des effectifs des services[6]. La France, qui n'a pas encore achevé sa transition d'une économie administrée à une économie de marché, a donné la priorité aux problèmes immédiats créés par le choc pétrolier

1. Jérôme Monod, *Les Vagues du temps*, *op. cit.*, p. 112.
2. Entretien avec Jacques de Larosière, 16 mars 2022.
3. Jean-Claude Trichet, « Real-World Learning at Ministry of Finance », *Nikkei Asia*, 14 septembre 2010.
4. Entretien avec Michel Pébereau, 16 juin 2022.
5. Le taux de croissance annuel moyen du PIB oscilla autour de 4 % entre 1976 et 1978, contre plus de 5 % durant les Trente Glorieuses.
6. Jean-Pierre Vesperini, *L'Économie de la France sous la Ve République*, *op. cit.*, p. 212.

mais a remis à plus tard les réformes structurelles, à l'exception du développement du programme nucléaire civil[1]. C'est donc avec une économie affaiblie qu'elle aborde la seconde moitié des années 1970.

LA POLITIQUE POMPIDOLIENNE DANS LA TOURMENTE (1973-1974)

Jenny Raflik

1973 s'ouvre sous de bons augures : le 1er janvier, l'Europe des Six devient l'Europe des Neuf. Les adhésions de la Grande-Bretagne, du Danemark et de l'Irlande renforcent les Communautés européennes. Leurs projets sont nombreux, et en bonne voie. En octobre 1972, les Neuf ont accepté le principe d'un projet français d'Union européenne, pour l'horizon 1980. Les accords de Bâle du 21 mars et du 24 avril 1972 ont créé le serpent monétaire européen, première étape d'une union économique et monétaire : « le rétablissement de l'Europe occidentale est un fait établi, tout comme le succès historique de sa marche vers l'unification économique[2] », souligne Henry Kissinger, le 23 avril 1973. Au-delà des frontières européennes, la guerre du Vietnam semble sur le point de s'achever avec les accords de cessez-le-feu, signés à Paris le 27 janvier 1973. Plus généralement, les relations entre les deux blocs s'améliorent sensiblement. La détente est à son apogée.

Et pourtant, un an plus tard, le président Pompidou, évoquant cette même situation internationale, annonce avec inquiétude : « nous entrons dans l'ère des incertitudes[3] ». Entre-temps, souligne l'historien Maurice Vaïsse, « une série de facteurs et d'événements, de la construction européenne à la guerre du Kippour en passant

1. Jacques de Larosière, *Cinquante Ans de crises financières*, Paris, Odile Jacob, p. 96.
2. Henry Kissinger : « Un appel des États-Unis à l'Europe. L'année de l'Europe », New York, *Europe Documents*, n° 734, 1973, p. 1-6.
3. Maurice Vaïsse, « Le tournant de 1973 », *Revue internationale et stratégique*, n° 3, 2013, p. 81.

par les relations américano-soviétiques, viennent tout remettre en question[1] ».

La France subit les contrecoups de cette évolution mondiale. Et cela se traduit par un net durcissement de la politique extérieure française. La transition est d'autant plus observable que, le 2 avril 1973, Michel Jobert remplace Maurice Schumann à la tête du Quai d'Orsay. L'homme vient du mendésisme. Son style tranche avec celui de son prédécesseur. Là où Schumann répugnait au coup d'éclat, Jobert cultive les déclarations fracassantes et les formules-chocs. « Pour beaucoup, écrit Samy Cohen, il y a un mystère Jobert. Voilà un haut fonctionnaire réputé discret, courtois, modéré, que beaucoup jugent prudent, qui dévoile soudain une personnalité, tranche avec le style de ses prédécesseurs[2]. » Kissinger écrit de lui : « Frêle, sardonique, avec un visage lumineux, Jobert était un homme d'une intelligence formidable et un négociateur redoutable. » Mais, ajoute-t-il, « faute de directives de son président [affaibli par la maladie], soudain saisi par la vision d'un avenir incertain inconcevable dans son anonymat de la veille, [il] se métamorphosa en un météore qu'illumina brièvement et brillamment le firmament de la diplomatie pour replonger tout aussi rapidement dans l'obscurité[3] ».

Les relations avec les alliés occidentaux se tendent, et la France s'isole, tant au sein des Neuf que du bloc occidental. Drapée dans une politique pro-arabe qui la coupe de plusieurs de ses partenaires après la guerre du Kippour, elle doit chercher, au-delà du bloc atlantique, des soutiens nécessaires à son objectif de puissance.

Crispations au sein du bloc occidental

Malgré les succès apparents de la politique européenne lors des premières années du septennat de Georges Pompidou, les facteurs de déception sont rapidement identifiables. Le référendum du 23 avril 1972 sur l'élargissement de la Communauté montre déjà que l'opinion publique se sent peu concernée par la poursuite

---

1. *Ibid.*
2. Samy Cohen, *La Monarchie nucléaire. Les coulisses de la politique étrangère de la Ve République*, Paris, Hachette, 1986, p. 104.
3. Henry Kissinger, *Les Années orageuses*, Paris, Fayard, 1982, p. 198.

du processus d'intégration européenne. Notamment parce que les résultats ne semblent pas à la hauteur des attendus, principalement dans le domaine économique et monétaire.

En mars 1973, Nixon décide une nouvelle dévaluation du dollar. Les monnaies européennes, qui s'étaient jusqu'alors protégées par le système du serpent monétaire, doivent se réajuster les unes par rapport aux autres. La France est contrainte de se rallier à la position allemande qui préconise un flottement concerté des monnaies européennes par rapport au dollar. La faillite du système de Bretton Woods met en pleine lumière la prépondérance monétaire allemande en Europe et les limites des solidarités communautaires.

L'impact des difficultés économiques se fait d'autant plus sentir sur la définition de la politique extérieure française que Pompidou accorde une grande place à la modernisation du pays pour en asseoir le rôle international : « L'expérience acquise dans les affaires financières (comme directeur général de la banque Rotschild) lui donne la conviction que […] les nations qui veulent sauvegarder leur liberté de décision doivent étayer leur politique par la maîtrise de la puissance économique. Il s'agit de moderniser la France pour en faire un grand pays industriel, exportateur de biens manufacturés, en pointe dans l'exploitation des nouvelles technologies[1]. » Ainsi, c'est au moment où la France a le plus besoin de ses partenaires européens qu'elle fait l'amer constat des limites de la coopération européenne. Pompidou s'ouvre de ses déceptions à Nixon, le 31 mai 1973 :

> Dans le contexte difficile qui [prévaut], l'Europe économique se [cherche] politiquement et [a] du mal à se trouver. La Communauté [traverse] sinon une crise, du moins une période très difficile. D'une part, les Allemands sont affectés par un certain strabisme qui les fait regarder à gauche comme à droite ; et je ne connais qu'un seul Européen au Royaume-Uni, Edward Heath. Tout ce qui avait été décidé au sommet européen de Paris est entravé par la situation de la Grande-Bretagne et de l'Italie. On se rencontre et l'on se dispute sur des questions lamentables, comme le prix de la carotte ou celui du blé[2].

1. Maurice Vaïsse, *La Puissance ou l'Influence ? La France dans le monde depuis 1958*, Paris, Fayard, 2009, p. 21.

2. Rencontre Pompidou-Nixon, 31 mai 1973, citée par Pierre Mélandri, « Une relation très spéciale : la France, les États-Unis et l'année de l'Europe,

Facteur aggravant : alors que les Européens constatent les limites de leur coopération dans le domaine économique, les Américains s'en inquiètent. Au début du processus de construction européenne, les États-Unis étaient favorables, car ils y voyaient un moyen de s'appuyer sur un partenaire stable et organisé. Mais, progressivement, le soutien fait place à la méfiance à l'égard d'un Marché commun de plus en plus concurrentiel. Au point que, le 3 mai 1973, le président Nixon déclare dans son message au Congrès : « Est-il possible de concilier le principe de l'unité atlantique en matière de défense et de sécurité et la politique économique de plus en plus régionaliste de la Communauté européenne ?[1] »

Et les initiatives américaines jouent de plus en plus des divergences européennes.

L'embellie de la relation franco-américaine des années 1969-1972 marque le pas devant les difficultés économiques. Elle se dégrade surtout du fait de la politique de détente menée par les deux grands. Les États-Unis, enfin débarrassés du fardeau vietnamien, développent leur dialogue direct avec Moscou. Après les accords Salt 1 conclus le 26 mai 1972, les négociations MBFR débutent à Vienne le 30 janvier 1973. Le 22 juin 1973, les États-Unis et l'URSS signent, à San Clemente, un accord sur la prévention de la guerre nucléaire.

Pour Paris, ce rapprochement entre les deux grands est une mauvaise nouvelle. Georges Pompidou et Michel Jobert craignent qu'il se fasse aux dépens de l'Europe – et surtout de la France. Les discussions directes marginalisent déjà les Européens, et notamment les Français qui s'étaient ménagé un statut d'intermédiaire privilégié entre les deux blocs. Non seulement la France se voit déclassée dans le jeu international, mais elle y perçoit un double risque : celui de voir les Américains se désengager de la sécurité européenne ainsi que la crainte de les voir exercer leur leadership politique sur l'Europe. Frédéric Bozo le souligne : « la politique française n'échappe pas aux contradictions. En s'opposant à tout ce qui, dans la détente, relève du bloc à bloc (en refusant par exemple de participer aux MBFR, entamées à Vienne en octobre 1973), elle prend le double risque de se trouver marginalisée et d'être

---

1973-1974 », *in* Association Georges-Pompidou, *Georges Pompidou et l'Europe*, Bruxelles, Complexe, 1995, p. 100-101.

1. Message du président Nixon au Congrès des États-Unis, 3 mai 1973, cité par Pierre Mélandri, « Une relation très spéciale : la France, les États-Unis et l'année de l'Europe, 1973-1974 », *op. cit.*, p. 110.

perçue comme défenseur du *statu quo* Est-Ouest alors qu'elle continue de proclamer qu'elle veut dépasser Yalta[1] ». Dans cette détente, Pompidou continue également à craindre l'évolution de la politique allemande, dont la puissance économique augmente et qui lui semble hésiter entre *Ostpolitik*, neutralisme, atlantisme et intégration européenne.

Au total, c'est la vieille ambiguïté entre rivalité et complémentarité des deux constructions, européenne et atlantique, qui ressurgit avec force en 1973. L'intégration européenne devient un objet de discorde entre les États-Unis et leurs alliés, conduisant à une résurgence des malentendus euro-américains et à une nouvelle dégradation des relations franco-américaines. Toutes les craintes françaises semblent se confirmer avec le discours de Kissinger sur l'« année de l'Europe ».

Sécurité nationale, européenne ou atlantique ?

Le 23 avril 1973, à New York, Henry Kissinger, alors seulement conseiller à la sécurité nationale, annonce : « 1973 est l'année de l'Europe. » Tout en reconnaissant les réussites de la construction européenne, il en pointe les conséquences pour la relation transatlantique :

> En Europe, une génération nouvelle, dont l'expérience personnelle ne comprend pas la guerre et les perturbations qu'elle apporte, accepte la stabilité comme une chose allant de soi. Mais elle est moins attachée à l'unité qui a permis à la paix de s'instaurer et à l'effort requis pour la maintenir. Aux États-Unis se manifeste une répugnance à maintenir un engagement à l'échelle du globe sur la base d'une prépondérance de la responsabilité américaine, répugnance nourrie par des décennies de fardeaux mondiaux assumés par le pays [...]. Des voix se sont élevées en Amérique pour se plaindre de ce que l'Europe ignore ses responsabilités plus larges en poursuivant trop unilatéralement ses intérêts économiques propres et qu'elle ne supporte pas une part équitable du fardeau de la défense commune. [...] Les Européens font appel aux États-Unis afin qu'ils acceptent leur indépendance et leurs critiques, parfois sévères, vers les États-Unis au nom de l'unité atlantique, en demandant en même

1. Frédéric Bozo, *La Politique étrangère de la France depuis 1945*, Paris, Flammarion, coll. « Champs Histoire », 2012, p. 138.

temps qu'on leur accorde un droit de veto sur nos politiques indépendantes, toujours au nom de l'unité atlantique[1].

Pour dépasser les malentendus, il propose donc aux Européens une nouvelle charte de l'Atlantique et annonce un voyage de Nixon en Europe pour l'automne 1973. De même, il souhaite, dans le cadre du cycle commercial entre Américains et Européens, dit « Nixon Round », que ces derniers ouvrent plus largement leurs frontières, notamment aux produits agricoles américains.

Les réactions européennes sont pour le moins réservées. « Ce geste théâtral, commente Helmut Schmidt, ne provoqua en Europe qu'un étonnement incrédule et accompagné de railleries[2]. » Le seul à exprimer son enthousiasme est Joseph Luns, secrétaire général de l'Otan. À Paris, Pompidou s'inquiète de la « globalisation » des affaires atlantiques suggérée par le discours de Kissinger : « dans les relations atlantiques, les problèmes politiques, militaires et économiques sont liés[3] ». Ce passage du discours évoque la « stratégie liée » imaginée par le secrétaire au commerce Peter Peterson et qu'un haut fonctionnaire américain avait ainsi présentée : « la stratégie liée reconnaît que le négociateur américain est en position de faiblesse en ce qui concerne le commerce et cherche à compenser cette faiblesse en liant la négociation commerciale à d'autres conversations où la puissance américaine est plus forte[4] ». Les États-Unis demandent implicitement aux Européens une contrepartie commerciale à l'envoi et au maintien des troupes américaines en Europe.

Mais Kissinger fait preuve de maladresse en soulignant dans son discours la différence entre les responsabilités internationales des États-Unis et la dimension régionale de la CEE : « Les États-Unis ont des intérêts et des responsabilités globales. Nos alliés européens ont des intérêts régionaux[5]. »

Les États-Unis invitent les Européens à rénover le cadre atlantique, mais sous leadership américain. Nixon et Kissinger veulent

---

1. Henry Kissinger, « Un appel des États-Unis à l'Europe. L'année de l'Europe », New York, *Europe Documents*, n° 734, 23 avril 1973, p. 1-6.

2. Helmut Schmidt, *Des puissances et des hommes*, Paris, Plon, 1988, p. 172.

3. Henry Kissinger, « Un appel des États-Unis à l'Europe. L'année de l'Europe », art. cit.

4. Cité par Pierre Mélandri, « Une relation très spéciale : la France, les États-Unis et l'année de l'Europe, 1973-1974 », *op. cit.*, p. 102.

5. Henry Kissinger, « Un appel des États-Unis à l'Europe. L'année de l'Europe », art. cit.

s'assurer que l'identité européenne qui émerge au sein de la CEE ne remettra pas en question la communauté atlantique. Paris y voit la confirmation de toutes ses craintes et s'accroche à son affirmation d'une Europe européenne sur la scène internationale.

L'opposition française aux projets américains éclate au grand jour lors du sommet franco-américain de Reykjavik, du 31 mai au 1er juin 1973. L'ambiance est tendue. Jobert et Courcel arrivent « extrêmement montés contre les Américains[1] ». La première rencontre entre Michel Jobert et Henry Kissinger se passe mal : « Jobert transformait l'année de l'Europe en match de catch[2] », raconte Kissinger.

Pompidou, affaibli par la maladie, demande à Nixon, affaibli par le Watergate, de rétablir la convertibilité du dollar et l'équilibre de la balance des comptes en limitant ses exportations de capitaux. Nixon refuse et demande aux Européens dans le cadre du Nixon Round d'ouvrir leurs frontières aux produits agricoles et industriels américains pour rendre la balance commerciale des États-Unis excédentaire. Pompidou rappelle sèchement que les responsables français ont pour principe de « ne pas vendre notre âme pour un plat de lentilles[3] ». Il refuse le principe de la stratégie liée et repousse à plus tard l'idée américaine d'un sommet entre les États-Unis et les Neuf. Quant à « l'année de l'Europe », pour la France, chaque année est une année de l'Europe, répond-il, ajoutant, non sans dépit, qu'il ne savait pas « si c'était celle de la béatification ou de l'étranglement[4] ». Le résultat officiel du sommet de Reykjavik est donc un échec. « Chacun, écrit Éric Roussel, semble camper sur ses positions, se délecter de considérations moroses sans apparemment aucune possibilité de langage commun[5]. »

À une nuance près, soulignée par Georges-Henri Soutou : « Certes, [le sommet de Reykjavik] donna surtout lieu à un large échange de vues, tournant d'ailleurs un peu en rond, sur les questions internationales. Certes, on ne progressa pas sur les questions monétaires. En revanche, ce fut un franc succès pour les questions

1. Maurice Vaïsse, *La Puissance ou l'Influence ?*, *op. cit.*, p. 190.
2. Henry Kissinger, *Les Années orageuses*, *op. cit.*, p. 211.
3. Cité par Pierre Mélandri, « Une relation très spéciale : la France, les États-Unis et l'année de l'Europe, 1973-1974 », *op. cit.*, p. 108.
4. Entretien Pompidou-Nixon-Kissinger, cité par Éric Roussel, *Georges Pompidou*, Paris, Jean-Claude Lattès, 1984, p. 570.
5. *Ibid.*

militaires[1]. » En effet, Pompidou et Nixon y concluent un accord secret – qui contribue sans doute à l'impression générale d'échec – pour étendre les conversations sur les armements aux questions touchant les armes nucléaires proprement dites.

> Il est tout à fait évident, écrit Georges-Henri Soutou, que pour les Américains l'offre de développer la collaboration militaire franco-américaine était destinée aussi à faciliter l'acceptation par Paris de l'ensemble de leur programme : la redéfinition des relations transatlantiques au moyen d'une charte garantissant en fait que les Européens ne prendraient entre eux aucune décision pouvant impliquer les intérêts des États-Unis et assurant le leadership américain malgré les progrès de la CEE. Les Français auraient en effet la certitude de bénéficier, en matière politico-stratégique, de la même position privilégiée que les Britanniques dans le grand ensemble euro-atlantique qui correspondait à la vision de Nixon et Kissinger[2].

Et effectivement, Robert Galley, ministre de la Défense, et Jean Blancard, délégué ministériel pour l'armement, se rendent aux États-Unis fin juillet et fin août 1973 pour demander une aide à la mise au point de missiles à têtes multiples, indépendantes et durcies (programme français M4/T70). Les Américains se montrent réservés face à des demandes françaises qu'ils trouvent excessives. Ils insistent pour que les expériences françaises aient lieu au Nevada (comme pour les Britanniques) et pour que soit mis au point un système d'alerte face aux progrès des Russes. Ces demandes sont ressenties comme une volonté américaine de contrôle sur le programme français. Pompidou préfère suspendre les échanges, ce qui se traduit par une relance de l'effort nucléaire national.

En matière stratégique, à partir de 1973, Georges Pompidou en revient « à une certaine orthodoxie gaulliste[3] », dont témoigne son « testament stratégique », un texte rédigé par le président le 1er février 1974, et dont seuls le Premier ministre, Pierre Messmer, et le ministre de la Défense, Robert Galley, reçoivent un exemplaire[4]. La dissuasion nationale française, écrit Pompidou, repose « sur notre puissance, sur notre détermination et notre liberté de

1. Georges-Henri Soutou, *La Guerre froide de la France, 1941-1990*, Paris, Tallandier, 2018, *op. cit.*, p. 403.
2. *Ibid.*, p. 404.
3. *Ibid.*, p. 410.
4. *Ibid.*

décision avec les incertitudes que cela implique et qui inquiètent précisément aussi bien nos alliés que l'adversaire éventuel. Notre problème est donc de donner à notre capacité de dissuasion ce que l'on appelle la crédibilité ». Pour cela, la décision est prise, début 1974, de construire un sixième SNLE, ce qui permet d'en maintenir en permanence deux en mer. En outre, ajoute Pompidou, « le principal problème est moins dans la puissance que dans la capacité de pénétration et donc de résistance aux défenses adverses, par le durcissement, la multiplication, si possible, des ogives (pour les sous-marins) et l'utilisation de leurres ». Mais, conclut-il, « nous devons poursuivre cet effort seuls et sans compromissions… Aucune indication sur nos programmes, aucune négociation avec qui que ce soit ne devra être donnée ou entreprise sans mon autorisation personnelle[1] ». Après l'échec des pourparlers avec les Américains dans le domaine nucléaire, la France en revient donc à une conception très stricte de l'indépendance nucléaire nationale, technique et décisionnelle.

Reste à répondre aux propositions de Kissinger. Les Européens peinent à se mettre d'accord sur l'attitude à adopter. Le 5 juin, au conseil des Neuf à Bruxelles, Brandt propose de créer un groupe d'études sur la réponse à y apporter. Jobert s'y oppose. L'idée de Paris est de proposer d'abord aux Neuf un texte sur l'identité européenne, afin de présenter un front uni face aux États-Unis dans la négociation ultérieure d'un texte sur les relations entre la CEE et les Américains. Dans cette période de négociations, Jobert a l'habileté de faire comprendre à Kissinger que rien ne sera possible sans la France, ce qui conduit les Américains à lui accorder une place privilégiée dans le dialogue transatlantique. Jobert, souligne Pierre Mélandri, « se dotait ainsi de deux atouts clés. Tout d'abord, les autres Européens en voudraient plus facilement aux Américains d'avoir accordé ce rôle aux Français qu'à ceux-ci de l'avoir recherché. […] Ensuite et surtout, en s'en remettant au Français, Kissinger lui donnait largement le contrôle des délais[2] ».

Pour Pompidou, c'est aussi une opportunité pour définir les bases intellectuelles, politiques et institutionnelles d'une Europe européenne. Pompidou n'a pas attendu Kissinger pour se poser la question des identités européenne et atlantique. Dès les années 1960,

1. *Ibid.*, p. 411.
2. Pierre Mélandri, *Une incertaine alliance. Les États-Unis et l'Europe, 1973-1983*, Paris, Publications de la Sorbonne, 1988, p. 90.

cette question émaille ses écrits. Et c'est dans la relation aux États-Unis que se cristallise pour lui la définition de l'identité européenne. Lors d'une conférence de presse, le 26 mai 1971, il évoque une « forme de civilisation » construite sur « un passé d'humanisme très ancien, très divers » propre à l'Europe, et précise déjà son idée sur la relation entre cette Europe et les États-Unis :

> Si j'ai insisté sur l'idée de se distinguer de l'Amérique, c'est parce que c'est avec les États-Unis que nous avons les liens les plus étroits. [...] Nous devons nous en distinguer parce que si nous ne nous en distinguons pas, nous serons Américains. Or, nous ne voulons pas être Américains, nous voulons être Européens. Mais nous avons des liens très étroits : parenté de régime politique et social [...], liens commerciaux, économiques et monétaires [...], liens politiques et alliance [...] C'est donc des États-Unis dont nous sommes les plus proches et c'est donc forcément en direction des États-Unis que nous devons faire effort pour nous distinguer afin d'être nous-mêmes[1].

C'est cette affirmation d'une vision propre à l'Europe dans les affaires du monde qu'il réaffirme en 1973 : « L'étroitesse des relations entre l'Amérique et les Neuf ne signifie pas que ceux-ci doivent renoncer à s'affirmer comme une réalité originale. Les propositions de M. Kissinger doivent être appréciées dans cet esprit[2]. »

Les conseillers de Pompidou lui ont néanmoins conseillé de ne pas répondre seulement par la négative aux propositions de Kissinger, mais plutôt de proposer un contre-projet de déclaration qui rendrait une négociation possible[3]. Aussi, pendant l'été, trois textes différents sont rédigés.

Pour le premier, Jobert et Pompidou bénéficient de l'appui de Heath. Les administrations française et britannique élaborent ensemble un projet sur les rapports entre la CEE et les États-Unis, adopté par les ministres des Neuf, à Copenhague. En réponse au discours de Kissinger, ce document évoque les « responsabilités mondiales » des deux partenaires.

---

1. Conférence de presse du 26 mai 1971, citée *in* Éric Bussière, Émilie Willaert, *Un projet pour l'Europe, Georges Pompidou et la construction européenne*, Bruxelles, Peter Lang, 2010, p. 357-358.

2. Interview de Georges Pompidou, 1er octobre 1973, citée par Éric Bussière, Émilie Willaert, *Un projet pour l'Europe, Georges Pompidou et la construction européenne, op. cit.*, p. 366.

3. Georges-Henri Soutou, *La Guerre froide de la France, 1941-1990*, *op. cit.*, p. 407.

Le deuxième, la « déclaration sur l'identité européenne[1] », est publié à l'issue du sommet européen de Copenhague, les 14 et 15 décembre 1973. Il a été rédigé par un comité réunissant les directeurs politiques des ministères des Affaires étrangères des Neuf. Dès le début, le texte précise que ce document est rédigé par les Neuf pour « mieux définir leurs relations avec les autres pays du monde ainsi que les responsabilités qu'ils assument et la place qu'ils occupent dans les affaires mondiales ». Il a donc bien une portée géopolitique. La déclaration sur l'identité européenne se divise en trois chapitres. Le premier évoque la « cohésion des neuf pays membres de la Communauté » basée sur une « civilisation qui leur est commune », mais dans le respect de la « riche variété de leurs cultures nationales » :

> Partageant une même conception de la vie, fondée sur la volonté de bâtir une société conçue et réalisée au service des hommes, ils entendent sauvegarder les principes de la démocratie représentative, du règne de la loi, de la justice sociale – finalité du progrès économique – et du respect des droits de l'homme, qui constituent des éléments fondamentaux de l'identité européenne. […] Cette variété des cultures dans le cadre d'une même civilisation européenne, cet attachement à des valeurs et des principes communs, ce rapprochement des conceptions de la vie, cette conscience de posséder en commun des intérêts spécifiques et cette détermination de participer à la construction européenne donnent à l'identité européenne son caractère original et son dynamisme propre[2].

Ce texte fait écho à la conception que Pompidou se fait de l'identité européenne. Pour lui, l'Europe est un ensemble de nations aux traditions politiques et institutionnelles différentes qui décident de partager un projet commun. S'il ne croit pas à une « nation européenne », il croit à cette identité européenne, qui est d'abord une identité de civilisation. Le deuxième chapitre « L'identité européenne par rapport au monde » rappelle les « devoirs internationaux » de la Communauté, rappelant qu'elle « n'est dirigée contre personne ni inspirée par une quelconque volonté de puissance », mais que les Neuf « entendent jouer un rôle actif dans les affaires mondiales ». Réaffirmation qui répond au discours de Kissinger sur le rôle régional

1. « Déclaration sur l'identité européenne », *Bulletin des Communautés européennes*, n° 12, décembre 1973, p. 127-130.
2. *Ibid.*

de l'Europe. Par ailleurs, les liens historiques et privilégiés des Neuf avec certaines zones géographiques sont soulignés :

> La Communauté assurera la mise en œuvre des engagements communautaires avec les pays du bassin méditerranéen et de l'Afrique en vue de renforcer les liens qui existent de longue date avec ces pays. Les Neuf souhaitent préserver leurs liens historiques avec tous les pays du Proche-Orient et coopérer à l'établissement et au maintien de la paix, de la stabilité et du progrès dans cette région.

Quant aux liens « étroits qui existent entre les États-Unis et l'Europe des Neuf », ils sont « fondés sur un héritage commun, sont mutuellement bénéfiques ». La réciprocité est lourdement réaffirmée et toute subordination rejetée. Le troisième chapitre revient sur le « Caractère dynamique de la construction européenne » et souligne que « l'identité européenne est appelée à évoluer en fonction de la dynamique de la construction de l'Europe ». « Ils ont décidé de définir cette identité dans une perspective dynamique, et avec l'intention de l'approfondir ultérieurement à la lumière du progrès réalisé dans la construction européenne », ce qui correspond à la vision dynamique que Pompidou se fait de l'identité, y compris celle de la nation. En 1970, dans un entretien accordé au magazine *Réalités*, comparant la nation à « un être vivant », avec « comme tout être vivant […] un passé, […] un présent, et […] un avenir », il en évoquait la possible « évolution[1] ». C'est ce même principe qui définit dans la déclaration de 1973 l'identité européenne.

Un troisième texte est rédigé parallèlement, par les seuls Français. Sur la demande de Jobert, François de Rose, représentant de la France à l'Otan, prépare un projet de déclaration sur l'Alliance atlantique, remis à Kissinger le 26 septembre, et au Conseil atlantique le 3 octobre. « Ce texte, souligne Georges-Henri Soutou, répondait à toutes les préoccupations parisiennes de l'époque : il réaffirmait la nécessité de la solidarité atlantique et du maintien des troupes américaines en Europe, mais également la nécessité de la dissuasion nucléaire (contre les tendances à la dénucléarisation dont à Paris on soupçonnait les Américains et pour réagir contre une éventuelle dérive des Salt). Il affirmait que les États-Unis ne laisseraient pas l'Europe être soumise "à une pression extérieure politique ou militaire susceptible d'aliéner sa liberté",

1. Georges Pompidou, entretien avec le magazine *Réalités*, 14 avril 1970.

ce qui visait bien entendu les conséquences, redoutées à Paris, de l'accord américano-soviétique du 22 juin 1973 (le "condominium"). Il affirmait la "spécificité" de la défense de l'Europe ainsi que la contribution conventionnelle et nucléaire (pour deux d'entre eux) des pays européens de l'Alliance[1]. » La France soulignait la valeur de sa force de frappe pour l'Alliance, et laissait même la porte ouverte à l'émergence d'une personnalité européenne en matière de défense, proposée par Michel Jobert devant l'assemblée de l'Union de l'Europe occidentale (UEO) le 21 novembre 1973. Même si Pompidou y restait, lui, peu favorable. C'est ce contre-projet français qui a finalement servi de base à la déclaration adoptée par le Conseil de l'Atlantique nord, à Ottawa, le 19 juin 1974[2]. Indéniablement, l'adoption de ce texte est un succès pour Paris, qui a réussi à éliminer le projet de Kissinger et en même temps à faire entériner par l'Alliance certaines des thèses françaises essentielles sur la dissuasion nucléaire et sur la détente.

Malgré tout, au-delà des textes, les fissures du bloc occidental sont évidentes. Et, comme le constate Kissinger dans ses mémoires, « la guerre au Moyen-Orient mit fin à ce qui était une illusion ou un leurre. Sur certaines questions capitales pour les alliés se firent jour des intérêts divergents, voire parfois conflictuels[3] ».

L'isolement français croissant sur fond de guerre du Kippour

Le 6 octobre 1973, l'Égypte et la Syrie attaquent Israël. C'est la « guerre du Kippour » qui, par ses répercussions, bouleverse l'ordre mondial. Profitant de la surprise, les armées arabes prennent l'avantage et avancent sur le terrain, ravitaillées en armes par les Soviétiques. Mais Israël réorganise ses forces et, avec l'aide du pont aérien américain qui réapprovisionne l'État hébreu en armes, inverse rapidement la situation.

Le conflit creuse le fossé entre Paris et Washington et met en évidence le manque de solidarité entre Européens. Il illustre aussi

---

1. Georges-Henri Soutou, *La Guerre froide de la France, 1941-1990*, *op. cit.*, p. 407.
2. Otan, Conseil de l'Atlantique nord, Ottawa, déclaration sur les relations atlantiques, 19 juin 1974.
3. Henry Kissinger, *Les Années orageuses*, *op. cit.*, p. 871.

les difficultés de la politique française qui, depuis 1967, repose sur une application stricte de la résolution 242 du Conseil de sécurité de l'ONU, prônant le retour d'Israël aux frontières antérieures à la guerre des Six Jours et l'évacuation des territoires occupés, une politique aux accents pro-arabes.

La position de la France au moment du déclenchement du conflit est particulièrement illisible. Les déclarations contradictoires s'enchaînent. Le lendemain de l'attaque, le Premier ministre, Pierre Messmer, lors d'un déplacement à Sarrebourg, pointe la responsabilité des États arabes, dont il juge les succès sur le terrain « provisoires ». L'ancien militaire a raison sur le futur déroulé du conflit, mais ses propos suscitent immédiatement le mécontentement des pays arabes. Quelques jours plus tard, une petite phrase de Michel Jobert, lancée devant l'Assemblée nationale, cherche au contraire à les ménager : « Est-ce que tenter de remettre les pieds chez soi constitue une agression imprévue ? » demande le ministre des Affaires étrangères. Est-ce par volonté d'équilibrer la déclaration de Messmer, comme le suppose l'historienne Mary Kathleen Weed[1] ? L'effet est en tout cas immédiat : les capitales arabes, qui avaient critiqué la déclaration de Messmer, se félicitent de celle de Jobert, et cette fois, c'est Israël qui s'en offusque. Devant ces déclarations contradictoires, l'opinion publique et la classe politique française se divisent. Plusieurs UDR et RI signent le manifeste de solidarité avec Israël et demandent au Gouvernement de placer les armes destinées au Proche-Orient sous embargo. Jobert tente de relativiser la portée de ses propos dans les jours qui suivent, sans convaincre réellement.

D'autant que, le 14 octobre, Israël annonce avoir abattu deux des Mirage vendus par la France à la Libye. Malgré les démentis français, et en dépit des clauses des contrats de vente interdisant leur emploi contre Israël, ils ont bel et bien été prêtés à l'Égypte et ont participé au bombardement des bases israéliennes[2]. Les craintes exprimées en 1970 par Israël et les États-Unis s'avèrent fondées. Les réactions internationales sont d'autant plus vives que la France livre onze chars AMX-30 à l'Arabie saoudite, qui ne dissimule pas son intention de les envoyer sur le front du Golan.

1. Mary Kathleen Weed, *L'Image publique d'un homme secret. Michel Jobert et la diplomatie française*, Paris, éditions Lanore, 1988.
2. Maurice Vaïsse, *La Puissance ou l'Influence ?*, *op. cit.*, p. 373-374.

Et Paris a discrètement retiré de ses contrats de vente d'armes la clause de non-réexportation en mars 1973.

Le discours français de neutralité n'est pas crédible. Aussi, lorsque Jobert propose devant l'Assemblée générale de l'ONU, le 10 octobre, « le concours de la France pour que la guerre s'apaise rapidement et ne puisse renaître[1] », la France est en réalité déjà hors jeu. Les négociations se déroulent sous l'égide des deux grands. Pour reprendre la main, la France tente de jouer la carte européenne.

Mais l'Europe est aussi divisée. Face aux belligérants tout d'abord. La Grande-Bretagne affiche, comme la France, une position de neutralité plutôt favorable aux pays arabes dans le conflit. Elle suspend ses livraisons d'armes au Proche-Orient, et notamment interrompt les livraisons de tanks Centurion à Tel-Aviv. Elle refuse même le droit d'atterrissage et d'approvisionnement sur ses bases aériennes de Chypre aux avions américains en vol vers Israël. La Belgique suspend l'envoi d'armes dans la zone de conflit. En revanche, le Portugal et les Pays-Bas soutiennent Israël, et Lisbonne permet à Washington d'utiliser ses bases des Açores pour réapprovisionner Tel-Aviv en armes. Le 13 octobre, sous la pression des Français et des Britanniques, le Conseil des ministres de la Communauté lance aux belligérants un appel au cessez-le-feu et à la négociation sur la base de la résolution 242. Mais les réticences des Pays-Bas et du Danemark sont évidentes.

La décision de l'Opep, le 17 octobre, de mettre sous embargo pétrolier les pays qui soutiennent Israël aggrave les tensions internes à l'Europe. Les Pays-Bas sont soumis à un embargo total, alors que la France et la Grande-Bretagne continuent d'être ravitaillées au niveau de leurs importations antérieures. Les autres voient leurs livraisons baisser de 5 % par mois. Loin de se solidariser avec les Pays-Bas, la RFA ferme ses bases aériennes aux avions américains en vol vers le Proche-Orient. Pompidou, qui n'a pas digéré les critiques hollandaises face aux essais nucléaires français, déclare en « off » à des journalistes qu'il est « en charge de l'économie française et du bien-être des Français[2] ». Le 26 novembre, dans une allocution télévisée, il constate amèrement : « Les événements du Proche-Orient ont mis en évidence à la fois la difficulté qu'a

---

1. Discours de Michel Jobert devant l'Assemblée générale des Nations unies, 10 octobre 1973, cité dans « La conférence paneuropéenne n'est pas le paradis de la détente déclare M. Michel Jobert », *Le Monde*, 11 octobre 1973.
2. Samy Cohen, *La Monarchie nucléaire*, *op. cit.*, p. 107.

l'Europe à prouver son existence lorsque surgit une crise majeure, à préciser ses positions de façon ferme et unanime avant et pendant la crise, à exercer enfin le rôle qui devrait lui revenir et que la géographie comme l'histoire justifieraient[1]. »

L'embargo pose un défi de taille aux économies occidentales. Pour faire face, les Américains proposent la création d'un front de pays consommateurs et le 12 décembre 1973 le président Nixon les invite à se concerter à Washington. Pompidou est hostile à cette idée. « Pour les Français, souligne Georges-Henri Soutou, l'invitation faite par Nixon le 9 janvier 1974 à une conférence sur les problèmes de l'énergie à Washington était aussi une nouvelle façon de relancer le projet de déclaration atlantique de Kissinger : elle revenait pour eux, en fait, à créer, sous direction américaine, une communauté États-Unis/Europe/Japon[2]. » Pompidou préfère jouer la carte européenne, et au sommet des Neuf, à Copenhague, les 14 et 15 décembre 1973, il propose de mettre en place une politique énergétique européenne en concertation avec les pays producteurs. Mais la décision de l'Opep, les 22 et 23 décembre 1973, de quadrupler le prix du pétrole, renforce la position américaine.

Malgré les tentatives françaises, l'unité communautaire vole en éclats lors de la conférence des Treize (États-Unis, Canada, Japon, Norvège, Communauté européenne), réuni à Washington du 11 au 13 février 1974. Les partenaires européens de la France acceptent la proposition américaine. La France est isolée. Jobert refuse de signer les parties du communiqué final relatives aux dispositions institutionnelles[3]. En novembre 1974, contrairement à ses partenaires européens, la France ne participe pas à la création de l'AIE au sein de l'OCDE.

La politique énergétique française prend un autre tournant, qui influence la poursuite de sa politique extérieure : pour s'approvisionner, elle fait le choix d'une politique commerciale résolument offensive à l'égard des pays arabes, notamment des pétromonarchies :

> La volonté claire de la diplomatie française est alors de développer ses échanges commerciaux et ses investissements, en capitalisant

1. Allocution télévisée de Georges Pompidou, 26 novembre 1973, citée par Éric Bussière, Émilie Willaert, *Un projet pour l'Europe, Georges Pompidou et la construction européenne*, *op. cit.*, p. 384.
2. Georges-Henri Soutou, *La Guerre froide de la France, 1971-1990*, *op. cit.*, p. 407.
3. Samy Cohen, *La Monarchie nucléaire*, *op. cit.*, p. 108.

> les sympathies acquises sur le plan politique. [...] En 1973 et en 1974, Michel Jobert se rend en Arabie saoudite, au Koweït, en Syrie, en Irak, en Algérie, en Tunisie et au Maroc. [...] D'où une politique résolue de développement des ventes d'armes à l'Arabie saoudite, à la Syrie et à l'Irak. La Sofresa (Société française d'exportations de systèmes d'armes) est fondée en 1974 pour favoriser les ventes d'armes à destination du Moyen-Orient. Georges Pompidou se défend de tout mercantilisme et rétorque aux accusations : « il y a des cas où un idéalisme théorique assure purement et simplement le triomphe de la force brutale ». Bref, la situation devient de plus en plus complexe et rend la politique arabe de la France fort heurtée[1].

C'est ce même contexte économique qui conduit la France à quitter le serpent monétaire européen, le 19 janvier 1974.

Dans les négociations politiques sur la résolution du conflit, la France est également isolée. Dès le 21 octobre 1973, l'ambassadeur de France en URSS, Jacques Vimont, et l'ambassadeur britannique ont été convoqués par Kissinger à l'ambassade américaine à Moscou : il leur explique qu'il s'est mis d'accord avec Gromyko sur un texte de résolution de cessez-le-feu à présenter au Conseil de sécurité. « Ni les Soviétiques, qui nous avaient informés parcimonieusement et avec retard de leurs conversations, ni Henry Kissinger, ni Israël, ni même l'Égypte [...] ne voulaient mêler l'Europe et *a fortiori* la France à cette longue négociation qui s'ouvrait », se souvient Jacques Vimont[2]. Pompidou ne peut que dénoncer, à l'issue du conseil des ministres du 31 octobre, l'ingérence des deux grands dans le règlement du conflit : « Cette façon de procéder est dangereuse, l'expérience ayant montré que le tête-à-tête des deux grandes puissances, États-Unis et URSS, pouvait aussi bien servir la détente, que conduire à un affrontement généralisé. Elle ne correspond pas non plus au rôle que devraient jouer les pays européens pourtant directement intéressés au Proche-Orient[3]. »

Il fait certes adopter à ses partenaires européens un texte confirmant, le 6 novembre, l'infléchissement de la position communautaire dans un sens favorable aux pays arabes : il condamne l'acquisition

---

1. Maurice Vaïsse, *La Puissance ou l'Influence ?*, *op. cit.*, p. 375.
2. Témoignage de Jacques Vimont, cité par Maurice Vaïsse, *La Puissance ou l'influence ?*, *op. cit.*, p. 258.
3. Déclaration à l'issue du conseil des ministres du 31 octobre 1973, citée par Sabrina Tricaud, *Les Années Pompidou*, Paris, Belin, 2014, p. 290.

de territoires par la force, affirme la nécessaire évacuation des territoires occupés par les Israéliens, exige la reconnaissance formelle des droits des Palestiniens et propose une coopération privilégiée avec toutes les parties pour faciliter la détente au Proche-Orient. Mais la proposition européenne reste lettre morte.

L'amertume française se fait sentir dans le discours que prononce Jobert à l'Assemblée nationale le 14 novembre 1973 : il accuse les deux grands d'être responsables de la crise par leur « condominium » dans des termes extrêmement durs : « Le conflit nourri préalablement par eux d'armes puissantes et nombreuses a été entretenu par chacun d'eux avec des livraisons massives jusqu'à ce que, sur le terrain, après des affrontements sanglants, se dessine une situation dont chaque belligérant pouvait avoir l'illusion de se satisfaire[1]. »

Il dénonce la mise à l'écart de l'Europe, « traitée comme une non-personne ». Trois jours plus tard, il ajoute : « M. Brejnev, l'apôtre de la détente, et Dr Kissinger, désormais lauréat du prix Nobel de la paix, se serrent les mains en même temps qu'ils envoient des tonnes d'armes par avion[2]. » Mais le constat du Quai d'Orsay est lucide : « la volonté d'autonomie de la politique extérieure française […] s'inscrit aujourd'hui de plus en plus difficilement dans le schéma d'organisation des relations internationales[3] ».

La mise à l'écart de la France nourrit chez Jobert, d'après Mary K. Weed, « une véritable politique de confrontation, voire d'affrontement[4] » avec les Américains. Kissinger n'est pas en reste, qui lance lors d'une réunion du Conseil atlantique en mars 1974 : « Il y a dans cette salle le représentant d'un pays qui déploie toute sa capacité de nuisance à faire obstacle à la politique américaine. Je tiens à lui faire savoir que, si son pays persiste dans cette attitude, je le briserai[5]. » Mais l'amertume française s'exprime aussi

1. Déclaration de Michel Jobert devant l'Assemblée nationale, 14 novembre 1973.

2. Déclaration de Michel Jobert, 17 novembre 1973, citée dans Pauline Peretz, « La France et la guerre du Kippour », *Revue d'histoire diplomatique*, n° 120, 2006, p. 148.

3. Note du ministère des Affaires étrangères du 25 janvier 1974, citée *in* Marie-Pierre Rey, « Georges Pompidou, l'Union soviétique et l'Europe », *in* Association Georges-Pompidou, *Georges Pompidou et l'Europe*, *op. cit.*, p. 144.

4. Mary Kathleen Weed, *L'Image publique d'un homme secret*, *op. cit.*, p. 147.

5. Témoignage de Paul Carraud, cité *in* Maurice Vaïsse, *La Puissance ou l'Influence ?*, *op. cit.*, p. 194.

à l'égard des Européens, auxquels Michel Jobert lance indirectement, dans une déclaration à l'Assemblée nationale, son fameux « bonjour les traîtres[1] ! ».

En voulant jouer un rôle d'arbitre dans le conflit israélo-arabe, tout en défendant les intérêts des États arabes, la diplomatie française s'est discréditée, aux yeux d'Israël, des Américains, de certains de ses partenaires européens, et également auprès d'une partie de son opinion publique et de sa classe politique. Elle a perdu sa capacité à jouer dans le règlement du conflit, en étant perçue comme partiale. Et les divergences entre les Neuf ne font qu'illustrer encore plus l'isolement français.

Seule conséquence « positive » de la guerre du Kippour pour la France : elle introduit une fissure dans le condominium dénoncé par Jobert, en illustrant les intérêts divergents des États-Unis et de l'URSS dans la région. À ce sujet, le discours français à l'égard des deux grands n'est pas symétrique, car les relations entretenues avec eux par la France n'ont pas la même portée. Avec les États-Unis, c'est l'équilibre interne au bloc occidental qui est directement en jeu. Avec l'URSS, les enjeux sont plus indirects. La France se fait auprès de Moscou l'écho des aigreurs des pays arabes sur les conditions draconiennes imposées par les Soviétiques en paiement du matériel militaire pendant la guerre. Cela lui permet de jouer un rôle d'intermédiaire qui lui assure un statut particulier. Et la France et l'URSS se retrouvent dans une volonté commune de régler le conflit à partir de la résolution 242 de 1967.

Sauvegarder le rôle mondial de la France

Les relations franco-soviétiques sont pourtant loin d'être idylliques lors des deux dernières années du septennat. La France constate les limites de la détente économique : « dès 1971-1972, le bilan des échanges franco-soviétiques s'avère décevant, sans commune mesure avec les espoirs placés de part et d'autre dans ces échanges[2] ». Georges Pompidou et Léonid Brejnev partagent cette déception lors de la rencontre de Zaslavl, en janvier 1973, sans trouver de solution. Mais surtout, c'est la coopération

1. *Le Monde*, 23 février 1974.
2. Marie-Pierre Rey, « Georges Pompidou, l'Union soviétique et l'Europe », *op. cit.*, p. 161.

politique qui s'avère décevante : la relation franco-soviétique est de plus en plus concurrencée par la relation germano-soviétique et la relation américano-soviétique. Lorsque Jacques Vimont est nommé ambassadeur à Moscou en 1973, Pompidou le reçoit : « Il remarqua notamment que, depuis le rapprochement des Soviétiques avec les Américains, nous étions moins tenus au courant par eux de l'évolution de certains problèmes, touchant par exemple à la préparation de la CSCE ou aux conversations sur les armements[1]. »

Moscou est conscient des états d'âme français et cherche à rassurer son partenaire. Du 25 au 27 juin 1973, après la signature des accords de San Clemente, Brejnev vient réaffirmer personnellement à Pompidou, sur le chemin du retour des États-Unis, qu'il n'est pas question de régler le sort du monde à deux. Mais c'est un fait : le soutien de la France à l'URSS est devenu secondaire par rapport à l'entente avec les États-Unis. En janvier 1974, une note du Quai d'Orsay constate amèrement :

> Les relations franco-soviétiques ont perdu progressivement, au cours des trois dernières années, le caractère exceptionnel, qui contribuait dans une large mesure à en faire des relations privilégiées. Le règlement du contentieux germano-soviétique à partir de 1970 et, plus récemment, l'amélioration des rapports entre Londres et Moscou ont concouru à cette évolution : pour les Soviétiques, la France tend moins à se distinguer que naguère des autres puissances européennes moyennes[2].

Le malaise est renforcé par des divergences de fond. Malgré l'insistance soviétique, la France refuse de participer aux négociations bloc à bloc qui commencent à Vienne en octobre 1973 sur les MBFR. Paris craint qu'elles singularisent le territoire de la RFA et encouragent Bonn dans ses ambiguïtés. Pompidou le dit clairement à Brejnev, en janvier 1973, à Zaslavl : « Quant aux MBFR, […] notre préoccupation tient à ce que l'on aboutisse à

1. Jacques Vimont, « Georges Pompidou, l'Union soviétique et l'Europe », *in* Association Georges-Pompidou, *Georges Pompidou et l'Europe*, *op. cit.*, p. 187.

2. Note du ministère français des Affaires étrangères, direction des Affaires politiques, sous-direction Europe orientale, sur l'évolution des relations franco-soviétiques, 25 janvier 1974, citée par Marie-Pierre Rey, « Georges Pompidou, l'Union soviétique et l'Europe », *op. cit.* p. 163.

quelque chose qui consisterait à donner une espèce de statut spécial aux deux Allemagne en les isolant du reste et donc en accentuant chez elles certaines aspirations à un rapprochement dont le moins qu'on puisse dire, c'est qu'il serait prématuré[1]. »

Il y voit un risque de déstabilisation de la sécurité européenne par la neutralisation de l'Europe centrale : « On va mettre le doigt dans un engrenage qui sera dangereux pour l'Occident[2] ! » Les Français sont convaincus que les Russes, après avoir réduit les forces nucléaires de l'Occident grâce aux accords Salt, voudront aussi réduire ses forces conventionnelles avec les MBFR. En juin, lors des entretiens de Rambouillet, Brejnev tente de nouveau de convaincre Pompidou, qui reste ferme. Le 5 juillet, à Helsinki, Jobert ne laisse aucun doute sur la détermination française : « L'Europe ne peut être cette zone spéciale, ce terrain de parcours où s'équilibreraient des forces extérieures, un lieu dévolu à ces rivalités. Ceux qui peuvent le penser se trompent[3]. »

Les relations bilatérales sur le projet de CSCE révèlent d'autres signes de divergences. Certes, la concertation franco-soviétique a été particulièrement étroite dans la phase de préparation de la CSCE, qui débute en juillet 1973 à Helsinki ; « notre maison commune », dit Gromyko à Pompidou le 13 juin 1972[4]. Brejnev propose même à Pompidou, lors de leur rencontre de janvier 1973, que la phase terminale de la conférence se déroule à Paris. Mais peu à peu, les signes de discorde se multiplient.

D'abord au sujet des questions territoriales abordées dans la première corbeille : la France se déclare favorable au maintien des frontières existantes, mais veut admettre qu'elles puissent évoluer, ultérieurement, par voie pacifique. Les Soviétiques défendent le *statu quo* territorial des frontières « irréversibles ». La diplomatie française réussit à amener les Soviétiques à la conciliation : les frontières seront « inviolables ». Dans cette affaire, « la France joue

---

1. Entretien entre Georges Pompidou et Léonid Brejnev, 12 janvier 1973, cité par Marie-Pierre Rey, « Georges Pompidou, l'Union soviétique et l'Europe », *op. cit.*, p. 164.
2. Entretien Pompidou-Brandt du 22 janvier 1973, cité par Éric Roussel, *Georges Pompidou*, *op. cit.*
3. Michel Jobert, *Mémoires d'avenir*, Paris, Grasset, 1974, p. 247.
4. Entretien Gromyko-Pompidou, 13 juin 1972, cité *in* Marie-Pierre Rey, « Les relations franco-soviétiques et la conférence d'Helsinki », *in* Élisabeth du Réau, Christine Manigand, *Vers la réunification de l'Europe*, Paris, L'Harmattan, 2005, p. 47-65.

un rôle de médiateur entre des Européens, qui « ne voyaient pas pour quelles raisons ils seraient obligés de céder, et des Russes qui, par définition, ne cèdent jamais sur rien[1] ».

Sur la circulation des idées et des hommes, évoquée dans la troisième corbeille, les divergences se révèlent plus insurmontables. Le Kremlin s'irrite de l'insistance française et maintient un « non ferme[2] ».

Les attentes, enfin, ne sont pas les mêmes. Pompidou s'en ouvre lors de son voyage en Chine à Chou En-Laï : « Je crois que la fin ne sera pas ce que souhaitent les Soviétiques, c'est-à-dire une manifestation spectaculaire, avec la présence de tous les chefs d'État[3]. » En réalité, les Français se méfient des visées paneuropéennes des Soviétiques. Ils refusent la création de l'« organisme permanent » demandé par le Kremlin pour assurer le suivi de la conférence.

Malgré ces divergences, Pompidou tente pourtant jusqu'au bout de sauvegarder les relations franco-soviétiques. Bien que très malade, il rencontre Brejnev à Pitsounda, en mars 1974. Les deux hommes échangent de belles déclarations d'amitié. Mais c'est déjà, écrit Michel Jobert, « le voyage de l'inutile », qui faisait désormais « partie de la routine franco-soviétique[4] ». La politique française à l'égard de l'URSS, pendant ces dernières années de la présidence Pompidou, n'est pas sans contradictions : la France se méfie des Soviétiques, et c'est bien contre eux qu'elle construit son arsenal nucléaire. Mais elle tient à sauvegarder un dialogue privilégié, au moins en apparence avec eux ; moins pour ce que ce dialogue signifie en soi que pour ce qu'il peut dire de la place de la France au sein du bloc occidental.

Dans la relation avec l'URSS, c'est le rôle mondial de la France qui est en jeu, mais paradoxalement un rôle qui se lit essentiellement à l'échelle occidentale, où il faut contrer les participations américaine et allemande à la détente.

C'est ce même rôle mondial qui est au cœur de la relation avec l'Afrique, laquelle s'inscrit à la fois dans la continuité des

1. Interview de Jacques Vimont, citée par Maurice Vaïsse, *La Puissance ou l'Influence ?*, *op. cit.*, p. 257.
2. Message de Brejnev à Michel Jobert, 8 janvier 1974, cité par Marie-Pierre Rey, « Les relations franco-soviétiques et la conférence d'Helsinki », *op. cit.*, p. 64.
3. Cité par Éric Roussel, *Georges Pompidou*, *op. cit.*, p. 584.
4. Michel Jobert, *L'Autre Regard*, Paris, Grasset, 1976, p. 386.

objectifs de la période gaullienne et dans l'adaptation au contexte postcolonial.

La plupart des accords de coopération conclus au lendemain des indépendances sont renégociés entre 1972 et 1974. Les nouveaux sont à la fois moins nombreux et moins détaillés, ce qui permet au gouvernement français « de se dégager de certaines obligations[1] » et des « garde-fous des accords primitifs qui sont pour la plupart devenus inutiles ou peu supportables » par les États africains[2] – autrement dit, plus acceptables sur la scène internationale – mais conçus de façon à permettre à la France de garder le contrôle.

La plupart de ces accords de coopération sont renégociés sous la tutelle du Premier ministre et du secrétaire d'État aux Affaires étrangères chargé de la Coopération. Les accords monétaires sont eux renégociés par le ministère des Finances. L'accord de Brazzaville du 22 novembre 1972 et celui de Dakar du 14 novembre 1973 assouplissent les règles de fonctionnement de la zone franc et « consacrent un allègement du rôle de la France dans la gestion de la politique monétaire[3] ». Le processus d'africanisation est presque achevé, avec un Conseil des ministres de l'UMOA presque uniquement africain. La politique pompidolienne, *via* cette adaptation, pérennise la zone franc et sauvegarde l'influence économique et monétaire de la France en Afrique.

Pompidou tient à ce que les relations franco-africaines prennent la forme d'un partenariat librement accepté par tous. Il injecte même une dose – légère – de multilatéralisme, avec le sommet franco-africain de l'Élysée, le 13 novembre 1973. Ce sommet est un tournant : c'est la première fois que la France accepte d'agir dans un cadre multilatéral. Certes, note Frédéric Turpin :

> Il s'agit plus d'un symbole que d'une réalité pratique, puisque le président français continue à considérer l'assistance bilatérale (technique, culturelle et militaire) et la garantie monétaire comme les instruments fondamentaux de la pérennité du lien franco-africain. [...]

---

1. Propos de Georges Pompidou lors de l'audience accordée à René Journiac le 30 mai 1972, cités par Frédéric Turpin, *De Gaulle, Pompidou et l'Afrique. Décoloniser et coopérer (1958-1974)*, Paris, Les Indes savantes, 2010, p. 70.
2. Note du président de la République sur la politique de coopération en Afrique francophone, 19 novembre 1972, citée par Frédéric Turpin, *De Gaulle, Pompidou et l'Afrique*, *op. cit.*, p. 70.
3. *Ibid.*, p. 126.

Il n'empêche que, pour le président français, la politique de coopération doit évoluer, à terme, vers un véritable partenariat franco-africain[1].

La mort prématurée de Georges Pompidou ne permet pas de savoir jusqu'où il serait allé, mais c'est le point de départ d'une pratique institutionnalisée ensuite officiellement sous la présidence de Valéry Giscard d'Estaing.

Ce sommet de l'Élysée est aussi, souligne Georges Pompidou dans son allocution au déjeuner, « un sommet francophone », même si la francophonie en question reste restreinte à l'Afrique. On connaît l'importance que Pompidou, homme de lettres, accorde à la langue et à la francophonie. Cette importance se lit dans la renégociation de la plupart des traités de coopération bilatérale, où les questions linguistiques prennent de plus en plus de place. Dans une note du 19 novembre 1972, le président écrit : « il faut avant tout répandre en profondeur notre langue[2] ». Lors du déjeuner du 13 novembre 1973, il explique : « parler une même langue et le rapprochement de cultures différentes facilitent la compréhension et créent des liens particuliers et durables ». Et il ajoute : « si l'appartenance à la francophonie et la participation à la zone franc sont en même temps des motifs et des expressions de la solidarité qui nous unit, les accords qui forment le cadre de nos relations constituent le moyen de la mettre en œuvre[3] ». C'est en définitive le début – certes timide – de l'institutionnalisation de cette francophonie, que la France admet difficilement depuis les années 1960, par des réunions de chefs d'État et de Gouvernement, pour le moment français et africains. L'évolution se fait par de petites inflexions, « qui commencent à se traduire dans les faits, mais à la manière pompidolienne, c'est-à-dire par petites touches et sans révolution à grand renfort de publicité[4] ». Quelques jours après le sommet de Paris, Xavier Deniau, connu pour son activisme en faveur d'une francophonie structurée à l'échelle mondiale, est chargé d'une mission de réflexion sur le sujet. Puis, le 23 novembre, un arrêté du Premier ministre Pierre Messmer institue un Comité de la francophonie chargé d'étudier

1. *Ibid.*, p. 165.
2. Note de Georges Pompidou du 19 novembre 1972, *ibid.*, p. 253.
3. Discours de Georges Pompidou, 13 novembre 1973, *ibid.*, p. 253.
4. *Ibid.*, p. 251.

les problèmes de structures administratives dans le cadre de la défense de la francophonie.

Dans les rapports avec l'Afrique, la France maintient sa relation privilégiée, tout en acceptant et en accompagnant les évolutions nécessaires au contexte postcolonial. Le septennat de Georges Pompidou pose des jalons pérennes pour sauvegarder les liens entre la France et ses anciennes colonies.

Dernier axe géographique de la politique extérieure française : l'Asie. Le voyage en Chine du président Pompidou en septembre 1973 est un événement. C'est non seulement la première visite officielle d'un chef d'État français en RPC, mais c'est en réalité la première visite officielle d'un dirigeant occidental. Car si Nixon y a effectué une tournée l'année précédente, elle était restée de statut « privé ».

La France avait, en janvier 1964, devancé ses partenaires occidentaux en ouvrant des relations diplomatiques avec la RPC, mais elle n'en avait guère tiré parti ensuite. Ce voyage est à la fois la marque de la continuité de la politique gaullienne à l'égard de la Chine et un moyen d'affirmer son statut de puissance internationale et de faire revenir la France sur la scène asiatique après la défaite française en Indochine. Pompidou tient, malgré son état de santé, à honorer une invitation faite au général de Gaulle, et qui était restée en suspens pour plusieurs raisons : notamment l'impact de la Révolution culturelle chinoise et la prudence française face aux tensions entre URSS et Chine. À cet égard, la France ne souhaite pas jouer les intermédiaires entre les deux pays communistes, et Pompidou refuse de s'arrêter à Moscou sur le chemin du retour de la Chine, comme le souhaite Brejnev. Mais, inquiet du rapprochement américano-soviétique, il veut savoir ce qu'en pense Pékin.

L'ambiance de la visite est plutôt chaleureuse. Le programme a été allégé, compte tenu des problèmes de santé du président français. Mais au total, Pompidou et le Premier ministre Chou En-Laï échangent pendant plus de cinq heures en tête à tête. Tous les sujets sont abordés : la situation en Asie du Sud-Est, le Proche-Orient, la crise chilienne, le désarmement, la conférence des non-alignés… Le président français est également reçu pendant deux heures par le président Mao, pour un entretien décousu à la portée plus symbolique que politique (les deux hommes échangent notamment sur Napoléon et la Révolution française).

Le communiqué final note l'adhésion commune des deux pays à certains principes :

> Égalité entre tous les pays, qu'ils soient grands ou petits, et indépendamment de leurs régimes sociaux ; respect mutuel de la souveraineté et de l'intégrité territoriale ; les affaires d'un pays et de son peuple doivent être réglées par eux-mêmes, sans ingérence étrangère, et conformément au principe de l'indépendance des nations. Pour l'amélioration de la situation internationale, les deux parties se déclarent contre toute hégémonie[1].

Ce dernier mot est celui qui a suscité le plus de difficultés dans la rédaction. La France veut l'équilibrer en précisant son attachement à la détente, à l'entente et à la coopération en Europe. Au total, « la France a ouvert la voie à cette nouvelle forme d'échanges avec la Chine que sont les visites d'État, mais elle a fort à faire pour combler le retard pris sur certains de ses partenaires occidentaux en matière de coopération économique et technique avec Pékin[2] ». Effectivement, les résultats du voyage s'avèrent peu encourageants en ce qui concerne la vente de Concorde et du procédé Sécam de télévision couleur. L'annonce d'un accord maritime et d'une coopération renforcée dans le domaine des transports aériens entre les deux pays semble plus intéressante. Au total, les résultats sont modestes.

> Mon impression la plus forte, écrit Pompidou au chancelier Brandt, c'est que M. Chou En-Laï dont j'ai pu apprécier l'intelligence et la connaissance des affaires a tenu à me donner une image modérée de la politique extérieure chinoise, en la présentant comme fidèle à la ligne suivie lors des débuts de la République populaire de Chine, c'est-à-dire à l'époque de Bandoeng et de la conférence de Genève sur l'Indochine. Si le ressentiment et les appréhensions à l'égard de l'URSS sont évidents, le langage est mesuré et équilibré[3].

Mais surtout, par ce voyage, Pompidou réaffirme la politique d'indépendance nationale et le rôle mondial de la France. Le

1. Communiqué final de la rencontre franco-chinoise, Pékin, 14 septembre 1973.

2. Michel Tatu, « Convergences et désaccords », *Le Monde*, 18 septembre 1973.

3. Cité par Éric Roussel, *Georges Pompidou*, *op. cit.*, p. 592.

27 septembre, dans une conférence de presse, c'est sur ce thème qu'il revient lorsqu'il évoque son voyage en Chine :

> Nous [la Chine et la France] avons des points communs, […] nous ne voulons pas être des « régionaux », comme on a dit. La France s'intéresse à tout, et même à l'Extrême-Orient. La Chine qui est entrée récemment dans ce qu'on appelait le concert des nations, la Chine s'intéresse à tout, y compris à l'Europe. Donc nous avons parlé de tout et nous avons trouvé un certain nombre de points importants sur lesquels nous étions parfaitement d'accord : l'indépendance des nations, la nécessité d'une défense nationale vigilante, le respect des faibles, le refus de l'hégémonie de qui que ce soit, de la soumission à qui que ce soit, et bien d'autres points encore, y compris l'aide aux pays sous-développés[1].

Ce dernier point est également essentiel : la Chine est aussi un pays du Tiers-Monde, jouissant d'une influence importante auprès des pays en développement, et renforcer les liens avec elle, c'est aussi renforcer l'influence française dans le monde.

À travers ce voyage en Chine, comme à travers toutes les positions prises en matière de politique extérieure, Pompidou demeure dans la continuité des objectifs gaulliens : assurer l'indépendance nationale et le statut mondial de la France. Mais il adapte sa politique au contexte nouveau, en particulier à la crise monétaire, bientôt doublée d'une crise énergétique après la guerre du Kippour.

Dans ce contexte, la politique extérieure de Georges Pompidou s'organise « en cercles concentriques, de plus en plus larges dont le foyer était à Paris. […] Sa sphère naturelle d'intérêts, c'était l'Europe et les mers qui la baignent, l'océan Atlantique et la Méditerranée, avec le double prolongement de l'Afrique noire profondément marquée de son influence d'une part, du monde arabe et musulman de Rabat à Karachi, d'autre part. C'est là qu'il importait d'abord d'être présent et actif. De part et d'autre de cet ensemble se dressent les deux superpuissances, l'Union soviétique et les États-Unis, avec lesquelles la France se sent des affinités différentes et d'ailleurs inégales mais dont les rapports commandent la sécurité générale. Enfin, derrière leur masse imposante commencent d'autres mondes, l'Extrême-Orient, le sous-continent indien, l'Amérique latine, qu'il importait certes de ne point ignorer

1. Association Georges-Pompidou, conférence de presse du 27 septembre 1973.

ou négliger, mais avec lesquels les relations, si cordiales qu'elles fussent, ne pouvaient manquer d'être plus distantes[1] ».

Les mois qui précèdent le décès de Georges Pompidou sont des mois de crise. Il tente de maintenir le cap, malgré de fortes tensions franco-américaines et les fissures entre les Neuf. Puis les tensions retombent brutalement, d'autant qu'en quelques mois tous les protagonistes de la querelle disparaissent de la scène : Edward Heath cède le pouvoir le 5 mars et est remplacé par Wilson. Pompidou meurt le 2 avril. Helmut Schmidt succède à Willy Brandt qui démissionne le 7 mai. Nixon démissionne le 8 août. Le renouvellement des acteurs favorise la réorientation des différentes politiques extérieures.

MALADIE ET MORT DU PRÉSIDENT

Frédéric Turpin

Après sa victoire aux élections législatives de mars 1973, la majorité présidentielle se trouve confortée. Le spectre d'une cohabitation ou d'une crise politique majeure s'éloigne. L'horizon politique paraît subitement plus dégagé pour Georges Pompidou, son Premier ministre Pierre Messmer et son Gouvernement. D'autant que la croissance économique atteint un niveau record.

L'illusion s'estompe à peine l'euphorie de la victoire électorale retombée. Pis, les nuages s'accumulent au point d'obscurcir la perspective des trois ans de mandat présidentiel qu'il reste à accomplir à Georges Pompidou. Si la croissance économique bat son plein, elle n'en suscite pas moins une agitation sociale de plus en plus conflictuelle. Sous le coup de la forte poussée démographique depuis 1945 et des Trente Glorieuses, la société française connaît de profondes mutations. « Le mouvement souterrain de la société ébranlée par 1968, analyse l'ancien secrétaire général de la présidence de la République de Georges Pompidou, Édouard Balladur, s'est poursuivi : tout a changé dans les familles, les

1. Cité par Éric Bussière, Émilie Willaert, *Un projet pour l'Europe*, *op. cit.*, p. 407.

églises, à l'école, dans le monde politique ; les conceptions morales et sociales ont été bouleversées. Ce fut un ébranlement dont on a pu apparemment maîtriser les conséquences sur le moment, mais il n'en était rien ; il continue à faire sentir ses effets. » Et l'ancien proche collaborateur de Pompidou de conclure : « La France n'a toujours pas trouvé la synthèse entre l'ordre et le mouvement, l'éternel dilemme de son histoire[1]. »

Georges Pompidou, le gouvernement de Pierre Messmer et sa majorité paraissent de plus en plus en décalage par rapport aux évolutions de la société française, en particulier de la jeunesse. À cela s'ajoute, dès l'automne 1973, le choc pétrolier qui remet en question les paradigmes du modèle de croissance français. Enfin, c'est la personne même du chef de l'État, clé de voûte des institutions, qui nourrit les incertitudes sur son état de santé. Le silence puis des communiqués laconiques de l'Élysée ne suffisent plus à cacher la gravité du mal – la maladie de Waldenström – qui ronge Georges Pompidou. Plus qu'un second mandat, c'est la question même de sa succession qui s'ouvre, alors que la confiance des Français en l'avenir s'effrite. C'est un monde, celui du cycle historique des Trente Glorieuses, qui se délite dans une atmosphère de fin de règne étouffante.

Avis de tempête

La dernière année de la vie et du mandat de Georges Pompidou est marquée par les séquelles de Mai 68, tant sur les violences extrémistes, les réclamations sociétales que les fortes agitations sociales.

L'opposition politique se montre plus en phase avec ces évolutions sociétales de fond. Elle entend s'en faire la porte-parole face à une majorité présidentielle systématiquement réduite au monde conservateur d'avant. Il est vrai qu'en juin 1968, les « élections de la trouille » consécutives aux désordres de Mai 68 ont porté au pouvoir une Chambre à forte majorité gaulliste. Celle-ci se montre très hostile à toute atteinte à ce qu'elle considère être l'héritage du général de Gaulle. En matière sociétale, elle manifeste un conservatisme certain, ce qui tend à restreindre son assise électorale

1. Édouard Balladur, *Deux Ans à Matignon*, Paris, Plon, 1995, p. 21.

de plus en plus à droite de l'échiquier politique. D'autant que le gouvernement de Pierre Messmer incarne, depuis sa nomination en juillet 1972, le retour d'un « gaullisme d'ordre » au pouvoir. Pour un nombre croissant de Français, l'UDR connaît une dérive vers la droite conservatrice, oubliant le volet social du gaullisme qu'incarnait le Général. Mais, plus qu'une dérive droitière, voire un « tournant conservateur » que la gauche se plaît à marteler, il s'agit d'une crispation idéologique avec en arrière-plan la maladie présidentielle et la question de la succession[1].

La gauche a, quant à elle, relevé la tête depuis 1968. Elle a même trouvé le chemin d'une certaine unité avec le programme commun de juillet 1972 constituant une plateforme de Gouvernement entre le PCF, les radicaux et le PS. Une dynamique d'union de la gauche est enclenchée et n'a pas été foncièrement entamée par l'échec des élections législatives de mars 1973. La perspective d'une alternance politique n'est désormais plus une hypothèse d'école. Seule la solide cote de popularité du président Pompidou auprès des Français paraît encore pouvoir barrer la route à un retour au pouvoir de la gauche. Tandis que le Premier ministre, son Gouvernement et sa majorité parlementaire se classent obstinément dans le camp de l'ordre. « Nous ne fûmes pas déçus par l'action, expliquait le chef de file des députés gaullistes de base Hector Rolland, que mena Pierre Messmer[2]. »

Le Gouvernement a fort à faire dans un contexte post-soixante-huitard marqué par les contestations, parfois violentes, des groupements extrémistes, l'agitation dans les lycées, sans compter les tensions autour du camp militaire du Larzac. Il dissout, le 28 juin 1973, Ordre nouveau et la LCR à la suite de graves incidents. Une semaine plus tôt, la manifestation de l'extrême gauche – contre le meeting à la Mutualité d'Ordre nouveau – a tourné à l'émeute. Bilan : 73 policiers blessés dont 2 très grièvement. Des perquisitions menées aux sièges de ces deux organisations extrémistes ont permis de trouver des armes. « Nous n'acceptons, lance le Premier ministre, le 5 octobre 1973, devant ses parlementaires, le seul combat qui soit démocratique, celui des

1. Serge Berstein, *Histoire du gaullisme*, Paris, Perrin, 2001, p. 387-389 et Jérôme Pozzi, *Les Mouvements gaullistes. Parti, associations et réseaux, 1958-1976*, Rennes, PUR 2011, p. 290-291.

2. Hector Rolland, *Souvenirs dérangeants d'un godillot indiscipliné*, Paris, Albin Michel, 1990, p. 51.

idées et des propositions, avec les élections pour sanction. Mais le Gouvernement ne se laissera intimider par aucune menace et il réprimera, s'il le faut, le désordre et l'agitation[1]. » Il applique résolument la loi tendant à réprimer certaines formes nouvelles de délinquance, dite « anticasseurs », du 8 juin 1970. Le gouvernement de Pierre Messmer se fait ovationner par les cadres et militants de l'UDR lors du congrès de Nantes, en novembre 1973, lorsqu'il s'engage à mobiliser toute l'autorité de l'État contre les « agitateurs gauchistes[2] ». L'opposition dénonce, pour sa part, un État policier qui s'en prend aux libertés des Français, les « écoutes » massives – comme celles du *Canard enchaîné* qui font scandale en décembre 1973 –, impose sa vision de la société, *via* la télévision et la radio publiques qu'il contrôle, et les réprime sans ménagement.

L'agitation politique n'est pas que le fait de groupuscules extrémistes, violents ou non. Elle tient aussi et surtout aux formations de la gauche démocratique qui, depuis 1958, continuent de se poser en contre-modèles à ce qu'elles qualifient d'État gaulliste. Le programme commun de 1972 propose clairement aux Français, en cas de victoire, la mise en place de nouvelles institutions et l'avènement d'une nouvelle société largement inspirée des principes marxistes. Il met en avant un État économique et social vigoureux et extrêmement interventionniste[3]. La « rupture » est le maître mot de nombre de leaders d'opposition. « Celui, clame le premier secrétaire du PS François Mitterrand, qui n'accepte pas la rupture – la méthode, cela passe ensuite –, celui qui ne consent pas à la rupture avec l'ordre établi – politique, cela va de soi –, avec la société capitaliste, celui-là, je le dis, ne peut pas être adhérent du Parti socialiste[4]. »

Cette contestation du régime, de ses valeurs et de ses hommes trouve appui sur une agitation sociale larvée. Les critiques sur la répartition des fruits de la croissance ainsi que les premiers effets du retournement de la conjoncture économique conduisent à des

1. Discours de Pierre Messmer du 5 octobre 1973 (Fondation Charles-de-Gaulle, fonds partis gaullistes, UDV^{e} – UDR 2).
2. Andrew Knapp, *Le Gaullisme après de Gaulle*, Paris, Le Seuil, 1996, p. 74.
3. Marc Lazar, « La gauche et l'État : le "moment programme commun", 1973-1978 », *in* Danielle Tartakowsky, Alain Bergounioux (dir.), *L'Union sans unité. Le programme commun de la gauche, 1963-1978*, Rennes, PUR, 2012, p. 109-116.
4. Bernard Pingaud (dir.), *Mitterrand. L'homme, les idées*, Paris, Flammarion, 1974, p. 79.

conflits sociaux durs. Le conflit social et politique autour de l'entreprise horlogère Lip illustre la difficulté du Gouvernement à agir sans voir son image se dégrader auprès d'une opinion publique prompte à soutenir la cause de la lutte contre toute forme d'autorité. L'histoire aurait pu être assez anodine : une entreprise dépose le bilan, ce qui entraîne d'importantes tensions sociales. L'affaire se singularise cependant quand, au cours du mois de juin 1973, des employés de Lip volent le stock de montres (qualifié de « trésor de guerre ») et commencent à produire eux-mêmes des montres qu'ils vendent avec un rabais dépassant 40 % du prix antérieur et sans payer de charges sociales. Le succès est immédiat auprès du public qui appuie leur cause. Associé symboliquement à l'autogestion, le mythe Lip naît ainsi[1]. Il devient rapidement une question très politique qui permet à l'opposition et aux syndicats de mettre en accusation le Gouvernement. La crise s'étale de l'été 1973 à janvier 1974 et connaît de multiples rebondissements.

Pour Georges Pompidou et le Gouvernement, Lip étant une société privée, l'État n'est pas responsable de sa situation et n'a pas à se substituer aux industriels. Son intervention s'inscrit donc dans une démarche sociale comme le président de la République l'indique lors de sa conférence de presse du 27 septembre 1973. Parallèlement à ses efforts de médiation, le Gouvernement fait évacuer, le 14 août, en application de décisions de justice, les usines occupées. Le retour à l'ordre constitue, pour le Gouvernement, le préalable à toute solution. Les Lip installent dès lors leur usine « hors les murs » et poursuivent la production tant bien que mal. Les négociations continuent parallèlement mais, le 12 octobre, le plan du médiateur est refusé par les salariés en raison de la division syndicale. Faute de pouvoir faire aboutir une solution raisonnable pour sauver Lip, le Premier ministre croit clore l'affaire en déclarant : « Pour le Gouvernement, Lip c'est fini [...] l'obstination et l'aveuglement de certains dirigeants syndicaux ont porté à cette entreprise un coup mortel[2]. » Si sa sortie est approuvée par une majorité des cadres, militants et parlementaires du mouvement gaulliste, elle choque une opinion publique qui,

1. Frank Georgi, « Un "conflit autogestionnaire" sous Georges Pompidou : les pouvoirs publics face à l'affaire Lip (1973-1974) », *in* Alain Beltran, Gilles Le Béguec (dir.), *Action et pensée sociales chez Georges Pompidou : actes du colloque des 21 et 22 mars 2003 au Sénat, Paris*, Paris, PUF, 2004, p. 161-165.

2. *Le Monde*, 13 octobre 1973.

comme au début du mouvement étudiant de Mai 68, manifeste une sympathie certaine pour ce combat social d'un nouveau genre. « Ce qui aurait pu être, se souvient le conseiller social du Premier ministre Yves Sabouret, une écoute sur la démarche novatrice de ce conflit s'est transformé en une raideur évidente par rapport aux désordres[1]. » Car le Premier ministre et son Gouvernement, poussés par leur majorité parlementaire, ne peuvent plus admettre ce type de désordres.

Le ministre du Développement industriel, le gaulliste social Jean Charbonnel, relance néanmoins des discussions et nomme, le 2 janvier 1974, un nouveau chargé de mission – Claude Neuschwander –, ce qui n'est pas du goût du Premier ministre et de la majorité des parlementaires gaullistes. Le 4, Pierre Messmer déjuge publiquement son ministre du Développement industriel en déclarant que le Gouvernement n'a nommé aucun chargé de mission. Il réaffirme, sans aucune ambiguïté possible, sa position : « Pour le Gouvernement, Lip c'est fini. » Le propos, qui est apparu mû par l'agacement et même l'irritation à l'encontre de la présentation par la presse de Claude Neuschwander, numéro deux de *Publicis* et membre du PSU, comme médiateur du Gouvernement, choque l'opinion. Ce dont l'opposition profite pour attaquer le Gouvernement et son Premier ministre : « Ce Caton, fustige François Mitterrand, a trouvé sa Carthage. *Delenda est*, a-t-il décidé. Pauvre Rome[2] ! »

Pour des considérations essentiellement politiques, Matignon laisse cependant mener à son terme la médiation qui aboutit à un accord le 29 janvier (avec la restitution du « trésor de guerre »). Mais Jean Charbonnel n'est pas dupe. Le président Pompidou, écrit-il dans ses *Mémoires*, ne l'a pas « couvert ». Il y voit la manifestation des « instincts conservateurs de l'UDR[3] ». En tout cas, le style de Pierre Messmer et l'action de son Gouvernement contribuent à renforcer cette image d'un gaullisme d'ordre, socialement conservateur, qui dérive vers la droite conservatrice. De sa formule tranchante « Lip c'est fini », les médias et l'opinion publique ne retiennent que le ton violent du propos qui s'apparente

1. Entretien d'Yves Sabouret avec Anne Leboucher-Sebbab, 3 octobre 2000, pour l'Institut Georges-Pompidou/Archives nationales.
2. François Mitterrand, *La Paille et le Grain. Chronique*, Paris, Flammarion, coll. « La Rose au poing », 1975, p. 246.
3. Jean Charbonnel, *Le Gaullisme en questions*, Paris, PUF, 2002, p. 149.

à une mise à mort. L'agacement et la maladresse du Gouvernement se transforment en faute politique, comme le souligne en privé le président Pompidou[1].

Cette affaire renforce l'image d'un pouvoir enfermé dans son autorité et une raideur toute militaire. « Pierre Messmer, assène le leader de l'opposition François Mitterrand, aime à rappeler que la meilleure époque de sa vie fut celle qu'il passa à la Légion. À le voir, à l'entendre, on n'a pas de peine à le croire. Il avance la conscience bombée, comme on le dit du torse. Un Monsieur Muscle en quelque sorte[2]. » Pourtant, dans les rangs gaullistes, en particulier au sein du service d'action civique (SAC), l'impression qui se dégage de cette affaire qui a traîné pendant des mois est celle de la dégradation de l'autorité de l'État. « On est pris, se plaint, le 15 novembre, Georges Pompidou auprès de Jacques Foccart, entre les images que l'on se fait de l'État policier, de l'État casqué, et puis de l'État qui n'est pas commandé. Tout cela est à remettre au point[3]. »

La crispation idéologique du gaullisme

Ces tensions dans une société française en pleine mutation se ressentent d'autant plus au niveau de l'exécutif que la majorité présidentielle paraît de plus en plus en décalage avec les aspirations des Français et des Françaises. Le groupe UDR du palais Bourbon et, de manière générale, les élus et cadres gaullistes se montrent, en de nombreuses occasions, très conservateurs dès qu'il s'agit de ce qu'ils considèrent être l'héritage du général de Gaulle et des sujets sociétaux.

Les difficultés de l'exécutif avec sa majorité éclatent au grand jour avec la réforme avortée du quinquennat. Lorsque Georges Pompidou, après la victoire aux élections législatives de mars 1973, lance la réforme de la durée du mandat présidentiel (quinquennat), il trouve face à lui, au sein de sa majorité, plus de réserve, voire d'hostilité, que d'approbation. Il y a chez Georges Pompidou une justification circonstancielle liée à sa maladie, qu'il ne peut bien évidemment pas énoncer en public,

1. Édouard Balladur, *La Tragédie du pouvoir. Le courage de Georges Pompidou*, Paris, Fayard, 2012, p. 52.
2. François Mitterrand, *La Paille et le Grain*, *op. cit.*, p. 236.
3. Jacques Foccart, *Journal de l'Élysée*, t. V, *op. cit.*, p. 429 et 501.

même si elle se murmure y compris dans les rangs de l'UDR. S'il doit se représenter en 1976, il ne veut et ne pourra probablement pas effectuer un second mandat de sept ans[1]. Sur le fond, il estime qu'il n'est plus possible de gouverner les Français des années 1970 avec une échéance électorale décisive tous les sept ans ; le référendum ne pouvant pas jouer un rôle de consultation intermédiaire comme l'a montré celui du 23 avril 1972 sur l'élargissement des Communautés européennes. Ils doivent donc être consultés plus régulièrement pour mieux participer aux choix fondamentaux de leur vie nationale. La question ne se posait pas de la même manière avec le général de Gaulle car les Français « votaient pour l'homme, celui du 18 Juin, et au fond ceux qui votaient pour lui l'auraient tout aussi bien élu à vie ». Un mandat de cinq ans apparaît à Georges Pompidou une durée « normale et suffisante » qui « renforce l'autorité du président sans tomber dans le régime présidentiel qui est lié à la suppression du droit de dissolution et de la motion de censure ». Quant à ceux qui crient à l'attentat contre l'œuvre du Général, comme Michel Debré et Maurice Couve de Murville mais aussi nombre de cadres et de militants de l'UDR, il leur répond avec un certain agacement : « Il s'agit d'une durée circonstancielle fixée il y a cent ans que le général de Gaulle n'avait aucune raison de modifier parce que, je le répète, ce n'est pas sur ce terrain que se situaient les rapports entre le pays et lui[2]. » Toutefois, en optant pour la réforme constitutionnelle par la voie parlementaire et non par le recours au référendum, le président se place sous les fourches caudines du Parlement.

Le Premier ministre, qui n'est pas insensible aux arguments des gaullistes opposés à la réforme, admet les justifications du président Pompidou selon lesquelles on ne peut plus gouverner la France sur sept ans et que la cohabitation fait courir un risque autrement plus dangereux pour la pérennité du socle constitutionnel fondé par Charles de Gaulle. Il tarde cependant à déposer le projet de loi constitutionnelle devant le Parlement « malgré les objurgations répétées » du secrétaire général de l'Élysée Édouard Balladur qui est beaucoup moins confiant que le président sur l'issue du vote. Pour Messmer, il faut d'abord s'assurer des voix centristes

1. Éric Roussel, *Georges Pompidou*, Paris, Jean-Claude Lattès, 1984, p. 545.
2. Lettre de Georges Pompidou à Léon Noël, Paris, 5 octobre 1973, *in Lettres, notes et portraits. 1928-1974*, Paris, Robert Laffont, 2012, p. 499-500.

avant de lancer l'affaire[1]. Le projet de loi constitutionnelle portant révision de l'article 6 sur la durée du mandat présidentiel, qui aurait dû être bouclé avant l'été, n'est finalement déposé à l'Assemblée nationale et au Sénat par le Gouvernement que le 11 septembre. Du 16 au 24 octobre, les deux Assemblées doivent d'abord, séparément, se prononcer favorablement. Pour être adoptée, la réforme doit ensuite recueillir du Congrès – l'Assemblée nationale et le Sénat siégeant ensemble – une majorité des deux tiers (462 voix), ce qui nécessite impérativement de gagner les suffrages des élus centristes. La marge est très faible car, avec les voix centristes, la majorité n'atteindrait que 464 voix.

Le Premier ministre négocie jusqu'au bout avec Alain Poher et Jean Lecanuet. Le 16 octobre, il défend la réforme au palais Bourbon. 270 députés votent le projet mais 25 centristes sur 34 s'y opposent ; le Gouvernement se refusant à examiner un amendement centriste qui limiterait la fonction présidentielle à deux mandats. La dissidence gaulliste se révèle plus faible que prévu, mais hautement symbolique puisque seuls 3 parlementaires UDR votent contre (dont Maurice Couve de Murville) et 6 s'abstiennent (dont Michel Debré). Les 18 et 19 octobre, le Sénat vote également le texte par 162 voix (contre 112). L'échec est donc prévisible si le Congrès est réuni. Plus que les tensions entre les centristes et le Gouvernement sur la politique de la France dans le conflit du Kippour, c'est probablement ce refus de toute conciliation sur le texte qui entraîne son échec. Le 24 octobre, Georges Pompidou décide d'ajourner la réforme qui n'aboutira que vingt-cinq ans plus tard sous la présidence de Jacques Chirac. Dans l'immédiat, au-delà de l'échec du Gouvernement et de son chef, c'est bien l'autorité du président qui est mise en cause. Pompidou reporte la réforme faute de pouvoir tenter un référendum. Son état de santé ne le lui permet pas et le risque politique est trop élevé en raison des réserves et oppositions dans son propre camp.

La majorité présidentielle se montre également conservatrice sur des sujets de société qui constituent des points de forte cristallisation. La question de la dépénalisation de l'avortement illustre

1. Édouard Balladur, *La Tragédie du pouvoir*, *op. cit.*, p. 34-35. Témoignage de Pierre Messmer *in* Jean-Paul Cointet, Bernard Lachaise, Gilles Le Béguec, Jean-Marie Mayeur (dir.), *Un politique : Georges Pompidou : actes du colloque des 25 et 26 novembre 1999 au Sénat, organisé par l'Association Georges-Pompidou*, Paris, PUF, 2001, p. 189-190.

ce sentiment d'un gaullisme d'ordre au pouvoir qui s'oppose aux aspirations d'une partie de la société française, à commencer par les femmes et les jeunes. Depuis la loi Neuwirth de 1967, qui autorise les moyens contraceptifs, et à plus forte raison depuis Mai 68, la pression se fait de plus en plus forte au sein de la société française pour réviser la loi de 1920 punissant pénalement l'avortement. Cette revendication est appuyée par l'opposition qui en fait un de ses chevaux de bataille sur la réforme de la société. Le président de la République et son Premier ministre ont bien conscience que la loi de 1920 est dépassée et qu'il faut la remplacer. Toutefois, ils savent le sujet explosif tant il touche aux croyances personnelles et religieuses de chacun et qu'il divise profondément les Français. Georges Pompidou lui-même est partagé. N'ayant pas pu avoir d'enfant, il est très réservé sur l'avortement. Il admet cependant que les avortements clandestins, avec leur lot de souffrances et de décès, ne doivent plus exister dans la société française des années 1970.

Avec Pierre Messmer, qui partage ses réserves, le président entend aller de l'avant après la victoire de la majorité aux élections législatives de mars 1973. Le 7 juin, un projet de loi relatif à l'interruption de grossesse est présenté, au nom du Premier ministre, par le garde des Sceaux Jean Taittinger et le ministre de la Santé Michel Poniatowski. S'appuyant sur le caractère inadapté de la loi de 1920 et sur le fait qu'une grande majorité des femmes est favorable à la possibilité d'avoir recours à l'avortement, le projet du Gouvernement propose de permettre un recours limité et conditionnel à « l'IVG ». Celle-ci ne peut être qu'exceptionnelle et se limiter à trois cas : un danger pour la santé physique ou psychique de la future mère, une grave malformation fœtale et une grossesse résultant d'un crime (inceste et/ou viol). Il constitue, pour l'époque, « une voie moyenne » entre des projets exigeant la liberté totale de l'avortement et ceux qui, par la multiplication des conditions, le rendraient impossible[1].

Le Gouvernement rencontre de fortes réserves, voire de franches oppositions, essentiellement dans sa majorité. Pierre Messmer et ses ministres sont obligés de faire beaucoup de pédagogie pour convaincre leurs troupes. Lors de la réunion du 5 octobre avec les parlementaires de la majorité, le Premier ministre justifie le texte par la nécessité : « Il n'est pas possible de rester aveugle

1. Bibia Pavard, Florence Rochefort, Michelle Zancarini-Fournel, *Les Lois Veil. Contraception 1974, IVG 1975*, Paris, Armand Colin, 2012, p. 92-93.

devant un problème qui concerne, chaque année, plusieurs centaines de milliers de couples. » Surtout, il souligne que ce projet de loi n'est que « l'aspect négatif d'une politique d'ensemble qui concerne aussi les aides nouvelles à la politique familiale dont le développement et l'épanouissement demeurent une de nos préoccupations constantes[1] ».

Ces explications s'avèrent vaines. Non seulement le travail en commission ne permet pas de dégager les compromis nécessaires. Pis, lorsque le projet de loi est discuté en séance plénière les 13 et 14 décembre, il est renvoyé en commission par 255 voix contre 212. La gauche vote contre, jugeant le projet insuffisant. Elle unit ses voix aux partisans de droite, nombreux parmi les gaullistes – à de rares exceptions comme Bernard Pons[2] –, qui s'opposent à la légalisation de l'avortement. L'échec du Premier ministre et de son Gouvernement est patent. Au-delà, c'est l'autorité du président de la République qui est, une nouvelle fois, écornée. Quant à l'opposition, elle a beau jeu de souligner les divisions du camp présidentiel. « Il a suffi, clame François Mitterrand, que quelques députés UDR brandissent la menace pour que ce Gouvernement soi-disant fort – qui, en réalité, passe son temps à reculer – abandonne un projet raisonnable, ou tout au moins en progrès par rapport à la situation ancienne[3]. »

Conscient de l'enjeu sociétal, le Gouvernement ne renonce pas. Il annonce qu'il demandera à la conférence des présidents, qui se tiendra au début du mois d'avril 1974, l'inscription à l'ordre du jour prioritaire de l'examen du projet de loi sur l'IVG. De plus, en mars 1974, le gouvernement Messmer dépose un projet de loi qui vise à faciliter la procédure d'obtention des contraceptifs modernes, notamment en abaissant l'autorisation parentale de vingt et un à dix-huit ans. La libéralisation totale de la contraception doit permettre de prévenir les avortements. Ce projet est conçu comme une étape nécessaire dans la modification de la loi de 1920 sur l'avortement à venir[4]. Le décès de Georges Pompidou, le 2 avril, retarde les procédures en cours et, surtout, c'est le gouvernement de

1. Discours de Pierre Messmer du 5 octobre 1973 (Fondation Charles-de-Gaulle, fonds partis gaullistes, UDV^{e}-UDR 2).

2. Bernard Pons, *Aucun combat n'est jamais perdu d'avance. Mémoires*, Paris, L'Archipel, 2018, p. 193-197.

3. Bernard Pingaud (dir.), *Mitterrand*, *op. cit.*, p. 105.

4. Bibia Pavard, Florence Rochefort, Michelle Zancarini-Fournel, *Les Lois Veil*, *op. cit.*, p. 121-122.

Jacques Chirac sous la présidence de Valéry Giscard d'Estaing qui officie au moment de leur présentation finale devant le Parlement.

Les difficultés du Gouvernement et, au-delà, de l'Élysée, à contrôler sa majorité parlementaire n'échappent pas aux Français. L'impression qui s'en dégage, par petites touches de plus en plus appuyées, est celle d'un pouvoir en mal d'autorité, voire qui se décompose. Les rumeurs autour de la mystérieuse maladie de Georges Pompidou ne font qu'accroître cette impression d'un régime à la peine. L'opposition y voit la fin d'un système et des hommes qui l'ont servi depuis 1958.

Ce flottement de l'autorité présidentielle, qui n'est pas contrebalancé par un investissement politique plus fort du Premier ministre, toujours peu à son aise dans les habits de chef de la majorité parlementaire, se fait sentir au sein même du parti gaulliste. Lors des assises de l'UDR, réunies à Nantes, du 16 au 18 novembre 1973, c'est Jacques Chaban-Delmas, candidat potentiel à la succession de Georges Pompidou, qui est acclamé. Peu nombreux sont les orateurs à évoquer publiquement le nom du président de la République. Les conseillers politiques du président, Pierre Juillet et Marie-France Garaud, prennent cela pour une déclaration de guerre. Pompidou lui-même, qui s'agace des campagnes de rumeurs et d'insinuations de l'opposition sur son « cancer » et autres maladies inventées, trouve insupportable cette course à sa succession, en particulier entre le maire de Bordeaux et Michel Debré. Il critique le fait que son ancien Premier ministre puisse envisager que son mandat présidentiel soit écourté[1]. Le président partage l'opinion de ses conseillers politiques : les « barons » gaullistes le trahissent et sont déjà à essayer de régler entre eux l'après-Pompidou. Et plus l'état de santé de Georges Pompidou se dégrade, plus les caciques gaullistes le font de moins en moins discrètement, et ce à plus forte raison que le président ne manque pas, à plusieurs reprises, de mettre en valeur Valéry Giscard d'Estaing. Les déclarations du secrétaire général de l'UDR, Alexandre Sanguinetti, lors du comité central du 19 janvier 1974, indiquant que, « de toute façon », le candidat à l'élection présidentielle sera un gaulliste, irritent au plus haut point le président. « Ma succession, explique-t-il à Jacques Foccart, n'est pas ouverte. On verra dans deux ans. On verra si je me représente ou pas […] je ne comprends pas pourquoi il a la

1. Jacques Foccart, *Journal de l'Élysée*, t. V, *op. cit.*, p. 434-435.

manie de parler d'un problème qui ne se pose pas maintenant. Il faudrait une bonne fois pour toutes que cela s'arrête[1]. »

Un Gouvernement fortement contesté

À la perte d'autorité progressive de l'Élysée sur le mouvement gaulliste s'ajoute très tôt la gestion chahutée du Premier ministre et de son Gouvernement. Au-delà de la personne de Pierre Messmer, ce sont un système et une manière encore très gaullienne de gouverner qui sont de plus en plus contestés alors que les tensions sociales et politiques sont de plus en plus vives. Ce sont aussi les choix politiques du président, de son Premier ministre et de ses ministres qui ne correspondent pas toujours aux priorités qui inspirent les Français.

La nomination de Pierre Messmer, gaulliste historique, ministre des Armées du Général pendant neuf ans, mais qui n'a jamais été vraiment un politique, est d'abord interprétée comme une reprise en main de Matignon par l'Élysée après la période Jacques Chaban-Delmas. Les tensions entre les deux têtes de l'exécutif et leurs entourages ont en effet été vives, entre 1969 et 1972 ; l'Élysée accusant le Premier ministre de vouloir être un président du Conseil de la défunte IVe République. Avec Pierre Messmer, c'est le retour à l'orthodoxie gaullienne en matière constitutionnelle. D'ailleurs, le gouvernement Messmer est largement façonné par le président et ses conseillers politiques, Pierre Juillet et Marie-France Garaud, qui ont beaucoup œuvré contre Chaban[2]. L'opposition retrouve donc, à travers le thème d'un Premier ministre directeur de cabinet du président de la République, sa critique de fond de la pratique gaullienne des institutions de la Ve République.

Les médias d'opposition se font, dès le début, particulièrement virulents contre Pierre Messmer et son Gouvernement. Dès son arrivée à Matignon, *L'Express* de Jean-Jacques Servan-Schreiber titre : « Messmer : mission impossible[3] ». Pour l'hebdomadaire, il n'y a aucun nouvel élan à attendre de cet « étrange tandem Messmer-Faure » qui ne pourra pas dépasser les blocages de sa majorité

1. *Ibid.*, p. 511.
2. Frédéric Turpin, *Pierre Messmer. Le dernier gaulliste*, Paris, Perrin/ministère des Armées, 2020, p. 241-242.
3. *L'Express*, 16 juillet 1972.

parlementaire jugée conservatrice. Après la victoire aux élections législatives et la reconduite de Pierre Messmer à Matignon, *Le Point* du 2 avril 1973 titre dédaigneusement « Re-Messmer ! ». L'hebdomadaire insiste sur sa « raideur militaire, son éloquence d'un autre âge, une silhouette vouée au culte du passé », lui reconnaissant cependant « sa capacité de travail, son indépendance et son gaullisme[1] ». La question du maintien du Premier ministre est de plus en plus évoquée tant dans la presse qu'au sein de la classe politique. Les attaques culminent au seuil de l'année 1974. À la faveur de la crise pétrolière et d'un président de moins en moins présent, *Le Point* du 17 décembre 1973 tire cette fois à boulets rouges avec un retentissant : « Crises : Messmer doit partir[2] ». Georges Suffert se déchaîne : « Il n'est que la voix de son maître, mais il a peu de voix et il y a peu de maîtres. » Derrière la rédaction du *Point*, c'est Jacques Chaban-Delmas qui est ciblé comme le commanditaire de cette tentative de lynchage médiatique. Le président Pompidou ne s'y trompe pas et intervient publiquement pour défendre son Premier ministre. La virulence de cette attaque en règle traduit la crainte, chez certains gaullistes, que Pierre Messmer puisse prendre une part importante à la succession de Georges Pompidou. Pour Paul-Marie de La Gorce, qui est auprès du Premier ministre, « le problème de Chaban est de mettre Pompidou dans l'impossibilité de désigner un successeur[3] ».

Ces attaques quasi permanentes contre le Premier ministre et son Gouvernement, qu'elles viennent de l'opposition ou des rangs de la majorité, s'inscrivent de plus en plus clairement dans l'après-Pompidou. Elles trouvent aussi à s'appuyer sur des actions gouvernementales qui ne sont pas médiatiquement porteuses car peu ou pas comprises par l'opinion publique. Du moins ne génèrent-elles pas des valeurs symboliques sur lesquelles pourrait se fonder une adhésion à une politique bien reconnaissable. Il est vrai que les gouvernements Messmer appliquent « avec la régularité d'un métronome et la loyauté d'un bon petit soldat le programme concocté par l'Élysée[4] ». La potion est initialement celle qui consiste à entretenir

1. *Le Point*, 2 avril 1973.
2. *Le Point*, 17 décembre 1973.
3. Cité *in* Michèle Cotta, *Cahiers secrets de la Ve République*, t. I, *1965-1977*, Paris, Fayard, 2007, p. 457.
4. Témoignage de Guy de Valence sur Pierre Messmer cité *in* Frédéric Turpin, *Pierre Messmer*, *op. cit.*, p. 244-245.

une croissance économique forte (un PIB en hausse de 6,6 % et des exportations de 13,5 % en 1973) et à en partager les fruits, tant dans une optique de justice sociale que de participation, sans oublier le nécessaire financement de la politique d'indépendance nationale et de ses instruments (la force de frappe nucléaire). La priorité donnée à la croissance reste centrale dans les préoccupations du président et du Premier ministre car elle rime encore dans l'esprit des décideurs publics avec le plein-emploi et les progrès sociaux.

La politique gouvernementale n'a donc rien de spectaculaire à l'image de la réforme régionale qui ne mobilise pas l'opinion. Il s'agit pourtant du volet institutionnel de la promotion d'une société française plus juste et plus responsable que s'est fixée la majorité présidentielle. La loi du 5 juillet 1972 portant sur la régionalisation, préparée par le gouvernement de Jacques Chaban-Delmas, a pour objectif le « desserrement des structures administratives françaises, pour lesquelles ne se justifie plus "l'effort multiséculaire de centralisation" évoqué par le général de Gaulle dans le discours de Lyon où il annonçait son projet référendaire » en 1969. L'ambition a été réduite avec la loi de 1972 de sorte que le texte se révèle finalement « prudent, libéral et pragmatique ». « La région, écrit Pierre Messmer dans le magazine *Ère régionale* en janvier 1973, est désormais dotée d'un statut, de compétences, d'institutions et de ressources [...] L'avenir dira si elle doit rester un simple établissement public ou si, plus structurée, mieux dotée, elle pourra se transformer en une véritable collectivité territoriale pour autant qu'elle n'empiète pas sur les prérogatives du département et de la commune. » La réforme est très mesurée, ce qui souligne que pour le président, son Gouvernement et sa majorité parlementaire, l'État central reste bien le cœur du système.

Décentralisation, déconcentration et regroupement communal sont les maîtres mots des réformes à opérer pour rapprocher les pouvoirs des citoyens. Les gouvernements de Pierre Messmer développent, « sans bruit, trop discrètement peut-être », reconnaît-il, une conception de la démocratie qui « consiste à prendre en main ses propres affaires et à doter chaque collectivité des compétences et des organes qui lui permettent de s'affirmer non contre l'État, mais devant l'État, afin que l'intérêt général soit le premier servi, dans le respect des pluralités et l'épanouissement des hommes[1] ».

---

1. Pierre Messmer, « La région fait partie de nos institutions », *Ère régionale*, n° 23, janvier 1973.

Si la réforme de la régionalisation est techniquement une réussite, elle ne mobilise pas les foules. Sa complexité pour tous, son laxisme pour les uns – elle attente au pouvoir de l'État central –, son insuffisance pour les autres au regard de la constitution d'un véritable pouvoir régional, n'en font pas un objet sur lequel les Français peuvent positivement associer le nom du Gouvernement dirigé par Pierre Messmer, voire celui du président Pompidou. Pour importante qu'elle soit, la réforme ne porte pas un pouvoir symbolique fort. Le Gouvernement peut nourrir le sentiment du devoir accompli, il n'est pas partagé par l'opinion publique qui demeure indifférente.

L'État gaullien en majesté, même timidement amendé, est de plus en plus en décalage avec les aspirations des nouvelles générations issues du baby-boom à plus de considération de la part d'un pouvoir jugé distant. Le Premier ministre n'est pas l'homme de cette nécessaire évolution des formes de la gouvernance. Quant au président Pompidou, la maladie induit chez lui une approche plus conservatrice des grands problèmes de société[1]. Elle limite aussi sa marge d'action, à commencer par sa capacité à impulser ou à faire passer de grands desseins, comme le montrent les réformes ajournées du quinquennat ou de l'avortement.

Le choc pétrolier et la crise qui s'amorcent à l'automne 1973 ne font que renforcer cette impression d'un exécutif en mal d'autorité et d'ambitions autres que celles qui visent à aménager l'existant. Or le choc pétrolier se traduit par de fortes poussées inflationnistes qui fragilisent l'économie française, la stabilité du franc et l'emploi. Des mesures fortes s'imposent. Le Premier ministre et le ministre des Finances Valéry Giscard d'Estaing militent auprès du président pour des solutions tranchées qui permettent de réduire fortement l'inflation galopante, à l'instar de ce que réalise le gouvernement fédéral allemand au même moment. Georges Pompidou s'y refuse et privilégie une stratégie visant « à amortir le choc ». L'objectif est de retrouver au plus vite la croissance, même amoindrie, en procédant à une politique de « refroidissement modéré ».

Le Gouvernement s'en tient, dans l'immédiat, à des mesures limitées qui paraissent en outre désordonnées. Le 2 novembre 1973, le Gouvernement décide de bloquer certains prix alimentaires (bœuf, fruits et légumes) et de réglementer quelques marges

1. Éric Roussel, *Georges Pompidou*, *op. cit.*, p. 533.

bénéficiaires comme celles des chausseurs. Cette action limitée – même si le Premier ministre prévient qu'il y aura « sans doute » des « grandes mesures » à suivre – suscite la colère des commerçants. Le ministre du Commerce et de l'Artisanat Jean Royer prend même leur défense. Le 22 novembre, le Gouvernement est obligé de reculer et Valéry Giscard d'Estaing annonce « l'aménagement de la taxation ». Au bout de quelques semaines, le président de la République en est réduit à demander à son Gouvernement un plan de lutte contre l'inflation qui ne cesse de progresser. Les mesures anti-inflationnistes, annoncées à l'issue du conseil des ministres du 5 décembre 1973 (modération des dépenses publiques, limitation du crédit et fiscalité, encouragement de l'épargne, limitation de l'augmentation des tarifs publics, pas de blocage généralisé des prix), se révèlent rapidement insuffisantes.

La lutte contre la crise énergétique que mène le Gouvernement prend aussi initialement une forme qui apparaît peu cohérente aux Français. Le 30 novembre, le Premier ministre annonce à la télévision un train de mesures inédites, calibrées en fonction de leur efficacité et de l'accueil prévisible des Français que le président Pompidou entend ménager. Malgré la solennité du moment et des annonces, le programme prend l'allure d'un catalogue à la Prévert. Si le Premier ministre se félicite de la politique de stockage du pétrole qui a pour conséquence « qu'aucune restriction importante ne s'impose », il annonce pêle-mêle l'accélération du programme de construction de centrales nucléaires ainsi que celle de l'usine de séparation isotopique, des mesures destinées à économiser les carburants (limitation de vitesse à 90 kilomètres par heure sur les routes françaises, suppression temporaire des rallyes et courses automobiles, limitation au strict nécessaire des vols aériens) et des mesures d'économie d'électricité (arrêt des émissions de télévision après 23 heures sauf les samedis, dimanches et fêtes, extinction des vitrines la nuit dans les magasins et des bureaux inoccupés entre 22 heures et 7 heures). Si pendant les quatre premiers mois de 1974 la France économise plus de 13 % de sa consommation annuelle de pétrole, les réactions des Français restent au mieux très mitigées, en particulier sur la limitation de vitesse.

À partir de décembre 1973, le président et son Gouvernement prennent véritablement conscience que la hausse du prix du pétrole est une tendance durable. Il ne s'agit plus dès lors d'« amortir le coup » mais de prévoir l'avenir. Dans une optique qui reste centrée, comme le veut Georges Pompidou, sur le maintien de la croissance à tout prix, le Gouvernement place la question énergétique au cœur de son action multiforme. Elle conditionne, pour partie, la compétitivité de l'économie française et pour les gaullistes Pompidou et Messmer, il faut assurer l'indépendance énergétique de la France, sans quoi il ne peut y avoir d'indépendance nationale.

Dans cette phase de fortes incertitudes économiques, sociales et politiques avec l'aggravation de la maladie du président qui n'échappe plus aux Français, Georges Pompidou et Pierre Messmer décident cette fois de frapper l'opinion publique par un grand coup. À la suite du conseil restreint du 5 mars 1974, le Premier ministre lance solennellement un train de mesures exceptionnelles, rapidement surnommées « plan Messmer ». La principale annonce tient dans l'accélération du programme électronucléaire : les 13 000 mégawatts prévus pour 1972-1977 seront entièrement engagés en 1975 et les investissements seront poursuivis de manière à atteindre 50 000 mégawatts pour 1974-1980. D'autres mesures complètent ce plan comme la décision de lancement du TGV Paris-Marseille.

Le plan Messmer de mars 1974 essaie de redonner de la cohérence globale à l'action gouvernementale. Il ne suffit toutefois pas à faire oublier les catalogues à la Prévert qui se sont succédé depuis novembre ainsi que les cacophonies gouvernementales qui s'en sont suivies. L'impression d'une action brouillonne, voire d'immobilisme, de l'exécutif face aux bouleversements en cours s'impose au fil des mois. Mais, cette fois, le climat a bien changé par rapport aux premiers mois de 1973. La morosité et le pessimisme gagnent les Français dès le mois de novembre. Le baromètre Sofres pour *Le Figaro* indique que 63 % des personnes interrogées pensent que les choses ont tendance à aller plus mal, le mois suivant 69 %[1].

Cette ultime année de la présidence de Georges Pompidou et du gouvernement Messmer constitue « un pont entre deux mondes : celui optimiste et conquérant, des Trente Glorieuses et des utopies de mai ; celui incertain et défensif, du chômage et de la crise[2] ». Cette transition ne se traduit pas pour les Français par un élan vital

1. François d'Orcival, « Pierre Messmer et l'opinion publique (1972-1974) », *Revue d'histoire diplomatique*, avril 2018, p. 329.
2. Frank Georgi, « Un “conflit autogestionnaire” sous Georges Pompidou : les pouvoirs publics face à l'affaire Lip (1973-1974) », *op. cit.*, p. 176.

du Gouvernement qui aurait tracé un cadre et une stratégie claire pour sortir de la crise. La cote de popularité du Premier ministre s'en ressent immédiatement et ne cesse dès lors de chuter tandis que les rumeurs et inquiétudes sur la maladie du président se font de plus en plus insistantes. À l'impression d'une transition en cours pleine d'incertitudes s'ajoute une atmosphère de fin de règne de plus en plus pesante.

Mort d'un président

Au cours du premier semestre 1973, l'état de santé de Georges Pompidou commence à se détériorer. Il a progressivement beaucoup grossi et contracté plusieurs grippes et refroidissements, ce qui n'échappe pas aux observateurs. Son état suscite des commentaires et des supputations dont la presse se fait de plus en plus l'écho. Déjà, le président n'était pas venu, le 3 janvier, lors de la cérémonie des vœux de sa maison à l'Élysée[1]. Quelques mois plus tard, le 1er juin, les Français découvrent, avec stupeur, devant leur petit écran de télévision un Georges Pompidou bouffi, portant un chapeau et emmitouflé dans un manteau d'hiver, descendre avec grande difficulté la passerelle de l'avion qui vient de le conduire à Reykjavik pour un entretien avec Richard Nixon. Le choc fait l'effet d'une bombe. Les rumeurs et les alertes des mois précédents prennent dès lors consistance tandis que les Français continuent d'ignorer, comme d'ailleurs le président lui-même[2], la nature du mal dont souffre le chef de l'exécutif. « Il est désormais impossible, note la journaliste Michèle Cotta, quelles que soient les réticences à en parler, de ne pas se poser le problème de la succession[3]. »

Un mois plus tard, bien que constatant que Pompidou paraît en bien meilleure forme, le secrétaire général pour les affaires africaines et malgaches, Jacques Foccart, note en ce sens, dans son *Journal*, que « ce qui préoccupe les Français, c'est la santé du président. Nos adversaires, en effet, laissent entendre qu'il serait atteint de tas de maladies. Et nos amis en profitent quelquefois

1. Michel Jobert, *Mémoires d'avenir*, Paris, Grasset, 1974, p. 207.
2. Témoignage d'Alain Pompidou, *in* Georges Pompidou, *Lettres, notes et portraits*, *op. cit.*, p. 29.
3. Michèle Cotta, *Cahiers secrets de la Ve République*, t. I, *op. cit.*, p. 420.

pour penser à eux : en tout cas, ils se posent des questions[1] ». Georges Pompidou connaît cependant une forme de rémission au cours du second semestre 1973. Ce qui n'empêche pas sa santé de demeurer le « problème politique majeur, le sujet favori des conversations[2] ». Au seuil de 1974, la maladie de Georges Pompidou s'aggrave de nouveau et relance la question de sa succession, y compris au sein du camp gaulliste. Son allocution télévisée pour les vœux aux Français, au soir du 31 décembre 1973, montre un président qui n'a rien perdu de ses qualités oratoires mais au visage très marqué par la maladie.

Plus les crises se rapprochent et que la santé de Georges Pompidou décline, plus les médias cherchent, coûte que coûte, à percer le mystère de la maladie présidentielle. Le président s'agace de ce harcèlement permanent. Au point qu'il se sent obligé de demander à son fils Alain, professeur de médecine, en février 1974, de ne pas passer le voir quai de Béthune « en allant à la Faculté » : « Il y a des "observateurs". S'ils te voient trop souvent, ils en concluront que c'est toi qui me "suis" sur le plan médical et, dès lors, tu seras surveillé, embêté et même, à l'occasion, suivi[3]. » À ce harcèlement qui l'agace au plus haut point s'ajoute l'irritation qu'il manifeste de plus en plus, y compris en public. Plus qu'une dérive autoritaire que certains se plaisent à décrire, ce sont les effets du traitement qu'il suit. « La maladie n'avait pas modifié, souligne Michel Jobert, la qualité de sa présence et de son action, mais la perspective dans laquelle elles étaient. Ainsi s'explique pourquoi, bien des mois avant sa mort, il se soit acharné à répéter ce qui lui paraissait essentiel, simplifiant la démonstration et essayant, par le poids de sa fonction, de faire partager ses convictions : le temps pouvait lui manquer. Il en avait désormais plus conscience que dans l'incertitude du hasard et de la bonne santé[4]. »

Si la maladie de Georges Pompidou ne modifie pas la pratique des institutions, qui reposent sur le rôle central du président de la République, elle les perturbe à un moment où elle continue d'être l'objet d'une opposition de fond[5]. L'auteur du *Coup d'État permanent*, François Mitterrand, poursuit de son analyse négative

1. Jacques Foccart, *Journal de l'Élysée*, t. V, *op. cit.*, p. 262.
2. Édouard Balladur, *La Tragédie du pouvoir*, *op. cit.*, p. 30-31.
3. Georges Pompidou, *Lettres, notes et portraits*, *op. cit.*, p. 500.
4. Michel Jobert, *L'Autre Regard*, Paris, Grasset, 1976, p. 270-271.
5. Éric Roussel, *Georges Pompidou*, *op. cit.*, p. 547.

les institutions de la Ve République et le successeur du Général. « Ce n'est pas parce que le président de la République est depuis 1962 élu au suffrage universel, clame-t-il, que notre pays vit sous ce régime de pouvoir personnel mais parce que le chef de l'État interprète la Constitution de façon abusive[1]. » Cet appel constant à un changement de régime se double avec la maladie présidentielle d'une impression de fin de cycle. Le leader socialiste juge, dans les colonnes de l'hebdomadaire du PS *L'Unité* du 3 janvier 1974, que le président « a l'ambition plus haute que son fauteuil, où, il faut le dire, il s'est assis sans se baisser. Mais tout ce qu'il touche s'effrite. Ou bien il a le doigté rude, ou bien les murs dont il a hérité sous l'apparence du granit sont de sable. Des deux, la seconde hypothèse est la bonne [...] Onze ans déjà qu'il tient les rênes de cet attelage fantôme qu'on appelle le gouvernement de la Ve République[2] ».

La critique de l'exercice solitaire du pouvoir par le président de la République se fait d'autant plus cinglante que l'Élysée multiplie les communiqués lénifiants sur la santé de Georges Pompidou. La maladie présidentielle concourt ainsi à la critique systémique de la gauche à l'encontre de la Ve République dans un climat à la fois d'incertitude sur l'hôte de l'Élysée et d'espoir quant à une arrivée prochaine au pouvoir. Si « le pays, selon l'ancien secrétaire général de la présidence de la République de Georges Pompidou Édouard Balladur, n'a pas eu à souffrir de l'état de santé du président », le silence officiel entretient les rumeurs les plus folles. D'autant que les conseillers du président, à commencer par Édouard Balladur, jouent alors un rôle bien au-delà de leurs prérogatives, ce qui n'échappe pas aux observateurs de la vie politique. « Les circonstances et surtout la confiance que me faisait Georges Pompidou, explique-t-il, me conféraient une autorité inhabituelle sur les ministres. Ceux-ci l'acceptaient. Au fond, la plupart étaient un peu perdus. Pour eux non plus, rien n'était facile[3]. »

Aux critiques sur l'opacité de l'information relative à l'état de santé de Georges Pompidou et le rôle joué par sa maison présidentielle s'ajoutent celles sur le Premier ministre et son Gouvernement qui demeurent dans un schéma très gaullien de la répartition des pouvoirs. Cette mise en cause de Pierre Messmer tient au fait qu'il

1. Bernard Pingaud (dir.), *Mitterrand*, *op. cit.*, p. 65.
2. François Mitterrand, *La Paille et le Grain*, *op. cit.*, p. 243-244.
3. Édouard Balladur, *Deux Ans à Matignon*, *op. cit.*, p. 23-24.

ne pallie pas assez les « absences » du président. S'il entend aider tant qu'il peut Georges Pompidou miné par la maladie, Messmer ne veut pas donner l'impression qu'il peut, d'une manière ou d'une autre, en profiter pour se tailler le profil du successeur. Outre cette considération éthique, Messmer est un gaulliste orthodoxe pour qui le Premier ministre de la Vᵉ République n'est pas le président du Conseil de la défunte IVᵉ République. Il ne peut pas être question, à la faveur de la maladie présidentielle, de refaire passer le pouvoir de la rive droite à la rive gauche, ce que réclame l'opposition politique. « Quand Pompidou m'a nommé à Matignon, explique Pierre Messmer à Jean Mauriac en novembre 1983, il se savait déjà très malade. » Et l'ancien Premier ministre d'expliquer que le défunt président l'avait nommé et conservé, pendant trois gouvernements, « parce qu'il savait que je pouvais assumer la plus grande charge de travail "matériel", de l'intendance, qu'il pouvait se reposer sur moi pour tout un aspect de la besogne » et « qu'il me savait suffisamment désintéressé pour ne pas me servir de cette situation dramatique – comme d'autres auraient pu le faire – pour mon propre profit[1] ».

Au cours des derniers mois de son mandat, la « loyauté », la « discrétion », la « discipline » et le « calme » du Premier ministre sont un réconfort pour le président Pompidou, touché physiquement par la maladie. Mais cela ne correspond pas à une affirmation politique plus forte de l'hôte de Matignon qui ne peut plus être autant « épaulé » par le président et ses conseillers, comme ce fut le cas au cours de l'année 1973[2]. Même après la campagne électorale victorieuse des législatives de mars 1973, Messmer a du mal à endosser le costume de chef politique au sens du chef de la majorité parlementaire. Son isolement politique s'en trouve renforcé face à des « barons » gaullistes qui poussent l'un des leurs – Jacques Chaban-Delmas – à prendre la suite de Georges Pompidou, pourtant encore bien vivant, et face à son ministre des Finances, Valéry Giscard d'Estaing, qui joue de plus en plus ouvertement le rôle de Premier ministre *bis* dans ses annonces et prises de parole. Ce sont les conseillers politiques de Georges Pompidou – Pierre Juillet et Marie-France Garaud – qui, au cours des derniers mois du mandat présidentiel, exercent une influence

1. Note confidentielle de Jean Mauriac : entretien avec Pierre Messmer, 16 novembre 1983 (FCDG, fonds Jean Mauriac, F36/6).
2. Édouard Balladur, *La Tragédie du pouvoir*, *op. cit.*, p. 18-19.

importante sur le président et plus encore sur son Premier ministre. Ils préparent l'après-Pompidou, sans se douter que le temps va brutalement leur manquer. Tout cela entretient un climat d'inquiétude et d'incertitude au sein d'une opinion publique de plus en plus marquée par le retournement de la conjoncture économique.

Cette impression d'un pouvoir chancelant, malgré l'activisme débridé des mesures contre la crise du Gouvernement, se renforce avec les annulations à répétition des manifestations programmées dans l'agenda du président. Lors de son déplacement à Poitiers, le 24 janvier, Georges Pompidou se montre d'abord en forme, prononçant un long discours. Mais, au fur et à mesure de la journée, il faiblit au point de monter à grand-peine les escaliers de l'hôtel de ville. Il est même plusieurs fois obligé de se reposer, ce que les photographes et caméras de télévision captent. Dès le lendemain, sa souffrance et ses grandes difficultés physiques font la une des journaux, notamment la première page de *L'Express*. « Face à la panique qui s'empare de tout le milieu politique, note la journaliste Michèle Cotta, à propos d'un état de santé sur lequel on ne sait finalement pas grand-chose, les leaders se tiennent sur la ligne de départ. » Pour le ministre de l'Intérieur Jacques Chirac, très proche de Pierre Juillet, « il y a deux catégories de gens en ce moment ». « Ceux qui pensent que Pompidou est foutu », comme Jacques Chaban-Delmas « qui se dépêche d'entrer en campagne » : ils veulent le départ de Messmer et son remplacement par un Premier ministre accepté par Pompidou mais favorable à Chaban. « Ceux qui pensent que Pompidou tiendra jusqu'en 1976 » et pour qui « il faut s'aligner » : Valéry Giscard d'Estaing « le fait à sa manière, sans pouvoir s'empêcher de donner des coups de canif au contrat[1] ».

Du 4 au 10 février, le président est de nouveau « grippé » et reste chez lui quai de Béthune. Il ne fait un aller-retour à l'Élysée que pour le conseil des ministres du mercredi 5 février. À partir de cette date, c'est Édouard Balladur qui arrête le dossier du conseil des ministres avec le secrétaire général du Gouvernement Jean Donnedieu de Vabres, « après en avoir référé, par téléphone, au président pour que les thèmes auxquels il attache de l'importance soient retenus[2] ». Surtout, Georges Pompidou décide, pour la première

1. Michèle Cotta, *Cahiers secrets de la Ve République*, t. I, *op. cit.*, p. 470 et 474.
2. Édouard Balladur, *La Tragédie du pouvoir*, *op. cit.*, p. 111.

fois, le 7 février, de publier un communiqué sur son état de santé signé par le Pr Jean Vignalou. Il y fait état d'un état grippal. Loin de calmer les interrogations, il entraîne une suite ininterrompue, jusqu'à sa mort, de commentaires et de « rumeurs », titre de l'article de Pierre Viansson-Ponté du 8 février : « À la limite, analyse l'éditorialiste du *Monde*, peu importe de savoir ce qui est vrai, ce qui est fondé dans l'alarme des uns, les manœuvres des autres : le facteur psychologique s'impose comme l'élément essentiel de la situation[1]. » Le président du Parti radical Jean-Jacques Servan-Schreiber fait même courir le bruit que l'Élysée aurait consulté le Conseil constitutionnel sur l'article 7 de la Constitution relatif aux « dispositions applicables en cas de vacance ou d'empêchement de la présidence de la République constaté par le Conseil constitutionnel saisi par le Gouvernement ». Le président du Conseil constitutionnel est obligé de publier un démenti[2].

Seule touche humoristique au milieu d'un climat détestable et d'un agenda présidentiel de plus en plus allégé, Georges Pompidou tient à présider le dîner du Gouvernement, le 11 février. Il sent bien que ses moindres attitudes sont scrutées par ses convives. Mais il ne résiste pas à choisir de clore la soirée par un spectacle d'imitation de personnalités par Thierry Le Luron. Le président, qui est épargné par les parodies, se rit de ses ministres, tournés en dérision, qui goûtent peu la satire[3]…

L'état de santé de Georges Pompidou n'en continue pas moins sa dégradation, comme le constate notamment le secrétaire général pour les affaires africaines et malgaches Jacques Foccart. Le 26 février, lors de l'un de leurs deux entretiens hebdomadaires, il est surpris que le président ne se lève pas, contrairement à son habitude. Surtout, fait inédit, celui-ci se plaint : « J'en ai assez, je n'en peux plus. Il y a des moments où je suis à bout. » Foccart apprend alors de la bouche de Pompidou qu'il souffre d'hémorroïdes qui nécessiteraient une opération[4]. Le lendemain, le président fait également part à Édouard Balladur qu'il a beaucoup souffert pendant le conseil des ministres : « Je n'en peux plus, il faut que cela prenne fin d'une manière ou d'une autre[5]. »

1. *Le Monde*, 8 février 1974.
2. Édouard Balladur, *La Tragédie du pouvoir*, *op. cit.*, p. 116-118.
3. *Ibid.*, p. 129.
4. Jacques Foccart, *Journal de l'Élysée*, t. V, *op. cit.*, p. 552-553.
5. Édouard Balladur, *La Tragédie du pouvoir*, *op. cit.*, p. 160.

Le calvaire de Georges Pompidou se poursuit au cours des premiers jours de mars. Il demeure désormais chez lui quai de Béthune. Il ne vient à l'Élysée qu'en fin de matinée et s'y attarde le moins possible. C'est un président en proie à une nouvelle crise qui s'envole pour Pitsounda en URSS le 12 mars. Pendant deux jours, il s'entretient avec Léonid Brejnev. Il en ressort épuisé. « C'était le voyage de l'inutile, analyse le ministre des Affaires étrangères Michel Jobert. Il aurait pu être reporté, comme tant de rencontres internationales. Il faisait partie de la routine franco-soviétique, de ces conversations souriantes et, somme toute, confiantes que Georges Pompidou et Léonid Brejnev avaient entre eux, comme une habitude. Mais il était aussi dans la panoplie des actes du Gouvernement et Georges Pompidou s'était senti assez fort, les jours précédents, pour l'entreprendre et reculer ainsi devant le temps des décisions. Mais là-bas, parmi les pins et les calmes pelouses, je l'entendis murmurer : "Je ne vais tout de même pas mourir ici !"[1] »

Les spéculations sur la maladie du président sont alors omniprésentes. Même « à l'Élysée, se souvient le préfet Gilbert Carrère, conseiller technique à la présidence de la République, si le sujet de sa santé n'est jamais évoqué, il pèse suffisamment sur la vie de la maison[2] ». Georges Pompidou a de plus en plus de mal à donner le change. Le 14 mars, il doit s'entretenir à l'Élysée avec le président de la Commission des Communautés européennes, son ancien collaborateur François-Xavier Ortoli. C'est finalement Édouard Balladur qui l'accueille et fait publier un communiqué dans lequel il est mentionné que le président l'a reçu[3].

Au cours de la seconde quinzaine de mars, Georges Pompidou ne vient plus à l'Élysée qu'entre 16 et 18 heures. Il se fait soigner et travaille, pour l'essentiel, chez lui. Édouard Balladur ne maintient que les audiences qui ne peuvent être annulées sans inconvénient. Le secrétaire général est désormais quasiment le seul à le voir en tête à tête chaque jour, quelques minutes. Jacques Foccart, qui le rencontre néanmoins le 19, trouve un président accablé par la souffrance et qui écourte leur entretien[4]. Deux jours

1. Michel Jobert, *L'Autre Regard*, *op. cit.*, p. 386.
2. Gilbert Carrère, *Mémoires d'un préfet. À la traverse du XXe siècle*, Paris, L'Harmattan, 2012, p. 97.
3. Édouard Balladur, *La Tragédie du pouvoir*, *op. cit.*, p. 202-205.
4. Jacques Foccart, *Journal de l'Élysée*, t. V, *op. cit.*, p. 567 et 575.

plus tard, Édouard Balladur lui explique que Georges Pompidou souffre atrocement d'hémorroïdes, ce qui le conduit notamment à annuler sa participation au dîner du corps diplomatique. La présidence est obligée de publier un communiqué faisant état « d'une indisposition douloureuse qui peut être sujette à répétition » due à « une lésion bénigne d'origine vasculaire située dans la région ano-rectale et hyperalgique par intermittence ». L'origine du mal n'est pas mentionnée. Les commentaires sur la maladie et la capacité du président à exercer sa fonction continuent de plus belle.

Le vendredi 29, de retour d'Afrique, Foccart obtient avec difficulté un court entretien avec le président. « Je trouve un homme accablé, souffrant beaucoup, les mains moites. Il est bouffi et porte des lunettes certainement plus fortes que d'habitude car on voit ses yeux très grossis. » Il en retire « une plus mauvaise impression que la semaine précédente […] Je me rends bien compte qu'il lutte avec beaucoup de courage, mais qu'il est profondément atteint[1] ». Pour autant, peu imaginent alors que le président vit ses derniers jours. Valéry Giscard d'Estaing, qui s'entretient également avec Georges Pompidou le 29, se souvient d'un homme mal en point mais qu'il ne voit pas à l'article de la mort[2].

Épuisé, le président décide de partir se reposer le week-end dans sa maison d'Orvilliers. Mais, après un léger mieux le samedi, il développe une forte poussée infectieuse. En début d'après-midi du lundi 1er avril, Georges Pompidou est ramené en urgence, dans l'ambulance de l'Élysée, à Paris, quai de Béthune. Il est dans un état quasi désespéré. Mais, pour l'heure, le Pr Vignalou indique seulement à Édouard Balladur que le président ne pourra réapparaître « au mieux vendredi ou samedi ». L'inquiétude grandit rapidement quand les gardes du corps racontent qu'il a failli mourir dans l'ambulance et qu'ils ont dû le porter étendu sur un matelas. Jacques Foccart apprend ainsi par le « gorille » Paul Comiti que « le patron, c'est maintenant terminé. Il est évident qu'il va mourir[3] ». Le soir, Pompidou signe encore des lettres autorisant notamment le Premier ministre à présider le prochain conseil des ministres.

Dans les heures qui suivent, son état de santé empire encore. Au point que son équipe médicale fait venir le secrétaire général

1. *Ibid.*, p. 582.
2. Éric Roussel, *Valéry Giscard d'Estaing*, Paris, L'Observatoire, 2018, p. 239.
3. Jacques Foccart, *Journal de l'Élysée*, t. V, *op. cit.*, p. 586.

de l'Élysée quai de Béthune vers minuit. Le Pr Jean Bernard lui annonce alors que le président a neuf chances sur dix de mourir dans la nuit. Pierre Juillet les rejoint. Celui-ci informe dans la nuit le Premier ministre. Pour Pierre Messmer, la surprise est totale. S'il sait le président malade depuis des mois, sans en connaître le mal, il ne s'attend pas, à l'instar de Jacques Foccart et de bien d'autres[1], à une issue fatale.

Le 2 avril, peu après 18 heures, l'Élysée publie un communiqué annonçant l'annulation des engagements du président pour les jours qui viennent, mais sans mentionner les raisons médicales qui l'y obligent. À 20 heures, Édouard Balladur est informé du décès de Georges Pompidou. Il téléphone à Jacques Foccart pour lui demander de venir immédiatement à son bureau de l'Élysée. Il y retrouve également Pierre Juillet, Alain Pompidou et son épouse. D'entrée, Édouard Balladur lui glisse : « C'est fini, le président est mort[2]. » Les deux hommes organisent tout de suite le déménagement des notes et affaires personnelles du défunt président, comme cela avait été le cas la nuit suivant la démission du général de Gaulle, le 29 avril 1969. Le secrétaire général de la présidence de la République informe le président du Sénat Alain Poher et le président de l'Assemblée nationale Edgar Faure.

À la stupéfaction générale, la télévision interrompt, vers 22 heures, ses émissions pour annoncer la mort du président. Le Premier ministre se trouve à Matignon où il est resté toute la journée dans l'attente de la funeste nouvelle. Il réunit autour de lui des membres du Gouvernement. Tous les journalistes des différents médias s'agglutinent devant le portail fermé de Matignon en quête d'informations, tandis que Pierre Messmer et ses ministres prennent les premières mesures qu'impose la mort de Georges Pompidou. Le lendemain matin, le Premier ministre vient se recueillir sur la dépouille du président quai de Béthune. Alain Pompidou le reçoit ensuite dans le salon et lui remet une enveloppe contenant un des codes de déclenchement de la force de frappe nucléaire que son père portait en permanence dans un médaillon autour du cou[3].

Au matin du 3, Édouard Balladur réunit le personnel de la présidence de la République dans la salle des fêtes. Il le remercie

1. Comme le député UDR Charles Pasqua (voir Charles Pasqua, *Ce que je sais...*, t. I, *Les Atrides, 1974-1988*, Paris, Le Seuil, 2007, p. 18).
2. Jacques Foccart, *Journal de l'Élysée*, t. V, *op. cit.*, p. 586-587.
3. Georges Pompidou, *Lettres, notes et portraits*, *op. cit.*, p. 72.

pour son dévouement. L'émotion étreint l'assistance choquée et catastrophée. Les bureaux de la présidence ont été vidés et des dossiers sur les affaires en cours ont été préparés. Tous se tiennent prêts à l'arrivée des collaborateurs du président du Sénat Alain Poher ; celui-ci préfère assurer l'intérim depuis son bureau du palais du Luxembourg jusqu'aux obsèques du défunt président.

Le recueillement dure à peine le temps de l'office religieux à Notre-Dame de Paris. Opposition comme majorité sortante sont déjà projetées vers l'élection présidentielle. « Les deux France » que le candidat François Mitterrand se plaît à marteler, depuis des années, dans son opposition au gaullisme, se lancent à l'assaut de l'Élysée. « Étrange paradoxe, souligne-t-il dans son journal, le 6 avril, le jour des obsèques de Georges Pompidou, que celui de ce monarque aux racines de terre profonde, formé à distinguer dans les jeux de miroirs, où s'exerce l'intelligence, l'image originale de la réalité et qui finit son règne en compagnie des Polignac dans la figure de Charles X[1]. »

S'ouvre alors une crise de succession qui déchire et traumatise le mouvement gaulliste. Les « barons » gaullistes se réunissent à déjeuner chez Jacques Chaban-Delmas le 3 avril et conviennent que le maire de Bordeaux sera leur candidat à la succession de Georges Pompidou. Tous à l'UDR ne l'entendent pas ainsi. La majorité sortante et le parti gaulliste lui-même abordent désunis la campagne. Jacques Chaban-Delmas est battu dès le premier tour. Les « barons » ont perdu la main.

Tous, opposition comme majorité présidentielle sortante, sont au moins d'accord sur un point : ils ressentent, avec des sentiments certes très différents, cette « impression de crépuscule d'une époque politique[2] ». Avec la mort de Georges Pompidou, c'est bien une page de l'histoire de la Ve République qui se tourne. « Sur le plan politique, souligne Édouard Balladur, c'était la fin de la période gaulliste de la Ve République, cette période de quinze ans où le même groupe d'hommes a gouverné l'État, autour de De Gaulle puis autour de Pompidou[3]. »

1. François Mitterrand, *La Paille et le Grain*, *op. cit.*, p. 284.
2. Robert Poujade, *Avec de Gaulle et Pompidou. Mémoires*, Paris, L'Archipel, 2011, p. 285.
3. Édouard Balladur, *Deux Ans à Matignon*, *op. cit.*, p. 24.

PARTIE III

VALÉRY GISCARD D'ESTAING

VALÉRY GISCARD D'ESTAING

Éric Roussel

Disparu en 2020 à l'âge de quatre-vingt-quatorze ans et près d'un demi-siècle après être entré à l'Élysée, Valéry Giscard d'Estaing est un président dont l'image s'est brouillée. La défaite qu'il a subie en 1981 face à François Mitterrand a partiellement effacé le souvenir de sa présidence dont les premières années restent pourtant, de l'avis de tous les observateurs, parmi les plus marquantes et les plus brillantes de l'histoire de la Ve République, caractérisées par un train de réformes sociétales sans précédent. Secret, réservé, cultivant dans sa façon de vivre et ses goûts artistiques une nostalgie de l'ordre ancien contrastant avec son réformisme, le personnage a souvent dérouté. Pour les uns, il a trahi le gaullisme et trompé la droite. Pour les autres, il aura été un conservateur ayant simplement adopté la célèbre formule du prince Salina dans *Le Guépard* : « Il faut que tout change pour que rien ne change. »

Pour saisir vraiment Valéry Giscard d'Estaing, il ne faut jamais oublier ses racines. Il employait souvent ce mot, curieux de savoir quelles étaient celles de son interlocuteur. Les siennes plongeaient presque exclusivement en Auvergne dans un milieu homogène, point de rencontre entre la haute bourgeoisie et l'aristocratie. Le premier Giscard dont il est possible de retrouver la trace se prénommait François. Il était né sous le règne d'Henri IV à Marvejols, au cœur du Gévaudan, région sévère au sud de l'Aubrac qui se confond avec le département de la Lozère. Jusqu'au XVIIIe siècle, la famille connut une ascension sociale continue, restant fidèle à sa région d'origine. Le lien avec l'Auvergne commença avec Barthelemy Giscard, né en 1796, qui, en 1818, épousa à Saint-Amand Tallende, dans le Puy-de-Dôme, Élise de Cousin de la Tour

Fondue, fille de Jean-Guy de la Tour Fendue, et de Lucie Madeleine d'Estaing, descendante d'un collatéral de l'amiral d'Estaing, figure importante de la guerre d'indépendance des États-Unis. À partir de là, l'ancrage auvergnat s'affirme jusqu'à Valéry Giscard, né en 1862, grand-père du président, qui épousa Marie-Louise Monteil-Ansaldi. Comme son père, Valéry Giscard était juriste. D'abord avocat à Clermont-Ferrand, il devint plus tard conseiller à la cour d'appel de Riom où il laissa le souvenir d'un magistrat très scrupuleux, humaniste à l'ancienne mode, très cultivé.

À la génération suivante, si l'attachement à l'Auvergne ne se démentit pas, la montée en puissance dans la société parisienne s'affirma. Les deux fils de Valéry, René et Edmond, le père du président, se révélèrent de très brillants sujets. Le premier intégra le Conseil d'État et épousa une Carnot, petite-fille du président de la République Sadi Carnot. Le second, devenu inspecteur des finances, poursuivit rapidement une carrière d'homme d'affaires et se maria en 1923 à May Bardoux, fille de Jacques Bardoux, sénateur, membre de l'Institut. Après la Grande Guerre, les deux frères obtinrent du Conseil d'État l'autorisation de « relever » le nom de d'Estaing, illustré au XVIIIe siècle par l'amiral d'Estaing.

C'est donc au sein d'une famille en pleine ascension que Valéry Giscard d'Estaing voit le jour le 2 février 1926. Son enfance se déroule dans un cadre extrêmement privilégié. « J'ai eu beaucoup de chance. J'ai eu une jeunesse heureuse », avouait-il. Tandis que son père, alors directeur de la Haute Commission interalliée des territoires rhénans à Coblence, s'apprête à entrer dans les affaires privées, sa mère veille sur lui, pressentant, de son propre aveu, le destin d'exception qui l'attend. Par son intermédiaire, le futur président est plongé dans le climat très spécifique de sa famille maternelle, les Bardoux. Le grand personnage du clan est le père de Jacques Bardoux, Agenor Bardoux, un temps ministre, sénateur inamovible et membre de l'Institut. Éminent représentant du centre gauche, Agenor Bardoux est une figure aujourd'hui souvent négligée mais qui a été incontestablement l'un des pères fondateurs de la IIIe République. Avocat, publiciste, auteur de multiples livres sur Chateaubriand notamment, protecteur de Flaubert et de Maupassant lorsqu'il fut titulaire du portefeuille de l'Instruction publique, il est surtout représentatif au plus haut point du courant orléaniste. Sa mère vivait dans le culte de Louis Philippe et de Guizot et la nostalgie de la monarchie de Juillet resta l'un des éléments constitutifs de sa personnalité. Ses choix politiques en découleront largement. Ainsi sera-t-il un opposant au Second Empire – élu pour cette raison maire de Clermont-Ferrand à la chute de Napoléon III – et sous la IIIe République un modéré, adversaire des extrêmes. En 1877, lors de la fameuse crise du 16 mai, il se rangera parmi les 363 députés opposés au coup de force du maréchal de Mac-Mahon. À la fin de l'année, ministre de l'Instruction publique et des Cultes du cabinet Dufaure, il défendra le budget des cultes contre la gauche radicale. Il préparera aussi des mesures qui aboutiront sous l'autorité de son célèbre successeur Jules Ferry et, notamment, la loi sur la gratuité de l'enseignement primaire. Mais quand les républicains commencèrent à se livrer, sans le dire vraiment, à une véritable épuration de l'Université et des services des Beaux-Arts, il se retira de la politique active. Son heure était passée.

Incarnation de la haute bourgeoisie républicaine, pilier du régime établi au lendemain de la chute de l'Empire, Agenor Bardoux a représenté pour le jeune Valéry une figure de référence. Sa mère May entretenait le souvenir de cet aïeul. Plus tard, le ministre des Finances du général de Gaulle et de Georges Pompidou ne se séparera jamais d'une pendulette ayant appartenu à cet ancêtre. Tout indique, en revanche, que Valéry Giscard d'Estaing a pris vite distance avec les positions de son père. Personnage aussi brillant qu'autoritaire, Edmond Giscard d'Estaing n'était pas un père facile. Son caractère emporté, impérieux compliquait ses relations avec son fils. Le futur président respectait son père mais ne partageait pas ses choix. De sensibilité maurrassienne extrêmement traditionaliste, Edmond Giscard d'Estaing présida la section des Croix-de-Feu du 16e arrondissement avant la guerre. Durant l'Occupation, il accepta de faire partie du Conseil national institué par le régime de Vichy et reçut la francisque. Pour autant, il se garda de tout acte de collaboration, notamment en tant que maire du village de Chanonat où il avait acquis une grande propriété en 1936. Valéry Giscard d'Estaing, de son côté, participa modestement à la Résistance, en particulier lors de la Libération de Paris, et s'engagea à dix-huit ans dans l'armée de Lattre contre le veto de son père. Ce dernier redoutait que cette initiative ne compromette l'entrée de son fils à l'École polytechnique qu'il préparait. Le futur président pensait, lui, qu'il n'était pas imaginable de passer à côté de l'histoire.

Valéry Giscard d'Estaing a souvent été dépeint comme un héritier. Et il est vrai qu'il n'est pas parti de rien. Mais, indépendamment de sa valeur personnelle qui s'est affirmée très tôt et l'a orienté vers l'une des grandes écoles les plus prestigieuses, il faut souligner que ce descendant de dynasties bourgeoises a choisi tôt d'assumer le choix du libéralisme qui était dans ses gènes. Une option qui n'allait pas de soi tant elle pouvait lui valoir des difficultés dans un pays où les apôtres de la liberté politique et économique se sont toujours trouvés en position de faiblesse.

Dès le début de sa carrière politique, Valéry Giscard d'Estaing affirme cette originalité. Entré à l'X après sa participation à la fin de la guerre contre l'Allemagne nazie et de beaux états de service, il sort dans un bon rang, ce qui lui permet de bénéficier d'une disposition lui donnant accès directement à l'ENA nouvellement créée. À l'issue de sa scolarité, il choisit comme son père l'Inspection des finances, part quelque temps en mission en Algérie mais la politique le rattrape vite. Dès 1954, il devient le proche collaborateur d'Edgar Faure, l'un des chefs de file de l'aile droite du vieux Parti radical. « Il était extrêmement brillant, se souvenait-il, et professait en matière politique et en matière culturelle des idées proches des miennes. C'était un libéral. » À la fin de l'année 1955, Edgar Faure, qui a succédé à Pierre Mendès France à Matignon, décide de dissoudre l'Assemblée, après avoir été mis en minorité. L'initiative est mal perçue par les vieux républicains qui la prétendent contraire à la tradition. Valéry Giscard d'Estaing met, pour sa part, à profit l'occasion pour se présenter aux élections législatives dans le Puy-de-Dôme où il a de fortes attaches familiales. On a dit que son grand-père Agenor Bardoux lui avait cédé sa circonscription. Il s'en défendait, insistant sur son investissement personnel dans la région. Il est en tout cas élu sous l'étiquette des indépendants, le parti d'Antoine Pinay, lié à sa famille.

A priori, le choix de Valéry Giscard d'Estaing n'a rien de très original. Dans une Assemblée dominée par les élus du Front républicain qui, en principe, devaient reconduire Mendès France au pouvoir mais qui, curieusement, y ont envoyé Guy Mollet, le secrétaire général de la SFIO, les options qui s'offraient à lui étaient limitées. Cela n'allait pas l'empêcher très vite de montrer la solidité de ses convictions en matière européenne.

Depuis la déclaration Schuman de 1950, la construction européenne est en marche, parallèlement à la réconciliation franco-allemande. La CECA a été lancée, présidée par Jean Monnet, vrai inspirateur du projet européen. Après l'échec de la Communauté européenne de défense en 1955, la dynamique a été relancée par ce dernier et son Comité d'action pour les États-Unis d'Europe. Le traité de Rome en 1957 a institué le Marché commun et le débat sur la ratification arrive au palais Bourbon en juillet de la même année. À l'époque, l'Europe divise déjà, même si elle bénéficie d'un certain préjugé favorable lié aux souvenirs de la guerre. À droite comme à gauche, il y a une ligne de fracture. Si Guy Mollet et son ministre des Affaires étrangères Christian Pineau se montrent résolument favorables au projet communautaire, Mendès France est beaucoup plus circonspect et son intervention à la tribune est l'un des temps forts du débat. Mendès redoute que l'économie française ne se trouve pas en position de supporter la concurrence. Il déplore aussi que l'on laisse de côté la Grande-Bretagne à laquelle l'attachent les souvenirs de la guerre.

L'intervention de Valéry Giscard d'Estaing – la première à la tribune du palais Bourbon – constitue l'exacte antithèse de celle de l'ancien président du Conseil. S'il constate, comme Mendès, que la France n'est pas prête à affronter la concurrence internationale, il en tire des conclusions différentes : pour lui, il n'est pas question de demander un délai pour l'application du traité : l'approbation donnée au traité peut être le point de départ d'une remise en ordre et, pourquoi pas, d'une renaissance. En s'ouvrant sur l'extérieur, estime-t-il, les Français s'apercevront notamment que les charges supportées par leurs entreprises sont trop lourdes pour ne pas pénaliser ces dernières dans la compétition internationale. « Je souhaite pour ma part, conclut le jeune parlementaire, que nous poursuivions deux objectifs : d'une part, la construction d'une entité économique et plus tard politique, à la dimension d'un continent ; d'autre part, le maintien de l'affirmation de la vocation de notre pays à penser, à éclairer et peut-être à diriger cette construction continentale. Nous devons poursuivre ces deux objectifs. »

Ainsi, dès ses tout débuts dans l'arène politique, Valéry Giscard d'Estaing se distingue en défendant âprement ses idées. S'il fait carrière incontestablement à droite, s'il défendra très longtemps la présence française en Algérie, il revendique son appartenance au clan libéral. D'évidence, l'empreinte de l'orléanisme est profonde dans son esprit. Contrairement à la droite légitimiste, profondément conservatrice, les orléanistes acceptent les réformes lorsqu'elles apparaissent inévitables, utiles. Et en opposition au courant bonapartiste, fervent de l'appel au peuple et peu attaché au formalisme démocratique, les orléanistes défendent le principe d'une vie politique aussi apaisée que possible, respectueuse des corps intermédiaires et des échéances électorales normales. La chute de la IVe République, lors de la crise du printemps 1958, donne une nouvelle occasion à Valéry Giscard d'Estaing de camper sur ses positions.

Depuis qu'il siège à l'Assemblée, il sait que le régime est fragile. La valse des ministères lasse d'autant plus l'opinion qu'elle ne s'accompagne pas d'un renouvellement du personnel politique. Le problème algérien mine chaque jour davantage l'autorité des gouvernants incapables à la fois de trouver une issue et de se faire obéir des militaires qui, sur le terrain, ne reculent pas devant la tentation de méthodes musclées. Avec quelques autres jeunes parlementaires, Valéry Giscard d'Estaing s'est rendu à l'automne 1956 auprès du président de la République René Coty afin de savoir s'il accepterait de faire appel au général de Gaulle alors retiré de la vie politique. À la surprise de ses visiteurs, le chef de l'État a abondé dans leur sens : « Il y a longtemps que je pense à cette solution qui constitue la dernière chance du pays. Dites-vous bien que je ne reculerai nullement devant un coup d'État légal. » Le député du Puy-de-Dôme n'est donc pas surpris que l'épreuve de force de mai 1958 se termine par un appel du président de la République au Général. Encore tient-il à ce que les choses se passent le plus régulièrement possible. D'où sa circonspection au long des événements jusqu'au moment où de Gaulle vient, le 1er juin, devant l'Assemblée demander l'investiture de son gouvernement. Valéry Giscard d'Estaing n'éprouve aucune difficulté à accorder sa confiance au président du Conseil désigné. En revanche, il s'interroge sur l'opportunité de lui accorder les pouvoirs spéciaux qu'il réclame. « Je me suis vraiment demandé s'il fallait les voter, confiait-il. Je n'aime pas le recours à cette procédure. Je déplore l'utilisation des ordonnances qui constituent un dessaisissement du système parlementaire. Néanmoins, la situation était vraiment exceptionnelle et j'ai finalement approuvé cette solution. »

Les premières mesures prises par le gouvernement de Gaulle répondent globalement à l'attente du jeune élu. La Constitution qui consacre le système du parlementarisme rationalisé, tout en donnant de larges pouvoirs au chef de l'État, répond à ses vœux. Le train de mesures d'orientation libérale mis en œuvre par le Gouvernement sous l'inspiration de l'économiste Jacques Rueff ne peut que rencontrer son adhésion. Quant à l'Algérie, les intentions de De Gaulle sont encore assez floues pour qu'elles ne posent pas de problème à Valéry Giscard d'Estaing.

Le député du Puy-de-Dôme est ainsi tenu par le nouveau pouvoir comme un homme certes extérieur au gaullisme mais brillant, compétent et animé de sentiments favorables à l'égard du régime. Cela explique l'entrée de Valéry Giscard d'Estaing, dès janvier 1959, dans le gouvernement de Michel Debré en qualité de secrétaire d'État aux Finances. Le Premier ministre a grandement favorisé cette nomination. C'est plus tard que les deux hommes se sépareront, l'un très européen, l'autre très opposé à tout transfert de souveraineté.

Rapidement, Valéry Giscard d'Estaing s'impose, à telle enseigne qu'on le désigne sous l'abréviation de son patronyme : VGE. Ministre des Finances, Antoine Pinay est avant tout un politique, sans compétence technique et l'autre secrétaire d'État attaché à la rue de Rivoli, Max Flechet, marchand de chapeaux, n'a d'autre titre que ses liens d'amitié avec Pinay. La période se révèle d'autant plus faste pour Valéry Giscard d'Estaing que la situation économique connaît une amélioration sensible et spectaculaire. Il paraît loin le temps où le pays ne pouvait traverser des phases délicates qu'en allant quémander des crédits à Washington. En un temps record, les dettes accumulées sous la IVe République ont été épongées en grande partie et les réserves en or et en devises reconstituées. Le contexte monétaire est lui aussi favorable. Face au mark, monnaie forte issue du miracle allemand d'après-guerre, le franc lourd fait bonne figure. Enfin, stimulé par la dévaluation de 1958, le commerce extérieur se redresse : déficitaire de 1 411 millions de dollars en 1957, la balance des paiements de la zone franc avec l'étranger se trouvera excédentaire de presque 600 millions deux ans plus tard. La croissance, en revanche, reste faible mais elle fait l'objet de l'attention vigilante des pouvoirs publics, par le biais en particulier d'une commission dirigée conjointement par Jacques Rueff et un autre esprit d'envergure, Louis Armand, ancien directeur de la SNCF.

Valéry Giscard d'Estaing serait pleinement heureux s'il n'y avait pas toujours le lancinant problème algérien. Il est de ceux qui ont cru que le retour au pouvoir du général de Gaulle garantirait sinon le maintien des départements algériens dans la République, du moins une certaine pérennité de la présence française. Or, au fil des mois, les déclarations du président de la République laissent entrevoir une solution toute différente. De Gaulle, s'il n'a jamais cru à l'intégration, aurait souhaité ménager les étapes vers l'indépendance et, surtout, trouver un autre interlocuteur que le FLN. C'est d'ailleurs dans cette perspective qu'il a mis en œuvre le plan de Constantine et le plan Challe destinés tout à la fois à obtenir une victoire sur le terrain et à favoriser le développement économique de l'Algérie. Mais finalement, de Gaulle a dû constater que le FLN s'imposait et qu'il n'y avait d'autre issue que l'indépendance pure et simple. Dès lors, il a amorcé brutalement un virage. Valéry Giscard d'Estaing n'en a pas été heureux. Autour de lui, ce changement de perspective est aussi désapprouvé avec force. Michel Poniatowski, énarque, ami et bras droit du jeune secrétaire d'État, trouve là une raison supplémentaire à son aversion pour le gaullisme. Valéry Giscard d'Estaing se montre plus prudent. Si forte que soit sa désapprobation, il n'est pas prêt à sacrifier ses ambitions. Rompre avec le Général signerait la fin de sa carrière. Il n'ira pas jusque-là. Il l'a déjà signifié en 1961 quand de Gaulle, qui ne supportait plus l'indiscipline d'Antoine Pinay, l'a remplacé par le gouverneur de la Banque de France, Wilfrid Baumgartner. Sagement, le secrétaire d'État a laissé le ministre s'éloigner. Cela n'empêche pas Valéry Giscard d'Estaing, en privé, d'exprimer des positions divergentes et des doutes. Ainsi, en octobre 1961, fait-il part à Baumgartner de ses objections à un ordre du jour établi par le chef de l'État et relatif à la détention de membres du FLN et du MNA mais aussi implicitement de l'OAS. « Ce qui frappe dans cette affaire, écrit Valéry Giscard d'Estaing, c'est moins l'absence d'humanité que le refus, une fois de plus, de respecter les principes lorsqu'ils gênent. La présomption d'innocence existe et l'inculpation n'est pas un jugement. » Et d'ajouter :

Je me propose de dire deux choses sur l'Algérie :

1) nécessité d'un débat parlementaire ;

2) présentation meilleure à donner à la solution de la partition.

> Sans doute serait-il plus sage de ne pas parler. Mais cette sagesse mène loin…[1]

Parmi les gaullistes, certains ne se font pas faute de signaler en haut lieu les états d'âme de Giscard sur l'Algérie. On prétendra même, sans la moindre preuve, qu'il a des liens avec l'OAS, l'organisation terroriste qui essaie désespérément de sauver la présence de la France en Algérie. Le chef de l'État ne se laissera jamais impressionner par ces rumeurs. En vérité, il éprouve un préjugé favorable envers celui que Wilfrid Baumgartner décrit comme « un jeune homme aux épaules étroites et aux dents longues ». Il aime les gens compétents et les apprécie plus encore s'ils ont allure et style.

Preuve de cette confiance : en 1962, Valéry Giscard d'Estaing remplace Wilfrid Baumgartner rue de Rivoli. À trente-six ans, c'est une consécration d'autant plus remarquée que, s'il n'est pas le seul technicien siégeant au Gouvernement, il est le seul à incarner un courant non réductible au gaullisme. Car le grand argentier non seulement croit à l'utilité des corps intermédiaires, mais ne cache pas sa sympathie à l'égard de la construction européenne telle que la conçoit Jean Monnet. À l'époque, il n'a pas encore adhéré au Comité d'action pour les États-Unis d'Europe mais il a déjà rencontré celui que de Gaulle appelle « l'Inspirateur » et ne cache pas l'admiration qu'il lui porte. Valéry Giscard d'Estaing ne dissimule guère que le verbe, fût-il génial, ne peut vaincre tous les obstacles et que le rayonnement du pays – terme qu'il préféra toujours à la grandeur exaltée par le Général – ne peut suppléer à tout.

Cela n'empêche pas les relations entre le président de la République et son ministre d'être apparemment au beau fixe. Autour de la table du Conseil chaque mercredi, chacun le remarque. Edgard Pisani, venu de la gauche et sans sympathie à l'égard de Valéry Giscard d'Estaing, souligne :

> Le Général a une certaine faiblesse de professeur pour le très bon élève qu'est son grand argentier, Valéry Giscard d'Estaing. Je lui donnerais bien souvent vingt sur vingt. Mis à part Couve de Murville avec qui il a des relations tout à fait particulières, le membre du Conseil des ministres pour lequel il a le plus d'écoute,

1. FNSP, fonds Wilfrid Baumgartner.

> c'est sûrement lui et il est certain qu'il en abuse […]. On peut dire qu'il se laisse séduire par ce ministre toujours exemplairement informé et compétent.

Réélu en 1962 dans sa circonscription du Puy-de-Dôme après la dissolution consécutive à la chute du gouvernement Pompidou censuré pour avoir appuyé le projet visant à élire le président de la République au suffrage universel direct, Valéry Giscard d'Estaing n'en poursuit pas moins son affranchissement à l'égard du gaullisme en formant un groupe parlementaire avec d'autres indépendants. L'opération est l'occasion pour lui d'affirmer sa différence : il se réclame en effet explicitement de deux personnalités de la IIIe République ayant incarné le juste milieu cher aux orléanistes : Poincaré et Waldeck-Rousseau, président du Conseil qui resta le plus longtemps au pouvoir au tout début du XXe siècle, à la tête d'un Gouvernement qui mena à bien des réformes fondamentales, à commencer par une importante loi sur les associations. Waldeck-Rousseau est une figure assez peu connue mais emblématique du courant républicain réformateur, centriste avant la lettre. Quant à Poincaré, chef de l'État durant la Grande Guerre et sauveur du franc lors de son retour au pouvoir, de 1926 à 1929, en tant que chef du Gouvernement, son nom est associé dans la mémoire nationale à la stabilité financière. Deux figures qui ne font pas partie des références du gaullisme.

Le ministre des Finances a d'autant plus de raisons de se distinguer que plus le temps passe, plus il paraît en rivalité objective avec Georges Pompidou. Mal assuré lors de son arrivée à Matignon, le Premier ministre s'affirme au fil des mois jusqu'à être considéré souvent comme le dauphin possible du chef de l'État. Si de Gaulle s'occupe prioritairement de l'action extérieure tout en gardant à tout moment la faculté d'évoquer directement tel ou tel problème, Georges Pompidou gère le quotidien, ce que l'on nomme parfois l'intendance, avec de plus en plus d'autorité. À telle enseigne que parfois Valéry Giscard d'Estaing éprouve une certaine difficulté à faire admettre ses choix. Situation aggravée enfin par l'opposition d'origine, de caractère, d'orientation qui existe entre les deux hommes. De son fief proche de Clermont-Ferrand, au cœur de la Basse-Auvergne qui a vu naître Pascal et Teilhard de Chardin, le grand argentier éprouve une sorte de complexe de supériorité à l'égard de l'enfant de la Haute-Auvergne natif de Montboudif, dans le Cantal le plus rude et le plus rural.

Le polytechnicien qu'est Valéry Giscard d'Estaing n'est, en outre, pas souvent en phase avec le normalien Pompidou, féru de littérature. L'un est un tocquevillien, fasciné par Kennedy, l'autre un ancien socialiste converti au gaullisme. De plus, tous deux ont manifestement de grandes ambitions.

À l'approche de l'élection présidentielle de 1965 – la première au suffrage universel direct –, cette tension s'exacerbe. D'autant plus que Georges Pompidou a fort mal pris que le ministre des Finances paraisse aller dans le sens du Général quand celui-ci, durant l'été 1963, a décidé la mise en œuvre d'un plan de stabilisation monétaire afin de remédier à une inflation devenue préoccupante. Ancien banquier, le Premier ministre ne s'alarme pas outre mesure d'une forte circulation de monnaie. Valéry Giscard d'Estaing s'y montre plus sensible et est aussi très soucieux de ne pas contrer le chef de l'État qui, indépendamment de ce qui peut les séparer, apprécie son action rue de Rivoli. Pompidou accepte le plan à contrecœur et plus le temps passe, plus il reproche à son ministre d'entretenir le Général dans ce qui est, à ses yeux, une dangereuse illusion. La guerre entre les deux hommes est déclarée. Face à lui, le chef du Gouvernement ne peut accepter de voir grandir l'aura d'un ministre des Finances qui réussit à présenter en 1965 un budget réalisé avec un excédent de 120 millions de francs – exploit que seul Poincaré en 1926 avait accompli. Encore ne sait-il peut-être pas que de Gaulle vient d'adresser à son grand argentier de chauds éloges : « Comme le bien public n'a eu qu'à se louer de la façon dont vous l'avez servi et le servez, poursuivez cette grande tâche. »

Bien qu'il ait été très conscient de sa rivalité avec le Premier ministre, Valéry Giscard d'Estaing tombe néanmoins des nues lorsqu'en janvier 1966, après la réélection du général de Gaulle, il se voit exclu du Gouvernement. Quelque temps plus tôt, le chef de l'État lui a demandé de participer activement à sa campagne, ce qu'il a fait. Quant au Premier ministre qui, jusqu'au bout dans l'ignorance des intentions du Général, l'a sondé pour obtenir un éventuel soutien, il lui a également répondu positivement. Il est donc très troublé quand, au moment de la formation du Gouvernement, on lui fait savoir que Michel Debré souhaitant revenir au sein du cabinet et précisément aux Finances, on lui propose le ministère de l'Équipement. Pendant plusieurs années, il a été heureux aux Finances – la période la plus satisfaisante de sa vie, dira-t-il plus tard –, il décline donc l'offre et quitte le Gouvernement.

Ce départ auquel il ne s'attendait pas constitue pour lui une déception amère et une rupture politique. S'il pense que Georges Pompidou a voulu l'écarter, il reproche au Général d'avoir cédé. Dès lors, son attitude vis-à-vis de ce dernier va profondément changer. L'admiration reste et il l'exprimera jusqu'à la fin de sa vie, une lettre au Général l'atteste : « Il me reste, mon Général, à vous remercier. Je garderai constamment à l'esprit l'image de l'éducateur que vous avez été pour moi, de l'homme d'État auprès duquel j'ai écouté, pendant sept ans, les rumeurs de l'histoire qu'il a traversée. Deux leçons m'ont particulièrement marqué. La première est celle de la conscience, ne vous ayant jamais vu hésiter une seule fois devant la besogne la plus modeste, la plus astreignante qui soit, dès qu'elle faisait partie de votre charge. La seconde, plus difficile à exprimer, est celle de la sensibilité. Dans vos interventions et plus encore dans vos entretiens, j'ai pu percevoir avec quelle sensibilité vous ressentiez les événements qui vous touchent, en la manifestant d'une manière très simple, peut-être indéchiffrable à certains mais la seule qui, par vous-même et dans votre fonction, fut convenable[1]. »

Ces sentiments n'empêcheront toutefois pas Valéry Giscard d'Estaing de se poser à partir de ce moment en soutien de plus en plus critique, voire acerbe, de l'action du Gouvernement. Avant ce départ, il avait des raisons de fond de se distinguer au sein de la majorité. Désormais s'ajoutera à cela une certaine passion. Son mécontentement est d'autant plus vif qu'en étant le ministre du Général, il considère s'être montré moins libéral en économie qu'il ne prétend l'être. Il n'a jamais été un grand fervent de la planification : il a dû se plier au vœu du Général qui croyait dans le plan « une ardente obligation » – « ce qui honnêtement n'avait aucun sens », dira-t-il plus tard. La période qui s'ouvre sera aussi, il en est bien conscient, celle de la succession du fondateur de la Ve République. Pompidou vient de marquer un point contre lui en l'éliminant. Valéry Giscard d'Estaing doit donc impérativement faire ressortir son originalité au sein de la majorité pour exister. Au risque évidemment de devoir critiquer, voire attaquer de Gaulle.

1. Archives privées de VGE.

L'occasion se présente rapidement. Dès le 2 février, l'ancien ministre des Finances publie dans *Le Figaro* un article intitulé « Jeunesse et politique » dans lequel il laisse entendre que le gaullisme constitue un phénomène passager appelé un jour à laisser place à une recomposition du paysage politique sur la base des courants traditionnels. Étant entendu que les centristes réformateurs dont il entend prendre la tête devront être le pivot d'une future majorité. Un peu plus de dix jours plus tard, Valéry Giscard d'Estaing est l'invité de l'émission télévisée *Face à face* et peut constater avec satisfaction que son image ne cesse de s'améliorer. Le grand argentier polarise souvent les critiques. Écarté du Gouvernement, Valéry Giscard d'Estaing échappe aux attaques et 74 % des téléspectateurs avouent avoir retiré une impression très bonne, ou plutôt bonne, de ce moment de télévision. *L'Express*, dirigé par Jean-Jacques Servan-Schreiber, voit même en la personne de l'ex-ministre un possible successeur pour de Gaulle. Sur cette dynamique encourageante, Valéry Giscard d'Estaing lance bientôt la FNRI, et aussi des clubs Perspectives et Réalités destinés à soutenir ses idées. Libre désormais, il s'affranchit de plus en plus, se différencie nettement de l'ancien courant des indépendants. Les soutiens visés sont en particulier les jeunes cadres qui, en ce milieu des Trente Glorieuses, tiennent de plus en plus le haut du pavé.

Cette prise de distance, si elle ne surprend pas le camp gaulliste, lui donne l'occasion de multiplier les réserves à l'égard d'un partenaire de plus en plus incontrôlable. La tension monte encore quand Valéry Giscard d'Estaing prend nettement ses distances avec le chef de l'État sur des points essentiels de politique étrangère. Ainsi affirme-t-il ses choix en matière européenne. Jusque-là, sans les dissimuler, il les exprimait avec discrétion. Il ne se sent plus tenu à une certaine réserve et adhère donc au Comité d'action pour les États-Unis d'Europe dirigé par Jean Monnet. L'initiative ne passe pas inaperçue car Monnet est depuis le début de l'aventure européenne le partisan d'une Europe supranationale. Le 10 janvier 1967, Valéry Giscard d'Estaing met lui-même les points sur les i. Il se pose clairement en champion d'une Europe qui, sans être complètement celle de Jean Monnet, n'est plus celle de De Gaulle : il faut, insiste-t-il, avancer sans tarder de manière qu'il existe dès 1980 une politique étrangère, une défense et une monnaie communes des six pays membres du Marché commun. Et pour souligner sa position vis-à-vis du président de la République, il use d'une formule nette : « oui, mais ».

Quelques semaines avant les élections législatives du printemps 1967, cette prise de position fait monter la tension à l'intérieur de la majorité. Dès le 11 janvier, le général de Gaulle réagit en conseil des ministres : « On ne gouverne pas avec des "mais" », fait-il savoir. Valéry Giscard d'Estaing réagit immédiatement : « S'il est exact que l'on ne peut pas gouverner avec des "mais", il est également vrai que l'on ne peut ni dialoguer ni contrôler avec des "oui". Or je suis partisan à la fois du Gouvernement et du dialogue. »

Contraints d'aller unis face aux électeurs lors du scrutin du 5 mars 1967, les RI sont alors nettement ostracisés par leurs partenaires gaullistes. Mais Valéry Giscard d'Estaing n'en est pas moins l'arbitre de la situation à l'issue du second tour puisque la majorité présidentielle tient seulement à une voix. Cela lui donne la possibilité de faire encore davantage entendre sa différence. Il la marquera quand le Général prendra ses distances avec Israël lors de la guerre des Six Jours et plus encore quand, peu après à Montréal, il appellera le Québec à prendre sa liberté au sein du Canada. Il la manifeste aussi au printemps 1967 en critiquant le recours par le Gouvernement aux ordonnances pour rétablir l'équilibre financier de la Sécurité sociale. Son intervention au palais Bourbon est ainsi saluée par François Mauriac : « Il sait très bien où il va, où il ne doute pas de parvenir et qu'il n'y a qu'une place à sa mesure en France et qui est la première. »

Mais alors qu'il se trouve en pleine ascension, les événements de Mai 68 vont venir percuter la trajectoire de Valéry Giscard d'Estaing. Comme la plupart des hommes politiques français, il n'a pas senti venir l'orage. Et la bourrasque a manqué de le faire dévier du chemin vers les sommets qu'il s'était tracé. Au plus fort de la contestation, il se démarque de Georges Pompidou dont il demande même la démission après le retour du général de Gaulle de Baden-Baden le 30 mai. Faux pas qui aurait pu être fatal mais que la confusion de l'époque se charge de faire oublier.

Réélu dans son fief auvergnat lors des élections législatives de juin, Valéry Giscard d'Estaing n'est plus alors en position d'arbitre. L'énorme majorité conservatrice sortie des urnes n'a plus besoin d'alliés. D'autant plus que son chef virtuel Georges Pompidou, devenu député du Cantal après avoir été remercié par de Gaulle, fait chaque jour davantage figure de dauphin. L'ancien ministre des Finances ronge donc son frein face à un Gouvernement dirigé par Maurice Couve de Murville pour lequel il ne nourrit aucune sympathie. La prise de distance à l'égard du gaullisme s'accentue donc et elle éclate définitivement quand Valéry Giscard d'Estaing annonce qu'il ne votera pas « oui » au référendum voulu par le président de la République afin de réformer le Sénat et d'amorcer la régionalisation.

Jusqu'à la fin de sa vie, Valéry Giscard d'Estaing fera valoir qu'il a glissé un bulletin blanc dans l'urne. Cela ne suffira pas à calmer le ressentiment des gaullistes les plus fidèles qui, jusqu'au bout, lui en voudront d'avoir fait tomber le fondateur de la Ve République. En 2004, quand il se présentera à l'Académie française, une fronde contre sa candidature surgira tout de suite, menée par Maurice Druon, coauteur du *Chant des partisans*, et Pierre Messmer. Extérieur au monde gaulliste, il fera désormais figure de traître malgré l'admiration qu'il ne cessera de proclamer envers le Général.

Le départ de ce dernier ouvre en tout cas une nouvelle phase de sa carrière. Certains, dans son entourage, le poussent alors à se porter candidat à la présidence de la République. Il ne leur cède pas. Il n'aime forcer le destin qu'en ayant des chances raisonnables de l'emporter. Pour cette échéance, il ne les distingue guère. Question d'âge, de rapports de force aussi. Au départ, le président du Sénat, chef de l'État par intérim, Alain Poher, paraît d'après les sondages avoir des chances de l'emporter lors de la prochaine élection présidentielle. Mais assez vite, Georges Pompidou, qui s'est déclaré candidat tout de suite après la démission du général de Gaulle, se détache nettement. Valéry Giscard d'Estaing a avec l'ancien Premier ministre des relations plutôt tendues. Il juge cependant plus sage de se rallier à lui en attendant de pouvoir jouer son propre jeu. Tactique payante : Pompidou, à peine installé à l'Élysée après sa victoire contre Poher en mai, réintègre Valéry Giscard d'Estaing à son cher ministère des Finances au sein du gouvernement dirigé par Jacques Chaban-Delmas. Quelques semaines plus tard, il procède à une dévaluation du franc, techniquement réussie, rendue inévitable par les conséquences économiques de Mai 68.

Valéry Giscard d'Estaing se trouve à partir de ce moment dans une situation inédite et un peu paradoxale. De notoriété publique, ses rapports avec le nouveau chef de l'État sont difficiles. Il a pu s'éloigner de De Gaulle mais il entretenait avec lui une relation empreinte malgré tout de respect et d'admiration. Rien de tel avec Georges Pompidou. Les deux hommes continuent de s'observer sans bienveillance. Seuls les impératifs politiques les amènent à coopérer. Pour le président, Giscard est un technicien froid, animé d'une ambition démesurée, prêt à le trahir à la moindre occasion. Aux yeux du nouveau grand argentier, Pompidou est un être essentiellement méfiant, très marqué par ses origines paysannes, connaissant mal l'étranger, féru en matière artistique d'un modernisme auquel il se montre pour sa part assez allergique. La situation du ministre des Finances est d'autant plus inconfortable qu'avec l'énorme majorité qu'il a à l'Assemblée, le président n'a pas formellement besoin du concours des RI et de leur chef. Le moins que l'on puisse dire est que la confiance ne règne pas entre l'Élysée et la rue de Rivoli. On en a eu immédiatement la preuve puisque Valéry Giscard d'Estaing s'est vu flanqué d'un secrétaire d'État au Budget nommé Jacques Chirac, proche du chef de l'État et dont la mission est essentiellement d'espionner le ministre.

Un événement imprévu va bouleverser la situation et redonner un peu de latitude au ministre des Finances. Le 17 septembre, Jacques Chaban-Delmas prononce à l'Assemblée nationale un discours-programme sur la « nouvelle société » dont il entend favoriser l'avènement. L'allocution a été écrite par les conseillers « mendésistes » du Premier ministre, Simon Nora et Jacques Delors. Georges Pompidou n'a eu connaissance du texte qu'à la dernière minute et à sa demande. Il en désapprouve la teneur, jugeant le projet aventuré, contraire en tout cas à sa vision conservatrice. Dès lors, la méfiance s'installe au sein de l'exécutif. Et le premier à prendre conscience des possibilités que cette situation lui ouvre est Valéry Giscard d'Estaing. Personnellement, il ne désapprouve pas l'orientation du discours. Lui aussi estime que Mai 68 exige des évolutions de la société dans le sens libéral. Il déplore seulement l'orientation étatiste du discours. Mais le divorce qui se profile à la tête de l'État lui permet de retrouver un rôle : il le devine vite.

Valéry Giscard d'Estaing avait pris ses distances avec un président dont il s'était senti sinon proche, du moins admiratif. Paradoxalement, il ne va cesser de se rapprocher d'un chef d'État avec lequel il partage peu d'idées. Que Georges Pompidou ait ou non l'intention et la possibilité de se représenter en 1976, il n'en sait rien. Mais il se montre conscient du fait que, d'une certaine manière, leurs destins sont liés et qu'il ne doit en aucun cas courir le risque de se voir écarté du pouvoir comme en 1966. Cela n'empêche pas des heurts de se produire, notamment entre Michel Poniatowski et Michel Debré, ce qui oblige Valéry Giscard d'Estaing à proclamer sa solidarité à l'égard du Gouvernement. Sur des sujets économiques et financiers, le président et le grand argentier n'ont pas toujours le même regard : « Les comptes publics, soulignait Valéry Giscard d'Estaing, devaient être à mon avis en équilibre. Pour Georges Pompidou, ce n'était pas nécessaire. Son passé de banquier l'incitait toujours à croire que l'inflation constitue un mal nécessaire. »

Les scandales qui, à partir de 1971, mettent en cause plusieurs membres de la majorité gaulliste, jusqu'à l'hôtel Matignon, servent objectivement le ministre des Finances. En janvier 1972, quand *Le Canard enchaîné* révèle que Jacques Chaban-Delmas, profitant du système dit « de l'avoir fiscal », n'a pas payé un centime au fisc de 1966 à 1969, le trouble se répand dans l'opinion. Georges Pompidou ne cache pas son mécontentement. À terme, le Premier ministre est condamné. Et même si la presse laisse entendre que les malheurs du chef du Gouvernement pourraient avoir pour origine une « fuite » du ministère des Finances, la situation profite à Valéry Giscard d'Estaing qui, dans le même temps, multiplie les marques de fidélité au chef de l'État, laissant à Michel Poniatowski le soin de stigmatiser le « les copains et les coquins » du principal parti de la majorité.

L'éviction de Chaban-Delmas en juillet et son remplacement par le très gaulliste Pierre Messmer ne sont pas non plus défavorables au ministre des Finances. Par contraste, son image et la modernité qu'il affiche et qu'il incarne s'en trouvent valorisées. Le problème principal qui se pose à lui est de ne pas contrecarrer le président, alors même que sur des sujets directement de son ressort, son avis diffère de celui officiellement exprimé au plus haut sommet de l'État. Ainsi lorsque fin août et en décembre, des mesures sont prises pour éviter une trop forte hausse des prix, son réflexe est de réagir énergiquement alors que Georges Pompidou, à l'approche des élections législatives de 1973, veut éviter toute décision impopulaire. Cela ne l'empêche pas de poursuivre un processus d'émancipation. Le 8 octobre 1972 à Charenton, il affirme que la France veut être gouvernée au centre et il réussit à imposer le principe des primaires pour le prochain scrutin, ce qui lui réussit puisque, à l'issue du second tour en mars, les républicains retrouvent leur position d'arbitre avec 54 sièges contre 184 à l'UDR.

Reconduit dans ses fonctions lors de la formation du second gouvernement Messmer, Valéry Giscard d'Estaing peut s'estimer satisfait : non seulement il a réussi à cultiver son originalité, à donner une image positive de son courant, faisant contraste avec les divisions qui affectent alors gravement le parti néo-gaulliste, mais il est parvenu à préserver ses bonnes relations avec le chef de l'État. Cela est si vrai que, le 4 avril, quand Georges Pompidou reçoit à déjeuner les parlementaires giscardiens, il se montre d'une singulière amabilité à l'égard de leur chef de file :

> Je vous ai toujours dit que si vous étiez UDR, vous auriez la bénédiction de tous les députés de ce groupe que vous fascinez quand vous leur parlez et qui, dès que vous avez le dos tourné, vous maudissent […]. Il faut que vous dépassiez ce stade-là et que, tout en ayant vos amis autour de vous, vous apparaissiez comme une personnalité nationale et il n'y en a pas beaucoup, trois, peut-être quatre, c'est tout.

Enregistré par Michel Poniatowski (avec l'accord du président), cet éloge appuyé fait d'autant plus de bruit qu'on commence à murmurer que Georges Pompidou est malade. En vérité, un climat de guerre de succession s'installe. Agacés par l'attitude du chef de l'État, les poids lourds de l'UDR prennent alors leurs distances vis-à-vis de l'Élysée. On évoque la possibilité de voir le parti gaulliste se doter d'un président. *Le Monde* souligne : « L'UDR est à la recherche d'un patron pour barrer la route à Giscard. » Jacques Chaban-Delmas cache de moins en moins ses intentions : « Je me prépare à ma manière », déclare-t-il à l'hebdomadaire *Le Point* en novembre.

Singulière situation : entre Georges Pompidou et Valéry Giscard d'Estaing, les relations n'ont jamais été au beau fixe. Rancune, méfiance et incompréhension altèrent leurs rapports. Le ministre des Finances regrette que le chef de l'État ait négligé l'axe franco-allemand, sa proximité avec le patronat lui déplaît, son conservatisme sociétal lui semble injustifié. Le président de son côté voit en son ministre un homme dissimulé. Mais en même temps, il se rend compte de sa valeur, ne nie pas sa compétence et en vient à le considérer comme celui qui serait le mieux placé pour prendre la suite au cas où il ne pourrait se représenter. Et comme tout atteste qu'il ne veut à aucun prix voir Jacques Chaban-Delmas s'imposer, Valéry Giscard d'Estaing bénéficie d'un incontestable atout.

Quand Georges Pompidou meurt le 2 avril, le chef de file des RI voit donc rapidement la situation évoluer en sa faveur. Alors que Chaban-Delmas commet la maladresse d'annoncer sa candidature à l'Élysée avant même les obsèques du président défunt, Valéry Giscard d'Estaing se dévoile seulement le 8 avril 1974 et bénéficie presque immédiatement du soutien des héritiers de Georges Pompidou. La campagne de Chaban-Delmas s'enlisant, ceux-ci, par réalisme et pour répondre à ce qu'ils considèrent comme le souhait du chef de l'État disparu, se rallient explicitement au ministre des Finances, seul à leurs yeux capable de l'emporter face à François Mitterrand, candidat de la gauche. Jacques Chirac, ministre de l'Intérieur, apporte le soutien de quarante-trois parlementaires gaullistes à Valéry Giscard d'Estaing. Pierre Juillet et Marie-France Garaud sont les artisans de cette manœuvre. Le calcul des néo-gaullistes est simple : élu, l'ex-ministre des Finances sera solidement encadré. La majorité à l'Assemblée nationale reste dominée par l'UDR. Quant à son électorat, largement ancré au centre droit, il sera certainement peu susceptible de l'entraîner à l'affrontement avec ceux qui occupent le pouvoir depuis 1958. Or ce schéma va vite voler en éclats, Valéry Giscard d'Estaing n'entendant être le prisonnier de personne.

Pendant la présidence de Georges Pompidou, il est vrai qu'il ne s'est pas fait remarquer par la virulence de ses critiques ou la hardiesse de ses propositions. Organisées en général par Michel Poniatowski, les offensives visaient à peu près exclusivement à réduire le principal parti de la majorité au profit des RI. Pendant sa campagne, Valéry Giscard d'Estaing, s'il a fait part de son intention d'ouvrir le débat sur l'avortement, s'est gardé d'évoquer des thèmes de nature à effaroucher ses électeurs potentiels. La surprise n'en est que plus vive lorsque, à peine installé à l'Élysée, il fait part de son intention d'ouvrir une page inédite dans l'histoire de la Ve République et de mettre en œuvre sans tarder un train de réformes ambitieuses.

Edgar Faure disait : « Les hommes politiques non conceptuels ne m'intéressent pas. » Valéry Giscard d'Estaing aurait pu reprendre la formule à son compte. On avait vu en lui, jusque-là, un jeune ministre moderne, compétent et ambitieux. Et on avait négligé de remarquer qu'il s'était toujours distingué par son attachement à des idées dont la revendication n'avait pas toujours été de nature à lui faciliter la vie. Le personnage était apparu comme un gestionnaire brillant. On allait découvrir un novateur dont l'intention n'était très certainement pas de gérer le pays comme une entreprise.

Les événements de Mai 68 ont beaucoup marqué Valéry Giscard d'Estaing. Il y a vu le signe d'un dysfonctionnement de la société française, d'un retard des lois sur les mentalités. En 1958, juge-t-il, de Gaulle a opéré de grands changements, essentiellement d'ordre économique et constitutionnel. En revanche, l'évolution des mœurs n'a jamais été prise en compte. Or tout indique qu'elle est manifeste et rapide. La matrice catholique qui sous-tendait la France s'est affaiblie : dès 1965, l'espérance en un au-delà a commencé à s'effacer : les sondages le prouvent. Autre grande nouveauté : les femmes s'émancipent, elles veulent disposer de leur corps, maîtriser leur fécondité. Dès la campagne présidentielle de 1965, François Mitterrand a pris en compte ces demandes. Et Mai 68 a révélé l'acuité de tous ces problèmes. L'autorité n'est plus acceptée comme elle l'était avant. Les jeunes veulent exprimer leur opinion. Pour répondre à ces aspirations, Valéry Giscard d'Estaing est décidé à frapper fort et vite. Dès l'été, il met donc en œuvre plusieurs grandes réformes, notamment l'abaissement de la majorité à dix-huit ans, l'élargissement du droit de saisine du Conseil constitutionnel et, surtout, la légalisation de l'interruption volontaire de grossesse. Parallèlement, la tutelle de la puissance publique sur l'audiovisuel public est allégée. Et au-delà de ce train de réformes sans précédent depuis des décennies, le président nourrit un projet politique : celui qu'il exposera deux ans plus tard dans *Démocratie française* : à ses yeux, la société française évolue profondément. Les cols blancs sont en passe de s'imposer, formant un groupe central et d'aspiration centriste sur lequel le chef de l'État entend s'appuyer. Une perspective, on ne l'a pas assez souligné, radicalement opposée à celle exposée par son prédécesseur dans *Le Nœud gordien*. Pour Georges Pompidou, les mutations de la société exigeaient de l'État qu'il intervienne le moins possible pour accompagner le changement, sinon pour protéger les plus faibles, ceux que l'on appelle alors « les oubliés de l'expansion ». Valéry Giscard d'Estaing campe pour sa part sur des positions totalement différentes.

Le problème qu'il n'arrivera pas à résoudre et qui lui sera fatal est que les institutions de la Vᵉ République, renforcées par la réforme de 1962 relative à l'élection du chef de l'État au suffrage universel direct, induisent presque automatiquement une polarisation de l'électorat en deux blocs laissant peu de place au centre. Dans ces conditions, il est extrêmement difficile de construire et surtout des pérenniser un projet politique reposant sur le dépassement de deux principaux clivages. Théoriquement, il y aurait eu un moyen d'essayer de régler la question : procéder, dans la foulée de l'élection présidentielle, à une dissolution de l'Assemblée nationale. La solution était toutefois non dénuée de risques : personne ne pouvait prédire que les électeurs qui avaient envoyé au palais Bourbon une majorité de droite se déjugeraient un an plus tard. D'autant plus qu'en procédant de cette façon, le président nouvellement élu aurait paru infliger un camouflet à la fraction de la majorité ralliée à sa candidature grâce à Jacques Chirac. Et à tous ces arguments en faveur du *statu quo* s'est ajouté en la circonstance le tempérament de Valéry Giscard d'Estaing : de culture parlementariste héritée de ses ascendants Bardoux, il s'est toujours montré allergique à tout changement du rythme normal de la démocratie. Le résultat sera un contexte difficile et fragile pour le chef de l'État, accentué par le fait que le courant orléaniste et libéral dont il se réclame a toujours été faible en France. À l'exception de la monarchie de Juillet, chassée brutalement du pouvoir en 1848, seuls Waldeck-Rousseau et Paul Reynaud ont représenté le courant lors de passages au Gouvernement.

Dès son entrée en fonction, Valéry Giscard d'Estaing va donc se trouver dans une situation totalement inédite. En appelant Jacques Chirac à Matignon, il prend une décision apparemment logique. Le nouveau Premier ministre, en ralliant quarante-trois parlementaires gaullistes à lui, a joué un rôle décisif. À cette époque, le président fait un pari : il pense et espère que Jacques Chirac sera un exécutant fidèle, comme il l'a été vis-à-vis de Georges Pompidou, son mentor. Il escompte aussi que le parti néogaulliste, désormais sans chef et affaibli par l'élimination de son candidat Jacques Chaban-Delmas dès le premier tour de l'élection présidentielle, finira par se rallier à lui. Or, toutes ces perspectives vont rapidement s'évanouir. L'UDR constate dès la formation du Gouvernement que les postes clés lui échappent au profit des hommes du président, et d'abord de Michel Poniatowski, ministre de l'Intérieur, qui voue une vive détestation au clan gaulliste. Assez vite, les liens se resserrent entre un parti gaulliste privé de chef naturel et un Premier ministre qui, pour avoir trahi Jacques Chaban-Delmas, n'en représente pas moins une carte maîtresse – la seule à dire vrai – pour les néo-gaullistes. Dès l'été 1974, des signes annonciateurs de cette évolution se manifestent et des proches collaborateurs du président, comme Jean Serisé et Claude Pierre-Brossolette, s'en alarment. Les événements leur donneront vite raison : devenu, à la surprise générale, secrétaire général de l'UDR, à la fin de l'année, Jacques Chirac va prendre son autonomie et bientôt la tête d'une sourde contestation de la ligne réformatrice du président de la République.

La « double méprise », a écrit la journaliste politique Catherine Nay, pour caractériser les relations entre le président de la République et son Premier ministre. De fait, l'un comme l'autre ont voulu croire que la vie politique excluait tout déterminisme. Les néo-gaullistes et celui qui est devenu leur chef ont tardé à prendre en compte l'énergie réformatrice de Valéry Giscard d'Estaing. Ce dernier s'est obstiné à croire que le gaullisme constituait une force passagère, et donc que ses élus pouvaient se fondre dans une nouvelle majorité de centre droit. Double illusion. La force des idées constitue un phénomène souvent négligé par les observateurs de la vie politique et qu'illustre avec éclat cet épisode.

Loin d'être tenté de renoncer à son projet, Valéry Giscard d'Estaing se trouve même renforcé dans sa volonté de réformer. Après les grandes réformes de l'été 1974, et notamment la loi autorisant l'IVG défendue par la ministre de la Santé Simone Veil et votée grâce à l'appui de la gauche, le président entend aussi faire aboutir le volet international de son projet. Européen de toujours, il veut donner un nouveau départ à la construction de ce que l'on appelle alors la « Communauté ». D'où la mise en œuvre du Conseil européen qui vise à institutionnaliser les sommets européens de manière à assurer un meilleur service des affaires communautaires. En réalité, cette réforme d'orientation intergouvernementale était plus ou moins en gestation à la fin du quinquennat de Georges Pompidou, avec la bénédiction de Jean Monnet. Il n'empêche qu'aux yeux des néo-gaullistes, elle témoigne de l'européisme du président, forcément suspect à leurs yeux. Or, concomitamment, ceux qui se proclament les héritiers du Général et de Georges Pompidou ne cessent d'affirmer leur identité. Et comme depuis Mai 68, la représentation parlementaire de ce courant se trouve fortement marquée à droite, les thèmes de leur combat sont empreints d'une forte dose de conservatisme : ils se sont majoritairement opposés à la loi Veil, à la libéralisation des ondes, à l'ouverture du droit de saisine du Conseil constitutionnel, ils vont bientôt tirer à boulets rouges sur la politique européenne du président. De ce glissement vers les positions les plus classiques du parti de l'ordre témoigne d'ailleurs le rôle d'orchestration que jouent, dans l'ombre du Premier ministre, deux des anciens conseillers de Georges Pompidou : Pierre Juillet et Marie-France Garaud.

Assez logiquement, cette cohabitation de plus en plus difficile, voire impossible, entre les deux composantes de la majorité aboutira en août 1976 au départ très théâtralisé de Jacques Chirac qui marquera le début d'une phase ouvertement conflictuelle entre les deux sensibilités politiques. La fracture est alors d'autant plus profonde que la volonté du président de la République d'ouvrir la majorité en direction du centre gauche ne fait pas de doute même si, en raison même du système institutionnel de la Ve République, elle a beaucoup de mal à se concrétiser. Dans ce contexte, les positions se radicalisent. Plus le temps passe, plus le RPR, fondé par Jacques Chirac sur les ruines de la défunte UDR, apparaît comme un mouvement d'essence bonapartiste, assez comparable avec ce qu'avait pu être le RPF sous la IVe République. Les néo-gaullistes campent, notamment en matière européenne, sur des positions rigides, excluant tout progrès de l'intégration, donc très difficilement compatibles avec les conceptions du chef de l'État. L'antagonisme se révèle d'autant plus fort que le nouveau Premier ministre, l'économiste Raymond Barre, plus gaullien que gaulliste, n'a pas un caractère facile et se montre exaspéré par les attaques dont il est l'objet de la part des membres du RPR. La tension se manifeste avec éclat lors de l'élection de Jacques Chirac à la mairie de Paris en mars 1977, contre le candidat de l'Élysée Michel d'Ornano. Pour reprendre l'initiative, le président favorisera, avec le concours de Jean-Jacques Servan-Schreiber et de Jean Lecanuet, la création de l'UDF qui, se réclamant expressément de la vision giscardienne, enregistrera de beaux succès en 1978 lors des élections législatives et du scrutin européen – le premier du genre – en 1979. Mais ces performances seront des victoires à la Pyrrhus. Le succès de François Mitterrand en 1981, avec le soutien presque explicite d'une partie des néo-gaullistes, attestera l'ampleur du différend au sein de ce que l'on ne pouvait même plus appeler la majorité tant elle était opposée à Valéry Giscard d'Estaing.

La victoire de la gauche après près de vingt ans de présence de la droite au pouvoir était dans l'ordre des choses. Mais la défaite atteignit profondément Valéry Giscard d'Estaing qui peina à retrouver une place à sa mesure. Vaincu jeune encore, il devint pendant dix-huit ans président du conseil régional d'Auvergne, dirigea un temps l'UDF, le parti qu'il avait créé, siégea de nouveau au palais Bourbon, resta très présent sur le front des affaires européennes. Président de la convention pour l'avenir de l'Europe en 2002, il eut l'espoir de jouer à ce moment-là un rôle à sa mesure mais l'échec du référendum de 2005 sonna le glas de ses ambitions. Alors âgé de près de quatre-vingts ans, il décida d'occuper au Conseil constitutionnel la place qui lui revenait en tant qu'ancien chef de l'État et se porta candidat à la succession de Léopold Sédar Senghor à l'Académie française. Il fut élu dès le premier tour mais sa candidature se heurta à l'opposition virulente des gaullistes siégeant sous la Coupole, notamment Maurice Druon et Pierre Messmer – preuve d'un antagonisme persistant. Il consacra aussi ses dernières années à la rédaction de trois tomes de souvenirs d'une forme originale : *Le Pouvoir et la Vie*.

D'abord flamboyant puis fracassé, le parcours de Valéry Giscard d'Estaing illustre la difficulté de sa famille politique à occuper durablement le pouvoir en France. Son mandat n'en reste pas moins un moment clé de notre histoire contemporaine, aujourd'hui largement réévalué, comme on put le constater lors de son décès le 2 décembre 2020. Des commentateurs de divers bords soulignèrent à cette occasion l'ampleur de ses réformes, le caractère anticipateur des dispositions prises durant son septennat pour assurer l'indépendance énergétique du pays, son souci de l'équilibre des finances publiques, malgré la crise. Détail très peu connu ; c'est pendant ses années de présidence que la pauvreté recula le plus en France[1].

1. Michel de Rosen, *L'Égalité, un fantasme français*, Paris, Tallandier, 2020.

L'ÉLECTION DE 1974 : UNE ALTERNANCE DOUCE

Mathias Bernard

La mort de Georges Pompidou précipite le processus de recomposition politique, que les différents acteurs avaient engagé depuis le début des années 1970 en vue des élections présidentielles initialement prévues pour 1976. Les trois principaux candidats s'appuient ainsi sur des dynamiques qu'ils ont lancées depuis plusieurs années : François Mitterrand pour rassembler et incarner la gauche, Valéry Giscard pour se démarquer subtilement de la majorité sortante sans rompre avec elle et Jacques Chaban-Delmas pour incarner l'héritage historique du gaullisme. Le contexte dans lequel s'inscrit cette élection est traversé par la dynamique socioculturelle des Trente Glorieuses, par l'onde de choc de Mai 68 mais aussi par le début d'une crise économique dont personne ne mesure encore la dimension structurelle. Ce contexte favorise l'émergence de nouvelles forces politiques, comme le Front national (créé en 1972), l'extrême gauche trotskiste ou encore l'écologie politique.

Comme en 1969, la campagne présidentielle est brève : il s'écoule moins de sept semaines entre la mort du président et le second tour du scrutin qui permettra de désigner son successeur[1]. Les candidats doivent rapidement se déclarer, dans un contexte pourtant marqué par le deuil. La semaine qui suit la mort de Pompidou, particulièrement riche en annonces et rebondissements, est l'une des périodes les plus mouvementées de l'histoire de la Ve République. Lorsque, vers le 10 avril, les candidatures sont stabilisées, la campagne mobilise les passions, autour d'un double duel : la concurrence qui met aux prises Valéry Giscard d'Estaing et Jacques Chaban-Delmas pour rassembler la majorité et le clivage droite-gauche qui structure la vie politique depuis les élections de 1962 et qui atteint, au moment de l'entre-deux-tours, l'acmé de son intensité dramatique. À l'issue du scrutin, cette France, marquée par de multiples tensions, sera bien coupée en deux – une

1. Sur cette élection, voir un recueil commode d'analyses et d'articles publiés : *Après la mort de Georges Pompidou. L'élection présidentielle de mai 1974*, *Le Monde*, supplément « Dossiers et documents du *Monde* », mai 1974.

bipolarisation que la dynamique giscardienne espère dépasser : c'est là l'enjeu de l'alternance douce que symbolise sa victoire.

Un début de campagne particulièrement mouvementé

L'annonce de la mort de Georges Pompidou prend par surprise les états-majors partisans et ceux qui envisageaient une candidature présidentielle, dans un contexte politique où l'affaiblissement du gaullisme et la montée des contestations rendent incertaine l'issue du scrutin. C'est sans doute ce qui explique la multiplicité des initiatives et la précipitation ou l'impréparation dont certains font preuve pendant les dix premiers jours d'avril, au cours desquels se cristallisent les candidatures.

Le 3 avril, la classe politique semble comme frappée de stupeur par la nouvelle de la mort de Georges Pompidou. L'heure est, avant tout, au deuil et à la retenue. Alain Poher, nommé, comme en 1969, président par intérim en tant que président du Sénat, règle avec le Premier ministre Pierre Messmer les dispositions relatives aux obsèques de l'ancien président, au deuil national ainsi qu'à l'organisation de l'exécutif pendant cette phase transitoire. Les formations politiques annoncent d'ailleurs qu'elles ne prendront pas d'initiative publique avant la journée de deuil national, prévue pour le 6 avril. Visiblement très affecté par la mort du président, François Mitterrand prend la parole devant les députés socialistes pour invoquer le « recueillement » nécessaire et indiquer qu'il ne parlera pas avant le 8 avril tandis que Claude Labbé, président du groupe gaulliste à l'Assemblée nationale, invite ses amis à la discrétion : « Laissons cette journée à notre deuil », affirme-t-il. Seul l'ancien ministre gaulliste Christian Fouchet rompt ce silence unanime, en confirmant son intention d'être candidat pour défendre un certain nombre de principes gaulliens qu'aurait abandonnés l'exécutif sous la présidence de Pompidou, notamment la participation et l'indépendance nationale.

Le lendemain, d'autres candidats lui emboîtent le pas, alors même que Georges Pompidou est inhumé au cimetière d'Orvilliers dans la plus stricte intimité familiale, après une cérémonie religieuse tenue dans l'église de Saint-Louis-en-l'Île. Jean-Marie Le Pen, pour le Front national, et Arlette Laguiller, pour l'organisation trotskiste Lutte ouvrière, annoncent leur candidature. Mais c'est Jacques Chaban-Delmas qui crée l'événement, en rendant publique dans l'après-midi une courte déclaration dans laquelle il se présente comme le continuateur du président décédé et comme le candidat naturel de la majorité : « Ayant été trois ans Premier ministre sous la haute autorité de Georges Pompidou et dans la ligne tracée par le général de Gaulle, j'ai décidé d'être candidat à la présidence de la République. Je compte sur l'appui des formations politiques de la majorité présidentielle, à commencer par l'UDR. » En se déclarant très tôt, l'ancien Premier ministre espérait prendre de court ceux qui, au sein même de son parti, combattent depuis plusieurs mois son éventuelle candidature[1]. Le soir même de la mort de Pompidou, en marge d'un rassemblement des ministres gaullistes à Matignon, Jacques Chirac avait demandé à Debré, véritable autorité morale des gaullistes historiques, de convaincre Chaban de ne pas se présenter[2]. Auprès de cet environnement hostile, l'initiative de Chaban se retourne contre lui. On juge prématuré et inconvenant un acte de candidature formulé avant même les funérailles officielles du président défunt. À court terme, toutefois, cette déclaration ne semble pourtant pas affaiblir le soutien des barons et du parti gaulliste. Réunis le dimanche 7 avril à la Maison de la chimie de Paris, le comité central et les groupes parlementaires de l'UDR décident de soutenir « sans conditions » la candidature de Chaban, qui déclare alors vouloir passer « un contrat de progrès avec chaque Français ». Le secrétaire général du parti, Alexandre Sanguinetti, voit dans ce candidat « le gaulliste capable de maintenir l'héritage ». Même Jacques Chirac, qui fait campagne en coulisse pour une candidature d'union portée par Pierre Messmer, affirme alors son soutien, tout en regrettant qu'il ne soit pas possible de rassembler toute la majorité autour d'un seul candidat…

La déclaration de candidature de Chaban oblige certains de ses concurrents à se manifester. Dans la foulée, toujours le 4 avril, Edgar Faure fait annoncer par ses proches son intention d'être candidat tout en reportant au lendemain des funérailles toute

1. Chaban « craint tellement les manœuvres de ceux qui, au sein de son propre parti, sont résolus à tout faire pour empêcher son ascension qu'il en vient à piétiner les règles élémentaires de la décence », *in* Roger Chinaud, *De Giscard à Sarkozy. Dans les coulisses de la Ve*, Paris, L'Archipel, 2009, p. 103.

2. D'après le témoignage de Michèle Cotta, *Cahiers secrets de la Ve République*, t. I, *1965-1977*, Paris, Fayard, 2007, p. 489.

déclaration publique, afin de respecter les apparences. Il espère pouvoir élargir la majorité au centre gauche et, de ce fait, reléguer Chaban à droite de l'échiquier politique. Un autre leader de la majorité envisage d'occuper le même espace politique : c'est Valéry Giscard d'Estaing, qui observe une grande discrétion au cours de ces journées décisives. Mais lui-même et ses proches, notamment Michel Poniatowski, multiplient les contacts informels avec certains dirigeants gaullistes. Le lundi 8 avril, il rompt le silence. De la mairie de Chamalières, commune du Puy-de-Dôme dont il est maire depuis 1967, il annonce sa candidature et prend bien soin de se distinguer sur ce point de Jacques Chaban-Delmas, affirmant que ceux qui se réclament de la mémoire de Pompidou doivent « s'associer au deuil du peuple français avant de se préoccuper de sa succession ». Sa candidature s'inscrit d'abord dans une fidélité à l'action et à la mémoire de celui qui, « jusqu'au bout », lui a fait confiance. Mais elle vise aussi à élargir la majorité – une démarche dont Giscard rappelle qu'elle est la sienne « depuis des années ». C'est pourquoi il s'adresse à « vous tous, électeurs UDR, républicains indépendants, centristes, réformateurs » ainsi qu'à tous ceux « qui refusent la société bureaucratique ». Il se présente d'ores et déjà comme le principal rempart à l'union de la gauche. Mais il entend aussi nouer un contact avec le peuple. Sa candidature n'est donc pas portée par des appareils politiques – comme celle de ses concurrents, Chaban-Delmas ou Mitterrand. « Je voudrais regarder la France au fond des yeux, lui dire mon message et écouter le sien », assure-t-il dans une phrase que les médias et l'opinion retiendront.

Devant le risque d'une fracture de la majorité entre deux, voire trois candidats, Pierre Messmer propose, au matin du 9 avril, de porter lui-même une candidature d'union, à condition bien sûr que tous les candidats de la majorité se retirent. C'est ce que fait immédiatement Edgar Faure, qui constate par ailleurs n'avoir pas obtenu tous les ralliements escomptés. Mais lors d'un entretien de cinq minutes avec le Premier ministre, Chaban refuse cette offre. De fait, les giscardiens peuvent confirmer la candidature de leur champion, tout en rappelant que celui-ci était prêt à se retirer derrière Messmer si Chaban avait fait de même. Dès la fin de l'après-midi, Messmer prend acte de l'échec de sa démarche et annonce sa décision « irrévocable » de ne pas se représenter. Sa candidature n'aura duré qu'un jour. Au terme de cette ultime péripétie, deux candidats sont issus des rangs de la majorité. Ils sont rejoints le 11 avril par le ministre des Postes et Télécommunications, Jean Royer, également maire de Tours, qui représente une droite traditionnelle, voire conservatrice.

La situation à gauche offre un saisissant contraste avec la confusion qui règne au sein de la majorité. François Mitterrand recueille en effet le fruit de la stratégie d'union de la gauche qu'il a enclenchée dès son arrivée à la tête du Parti socialiste, en juin 1971, et qui a été formalisée un an plus tard par la signature du programme commun de gouvernement entre le PS, le PCF et les radicaux de gauche. Il apparaît ainsi comme le candidat naturel des gauches, sans avoir à précipiter son entrée en campagne. Réunis le 5 avril au matin, les états-majors des trois partis confirment d'ailleurs leur accord autour d'une « candidature commune » de François Mitterrand dès le premier tour de scrutin. Cet accord est rendu public par la diffusion d'un échange de lettres entre les dirigeants des deux partis. Le 4 avril, le secrétaire général du PC, Georges Marchais, confirme à François Mitterrand que « notre comité central estime que vous pourriez être ce candidat » commun à la présidence de la République. Le lendemain, le socialiste Pierre Mauroy prend acte de cet accord tout en rappelant son « souci d'attendre que notre congrès extraordinaire se prononce ». Ce congrès se tient le lundi 8 avril et se traduit par un soutien unanime des socialistes à leur candidat. Cette unanimité, Pierre Mauroy se plaît à l'opposer au « désarroi » de la majorité de droite qui « porte en elle la division et les risques du désordre ». La veille, François Mitterrand avait obtenu le soutien de la direction nationale du Parti socialiste unifié de Michel Rocard, au terme de longs et difficiles débats qui se sont soldés par un vote assez partagé (48 voix pour, 35 contre, 1 abstention). Pour ce parti qui reste opposé aussi bien au centralisme communiste qu'au réformisme social-démocrate, ce soutien ne vaut pas approbation du programme commun du Gouvernement ; il s'agit simplement de « tout faire pour la victoire de la gauche ». La ligne défendue par le leader historique du PSU, Michel Rocard, candidat à la présidentielle en 1969, et par le secrétaire national Robert Chapuis a donc prévalu sur une stratégie plus autonome, prônée notamment par l'animateur charismatique du mouvement autogestionnaire des Lip, Charles Piaget. La décision du PSU entraîne *de facto* le ralliement de la CFDT qui, par une déclaration de son secrétaire général Edmond Maire le

5 avril, avait affirmé que si François Mitterrand parvenait à rassembler autour de sa candidature « toutes les forces de gauche », c'est-à-dire les partis signataires du programme commun, et le « courant autogestionnaire », « la CFDT ferait le maximum pour qu'il l'emporte, en engageant tout son potentiel militant ». Fort de cette alliance des gauches politiques et syndicales, et même si les organisations d'extrême gauche continuent de le combattre, François Mitterrand peut ainsi espérer capter un certain nombre de mécontentements et les frustrations suscitées par l'évolution de la situation politique et sociale de la France.

De fortes attentes politiques et sociales

Considérée *a posteriori* comme l'ultime phase des « Trente Glorieuses », cette période de croissance et de prospérité sans précédent, représentée parfois avec une certaine nostalgie comme un « apogée » de la puissance française[1] ou même comme les derniers beaux jours avant l'installation dans la durée d'une profonde crise économique et sociale, la présidence de Georges Pompidou a pourtant été marquée par de fortes tensions[2]. Les contemporains n'ont donc pas forcément le sentiment de vivre une période privilégiée. Alors que s'ouvre la campagne présidentielle, la société française est en proie à une profonde mutation qui explique les fortes attentes que nourrit la population à l'égard du débat politique.

Ces tensions liées à une mutation rapide se sont exprimées avec force en Mai 68, dont l'onde de choc a parcouru toute la durée du mandat de Georges Pompidou et se fait encore sentir au printemps 1974. Certes, le grand élan révolutionnaire s'est émoussé au fil des mois, contrairement à ce que l'on peut constater en Allemagne de l'Ouest ou en Italie. Les organisations d'extrême gauche ont pâti de leurs divisions, non seulement organisationnelles (avec de fortes rivalités entre les différents groupements trotskistes et maoïstes) mais aussi stratégiques, notamment sur le recours à la violence[3]. Leurs militants ne sont pas unanimes à vouloir mettre en œuvre de façon radicale les appels à la « guerre civile » des

1. C'est le titre donné à la synthèse de Serge Berstein, Jean-Pierre Rioux, *La France de l'expansion*, t. II, *op. cit.*
2. Sabrina Tricaud, *Les Années Pompidou*, Paris, Belin, 2014.
3. Isabelle Sommier, *La Violence politique et son deuil*, Rennes, PUR, 1998.

maoïstes ou à la « lutte du peuple » des trotskistes. En 1972, les activistes de la nouvelle révolution populaire refusent d'envisager un chantage à l'exécution de Robert Nogrette, un cadre de l'usine Renault de Billancourt qu'ils ont détenu en otage pendant quelques jours suite au meurtre du militant ouvrier Pierre Overney et qu'ils relâchent finalement sans contrepartie. Discréditée par ces divisions et cette impuissance, l'extrême gauche activiste est aussi combattue par le pouvoir pompidolien. Après avoir fait voter en juin 1970 une loi « anticasseurs » pénalisant l'organisation de manifestations illicites ou interdites, le ministre de l'Intérieur Raymond Marcellin dissout en juin 1973 la Ligue communiste, principale organisation trotskiste, ainsi qu'Ordre nouveau, groupuscule d'extrême droite. Le « grand soir » de Mai 68 n'a donc pas fait sortir de leur marginalité les contestations radicales de la majorité. En revanche, il a nourri une culture contestataire dont profitent à la fois l'opposition de gauche, de nouvelles forces politiques (la gauche autogestionnaire, le mouvement écologiste) ainsi qu'un mouvement social particulièrement intense[1].

« Les années 68 » sont en effet marquées par une recrudescence de conflits sociaux, que les syndicats traditionnels (notamment la CGT) ont du mal à canaliser et qui, à côté de revendications plus classiques, expriment de nouvelles aspirations : les rapports sociaux et la démocratie dans l'entreprise, l'autogestion, l'amélioration des conditions de travail… Les mouvements d'extrême gauche cherchent d'ailleurs à étendre leur influence dans le monde ouvrier, qui reste encore dominé par les communistes et la CGT : de nombreux jeunes militants maoïstes se font recruter comme ouvriers en usine – on les appelle les « établis » – pour partager le quotidien d'un prolétariat qu'il faut gagner à la révolution. Les « années Pompidou » sont ainsi marquées par une série de luttes sociales qui contestent radicalement les formes traditionnelles de pouvoir. La grande grève autogestionnaire des Lip, qui marque l'actualité sociale de l'année 1973, symbolise ces nouvelles aspirations. Face à la menace de réduction d'effectifs, voire de fermeture, de cette entreprise horlogère de Besançon, les salariés grévistes décident, en juin 1973, de remettre en route la chaîne de production au profit des salariés eux-mêmes. Résumé par le slogan affiché à l'entrée de l'usine (« On fabrique, on vend, on se paie »),

1. Voir notamment Hélène Hatzfeld, *Faire de la politique autrement. Les expériences inachevées des années 1970*, Rennes, PUR, 2005.

ce mouvement rencontre un écho national, relayé non seulement par la gauche autogestionnaire (PSU et CFDT) mais aussi par de nombreux médias et intellectuels qui y voient une expérience de sortie du capitalisme traditionnel.

L'entreprise n'est pas le seul lieu gagné par cette agitation post-soixante-huitarde. Principal théâtre des événements de Mai 68, l'Université connaît une intense activité politique et militante, qui affecte à intervalles réguliers son fonctionnement en dépit de l'équilibre fragile instauré par la loi de compromis proposée par Edgar Faure en décembre 1968. La guerre du Vietnam puis la loi Debré qui, en 1973, réduit les sursis militaires provoquent des mouvements dans lesquels les observateurs se plaisent à voir un nouveau Mai 68. C'est aussi dans les universités qu'émergent de nouvelles formes de mobilisation, qui prolongent les thématiques émancipatrices développées dans les années 1960. D'abord porté par le Mouvement de libération des femmes, né au cours de l'année 1970 à l'université expérimentale de Vincennes, le féminisme se diffuse rapidement en dehors des campus, autour de revendications en lien avec la libération sexuelle. La légalisation de l'avortement est placée au cœur de l'actualité lorsque, le 5 avril 1971, *Le Nouvel Observateur* publie le « manifeste des 343 » femmes reconnaissant avoir avorté. À l'automne 1972 a lieu à Bobigny le procès très médiatisé d'une adolescente qui a avorté après avoir été violée : son avocate, Gisèle Halimi, secondée par Simone de Beauvoir et de nombreux intellectuels, axe sa défense sur la mise en évidence du caractère obsolète d'une législation qui remonte aux lendemains de la Grande Guerre. La légalisation de l'avortement devient un sujet politique et fait l'objet, en 1973, de plusieurs débats parlementaires sans déboucher pour autant sur le vote d'une loi, faute de majorité et d'un véritable soutien politique du Gouvernement.

L'écologie est l'autre courant politique qui se structure au début des années 1970, en articulant les thèmes déployés en Mai 68 (contestation du modèle capitaliste et de la « société de consommation ») avec des préoccupations environnementales, qui s'expriment jusque dans les cercles du pouvoir – comme le souligne la publication en 1972 du rapport du Club de Rome, intitulé *Les Limites à la croissance*. L'écologie s'inscrit ainsi dans un égal refus du productivisme et du capitalisme et promeut un modèle de société fondé sur l'émancipation des individus et les solidarités collectives, en résonance certaine avec le courant autogestionnaire. Georges

Pompidou cherche à répondre à ces aspirations, en créant notamment en janvier 1971 un ministère de l'Environnement, confié à Robert Poujade. Le titre que ce dernier donne à l'ouvrage qu'il publie en 1975 pour rendre compte de son expérience souligne les limites de cette décision, au moment où s'intensifie la construction d'autoroutes, d'immeubles urbains et de centrales nucléaires : *Le Ministère de l'impossible*… La mouvance écologiste se constitue donc en opposition à la politique gouvernementale, autour de grandes mobilisations dont l'écho se renforce peu à peu[1] : aux manifestations pacifiques à vélo contre l'emprise de l'automobile (1972) succède le rassemblement de plus de 60 000 personnes, en août 1973, contre l'extension du camp militaire du causse du Larzac, à l'origine d'un des mouvements les plus emblématiques des années 1970. Les écologistes se présentent alors volontiers comme les représentants des citoyens face à la technostructure du pouvoir d'État.

Ces multiples aspirations sociétales sont en décalage avec une majorité gouvernementale qui, au fil des années, a troqué le projet réformateur de « nouvelle société », défendu par Jacques Chaban-Delmas en septembre 1969, contre un pragmatisme gestionnaire et socialement conservateur qu'incarne Pierre Messmer. Mais c'est surtout la dégradation de la situation économique provoquée par le premier choc pétrolier qui fragilise le pouvoir. Au cours des trois premiers mois de l'année 1974, la hausse des prix atteint le rythme annuel record de 15,6 % – ce qui est nettement supérieur à l'augmentation du prix du pétrole (+ 11,5 %) et montre les limites de la politique d'encadrement des prix conduite par le Gouvernement. L'ensemble des indicateurs économiques se dégrade : le nombre de demandeurs d'emploi a progressé de 15 % en un an, sans toutefois dépasser la barre symbolique des 500 000 ; le taux de croissance annuel, estimé à 3 %, est réduit de moitié par rapport au début des années 1970. Le double échec du *Concorde* et du *France* met à mal deux fleurons de la réussite industrielle française : l'aéronautique et la marine marchande. Ces revers ne sont alors pas perçus comme les premiers symptômes d'une crise structurelle, mais plutôt comme l'expression temporaire d'une conjoncture défavorable. Ils entretiennent néanmoins une certaine morosité, qui attise les tensions et les revendications sociales mais qui ne

1. Alexis Vrignon, *La Naissance de l'écologie politique en France. Une nébuleuse au cœur des années 68*, Rennes, PUR, 2017.

semble pas avoir de véritable traduction politique. Les sondages réalisés au lendemain de l'entrée en campagne des principaux candidats semblent indiquer que la majorité reste majoritaire, Chaban comme Giscard se situant chacun au-dessus de 25 %.

Douze candidats sur la ligne de départ

La précipitation du calendrier électoral et les délais très courts de préparation de cette campagne éclair n'ont pas dissuadé les candidats. Le 18 avril, 12 candidatures sont finalement déclarées recevables par le Conseil constitutionnel. Le nombre a doublé par rapport aux scrutins de 1965 et 1969, auxquels respectivement 6 et 7 candidats avaient participé. L'événement fortement médiatisé qu'est désormais l'élection présidentielle offre une tribune idéale aussi bien pour les grands partis politiques que pour des initiatives plus personnelles et marginales. L'inflation de candidatures apparaît dès lors comme un risque de brouillage du sens de l'élection. À la suite de ce scrutin, les conditions de recevabilité des candidatures seront d'ailleurs durcies : la loi organique de 1976 fixe à 500 – et non plus à 100 – le nombre de parrainages d'élus nécessaire pour être candidat.

Ces douze candidatures couvrent l'ensemble du spectre politique. L'extrême droite, qui n'avait pas participé à l'élection de 1969, est représentée par Jean-Marie Le Pen, président du Front national, ce parti fondé en octobre 1972 pour fédérer les différentes chapelles de la droite nationaliste et radicale[1]. Jean-Marie Le Pen, député poujadiste élu en 1956, avait dirigé la campagne présidentielle de Jean-Louis Tixier-Vignancour en 1965. Il fait campagne sur la nécessité d'un « véritable changement », que doit permettre le « programme de salut public », présenté à la presse dès le 16 avril. Face aux multiples menaces qui « attendent la France », au premier rang desquelles figurent la dictature communiste et l'affaissement démographique, Le Pen en appelle à un sursaut national qui se traduit notamment par l'arrêt de l'immigration, la mise en place d'une armée de métier et l'instauration d'un véritable régime présidentiel. Se réclamant de la « droite nationaliste », il refuse d'être considéré comme un extrémiste. Mais

1. Valérie Igounet, *Le Front national, de 1972 à nos jours*, Paris, Le Seuil, 2014, p. 36-51 et p. 72-78.

le ton de sa campagne, qu'il effectue avec un bandeau sur l'œil gauche et qui est coordonnée par un ancien de l'OAS métropole, Jean-Marie Curutschet, le situe clairement à l'extrême droite[1]. Plus complexe est la position politique du royaliste Bertrand Renouvin qui, à 30 ans, est le benjamin de cette élection. La nouvelle Action française, qu'il a fondée en 1971 en opposition à la vieille Action française, elle-même clairement identifiée à l'extrême droite, est parfois présentée comme un repaire de royalistes « gauchistes ». Ce fils d'un grand résistant, mort en déportation, se distingue nettement de l'extrême droite et voit plutôt dans le royalisme le moyen d'assurer l'autorité et l'impartialité de l'État. Sa candidature annonce celle des souverainistes de la fin du XXe siècle. En effet, il entend défendre avant tout l'indépendance de la France, aussi bien face à l'atlantisme que face à une Europe qualifiée d'« idée folle dans laquelle on cherche à réduire la France et son destin ».

À l'inverse, deux candidats, jusqu'alors inconnus du grand public comme des acteurs politiques, s'inscrivent dans un cadre européen, non pour conduire une nouvelle étape dans la construction européenne mais plutôt pour mettre en œuvre, au sein de la nation française, un véritable fédéralisme décentralisateur. Candidat du Parti fédéraliste européen, qu'il a lui-même fondé en 1971 après avoir tenté de se présenter aux présidentielles de 1969, le juriste Guy Héraud mène une campagne artisanale. C'est dans son propre domicile, à Meudon, que se situe son siège de campagne. Son équipe est composée de seulement trois collaborateurs. Dénonçant les « nationalitarismes », il espère pouvoir compter sur l'essor des mouvements autonomistes dans certaines régions françaises (en Alsace et en Bretagne notamment) ainsi que sur l'influence croissante des thèses autogestionnaires au sein de l'opinion de gauche pour faire prévaloir une vraie décentralisation. Le jeune avocat et universitaire Jean-Claude Sebag, candidat du Mouvement fédéraliste européen, défend les mêmes idées – sans se faire davantage d'illusions sur ses chances d'élection. Il l'affirme lui-même : sa démarche est pédagogique avant tout et vise « à compenser les heures de propagande centraliste distillées par la télévision » et par un « totalitarisme UDR » qui constitue sa cible principale. Ce courant décentralisateur aurait pu être porté par un troisième candidat, l'autonomiste occitan Robert Lafont, dont la candidature

1. Jean-Étienne Dubois, « Jean-Marie Le Pen en 1974 ou les déboires électoraux du Front national à ses débuts », *Histoire@Politique*, 44-2021.

n'a finalement pas été validée par le Conseil constitutionnel faute d'un nombre suffisant de signatures valables.

D'autres petits candidats s'inscrivent davantage dans le système politique traditionnel. Maire de Tours depuis 1959, ministre du Commerce et de l'Artisanat depuis 1973, Jean Royer réfute d'ailleurs le qualificatif de « petit candidat » et espère créer la surprise autour d'un discours politique délibérément conservateur[1]. Cet ancien cadre du RPF, qui a refusé d'adhérer à l'UNR puis à l'UDR par souci d'indépendance, s'est fait connaître du grand public par sa croisade contre la « perversité morale » qui, selon lui, sévit dans la France de l'après-Mai 68. Développant une certaine forme de populisme, il a, comme ministre, cultivé une proximité avec les petits artisans et commerçants, quitte à reprendre parfois les discours du patron charismatique du Cid-Unati, Gérard Nicoud. Candidat, il souhaite rassembler cette majorité silencieuse qui s'est notamment exprimée lors des législatives de juin 1968 et qui ne se retrouve pas dans le programme réformateur des deux principaux candidats de la majorité. Un autre notable entend capter les suffrages de ceux qui ne se retrouvent pas dans les grands partis. Il s'agit d'Émile Muller, maire de Mulhouse depuis 1959, député du Haut-Rhin à plusieurs reprises, qui fut pendant longtemps un cadre dirigeant de la SFIO avant de quitter en 1970 le nouveau PS en raison de son désaccord avec la stratégie d'union de la gauche. Un temps tenté par un rapprochement avec le Mouvement réformateur de Jean-Jacques Servan-Schreiber, il crée en décembre 1973 le Mouvement démocrate socialiste de France, avec cinq autres députés socialistes (dont l'ancien ministre Max Lejeune et le maire de Villeurbanne Étienne Gagnaire) qui, comme lui, refusent le programme commun de gouvernement et la candidature de François Mitterrand. Muller entend donc représenter un centre gauche anticommuniste, privé de leader depuis la décision de Jean-Jacques Servan-Schreiber de ne pas prendre part à cette élection.

À l'extrême gauche du spectre politique, le trotskisme est représenté par deux candidats, dont la notoriété est très différente. Déjà présent aux présidentielles de 1969, où il avait recueilli 1,1 % des suffrages, Alain Krivine est, en dépit de son jeune âge (il a 33 ans), bien connu du monde politique et des médias. Cet ancien dirigeant de l'Union des étudiants communistes, qui a créé en 1966

1. Matthieu Trouvé, « Jean Royer, "petit candidat" ? La campagne présidentielle du maire de Tours (avril-mai 1974) », *Histoire@Politique*, 44-2021.

les Jeunesses communistes révolutionnaires autour d'une orientation clairement trotskiste, a été l'un des acteurs de la mobilisation de la jeunesse contre la guerre du Vietnam et l'un des protagonistes du mouvement de Mai 68 et de ses suites. Bien implanté au sein de la jeunesse étudiante, il a su capter les dynamiques contestataires de la France des années Pompidou au profit de son organisation, la Ligue communiste, dissoute en juin 1973 et reconstituée deux mois plus tard sous le nom de « Ligue communiste révolutionnaire ». Incarnant un trotskisme ouvert aux différentes formes de contestation, en France et dans le monde, Krivine est présent dans les médias, dont il maîtrise bien les ressorts : il a notamment remporté un duel télévisé contre le ministre Bernard Stasi, dans l'émission *À armes égales* en décembre 1972. Il espère ainsi pouvoir rassembler l'électorat de la gauche radicale, qui ne se reconnaît pas dans les partis de la gauche traditionnelle fédérés autour de François Mitterrand. Il doit toutefois compter avec la candidature concurrente d'Arlette Laguiller, présentée par une autre organisation trotskiste (Lutte ouvrière) dont elle est la déléguée nationale depuis les législatives de 1973. Arlette Laguiller défend une extrême gauche plus ouvriériste, moins intellectuelle, plus sectaire aussi. Cette employée de banque, salariée depuis l'âge de seize ans, militante du syndicat Force ouvrière, se distingue par un discours qui reprend sans nuances les stéréotypes de la lutte des classes, en adoptant un ton mécanique et un débit très rapide. Première femme à se présenter à une élection présidentielle en France, elle n'entend pas en faire un argument de campagne : toute concession à l'air du temps est proscrite.

C'est finalement le plus âgé des candidats, René Dumont, qui présente l'offre politique la plus neuve, en articulation avec la prise de conscience écologiste qui émerge en ce début des années 1970. Cet ingénieur agronome de soixante-dix ans s'est d'abord fait connaître par ses prises de position pour la paix, pour l'indépendance de l'Algérie et pour un développement économique soutenable et indépendant des pays décolonisés[1]. Plusieurs de ses ouvrages, dont *L'Afrique noire est mal partie*, publié en 1962, ont été de véritables best-sellers. Tiers-mondiste plus qu'écologiste de stricte obédience, il est sollicité par différentes associations de défense de l'environnement (notamment les Amis de la Terre) qui

1. Alexis Vrignon, « René Dumont ou le socialisme "de l'arbre et du jardin" », *Cahiers d'histoire. Revue d'histoire critique*, 130-2016, p. 63-78.

souhaitent être représentées lors de ces élections présidentielles mais ont essuyé plusieurs refus de la part de personnalités médiatiques, telles que le commandant Cousteau, l'explorateur Théodore Monod et le leader des « Lip » Charles Piaget. René Dumont est donc le premier candidat écologiste à une élection présidentielle et s'inscrit dans une démarche de rupture avec le modèle capitaliste et productiviste. Il préconise l'arrêt de l'urbanisation, le démantèlement des centrales nucléaires, le contrôle des naissances et la responsabilisation de chacun face aux gaspillages. Lors d'une de ses interventions télévisées, il fait sensation en déclarant, avant de boire un verre d'eau : « Nous allons bientôt manquer d'eau et c'est pourquoi je bois devant vous un verre d'eau précieuse puisque avant la fin du siècle, si nous continuons un tel débordement, elle manquera. » Cet homme aux longs cheveux blancs, en pull à col roulé et sans veston, casse clairement les codes de la communication politique et marque les esprits.

Mitterrand, Chaban, Giscard : trois dynamiques de campagne différentes

En dépit de la richesse et de la diversité de cette offre politique, l'attention des observateurs et de l'opinion se porte essentiellement sur les trois candidats qui, à l'orée d'une campagne éclair, concentrent les chances de victoire : François Mitterrand, Jacques Chaban-Delmas, Valéry Giscard d'Estaing.

Pour François Mitterrand, cette élection représente l'aboutissement d'une stratégie conduite depuis quinze ans, dès l'avènement de la Ve République[1]. Le principal opposant à de Gaulle, qu'il a contribué à mettre en ballottage en 1965 après avoir publié l'un des pamphlets les plus virulents contre sa pratique du pouvoir (*Le Coup d'État permanent*, en 1964), a patiemment rassemblé la gauche pour en faire l'alternance la plus crédible à la majorité gaullienne. Sa candidature présidentielle de 1965 était celle d'une personnalité politique indépendante des grands appareils politiques et soutenue par les principaux partis de gauche. Elle a constitué

---

1. Voir notamment Jean Lacouture, *François Mitterrand. Une histoire de Français*, vol. 1, *Les Risques de l'escalade*, Paris, Le Seuil, 1998, p. 376-397 ; ainsi que Sylvie Collard, *La Campagne présidentielle de François Mitterrand en 1974*, Paris, PUF, 1979.

la première étape d'une construction politique reposant sur les partis et marquée par la création de la FGDS en 1966, la prise de contrôle du PS au congrès d'Épinay en 1971 et la constitution de l'Union de la gauche autour d'un programme commun de gouvernement. Mitterrand s'est donc préparé à cette échéance électorale. Dès le lendemain des législatives de mars 1973, qui ont marqué une nette poussée de l'Union de la gauche, insuffisante toutefois pour mettre en péril la majorité pompidolienne, il constitue l'ossature de son équipe de campagne. Il se réconcilie notamment avec le patron du *Nouvel Observateur*, Claude Perdriel, à qui il demande de diriger sa campagne en s'inspirant notamment des méthodes adoptées en 1972 par le candidat démocrate américain George McGovern. Il peut s'appuyer sur une équipe de proches qu'il a constituée au cours de sa déjà longue carrière politique. Installée dans de vastes locaux loués au troisième étage de la tour Montparnasse, cette équipe diverse, voire hétérogène, est soudée par sa confiance indéfectible en son leader. On y retrouve le cercle des politiques qui l'ont accompagné dans ses fonctions ministérielles sous la IVe République (Dayan, Rousselet, Mermaz, Dumas, Hernu) ou au moment de son opposition irréductible à la République gaullienne (Georges Fillioud, Claude Estier), les notables issus de l'ancienne SFIO (Gaston Defferre, Pierre Mauroy) comme une nouvelle génération de politiques (Pierre Joxe, Jean-Pierre Cot, Maurice Benassayag) et d'experts (Jacques Attali, Jean-Claude Colliard) sur laquelle s'appuie le déploiement du nouveau PS. Michel Rocard rejoint cette équipe et apporte ainsi au candidat le soutien visible d'une nouvelle gauche autogestionnaire, en phase avec les aspirations de Mai 68. En revanche, les alliés communistes ne sont pas réellement associés à cette campagne et en conçoivent une certaine amertume, que Georges Marchais masque à peine lors du grand meeting unitaire organisé le 25 avril à la porte de Versailles : il réclame alors du candidat qu'il soutienne la mise en œuvre de « tout le programme commun, rien que le programme commun ».

Or, le programme commun n'est pas évoqué dans la profession de foi que François Mitterrand diffuse dès le début de la campagne et dans laquelle il se présente comme « socialiste », « comme le sont » les dirigeants sociaux-démocrates européens : Brandt, Kreisky, Wilson, Palme sont nommément cités. Et si le candidat décline son projet en cinq axes qui constituent autant de promesses de changement (« Une France plus présente », « Un peuple plus fraternel », « Une monnaie plus forte », « Une société plus juste », « Des hommes plus libres »), il évite de faire référence aux propositions les plus clivantes, à commencer par les nationalisations. Il préfère évoquer le retour à une véritable planification et des mesures sociales inscrites dans l'héritage, plus consensuel, du Front populaire : réduction de la durée du travail, 5e semaine de congés payés, retraite à 60 ans… Comme en 1965, sa démarche est avant tout politique et institutionnelle – comme l'expriment clairement les premières phrases de sa profession de foi, écrites de façon manuscrite : « La seule idée de la droite est de garder le pouvoir. Mon premier projet est de vous le rendre. » Dans cette perspective, François Mitterrand multiplie les contacts avec les électeurs au cours des trois semaines de cette brève campagne de premier tour. Il enchaîne visites de marché et meetings géants dans les grandes villes de province. Il donne aussi sept conférences de presse, au cours desquelles il décline les principaux axes de sa campagne. Il doit aussi enchaîner deux duels radiodiffusés avec Chaban puis avec Giscard, dans lesquels il cherche avant tout à cimenter son camp, celui de la gauche.

Si Mitterrand se situe dans une dynamique d'alternance et de rupture politique, Jacques Chaban-Delmas cherche à concilier son projet de « nouvelle société », ouvertement réformateur et mis en exergue dans sa profession de foi, avec une fidélité à l'héritage gaullien. Il met volontiers en avant son passé de résistant, ses responsabilités politiques de premier plan (président de l'Assemblée nationale de 1958 à 1969, Premier ministre de 1969 à 1972) et fait appel aux principaux barons du gaullisme pour le soutenir. Bien avant le décès de Georges Pompidou, il a pris soin de s'assurer de l'appui du parti gaulliste, qui le préfère au Premier ministre Pierre Messmer, dont l'image s'impose difficilement au sein de l'opinion et dont la popularité subit de plein fouet les effets du premier choc pétrolier.

En novembre 1973, les assises de l'UDR, bien préparées par Sanguinetti et Debré, ont consolidé la position de Chaban comme héritier naturel du président. Cet avantage initial se dissipe toutefois dès les premiers jours de campagne. En déclarant sa candidature d'une façon que certains jugeront précipitée, il prête le flanc aux attaques de ceux qui, au sein même du parti gaulliste, souhaitent depuis longtemps l'écarter de la course à l'Élysée. Conseillé par d'anciens proches collaborateurs de Georges Pompidou, Pierre Juillet et Marie-France Garaud, et discrètement soutenu par Pierre Messmer, Jacques Chirac, qui a accédé au poste clé de ministre de l'Intérieur lors du remaniement de mars 1974, mène en coulisse une campagne de déstabilisation. « L'appel des 43 », publié le 13 avril, en constitue le point d'orgue. Trente-trois députés UDR, 6 autres députés de la majorité et 4 ministres gaullistes (outre Chirac, Jean-Philippe Lecat, Jean Taittinger et Olivier Stirn) signent ce texte dans lequel ils jugent « profondément regrettable la pluralité des candidatures qui se manifestent de la part d'hommes qui, à des titres divers, ont participé à l'œuvre entreprise par le général de Gaulle et Georges Pompidou » et rappellent leur attachement à une candidature unique de la majorité, telle que celle portée par Pierre Messmer, auquel « ils rendent hommage ». S'ils semblent renvoyer dos à dos Giscard et Chaban, leur démarche est unanimement interprétée comme une manifestation d'hostilité à l'encontre du candidat théoriquement soutenu par leur parti mais implicitement désigné comme le responsable de la division. Elle contribue à semer le trouble non seulement auprès des cadres de l'UDR, mais aussi des électeurs de la majorité[1].

C'est donc affaibli que Chaban développe son programme de campagne, en reprenant le concept de « nouvelle société » qu'il avait exposé cinq ans plus tôt pour définir le sens de son action comme Premier ministre. Ce rappel, visant à souligner la continuité et la cohérence de son action, est paradoxal : comment incarner le changement avec un concept utilisé cinq ans auparavant ? Chaban espère pourtant incarner une vraie ambition réformatrice et mettre en œuvre une politique favorable à la justice sociale et fiscale, à la promotion des femmes, à l'égalité des chances par l'éducation. Condamnant ceux qui souhaitent faire du « gaullisme réactionnaire », il se distingue ostensiblement de la droite, dans laquelle il range en revanche son concurrent Giscard d'Estaing et certains de ses soutiens (Jean Lecanuet notamment). Voyant dans la candidature de François Mitterrand un péril pour la liberté, il entend être le candidat qui concilie la stabilité institutionnelle, l'indépendance de la France et le progrès social.

Handicapé par sa déclaration de candidature précoce, par les manœuvres internes de ses opposants et par une campagne de

1. Voir notamment le témoignage de Michèle Cotta, *Cahiers secrets de la V*e *République*, t. I, *op. cit.*, p. 500 et *sq.*

rumeurs, voire de ragots, portant aussi bien sur des affaires passées (notamment l'affaire de la « feuille d'impôts », qui avait précipité sa chute comme Premier ministre en 1972) que sur sa supposée « fragilité » et sur ses mœurs, Jacques Chaban-Delmas ne parvient pas à imposer sa marque. Il reste tiraillé entre le conservatisme d'une majorité de ses soutiens, attachés au « gaullisme d'ordre » qui avait triomphé aux élections de juin 1968, et la prise en compte des aspirations sociales, qui le pousse à faire siennes certaines propositions du programme commun : il préconise ainsi l'augmentation du Smic de 1 000 à 1 500 francs[1]. Ses prestations audiovisuelles sont peu convaincantes (notamment lors de son duel contre François Mitterrand), quand elles ne sont pas contreproductives. Il apparaît à la fois guindé et embarrassé lorsque, le 24 avril, dans le cadre de la campagne télévisée officielle, André Malraux se livre à une intervention hallucinée sur l'école du futur, où les ordinateurs remplaceront les professeurs. « Oui, je le ferai comme je l'ai fait avec le général de Gaulle. Nous avons toujours fait ce que nous devions faire. » C'est par ces deux seules phrases à la solennité surjouée que Chaban-Delmas conclut cette émission dont les effets dévastateurs ont été immédiatement perçus par les membres de son équipe[2]. Quelques jours plus tard, la journaliste Françoise Giroud publie à son sujet un article au titre assassin : « On ne tire pas sur une ambulance[3] ».

Les sondages enregistrent le décrochage de Chaban-Delmas, qui s'accélère à la mi-avril[4]. Crédité par l'Ifop de 29 % des intentions de vote le 9 avril (contre 27 % à Giscard), il descend à 25 % le 16 avril (après l'appel des 43) puis à 23 % les 18 et 22 avril, trois points au-dessous de Giscard. Dès lors, l'effet « vote utile » joue contre lui. Au cours des deux dernières semaines de campagne, l'électorat de droite privilégie le candidat qui semble le mieux armé pour combattre l'union de la gauche et éviter le risque d'un nouveau Front populaire,

1. Gilles Richard, *Histoire des droites en France de 1815 à nos jours*, Paris, Perrin, 2017, p. 374.

2. Selon le témoignage de Michèle Cotta, *Cahiers secrets de la Ve République*, t. I, *op. cit.*, p. 505.

3. *L'Express*, 24 avril 1974. Le début de l'article est particulièrement sévère : « Dans tous les sports, il y a les joueurs de première catégorie. Et puis les autres. L'ennui, pour M. Chaban-Delmas, c'est qu'il ne joue pas dans sa catégorie. De sorte qu'il apparaît de jour en jour plus égaré dans une partie qui n'est pas la sienne. »

4. Jérôme Jaffré, « L'échec de Jacques Chaban-Delmas à l'élection présidentielle de 1974 », *in* Bernard Lachaise, Gilles Le Béguec, Jean-François Sirinelli (dir.), *Jacques Chaban-Delmas en politique*, Paris, PUF, 2007, p. 313-335.

qui n'a jamais semblé aussi tangible depuis le printemps 1936. Il se détourne de Chaban, qui descend à 18 % le 25 avril puis à 15 % le 2 mai, soit deux fois moins que le score prêté à son rival. Cette spirale négative tient donc autant à l'incapacité du candidat à convaincre du caractère réformateur de son programme qu'aux manœuvres de ses adversaires et qu'à la logique même du scrutin présidentiel qui tend à focaliser l'électorat sur deux candidats principaux.

Valéry Giscard d'Estaing prend donc assez rapidement l'ascendant sur Chaban. Contrairement à son concurrent, qui s'était contraint à un silence relatif après son départ de Matignon, il a longuement préparé sa candidature, en semant au fil des années de nombreuses graines qui lui ont permis d'occuper une position originale dans le paysage politique français, à la fois à l'intérieur de la majorité gaullo-pompidolienne mais aussi à l'extérieur, à l'écoute des évolutions de la société française. Son double règne au ministère des Finances, sous la présidence de De Gaulle d'abord (1962-1965), de Pompidou ensuite (1969-1974), et son rôle de chef du groupe charnière de la majorité parlementaire font de lui un des piliers du pouvoir, qui a tenu bon y compris lors de la crise algérienne ou de la secousse de Mai 68. Mais il s'est aussi depuis longtemps démarqué de la majorité pour en appeler à un élargissement de celle-ci, voire à une reconfiguration politique dont il pourrait prendre la tête. Le « oui mais » formulé à l'égard de la majorité gaulliste lors des élections législatives de 1967, la critique de « l'exercice solitaire du pouvoir » en août 1967, le refus affiché de voter « oui » au référendum décisif d'avril 1969, la volonté affirmée à Charenton en 1972 de gouverner la France « au centre », la médiatisation assumée de sa personne (la presse magazine ou les caméras de télévision le montrent en train de skier à Courchevel, jouer de l'accordéon aux côtés de l'animatrice Danièle Gilbert, jouer au football au stade de Chamalières) constituent autant d'étapes vers une candidature à l'Élysée qui, en 1974, ne surprend personne même si seulement une minorité de Français le voit alors remporter l'élection.

Rompu à la pratique des médias, bon connaisseur de la politique américaine, Giscard entend transformer en avantage ce qui constitue initialement un handicap par rapport à ses deux principaux concurrents : l'absence de soutien d'un grand parti organisé[1].

---

1. Mathias Bernard, *Valéry Giscard d'Estaing. Les ambitions déçues*, Paris, Dunod, 2020, p. 173-192. Voir aussi Jacques Berne, *La Campagne présidentielle de Valéry Giscard d'Estaing en 1974*, Paris, PUF, 1981.

Il assume de fait le caractère libre, spontané, voire improvisé, d'une campagne qui s'appuie sur une petite équipe de fidèles, installée rue de la Bienfaisance et encadrée par son fidèle compagnon Michel Poniatowski : les principaux dirigeants de la FNRI (Michel d'Ornano, Roger Chinaud, Hubert Bassot, Victor Chapot) constituent l'ossature de cette équipe, que rejoignent également ses principaux collaborateurs du ministère des Finances (Jean Sérisé, Jacques Calvet...). Misant sur la dimension personnelle de cette élection, il entend établir un dialogue direct avec les Français, sans intermédiaire, et il mobilise volontiers sa famille. Sa femme Anne-Aymone et ses quatre enfants sont très présents dans ses locaux de campagne, que sa fille aînée Valérie-Anne a elle-même aménagés. Quant à sa plus jeune fille, Jacinthe, elle pose aux côtés de son père pour la principale affiche de sa campagne, avec pour slogan : « La paix et la sécurité ». Elle donne ainsi une image décontractée, familiale et rajeunie à un discours qui vise essentiellement à rassurer. La communication du candidat raconte l'histoire d'une rencontre entre un homme politique moderne, débarrassé des conventions, des cadres traditionnels de la vie politique, et une France qui aspire au changement sans vouloir la révolution. Les meetings du candidat donnent à voir une jeunesse enthousiaste, brandissant les pancartes « Giscard à la barre ». Fasciné par Kennedy et par la manière dont le documentariste Richard Leacock a rendu compte de son élection en 1960, le candidat demande au cinéaste Raymond Depardon de filmer sa campagne, sans filtre ni distance. Une fois élu, Giscard interdira la diffusion de ce film qui montre pourtant sa proximité avec ses collaborateurs et le plaisir évident qu'il a pris à livrer cette campagne tant attendue[1].

Le projet développé par Giscard n'est pas fondamentalement différent de celui de Chaban. Comme son concurrent, il entend concilier la consolidation des institutions et de la position de la France dans le monde avec des ambitions réformatrices qui prennent en compte certaines aspirations exprimées depuis Mai 68 : promotion des jeunes et des femmes, défense de l'environnement et du cadre de vie. Son slogan, « Le changement sans le risque », ressemble à s'y méprendre à celui qu'avait adopté Georges Pompidou en 1969 (« Le changement dans la continuité ») ainsi qu'aux discours de

1. Raymond Depardon, *1974. Une partie de campagne*, production « Palmeraies et désert », 2002 [1974], quatre-vingt-dix minutes.

Chaban. Mais Giscard parvient à convaincre davantage, sans doute parce qu'il annonce clairement un élargissement de la majorité vers le centre, voire le centre gauche. Les soutiens qu'il engrange au cours de la campagne montrent sa capacité à fédérer très largement des réformateurs (Jean-Jacques Servan-Schreiber), des centristes d'inspiration démocrate-chrétienne (Jean Lecanuet) et des socialistes hostiles au programme commun (Max Lejeune) jusqu'à une fraction non négligeable du parti gaulliste (les « 43 ») et de l'extrême droite antigaulliste (l'hebdomadaire *Minute*, qui le soutient dès le premier tour). Ils soulignent *a contrario* l'exiguïté de l'espace politique occupé par Chaban.

Un deuxième tour particulièrement tendu

Les résultats du premier tour, qui se déroule le 5 mai et se caractérise par un taux record de participation comparable à celui des présidentielles de 1965 (84 %), confirment les dynamiques de campagne. Les trois principaux candidats, qui ont polarisé l'attention des médias, concentrent plus de 90 % des suffrages exprimés et se classent dans l'ordre qui avait été annoncé par les sondages depuis la mi-avril. Avec un peu plus de 43 % des voix, François Mitterrand obtient un résultat qui confirme la progression de la gauche depuis la présidentielle de 1965 (où il avait obtenu 10 points de moins), mais se situe en deçà du score obtenu par la gauche unie lors des législatives de 1973 (46 %) et de ses propres espérances : il avait estimé à 45 % le niveau nécessaire pour garantir la victoire au second tour et se montre donc déçu, voire abattu, par ce qui ne peut être considéré que comme un demi-succès. En revanche, le succès est complet pour Valéry Giscard d'Estaing qui, avec 32,5 % des suffrages exprimés, atteint un niveau qui ne lui avait été promis par aucun sondage et qui, amalgamant les électeurs centristes et ceux de la droite conservatrice, bat sèchement Jacques Chaban-Delmas, réduit au noyau dur de l'électorat gaulliste[1]. L'ancien Premier ministre ne recueille qu'à peine plus de 15 % des voix : c'est le grand vaincu du scrutin. Parmi les autres candidats, seuls Jean Royer (3,2 %),

1. Colette Ysmal, Daniel Boy, Gérard Grunberg, Béatrice Moine-Roy, « L'élection présidentielle de mai 1974 : la redistribution des électeurs de droite », *Revue française de science politique*, 1975, n° 2, p. 222-258.

Arlette Laguiller (2,3 %) et René Dumont (1,3 %) obtiennent un résultat significatif. Le résultat du candidat écologiste est toutefois décevant par rapport à la vitalité du mouvement associatif dont il se fait le porte-parole, en raison sans doute d'une campagne en grande partie improvisée.

Au soir de ce premier tour, deux camps se font face dans une France coupée en deux. Les candidats de la majorité (Giscard, Chaban, Royer) totalisent 50,8 %, un score supérieur à celui qui avait été obtenu aux législatives de 1973. La peur du communisme explique sans doute ce bon résultat, tout comme elle justifie l'appel de Jean-Marie Le Pen et d'Émile Muller à voter Giscard en dépit de leurs divergences idéologiques et de leurs antagonismes passés avec le candidat. De son côté, dès le 7 mai, Royer apporte son soutien à Giscard qui, dit-il, s'est engagé à poursuivre les quatre objectifs prioritaires à ses yeux : les modifications institutionnelles, la décentralisation, une « loi antitrust », une politique sociale fondée sur la famille et l'éducation. Très affecté par sa défaite, Jacques Chaban-Delmas tient d'abord des propos très ambigus, tandis que l'UDR sort profondément divisée de ce premier tour. Le 10 mai, il attribue publiquement son échec à « une sorte de machination prodigieuse », préparée « de longue date » contre lui… Trois jours plus tard, dans *Sud Ouest*, c'est pour s'opposer au programme commun qu'il apporte du bout des lèvres son soutien à son ancien rival : « M. Mitterrand ayant pris des risques insupportables, comment faire échec à son entreprise, sinon en votant pour M. Giscard d'Estaing. »

La défection d'une partie des électeurs de Chaban est la seule chance de succès pour François Mitterrand, qui ne peut compter sur le soutien explicite que de trois candidats, dont le total des voix ne dépasse pas 4 %. Dans une déclaration au *Monde* le 14 mai, René Dumont évoque les « décisions intéressantes » que François Mitterrand est susceptible de prendre, tandis que « son adversaire, lui, a largement fait ses preuves contre l'environnement ». « On ne balance pas entre des preuves et l'espoir, ajoute-t-il, avant de confirmer : Je voterai François Mitterrand avant, dès le 20 mai, de reprendre, avec mes amis et en toute liberté, le combat de l'écologie politique. » Alain Krivine appelle « à battre la droite en votant Mitterrand », tout comme Arlette Laguiller qui, le 7 mai, assure que « nous ferons tout pour assurer le départ de la droite. Les voix d'extrême gauche font partie des voix de gauche ».

L'électorat de Jacques Chaban-Delmas est donc particulièrement convoité par les deux compétiteurs. Giscard s'efforce à rassurer l'UDR et à rassembler une majorité, qu'il entend toujours ouvrir au centre gauche. Quant aux partisans de François Mitterrand, ils entendent jouer sur la tradition gaulliste. Le ralliement de Jean-Marcel Jeanneney, ancien ministre du général de Gaulle, est mis en exergue. Georges Marchais lui-même assure qu'« entre les communistes et les gaullistes, il y a des choses qui ne sont pas liées à des circonstances électorales, mais qui sont autrement plus profondes », comme l'attachement à la nation et à la justice sociale. Et les communistes s'efforcent de démentir la campagne menée par les partisans de Giscard qui cherchent à exploiter la peur du communisme, en suggérant que Mitterrand, otage de ses alliés, nommera des ministres communistes à tous les postes clés (l'Intérieur, les Affaires étrangères, la Défense). Le 14 mai, Georges Marchais propose spontanément à l'un des plus proches collaborateurs de Mitterrand, Claude Estier, de dire publiquement que le PCF ne revendique pas ces postes – ce qu'il fera dès le lendemain[1].

La campagne de l'entre-deux-tours est dominée par le grand débat radiotélévisé entre les concurrents, qui a lieu très tôt, cinq jours seulement après le premier tour. C'est le premier débat d'entre-deux-tours dans l'histoire des élections présidentielles en France. Il met aux prises deux styles politiques antagonistes. Vif et tranchant, Giscard se montre expert dans le maniement des chiffres et des statistiques et cherche à montrer que la victoire du programme commun conduirait au désordre politique et économique. Plus classique dans la forme, Mitterrand prend davantage son temps pour déployer ses arguments et attaquer son adversaire, notamment sur son bilan comme ministre des Finances et sur son appartenance à une droite qui « sert les intérêts des classes privilégiées ». Plus à l'aise devant les caméras, Giscard sait trouver les formules qui font mouche et atteignent son adversaire. Il accuse d'abord Mitterrand d'être « l'homme du passé », soulignant ainsi leur différence d'âge (dix ans) et convoquant implicitement le souvenir honni de la IVe République. Puis, après une longue tirade au cours de laquelle Mitterrand a dénoncé une politique qui favorise « une petite catégorie de privilégiés » et laisse de côté ces « millions de gens qui vivent difficilement », assurant par ailleurs

1. Claude Estier, *J'en ai tant vu. Mémoires*, Paris, Le Cherche Midi, 2008, p. 148.

qu'il s'agit là d'une « affaire de cœur » et non pas seulement « d'intelligence », Giscard porte l'estocade, avec un ton particulièrement solennel : « Je trouve toujours choquant et blessant de s'arroger le monopole du cœur. Vous n'avez pas, M. Mitterrand, le monopole du cœur. J'ai un cœur, comme le vôtre, qui bat à sa cadence et qui est le mien. » « Vous n'avez pas le monopole du cœur, répète-t-il encore, et ne vous adressez pas aux Français d'une façon aussi blessante pour les autres. » C'est sans doute à cet instant que Giscard a remporté ce débat et confirmé la légère avance qu'il avait sur son concurrent depuis le soir du premier tour.

Dans les dix jours qui précèdent le second tour, les deux candidats multiplient déplacements et meetings. Prolongeant leur duel, ils s'attachent surtout à dénoncer le péril que leur adversaire fait courir à la France. À Nancy, le 14 mai, Mitterrand électrise la foule en faisant de Giscard « le maître de la banque […], de la finance […], de l'argent […], du pouvoir ». Et si Giscard évite soigneusement d'abîmer son image dans des polémiques politiciennes, ses amis n'hésitent pas à agiter le spectre communiste, tel Michel Poniatowski le 15 mai qui affirme : « Tous les pays européens qui ont un gouvernement communiste sont actuellement occupés par les troupes russes. » Et d'ajouter : « Dans tous les pays communistes, il n'existe aucune vraie liberté de penser, d'écrire, de lire des livres non censurés, d'éduquer ses enfants, de faire grève, de se rassembler, d'entreprendre, de posséder, ni même de se déplacer et de choisir l'entreprise où l'on travaille » : c'est, à l'en croire, ce régime-là qui attend les Français si Mitterrand l'emporte. La mobilisation des giscardiens culmine lors du grand rassemblement organisé le 16 mai porte de Versailles. Cent mille personnes assistent au discours de Valéry Giscard d'Estaing, qui entre sur scène au son du *Chant du départ*, entonné par Charles Aznavour. Le futur président exprime alors sa vision d'une société modernisée et pacifiée, où l'injustice et l'inégalité seraient combattues. Définitivement devenu le candidat du cœur, il affirme qu'« il n'y a pas d'avenir pour la France dans l'égoïsme ». Quant à Mitterrand, c'est à Grenoble, devant 25 000 personnes, qu'il fait son dernier grand discours, le 17 mai, aux côtés de Pierre Mendès France, auquel il rend un hommage appuyé : « Je salue celui qui fut mon maître. » Il invoque ensuite « la France qui bouge », « la France qui espère » et à laquelle il souhaite apporter une réponse. Au-delà de leur antagonisme, les deux candidats expriment finalement la même aspiration au changement qui saisit alors la majeure partie de la société française. Les derniers mots prononcés par l'un et l'autre lors de leur ultime allocution officielle, le 17 mai, en témoignent. « Il serait sage et raisonnable de choisir l'alternance et la démocratie », martèle Mitterrand. Comme en écho, Giscard assure que « vous serez surpris par l'ampleur et la rapidité du changement ».

Giscard président

Le dimanche 19 mai, au moment où s'ouvrent les bureaux de vote, l'incertitude sur le résultat est totale. C'est sans doute ce qui explique la forte mobilisation des électeurs. Le taux de participation atteint un record qui ne sera jamais égalé par la suite : plus de 87 % des inscrits se rendent aux urnes. Mitterrand attend les résultats dans la Nièvre, où il passe la fin de la journée loin de la foule, loin des militants qui se massent auprès de la tour Montparnasse : il reste auprès d'un ami malade, le sénateur Fernand Dussert, avant de se rendre à la mairie de Château-Chinon, où il prononcera son discours. Giscard, lui, rentre à Paris après avoir voté dans sa ville de Chamalières. Et c'est seul, dans le salon du ministère des Finances rue de Rivoli, qu'il commence à regarder la soirée électorale.

Les premières estimations sont données dès 20 heures et donnent un léger avantage à Valéry Giscard d'Estaing – avantage qui sera confirmé par les résultats définitifs. Les Français ont bien choisi le changement sans le risque. Giscard obtient 50,8 % et 400 000 voix d'avance sur son concurrent. En dépit de la mobilisation des abstentionnistes du premier tour, dont les deux tiers ont voté pour lui, Mitterrand n'a pas réussi à rattraper son retard. La France est bien coupée en deux, selon une géographie qui n'est pas particulièrement nouvelle puisqu'on a même pu rapprocher la carte des votes de ce second tour avec celle des votes au référendum du… 5 mai 1946[1] ! Mitterrand est majoritaire dans 44 départements, soit près de la moitié, notamment dans les régions qui constituent la zone d'implantation traditionnelle de la gauche : Nord-Pas-de-Calais, pourtour méditerranéen, grand quart sud-ouest de la France. Giscard, lui, agrège les zones de force

1. Nicolas Denis, « Du 5 mai 1946 au 19 mai 1974 », *Revue française de science politique*, 1974, n° 5, p. 893-910.

de la droite traditionnelle (grand Ouest, régions montagneuses du Massif central et des Alpes) et celles du gaullisme (Bassin parisien, Alsace et Lorraine). Dans leur discours, les deux candidats évoquent le caractère très serré de ce résultat : François Mitterrand pour regretter qu'« une formidable coalition du pouvoir en place et des forces de l'argent [ait] contenu d'extrême justesse le mouvement populaire » ; Valéry Giscard d'Estaing pour souligner, avec une sincérité inhabituelle en de telles circonstances, que l'« on pouvait naturellement imaginer une marge plus large ». Mais tous deux aussi estiment que ce scrutin marque « le début d'une ère nouvelle », pour reprendre l'expression utilisée par le nouveau président. Car chacun d'entre eux s'est imposé comme le chef incontesté de son camp, dans un système politique plus que jamais assujetti à la bipolarisation.

Valéry Giscard d'Estaing est donc élu à quarante-huit ans président de la République, au terme d'une ascension politique rapide et quasi irrésistible. En moins de vingt ans, il a été élu député (1956), est devenu secrétaire d'État (1958) puis ministre (1962) – tout en créant un groupe parlementaire puis un parti politique appelé à jouer un rôle charnière dans les majorités gaulliste puis pompidolienne. Il a paradoxalement pu mettre à profit son éviction du Gouvernement, en janvier 1966, non pour entamer une « traversée du désert » mais, au contraire, pour aller au contact avec le pays, structurer ses réseaux et préparer son destin national, en faisant entendre sa différence par rapport à un parti gaulliste peu à peu usé par l'exercice prolongé du pouvoir. La victoire présidentielle de Giscard est ainsi celle d'un professionnel de la politique, héritier de la grande bourgeoisie libérale française, qui a su rapidement trouver un espace politique correspondant aux attentes d'une France en mutation, entre stabilité et changement, entre conservation et réforme. Elle est aussi le fruit d'une campagne réussie, conduite sans l'appui d'un appareil politique structuré et centrée tout entière sur la personne du candidat, sa maîtrise des médias et sa capacité à incarner à la fois la jeunesse et l'expertise. Cette campagne a, au premier tour, su jouer la carte de la modernité et, par contraste, souligner l'archaïsme des gaullistes et de leur candidat, Jacques Chaban-Delmas. Ayant réussi à porter les espoirs de la majorité et à en devenir le chef, Giscard a pu, au second tour, apparaître comme le meilleur rempart contre la menace communiste. Le mandat qu'il reçoit le 19 mai 1974 est donc ambivalent. Il lui faut préserver l'ordre politique et social, tout en répondant aux aspirations émancipatrices de la jeunesse et de la société post-soixante-huitarde. Il doit incarner une alternance par rapport aux présidents gaullistes qui l'ont précédé, tout en devant sa victoire aux ralliements successifs des cadres et du parti gaulliste. Avec ce paradoxe : l'homme qui a fait campagne sur le changement et qui incarne désormais l'alternance a exercé, pendant près de dix ans, un rôle central dans la politique conduite par la majorité sortante.

Élu grâce à un compromis entre ordre et mouvement, le nouveau président doit répondre aux attentes parfois contradictoires de ses soutiens. Si les RI et les différentes organisations giscardiennes (notamment les jeunes giscardiens, particulièrement actifs au cours de la campagne) se réjouissent sans réserve du succès de leur champion, les partis du centre et de centre gauche réaffirment, à l'instar du bureau exécutif du Centre démocrate, leur volonté de contribuer à « une majorité parlementaire nouvelle » pour « entreprendre les réformes annoncées pendant la campagne présidentielle ». Fracturée par la campagne, l'UDR a du mal à faire entendre sa voix. Trois tendances se dégagent au sein de ce qui constitue la principale force parlementaire de la majorité. Un premier groupe, emmené par Jacques Chirac, en qui nombre d'observateurs voient, dès le lendemain du second tour, un probable Premier ministre, plaide pour un soutien sans équivoque au nouveau président et une participation active à son Gouvernement. Un deuxième groupe, dominé par la figure tutélaire et historique de Michel Debré, refuse au contraire ce qui constituerait une dilution du gaullisme dans le nouveau pouvoir giscardien et plaide pour un retour aux fondamentaux de l'identité gaulliste, y compris dans son volet social qui inspire le projet de « nouvelle société ». La majorité des parlementaires UDR sont prêts à soutenir, sans enthousiasme, le nouveau président – mais à condition que soit faite une vraie place aux hommes et aux idées de l'UDR. Ils ont conscience que Giscard a besoin d'eux, d'autant qu'une dissolution de l'Assemblée nationale serait hasardeuse et risquerait de faire élire une majorité parlementaire de gauche. Comme l'écrit André Passeron dans *Le Monde* du 25 mai, « l'UDR autant que le président de la République doivent trouver leur survie dans un certain équilibre, même fragile. Ils sont condamnés à la cohabitation ».

C'est dans cette logique que Giscard décide de nommer Jacques Chirac à Matignon[1] et de maintenir en place l'Assemblée nationale élue un an plus tôt. C'est pour lui une forte contrainte : il n'aura pas une majorité parlementaire dévouée à sa personne et suivant inconditionnellement la ligne politique qu'il a tracée. Mais il compte sur son équation personnelle et sur le soutien de l'opinion pour faire bouger les équilibres politiques. Le changement qu'il incarne doit être inlassablement rappelé, par des discours et par des actes. La journée d'investiture, qui a lieu le 27 mai, soit seulement huit jours après l'élection, lui offre l'occasion de rompre avec la lourdeur du protocole de la République gaullo-pompidolienne. Le matin, à 10 h 20, c'est à pied que Giscard entre dans la cour de l'Élysée, au son du *Chant du départ*. Lorsque, au terme de la cérémonie d'investiture, il reçoit la grand-croix de la Légion d'honneur, il s'abstient de revêtir le lourd collier que portaient ses prédécesseurs et se contente d'accrocher l'insigne rouge à la boutonnière de son élégant costume gris anthracite. Puis, autour de midi, le nouveau président décide de remonter à pied – au lieu de descendre en voiture… – l'avenue des Champs-Élysées : c'est là une façon de montrer sa jeunesse et sa proximité avec la foule de 50 000 personnes venue assister à l'événement. Enfin, en milieu d'après-midi, Philippe Sauzey, son jeune chef de cabinet – il a trente-huit ans –, annonce sur le perron de l'Élysée la nouvelle que tout le monde attendait : Jacques Chirac, quarante et un ans, est nommé Premier ministre. « Je le voulais compétent, et il est bon qu'il soit plus jeune que moi » : c'est ainsi que, dans la foulée, Giscard commente sa décision auprès des journalistes.

« De ce jour date une ère nouvelle de la politique française »… Tels sont les mots que prononce Valéry Giscard d'Estaing le 27 mai 1974, après la proclamation officielle des résultats par le Conseil constitutionnel – avant d'ajouter : « C'est moi qui conduirai le changement. » Le nouveau président assume pleinement l'alternance et même la rupture que représente son élection, après seize années gaulliennes. Cette promesse de changement a sans doute favorisé son élection, en attirant à lui des électeurs attirés par un

1. Il prend définitivement cette décision le 21 mai, lors d'une réunion de travail avec Michel Poniatowski. Voir son intervention *in* Serge Berstein, Jean-Claude Casanova, Jean-François Sirinelli (dir.), *Les Années Giscard. La politique économique, 1974-1981 : actes de la journée d'études, palais du Luxembourg, Paris, le 4 février 2008*, Paris, Armand Colin, 2009, p. 146.

programme réformateur mais effrayés par l'union de la gauche. Elle permet de semer le fragile espoir d'un dépassement d'un clivage bipolaire entre droite et gauche qui, au terme de cette élection, menace de figer la vie politique et de couper la France en deux camps irréconciliables.

GISCARD *VERSUS* CHIRAC

François Audigier

Dans un essai célèbre publié en 1980, *La Double Méprise*, Catherine Nay présente le tandem Giscard-Chirac, cette dyarchie à la tête de l'État du printemps 1974 à l'été 1976, comme un couple évoluant de l'amour au conflit. En montrant qu'une « double méprise » est intervenue entre les deux hommes, la journaliste révèle combien ceux-ci sont devenus des victimes réciproques et irréconciliables. Dans cette histoire de rupture, ces « deux ans de vie commune », sorte de « mariage à l'essai », le chef de l'État se serait montré le plus fort. Face aux mille intrigues et coups inspirés par l'Élysée et mis en œuvre par l'antigaulliste viscéral Michel Poniatowski, le Premier ministre Chirac se serait défendu de façon désordonnée jusqu'à sa démission finale. Opposer un chef de l'État qui « s'impose » à un chef de Gouvernement qui « s'enlise » peut sembler toutefois discutable. Si Valéry Giscard d'Estaing cherche bien dès le début à instrumentaliser Jacques Chirac pour verrouiller l'UDR ainsi que le groupe gaulliste à l'Assemblée, le Premier ministre ne subit pas cette relation politique aussi passivement qu'on l'a souvent écrit. Dans tous les cas, l'échec de ce tandem libéral-gaulliste au sommet de l'exécutif ne semble pas écrit d'avance…

Un divorce d'emblée prévisible ?

Après sa très courte victoire à la présidentielle du 19 mai 1974, Valéry Giscard d'Estaing choisit prudemment de ne pas dissoudre l'Assemblée. Faute de disposer d'un puissant parti de masse capable d'animer efficacement une campagne de terrain, les RI restant une formation de cadres, le président ne peut prendre le risque d'une défaite à des législatives anticipées qui le conduirait d'entrée à une inédite cohabitation avec la gauche même si certains proches comme Michel Poniatowski et Roger Chinaud l'y incitent. Il se trouve dès lors contraint de gouverner avec la majorité parlementaire issue des législatives de 1973 dominées par l'UDR. Le choix comme Premier ministre de Jacques Chirac, un gaulliste *a priori* fidèle puisque à l'origine de l'opération des 43, lui permet de surmonter cet obstacle. Mais le chef de l'État comprend qu'il doit vite s'imposer face au titulaire de Matignon s'il ne veut pas se retrouver l'otage d'un Premier ministre appuyé sur le puissant groupe UDR du palais Bourbon. C'est le sens de la formule forte de l'allocution présidentielle du 27 mai : « C'est moi qui conduirai le changement. » La seule hiérarchie institutionnelle plaçant le président au-dessus de son Premier ministre ne suffit pas, Valéry Giscard d'Estaing doit affirmer sa prééminence politique.

Cela passe d'abord par la composition du Gouvernement que le chef de l'État pilote et prend soin de commenter en personne, le 29 mai, à la télévision. Ne figurent que cinq ministres UDR sur seize, de second rang pour la plupart comme Jacques Soufflet, Vincent Ansquer et André Jarrot, cantonnés souvent par ailleurs à des postes secondaires. Le Gouvernement fait la part belle aux amis personnels du président : Christian Bonnet à l'Agriculture, Michel d'Ornano à l'Industrie et surtout le virulent Michel Poniatowski à l'Intérieur. Seul ministre d'État, ce « vice-Premier ministre » *de facto* semble éclipser Jacques Chirac. Sans parler de la présence d'autres antigaullistes notoires comme les centristes Jean Lecanuet à la Justice, Pierre Abelin à la Coopération et, provocation suprême, Jean-Jacques Servan-Schreiber aux Réformes. Le 16 juillet, l'arrivée de Françoise Giroud, au sujet de laquelle Jacques Chirac était très réservé au point de l'avoir barrée dans le premier Gouvernement de mai (lui proposant simplement une délégation générale à la condition féminine), marque une fois de plus la toute-puissance présidentielle. Si cette volonté manifeste de casser « l'État-UDR » (que tempère à peine la nomination à la Défense en janvier 1975 d'Yvon Bourges) sert dans un premier temps Jacques Chirac puisqu'elle lui permet de peser face aux « barons », elle est de nature, sur le long terme, à irriter les gaullistes dont il est le chef. Dans ce Gouvernement rajeuni, qui compte trois femmes dont Simone Veil à la Santé (que Jacques Chirac a imposée au chef de l'État à la place de la députée réformatrice mosellane Anne-Marie Fritsch), les ministres et secrétaires d'État sont perçus par Valéry Giscard d'Estaing comme ses « collaborateurs ». À commencer par les trois ministres « techniciens » Jean-Pierre Fourcade aux Finances, Jean Sauvagnargues aux Affaires étrangères et René Haby à l'Éducation, qui lui rendent directement des comptes par-dessus Matignon.

L'affirmation présidentielle aux dépens du Premier ministre passe aussi par une omniprésence médiatique. Cette communication moderne à l'américaine permet à « VGE », nouveau « JFK », d'éclipser un Jacques Chirac pourtant efficace en la matière. Privilégiant la télévision dont le poids dans la société s'accentue rapidement dans les années 1970, sans négliger totalement la presse écrite (y compris *Jours de France* et *Paris Match*, inaugurant en cela une tendance à la « peopolisation » de la politique) et la radio (*Radioscopies* des 22 mai 1975 et 16 juin 1976 avec Jacques Chancel), le chef de l'État joue la proximité avec les Français. Celle-ci se traduit par des opérations symboliques très médiatisées supposées souligner la simplicité moderne du nouveau chef de l'État en rupture avec la solennité rigide de ses prédécesseurs : entrée à l'Élysée à pied et en costume de ville, discussion avec les prisonniers des centrales lyonnaises de Saint-Paul et Saint-Joseph le 10 août 1974, petit-déjeuner de Noël avec trois éboueurs africains le 24 décembre 1974, déjeuner avec les pensionnaires d'un hospice d'Ivry-sur-Seine le 1er janvier 1975, dîner avec un artisan parisien le 22 janvier, etc. Mais cette proximité, dénoncée comme démagogique par la gauche, s'exprime surtout à la télévision par des « directs de l'Élysée » permettant au président d'expliquer, de manière pédagogique, la politique gouvernementale et cantonnant implicitement le titulaire de Matignon au rôle de simple exécutant. Le fait est d'autant plus notable que le président, de façon inédite, rend publiques les « directives » adressées au Premier ministre, faisant de celui-ci un super haut fonctionnaire travaillant sous le contrôle étroit de l'Élysée comme de l'opinion. Se comportant comme un professeur face à son élève, Valéry Giscard d'Estaing assigne régulièrement à Jacques Chirac des objectifs principaux assortis, devant les médias, d'un calendrier à tenir avec réunions et bilans de mi-parcours[1].

1. *Ibid.*

Ce présidentialisme giscardien se traduit aussi par l'organisation de nombreux conseils restreints (comme le Conseil central de planification lancé le 2 octobre 1974), où seuls quelques ministres et hauts fonctionnaires sont convoqués à l'Élysée, manière de contourner les traditionnels conseils des ministres à Matignon le mercredi matin. Refusant une bipolarisation de la vie politique française qui, en réduisant celle-ci au seul choc droite-gauche, favoriserait forcément le parti le plus puissant de chaque famille, et donc l'UDR chiraquienne à droite, le président, adepte d'une politique « au centre » qui rassemblerait « deux Français sur trois » selon le titre d'un de ses futurs ouvrages, s'efforce de faire une place à chaque sensibilité jusqu'à reconnaître un statut à l'opposition sur le modèle anglo-saxon. Le centre gauche est l'objet de toutes ses attentions. Valéry Giscard d'Estaing rencontre ainsi le socialiste Gaston Defferre à Marseille le 27 février 1975 et reçoit dans la foulée à l'Élysée Robert Fabre, le leader des radicaux de gauche. Une conception de la politique qui choque Jacques Chirac, attaché au classique modèle gaullien de la bipolarité hérité de 1958, et qui voit dans ces appels du pied au centre gauche un risque d'affaiblissement du couple RI-UDR dont pâtirait prioritairement le partenaire gaulliste.

Ces tensions à venir tiennent aussi au passif accumulé entre les deux leaders. En août 1969, lorsque le ministre de l'Économie et des Finances Valéry Giscard d'Estaing avait dévalué le franc, il n'avait pas pris la peine d'en informer son jeune secrétaire d'État. Jacques Chirac avait pris sa revanche quatre ans plus tard, quand, en novembre 1973, devenu ministre de l'Agriculture, il était, avec le soutien de Georges Pompidou, revenu sur l'impopulaire projet de loi de Valéry Giscard d'Estaing de taxe sur les ventes des fruits et légumes. Certes, au printemps 1974, Jacques Chirac, en tant que ministre de l'Intérieur, a apporté un soutien précieux au candidat RI à la présidentielle en étant à l'origine de l'opération des 43 et en faisant fuiter dans les médias des sondages RG pour renforcer la dynamique libérale. Mais ce ralliement tenait plus du calcul stratégique (empêcher la victoire de la gauche en soutenant le candidat de droite le mieux placé et assurer, ce faisant, la pérennité du courant gaulliste) que de l'adhésion politique et affective à Valéry Giscard d'Estaing.

Le caractère joue également dans cette tension tant les styles diffèrent entre ces deux hommes représentant chacun une sensibilité particulière de la droite française, la tradition bonapartiste du gaulliste d'un côté, la filiation orléaniste du libéral réformiste de l'autre[1]. Les journalistes de l'époque se plaisent à opposer un Jacques Chirac énergique et conquérant au risque d'apparaître parfois comme impulsif et brutal (Georges Pompidou ne le surnommait-il pas le « Bulldozer » ?) à un Valéry Giscard d'Estaing plus tempéré, plus « suave et subtil » selon la formule de Jean d'Ormesson[2]. Tout en affirmant son autorité dans le prolongement de son slogan de campagne, « Giscard à la barre », le chef de l'État, qui use fréquemment du verbe « conduire » pour décrire son action, s'emploie à « décrisper », selon une autre de ses expressions favorites, la vie politique française. Jusqu'aux symboles comme le costume de ville de la photo officielle, le rythme ralenti de la *Marseillaise* et le choix de la place de la Bastille pour le premier défilé du 14 juillet… Autant de ruptures assumées avec le conservatisme de ses prédécesseurs gaullistes, mais qui choquent un Premier ministre plus attaché aux formes traditionnelles du pouvoir républicain. Sur un plan plus personnel enfin, les manières franches de l'ancien ministre de l'Agriculture et élu de la Corrèze, dont le débit rapide et la gestuelle saccadée trahissent un tempérament énergique, tranchent avec le raffinement aristocratique onctueux, parfois perçu comme hautain, de l'ancien ministre des Finances.

Pour autant, le divorce à venir entre les deux hommes était-il écrit d'avance ? Dès le premier conseil des ministres, le 5 juin 1974, les notes prises par le secrétaire général de la présidence de la République, Claude Pierre-Brossolette, attestent les divergences entre les deux représentants de l'exécutif. Après que Valéry Giscard d'Estaing affirme vouloir « changer la France » et présente des méthodes originales de travail (former un Gouvernement resserré, entretenir un lien direct avec chaque ministre…), le Premier ministre souligne la nécessité de ne pas « confondre vitesse et précipitation[3] »… Reste que jusqu'à la rupture de l'été 1976, Jacques Chirac respecte la prééminence présidentielle, restant globalement en retrait du chef de l'État, y compris sur le plan médiatique. Pour les observateurs, c'est bien Valéry Giscard d'Estaing qui

---

1. Pour une biographie récente de l'ancien chef de l'État, voir Éric Roussel, *Valéry Giscard d'Estaing*, Paris, L'Observatoire, 2018.
2. *Le Figaro*, 2 septembre 1976.
3. Pierre Bonte-Joseph, Frédéric Tonolli, Niagara Tonolli, *1974. L'alternance Giscard*, production « Arte », 2019, cinquante-sept minutes.

décide des réformes que son Premier ministre applique. Fidèlement d'ailleurs, y compris les mesures sociétales et les initiatives d'inspiration libérale avec lesquelles il ne se trouve pas forcément en accord. Seule la politique de relance économique le voit se dissocier nettement de l'Élysée. Si la journaliste Michèle Cotta s'interroge, fin octobre, dans un article de *L'Express*, sur l'éventuelle duplicité d'un Premier ministre qui insiste en public sur la nécessaire discipline gouvernementale mais manifeste en privé son agacement devant la volonté de changement du président[1], le titulaire de Matignon joue bon gré mal gré le jeu de l'équilibre politique induit par cette « petite alternance » selon la formule de l'historien Serge Berstein. Même lorsque les relations entre les deux partis UDR et RI se détériorent à partir du printemps 1975, les rapports entre les deux leaders de l'exécutif n'en sont pas immédiatement affectés, Jacques Chirac préférant concentrer son hostilité sur la personne de Michel Poniatowski, perçu comme l'âme damnée du président, « l'élément perturbateur[2] ».

Automne-hiver 1974 : le malentendu s'installe à la tête de l'exécutif

Avant de constituer son Gouvernement le 27 mai, Jacques Chirac a convoqué à l'Assemblée, salle Colbert, les « barons » et principales figures gaullistes : Jacques Chaban-Delmas, Albin Chalandon, Maurice Couve de Murville, Edgar Faure, Claude Labbé, Pierre Messmer, Alain Peyrefitte, Robert Poujade, Alexandre Sanguinetti… Pour rassurer ses interlocuteurs, encore hostiles pour certains à sa nomination à Matignon (Michel Debré n'a-t-il pas présenté celle-ci le 21 mai comme « une déclaration de guerre » ?), le nouveau Premier ministre s'est montré rassurant, affirmant qu'il ne ferait « rien de contraire aux convictions gaullistes » et qu'il veillerait au respect des équilibres entre les diverses formations de la majorité. Même si les plus remontés lui ont fait remarquer qu'ils ne « garderaient pas les yeux fermés à perpétuité », certains semblent déjà résignés, ne souhaitant pas aggraver la défaite du camp gaulliste par des règlements de comptes internes fatals à

1. *L'Express*, 21 octobre 1974.
2. Jacques Chirac, *Chaque pas doit être un but. Mémoires*, Paris, éditions du Nil, 2009, p. 171.

l'UDR. Albin Chalandon, qui dit « refuser la politique du pire » et se sent « l'obligation de soutenir Giscard », s'oriente même déjà vers un soutien décomplexé à l'Élysée[1].

Un malentendu, que Catherine Nay appellera plus tard « la double méprise », s'installe rapidement au sein de la majorité. Les giscardiens pensent, en ayant placé Jacques Chirac à la tête du Gouvernement, pouvoir compter sur un Premier ministre fidèle qui leur apportera le soutien sans trop de conditions du gros d'un camp gaulliste affaibli. En face, les chiraquiens croient, parce qu'ils sont installés à Matignon et qu'ils s'appuient sur le principal groupe parlementaire, pouvoir influencer en profondeur la politique présidentielle et dominer la majorité. En réalité, chacun s'illusionne sur le camp adverse, mesurant mal les forces et les contraintes comme la personnalité profonde et les intentions réelles de l'autre. Les stratégies électorales à moyen terme ne sont pas les mêmes entre libéraux et gaullistes. Concrètement, dès juin 1974, Michel Poniatowski envisage des législatives anticipées pour la fin 1975, une fois la dynamique giscardienne enracinée dans le pays. Il s'agit de dissoudre l'UDR dans une nouvelle majorité dominée par les RI et leurs alliés réformateurs, avec une structure d'accueil pour des députés gaullistes giscardo-compatibles. Bien entendu, Jacques Chirac n'est pas favorable à un scrutin trop proche, n'envisageant de législatives qu'une fois l'UDR reconstruite sous sa férule, sa politique générale acceptée par la population et sa cote personnelle affirmée. L'intéressé sait bien que les 180 députés gaullistes issus des législatives de 1973 constituent son indispensable viatique politique pour son séjour à Matignon. Le chef de l'État ne peut faire passer un projet ou une réforme sans le soutien du groupe et au-delà du parti gaulliste, il faut donc à Jacques Chirac contrôler le parti.

Aussi, le Premier ministre n'entend pas dominer l'UDR pour rendre service à Valéry Giscard d'Estaing ou pour lui plaire, mais bien pour lui-même et dans son intérêt. Les giscardiens, abusés par la fidélité totale et l'attachement absolu du jeune Jacques Chirac à l'égard du président Pompidou, croient que le Premier ministre conservera la même attitude vis-à-vis du nouveau patron de l'Élysée. C'est là un malentendu profond comme le note dès la fin septembre 1974 la journaliste Michèle Cotta : « Parce que

1. Michèle Cotta, *Cahiers secrets de la Ve République*, t. I, *1965-1967*, Paris, Fayard, 2007, p. 529.

Chirac a été le spadassin de Pompidou, son exécuteur d'ordres, Ponia croit qu'il jouera ce rôle auprès de Giscard. Mais non ! Il se trompe : il ne sera pas le bulldozer de Giscard […], il n'a pas d'affaire sentimentale avec Giscard, il en a eu une avec Pompidou[1]. » Valéry Giscard d'Estaing reconnaîtra *a posteriori* son erreur dans un entretien de 1995 accordé à son biographe, Jean Bothorel : « Pouvais-je compter sur Jacques Chirac ? Nos parcours politiques différents ne le garantissaient pas. Mais j'avais été réellement impressionné par la qualité de sa fidélité à l'égard du président Pompidou. Je me suis dit que la fidélité était un caractère qui était gravé en soi et que, dès lors que la sienne était devenue neuve, il la reporterait sur moi[2]. »

Il est vrai que le chef de l'État multiplie d'emblée les maladresses à l'égard des élus UDR. Sur les suggestions de Jacques Chirac, Valéry Giscard d'Estaing décide ainsi au début du septennat d'inviter à déjeuner, à l'Élysée, tous les députés et sénateurs UDR. Le Premier ministre suggère au président de « parler au cœur » à ses convives. « À la fin du déjeuner, vous vous levez et vous leur dites trois mots du genre : "Nous sommes ensemble pour gagner, je compte sur vous !" C'est tout. Les gaullistes sont toujours sensibles à ce qu'on leur dise qu'on compte sur eux. » Le jour dit, Valéry Giscard d'Estaing fait exactement le contraire. Le voici qui se lance à la fin du repas dans un cours de droit constitutionnel long de trois quarts d'heure ! « Un véritable désastre, commentera plus tard Jacques Chirac dans ses mémoires. Alors que ses invités n'aspiraient qu'à se sentir aimés, Giscard n'avait pu résister au plaisir de leur faire comprendre qu'il était plus intelligent qu'eux ! Les gaullistes repartirent furieux. Dès lors, l'incompréhension entre eux et lui ne pouvait qu'empirer[3]… »

En réalité, Jacques Chirac s'emploie vite à renforcer son autorité sur le parti gaulliste. Il est ainsi bien accueilli par les députés UDR le 27 septembre 1974 lors de leurs journées parlementaires à Cagnes-sur-Mer, à la surprise déçue des « barons ». Son discours offensif est, il est vrai, de nature à galvaniser l'auditoire : « Je ne serai pas le Premier ministre qui aura constaté avec indifférence et sans réaction la disparition du gaullisme […] il ne s'agit plus

1. *Ibid.*, p. 550.
2. Jean Bothorel, *Un si jeune président*, Paris, Grasset, 1995, p. 224.
3. Jacques Chirac, *Chaque pas doit être un but*, *op. cit.*, p. 179.

de nous abriter derrière un chef d'État qui pensait pour nous, nous devons apprendre à penser par nous-mêmes[1]. » Le Premier ministre laisse par ailleurs volontiers les élus gaullistes manifester librement leurs critiques à l'égard des réformes giscardiennes. À la mi-octobre, il défend mollement devant les députés de la majorité le projet de loi Fourcade-Durafour sur la sécurité sociale ainsi que le projet d'extension de la saisine du Conseil constitutionnel qui déplaît à l'UDR. On voit les députés gaullistes rejoindre parfois en commission les amendements socialistes et communistes pour détricoter ces textes voulus par l'Élysée. Rapporteur du budget, le député UDR Maurice Papon affiche ouvertement ses réserves tandis que son collègue André Fanton déplore l'absence de plans et de grands projets dans la politique giscardienne. Moins de quinze jours après l'ouverture de la session parlementaire, c'est bien à une « guérilla parlementaire » à laquelle assistent, médusés, les journalistes au palais Bourbon. Jacques Chirac se concentre sur les sujets essentiels, laissant sur le reste les députés gaullistes donner libre cours à leurs sentiments antigiscardiens. Manière pour le Premier ministre de montrer à la présidence à quel point ses marges de manœuvre sont faibles au Parlement et combien son soutien lui est indispensable. Jacques Chirac n'intervient pour ramener l'ordre que lorsque la ligne rouge est franchie par des députés trop remontés et que son autorité est en jeu. C'est le cas le 29 novembre au soir, quand la ministre de la Santé Simone Veil, épuisée par l'agressivité de la frange conservatrice des députés UDR très remontée contre son projet de loi sur l'IVG, sollicite, en pleurs, l'appui du Premier ministre. La journaliste Michèle Cotta rapporte l'événement : « Il est arrivé tout de suite et a passé un vrai savon aux députés UDR. Il en a apostrophé, paraît-il, un des plus virulents, en lui disant qu'il était aussi con qu'une valise sans poignée[2]. »

Au-delà des parlementaires, c'est le parti que vise Jacques Chirac. Il lui faut en prendre le contrôle d'autant plus vite que Michel Poniatowski, ainsi que Michel d'Ornano et Jacques Dominati, entendent créer un nouveau mouvement au sein de la majorité pour rééquilibrer le rapport de force avec l'UDR. Un mouvement qui réunirait les Républicains indépendants, le Centre démocrate de Jean Lecanuet et un bloc réformateurs/radicaux

---

1. *Ibid.*, p. 180.
2. Michèle Cotta, *Cahiers secrets de la Ve République*, t. I, *op. cit*, p. 583.

autour de Jean-Jacques Servan-Schreiber, avec comité de liaison électorale et assises annuelles. N'ayant pas dissous l'Assemblée après la présidentielle, ce qui leur aurait permis d'affaiblir l'UDR à la faveur de la dynamique porteuse de la victoire giscardienne, Michel Poniatowski et ses amis doivent réorganiser la majorité pour ne pas être condamnés à laisser Jacques Chirac conduire le jeu. Ils y sont incités aussi par l'apparente faiblesse du parti gaulliste, encore sonné par la déroute de la présidentielle du printemps, et qui leur apparaît comme une coquille vide, avec une direction divisée entre chiraquiens et « barons », une base militante affaiblie et des électeurs en proie au doute. Le Premier ministre doit prendre de vitesse ses adversaires au sein du parti comme au sein de la majorité. Pour peser face au tandem Giscard d'Estaing-Poniatowski et face aux « barons », il lui faut une UDR puissante et à ses ordres.

Fin 1974, Chirac prend le contrôle du parti gaulliste

Valéry Giscard d'Estaing a confié Matignon à Jacques Chirac en espérant que ce dernier, fort de l'autorité et des moyens liés à sa nouvelle fonction, puisse à terme dominer l'UDR afin de consolider la majorité parlementaire dont le président a besoin pour mener sa politique. Comme le note Michel Poniatowski dès le 21 mai 1974, « les barons sont morts sur le champ de bataille, le mouvement est à prendre[1] ». C'est chose faite dès la réunion du comité central le 14 décembre 1974 : le Premier ministre prend le contrôle de la formation gaulliste. Les journalistes sur le moment, et l'opinion encore aujourd'hui, perçoivent cette conquête à la hussarde comme un « coup de bluff » isolé de Jacques Chirac. En réalité, non seulement le Premier ministre n'est pas seul dans cette opération audacieuse menée par une équipe efficace, mais il s'empare d'autant plus facilement du parti en décembre qu'il en contrôle *de facto* depuis l'été déjà les principaux rouages : secrétariat général, secrétaires fédéraux et groupe parlementaire. Le pronunciamiento du 14 décembre n'est que la confirmation d'une chiraquisation de l'UDR plus précoce qu'on le croit souvent.

1. *Ibid.*, p. 522.

Jacques Chirac peut déjà compter sur le tandem Juillet-Garaud. Mais, au-delà des deux conseillers élyséens, il s'appuie, au siège du parti, rue de Lille, sur une équipe d'anciens pompidoliens opposés à la chabanisation accélérée de l'UDR depuis les assises de Nantes en juillet 1973. Si, après la défaite de la présidentielle, les instances dirigeantes restent encore majoritairement acquises au maire de Bordeaux, le bureau exécutif abrite une poignée d'éléments proches de Jacques Chirac, parmi lesquels Charles Pasqua, André Bord, René Tomasini et Claude Labbé (président du groupe UDR à l'Assemblée depuis septembre 1973).

Charles Pasqua s'est rapproché de Jacques Chirac à l'occasion de Mai 68 où le n° 2 du SAC a apprécié le courage du secrétaire d'État à l'Emploi. Élu député de Levallois en juin 1968, il le retrouve dès la rentrée 1968 à l'occasion de ces réunions entre secrétaires d'État et députés proches du service d'ordre que Jacques Foccart organise pour transformer le gaullisme d'ordre en lobby politique efficace. Cofondateur de l'amicale parlementaire Présence et action du gaullisme, Charles Pasqua s'attire la bienveillance du tandem Juillet-Garaud qui a besoin des gaullistes orthodoxes pour combattre les chabanistes. Membre du comité central depuis novembre 1971, secrétaire de la puissante fédération des Hauts-de-Seine depuis mai 1973, figure du bureau exécutif depuis décembre 1973, Charles Pasqua est connu pour ses qualités d'organisateur (la manifestation massive du 30 mai 1968 sur les Champs-Élysées lui doit beaucoup), son talent de tribun et son sens du contact avec la base. Très apprécié par les militants, il a intégré après les assises de Nantes le bureau exécutif au quatrième rang dans l'ordre des voix obtenues. Sa gouaille méridionale dont il surjoue dissimule une vraie capacité d'analyse politique dont il fait preuve lors du printemps 1974. Si ce gaulliste refuse de soutenir l'opération chiraquienne des 43 et pousse le compagnonnage jusqu'à participer à la campagne chabaniste à laquelle il ne croit pas, son positionnement original de gaulliste chiraquien mais anti-giscardien lui permet plus tard d'entamer le rassemblement autour du Premier ministre. Ne pouvant intervenir au sein du groupe puisqu'il a été battu aux législatives de 1973, Charles Pasqua se concentre sur le parti avec l'appui d'éléments prometteurs dont Alain Marleix (chef du service politique à *La Nation* depuis 1968).

L'Alsacien André Bord s'est aussi rapproché de Charles Pasqua au sein du groupe UDR à partir de 1968 puis au secrétariat général de l'UDR. Ils déjeunent ensemble plusieurs fois par semaine. Député du Bas-Rhin depuis 1958, président du conseil général du Bas-Rhin depuis 1967, membre du comité exécutif depuis 1971, patron de l'UDR strasbourgeoise, le secrétaire d'État aux Anciens combattants a connu Jacques Chirac dans le quatrième gouvernement Pompidou en 1967 et sympathisé avec lui à partir de Mai 68. La présidentielle de 1974 est l'occasion pour André Bord de se venger de Jacques Chaban-Delmas qui l'a barré à Strasbourg face à Pierre Pflimlin dans la course à l'investiture pour les municipales de 1971. Avant le premier tour de la présidentielle, le maire de Bordeaux tente de l'intimider : « Ceux qui ne sont pas avec moi, Bord, je les casse[1]... » Le Strasbourgeois reste inflexible et lorsque le bureau exécutif se réunit le 5 avril pour officialiser son soutien à Chaban-Delmas, André Bord est un des rares à protester contre ce choix.

Au sein du groupe UDR à l'automne 1974, Jacques Chirac s'appuie également sur des éléments réunis par une même défiance à l'égard d'un Chaban battu (Pierre Lelong, Mario Bénard, Xavier Deniau, Maurice Herzog, Christian Poncelet, André Jarrot...). Le succès même relatif de « l'appel des 43 » a révélé que le groupe n'est pas uni derrière le maire de Bordeaux. Parmi les députés, des éléments influents (Marcel Dassault, Bernard Pons, Lucien Neuwirth...) ne cachent pas leur amitié pour l'ancien protégé de Georges Pompidou. Jacques Chirac sait aussi pouvoir compter sur presque la moitié des ministres et secrétaires d'État UDR du dernier gouvernement Messmer (Stirn, Lecat, Torre, Germain, Limouzy, Bord et Taittinger), d'autant plus que certains figurent dans son premier Gouvernement (Stirn, Bord) installé le 29 mai. À l'équipe chiraquienne s'ajoutent enfin des membres dévoués et compétents issus de l'ancien cabinet de la place Beauvau comme le chef de cabinet Jacques Toubon et le conseiller technique Roger Romani. À l'arrivée, si Jacques Chirac reste minoritaire au sein de l'UDR, il n'est pas isolé.

La chiraquisation accélérée de l'UDR débute par le ralliement du secrétaire général du parti, Alexandre Sanguinetti. Étranglé par la dette contractée par la formation en campagne (au moins 3 millions de francs) qui le rend dépendant des fonds secrets de Matignon, en délicatesse lui-même avec le fisc, Alexandre Sanguinetti se

1. Dominique Wirtz-Habermeyer, *André Bord, un état d'esprit*, Strasbourg, Le Verger éditeur, 1993, p. 96.

tourne vers Jacques Chirac. En retour, Charles Pasqua devient le 14 juin délégué national à l'action (poste nouveau dans l'organigramme du parti). Doté de prérogatives aussi larges que mal définies, le Méridional dynamise l'appareil en s'appuyant sur des délégués régionaux acquis à sa personne. Lors de la réunion des secrétaires fédéraux à Paris le 27 juin, son discours populiste (« le gaullisme doit être partout, dans les châteaux giscardiens comme dans les fiefs communistes ») est applaudi par des cadres ralliés par conviction ou nécessité[1]. S'agissant d'Alexandre Sanguinetti, son ralliement devient manifeste lorsque celui qui a critiqué durement l'opération des 43 met en avant positivement l'âge du Premier ministre lors d'une réunion des instances dirigeantes du parti le 12 juillet : « Sa jeunesse nous prouve que nous ne sommes pas des anciens combattants, nous avons besoin d'être entraînés par un homme d'une nouvelle génération auquel j'accorde mon estime et j'apporte mon soutien[2]. »

Durant l'été, les chiraquiens prennent le contrôle du groupe UDR de l'Assemblée en s'appuyant sur René Tomasini, secrétaire d'État aux Relations avec le Parlement, d'autant plus motivé que Marie-France Garaud le tient *via* des affaires politico-financières qui ont déjà conduit le député de l'Eure à quitter le secrétariat général de l'UDR en août 1972[3]. Il est assisté de Jean Tibéri, Roger Romani et Jacques Toubon. Après des approches individualisées combinant flatteries, promesses et menaces, l'offensive prend un tour plus collectif le 3 juillet quand Jacques Chirac retrouve le groupe à Vélizy-Villacoublay. Mêlant les messages rassurants (« il ne peut y avoir de divorce entre le Premier ministre UDR et le groupe UDR ») et les mises en garde voilées sur les prochaines investitures ou une éventuelle dissolution, le Premier ministre obtient le ralliement général. S'agissant des adhérents de base, Charles Pasqua apaise les ressentiments en jouant de ce besoin d'ordre et de commandement inhérent à la culture gaulliste (« le mouvement gaulliste est un mouvement bonapartiste qui veut être entraîné, il n'est pas du tout porté à l'autogestion ») et des maladresses giscardiennes pour souder le mouvement dans une posture défensive derrière Jacques Chirac.

---

1. Charles Pasqua, *Ce que je sais*, t. I, *op. cit.*, p. 31-39.
2. Michèle Cotta, *Cahiers secrets de la Ve République*, t. I, *op. cit.*, p 599.
3. Alain Rollat, Philippe Boggio, *Ce terrible monsieur Pasqua*, Paris, Olivier Orban, 1988, p. 150.

Face à cette précoce chiraquisation, les résistances sont faibles et dispersées. À l'intérieur de l'UDR, les barons se concentrent sur leurs ambitions personnelles sans comprendre que les règles de gouvernance ont changé. Si l'opposition des gaullistes orthodoxes reste mesurée (Pierre Messmer rallie vite Jacques Chirac tandis que Michel Debré demeure inflexible), celle des gaullistes de gauche est plus ferme. Mais, peu nombreux, sans véritable audience et portés à la division, ils n'enrayent pas la montée en puissance du Premier ministre qui en récupère d'ailleurs quelques-uns comme Philippe Dechartre. À l'extérieur, l'échec à venir d'organisations gaullistes rivales comme le Mouvement des démocrates de Michel Jobert, créé en mars 1975, démontre vite qu'il n'existe pas d'espace pour des formations dépourvues de ressources financières, d'appareil militant solide et de projet politique cohérent.

Cette dynamique chiraquienne se confirme à la mi-décembre 1974. Le 12 décembre au soir, Jacques Chirac s'invite à un repas des « barons » au Conseil constitutionnel présidé par Roger Frey. Il les informe de son intention de diriger le parti. Personne ne le prend au sérieux. Jacques Chaban-Delmas, Michel Debré, Olivier Guichard, Jacques Foccart, Pierre Messmer, Alain Peyrefitte et Maurice Couve de Murville, habitués à imposer leurs vues sur l'UDR, ont déjà choisi leur candidat pour succéder à Alexandre Sanguinetti : Olivier Guichard. Mais Charles Pasqua, secondé par Pierre Juillet et René Tomasini, prend de vitesse les opposants à Jacques Chirac. Ces derniers ont en effet prévu de démocratiser les statuts du mouvement en faisant élire le secrétaire général par non plus le comité central, mais l'ensemble des adhérents afin de contrecarrer l'emprise des chiraquiens sur les instances dirigeantes. Le trio Pasqua-Juillet-Tomasini, appuyé par Roger Romani et le jeune Michel Noir, obtient d'Alexandre Sanguinetti qu'il convoque le comité central de l'UDR dans les salons de l'hôtel *Concorde* le matin du 14 décembre. Après avoir présenté sa démission du secrétariat général du parti, Alexandre Sanguinetti propose comme successeur le Premier ministre. L'ambiance devient vite extrêmement tendue, entre huées, sifflets et injures. Jacques Chaban-Delmas a beau crier à la pantalonnade, Olivier Guichard et Michel Debré clamer leur indignation, et Robert-André Vivien, Jacques Foccart et Alain Peyrefitte tenter de bloquer par leurs interventions un processus dont ils pressentent la conclusion, les jeux sont rapidement faits. Les autres membres du comité savent bien qu'ils n'ont pas intérêt à se couper de Matignon qui représente le dernier lieu politique important détenu par un gaulliste. Se couper de Jacques Chirac, c'est se couper du pouvoir... Le Premier ministre, après avoir rappelé qu'il a sauvé l'UDR depuis l'été et après avoir promis aux députés qu'ils reviendraient aussi nombreux après les prochaines législatives, laisse entendre qu'il se contentera d'un secrétariat général temporaire. Michel Debré tente un ultime coup en demandant à Jacques Chirac d'accepter à ses côtés un consistoire composé des barons, ce que le Premier ministre refuse sous la pression de Charles Pasqua et d'Alexandre Sanguinetti.

Par 57 voix contre 27 en faveur du modeste député-maire de Cambrai Jacques Legendre, Jacques Chirac devient le secrétaire général d'un parti... dont il prend la carte pour la première fois ! Après avoir déjeuné d'un sandwich à l'hôtel Matignon, la petite équipe des comploteurs se rend l'après-midi au conseil national où près de cinq cents militants chauffés à blanc depuis des heures par les adjoints de Charles Pasqua ratifient dans l'enthousiasme la démocratisation des statuts et confirment la promotion de Jacques Chirac... Robert Boulin qualifiera de « hold-up » cette opération rondement menée. Même s'il n'a pas été informé en amont par Jacques Chirac de cette initiative qu'il découvre après coup, de retour d'un séjour aux Antilles, Valéry Giscard d'Estaing ne peut *a priori* que profiter de ce coup de force qui fragilise ses opposants gaullistes. Le 24 décembre 1974, pour remercier son efficace Premier ministre, il le décore de la grand-croix de l'Ordre national du Mérite devant l'ensemble du Gouvernement. Le malentendu relevé par Michèle Cotta dès septembre se prolonge, et la journaliste d'insister sur ce point dans une métaphore amusante : « Comme Chirac a été plus que fidèle à Pompidou, Giscard a toujours cru qu'il lui serait totalement dévoué et lui ramènerait l'UDR comme un chien ramène un os à son maître. Chirac, aujourd'hui, n'a pas de maître. Et veut l'UDR pour lui[1]. »

Dans l'immédiat, Jacques Chirac reste encore sous les feux des « barons » qui n'acceptent pas leur mise à l'écart. Certes, Yves Guéna, proche de Michel Debré et secrétaire général adjoint de l'UDR en 1974, se rallie vite au Premier ministre. Mais si les instances dirigeantes et les antennes départementales de l'UDR sont efficacement verrouillées par les chiraquiens, certains continuent de

1. Michèle Cotta, *Cahiers secrets de la Ve République*, t. I, *op. cit.*, p. 585.

protester contre le coup de force chiraquien et ce qui leur semble être la giscardisation de la majorité. Début février 1975, lors d'une réunion du bureau exécutif de l'UDR, Michel Debré, qui se campe en gardien de l'orthodoxie gaulliste, affirme, soutenu par Olivier Guichard, que le Premier ministre ne peut être en même temps l'homme d'un parti et le chef du Gouvernement. Jacques Chirac doit confirmer son autorité en démontrant qu'il a le soutien de la base. Il s'y emploie le 23 février 1975 lors du conseil national de l'UDR tenu au palais des congrès, porte Maillot. 92,5 % des votants reconduisent le nouveau secrétaire général dans son poste en dépit des mises en garde de Michel Debré. Dans un discours habile, Jacques Chirac rassure les gaullistes intégristes (« je ne me considère pas comme l'héritier du gaullisme, j'en suis le serviteur[1] »), avant de souligner que l'UDR, mouvement le plus important de la majorité, doit imposer son propre rythme et ses objectifs au bloc présidentiel. Aux troupes UDR qu'il ramène au chef de l'État, il promet le retour du leadership gaulliste. Après s'être imposé à la tête du parti, Jacques Chirac peut passer à la seconde phase de son programme : devenir le chef de la majorité. En mai 1975, René Tomasini résume la situation d'une formule synthétique : « L'UDR est derrière Jacques Chirac qui est derrière le président[2]. »

Une rivalité croissante Chirac-Giscard tout au long de l'année 1975

Au lendemain de ce nouveau 18 Brumaire, Jacques Chirac aurait déclaré à Valéry Giscard d'Estaing : « Je vous apporte l'UDR sur un plateau. Naturellement, ce n'est pas pour que vous lui coupiez la tête – allusion à la formule de Michel Poniatowski qui voulait "plumer" la volaille gaulliste. Je vous l'apporte pour que l'UDR occupe toute sa place, avec ses droits et ses devoirs, au sein de votre majorité[3]. » Le Premier ministre déchante vite… Peu après sa conquête de l'UDR, Jacques Chirac constate qu'en réalité, non seulement la politique de réformes engagée par le président dans le cadre de la « société libérale avancée » déconstruit des pans entiers de l'héritage des années de Gaulle-Pompidou à l'image du

1. *Le Monde*, 24 février 1975.
2. Michèle Cotta, *Cahiers secrets de la Ve République*, t. I, *op. cit.*, p. 636.
3. Jacques Chirac, *Chaque pas doit être un but*, *op. cit.*, p. 182.

démantèlement de l'ORTF ou de la réforme Haby sur l'enseignement secondaire, mais que le présidentialisme giscardien s'accentue au détriment de Matignon. Souvent condamné à exécuter une politique qui ne correspond pas à ses convictions personnelles, Jacques Chirac réalise l'erreur de ses conseillers Pierre Juillet et Marie-France Garaud. Alors que ces derniers lui avaient assuré au printemps 1974 que Valéry Giscard d'Estaing serait un président faible et que le pays serait *de facto* gouverné de Matignon (une perspective au demeurant gênante pour celui qui se pose en héritier du gaullisme constitutionnel), il peine à « déterminer et à conduire la politique de la nation » tout comme à « diriger l'action du Gouvernement » ainsi que le veulent pourtant les articles 20 et 21 de la Constitution.

Durant l'année 1975, les conseils interministériels tenus à l'Élysée se multiplient. Soixante-quinze en tout, contre une quinzaine par an à l'époque de Georges Pompidou. Adepte d'une définition élargie du « domaine réservé » gaullien, Valéry Giscard d'Estaing ne se contente pas d'imposer ses vues en matière de défense et de diplomatie, il suit de très près les questions financières et monétaires (comme le président Pompidou), fort de son expertise reconnue dans le domaine, et dans le contexte nouveau de la crise économique. Alors que le Premier ministre est traditionnellement chargé de l'arbitrage budgétaire, le ministre des Finances, le giscardien Jean-Pierre Fourcade, se charge de cette mission délicate en lien avec l'Élysée sans que Matignon soit toujours bien informé. Pire, certains ministres connus pour leur antigaullisme comme Michel Poniatowski, Michel d'Ornano ou Jean Lecanuet ne se gênent pas pour critiquer publiquement l'action du Premier ministre sans qu'ils soient recadrés.

Si Jacques Chirac approuve personnellement la plupart des réformes sociétales mises en place par Valéry Giscard d'Estaing (majorité électorale à 18 ans, assouplissement du régime carcéral, réforme du divorce, autorisation de l'IVG, aménagement des licenciements collectifs, intégration professionnelle des handicapés, abaissement de l'âge de la retraite des travailleurs, etc.), il doit faire avec un parti et un groupe gaulliste plus conservateurs. Les deux tiers des députés UDR votent ainsi contre la loi Veil qui passe à l'Assemblée seulement grâce au soutien unanime de la gauche. Lors des journées parlementaires de l'UDR à Sainte-Maxime le 12 mars 1975, le chef du groupe UDR à l'Assemblée,

Claude Labbé, remet en cause la loi sur l'avortement et « les majorités d'idées qui donnent une fâcheuse idée de la majorité » (allusion à la formule d'Edgar Faure). Anciens antichabanistes déterminés, Pierre Juillet et Marie-France Garaud ne sont pas sans penser que bien des mesures de la « société libérale avancée » giscardienne s'inscrivent dans le prolongement de la « nouvelle société » chabaniste qu'ils ont tant combattue sous la présidence de Georges Pompidou. Mais les principaux points d'achoppement avec la ligne présidentielle concernent les décisions remettant en cause l'héritage du Général. Si certaines mesures choquantes pour les gaullistes restent de nature symbolique comme la suppression de la célébration officielle du 8 Mai, certains projets giscardiens en matière de défense (affaiblissement de la dissuasion nucléaire par l'annulation projetée d'un sixième SNLE) ou de diplomatie (évolution vers une conception plus fédérale de l'Europe) sont considérés comme de véritables provocations par les responsables UDR. Certes, Jacques Chirac, tenu plus qu'un autre à la solidarité gouvernementale, soutient publiquement les réformes engagées par le chef de l'État. Mais il fait savoir, en privé, ses réserves envers certains aspects de la société libérale avancée qui, à ses yeux, répondent plus aux aspirations de l'opposition de gauche qu'aux souhaits de la majorité. Cela n'est pas sans inciter les députés UDR à freiner l'examen puis le vote de certaines lois contestées (comme la réforme Haby du 11 juillet 1975 sur l'enseignement du second degré), sans que cette résistance n'interrompe toujours la frénésie réformatrice du début du septennat.

Si les réserves gaullistes s'expriment déjà sur les sujets sociétaux, elles s'observent aussi sur le terrain des réformes économiques. Deux lois sont ainsi votées avec difficulté, celle du 20 juillet 1975 sur la suppression de la patente et son remplacement par une taxe professionnelle, et celle du 31 décembre 1975 sur la réforme de la politique foncière. D'autres restent mort-nées comme la réforme de l'entreprise. Soucieux d'améliorer le climat social en limitant la puissance patronale, Valéry Giscard d'Estaing a sollicité le député centriste et maire de Blois Pierre Sudreau pour présider une commission sur la « réforme de l'entreprise ». Celui-ci rend son rapport le 7 février 1975 : il préconise d'accorder aux représentants des salariés un tiers des postes dans les conseils d'administration des entreprises. Cette mesure, qui provoque l'hostilité du patronat mais aussi des parlementaires gaullistes qui craignent de faire ainsi le lit d'une contestation syndicale dans les usines, est progressivement enterrée, d'ajournements en reports. Elle inspirera néanmoins les lois Auroux de 1982 sous le mandat de François Mitterrand. Autre projet économique lancé en juillet 1974 et encore plus contesté sur les rangs UDR, celui de l'imposition des plus-values du capital. Préparé pendant un an par une commission spéciale, visé par le Conseil économique et social en décembre 1975, le rapport devient un projet de loi présenté à l'Assemblée en avril 1976. Bien que défendu en personne au palais Bourbon par le ministre Fourcade, il fait l'objet d'une véritable guérilla parlementaire de la part des députés gaullistes, d'autant plus remontés que Jacques Chirac n'intervient en faveur du texte que tardivement et du bout des lèvres, cachant à peine qu'il agit là en service commandé.

La politique étrangère constitue le dernier domaine d'accrochage entre le président et le Premier ministre[1]. Représentant la droite libérale traditionnellement atlantiste et plus européenne, Valéry Giscard d'Estaing était initialement suspecté par les gaullistes orthodoxes de vouloir infléchir la diplomatie française dans un sens favorable aux intérêts de Washington et de Bruxelles. Le chef de l'État reste pourtant globalement fidèle aux grandes orientations de ses deux prédécesseurs. Il conserve ainsi des liens étroits avec l'URSS (visite de Brejnev à Rambouillet en décembre 1974 et du président français à Moscou en octobre 1975) et les pays d'Europe de l'Est. La politique de coopération avec l'Afrique noire, où le président se rend fréquemment, y compris pour des séjours privés, est maintenue. Tout comme la ligne pro-arabe qui voit Valéry Giscard d'Estaing se déplacer à Alger (première visite d'un chef de l'État français depuis 1962) et en Égypte. Attaché comme ses prédécesseurs au dialogue Nord-Sud, c'est dans cette logique qu'il préside à Paris, en décembre 1975, une conférence sur la coopération économique internationale. Si le président français se rend aux États-Unis en mai 1976, les relations avec Washington sont parfois tendues en raison de divergences sur des dossiers secondaires (Concorde) ou plus importants (la limitation des armes nucléaires). C'est finalement sur la question européenne, si sensible pour les gaullistes, que les oppositions se manifestent le plus fortement entre les deux têtes de l'exécutif. Très attaché à la

1. Serge Berstein, Jean-Claude Casanova, Jean-François Sirinelli (dir.), *Les Années Giscard. La politique économique, 1974-1981 : actes de la journée d'études, palais du Luxembourg, Paris, le 4 février 2008*, Paris, Armand Colin, 2009.

construction européenne, Valéry Giscard d'Estaing n'hésite pas à faire des concessions lors de sommets européens comme lors de la conférence de Paris en décembre 1974.

Les tensions ne cessent donc de s'accroître entre gaullistes et giscardiens à partir du printemps 1975. Lors des assises de l'UDR à Nice les 14 et 15 juin, les dix mille congressistes présents font la démonstration de la puissance militante et ne cachent plus leur volonté d'en découdre avec l'Élysée. À Nice, aucun des orateurs, à l'exception d'Albin Chalandon, ne prononce le nom de Valéry Giscard d'Estaing. Pas une seule photo du président, alors que celles de De Gaulle, de Georges Pompidou et plus encore de Jacques Chirac, parsèment les allées. À la tribune, le Premier ministre défend « le droit au travail pour tous » avant de se réclamer d'un « nouvel humanisme » défini par l'égalité des chances et la participation[1]. Habile contrepoint à la « société libérale avancée » giscardienne. À la fin de son discours, Jacques Chirac annonce, à un public stupéfait, sa démission du secrétariat général : « Le péril est écarté, nous sommes à nouveau unis et forts, ma tâche est terminée. » Peinant à concilier la charge écrasante de Matignon et la direction du parti, souhaitant se concentrer sur le pilotage de la majorité, le Premier ministre choisit comme successeur un proche, l'Alsacien André Bord. À charge pour celui-ci d'étouffer les derniers discours critiques envers Jacques Chirac au sein du mouvement.

À partir de l'été 1975, tout devient bon pour attiser les tensions entre giscardiens et gaullistes, à l'image de la disparition de l'ORTF qui irrite les élus UDR habitués à contrôler politiquement l'audiovisuel public. Début septembre, le député gaulliste Robert-André Vivien diffuse un constat d'huissier sur le temps de passage des représentants du pouvoir et des partis politiques sur Antenne 2 entre le 6 janvier et le 31 août, celui-ci révèle que l'exécutif (essentiellement le président) totalise 15 heures et 45 minutes, le PS 4 heures et 10 minutes, le PCF 2 heures et 40 minutes tandis que l'UDR doit se contenter de 1 heure et 40 minutes… Lors des journées parlementaires UDR des 24-25 septembre, Jacques Chirac, désireux d'affirmer son autorité au sein de la majorité, surjoue le Premier ministre attentif à la France profonde et se permet quelques familiarités auprès d'un public acquis à sa cause :

1. *Le Monde*, 16 juin 1975.

« Il faut agir vite pour que personne ne puisse pisser sur les roues de ma voiture[1]. » Au cours du comité central de l'UDR les 11 et 12 octobre, soucieux de se démarquer du giscardisme libéral et de doubler les RI sur leur gauche, il parle longuement de participation, d'impôt sur les plus-values et de resserrement de l'éventail des salaires. Manière aussi de faire revenir dans le giron gaulliste un électorat jeune attiré par la communication moderne de Génération sociale et libérale (GSL), le mouvement cadet giscardien où s'illustrent des éléments prometteurs comme Jean-Pierre Raffarin et Dominique Bussereau. Ce sera chose faite avec le meeting des jeunes UDR du Bourget, le 5 décembre 1975, qui acclament Jacques Chirac aux cris de « Chirac président ! ». Parmi les orateurs à la tribune s'illustre pour la première fois un jeune étudiant en droit de Nanterre : Nicolas Sarkozy.

Ces piques n'échappent pas à l'Élysée qui y répond par des offensives visant des figures gaullistes, à l'image d'Alexandre Sanguinetti écarté en octobre de la présidence de l'Office de recherche scientifique et technique d'outre-mer (Orstom). Le numéro du 29 septembre 1975 du *Point*, consacré à Jacques Chirac, et présenté par le magazine comme une véritable superstar, a déjà beaucoup irrité le chef de l'État. La collaboration de l'automne 1974 entre les deux têtes de l'exécutif laisse place à une rivalité désormais affichée, alors que le pays traverse pourtant des crises multiples.

Un pays en crise

En mai 1974, l'ancien ministre des Finances Valéry Giscard d'Estaing a aussi été élu en raison de son expertise des questions économiques dans un pays frappé par la crise depuis l'hiver 1973. Sur un plan conjoncturel, la hausse spectaculaire du prix de l'essence après la guerre du Kippour a grippé l'économie française comme ses homologues occidentales. Sur un plan plus structurel, le pays souffre du ralentissement de la consommation depuis que les ménages ont profité des Trente Glorieuses pour s'équiper en masse. Au moment de la présidentielle, la France compte déjà près de quatre cent mille chômeurs. Elle entre bientôt dans la stagflation, phénomène nouveau combinant la stagnation de la

1. Michèle Cotta, *Cahiers secrets de la Ve République*, t. I, *op. cit.*, p. 656.

production et l'inflation des prix. Confrontées au renchérissement de l'énergie, les entreprises augmentent leurs prix afin de conserver leurs marges, générant une inflation importante. Pénalisées par la baisse de la consommation, elles doivent aussi recourir au chômage partiel tandis que certaines, ne pouvant encaisser le choc de la crise, font faillite. Il en résulte un pouvoir d'achat diminué qui, ajouté à la contraction des échanges extérieurs, explique une stagnation de la production. S'y ajoute le désordre du système monétaire international depuis que le dollar est devenu flottant. Face à cette crise qui bientôt s'installe et s'amplifie, beaucoup en France attendent du « grand argentier » Giscard d'Estaing des solutions rapides et efficaces. De fait, dans ce domaine comme dans d'autres, le président, fort de l'expérience acquise rue de Rivoli, prend vite la main, suivant personnellement les dossiers économiques en lien étroit avec le ministre Fourcade. À Matignon, Jacques Chirac, dont les compétences économiques sont réputées moindres, doit souvent appliquer des mesures décidées par d'autres et avec lesquelles il se trouve parfois en désaccord. Même s'il est associé, dans l'opinion, à l'échec de celles-ci…

Le tandem Giscard-Fourcade ne trouve pas la solution entre deux actions nécessaires mais *a priori* contradictoires : favoriser la reprise pour combattre le chômage et lutter contre l'inflation pour éviter une surchauffe de l'économie. Le niveau très élevé de l'inflation (13,8 % en 1974, soit la hausse la plus forte depuis 1958) incite le ministre de l'Économie à décider un « plan de refroidissement » dès le 12 juin 1974, prolongé par la loi du 30 décembre 1974 instaurant un prélèvement exceptionnel puis par le décret du 7 août 1975 accroissant le rôle d'encadrement du Comité national des prix. Si ses effets se font bientôt sentir (l'inflation baisse à 11,9 % en 1975 puis à 9,5 % en 1976) au bénéfice des consommateurs, cette action déflationniste pénalise la relance industrielle puisqu'elle limite les profits des entreprises et freine les investissements. La production industrielle française baisse de 10 % en quelques mois fin 1974. C'est inacceptable pour Jacques Chirac, qui, dans la tradition industrialisante gaulliste, entend soutenir ce secteur clé. Il propose « un plan de relance » de l'économie par l'investissement, estimant qu'il faut privilégier l'emploi et le pouvoir d'achat, moteurs de l'économie à ses yeux. Il n'hésite pas à engager un rapport de force avec Jean-Pierre Fourcade lors d'un Conseil des ministres en juillet 1975 où il demande l'arrêt du plan d'austérité et suggère de ne pas écouter les « technocrates imbéciles » qui ne songent qu'à freiner les investissements. En septembre, le Premier ministre obtient gain de cause. Le plan de refroidissement est stoppé, les restrictions du crédit sont allégées, un plan de relance de 30 milliards de francs est lancé qui s'ajoute à un report d'impôt sur le bénéfice pour les entreprises. Cet interventionnisme étatique porte ses fruits dans le domaine industriel où la production repart à la hausse.

Pour Jacques Chirac, protéger l'emploi et la consommation passe aussi par une augmentation des retraites, des allocations familiales et du salaire minimum, un renforcement du système d'indemnisation du chômage partiel, la mise en place par l'Unédic d'une allocation supplémentaire d'attente (permettant aux licenciés économiques de percevoir pendant un an 90 % de leur salaire brut antérieur), enfin la généralisation de la Sécurité sociale à l'ensemble des activités professionnelles. Mais soutenir l'économie par des subventions directes ou indirectes représente un coût, cela accentue les déficits publics et conduit le pouvoir à renoncer au dogme libéral de l'équilibre budgétaire qui a forgé la réputation de Valéry Giscard d'Estaing. Le franc, déstabilisé, se déprécie, au point que le 15 mars 1976, la monnaie nationale doit sortir du SME[1].

Face à la crise, Jacques Chirac ne ménage pas sa peine. Prolongeant la politique nucléaire initiée par de Gaulle et accentuée par le tandem Pompidou-Messmer pour alléger la dépendance française envers les hydrocarbures, il lance la construction de treize réacteurs par Framatome, supervise la création de la Cogema en août 1975 et lance, en avril 1976, le projet Superphénix. Il soutient activement le commerce extérieur français en se faisant le « VRP » de la France à l'étranger *via* des visites notamment au Moyen-Orient, où il favorise pour les entreprises nationales des contrats géants dans les domaines de l'énergie, des transports et de l'armement. Il se rend à l'invitation du shah à Téhéran en décembre 1974 et rencontre l'Irakien Saddam Hussein à trois reprises, en octobre 1974, septembre 1975 (avec même un dîner d'honneur dans la galerie des Glaces du château de Versailles) et janvier 1976. À l'arrivée

1. Sur la politique économique française de la période, voir Mathias Bernard, *Valéry Giscard d'Estaing. Les ambitions déçues*, Paris, Armand Colin, 2014, p. 223-229 ; Serge Berstein, Jean-Claude Casanova, Jean-François Sirinelli (dir.), *Les Années Giscard*, *op. cit.*

toutefois, les résultats restent limités : le PIB qui s'était contracté de 1,6 % au 4e trimestre 1974 baisse encore de 1,5 % en 1975. Le combat contre le chômage reste globalement un échec. À l'automne 1976, la France frôle le million de chômeurs. Pour Jacques Chirac, ancien secrétaire d'État à l'Emploi qui avait en juillet 1967 créé l'ANPE, le constat est sévère. Faute d'avoir vraiment la main sur les réponses économiques à apporter à la crise, le Premier ministre a privilégié une généreuse politique d'accompagnement social du chômage.

Cette crise économique persistante alimente de fait les tensions sociales dans le pays. Fin 1974, une longue grève à la Poste paralyse le pays, gênant les particuliers comme les entreprises. Devant le mécontentement général, Valéry Giscard d'Estaing exige en janvier 1975 le départ du secrétaire d'État gaulliste aux PTT Pierre Lelong. D'autres mouvements de grève touchent des entreprises publiques comme EDF et la SNCF. Les occupations d'usine se multiplient avec souvent le soutien des centrales syndicales lorsque des plans de licenciement massif ou des fermetures sont annoncés. Le monde paysan n'est pas en reste. Les viticulteurs languedociens manifestent de manière virulente en 1975 contre l'importation de vins espagnols et italiens. Un Comité régional d'action viticole (Crav) voit le jour. Il n'hésite pas à recourir à des attentats à l'explosif contre des caves commercialisant les vins étrangers et contre des bâtiments publics. Le 4 mars 1976, une fusillade éclate lorsque deux compagnies de CRS tentent de refouler plusieurs centaines de viticulteurs à Montredon dans l'Aude. On relève deux morts, un commandant de CRS et un agriculteur. Si le monde scolaire et universitaire n'est plus traversé par le même niveau de tensions que celui des années 1968, les campus connaissent au premier trimestre 1976 un mouvement prolongé de grèves dont la cause est une réforme du second cycle proposée par le secrétaire d'État aux Universités, Jean-Pierre Soisson. En janvier 1976, le voici remplacé par l'énergique et plus droitière Alice Saunier-Seïté, proche de l'UNI.

Au-delà du seul monde professionnel, le pays est aussi traversé d'une série de mécontentements nés en partie des dynamiques contestataires de mai-juin 1968. À partir de la fin 1974, des soldats du contingent créent des syndicats illégaux d'appelés au sein de quelques régiments. Si cette fronde antimilitariste, d'inspiration gauchiste, trouve peu d'écho au-delà de quelques éléments CFDT et PSU, elle incite le président à créer en janvier 1975 un secrétariat d'État à la Condition militaire confié au truculent général Bigeard. Au même moment, la mobilisation pacifiste autour du Larzac, qui a débuté fin 1971, lorsque le ministre de la Défense Michel Debré annonce l'extension du camp militaire, et s'est structurée les années suivantes, prend de l'ampleur, croisant jeunes paysans contestataires et néoruraux du « retour à la terre » (proche des cercles chrétiens non violents, José Bové s'installe sur le plateau en mars 1976), maoïstes et éléments de la deuxième gauche autogestionnaire, pacifistes hippies et régionalistes occitans… Les « Fous du Larzac », selon la formule de Michel Le Bris[1], attirent l'attention des médias par leur sens du spectacle et contribuent à l'émergence de l'écologie politique. Candidat écologiste lors de la présidentielle de 1974, l'agronome René Dumont vient sur le Larzac, bientôt suivi de son directeur de campagne Brice Lalonde.

Si le Larzac est aussi alimenté par la contestation occitane, cette dynamique autonomiste qui s'accentue à partir du milieu des années 1970 prend dans certaines régions françaises des formes plus radicales, basculant parfois dans l'activisme violent. Il s'agit moins de la Bretagne où le militantisme identitaire s'exprime surtout sur le terrain culturel (le Front de libération de la Bretagne est toutefois à l'origine en 1975 d'une dizaine d'attentats dont celui contre la centrale nucléaire de Brennilis) que de la Corse. À partir du début des années 1970, en Corse, d'anciens problèmes structurels de sous-développement industriel, de déclin démographique et d'insuffisante modernisation, combinés avec des problèmes conjoncturels nouveaux liés à l'intégration compliquée sur la plaine orientale d'une population rapatriée d'Algérie et les tensions croissantes générées par le tourisme de masse (pression foncière et inflation), favorisent la montée en puissance d'un sentiment identitaire. Si certains se contentent de valoriser la culture corse, d'autres, réunis dans le Front régionaliste corse, s'engagent dans un discours plus radical où l'on dénonce l'exploitation « coloniale » de l'île (thème central de l'ouvrage *Main basse sur l'île* paru en 1971). En mars 1970, un premier attentat détruit un hôtel au sud de Bastia. Choqués de voir la Société de mise en valeur de la Corse (Somivac) aider l'installation de pieds-noirs dans la plaine d'Aléria, une douzaine d'hommes proches de l'Action régionaliste corse attaquent le 21 août 1975

1. Michel Le Bris, *Les Fous du Larzac*, Presses d'Aujourd'hui, 1975.

la ferme d'un viticulteur rapatrié à Aléria. Sous la direction des frères Max et Edmond Simeoni, aidés de Marcel Lorenzoni, le commando armé occupe l'exploitation agricole et tient en otage ses habitants. En l'absence du président et du Premier ministre partis en vacances, le ministre de l'Intérieur, Michel Poniatowski décide de frapper fort. Il mobilise près d'un millier de gendarmes mobiles et CRS, des hélicoptères et blindés pour encercler la ferme. L'assaut est donné le lendemain, il voit un militant corse blessé et deux gendarmes tués, certains activistes sont faits prisonniers tandis que d'autres s'enfuient. Dans la nuit, de violents affrontements éclatent à Bastia en état de couvre-feu et occupée par des gendarmes mobiles. Le 27 août, par décision du Conseil des ministres, l'ARC est dissoute, mais les violences se prolongent à Bastia où lors d'une nouvelle émeute, un CRS est tué par un nationaliste. Dans la nuit du 4 au 5 mai 1976, quelques semaines après la condamnation de Max Simeoni à cinq ans de prison dont trois avec sursis, d'anciens membres du commando d'Aléria annoncent la création du Front de libération nationale corse (FLNC) avant d'organiser la première « nuit bleue » sur l'île et dans certains quartiers de Nice et Marseille. La Corse vient de basculer dans le terrorisme indépendantiste.

LES GRANDES RÉFORMES SOCIÉTALES DU DÉBUT DU SEPTENNAT DE VALÉRY GISCARD D'ESTAING

Nicolas Vinci

La promesse faite par Valéry Giscard d'Estaing au cours de la campagne éclair aux Françaises et aux Français pour l'élection présidentielle de 1974 tient en une formule assez simple : « Le changement sans le risque. » Arrivé au pouvoir, au moment de son investiture le 27 mai 1974, le nouveau président déroute dans un premier temps ses soutiens et particulièrement les gaullistes finalement ralliés au second tour de l'élection présidentielle. En effet, Valéry Giscard d'Estaing conclut son discours par une formule inattendue – « Voici que s'ouvre le livre du temps avec le vertige de ses pages blanches » – à la suite de laquelle il parle de l'ouverture d'une « ère nouvelle ». Est-ce à dire que le giscardisme fait table rase du passé ? Qu'il prendrait au lendemain de la campagne un tour révolutionnaire ? Il n'en est rien. Car la traduction politique du « changement sans le risque », c'est la réforme.

Plusieurs définitions sont possibles pour en rendre compte. Pour la science politique, suivant John T. S. Keeler, la réforme est constituée par « toute innovation politique entraînant une réorientation ou un approfondissement substantiels des politiques précédentes[1] ». En histoire de la France contemporaine, Pierre et Sylvie Guillaume ont proposé : « tout effort de transformation de la société[2] ». On le voit, le rapport au passé fait partie intégrante de la logique réformiste (ou réformatrice). L'étymologie latine du mot quant à elle – *re-formare* : rendre à sa forme, remettre en place – corrobore cette logique. Qu'est-ce à dire s'agissant du mandat de Valéry Giscard d'Estaing ? Surtout, comment s'articulent les grandes réformes de société du début du mandat entre elles ? Quelle part du changement relève de la volonté politique du nouveau président, quelle autre de l'évolution même de la société française ? Un panorama des réformes du début de mandat permet d'observer que ces dernières partent tous azimuts. Mais si l'articulation de cette œuvre réformatrice passe principalement par le pouvoir exécutif qui en assure la cohérence et qui développe une méthode réformatrice structurée, ces grandes réformes de début de mandat s'inscrivent en réalité dans un mouvement plus global, en phase avec les évolutions les plus récentes de la société française.

Un début de mandat marqué par des réformes tous azimuts

« Il faut que la société française devienne un chantier de réformes conduites dans la liberté et l'imagination, dans la réflexion et la sérénité. » Cela fait quatre mois environ que Valéry Giscard d'Estaing est président de la République lorsque, le 25 septembre

1. John T. S., Keeler, *Réformer. Les conditions du changement politique*, Paris, PUF, 1994, p. 9.

2. Pierre Guillaume, Sylvie Guillaume, *Réformes et réformismes dans la France contemporaine*, Paris, Armand Colin, p. 6.

1974[1], ce dernier s'adresse à son Gouvernement dont il a réuni les membres à déjeuner à l'Élysée. Depuis plusieurs jours, la rentrée politique s'apparente à une navigation en haute mer par gros temps pour la majorité. Les premiers effets du choc pétrolier survenu à la fin de l'année 1973 commencent à infuser dans l'opinion : celle-ci prend conscience de l'inflation pesant sur les biens de consommation courante. L'hypothèse d'un rationnement sur le fioul et l'essence est émise au début du mois de septembre puis balayée par l'exécutif. La presse se fait également l'écho de l'entrée de la France dans un état qu'elle n'avait plus connu depuis au moins la fin de la Seconde Guerre mondiale : une crise économique majeure. Dans un tel climat, l'opposition somme le président de la République de s'expliquer.

Élu sur une promesse de changement, Valéry Giscard d'Estaing ne se risque pas à se dédire. Bien au contraire, devant ses ministres et secrétaires d'État, il prend le parti de réaffirmer la priorité des réformes sur tout autre agenda politique, reléguant le traitement de la crise économique – qu'il ne nomme pas dans son propos – à l'instauration d'un Conseil central de planification qu'il envisage de réunir tous les mois dès octobre 1974. Quant aux réformes à entreprendre, il les annonce nombreuses. Elles doivent s'échelonner « dans la durée », dès l'automne puis au printemps et encore « à l'automne prochain », c'est-à-dire celui de l'année 1975. Surtout, le président fixe un programme – plus clairement encore qu'il ne l'avait fait pendant la campagne éclair du printemps 1974 :

« Réformer la justice, moderniser les institutions sociales, réduire les inégalités excessives des ressources, développer l'éducation, libéraliser les législations répressives, développer la culture. »

1. Les principales sources primaires de ce chapitre sont les documents contenus dans les fonds d'archives relatifs à la présidence de VGE (5AG3 pour la partie publique et 500AJ pour la partie privée) ainsi que ceux du Centre démocratie et progrès (420AP) conservés aux Archives nationales. Le fonds Simon Nora, conservé au Centre d'histoire de Sciences Po, est également mobilisé. Par ailleurs, les citations de discours de VGE ou d'autres acteurs politiques sont permises soit par leur mise à disposition sur le site officiel discours.vie-publique.fr (consultation entre janvier et mars 2022 ; valable également pour les comptes rendus des conseils des ministres), soit par leur reprise dans des articles du journal *Le Monde.* Enfin, toutes les références aux débats parlementaires ainsi qu'aux textes adoptés par le Parlement sont issues des comptes rendus intégraux des débats parus au *JORF*.

Et l'hôte de l'Élysée de prévenir : cela ne pourra s'arrêter que lorsque la France sera devenue « l'exemple d'une société libérale avancée ».

La volonté de moderniser la démocratie française

Pour atteindre cet idéal de « société libérale avancée », la modernisation de la démocratie française apparaît aux yeux du nouveau pouvoir comme fondamentale. Assez étonnamment, ce n'est qu'en 1976 que Valéry Giscard d'Estaing prend la plume pour décrire finement ce que doit devenir le système politique français alors qu'il a déjà commencé à le façonner à sa manière depuis deux ans. C'est le fameux essai *Démocratie française*[1]. Dans la troisième partie de l'ouvrage, intitulée « Pour que vivent les libertés », le président prend fait et cause pour une acception très étendue du pluralisme. Il place ainsi son action et celle du Gouvernement dans l'optique d'offrir une plus grande transparence, de rendre plus mature le régime et de donner des droits à l'opposition.

Le souhait d'une plus grande transparence des pratiques politiques exprimé par Valéry Giscard d'Estaing trouve une application dès les premiers jours de son mandat présidentiel. Investi le 27 mai 1974, il préside son premier conseil des ministres le 29 mai suivant. À l'issue de la réunion, le porte-parole du Gouvernement, André Rossi, rend compte du propos liminaire du nouveau président aux ministres. Il y annonce alors « la suppression des écoutes téléphoniques, si elles existent, et la destruction des archives qui en résultent ». La machine gouvernementale lance très vite l'application concrète de cette directive présidentielle. Ainsi, dès le lendemain du conseil des ministres, le 30 mai, le Premier ministre Jacques Chirac et le ministre de l'Intérieur et homme lige du nouveau président Michel Poniatowski se rendent au Groupe interministériel de contrôle, c'est-à-dire au lieu où sont centralisées et exploitées toutes les écoutes de la région parisienne et que la presse surnomme « les grandes oreilles ». À l'issue de cette visite, le ministre de l'Intérieur se targue alors d'une formule percutante au cas où le message n'aurait pas encore été compris par tout le monde : « La règle, c'est la suppression des écoutes, avec des dérogations précises. » Les dérogations

1. VGE, *Démocratie française*, Paris, Fayard, 1976.

ne pouvant concerner, sans exception, le personnel politique ou syndical, est-il précisé. Voilà pour le verbe.

Qu'en est-il de l'action ? En la matière, il n'est pas aisé de réaliser un bilan. Par nature, la suppression d'écoutes illégales ne se voit pas puisque lesdites écoutes n'existaient officiellement pas. Plusieurs éléments permettent toutefois d'indiquer que le pouvoir giscardien n'est pas allé au bout de son projet. En premier lieu, Michel Poniatowski avait indiqué qu'il proposerait des textes cadrant l'usage raisonné des écoutes dans certains cas précis. Au moment de faire le point de son action à l'occasion de son troisième anniversaire à la tête du ministère de l'Intérieur, le bras droit de Valéry Giscard d'Estaing reconnaît, au cours d'une conférence de presse le 31 mars 1977 – il remet à cette occasion un bilan écrit aux rédactions –, que tous les obstacles « notamment juridiques ne sont pas encore levé[s] » pour que les textes promis puissent voir le jour. Pour autant, un mois et demi plus tard, la suppression des écoutes figure bien au bilan des trois ans d'action du président Giscard d'Estaing que les services de l'Élysée font parvenir à l'Agence France-Presse. Le pouvoir en fait d'ailleurs un marqueur de la volonté politique du président libéral que Valéry Giscard d'Estaing entend incarner : dans le chapitre du bilan consacré à « l'élévation du niveau des libertés », les écoutes apparaissent au rang des « anomalies et anachronismes » qu'il fallait « faire disparaître », au même titre, par exemple, que « la censure au cinéma ».

Mais cette transparence nouvelle ne se cantonne pas qu'aux opérations des services de sécurité. Le Gouvernement, lui aussi, est invité par Valéry Giscard d'Estaing, à participer à l'édification d'un régime plus ouvert et en dialogue avec le pays, à commencer par ses représentants, les parlementaires. Le président fait annoncer, par un message lu dans les deux chambres le 30 mai 1974, une série d'évolutions institutionnelles. Parmi elles, une réforme de la pratique politique en particulier apparaît comme l'instrument de cette transparence prônée au tout début du mandat : des questions posées en séance publique, directement par les députés, aux membres du Gouvernement dont les ministres sont toutes et tous présents au banc pour l'occasion. Ces questions sont posées par alternance entre députés de la majorité et de l'opposition. Si, en 1974, cette forme des questions d'actualité – dénommée *Questions au Gouvernement* – ne connaît pas encore la notoriété dont elle a ensuite été l'objet grâce à sa transmission en direct à la télévision à partir de l'automne 1981, il n'en reste pas moins qu'elle constitue une petite révolution dans l'enceinte du palais Bourbon. Et cette petite révolution, c'est le président de la République, qui pourtant n'y a pas droit de cité, qui en est à l'origine.

D'où partons-nous au printemps 1974 ? De l'article 48 de la Constitution du 4 octobre 1958 qui, dans sa version en vigueur en juin 1974, dispose que, dans l'ordre du jour du Parlement, « une séance par semaine est réservée par priorité aux questions des membres du Parlement et aux réponses du Gouvernement ». Au principe constitutionnel répond alors la pratique qui est régie par le règlement de l'Assemblée nationale : des questions d'actualité sont censées être programmées le vendredi. Lorsqu'elles ont lieu, c'est dans un hémicycle souvent déserté par des députés déjà repartis en circonscription pour y passer la fin de la semaine, en présence de quelques ministres disponibles et qui auront daigné faire le déplacement – et tous n'y étaient manifestement pas disposés à en lire les comptes rendus des séances dans le *Journal officiel* – dans un climat de relative indifférence tant de la part des acteurs politiques que de l'opinion publique.

Comment, dès lors, le pouvoir giscardien s'y prend-il pour faire changer ces mauvaises manières ? Les outils dont dispose l'exécutif pour agir sur le fonctionnement du Parlement sont, par essence, relativement réduits. C'est donc à l'Assemblée – élue en 1973 et donc avant l'irruption du giscardisme élyséen – de faire éventuellement sien le vœu présidentiel. Cela tombe bien, le président de l'Assemblée nationale cherche un moyen de renforcer les pouvoirs du Parlement. Edgar Faure saisit donc la balle au bond et trouve, tout pragmatique qu'il est, le subterfuge qui permet d'assurer une mise en route rapide de cette nouvelle mouture des questions. L'astuce est la suivante : les modalités d'organisation de ces nouvelles questions doivent être définies, par consensus, en conférence des présidents plutôt que par modification du règlement. Il existe en effet un précédent malheureux qui rend hasardeuse toute démarche visant à modifier ce règlement. À plusieurs reprises (1964 et 1969, entre autres), le précédent président de la chambre basse, Jacques Chaban-Delmas, avait déjà tenté de réformer l'organisation des questions en modifiant le règlement sur divers points : respectivement une seconde séance hebdomadaire de questions et la possibilité offerte aux groupes politiques de l'Assemblée de se répartir les questions à poser en conférence des présidents. Mais les textes avaient été censurés par le Conseil constitutionnel tant les dispositions de la loi fondamentale régissant les relations entre le pouvoir exécutif et le pouvoir législatif sont rigidifiées notamment par l'article 48 de la Constitution. C'est donc en introduisant une coutume en conférence des présidents que sont nées les *Questions au Gouvernement* dès le 12 juin 1974, soit moins de quinze petits jours après que le président de la République a transmis son message au Parlement. Si leur forme a souvent évolué depuis, la méthode de négociation reste la même et le « compromis Faure » a produit des effets encore une vingtaine d'années avant que soit adoptée une révision constitutionnelle assouplissant l'article 48 de la Constitution.

Mais en 1974, les « questions » nouvelle manière constituent un petit événement médiatique, ce qui est le but recherché par le pouvoir giscardien. Ainsi, le premier rendez-vous, celui du 12 juin 1974, est largement relayé par la presse. Au-delà du compte rendu intégral des débats paru au *Journal officiel*, on retrouve donc la trace des questions et réponses échangées ce jour-là, par le menu, dans la presse écrite généraliste. Parmi les questions abordées, les sujets sont partis dans tous les sens : les finances locales, l'emploi, le budget de l'éducation nationale, l'éventuelle convocation d'une session extraordinaire du Parlement, les grèves à l'ORTF ou encore les essais nucléaires. Sur ce dernier sujet, c'est d'ailleurs le Premier ministre lui-même qui s'empare du micro pour rassurer le député socialiste des Côtes-d'Armor qui interroge le Gouvernement quant au bon respect de l'article 20 de la Constitution, à savoir que c'est bien le Gouvernement qui conduit la politique de la nation et dispose pour le faire de la force armée, en dépit du rôle prépondérant du chef de l'État en la matière.

L'esprit de ces questions au Gouvernement est aussi lié à la prise en considération par Valéry Giscard d'Estaing d'une plus grande maturité démocratique du régime. La Ve République, en effet, commence à s'ancrer. Elle a surmonté des crises aiguës : guerre d'Algérie, Mai 68 et départ de son fondateur, pour n'en citer que trois. Surtout, elle a multiplié les occasions pour les citoyens de se rendre aux urnes avec l'élection du président de la République française au suffrage universel direct ou encore les nombreux référendums proposés par le pouvoir gaulliste aux Français, lesquels ont globalement répondu présent. Précisément, quelle est l'attitude du président libéral face aux institutions ?

Partant de cette idée que le régime est désormais solidifié, Valéry Giscard d'Estaing réforme finalement assez peu les institutions et les révisions constitutionnelles sont rares. C'est un acteur externe qui est à l'origine de l'une d'entre elles et qui a trait à l'élection du président de la République. Le 24 mai 1974, Roger Frey, alors président du Conseil constitutionnel, publie une déclaration, en marge de la décision de proclamation des résultats de l'élection présidentielle. Il y dresse le bilan de la dernière consultation des Français. C'est l'occasion d'une critique en règle du système de parrainage des candidats à la présidentielle. À l'époque, il en faut 100. Cela n'a pas empêché 12 candidats d'être alignés au départ, en dépit d'une élection précipitée par la mort soudaine de Georges Pompidou. Le Conseil constitutionnel entend alors rappeler la solennité qui doit présider à la présentation d'un candidat au suffrage des Français pour occuper la fonction suprême : « La présentation d'un candidat à l'élection du président de la République est un acte grave. » Cette déclaration ouvre la voie à une réforme du système des parrainages, à travers une loi organique promulguée le 18 juin 1976. Désormais, il faudra au moins 500 parrainages pour être candidat, issus de 30 départements différents dont un dixième maximum de parrains issus du même département. Cinq cents de ces parrainages sont tirés au sort pour chaque candidat et rendus publics au plus tard huit jours avant le premier tour. Le même jour, une loi constitutionnelle est également promulguée pour renforcer le rôle du Conseil constitutionnel comme garant du bon déroulement de l'élection présidentielle. Il s'agit de préciser les situations dans lesquelles l'élection peut être ajournée ou recommencée, dans le cas où un candidat serait décédé ou « empêché ». À l'évidence, le contexte de l'élection de 1974 a fait prendre conscience aux acteurs politiques de leur finitude et de la nécessité de doter la Constitution d'outils légaux pour y répondre. Dans les deux cas, ces ajustements techniques visent à préciser les zones d'ombre et à maintenir une forme de solennité des institutions républicaines, tout en procédant à leur modernisation.

Mais aux yeux de Valéry Giscard d'Estaing, il reste une instance démocratique qui demeure trop lointaine des préoccupations de ses compatriotes : c'est l'Assemblée européenne, qui représente alors les Parlements des différents pays des Communautés européennes et n'a pas encore acquis ses galons de véritable « Parlement européen ». Durant la campagne présidentielle de 1974, le candidat centriste a promis par courrier au président du Mouvement européen de tout faire, durant son mandat, pour appliquer réellement le traité de Rome de 1957 qui prévoit qu'à terme ce soient les peuples européens eux-mêmes qui élisent leurs représentants à l'assemblée de Strasbourg. Jusque-là, un compromis entre les États membres a fait que ce sont les parlementaires nationaux qui désignent en leur sein ceux qui sont envoyés dans le chef-lieu alsacien. Aussi Valéry Giscard d'Estaing lance-t-il l'offensive dès le premier sommet européen – une autre de ses innovations – qu'il réunit à Paris les 9 et 10 décembre 1974. La déclaration finale du sommet ouvre la voie à une élection des parlementaires européens au suffrage universel direct à compter de 1979. L'acte de Bruxelles du 20 septembre 1976 cristallise les modalités de cette élection à l'échelle européenne. Reste à le faire ratifier par les États membres et c'est à ce moment que les ennuis commencent pour Valéry Giscard d'Estaing. Tant Michel Debré, gaulliste et père de la Constitution de 1958, que le chef de file des communistes, Georges Marchais, s'opposent avec force. Dans un souci d'apaisement, le président de la République soumet le texte au Conseil constitutionnel qui le déclare conforme à la Constitution le 30 décembre 1976. Il faut alors attendre le 18 mai 1977 pour que le projet de loi autorisant la ratification de l'acte de Bruxelles soit présenté en conseil des ministres. Un recours à l'article 49 alinéa 3 de la Constitution est nécessaire pour faire adopter le texte par l'Assemblée nationale, sans que les parlementaires déposent pour autant une motion de censure. Les débats auront donné lieu à une joute entre les deux Premiers ministres successifs du président, Raymond Barre et Jacques Chirac, le second affirmant au premier en séance publique de l'Assemblée nationale que le texte n'avait jamais reçu « son accord » du temps où il était Premier ministre. Les élections européennes ont toutefois bien lieu en 1979, en dépit de ces péripéties, et sont favorables au camp giscardien, au détriment des gaullistes emmenés par Jacques Chirac. L'objectif de modernisation du régime semble donc atteint par le président de la République.

Mais il ne faut pas cantonner les réformes institutionnelles de Valéry Giscard d'Estaing à cette seule question de la modernisation. En effet, il entend également donner par ce moyen de nouveaux droits à l'opposition, ce qui est inédit sous la Ve République.

C'est le sens de la révision constitutionnelle de l'automne 1974. Le nouveau président de la République observe que la Constitution de la Ve République diffère des standards internationaux et européens sur un point : en France, le contrôle de constitutionnalité est particulièrement limité. La plupart des saisines du Conseil constitutionnel d'avant les années 1970 concernaient surtout la délimitation entre le domaine de la loi et celui du règlement. Autrement dit, le contrôle se fait en réalité au profit du Gouvernement et donc de la majorité. L'analyse de Valéry Giscard d'Estaing conduit ce dernier à vouloir donner davantage de pouvoir à l'opposition par le biais du contrôle de constitutionnalité des lois. Dans le même mouvement, il prépare également l'avenir : l'érosion de la majorité gaulliste et modérée n'a échappé à personne depuis les élections législatives de 1967 qui se sont jouées à très peu, tout comme la présidentielle de 1974 elle-même et son résultat final très serré. Ainsi, donner des armes nouvelles à l'opposition de 1974, c'est, d'une certaine façon, en donner pour dans quatre ou sept ans à la majorité actuelle dans le cas où la bascule s'opérerait aux élections législatives de 1978 ou à la présidentielle de 1981. Roger Frey, le gaulliste président du Conseil constitutionnel, est alors interrogé par Valéry Giscard d'Estaing qui lui demande des pistes de réforme du contrôle de constitutionnalité. Roger Frey livre une copie en deux points : l'autosaisine du Conseil constitutionnel et la saisine par une fraction de parlementaires. Dans les grandes lignes, le projet est ainsi soumis au Parlement.

Très vite, le Premier ministre Jacques Chirac est contraint de lâcher du lest pour créer un consensus autour de la réforme qui est alors loin d'être acquis. L'autosaisine en fait les frais. S'ensuit une procédure parlementaire éclair, entre le 27 septembre 1974 (dépôt du texte sur le bureau de l'Assemblée nationale) et son adoption par le congrès du Parlement le 21 octobre. Les débats dans la navette parlementaire portent principalement sur le volume de parlementaires requis pour saisir le Conseil, ainsi que sur la possibilité de panacher ou non entre signatures de députés et de sénateurs. Une voie médiane est trouvée en dernière instance le 17 octobre par l'Assemblée nationale. C'est la formule qui a encore cours aujourd'hui : le Conseil constitutionnel peut être saisi par soixante députés ou soixante sénateurs. La voie est ouverte pour l'adoption finale par le Congrès : convoqué dès le 18 octobre par le président de la République, il se réunit le 21 octobre. Pour obtenir la majorité des trois cinquièmes du congrès requise par l'exercice, le Premier ministre, Jacques Chirac, et le garde des Sceaux, Jean Lecanuet, sont envoyés en éclaireurs. À Jacques Chirac la reprise en main des gaullistes – lesquels sont appelés au même moment à se prononcer sur le texte alors non consensuel relatif à l'interruption volontaire de grossesse – et à Jean Lecanuet le flanc gauche de la majorité. Ce dernier laisse alors entendre « qu'un jour », les socialistes pourraient être amenés à rejoindre la majorité présidentielle. Les socialistes déclinent poliment mais la majorité est tout de même acquise. La révision constitutionnelle est adoptée. Reste alors la loi organique relative à la saisine du Conseil constitutionnel que la révision impose de modifier. Les débats sont courts et consensuels, il n'y a qu'une seule navette entre les deux chambres. Le 17 décembre, l'affaire est pliée. Le président promulgue le 26 décembre.

C'est ainsi qu'en moins d'un trimestre est adoptée une des révisions constitutionnelles qui, d'apparence anodine, change en réalité la donne. Valéry Giscard d'Estaing imaginait que l'opposition se saisirait de ce nouveau droit une à deux fois par législature, pour des textes revêtant une gravité particulière. Pourtant, les statistiques de saisine bondissent, le Parlement, notamment sa minorité, s'emparant pleinement de son nouveau droit. Ainsi, au cours des quatre premières législatures (1958-1973), le Conseil constitutionnel est saisi neuf fois. Durant la seule cinquième législature (1973-1978), il l'est vingt-quatre fois, dont vingt-deux à l'initiative des parlementaires.

Pour donner davantage de droits à l'opposition, Valéry Giscard d'Estaing entreprend aussi de desserrer l'étau étatique sur l'audiovisuel public. C'est tout le sens de la réforme de l'ORTF qui, certes, revêt à bien des égards nombre d'enjeux économiques, mais est surtout présentée par le nouveau pouvoir comme une réforme politique et sociétale. Ce mouvement de libéralisation médiatique doit, dans l'esprit giscardien, permettre à l'opposition d'y trouver également son compte. Depuis 1964, l'audiovisuel public est régi par une corporation publique autonome dont le directeur général est placé sous l'autorité d'un conseil d'administration et non directement du ministre de l'Information. Au début de l'année 1974, l'ORTF est en proie à l'agitation sociale après que son nouveau président-directeur général, Marceau Long, a exprimé des souhaits de réforme : la crainte du démantèlement agite l'office. Durant la campagne électorale pour l'élection présidentielle de 1974, Valéry Giscard d'Estaing exclut l'hypothèse d'un démantèlement. Les promesses n'engageant que celles et ceux qui les croient, l'Office est bien démantelé par le président élu quelques semaines plus tard. Au sein de la majorité, certains Républicains indépendants, le parti de Valéry Giscard d'Estaing, vont jusqu'à appeler à la privatisation de l'Office. Soucieux de ménager les gaullistes qui forment le gros des troupes de la majorité à l'Assemblée, le Gouvernement opte pour un autre système : l'ORTF est démantelée en sept sociétés autonomes spécialisées… demeurant sous monopole public ! Annoncée le 3 juillet 1974, cette solution est adoptée dès la fin du mois en termes identiques par les deux assemblées, avec pour date d'effet le 1er janvier 1975. Commencent alors les grandes manœuvres pour assurer cette transition éclair vers le nouveau modèle d'exploitation. Une société de liquidation de l'ORTF est créée. Elle conduit le changement : les sept nouvelles sociétés se voient attribuer des dirigeants, nommés par le pouvoir, des conseils d'administration – dans lesquels la patte du pouvoir demeure bien visible, des cahiers des charges et des moyens.

Et l'opposition dans tout cela ? Elle est censée bénéficier de la réforme, principalement dans la manière dont doit être traitée l'information politique. Ainsi, Valéry Giscard d'Estaing invite François Mitterrand et Gaston Monnerville, deux personnalités que l'on ne peut soupçonner ni de giscardisme ni de gaullisme, à étrenner avec lui, à l'écran, l'annonce des programmes du soir le 6 janvier 1975 sur la première chaîne de télévision. De plus, la notion de droit de réponse fait partie du cahier des charges des nouvelles chaînes et stations. Dès lors, l'opposition doit pouvoir s'exprimer sans crainte pour les journalistes d'être inquiétés par la tutelle. Du reste, Valéry Giscard d'Estaing indique dès le début de son mandat qu'il n'entend pas recourir au droit qui lui permet d'assigner en justice tout auteur d'un « outrage au chef de l'État ». Les intentions libérales sont donc avérées même si, dans la pratique, tout n'est pas réglé en raison du système de nomination qui demeure favorable à l'exécutif et des velléités du Gouvernement de continuer à donner son avis sur les programmes et les contenus diffusés. Il n'en reste pas moins qu'une vraie autonomie, et parfois une forme d'irrévérence, s'empare des écrans et des ondes, par exemple au gré d'émissions satiriques comme celles de Jacques Martin le dimanche après-midi et dont les sketchs n'épargnent ni les ministres ni le président de la République.

Équité et justice sociale au cœur des réformes du début de septennat

Au-delà de ces réformes d'ordre principalement institutionnel, le début du septennat est aussi propice à des réformes visant à l'équité et à la justice sociale. Pour cela, le nouveau pouvoir conduit une politique destinée à redresser les droits des personnes les plus vulnérables. Il concentre une partie de ses efforts sur le sort des travailleurs manuels. Enfin, il appuie des mesures d'amélioration significative de ce que l'on appelle alors la « condition féminine ».

Dans l'ouvrage *Démocratie française*, le chapitre consacré au « diagnostic » de la société française est éclairant de la façon dont le président entend aborder les questions sociales. Dans un premier temps, il explique à quel point la société française est portée, depuis la Libération, par un progrès économique et social sans précédent. Pour autant, il estime que les idéologies traditionnelles ne permettent pas d'apporter une réponse satisfaisante aux personnes qui ne sont pas pleinement embarquées par cet élan. Précisément parce qu'il se positionne en rupture avec ces grilles de lecture héritées du siècle précédent, Valéry Giscard d'Estaing retient une approche plurielle et surtout catégorielle « des » questions sociales – et non plus de « la question sociale » ainsi qu'on l'évoquait depuis le XIXe siècle.

De cette manière, il distingue les catégories de la population pour lesquelles la croissance n'a pas fait reculer les inégalités : les femmes, les victimes des nouvelles pauvretés causées par les mutations de l'agriculture et de l'industrie, les personnes souffrant d'un ou plusieurs handicaps, etc. En outre, il met en avant les « nouvelles inégalités » générant de l'exclusion. C'est pourquoi, s'agissant des personnes les plus vulnérables, le président engage une série de réformes visant à réduire les inégalités qui les frappent. Sur le plan économique, plusieurs enjeux font écho à l'entrée du pays dans la crise après le premier choc pétrolier de 1973 : montée du chômage, difficultés de pouvoir d'achat liées à l'inflation, défaillances de la protection sociale après la perte d'emploi… Y répondre par de nouveaux droits sociaux est au cœur du projet de Valéry Giscard d'Estaing. Ainsi, à l'automne 1974, l'allocation temporaire d'attente est créée, sorte d'assurance chômage en cas de licenciement économique, et qui permet un an de maintien de salaire. Par ailleurs, le nouveau président affirme dès août 1974 sa volonté d'harmoniser et de généraliser le régime de Sécurité sociale à tous les Français, dans les trois branches d'alors (maladie-maternité, famille et vieillesse). Sans parvenir à mettre fin aux régimes spéciaux, trois lois successives (1974, 1975 et 1978) permettent d'étendre les prestations familiales à toutes et à tous et d'apporter une meilleure protection sociale aux non-salariés, sans aller pour autant jusqu'à une authentique couverture maladie universelle.

Dans un autre ordre d'idées, Valéry Giscard d'Estaing, très sensible aux évolutions socio-démographiques, observe que les solidarités familiales ne peuvent plus agir aussi puissamment qu'auparavant pour accompagner les plus fragiles : personnes porteuses d'un handicap, parents isolés et personnes âgées. L'essor du travail féminin, par exemple, fait muter les façons de maintenir les personnes les plus fragiles de la famille dans des domiciles désormais vides pendant la journée de travail. De même, les transformations de la famille (divorces, par exemple) contribuent à créer de nouvelles catégories comme celle des « parents isolés ». C'est dans ce sens que sont prises les mesures de revalorisation du « minimum vieillesse » tout au long du septennat (+ 180 % en valeur nominale), qu'est créée l'allocation de parent isolé en 1975 ou encore qu'une première politique intégrée du handicap est conduite. Ainsi, la loi du 30 juin 1975 relative à l'intégration des personnes handicapées est fondatrice. Votée à l'unanimité grâce à l'abstention de l'opposition, elle charrie de nombreux droits et garanties en matière de travail, de ressources et d'intégration en milieu ordinaire. On y trouve l'origine de l'allocation d'adulte handicapé et celle destinée aux parents d'enfants porteurs de handicaps. En 1976, les Cotorep sont créées pour faciliter l'accès à ces droits.

Outre les personnes vulnérables ou exclues, la pacification sociale voulue par Valéry Giscard d'Estaing dans le cadre de sa « société libérale avancée » passe par un intérêt spécial du président pour la condition des travailleurs manuels. Cette préoccupation particulière pour cette catégorie de travailleurs naît d'une volonté exprimée, au moins après coup, de réduire toutes les causes qui pourraient conduire à la crise sociale, voire à l'emballement révolutionnaire, dont Mai 68 a pu être une esquisse dans certaines usines françaises. Le constat du président libéral est double : les travailleurs manuels constituent le tiers de la population active de 1974, toutes catégories confondues (ouvriers de l'industrie, ouvriers agricoles, travailleurs du bâtiment et des travaux publics, etc.). Pour autant, leur pouvoir d'achat s'érode vite du fait de la crise économique résultant du choc pétrolier de 1973 et la part de leurs enfants dans les effectifs de l'enseignement supérieur demeure très faible. Valéry Giscard d'Estaing entend donc revaloriser ces métiers à la fois pour répondre aux enjeux sociaux qui découlent de la situation de ces travailleurs tout autant que pour lutter contre le spectre de la désindustrialisation du pays.

Le président traite ces sujets au long des années 1974 et 1975 pour aboutir au décret du 22 janvier 1976 instituant un secrétariat d'État à la Condition des travailleurs manuels. Il le confie à Lionel Stoléru qui, depuis le début du mandat, le conseille sur les questions économiques au sein du secrétariat général de la présidence de la République. Charge au nouveau ministre de faire appliquer une politique tournée vers l'amélioration des conditions de vie de ces travailleurs : application de la retraite à soixante ans décidée en conseil des ministres en novembre 1975, généralisation de la mensualisation des salaires en 1978 et outils pour rendre leur attractivité aux métiers manuels. C'est pour répondre à ce dernier point que les salaires des travailleurs manuels sont revalorisés plus vite que les rémunérations des autres métiers, dans les secteurs jugés les plus prioritaires comme l'agriculture ou l'automobile, entre autres.

Mais les réformes sociales les plus marquantes du septennat sont certainement celles qui ont trait à l'action du pouvoir giscardien en faveur des femmes – on dit alors « condition féminine ». En premier lieu, une place est faite dans l'organigramme gouvernemental pour mettre en évidence l'engagement du pouvoir exécutif à ce sujet : c'est le secrétariat d'État à la Condition féminine. Pour bien faire passer le message d'une nouvelle approche, Valéry Giscard d'Estaing pense à un signal pour le moins inhabituel au lendemain d'une victoire à l'élection présidentielle : il nomme une femme qui a voté pour son opposant du second tour. La transfuge n'est autre que Françoise Giroud qui, certes, a appelé à voter pour François Mitterrand mais est surtout la cofondatrice, avec Jean-Jacques

Servan-Schreiber, du magazine *L'Express*. Elle gravite donc dans la galaxie des radicaux qui, derrière leur charismatique chef de file, sont partie prenante de la nouvelle majorité à travers le Mouvement réformateur que Jean-Jacques Servan-Schreiber a fondé avec Jean Lecanuet, président du Centre démocrate. Voilà pour les formes. Sur le fond, Françoise Giroud est connue pour son traitement de longue date des questions liées au féminisme. La voici donc propulsée dans l'arène gouvernementale.

Pour autant, en début de mandat, ce n'est pas Françoise Giroud qui est chargée par le président et le Premier ministre de porter ce qui est resté ensuite comme une des réformes les plus emblématiques du septennat : la dépénalisation de l'interruption volontaire de grossesse (IVG). En effet, c'est à Simone Veil, ministre de la Santé, que revient cette mission. Comment ce choix s'impose-t-il au président ? Trois options s'offrent à lui en réalité. La première est celle de confier le texte au garde des Sceaux. Libéraliser l'IVG revient de fait à modifier des dispositions du Code pénal, celles introduites par la loi de 1920 interdisant l'avortement. Pourtant, Jean Lecanuet n'est pas l'homme de la situation. Chef de file des démocrates-chrétiens, il dirige un parti qui est majoritairement défavorable à la réforme. Sa propre position, si elle est bienveillante et solidaire de l'action gouvernementale, ne l'incline pas à porter politiquement le texte devant les deux chambres. L'autre option, qui consiste à confier le projet à Françoise Giroud, est porteuse d'un tout autre message politique. La secrétaire d'État à la Condition féminine est proche, dans sa position, de celle du MLAC. Elle se résume par : « L'avortement est un droit de la femme. Il faut le garantir et tout mettre en œuvre pour que seule la femme concernée puisse décider. » Voilà qui constituerait pour le président Giscard d'Estaing un risque de perdre définitivement les quelques rares voix de la droite et du centre de son Assemblée qui sont favorables à la réforme et donc mettrait en grave péril l'adoption du texte. La ministre de la Santé est donc choisie pour s'acquitter de cette lourde tâche : convaincre une majorité d'idées – à défaut de pouvoir bénéficier des voix soutenant habituellement le Gouvernement – de l'impérieuse nécessité de traiter le problème de santé publique que constituent les avortements clandestins, en libéralisant l'IVG. L'on se situe donc sur le plan médical mais aussi légaliste : la loi n'est plus respectée et les procès de femmes ayant eu recours à l'avortement de façon clandestine apparaissent injustes à l'opinion publique, avec son lot d'agitation dans les prétoires et de tribunes dans la presse. C'est dans ce contexte que Valéry Giscard d'Estaing appelle le Parlement à trancher « dans un sens libéral et non répressif » lors d'un échange avec la presse le 23 juillet 1974. Le projet est préparé par le cabinet de la ministre de la Santé, en lien avec l'Élysée et la chancellerie. Le 29 octobre, en conseil restreint, une date de passage en conseil des ministres est actée : le 13 novembre. Le texte est adopté le 29 novembre 1974, après des débats d'une rare violence au cours desquels rien n'est épargné à Simone Veil : allusions à la Shoah, descriptions d'un avenir démographique chaotique pour la France, appels à l'arrêt de la dissolution des mœurs…

Finalement, le texte prévoit, dans son article premier – le seul sur lequel le Gouvernement, rangé derrière la position de Simone Veil, n'était prêt à aucun compromis –, que la décision finale de recourir à l'IVG revienne à la femme concernée et à elle seule. Après amendement par les parlementaires, le délai maximal de recours à l'IVG est fixé à dix semaines de grossesse. Le Gouvernement, afin de ne pas s'aliéner les dernières voix de droite et du centre le soutenant, est contraint de lâcher du lest : clause de conscience pour les professionnels de santé et non-remboursement de l'acte médical d'IVG par l'assurance maladie, principalement. Mais ce n'est là qu'une première bataille gagnée. En effet, la libéralisation de l'IVG est provisoire et doit faire l'objet d'une nouvelle évaluation cinq ans plus tard. En 1979, l'essai est confirmé, mais à quel prix ? Du point de vue formel, le texte dégringole dans l'ordre ministériel : présenté comme une simple formalité, sa présentation au Parlement revient désormais à Monique Pelletier, ministre déléguée à la Condition féminine nommée lors d'un remaniement technique en 1978. En revanche, le rapport de force au sein de la majorité ne s'améliore pas : alors qu'en 1974, la droite et le centre avaient offert presque 100 voix au texte, il n'y en a plus que 70 cinq ans après et, à nouveau, c'est grâce à l'opposition que le texte passe. De surcroît, même Jacques Chirac, redevenu député, vote contre le texte, lui qui avait porté la première version en 1974 en tant que Premier ministre.

Au-delà de la seule réforme de l'IVG, d'autres réformes de mœurs font évoluer le droit dans un sens plus libéral et favorable aux femmes. Ainsi en est-il du divorce par consentement mutuel. Là encore, la réforme impose au Gouvernement de prendre toutes les précautions. Il ne s'agit pas de nuire à l'institution familiale. En effet, la majorité l'envisage toujours comme le socle de l'organisation sociale. Le garde des Sceaux Jean Lecanuet se charge de le rappeler lors de débats parlementaires nourris à la fin du mois de mai 1975. Mais très vite – une navette et une commission mixte paritaire – un compromis est trouvé entre les deux chambres : la mesure révolutionnaire – au sens propre, elle date de 1792 – du divorce par consentement mutuel est rétablie après son abolition sous la Restauration. Désormais, il ne faut plus faire la preuve d'une faute de l'un des deux époux si chacun consent à la séparation. La nouvelle formule apparaît également plus protectrice du conjoint le plus vulnérable, en l'espèce très souvent la conjointe, par exemple à travers la création d'une prestation compensatoire destinée à atténuer l'effet financier de la séparation ou le recouvrement des pensions alimentaires par le Trésor public. La loi est promulguée le 11 juillet 1975.

Mais jusque-là, les deux réformes évoquées font assez peu de cas de la secrétaire d'État à la Condition féminine puisqu'elles sont portées par d'autres de ses collègues, ministres de plein exercice. Le secrétariat d'État n'est pas doté, au demeurant, d'une administration propre, sinon un réseau de « déléguées régionales à la condition féminine » nommées sur proposition de Françoise Giroud. Il faut alors attendre le 26 mai 1976 pour que cette dernière puisse exprimer toute la cohérence du travail de fond qu'elle entreprend depuis son entrée au Gouvernement. Ce sont les « cent mesures pour la condition féminine ». Déjà en juillet 1975, la non-discrimination des femmes à l'embauche dans le public comme le privé a été inscrite dans la loi. Pour autant, Françoise Giroud présente en mai 1976 devant le Conseil des ministres une liste de mesures très denses et multisectorielles qui toutes témoignent des blocages ou des difficultés rencontrées par les femmes dans de nombreux pans de la société : quota maximal de personnes du même sexe sur une liste candidate à une élection, congé parental partagé entre le père et la mère, prime de ruralité pour les instituteurs s'installant en zone rurale, service national pour les femmes également, etc. L'approche est maximaliste et vise à faire évoluer la société vers l'égalité femmes-hommes, notamment du point de vue de l'égalité professionnelle. Ces mesures sont destinées à être adoptées ou à faire l'objet d'études dans les cinq années à venir. Il s'agit donc à la fois d'un travail de prospective pour certaines mesures et immédiatement opérationnelles pour d'autres. Cet objet politique mal défini, interministériel par nature, se heurte également à des débats internes au Gouvernement sur l'opportunité même de poursuivre l'ensemble du projet. Pour autant, il imprime une marque de fabrique réformatrice sur la question des droits des femmes et, en fin de mandat, les « cent mesures » sont présentées à l'actif du bilan présidentiel dans le livre *L'État de la France*[1] écrit par Valéry Giscard d'Estaing et destiné à alimenter sa précampagne en vue d'une réélection. Enfin, la « condition féminine » demeure dans l'organigramme gouvernemental en fin de mandat. Mais cet acquis est fragile : après le départ du Gouvernement de Françoise Giroud en 1976 (démission de Jacques Chirac), son poste n'est pas maintenu. Seul « l'emploi féminin » est considéré, à partir de janvier 1978, et il faut attendre septembre de la même année et un remaniement technique pour que Monique Pelletier devienne ministre déléguée auprès du Premier ministre Raymond Barre, chargée de la Condition féminine.

Au total, l'action de réforme conduite principalement en début de mandat permet la mise en œuvre de politiques publiques inédites à destination de personnes vulnérables ou n'ayant pas accès à la totalité des droits qu'est censée leur apporter la République. Ce faisant, la réforme – qui concernait surtout l'État et les institutions depuis 1958 – mute pour devenir plus clairement économique et sociale sous le mandat de Valéry Giscard d'Estaing. Les projets qu'il nourrit pour la jeunesse en accédant à l'Élysée procèdent du même mouvement.

Préparer l'avenir de la France : des réformes pour la jeunesse

Présentées comme ayant vocation à préparer l'avenir de la France, les deux principales réformes pour la jeunesse du mandat giscardien ont eu une postérité contrastée. La première est celle de l'abaissement de la majorité civile et électorale à 18 ans. Jamais remise en cause depuis lors, elle fait régulièrement l'objet de propositions d'approfondissement de la part de certaines forces politiques comme avec la revendication d'un droit de vote à 16 ans.

1. VGE, *L'État de la France*, Paris, Fayard, 1981.

L'autre réforme s'est avérée, au fil du temps, moins consensuelle – c'est peu dire : il s'agit de la création du « collège unique ».

Lorsque Valéry Giscard d'Estaing arrive au pouvoir, la majorité civile et la majorité électorale sont synchrones et fixées à 21 ans. Cette convergence s'est construite au fil des décennies postrévolutionnaires et de l'avancée de l'idéal démocratique en France. En effet, les deux majorités ont longtemps été dissociées : la civile à vingt et un ans dès 1792 ; l'électorale à des âges plus avancés jusqu'à la Constitution de 1848 qui l'établit à vingt et un ans également. Toutefois, l'idée d'un abaissement de cet âge à dix-huit ans n'est pas nouvelle et a été proposée à plusieurs reprises au cours du XXe siècle pour des raisons variées selon la nature du proposant : un gain électoral espéré par certaines forces politiques, une conception de la jeunesse comme vecteur d'intégration politique et d'émancipation ou une tentative de limiter le vieillissement du personnel politique, entre autres. Mai 68 a joué comme un accélérateur de la réforme qui se retrouve, modulant quelques nuances (dix-huit ans ou dix-neuf ans, notamment), dans les programmes de quasiment tous les candidats à l'élection présidentielle de 1974.

C'est ainsi que fut facilitée l'adoption rapide du nouveau texte, promulgué le 5 juillet 1974, après que le Gouvernement a déclaré l'urgence en déposant son projet sur le bureau de l'Assemblée nationale le 13 juin. Pour tout dire, l'obstacle principal à cette évolution, selon Valéry Giscard d'Estaing s'exprimant *a posteriori*[1], était Georges Pompidou. Le nouveau mandat permet donc d'avancer. Le texte du Gouvernement prévoit toutefois une majorité électorale à 19 ans. Ce sont les députés qui amendent en faveur d'un abaissement à 18 ans. Ils sont suivis ensuite par les sénateurs qui adoptent conforme le texte modifié par la chambre basse.

Cette convergence des majorités civile et électorale, qui rejoignent au demeurant la majorité pénale déjà fixée à 18 ans, peut paraître anodine et purement symbolique. Il n'en est rien. Les conséquences de ce changement sont en réalité plus étendues qu'imaginées par les parlementaires : la réforme propulse des centaines de milliers de jeunes gens, non préparés à cette éventualité, dans l'âge adulte, alors même qu'ils étaient juridiquement incapables jusque-là. Des

1. Voir le témoignage de VGE à l'occasion du colloque dirigé par Serge Berstein, Jean-Claude Casanova, Jean-François Sirinelli (dir.), *Les Années Giscard. La politique économique, 1974-1981 : actes de la journée d'études, palais du Luxembourg, Paris, le 4 février 2008*, Paris, Armand Colin, 2009.

rectifications sont ensuite apportées par voie réglementaire pour atténuer la portée de la loi sur certains volets. Ainsi, la correspondance entre les établissements scolaires et les parents est maintenue même pour les élèves majeurs. Dans un autre domaine, la protection judiciaire de la jeunesse doit revoir ses procédures pour tenir compte de ces nouveaux adultes qui relevaient jusqu'alors de son ressort. Toujours est-il qu'au final, la réforme permet d'aligner la France sur les standards observés dans les autres pays occidentaux où l'on votait, généralement, dès 18 ans.

Mais pour exercer son devoir de citoyen de la meilleure manière, il faut être éduqué. En ce sens, la réforme dite du « collège unique » concourt à ce dessein en démocratisant le dispositif d'études secondaires du pays. Promulguée le 11 juillet 1975, la loi relative à l'éducation, que l'histoire a retenue comme la « loi Haby », du nom du ministre l'ayant défendue, doit en réalité beaucoup au président de la République. La feuille de route établie par Valéry Giscard d'Estaing est claire : il s'agit de donner des « connaissances communes » à tous les élèves après l'enseignement élémentaire. De surcroît, le président libéral souhaite renforcer l'homogénéité de la formation dispensée aux élèves sortis de l'enseignement primaire, ce d'autant que, depuis une réforme conduite sous le général de Gaulle, l'âge de fin de l'instruction obligatoire a été porté de quatorze à seize ans. Au milieu des années 1970, l'enseignement secondaire est organisé en plusieurs filières, réparties inégalement sur le territoire national, entre les collèges d'enseignement secondaire (CES) et les collèges d'enseignement technique (CET). Résultat de cette partition, l'accès au lycée général demeure limité, celui aux études supérieures encore davantage. Or, le projet giscardien est de développer une base de connaissances communes à tous les jeunes Français. Dès lors, l'existence même de filières a vocation à être remise en question.

Pour conduire la réforme, Valéry Giscard d'Estaing choisit un pur produit de l'Éducation nationale : René Haby. Alors recteur de Clermont-Ferrand depuis 1972, le nouveau ministre a déjà accompli un riche parcours devant les élèves puis dans l'administration. Instituteur devenu professeur agrégé et docteur, René Haby s'oriente vers des postes de direction dans les établissements scolaires, ce qui finit par le conduire à diriger un rectorat. Il a aussi travaillé au cabinet de François Missoffe, ministre de la Jeunesse et des Sports du général de Gaulle. C'est donc un ministre de l'Éducation qui a plus que fait le tour des sujets qui doivent désormais le préoccuper qui arrive rue de Grenelle. Comme de coutume sous la présidence giscardienne, plusieurs conseils restreints se succèdent pour dessiner la réforme. Ils se tiennent les 7 février et 15 mai 1975, à l'issue d'une première phase de travail interministériel qui a lieu à partir d'octobre 1974. Dans un premier temps, la « réforme Haby » couvre tout le spectre scolaire, de l'enseignement primaire à l'université. Elle porte principalement sur les structures éducatives du pays destinées à être remaniées en profondeur et anticipe d'un an le commencement de l'instruction obligatoire, porté de six à cinq ans. Le projet adopté en Conseil des ministres le 4 juin 1975 ne va pas aussi loin. Le « collège unique » devient la priorité du Gouvernement. C'est le sens du texte présenté au Parlement et qui finit par être adopté par les deux chambres dans le courant du mois de juin. Désormais, tous les élèves fréquentent le même collège, structuré autour d'un tronc commun d'enseignements. Le brevet d'études du premier cycle (BEPC) est remplacé par le diplôme national du brevet qui intègre une part de contrôle continu en sus de l'examen final. Enfin, les enseignements de maternelle et élémentaire sont davantage associés dans l'enseignement primaire.

Le déploiement de toutes ces nouveautés nécessite toutefois de nombreux décrets d'application. Fait rare, ces derniers sont présentés en commission, au Parlement, en mai 1976, car la loi Haby le prévoit explicitement, de même qu'un contrôle annuel des modalités d'exécution du texte par les députés et les sénateurs. Les programmes d'enseignement sont également adoptés, courant 1977, sans grand chambardement de la logique disciplinaire, ce qui aurait correspondu au souhait initial du ministre mais qui s'est heurté au refus présidentiel. Après tous ces ajustements, la première rentrée conduite sous le nouveau régime – que l'opinion assimile presque exclusivement au « collège unique », faisant fi du reste – a lieu en septembre 1977. Son suivi est assuré ultérieurement par un nouveau ministre, Christian Beullac, nommé à la suite des élections législatives des 12 et 19 mars 1978 remportées par la majorité sortante. La réforme éducative devient ainsi la dernière grande réforme de société marquante du premier cycle du mandat présidentiel de Valéry Giscard d'Estaing.

Singularités personnelles et tendances de fond dans le dispositif réformateur de Valéry Giscard d'Estaing

Au total, les nombreuses réformes de société adoptées au cours de la première partie du mandat forment un ensemble globalement cohérent : décrisper la vie politique française, faire progresser les conditions de vie, mieux intégrer les exclus et rattraper les grands standards internationaux. Le président élu en 1974 a justifié, en partie *a posteriori* avec la publication en 1976 de *Démocratie française*, son ardeur réformatrice par son souhait de faire de la France une « société libérale avancée ». Pour autant, l'histoire invite à s'interroger sur ce qui lui revient en propre au sein de cette logique de réforme afin de distinguer ce qui relève de sa seule initiative et ce qui doit aux tendances de fond observées dans la vie politique et dans la société françaises au cours des décennies 1960-1970. Aussi convient-il certainement de distinguer le dispositif réformateur giscardien d'une part – qui est une véritable spécificité au regard de l'histoire du régime installé en 1958 – des thématiques abordées par les réformes et qui, elles, ancrent le projet giscardien dans un mouvement plus global de réponse aux évolutions de la société.

La signature giscardienne : un dispositif réformateur dominé par l'exécutif

Au commencement, il y a la volonté du président de la République. Elle s'observe dans la méthode déployée pour réformer et qui consiste à s'extraire de certaines pesanteurs de la vie politique pour aller vite et loin. Très rapidement, Valéry Giscard d'Estaing apparaît comme le grand ordonnateur des réformes. Du reste, il pose lui-même les limites de sa propre action : pour réformatrice qu'elle soit, sa démarche doit s'inscrire dans un fonctionnement le plus régulier et le plus stable possible des institutions de la Ve République.

S'il faut se convaincre de la volonté présidentielle d'agir vite, un détour par la chronologie des réformes s'impose : parmi les 18 réformes de société présentées *supra*, 14 d'entre elles ont été adoptées en 1974 et 1975, dont 8 dès 1974, c'est-à-dire en moins de huit mois. Aller loin, aussi : les réformes partent tous azimuts. On note, dans le désordre, une révision constitutionnelle, un grand progrès dans le droit des femmes à disposer de leur propre corps, un nouveau collège pour tous les jeunes Français ou encore de nouveaux droits pour les plus vulnérables. Les domaines sont variés et le projet n'est résolument pas conservateur. En cela, la France est bien devenue ce « chantier de réformes » promis par le président de la République en septembre 1974. Surtout, le pouvoir giscardien élargit le champ des objets de réforme à la sphère privée ou à l'ordre économique et social. C'est une inflexion notable avec les mandats gaullien et pompidolien au cours desquels la réforme, c'était avant tout la réforme de l'État.

Aller vite et loin s'impose d'ailleurs à Valéry Giscard d'Estaing du fait de la configuration de sa majorité à l'Assemblée nationale. Cette dernière, tenue par les gaullistes, est complexe à tenir. Le rapport de force est évident. Les gaullistes dont le candidat à l'élection présidentielle était Jacques Chaban-Delmas, à 43 exceptions près emmenées par Jacques Chirac en soutien de Valéry Giscard d'Estaing, comptent 183 députés. Le parti du président, les RI, occupe seulement 55 sièges. La majorité compte aussi sur la soixantaine de voix centristes du Mouvement réformateur, issu de la réunion des centristes d'opposition que sont principalement le Centre démocrate de Jean Lecanuet et les radicaux de Jean-Jacques Servan-Schreiber, et des centristes issus de la majorité pompidolienne. L'opposition, quant à elle, est dominée par les socialistes et les radicaux de gauche (environ 100 sièges) suivis par un peu plus de 70 communistes. Il s'agit donc pour Valéry Giscard d'Estaing de tirer profit du souffle de l'élection présidentielle pour s'assurer la fidélité de toutes les branches d'une majorité très composite face à une opposition aux traits plus nettement dessinés. Les résultats du vote sur le projet de loi relatif à l'interruption volontaire de grossesse témoignent de l'enjeu parlementaire que le nouveau président est le premier à devoir affronter sous la Ve République.

Mais cette faiblesse a aussi quelques avantages : la situation politique est figée par la présidentielle de 1974 pour au moins trois ans. En effet, aucune élection ayant lieu simultanément partout sur le territoire national n'est prévue avant les élections municipales de mars 1977. Les sénatoriales de septembre 1974 et les cantonales de mars 1976, toutes deux limitées à une fraction des assemblées en question, n'engendrent aucun renouvellement intégral de leurs élus. Une telle fenêtre de tir permet donc à Valéry Giscard d'Estaing de prolonger l'expression du mandat qu'il estime avoir reçu des électrices et des électeurs en mai 1974 pour réformer. De plus, l'étroitesse de sa victoire au second tour alimente au sein de la majorité la crainte renouvelée d'une possible alternance socialo-communiste aux prochaines législatives. Cette crainte existait déjà en 1967 à l'issue de législatives très disputées mais désormais, cette réminiscence opère dans un contexte postérieur à la fièvre de Mai 68.

Justement, Valéry Giscard d'Estaing présente aussi son ambition réformatrice comme une réponse aux crises de l'heure. Ces dernières sont plurielles dans la France des années 1970. Mai 68 a bien mis en exergue une forme de crise morale : la contestation a porté essentiellement sur les valeurs autour des questions de liberté des mœurs et de crise d'autorité. Une crise sociale est venue s'y empiler ; les accords de Grenelle ont apporté une première réponse sans tout régler. Est arrivée ensuite la crise économique avec le premier choc pétrolier de 1973, l'augmentation progressive du chômage et la montée du phénomène de « stagflation ». Les élites gouvernementales ont une conscience aiguë et précoce de cette crise, peut-être plus encore que l'opinion publique qui en perçoit les effets avec un léger décalage temporel. Valéry Giscard d'Estaing s'en fait l'écho lors d'une réunion de presse le 24 octobre 1974 : « La crise du monde actuel est une crise durable. » Un peu moins de deux ans plus tard, il concède à Raymond Barre le cumul de sa charge de Premier ministre avec le portefeuille de l'Économie et des Finances, toujours dans l'optique de résoudre la crise économique. Le lien de causalité entre ces crises et l'ampleur et la vitesse des réformes à accomplir est un invariant de la communication giscardienne tout au long du mandat.

Outre la communication autour des réformes sur laquelle le président garde la primauté, ce début de septennat implique également un poids prépondérant de Valéry Giscard d'Estaing dans la conception et la conduite mêmes de ces réformes. En ce sens, il peut être décrit comme le grand ordonnateur des réformes de société intervenues entre 1974 et 1978.

Un élément toutefois aurait pu infléchir cette prépondérance élyséenne. C'est la présence, tout en haut de la liste des ministres nommés en mai 1974, de Jean-Jacques Servan-Schreiber, ministre des Réformes. Cinquième dans l'ordre du tableau, le fondateur de *L'Express* est récompensé à bon prix pour son soutien pendant la campagne présidentielle. Associé à Jean Lecanuet, qui hérite pour sa part du portefeuille de la Justice, il permet en effet de faire basculer le centrisme d'opposition dans la majorité. Ce n'est pas inutile quand les votes sont serrés. Mais qu'est-ce qu'un « ministre des Réformes » ? C'est la première fois dans l'histoire de la République qu'un portefeuille ministériel prend cet intitulé. Certes, il y a eu, sous Georges Pompidou, des secrétaires d'État ou des ministres chargés des « Réformes administratives » qui se sont parfois trouvés être des personnages importants du dispositif gaulliste comme Alain Peyrefitte, alors secrétaire général du parti gaulliste. Mais sous Valéry Giscard d'Estaing, l'épithète « administratives » tombe. Sont-ce donc toutes les réformes qui doivent échoir à la supervision de JJSS ? Une petite secousse dans la jeunesse du nouveau Gouvernement empêche toute réponse. Le 9 juin 1974, le ministre des Réformes s'oppose à la décision du Premier ministre Jacques Chirac d'entreprendre des essais nucléaires au large de la Polynésie française. La tête de JJSS est réclamée au président par Jacques Chirac le jour même. Il l'obtient. Jean-Jacques Servan-Schreiber quitte aussitôt le Gouvernement. Cela ne laisse même pas le temps à l'exécutif de prendre le décret d'attribution du ministre qui n'est pas remplacé.

C'est donc à travers les lettres de mission adressées à ces Premiers ministres que le président de la République fait transiter son ambition réformatrice. En juillet 1974, la première correspondance de ce type porte sur quelques orientations de réformes choisies, au premier rang desquelles l'interruption volontaire de grossesse ou la taxation des plus-values dans le cadre de l'impôt sur le revenu. Mais, au fil du mandat, ces lettres apparaissent de plus en plus comme des points d'étape et des remises en perspective de l'action plus globale conduite sous l'égide du président. Ainsi, une lettre part le 7 janvier 1975, peu après le conseil des ministres du 2 janvier consacré « aux grandes orientations de l'action réformatrice du Gouvernement ». Le président de la République écrit à la première personne : « J'ai arrêté au cours du conseil des ministres du 2 janvier 1975 les grandes orientations de l'action réformatrice de l'État en 1975 ainsi que les éléments correspondants du calendrier de travail gouvernemental pour le premier semestre. »

S'ensuivent les objectifs de cette action. De cette manière, le président de la République fixe les thèmes, le *tempo* et les articulations des réformes entre elles, pour rendre intelligible au plus grand nombre le travail de transformation qu'il conduit. Même démarche début 1976, dans une lettre adressée à Jacques Chirac datée du 14 janvier. Elle commence ainsi :

> Mon cher Premier ministre,
>
> Les buts que notre pays s'est fixés concernant la conduite du changement nécessaire, les caractéristiques prévisibles de l'année 1976, l'état des travaux engagés, m'amènent à assigner trois objectifs principaux à l'action réformatrice gouvernementale de cette année.

Ces trois objectifs sont ensuite déclinés : le « développement économique », la « politique de réforme des structures, engagée par le Gouvernement, dans la volonté de rendre la société plus humaine et plus juste, tout en lui conservant son caractère de liberté » et l'« amélioration de la qualité de la vie à la ville et dans les campagnes ». En quelque sorte, le président se positionne comme celui qui tient la boussole au moment où ses ministres parcourent la grande carte des réformes, le Premier ministre ayant ensuite pour mission de les conduire à bon port.

À cela s'ajoute un trait organisationnel tout proprement giscardien : la systématisation de la pratique du conseil restreint. Le conseil restreint rassemble, sur un thème donné, le président de la République, le Premier ministre et le ou les ministres concernés. Un relevé de décisions est rédigé à l'issue de chaque séance. Plus de 220 conseils restreints ont lieu sous la présidence de Valéry Giscard d'Estaing, ce qui est inédit au regard des pratiques de ses prédécesseurs. Si les formes et les hiérarchies classiques sont respectées lors du conseil des ministres, ces conseils restreints permettent au président de la République d'agir plus directement sur certains points précis des réformes à mener. Ainsi, dans la définition des contenus de la loi Haby, Valéry Giscard d'Estaing intervient à plusieurs reprises pour écarter certaines options retenues par son ministre : ampleur de la réforme, âge de l'instruction obligatoire… Ce pointillisme présidentiel est alors une nouveauté qui n'a pas toujours facilité la cohésion avec le Premier ministre Jacques Chirac, issu d'une autre école de pensée, celle du gaullisme et d'un président en surplomb.

En définitive, la signature « Giscard d'Estaing » est partout présente dans l'action réformatrice venue décliner ses engagements pris pendant la campagne électorale de 1974. Pour autant, cette pratique s'apparente à tout sauf à une forme d'hyperprésidentialisme car Valéry Giscard d'Estaing s'emploie à rechercher un fonctionnement le plus régulier possible des institutions.

Le giscardisme du début de mandat correspond, d'une certaine façon, à un refus marqué d'utiliser les armes institutionnelles offertes au président par la Constitution du 4 octobre 1958. Premièrement, il y a le refus initial de dissoudre une Assemblée nationale pourtant pas des plus dociles. Pouvoir propre du président, donc non contresigné par le Premier ministre qui est alors simplement consulté, la dissolution est tout à fait possible en mai 1974. L'Assemblée a été élue en mars 1973 et donc l'une des rares limites constitutionnelles au droit de dissolution, à savoir l'interdiction de dissoudre une chambre élue il y a moins de douze mois, est déjà tombée quand Valéry Giscard d'Estaing est élu. Dans un autre ordre d'idées, ce dernier ne soumet aucune question au peuple par la voie du référendum. Certes, la pratique a déjà reflué sous Georges Pompidou. Mais sous Valéry Giscard d'Estaing, elle tombe totalement en désuétude.

Comment ne pas voir dans cette pratique des institutions une forme de constance de la part de celui qui avait dénoncé « l'exercice solitaire du pouvoir » du général de Gaulle le 17 août 1967 alors qu'il avait été sorti du Gouvernement quelques mois plus tôt ? Plus loin encore, l'éducation politique de Valéry Giscard d'Estaing le pousse à considérer le Parlement davantage que ne l'ont fait ses deux prédécesseurs : il s'est construit auprès de deux figures parlementaires dans sa famille, son père et un oncle, tous deux plutôt séduits par une vision libérale anglo-saxonne du Parlement comme outil d'émancipation contre les tyrannies. Cette conception se retrouve chez Valéry Giscard d'Estaing. Dans le troisième tome de ses *Mémoires*, il fait directement référence à ces influences pour justifier sa consultation fréquente des chefs de file de l'opposition durant son mandat, à l'inverse du général de Gaulle ou de Georges Pompidou : « Pour moi qui connais les pratiques allemandes et américaines, ces coutumes bizarres font un tort inutile à notre pays en creusant le fossé, déjà trop profond, entre les dirigeants de la majorité et ceux de l'opposition.[1] »

1. VGE, *Le Pouvoir et la Vie*, t. III, *Choisir*, Paris, Compagnie 12, 2006, p. 96.

Cette conception du pouvoir implique donc, pour réformer, de s'en tenir au calendrier normal des consultations électorales : pas de dissolution, pas de référendum. Il convient aussi de s'appuyer sur l'ensemble du spectre institutionnel pour conduire le changement. Pour la réforme constitutionnelle de 1974, le président de la République consulte le président du Conseil constitutionnel ; pour faire adopter la réforme de l'interruption volontaire de grossesse, il ne trie pas les voix et prend celles de l'opposition à son actif. C'est au prix de ce fonctionnement le plus régulier possible des institutions, censé contribuer à la décrispation du jeu politique, que Valéry Giscard d'Estaing peut ouvrir des chantiers de réforme variés simultanément, afin de rénover l'ensemble de la société et de ses structures.

L'inscription de l'ensemble réformateur giscardien dans un mouvement plus global de réponse aux évolutions de la société

Au-delà de la volonté politique personnelle de Valéry Giscard d'Estaing de réformer tous azimuts, par-delà, aussi, une sorte de culture de la réforme qu'il a développée tout au long de sa carrière politique antérieure à son accession à l'Élysée, il serait erroné de négliger l'influence des évolutions de la structure sociale du pays dans le développement de cet ensemble réformateur. En effet, ce dernier s'inscrit dans une société qui a muté[1] et est conçu par le pouvoir pour lui répondre.

Quelle est la société française de 1974 ? En peu de mots, elle est plus urbaine et plus industrialo-tertiaire que jamais. Elle se structure autour d'un noyau central de plus en plus attractif qui forme sa « classe moyenne ». Elle est imprégnée d'une « culture jeune » qui se diffuse dans la population tout entière depuis le début des années 1960.

1. Le terme « muté » est emprunté à Jean-François Sirinelli dont les derniers ouvrages s'attachent à décrire cette mutation anthropologique française sur fond de crise (la « mutacrise »). L'ensemble de cette dernière section puise donc dans les riches enseignements qu'il en tire dans Jean-François Sirinelli, *Les Vingt décisives. Le passé proche de notre avenir*, Paris, Fayard, 2007 ; *La Ve République*, Paris, PUF, coll. « Que sais-je ? », 2008 ; *Le Siècle des bouleversements. De 1914 à nos jours*, Paris, PUF, coll. « Une histoire personnelle de la France », 2014 ; *Génération sans pareille. Les baby-boomers de 1945 à nos jours*, Paris, Tallandier, 2016.

Urbaine, d'abord : deux Français sur trois environ sont des citadins en 1974. C'est une progression spectaculaire après la stagnation observée depuis les années 1930 au cours desquelles a été opérée la bascule d'une majorité rurale à une majorité à vivre en ville. Cela n'a rien d'anecdotique. L'accès à la ville implique une plus grande diversité d'expériences et d'interactions sociales à même de motiver de nouvelles aspirations morales, économiques, spirituelles et politiques. En ce sens, la proposition giscardienne d'un « changement sans le risque » et d'une « société libérale avancée » tombe à point nommé car elle entre en résonance avec tout ou partie de ces nouveaux idéaux. Corollaire de l'exode rural qui travaille cette société, elle est moins agricole qu'elle ne l'a jamais été. Avec 50 % d'actifs dans le secteur tertiaire et 40 % dans l'industrie, le bâtiment et les travaux publics, la population française ne connaît plus les champs.

L'autre mouvement de fond qui travaille la société française, c'est sa structuration autour de sa classe moyenne. La condition de cette dernière a progressé durant les « Trente Glorieuses » et de plus en plus de pans de la population sont venus s'y agglomérer tout au long de cette vague de prospérité.

Enfin, bien qu'ébranlée par la crise d'autorité de Mai 68 et la fièvre juvénile qui l'a déclenchée, les Françaises et les Français n'en éprouvent pas moins de sympathie pour les jeunes dont la culture a émergé tout au long des années 1960, sous l'effet de l'entrée dans l'adolescence des baby-boomers. Par le jeu du développement des nouveaux moyens de diffusion (radios portables, télévisions, magazines en couleurs, etc.) et de la compréhension des publicitaires des intérêts de leurs annonceurs à tenter de capter ce nouveau segment prometteur, cette « culture jeune » tend à devenir dominante dans les années 1970.

En somme, cette société renouvelée – dont la mutation n'est pas encore totalement achevée – constitue le substrat idéal pour enraciner le projet réformateur de Valéry Giscard d'Estaing. Ce dernier l'analyse et l'intègre parfaitement. Son ambition est de réunir, grâce aux réformes et à la politique qu'il met en œuvre, « deux Français sur trois » – c'est sa formule. Autrement dit, elle constitue une tentative organisée de faire coïncider la majorité politique avec la nouvelle majorité sociologique du pays.

Toutefois, sans que cela soit aussi théorisé et organisé par une méthodologie gouvernementale rationalisée que sous Valéry Giscard d'Estaing, la société politique de la fin des années 1960 et du début des années 1970 est marquée par un véritable *trend* réformateur.

D'abord, les responsables politiques et leurs entourages sont acculturés de longue date à la logique de réforme. Ces deux décennies ont constitué un moment fertile pour l'essor de clubs politiques et citoyens en tous genres, à droite comme à gauche et au centre. Regardés avec circonspection par certains partis y voyant des agents de contestation de leur monopole sur l'expression du suffrage et donc des concurrents directs (Parti communiste français, gaullistes), autorisés à dialoguer avec d'autres forces plus centrales (Mouvement républicain populaire) ou de la gauche non communiste (Parti socialiste-Section française de l'internationale ouvrière, Parti socialiste unifié, Union démocratique et socialiste de la Résistance), leur activité est scrutée et leur soutien est parfois convoité. Ainsi, Gaston Defferre, préparant sa candidature à l'élection présidentielle de 1965, cherche un moment à tirer profit de la réunion de certains de ces clubs dans des « assises de la démocratie » tenues en 1964 à Vichy. Ces clubs, dont les plus emblématiques sont le Club Jean Moulin ou encore Citoyens 60, permettent à des hauts fonctionnaires et d'autres membres de la société civile de développer des pistes de transformation de l'action publique.

Valéry Giscard d'Estaing lui-même n'est pas étranger à ce phénomène. Parallèlement à la structuration de son parti politique, la FNRI, l'ex-ministre des Finances du général de Gaulle met à profit son éviction de l'équipe gouvernementale, en 1966, pour susciter la création de nouveaux clubs Perspectives et Réalités, après de premières expérimentations en 1965. Dans cette optique, les clubs sont convoqués à leur première convention nationale, à La Défense, en novembre 1966. L'événement est préparé pendant plusieurs mois après l'annonce de sa tenue par Valéry Giscard d'Estaing en mars 1966. L'objectif du développement d'un corpus idéologique à même de répondre aux évolutions de la société est affiché :

> En face des profondes transformations économiques et sociales qui caractérisent notre époque, la pensée politique française en est toujours restée aux analyses du XIXe siècle. En particulier, les modérés ont toujours ressenti un certain dédain à l'égard des idéologies ou, tout simplement, des idées. Certes, si leur vocation était essentiellement de maintenir, ils y ont souvent assez bien réussi. Mais, à l'heure actuelle, gérer un pays qui connaît une évolution aussi

rapide suppose une pensée claire. C'est cette pensée que le club doit chercher à exprimer[1].

L'objectif est clair et, à l'instar des autres clubs évoqués plus haut, il vise à développer l'esprit de réforme. L'arrivée au pouvoir de Georges Pompidou en 1969 et la nomination de Jacques Chaban-Delmas au poste de Premier ministre permettent une convergence fructueuse entre les membres de certains de ces clubs et la vie politique institutionnelle. Ainsi, derrière la « nouvelle société » défendue dans le discours de politique générale délivré par Jacques Chaban-Delmas à l'Assemblée nationale le 16 septembre 1969, on entrevoit l'ombre de deux de ses conseillers : Simon Nora et Jacques Delors. Le premier a été membre actif du club Jean Moulin et conseiller de Pierre Mendès France à la présidence du Conseil dans les années 1950. Il demeure proche de Jean-Jacques Servan-Schreiber dans les années 1960. Le second, Jacques Delors, a dirigé Citoyens 60. Le discours de la « nouvelle société » puise dans les travaux du sociologue des organisations Michel Crozier, théoricien de la « société bloquée ». Tout l'enjeu est donc de la libérer au moyen de réformes dans l'ordre économique et social. C'est une inflexion notable avec le champ réformateur classique du début de la Ve République, davantage tourné vers les institutions et l'État. Ce projet de « nouvelle société », inachevé au départ de Jacques Chaban-Delmas de Matignon, est consolidé pour devenir le programme de son auteur à l'élection présidentielle inattendue de 1974, dans la continuité du programme de la majorité présidentielle lors des élections législatives de 1973 qui signe alors ses brochures programmatiques d'un « POURSUIVRE-AMPLIFIER un grand mouvement de réformes dans l'ordre et la sécurité ».

Dans la campagne électorale de 1974, l'appel aux réformes est bien sûr porté par Jacques Chaban-Delmas et Valéry Giscard d'Estaing. Mais on retrouve également cette marque de fabrique chez Émile Muller, député-maire de Mulhouse dont le Mouvement démocrate socialiste de France, fondé par Max Lejeune pour amener les socialistes à l'union avec le centre, décide de présenter un candidat malgré son appartenance au Mouvement réformateur. Plus surprenant, le candidat conservateur Jean Royer appelle lui

1. Citation dans *Le Monde* du 7 mars 1966 : « Une convention des clubs ''Perspectives et Réalités'' se réunira à Paris au mois d'octobre, annonce M. Giscard d'Estaing à Nice. »

aussi à « proposer de véritables réformes au peuple français », principalement pour lutter contre la crise économique.

Dans cette progression doctrinale de la pensée réformatrice au sein de la majorité, une place spécifique revient aux partis du centre. Aussi bien Georges Pompidou que Valéry Giscard d'Estaing ont fait le choix, pour des raisons tactiques ou par conviction politique, d'élargir les bases de la majorité présidentielle au centre. Or, ces partis-là sont ceux qui affichent, depuis la fin des années 1960, l'ambition réformatrice la plus forte au point d'instituer le concept même de « réforme » comme marqueur central de leur identité politique. Premier exemple, le CDP. Dans un premier temps simple attelage de circonstance, le CDP regroupe les parlementaires du centre d'opposition au général de Gaulle qui se rallient à Georges Pompidou pour l'élection présidentielle de 1969. L'arrivée de ces centristes infléchit la ligne de campagne pompidolienne. Pour la première fois, au moment du ralliement de Jacques Duhamel, un des chefs de file du CDP, Georges Pompidou fait sienne la formule que son nouvel allié emploie sur les ondes d'Europe n° 1 le 22 mai pour le décrire : « Un homme de mesure mais aussi de réforme ». Durant tout le mandat pompidolien, les centristes ralliés poursuivent la réflexion doctrinale sur les réformes. Par conséquent, les candidats du CDP aux élections législatives de 1973 reçoivent tous de la part du comité directeur de leur parti un feuillet intitulé « Réformes *non stop* » qui ne laisse aucun doute sur le rôle que veut jouer le parti centriste dans cette appropriation du réformisme par la majorité présidentielle : « Ainsi, depuis plus de trois ans, nous avons inlassablement poursuivi l'effort de réforme. Et si cette œuvre est celle d'une équipe, constatons néanmoins qu'elle coïncide exactement avec la présence du CDP dans la majorité présidentielle et du Gouvernement. »

Si ces centristes pompidoliens demeurent fidèles aux gaullistes en 1974 – avant de rallier le gagnant du deuxième tour –, Valéry Giscard d'Estaing réussit le tour de force final : opérer la bascule définitive de tous les centristes dans la majorité. C'est le ralliement de Jean Lecanuet et Jean-Jacques Servan-Schreiber. Eux aussi ont pris part à la réflexion doctrinale sur la réforme, sous l'égide de laquelle ils ont nommé leur Mouvement, et se posaient aux législatives de 1973 en parangons des réformateurs en citant *La France et sa Réforme* paru en 1972 sous la plume de l'énarque et inspecteur général des Finances Jean-Claude Colli : « La volonté, enfin, de s'adapter à l'évolution jusqu'à réformer, si besoin est, la Réforme elle-même. » La formule a valu à son auteur d'être qualifié de « théoricien des réformes [...] enfin trouvé » par le journal *Le Monde* lors de la sortie de l'ouvrage. D'une certaine manière, la stratégie giscardienne est déjà définie deux ans plus tôt par des opposants au Gouvernement auquel il appartient et qui deviennent ses alliés en 1974 ! L'apport doctrinal des centristes dans l'expansion du *trend* réformateur au sein de la majorité est donc diffus et constant tout au long des années 1970.

Pour finir, les réformes de société conduites par Valéry Giscard d'Estaing ne peuvent être comprises qu'en les mettant en regard des soubresauts de l'histoire récente du pays, et plus particulièrement trois d'entre eux : le défi lancé à la France de trouver sa nouvelle place dans le monde après la décolonisation et en pleine guerre froide, l'entrée d'un monde globalisé dans l'horizon des Françaises et des Français et la réponse à apporter à la crise globale ouverte par les événements de Mai 68.

En premier lieu, il faut, pour comprendre les aspirations nouvelles de la société française, poser la question des dimensions de la France dans le monde au début des années 1970 et ce que cette géographie nouvelle induit dans l'opinion publique. Pour la première fois depuis plus d'un siècle, la France est redevenue continentale et hexagonale, à quelques exceptions près, avec ses départements d'outre-mer. La décolonisation est presque achevée et l'empire français n'est plus. Dans le même temps, en dépit des efforts répétés du général de Gaulle d'inscrire la France parmi les grandes puissances, la répartition bipolaire du monde conduit à une forme de révision du rôle de la France dans le concert des nations. Valéry Giscard d'Estaing saisit littéralement cette notion de rétrécissement des dimensions de la France pour justifier la politique de réformes devant conduire à la « société libérale avancée ». Ainsi, dans ses vœux aux Françaises et aux Français du 31 décembre 1975, le président de la République déclare :

> Je souhaite que l'année 1976 contribue au rayonnement de la France. Pourquoi dis-je rayonnement et ne dis-je pas grandeur ? Parce que la grandeur de la France peut tenir soit à sa dimension, du temps où, par exemple, en 1800, elle était trois fois plus peuplée que la Grande-Bretagne et presque aussi peuplée que la Russie, soit à la manière dont elle fait face aux difficultés qu'elle traverse, comme du

temps de la France combattante et de la France libre. Aujourd'hui, dans le monde où nous vivons, compte tenu de notre dimension et, pour le moment, de l'absence d'épreuve, le mot qui convient à la France est celui de « rayonnement ». Pour que la France rayonne, elle doit offrir une image humaine, libérale, mondialiste et moderne.

Est ainsi résumée, outre le rétrécissement géographique et démographique du pays, la nouvelle position de la France dans le jeu des puissances : un pays qui ne connaît plus la guerre depuis 1962 – sinon très virtuellement dans le cadre de la guerre froide – ce qui est une première depuis 1870.

À l'inverse, et c'est le deuxième soubresaut qui abonde la nécessité de faire évoluer les structures du pays dont témoigne le *trend* réformateur, la France s'ouvre davantage au monde et le monde entre culturellement dans l'horizon de vie de la majorité des Françaises et des Français. À l'époque, cette perspective est perçue comme enthousiasmante. Les historiens du fait culturel ont montré comment la culture diffusée par les États-Unis a pénétré, après-guerre, les foyers français : programmation musicale des radios faisant la part belle aux artistes venus d'outre-Manche ou d'outre-Atlantique, assistance collective et immédiate, grâce à la télévision, à des événements planétaires (assassinat de John Fitzgerald Kennedy, premiers pas de l'homme sur la Lune, guerre du Vietnam…) ou encore syncrétismes dans la culture populaire (les rockers « à l'américaine » pourtant bien français comme Dick Rivers ou Johnny Hallyday). La culture jeune est du reste très soluble dans cette nouvelle globalisation culturelle et soutenue par les médias de masse et par ces interprètes comme les chanteurs yéyé. Ces derniers en assurent la propagation dans toutes les strates de la population et accentuent le phénomène d'aspiration à des nouvelles normes et valeurs, terreau par excellence d'une expérience réformatrice.

Mai 68 est le dernier de ces trois soubresauts récents et, d'une certaine façon, le corollaire des deux premiers. Cet événement doit très certainement être analysé comme la clé de voûte du *trend* réformateur dans lequel Valéry Giscard d'Estaing vient inscrire ses réformes de société. En effet, que cette menace soit réelle ou fantasmée, la croyance parmi les membres de l'élite politique au pouvoir en une poussée révolutionnaire inéluctable constitue un catalyseur puissant de la volonté réformatrice au sommet de l'État. D'abord exprimée par le général de Gaulle par l'intermédiaire de son Premier ministre Georges Pompidou – « La réforme, oui, la chienlit, non » –, elle continue de gagner du terrain lorsque ce dernier accède à l'Élysée. Valéry Giscard d'Estaing n'est pas étranger à la définition d'un axiome qui pourrait être ainsi posé : « La réforme prévient la révolution. » Dès juin 1968, il commande à Alain Griotteray, député républicain indépendant du Val-de-Marne et un des fondateurs des clubs Perspectives et Réalités, un exposé à dispenser à ses collègues de groupe à l'Assemblée nationale pour établir l'analyse, à chaud, des événements du mois écoulé. Cette conférence se tient le 9 juillet à l'occasion d'un séminaire de deux jours du groupe Républicains indépendants dans un hôtel bellifontain et s'intitule : « Des barricades ou des réformes ? ». Elle est publiée ensuite chez Fayard en septembre 1968 et préfacée par Valéry Giscard d'Estaing. Constatant le retour à la normale après l'écrasante victoire de la majorité aux élections législatives causée par la dissolution de la Chambre prononcée par le général de Gaulle, il y écrit : « À l'ennui succède le doute[1]. » Pour lui, la « secousse » (*sic*) est certes terminée mais il indique qu'à son sens « la France se révoltait aussi contre son inadaptation à notre époque[2] » et que, sans changements profonds, le pays assisterait « un jour, quelque part, imprévisible et certaine, [à] une nouvelle poussée de lave[3] ». Élu président cinq ans plus tard de ce qu'il considère donc comme un volcan dont la lave en pleine fusion connaît une intense activité géologique, Valéry Giscard d'Estaing ne se renie pas. Au contraire, il continue, pendant longtemps, à se référer à cette interprétation formulée pour la première fois en 1968. Le 13 avril 1976, pour une interview sur la chaîne Antenne 2, il persévère :

> J'ai été élu pour conduire le changement dans l'ordre. Et je continuerai, car le choix n'est pas entre l'immobilisme et la réforme. Le choix, c'est entre la réforme et le bouleversement, et comme je veux éviter le bouleversement à la France et aux Français, je continuerai les réformes.

En définitive, le surgissement de Valéry Giscard d'Estaing à l'Élysée, dans des circonstances inattendues et soudaines, lui permet de développer une intense activité réformatrice des structures

1. Alain Griotteray, *Des barricades ou des réformes ?*, Paris, Fayard, 1968, p. 59.
2. Ibid., p. 60.
3. Ibid., p. 62.

mêmes de la société française qui, elle, était tout sauf imprévisible. La maturation de toutes ces réformes, qui se nourrit du terreau de la crise protéiforme de la France des années 1970, ouverte par Mai 68, prend le temps d'un quinquennat, celui de Georges Pompidou, pour infuser au sein de la majorité. C'est le temps nécessaire pour consolider son élargissement vers le centre, pour rendre plus impérieuse encore la nécessité d'accomplir le changement et pour dégager la voie à un homme jeune mais déjà expérimenté, ayant pris le soin de se construire l'image d'un responsable politique à la fois moderne et rassurant, à l'heure où une partie de l'opinion s'inquiétait de l'autre branche possible de l'alternative au gaullisme que constituait le programme commun de gouvernement des gauches communiste et non communiste. Rarement remises en cause depuis, ces réformes de société du début de mandat giscardien ont, d'une certaine façon, atteint leur but ultime : permettre une dévolution pacifique du pouvoir entre les différentes forces républicaines, sans étincelle en cas d'alternance. Tant et si bien que lorsque la gauche gagne l'élection présidentielle, en 1981, la révolution n'a pas lieu.

Valéry Giscard d'Estaing et l'opinion

Philippe Ratte

> « L'expérience m'a appris qu'il fallait accepter comme une donnée la sensibilité du peuple qu'on est appelé à diriger, et non pas agir comme si cette sensibilité pouvait rapidement évoluer, même si on a d'excellentes raisons pour le souhaiter. »
>
> Valéry Giscard d'Estaing, *Le Pouvoir et la Vie*

> « Les points de vue de l'opinion et des chefs d'État dignes de cette fonction sont par nature contradictoires. Lorsque le chef de l'État est convaincu qu'en réformant il assure un meilleur avenir à la nation, son devoir est d'influencer l'opinion publique au cas où celle-ci serait réticente. »
>
> Valéry Giscard d'Estaing à l'Institut le 12 mars 2018

Le pouvoir – *potestas* – confère l'*imperium*, la capacité de commander. Loin de s'y réduire, comme se le figure l'opinion, il ne se soutient que par une *auctoritas,* faculté de prendre un ascendant.

C'est là que s'opère l'alchimie entre le pouvoir et la vie[1]. Mandat, vie démocratique et art de gouverner forment une trinité à la fois consubstantielle et inconciliable, dont tout dirigeant doit doser les composantes au moins mal.

C'est par un recours à son *auctoritas* que de Gaulle avait été appelé en 1958 à exercer la *potestas,* fonder, puis présider la Vᵉ République. Investi en 1974 du même mandat, Valéry Giscard d'Estaing sait qu'il lui faudra, lui, *créer* ce supplément d'*auctoritas*. Tout parfaitement investi qu'il soit, il lui reste à gagner les esprits.

Il s'y emploie par l'excellence transformatrice de la gouvernance. On sait combien sur ce point son mandat fut fertile et laisse une œuvre fondatrice[2].

Cependant, le succès de cette transformation dépend de l'assentiment des Français, et donc de leur compréhension de ce qui se joue. La nature de la mutation entreprise, celle que le mouvement même de l'histoire exige à contre-poil des habitudes nationales invétérées, vers plus de libéralisme, de démocratie, de responsabilité pour tous, appelle une élévation des esprits à l'intelligence du changement en cours, et à y concourir. L'envergure du projet requiert du temps pour porter ses fruits. Son assimilation mentale par les citoyens en prendra encore davantage, car la culture d'un peuple a une forte inertie. Il faut donc être réélu, et pour cela gagner la sympathie de l'opinion, pour un motif de fonds et nullement de personne. La bataille de l'opinion est donc cruciale. Elle se joue à plusieurs niveaux, sur le fond et sur la forme, qui ne peut s'exonérer de la houle des humeurs et des rumeurs. Valéry Giscard d'Estaing y travaille dans tout le spectre du sujet.

Par conviction libérale, par culture parlementaire, par exigence éthique, et surtout par intelligence d'un monde en route vers l'âge de la multitude, il veut partager l'inspiration politique avec le souverain peuple[3]. Cet enjeu stratégique majeur dépasse de très loin la quête d'une popularité. Il l'aborde dans une perspective pédagogique.

D'abord fixer l'esprit : le président, acte fondateur, mit fin aux écoutes[4]. Avec lui, tout se passerait au grand jour. On le trouverait

1. C'est le titre des souvenirs publiés chez Compagnie 12 par VGE en trois volumes : 1988, 1991, 2006 (VGE, *Le Pouvoir et la Vie*, Paris, Compagnie 12, t. I, 1988, t. II, 1991, t. III, 2006). Il résume l'axe de son action politique : que le pouvoir et la vie conspirent à une amélioration continue et durable.

2. Voir sur ce point Éric Roussel, *Valéry Giscard d'Estaing*, *op. cit.*, et Philippe Ratte, *Valéry Giscard d'Estaing, l'autre grand président*, Paris, Odile Jacob, 2020.

3. Et, par cette ouverture démocratique, soustraire le pouvoir à l'influence des lobbies, que favorise la précellence de l'appareil d'État : « Ces lobbies […] recherchent souvent l'anonymat. Ils défendent des intérêts privés. Ils vivent de l'exception et de l'obscurité. Ils ne représentent pas l'opinion publique, même s'ils cherchent à le faire croire. Prenez garde aux lobbies dans les phases prochaines de la communication » (VGE, à l'Institut, 12 mars 2018).

4. « Quant aux écoutes téléphoniques, j'éprouvais pour elles une véritable aversion. […] L'opinion publique, et avec elle une grande partie de la presse, était

à l'écoute, et plus aux écoutes. L'*auctoritas* procéderait d'un entretien loyal entre l'élu et la population. Franc jeu.

Créer du lien

À l'aise, ès fonctions, pour transformer la gouvernance, le nouvel élu était plus désarmé pour gagner les esprits, les faire évoluer, avoir l'oreille des intelligences.

Conscient de n'avoir pas pour lui la majorité des adhésions spontanées, qu'il lui faudrait gagner à contre-pente des propensions volontiers sans-culottes de l'esprit public, c'est vers l'opinion que Giscard dirige le bénéfice de l'état de grâce, dans l'idée de créer un lien personnel propitiatoire : monter vers l'Arc de Triomphe, mais à pied ; que le portrait officiel ait le format et l'aspect d'une photo de famille ; aller dîner en voisin chez l'habitant...

Cette dernière idée, disruptive par sa simplicité, suscita un afflux d'invitations. Le couple présidentiel s'y prêta de bon cœur[1], sans escorte, mais sans pouvoir hélas conjurer aussi le harcèlement médiatique. « Les médias étaient ulcérés d'être court-circuités » et firent tout pour déprécier cette initiative[2].

De longue main, Valéry Giscard d'Estaing avait travaillé à se mettre au niveau des gens – jouer de l'accordéon, disputer un match de foot, s'afficher en famille. Désormais, cette bonne volonté connue changeait de nature : c'était le président, l'héritier fonctionnel du roi, qui se mettait à frayer avec le menu peuple. Recevoir des éboueurs à l'Élysée, serrer la main d'un prisonnier, conduire soi-même une banale 504, en respectant les feux, cela devenait lourd d'intentions qui dérangeaient. On ne change pas

---

parfaitement sceptique. Elle ne croyait pas à l'authenticité, ni même à la sincérité, de cette volonté d'interdiction. [...] J'ai eu du mal... Il m'a fallu insister. Peu à peu, la croyance à la réalité des écoutes s'est estompée », *in* VGE, *Le Pouvoir et la Vie*, t. I, *op. cit.*, p. 166.

1. « Nous avons commencé par un plat de jambon, offert par le président... », raconte une des hôtesses (INA Politique, *1975 : Giscard s'invite à dîner chez les Français*, youtube.com, 2021). Ce « plat de jambon, offert par le président » est désarmant de candeur maladroite, les deux locutions se choquant tellement, même si la même dame dit que « ce sont des personnes très simples, très agréables, avec qui la conversation est très aisée ». « On a parlé absolument comme si on était autour d'une table entre amis », déclare Mme Cucchiarini (*ibid.*).

2. Sans relever néanmoins que le premier dîner avait eu lieu dans le 7e arrondissement, chez un couple d'encadreurs d'art ayant travaillé pour l'Élysée, autrement dit selon une asymétrie tempérée de connivence. Aujourd'hui, les réseaux sociaux et « les comiques » brocarderaient à l'instant cette faute de casting voisine du lapsus, dont les *spin doctors* auraient du reste su prévenir l'innocente maladresse : notons qu'en 1975, prévalait encore l'esprit de bon aloi. Le style Giscard s'aventurait aux limites, encore raisonnables, mais déjà périlleuses, d'une bonhommie par défaut de l'esprit public, où 1968 avait semé les germes de l'irrévérence, dont, s'avançant ainsi, il allait l'un des premiers essuyer la corrosion – on se souvient de l'effet ravageur des trouvailles de Thierry Le Luron.

aisément des codes mentaux séculaires. Tout le monde comprit qu'il voulait instaurer entre lui et les gens une relation de sympathie. Mais chacun s'aperçut vite que cela n'allait pas de soi[1]. La sincérité en heurtait des préventions.

Résolu à garantir une entière liberté de la presse, le président savait qu'il lui faudrait conjuguer ce principe, absolu chez lui, avec l'impératif stratégique de trouver des synergies dans l'opinion.

De Gaulle avait inventé, et cultivé, une forme de sympathie presque tactile avec le peuple, le tout-venant des gens incarnant pour lui le Peuple en majuscule, avec lequel il faisait histoire[2]. Ses bains de foule participaient de son dialogue presque métaphysique avec la nation. Personne ne pouvait se placer dans ce registre après lui.

En même temps, le domaine de l'opinion s'ouvrait en 1974 comme un espace neuf, dans ses formes et son ampleur. Outil théâtral jusqu'alors, la télévision, généralisée, devenait un canal d'ouverture, de diversité[3], un accès direct à l'intimité de tous. Le niveau des Français s'élevait, faisant d'eux des interlocuteurs plus que des récepteurs : il y avait là quelque chose à inventer, une piste nouvelle à explorer pour le type de leadership que Valéry Giscard d'Estaing se proposait d'exercer. Il s'y appliqua.

Hélas, en la matière, *s'appliquer* est fatal. Seul un naturel inné donne le change. La moindre intention détectable cabre la défiance. Or, tel était le cas. Entre le but poursuivi et sa mise au point se posait un insoluble problème de réglage, pour virtuose et authentique que fût « VGE ».

Ayant éprouvé, aux Finances, son don de pédagogue, il en usa pour créer un socle de bonne intelligence entre les citoyens et lui sur la base de vérités simples vérifiables par tous[4]. Il s'efforça par ailleurs à une aisance avec le commun des mortels,

1. Dans Alain Duhamel, *Emmanuel le Hardi*, Paris, éditions Points, 2022, p. 104, l'auteur parle d'« enjouement de châtelain lors de ses contacts avec les Français ordinaires ». Le cliché reste plus fort que la réalité, cinquante ans après !

2. « Il suffit que la masse et moi nous trouvions ensemble pour que notre unité l'emporte sur tout le reste », CDG, *Mémoires de Guerre*, t. III, Paris, Gallimard, coll. « Pléiade », p. 369.

3. Le fameux débat du 10 mai 1974 en avait comme inauguré l'avenir. Le 5, la soirée électorale voyait jaillir du petit écran une figure emblématique du quart de siècle à venir : Coluche. L'histoire d'un mec bouscule d'un coup tous les codes de l'humour, et vaut pour indice sémiotique d'un changement d'époque dans le système médiologique, dont l'irrévérence moqueuse de Thierry Le Luron allait être un autre indice marquant, dévastateur. Giscard avait pressenti cela, et cherchait avec beaucoup d'intelligence intuitive à s'y accorder, mais le ressort, venu de la mue des esprits, lui en échappait : c'était la gouaille, antonyme de sa tournure d'esprit à lui.

4. Giscard croit au pouvoir de la vérité, mis en cause par les socialistes en 1983 dans l'affaire dite des « Avions renifleurs », il publie des preuves : « Le Gouvernement, empêtré dans ses accusations, cherchait à relancer l'affaire. Mais en vain, car l'opinion publique, désormais alertée, ne se laissera pas abuser », *in* VGE, *Le Pouvoir et la Vie*, t. I, *op. cit.*, p. 188.

adressant ainsi « naturellement et affectueusement » (*sic*) en 1975 « Les vœux de M. et Mme Giscard d'Estaing » (*sic*) depuis leur coin du feu « À vous, mes compatriotes et mes amis » (*sic*) ! Ici poussé à ses limites, ce *naturel recherché* montrait ce qu'il était : un oxymore. On n'y vit qu'une posture, presque une imposture[1]. Qu'en son palais le président s'encadre dans les ors de la majesté, c'est dans l'ordre ; « échapper à la règle des fonctions » comme il s'en flatte ce soir-là, mais tellement ès fonctions, dérange.

Une stratégie ambitieuse de pédagogie participative

L'opinion « peut se tromper, pour peu qu'on sache la flatter. Elle est peu, ou pas, sensible à l'intérêt général à long terme. Or telle doit être précisément la première préoccupation d'un chef de l'État : l'intérêt général à long terme[2] ». Pas question, donc, d'en être la girouette. Si le président recherche la sympathie de « deux Français sur trois », c'est parce que le changement nécessaire le requiert. Il a besoin d'en avoir l'aveu, pas d'en solliciter l'aval. L'opinion y vit un paradoxal *élan contenu*. Naguère sensible à l'*Appel*, elle renaudait devant l'*invitation*. Suivre un chef (ou le haïr), oui ; concourir à une transformation d'intérêt général, non : l'opinion se déroba aux synergies vers lesquelles Giscard l'invitait à évoluer. « L'enthousiasme du début, extraordinairement jeune et confiant[3] », dut en rabattre. La qualité du lien, si stratégiquement décisive, en fut altérée.

En 1975, c'est avec « le secours » de l'opinion qu'il avait imposé la loi Veil. Vers 1981, l'opinion le dissuade d'abolir la peine de mort. Le rapport de force s'est inversé, comme une marée portée à son plein amorce son jusant.

Entre ces deux bornes se lit comme un renoncement. Inventive et transformatrice au début, la gouvernance est abandonnée à la morgue des mornes normes de Raymond Barre. Quant à la respiration démocratique, l'effort d'empathie, blason du style Giscard, fait place à un repli désabusé sur la stature présidentielle. L'exposition initialement voulue, sans filet, au libre jeu de l'opinion se retourne alors en vulnérabilité[4].

1. Ce qui fut infiniment dommage, car l'allocution, consacrée « au rayonnement de la France » et à « la qualité de la vie des Français », était une remarquable feuille de route pour « l'entente et l'unité des Français » et les progrès du pays appelé à devenir « humain, libéral, mondialiste et modeste ».
2. VGE, *loc. cit.*, 12 mars 2018.
3. VGE, *Le Pouvoir et la Vie*, t. I, *op. cit.*, p. 12.
4. « Peut-être aussi – et c'est là ma blessure secrète – avais-je fait instinctivement confiance au jugement de l'opinion. J'imaginais que les Français savaient […] et qu'ils écarteraient d'eux-mêmes l'hypothèse d'une telle médiocrité », *in* VGE, *Le Pouvoir et la Vie*, t. II, *L'Affrontement*, Paris, Compagnie 12, 1991, p. 348, à propos, notamment, de la machination des diamants de Bokassa. Le président avait aussi d'emblée renoncé à toute protection juridique contre l'offense à sa personne, se liant les mains dans le combat pour l'opinion avec la presse, les partis et les lobbies hostiles.

Pourtant, cette stratégie avait prospéré. Relayées par une suite de gestes concordants, les initiatives disruptives du départ avaient nourri un assentiment graduel à la transformation entreprise[1]. L'appel au « bon choix » en 1978 fit sourire, mais toucha un corps électoral qui l'eût alors réélu haut la main.

Que s'était-il passé pour qu'un président si attentif à gagner la sympathie des Français soit, sur la fin, entré en désamour avec le sentiment populaire dominant ? L'hostilité de la presse, l'aversion des tenants de l'ancienne politique, le fossé culturel avec les jeunes étaient là dès le début[2].

La force des choses pesa. Sans relâcher son effort de conviction auprès des citoyens, le président fut pris par ses hautes responsabilités : grande politique étrangère, redressement du pays. Le dessein était trop ample, trop intuitif encore, pour gagner d'emblée le soutien éclairé de l'opinion. On ne pouvait pour autant asservir cet enjeu historique capital à l'impédance des esprits.

On pressent que, sans se l'avouer, Giscard fit une sorte d'impasse momentanée sur ce chantier à forte inertie, donc de temps long, au profit des actes décisifs urgents. Un second septennat rattraperait le retard d'assentiment collectif dont il prenait ainsi le risque. C'était laisser les oppositions investir cet espace d'influence. Erreur qui lui fut fatale... et ruina en partie son œuvre.

Un Waterloo virtuel terriblement injuste.

Leçons d'un oxymore

Il manqua à Giscard d'être relayé.

Sa méthode était une révolution culturelle. Renonçant à l'ascendant du charisme, si naturellement attaché à sa fonction, et dont il était tant doué, elle ouvrait un *level playing field* entre tous pour y fomenter de la solidarité.

Cela ne se peut que si l'onde initiale se propage bien. Il y faut des relais, aptes à ameublir le milieu de propagation par leur concordance avec l'intention générale. Or Giscard manqua de tels amplificateurs. Ses propres amis, issus du même monde ancien

1. Dans Alain Duhamel, *Emmanuel le Hardi*, *op. cit.*, p. 89-90, l'auteur résume ainsi le cas Giscard : « VGE a suscité beaucoup plus de moqueries et de controverses [que Pompidou]. Son allure de patricien, sa particule trop fraîche, son mariage, ses alliances, sa fortune, ses châteaux, son brio, son extrême intelligence, sa modernité raisonnable, son inventivité : la gauche l'a trouvé trop aristocratique, la droite l'a jugé trop audacieux, une fraction des Français l'a jugé trop monarchique, et la presse ne l'a pas aimé. Il n'en a pas moins été populaire, les études d'opinion en font foi, six années sur sept. »

2. « J'ai cherché à utiliser des symboles pour communiquer des convictions ou des attitudes que les mots pouvaient difficilement transmettre […] Tous ont eu un trait commun : l'opinion des milieux politiques, c'est-à-dire celle qui est façonnée par les commentateurs spécialisés, a ressenti pour eux une aversion immédiate et profonde. Ils troublaient le jeu. Ils déplaçaient le débat vers un terrain où on ne désirait pas le situer, car trop de préjugés conventionnels devaient être remis en cause » (VGE, *Le Pouvoir et la Vie*, t. I, *op. cit.*, p. 301).

que leurs adversaires, peinent à suivre. Tout l'appareil mental collectif s'avère isolant au lieu de conducteur[1]. Et puis, son empathie naturelle n'estompe pas sa supériorité. Le cerf a beau se réfugier dans une étable, il ne ressemble pas à une vache.

Sa démarche aurait requis une politique de communication professionnelle, dont il récusait par éthique le principe manipulateur, n'en appelant qu'à l'intelligence et à l'équité des Français[2]. Pari risqué ! D'autant que ses procédés, hier très novateurs, se fanaient déjà, tel ce paperboard sur lequel on le vit parfois expliquer quelques chiffres à la télévision. L'innovation giscardienne tournait au suranné dans sa novation même[3].

La crise pétrolière contrariant par ses effets urticants le lent apprivoisement des esprits, la presse et les politiciens luttant contre une transformation globale qui déchaussait leur pouvoir, l'opinion était facile à détourner de la pédagogie présidentielle. Elle le fut par une guerre d'usure émaillée de coups bas. Le pari de la bonne intelligence avait vécu, et avec lui une chance majeure pour la France.

Aujourd'hui que le suivi, l'alimentation et le contrôle de l'opinion décident de tout[4], le gyroscope du devoir de gouverner tend à perdre tout cap, asservi qu'il est aux moindres variations d'une opinion en proie à de puissants effets de marée. L'expérience giscardienne, inaboutie, d'une relation vraiment démocratique entre dirigeants et opinion en prend par contraste un relief accru.

1. « Il y avait une banquise à fissurer » (VGE, *Le Pouvoir et la Vie*, t. I, *op. cit.*, p. 309). L'épaisseur et la congélation de cette banquise devaient beaucoup à la culture scolaire générale, raidie contre le libéralisme, férue de légendes révolutionnaires, ignare en économie, ignorante du vaste monde. Changer cela serait très long, et sans effet de son vivant politique.

2. « L'information moderne de l'opinion publique doit être directe et concrète. J'ai fait l'effort de m'adapter aux exigences de la télévision naissante. Pour moi, c'était respecter les citoyens, et faire appel à leur intelligence et à leur raison » (VGE, à l'Institut, 12 mars 2018).

3. Un peu à la façon du Minitel, révolutionnaire, mais lancé les mêmes années où naissent l'Internet, Microsoft et déjà Apple, qui le périment d'avance. Doublement à contre-époque ! Un blason du giscardisme ?

4. « Emmanuel Macron est entré au palais de l'Élysée au moment où média et réseaux sociaux sont devenus pour la première fois aussi puissants que le pouvoir élu », *in* Alain Duhamel, *Emmanuel le Hardi*, *op. cit.*, p. 98. « L'opinion publique est parfois beaucoup plus puissante que le pouvoir central » VGE.

NOUVELLE ORIENTATION DIPLOMATIQUE (1974-1979)

SOUTENIR LA DÉTENTE, RELANCER L'EUROPE POLITIQUE ET INSTITUTIONNELLE, RENFORCER L'EUROPE ÉCONOMIQUE FACE À LA MONDIALISATION

Laurent Warlouzet

« Les deux personnages rencontrés dans la vie publique nationale et internationale qui m'aient fait la plus forte impression » sont Charles de Gaulle et Jean Monnet, confie Valéry Giscard d'Estaing dans ses *Mémoires*[1]. Ils représentent « deux aspects, deux versants de notre tempérament ». Dans cette double allégeance réside sans doute la clé de lecture de la politique étrangère du jeune président, élu en 1974 à seulement quarante-huit ans. Modernisateur, le nouveau dirigeant veut dépoussiérer la Ve République en la sortant de sa gangue gaullienne, d'où des choix audacieux de renouer avec les Américains et de relancer la construction européenne dans des voies plus affirmées qu'auparavant. En même temps, et malgré les critiques des gaullistes, Valéry Giscard d'Estaing affiche une continuité d'ensemble avec celui dont il fut le ministre pendant sept années, et avec qui les rapports étaient empreints d'une forte estime réciproque. Dans la guerre froide, le président français, en cohérence avec la doxa gaullienne, conforte la détente, soutient l'Occident tout en tendant la main à l'URSS afin d'affirmer la spécificité de la voix de la France. En matière de construction européenne, la dynamique interétatique demeure au cœur du système. Dans les deux cas, l'Allemagne est à la fois un partenaire indispensable et un puissant voisin à contrôler et à encadrer. En Afrique également, la France joue sa partition, tout en menant une action vigoureuse pour préserver sa zone d'influence contre les tentatives de pénétration soviétiques. Inscrit dans la quête gaullienne de grandeur, même s'il n'utilise pas forcément ce terme,

1. VGE, *Le Pouvoir et la Vie*, Paris, Compagnie 12, t. I, p. 125-126.

Valéry Giscard d'Estaing est également conscient du déclin relatif de la France.

Le président Giscard d'Estaing doit affronter un contexte difficile, marqué par le renforcement de l'URSS dans le Tiers-Monde – l'échec de l'intervention en Afghanistan n'apparaît qu'*a posteriori* –, mais aussi du communisme en Europe occidentale (Italie, Portugal, France, etc.), et des relations avec les États-Unis en dents de scie. La détente favorise la France, mais les négociations internationales de désarmement (accords Salt 1 de 1972 puis Salt 2 de 1979) peuvent faire douter de la réalité de la garantie militaire américaine[1]. Les pays du « Tiers-Monde », que l'on commence à appeler le « Sud », affirment de manière croissante leur autonomie face au « Nord ». Surtout, en Europe, l'Allemagne de l'Ouest continue à affermir sa puissance économique, monétaire, et bientôt militaire par l'accroissement de ses troupes conventionnelles. Bien sûr, la France demeure un acteur diplomatique bien plus influent, mais les fondements de son influence, sa puissance économique et financière, sont menacés par la crise économique. Si la crise pétrolière d'octobre 1973 était apparue au départ comme une difficulté de court terme, elle marque en réalité la fin des « Trente Glorieuses », cette période de forte croissance, de faible chômage, d'amélioration des conditions de vie, et d'inégalités historiquement basses[2]. Certes, tout n'est pas rose, et certainement pas « vert » dans cette période marquée notamment par des pollutions massives. Mais la prospérité des Français et de la France est indéniable[3], et sert son influence politique, comme de Gaulle l'a bien compris. Or, depuis la décision du président américain Richard Nixon de 1971 de mettre fin au système monétaire de Bretton Woods, l'horloge est déréglée pour la France, qui souffre du passage aux changes flottants car le franc français est devenu une monnaie faible depuis Mai 68. Le choc pétrolier aggrave encore la situation car la France importe la majeure partie de son énergie. Pendant toutes les années Giscard d'Estaing, la France souffre donc d'une

1. Georges-Henri Soutou, *La Guerre froide de la France, 1941-1990*, Paris, Tallandier, 2018, p. 415.

2. Jean Fourastié, *Les Trente Glorieuses ou la révolution invisible de 1946 à 1975*, Paris, Fayard, coll. « Pluriel », 2010 ; Thomas Piketty, *Le Capital au XXIe siècle*, Paris, Le Seuil, 2013.

3. Céline Pessis, Sezin Topçu, Christophe Bonneuil, *Une autre histoire des Trente Glorieuses. Modernisation, contestations et pollutions dans la France d'après-guerre*, Paris, La Découverte, coll. « Cahiers libres », 2013.

balance commerciale souvent déficitaire, d'une croissance intermittente, et d'un chômage en hausse quasi constante, mais les équilibres budgétaires, dans la grande tradition gaullienne, sont maintenus. Le défi économique est donc immense, rien de moins que de renouveler les bases de la prospérité française, condition indispensable pour peser sur la scène internationale.

La formation du nouveau président le prédispose à exercer une influence majeure dans les dossiers internationaux, particulièrement dans le domaine économique. Valéry Giscard d'Estaing est né en 1926, à Coblence, en Allemagne, où son père, Edmond Giscard d'Estaing, était stationné en tant qu'inspecteur des Finances chargé des finances du Haut-Commissariat français en Rhénanie. Pour Valéry Giscard d'Estaing, l'exposition familiale au commerce international provient également de l'implication de son père Edmond dans le patronat colonial, et des liens familiaux de sa femme avec les milieux industriels. Formé à l'École polytechnique et à l'ENA, après un passage dans la Résistance puis dans l'armée du général de Lattre de Tassigny, le futur président entame une carrière politique météoritique, marquée par de nombreuses responsabilités économiques et financières, qui l'amènent à beaucoup rencontrer ses homologues étrangers, d'abord comme secrétaire d'État aux Finances du général de Gaulle dans le gouvernement Debré (1959-1962), puis comme ministre de l'Économie et des Finances du gouvernement Pompidou (1962-1966), et enfin du président Pompidou (1969-1974). Nanti de cette incomparable expérience, doté d'une aisance oratoire et d'un talent didactique, le président français se livre souvent à de longs exposés démonstratifs, dénouant les questions les plus complexes, lors des réunions internationales.

Fort de ces compétences, le président Giscard d'Estaing influence considérablement la politique étrangère de son septennat, ne laissant qu'un rôle secondaire à ses Premiers ministres et ministres des Affaires étrangères. Lorsque Jacques Chirac devient Premier ministre, il est encadré par quatre hauts fonctionnaires giscardiens promus ministres, une pratique d'ailleurs fréquemment expérimentée par Charles de Gaulle : l'ambassadeur Jean Sauvagnargues aux Affaires étrangères, l'inspecteur des Finances Jean-Pierre Fourcade à l'Économie et aux Finances, le recteur René Haby à l'Éducation nationale et la magistrate Simone Veil à la Santé. Par la suite, Chirac est remplacé comme Premier ministre par Raymond Barre, dont l'expérience politique n'est pas nulle mais est assez limitée, et qui est d'ailleurs nommé en tant que « meilleur économiste de France ». La nomination de Barre traduit par ailleurs un grand intérêt pour les questions européennes car ce dernier a été vice-président de la Commission européenne de 1967 à 1973, puis sherpa du président Giscard d'Estaing au sommet de Rambouillet[1]. Dans la tradition gaullienne, les ministres des Affaires étrangères successifs sont des diplomates de carrière pour les deux premiers (Jean Sauvagnargues, 1974-1976, et Louis de Guiringaud, 1976-1978). Seul le troisième et dernier, André François-Poncet (1978-1981), est aussi, en plus d'avoir été un diplomate, un responsable politique, en l'occurrence un très proche collaborateur du président, en tant que secrétaire général de l'Élysée (1976-1978). Jeune et compétent, entouré d'une équipe de techniciens et de proches, le président Giscard d'Estaing exerce donc une magistrature incontestée dans le domaine international, d'abord dans le conflit majeur, celui de la guerre froide, en soutenant la détente, ensuite en relançant la construction politique de l'Europe, et, enfin, en renforçant l'Europe économique face à une mondialisation plus menaçante.

Soutenir la détente

Valéry Giscard d'Estaing arrive à la tête de l'État en 1974 avec une expérience considérable dans le domaine économique, mais moins affirmée en matière diplomatique politique et militaire. Face à la guerre froide, il s'en tient assez largement aux principes gaulliens de l'indépendance nationale, de la volonté de ne pas réduire l'URSS à un adversaire idéologique, et de soutenir l'alliance américaine sans être ravalé à une position de suiveur. En même temps, une certaine évolution se perçoit, notamment par un rapprochement avec les États-Unis au début du mandat, même si elle est contrariée par l'avènement du président Carter en 1977.

Pendant le septennat giscardien, l'URSS est dans une position paradoxale. À court terme, elle semble être en expansion : l'influence soviétique croît au Vietnam (avec l'humiliation américaine de la chute de Saïgon en 1975), mais aussi en Angola, au Mozambique, en Éthiopie, au Yémen, puis, à partir de 1979, en Afghanistan. Quant à la révolution iranienne de 1979, si elle ne

1. Noël Bonhomme, « Le groupe des "sherpas" du G7 : une diplomatie d'experts ? 1975-1990 », *Monde(s), histoire, espaces, relations*, n° 5, 2014, p. 156.

se traduit pas par un alignement sur Moscou, elle marque en tout cas un clair retrait de l'influence américaine. Même en Europe, les partis communistes restent puissants, et ont une perspective sérieuse de parvenir au pouvoir en Italie, au Portugal et en France. Il n'est pas jusqu'au choc pétrolier qui n'avantage pas l'URSS, grand producteur d'hydrocarbures, mais aussi le bloc de l'Est, un temps protégé de la hausse des prix du pétrole par Moscou.

En même temps, sous cette expansion apparente, les germes des faiblesses structurelles, ayant emporté l'URSS une décennie plus tard, apparaissent déjà. Le décrochage de l'économie soviétique par rapport à l'Occident date de cette période : à partir de 1975, la chute de la production agricole rend l'URSS dépendante de l'importation de céréales étrangères[1]. Cela conduit cette dernière à répercuter finalement sur les pays de son bloc de l'Est l'augmentation des prix du pétrole, avec un certain décalage. Confrontée à des difficultés croissantes liées à l'inefficacité économique de son système, l'Europe de l'Est commence à s'enferrer dans la spirale de la dette en empruntant à l'Ouest. Enfin, la guerre en Afghanistan mine l'URSS tout au long des années 1980.

Ce paradoxe apparaît évident de façon rétrospective, mais n'est pas aussi clair à l'époque. Le président Giscard d'Estaing semble toutefois conscient des forces et des faiblesses de l'URSS. Signataire du premier accord commercial franco-soviétique de 1964, il est confiant dans la stratégie de détente, car elle maximise l'influence de la France sur le plan diplomatique, et elle procure des débouchés aux exportations françaises. En même temps, en libéral convaincu, il est tout aussi conscient des faiblesses structurelles du régime. Dans ses *Mémoires*, il relate sa première entrevue en décembre 1974 avec un leader soviétique, Léonid Brejnev, fatigué, dont les discussions sont entrecoupées de longs temps de repos[2]. Les archives en témoignent également : le président déclare au conseil des ministres du 2 mai 1979, de retour d'URSS, que l'économie russe stagne, que Brejnev est malade, et que le système politique est bloqué[3]. En même temps, il affirme avec audace sa vision d'une détente parfois comprise comme une foi naïve en un

1. Odd Arne Westad, *La Guerre froide globale. Le Tiers-monde, les États-Unis et l'URSS : 1945-1991*, Paris, Payot, 2007.
2. VGE, *Le Pouvoir et la Vie*, t. I, *op. cit.*, p. 33.
3. Georges-Henri Soutou, *La Guerre froide de la France, 1941-1990*, *op. cit.*, p. 416-426.

rapprochement Est-Ouest. En octobre 1975, lors d'une visite en URSS, il appelle à une « détente dans la compétition idéologique », ce qui suscite l'ire des dirigeants de Moscou qui ne veulent pas renoncer à la lutte des classes[1].

Si la fin de la présidence Pompidou est marquée par des difficultés franco-américaines, le début de la présidence Giscard d'Estaing se caractérise par une orientation atlantique prononcée[2]. Le nouveau chef de l'État avait déjà une image plus atlantique que les autres ministres de premier plan[3]. Le soir de son élection, il s'exprime en anglais à destination des médias anglo-saxons, ce qui choque certains observateurs. Faisant fi des réserves de Georges Pompidou et de l'agressivité anti-américaine de son ministre des Affaires étrangères Michel Jobert, le nouveau président se rapproche de l'administration Ford. Il entretient, avec le président Gérald Ford et avec son secrétaire d'État Henry Kissinger, des échanges soutenus « avec un caractère d'intimité que l'on ne connaissait plus depuis les années 1950[4] ». Les désaccords structurels perdurent toutefois, Paris refusant toujours le grand dessein de Washington visant à rapprocher Communauté européenne et Otan, en cantonnant l'Europe occidentale à un rôle secondaire. Au contraire, le président Giscard d'Estaing continue d'affirmer l'indépendance nationale, tout comme l'émergence progressive d'un pôle européen dans les relations internationales. Ainsi, même si l'administration américaine constate une continuité sur le fond avec les « principes de base de la politique étrangère gaulliste », la tonalité s'améliore[5].

L'amélioration est ainsi nette sur le dossier du Proche-Orient. La France a été irritée par sa marginalisation dans la

1. *Ibid.*, p. 423, et Nicolas Badalassi, *En finir avec la guerre froide*, *op. cit.*, p. 254.

2. Sur cette partie, voir Georges-Henri Soutou, *La Guerre froide de la France, 1941-1990*, *op. cit.* ; Nicolas Badalassi, *La France, la Guerre froide et la Méditerranée. Des accords d'Évian à la Perestroïka*, Rennes, PUR, 2024, tiré du mémoire d'habilitation à diriger des recherches de l'auteur dont la garante était Marie-Pierre Rey, université Paris 1 Panthéon-Sorbonne, 2021.

3. Marie-France Toinet, « VGE et les États-Unis », *in* Samy Cohen, Marie-Claude Smouts (dir.), *La Politique extérieure de Valéry Giscard d'Estaing*, Paris, Presses de la FNSP, 1985, p. 46.

4. Georges-Henri Soutou, *La Guerre froide de la France, 1941-1990*, *op. cit.*, p. 418.

5. Document américain du *national security adviser* au président, décembre 1974, cité *in* Éric Roussel, *Valéry Giscard d'Estaing*, Paris, L'Observatoire, 2018, p. 306.

résolution de la guerre du Kippour entre Israël et ses voisins arabes (octobre 1973). Elle s'est ensuite opposée à l'initiative de Kissinger de constituer un front occidental pour contrer le choc pétrolier déclenché par les pays arabes exportateurs de pétrole à la suite de l'échec de l'offensive surprise du Kippour. La France a ainsi refusé d'adhérer à l'AIE créée en 1974 dans le cadre de l'OCDE pour renforcer la coordination des politiques occidentales en la matière. Sans céder sur ce point, Valéry Giscard d'Estaing adopte une posture plus ouverte dès son élection, en acceptant le principe de consultation au cas par cas avec Washington dans le cadre de la coopération politique européenne (CPE). Par ailleurs, Washington compte sur l'appui de la France dans le dossier chypriote. Paris est très proche d'Athènes. Or cette dernière quitte le commandement intégré de l'Otan pour protester contre le manque de soutien de l'Alliance face à l'invasion turque. Kissinger compte sur la France pour freiner les protestations de la Grèce et de Chypre, d'autant qu'il craint que cette dernière ne se rapproche de Moscou. Plus généralement, Kissinger se montre inquiet du poids des partis communistes dans certains pays d'Europe, en Italie ou au Portugal par exemple, et mise sur l'influence stabilisatrice de pays comme la France. En décembre 1974, le sommet de la Martinique, avec la célèbre photo du bain en piscine partagé par Giscard d'Estaing, Ford et Kissinger, symbolise la coopération franco-américaine retrouvée. Le président américain est le premier, à l'invitation du président français, à se rendre dans les Antilles françaises.

Le rapprochement avec les États-Unis ne signifie donc nullement renoncer à l'indépendance nationale et faire de la France une puissance de second rang parmi d'autres. Cette attitude prévaut également dans le domaine militaire. Face à l'Otan, Paris conserve son initiative stratégique mais intensifie sa coopération militaire concrète. La charte d'Ottawa, signée à Bruxelles le 24 juin 1974, reconnaît le rôle spécifique des deux pays nucléaires d'Europe, France et Royaume-Uni, dans la dissuasion de l'Alliance Atlantique[1]. Des conversations entre le chef d'état-major de l'armée française, le général Méry, et le général Haig, le commandant en chef suprême des forces de l'Otan en Europe, aboutissent à un accord en 1975 sur les modalités de la frappe nucléaire française

1. Marie-France Toinet, « Valéry Giscard d'Estaing et les États-Unis », *op. cit.*, p. 53.

tactique[1]. La loi de programmation militaire adoptée en juin 1976, ainsi qu'un article du général Méry, évoquent la participation à la « défense de l'avant » que Paris avait auparavant toujours refusée, ce qui signifie combattre sur le territoire allemand et non pas uniquement pour défendre le pré carré national. Le trouble entraîné par cette novation oblige le Premier ministre Barre à limiter la dissuasion française, le 18 juin 1977, à la sécurité du territoire et à la participation à la sécurité des « voisins immédiats[2] ».

Corollaire logique, Valéry Giscard d'Estaing fait porter l'effort d'armement sur la composante nucléaire aérienne et sous-marine, ainsi que sur les forces conventionnelles plus que sur les missiles sol-sol mobiles Pluton. Ces derniers inquiètent les Allemands car leur portée limitée à 120 kilomètres les destinait immanquablement à exploser sur le territoire allemand. En matière sous-marine, l'ancien président a affirmé dans un témoignage postérieur que les États-Unis ont aidé discrètement et indirectement les Français dans la modernisation des missiles lancés depuis les SNLE, afin de les équiper de têtes nucléaires multiples[3].

Dans le cadre de la guerre froide, l'événement majeur des débuts du septennat de Giscard d'Estaing est la conférence sur la sécurité et la coopération en Europe (CSCE) qui se tient de juillet 1973 à juillet 1975 à Helsinki. Cette vaste discussion Est-Ouest débouche sur des accords importants concernant la reconnaissance des frontières européennes, ainsi que des régimes établis en Europe orientale par Moscou au mépris des engagements de Potsdam de l'été 1945 sur la tenue d'élections libres. La France soutient l'exigence ouest-allemande d'obtenir un engagement sur l'« inviolabilité » des frontières plutôt que sur leur « intangibilité » car cela permet de préserver les chances d'une réunification pacifique. Pour les principaux négociateurs français, la conférence permettrait de donner des armes pour lutter contre l'URSS, notamment ses projets de neutralisation de l'Europe. Surtout, les Occidentaux obtiennent la reconnaissance de valeurs communes, notamment celles des droits

1. Sur ces aspects militaires, voir Georges-Henri Soutou, *La Guerre froide de la France, 1941-1990*, *op. cit.*, p. 420-422.

2. *Ibid.*, p. 421.

3. Maurice Vaïsse, « VGE de la défense de l'Europe à la défense européenne », *in* Serge Berstein, Jean-Claude Casanova, Jean-François Sirinelli (dir.), *Les Années Giscard. La Politique économique, 1974-1981 : actes de la journée d'etudes, palais du Luxembourg, Paris, le 4 février 2008*, Paris, Armand Colin, 2009, p. 239.

de l'homme, dans une troisième corbeille, qui permet ensuite d'encourager le mouvement des dissidents en URSS.

Le président Pompidou était favorable à cette négociation, notamment pour encadrer l'*Ostpolitik* de Willy Brandt et éviter toute perspective d'un échange entre réunification allemande et neutralisation. Mais, irrité par l'attitude des deux grands, il ne joua pas un rôle moteur dans ces discussions que son successeur parvint au contraire à accélérer. Valéry Giscard d'Estaing insiste beaucoup sur les droits de l'homme, même s'il préfère s'en tenir aux principes plus qu'à une application stricte, de peur d'irriter Moscou et donc de remettre en cause la détente[1].

Face aux États-Unis, au sommet de la Martinique de 1974, le président Giscard d'Estaing insiste particulièrement auprès de ses partenaires américains pour préserver la détente et le processus d'Helsinki, et ne pas braquer l'URSS sur les droits de l'homme[2]. Ensuite, lors de sa rencontre avec Brejnev à Rambouillet, les 5-6 décembre 1974, s'il souligne l'importance de la troisième corbeille, il explique aussi qu'il ne souhaite pas l'utiliser pour s'immiscer dans les affaires intérieures de l'URSS[3]. Au contraire, les délégations canadienne et néerlandaise, tout comme les « nouveaux philosophes » en France (André Glucksmann, Bernard Henri-Lévy), sont plus offensives face à l'URSS sur ce dossier. Enfin, Paris n'est favorable ni à la participation de la Commission européenne à la CSCE, ni à la reconnaissance de la CEE par l'URSS, préférant conserver une marge de manœuvre complète dans la guerre froide[4].

Le remplacement de Gérald Ford par Jimmy Carter inquiète Valéry Giscard d'Estaing, tout comme le chancelier Helmut Schmidt d'ailleurs[5]. Le nouveau président américain est un idéaliste, prompt à confronter l'URSS sur les droits de l'homme. En même temps, sa capacité d'action paraît obérée par une difficulté

1. Georges-Henri Soutou, *La Guerre froide de la France, 1941-1990*, *op. cit.*, p. 423, Nicolas Badalassi, *En finir avec la guerre froide*, *op. cit.*, p. 250.

2. Sur la conférence d'Helsinki vue par la France, voir Nicolas Badalassi, *En finir avec la guerre froide*, *op. cit.*

3. Georges-Henri Soutou, *La Guerre froide de la France*, *op. cit.*, p. 425.

4. Nicolas Badalassi, *En finir avec la guerre froide*, *op. cit.*, p. 209. Plus généralement, sur le rôle de la CEE dans la conférence d'Helsinki, voir Angela Romano, *From Détente in Europe to European Détente. How the West Shaped the Helsinki CSCE*, Bruxelles, Peter Lang, 2009.

5. VGE, *Le Pouvoir et la Vie*, t. I, *op. cit.*, p. 141.

à maîtriser son administration, et à arbitrer entre son secrétaire d'État Cyrus Vance, partisan du *statu quo* dans la détente, et son conseiller à la sécurité nationale Zbigniew Brzezinski, défenseur d'une politique guidée par des valeurs morales[1]. Pour le président français, Carter est trop idéologique alors que lui veut au contraire approfondir la détente Est-Ouest en atténuant les conflits de doctrines. Ainsi, à la conférence de Belgrade de 1977-1978, poursuivant la conférence d'Helsinki terminée en 1975, Carter demande l'application des dispositions de l'Acte final d'Helsinki concernant les droits de l'homme, déclenchant les foudres de Moscou.

Par ailleurs, le président français lui reproche d'avoir pris contact avec le Parti socialiste français dès son élection. Au contraire, Valéry Giscard d'Estaing, lors de son premier entretien avec Carter le 9 mai 1977, l'a mis en garde contre l'eurocommunisme et contre les conséquences de l'arrivée au pouvoir de l'opposition sur les relations entre la France et l'Otan.

Au-delà, Paris lui reproche de sous-estimer les conflits périphériques, notamment en Afrique. Le président se rend même en Algérie en 1975, la première visite d'un chef d'État français depuis l'indépendance. Dans cet espace, et à la différence de De Gaulle et Pompidou, Giscard d'Estaing cherche à y associer Washington en 1977-1978, mais Carter s'en désintéresse[2]. Pour lutter contre l'influence soviétique grandissante sur ce continent, le président n'hésite pas à y multiplier les interventions militaires audacieuses, par exemple au Tchad et à Kolwezi en 1978.

Si Valéry Giscard d'Estaing est favorable à la détente Est-Ouest comme processus politique, il ne souhaite pas la voir se traduire sur le plan militaire. Ces années sont d'ailleurs marquées par un retour des controverses nucléaires, autour notamment de la bombe à neutrons et des SS-20. Sur un plan général, le président français, reprenant la position antérieure, résiste constamment aux pressions soviétiques pour que la force de frappe française soit incluse dans les négociations de désarmement dont certaines modalités (notamment Salt II) l'inquiètent par ailleurs si elles conduisent à un découplage entre l'Europe et les États-Unis.

Apparaît alors dans le paysage stratégique une arme nouvelle et inquiétante, la bombe à neutrons. Elle constitue une évolution

1. Georges-Henri Soutou, *La Guerre froide de la France, 1941-1990*, *op. cit.*, p. 431.
2. *Ibid.*, p. 421.

de la bombe nucléaire reposant sur une létalité accrue pour les humains, couplée avec des destructions matérielles moindres. Au début de son mandat, Carter insiste pour déployer cet armement en Europe. Schmidt est sceptique sur l'avantage stratégique apporté par cet armement mais s'y convertit sous la pression de Carter. Dans ses *Mémoires*, Valéry Giscard d'Estaing raconte les efforts importants déployés par le chancelier pour convaincre son parti, le SPD, malgré la vigueur de son aile pacifiste, résolument hostile. Finalement, Carter décide unilatéralement, en avril 1978, de ne pas déployer cette bombe à neutrons[1]. Le crédit du président américain en Europe en est durablement atteint.

L'inquiétude nucléaire est ensuite ravivée par l'installation de SS-20 en Europe de l'Est, des missiles à moyenne portée plus efficaces pour frapper l'Europe de l'Ouest. Selon Georges-Henri Soutou, « le SS-20 était l'arme du "découplage" stratégique entre l'Europe et les États-Unis[2] ». Si les élites politiques et militaires françaises ne semblent pas considérer que les SS-20 modifient profondément la balance des forces de la guerre froide, ce déploiement inquiète le chancelier Schmidt. Finalement, lors d'un nouveau sommet franco-américain élargi aux Allemands, tenu aux Antilles, cette fois à la Guadeloupe, en janvier 1979, Giscard d'Estaing, Carter et Schmidt s'accordent sur une démarche en deux temps : une proposition de négociations sur le désarmement à l'URSS, suivie du déploiement de nouvelles armes américaines équivalentes aux SS-20 si elles ne portent pas leurs fruits. Toutefois, la France n'endosse pas explicitement cette démarche afin d'affirmer son autonomie stratégique. Tous ces éléments annoncent l'aggravation des tensions, prélude à une nouvelle phase de la guerre froide qui se déclenche bientôt avec l'invasion soviétique de l'Afghanistan en décembre 1979.

La relance de l'Europe politique et institutionnelle

Valéry Giscard d'Estaing nourrit un intérêt ancien pour la construction européenne. Né à Coblence d'un père, Edmond, qui fut l'un des pionniers de la Ligue européenne de coopération

1. VGE, *Le Pouvoir et la Vie*, t. I, *op. cit.*, p. 142.
2. Georges-Henri Soutou, *La Guerre froide de la France, 1941-1990*, *op. cit.*, p. 436.

économique, il est confronté très tôt à la question des Communautés européennes. En 1955, il devient directeur de cabinet adjoint du président du Conseil Edgar Faure, à l'époque de la « relance de Messine », qui lance le processus de négociations conduisant aux traités de Rome de 1957. Ils créent la CEE et l'Euratom, que Valéry Giscard d'Estaing ratifie en tant que député. Par la suite, comme secrétaire d'État puis ministre de l'Économie et des Finances des présidents de Gaulle puis Pompidou (1959-1966 et 1969-1974), il intervient dans toutes les étapes de formation du Marché commun et défend la ligne présidentielle de l'Europe intergouvernementale.

En même temps, le futur président souligne son engagement européen, qui le différencie des gaullistes orthodoxes. Il rencontre plusieurs fois Jean Monnet dans les années 1960[1], et fait adhérer en 1969 sa FNRI au Comité d'action pour les États-Unis d'Europe. Pendant la campagne électorale de 1974, il se définit comme « centriste, libéral et européen[2] ».

Lorsqu'il accède à la présidence de la République en 1974, le théâtre européen paraît une scène à sa mesure. Les institutions européennes sont dans une dynamique d'expansion depuis la « relance de La Haye » de 1969. Mais les multiples projets lancés dans les différents sommets des années 1969-1973, Europe monétaire, sociale, « Union européenne » projetée lors du sommet de Paris de 1972, peinent à se concrétiser. Par ailleurs, le remplacement de Willy Brandt par Helmut Schmidt à la chancellerie allemande en mai 1974, deux semaines avant l'arrivée à l'Élysée de Valéry Giscard d'Estaing, constitue une opportunité pour les deux leaders qui développent une affinité naturelle. Pendant la campagne, celui qui est encore ministre de l'Économie et des Finances annonce qu'il souhaite prendre des « initiatives très rapides » avec l'Allemagne afin de « donner une impulsion nouvelle à la construction européenne[3] ». D'un autre côté, la crise monétaire de 1971 puis le choc pétrolier de 1973 mettent la coopération européenne à rude

1. Sur les rencontres et l'estime mutuelle entre Jean Monnet et Valéry Giscard d'Estaing exprimées dès les années 1960, voir Éric Roussel, *Jean Monnet*, Paris, Fayard, 1996, p. 758, 834, 859.

2. Françoise de La Serre, « L'Europe communautaire entre le mondialisme et l'entente franco-allemande », *in* Samy Cohen, Marie-Claude Smouts (dir.), *La Politique extérieure de Valéry Giscard d'Estaing*, *op. cit.*, p. 86.

3. Thierry Chopin, « Le Parlement européen », *in* Serge Berstein, Jean-Claude Casanova, Jean-François Sirinelli (dir.), *Les Années Giscard*, *op. cit.*, p. 154.

épreuve. Par ailleurs, la Communauté est passée de six à neuf États avec l'intégration du Royaume-Uni, de l'Irlande et du Danemark, un renforcement qui représente aussi une source de dispute, tant le nouveau partenaire britannique se montre, de son propre aveu, « maladroit[1] ». C'est ce contexte d'opportunité et de menaces que le nouveau président français exploite, à partir d'une conception confédérale de l'Europe, dans les différents dossiers institutionnels : la création du Conseil européen, l'élection du Parlement européen au suffrage universel, les élargissements vers le Sud, un soutien minimal à l'Europe diplomatique et militaire et, enfin, un certain agacement envers la Cour de justice.

Très rapidement, le président Giscard d'Estaing expose sa vision institutionnelle de la construction européenne dans une conférence de presse du 24 octobre 1974 où il évoque la « structure confédérale ». Il précise ensuite sa pensée dans son entretien au *Spiegel* du 1er janvier 1979 :

> La confédération européenne aura une structure à trois branches : une branche exécutive issue du Conseil européen, une branche administrative pour les matières communautaires issue de la Commission, et une branche à vocation délibérante et législative issue de l'Assemblée : les trois branches seront nécessairement séparées : la séparation des pouvoirs est un trait nécessaire d'une organisation confédérale conservant des structures étatiques[2].

Ainsi, le système communautaire ne doit pas reposer sur une logique fédérale, avec la Commission comme exécutif, et le Conseil et le Parlement comme législatif bicaméral, mais sur une logique confédérale, avec les États s'exprimant par le Conseil européen au centre du système.

Comme Charles de Gaulle et Georges Pompidou, Valéry Giscard d'Estaing considère la Commission comme une institution technique, utile mais qui ne doit pas avoir de velléités politiques. Il se montre donc assez favorable à François-Xavier Ortoli, qui est un président de la Commission compétent mais prudent, et

1. Traduction de « *awkward partner* », expression utilisée à l'époque par les diplomates britanniques (Archives nationales britanniques, FCO 98/948, note de R. Cooper, Political Cooperation Unit, ECD, 4 août 1980), et reprise dans l'ouvrage classique : Stephen George, *An Awkward Partner. Britain in the European Community*, Oxford, Oxford UP, 1990.

2. Cité *in* Thierry Chopin, « Le Parlement européen », *op. cit.*, p. 186.

sceptique envers son successeur Roy Jenkins qui entend renforcer la Commission[1]. Il résiste initialement devant l'admission de la Commission au G7, avant de l'accepter finalement[2]. Il affiche son hostilité face aux réformes supranationales proposées par le rapport Tindemans de 1975, comme l'usage croissant du vote à la majorité qualifiée au Conseil. Enfin, de manière originale, il manifeste un certain agacement face aux prérogatives croissantes de la Cour de justice des Communautés européennes, ce qui traduit une certaine sophistication dans sa compréhension du système communautaire.

Cela ne l'empêche pas de promouvoir un renforcement des institutions européennes, mais toujours dans un sens confédéral. D'une part, le Conseil européen créé en 1974 doit constituer un embryon d'exécutif européen par la rencontre des volontés nationales, tout en associant la Commission aux délibérations. D'autre part, le Parlement européen doit être conforté par son élection au suffrage universel direct, elle aussi décidée en 1974, mais sans accroissement majeur de ses prérogatives.

En parallèle il est possible que Valéry Giscard d'Estaing ait pu être bridé dans ses ambitions européistes par sa majorité gaulliste. En rappelant que la France ne représentera que 1 % de la population mondiale en 2000, il souligne l'impérieuse évidence européenne[3]. En se rendant, avec Helmut Schmidt, à l'enterrement de Jean Monnet en 1979, il veut contribuer à incarner ce nécessaire processus de rapprochement des nations européennes. En même temps, l'ambition gaullienne n'est pas oubliée, comme il l'affirme ouvertement dans le discours de Hoerdt du 15 mai 1979 : « Nous autres Français ne sommes pas doués pour jouer les traînards. Le génie de la France la porte à se placer en tête de ceux qui défendent les idées neuves et généreuses. C'est l'intérêt de la France de conduire l'organisation de l'Europe[4]. »

---

1. Note REP pour Gabriel Robin, conseiller technique au secrétariat général de la présidence de la République, 11 mai 1976 (Archives nationales, fonds de la présidence de la République de Valéry Giscard d'Estaing, 5AG3/921) ; note de Pierre de Boissieu pour Guy de Panafieu, 24 octobre 1979 (AN, 5AG3/922).

2. Giuliano Garavini, « The Battle for the Participation of the European Community in the G7 (1975-1977) », *Journal of European Integration History*, n° 1, 2006, p. 141-158.

3. Entretien avec Jean-Louis Servan-Schreiber pour TF1, 16 octobre 1978, cité par Françoise de La Serre, « L'Europe communautaire entre le mondialisme et l'entente franco-allemande », *op. cit.*, p. 87.

4. Françoise de La Serre, « L'Europe communautaire entre le mondialisme et l'entente franco-allemande », *op. cit.*, p. 88.

La construction européenne reste un levier de puissance pour la France, notamment face à l'Allemagne. Là aussi, le président ne s'en cache pas. Il affirme au *Spiegel* le 1er janvier 1979 que son objectif est que la France devienne, dans les années 1980, une puissance économique comparable à l'Allemagne fédérale car « il ne serait pas bon pour l'Europe qu'il y ait une puissance économique se détachant nettement des autres ». Il poursuit : « Le complément symétrique de mon attachement à l'organisation d'une confédération de l'Europe est l'accentuation du développement économique de la France[1]. » De même, face à la réunification, la France reste fidèle à sa politique de « l'asymptote » (Georges-Henri Soutou) : s'en approcher sans jamais la toucher[2]. Paris en soutient toujours le principe, tout en profitant de l'affaiblissement du voisin allemand qu'elle entraîne. Ainsi, le couple franco-allemand puissamment relancé par Valéry Giscard d'Estaing et Helmut Schmidt n'interdit pas l'expression de la puissance nationale[3].

Cet impératif d'une Europe française se traduit aussi par une certaine méfiance du président français envers un partenaire britannique de plus en plus difficile sous Thatcher, à tel point qu'en 1981, il se demande dans une conversation avec Schmidt si leur admission dans la Communauté n'a pas été une erreur et si une relation fondée sur une simple zone de libre-échange n'aurait pas été préférable[4]. Impératif européen au service de et guidé par une France forte, tel est le couple indissociable de la politique européenne de la France.

Valéry Giscard d'Estaing est à l'origine du Conseil européen, qui est aujourd'hui la plus visible des institutions européennes[5]. Cette réunion régulière des chefs de Gouvernement (et d'État dans

1. *Ibid.*

2. Georges-Henri Soutou, « L'anneau et les deux triangles : les rapports franco-allemands dans la politique européenne et mondiale de 1974 à 1981 », *in* Serge Berstein, Jean-Claude Casanova, Jean-François Sirinelli (dir.), *Les Années Giscard*, *op. cit*, p. 62.

3. Sur le couple formé par Giscard d'Estaing et Schmidt, voir l'encadré de Philippe Ratte à la suite de cette contribution ainsi que : Michèle Weinachter, *Valéry Giscard d'Estaing et l'Allemagne : le double rêve inachevé*. Paris, L'Harmattan, 2004 ; Hélène Miard-Delacroix, *Le Défi européen de 1963 à nos jours*, Lille, Septentrion, 2011.

4. *Akten zur Auswärtigen Politik der Bundesrepublik Deutschland*, 1981, Munich, Oldenbourg, 2012, documents n° 71 (note de von Braunmühl du 16 mars 1981) et n° 75 (note de Zeller, 17 mars 1981).

5. Emmanuel Mourlon-Druol, « Regional Integration and Global Governance : The Example of the European Council (1974-1986) », *Cahiers de l'Irice*, n° 9, 2012, p. 91-104 ; Élisabeth du Réau, « Consolidation et élargissement de la

le cas français) et du président de la Commission destinée à définir les grandes priorités de l'Union européenne paraît une évidence aujourd'hui. Elle ne l'était pas en 1974 quand le nouveau président français lance l'initiative. Elle rencontre alors le scepticisme de certains États européens, notamment ceux du Benelux, devant une initiative rappelant à certains égards le plan Fouchet, et sa volonté de marginaliser la Commission européenne[1]. Le souvenir de la crise de la chaise vide reste alors vif. Pour ces États, si une telle institution devait naître, elle ne devrait pas remettre en cause les procédures communautaires.

Pour le président français, la création du Conseil européen répond à un besoin de leadership politique dans une Communauté européenne qui multiplie les initiatives, et dans un monde rendu plus incertain par les crises monétaires et pétrolières. Elle est complémentaire de son initiative de créer le G7 (d'abord envisagé comme un G5 puis un G6) afin de générer un leadership politique cette fois à l'échelle du monde occidental dans son ensemble. Les sommets ponctuels entre les dirigeants européens de la Communauté, à La Haye en 1969, Paris en 1972 et Copenhague en 1973, sont considérés comme insuffisants, car leur préparation et leur suivi sont perfectibles du fait de leur absence de régularité. Cette idée rejoint en partie celle exprimée par Jean Monnet dès juin 1974 au nouveau ministre des Affaires étrangères, Jean Sauvagnargues, de la nécessité de créer « un début d'autorité européenne » par une réunion régulière des chefs d'État et de Gouvernement car la réunion de Copenhague « n'a pas été un succès[2] ». Cependant, la perspective du président français est résolument interétatique. Comme il l'explique dans ses *Mémoires*, un effet d'entraînement est anticipé : « Mon objectif était d'obtenir la régularité des réunions des chefs de Gouvernement européens. À partir du moment où cette régularité serait acquise, l'étendue des pouvoirs des chefs de Gouvernement ferait le reste

construction européenne », *in* Serge Berstein, Jean-Claude Casanova, Jean-François Sirinelli (dir.), *Les Années* Giscard, *op. cit.*, p. 118-122.

1. Hélène Miard-Delacroix, *Partenaires de choix ? Le chancelier Helmut Schimdt et la France, 1974-1982*, Berne, Peter Lang, 1993, cité *in* Élisabeth du Réau (dir.), *L'Élargissement de l'Union européenne*, Paris, Presses de la Sorbonne nouvelle, 2001, p. 122.

2. Éric Roussel, *Jean Monnet*, *op. cit.*, p. 900-901. Un premier projet avait été proposé par Jean Monnet à Georges Pompidou dès septembre 1973, voir Éric Roussel, *Valéry Giscard d'Estaing*, *op. cit.*, p. 300.

et consoliderait d'elle-même l'institution : l'exécutif européen commencerait à naître[1]. »

La mise en place est très rapide. Dès septembre 1974, l'Élysée invite ses partenaires de la Communauté, les chefs de Gouvernement des huit ainsi que le président de la Commission, le Français François-Xavier Ortoli, pour envisager l'idée. À Bonn, Helmut Schmidt la soutient tout en insistant sur la nécessité d'inviter le président de la Commission. L'accord sur le Conseil européen est conclu lors du sommet de Paris des 9 et 10 décembre 1974. Tout le monde s'accorde sur la nécessité de le réunir au moins trois fois par an, donc une fois au moins dans l'une des capitales communautaires, Bruxelles ou Luxembourg. Un équilibre est donc trouvé entre les dynamiques interétatiques et communautaires. Le sommet de Paris décide également d'élire le Parlement européen au suffrage universel direct et de demander un rapport sur la réforme institutionnelle au Belge Léo Tindemans. Rendu le 29 décembre 1975, il préconise notamment l'adoption du vote à la majorité qualifiée pour certaines décisions du Conseil des ministres, ce que refuse le président français.

Le conseil européen de Londres des 29 et 30 juin 1977 précise ses prérogatives : il a vocation à trancher les questions restées sans solutions au niveau du Conseil des ministres. Valéry Giscard d'Estaing insiste sur cette fonction de leadership du Conseil européen, qui doit avant tout donner de grandes orientations, mises en œuvre ensuite par les autres institutions de la CEE, et ne pas se perdre dans des discussions techniques[2].

Le 14 mars 1979, le président français délivre un satisfecit au Conseil européen devant le Conseil des ministres français, en confirmant son interprétation interétatique. Informant ses ministres des résultats du conseil européen, il conclut : « Le Conseil européen, vieille ambition du général de Gaulle, est entré dans les mœurs et fait preuve d'une vitalité propre. Il a donné son sceau politique à l'entrée en vigueur du Système monétaire européen[3]. »

---

1. VGE, *Le Pouvoir et la Vie*, t. I, *op. cit.*, p. 127.
2. Gérard Bossuat, *Faire l'Europe sans défaire la France. 60 ans de politique d'unité européenne des gouvernements et des présidents de la République française (1943-2003)*, Bruxelles, Peter Lang, 2005, p. 145.
3. Extrait du relevé des décisions du Conseil des ministres du 14 mars 1979 (AN, 5AG3/915).

L'élection du Parlement européen au suffrage universel direct est souvent présentée comme le complément naturel, plus supranational, de la création du Conseil européen, toutes deux décidées au sommet de Paris de 1974. La première décision est toutefois prévue dans les traités communautaires européens depuis l'origine, avec l'article 21 du traité de Paris de 1951, puis l'article 138 du traité de Rome de 1957. Projet largement négligé lors de la période gaullienne, il est néanmoins défendu par les parlementaires européens dans le rapport de Fernand Dehousse de 1960.

Paris reste réticent, jusqu'à ce que Valéry Giscard d'Estaing relance le sujet. Il envoie le 2 mai 1974, juste avant le premier tour des élections présidentielles, une lettre au Mouvement européen dans laquelle il se proclame favorable à l'élection au suffrage universel direct des parlementaires européens[1]. Un débat existe sur le fait de savoir si cette réforme est réellement désirée par le futur président, ou si elle n'a représenté qu'une concession pour obtenir le Conseil européen. Selon le témoignage accordé en 1983 par le conseiller diplomatique de Valéry Giscard d'Estaing, Gabriel Robin, cette élection « était malgré tout un "donnant-donnant" par rapport au Conseil européen qui était très loin de faire l'unanimité parmi nos partenaires[2] ». En sens inverse, dans ses *Mémoires*, Monnet raconte son entrevue avec le président français le 19 septembre 1974, lors de laquelle il se prononce explicitement en faveur de l'élection de l'Assemblée parlementaire européenne au suffrage universel direct[3]. La décision politique est finalement prise au sommet de Paris de décembre 1974, et institutionnalisée dans l'acte de Bruxelles, une décision du Conseil des Communautés européennes du 20 septembre 1976.

En revanche, le président français, tout comme les Britanniques d'ailleurs, refuse toute augmentation significative des prérogatives de cette institution. Dans son esprit, la nouvelle Assemblée élue au suffrage universel direct ne doit pas constituer la branche législative d'un exécutif qui serait le Conseil européen. Elle doit se borner à rester un organe essentiellement consultatif, avec un

---

1. Thierry Chopin, « Le Parlement européen », *in* Serge Bernstein, Jean-François Sirinelli (dir.), *Les Années Giscard. Valéry Giscard d'Estaing, 1974-1981*, Paris, Armand Colin, 2006, p. 153-189.
2. Intervention de Gabriel Robin *in* Samy Cohen, Marie-Claude Smouts (dir.), *La Politique extérieure de Valéry Giscard d'Estaing*, *op. cit.*, p. 110.
3. Jean Monnet, *Mémoires*, Paris, Fayard, Poche, 1976, p. 770.

pouvoir budgétaire légèrement renforcé, mais qui reste circonscrit : par le traité de Bruxelles du 22 juillet 1975, l'Assemblée reçoit le pouvoir de rejeter le budget. Le communiqué du sommet de Paris de 1974 sur l'élection au suffrage universel de l'Assemblée reste vague sur le point des compétences. Cela permet au ministre des Affaires étrangères Louis de Guiringaud d'affirmer en 1977, lorsque la question de la ratification de l'acte de Bruxelles passe devant un parlement français où les gaullistes sont légion, que le Gouvernement refuse tout accroissement des prérogatives de l'Assemblée[1]. Le débat intérieur est d'ailleurs si vif que le président de la République saisit lui-même le Conseil constitutionnel, alors présidé par le gaulliste Roger Frey, pour devancer les critiques des opposants communistes et gaullistes, notamment celles de Michel Debré[2]. L'organe suprême délivre une décision favorable le 30 décembre 1976, tout en soulignant qu'il ne doit y avoir aucun transfert de compétences. De même, Paris refuse absolument que l'Assemblée parlementaire européenne adopte le nom de « Parlement européen », alors que cette dernière le réclame depuis 1962. Finalement, le Conseil européen de Luxembourg des 1er et 2 avril 1976 décide de maintenir le nom « Assemblée parlementaire européenne » tout en confirmant l'usage courant suivant lequel l'institution est appelée « Parlement européen[3] ». Enfin, en matière d'attribution des sièges, si une représentation démographique avait été envisagée par le rapport Patijn de 1975, du nom du député européen néerlandais Schelto Patijn, elle est refusée par Valéry Giscard d'Estaing comme trop favorable à l'Allemagne[4].

Les premières élections européennes ont lieu en 1979. Chaque pays conserve la liberté de sa procédure électorale. En France, la proportionnelle est choisie. Les premières élections ont lieu en juin 1979. Le RPR de Jacques Chirac s'enferre dans une voie très critique de la construction européenne avec l'appel de Cochin du 6 décembre 1978. Face à lui, le président Giscard d'Estaing choisit comme tête de liste Simone Veil, symbole européen en tant que survivante des camps de concentration, et qui prouva sa combativité en soutenant contre vents et marées la loi sur l'interruption

1. Thierry Chopin, « Le Parlement européen », *op. cit.*, p. 160.
2. Témoignage du président Giscard d'Estaing *in* Serge Berstein, Jean-Claude Casanova, Jean-François Sirinelli (dir.), *Les Années Giscard*, *op. cit.*, p. 199.
3. Thierry Chopin, « Le Parlement européen », *op. cit.*, p. 163.
4. Gérard Bossuat, *Faire l'Europe sans défaire la France*, *op. cit.*, p. 146.

volontaire de grossesse. Pendant la campagne, elle s'affiche comme une pro-européenne mais pas une fédéraliste, défendant l'« Europe confédérale » chère au président[1]. Elle gagne les élections, l'UDF devenant alors la première formation politique française (27 contre 21 % au premier tour des législatives de 1978) alors que le RPR chute lourdement (16 contre 22 %), le tout dans un scrutin marqué par une abstention assez forte (39 contre 17 %). Par la suite, la majorité présidentielle engrange un nouveau succès lorsque Simone Veil est élue présidente du Parlement européen le 17 juillet 1979. La victoire est autant nationale qu'européenne.

Le retour à la démocratie de la Grèce, du Portugal et de l'Espagne en 1974-1975 pose naturellement la question de leur adhésion à la CEE, qui est réservée aux démocraties libérales. Valéry Giscard d'Estaing joue un rôle inverse envers l'élargissement grec, qu'il soutient avec succès malgré de nombreuses réserves chez les partenaires de la France, et envers l'élargissement ibérique, à l'encontre duquel il adopte une attitude de plus en plus prudente.

Dans le cas grec, l'attitude positive de Valéry Giscard d'Estaing est commandée à la fois par sa proximité culturelle évidente, par les intérêts traditionnels de la France, philhellène depuis la guerre d'indépendance de la Grèce en 1821-1829, et enfin par les impératifs de la guerre froide, qui motivent un soutien occidental à la Grèce pour éviter une déstabilisation de l'Europe sud-orientale[2]. En effet, déçue par l'attitude américaine pendant le conflit chypriote de 1974, la Grèce de Constantin Caramanlis s'est éloignée de l'Otan ce qui inquiète les Occidentaux, notamment Schmidt, prêts à accepter l'adhésion grecque pour des raisons stratégiques[3]. Le lien est direct entre la stabilisation interne de la jeune démocratie grecque et l'insertion dans une CEE source d'aides et d'association à un Marché commun dynamique.

Mais le plus enthousiaste soutien de la Grèce est le président français. Il est proche de Constantin Caramanlis, le Premier ministre nommé à la chute de la dictature. Celui-ci s'était réfugié à Paris

1. Thierry Chopin, « Le Parlement européen », *op. cit.*, p. 183.
2. Sur l'adhésion grecque, voir : Eirini Karamouzi, *Greece, the EEC and the Cold War 1974-1979. The Second Enlargement*, Basingstoke, PalgraveMacmillan, 2014 ; Antigoni-Despoina Poimenidou, *La Culture comme facteur d'européisation. Le rôle de l'argument culturel dans la politique européenne de la Grèce (1944-1979)*, Bruxelles, Peter Lang, 2018.
3. Eirini Karamouzi, *Greece*, *op. cit.*

pendant onze années, durant lesquelles il fréquenta le futur chef de l'État. Valéry Giscard d'Estaing lui prête l'avion présidentiel français pour revenir à Athènes le 24 juillet 1974, à la chute de la dictature. Dès juin 1975, il pose la candidature de la Grèce à l'adhésion à la Communauté européenne. Malgré les hésitations initiales de la Commission, et du fait de l'insistance française, le traité d'adhésion est signé le 29 mai 1979 en présence du chef de l'État français. Les conseillers du président, Guy de Panafieu et Jean-David Levitte, sont bien conscients des faiblesses économiques structurelles de la Grèce, soutenue avant tout pour des raisons politiques et culturelles[1]. Certaines réticences se sont exprimées en France du fait de la concurrence des produits agricoles grecs. Mais elles ont été rapidement levées en raison de la faible taille de l'économie grecque.

Au contraire, dans les cas espagnol et portugais, cet obstacle agricole se révèle dirimant[2]. Certes, à l'origine, la situation semble encourageante. Le 28 juillet 1977, un mois après les premières élections démocratiques suivant la mort de Franco, Madrid pose sa candidature à l'adhésion à la CEE, dans un mouvement vécu comme un véritable retour à l'Europe, à la démocratie libérale et à la modernité. L'entrée dans le Conseil de l'Europe s'opère rapidement dès la fin 1977. Comme pour le cas grec, l'insertion dans les organisations européennes doit servir de stabilisateur externe d'une situation interne encore chaotique : la violence politique reste très forte jusqu'en 1981. Valéry Giscard d'Estaing se rend en Espagne et au Portugal en 1978 et adopte une attitude ouverte.

Puis les réticences liées à l'agriculture prennent le dessus, et s'imposent au président, qui prononce, le 5 juin 1980, un discours plus restrictif devant les chambres d'agriculture :

> Il ne m'apparaît pas possible de cumuler les problèmes et les incertitudes liés à la prolongation du premier élargissement et ceux que poseraient de nouvelles adhésions. C'est pourquoi, compte tenu de l'attitude de certains de nos partenaires depuis le début de cette année, il convient que la Communauté s'attache par priorité

1. Élisabeth du Réau, « Consolidation et élargissement de la construction européenne », *op. cit.*, p. 131.

2. Sur la difficile adhésion espagnole, voir Matthieu Trouvé, *L'Espagne et l'Europe. De la dictature de Franco à l'Union européenne*, Bruxelles, Peter Lang, 2008 ; Sergio Molina Garcia, *Une clé pour l'Europe. Le débat agricole franco-espagnol et l'adhésion de l'Espagne à la CEE (1975-1982)*, Paris, L'Harmattan, 2021.

à parachever le premier élargissement avant d'être en état d'en entreprendre un deuxième[1].

En réalité, le président semble céder sous la pression de l'opposition gaulliste, qui relaie les inquiétudes des milieux agricoles. Les archives montrent que, dès 1976, Jacques Chirac, alors encore Premier ministre, éprouve de grandes réticences. Selon l'un des conseillers du président, il « estime que nous devrions donner notre accord pour l'entrée dans la Communauté de ces pays, mais sans leurs vins ni leurs fruits et légumes[2] ». De fait, les violences agricoles se multiplient, avec un pic en 1980-1982, caractérisé par des arraisonnements de camions espagnols chargés de fruits et légumes, pas toujours destinés au marché français d'ailleurs, par les agriculteurs français méridionaux. Les partis d'opposition alors les plus eurosceptiques, le RPR et le PCF, relaient cette agitation agricole. Valéry Giscard d'Estaing ploie alors sous la pression de ces milieux électoralement influents. Finalement, l'adhésion n'a lieu qu'en 1986 sous la présidence de Mitterrand, soit neuf années après le dépôt de la candidature, contre seulement six années pour la Grèce.

Dans le domaine de l'Europe diplomatique et militaire, la continuité avec la période gaullienne est de mise. L'émergence d'une personnalité européenne propre dans les relations internationales – puissamment façonnée par la France – reste une ambition de long terme ; devant son impossibilité d'émergence à court terme, l'option nationale reste la seule possible. Valéry Giscard d'Estaing s'inscrit explicitement dans cette double dynamique. Il déclare en 1966 devant la faculté de droit et sciences économiques de Paris : « Il n'est pas sûr que l'Europe de la bonne conscience des pères soit celle qui réponde aux ambitions des petits-fils. L'Europe [...] doit pouvoir intervenir dans les affaires mondiales non pas comme une troupe incohérente et facile à diviser mais comme une unité capable de proposer, négocier et conclure[3]. »

En 1970, lorsqu'émerge la CPE, cette concertation régulière des diplomaties des Six sur les sujets non communautaires, la

1. Françoise de La Serre, « L'Europe communautaire entre le mondialisme et l'entente franco-allemande », *op. cit.*, p. 105.
2. Note de Jean-Pierre Dutet pour le président, 15 juin 1976 (AN, 5AG3/921).
3. Élisabeth du Réau, « Consolidation et élargissement de la construction européenne », *op. cit.*, p. 115.

France pompidolienne s'y engage prudemment, en cherchant à en faire un levier d'influence de la France. Pompidou est certes plus prudent que de Gaulle, mais les objectifs de fond restent les mêmes[1]. Sous la présidence de Giscard d'Estaing, l'exercice de la CPE continue et n'aboutit pas à des convergences spectaculaires. Les diplomaties de ceux qui sont désormais les Neuf se concertent plus régulièrement, mais aboutissent très rarement à des positions communes. La coordination est réussie pendant la conférence sur la sécurité en Europe d'Helsinki en 1975, dont l'Acte final est signé également par le président en exercice du Conseil de la CEE, l'Italien Aldo Moro. Mais elle échoue sur quasiment tous les autres sujets, par exemple dans les réactions à la guerre en Afghanistan[2]. Des communiqués communs sont toutefois publiés sur un nombre croissant de sujets, notamment avec l'importante déclaration de Venise sur le règlement du conflit au Proche-Orient, et une coordination accrue se déploie en matière de sanctions économiques (Afrique du Sud, Iran). On reste dans le cadre d'une « diplomatie déclaratoire » plus que d'une « diplomatie active[3] ». Là encore, le président français est ambitieux dans l'affirmation d'un pôle européen unitaire à l'avenir, mais prudent à court terme, faute d'une convergence suffisante des nations, ainsi qu'il l'exprime au président américain en mai 1975 : « Je pense que pour la sécurité de la France et la stabilité du monde occidental, il serait mieux d'avoir deux unités : l'Europe de l'Ouest et les États-Unis. Dans le passé on peut penser que l'Europe n'a pas été une partenaire fiable. Mais maintenant, je ne pense pas qu'il puisse y avoir des différences entre nous sur des points sérieux. Naturellement, l'Europe n'est pas encore organisée mais je m'y emploie[4]. »

En matière de défense, la France giscardienne manifeste plus encore son scepticisme. Le président refuse que ces sujets soient évoqués dans le cadre de la CPE afin que la France conserve sa

1. Georges-Henri Soutou, « Les présidents CDG et Georges Pompidou et les débuts de la coopération politique européenne : du Plan Fouchet au Plan Fouchet light », *Relations internationales*, n° 140, avril 2009, p. 3-17.

2. Sur la coopération politique européenne, voir Angela Romano, *From détente in Europe to European détente : how the West shaped the Helsinki CSCE*, *op. cit.* ; Maria Gainar, *Aux origines de la diplomatie européenne. Les Neuf et la coopération politique européenne, 1973-1980*, Bruxelles, Peter Lang, 2012.

3. Maria Gainar, *Aux origines de la diplomatie européenne*, *op. cit.*, p. 575.

4. Éric Roussel, *Valéry Giscard d'Estaing*, *op. cit.*, 2018, p. 329.

pleine liberté d'action par rapport à l'Otan, et plus généralement face aux grandes puissances[1]. Le 12 novembre 1975, le président déclare au *Figaro* : « Il ne peut y avoir de défense de l'Europe que du jour où il y aura un pouvoir politique reconnu et fonctionnant en Europe, et il est évidemment impossible, absurde d'imaginer un système de défense sans structure politique commune[2]. » Finalement, c'est un Valéry Giscard d'Estaing désabusé qui s'exprime ainsi en 1980 en conseil des ministres français, à propos d'une réunion à neuf : « Il a constaté notamment, à cette occasion, les progrès du neutralisme chez les petits États de la Communauté et surtout au Danemark, à un moindre titre en Hollande et en Belgique. Il y a là des signes d'affaiblissement et décadence, auxquels il faut porter attention. Cela signifie en tout cas qu'on ne peut se lier trop en matière de coopération politique[3]. » Loin d'une Europe européenne indépendante comme le souhaite la France, la Communauté reste un espace sans unité diplomatique.

Fidèle à sa vision confédérale, Valéry Giscard d'Estaing mène une offensive discrète et peu connue contre une institution largement ignorée jusqu'alors : la Cour de justice des Communautés européennes établie à Luxembourg. Elle s'est affirmée petit à petit depuis 1963-1964 par des arrêts qui tendent à élargir ses prérogatives[4]. Elle a établi le droit européen comme un droit fédéral, directement applicable et supérieur aux lois nationales (mais pas aux constitutions). Elle a adopté une interprétation extensive du traité de Rome, attribuant progressivement des pouvoirs croissants aux institutions supranationales. Dans les années 1970, son champ d'application s'étend à de nouveaux domaines comme les droits des femmes ou le droit de l'environnement, où elle accorde de nouveaux droits de recours direct aux citoyens européens contre les entreprises, parfois étrangères[5].

---

1. Georges-Henri Soutou, *La Guerre froide de la France, 1941-1990*, *op. cit.*, p. 429.
2. Maurice Vaïsse, *Valéry Giscard d'Estaing de la défense de l'Europe à la défense européenne*, *op. cit.*, p. 215.
3. Extrait du relevé de décisions du Conseil des ministres du 3 décembre 1980 (AN, 5AG3/918).
4. Antoine Vauchez, *L'Union par le droit. L'invention d'un programme institutionnel pour l'Europe*, Paris, Presses de Sciences-Po, 2013.
5. Notamment dans l'affaire des Mines de potasse d'Alsace et des boues rouges de Montedison en 1976, voir : « Une décision de la Cour de justice des Communautés européennes Pollueurs à la barre », *Le Monde*, 16 décembre 1976.

Ce mouvement suscite des résistances, notamment du Conseil d'État, qui conteste l'application directe de certains textes, comme les directives car elles donnent une marge d'interprétation aux États[1]. À l'Assemblée, des députés comme Michel Debré dénoncent régulièrement les ambitions de la Cour, alors même que le pouvoir gaullien a fidèlement appliqué les décisions de cette instance, y compris pendant la crise de la chaise vide, car il s'agissait d'honorer la signature de la France au traité de Rome[2]. Le 1er juin 1979, après une décision défavorable de la Cour, Michel Debré déclare à l'Assemblée nationale : « J'accuse la Cour de justice de mégalomanie maladive[3]. »

Dès 1977, Valéry Giscard d'Estaing songe, de manière bien plus discrète et modérée, à encadrer les prérogatives de la Cour, ce qui traduit sa compréhension assez sophistiquée du système décisionnel de la Communauté européenne. Ainsi, dans un débat de 1977 sur le rôle du Conseil européen retranscrit par une note britannique, le président français propose d'en faire une « cour suprême d'appel pour la Communauté », déclenchant l'opposition des Hollandais[4].

Les hostilités reprennent en 1979 après une décision défavorable de la Cour à la France dans un dossier assez mineur, le marché du mouton. Luxembourg oblige Paris à lever des restrictions à l'importation de moutons britanniques. Valéry Giscard d'Estaing se montre catégorique face au président de la Commission, le Britannique Roy Jenkins : « Le fonctionnement de la Cour de justice me préoccupe, comme je vous l'avais déjà dit lors d'un déjeuner en janvier dernier. Il faut penser à introduire des amendements dans les procédures de la Cour[5]. » De fait, l'exécutif lance dès le printemps 1979 une réflexion, confiée au

1. Dans le cas de l'affaire Cohn-Bendit, voir : « Au Conseil d'État, les directives de la CEE ne produisent pas d'effets directs en droit interne », *Le Monde*, 28 décembre 1978.

2. Laurent Warlouzet, *Le Choix de la CEE par la France*, Paris, Comité pour l'histoire économique et financière de la France (CHEFF), 2011, p. 247-254.

3. Archives, « Michel Debré accuse la Cour européenne de justice de "mégalomanie maladive" », *Le Monde*, 4 juin 1979.

4. AN-RU, PREM 16/1253, *Steering Brief*, conseil européen de Rome, FCO, 17 mars 1977.

5. Compte rendu de l'entretien Giscard d'Estaing-Jenkins du 23 novembre 1979, note de la présidence de la République du 26 novembre 1979 (AN, 5AG3/916).

ministère des Affaires étrangères, sur l'aménagement des pouvoirs de la Cour. Les diplomates stigmatisent une cour téléologique, favorable à une interprétation supranationale des textes et qui a « tendance à faire prévaloir le principe de liberté de circulation des marchandises sur tous les autres principes du Traité[1] ». Selon eux, mais aussi selon les historiens qui ont étudié la dynamique de la Cour des décennies plus tard[2], la raison profonde réside dans l'activisme d'un certain nombre de juges et d'avocats qui exploitent dans tous leurs retranchements les potentialités du traité de Rome comme l'article 177, mais aussi l'absence de tribunal des conflits (qui pourrait régler une divergence entre des cours de deux ordres juridiques, le national et le communautaire). Dans leurs conclusions, les diplomates préconisent des aménagements limités comme l'augmentation du nombre de juges, le renforcement des pouvoirs de l'avocat général (communément issu des grands États, il est considéré comme plus proche de leurs préoccupations), ou l'amélioration du suivi des affaires par l'administration française[3]. Finalement, aucune suite n'est donnée à ces réformes d'ampleur modérée, qui montrent tout à la fois l'attachement du président Giscard d'Estaing aux institutions communautaires, y compris dans leur dimension supranationale, mais aussi son irritation face aux dynamiques fédérales qu'il ne peut pas contrôler.

Renforcer l'Europe économique face à la mondialisation

Au paradigme Est-Ouest qui structure la politique extérieure de la France depuis 1947 s'ajoute dorénavant l'opposition Nord-Sud. Celle-ci s'affirme avec vigueur lors de la décision des pays arabes exportateurs de pétrole d'augmenter massivement le prix de l'or noir pour protester contre le soutien occidental à Israël lors de la guerre du Kippour. Certes, le « Sud » est loin de constituer un bloc homogène, mais les années de la présidence Giscard

1. Note du SGCI (Marc Dandelot), 10 mai 1979 (AMAE, DECE 1500).
2. Antoine Vauchez, *L'Union par le droit, op. cit.* et Antonin Cohen, « Dix personnages majestueux en longue robe amarante », *Revue française de science politique*, 2010, 60 (2), p 227-246.
3. Notes du SGCI, 24 avril 1980 et 29 mai 1980 ; note conseil, réunion du Coreper, groupe *ad hoc*, « Cour de justice et protection pénale », 25 juin 1980 ; note du SGCI (Marc Dandelot), 10 mai 1979 (AMAE, DECE 1500).

sont marquées par l'affirmation de puissances anciennement colonisées. Elles revendiquent une autre organisation de la mondialisation à travers leur projet de « Nouvel ordre économique international » proclamé à l'ONU en 1973. L'Occident est ciblé pour sa domination des relations économiques internationales, et apparaît déclinant, de son propre aveu, comme en témoigne le célèbre rapport de la Trilatérale de 1975 intitulé « La crise des démocraties[1] ».

Valéry Giscard d'Estaing initie une première réponse à ce défi : la création d'une instance de rencontre au sommet des dirigeants des principales puissances de l'Occident libéral[2]. Au départ, le président français songe à créer un groupe des cinq ou « G5 » réunissant les leaders français, britanniques, allemands, américains et japonais. Finalement, le Canada et l'Italie s'y ajoutent. La première réunion se tient à Rambouillet dans la formation du G6 (sans le Canada). Par la suite, les sommets sont organisés à sept et de manière régulière, annuelle, tout en restant très légers dans leur institutionnalisation.

La création du G7 à l'échelle de l'Occident libéral est complémentaire de celle du Conseil européen au niveau de la Communauté européenne. Elles représentent deux réactions des Occidentaux à ce défi d'une mondialisation hors de contrôle. Les deux institutions constituent des forums des chefs d'État et de Gouvernement destinés, par des rencontres directes régulières, à constituer des enceintes d'échange et de fixation de grandes orientations de gestion des problèmes économiques internationaux. Ils répondent aux lourdeurs des autres forums, comme ceux de l'ONU, régulièrement pris en otage par les conflits Est-Ouest et Nord-Sud.

---

1. Michel Crozier, Samuel P. Huntington, Joji Watanuki, *The Crisis of Democracy. Report on the Governability of Democracies to the Trilateral Commission*, New York, New York University Press, 1975. Plus généralement sur la réaction de l'Europe de l'Ouest au défi de la mondialisation après 1973, voir Laurent Warlouzet, *Governing Europe in a Globalizing World. Neoliberalism and Its Alternatives after the Oil shock*, Londres, Routledge, 2018.

2. Emmanuel Mourlon-Druol, Federico Romero (eds.), *International Summitry and Global Governance. The Rise of the G7 and the European Council, 1974-1991*, Londres, Routledge, 2014 ; Noël Bonhomme, « Sommets du G7 et régulation économique internationale dans les années 1970 », *Relations internationales*, vol. 2, nº 157, 2014, p. 111-130 ; Emmanuel Mourlon-Druol, « Regional Integration and Global Governance : The Example of the European Council (1974-1986) », art. cit.

Valéry Giscard d'Estaing utilise ces forums pour promouvoir une régulation de la mondialisation. Dès 1975-1976, il y souligne le problème représenté par l'intensification de la concurrence japonaise et la fermeture du marché intérieur du pays du Soleil levant[1]. Lors du conseil des ministres français du 5 novembre 1980, alors que le Premier ministre Barre continue d'afficher son attachement à la logique libre-échangiste, Valéry Giscard d'Estaing se montre beaucoup plus pessimiste :

> Ne faut-il pas soumettre à une analyse nouvelle l'exaltation de la concurrence et de la liberté. Ne faut-il pas développer la concurrence à l'intérieur d'un système qui se protège comme le font les Japonais ? Il constate, en effet, qu'il est pratiquement impossible de vendre quoi que ce soit au Japon ! Les Français rattrapent le retard pris depuis Méline ! Faute d'avoir pu pendant longtemps importer quoi que ce soit, ils ont tendance maintenant à importer tout[2] !

Plus généralement, le compte rendu du conseil européen de Londres des 29-30 juin 1978 témoigne d'une volonté plus large de réguler les échanges internationaux : « Le président de la République a souligné que nous étions très attachés à la poursuite d'une politique commerciale commune ouverte et libérale, mais que la survie de cette politique impliquait une discipline pour éviter que des pratiques abusives ne conduisent à des situations insupportables dans certains secteurs sensibles[3]. » Dans cet esprit, la France approuve les accords de libre-échange négociés par la Communauté européenne, comme la convention de Lomé entre la Communauté et les pays associés d'Afrique, des Caraïbes et du Pacifique (1975), l'accord multifibre sur le textile (1977), ou le *Tokyo Round* du GATT (conclu en 1979), car ils s'inscrivent dans cette perspective du libéralisme régulé[4].

Par ailleurs, la présidence Giscard d'Estaing poursuit et même intensifie la politique de soutien actif à l'exportation dans les pays de l'Est et du Sud par le biais de « grands contrats » parfois spectaculaires (une coopération dans le nucléaire civil est même

1. Note de Jean-Paul Dutet pour le président, 17 novembre 1976 (AN, 5AG3/921).
2. Note sur le conseil des ministres du 5 novembre 1980 (AN, 5AG3/2713).
3. Note du conseiller technique au cabinet MAE, 5 juillet 1977 (AN, 5AG3/912).
4. Laurent Warlouzet, *Europe contre Europe*, Paris, CNRS éditions, 2021, p. 173-198.

envisagée avec l'Afrique du Sud et avec l'Iran), puissamment subventionnés[1]. Les exportations d'armes croissent, en particulier dans l'arc méditerranéen. De fait, si la balance commerciale française est souvent déficitaire, elle est excédentaire envers les pays en voie de développement, et ce surplus est presque multiplié par quatre entre 1976 et 1980. Un rapport estime alors que les échanges commerciaux entre la France et le Tiers-Monde entre 1970 et 1976 étaient à la source de cent mille emplois[2]. Cette politique est toutefois remise en question pour son coût, et parce qu'elle privilégie un petit nombre de producteurs et des clients parfois peu solvables[3]. De plus, les difficultés restent prégnantes en matière de commerce avec les pays riches, d'où l'effort giscardien en matière de construction de l'Europe économique et monétaire.

Comme son prédécesseur Georges Pompidou, Valéry Giscard d'Estaing est intéressé par le développement de la coopération monétaire européenne. L'origine de cette quête réside dans la faiblesse du franc français depuis Mai 68. Elle a donné lieu à des échanges franco-allemands amers en novembre 1968, alors que les spéculations contre la monnaie française se sont accrues : Paris reproche à Bonn de ne pas soutenir assez sa monnaie, tandis que les Allemands accusent les Français de ne pas suivre une politique suffisamment vertueuse[4]. Finalement, le franc français est dévalué face au deutsche Mark en août 1969. Pour maintenir l'unicité des prix de la PAC, des « montants compensatoires monétaires » sont créés. En l'espèce, ils représentent des subventions pour les produits agricoles issus de pays à monnaie forte, comme l'Allemagne, et une taxe pour ceux provenant des pays à monnaie faible. Paris cherche

1. Laurence Badel, *Diplomatie et grands contrats. L'État français et les marchés extérieurs au XXe siècle*, Paris, Publications de la Sorbonne, 2010, chapitres VIII et IX et p. 421.

2. Yves Berthelot, Gérard Tardy, *Le Défi économique du Tiers-Monde*, Paris, La Documentation française, 1978, p. 37, cité *in* Denis Lacorne, « La politique de promotion des exportations ou le colbertisme dans les moyens en vue du libéralisme comme fin », *in* Samy Cohen, Marie-Claude Smouts (dir.), *La Politique extérieure de VGE*, *op. cit.*, p. 161.

3. Laurence Badel, *Diplomatie et grands contrats*, *op. cit.*, p. 414-422 ; Denis Lacorne, « La Politique de promotion des exportations ou le colbertisme dans les moyens en vue du libéralisme comme fin », *op. cit.*, p. 168-171.

4. Mathieu Dubois, *Les Conséquences économiques de mai 1968. Du désordre social français à l'ordre monétaire européen*, Bruxelles, Peter Lang, 2018. Sur l'histoire de l'Union économique et monétaire et ses motivations, voir une synthèse récente : Laurent Warlouzet, *Europe contre Europe*, *op. cit.*, p. 270-275.

donc à promouvoir une coopération monétaire européenne accrue procurant une stabilité monétaire susceptible d'aboutir à un démantèlement de ces montants compensatoires et d'apporter une garantie d'aide allemande en cas de crise du franc. Au contraire, les Allemands sont réticents à s'engager dans toute forme de construction monétaire les liant à des pays qu'ils accusent de ne pas être aussi rigoureux qu'eux dans la gestion de leurs finances publiques. La situation s'aggrave encore pour les Français lorsque les Américains suspendent de manière unilatérale la conversion du dollar en or le 15 août 1971, plongeant le système monétaire international dans une incertitude permanente. Ce passage progressif des changes fixes aux changes flottants, entre 1971 et 1976, est traumatisant pour les pays à monnaie faible comme la France. Il signifie une volatilité accrue de la monnaie, et donc une difficulté croissante pour se financer sur les marchés extérieurs et pour maîtriser l'inflation. Or, dans un contexte de quadruplement des prix du pétrole consécutif au choc pétrolier de 1973, une monnaie qui se déprécie rend l'or noir d'autant plus coûteux.

Ainsi, les réflexions sur le renforcement de la coopération monétaire européenne ne datent pas des crises internationales de 1971-1973. Raymond Barre a présenté un premier plan en la matière, relativement modeste, dès février 1969 en tant que commissaire européen aux Affaires économiques et monétaires. Ensuite, le Conseil des ministres de la Communauté a commandé un rapport sur l'Europe monétaire au Premier ministre luxembourgeois Pierre Werner. En 1970, le rapport Werner qui en a résulté a préconisé la création d'une union monétaire fédérale en plusieurs étapes. Cette perspective est jugée prématurée à Paris. Aussi, comme Georges Pompidou, Valéry Giscard d'Estaing cherche à promouvoir une coopération monétaire européenne concrète, mais sur une base essentiellement intergouvernementale, destinée à stabiliser les monnaies européennes, et à obtenir une solidarité avec l'Allemagne fédérale.

Le « serpent monétaire européen » représente une première tentative de coopération monétaire européenne. En mars 1972, à l'initiative du président Pompidou, les six États membres conviennent de réduire les marges de fluctuation entre leurs monnaies à ± 2,25 %, et plus globalement de réduire leurs mouvements par rapport au dollar. Le dispositif fonctionne convenablement pour la France jusqu'au choc pétrolier, qui aggrave la divergence franco-allemande, Bonn arrivant bien mieux que la France, et que ses voisins en général, à préserver une inflation modérée et une balance commerciale équilibrée. Le franc français quitte donc le serpent en 1974. Il y revient en 1975 mais la relance Chirac dégrade les comptes et affaiblit le franc français. Il sort une nouvelle fois du serpent en mars 1976. Lors du conseil européen suivant, qui se tient en avril 1976 à Luxembourg, le président Giscard d'Estaing demande une déclaration de solidarité de ses partenaires européens après le retrait du franc. Mais le chancelier Schmidt refuse, arguant que le serpent n'existe que pour rappeler aux pays membres leurs devoirs, et pas pour défendre ceux qui « imprimaient de l'argent » :

> *If individual member states would not be prepared to stop their printing presses from printing money, then there was no point in the Nine Prime Minister talking now. The purpose of the Snake mechanism remained exclusively to draw the attention of the Governments concerned to the fact that they must take action on monetary, on wages and on credit policies so as to keep their exchange rates in line. He was very doubtful about the desirability of issuing declarations on economic policy unless the Community was prepared for discipline in their economic policies*[1].

L'échec semble total : le serpent est mort et la France humiliée. L'Élysée soutient alors une autre initiative, une relance concertée dans le cadre du G7[2]. L'idée est de coordonner la réponse internationale à la crise économique, avec un engagement des pays en excédent (Allemagne de l'Ouest, Japon) à relancer leur économie, au bénéfice des pays en difficulté financière (l'Italie et le Royaume-Uni, où le FMI intervient en 1976-1977), la France se trouvant dans une position intermédiaire et les États-Unis étant invités à réduire drastiquement leur addiction au pétrole. Le chancelier Schmidt demeure pendant longtemps farouchement opposé à cette idée mais il cède sous la pression de ses partenaires européens, notamment Valéry Giscard d'Estaing. La France soutient

1. Note sur le conseil européen de Luxembourg, 1er et 2 avril 1976 (Archives britanniques, PREM16/853).

2. Note de Jean-Paul Dutet, 28 juin 1977 (AN, 5AG3/912) ; note du SGCI, 20 mars 1978 (AN, 5AG3/913) ; sur la relance concertée, voir Laurent Warlouzet, *Europe contre Europe*, *op. cit.*, p. 275-280 ; Harold James, *International Monetary Cooperation since Bretton Woods*, New York, International Monetary Fund, 1996, p. 289.

cette approche car elle est volontaire, économiquement intéressante et permet de mettre la pression sur l'Allemagne.

L'accord intervient finalement au sommet du G7 de Bonn, tenu les 16 et 17 juillet 1978. La relance concertée, connue à l'époque comme l'application de la théorie dite de la « locomotive », entre en action. Le second choc pétrolier de début 1979 brise cette dynamique en accroissant considérablement les difficultés économiques et financières occidentales. L'Allemagne fédérale connaît même un déficit de sa balance des paiements pendant quelques mois, ce qui l'amène non seulement à abandonner sa position de « locomotive », mais aussi à mettre en œuvre une politique d'austérité. Pendant quelques mois, en 1980, le franc français semble même en meilleure position que le deutsche Mark, en raison de la politique de rigueur menée par le Premier ministre Raymond Barre. C'est d'ailleurs son action qui explique le succès d'une autre initiative : le Système monétaire européen (SME).

Le SME, l'une des grandes innovations européennes de la présidence Giscard d'Estaing, représente un engagement politique majeur qui ne peut se comprendre sans le tournant intérieur pris par Raymond Barre[1]. Nommé en août 1976, le Premier ministre prend le contrepied de la politique chiraquienne, marquée par des hésitations entre relance et refroidissement, pour s'engager dans une politique de restauration des grands équilibres. L'objectif est de diminuer l'inflation afin de reprendre l'activité sur des bases saines, d'être plus compétitif à l'international et de faciliter le financement extérieur. Le modèle avoué est l'Allemagne fédérale. La politique reste cependant fortement redistributive, comme le montrent les études de Thomas Piketty, qui attribue à cette décennie des années 1970 un niveau d'inégalité assez bas en comparaison avec les décennies ultérieures[2].

Cette restauration de l'autorité économique, financière et monétaire française est une précondition pour convaincre l'Allemagne fédérale de s'engager de nouveau dans une coopération monétaire européenne avec la France. L'idée est en effet restée dans l'air tout au long du milieu des années 1970, comme en témoignent

1. Sur le SME : Laurent Warlouzet, *Europe contre Europe*, *op. cit.*, p. 280-283 ; l'étude historique la plus détaillée est : Emmanuel Mourlon-Druol, *A Europe Made of Money. The Emergence of the European Monetary System*, Ithaca, Cornell University Press, 2012.

2. Thomas Piketty, *Le Capital au XXIe siècle*, *op. cit.*

les rapports de Jean-Pierre Fourcade, ministre français de l'Économie et des Finances, rendu en 1974, puis celui de Robert Marjolin, qui fut le premier Français vice-président de la Commission européenne (1958-1967), déposé en 1975, et, enfin, le discours de Roy Jenkins, le président de la Commission européenne, de 1977.

Valéry Giscard d'Estaing parvient à convaincre Helmut Schmidt de réunir un groupe d'experts, animé par Bernard Clappier, le gouverneur de la Banque de France, Horst Schulmann, un proche conseiller du chancelier, et un Britannique, Kenneth Couzens. L'idée est de ressusciter le serpent et de l'améliorer en obtenant un engagement d'intervention des pays à monnaie forte. Schmidt est progressivement convaincu en raison de la rigueur de la politique française sous Barre. La Bundesbank est réticente, ce qui oblige le chancelier à se rendre, de manière exceptionnelle, dans cette institution pour lui expliquer le fonctionnement du futur engagement monétaire européen et dissiper ses doutes.

Finalement, le SME est créé par un accord au conseil européen de Bruxelles du 5 décembre 1978. Il ne s'applique pas aux Britanniques, sans que cela suscite de problèmes majeurs. D'abord parce que Londres a encore une relation parfois distendue avec Bruxelles – le référendum confirmant sa participation ne date que de 1975 – et que la livre paraît très instable, entre des faiblesses structurelles dont témoigne la crise monétaire de 1976 et des perspectives d'appréciation liées à l'exploitation à venir des hydrocarbures de la mer du Nord. Comme le serpent, le SME constitue avant tout un engagement politique de maintenir la parité des monnaies participantes dans une bande étroite de ± 2,25 %. Le nom d'ECU, sigle de *European Currency Unit*, et référence à une monnaie médiévale française, est adopté comme unité monétaire de compte. Les modalités d'intervention sont un peu adaptées afin que l'effort de stabilisation des cours repose aussi sur les pays à monnaie forte, et pas seulement sur les pays à monnaie faible. Les mécanismes de solidarité en cas de crise sont sensiblement renforcés. En particulier, un fonds monétaire européen doit être créé dans les deux ans. Finalement, la France s'en désintéresse d'abord car le franc français est devenu une monnaie forte, et ensuite pour éviter des délégations de souveraineté superflues. Le président Giscard d'Estaing le reconnaît d'ailleurs en 2003 : « Notre idée était de créer un système monétaire aboutissant à une monnaie européenne » par l'utilisation accrue de l'ECU et par « une deuxième phase [avec] la mise en place dans les deux ans d'un fonds monétaire européen, c'est-à-dire un mécanisme de crédit monétaire à l'intérieur du système, en vue de parvenir à une monnaie unique. Mais à partir de 1980, tout ceci a été oublié et on n'a plus parlé de la deuxième étape. […] Il y a eu un arrêt du système en 1980[1] ».

En fin de compte, le SME représente avant tout un engagement politique de chacun des États participants à mener une politique économique compatible avec celle de ses voisins, seul moyen de maintenir la stabilité monétaire. Cette dernière est désirée pour des raisons économiques : diminuer l'inflation, relancer les échanges commerciaux et donc la croissance. Au-delà, le SME possède une forte dimension politique, car il traduit une relance de la construction européenne, souhaitée par Valéry Giscard d'Estaing comme par ses partenaires.

La PAC représente une vache sacrée pour Paris, envers laquelle le président Giscard d'Estaing manifeste une certaine frustration. En réalité, les défauts de cette politique néomercantiliste, fondée sur un fort soutien aux producteurs par des mesures protectionnistes et par une aide proportionnelle à une importante production, apparaissent à cette époque. Dès 1974-1975, l'Élysée est informé des défauts de la PAC : surproduction, coûts plus importants que prévu liés à des prix plus élevés que ce que la France aurait demandé, montants compensatoires monétaires[2]. Par ailleurs, le solde net de la France est moins important qu'auparavant du fait du développement de l'agriculture intensive chez ses partenaires. Les excédents laitiers sont en partie d'origine allemande par exemple. Ce problème financier est aggravé par les revendications budgétaires britanniques. Dès 1973, Londres réclame une baisse des dépenses de la PAC ou une compensation à son égard, car le Royaume-Uni est un contributeur net important au budget communautaire, alors même que le pays a un niveau de vie légèrement inférieur à la moyenne de la CEE.

En 1976, Paris décide alors de s'engager dans une politique de baisse des prix et de maîtrise des excédents laitiers, tout en

1. Intervention de VGE, *in* Serge Berstein, Jean-Claude Casanova, Jean-François Sirinelli (dir.), *Les Années Giscard*, *op. cit.*, p. 37.

2. Notes de Jean-Paul Dutet pour le président, 22 octobre 1974 et 27 novembre 1975 (AN, 5AG3/921).

conservant un volume d'aides global important afin de maintenir des exploitations de taille raisonnable[1].

C'est ce message que le président Giscard d'Estaing fait passer en 1978 et 1979. Il soutient les propositions de la Commission de réduction des excédents laitiers mais de manière sélective : l'effort doit porter avant tout sur les grosses exploitations industrielles (les « usines à lait ») et pas sur les exploitations petites et moyennes[2]. On retrouve ici l'idée d'une politique redistributive destinée à maintenir des structures fondamentales pour l'équilibre sociopolitique d'un pays. La position française est toutefois difficile à appliquer en pratique, comme en témoigne l'échange entre le président français et le président de la Commission Roy Jenkins en 1979[3] :

> Jenkins. – Dans le secteur du lait, la Commission a proposé d'augmenter la taxe de coresponsabilité.
>
> Giscard d'Estaing. – Il faut traiter ce problème par les deux bouts. Il n'est pas possible d'appliquer le même traitement aux unités massives et artificielles et aux exploitations traditionnelles. Il n'y a aucune raison d'accorder un support financier à des productions purement spéculatives et artificielles, réalisées principalement à partir de matières premières importées, aux énormes usines à soja du nord de l'Europe. En revanche, il faut soutenir les activités agricoles normales.
>
> Jenkins. – Il est difficile de définir cette dernière catégorie.
>
> Giscard d'Estaing. – Ce sont des exploitations familiales utilisant quelques aides et employant les techniques usuelles.
>
> Jenkins. – Je vois mal l'application de ce principe dans le sucre ; je ne connais pas de betteraviers pauvres.

Ainsi, la position médiane de la France, fondée sur la défense d'une PAC néomercantiliste, mais réorientée vers les producteurs intermédiaires, est difficile à mettre en pratique, surtout dans un

1. Relevé des décisions du comité interministériel du 22 octobre 1976 (AN, 5AG3/921) ; note de Guy de Panafieu pour le président, 6 novembre 1980, en vue de l'entretien avec Schmidt le 10 novembre 1980 (AN, 5AG3/922) ; note du SGCI (Legras) sur la CEE, 17 mars 1981.

2. Note du conseiller à la présidence de la République, E. Rodocanachi, 1er décembre 1978 (AN, 5AG3/914).

3. Compte rendu de l'entretien Giscard d'Estaing-Jenkins du 23 novembre 1979 ; note de la présidence de la République, 26 novembre 1979 ; note du conseiller à la présidence de la République, E. Rodocanachi, 28 novembre 1979 (AN, 5AG3/916).

contexte de négociations budgétaires épineuses avec Londres. Les discussions étaient déjà compliquées dès l'adhésion. Mais elles se sont tendues avec l'arrivée de Margaret Thatcher au pouvoir car elle adopte une posture plus agressive, menaçant de bloquer les autres dossiers si elle n'obtient pas de satisfaction sur le budget. Or la PAC représente la très large majorité des dépenses de la Communauté. Un accord est conclu le 30 mai 1980 à Luxembourg, avec une réduction des versements britanniques accordée juste pour deux ans[1].

Finalement, face au risque d'un démantèlement de la PAC, Paris renonce à la réformer. C'est le sens de la déclaration de l'ancien ministre des Affaires étrangères en charge de ce dossier, Jean François-Poncet, en 1983 : pour lui, Valéry Giscard d'Estaing était conscient des défauts de la PAC mais n'a pas voulu ouvrir la « Boîte de Pandore » de la réforme structurelle de la PAC qui aurait pu être très défavorable à la France[2]. Paris se concentre sur les montants compensatoires monétaires. Le 6 mars 1979, Valéry Giscard d'Estaing obtient, dans le contexte de l'accord sur le SME, un accord pour leur démantèlement progressif, qui est appliqué jusqu'en 1981[3].

La présidence Giscard d'Estaing soutient quatre projets de développement de l'Europe sociale et industrielle, et à chaque fois dans une perspective de coordination des politiques nationales plus que de fédéralisation : dans l'énergie, la sidérurgie, l'aéronautique et l'adaptation du temps de travail.

En matière énergétique européenne, le président français se montre volontariste. Après le choc pétrolier d'octobre 1973, la France, sous les présidents Pompidou puis Giscard d'Estaing, refuse l'approche états-unienne fondée sur une confrontation avec les pays du Sud exportateurs de pétrole. Paris plaide au contraire pour un dialogue euro-arabe destiné à aboutir à une stabilisation négociée des prix du pétrole. Elle refuse de participer à l'AIE fondée à Paris dans le cadre de l'OCDE en 1974 (elle n'y adhère qu'en 1992). De décembre 1975 à juin 1977 se tient ainsi à Paris la conférence sur la coopération économique internationale, une

1. Françoise de La Serre, « L'Europe communautaire entre le mondialisme et l'entente franco-allemande », *op. cit.*, p. 103.
2. Intervention de Jean François-Poncet, *in* Samy Cohen, Marie-Claude Smouts (dir.), *La Politique extérieure de Valéry Giscard d'Estaing*, *op. cit.*, p. 122.
3. Françoise de La Serre, « L'Europe communautaire entre le mondialisme et l'entente franco-allemande », *op. cit.*, p. 101.

vaste arène du dialogue Nord-Sud[1]. Le président se heurte toutefois tant aux divisions stratégiques des Neuf, certains étant plus proches des États-Unis que d'autres, qu'à leurs intérêts économiques divergents alors que l'exploitation des hydrocarbures de la mer du Nord se profile. En 1976, le gouvernement britannique dirigé par le Premier ministre James Callaghan refuse catégoriquement toute idée de coordination des politiques pétrolières nationales défendue par Valéry Giscard d'Estaing[2]. En 1977, Paris défend une politique commune de raffinage, fondée sur la maîtrise des surcapacités. Mais là aussi, Londres s'y oppose[3].

Le président ne désarme pas et érige l'énergie au rang de priorité de la présidence française du Conseil européen de 1979, avec le SME[4]. La France, par la voix de son ministre de l'Énergie André Giraud, défend la fixation d'objectifs en commun fondés sur une réduction du taux de dépendance énergétique, de l'intensité énergétique de la croissance, une limitation des importations de pétrole, et surtout, priorité absolue, une « orientation positive sur l'énergie nucléaire ». Finalement, Paris souhaite une européanisation de ses orientations nationales, économie d'énergie et développement massif du parc électronucléaire. Toutefois, Valéry Giscard d'Estaing, comme ses prédécesseurs et ses successeurs, n'a aucun succès en matière de promotion de la coordination des politiques énergétiques nationales.

Dans la sidérurgie, en revanche, la France soutient une action communautaire aboutie[5]. L'initiative ne vient pas de Paris mais d'Étienne Davignon, le commissaire européen à l'Industrie. Celui-ci propose de faire face à la crise massive que le secteur connaît à partir de 1977 par l'établissement de quotas de production et par une discipline en matière d'aide d'État. À l'époque, le président Giscard d'Estaing et son Premier ministre Raymond Barre s'inquiètent des subventions massives et croissantes que le Gouvernement

---

1. Luciano Tosi, « Europe, the United Nations and Dialogue with the Third World », *in* Guia Migani, Antonio Varsori (éd.), *Europe in the International Arena During the 1970s*, Bruxelles, Peter Lang, 2011, p. 161-192.

2. Note du conseiller à la présidence de la République, Jean-Paul Dutet, 26 novembre 1976 ; note du conseiller technique au cabinet du ministre des Affaires étrangères, 6 décembre 1976 (AN, 5AG3/911).

3. Note du SGCI, 29 novembre 1977 (AN, 5AG3/912).

4. Note du SGCI, 18 juin 1979 (AN, 5AG3/916).

5. Laurent Warlouzet, *Europe contre Europe*, *op. cit.*, p. 186-191 ; Yves Mény, Vincent Wright (dir.), *La Crise de la sidérurgie européenne*, Paris, PUF, 1985.

est contraint d'accorder à de nombreuses entreprises privées en difficulté, en contradiction avec leur ethos libéral, et en particulier dans la sidérurgie. La proposition de Davignon est donc utile pour la France, qui a une position intermédiaire dans ce dossier. Elle cherche à la fois à éviter une course aux subventions entre les Gouvernements (notamment face à l'Italie qui multiplie les aides), et à stabiliser les prix (face aux producteurs allemands plus efficaces). Par ailleurs, le risque de dérive fédérale est faible car il ne s'agit d'accorder des pouvoirs exceptionnels de régulation à la Commission que pendant une courte période.

La crise s'aggrave après le second choc pétrolier. La France giscardienne s'emploie alors à convaincre le gouvernement d'Allemagne de l'Ouest, profondément divisé entre les plus libéraux comme le ministre des Finances Otto von Lambsdorff et ceux qui se résolvent à une solution commune au nom de la solidarité européenne, comme le chancelier Helmut Schmidt ou le ministre des Affaires étrangères Hans-Dietrich Genscher. Un accord est finalement conclu en 1980 autour de l'acceptation d'une discipline européenne surveillée par la Commission, mais sujette à renouvellement régulier. Ainsi, la France giscardienne peut accepter une délégation de pouvoir massive à la Commission si elle est justifiée par les circonstances et circonscrite dans le temps.

Finalement, les principales réalisations en matière d'Europe industrielle restent Airbus et Ariane, des coopérations intergouvernementales en dehors des Communautés européennes[1]. Dans la continuité de ses prédécesseurs, Valéry Giscard d'Estaing confirme son soutien au programme, avec la décision fondamentale, prise en 1977, de pérenniser le programme au-delà de l'A300 en fondant une famille d'avions. En 1978, le retour de Londres dans le programme et la première vente aux États-Unis confortent l'entreprise. Dans l'espace également, la présidence Giscard d'Estaing voit la création de l'Agence spatiale européenne en 1975 et le premier vol réussi d'Ariane en 1979, étape essentielle dans l'adoption d'une capacité d'accès à l'espace indépendante des Américains. Au contraire, dans le domaine informatique, la France giscardienne met fin à la coopération européenne dans le cadre d'Unidata, beaucoup plus embryonnaire et décevante, et autorise les Français à se rapprocher des

1. Laurent Warlouzet, « Airbus, modèle ou exception pour les ambitions industrielles européennes, 1967-1984 », *Nacelles*, n° 11, automne 2021.

Américains[1]. Dans la haute technologie, les collaborations sont nombreuses entre la France et les États-Unis, par exemple dans le nucléaire civil ou dans les réacteurs pour avions civils (avec CFM, une joint-venture entre General Electric et Aérospatiale).

Enfin, en termes d'Europe sociale, la France giscardienne tente d'exporter ses réflexions sur l'adaptation du temps de travail. En France, les gouvernements Chirac et Barre prennent plusieurs mesures de préretraite pour certains emplois difficiles et de promotion du temps partiel[2]. À l'échelle de la Communauté européenne, le ministre du Travail Robert Boulin profite de la présidence française du premier semestre 1979 pour lancer des réflexions sur une réduction européenne du temps de travail, combinée avec une flexibilité accrue, permettant d'augmenter la productivité globale[3]. L'idée n'est pas d'obtenir une réduction uniforme et imposée du temps de travail en Europe, mais d'encourager des études et des préconisations de la Commission sur la diminution ciblée du temps de travail, par exemple des plus âgés ou des emplois les plus difficiles. Le débat s'enlise rapidement, en raison notamment de l'opposition de Thatcher. Mais il témoigne de l'attachement de la France giscardienne à une forme de libéralisme social.

*

* *

D'après Raymond Aron, Valéry Giscard d'Estaing est un orléaniste doté d'un tempérament bonapartiste. La même association peut décrire la politique extérieure giscardienne, mélange de libéralisme économique et de réflexe dirigiste, d'européisme préservant le rôle central des États-nations, et d'atlantisme attentif à la promotion de l'indépendance nationale.

Dans le domaine économique, face à la mondialisation, le président promeut le libre-échange, tout en utilisant la Communauté européenne et les autres enceintes internationales pour défendre

1. Marie-France Toinet, « Valéry Giscard d'Estaing et les États-Unis », *op. cit.*, p. 53.

2. Gilles Richard, « Une nouvelle approche du monde du travail à l'ère du chômage de masse », *in* Serge Berstein, Jean-Claude Casanova, Jean-François Sirinelli (dir.), *Les Années Giscard*, *op. cit.*, p. 150-156.

3. Laurent Warlouzet, *Europe contre Europe*, *op. cit.*, p. 154-155.

un libéralisme régulé, encadré, destiné à briser le protectionnisme japonais ou l'offensive du Sud dans les matières premières. Comme le reconnaît l'ancien ministre des Affaires étrangères Jean François-Poncet : « la politique extérieure a été plus colbertiste que libérale[1] ». En matière européenne, le président promeut, à travers le Conseil européen, le rôle central des États dans la construction européenne, en dialogue avec la Commission, et, de manière croissante, avec un Parlement dont il accepte l'élection au suffrage universel direct, mais pas une extension majeure de ses prérogatives. Valéry Giscard d'Estaing s'inquiète de l'accroissement des prérogatives de la Cour de justice, sans parvenir à briser sa dynamique, de peur de remettre en cause l'ensemble de l'édifice européen. La même crainte explique la continuité française face à la PAC : consciente de ses défauts, Paris ne parvient pas à la réformer au risque de déchaîner le révisionnisme britannique en la matière. Enfin, dans la guerre froide, le président tient l'équilibre entre les gaullistes et les atlantistes[2]. Il se rapproche des États-Unis sous l'administration Ford afin de renforcer l'influence française, en particulier en Méditerranée et en Afrique. La coopération militaire avec l'Otan s'intensifie, et le rôle des Pluton décroît. La relation avec Carter est plus difficile, et celle avec Moscou marquée par une volonté de prolonger et d'approfondir la détente. Les arrière-pensées sont nombreuses, et naturelles en matière de politique extérieure, en particulier dans le domaine de la promotion des droits de l'homme à l'Est, ou de la réunification allemande, même si le président français et le chancelier allemand tiennent souvent un langage de vérité l'un envers l'autre : le premier affirmant ouvertement sa volonté d'accroître la puissance française face à celle de l'Allemagne, le second stigmatisant l'absence de rigueur économique du gouvernement chiraquien.

La postérité la plus durable du président Giscard d'Estaing réside dans la volonté d'organiser le monde occidental face au défi d'une mondialisation plus menaçante, d'où le G7 et le Conseil européen, dont l'importance cardinale ne se dément pas encore aujourd'hui, d'où également l'engagement politique du SME, qui,

---

1. Intervention de Jean François-Poncet, *in* Samy Cohen, Marie-Claude Smouts (dir.), *La Politique extérieure de VGE*, *op. cit.*, p. 173.

2. Georges-Henri Soutou, « L'anneau et les deux triangles : les rapports franco-allemands dans la politique européenne et mondiale de 1974 à 1981 », *op. cit.*, p. 78-79.

rétrospectivement, prépare l'union monétaire fédérale même si elle n'est alors absolument pas à l'ordre du jour à l'Élysée. Il est possible que Valéry Giscard d'Estaing, bridé par sa majorité gaulliste et par les crises économiques, ait voulu aller plus loin dans cette organisation de l'Europe et du monde occidental. Il y laisse en tout cas son empreinte, tout à la fois libérale et volontariste.

Valéry Giscard d'Estaing et Helmut Schmidt : un cas unique de syzygie

Philippe Ratte

> « L'intimité naturelle et confiante, qui a existé entre Helmut Schmidt et moi est sans doute un cas unique dans les rapports entre les responsables des grands États contemporains. Elle a permis de faire avancer l'union de l'Europe. Et je crois qu'elle a donné aux relations franco-allemandes une solidité et une sécurité qui pouvaient servir de socle aux avancées sur notre continent. »
>
> Valéry Giscard d'Estaing, *Le Pouvoir et la Vie*

L'habitude s'est prise, pour l'invocation rituelle du « couple franco-allemand », de citer d'affilée trois couples parallèles : de Gaulle-Adenauer, Giscard-Schmidt, Mitterrand-Kohl – voire quatre avec Chirac-Schroeder. Cette comparaison est factice, et lève l'ombre d'un doute sur ce prétendu couple.

Couples fictifs, couple moteur

Couple par défaut, en vérité : une France divorçant de sa grandeur impériale célèbre des secondes noces avec une Allemagne veuve d'une moitié d'elle-même et d'un rêve de Reich, à Colombey le 14 septembre 1958. Ménage de substitution, tout germinal qu'il soit ! Une France en cuisant échec de socialisme, anxieuse à se rhabiller en habits neufs européens, donnant la main de Mitterrand (22 septembre 1984) à une Allemagne soucieuse de minimiser le fait qu'elle redevient, surtout réunifiée par Kohl (1990), la puissance germanique en plénitude, et donc désireuse d'enrober cela dans un manteau d'Obéron européen. Ménage de camouflage...

La synergie entre Valéry Giscard d'Estaing et Helmut Schmidt est d'une tout autre trempe. Le principe s'en situe dans l'avenir à emplir, et non dans un passé à aplanir ou des utopies à remplacer[1].

1. L'Allemagne n'était pas dupe de l'aménité française chez nos deux hommes d'autrefois, de Gaulle et Mitterrand, hantés par l'idée de museler

Le ressort n'en est ni le calcul madré, ni l'affinité élective supposée, comme dans les unions arrangées, mais *la bonne intelligence*, prise dans ses deux acceptions de commune compréhension lucide des choses, d'une part, et d'amitié authentique préalable, de l'autre. De spécieusement matrimoniale qu'elle était, la notion de couple revient avec eux à son acception mécanique élémentaire de force d'entraînement.

Non que leur manquent aussi des fondements extérieurs objectifs invitant à une union vicariante, comme avant et après eux. Mais ce ne sont plus cette fois que des adjuvants, non des motifs.

D'abord, tous deux en même temps[1] parviennent au pouvoir légèrement par défaut : la disparition prématurée de Georges Pompidou pour l'un, la démission forcée de Willy Brandt pour l'autre les y ont portés. Léger handicap liminaire, à compenser par un appui mutuel bienvenu. L'Allemagne économiquement au pinacle se met à douter de l'atlantisme ; la France superbement gaullienne découvre que sa grandeur a des bases économiques sclérosées : chacune a besoin de ce qu'a l'autre.

À tous deux, l'analyse rapide de ces données inspire nécessairement un même horizon stratégique conjuguant deux axes : la construction européenne d'une part, la résilience économique de l'autre. Ce qui tombe fort bien puisque ces deux objectifs n'en font alors qu'un. Il suffit dès lors à l'accord parfait des intelligences menant à cette conclusion commune d'être servi par la confiance mutuelle. C'est là que joue un atout presque sans exemple dans l'histoire, *l'amitié*. Elle ne fonde rien, puisque le besoin de synergie résulte d'une analyse objective des nécessités fondamentales, comme dans l'un et l'autre des deux autres couples de légende. Mais elle permet tout, en transformant la concordance en syzygie.

À la différence des deux mariages de raison, précédant et suivant, l'alliage de Valéry Giscard d'Estaing et d'Helmut Schmidt est une sorte de discrète dyarchie d'impulsion, une force unique tentant de promouvoir, par-delà les responsabilités et contraintes respectives du chancelier et du président de deux États bien distincts, un projet commun aimantant les deux destins nationaux vers un même horizon. Cela dure sept ans, procure de grandes avancées durables, et trouve ses limites dans le retour des deux pays chacun à ses vieilles propensions[2].

---

l'Allemagne en l'apprivoisant. Chez Giscard, ce tracassin est dépassé : son horizon est l'avenir envisagé depuis le référentiel du monde global en devenir, d'où s'impose comme une évidence la nécessité d'accoupler France et Allemagne pour engendrer une composante européenne du monde à venir. C'est un changement capital, copernicien. Pour la France, pour l'Allemagne, pour l'Europe. Donc pour l'histoire…

1. L'un (1926-2020) le 27 mai 1974, l'autre (1918-2015) le 14 mai 1974. Ils le quittent respectivement le 21 mai 1981 et le 1er octobre 1982, tous deux battus aux élections. Sept années bord à bord d'une sorte de consulat européen, le fait est presque sans exemple.

2. Avant l'élection de VGE, les relations franco-allemandes étaient tendues, Pompidou ayant tenté une martingale franco-anglaise et se méfiant de l'*Ostpolitik*

Cette histoire peut être résumée en trois temps : chronique, succès, inaboutissement.

Deux amis

Valéry Giscard d'Estaing et Helmut Schmidt n'ont rien pour s'entendre, sinon l'avantage de se connaître et s'être appréciés pour leur égale virtuosité de ministres des Finances et leur compréhension concordante des changements du monde, acquise par une familiarité de jeunesse avec les États-Unis, alors en pointe vers la mondialisation. L'un est libéral, l'autre leader au SPD. Mais Giscard a frayé avec le sens social du Général, et Schmidt a promu les résolutions de Godesberg par lesquelles, en 1959, le SPD a rompu avec l'idéologie marxiste. Tous deux sont mûrs pour inventer une voie nouvelle tendant à la prospérité équitable. Leur arrivée concomitante au pouvoir, encore jeunes, invite à concourir au renouveau et desserrer l'étau géopolitique global de l'après-guerre.

Tout au long de ce septennat conjoint, aucune décision majeure n'est prise sans qu'ils se soient entretenus. À la Périclès, une influence directrice, issue de ce scrupule constant de consensus personnel sans qu'il y faille de base juridique formelle, s'exerce sur la Communauté européenne ainsi que, de la part des Européens, sur la politique mondiale. Il en découle une montée en puissance de ces derniers sur tous les plans : économique, géopolitique, moral.

Cette amitié prouve son authenticité en se perpétuant le reste de leur vie. Lorsqu'en 1984, c'est par exemple Valéry qui révèle le grand secret d'Helmut, à savoir que son père est fils naturel d'un Juif, c'est avec son aveu. Quant au théorème de Schmidt, énoncé le 3 novembre 1974, « Les profits d'aujourd'hui sont les investissements de demain et les emplois d'après-demain », il est toujours aussi celui de Giscard, même si ce dernier a besoin de l'influence de son ami, venu pourtant du socialisme, mais allemand, pour se décaper du dirigisme qu'en bon Français il avait pratiqué sous de Gaulle !

Une œuvre commune

La coopération entre eux débute bien avant leur accession au pouvoir. Ministres des Finances (à partir du 7 juillet 1972 pour Schmidt), ils ont eu à gérer les suites de l'abandon par les États-Unis du *Gold Exchange Standard*, le 17 août 1971, c'est-à-dire à contenir le dérèglement monétaire, si préjudiciable à l'essor des échanges. Aussi ont-ils pu roder leur connivence et transmuer leur

---

de Willy Brandt, sur fond de dissensions quant à la nature de la construction européenne, la RFA restant attachée aux formes communautaires. Après le retrait des deux amis, l'Allemagne reprend le soin de son destin particulier, et la France rebrousse vers les délices frelatés de son exceptionnalisme fantasmé. Jusqu'à devoir finir par joindre derechef leurs forces.

estime réciproque en confiance fondamentale – « *ein Rückhaltloses Vertrauen* » selon Schmidt. Leur tandem bénéficie d'un départ lancé[1].

Dès 1972, les pays de la CEE ont décidé de lier leurs monnaies par une marge de fluctuation de 5 % au maximum. Ni la lire, ni le franc n'ont pu soutenir cette discipline. Le seul deutsche Mark ne cesse de s'apprécier.

C'est là que l'alliance de Schmidt et Giscard fait merveille. Le premier, dont le pays engrange seul les bénéfices de la situation, a la clairvoyance de comprendre, et le courage politique de faire comprendre, que cette exceptionnalité finirait par être nuisible à l'Allemagne, y compris commercialement, et qu'elle mine la construction européenne. Le second a le talent de faire réussir l'initiative secrètement prise à deux, à Rambouillet le 2 avril 1978 (avec le seul Roy Jenkins, président de la Commission, dans la confidence), de créer un véritable SME stabilisé face au dollar. Proposée impromptu au conseil européen de Copenhague les 7 et 8 avril, débattue au sommet européen de Brême le 6 juillet 1978, cette initiative des deux hommes prend finalement corps par un communiqué qu'ils cosignent à Aix-la-Chapelle le 14 septembre suivant, pour mise en œuvre dès mars 1979. C'est une petite révolution formelle quant à la méthode hardie du duo. Schmidt n'a d'ailleurs accepté de sauter le pas que parce que la France reste dirigée par Giscard et Barre à l'issue des législatives de 1978. Puissance irremplaçable de la confiance[2] !

C'est surtout une révolution fondamentale de la construction européenne, en ce qu'elle crée un fonds monétaire européen, et aligne les monnaies de la Communauté (sauf la livre) sur la moyenne pondérée d'un panel de devises, à 1,125 % près. L'Union n'est certes pas faite, mais on passe de la communauté d'appartenance à l'unité d'existence. Tout l'avenir est en germe dans cette transfiguration, dont Giscard et Schmidt sont les coauteurs exclusifs. Ils refondent l'idée européenne en sous-œuvre, de manière aussi séminale que Monnet et Schuman l'avaient fondée le 9 mai 1950 par un appel au dépassement.

Si le progrès intrinsèque de la construction européenne en partant des fondements est l'objectif véritablement siamois des deux hommes, leur affinité s'étend à plusieurs autres dimensions essentielles des affaires d'État.

Schmidt a été ministre de la Défense, Giscard est l'unique décideur nucléaire en Europe. Leurs visions de la géopolitique globale concordent aussi dans ce registre, selon deux axes : réduire la

1. C'était en un sens vrai aussi d'Adenauer et de Gaulle, qui avaient en commun pour socle le monde d'avant 1914 d'où repartir fraternellement, en pères nobles. Pour eux aussi, la haute estime procédait d'une très ancienne affinité implicite. Rien de tel dans le troisième couple, plus circonstanciel…

2. Décisive, car elle donne aux deux hommes la capacité de passer outre aux oppositions internes violentes, celle de la CDU qu'alarme un couplage de l'Allemagne avec un pays pas sérieux, celle des oppositions à Giscard, qui vilipendent « une inféodation de la France aux intérêts allemands » !

menace soviétique par une *Ostpolitik* méthodique en Europe, une fermeté intransigeante envers toutes les ingérences du Kremlin n'importe où dans le monde, la promotion enfin du solvant corrosif du communisme que sont les accords d'Helsinki de 1975, d'une part[1]. Mais en même temps réduire la dépendance militaire (et donc politique) excessive envers les États-Unis dans le cadre d'un effort de détente interalliée en quelque sorte, recherchant dans l'Amérique un partenaire plutôt qu'un parrain. Enfin, prise de position toujours plus affirmée de l'Europe sur toutes les affaires du monde, Proche-Orient, CSCE, énergie, développement, etc., ce qui est une autre révolution silencieuse.

C'est de concert qu'en marge de la conférence d'Helsinki ils imaginent le format G5 mis en forme à Rambouillet le 15 novembre 1975, dans lequel l'Allemagne retrouve sa pleine stature de pair des grands. Au sommet allié de la Guadeloupe (4-5 janvier 1979), Giscard veille à imposer la présence d'Helmut Schmidt comme quatrième « grand » pour parler des SS-20 soviétiques. Dès le 5 février 1980, c'est ensemble qu'ils prennent position sur l'invasion russe de l'Afghanistan : « La France et l'Allemagne ont coordonné leur politique étrangère à un point qu'il est très rare de trouver entre États autonomes », déclare le chancelier à l'issue du 35e sommet franco-allemand. Avant de se rendre à Varsovie dire son fait à Brejnev en mai 1980, Giscard s'assure du plein appui de Schmidt. Ils ont préparé ensemble tous les sommets européens pour y parler d'une même voix, souvent celle de Giscard[2]. Bien que dirigeants des pays très différents sous ce rapport – comme de Gaulle en 1963 et Mitterrand en 1989-1990 en font l'amère expérience avec leur partenaire du moment –, Giscard et Schmidt savent sept ans durant combiner leurs politiques en vue d'un même objectif : éteindre la guerre froide devenue obsolète dans un monde en plein renouveau, et promouvoir l'union des Européens.

---

1. Il est significatif que l'unique fléchissement à reprocher à Helmut Schmidt, son aval de la loi martiale en Pologne, décrétée le 13 décembre 1981 alors qu'il se trouve en visite officielle à Berlin-Est, intervient lorsque le remplacement de Giscard à l'Élysée l'a privé de l'appui intérieur qu'il trouvait dans la concertation avec lui.

2. Cette pleine entente est si manifeste que, lorsqu'elle leur permet de convaincre le Conseil européen, en 1978, de faire élire le Parlement européen au suffrage universel, tout un pan de l'opinion en France, gauche et gaullistes ensemble, dénonce une mise de l'Europe sous tutelle « germano-américaine », une démission sacrilège de la France ! Giscard pousse son alliance avec Schmidt jusqu'à mettre en péril sa propre assiette politique dans le pays, tant pour lui ce levier européen est capital dans la conduite du changement nécessaire. Cela aussi, c'est une révolution silencieuse dans la conception du progrès. Le suffrage de juin 1979 aux premières élections européennes la ratifie, contre les chiraquiens et les communistes cabrés contre le « pangermanisme » (*sic !*). Le remplacement de Chirac le gallican par Raymond Barre l'Européen avait dès 1976 symboliquement et pratiquement signé ce changement majeur de portance.

« Un double rêve inachevé[1] »

Tous deux sont congédiés par leur corps électoral, et cela même désigne la portée de ce à quoi ils travaillent ensemble : faire évoluer les nations européennes vers un idéal de synergie dépassant les cadres respectifs, et exprimant une philosophie nouvelle de la modernité susceptible de valoir pour le monde entier : paix, coopération, synergies, prospérité à toutes les échelles – une vision à laquelle ne sont prêts ni les puissances en place, ni les peuples, encore férus de particularisme. Après eux, Helmut Kohl réunifie l'Allemagne, Mitterrand ramène la France aux heureuses espérances de l'avant-guerre, chacun reprend le chemin de son erre traditionnelle, moyennant protestations d'amitié de moins en moins sincère. L'idéal d'une confluence vers un avenir enfanté en commun a perdu son vecteur. Ni l'un ni l'autre de ses deux pilotes ne revient jamais aux affaires, tous deux s'orientant vers une magistrature d'influence respectée, mais n'ayant plus barre sur rien. L'Europe y perd l'attracteur interne qu'ils lui procurent, et leurs pays respectifs le magistère augmenté qui en résulte.

C'est cependant sur leur héritage que vit l'Union européenne : Conseil européen, monnaie commune, Parlement démocratique, et surtout une sorte de paraclet de la coopération insufflé à tous, en particulier en contre-feu de Mme Thatcher venue le 3 mai 1979 détricoter l'Europe.

Helmut Schmidt aurait voulu aller plus loin en termes d'intégration économique. Giscard fait tout pour aller dans ce sens, faisant par exemple rentrer la France dans le serpent monétaire dès le 10 juillet 1975. Mais la volonté a ses limites, et malgré la fermeté de Raymond Barre à ramener l'économie française dans la roue du champion allemand, le différentiel reste trop grand pour soutenir cette émulation, notamment par défaut de consensus social en France[2]. Si les deux leaders partagent une même vision, la nation française reste plombée par un retard conceptuel lié au poids de l'État, au mythe de la planification, et à l'agressivité politico-syndicale.

C'est pourtant l'unité d'action franco-allemande qui, à travers le sommet de Strasbourg du Conseil européen en juin 1979, jugule la tentation générale de réagir séparément à la crise pétrolière, et jette les bases non seulement d'une politique européenne en la matière, mais aussi d'une dynamique d'économie d'énergie qui change la nature des coopérations autour d'un but d'avenir. C'est là que s'origine notre capacité présente à agir collégialement et stratégiquement plutôt que réagir en ces matières.

Plus essentiellement encore, on peut avancer que la relance de la destinée européenne, à l'étroit dans son berceau technocratique,

1. Selon le titre du livre de Michèle Weinachter, *Valéry Giscard d'Estaing et l'Allemagne. Le double rêve inachevé*, Paris, L'Harmattan, coll. « Allemagne d'hier et d'aujourd'hui », 2004.

2. Dès mars 1976, la France a dû ressortir du serpent monétaire !

appelle une dynamique politique *sui generis*, puisque l'on ne peut ni demeurer des nations entièrement séparées, ni devenir une confédération ou une fédération. Les Hollandais ne veulent pas d'une instance politique dirigeante, ni la France ni, *a fortiori*, le Royaume-Uni ne veulent d'un magistère communautaire contraignant. Juridiquement la gouvernance de l'Europe est dans l'impasse. Ce qui impulse son invention politique graduelle, paralysée jusque-là par les formalismes et la querelle des principes (Tindemans contre Fouchet, pour simplifier), c'est précisément l'audace de tenter le *easy going* pragmatique, la création d'un esprit plutôt que d'un corset, et tel est le mouvement imprimé au Conseil européen lors du sommet de Paris[1] les 9 et 10 décembre 1974 par Valéry Giscard d'Estaing, avec l'habile complicité de Schmidt. Or, si cette impulsion, d'esprit relativement informel, peut voir le jour, c'est à partir du style audacieusement donné aux relations franco-allemandes par le registre inédit d'*amitié* imprimé par les deux dirigeants à la conduite concertée des affaires.

Aucun texte ne prévoit ni codifie cela, qui est, comme à Colombey en septembre 1958, le ressort historique d'un dépassement.

En quoi la relation entre Giscard et Schmidt demeure germinale dans la possibilité que trouvent finalement les Européens de créer des manières de s'organiser ensemble aptes à donner un nouveau souffle aux initiatives fondatrices de Jean Monnet, parvenues à leurs limites darwiniennes, et à l'esprit de Colombey, empreint de fraternel respect.

S'il y a depuis lors tant soit peu d'*Union* européenne, on peut dire qu'elle coule de cette source-là.

1. « On peut en dire que nous avons assisté au dernier sommet européen et que nous avons participé au premier Conseil européen », a déclaré le président, de manière un peu apophatique. Depuis 1961, à l'initiative de CDG, se sont en effet tenus plusieurs « sommets » européens, hors du cadre des traités, pour en examiner l'évolution souhaitable. Rares et restés stériles faute de consensus, ils ont tout de même fait prendre conscience d'un besoin de concertation politique, réclamé par Willy Brandt, Georges Pompidou, Edward Heath, redouté par les pays du Benelux. Jean Monnet, approuvé par Willy Brandt, a suggéré en 1973 la création d'un conseil au sein cette fois du cadre communautaire. Le génie de VGE et Schmidt est de créer un entre-deux inédit entre cette idée et l'expérience acquise des sommets. La pratique entraînerait la dissolution du problème principiel inhibiteur, comme le prouve le devenir opérationnel axial du Conseil européen au plexus nerveux des institutions de l'Union amenée ultérieurement par les suites mécaniques de cette géniale innovation. Enfin l'Europe va avoir non seulement un numéro de téléphone, comme ironise Henri Kissinger, mais une voix dans les affaires du monde, très souvent portée par la parole franco-allemande, soigneusement concertée en amont de toutes les sessions du Conseil dans le sillage des conversations sept ans durant entre Helmut et Valéry.

RUPTURE AU SEIN DE LA MAJORITÉ PRÉSIDENTIELLE

François Audigier

L'histoire de la Vᵉ République est marquée par une succession de désaccords entre les présidents et leurs Premiers ministres. La répétition du phénomène suggère qu'au-delà des questions de personne joue surtout la dynamique institutionnelle. Le texte de la Constitution de 1958 ne précisant pas assez clairement la répartition des prérogatives entre le chef de l'État et le chef du Gouvernement, les relations se tendent fréquemment entre les deux hommes, d'autant que le président peut être tenté d'utiliser son Premier ministre comme un fusible bien pratique pour se dissocier d'un échec ou impulser un nouvel élan. Néanmoins, le divorce de l'été 1976 a ceci d'original (et encore d'inédit) que c'est le Premier ministre qui prend ici l'initiative de la rupture pour ne pas la subir politiquement. Rien de commun donc avec les départs de Michel Debré en 1962, Georges Pompidou en 1968 ou Jacques Chaban-Delmas en 1972, autant de remplacements qui avaient, en apparence du moins, donné l'impression de séparations à l'amiable, le président gardant la main dans le respect des traditionnelles hiérarchies.

Comment en est-on arrivé au divorce de l'été 1976 ? Si les tensions se sont rapidement accumulées entre le président et son Premier ministre, Jacques Chirac semble les avoir subies plus que provoquées. Globalement respectueux de la prééminence institutionnelle, il est resté longtemps en retrait, laissant Valéry Giscard d'Estaing initier les réformes et occuper la première place médiatique. Chef du principal parti de la majorité depuis la prise de l'UDR en décembre 1974, il paraît attendre son heure et tait ses divergences avec l'Élysée, notamment sur les réponses à apporter à la crise économique. Mais ce rapport de force évolue rapidement après l'échec des élections cantonales du printemps 1976 et de la mission de « coordinateur de la majorité » confiée par le président à son Premier ministre. Ce dernier, comprenant que son remplacement est acté, prend les devants en démissionnant de lui-même. Fondant un nouveau parti gaulliste en décembre 1976 avec le

RPR puis remportant la mairie de Paris lors des municipales de mars 1977, il reprend spectaculairement la main face à un chef de l'État désormais sur la défensive.

Des tensions accentuées au sein de la majorité après les cantonales ratées du printemps 1976

Le début d'année 1976 est pénible pour les chiraquiens qui cumulent diverses frustrations et déceptions. Le 6 janvier, le réformateur Jean-Jacques Servan-Schreiber, député nancéen depuis 1970, prend la présidence du Conseil régional de Lorraine en dépit des efforts de Pierre Messmer, le député-maire de Sarrebourg et homme fort de la puissante UDR régionale. Dans la foulée, le remaniement ministériel du 11 janvier 1976 voit arriver au Gouvernement une majorité de giscardiens parmi lesquels Jean François-Poncet aux Affaires européennes, Lionel Stoléru aux Travailleurs manuels, Alice Saunier-Seïté aux Universités et Raymond Barre au Commerce extérieur. À la Justice, Jean Lecanuet est nommé ministre d'État, incarnant le pôle centriste de la majorité présidentielle. Jacques Chirac n'apparaît plus que comme le leader du troisième pilier gaulliste de la majorité. Les proches du Premier ministre ont par ailleurs peu apprécié l'apparition de la nouvelle étiquette « majorité présidentielle » accolée à certains nouveaux ministres et secrétaires d'État… Ce remaniement, qui a accentué le tropisme européiste du Gouvernement, intervient peu de temps après un conseil européen qui a déjà irrité les gaullistes. Ce Conseil, tenu à Bruxelles les 1er et 2 décembre 1975, s'est prolongé par la publication du rapport du Premier ministre belge Léo Tindemans sur une « conception d'ensemble de l'union européenne », approche avec laquelle Jacques Chirac se trouve en total désaccord. L'idée d'un passeport européen annoncée pour 1978 et, pire encore, l'élection au suffrage universel direct de tous les membres du Parlement européen sont vécues comme une déclaration de guerre s'ajoutant aux autres « provocations » du responsable belge tel le renforcement du parlement de Strasbourg. Cette évolution, souhaitée par Valéry Giscard d'Estaing et le chancelier allemand Schmidt, constitue un chiffon rouge pour l'UDR. Sans compter que le parti gaulliste craint que cette nouvelle Europe plus fédérale, emmenée par des pays très liés à Washington, ne soit un cheval de Troie atlantiste, d'où le bon mot d'Alexandre Sanguinetti : « Cette Europe-là que veut faire Giscard, ce ne sont pas les États-Unis d'Europe, c'est l'Europe des États-Unis[1]… » C'est du reste le mode d'élection du parlement de Strasbourg, acté lors d'un conseil européen le 12 juillet 1976 et abordé lors d'un conseil des ministres à Paris le 15 juillet 1976, qui alimentera en partie l'envoi par Jacques Chirac de sa lettre de démission au président, le 26 juillet 1976.

Dans l'immédiat se tiennent au printemps 1976 les élections cantonales. Même s'il s'agit d'un scrutin de proximité marqué prioritairement par des enjeux locaux parfois éloignés des préoccupations politiques nationales, ce premier rendez-vous électoral depuis la présidentielle de 1974 représente l'occasion pour le pouvoir de prendre le pouls politique du pays. Comment celui-ci a-t-il perçu les réformes engagées depuis deux ans ? Au sein de la majorité présidentielle, la consultation permet aussi de mesurer l'évolution des rapports de force internes entre gaullistes et giscardiens. Dans un contexte économique difficile où le chômage s'accroît, l'opposition de gauche tient là, pour sa part, l'occasion de sanctionner le Gouvernement. Tenues quelque temps avant des échéances électorales importantes (municipales de 1977, législatives de 1978), les cantonales de mars 1976, ces traditionnelles élections de notables que Valéry Giscard d'Estaing a présentées un peu rapidement comme « non politiques », revêtent donc une importance particulière. La majorité entre tardivement dans la campagne. Jacques Chirac n'apparaît à la télévision que le 19 février, dans le journal télévisé de 13 heures d'Yves Mourousi sur TF1, avant que le ministre Fourcade ne débatte sur le petit écran face à François Mitterrand. Si le Premier ministre s'en prend aux communistes dans un premier temps, pour mieux mobiliser l'électorat de droite en agitant l'épouvantail marxiste, il réalise qu'il fait ainsi le lit du PS et cible par la suite, mais un peu tard, les socialistes. Comble de la maladresse, à une semaine du scrutin, le Gouvernement annonce l'augmentation de 15 % du gaz et de l'électricité…

Dès le premier tour, le 7 mars 1976, le faible taux d'abstention (moins de 35 %) révèle l'intérêt des Français pour ce scrutin. Les candidats relevant des partis signataires du programme commun obtiennent 52,5 % des voix, un niveau supérieur à celui

1. Alexandre Sanguinetti, *Une nouvelle Résistance*, Paris, Plon, 1976.

des cantonales de 1970 où la gauche a stagné à 41,7 %. Le PS se distingue en arrivant en tête dans de nombreux départements. Le 14 mars, au soir d'un second tour marqué par un taux d'abstention encore plus faible (32 %), la poussée de la gauche paraît nette. Alors que la droite contrôle avant le scrutin plus des deux tiers des conseils généraux, elle n'en domine plus désormais que 54 sur 95. Même si la majorité présidentielle reste en position dominante à l'échelle du pays, elle perd quinze conseils généraux. Le gain de ces nouvelles assemblées départementales s'inscrit dans le travail d'implantation locale dans lequel la gauche (et plus particulièrement le PS) est engagée depuis le début des années 1970. Une stratégie de conquête du pouvoir « par le bas » qui porte ses fruits et s'intensifie avec la poussée de la gauche aux municipales de l'année suivante. À l'intérieur de chaque camp, le scrutin révèle qui se trouve en position de force. À gauche, les cantonales confirment la montée en puissance du PS (une tendance notable depuis les municipales de 1971) qui gagne 194 sièges et 26,5 % des voix alors que le PCF se contente de gains plus modestes avec 75 sièges et 22,6 % des suffrages. Au sein de la droite, les gaullistes apparaissent comme les principaux vaincus. L'UDR perd 48 sièges contre « seulement » 36 pour les RI. Il y a eu transfert d'une fraction de l'électorat populaire de l'UDR vers le PS. Parmi les battus gaullistes figure Charles Pasqua qui en profitera pour se concentrer sur la réorganisation de l'UDR. L'affaiblissement des centristes d'opposition fragilise aussi le Gouvernement puisque les électeurs voulant sanctionner le pouvoir ont directement voté pour les socialistes, faute d'une alternative plus modérée.

Comme le note Jean Charlot, Valéry Giscard d'Estaing a sans doute reproduit depuis son arrivée à l'Élysée la même erreur déjà commise par Jacques Chaban-Delmas après sa nomination à Matignon : tenter de séduire le centre gauche par des réformes généreuses et un langage moderne au risque d'inquiéter une partie de son électorat. À l'arrivée, c'est le PS rénové qui attire le gros des centristes. Le coup de semonce est d'autant plus violent pour la majorité présidentielle que celle-ci n'a pas anticipé pareille sanction. En janvier 1976, un sondage Ifop n'indiquait-il pas que 57 % des Français étaient satisfaits de l'action présidentielle ?

Ce scrutin raté accentue donc les tensions au sein du Gouvernement. À l'UDR, ceux qui estiment qu'il est temps pour Jacques Chirac de prendre ses distances avec la présidence giscardienne marquent des points. Le 15 mars 1976, Marie-France Garaud, discutant avec la journaliste Michèle Cotta, estime qu'il est difficile pour Jacques Chirac de parler en chef de la majorité « quand Durafour se prend pour le futur Premier ministre, quand Lecanuet fait semblant de ne rien comprendre et se fiche de toute manière éperdument de tout, et sans oublier Ponia qui est Ponia ». Pour la proche conseillère de Jacques Chirac, ce dernier, n'ayant pas les moyens d'imposer son rythme à la lutte politique, doit se retirer et le président doit nommer quelqu'un d'autre à qui il ne refusera pas « les moyens de combattre politiquement[1] ». Les éléments de langage sont déjà posés… Les cantonales de mars 1976 annoncent les deux principaux événements politiques de l'année à droite : le départ de Matignon de Jacques Chirac en août puis le lancement du RPR en décembre.

Jacques Chirac, coordinateur impuissant de la majorité présidentielle

Le 24 mars 1976, soit dix jours après le scrutin, un Valéry Giscard d'Estaing sombre et solennel apparaît à la télévision pour tirer les leçons de la bataille perdue. Il affirme confier à Jacques Chirac le soin de « coordonner l'action de la majorité » et « d'animer les diverses formations » la composant. Alors que des rumeurs persistantes présentent le Premier ministre sur le départ, cette déclaration relégitime politiquement Jacques Chirac. Le président semble enfin comprendre la nécessité de s'appuyer davantage sur le seul parti puissant et structuré de la majorité, l'UDR pilotée par Jacques Chirac. Mais il s'agit aussi pour l'Élysée de se relancer après un vote protestataire et de faire porter au chef de Gouvernement la responsabilité des difficiles négociations à venir entre les diverses formations de droite. Les tensions entre gaullistes et RI n'ont pas disparu. Comme le font d'ailleurs constater Roger Chinaud et Jacques Dominati lors des journées parlementaires RI à Nice le 24 mars, le chef d'État n'a pas utilisé l'expression « chef de la majorité » ou « responsable de la majorité » mais s'est contenté de la formule plus vague d'« animateur ». Une nuance de taille…

De toute façon, Michel Poniatowski et Roger Chinaud font vite comprendre au président qu'il faut continuer à marginaliser

1. Michèle Cotta, *Carnets secrets de la Ve République*, t. I, Paris, Fayard, 2007, p. 706.

Jacques Chirac au sein de la majorité. Sous leur influence, le président revient sur ses intentions mais sans en informer le principal intéressé. Jacques Chirac, persuadé d'être toujours le « coordinateur de la majorité », prend son rôle au sérieux et n'hésite pas à faire quelques concessions aux giscardiens. Début avril ainsi, quand il est question de remplacer au secrétariat général de l'UDR l'inefficace André Bord, le Premier ministre suggère le nom d'Albin Chalandon. Il faut que les « barons » (Roger Frey et Olivier Guichard) ainsi que le tandem Garaud-Juillet lui fassent remarquer que la promotion de ce gaulliste trop giscardien irriterait le parti pour qu'il se résolve à la candidature d'Yves Guéna. Au demeurant, Jacques Chirac se trouve dans l'impossibilité d'exercer sa fonction de coordinateur, écartelé plus que jamais entre des gaullistes orthodoxes peu désireux de soutenir Giscard d'Estaing et des centristes/libéraux qui ne reconnaissent pas son autorité.

Les longs et pénibles débats parlementaires autour du projet de loi sur la taxation des plus-values illustrent ce blocage. Dès la fin avril 1976, les députés UDR s'opposent à ce texte s'inscrivant dans les réformes de justice sociale portées par la présidence mais qui, pour les gaullistes, donne l'impression de pénaliser les profits et déplaît par là même à leur électorat. Charles Bignon, député UDR de la Somme, est l'auteur d'un amendement critique soutenu par la majorité de ses collègues mais rejeté par les giscardiens. Lorsque, début juin, Jean-Jacques Servan-Schreiber intervient à la tribune de l'Assemblée en faveur du projet en rappelant la longue histoire des crispations politiques autour des réformes fiscales, citant Jacques Chirac qui, le 5 juin 1974, a parlé de réduire les écarts de revenus injustifiables ou Valéry Giscard d'Estaing qui en 1962 a dénoncé le privilège exorbitant de l'exonération des plus-values, son discours est accueilli par un silence glacial sur les bancs UDR. Ne pouvant se déclarer contre le projet sous peine d'une fracture avec l'Élysée mais ne pouvant pas non plus approuver ouvertement un texte qu'il rejette personnellement et qu'il sait détesté par l'UDR, Jacques Chirac est contraint à un numéro d'équilibriste. Il n'assure plus qu'un service minimum au palais Bourbon et se résout finalement à suivre Yves Guéna qui recommande « le moins d'indiscipline possible[1] »… La loi n'est votée que le 23 juin après le rejet de justesse de l'amendement Bignon soutenu par l'opposition et une

1. *Ibid.*, p. 738.

partie de l'UDR. Jacques Chirac peine de plus en plus à porter le poids politique de réformes en décalage avec les attentes et valeurs de la droite française.

À l'évidence, il n'y a pas de coordination de la majorité, chaque camp agissant comme bon lui semble. Yves Guéna, à peine installé comme secrétaire général de l'UDR, choque les giscardiens en se disant, le 9 mai, à Bergerac, favorable à des primaires généralisées au sein de la majorité à l'occasion des prochaines législatives. Lors du rituel petit-déjeuner du mardi entre responsables de la majorité (Michel Poniatowski, Jean Lecanuet, Jean-Pierre Fourcade et Michel Durafour), Jean Lecanuet avertit Jacques Chirac que dans ces conditions, « il y aura aussi des candidats giscardiens et centristes partout[1] ». Au cours d'un déjeuner de presse le 3 juin, Michel Poniatowski lui emboîte le pas en déclarant aux journalistes que, coordination ou pas, rien ne l'empêchera de s'entendre directement avec Jean Lecanuet. Allusion au congrès constitutif du Centre des démocrates sociaux (CDS) de Rennes les 21-23 mai 1976, durant lequel Jean Lecanuet, chef du nouveau Parti démocrate-chrétien, a évoqué une alliance privilégiée avec les RI si besoin contre l'UDR. De colère, Jacques Chirac renonce à animer le petit-déjeuner hebdomadaire de concertation de la majorité, un protocole de fait vidé de son sens…

Début juin 1976, un autre accroc survient qui est perçu comme une provocation à l'UDR tant il touche au dogme gaullien de la dissuasion nucléaire. Dans le numéro du 1er juin de la revue *Défense nationale*, le chef d'état-major de l'armée, le général Méry, annonce qu'en cas d'invasion soviétique, l'armée française pourrait s'intégrer à une « stratégie de l'avant » conduite par des alliés dans le cadre de l'Otan. Des propos jugés « de bon sens » par le chef de l'État lors d'une conférence tenue à l'Institut des hautes études de la défense nationale. Choqués par la forme (le général n'a pas cru bon d'informer le ministre gaulliste des Armées, Yvon Bourges) comme par le fond (l'emploi des armes nucléaires françaises doit être réservé pour l'UDR à la défense des seuls intérêts vitaux et du seul périmètre national), Michel Debré et Pierre Messmer crient au « sacrilège[2] ». La conjonction de ces deux débats (taxation des plus-values et souveraineté militaire française) mettant à mal Jacques Chirac est troublante. Selon Michèle Cotta,

1. Jean Bothorel, *Un si jeune président*, Paris, Grasset, 1995, p. 248.
2. *Le Monde*, 11 juin 1976.

il s'agit bien pour Valéry Giscard d'Estaing de forcer l'UDR à se soumettre ou à se démettre[1]. Pour un Premier ministre éprouvé par la détérioration rapide de ses relations avec le chef de l'État et fatigué de devoir porter au Parlement des réformes présidentielles avec lesquelles il se trouve rarement en accord, l'alliance boiteuse nouée au printemps 1974 ne semble plus tenable.

Spectaculaire démission du Premier ministre Jacques Chirac

Après l'échec des cantonales de mars 1976, Jacques Chirac a été tenté de démissionner. Aiguillonné par le tandem Garaud-Juillet, le Premier ministre comprend que son ambition présidentielle risque de pâtir de l'échec de la politique gouvernementale face à la crise et de l'impopularité qui en découle. Sans compter qu'à ses yeux, l'urgence n'est pas aux réformes sociétales mais à la relance économique sous l'impulsion de l'État. Si la mission de « coordinateur de la majorité » confiée par Valéry Giscard d'Estaing le 24 mars a pu lui faire croire un temps que la confiance est rétablie avec la présidence, les multiples accrocs qui s'en sont suivis le convainquent de la duplicité de ses interlocuteurs. Jacques Chirac pose donc ses conditions et le fait savoir explicitement à Valéry Giscard d'Estaing, le lundi 31 mai, à l'occasion d'un de ses deux entretiens hebdomadaires avec le président. Après avoir fait constater à son interlocuteur que sa mission de coordination est contrariée par des « forces centrifuges » et le spectacle d'une majorité qui « étale ses divisions », il estime qu'il n'est pas possible d'attendre pendant deux ans les prochaines législatives. Il faut, selon lui, dissoudre l'Assemblée nationale, avancer les législatives à l'automne et former un nouveau Gouvernement « ramassé, solidaire et pugnace[2] ». Sceptique car persuadé que la droite ne peut remporter des législatives quelques mois après la déroute des cantonales, le président demande néanmoins le temps de la réflexion. Dans l'immédiat, Valéry Giscard d'Estaing invite, dans un geste de réconciliation, le couple Chirac au fort de Brégançon les 5 et 6 juin 1976.

1. Michèle Cotta, *Carnets secrets de la Ve République*, t. I, *op. cit.*, p. 737.
2. Jean Bothorel, *Un si jeune président*, *op. cit.*, p. 249.

Mais ce week-end de Pentecôte, froid et très formel, n'arrange rien. Même si les échos de cette étrange invitation diffèrent suivant qu'ils émanent de Jacques Chirac ou de Valéry Giscard, il est acquis que l'ambiance générale est très tendue. Accueillant le Premier ministre dans la résidence présidentielle, Valéry Giscard d'Estaing n'aurait pas trouvé mieux que d'interroger d'emblée son hôte : « Combien de micros croyez-vous que Mme Garaud a fait poser dans le jardin ? », avant de parsemer le dîner de petites piques désagréables. Jacques Chirac et son épouse sont choqués par ce que le président décrira dans ses *Mémoires* comme « une désinvolture de monarque » : offrir de simples chaises à ses hôtes en se réservant les fauteuils, se faire servir en premier à table, inviter comme autres convives le professeur de ski de Courchevel et son épouse gérante d'un hôtel à Saint-Tropez, arriver au dîner en tenue décontractée quand les autres se sont mis sur leur trente et un… Dans la semaine qui suit, le magazine *Le Point* se fait l'écho de la colère froide des Chirac humiliés par leurs hôtes : « Deux fauteuils pour les Giscard d'Estaing, deux chaises pour les Chirac[1]… »

L'affaire du week-end au fort de Brégançon illustre en réalité la part de malentendus et de reconstruction médiatique ayant pu alimenter les tensions entre le président et son Premier ministre. À l'évidence, les deux hommes n'ont pas la même lecture des objectifs assignés à cette fin de semaine. Pour Valéry Giscard d'Estaing, il s'agit surtout d'organiser dans cette résidence officielle un moment convivial, destiné à apaiser ses relations avec Jacques Chirac. C'est dans cette perspective que le chef de l'État y fait participer ses enfants ainsi que de simples connaissances sans statut politique. Pour Jacques Chirac, il s'agit tout au contraire d'un moment très officiel où l'on parlera politique. Venu dans cette intention et dans cette logique, il ne peut qu'être choqué par le style décontracté de son hôte qu'il interprète comme une provocation humiliante. Si Valéry Giscard d'Estaing a pu éventuellement se montrer maladroit dans ses paroles comme dans son attitude, les inconvenances signalées après coup par le Premier ministre en étaient-elles réellement ? Que le chef d'État soit servi en premier à table relevait après tout d'un protocole en vigueur dans les demeures présidentielles. Quant à la polémique sur l'emploi discriminant des chaises et des fauteuils, outre que le fait est surtout attesté côté chiraquien, les

1. *Le Point*, 9 août 1976.

photos d'époque ne montrent que de simples chaises de jardin où se tiennent des convives en short et qui plaisantent…

Dès son retour à Paris, Jacques Chirac, très remonté, demande publiquement de diriger un « Gouvernement plus cohérent » sans attendre le retour du président sur l'entretien du 31 mai. À l'Assemblée, le gaulliste Claude Labbé se montre encore plus offensif, déclarant : « Rien ne peut se faire sans nous, nous avons entre les mains une arme de dissuasion qui vient de notre groupe parlementaire et nous pouvons, à chaque instant, si nous le voulons, presser le bouton. » Lorsque ces propos lui sont rapportés, Michel Poniatowski exige un recadrage de l'Élysée : « Vous ne pouvez pas laisser passer cela, ils veulent faire de vous un roi fainéant[1]. » Le président s'en charge lors d'un entretien d'une heure, le 16 juin au soir, avec Jacques Chancel sur Antenne 2. Après avoir écarté l'éventualité d'un remaniement ministériel, minimisé la bataille menée par l'UDR contre la taxation des plus-values et repoussé toute hypothèse de législatives anticipées, il propose un dialogue avec la gauche, présente comme « suicidaire » l'opposition à la modernisation du pays et annonce un second train de réformes pour l'automne. Jacques Chirac vient d'essuyer en direct une fin de non-recevoir…

Ses heures à Matignon sont désormais comptées, à en croire les indiscrétions d'Edgar Faure selon lequel l'hypothèse d'un remaniement gouvernemental sans Chirac circule à l'Élysée dès le 7 juin[2]. L'intéressé en a d'ailleurs conscience. Son responsable presse, Serge Maffert, laisse fuiter que son patron se sait politiquement condamné et pense qu'il ne finira pas l'été à Matignon. Pour autant, soit qu'il laisse cours à son tempérament naturellement combatif, soit qu'il donne le change face aux médias, Jacques Chirac s'accroche encore fin juin. Interrogé à la sortie d'un conseil des ministres par Michèle Cotta, le chef du Gouvernement déclare : « Un homme politique ne démissionne pas. Ce ne peut être qu'une révocation. Ceux qui disent qu'il faut partir n'ont pas compris le gaullisme. En politique, rien n'est pire que de lâcher prise. En revanche, si l'on se trouve dans une situation où l'on n'est pas à même d'exercer ses responsabilités, alors on est foutu dehors. » Avant d'ajouter : « Je suis mieux à même d'exercer mes responsabilités qu'il y a un mois ou deux[3]. » Début juillet, le projet de

1. Jean Bothorel, *Un si jeune président*, *op. cit.*, p. 250.
2. Michèle Cotta, *Carnets secrets de la Ve République*, t. I, *op. cit.*, p. 740.
3. *Ibid.*, p. 749.

loi modifiant le code électoral est l'occasion d'une nouvelle passe d'armes entre les deux têtes de l'exécutif. Le projet de l'Élysée (un candidat ne peut se présenter au second tour que s'il a obtenu au moins 12,5 % des voix au premier) ne recueille pas l'assentiment du Premier ministre qui y voit une stratégie des giscardiens pour inciter les petits candidats du centre à les rejoindre. Comme Valéry Giscard d'Estaing lui demande par téléphone de convaincre les parlementaires gaullistes de voter cette réforme, Jacques Chirac réplique froidement : « Monsieur le président, est-ce que c'est un ordre ? » « Oui, monsieur le Premier ministre », rétorque sur le même ton le chef d'État[1].

Pour Valéry Giscard d'Estaing, à partir du moment où le Premier ministre ne tient plus les troupes UDR, il ne lui est politiquement plus utile. Restent deux problèmes. Le calendrier tout d'abord. Le président qui ne veut pas d'un « Gouvernement balnéaire » n'envisage de remaniement qu'à la mi-septembre. Autre souci : qui pour remplacer Jacques Chirac ? Si les journaux citent déjà à la mi-juillet le nom de Raymond Barre, d'autres prétendants sont aussi évoqués comme Olivier Guichard, Alain Peyrefitte ou Robert Galley qui présentent tous trois l'avantage d'être des UDR plus ou moins proches de l'Élysée. Mais Olivier Guichard, sondé, ne donne pas suite tandis qu'Alain Peyrefitte fait savoir que le renouvellement de l'appareil du parti gaulliste, où les « anciens ont été écartés », l'empêche d'avoir l'autorité suffisante pour imposer sa politique aux élus UDR. Le choix de Michel Poniatowski ou de Jean Lecanuet est impossible tant il renforcerait les tensions avec le camp gaulliste. L'option « politique » écartée, l'hypothèse d'un Premier ministre « technique » semble s'imposer.

Dans l'immédiat, les tensions montent encore entre Valéry Giscard d'Estaing et Jacques Chirac. Le 12 juillet, le président rejoint Nice où il est accueilli à bord du porte-avions *Clémenceau* par le Premier ministre pour assister ensemble à une revue navale. Tous les journalistes relèvent l'ambiance glaciale de la cérémonie, le Premier ministre regardant ostensiblement ailleurs lorsque le président s'exprime. Les choses se précipitent après le conseil des ministres du 15 juillet 1976 portant sur la possible élection du Parlement européen au suffrage universel, sujet sensible pour les gaullistes. Lors du tour de table, le Premier ministre fait savoir ses

1. Jean Bothorel, *Un si jeune président*, *op. cit.*, p. 252.

réserves sans détour sur ce sujet cher au président. À l'évidence, les deux hommes ne peuvent plus s'entendre.

Le 26 juillet, sous l'influence de Marie-France Garaud, Pierre Juillet et Charles Pasqua, Jacques Chirac rédige une lettre de démission destinée à l'Élysée. Se confiant à la journaliste Michèle Cotta, Marie-France Garaud lui explique de manière « cash » les dessous de cette décision. « Chirac ne peut pas gouverner parce qu'on ne lui en donne pas les moyens. Le problème est de savoir s'il vaut mieux que Chirac parte tout de suite ou s'il faut laisser les autres lui en mettre plein la tête. À mon avis, il faut se tirer d'ici, se tirer tout de suite[1]. » Pour la conseillère du Premier ministre, si Jacques Chirac souhaite sauvegarder la possibilité d'un retour politique et éviter une marginalisation à la Michel Jobert, il doit, tant qu'il bénéficie encore d'une cote de popularité correcte, sortir du piège de Matignon où il est l'otage du président, retrouver au plus vite sa liberté d'action et de parole, avant de relancer derrière lui une UDR ressoudée. Il est probable aussi que Jacques Chirac et ses conseillers aient estimé, au vu d'une situation socio-économique dégradée (le cap du million de chômeurs attendu pour septembre, une inflation persistante, une monnaie nationale de plus en plus dépréciée par rapport au dollar et au Mark), qu'il est temps pour le Premier ministre de partir avant que son bilan ne soit perçu trop négativement.

Que contient la lettre de démission de Jacques Chirac adressée le 26 juillet au chef de l'État ? Le Premier ministre y évoque une « nécessaire reprise en main énergique du gouvernement », « une impulsion vigoureuse et coordonnée », « un renforcement sans équivoque de l'autorité du Premier ministre ». Avant d'ajouter : « j'ai cru comprendre que ce n'était ni votre sentiment ni votre intention » puis d'annoncer sa démission « effective le 3 août », au retour de son voyage officiel au Japon. Le même jour, Valéry Giscard d'Estaing, sans refuser cette démission, demande à son Premier ministre de temporiser, estimant qu'en « l'absence de tout événement dramatique », un acte aussi « important pour la continuité de la vie de la nation » exige du temps afin de mener à bien les « consultations nécessaires » en vue de former un nouveau Gouvernement. Et le chef de l'État de suggérer d'attendre la deuxième quinzaine d'août, ce à quoi Jacques Chirac donne une suite favorable[2]. Cer-

1. Michèle Cotta, *Carnets secrets de la Ve République*, t. I, *op. cit.*, p. 757.
2. Jacques Chapsal, *La Vie politique sous la Ve République*, t. I, *1958-1974*, Paris, PUF, 1987, p. 575.

tains, comme Charles Pasqua, ont plus tard laissé entendre que le président ne voulait pas gâcher un séjour de chasse en Afrique, prévu de longue date, par la gestion chronophage des suites de cette démission. « Étrange conception de son rôle de chef d'État. Valéry Giscard d'Estaing voulait-il montrer à son Premier ministre qu'une partie de chasse passait avant sa démission, ultime mauvaise manière ou inconscience d'un homme complètement déconnecté des réalités du moment ? Lui seul connaît la réponse[1]. »

Il faut donc attendre le conseil des ministres du 25 août pour que les deux dirigeants rendent publique leur rupture. Dans ses *Cahiers secrets*, Michèle Cotta rapporte les prises de parole des deux intéressés lors de ce conseil en s'appuyant sur les confidences de la secrétaire d'État Françoise Giroud. Jacques Chirac commence par rappeler qu'il a servi « fidèlement et loyalement » le chef de l'État depuis sa nomination. Il souligne qu'il a « demandé à plusieurs reprises les moyens nécessaires pour affronter une situation économique difficile » avant de déclarer que le Premier ministre « doit disposer de l'autorité sur les ministres du Gouvernement et d'une certaine autonomie ». Il déplore enfin que certains ministres et secrétaires d'État aient « compliqué » sa tâche par « des déclarations mettant en cause la cohésion gouvernementale », affaiblissant ce faisant la majorité. Après avoir pris le temps de raconter son voyage au Gabon, Valéry Giscard d'Estaing dit accepter la démission de son Premier ministre pour trois raisons. « D'abord, lorsque quelqu'un souhaite s'en aller, il faut accepter. Ensuite, j'ai dit le 16 juin à la télévision qu'une nouvelle phase s'ouvrait à la rentrée, qu'une nouvelle action allait s'engager. Enfin, j'ai observé le poids excessif qu'a fait peser le mouvement des partis sur l'action du Gouvernement[2]. » Si le premier argument relève de la position de principe, les deux suivants sont de nature plus politique. Il s'agit bien pour le président, en acceptant cette démission, de générer d'abord une nouvelle dynamique autour d'un nouveau Premier ministre dans un moment de blocage politique marqué par l'enlisement de réformes importantes, puis de sanctionner l'UDR qui, au Gouvernement comme au Parlement, n'a pas respecté la discipline majoritaire. Mais habilement, Jacques Chirac prend de vitesse Valéry Giscard d'Estaing et, *via* la conférence de presse

1. Charles Pasqua, *Ce que je sais*, t. I, *Les Atrides, 1974-1988*, Paris, Le Seuil, 2007, p. 49.
2. Michèle Cotta, *Carnets secrets de la Ve République*, t. I, *op. cit.*, p. 759-761.

organisée dans le salon chinois de l'hôtel Matignon dès la sortie du conseil des ministres, conserve l'initiative politique.

Ne suivant pas les recommandations du président qui a demandé à ses interlocuteurs à la fin du conseil des ministres « de ne faire aucune déclaration en sortant », Jacques Chirac convoque en effet immédiatement dans la foulée les journalistes. Devant les caméras, sur un ton grave et solennel, il donne les raisons de sa décision en un communiqué volontairement bref. « Je viens de remettre la démission de mon Gouvernement au président de la République. Je l'avais préalablement informé de mon intention. En effet, je ne dispose pas des moyens que j'estime aujourd'hui nécessaires pour assurer efficacement les fonctions de Premier ministre, et, dans ces conditions, j'ai décidé d'y mettre fin. » Au cœur de l'été, l'annonce fait l'effet d'un coup de théâtre même si, depuis plusieurs semaines déjà, le Tout-Paris et les rédactions de presse bruissent de rumeurs laissant entendre qu'un coup politique se prépare. Valéry Giscard d'Estaing, soucieux de ne pas dramatiser davantage cette démission pour ne pas lui donner trop de retentissement, prend soin de réagir le soir même à la télévision mais de manière apaisée. Il suggère que cette décision est finalement bienvenue car le renforcement des pouvoirs du Premier ministre au détriment des prérogatives présidentielles « serait fondamentalement contraire aux institutions de la République », manière ironique de rappeler que le gaulliste Jacques Chirac, par son indépendance critique vis-à-vis de l'Élysée, a ignoré la jurisprudence posée par le Général. Après avoir réclamé une « sérénité nécessaire », il présente aux Français celui qui, depuis 18 heures, est chargé de former un nouveau Gouvernement : Raymond Barre, « un des meilleurs économistes de France ».

L'analyse de cette séquence politique, qui court de l'investiture du nouveau président à la démission de Jacques Chirac de Matignon, ne doit pas être considérée, et plus encore jugée, de manière rétrospective à partir du seul échec final du printemps 1981. On a coutume de dire que l'histoire est écrite par les vainqueurs, et de fait, le septennat giscardien a souvent été perçu de manière négative à la lumière d'abord des derniers revers socio-économiques face à la seconde crise pétrolière et du virage conservateur de la fin du mandat présidentiel (1977-1981), mais aussi sous l'influence de ceux qui avaient combattu ou critiqué le giscardisme : la gauche et une partie majoritaire du camp gaulliste emmenée par Jacques Chirac. Par leur discours virulent qui mettait l'accent autant sur les ratés de la politique gouvernementale que sur le style présidentiel jugé hautain, discours relayé de façon parfois complaisante par bien des médias, les socialistes et chiraquiens, en position de pouvoir à partir des années 1980, ont durablement inscrit dans l'opinion l'image d'un chef de l'État distant et impuissant face à la crise. Depuis une dizaine d'années, le renouvellement de l'histoire du giscardisme a déconstruit cette vision partiale et caricaturale. S'appuyant sur de nouvelles sources, les historiens ont montré combien les choix giscardiens ont modernisé en profondeur la société et le monde politique français, contribuant à les libérer de nombreuses pesanteurs héritées. Droit de vote à dix-huit ans, dépénalisation de l'avortement, divorce par consentement mutuel, revalorisation du Smic, meilleure intégration des handicapés, élargissement du droit de saisine du Conseil constitutionnel, fin de la tutelle sur la télévision publique, relance de la construction européenne, nouvelle sensibilité écologique : autant de réformes audacieuses et de défis ambitieux, parfois en rupture, animés par le souci largement sincère de réduire les inégalités, de parfaire l'État de droit, de libérer les initiatives économiques et de faire entrer le pays dans une pleine modernité. Animés aussi de la conviction que les tensions exprimées en Mai 68 doivent être combattues par une politique d'émancipation conduisant à un nouveau modèle de société. Les réformes plutôt que l'émeute[1]… Si toutes les promesses libérales de l'été 1974 n'ont pu être tenues, faute notamment d'un soutien parlementaire suffisant, et si certains discours de la « société libérale avancée » ont pu relever parfois de postures politiciennes et de plans de communication, le bilan, à l'arrivée, n'est pas discutable, la séquence qui va de l'été 1974 à l'été 1976 constitue bien, dans l'histoire politique française contemporaine, l'une des plus décisives.

La rupture vue du côté giscardien

Jusqu'à présent dans ce chapitre, la montée de la tension entre les deux têtes de l'exécutif a surtout été présentée du côté de Jacques Chirac. Il est nécessaire, pour rétablir l'équilibre, de rapporter aussi le point de vue giscardien des événements. Dès le début de son

1. Selon la formule de l'historien Nicolas Vinci interrogé lors du documentaire *1974. L'alternance Giscard*, production « Arte », 2019, cinquante-sept minutes.

mandat, le chef de l'État se réclame d'une démocratie apaisée et, s'il entend rompre avec certaines pratiques politiques autoritaires héritées de ses prédécesseurs gaullistes, il ne souhaite pas entrer en conflit avec l'aile gaulliste de la majorité présidentielle, et ce d'autant moins que cette aile reste majoritaire à l'Assemblée et qu'il a besoin de son soutien pour gouverner. Par ailleurs, Valéry Giscard d'Estaing, très concentré sur les grandes réformes de la « société libérale avancée » et absorbé par les dossiers internationaux, se désintéresse plutôt des camarillas politiciennes de la droite française, laissant le soin à des proches, comme Michel Poniatowski et Roger Chinaud, de suivre ces affaires de clans et de coteries qu'il juge assez médiocres[1]. Au risque de ne pas prendre assez tôt la mesure des tensions s'accentuant dès l'automne 1974 avec la plupart des gaullistes, et de ne pas comprendre que les malentendus qui s'accumulent avec son Premier ministre deviennent bientôt des divergences préparant la fracture finale.

Valéry Giscard d'Estaing, profondément libéral et europhile, est d'abord un réformateur attaché à décrisper les tensions de la société française pour mieux la moderniser et en libérer les dynamismes. La nouvelle société chabaniste, une des expériences menées après la crise de Mai 68 (après la loi Faure sur les universités et le référendum raté du Général) pour sortir des blocages ayant produit les barricades, avait du reste beaucoup intéressé le ministre des Finances à l'époque. Ce faisant, Valéry Giscard d'Estaing ne peut entrer qu'en opposition avec la majorité des députés gaullistes élus au printemps 1973 sur une ligne conservatrice en réaction au programme commun et à la peur persistante des désordres de mai. Une famille gaulliste par ailleurs sous l'influence du tandem Garaud-Juillet qui voit dans les réformes de l'été 1974 une dangereuse relance de l'ouverture chabaniste et qui craint que ce pouvoir trop libéral ne fasse le lit des révolutionnaires. Là où l'orléaniste Giscard d'Estaing préfère le dialogue à l'affrontement et la réforme à la révolution, les gaullistes, porteurs d'une autre culture politique, voient de l'incohérence sinon de la trahison.

Le président sait également que les rumeurs qui courent dans les salles de presse et les dîners parisiens sur les frasques nocturnes de sa vie privée et ses relations supposées avec plusieurs maîtresses (après avoir, en septembre 1974, embouti au petit matin un camion

1. Éric Roussel, *Valéry Giscard d'Estaing*, Paris, L'Observatoire, 2018, p. 298.

de lait au volant d'une voiture de luxe prêtée par Roger Vadim et en compagnie d'une actrice en vogue, n'avait-il pas été rebaptisé par *Le Canard enchaîné* « Valéry Folamour » ?) trouvent en partie leurs origines dans certaines officines gaullistes. Si pendant longtemps ces ragots avaient épargné les présidents et Premiers ministres en fonction (le montage de l'affaire Markovic avait éclaté après que Georges Pompidou eut quitté Matignon), ils touchent désormais les responsables en exercice et sont souvent alimentés en sous-main par des adversaires politiques. En 1976, le chef d'État sera victime d'une autre rumeur supposée éclairer la fragilité de son caractère et l'apparente contradiction d'un homme de droite porteur d'une « politique de gauche » : Valéry Giscard d'Estaing suivrait une psychanalyse…

Même s'il suit de loin les tensions internes à la majorité, le président est assez lucide pour savoir qu'il lui faut agir de manière prudente avec l'aile gaulliste de sa majorité emmenée par un Premier ministre à la tête de l'UDR depuis la fin 1974. De fait, si Michel Poniatowski se montre souvent provocateur, Valéry Giscard d'Estaing reste courtois à l'encontre de ses partenaires UDR et n'hésite pas, quand nécessaire, à leur donner des gages politiques. Début septembre 1975, n'a-t-il pas suivi Jacques Chirac et son programme de relance économique contre l'avis de son ami et ministre des Finances, Jean-Pierre Fourcade ? En politique étrangère, la ligne adoptée en 1976 relève toujours plus de la continuité par rapport au cadre gaullien et pompidolien que de l'inflexion atlantiste dénoncée par certains. Les liens avec Washington sont maintenus plus que renforcés et la politique arabe est prolongée comme en témoignent les gestes à l'égard de l'OLP ou l'apaisement recherché avec Alger. Si Valéry Giscard d'Estaing a mis en œuvre le Conseil européen avec l'appui du chancelier allemand Helmut Schmidt, son engagement européen reste pragmatique et il demeure méfiant à l'égard d'un rôle trop prééminent de la Commission.

Rappelons enfin la confortable popularité dont jouit pendant longtemps le président. Porté par son image (construite lors de la campagne présidentielle de 1974) de leader jeune, compétent et dynamique, Valéry Giscard d'Estaing, qui s'emploie à expliquer de manière pédagogique son action auprès des Français (notamment dans le domaine économique), est jugé positivement par une majorité de Français. En janvier 1976, le baromètre Ifop-*France-Soir* le situe à 57 % d'avis favorables et les sondages de l'époque révèlent souvent, de manière inattendue, que le chef d'État mord sur l'électorat populaire alors qu'il peut susciter quelques réserves chez les cadres supérieurs. Les réformes de société de l'été 1974 ont été bien acceptées par une majorité de l'opinion, l'expertise économique du président est jugée rassurante tandis que ses poignées de main aux prisonniers et aux cantonniers tout comme ses dîners chez l'habitant, volontiers dénoncés comme démagogiques par l'opposition, ne sont pas perçus aussi négativement par la population à en juger par l'abondant courrier enthousiaste reçu à l'Élysée après ce genre d'initiatives. Certes, l'échec des cantonales atteste la montée d'un mécontentement dans l'opinion, dans un contexte de dégradation de la situation socio-économique, mais ce revers électoral ne constitue pas fondamentalement un rejet de la personne et du style du président.

S'agissant des relations avec Jacques Chirac, celles-ci, vues du côté de l'Élysée, se sont vraiment détériorées après les cantonales ratées du printemps 1976 et la volonté du Premier ministre de dissoudre l'Assemblée nationale. Même si Valéry Giscard d'Estaing refuse cette option, persuadé qu'il faut respecter les échéances électorales normales et poursuivre le train de réformes afin de détacher le centre gauche des partis « collectivistes », il fait encore un geste en direction de Jacques Chirac en donnant son aval au retour de Pierre Juillet à Matignon. Mais dans les semaines suivantes, aux yeux du président, le Premier ministre, pourtant chargé de coordonner la majorité, n'assure pas efficacement cette mission, se contentant d'un suivi minimal des dossiers auprès des différentes formations de droite. L'intéressé ne semble plus pouvoir ou vouloir tenir son rôle et le fait qu'il ait indiqué, le 14 mars 1976, à Jean Sérisé, proche de Valéry Giscard d'Estaing, son intention de se retirer de ses fonctions[1] ne plaide pas en faveur de son maintien à Matignon. Le chef d'État se voit donc contraint de reprendre la main et de s'engager personnellement dans le suivi de la politique intérieure. Courant avril, il reçoit ainsi à déjeuner les divers groupes gaullistes, libéraux et réformateurs, déclarant à chacun que c'est bien lui qui dirige la majorité. La passivité affichée de Jacques Chirac lors du débat parlementaire de mai-juin 1976 sur les plus-values achève de convaincre le président que son Premier ministre n'est plus à la hauteur de ses fonctions.

1. *Ibid.*, p. 351.

Tout devient désormais prétexte à tension entre les deux hommes et même l'invitation à Brégançon pour la Pentecôte, que le président pense et organise comme une démarche d'apaisement, se retourne contre lui après le fameux article du *Point* derrière lequel Valéry Giscard d'Estaing voit une opération de communication de Jacques Chirac et de ses conseillers. Éric Roussel rapporte à ce sujet l'échange téléphonique glacial que le chef de l'État a avec son Premier ministre :

> Avez-vous lu *Le Point* ? lui ai-je demandé.
> — Non, je ne vois pas à quoi vous pouvez faire allusion.
> — Pourtant, seul l'un de ceux qui étaient présents ces deux jours à Brégançon a pu se manifester auprès du *Point*.
> — C'est sans doute votre fils, m'a répondu Chirac.
> J'ai alors raccroché[1]…

Dès lors, libéré politiquement face au Premier ministre, Valéry Giscard d'Estaing se permet d'afficher publiquement son désaccord avec Jacques Chirac, refusant à ce dernier un remaniement gouvernemental et dénonçant à la télévision, devant Jacques Chancel le 16 juin, les « ignorants et perfides » qui alimentent les blocages autour de ses réformes. Pour le président, Jacques Chirac, utile quand il pouvait lui assurer le soutien d'une majorité de gaullistes, ne présente plus d'intérêt maintenant qu'il a pris la tête de la fronde UDR. À cela s'ajoutent pour Valéry Giscard d'Estaing des réserves sur la personne même du Premier ministre, dont il a pu apprécier le dynamisme et l'efficacité d'exécution, mais dont il n'a jamais loué les qualités intellectuelles et encore moins l'audace réformatrice. « En deux ans, se confiera-t-il le 28 août 1976 au journaliste Raymond Tournoux, le Premier ministre et le Gouvernement n'ont pas pris l'initiative d'un seul projet de réforme[2]. » Pour celui qui veut « conduire le changement », cette faute est impardonnable. Fin juin, Valéry Giscard d'Estaing, sur les conseils de plus en plus pressants de Jean Sérisé, Claude Pierre-Brossolette et Michel Poniatowski, a pris la décision de se séparer de son Premier ministre mais attend la rentrée pour opérer ce changement politiquement délicat. Jacques Chirac le devance en annonçant sa démission par lettre le 26 juillet.

1. *Ibid.*, p 357.
2. *Ibid.*, p 354.

Le conseil des ministres du 25 août et la conférence de presse qui s'ensuit constituent le dernier moment d'incompréhension entre le chef d'État et le chef du Gouvernement. Valéry Giscard d'Estaing arrive dans la salle du conseil « bronzé et décontracté », prend le temps de relater son séjour au Gabon avant de donner la parole au Premier ministre pour que ce dernier annonce sa démission qu'il commente de manière laconique. Ce faisant, le président fait-il délibérément preuve de « sadisme » comme le suggère Françoise Giroud qui a assisté à l'événement[1] ? Il est aussi possible que le chef de l'État, considérant depuis un mois cette démission comme acquise et étant déjà passé à la suite sur le plan politique, ait traité la chose avec une sobriété qui a pu être perçue par l'intéressé comme une légèreté humiliante… Dans tous les cas, le jeu de dupes se poursuit après le conseil. Alors que Valéry Giscard d'Estaing s'est retiré avec Jacques Chirac pour un échange de vues rapide durant lequel le Premier ministre, visiblement sous le coup de l'émotion, apprend de manière stupéfiante à son interlocuteur qu'il envisage de se retirer de la vie politique pour ouvrir une galerie de peinture (« je puis vous assurer que je n'ai pas du tout l'intention de gêner votre action et d'ailleurs vous n'entendrez plus parler de moi en politique[2] »), voilà que le même chef de Gouvernement démissionnaire et démoralisé organise quelques heures plus tard une conférence de presse virulente et combative mettant en cause le chef de l'État. Ultime quiproquo qui provoque la colère du président. « Je n'ai pas à discuter le fond de votre propos. C'est la façon dont vous vous êtes exprimé que je mets en cause », lui fera-t-il savoir plus tard[3].

Un professeur d'économie à Matignon : Raymond Barre

Face à un Jacques Chirac ayant retrouvé sa liberté de parole, face à une opposition de gauche galvanisée par les résultats des cantonales, face enfin et surtout à un contexte socio-économique de plus en plus délicat, Valéry Giscard d'Estaing doit donner à son septennat un « deuxième souffle ». Il lui faut à Matignon un

1. Françoise Giroud, *La Comédie du pouvoir*, Paris, Fayard, 1977, p. 236.
2. Jean Bothorel, *Un si jeune président*, *op. cit.*, p. 257. VGE relate l'épisode dans VGE, *Le Pouvoir et la Vie*, t. II, *L'Affrontement*, Paris, Compagnie 12.
3. Jean Bothorel, *Un si jeune président*, *op. cit.*, p. 258.

homme capable à la fois de trouver des solutions efficaces à la crise et d'obtenir le soutien de la majorité parlementaire. Le choix de Raymond Barre peut paraître étonnant à première vue, tant l'intéressé est encore peu connu des Français. Agrégé de droit et de sciences économiques, professeur à l'université de Caen, Raymond Barre, traducteur de l'économiste libéral Hayek, est un spécialiste reconnu des questions financières et monétaires. Son manuel d'économie publié en 1959 reste longtemps un ouvrage de référence pour les étudiants, à commencer par ceux de Sciences-Po, de la faculté de droit et de sciences économiques de Paris et de l'École centrale où il enseigne dans les années 1960. Directeur de cabinet du ministre de l'Industrie Jean-Marcel Jeanneney de 1959 à 1962, il rejoint par la suite un groupe d'experts rassemblé par le ministre des Finances et des Affaires économiques Valéry Giscard d'Estaing dont il se rapproche alors. De Gaulle le fait nommer en 1967 vice-président de la Commission européenne, en charge des affaires économiques et financières. C'est à ce poste, qu'il occupe jusqu'en 1973, que Raymond Barre forge son identité d'économiste libéral et européen, travaillant, *via* la convergence des politiques économiques des États membres de la CEE, à la mise en place progressive d'une union économique et monétaire. Ayant gardé le contact avec Valéry Giscard d'Estaing, il rejoint le Gouvernement en janvier 1976 comme ministre du Commerce extérieur.

Même s'il souffre encore d'un déficit de notoriété, Raymond Barre présente plusieurs avantages pour le chef de l'État. Ce technocrate, n'appartenant à aucun parti tout en relevant *de facto* de la droite giscardienne, ne peut faire de l'ombre au chef de l'État sur le plan politique à l'image de son prédécesseur. Sa présence à Matignon renforce en cela la présidentialisation de la pratique du pouvoir[1]. D'un naturel mesuré, il n'a pas irrité les gaullistes par des sorties intempestives comme certains leaders RI ou CDS et peut donc espérer le soutien d'une majeure partie du groupe UDR à l'Assemblée. Sur un plan doctrinal, ses convictions libérales sont partagées par le chef de l'État qui lui confie en toute confiance la difficile mission de sortir le pays de la crise. À cette fin, Raymond Barre, pour la première fois dans l'histoire des Premiers ministres de la Ve République, se garde le portefeuille de l'Économie et des Finances. S'il ironise à ce sujet (« l'administration française n'obéit

1. Mathias Bernard, *Valéry Giscard d'Estaing. Les ambitions déçues*, Paris, Armand Colin, 2014, p. 241.

qu'au ministre des Finances, donc j'aurais été obligé pour arriver à ce que je veux d'envoyer des lettres au ministre des Finances, quelle perte de temps[1] ! »), il entend surtout, par ce choix très symbolique, signifier qu'il garde la main sur un domaine clé. Au demeurant, l'entente est parfaite avec le chef de l'État qui, d'emblée, lui témoigne sa confiance : « L'action sera conduite par le Premier ministre dans la plénitude de ses attributions, il lui revient, et à lui seul, de diriger, coordonner l'action de tous les ministres. »

Pour s'assurer un large soutien à l'Assemblée, Raymond Barre, en collaboration avec Jean Sérisé, conseiller de Valéry Giscard d'Estaing, compose avec soin son Gouvernement. Les trois pôles de la majorité sont représentés par trois ministres d'État : les centristes avec Jean Lecanuet au Plan et à l'Aménagement du territoire, les libéraux avec Michel Poniatowski qui conserve l'Intérieur et surtout les gaullistes avec le retour d'Olivier Guichard nommé garde des Sceaux. D'autres UDR l'accompagnent comme Yvon Bourges à la Défense, Robert Galley à la Coopération, Vincent Ansquer à la Qualité de la vie et le chabaniste Robert Boulin, à qui échoit, en tant que ministre des Relations avec le Parlement, la délicate tâche de contrôler les élus UDR. Tous ont en commun d'avoir pris leurs distances avec Jacques Chirac dont ils ont peu apprécié la conférence de presse du 25 août. Le Gouvernement compte également cinq secrétaires d'État UDR (André Bord, Christian Poncelet, Antoine Ruffenacht, Norbert Ségard et Olivier Stirn). Même si le ralliement d'Olivier Guichard représente une victoire importante pour les giscardiens, l'ancien patron de la Datar n'entend pas abdiquer toute forme d'indépendance personnelle et mettre l'UDR au pas. Comme il se confie à des journalistes, « il ne faut pas compter sur moi pour haranguer les députés UDR à 2 heures du matin au Parlement, j'ai dit à Giscard : “maintenant, il faut accepter que l'UDR discute les virgules d'un texte, il n'y a pas de quoi faire un scandale quand les députés font leur boulot, c'est à cette condition que la majorité marchera”[2] ». Les tensions vont bientôt s'accentuer entre le ministre de la Justice et le président…

Raymond Barre lance, fin septembre 1976, diverses actions pour lutter contre l'inflation, consolider la monnaie et combattre les déficits. D'inspiration libérale, elles doivent permettre aux entreprises de reconstituer leurs marges et au Gouvernement d'équilibrer ses

1. Michèle Cotta, *Carnets secrets de la Ve République*, t. I, *op. cit.*, p. 780.
2. *Ibid.*, p. 765.

comptes. Le programme voit le Gouvernement bloquer les prix pendant trois mois, encadrer le crédit, augmenter les impôts et inciter à la modération salariale. Cette politique économique se veut un juste milieu entre un plan de refroidissement, présentant le risque d'une spirale déflationniste dangereuse pour la reprise, et un plan de relance qui aggrave potentiellement les déficits. Ce qui est connu ultérieurement comme « le premier plan Barre » obtient dans un premier temps quelques résultats positifs. L'inflation passe sous la barre des 10 %, le franc se redresse et le déficit commercial diminue. Mais le chômage ne baisse pas, ce qui, cumulé aux sacrifices imposés à la population (restriction du pouvoir d'achat par la modération salariale et l'encadrement du crédit), rend la politique gouvernementale plutôt impopulaire. Très vite, les chiraquiens comme la gauche en dénoncent l'inefficacité, ce qui, dans la perspective des élections municipales de 1977 et législatives de 1978, inquiète l'Élysée.

Jacques Chirac lance le RPR

Après le départ de Matignon de Jacques Chirac, ses amis s'organisent rapidement pour reprendre la main. À la fin de l'été, Pierre Juillet regroupe à Pujudeau, dans la Creuse, quelques proches (Marie-France Garaud, Jacques Friedman, Jérôme Monod, Yves Guéna et Charles Pasqua) pour réfléchir à une contre-offensive. À l'évidence, la reconquête du pouvoir ne passe pas par l'UDR, du moins pas par un parti encore sous l'influence persistante des barons et manquant de ressort militant. De manière symbolique, le 28 août 1976, quelques jours après sa démission, Jacques Chirac n'assiste pas au bureau exécutif de l'UDR où siègent Michel Debré, Pierre Messmer et Jacques Chaban-Delmas. Convaincus qu'il faut vite préparer la suite, Pierre Juillet et Charles Pasqua estiment que le temps est venu de « dépasser l'UDR » pour créer, à partir de ce socle, un nouveau grand mouvement militant gaulliste sur le modèle du parti de masse qu'était le RPF créé en 1947 par de Gaulle. Le 13 septembre, Jacques Chirac, désormais libre de sa parole, publie dans *La Nation*, petit journal gaulliste, un communiqué appelant « tous ceux qui sont attachés à notre société de liberté et de progrès à s'unir ». Le timing est bien choisi : le leader gaulliste s'exprime avant la rentrée parlementaire et avant l'annonce du plan barriste, donnant ainsi l'impression qu'il conduit toujours le tempo politique. Le même jour, Jacques Chirac, de retour à Paris, avec Jérôme Monod, Serge Maffert et un jeune inspecteur des Finances promis à un bel avenir, Alain Juppé, obtient que son ancien chef de cabinet, Jean-Pierre Delpont, soit nommé préfet de Corrèze. De quoi préparer efficacement la législative partielle dans ce département où Jacques Chirac tente de retrouver son siège de député… Le 15 septembre, Charles Pasqua précise les intentions chiraquiennes dans le même organe gaulliste : « À mon tour, je vous le dis, c'est l'heure du rassemblement et du renouveau[1]. » Le modèle du RPF, qui va inspirer le futur sigle du parti, sert de nouveau de référence.

La contre-offensive chiraquienne débute vraiment lors des journées parlementaires de l'UDR entre le 30 septembre et le 2 octobre à Rocamadour. Profitant de l'absence de Jacques Chirac, retenu par sa campagne corrézienne, certains « barons » font pression sur Yves Guéna pour que Charles Pasqua soit écarté des instances dirigeantes de l'UDR et que le rapprochement avec le Gouvernement soit acté dans la petite cité médiévale du Lot. Le secrétaire général refuse et Charles Pasqua incite Jacques Chirac à écrire une lettre aux parlementaires gaullistes. Les députés découvrent donc le message du grand absent qui leur demande que « s'ouvre un débat démocratique en vue de la transformation indispensable du mouvement gaulliste » et leur propose « la tenue d'assises nationales extraordinaires dans les meilleurs délais ». Désireux de profiter d'une dynamique partidaire porteuse, les chiraquiens accélèrent leur opération. Le lendemain même, le 3 octobre, Jacques Chirac tient ses assises départementales de l'UDR corrézienne à Égletons, dans une salle préparée par Charles Pasqua et ses amis des Hauts-de-Seine. Devant des militants enthousiastes, il se réclame d'un « travaillisme à la française » (sur les suggestions du maire d'Égletons, l'ancien socialiste Charles Spinasse[2]), manière de tourner Valéry Giscard d'Estaing sur sa gauche et de parler de nouveau à ces masses populaires que de Gaulle avait su convaincre. En mettant en avant l'autorité de l'État, la souveraineté de la nation et la justice sociale, Jacques Chirac retrouve les fondamentaux gaullistes et entame la reconquête du pouvoir à

1. Charles Pasqua, *Ce que je sais*, t. I, *op. cit.*, p. 51.
2. Georges Valance, *Valéry Giscard d'Estaing. Une vie*, Paris, Flammarion, 2011.

partir de cette petite ville de la France profonde. Les journaux ne s'y trompent pas qui filent la métaphore napoléonienne en parlant de l'« envol d'Aigletons ». L'ancien Premier ministre parvient également à attirer l'attention des médias alors que sort pourtant la même semaine l'ouvrage du président, *Démocratie française*, dont le tirage à 200 000 exemplaires est épuisé dès le premier jour. Son élection, dès le premier tour, lors d'une législative partielle dans la 3e circonscription de la Corrèze, le 14 novembre, avec 53 % des voix, lui permet de retrouver très vite le palais Bourbon.

Cette dynamique conquérante se confirme trois semaines plus tard avec les assises extraordinaires de l'UDR, porte de Versailles, le 5 décembre. Organisateur efficace des grandes messes gaullistes, Charles Pasqua rassemble près de 50 000 militants qui crient « Chirac président » dans le froid en attendant l'ouverture des assises. Michel Debré chauffe la salle en évoquant la grandeur « de la France de Bouvines, de Valmy et de la Marne ». Sifflé, Olivier Guichard préfère ne pas mentionner Raymond Barre dans son discours… Jacques Chirac suscite l'enthousiasme en s'en prenant au programme commun puis s'adresse au « peuple de France ». « L'appel que je lance à mon tour n'est que l'écho de l'éternel appel des nations qui ne veulent pas mourir. » Après avoir acté le matin la disparition de l'UDR, les militants approuvent l'après-midi le lancement du nouveau parti gaulliste, dont Charles Pasqua, Pierre Juillet et Yves Guéna ont rédigé les statuts et choisi le nom : le Rassemblement pour la République. Le RPR, dont Jérôme Monod prend le secrétariat général, s'installe dans la tour Montparnasse à Paris, symbole de modernité. Si Charles Pasqua suggère de positionner le nouveau parti en dehors de la majorité, Pierre Juillet et Jacques Chirac préfèrent prudemment rester dans le cadre gouvernemental, estimant que l'objectif principal reste la défaite de l'union de la gauche[1].

La bataille de Paris

Parmi les réformes giscardiennes visant à démocratiser la société française figure la loi du 31 décembre 1975 modifiant le statut de la ville de Paris pour la faire échapper à la tutelle de l'État et lui

1. Charles Pasqua, *Ce que je sais*, t. I, *op. cit.*, p. 57.

donner un maire élu. Le souvenir de la commune avait en effet incité les premiers gouvernants de la IIIe République à exclure la capitale de la loi municipale de 1884 et à la faire administrer par le préfet du département de la Seine. On craignait qu'un maire parisien élu soit un révolutionnaire susceptible, par les pouvoirs considérables de sa fonction, de rivaliser avec un Gouvernement plus modéré. Alors que Jacques Chirac, attaché à une certaine tradition gaulliste de centralisation, a déconseillé au chef de l'État de s'aventurer sur ce terrain sensible, Valéry Giscard d'Estaing, bien décidé à moderniser le fonctionnement politique du pays dans un sens libéral et décentralisateur, a tenu bon. Par ailleurs, si la capitale compte des gaullistes influents (Pierre Bas, Gabriel Kaspereit, Pierre-Charles Krieg, Christian de La Malène…), la perspective d'une victoire RI locale à ces municipales semble probable puisque la ville avait voté pour Giscard d'Estaing à 56,9 % lors de la présidentielle de 1974. C'est donc, de manière paradoxale, en profitant d'une loi qu'il a combattue et au terme d'un pari politique très risqué que Jacques Chirac se relance politiquement dans la capitale à l'occasion des municipales de mars 1977.

Un accord de principe a été trouvé en 1976 entre Jacques Chirac et Valéry Giscard d'Estaing : le maire serait un RI (« pour la mairie de Paris, c'est à vous de désigner le candidat, c'est votre réforme ») mais l'adjoint aux finances et le président de région seraient gaullistes[1]. Lorsqu'il s'agit de déterminer qui sera le candidat de la majorité aux municipales à Paris, Valéry Giscard d'Estaing hésite entre deux prétendants : Jacques Dominati et Pierre-Christian Taittinger. Le premier, député de la 2e circonscription de Paris depuis 1967, est un ancien soustellien qui a participé à la fondation des RI dont il assure alors le secrétariat général. Le second, ancien président du conseil municipal de Paris en 1962-1963 (tout comme son père avant-guerre) et sénateur de la capitale depuis 1968, siège au Gouvernement depuis août 1976 comme secrétaire d'État aux Affaires étrangères (il est le frère de Jean Taittinger, député-maire UDR de Reims et ministre de la Justice en 1973-1974). Les deux sont des giscardiens fidèles et des élus parisiens renommés. *A priori*, Pierre-Christian Taittinger devrait obtenir l'investiture car un accord sur son nom a été conclu entre l'UDR parisienne et les RI de la capitale. En tant qu'ancien secrétaire d'État aux

---

1. Georges Valance, *Valéry Giscard d'Estaing*, *op. cit.* Jean Bothorel, *Un si jeune président*, *op. cit.*, p. 270.

Collectivités locales de janvier à août 1976, il a pu travailler sur les textes d'application du nouveau statut de la ville.

Mais le chef de l'État revient sur cette décision, sans doute sous l'influence de Michel Poniatowski qui souhaite « dératiser Paris des gaullistes » avec lesquels Pierre-Christian Taittinger a le tort de bien s'entendre. Le soutien de Jacques Chirac lui est fatal lorsque les rapports se tendent entre le chef d'État et l'ancien Premier ministre. Au demeurant, son sort semble avoir été scellé dès la fin de l'été puisqu'au moment de la composition du premier gouvernement Barre, Valéry Giscard d'Estaing refuse qu'il reste aux Collectivités locales, estimant qu'il « ne fera pas l'affaire pour Paris[1] ». Jacques Dominati tient donc la corde mais bientôt les trois ministres d'État (Michel Poniatowski, Olivier Guichard et Michel Durafour) font comprendre au président que Paris mérite un candidat plus prestigieux. Les gaullistes parisiens ne veulent pas, de toute façon, du secrétaire général des RI, véritable épouvantail pour le parti gaulliste. Olivier Guichard, qui entend préserver la cohésion de la majorité et pense naïvement pouvoir orienter le choix élyséen, songe à Roger Frey, gaulliste certes mais bien vu par la présidence, avant d'y renoncer. Puis, le nom de Simone Veil est avancé. La ministre, jeune, appréciée par une majeure partie de la population parisienne pour ses positions modernes et réformatrices, semble constituer une candidate idéale. À la fin de la première semaine de novembre, Olivier Guichard réunit quatre responsables des formations de la majorité pour débattre du sujet. Tous, y compris Yves Guéna, se rangent derrière la ministre de la Santé, sauf le RI Roger Chinaud qui défend la candidature de Michel d'Ornano.

Le nom du député-maire RI de Deauville et du président du conseil général du Calvados n'est pas avancé par hasard. Celui qui dirigea la campagne de Valéry Giscard d'Estaing lors de la présidentielle de 1974 est un intime du chef de l'État (au point d'être un des rares à le tutoyer) avec lequel il participa lui aussi à la fondation de la FNRI en 1966. Tout début novembre, Valéry Giscard d'Estaing, après avoir envisagé un temps l'hypothèse Poniatowski, opte pour son ami normand. La chose est entendue lors d'une réunion à l'Élysée, le 2 novembre, juste après l'appel d'Égletons et avant le lancement du RPR, en présence du conseiller

1. *Ibid.*

Jean Sérisé et de plusieurs ministres et figures RI (Christian Bonnet, Roger Chinaud, Jean-Pierre Fourcade, Michel Poniatowski…). Une fois de plus, Olivier Guichard, qui continue alors ses tractations en toute ignorance des vues élyséennes, est tenu à l'écart des décisions importantes au sein de la majorité. Le choix de Michel d'Ornano devient officiel le 12 novembre, lorsqu'à l'issue d'un entretien avec le président, l'intéressé prend la parole sur le perron de l'Élysée pour annoncer, selon une formulation indiquant bien qui pilote vraiment l'opération, qu'il a été « pressenti pour conduire les listes de la majorité présidentielle[1] ». La promotion de Michel d'Ornano, RI et étranger à la capitale (même si celle-ci compte un boulevard portant le nom de sa famille), est inacceptable pour l'UDR parisienne. Celle-ci décide, en réaction, et avec l'accord du tandem Chirac-Pasqua, de présenter le même jour la candidature de Christian de La Malène, député de la capitale depuis 1958 et proche de Michel Debré. Le lendemain, Jacques Chirac, profitant des maladresses de communication du clan adverse, revient à la charge et s'offre le luxe d'une leçon de démocratie politique : « On n'engage pas le président de la République par un bavardage de perron… Un maire n'est pas désigné par le pouvoir exécutif mais élu par les conseillers municipaux… Nous saurons quel sera le futur maire de Paris lorsque les conseillers qui auront été élus au conseil municipal l'auront à leur tour élu[2]. »

Début janvier 1977, Michel d'Ornano, sûr de ses appuis élyséens, annonce simultanément sa propre candidature contre Bernard Lafay, représentant du RPR dans le 17e arrondissement, et celle de Françoise Giroud, secrétaire d'État à la Culture contre Nicole de Hautecloque. Avant d'ajouter qu'il représente le seul rempart contre une victoire de la gauche à Paris. Le 15 janvier, Jacques Chirac, Marie-France Garaud, Pierre Juillet et Charles Pasqua se réunissent rue de Vaneau pour organiser la riposte. Pierre Juillet tente de convaincre Jacques Chirac de se présenter à la mairie de Paris. L'intéressé, qui a plutôt envisagé de succéder à Charles Spinasse à Égletons pour consolider son implantation corrézienne, hésite[3]. Repris en main par l'énergique Marie-France Garaud, il finit par céder. Le 19 janvier, il fait donc part de ses intentions à Raymond Barre qui, abasourdi par cette nouvelle stupéfiante,

1. *Le Monde*, 13 novembre 1976.
2. *Le Monde*, 14 janvier 1977.
3. Charles Pasqua, *Ce que je sais*, t. I, *op. cit.*, p. 60.

en oublie de raccompagner son visiteur à la porte de Matignon comme le veut l'usage. Informé à son tour de cette initiative audacieuse, Valéry Giscard d'Estaing est déstabilisé. Il lui faut trouver une sortie de crise. Raymond Barre suggère à Jacques Chirac et à Michel d'Ornano de se retirer de la campagne au profit d'une candidature de compromis, un troisième homme qui pourrait être Edgar Faure. Mais Lucie Faure, l'épouse du président de l'Assemblée, s'y oppose et de toute façon, Jacques Chirac, désormais bien décidé à aller jusqu'au bout, donne une fin de non-recevoir à cette diplomatie de coulisse. Quelque temps après l'approbation parlementaire de la réforme du statut de Paris, Michel Debré avait eu cette remarque prophétique : « Ou bien le maire de Paris est un adversaire du Gouvernement, et quelle force il a ! Ou bien c'est un ami du Gouvernement, et quel rival il devient[1] ! » La campagne de Paris est en train de lui donner raison.

Jacques Chirac convoque les journalistes le 19 janvier, dans son bureau du palais Bourbon, pour officialiser sa candidature. Sur TF1, il reprend les éléments de langage du lyrique communiqué diffusé par la direction du RPR : « À Paris, l'heure n'est plus aux négociations de couloirs ni aux compromis de partis. En conséquence, j'ai décidé de me présenter à Paris […], je viens dans la capitale de la France parce que, dans notre histoire, depuis la Révolution de 1789, chaque fois que Paris est tombée, la France a été vaincue. » Pour la première fois depuis sa démission de Matignon, Jacques Chirac croise le fer avec le président. Ce dernier a beau déplorer publiquement, à l'issue d'un conseil des ministres, le 25 janvier, « les conditions dans lesquelles s'engage à Paris la campagne municipale », il a désormais perdu l'initiative. Pour déterminer l'arrondissement dans lequel le champion du RPR se présentera, une petite équipe de gaullistes parisiens est sollicitée autour de Christian de La Malène, Roger Romani et Jean Tiberi. Avec l'accord de Pierre Juillet qui suit de près la composition des listes RPR, le choix se fixe sur le 5e arrondissement, bastion gaulliste que contrôle Jean Tiberi depuis 1968, date à laquelle il est devenu député de la 3e circonscription. Bien décidé à renouveler l'exploit du RPF qui, lors des municipales d'octobre 1947, avait obtenu 35 % des voix dans la capitale et envoyé Pierre de Gaulle présider le conseil municipal, Jacques Chirac s'engage avec énergie dans la campagne, y démontrant sur le

1. *Le Monde*, 21 janvier 1977.

terrain de vraies qualités : charisme, sens du contact et dynamisme. Il comprend de fait l'enjeu profond de ces municipales : la mairie de Paris et ses 7 milliards de francs de budget constitueraient une prise de taille, capable de faire du prochain maire gaulliste de la capitale un puissant rival à droite du président.

Rapidement, Valéry Giscard d'Estaing saisit que la partie est perdue. La lecture des estimations fournies par son spécialiste des sondages, Michel Pinton, ne laisse plus de place au doute. Le président a sous-estimé les particularités de l'élection parisienne éclatée en autant de petits scrutins d'arrondissements où joue la solide implantation des gaullistes locaux. À l'arrivée, Jacques Chirac s'impose largement à Paris avec 54 sièges tandis que Michel d'Ornano doit se contenter de 15 sièges (lui-même étant battu dans le 17e arrondissement). Ces municipales se traduisent à l'échelle nationale par une nette poussée de la gauche, à commencer par le PS qui remporte 35 villes de plus de 30 000 habitants. Pour la première fois depuis le début de la Ve République, la gauche unie a tiré profit de l'effet amplifiant du scrutin majoritaire face à une droite divisée. Charles Pasqua résume la situation d'une formule cinglante : « Chirac gagne à Paris, Giscard perd la France[1]. » La gauche du programme commun semble en mesure de remporter les législatives de l'année suivante.

Valéry Giscard d'Estaing tire les leçons de cette déroute par un remaniement ministériel le 30 mars 1977. Michel Poniatowski, déjà fragilisé par sa gestion calamiteuse de l'enquête policière sur l'assassinat de l'ancien ministre Jean de Broglie le 24 décembre 1974 et jugé par ailleurs responsable de l'échec électoral des municipales par son antigaullisme agressif, est écarté du Gouvernement. Alors que les conseillers élyséens, Jean Sérisé et Yves Cannac, ont exhorté le chef de l'État à ne pas compromettre sa stature présidentielle dans une polémique médiocre avec son ancien Premier ministre, Michel Poniatowski a incité Valéry Giscard d'Estaing à s'engager dans un duel avec Jacques Chirac pour mieux défier le jeune RPR. Il en paie le prix politique. C'est le début d'un déclin politique pour l'ancien ministre de l'Intérieur qui participe en 1978 à la fondation de l'UDF avant de siéger à Bruxelles comme député européen. Pour ne pas donner l'impression de concentrer le tir sur le titulaire

1. Charles Pasqua, *Ce que je sais*, t. I, *op. cit.*, p. 62.

de la place Beauvau, les deux autres ministres d'État (le gaulliste Olivier Guichard et le centriste Jean Lecanuet) font aussi les frais d'un remaniement dont ils deviennent les victimes collatérales. Françoise Giroud est remplacée à la Culture par Michel d'Ornano qui trouve là matière à se consoler. Soucieux de remplacer Olivier Guichard par un autre poids lourd gaulliste, Valéry Giscard d'Estaing se tourne vers Alain Peyrefitte nommé garde des Sceaux avec rang de ministre d'État. En mars 1976, le chef d'État lui a confié la présidence d'un comité chargé d'étudier les formes violentes de la délinquance dans la société française contemporaine, le rapport rendu un an plus tard a marqué l'opinion. Son expertise des questions de sécurité, sa notoriété d'écrivain (*Quand la Chine s'éveillera* en 1973 et *Le Mal français* en 1976), sa longue expérience ministérielle sous le Général puis sous Georges Pompidou, tout comme ses liens distants avec la direction chiraquienne du RPR, incitent le président à se tourner vers lui pour le poste de ministre de la Justice. C'est donc ce Gouvernement remanié qui a pour mission difficile de relancer le giscardisme avant l'échéance des législatives de 1978.

REDRESSEMENT ÉCONOMIQUE ET STABILISATION MONÉTAIRE : L'HÉRITAGE DE RAYMOND BARRE

Annick Steta

Lorsque Valéry Giscard d'Estaing a été élu président de la République, l'économie française n'avait pas encore pleinement ressenti les effets du choc pétrolier de 1973. Deux ans plus tard, la situation est totalement différente. Entré en récession au quatrième trimestre 1974, le pays n'a renoué avec la croissance qu'au second semestre 1975. Le taux d'inflation, mesuré par la variation sur un an de l'indice des prix à la consommation, est passé de 7,38 % en 1973 à 11,69 % en 1975[1]. Surtout, la France commence

1. Source : Banque mondiale.

à faire l'expérience du chômage de masse. Le taux de chômage, qui s'établissait à 2,8 % de la population active en 1973, a atteint 4 % au deuxième trimestre 1976. L'Insee dénombre alors 928 000 demandeurs d'emploi en fin de mois[1]. Le spectre du million de chômeurs est dans tous les esprits.

À l'époque où la France connaissait le plein-emploi, Valéry Giscard d'Estaing avait évoqué la situation économique et politique que créerait une forte hausse du chômage. Dans un contexte marqué par les travaux du Club de Rome, qui conduisait depuis 1968 une réflexion portant sur les limites de la croissance économique[2], celui qui était encore ministre de l'Économie et des Finances avait fait organiser des rencontres internationales sur le thème « Économie et société humaine ». Celles-ci s'étaient tenues à Paris les 20, 21 et 22 juin 1972. Durant le débat sur lequel s'était achevée la première journée de ces rencontres, Giscard s'était étonné que « jusqu'ici et à part une seule intervention, le mot d'emploi n'ait pas été prononcé ». Il avait ensuite, sans le savoir, identifié la priorité qui s'imposerait à lui durant son septennat :

> Imaginons […] que nous ayons, ce qui est toujours possible, une forte crise de chômage au cours des prochaines années, est-ce que, à ce moment-là, toute la discussion sur l'utilité de la croissance ne sera pas balayée en quelques instants et est-ce que le problème du niveau de l'activité et de l'emploi n'apparaîtra pas tout de suite comme l'exigence sociale et humaine la plus immédiate[3] ?

C'est à ce problème que le chef de l'État et ses Gouvernements successifs se sont efforcés de répondre.

---

1. Jean-Pierre Vesperini, *L'Économie de la France sous la Ve République*, Paris, Economica, 1993, p. 170.

2. Fondé en avril 1968, le Club de Rome est une plateforme réunissant des scientifiques, des économistes, des acteurs du monde de l'entreprise et des responsables publics. Cette organisation a pour objectif de réfléchir, dans une perspective de long terme, à des problèmes de nature pluridisciplinaire concernant l'ensemble de la planète. Elle a acquis une notoriété mondiale en commandant en 1970 à une équipe de chercheurs du MIT un rapport portant sur la possibilité d'une croissance exponentielle de la population et de la production dans un contexte de ressources limitées. Ce rapport a été publié en mars 1972 sous le titre *Les Limites à la croissance*. Ses premières conclusions avaient été présentées dès l'été 1971.

3. Rencontres internationales du ministère de l'Économie et des Finances, *Économie et société humaine*, Paris, Denoël, 1972, p. 162.

L'absence d'une majorité parlementaire à sa main constitue la principale limite à l'action du nouveau président de la République. Quand Giscard entre à l'Élysée, il décide de ne pas dissoudre l'Assemblée nationale issue des élections législatives de mars 1973. La FNRI, la formation de centre droit qu'il préside depuis 1966, est en effet loin de disposer du même ancrage local que le parti gaulliste, qui a pris le nom d'Union des démocrates pour la Ve République (UDR) en novembre 1967. Conscient d'avoir été « porté au pouvoir [...] un peu par surprise », Giscard ne veut pas courir le risque de voir sortir des urnes une Assemblée qui lui serait moins favorable[1]. Il lui faut donc composer avec une majorité au sein de laquelle les RI ne constituent qu'une force d'appoint[2]. Minoritaire au sein de la majorité qui le soutient, le président de la République n'a guère d'autre choix que de nommer un membre de l'UDR à Matignon. Aux barons du gaullisme, il préfère Jacques Chirac. Celui-ci a favorisé son élection en lançant le 13 avril 1974 l'« appel des 43 » afin de torpiller la candidature de Jacques Chaban-Delmas[3]. Les gaullistes sont toutefois sous-représentés au sein de ce Gouvernement. Giscard confie la quasi-totalité des postes clés à des proches ou à des personnalités disposant d'une compétence technique[4]. La fonction essentielle de ministre de l'Économie et des Finances, que Giscard a occupée de 1962 à 1966 puis de 1969 à 1974[5], revient à un inspecteur des Finances membre des RI, Jean-Pierre Fourcade. En conséquence, la formulation de la politique économique échappe largement à Chirac : les mesures destinées à enrayer la crise déclenchée par l'effondrement de l'étalon de change-or (*Gold Exchange Standard*) et aggravée par le choc pétrolier de 1973 sont, pour l'essentiel, déterminées à l'Élysée.

---

1. Éric Roussel, *Valéry Giscard d'Estaing*, *op. cit.*, p. 261.
2. Avec 184 sièges, l'UDR représentait la principale force de la majorité de droite issue des élections législatives de 1973. Les Républicains indépendants avaient obtenu 54 sièges. Venait ensuite le Centre démocratie et progrès (CDP) avec 23 sièges.
3. « L'appel des 43 », un manifeste signé par trente-neuf parlementaires, issus pour la plupart de l'UDR, et quatre ministres gaullistes, regrettait la pluralité des candidatures à l'élection présidentielle au sein de la majorité. Ses signataires craignaient en réalité que Jacques Chaban-Delmas ne soit défait au second tour par François Mitterrand. Ils décidèrent donc de fragiliser sa candidature afin de faire monter en puissance celle de VGE.
4. Éric Roussel, *Valéry Giscard d'Estaing*, *op. cit.*, p. 262-263.
5. Il avait été auparavant secrétaire d'État aux Finances de 1959 à 1962.

Chirac, qui a été secrétaire d'État à l'Économie et aux Finances de 1968 à 1971[1], n'accepte pas de gaieté de cœur d'être tenu à distance de la conception de la politique économique, un des principaux leviers de l'action de l'État. Il n'ignore pas par ailleurs que Giscard s'est en partie détaché de l'interventionnisme dans la vie économique qui demeure un des marqueurs du gaullisme. Dans la déclaration de politique générale qu'il a prononcée à l'Assemblée nationale le 5 juin 1974, le Premier ministre a dit son attachement à la planification, qui, selon lui, « doit rester l'outil essentiel de notre développement économique à moyen terme ». Or la libéralisation de l'économie que Giscard veut mettre en œuvre progressivement ne peut que rendre de plus en plus difficile l'exercice de la planification.

Durant les deux premières années du septennat, la politique économique conjoncturelle prend toutefois le pas sur la politique structurelle. Cette dernière se résume alors presque entièrement à l'accélération du programme électronucléaire. Les événements contraignent le président de la République à repousser la réalisation du projet de modernisation de l'économie française qu'il a eu tout le loisir de concevoir quand il était ministre de l'Économie et des Finances. Il est revenu sur les décisions prises pendant cette période lors d'une journée d'études organisée le 4 février 2008 par le centre d'histoire de Sciences-Po et l'Institut pour la démocratie en Europe :

> Il fallait à l'évidence mettre provisoirement au frigidaire les réformes de fond – comme, par exemple, la suppression du contrôle des prix. Notre stratégie ou plutôt notre tactique était en deux temps. […] En premier lieu, nous traitions le problème majeur, c'est-à-dire le risque d'inflation, et nous le faisions par les procédés classiques éprouvés […]. Mais, dans un deuxième temps, annoncé simultanément, nous attendions l'arrivée – « stagflation » oblige – des premiers effets de la récession et nous indiquions qu'on les traiterait, le moment venu, par des incitations ciblées[2].

1. Dans le gouvernement de Maurice Couve de Murville de 1968 à 1969, puis dans le gouvernement de Jacques Chaban-Delmas de 1969 à 1971.

2. « Grand témoin : Valéry Giscard d'Estaing », *in* Serge Bernstein, Jean-Claude Casanova, Jean-François Sirinelli (dir.), *Les Années Giscard. La Politique économique, 1974-1981 : actes de la journée d'études, palais du Luxembourg, Paris, le 4 février 2008*, Paris, Armand Colin, 2009, p. 65.

Ces deux temps correspondent aux deux ensembles de mesures de politique économique conjoncturelle mis en œuvre par le gouvernement de Jacques Chirac : le « plan de refroidissement » annoncé le 12 juin 1974 par Jean-Pierre Fourcade et le plan de relance dont les principaux éléments ont été adoptés en 1975. Au fil des mois, les tensions se multiplient entre Fourcade, qui souhaite lutter sans relâche contre l'inflation, et Chirac, pour lequel il est plus urgent d'endiguer la montée du chômage. Aux yeux du Premier ministre, celle-ci renforce l'opposition de gauche et est lourde de risques politiques[1].

Le coup de force qui a porté Chirac au secrétariat général de l'UDR le 14 décembre 1974 contribue à envenimer les relations entre le président de la République et son Premier ministre. Cette prise de pouvoir à la hussarde s'est faite au détriment d'Olivier Guichard, qui était pressenti pour succéder à Alexandre Sanguinetti à l'échéance normale de son mandat, c'est-à-dire en février 1975. Mais si elle irrite tant nombre de gaullistes, c'est surtout parce qu'elle porte un rude coup à l'esprit de la Constitution de la Ve République. En prenant la tête de la principale force de la majorité, Chirac met à mal la séparation entre le pouvoir exécutif et les partis politiques. Il fragilise par ailleurs la primauté que les institutions confèrent au président. Parfait connaisseur d'une constitution qu'il a minutieusement critiquée dans *Le Coup d'État permanent*[2], François Mitterrand se livre à une analyse implacable de la situation créée par Chirac dans l'édition du magazine *Le Point* datée du 27 janvier 1975 : « Le président de la République n'est plus maître de son choix [...]. La dyarchie récusée dédaigneusement par de Gaulle existe désormais[3]. » Chirac renonce à ses fonctions de secrétaire général de l'UDR en 1976. Mais la fracture au sein de la majorité présidentielle est désormais béante. Giscard, qui a perdu toute confiance en Chirac, s'emploie à le marginaliser. Le président définit les orientations de la politique gouvernementale et réduit davantage encore la marge de manœuvre de son Premier ministre. Le 26 juillet, Chirac fait parvenir à Giscard une lettre de démission par laquelle il prend acte d'un désaccord portant sur les moyens dévolus au chef du Gouvernement. Le président, qui cherchait de

---

1. Éric Roussel, *Valéry Giscard d'Estaing*, Paris, L'Observatoire, 2018, p. 316.
2. François Mitterrand, *Le Coup d'État permanent*, Paris, Plon, 1964.
3. Cité par Éric Roussel, *Valéry Giscard d'Estaing*, *op. cit.*, p. 297.

longue date le moyen de se séparer d'un Premier ministre avec lequel il ne s'était jamais entendu, accepte sa démission mais exprime le souhait que celle-ci soit rendue publique après les vacances d'été. Le 25 août 1976, c'est chose faite[1].

Après le départ de Jacques Chirac, Valéry Giscard d'Estaing fait entrer Raymond Barre à Matignon. Il a rencontré ce professeur des universités en sciences économiques quand celui-ci était directeur de cabinet de Jean-Marcel Jeanneney, ministre de l'Industrie de 1959 à 1962. Durant cette période, Barre a assuré le suivi des premières mesures d'application concrète du traité instituant la CECA ainsi que du traité créant la CEE[2]. Il a également supervisé avec le directeur des Mines les études qui aboutiront au premier plan de réduction de la production nationale de charbon. Le coût du charbon extrait des mines françaises étant devenu nettement supérieur à celui du charbon importé, Jeanneney avait en effet décidé de diminuer le volume de la production nationale et de fermer progressivement les sites les moins rentables[3]. Au terme de ce passage en cabinet ministériel, Barre a repris ses activités universitaires. En parallèle, il a mené à bien plusieurs missions de réflexion à la demande du Gouvernement. Le général de Gaulle recommande en juillet 1967 sa candidature au poste de commissaire européen aux Affaires économiques et financières. Le 21 juillet 1967, Barre succède ainsi à Robert Marjolin à la vice-présidence de la Commission européenne. Il occupe ce poste jusqu'en janvier 1973. Durant son mandat, il plaide en faveur de la création d'une union économique et monétaire entre les six États fondateurs de la CEE. Un premier « plan Barre », datant de février 1969, sert de base de travail au sommet de La Haye des 1er et 2 décembre 1969. Lors de ce sommet, les chefs d'État et de Gouvernement des pays membres de la CEE décident de confier la réflexion relative à la préparation de l'union économique et monétaire à un comité d'experts présidé par le Premier ministre du Luxembourg, Pierre Werner. Le rapport Werner, présenté le 8 octobre 1970 à la Commission européenne et aux Gouvernements des États membres, retient le principe d'une progression parallèle de l'union monétaire et de l'union économique. Il rejoint ainsi les préconisations du

1. *Ibid.*, p. 361-362.
2. Christiane Rimbaud, *Raymond Barre*, Paris, Perrin, 2015, p. 90.
3. *Ibid.*, p. 76-77.

second « plan Barre », rendu public en mars 1970, selon lequel l'union économique et monétaire devrait résulter d'un processus de convergence des économies nationales, d'harmonisation des politiques fiscales et de réduction des marges de fluctuation entre les monnaies des pays membres.

La poursuite de l'intégration européenne et la marche vers l'union économique et monétaire constituent les principaux fils conducteurs de la présidence de Valéry Giscard d'Estaing. C'est à Raymond Barre qu'échoit la responsabilité de formuler une politique économique cohérente avec ces objectifs. Le président de la République, qui n'avait jamais cessé de chercher une alternative à Jacques Chirac, l'avait nommé ministre du Commerce extérieur le 12 janvier 1976. Au terme de cette période de probation, il est convaincu que Barre est l'antithèse de Chirac : un technicien rigoureux, dépourvu de poids politique personnel, qui remplira la mission confiée par le chef de l'État mais ne s'affirmera pas comme un rival. Le 25 août au soir, lors d'une émission télévisée durant laquelle il répond aux questions de deux journalistes, Valéry Giscard d'Estaing clôt la séquence qui a conduit Jacques Chirac à présenter sa démission en rappelant qu'« un transfert de responsabilités du président de la République vers le Premier ministre serait fondamentalement contraire aux institutions de la Ve République ». Il précise ensuite que Raymond Barre « [lui] semble être l'homme public le plus apte à résoudre le problème le plus important pour la France, à l'heure actuelle, qui est celui de la lutte contre l'inflation ». « Monsieur Barre, ajoute-t-il, est sans doute le meilleur économiste français, en tout cas l'un des tout premiers. » Giscard, qui est généralement avare de compliments, n'hésite pas à exalter les qualités du nouveau Premier ministre pour faire pâlir l'aura de son prédécesseur. En réalité, Barre n'appartient pas au petit cercle des économistes français dont les travaux de recherche font progresser une discipline alors en pleine expansion. Il ne dispose pas d'une autorité intellectuelle comparable à celle de Maurice Allais, Gérard Debreu ou Edmond Malinvaud. Mais il est un excellent professeur d'économie. Les deux volumes du manuel d'économie politique qu'il a publiés en 1955 et 1956 sont considérés comme des ouvrages de référence[1]. Ils ont accompagné la création, en 1959, d'une licence de sciences économiques au sein

1. Raymond Barre, *Économie politique*, Paris, PUF, coll. « Thémis », t. I et II, 1956.

des facultés de droit et de sciences économiques qui a constitué une étape déterminante dans le processus d'autonomisation de cette discipline. Ce processus a débouché, après l'adoption de la loi d'orientation de l'enseignement supérieur du 12 novembre 1968, sur la multiplication des unités d'enseignement et de recherche (UER) de sciences économiques.

Le président de la République parie sur les talents de pédagogue de Raymond Barre : il compte sur lui pour expliquer aux Français la situation économique dans laquelle se trouve le pays ainsi que les réformes mises en œuvre afin d'y répondre. Il entend aussi s'appuyer sur la parfaite connaissance des arcanes de la CEE acquise par son nouveau Premier ministre lorsqu'il était vice-président de la Commission européenne. De manière à renforcer l'autorité de Barre sur le Gouvernement et à souligner l'importance de la mission qui lui est confiée, Giscard lui demande de cumuler les fonctions de Premier ministre avec celles de ministre de l'Économie et des Finances. Un tel cumul, observé à plusieurs reprises sous la IIIe et la IVe République, est resté inédit depuis l'entrée en vigueur de la Constitution de 1958. Au moment où il entre à Matignon, Barre dispose donc de la plénitude du pouvoir en matière de formulation de la politique économique. La tâche qui lui est confiée est immense. Selon Jacques de Larosière, qui a été directeur du Trésor de juin 1974 à septembre 1978, « il fallait gérer l'après première crise pétrolière de 1974, il fallait faire face à l'inflation qu'avaient exacerbée à la fois la crise pétrolière mais aussi la politique de relance de 1974-1975, il fallait rétablir les finances publiques, il fallait aider des entreprises françaises très fragilisées par l'évolution du monde[1] ».

Quelques jours avant le premier tour de l'élection présidentielle de 1974, Raymond Barre avait publié dans l'hebdomadaire économique *La Vie française* un article dans lequel il analysait la situation économique du pays :

> Cette situation n'appelle pas de dramatisation excessive, mais ne justifie pas un optimisme commandé. Elle exige seulement une action sérieuse et continue qui pourra utiliser des techniques diverses et les combiner de différentes façons, mais qui devra répondre à trois orientations : une plus grande austérité pour la nation ; une

1. Jacques de Larosière, Canal Académies, 21 janvier 2008.

gestion plus stricte du crédit et des finances publiques ; une répartition équitable des sacrifices à consentir[1].

Il trouve son inspiration dans le plan Pinay-Rueff de 1958, qui visait à redresser les finances publiques et à rétablir l'équilibre de la balance des paiements tout en luttant contre l'inflation. Lorsqu'il dirigeait le cabinet de Jean-Marcel Jeanneney, il a pu observer les premiers résultats produits par ce plan de redressement : l'économie française a bénéficié d'une période alliant croissance du PIB et stabilité des prix. C'est une politique d'essence comparable que le gouvernement français adopte sous son autorité.

Le nouveau Premier ministre met en œuvre à partir de septembre 1976 un ensemble de mesures visant à maîtriser l'inflation et à revenir à l'équilibre budgétaire. La priorité absolue du plan qu'il soumet le 22 septembre au Conseil des ministres et qu'il présente le soir même à la télévision consiste à s'« attaquer aux causes profondes du dérèglement inflationniste[2] ». Le « plan Barre » comprend une disposition d'urgence étrangère au libéralisme économique dont se réclame le Premier ministre : le blocage des prix au niveau atteint le 15 septembre pour une durée fixée à un peu plus de trois mois[3]. Cette mesure, qui a pour objectif de modifier les anticipations d'inflation des agents économiques, devra faire place aussi rapidement que possible à la poursuite du processus de libération des prix. Après l'expiration de cette période de trois mois, l'effet du blocage des prix sera consolidé le 1er janvier 1977 par une réduction du taux normal de la TVA, qui passera de 20 à 17,6 %. Cette réduction s'appliquera à l'essentiel des produits fabriqués par l'industrie et à une partie des prestations de services. Les commerçants devront faire bénéficier les consommateurs de cet allègement de la fiscalité en diminuant de 2 % leurs prix de vente au détail. L'État impose au secteur public une norme de hausse des prix de 6,5 % en 1977 et s'efforcera de faire respecter cette même norme par le secteur privé. Le « plan Barre » repose également sur le ralentissement de la hausse des salaires. Le Gouvernement demande aux entreprises du secteur public et du secteur

---

1. Christiane Rimbaud, *Raymond Barre*, *op. cit.*, p. 151-152.
2. *Ibid.*, p. 213.
3. Ce blocage ne concernait ni les prix des produits de la sidérurgie ni les prix agricoles fixés par la Commission européenne dans le cadre de la PAC.

privé de respecter le principe du maintien du pouvoir d'achat[1]. Aucune augmentation n'est autorisée pour les salaires supérieurs à 24 000 francs par mois. Ceux compris entre 18 000 et 24 000 francs par mois ne pourront augmenter que de la moitié de la hausse du niveau général des prix. Seules les rémunérations les plus faibles – notamment celles des travailleurs percevant le Smic – pourront augmenter en termes réels en 1977. Les mesures ayant trait aux prix et aux salaires ont été remarquablement observées en 1977. Durant les neuf premiers mois de l'année, seule une minorité d'entreprises ne se sont pas conformées aux réductions de prix demandées par le Gouvernement. La hausse des salaires a quant à elle marqué le pas[2].

De façon à compenser les pertes de recettes fiscales dues à la diminution du taux normal de la TVA, évaluées à 8,7 milliards de francs, ainsi que les dépenses supplémentaires de 6 milliards de francs liées à l'indemnisation des agriculteurs victimes de la sécheresse historique de 1976, le Premier ministre décide de procéder à des hausses d'impôt. L'impôt sur le revenu des personnes physiques dû au titre des revenus de 1975 est majoré de 4 % pour les contribuables dont l'impôt est compris entre 4 500 et 20 000 francs et de 8 % pour ceux dont l'impôt excède 20 000 francs. Cette majoration n'est pas applicable aux contribuables qui apporteront la justification que leur revenu de 1976 est inférieur d'au moins un tiers à celui de 1975 en raison de la perte de leur emploi ou d'un départ à la retraite. Elle est réduite de moitié pour les conjoints survivants de contribuables décédés postérieurement au 1er juillet 1975[3]. Les contribuables peuvent s'acquitter de cette majoration en souscrivant à un emprunt d'État à cinq ans portant intérêt à 6,5 %. Ceux payant plus de 20 000 francs d'impôt sur le revenu ne pourront souscrire à l'emprunt qu'à hauteur de la moitié de la majoration dont ils sont redevables[4]. Les exploitants agricoles dont les recettes ont excédé 800 000 francs pour

---

1. Il dénonce pour ce faire les accords salariaux conclus dans le secteur public entre 1970 et 1972 qui prévoyaient des hausses automatiques de pouvoir d'achat. L'accord salarial en vigueur au sein d'EDF prévoyait par exemple une augmentation annuelle de 2 % du pouvoir d'achat. Voir sur ce point Christiane Rimbaud, *Raymond Barre*, *op. cit.*, p. 215-216.

2. Alain Bienaymé, « La politique des revenus en France », *Revue économique*, vol. 30, n° 1, 1979, p. 176.

3. Article 1er de la loi de finances rectificative du 29 octobre 1976.

4. Christiane Rimbaud, *Raymond Barre*, *op. cit.*, p. 215.

le total des années 1974 et 1975 ainsi que les personnes morales passibles de l'impôt sur les sociétés sont eux aussi assujettis à une contribution exceptionnelle[1]. L'État augmente enfin le tarif de la vignette automobile[2] ainsi que les taxes portant sur les alcools et les carburants.

Avant même d'entrer à Matignon, Barre avait souligné, à l'occasion d'un entretien publié le 26 juillet 1976 dans le magazine *L'Express*, les limites des politiques conjoncturelles de lutte contre l'inflation. Pour lui, celles-ci « n'auront toujours que des effets partiels et limités dans le temps, si elles ne sont pas accompagnées de politiques à plus long terme tendant à réformer patiemment et fermement les structures de l'économie française[3] ». C'est à cette tâche que s'attelle le Premier ministre après avoir fait adopter un premier train de mesures destiné à « casser » l'inflation. Il s'appuie pour formuler sa politique économique sur ceux qu'il appelle affectueusement ses « trois mousquetaires », qui, comme dans le roman d'Alexandre Dumas, sont quatre : le gouverneur de la Banque de France, Bernard Clappier[4] ; le directeur du Trésor, Jacques de Larosière ; le directeur du Budget, Paul Deroche[5] ; et le directeur des Prix, Claude Villain[6]. Jacques de Larosière, qui participait aux réunions hebdomadaires de ce petit groupe de travail, a été très marqué par la capacité du Premier ministre à intégrer un sujet dans une vue plus large des choses et à « imprimer de la cohérence à l'action pragmatique[7] ». Barre, souligne-t-il, « n'était pas homme à s'engouffrer dans la première "bonne idée" qui circulait. Avec lui, il fallait réfléchir, rationaliser, démontrer[8] ».

La cohérence est en effet la marque de la politique monétaire, de la politique budgétaire et des politiques structurelles mises en œuvre sous l'autorité de Raymond Barre jusqu'au début des

1. Articles 2 et 3 de la loi de finances rectificative du 29 octobre 1976.

2. Créée en 1956, la vignette automobile était une taxe annuelle sur les véhicules en circulation. Elle a été supprimée en 2000 pour les véhicules particuliers et en 2006 pour les véhicules professionnels.

3. Christiane Rimbaud, *Raymond Barre*, *op. cit.*, p. 165.

4. Bernard Clappier a été gouverneur de la Banque de France de 1974 à 1979.

5. Paul Deroche est mort brutalement le 1er janvier 1979 à l'âge de quarante-sept ans.

6. Claude Villain a été directeur général des Prix au ministère de l'Économie et des Finances de 1974 à 1978.

7. Jacques de Larosière, Canal Académies, 21 janvier 2008.

8. Jacques de Larosière, *Cinquante Ans de crises financières*, Paris, Odile Jacob, 2016, p. 94.

années 1980. La politique monétaire menée de 1977 à 1980 est légèrement restrictive. Elle cherche à faire en sorte que le taux de croissance de la masse monétaire appréhendée par l'agrégat M2[1] soit inférieur au taux de croissance prévu du PIB en valeur[2]. L'encadrement du crédit devient lui aussi plus rigoureux à partir de la fin de 1976. Le taux de croissance autorisé des crédits soumis au régime de l'encadrement passe de 5 % par an en 1977 et 1978 à 4 % en 1979 et 3,5 % en 1980. Une part croissante des crédits non encadrés, dont le volume augmentait fortement, est intégrée au régime de l'encadrement[3]. La réglementation des réserves obligatoires[4] est également durcie. En parallèle, le Gouvernement procède en septembre 1976 à une hausse du taux d'escompte destinée à accroître le différentiel entre les taux d'intérêt français et étranger. Cette hausse contribue à enrayer la dépréciation du franc observée depuis la sortie de la monnaie nationale du serpent européen, annoncée le 14 mars 1976. De 1977 au tout début de 1981, le différentiel entre les taux nominaux du marché monétaire français et allemand demeure positif. Il se réduit à mesure qu'est restaurée la confiance en la monnaie française, jusqu'à devenir négatif en mars 1981 : le taux du marché monétaire s'élève alors à 11,72 % en France contre 11,97 % en RFA[5].

La politique de stabilisation monétaire menée par le gouvernement Barre est renforcée par une politique budgétaire rigoureuse. Le principal objectif de cette politique consiste à réduire autant que possible le déficit budgétaire. De 1976 à 1979, le taux de croissance des dépenses budgétaires est resté inférieur à celui des recettes. Cet effort a permis de réduire le déficit budgétaire de 37,33 milliards de francs en 1975 à 22,64 milliards en 1976, puis de le stabiliser autour de 25 milliards de 1977 à 1979. Il s'est traduit par une diminution du solde d'exécution des lois de finances

---

1. L'agrégat M2 comprend les pièces de monnaie et billets de banque en circulation, les dépôts à vue, les dépôts à terme d'une durée inférieure ou égale à deux ans, et les dépôts avec préavis dont l'échéance est inférieure ou égale à trois mois.

2. Jean-Pierre Vesperini, *L'Économie de la France sous la Ve République*, *op. cit.*, p. 179-180.

3. *Ibid.*, p. 183.

4. Les établissements de crédit sont assujettis à la constitution de réserves obligatoires sur des comptes ouverts auprès de la Banque de France.

5. Jean-Pierre Vesperini, *L'Économie de la France sous la Ve République*, *op. cit.*, p. 186-188.

rapporté au PIB : celui-ci est passé de 2,9 % en 1975 à 1,1 % en 1976 et 1977, puis à 1,2 % en 1978 et 1979[1].

La politique de l'emploi menée durant les premières années de la présidence de Valéry Giscard d'Estaing témoigne de la difficulté à appréhender le phénomène nouveau qu'est le chômage de masse. L'analyse erronée selon laquelle la hausse spectaculaire du prix du pétrole était conjoncturelle à la guerre du Kippour conduit les responsables publics à considérer la montée du chômage comme un phénomène temporaire. Or le nombre de demandeurs d'emploi franchit la barre symbolique du million en février 1977[2]. D'autres indicateurs contribuent à changer peu à peu le regard porté par les Gouvernements successifs sur la crise de l'emploi : la difficulté grandissante des jeunes à trouver un premier poste, l'augmentation du chômage de longue durée, mais aussi la progression des licenciements de cadres[3].

Pour tenter d'endiguer la montée du chômage, Raymond Barre entreprend de faire diminuer le coût du travail. La politique de modération salariale qu'il met en œuvre après son entrée à Matignon est renforcée au fil du temps par d'autres mesures. En avril 1977, le Gouvernement présente un pacte national pour l'emploi. Ce pacte comporte notamment des aides à l'embauche, à l'apprentissage et à la formation professionnelle des jeunes de moins de vingt-cinq ans. Parmi ces aides figure une exonération du paiement de la part patronale des cotisations de Sécurité sociale jusqu'au 1er juillet 1978 pour les entreprises qui offriront un premier emploi à un jeune d'ici au 31 décembre 1977. Le montant de cette exonération représente en moyenne 35 % du salaire[4]. Entrées en vigueur en juillet 1977[5], ces mesures seront reconduites en 1978 avant d'être étendues en 1979 aux femmes seules[6] ayant au moins un enfant à charge[7].

---

1. *Ibid.*, p. 188-190.
2. Gilles Richard, « Du travail à l'emploi. Une nouvelle approche du monde du travail à l'ère du chômage de masse, 1974-1981 », *in* Serge Bernstein, Jean-Claude Casanova, Jean-François Sirinelli (dir.), *Les Années Giscard*, *op. cit.*, p. 147.
3. *Ibid.*, p. 151.
4. « Le "pacte national pour l'emploi" présenté par M. Barre coûtera 4 milliards », *Le Monde*, 27 avril 1977, p. 1.
5. Loi n° 77-704 du 5 juillet 1977 portant diverses mesures en faveur de l'emploi des jeunes.
6. Sont concernées les femmes célibataires, veuves, ou divorcées depuis moins de deux ans.
7. Jean-Pierre Vesperini, *L'Économie de la France sous la Ve République*, *op. cit.*, p. 197.

La gestion de la population active joue un rôle marginal dans la politique de l'emploi. Le gouvernement Barre encourage l'adoption, le 13 juin 1977, d'un accord interprofessionnel étendant aux salariés démissionnaires de plus de soixante ans le bénéfice de la garantie de ressources déjà reconnu aux salariés licenciés pour motif économique après cet âge : 70 % de leur salaire brut, soit 80 % de leur salaire net. Cet accord est agréé par le ministre du Travail le 9 juillet suivant[1]. Le Gouvernement cherche par ailleurs à inciter les travailleurs étrangers à quitter le territoire français. Le 26 avril 1977, le Premier ministre annonce devant l'Assemblée nationale qu'une prime de 10 000 francs sera attribuée à tout chômeur étranger acceptant de restituer ses cartes de séjour et de travail et s'engageant à quitter le pays. Son Gouvernement limite par ailleurs pour une période de trois ans le champ du regroupement familial. Un décret du 29 avril 1976 permettait aux membres de la famille d'un travailleur étranger séjournant régulièrement en France de le rejoindre. Ces dispositions sont suspendues par un décret du 10 novembre 1977, qui réserve le droit au regroupement familial aux seuls membres de la famille d'un ressortissant étranger ne demandant pas l'accès au marché du travail. Ce décret a pour effet d'interdire aux membres de la famille d'un étranger en situation régulière de venir en France à moins qu'ils ne renoncent à occuper un emploi. Il est attaqué par le Groupement d'information et de soutien des immigrés (Gisti), la CFDT et la CGT. Le 8 décembre 1978, le Conseil d'État l'annule au motif que les étrangers vivant régulièrement en France ont, comme les citoyens français, le droit de mener une vie familiale normale.

La modération salariale est une des clés de la politique de l'offre que Barre est déterminé à mettre en œuvre. L'objectif prioritaire de cette politique consiste à reconstituer les marges des entreprises afin de relancer l'investissement. Le Gouvernement ne parvient néanmoins pas à enrayer durablement le déclin de l'investissement productif : tombé à 12 % du PIB en 1975, celui-ci frôle les 12,5 % en 1976 avant de chuter sous la barre des 12 % en 1977. En RFA au contraire, la part de l'investissement productif dans le PIB, qui était légèrement supérieure à 12 % en 1974 tandis qu'elle approchait les 13 % en France, progresse tout

1. Jean-Jacques Dupeyroux, « Préretraite ou retraite à soixante ans : les inconséquences du mélange des genres », *Le Monde*, 30 août 1977.

au long des années 1970 jusqu'à atteindre près de 14,5 % en 1980. L'érosion de l'investissement productif dans le secteur privé est en partie compensée par le dynamisme des investissements des grandes entreprises publiques, au premier rang desquelles EDF, la SNCF et les PTT. Durant la présidence de Valéry Giscard d'Estaing, ces entreprises contribuent activement à la modernisation de l'économie française[1]. En parallèle, la compétitivité de l'industrie nationale se dégrade. Les entreprises françaises peinent à répondre à l'intensification de la concurrence en provenance des pays de la CEE comme de certaines économies émergentes. Certes, la France accroît ses parts de marché à l'exportation vis-à-vis de ses principaux partenaires commerciaux, dont la RFA, jusqu'en 1979. Mais elle devient de plus en plus tributaire des excédents commerciaux réalisés par un petit nombre de secteurs d'activité : l'automobile, la construction navale, l'aéronautique et l'armement. Ces trois derniers secteurs, qui opèrent sur des marchés très spécifiques comportant une dimension stratégique, bénéficient de commandes publiques ainsi que de subventions directes ou indirectes[2].

Pendant les dix-huit mois qui suivent l'arrivée de Raymond Barre à Matignon, l'action du Gouvernement se concentre sur la restauration des grands équilibres macroéconomiques. Les premiers résultats obtenus sont prometteurs. Le taux de croissance en glissement annuel[3] du PIB est de 2,4 % au troisième trimestre 1977 et de 3,5 % au troisième trimestre 1978. L'accélération de la croissance résulte en large part de l'augmentation rapide de la production industrielle : le taux de croissance en glissement annuel de la production industrielle passe de 0 % au troisième trimestre 1977 à 2,7 % au troisième trimestre 1978. L'activité est soutenue par la consommation des ménages, qui, après avoir marqué le pas en 1977 avec une hausse limitée à 2,7 %, progresse de 3,7 % en 1978. Quant à l'investissement hors construction résidentielle, il n'augmente que de 0,1 % en 1978 après s'être replié de 2,1 % en 1977. La chute de l'investissement productif

1. Jean-Charles Asselain, « La conduite de la politique économique », *in* Serge Bernstein, Jean-Claude Casanova, Jean-François Sirinelli (dir.), *Les Années Giscard*, *op. cit.*, p. 28-29.

2. *Ibid.*, p. 50.

3. Le taux de croissance sur quatre trimestres, ou taux de croissance en glissement annuel, est obtenu en comparant le niveau du PIB pour un trimestre donné à son niveau au même trimestre de l'année précédente.

Le chef de l'État prévoit en effet de le remanier début 1980 afin de préparer l'élection présidentielle[1]. Formé le 5 avril 1978, le troisième gouvernement Barre se distingue des deux précédents par une évolution des attributions du Premier ministre, qui ne cumule plus ses fonctions avec celles de ministre de l'Économie et des Finances. Ce portefeuille est confié à René Monory. Contrairement à l'écrasante majorité des membres du Gouvernement, Monory est issu du monde de l'entreprise : il a repris le garage de son père, au sein duquel il avait été apprenti, et en a fait une prospère concession automobile et agricole. Selon Jacques Wahl, qui a été secrétaire général de la présidence de la République de novembre 1978 à mai 1981 après avoir été secrétaire général adjoint de juin à novembre 1978, Monory « avait ce toucher politique qui manque souvent à ceux qui sont très compétents en matière technique[2] ». C'est à lui que revient la responsabilité de mettre en œuvre les réformes structurelles nécessaires pour « adapter la France aux nouvelles conditions de l'économie internationale[3] ». Ces réformes s'articulent autour de trois axes : la libération des prix, la restructuration des secteurs industriels en déclin, et la recherche de l'indépendance énergétique à travers la poursuite du programme électronucléaire. Elles porteront la marque de la conception du libéralisme économique affirmée par le Premier ministre à l'occasion d'une interview accordée à Jean Boissonnat en septembre 1978 :

> Si vous entendez par libéralisme économique le contraire du socialisme collectiviste, centralisateur et planificateur, alors je suis libéral. Si vous entendez par libéralisme économique la doctrine du « laissez faire, laissez passer », alors je ne suis certainement pas libéral. Si vous entendez par libéralisme économique la gestion décentralisée d'une économie moderne, qui combine à la fois la liberté, assortie de responsabilités des centres de décision privés, et l'intervention régulatrice de l'État, alors vous pouvez me tenir pour libéral[4].

---

1. Christiane Rimbaud, *Raymond Barre*, *op. cit.*, p. 316-317.
2. Entretien avec Jacques Wahl, 13 janvier 2023.
3. Raymond Barre sur France Inter, 8 juin 1978. Cité *in* Christiane Rimbaud, *Raymond Barre*, *op. cit.*, p. 318.
4. Raymond Barre, entretien avec Jean Boissonnat, *L'Expansion*, septembre 1978. Cité *in* Christiane Rimbaud, *Raymond Barre*, *op. cit.*, p. 47.

Introduit en août 1936 par le Front populaire, le contrôle des prix avait été renforcé pendant la Seconde Guerre mondiale, puis maintenu par les ordonnances du 30 juin 1945. Ce mécanisme contribua à casser la spirale inflationniste à l'œuvre entre 1946 et 1948 : durant cette période, les prix de détail augmentèrent en moyenne de 60 % par an. Il permettait à l'État d'exercer une influence sur la répartition de la valeur ajoutée et de protéger des secteurs d'activité qui auraient périclité s'ils avaient été exposés à la concurrence. Tous les prix étaient sous contrôle : le ministre de l'Économie et des Finances pouvait bloquer certains d'entre eux, limiter leur augmentation, ou lier ces hausses à la réalisation de diverses actions par les entreprises[1]. En bon économiste, Raymond Barre était de longue date conscient des effets pernicieux du contrôle des prix, même s'il admettait qu'il puisse être utilisé pour enrayer l'inflation dans des circonstances exceptionnelles. Il avait d'ailleurs consacré une longue recension à la *Théorie du contrôle des prix* publiée en 1952 par John Kenneth Galbraith[2]. Le Premier ministre a la conviction que la libération des prix fera ralentir l'inflation et améliorera la situation des entreprises les plus compétitives. Il refuse par ailleurs de procéder de façon graduelle : à ses yeux, il faut libérer la quasi-totalité des prix en une seule fois afin d'éviter que l'effet attendu soit minoré par des hausses de prix anticipées[3]. Le soin de mettre en œuvre cette réforme est laissé à René Monory. Celui-ci confie à son directeur de cabinet, Michel Pébereau[4], qu'il a voulu être ministre de l'Économie et des Finances pour libérer les entreprises du contrôle des prix[5]. Un arrêté du 31 mai 1978 supprime le contrôle des prix de la plupart des produits industriels, qui sont soumis à une forte concurrence internationale. Les prix d'un petit nombre de produits restent réglementés : ceux des produits pétroliers, du gaz, de l'électricité, du chauffage urbain, des produits pharmaceutiques remboursables et du papier de presse. À cela s'ajoute une mesure symbolique : un arrêté du 9 août 1978 rétablit la liberté de fixation des prix du pain, de la viennoiserie et de la pâtisserie fraîche. René Monory, qui considère que « les

---

1. Entretien avec Michel Pébereau, 8 décembre 2022.
2. Raymond Barre, « Contrôle des prix et politique économique », *Revue économique*, vol. 4, n° 4, 1953, p. 596-602.
3. Christiane Rimbaud, *Raymond Barre*, *op. cit.*, p. 320.
4. Michel Pébereau a été directeur de cabinet de René Monory de 1978 à 1980.
5. Entretien avec Michel Pébereau, 8 décembre 2022.

conditions d'une concurrence active et d'une bonne information des consommateurs ne sont pas toujours complètement réunies » dans les services et la distribution, reporte la libération des prix dans ces deux secteurs[1]. Il desserre par ailleurs le contrôle des changes en juin 1980. « Le contrôle des changes, rappelle Michel Pébereau, était une gêne pour l'industrie : il limitait sa liberté en matière d'opérations internationales pour certains mouvements de capitaux[2]. » Les dispositions adoptées visent essentiellement à renforcer la compétitivité des entreprises françaises à l'exportation.

L'intensification de la concurrence internationale, qui est principalement due à l'achèvement en 1968 de l'union douanière européenne[3] et à l'abaissement des barrières douanières opéré par les cycles de négociations successifs de l'Accord général sur les tarifs douaniers et le commerce (*General Agreement on Tariffs and Trade* ou GATT), contraint le Gouvernement à étendre son action en matière de politique industrielle. Entre 1973 et 1980, l'industrie française détruit 400 000 emplois alors qu'elle en avait créé 1 million dans les années 1960. Les industries de biens de consommation à haute intensité de main-d'œuvre stagnent ou régressent. C'est le cas du textile, de la chaussure et de la tannerie. Au sein de l'industrie lourde, des surcapacités de production sont apparues dans plusieurs secteurs[4]. La sidérurgie est particulièrement concernée. Comme ses concurrentes, l'industrie française de la fonte, du fer et de l'acier est confrontée à une baisse de la demande en raison de la crise économique provoquée par le choc pétrolier dans les économies avancées. Au moment même où cette crise a débuté, elle mettait en service de nouvelles capacités de production à Fos-sur-Mer et à Dunkerque. Les sociétés concernées se sont considérablement endettées pour financer la construction de ces installations. Le taux d'endettement de la sidérurgie française, qui était de 54,9 % de leur chiffre d'affaires en 1970, atteint 103,9 % en 1976[5]. Ces difficultés conjoncturelles

1. René Monory, interview dans *L'Économie*, 27 août 1979.
2. Entretien avec Michel Pébereau, 8 décembre 2022.
3. Tous les droits et restrictions de douane ont été supprimés entre les six États membres de la CEE le 1er juillet 1968. Un tarif douanier commun remplace les droits de douane nationaux et s'applique aux produits en provenance du reste du monde.
4. Christian Stoffaës, « Les réorientations de la politique industrielle », *Revue d'économie industrielle*, vol. 14, 4e trimestre 1980, p. 219-232.
5. Jacques Malézieux, « Crise et restructuration de la sidérurgie française », *L'Espace géographique*, n° 3, 1980, t. IX, p. 186.

fragilisent une industrie dont la productivité est inférieure à celle de nombre de ses concurrents, dont les produits sont peu valorisés par des traitements spéciaux, et dont une part importante de la production est destinée à l'exportation – ce qui la soumet à une forte concurrence ainsi qu'aux fluctuations des cours des devises. Elle souffre notamment de la concurrence de la sidérurgie italienne, seule au sein de la CECA à avoir vu sa production augmenter depuis 1974. Les producteurs italiens de fonte, de fer et d'acier bénéficient d'une demande intérieure en expansion émanant en partie de l'industrie automobile et des fabricants d'électroménager. Le développement de la sidérurgie italienne est lié à deux phénomènes distincts. La société Italsider, un des groupes publics les plus importants d'Italie à cette époque, réalise depuis des décennies des investissements massifs financés par des crédits d'État. En parallèle, de petits producteurs de la région de Brescia, les « Bresciani », sont parvenus à obtenir des coûts de revient très bas en utilisant des ferrailles de récupération afin de fabriquer des aciers pour béton armé[1]. Leurs « ronds à béton » sont vendus 20 % moins cher que ceux de leurs concurrents français ou allemands[2].

Les Gouvernements qui se succèdent sous la présidence de Valéry Giscard d'Estaing refusent d'apporter un soutien massif et général aux entreprises affectées par le choc pétrolier, la crise économique et les changements structurels à l'œuvre dans différents secteurs industriels. Seul un certain nombre d'entreprises en difficulté bénéficie d'un plan de redressement élaboré par le CIASI, créé en 1974 pour limiter les effets destructeurs du choc pétrolier sur l'industrie française[3]. Les plans de sauvetage comportaient toujours des efforts des banques et des actionnaires, le concours de l'État était limité à un rôle de catalyseur en organisant des plans de sauvetage des entreprises fondamentalement saines connaissant des difficultés de trésorerie. La politique de modération salariale et la libération des prix mises en œuvre sous l'autorité de Raymond Barre ont pour objet d'améliorer la santé financière des entreprises et de soutenir l'autofinancement. Des mesures plus

1. Michel Freyssenet, Catherine Omnès, *La Crise de la sidérurgie française*, Paris, Hatier, 1982, p. 5-7.

2. Robert Solé, « Les étonnantes performances des "Bresciani" », *Le Monde*, 10 octobre 1977.

3. Voir Annick Steta : « Le choc pétrolier et la riposte française ».

spécifiques visent à accroître les fonds propres des entreprises[1]. René Monory est ainsi à l'origine de la loi du 13 juillet 1978 sur l'orientation de l'épargne et le financement des entreprises qui prévoit l'exonération fiscale de l'épargne investie en actions par des particuliers. Ce dispositif est complété par la réforme des Sicav opérée par la loi du 3 janvier 1979, le développement des fonds communs de placement autorisé par la loi du 13 juillet 1979 et la création, en 1980, du Crédit d'équipement des petites et moyennes entreprises (CEPME).

Le cas de la sidérurgie appelle un traitement particulier. Ce secteur d'activité, qui a entamé son déclin au début des années 1960, est une poudrière sociale. Ses effectifs diminuent depuis 1975 : ils sont passés de 157 000 en 1974 à 131 000 en 1978[2]. Les différents plans de sauvegarde engagés à partir de 1966 ont cherché à concilier gains de productivité et protection de l'emploi, ce qui était irréalisable : « Le patronat et l'État se renvoyaient la balle […] tandis que l'industrie s'enfonçait dans la dette[3]. » La restructuration de ce secteur aura un coût très élevé pour les finances publiques et se traduira par des dizaines de milliers de suppressions d'emplois. Celles-ci seront d'autant plus douloureuses qu'elles concerneront le nord de la France et la Lorraine, régions déjà touchées par la crise de l'industrie textile et de l'extraction charbonnière. Barre confie au ministre de l'Industrie, André Giraud, la préparation d'un plan de restructuration de la sidérurgie. L'objectif de ce plan, présenté par Giraud le 9 octobre 1978 devant l'Assemblée nationale, consiste à reconstituer des entreprises suffisamment compétitives pour affronter la concurrence internationale[4]. Pour ce faire, le Gouvernement décide de « convertir en capital les prêts publics dont avait bénéficié la sidérurgie, opération qui résulta dans l'étatisation de fait de cette industrie[5] ». Il regroupe par ailleurs des entreprises autour des deux leaders du secteur, Sacilor et Usinor, et prévoit des fermetures d'usines. La présentation de ce plan sème la consternation dans les régions dont l'activité économique repose sur la sidérurgie. Les salariés des entreprises concernées, qui sont fortement syndiqués,

---

1. Christian Stoffaës, « Les réorientations de la politique industrielle », art. cit., p. 227.
2. Jacques Malézieux, « Crise et restructuration de la sidérurgie française », art. cit., p. 187.
3. Jacques de Larosière, *Cinquante Ans de crises financières*, *op. cit.*, p. 92.
4. Christiane Rimbaud, *Raymond* Barre, *op. cit.*, p. 327.
5. Jacques de Larosière, *Cinquante Ans de crises financières*, *op. cit.*, p. 92.

se mobilisent pour tenter de sauver leurs usines et leurs emplois. Quand Usinor annonce, en décembre 1978, la suppression de près de 20 000 emplois dans les sites de production de Denain et de Longwy, les ouvriers manifestent en masse. Le 19 décembre 1978, 20 000 sidérurgistes battent le pavé à Longwy. Ils sont 80 000 à Metz le 12 janvier 1979. Deux radios pirates, SOS Emploi et Lorraine Cœur d'Acier, sont créées à Longwy pour permettre aux ouvriers de s'exprimer et tenter d'amplifier le mouvement social[1]. Une délégation d'ouvriers et d'habitants de cette ville se rend à Paris le 23 mars 1979 pour prendre part à une manifestation qui rassemble près de 100 000 personnes venues de toute la France afin de défendre la sidérurgie. Pour tenter d'enrayer ce mouvement de contestation, l'État ouvre des négociations avec les entreprises sidérurgiques et les syndicats qui se concluent par la signature, le 24 juillet 1979, d'une convention générale de protection sociale[2]. Celle-ci permet de limiter l'impact du plan de restructuration sur les salariés en associant départs en préretraite, mutations et réductions de la durée du travail. Parallèlement aux dispositions prévues par la convention, une prime de départ volontaire de 50 000 francs s'ajoutant aux différentes indemnités versées en cas de licenciement est proposée aux salariés. L'octroi de ces compensations financières permet d'éteindre la contestation sociale[3]. Mais l'industrie sidérurgique laisse des plaies béantes dans les zones dont elle se retire.

Le gouvernement de Raymond Barre poursuit par ailleurs contre vents et marées le développement du programme nucléaire français. Alors que la perception de l'énergie nucléaire était très largement positive jusqu'au début des années 1970, le vent a commencé à tourner en 1973[4]. Selon Marcel Boiteux, qui a dirigé EDF de 1967 à 1987, l'opposition au nucléaire devenait de plus en plus forte autour des sites choisis pour installer les nouvelles centrales : « Les réunions d'information étaient envahies par des perturbateurs qui empêchaient les orateurs de parler et qui, parfois, terrifiaient les foules. [...] Les épouses des ingénieurs locaux d'EDF trouvaient des petits cercueils dans leur boîte aux lettres le matin, les

1. Radio SOS Emploi a été créée à l'initiative de la CFDT en décembre 1978. Radio Lorraine Cœur d'Acier a été créée par la CGT en mars 1979.
2. Cette convention a été signée par tous les syndicats à l'exception de la CGT.
3. Jacques Malézieux, « Crise et restructuration de la sidérurgie française », art. cit., p. 193-194.
4. Marcel Boiteux, Canal Académies, 31 décembre 2004.

Parisiens impliqués circulaient dans des voitures blindées : c'était la guerre[1]. » Marcel Boiteux lui-même est visé par un attentat qui, le 8 juillet 1977, détruit l'appartement dans lequel il vit avec sa famille[2]. Quelques semaines plus tard, le 31 juillet 1977, une manifestation d'opposants au projet de construction du surgénérateur[3] Superphénix[4] sur le site de Creys-Malville tourne au drame. Un manifestant est tué et une centaine d'autres sont blessés[5]. « Après ces funestes événements, écrit Marcel Boiteux, le président Valéry Giscard d'Estaing fit ce qu'aucun chef d'État occidental n'avait fait, et ne fit jamais : il déclara publiquement que la politique des centrales nucléaires, ce n'était pas la politique d'EDF, c'était celle de la France[6]. » En dépit des oppositions au programme nucléaire, six tranches par an en moyenne sont réalisées chaque année. La part de l'énergie nucléaire dans la consommation totale d'énergie continue de progresser en France : elle passe de 1,9 à 6,7 % entre 1976 et 1980[7].

Valéry Giscard d'Estaing n'a jamais perdu de vue un des objectifs des réformes structurelles engagées sous son autorité : permettre à la France de prendre pleinement part à la construction économique et monétaire européenne. Or le franc n'avait pas réintégré le serpent monétaire européen après l'avoir une nouvelle fois quitté en mars 1976. Entré en vigueur le 24 avril 1972, ce dispositif était destiné à limiter les fluctuations des taux de change entre les pays de la CEE. Le processus d'adhésion du Danemark, de l'Irlande et du Royaume-Uni étant alors en cours, les monnaies de ces trois pays ont rejoint le serpent le 1er mai 1972. Mais les différentiels d'inflation entre les États membres contraignent

1. « Grand témoin : Marcel Boiteux », *in* Serge Berstein, Jean-Claude Casanova, Jean-François Sirinelli (dir.), *Les Années Giscard*, *op. cit.*, p. 93-94.

2. Marcel Boiteux, *Haute Tension*, Paris, Odile Jacob, 1993, p. 91.

3. La surgénération est la capacité d'un réacteur nucléaire à produire plus d'isotopes fissiles qu'il n'en consomme. Cette technologie était considérée depuis la fin des années 1960 comme une filière d'avenir. Elle avait le soutien des partisans des réacteurs à eau ordinaire comme de ceux des réacteurs à l'UNGG. Voir sur ce point Claire Le Renard, « Les débuts du programme électronucléaire français (1945-1974) : de l'exploratoire à l'industriel », *Hérodote*, La Découverte, n° 165, février 2017, p. 60-62.

4. Superphénix était un prototype de réacteur à neutrons rapides à caloporteur sodium.

5. Christiane Rimbaud, *Raymond Barre*, *op. cit.*, p. 335.

6. Marcel Boiteux, *op. cit.*, p. 218.

7. Alain Beltran, « La question énergétique », *in* Serge Berstein, Jean-Claude Casanova, Jean-François Sirinelli (dir.), *Les Années Giscard*, *op. cit.*, p. 79.

plusieurs monnaies à sortir du serpent : la livre irlandaise et la livre sterling dès 1972, la lire italienne en 1973, puis le franc français en 1976. Entre 1976 et 1979, seuls le mark allemand, le florin néerlandais, le franc belgo-luxembourgeois et la couronne danoise y participent[1]. Au printemps 1978, le chancelier allemand Helmut Schmidt, qui cherche à enrayer la hausse du mark provoquée par la dépréciation du dollar, et le président Giscard d'Estaing prennent acte de l'incapacité du président Carter à initier une réforme appropriée du système monétaire international. Tous deux pensent qu'en l'absence d'une telle réforme, l'Europe doit créer un accord monétaire régional « à la Bretton Woods[2] ». Selon Jean-Pierre Ruault, qui a été de 1974 à 1981 le conseiller technique chargé des questions macroéconomiques au secrétariat général de la présidence de la République, « il y avait une amitié et une complicité tout à fait extraordinaires entre Giscard et Schmidt. Ils se téléphonaient tous les jours ou à peu près pour vérifier qu'ils étaient sur la même trajectoire et la même longueur d'onde[3] ». Grâce à leur étroite collaboration, ce qui deviendra le SME est défini dans ses grandes lignes dès juin 1978. Au terme de longues et difficiles négociations, un accord sur le SME, « point de départ, cette fois-ci définitif, de la construction monétaire européenne[4] », est conclu en décembre 1978. Il entre en vigueur le 13 mars 1979. Le SME est inspiré par la volonté d'éviter les dévaluations compétitives. La détermination des parités au moment de la mise en place du système revêt donc une grande importance : « Le franc, rappelle Jacques Wahl, est entré dans le SME dans des conditions jugées favorables[5]. » Les huit pays participants[6] acceptent de contenir les fluctuations des cours de leurs monnaies dans une marge de ± 2,25 % par rapport à un cours pivot. Les parités pouvaient être modifiées de façon concertée en cas de nécessité. Mais comme le souligne Jacques de Larosière, « la question essentielle de l'asymétrie de l'ajustement n'était

---

1. Les couronnes suédoise et norvégienne, qui étaient associées à ce dispositif, le quittèrent respectivement en août 1977 et en décembre 1978.
2. Ivo Maes, Sabine Péters, « Interview of Jacques de Larosière : In Search of a Better World Financial Order », *History of Economic Thought and Policy*, vol. 10, n° 2, 2021, p. 108.
3. Entretien avec Jean-Pierre Ruault, 6 décembre 2022.
4. Entretien avec Michel Pébereau, 8 décembre 2022.
5. Entretien avec Jacques Wahl, 13 janvier 2023.
6. Il s'agit des neuf pays membres de la CEE, moins le Royaume-Uni.

pas vraiment réglée. C'était toujours la monnaie "la plus faible" (celle dont le "cours pivot" s'écartait trop de la moyenne) qui devait seule s'ajuster[1] ».

Tandis que la stabilisation du franc permet à la monnaie nationale d'intégrer le SME, la croissance économique continue d'accélérer. Le taux de croissance en glissement annuel du PIB atteint 4 % au troisième trimestre 1979. L'activité est soutenue par la production industrielle, dont le taux de croissance en glissement annuel s'élève à 8 % au troisième trimestre 1979[2]. Cet élan est brutalement interrompu par le deuxième choc pétrolier. La révolution islamique qui éclate en Iran le 7 janvier 1979 s'achève le 11 février par la prise de pouvoir de l'ayatollah Khomeini. Cette période d'instabilité politique a pour conséquence une chute de la production iranienne de pétrole, qui représente alors 7 % de la production mondiale. La contraction des volumes de pétrole disponibles sur le marché fait craindre de nouvelles ruptures d'approvisionnement. Dans ce contexte, la forte augmentation de la demande, qui est pour partie due à la constitution d'importants stocks de précaution, se traduit par une hausse rapide des prix du brut. Le prix du baril de référence, l'*Arabian Light*, passe de 13,34 dollars en janvier 1979 à 18 dollars en juillet et 24 dollars en novembre[3]. Le prix annuel moyen du baril de pétrole de l'Opep, qui était de 12,79 dollars en 1978, s'élève à 29,19 dollars en 1979. La dépréciation du dollar contribue à la hausse du prix du brut dans cette monnaie. Exprimer le prix du baril en or permet de neutraliser l'impact des fluctuations du cours du dollar et de se placer du point de vue des pays producteurs de pétrole, qui cherchent à préserver leur pouvoir d'achat en or – l'étalon retenu pour libeller les contrats de concession conclus par les compagnies pétrolières internationales et les États du Proche-Orient pendant la première moitié du XXe siècle. Une once d'or équivaut à 14 barils de brut à la fin des années 1970, contre 12 immédiatement après l'abandon du *Gold Exchange Standard* et 12,8 début 1974[4].

Sous l'effet de la hausse du prix du pétrole, le taux de croissance de l'économie française marque le pas : il n'atteint que 1,6 %

1. Jacques de Larosière, *Cinquante Ans de crises financières*, *op. cit.*, p. 87.
2. Jean-Pierre Vesperini, *L'Économie de la France sous la Vᵉ République*, *op. cit.*, p. 203.
3. *Ibid.*, p. 208.
4. David Hammes, Douglas T. Wills, « Black Gold : The End of Bretton Woods and the Oil Price Shocks of the 1970s », *The Independent Review*, vol. 9, n° 4, été 2005, p. 507.

en 1980. Les différents moteurs de la croissance s'enrayent. Le ralentissement le plus spectaculaire est celui des exportations de biens et de services : elles augmentent de 2,7 % en 1980 contre 7,5 % en 1979. Cette évolution est le produit de deux facteurs : la contraction de la demande mondiale adressée à la France et la détérioration de la compétitivité-prix des produits nationaux. La consommation des ménages décélère elle aussi : son taux de croissance en volume passe de 3 % en 1979 à 1,2 % en 1980. Ce phénomène est lié à la diminution du revenu réel des ménages sous l'effet de l'alourdissement de la fiscalité et de la parafiscalité qui pèsent sur leur revenu primaire[1]. Cette diminution a été compensée par une forte hausse de la propension à consommer des ménages. L'investissement cesse quant à lui de progresser au second semestre 1980. Trois éléments se conjuguent pour expliquer cette stagnation : le retournement des anticipations relatives à la demande adressée à la France, la baisse du taux d'utilisation des capacités de production et la détérioration de la situation financière des entreprises[2]. L'affaiblissement de la croissance économique se traduit par une hausse ininterrompue du chômage. Le taux de chômage passe de 4,6 % au quatrième trimestre 1977 à 5,8 % au quatrième trimestre 1980. La barre symbolique du million de chômeurs a été franchie en 1977. Au quatrième trimestre 1980, la France compte 1 515 000 demandeurs d'emploi en fin de mois. La montée du chômage est observée dans toutes les grandes économies avancées. Pour Michel Pébereau, elle était malheureusement « inévitable », parce que le triplement brutal, à deux reprises, des prix du pétrole avait totalement déséquilibré les économies des pays importateurs, suscitant à la fois flambée d'inflation, profond déséquilibre extérieur et contraction de la demande des autres biens génératrice de chômage[3]. Elle n'en constitue pas moins une source d'angoisse, d'autant que le taux de chômage en France devient supérieur en 1979 à la valeur moyenne observée dans la CEE[4].

Le deuxième choc pétrolier a pour autre conséquence la hausse du niveau général des prix. Le taux d'inflation, que le gouvernement

1. Le Gouvernement procède notamment à une hausse des cotisations sociales pour réduire le déficit du régime d'assurance maladie.

2. Jean-Pierre Vesperini, *L'Économie de la France sous la Vᵉ République*, *op. cit.*, p. 208-211.

3. Entretien avec Michel Pébereau, 8 décembre 2022.

4. Jean-Charles Asselain, « La conduite de la politique économique », *op. cit.*, p. 38.

Barre avait réussi à maintenir autour de 9 % entre 1976 et 1978, atteint 10,6 % en 1979 et 13,6 % en 1980. Enfin, l'augmentation des prix du pétrole ruine les efforts réalisés de 1976 à 1978 pour restaurer l'équilibre extérieur. L'érosion du taux de couverture des importations par les exportations entamée au deuxième trimestre 1979 est due à deux phénomènes : l'augmentation du prix des importations liée au renchérissement du pétrole et une croissance des importations en volume supérieure à celle des exportations en volume[1].

En dépit des conséquences du deuxième choc pétrolier, le président de la République et le Premier ministre s'efforcent de limiter la hausse de la part des dépenses budgétaires dans le PIB. Cette part oscille autour de 21 % entre 1976 et 1979 et n'est que légèrement supérieure à 22 % en 1980. Le Gouvernement cherche également à stabiliser la part des recettes budgétaires dans le PIB : celle-ci passe de 20 à 20,96 % entre 1976 et 1980[2]. Il en résulte que le solde d'exécution des lois de finances rapporté au PIB reste fortement contenu de 1976 à 1980 : il n'excède pas 1,3 % en fin de période[3]. De façon à ne pas obérer la compétitivité des entreprises, l'augmentation de la pression fiscale nécessaire pour financer la hausse des dépenses budgétaires observée en 1980 pèse sur les ménages[4]. Il est incontestable que cette constance dans l'effort a des effets positifs sur l'économie : elle permet notamment à la France d'avoir « le plus faible déficit budgétaire de toutes les nations occidentales[5] ». Mais l'image de « Père la rigueur » dont Barre n'arrive pas à se défaire lui nuit considérablement dans l'opinion. Pour Jacques Wahl, « la politique du gouvernement Barre apparaissait au grand public comme très rigoureuse alors qu'elle l'était en réalité beaucoup moins. Cela posait un problème : on ne faisait pas crédit au Gouvernement des mesures à caractère social prises en faveur des individus les plus vulnérables, c'est-à-dire les femmes seules, les personnes âgées et les handicapés[6] ».

L'impopularité de Raymond Barre rejaillit sur Valéry Giscard d'Estaing, qui envisage pendant un temps de nommer un nouveau

1. Jean-Pierre Vesperini, *L'Économie de la France sous la Ve République*, *op. cit.*, p. 214-216.
2. *Ibid.*, p. 192.
3. *Ibid.*, p. 190.
4. *Ibid.*, p. 193.
5. Raymond Barre, « L'économie française quatre ans après (1976-1980) », *Revue des deux mondes*, septembre 1980, p. 518.
6. Entretien avec Jacques Wahl, 12 janvier 2023.

Premier ministre début 1980. Il renonce toutefois à ce projet fin 1979. Un sondage publié en novembre 1979 a peut-être pesé dans la balance : une majeure partie des Français ne pensent pas qu'une autre personnalité de la majorité présidentielle puisse « faire mieux » que l'actuel Premier ministre[1]. En maintenant Barre à Matignon, le président de la République fait passer l'intérêt du pays avant son intérêt personnel. Pour Jean-Pierre Ruault, « si Valéry Giscard d'Estaing avait été un politicien et non un homme d'État, jamais il n'aurait conservé Raymond Barre jusqu'à l'élection [présidentielle][2] ». Le président de la République choisit néanmoins de tenir le Premier ministre à l'écart de la campagne électorale. Jusqu'au bout ou presque, il espère pouvoir être réélu. En lui refusant entre les deux tours le soutien du RPR, Jacques Chirac ouvre la voie à la victoire de François Mitterrand.

Au moment où Valéry Giscard d'Estaing quitte l'Élysée, l'économie française se trouve dans une situation paradoxale. Elle est, après le Japon, la grande puissance industrielle qui a connu la plus forte croissance du PIB à prix constants entre 1974 et 1980. Mais elle est aussi, après le Royaume-Uni, celle où le chômage a progressé le plus rapidement[3]. En dépit de la politique de modération salariale mise en œuvre par Raymond Barre, les salaires ont augmenté de façon importante sur l'ensemble de la période. La progression des rémunérations a amplifié les hausses de prix liées au renchérissement du pétrole et des matières premières. En conséquence, l'inflation n'a pas pu être enrayée durablement. La valeur du franc est toutefois demeurée relativement stable. Depuis 1979, la monnaie nationale participe sans heurt au SME.

Sous l'autorité du président de la République, Raymond Barre a engagé un processus de libéralisation et de modernisation de l'économie française destiné à la préparer à s'insérer dans une concurrence internationale de plus en plus vive. Les réformes auxquelles il a procédé ont rapproché la France du fonctionnement normal d'une économie de marché. L'élection de François Mitterrand va porter un coup d'arrêt à cette évolution.

1. Christiane Rimbaud, *Raymond Barre*, *op. cit.*, p. 351.
2. Entretien avec Jean-Pierre Ruault, 6 décembre 2022.
3. Jean-Pierre Vesperini, *L'Économie de la France sous la Ve République*, *op. cit.*, p. 217-218.

LE SURSAUT 1978-1979

Éric Roussel

La victoire à Paris de Jacques Chirac lors des élections municipales de mars 1978 constitue pour Valéry Giscard d'Estaing et son Premier ministre Raymond Barre un signal inquiétant. Pour la première fois, la capitale élisait son maire et envoyait à l'Hôtel de Ville un quasi-opposant au pouvoir. Chirac, en effet, l'avait emporté contre le candidat désigné par l'Élysée, Michel d'Ornano, un proche du chef de l'État.

Une analyse objective du scrutin municipal laissait toutefois apparaître quelques raisons d'espérer pour l'exécutif. Dans des régions qui, autrefois, s'étaient montrées les plus fidèles au général de Gaulle – l'Alsace, la Lorraine, la Bretagne notamment – les résultats du parti chiraquien s'avéraient assez décevants. En dépit d'un positionnement assez comparable à celui qu'avait adopté dans les années 1950 le RPF, le mouvement néogaulliste n'était pas parvenu à mobiliser l'électorat acquis naguère au fondateur de la Ve République puis à Georges Pompidou. À Paris, dans les quartiers populaires des 18e, 19e et 20e arrondissements où le gaullisme était assez ancré, on avait pu constater aussi que les listes de Michel d'Ornano devançaient celles de Jacques Chirac. Le chef de l'État et ses conseillers concluaient de tout cela qu'en incarnant de plus en plus une droite dure, le RPR courait le risque de voir s'éloigner de lui une partie non négligeable de l'électorat de la famille politique dont il revendiquait l'héritage. D'où l'idée de mieux structurer les forces politiques qui soutiennent résolument Valéry Giscard d'Estaing.

La difficulté pour les giscardiens est que les formations proches de leurs idées sont essentiellement composées de notables locaux que l'on ne peut pas traiter comme des militants. Il faut d'abord faire évoluer l'image des RI qui, pour l'opinion, campent sur une position sensiblement plus à droite que le président de la République. Ainsi beaucoup de ses élus n'ont pas voté la loi Veil. L'homme de la métamorphose sera un énarque encore jeune, disciple d'Edgar Faure, maire d'Auxerre : Jean-Pierre Soisson. Sous la direction de ce nouveau secrétaire général, la FNRI se transforme en Parti républicain dont la vocation explicite est de servir de pivot à une mouvance plus large susceptible de contrebalancer l'influence du parti chiraquien.

Dès le lendemain de la victoire de Jacques Chirac à Paris, projets et tractations se multiplient. Des réunions ont lieu dans des endroits discrets comme le pavillon de la Lanterne à Versailles, alors affecté au Premier ministre, ou encore le pavillon de musique au fond du parc de Matignon. Jean-Pierre Soisson, Jean-Jacques Servan-Schreiber et Michel Pinton y jouent les premiers rôles entourés du préfet Riolacci devenu le conseiller politique du président, de Jean Sérisé et de l'universitaire Jean-Claude Casanova, proche collaborateur du Premier ministre. Valéry Giscard d'Estaing suit de près l'avancement du projet d'union des forces décidées à le soutenir. « 60 % des Français se montrent opposés au programme commun, juge-t-il, même si 50 % votent pour des candidats de gauche. Ce sont les 10 % restants qu'il faut parvenir à détacher. » Pour atteindre l'objectif, le président mise sur la réforme.

Le 1er février 1978, un mois avant les élections législatives, naît l'Union pour la démocratie française, ainsi dénommée par référence au livre publié par Valéry Giscard d'Estaing quelques mois plus tôt. Il s'agit en vérité d'un cartel électoral qui réunit des mouvances extrêmement diverses : à droite, le Centre national des indépendants et paysans d'où était issu Antoine Pinay ; au centre, le CDS et les giscardiens du Parti républicain ; à gauche, le Parti radical valoisien. Sur quantité de problèmes – la laïcité, le libéralisme économique, etc. – il y a plus que des nuances entre les nouveaux partenaires. Une hostilité au programme commun de la gauche et à la tradition bonapartiste incarnée par le RPR chiraquien les unit.

Pour le camp giscardien, le ciel paraît d'autant plus s'éclaircir que, le 17 septembre 1977, l'union de la gauche a éclaté. Le programme de nationalisations exigé par les communistes a fait fuir les radicaux de gauche. Leur chef de file, Robert Fabre, est venu le dire en direct à la télévision. On murmure que l'Élysée n'est pas étranger à cette rupture et l'on n'a pas tort. Bien des années plus tard, Valéry Giscard d'Estaing admettait que son collaborateur, le préfet Riolacci, avait tout fait pour écarter les radicaux de gauche des communistes et des socialistes :

Fabre, à ce moment-là, aurait pu nous rejoindre. Mais j'agissais très doucement pour ne pas le mettre dans une situation fausse. J'avais pris un maçon dans le Gouvernement, j'avais des contacts très réguliers avec la franc-maçonnerie authentique qui n'était pas favorable au programme commun et qui s'y était souvent ralliée par opposition au pouvoir. Mon idée était d'aider cette mouvance à sortir de cette alliance à gauche. Mon souhait était qu'à terme, on retrouve dans ma majorité tous ceux qui ne devaient pas appartenir à l'idéologie du programme commun[1].

Le rapprochement entre radicaux de gauche et giscardiens ne sera pas, malgré tout, aisé. Si Valéry Giscard d'Estaing réussira à nouer des relations confiantes, et même amicales, avec certaines personnalités de ce courant, notamment le Dr Pierre Simon, ancien grand maître de la Grande Loge de France (qui avait joué un grand rôle auparavant dans la promotion du planning familial et l'adoption de la loi Veil), il se heurte en revanche, à de multiples reprises, à des fins de non-recevoir. Ainsi, le sénateur Henri Cavaillet, figure du MRG, ne rejoindra pas la majorité. Encore une fois, la logique des institutions impose sa loi. Un mouvement d'essence centriste a du mal structurellement à échapper à l'attraction de la droite. Il reste que le mouvement en direction du centre gauche a été lancé et qu'il témoigne de la volonté du président de tenir le cap de la réforme.

Les giscardiens réussissent aussi à imposer dans toutes les circonscriptions le principe de primaire : face aux candidats chiraquiens, il se trouvera ainsi partout des candidats se réclamant de l'action du président de la République.

Le ton monte évidemment avec les dirigeants du RPR. Après avoir traité Jean-Jacques Servan-Schreiber de « turlupin », Jacques Chirac parle de « violation de nos accords, d'erreur politique manifeste qui tend à diminuer les chances de victoire de la majorité ». Le 8 février, le président du RPR va même jusqu'à lancer : « La tâche du RPR, c'est de battre la droite ; l'UDF par exemple. » Une rumeur, inspirée par les proches du président, fait encore monter la tension : le Premier ministre Raymond Barre, lui-même, se fait l'écho d'une éventuelle ouverture politique, le 9, au micro de France Inter : « Tout est possible », répond-il à une question sur l'hypothèse d'un Gouvernement rassemblant l'UDF, le PS et

1. Entretien de l'auteur avec VGE, mars 2016.

le MRG. Le garde des Sceaux se montre plus net encore au cours d'une réunion à Cormeilles-en-Parisis le 8 février : il assure en effet qu'« après la victoire, il faudra élargir en mars prochain la majorité aux socialistes ».

Valéry Giscard d'Estaing, pour sa part, se tient au-dessus de la mêlée. Dès le mois de janvier, il a pris de la hauteur. Recevant à déjeuner le 16 les représentants de tous les partis de la coalition majoritaire, il a répondu à Jacques Chirac qui a dénoncé avec vigueur « la coalition anti-RPR » : « Les problèmes des partis politiques n'entrent pas à l'Élysée », a-t-il affirmé. Le 27 janvier, dans un important discours à Verdun-sur-le-Doubs devant vingt mille militants réunis sous un chapiteau, il a défini « le bon choix pour la France ». Un vote d'opposition aurait pour conséquence inéluctable l'application du programme commun de la gauche. « Ne croyez pas que le président ait dans la Constitution les moyens de s'y opposer », a-t-il averti. Contre le programme commun, il a proposé d'étendre la majorité, tout en appelant les Français à voter pour l'union de la majorité.

Plus tard, Valéry Giscard d'Estaing expliquera que si les Français avaient envoyé au palais Bourbon une majorité, il aurait pris de la distance, se serait installé au château de Rambouillet en usant de ses prérogatives constitutionnelles et de la légitimité tenant à un mandat plus long que celui des députés.

Bien accueillie dans son camp, la position exprimée par le chef de l'État à Verdun-sur-le-Doubs est évidemment l'objet de fortes contestations à gauche – où l'on n'apprécie guère que l'on vienne chasser sur des terres ennemies – et surtout à droite, au sein du RPR. Les néogaullistes voient dans l'attitude du président une forme d'abandon, voire de trahison. « En cas de victoire de la gauche, ce sera la fiesta, martèle en privé Marie-France Garaud, la conseillère politique de Jacques Chirac. Si quatre cents gens viennent saucissonner dans les jardins de l'Élysée en disant gentiment : "On voudrait visiter les lieux, nous espérons que nous ne vous dérangerons pas", Giscard ne pourra exercer le pouvoir. C'est un intellectuel. Il pense que la bêtise ne peut pas l'emporter. Si la gauche a une voix de majorité, elle exercera le pouvoir et ce sera un beau bordel. Giscard avec Mitterrand, ce sera Louis XVII aux Tuileries coiffé du bonnet phrygien[1]. » Les

1. Marie-France Garaud, *La Fête des fous. Qui a tué la Ve République ?*, Paris, Plon, 2006.

dirigeants du RPR restent fidèles à ce qu'ils considèrent comme l'orthodoxie gaullienne au cas où la majorité parlementaire sortie des urnes serait hostile au président : pour Michel Debré et Pierre Messmer, anciens Premiers ministres, le chef de l'État dispose dans cette hypothèse de deux options : se démettre ou dissoudre l'Assemblée, choix auquel avait été confronté, en janvier 1879, le second président de la IIIe République, le maréchal de Mac-Mahon.

Un observateur respecté et indépendant, Raymond Aron, s'inquiète lui aussi dans *Le Figaro* du 20 février : « Que deviendrait le ministère socialiste harcelé par le PC et coiffé par le président de la République ? »

À gauche, François Mitterrand commence par dénoncer l'attitude du président qui, selon lui, ne saurait être à la fois l'arbitre et le capitaine d'une équipe. Mais il met en évidence aussi, non sans habileté, une faille constitutionnelle relative à la coexistence éventuelle d'un chef de l'État et d'une Assemblée de couleurs différentes. Et se défend de prétendre à une incompatibilité naturelle entre la gauche et Valéry Giscard d'Estaing. Le chef de la gauche non communiste s'efforce donc de conjurer le spectre tant redouté d'une crise de régime en cas de victoire du camp des socialistes et communistes. On remarque, sans s'en étonner, que l'opinion de François Mitterrand diffère grandement sur le sujet de celle de son vieux rival, Pierre Mendès France, qui déclare le 27 février au micro d'Europe 1 : « La Constitution ne fournit pas, comme elle devrait normalement, une réponse claire à cet égard. Jusqu'à maintenant, il est clair que l'Assemblée n'a pas été majeure, qu'elle était en tutelle, qu'elle a été dominée par le président de la République. Si demain elle n'accepte plus cette domination, la situation peut être critique, des problèmes sans précédent se poseront. »

La déclaration de l'ancien président du Conseil passe d'autant moins inaperçue qu'à l'approche du scrutin, la victoire de la gauche paraît inéluctable. *L'Express* du 23 janvier a ainsi publié un sondage de l'Institut Louis-Harris qui accorde 177 députés aux socialistes et radicaux de gauche, 82 aux communistes, 127 au RPR et 105 seulement à ceux qui se réclament du président : Parti républicain, CDS et radicaux.

Cette perspective d'un triomphe de la gauche au moment où elle est plus désunie que jamais alimente une certaine anxiété dans une partie de l'opinion. On souligne que fourreurs, joailliers et marchands de tableaux n'ont jamais réalisé d'aussi bonnes affaires – comme si la clientèle aisée, cible de la gauche, anticipait une catastrophe annoncée en misant tout sur des valeurs refuges. On remarque aussi que certaines entreprises, à l'instar de la société des avions Marcel Dassault, Breguet-Aviation ou la CGE, anticipent le paiement de dividendes à leurs actionnaires.

La perspective d'une victoire de la gauche apparaît si probable que certains de ses chefs, et non des moindres, s'aventurent à envisager clairement la composition d'un hypothétique Gouvernement socialo-communiste. Le 1er février, Georges Marchais, secrétaire général du PC, confie aux téléspectateurs d'Antenne 2 que le partage des ministères a déjà été effectué en fonction des suffrages respectivement obtenus par les partis de gauche à l'élection présidentielle de 1974. Il précise même que son parti se satisfera du tiers des portefeuilles. On évoque à ce sujet un sondage de la Sofres[1] qui indique que 51 % des Français seraient favorables à la participation des communistes au gouvernement mais que 54 à 65 % d'entre eux refusent que leur soient dévolus des ministères régaliens tels que les Finances, l'Intérieur, les Affaires étrangères et la Défense. Deux jours plus tôt, Jean Kanapa, responsable de la section de politique extérieure au comité central du PCF et stalinien avéré, n'en a pas moins fait savoir que son parti n'acceptera aucune discrimination dans la répartition des portefeuilles, notamment en ce qui concerne les Affaires étrangères.

Dans le même temps, la gauche continue de se fracturer. Le processus de rupture engagé à l'automne 1977 s'accélère même. On assiste à une véritable offensive du PC contre les socialistes. Si elle se propose toujours de gouverner, l'union de la gauche a bel et bien vécu. La discipline républicaine, c'est-à-dire le désistement automatique du candidat de gauche le mieux placé face à la droite, n'est même plus d'actualité. « La discipline républicaine, souligne Georges Marchais à Nancy le 12 février, a consisté pendant longtemps à faire voter les travailleurs pour des hommes et des partis qui ont fait la politique de la droite. » Certains commentateurs en arrivent ainsi à se demander si le PCF souhaite vraiment arriver au pouvoir. C'est le cas de Thierry Pfister qui pose ouvertement la question dans *Le Monde* du 8 mars. Le PC

1. Sondage publié par *Valeurs actuelles* du 20 février 1978.

étant en butte dans l'électorat ouvrier à une sérieuse concurrence du PS, certains pensent que ses dirigeants préfèrent, sans le dire explicitement, se replier dans une attitude d'opposition résolue, plus apte à séduire ceux qui traditionnellement le suivent.

En dépit de cette désunion plus qu'apparente, communistes et socialistes persistent à présenter l'élection à venir comme un choix de société fondamental. Conformément au programme commun, la Constitution sera révisée en cas de victoire, le mandat présidentiel réduit à cinq ans et le pouvoir du chef de l'État revu à la baisse. Pierre Mauroy annonce aussi la suppression du corps préfectoral : « Plus de préfet, plus de sous-préfet, déclare-t-il le 3 mars à Draguignan. Le pouvoir appartiendra aux élus. » L'application du programme commun laisse aussi entrevoir la nationalisation de l'enseignement privé, la fonctionnarisation de la médecine, le contrôle par les syndicats du droit de licenciement. Pour dissiper tout doute quant à la mise en œuvre de ces réformes, *L'Humanité Dimanche*, organe du PC, publie dans son édition du 24 février le programme des vingt premiers jours du Gouvernement de la gauche : c'est pour l'essentiel la mise en application du programme commun et de son actualisation communiste.

Face à cette perspective, la droite dénonce évidemment une apocalypse prochaine et inéluctable. Sur ce point, le RPR et la composante giscardienne de la majorité sont à l'unisson. Michel Poniatowski annonce la venue au pouvoir des communistes par la force. Le bureau politique du RPR évoque non une alternance mais « un chambardement ». Alain Peyrefitte, garde des Sceaux, parle de « révolution ». En dépit de l'enjeu mis en avant par les uns et les autres, la campagne se déroule dans un climat morne. « Le discours politique, frappé d'inflation, comme emporté et mû par sa logique interne, écrit Pierre Viansson-Ponté, l'éditorialiste du *Monde*, continue inlassablement de dérouler sa spirale[1]. »

Le 12 mars, à l'issue du premier tour, on peut constater d'abord que, malgré cette atmosphère, les électeurs se sont déplacés en masse. Avec 83,37 % des inscrits, c'est même le chiffre de participation à des élections législatives le plus élevé depuis la Libération. L'enjeu, le choix de société, a été compris par les Français. Soixante-trois sièges ont été pourvus : 59 par la majorité, 4 par le PC. Le Premier ministre Raymond Barre est élu à Lyon, 7 ministres

1. *Le Monde*, 1er février 1978.

et 6 secrétaires d'État le sont aussi. Jacques Chirac obtient un succès en Corrèze, de même que la plupart des dirigeants du RPR. L'étude des résultats laisse apparaître un léger avantage en voix pour l'opposition de gauche (48,6 %) tandis que la majorité plafonne à 46,5 %. Mais il est aussi clair que le raz-de-marée escompté par la gauche ne s'est pas produit.

La suite immédiate des événements montre que la dynamique qui semblait porter les partis de gauche vers le pouvoir est stoppée. Le 13 mars, à l'issue d'une réunion de trois heures, la pertinence du programme commun est réaffirmée par les socialistes, les communistes et les radicaux de gauche. Mais la réaction de François Mitterrand dément tout triomphalisme. En évoquant au micro d'Europe 1 le lendemain « une sorte d'espérance » et « une certaine déception », il ne suscite pas un enthousiasme débordant. Le premier secrétaire du PS a visiblement compris que l'espèce de diktat du PC à l'endroit de ses partenaires allait peser lourd et inciter les électeurs à réfléchir. Le 15 à Marseille, son ami Gaston Defferre, maire de la cité phocéenne, dit tout haut ce qu'il pense tout bas : « Une victoire de la gauche paraît compromise. »

De fait, les résultats du second tour le 19 mars confirment la tendance apparue une semaine plus tôt. Le RPR obtient 148 sièges, l'UDF et apparentés 137. S'y ajoutent au titre de la majorité 4 « soutiens au président de la République » et 2 « divers droite ». La coalition RPR-UDF est donc forte de 291 sièges. À gauche, le PC progresse de 12 sièges et le PS de 9. La gauche gagne donc 16 sièges et perd les élections, la majorité en perd 10 et les gagne. Le fait le plus saillant est le recul du parti chiraquien qui perd 23 sièges et qui se voit talonné par l'UDF. Le parti giscardien a donc pris une véritable place sur l'échiquier politique. Jacques Chirac avait prédit en ces termes l'avenir de la formation rivale en gestation : « Un parti réduit à la cuisson. » Les électeurs ne l'ont pas suivi. Certes, les diverses composantes de l'UDF ne se déclarent pas prêtes à s'agréger sans autre forme de procès. La constitution d'un groupe parlementaire commun n'est même pas à l'ordre du jour. Un début d'organisation se fait jour malgré tout. Dès le 23 mars, un conseil de l'UDF est constitué, présidé par le centriste Jean Lecanuet et dont les vice-présidents sont Françoise Giroud, Jean-Pierre Soisson et Jean-Pierre Fourcade. Mais l'important est la tendance qui s'est manifestée. Désormais le parti chiraquien voit son hégémonie menacée. Après avoir perdu l'Élysée et Matignon, les néogaullistes voient leur base électorale s'effriter. Sous le coup de l'échec, Jacques Chirac s'oppose vigoureusement à l'élargissement éventuel de la majorité et à l'instauration possible du scrutin proportionnel à l'avenir. Au sein de la nouvelle Assemblée nationale, alors que les giscardiens se montrent partisans d'offrir des présidences de commission au nom de l'ouverture, le président du groupe RPR Claude Labbé s'oppose radicalement à ce projet.

La tension dans la majorité se révèle d'autant plus forte que tous les observateurs notent que jamais depuis son élection Valéry Giscard d'Estaing n'a bénéficié d'un climat politique aussi favorable. Ses adversaires, y compris à l'intérieur de la majorité, sentent qu'un moment de vérité est arrivé. Pour beaucoup, le projet du président semblait jusque-là aventuré, voire chimérique. Or le voilà doté d'une position personnelle forte et peut-être en passe d'avoir une majorité plus conforme à ses vœux – au moins à terme. L'ensemble de la presse souligne ce grand changement. Au RPR, on ne peut que s'inquiéter d'entendre Jean-Jacques Servan-Schreiber déclarer : « Nous sommes confortés dans l'idée que la dynamique s'accélère, ce qui est notre vœu le plus urgent. » Et les néogaullistes ne peuvent qu'interpréter négativement le vote qui, contre le candidat officiel de la majorité, Edgar Faure, président sortant, voit Jacques Chaban-Delmas récupérer le perchoir de l'Assemblée nationale. Il est en effet de notoriété publique que le chef de l'État souhaitait l'élection de son ancien concurrent, rebelle à l'autorité de Jacques Chirac, et l'on a noté que le groupe UDF a majoritairement porté ses suffrages sur l'ex-Premier ministre.

Valéry Giscard d'Estaing s'estime, quant à lui, confirmé dans ses analyses : à son avis, le mouvement chiraquien s'enferme dans une impasse et suit une ligne très droitière à ses yeux démagogique. Il profite aussi de l'occasion pour prendre une initiative inédite et très remarquée : il invite à venir s'entretenir avec lui à l'Élysée les responsables politiques et syndicaux de l'opposition, au même titre que ceux de la majorité et que les représentants des organisations professionnelles. Fait notable : ces invitations sont acceptées. François Mitterrand, Georges Marchais et Robert Fabre se rendront auprès du chef de l'État. Cela n'était pas arrivé depuis le début de la Ve République. Ce qui conduit le rédacteur de *La Lettre de la nation*, l'organe du RPR, à évoquer dans un éditorial du 24 mars « le carnaval dans la cour de l'Élysée qui scandait les crises ministérielles d'autrefois ».

Pour l'heure, le président du RPR sort affaibli de la séquence des élections législatives. Son parti garde le groupe le plus important numériquement à l'Assemblée nationale mais le revers qu'il vient de subir attise en interne rivalités et critiques. L'entourage politique de Jacques Chirac commence à être l'objet d'une contestation assez âpre. Certains rendent responsables Pierre Juillet et Marie-France Garaud de la dérive droitière qui a conduit à une déconvenue électorale. La frange gauche du mouvement se montre particulièrement virulente. Jean Charbonnel, figure du gaullisme de gauche et ancien ministre du général de Gaulle et de Georges Pompidou, va jusqu'à qualifier le RPR de « PSF réussi », par allusion au Parti Socialiste de France fondé par Marcel Déat en 1933 et qui versa dans la collaboration avec l'Allemagne nazie. Dans *Le Monde* du 6 avril, Pierre Lefranc, président de l'Association nationale pour la fidélité au général de Gaulle, adjure le parti néogaulliste de rester fidèle aux leçons du fondateur de la Ve République. Confronté à cette vague de mécontentement, le maire de Paris opte pour une défense classique : il redouble ses coups contre le président de la République et ceux qui le suivent. Après s'être livré le 5 avril, dans un grand quotidien, à un éloge de Georges Pompidou en forme de dénonciation à peine voilée de son successeur, le congrès extraordinaire de son parti, réuni le 9 avril, lui donne l'occasion d'une offensive en règle contre le chef de l'État, son entourage et ses projets. Jacques Chirac stigmatise en termes violents Valéry Giscard d'Estaing, accusé de vouloir « établir un régime présidentiel de type américain, de revenir au scrutin proportionnel, d'"engager enfin un processus d'intégration européenne qui conduirait à une dilution de la nation dans un ensemble à dominante germano-américaine" ». Le président se trouve enfin soupçonné de vouloir exercer le pouvoir avec une « coalition socialo-centriste », en pratiquant un « libéralisme mou ». Dans le même temps, Marie-France Garaud disparaît de l'entourage de l'ancien Premier ministre. Pour autant, rien n'est changé quant à la direction prise par le mouvement néogaulliste. Alain Devaquet, secrétaire général, Yves Guéna, conseiller à l'action politique, Charles Pasqua, conseiller à l'organisation, entourent Jacques Chirac et campent sur la ligne qui est alors la sienne.

Pour le président de la République, la prochaine échéance majeure est le scrutin européen qui doit avoir lieu un peu plus d'un an plus tard. Ce sera la première fois que l'on élira les membres du Parlement européen au suffrage universel. Bien que le principe de cette élection ait été prévu expressément par le traité de Rome de 1957, son application soulève problèmes et passions dans la frange gaulliste de la majorité. Et la tentation de contrer le chef de l'État sur le sujet est d'autant plus grande parmi les néogaullistes que la souveraineté nationale est au cœur du projet du fondateur de la Ve République. Michel Debré prend très vite la tête du combat. Pour l'ancien Premier ministre, l'Assemblée européenne qui, à ses yeux, n'est pas un Parlement, sera conduite fatalement à accroître ses attributions et à empiéter sur les compétences des exécutifs nationaux. Il s'oppose donc vigoureusement à l'organisation du scrutin, au motif que le général de Gaulle et Georges Pompidou se sont tous deux opposés à la perspective de voir les citoyens désigner des représentants au Parlement européen. Le conflit devient si aigu que le chef de l'État n'a d'autre issue que de saisir le Conseil constitutionnel. Les sages de la rue Montpensier sont donc appelés à dire si l'élection des députés européens au suffrage universel soulève ou non des difficultés avec la Constitution de 1958. Présidé par Roger Frey, l'un des plus importants ex-ministres du général de Gaulle, le Conseil donne un avis favorable à la question posée par le chef de l'État. La bataille ne cesse pas pour autant. La polémique s'envenime même. Jacques Chirac ne se trouve pas dans une position facile. Il était Premier ministre quand fut pour la première fois soulevée la question. Logiquement, il aurait dû être prévenu du projet d'élection des parlementaires européens au suffrage universel. Mais il soutient le contraire. Pour sortir de l'impasse, Raymond Barre est obligé de faire usage de l'article 49.3 de la Constitution. Il recourt donc au vote bloqué. Les parlementaires du RPR sont ainsi placés devant un dilemme : ou essayer de faire tomber le Gouvernement en déposant une motion de censure, ou bien laisser le Gouvernement mettre en œuvre le projet d'élection. En définitive, ils renoncent à l'épreuve de force, sans toutefois changer d'avis.

À l'approche du scrutin, on constate une radicalisation de l'ancien Premier ministre sur le sujet. Le 6 décembre 1978, alors qu'il est hospitalisé à l'hôpital Cochin à la suite d'un grave accident de voiture survenu en Corrèze, Jacques Chirac publie une violente dénonciation de la politique européenne du chef de l'État.

> Il est des heures graves dans l'histoire d'un pays où sa sauvegarde tient dans toute sa capacité à discerner les menaces qu'on lui cache.
>
> L'Europe que nous attendions et désirions, dans laquelle pouvait s'épanouir une France digne et forte, cette Europe, nous savons depuis hier qu'on ne veut pas la faire. Tout nous conduit à penser que, derrière le jargon des technocrates, on prépare l'inféodation de la France, on consent à l'idée de son abaissement.
>
> En ce qui nous concerne, nous devons dire NON.
>
> En clair, de quoi s'agit-il ? Les faits sont simples, même si certains ont à gagner à les obscurcir.
>
> L'élection prochaine de l'Assemblée européenne au suffrage universel direct ne saurait intervenir sans que le peuple français soit directement éclairé sur la portée de son vote. Elle constituera un piège si les électeurs sont induits à croire qu'ils vont simplement entériner quelques principes généraux, d'ailleurs à peu près incontestés, quant à la nécessité de l'organisation européenne, alors que les suffrages ainsi captés vont servir à légitimer tout ensemble les débordements futurs et les carences actuelles au préjudice des intérêts nationaux.

Pour Jacques Chirac, les quatre-vingt-un représentants français « pèseront bien peu à l'encontre des trois cent vingt-neuf représentants de pays eux-mêmes excessivement sensibles aux influences d'outre-Atlantique ». À ses yeux, le péril est évident : l'Europe actuelle prépare l'asservissement de la France, le démantèlement de son industrie ; l'admission de l'Espagne et du Portugal pose d'énormes problèmes. « On prépare l'inféodation de la France, on consent à l'idée de son abaissement, ajoute le président du RPR, qui conclut : Comme toujours quand il s'agit de l'abaissement de la France, le parti de l'étranger est à l'œuvre avec sa voix paisible et rassurante. » Parallèlement, Jacques Chirac fait savoir qu'il conduira aux élections européennes une liste pour « dire non à la politique de supranationalité, à l'asservissement économique et à l'asservissement international de la France ».

Plus tard, on apprendra que le texte de cet appel a été en réalité rédigé par Marie-France Garaud et Pierre Juillet, les deux conseillers politiques de Jacques Chirac, alors hospitalisé à Cochin à la suite d'un grave accident de voiture. Pour l'heure, « l'appel de Cochin » résonne comme une violente mise en cause du président de la République. La charge est d'autant plus évidente et remarquée qu'elle fait suite à des propos encore plus directs tenus le 2 décembre lors de la convention des jeunes RPR. À cette occasion, le chef de l'État a été attaqué, prié de démissionner et l'on a dénoncé « les guignols de la société libérale avancée », stigmatisé le « côté Borgia » des giscardiens. « Cette majorité ne nous intéresse pas, ont précisé les jeunes RPR. Ce qui nous intéresse, c'est d'aider Jacques Chirac. » « Vous dérangez. Comme je vous comprends », leur a fait savoir ce dernier.

Jamais dans l'histoire de la Ve République la rupture entre les partis composant la majorité n'avait paru aussi évidente. Valéry Giscard d'Estaing avait dénoncé en 1967 « l'exercice solitaire du pouvoir » du général de Gaulle. Il ne l'avait pas accusé de trahir les intérêts du pays.

À cette charge, la réaction du chef de l'État est mesurée. S'adressant à la jeunesse le 9 décembre, il lui demande simplement de dire non à une France « chagrine, repliée, frileuse ». Valéry Giscard d'Estaing est habitué à l'animosité de Jacques Chirac. Il ne souhaite pas lui donner de l'importance en répliquant trop fort. En définitive, c'est à l'intention de la famille gaulliste que le trouble provoqué par cette déclaration apparaît le plus profond. Presque sur-le-champ, plusieurs élus se réclamant du fondateur de la Ve République quittent le RPR plus ou moins définitivement : c'est le cas de Lucien Neuwirth, d'Hélène Missoffe et surtout d'Alexandre Sanguinetti, grande figure du gaullisme électoral, ancien secrétaire général de l'UDR. Ce dernier, en fait, paraît moins sensible à la charge de Jacques Chirac contre l'Europe qu'aux méthodes employées par lui pour diriger le RPR : « La règle du jeu, déclare-t-il au *Journal du dimanche*, est l'obéissance et le salut au chef parce qu'on préfère un comportement de nature autoritaire, pour ne pas dire fasciste, au fonctionnement démocratique. Ce n'est pas du gaullisme[1]. »

Mais la réplique la plus remarquée et la plus significative à cette prise de position du maire de Paris vient du garde des Sceaux Alain Peyrefitte, ancien ministre du général de Gaulle et numéro deux du Gouvernement. Dans une lettre aux députés RPR auxquels il appartient, il dénonce des « propos outranciers » et stigmatise « les personnages occultes qui semblent s'être emparés de l'appareil de

1. *Journal du dimanche*, 17 décembre 1978.

votre mouvement ». Pour le ministre de la Justice, « les initiatives du président du mouvement jettent le trouble dans l'esprit de nos électeurs, menaçant la cohésion de notre groupe et de notre mouvement, la solidité de la majorité et le fonctionnement régulier de nos institutions ». Entre Alain Peyrefitte et Jacques Chirac, rien ne va plus. « Votre lettre est inadmissible, fait savoir ce dernier à Alain Peyrefitte. Dans ces conditions, vous aurez la décence de quitter le rassemblement que j'ai fondé et que je préside. » Avertissement suivi d'exécution puisque, le 19 décembre, le comité fédéral du RPR de Seine-et-Marne prend la décision d'exclure le garde des Sceaux pour six mois. Immédiatement, tous les membres RPR du Gouvernement, notamment Yvon Bourges, ministre de la Défense, et Robert Galley, expriment leur soutien à leur collègue, approuvés de l'extérieur par Olivier Guichard, Robert Poujade et Jacques Chaban-Delmas.

Dans ses *Mémoires*, Charles Pasqua, partisan inconditionnel de la ligne définie par Jacques Chirac, avouera que l'appel de Cochin n'avait d'autre objectif que d'en finir avec Valéry Giscard d'Estaing et le giscardisme en créant l'irréparable[1]. Dans l'immédiat, ce sont cependant le président du RPR et ses amis qui se trouvent en position délicate. Non seulement plusieurs figures éminentes et respectées de la famille gaulliste ont pris position contre celui qui se veut le continuateur du général de Gaulle mais on apprend vite que la liste UDF lors des européennes sera menée par Simone Veil, ministre de la Santé, auréolée de son combat pour le vote de l'IVG et amie de Jacques Chirac. Cités par ses contradicteurs, des propos antérieurs de ce dernier créent une impression de confusion dans sa démarche. Olivier Guichard rappelle notamment que, le 9 janvier 1976, celui qui était alors Premier ministre défendait l'élection du Parlement européen au suffrage universel direct dans *Le Midi libre* : « Le traité de Rome, affirmait-il alors, a prévu expressément cette procédure et il ne m'apparaît pas, dans ces conditions, que nous transgressions, sur ce point, les principes essentiels de notre politique étrangère[2]. »

À l'approche du scrutin, les sondages montrent les effets sur l'électorat de ces changements d'opinion : la liste UDF, menée par Simone Veil, paraît avoir le vent en poupe. Les pronostics sont

1. Charles Pasqua, Jean-François Achilli, *Mémoires. Le serment de Bastia*, Paris, Fayard, 2016.
2. Cité dans *Le Monde*, 10 janvier 1979.

cependant difficiles car c'est la première fois que la France élit ses quatre-vingt-un représentants à l'Assemblée des Communautés européennes, selon le scrutin de liste nationale proportionnelle à un tour. Si la campagne a été plutôt animée, elle a porté essentiellement sur des thèmes de politique intérieure. L'Europe et sa construction n'ont pas vraiment passionné les électeurs.

De fait, le 9 juin, jour de l'élection, l'abstention atteint un niveau élevé : près de 40 % des électeurs ne se sont pas déplacés. Il est vrai qu'il en a été de même en Grande-Bretagne et au Danemark, seuls les Italiens s'étant rendus en masse aux urnes. Mais la tendance révélée par les sondages se trouve confirmée : la liste UDF, d'obédience clairement giscardienne, l'emporte de très loin avec 27,60 % des suffrages (soit 25 sièges) sur sa concurrente chiraquienne qui termine en queue de peloton avec le score de 16,31 %. Par ailleurs, la gauche non communiste enregistre elle aussi une déconvenue : la liste socialiste alliée aux radicaux de gauche n'a obtenu en effet que 23,53 % des suffrages, soit 22 sièges. Pour François Mitterrand, c'est un échec. Menant campagne à la télévision, il semblait s'ennuyer et il lui arrivait assez souvent de prendre la parole devant des salles presque vides. Le résultat pour celui qui se veut le chef de l'opposition est d'autant plus amer que le PC enregistre, lui, un vrai succès, recueillant 20,52 % des suffrages et 19 sièges. Au prix, il est vrai, d'un discours empreint de démagogie, racolant de manière systématique les catégories socioprofessionnelles mécontentes.

Le grand perdant de ce scrutin est, à l'évidence, le RPR qui enregistre un net recul par rapport aux résultats qu'il avait obtenus le 12 mars 1978 dans de nombreuses régions. Jacques Chirac commente sobrement cette situation en citant de Gaulle : « Le service de la nation ne va pas sans trouble dans l'opinion ni pertes aux élections. » Mais la perte de plus de 2 millions de voix par rapport au premier tour de scrutin de mars 1978 ravive inévitablement les critiques internes quant à la ligne menée par l'ancien Premier ministre. Au lendemain du 9 juin, les opposants déclarés à Jacques Chirac renouvellent, en les aggravant, leurs griefs. Olivier Guichard est leur porte-drapeau. Jacques Chaban-Delmas, président de l'Assemblée nationale, est encore plus incisif : « Depuis 1978, déclare-t-il, le mouvement a pris une mauvaise ligne politique, un comportement d'agressivité avec une direction hermétique, des exclusives et des anathèmes. » Lors des réunions du 12 juin (conseil politique du mouvement, bureau du groupe parlementaire), Jacques Chirac se voit reprocher, parfois assez vivement, le manque de démocratie au sein du parti, et surtout l'influence de ses conseillers, Marie-France Garaud, Pierre Juillet et Charles Pasqua. Et le malaise au sein du mouvement éclate littéralement quand, peu après l'élection, est rendue publique une lettre en forme de mise en garde signée par les anciens secrétaires généraux de la formation gaulliste, notamment Louis Terrenoire, Jacques Baumel, Robert Poujade, Alain Peyrefitte, Alexandre Sanguinetti et Yves Guéna. « Nous réprouvons, écrivent ces anciens responsables, la politique qui consiste à pourfendre quotidiennement le Gouvernement et le président, à dénoncer leurs carences, tout en votant régulièrement au Parlement avec la majorité. Cette attitude ne peut que discréditer la formation gaulliste[1]. »

Jacques Chirac traverse donc incontestablement une passe difficile au lendemain du scrutin du 9 juin. Sa gestion, ses orientations sont contestées. Son autorité, cependant, demeure réelle. Auprès des militants, et même d'une notable partie de l'opinion publique, sa popularité est intacte. « Chirac est à la fois impossible et irremplaçable », déclare significativement Robert Poujade[2].

De ce fait, la situation apparaît plus confuse et complexe qu'on pouvait le croire de prime abord. Pour Valéry Giscard d'Estaing, la revanche paraît éclatante et prometteuse. Les élections cantonales de 1976 et les municipales de 1977 avaient été pour lui l'occasion de cruelles déconvenues. Or, voici qu'après le scrutin législatif de 1978 qui lui a permis de se rétablir et même de prendre l'avantage sur ses rivaux néogaullistes, les électeurs ont semblé vouloir confirmer ces résultats encourageants. À l'intérieur, mais aussi à l'extérieur, l'autorité du président de la République paraît en bonne voie de pouvoir s'affirmer. Après Jacques Chaban-Delmas, élu un an plus tôt au perchoir de l'Assemblée nationale, selon son vœu et contre Edgar Faure, soutenu par Jacques Chirac, Simone Veil est bientôt portée à la présidence du Parlement européen. Pour la circonstance, Valéry Giscard d'Estaing a demandé à son ami Helmut Schmidt de la soutenir. L'élection de l'ancienne ministre de la Santé, ancienne déportée, dont le nom est attaché désormais aux droits des femmes, prend aussi valeur de fort symbole. L'axe franco-allemand, pilier de la politique européenne du chef de l'État,

1. *L'Année politique*, 1979.
2. *Le Monde*, 14 juin 1979.

en est renforcé. Par contraste, la défaite du concurrent chiraquien de Simone Veil, Christian de La Malène, est d'autant plus ressentie qu'il a surtout bénéficié, au sein du Parlement européen, de voix de l'extrême droite.

Autre signe plutôt favorable pour le président : l'éloignement de Marie-France Garaud et de Pierre Juillet. On apprendra plus tard que Bernadette Chirac a fait du départ de l'ex-conseillère de Georges Pompidou une question de principe non négociable. L'épouse du président du RPR a donc eu satisfaction. Pierre Juillet, de son côté, se retire dans la Creuse pour y élever des moutons écossais. Le départ de ce couple, qualifié de « duo d'assassins » par Olivier Guichard, paraît de nature à détendre un peu l'atmosphère dans la majorité. Car même si Valéry Giscard d'Estaing avait de temps à autre recours aux conseils de Pierre Juillet, l'hostilité portée par ce dernier à la ligne présidentielle ne faisait aucun doute.

Mais les apparences sont souvent trompeuses. Et c'est le cas au lendemain de cette première élection au suffrage universel direct des députés européens. Le camp présidentiel a gagné une bataille mais n'a pas gagné la guerre – même si l'un des responsables de l'UDF, Michel Pinton, déclare au *Matin de Paris* que le RPR n'est plus désormais pour la majorité qu'une force d'appoint et que Jacques Chirac est « en chute libre[1] ». Car tout indique que la partie de bras de fer engagée entre les deux composantes de la majorité n'est pas près de se terminer. Et surtout les passions accumulées de part et d'autre sont d'une telle violence qu'elles peuvent difficilement se dissoudre rapidement. Jacques Chirac a le sentiment d'avoir été trompé et maltraité par un président qu'il a contribué à faire élire. Valéry Giscard d'Estaing a l'impression d'avoir été trahi par le Premier ministre qu'il a choisi et par la composante néogaulliste de l'Assemblée à laquelle il estime avoir évité l'épreuve d'une dissolution consécutive à son élection en 1974. Et à ce conflit d'ordre personnel s'ajoutent des différends sérieux quant à l'orientation que doit prendre le pays. Jacques Chirac et ses amis veulent rester assez strictement dans le cadre fixé autrefois par le général de Gaulle et Georges Pompidou. À l'intérieur, ils se montrent réticents envers toute réforme tendant à aligner le droit sur les mœurs. Pour preuve, le vote négatif que Jacques Chirac et tous les anciens Premiers ministres du général de Gaulle émettront

1. *Matin de Paris*, 24 juin 1979.

quand viendra en discussion au Parlement l'avenir de la loi Veil (il avait été prévu en 1974 qu'elle serait soumise à réexamen au bout de cinq ans). Dans le domaine extérieur, les mêmes néo-gaullistes expriment spontanément leur hostilité à toute avancée de l'intégration européenne – alors même qu'un examen objectif atteste que la ligne suivie par le chef de l'État en la matière ne diffère pas fondamentalement de celle de ses prédécesseurs, le cadre intergouvernemental continuant à être privilégié. De son côté, Valéry Giscard d'Estaing, très marqué par les événements de 1968 et soucieux d'éviter qu'ils ne se renouvellent, entend faire évoluer la société dans un sens libéral et imprimer aux institutions de 1958 des correctifs garantissant un meilleur équilibre entre majorité et opposition. Et s'il assume une continuité certaine avec la diplomatie conduite par ses deux prédécesseurs, il a l'ambition de faire de l'Europe une réalité plus intégrée et susceptible de faire contrepoids aux superpuissances et, plus tard, aux pays émergents.

Mais derrière le conflit entre Giscard et Chirac se profilent aussi nettement deux styles, deux traditions antagonistes. Par sa personnalité et ses méthodes, le président du RPR incarne presque parfaitement le courant bonapartiste qui dispose de solides racines en France. Goût de l'ordre, confiance au chef, appel au peuple contre les notables, telles sont les caractéristiques de cette mouvance. Par sa famille, sa formation, ses choix, Valéry Giscard d'Estaing, on l'a dit, se rattache à la tradition dite « orléaniste » – même s'il s'affirme plutôt tocquevillien (en référence au célèbre écrivain dont le regard sur la monarchie de Juillet n'était pas tendre). Girondisme affirmé, respect des corps intermédiaires, acceptation des réformes lorsqu'elles s'imposent, répondant à une demande sociale évidente : autant de points cardinaux de l'orléanisme, assumé et même revendiqué par Valéry Giscard d'Estaing. Entre les deux courants, le duel n'est pas près de s'apaiser. Et s'il a remporté de vrais succès dans les urnes, le président de la République ne peut ignorer que le libéralisme dont il se réclame n'a jamais eu que de fragiles appuis en France. Indépendamment de la monarchie de Juillet, le gouvernement de Waldeck-Rousseau, artisan de réformes fondamentales au début du XXe siècle, et celui de Paul Reynaud plus tard ont été les seuls épisodes durant lesquels les idées dont il se réclame ont été au pouvoir. Encore ne le sont-elles pas restées longtemps.

LE SECOND CHOC PÉTROLIER (1978-1981) : CONSÉQUENCES POLITIQUES ET DIPLOMATIQUES

Jenny Raflik

Le 27 avril 1978, en Afghanistan, un coup d'État de Mohammad Taraki, le chef du Parti démocratique du peuple afghan (PDPA), prosoviétique, renverse le gouvernement du général Daoud, lui-même arrivé au pouvoir par la force cinq ans plus tôt. Taraki instaure une République populaire. Mais, dans le pays, les islamistes s'agitent. D'autant que, dans l'Iran frontalier, les manifestations se multiplient contre le shah, qui décrète la loi martiale à Téhéran le 8 septembre. La situation ne cesse de s'y détériorer. Le 11 février 1979, le shah est destitué et l'ayatollah Khomeiny prend le pouvoir. Pour protéger le régime afghan, quelques milliers de soldats soviétiques débarquent discrètement à Kaboul, où la situation est de plus en plus confuse. Le 16 septembre, le président Taraki est assassiné sur ordre de son Premier ministre, Hafizullah Amin. L'URSS, inquiète de la situation, intervient. Le 24 décembre, l'Armée rouge prend le contrôle des aéroports. Trois jours plus tard, 20 000 hommes envahissent le pays et prennent Kaboul.

En quelques mois, la révolution iranienne et l'invasion soviétique de l'Afghanistan modifient profondément l'équilibre des relations internationales. Plus que les contemporains n'en ont alors conscience[1]. Elles remettent en cause, *a minima*, l'équilibre de la détente. L'Iran vient de basculer dans le camp anti-américain. L'URSS, dont on ne sait pas encore qu'elle vient de mettre le doigt dans l'engrenage du bourbier afghan, semble avancer ses pions au Moyen-Orient. Un nouvel acteur entre sur la scène internationale : l'islamisme, que le camp occidental pense pouvoir utiliser contre les Soviétiques en Afghanistan, tout en le combattant en Iran.

Mais c'est aussi par leurs conséquences économiques que ces événements bouleversent la scène mondiale. La révolution iranienne prive le marché international de 6 millions de barils de pétrole par jour. Loin de compenser le manque à produire iranien, les pays de l'Opep, poussés par l'Irak, la Libye, l'Algérie et

1. Jenny Raflik, *Terrorisme et Mondialisation*, Paris, Gallimard, 2014.

l'Iran de Khomeiny, laissent monter les prix en dépit des efforts de l'Arabie saoudite pour les limiter. Le prix du baril passe de 13 dollars en 1978 à 24 dollars en décembre 1979, puis à 32 dollars en décembre 1980. En deux ans, les prix ont triplé. Par rapport à 1973, ils ont décuplé. Les dépenses énergétiques explosent. À partir de 1979, les échanges extérieurs entrent dans une période de déficit durable.

C'est au début de cette période de profondes transformations qu'en novembre 1978, Jean François-Poncet succède au Quai d'Orsay à Louis de Guiringaud. Fils d'ambassadeur, lui-même entré dans la carrière dès sa sortie de l'ENA, il a fait partie de la délégation française chargée de négocier le traité du Marché commun. Il a été sous-directeur des Affaires européennes au Quai d'Orsay et, après 1974, secrétaire général de la présidence de la République. Mais si la politique européenne, qu'il maîtrise parfaitement, a dominé, indéniablement, les premières années du septennat, le durcissement soudain de la guerre froide modifie la donne. Dans le contexte de bouleversements que connaît le monde, les objectifs de la politique extérieure de la France que dirigent Valéry Giscard d'Estaing et Jean François-Poncet ne paraissent pas forcément lisibles pour les contemporains. Accusé de faiblesse face à l'URSS, tant dans la crise afghane que dans la crise polonaise, Giscard peine à convaincre de la logique de ses décisions. Les impératifs de la politique nationale semblent en effet parfois l'emporter sur les questions extérieures.

Pourtant, dans ces années de tourmente, face à la remise en cause de l'équilibre mondial, deux axes dominent : sauver, coûte que coûte, la détente et maintenir des relations privilégiées avec les non-alignés, en Afrique comme dans le monde arabe.

La France face au tournant de 1979

En l'espace de quelques mois, la révolution iranienne et l'invasion de l'Afghanistan remettent en cause l'équilibre international. Elles obligent aussi la France à se positionner.

La France entretenait des relations importantes avec l'Iran du shah, mais sans naïveté. Valéry Giscard d'Estaing n'est d'ailleurs pas surpris de l'évolution de la situation politique en Iran. Dans ses mémoires, *Le Pouvoir et la Vie*, il raconte qu'il a plusieurs fois mis en garde le shah contre des réformes trop hâtives : « Sire, vous êtes en train de fabriquer une révolution ! L'Iran est encore un pays à prédominance rurale. Il est impossible de faire passer sa population, en une seule génération, de sa condition paysanne à celle d'ouvriers spécialisés de l'industrie ou de sous-officiers d'une armée sophistiquée. Il y faut du temps, au moins deux ou trois générations[1]. »

Le président français s'énerve à plusieurs reprises de l'attitude du shah. Le jeune diplomate Jean-David Levitte est « témoin de l'agacement du chef de l'État lorsque le shah, au moment du feu d'artifice [tiré en son honneur, à Versailles, en 1974], déclare : "Voilà les derniers feux des puissances descendantes avant l'ascension de nouvelles puissances, la Chine et l'Iran !"[2] ». De fait, importantes, les relations entre les deux pays sont aussi porteuses, dans leur développement, de lourds contentieux.

C'est le cas des relations économiques, renforcées au gré des visites réciproques. Lors de son voyage à Paris en juin 1974, le shah passe de nombreuses commandes (métro, chemin de fer…), pour un montant supérieur à 20 milliards de francs. L'Iran achète le Sécam, procédé français de télévision en couleur. À la suite du voyage du Premier ministre Jacques Chirac à Téhéran en décembre 1974, une autre série de contrats est signée, pour un montant de 35 milliards. « La France deviendra en 1975 le premier fournisseur de l'Iran, alors qu'elle est aujourd'hui au quatrième rang[3] », déclare Jacques Chirac à sa descente de l'avion. La presse souligne que jamais la France n'a conclu des accords économiques d'une telle ampleur en une seule fois. *Le Monde* souligne que cela « reflète également un accord global avec les options diplomatiques de Paris, notamment après les récents "sommets"[4] ». Mais derrière l'apparente idylle se profilent des contrats amenés à peser tragiquement dans les relations entre la France et l'Iran : ceux concernant le nucléaire.

Le shah a, en 1974, décidé de lancer son pays dans la course au nucléaire pour préparer « l'après-pétrole ». Un objectif a été fixé : en 1994, plus de 50 % de la capacité électrique du pays

1. VGE, *Le Pouvoir et la Vie*, Paris, Compagnie 12, t. I, p. 101.
2. Éric Roussel, *Valéry Giscard d'Estaing*, Paris, Humensis, 2018, p. 434.
3. André Passeron, « La France deviendra en 1975 le premier fournisseur de l'Iran, déclare M. Jacques Chirac », *Le Monde*, 25 décembre 1974.
4. *Ibid.*

doit être d'origine nucléaire. Pour cela, le shah s'appuie sur trois partenaires essentiels : la France, les États-Unis et la RFA. Pour la France, le programme prévoit la fourniture de cinq centrales nucléaires (Framatome), construites en plusieurs étapes. Surtout, l'Iran s'associe au projet Eurodif. Pour cela, la France et l'Iran créent la Sofidif (Société franco-iranienne pour l'enrichissement de l'uranium par diffusion gazeuse). Le shah accorde un prêt de 1 milliard de dollars au CEA pour la construction de l'usine d'enrichissement de l'uranium du Tricastin. En échange, l'Iran bénéficie d'une participation dans Eurodif, qui doit lui permettre de disposer de 10 % de la production d'uranium enrichi. L'accord évoque aussi l'exploitation commune des gisements d'uranium qui pourraient être découverts en Iran et la formation de scientifiques iraniens.

Mais le programme nucléaire iranien est contesté par les opposants au régime. Et face aux pressions, le 27 janvier 1979, le Premier ministre Chapour Bakhtiar annonce son intention d'annuler le contrat de 1977 avec Framatome, lequel prévoyait la construction de deux centrales près d'Abadan. « L'Iran, qui a des réserves de gaz pour quatre-vingt-dix ans encore, n'a pas besoin de réacteurs atomiques, d'autant que leurs prix sont exorbitants et que, construits maintenant, ils seront démodés dans une dizaine d'années[1] », explique le Premier ministre Chapour Bakhtiar à la télévision iranienne. En réalité, en proie à de graves difficultés économiques, et face au mouvement antinucléaire important dans les milieux religieux, l'Iran annule tous les projets de centrales nucléaires. Le seul contrat maintenu est celui conclu avec la firme allemande Kraftwerk, pour deux centrales à Bousher, dont les travaux sont alors trop avancés pour être arrêtés. La chute du shah met brutalement fin, le mois suivant, à tous les accords. D'autant que le guide suprême, l'ayatollah Khomeiny, est hostile à l'énergie nucléaire. C'est le début du contentieux entre la France et l'Iran sur le dossier Eurodif. Téhéran demande d'abord à Paris le remboursement du prêt. Après la mise en service de l'usine, en 1981, il réclame les 10 % de la production auxquels il a contractuellement droit ; ce que la France refuse.

Parallèlement aux relations économiques, un autre élément empoisonne les relations entre la France et l'Iran : la présence sur le sol français de réfugiés iraniens.

---

1. Archives, « M. Bakhtiar annonce la réduction du programme nucléaire », *Le Monde*, 30 janvier 1979.

Le plus célèbre d'entre eux arrive en France en octobre 1978 : l'ayatollah Khomeiny vient de passer quatorze ans en exil en Irak et en Turquie. Il s'installe à Neauphle-le-Château.

> Lorsque ce dernier est arrivé à Paris venant d'Irak, le président se trouvait en visite au Brésil, à Manaus, raconte Jean-David Levitte [à Éric Roussel]. Informé par téléphone, il a donné des instructions. C'est ainsi que Claude Chayet, responsable des étrangers en France, a été chargé de se rendre auprès de Khomeiny et de vérifier l'état de son passeport. Or, il est vite apparu qu'il était détenteur d'un passeport iranien parfaitement en règle. Le président a donc appelé le shah pour connaître son point de vue : « Gardez-le, lui a dit l'empereur, sinon il ira ailleurs » […]. Le président n'était évidemment guère enthousiasmé par cette perspective, mais il s'est conformé à l'avis qu'il venait de recevoir[1].

La demande du shah est si surprenante que le directeur du SDECE, Alexandre de Marenches, décide de s'envoler pour Téhéran afin de vérifier l'information. « Si vous ne gardez pas Khomeiny en France, il ira à Damas en Syrie. C'est trop près de l'Iran. J'ai des informations qui m'indiquent que, s'il ne va pas à Damas, il se rendra à Tripoli chez le colonel Kadhafi. C'est ce qui peut arriver de pire[2]. » Le shah préfère savoir son pire opposant dans un pays ami qu'ennemi. Si l'ayatollah peut rester à Paris, il lui est notifié qu'il doit, comme à tous ceux qui bénéficient du droit d'asile, s'abstenir de toute activité politique. Ce qui ne l'empêche pas de recevoir tous les jours ses partisans à Neauphle, d'où partent des cassettes de ses prêches à destination de l'Iran, lesquels contribuent à nourrir les rangs des opposants au shah. Au même moment, des intellectuels français, comme Michel Foucault et Jean-Paul Sartre, pensent voir en ce « saint homme exilé en France[3] » un héros révolutionnaire progressiste. Le 1er février 1979, Khomeiny, accompagné de 40 de ses fidèles, rentre en Iran, à bord d'un avion d'Air France. L'appareil spécialement affrété, un Boeing 747, compte 349 sièges. Il n'embarque

1. Éric Roussel, *Valéry Giscard d'Estaing*, *op. cit.*, p. 435.
2. Alexandre de Marenches, Christine Ockrent, *Dans le secret des princes*, Paris, Stock, 1986, cité par Éric Roussel, *Valéry Giscard d'Estaing*, *op. cit.*, p. 436.
3. Julien Cavagnis, « Michel Foucault et le soulèvement iranien de 1978 : retour sur la notion de "spiritualité politique" », *Cahiers philosophiques*, n° 3, 2012, p. 51-71.

que 200 passagers, laissant au sol à Paris un grand nombre de candidats au départ : il s'agit de remplir à ras bord les réservoirs de kérosène pour faire demi-tour sans avoir à se poser « au cas où l'affaire tournerait mal », précise un responsable de l'aéroport de Roissy-Charles-de-Gaulle avant le décollage. À Téhéran, des graffitis remercient la France d'avoir accueilli Khomeiny.

Ils sont vite remplacés par d'autres, plus hostiles. C'est que le jeu des exilés a opéré un curieux chassé-croisé. Alors que Khomeiny quitte la France pour prendre le pouvoir à Téhéran, le dernier Premier ministre du shah, Chapour Bakhtiar, arrive à Paris. Pour fuir, il s'est déguisé en steward d'Air France. C'est de la région parisienne qu'il dirige le Mouvement de résistance nationale de l'Iran, qui combat le régime de Khomeiny. Le 18 juillet 1980, le dernier Premier ministre du shah échappe de peu à une tentative d'assassinat, à Neuilly, qui coûte la vie à sa voisine et à un policier chargé de sa sécurité. Le commando, envoyé par Khomeiny, est dirigé par Anis Naccache, qui est arrêté et condamné à la perpétuité. Encore un sujet de contentieux entre la France et l'Iran, qui réclame sa libération. D'autres anciens proches du shah se réfugient en France. Le régime les poursuit et envoie ses hommes les éliminer. Le général Oveissy (ancien gouverneur militaire de Téhéran et chef d'état-major du shah) et son frère sont assassinés à Paris en 1984. Chapour Bakhtiar l'est finalement lui aussi, en 1991, à Suresnes.

Les contentieux sur Eurodif, l'accueil d'anciens responsables du régime impérial en France, puis la détention d'Anis Naccache, nourrissent une série d'attentats organisés depuis Téhéran sur le sol français : attentats à la bombe en 1985-1986, série d'assassinats politiques entre 1980 et les années 1990.

Pendant ce temps, en Iran, la révolution se radicalise. Si les Américains ont préféré, un temps, soutenir la prise de pouvoir de Khomeiny par crainte du PC iranien, la prise d'otage du personnel de leur ambassade à Téhéran, à partir du 4 novembre 1979, marque le basculement du pays dans le camp anti-américain. Dans le sillage de la révolution iranienne, l'islamisme radical se développe au Proche-Orient et au Maghreb, sans que les Occidentaux perçoivent encore très bien l'évolution en cours. Notamment parce que parallèlement, dans le pays voisin, l'Afghanistan, les mêmes islamistes combattent l'ennemi commun : le communisme.

Depuis le coup d'État communiste d'avril 1978, l'influence soviétique en Afghanistan ne cesse de se renforcer. En réalité, le pays est passé depuis plusieurs années déjà dans la sphère d'influence soviétique. Celle-ci devient seulement plus visible. Mais au cours de l'année 1979, la brutale dégradation de la situation conduit l'URSS à envahir militairement l'Afghanistan. Le 24 décembre, Moscou occupe Kaboul en même temps qu'un coup d'État amène au pouvoir l'un des chefs du parti populaire démocratique, Babrak Karmal. Les Soviétiques justifient leur intervention par un appel au secours des autorités afghanes confrontées à une rébellion islamiste. L'argument soviétique convainc peu, si ce n'est dans le camp communiste. Mais il ne surprend pas forcément. Gabriel Robin souligne que des concertations avaient eu lieu précédemment entre les puissances occidentales pour savoir comment réagir dans une telle situation.

Pour autant, deux interprétations de l'intervention soviétique semblent possibles, en décembre 1979 : la première tend à analyser l'invasion de l'Afghanistan comme une tentative pour sauver un régime communiste menacé. Il n'y aurait donc pas de menace pour la détente. Au contraire, ce serait là le signe d'une faiblesse soviétique. Une simple aide à la résistance locale serait alors une réponse suffisante. La seconde voit dans l'invasion soviétique la première étape d'une opération plus vaste, visant le Golfe ou le Pakistan. Dans ce cas, c'est non seulement la détente mais tout l'équilibre des relations internationales qui est menacé. La réplique ne peut alors être que globale[1]. Ces deux hypothèses font l'objet de débats, non seulement entre alliés, mais aussi, en interne, entre experts.

La réaction américaine s'embarrasse peu, néanmoins, de ces considérations. Dès le 4 janvier 1980, le président Carter annonce le report du débat sur la ratification des accords Salt II, l'interruption des échanges culturels, de l'exportation des produits stratégiques et de haute technologie, ainsi qu'un embargo partiel sur les exportations de céréales. Il évoque déjà la possibilité d'un boycott des JO de Moscou. Londres et Bonn jouent la carte de la solidarité atlantique. Mais Paris entend garder sa liberté d'action : pour ne pas paraître trop aligné sur Washington et maintenir une position d'arbitre de la France entre l'Est et l'Ouest nécessaire à la sauvegarde du dialogue avec Moscou. D'où des « réactions

1. Témoignage de Gabriel Robin, *in* Samy Cohen, Marie-Claude Smouts (dir.), *La Politique extérieure de VGE*, Paris, Presses de la FNSP, 1985, p. 258-259.

françaises faites de surprise, d'hésitations et d'une volonté de ne pas abandonner la détente[1] ».

Face à l'invasion soviétique de l'Afghanistan, souligne Michel Tatu, « le processus de réaction en France ne s'écarte pas du modèle suivi en 1968 après l'intervention en Tchécoslovaquie : [...] réservé et modéré au début, plus ferme dans le langage au fur et à mesure que se développe la réaction de l'opinion publique[2] ».

La condamnation morale est sans appel dans les discours. Le Quai d'Orsay, dès le 28 décembre, évoque sa « vive préoccupation » et ses « légitimes inquiétudes ». La France vote le 14 janvier 1980 la résolution de l'Assemblée générale des Nations unies demandant le retrait des troupes soviétiques. Le lendemain, les ministres des Affaires étrangères des Neuf – dont Jean François-Poncet –, réunis à Bruxelles, adoptent une déclaration commune condamnant l'intervention armée soviétique en Afghanistan, une « intervention qui constitue une violation grave des principes qui régissent les relations internationales », au « caractère inacceptable », et qui « constitue à leurs yeux une ingérence flagrante dans les affaires intérieures d'un pays non aligné du monde islamique ainsi qu'une menace pour la paix, la sécurité et la stabilité de la région, y compris le sous-continent indien, le Moyen-Orient et le monde arabe[3] ».

Le sommet franco-allemand des 4 et 5 février 1980 est lui aussi consacré à l'Afghanistan. La déclaration finale évoque six points : l'intervention soviétique est inacceptable et l'URSS est invitée à y mettre fin ; la France et l'Allemagne réaffirment leur fidélité à l'Alliance atlantique ; « la détente ne résisterait pas à un nouveau choc du même ordre » ; les deux pays conviennent de la nécessité d'éviter que la confrontation Est-Ouest ne s'étende au Tiers-Monde ; ils estiment que, dans les circonstances présentes, « les puissances européennes [ont] des responsabilités particulières[4] » ; l'URSS doit confirmer son intention de retirer ses

1. Maurice Vaïsse, « Le chemin de Varsovie, la France face à l'intervention soviétique en Afghanistan (décembre 1979-juin 1980) », *Revue d'histoire diplomatique*, n° 2, 2006, p. 169.

2. Michel Tatu, « VGE et la détente », *in* Samy Cohen, Marie-Claude Smouts (dir.), *La Politique extérieure de VGE*, *op. cit.*, p. 210.

3. « Déclaration des Neuf au titre de la coopération politique (15 janvier 1980) », *Bulletin des Communautés européennes*, Luxembourg, Office des publications officielles des Communautés européennes, janvier 1980, p. 7-8.

4. Déclaration commune publiée à l'issue des entretiens du 35e sommet franco-allemand des 4 et 5 février 1980, Paris, palais de l'Élysée, mardi 5 février 1980.

troupes d'Afghanistan. Le texte est ferme dans sa condamnation de l'invasion soviétique, mais la mention des responsabilités spécifiques de l'Europe suppose également une prise de distance avec les États-Unis. Les déclarations à la presse du président français y insistent : « J'attache une grande importance à la déclaration commune franco-allemande qui a marqué à mon avis une date dans la réapparition de l'Europe comme centre nouveau de décision et d'influence dans le monde[1] », déclare-t-il au *Figaro*, le 27 février. À ses yeux, la crise afghane offre l'opportunité de « resserrer la collaboration franco-allemande dans le sens de la promotion d'une identité européenne dans la détente, distincte de la politique américaine[2] », écrit Georges-Henri Soutou.

Mais c'est moins par ses actes que par ses refus d'agir que la France se démarque effectivement des États-Unis. Dès le 5 janvier, le président Giscard d'Estaing se prononce contre des sanctions. Face aux pressions américaines, la France promet seulement, dès le 3 janvier, de ne pas livrer de céréales à l'URSS pour compenser les livraisons annulées par les États-Unis. Au fond, le Gouvernement s'interroge sur l'efficacité de l'embargo. La France semble y avoir plus à perdre qu'à gagner. Jean François-Poncet précise que « la France a pour principe de ne pas utiliser les relations commerciales qu'elle entretient avec des États à des fins politiques ». Valéry Giscard d'Estaing ajoute que des sanctions seraient « contreproductives[3] » car les pays qui en sont victimes « sont amenés à se raidir dans leur position et à ne pas entrer dans la recherche d'une solution[4] ». Revenant, en 1985, sur cette question, Jean François-Poncet ajoute :

> Le problème des sanctions est double : comment les appliquer efficacement ? Comment les lever ? À partir du moment où vous dites : « l'entrée des troupes soviétiques en Afghanistan est inacceptable ; j'arrête mes livraisons de blé à l'URSS », on peut conclure que, le jour où les sanctions sont levées, l'occupation de l'Afghanistan, si elle n'a pas cessé, est approuvée. Sauf à maintenir

1. Déclaration de VGE au *Figaro*, 27 février 1980, citée par Henri Ménudier : « VGE et les relations franco-allemandes », *in* Samy Cohen, Marie-Claude Smouts (dir.), *La Politique extérieure de VGE*, *op. cit.*, p. 79.
2. Georges-Henri Soutou, *La Guerre froide de la France, 1941-1990*, Paris, Tallandier, 2018, p. 442-443.
3. Déclaration de Jean François-Poncet à Europe 1, citée par Michel Tatu, « VGE et la détente », *op. cit.*, p. 211.
4. Déclaration de VGE à la presse, 5 février 1980, citée par Michel Tatu, « VGE et la détente », *op. cit.*, p. 211.

les sanctions pendant 5 ou même 10 ans. Mieux vaut y réfléchir à deux fois[1].

Or, la France ne croit pas à un règlement rapide du dossier afghan.

Prise sans consultation préalable, l'annonce américaine du boycott des JO pose encore plus de problèmes au Gouvernement, car elle suscite un vaste débat national. Dès le 7 janvier, Jean François-Poncet explique : « Très honnêtement, je ne crois pas qu'il y ait un intérêt à utiliser les Jeux olympiques comme une arme de caractère politique. » Un collectif de boycott des olympiades de Moscou se crée. À droite et à gauche, des intellectuels s'engagent. Le conseil des ministres du 24 janvier en débat largement. L'ambassadeur de France à Moscou, Henri Froment-Meurice, est partisan du boycott[2]. Chargé de rédiger le communiqué, Gabriel Robin fait qu'il soit impossible de revenir en arrière. Le refus du boycott se justifie à ses yeux par plusieurs arguments : tout d'abord Carter avait annoncé que même si l'URSS se retirait d'Afghanistan, le boycott serait maintenu, ce qui lui faisait perdre tout caractère de pression pour obtenir le retrait. Ensuite, il « s'accompagnait d'un débordement de propagande au terme duquel tout cela ressemblait beaucoup aux Jeux olympiques de Berlin en 1936, laissant entendre que, finalement, entre Brejnev et Hitler, c'était pratiquement blanc bonnet et bonnet blanc, ce qui, quoi qu'on pense de Léonid Brejnev et de la menace réelle que représente l'Union soviétique, me paraît une erreur d'analyse ». De plus, ajoute-t-il, « c'était naturellement nous mettre dans une position où celui qui était le plus puni, ce n'était pas l'Union soviétique, c'était nous ». Car les sportifs français et les Français attendaient ce rendez-vous sportif et populaire. Enfin, « nous nous serions coupés d'un certain nombre de pays du Tiers-Monde qui, de toute façon, étaient décidés à aller aux Jeux olympiques[3] ». Mais signe du malaise, le gouvernement français prétend ne pas vouloir interférer dans la décision du comité olympique national,

1. Témoignage de Jean François-Poncet, *in* Samy Cohen, Marie-Claude Smouts (dir.), *La Politique extérieure de VGE*, *op. cit.*, p. 258.

2. Henri Froment-Meurice, *Vu du Quai. Mémoires 1945-1983*, Paris, Fayard, 1998, p. 563-565.

3. Témoignage de Gabriel Robin, *in* Samy Cohen, Marie-Claude Smouts (dir.), *La Politique extérieure de VGE*, *op. cit.*, p. 253.

et l'ambassadeur Henri Froment-Meurice est opportunément en voyage hors de Moscou le jour de l'ouverture des Jeux.

Sauver la détente coûte que coûte ?

Malgré les divergences qui peuvent se faire jour entre responsables français sur le boycott ou les sanctions, Maurice Vaïsse souligne qu'« un consensus se dégage peu à peu : l'affaire afghane frappe de plein fouet la politique française, bâtie sur la détente depuis plus de 15 ans. Il convient de sauver la détente[1] ». Gabriel Robin le confirme dans une note de janvier 1980 : « pour nous Français, c'est un pan entier de notre politique qui est en cause[2] ». Cette obsession se lit dans toutes les déclarations officielles. Le 9 janvier, le Gouvernement souligne « l'atteinte » que le coup de Kaboul a portée à la détente, à laquelle « la France est attachée d'une manière sincère, mais non inconditionnelle[3] ». À partir de ce moment, le vocabulaire évolue légèrement. Le 26 février, Valéry Giscard d'Estaing déclare à la télévision que le mot « ne décrit pas très exactement la situation actuelle ». Aussi préfère-t-il parler de « coopération pour la paix », d'« effort coordonné en direction de la paix », puis de « stabilisation des relations Est-Ouest[4] ». Mais il attache une importance essentielle au rôle que la France peut jouer dans cet équilibre.

Il ne veut pas, notamment, renoncer au principe des rencontres périodiques avec les dirigeants soviétiques, instauré par le protocole de 1970. Il pense que la France peut peser dans le conflit afghan, et que ces rencontres sont un moyen de convaincre Moscou. Dès le 5 février, il déclare à la presse : « Il est important que chacun des grands acteurs de la vie internationale sache exactement les données dont il doit tenir compte dans ses décisions à venir. » C'est la raison pour laquelle l'ambassadeur de France à Moscou reçoit pour instruction de se rendre au défilé du 1er mai 1980 sur la place Rouge, alors que tous ses collègues occidentaux boycottent la manifestation. Parce que Paris pense (comme le déclare Jean

1. Maurice Vaïsse, « Le chemin de Varsovie, la France face à l'intervention soviétique en Afghanistan (décembre 1979-juin 1980) », art. cit., p. 176.
2. Note de Gabriel Robin, 17 janvier 1980, citée *in ibid.*
3. Michel Tatu, « VGE et la détente », *op. cit.*, p. 210.
4. Déclaration de VGE à Antenne 2, le 27 janvier 1981.

François-Poncet devant la commission sénatoriale des Affaires étrangères, le 7 mai 1980) qu'il n'est pas « opportun d'interrompre le courant normal de nos relations avec l'Union soviétique[1] ».

La rencontre de Varsovie soulève de vives critiques, tant sur le plan national – tous les opposants à Giscard s'en sont saisi – que sur le plan international. D'autant que contrairement à Helmut Schmidt, qui rencontre aussi Brejnev quelques mois plus tard, le président français n'a pas consulté ses alliés avant de prendre, assez tôt, sa décision.

Michel Poniatowski est envoyé à Varsovie, auprès du dirigeant polonais Edward Gierek, les 24 et 25 avril. Il en revient avec plusieurs pistes d'analyse de la situation : si les Russes ont durci leur position, c'est dû, explique-t-il au président, à la maladie de Brejnev, et à l'ouverture éventuelle de sa succession. C'est également la conséquence de l'obsession russe de l'encerclement : « l'opération d'Afghanistan […] exprime d'abord une volonté de rompre l'encerclement et d'enfoncer un coin entre le "front" du Moyen-Orient et celui de l'Extrême-Orient[2] ». Il incrimine aussi l'incohérence de la politique américaine. Mais Poniatowski est surtout convaincu que les Soviétiques sont à la recherche d'une porte de sortie :

> Ils sont embarrassés. C'est une occupation difficile, contestable et contestée, avantage et coût politique se contrebalançant. […] Ils veulent rechercher une solution mais ne sont pas pressés. Ils sont prêts à se retirer d'Afghanistan mais il ne faut pas que ce retrait permette à l'Afghanistan de basculer dans le camp occidental. Ce pays qui est un allié traditionnel de la Russie doit le rester[3].

Il existe donc une fenêtre de négociations. D'autres, Raymond Barre, Arthur Conte, ancien président de l'ORTF et ami du président, et même Helmut Schmidt, lui conseillent d'y aller. Le conseiller diplomatique de l'Élysée, Pierre Leclercq, met tout de même le président en garde : l'opinion risque de ne pas comprendre cette démarche[4]. Jean François-Poncet est également sceptique. Il craint de voir la France perdre ses appuis à l'Ouest sans gagner en

1. Michel Tatu, « VGE et la détente », *op. cit.*, p. 212.
2. Compte rendu de Michel Poniatowski au président, cité par Éric Roussel, *Valéry Giscard d'Estaing*, *op. cit.*, p. 440-441.
3. *Ibid.*
4. Note de Pierre Leclercq, 7 mai 1980, citée par Georges-Henri Soutou, *La Guerre froide de la France, 1941-1990*, *op. cit.*, p. 446.

crédibilité à l'Est. Mais Valéry Giscard d'Estaing pense pouvoir influencer Brejnev. Son intérêt et son attirance pour la Russie et sa culture jouent sans doute. Valéry Giscard d'Estaing relit régulièrement *Guerre et Paix* et a, sur son bureau, une photo de la tombe de Tolstoï, dont il s'inspirera pour sa propre sépulture à Authon. Il apprécie Brejnev : « un homme de parole[1] ». Il veut donc lui parler, et lui parler franchement.

La rencontre a lieu le 19 mai au château de Wilanow, dans la banlieue de Varsovie. Le président n'est accompagné que du ministre des Affaires étrangères. Seuls Jimmy Carter, Margaret Thatcher et le président italien Cossiga ont été informés par lettre, mais non consultés. La discussion dure trois heures. Brejnev est très diminué par la maladie. Giscard lui propose une conférence internationale sur l'Afghanistan. Il souligne que Moscou doit annoncer son intention de retrait. Le ton est ferme, et surprend son interlocuteur : « Les propos tenus par le président de la République ont été considérés comme des propos durs, dans la mesure où l'accent a été mis essentiellement sur la nécessité de mettre fin à l'occupation de l'Afghanistan[2] », témoigne l'ambassadeur de France à Moscou, Henri Froment-Meurice. Mais si les Soviétiques sont effectivement surpris par le ton du président français, les commentateurs l'accusent de faiblesse. Aucun résultat immédiatement visible ne sort de la rencontre. Et les tenants d'une ligne dure face à l'URSS tiennent le devant de la scène médiatique et politique, emmenés par Raymond Aron.

Est-ce pour leur répondre ? Est-ce par maladresse ? Désireux de justifier son voyage à Varsovie, Valéry Giscard d'Estaing annonce aux Neuf, réunis à Venise le 23 juin à la veille du sommet du G7, que les Soviétiques amorcent leur retrait d'Afghanistan. Ils en rapatrient une division. En réalité, il s'agit d'une rotation normale d'unités, qui ne correspond à aucune baisse des effectifs sur le terrain. Valéry Giscard d'Estaing a parlé d'un retrait « significatif », d'un pas « dans la bonne direction », voire du début d'un « calendrier de retrait ». « J'observe, dit-il, que les entretiens que j'ai eus à Rambouillet avec M. Brejnev ont, dans une certaine mesure, ouvert la voie à une première réduction des effectifs soviétiques en Afghanistan[3]. » Cette déclaration, qui lui vaut le surnom de « petit

1. Cité par Éric Roussel, *Valéry Giscard d'Estaing*, *op. cit.*, p. 302.
2. Henri Froment-Meurice, *Vu du Quai*, *op. cit.*, p. 572
3. Conseil européen, DOC/80/2, *Déclaration du Conseil*, Venise, 23 juin 1980.

télégraphiste » donné par François Mitterrand, collera longtemps à son image. En 1985, Jean François-Poncet défend Giscard : « Le communiqué de la conférence de Venise est clair. […] Il dit de façon très nette que les retraits partiels de troupes n'auront de signification que s'ils conduisent à un retrait total. […] Fallait-il afficher un scepticisme immédiat ? Ne fallait-il pas plutôt feindre de considérer ce premier mouvement comme quelque chose de positif[1] ? » Mais la polémique ne s'arrête pas là. Car il ajoute, le même jour : « Faut-il qu'un pays aide militairement la rébellion afghane ? Ma réponse est négative. La France se prononce pour la recherche d'une solution politique. »

« De toutes les déclarations faites, concède Jean François-Poncet, c'est celle qui m'a plus gêné, parce qu'elle était contraire à l'analyse que nous faisions[2]. » Signe du malaise, le mot « rébellion » est d'ailleurs modifié en « résistance » dans la version finale de ses déclarations, publiée par la Documentation française[3]. Cet incident supplémentaire achève de rendre confuse la position française, dont la lecture est d'autant plus difficile que dans l'esprit de Valéry Giscard d'Estaing, deux affaires se trouvent rapidement liées : la crise afghane et la situation en Pologne.

Le 14 août 1980, 16 000 ouvriers des chantiers navals Lénine de Gdansk se mettent en grève, initiant le mouvement qui donne naissance au syndicat Solidarność, lequel réunit rapidement 10 millions de membres, soit près d'un tiers de la population polonaise. Ce mouvement à la tonalité si particulière passionne les Français. Et inquiète Moscou.

Dans ce contexte, Valéry Giscard d'Estaing est également accusé de faiblesse. Il a indéniablement prêté le flanc à la critique. Dès son arrivée au pouvoir, il a supprimé les émissions en ondes courtes vers l'Europe orientale et la Russie. Mais ce sont ses déclarations à la presse qui jettent le trouble. La Pologne, déclare-t-il sur Antenne 2, le 27 janvier 1981, « doit tenir compte de sa situation géographique et stratégique », une situation qui « ne peut être ni ignorée ni modifiée ». Elle se trouve « à l'intérieur du bloc soviétique et les communications du bloc soviétique passent au travers

1. Témoignage de Jean François-Poncet, *in* Samy Cohen, Marie-Claude Smouts (dir.), *La Politique extérieure de VGE*, *op. cit.*, p. 258.
2. *Ibid.*
3. Déclaration du président VGE, à Venise, le 23 juin 1980, *in La Politique étrangère de la France*, Paris, La Documentation française, 2e trimestre 1980, p. 212.

de la Pologne. Ce qui ignorerait ces données géographiques et stratégiques n'a aucune chance d'être acceptable pour l'Union soviétique[1] ». Cette référence aux « blocs, souligne Michel Tatu, une notion que toute la politique française depuis de Gaulle avait constamment répudiée, [...] était à ce point incongrue que même Jean François-Poncet crut devoir la démentir : "le président de la République n'a jamais dit ce que vous venez de dire", répond-il à une question qui reprend les termes mêmes du président au cours d'une rencontre avec la presse diplomatique, le 6 mars 1981[2] ».

Pourtant, Valéry Giscard d'Estaing va encore plus loin, en précisant dans la même interview celles, parmi les réformes engagées par la Pologne, qui peuvent être acceptables ou non par l'URSS : « Les réformes économiques telles qu'elles peuvent être envisagées en Pologne doivent être, à mon avis, acceptables pour l'Union soviétique[3]. » Les réformes économiques, mais pas politiques. Plus encore, il rend hommage à la « retenue de l'Union soviétique » en Pologne...

Cependant, montre Georges-Henri Soutou, « l'étude des archives et de la littérature désormais disponibles permet d'abord de corriger le récit habituel[4] ». Mais cela suppose de replacer l'affaire polonaise dans le cadre plus large du durcissement de la guerre froide, et notamment de la crise afghane. De fait, Valéry Giscard d'Estaing ne découvre pas la situation en Pologne à l'été 1980. Depuis 1978, il suit avec attention les évolutions de la crise économique qui frappe le pays. Et lorsqu'il envoie Poniatowski rencontrer Gierek en avril 1980, avant la rencontre de Varsovie, celui-ci lui rapporte aussi un récit inquiétant de la situation. Poniatowski craint que la dégradation de la situation polonaise ne conduise l'URSS à y intervenir militairement. Et dès lors, l'objectif de Valéry Giscard d'Estaing est d'en dissuader les Soviétiques. « À partir de là, écrit Georges-Henri Soutou, Valéry Giscard d'Estaing associa étroitement dans ses réflexions la crise afghane et la situation de la Pologne, car si les Soviétiques ne rencontraient aucune résistance occidentale à propos de l'Afghanistan, ils seraient encouragés à intervenir en Pologne[5]. »

1. Interview télévisée de VGE, Antenne 2, 27 janvier 1981.
2. Michel Tatu, « VGE et la détente », *op. cit.*, p. 215.
3. Interview télévisée de VGE, Antenne 2, 27 janvier 1981.
4. Georges-Henri Soutou, *La Guerre froide de la France, 1941-1990*, *op. cit.*, p. 445.
5. *Ibid.*

Face à ce qui passe pour de la complaisance vis-à-vis de l'URSS, les relations avec le bloc occidental s'apparentent, au contraire, à une politique de distance, dans la continuité de la politique gaullienne d'indépendance nationale.

C'est dans ce sens que l'on peut lire la position française face à la crise des euromissiles, même si la France n'est pas aussi inactive qu'il y paraît au premier regard. La crise s'est ouverte en 1977, lorsque le déploiement des missiles soviétiques de moyenne portée SS-20 modifie, aux dépens des Occidentaux, l'équilibre militaire en Europe. Alors que les armes de l'Otan sont vieillissantes, ces SS-20 sont beaucoup plus précis que les systèmes précédents, et plus efficaces. La France ne participe plus aux travaux militaires de l'Otan depuis 1966, elle est donc apparemment en marge des décisions prises en son sein. Pourtant, c'est sur une initiative française que se réunissent à la Guadeloupe, en janvier 1979, Giscard, Carter, Callaghan pour la Grande-Bretagne et Schmidt pour la RFA. Valéry Giscard d'Estaing raconte :

> C'est au sommet de la Guadeloupe réuni en janvier 1979 à l'invitation de la France que [Carter] acceptait, sous la pression du chancelier Schmidt, du Premier ministre britannique et de moi-même, d'indiquer à l'URSS que, si elle démantelait son système de SS-20, les pays de l'Otan pourraient reconsidérer leur décision et ne pas déployer leurs propres engins […], on disposait d'un délai d'environ trois ans pour conduire et conclure la négociation[1].

C'est l'origine de la formule dite de la « double décision », consacrée par l'Otan le 12 décembre suivant : l'Otan s'annonce prête à déployer 572 euromissiles dans cinq pays d'Europe occidentale, si et seulement si l'URSS ne démantèle pas son système de SS-20 avant 1983. Ceci fait, jusqu'à la fin du septennat, alors que les manifestations pacifiques se multiplient en RFA et dans d'autres capitales européennes, aux cris de « Mieux vaut rouge que mort », Valéry Giscard d'Estaing garde le silence sur le dossier des euromissiles. Parallèlement, néanmoins, le Gouvernement décide de mettre à l'étude une nouvelle génération d'armes nucléaires françaises, pour maintenir l'efficacité de la dissuasion dans les décennies suivantes. La France envisage en fait un programme

1. Cité par Michel Tatu, « VGE et la détente », *op. cit.*, p. 205.

national de réponse au SS-20, dans la logique de la politique nucléaire qui est celle du pays depuis de Gaulle.

Au-delà des tensions liées aux dossiers internationaux, ce sont les mauvaises relations entre Valéry Giscard d'Estaing et Jimmy Carter qui mettent à mal la solidarité du bloc occidental. Les deux hommes ne se comprennent pas : « Pendant les quatre années durant lesquelles je l'ai eu pour interlocuteur, je n'ai pas réussi à avoir avec lui des rapports stables, se souvient Valéry Giscard d'Estaing, il n'y avait pas de véritable hostilité, mais il se montrait souvent imprévisible. [...] On ne pouvait pas compter sur lui[1]. »

Les relations s'enveniment entre l'Élysée et la Maison Blanche. Le président Carter reproche à Valéry Giscard d'Estaing de se poser comme seul leader européen, alors qu'il tend à considérer que ce rôle revient à Helmut Schmidt. S'ajoutent des tensions au sujet des contacts entre Carter et Mitterrand. Giscard doit intervenir personnellement pour que le président américain ne reçoive pas le chef de la gauche française. L'incompréhension se manifeste également dans l'application de certains principes. Ainsi, pour Jimmy Carter, la question des droits de l'homme ne souffre aucune souplesse, quand pour Valéry Giscard d'Estaing le pragmatisme l'emporte. Il écrit au président américain : « Nous avons la preuve que la détente contribue à une profonde évolution des régimes socialistes. J'ai toujours été convaincu de cela[2]. »

Il veut modifier les choses en profondeur, ce qui suppose une action de longue durée. Sur ce point, sa position se rapproche de celle de Pompidou, qui était lui aussi convaincu que la détente provoquerait inéluctablement la chute du communisme. Cela suppose de la prudence. Ainsi, il refuse de recevoir le dissident André Amalrik. Mais, parallèlement, il cherche à resserrer les économies, en signant le 28 avril 1979 un programme décennal de développement de la coopération avec l'URSS. Le volume des échanges commerciaux s'accroît au point que la France devient l'un de ses quatre principaux partenaires commerciaux.

Néanmoins, là encore, la politique de Valéry Giscard d'Estaing contraste avec l'évolution de l'opinion publique, y compris française, pour laquelle l'image de l'URSS se dégrade rapidement, notamment sous l'influence des dissidents. Depuis 1974, *L'Archipel*

1. Cité par Éric Roussel, *Valéry Giscard d'Estaing*, *op. cit.*, p. 450.
2. Lettre de VGE à Jimmy Carter, 3 septembre 1980, citée par *ibid.*, p. 451.

du goulag de Soljenitsyne connaît un succès mondial. Les dissidents soviétiques reçoivent un soutien de plus en plus fort en Europe et notamment en France. « Ce qui est paradoxal, écrit Pierre Hassner, à propos de Giscard, est que ce maître de la communication et du discours n'a jamais réussi à trouver le ton juste pour les relations Est-Ouest, en particulier en période de crise. Ses échecs […] sont des échecs sur le plan du discours, de la communication[1]. » Le contexte politique intérieur a-t-il contribué à ces prises de position ambiguës ? Un article de la *Pravda* du 23 mars 1981 peut le laisser penser. Critique à l'égard de François Mitterrand, il est élogieux sur Giscard, qualifié d'« homme politique modéré et prudent qui a fortifié la position internationale de la France ces dernières années ».

Mais d'autres préoccupations de politique extérieure viennent aussi interférer dans cette gestion ambiguë des relations Est-Ouest. Gabriel Robin explique : « Il y avait quelques difficultés à expliquer qu'il fallait que les Soviétiques se retirent des territoires occupés en Afghanistan et à ne pas pouvoir dire aux pays arabes : "l'Occident est pour l'évacuation des territoires occupés en Palestine". Les pays arabes, s'ils ont été partagés dans toute cette affaire, c'est en partie pour cela[2]. » Or, Paris maintient sa politique pro-arabe, et, au-delà, sa politique à l'égard des non-alignés.

De Bokassa à Saddam Hussein : mobiliser le Tiers-Monde à travers des amitiés dangereuses

S'il veut sauver la détente coûte que coûte, c'est aussi pour maintenir ce statut si spécifique de la France, puissance mondiale, indépendante des deux blocs. Et cela passe par une politique de coopération avec les États du Tiers-Monde. Mais, « pendant le septennat de Valéry Giscard d'Estaing, l'évolution du Tiers-Monde est considérable. D'une revendication politique, il passe plutôt à une contestation économique et se fragmente sous l'effet des chocs pétroliers[3] ». Son homogénéité relative fait place à de nouveaux

1. Pierre Hassner, « Les mots et les choses », *in* Samy Cohen, Marie-Claude Smouts (dir.), *La Politique extérieure de VGE*, *op. cit.*, p. 233.

2. Témoignage de Gabriel Robin, *in* Samy Cohen, Marie-Claude Smouts (dir.), *La Politique extérieure de VGE*, *op. cit.*, p. 258.

3. Maurice Vaïsse, *La Puissance ou l'Influence ? La France dans le monde depuis 1958*, Paris, Fayard, 2009, p. 316.

pôles : des pays les moins avancés (PMA) aux nouveaux pays industrialisés (NPI). De nouveaux acteurs émergent.

Dans ce contexte, souligne Frédéric Bozo, « convaincu de l'inévitable redéfinition des rapports entre pays industrialisés et pays du Tiers-Monde après le choc pétrolier, [...] héritant de la politique d'ouverture vers le Tiers-Monde engagée par ses prédécesseurs, [Giscard] croit au rôle d'intermédiaire de la France entre les tenants d'un système libéral sans contrainte et les partisans d'une approche dirigiste[1] ». Ce sont ces principes qu'il développe, essentiellement à deux échelles : l'Afrique tout d'abord, le monde arabe ensuite.

La politique africaine de la France, axe privilégié en direction du Tiers-Monde, reflète cette évolution. Giscard hérite des accords de coopération conclus par ses prédécesseurs, et notamment Georges Pompidou. Mais l'Afrique lui tient à cœur. Il s'y rend en visites – officielles et privées – à maintes reprises. Il développe des liens privilégiés avec certains dirigeants africains. « Valéry Giscard d'Estaing avait le sentiment d'une authentique responsabilité à l'égard du continent africain qu'il voyait moins comme un réservoir de matières premières que comme une zone de faiblesse, de pauvreté, d'instabilité, où la France avait une responsabilité historique à assumer[2] », témoigne Jean François-Poncet. Indéniablement, le président Giscard d'Estaing marque d'une touche personnelle la politique africaine de la France.

Georges Pompidou avait favorisé les liens avec les anciennes colonies françaises, et accordé une importance clé à la francophonie. Valéry Giscard d'Estaing veut rompre avec une politique qu'il trouve trop paternaliste. Il veut poursuivre l'effort de son prédécesseur pour effacer le lien de dépendance des anciennes colonies à la métropole, et développer la réciprocité. Il supprime le secrétariat général pour les affaires africaines et malgaches sur lequel avait longtemps régné Jacques Foccart, vu comme un instrument d'ingérence de Paris dans les affaires intérieures des États partenaires. Ses services sont transférés au ministère de la Coopération, recréé en juin 1974. Une certaine continuité des personnels prévaut néanmoins. Le président garde auprès de lui un conseiller technique, René Journiac, qui a assisté pendant sept ans Jacques

1. Frédéric Bozo, *La Politique étrangère de la France depuis 1945*, Paris, Flammarion, coll. « Champs Histoire », 2012, p. 153.

2. Témoignage de Jean François-Poncet, *in* Samy Cohen, Marie-Claude Smouts (dir.), *La Politique extérieure de VGE*, *op. cit.*, p. 424.

Foccart et suit les dossiers. Journiac est aidé par deux chargés de mission : c'est la naissance de la cellule africaine de l'Élysée.

Giscard institutionnalise les sommets franco-africains. Georges Pompidou avait organisé le premier à Paris le 13 novembre 1973. Sous Giscard, ils deviennent annuels et sont désormais organisés alternativement en France ou en Afrique. Leur composition évolue également. Les principaux interlocuteurs de la France en Afrique restent les chefs d'État francophones. Mais le poids des solidarités historiques perd de son importance face à de nouvelles considérations, plus économiques. Et si les rapports restent étroits avec le Sénégal ou la Côte d'Ivoire – c'est depuis la base de Dakar que s'effectue en 1977 et 1978 la mission des chasseurs Jaguar contre le front Polisario en territoire mauritanien –, ils sont marginalisés par l'essoufflement des économies de ces deux pays. En revanche, le Gabon du président Bongo, converti à l'islam en 1979, devient un partenaire commercial de premier plan pour la France, à laquelle il fournit 10 % de sa consommation de pétrole. Payable en francs, le pétrole exploité par Elf permet à la France de ménager sa balance commerciale, et au Gabon de devenir un des pays les plus riches d'Afrique. Signe des bonnes relations entre les deux pays, les deux présidents se rencontrent fréquemment et la communauté française installée au Gabon se développe. Le Zaïre du président Mobutu, considéré auparavant comme une place forte des États-Unis en Afrique, prend une place nouvelle dans la stratégie française, qui relève en partie d'un pari quant à l'avenir d'un État aux ressources minières aussi diverses qu'abondantes. Giscard s'y rend en visite officielle en août 1975. Il cherche à étendre l'aire d'influence de la France à un pays traditionnellement lié aux États-Unis, à la Belgique et à l'Allemagne. Mais malgré de nombreux contrats, le commerce avec le Zaïre ne tient pas ses promesses : la proportion de ce pays dans les échanges de la France avec l'Afrique subsaharienne passe de 3,4 % en 1974 à 1,7 % en 1981. Le Nigeria, anglophone, fournit à la France environ 8 % de son pétrole brut en 1979. Et l'Afrique du Sud lui vend de l'antimoine, de la chromite, du manganèse (40 % des importations françaises) et de l'uranium (32 % des importations). La dimension économique reste essentielle dans les relations entre la France et les pays d'Afrique subsaharienne.

Mais la guerre froide rattrape l'Afrique. L'URSS commence à s'y investir à partir de 1975, y compris en zone d'influence française. Elle intervient directement en fournissant des armes, ou indirectement, *via* les soldats cubains ou sud-yéménites. C'est le cas lors de la guerre de l'Ogaden, entre l'Éthiopie et la Somalie (juillet 1977-mars 1978), ou lors de l'intervention au Zaïre des « gendarmes katangais » téléguidés par les Cubains d'Angola[1]. Louis de Guiringaud, alors ministre des Affaires étrangères, dénonce l'ingérence communiste sur TF1 le 19 mai 1978 : « Il y a des instructeurs cubains. » Mais il souligne que « la disparition d'une certaine forme de présence américaine dans le monde a encouragé les Soviétiques à profiter de toutes les situations de tension[2] ». Il en conclut qu'il incombe un rôle particulier à la France, qui « apparaît comme le seul pays qui veut faire face et qui veut aider ses amis[3] ». C'est en substance ce que Valéry Giscard d'Estaing avait expliqué à Jimmy Carter, lors de leur première rencontre en 1977 :

> La situation en Afrique est pire que vous ne le pensez. L'année dernière, les dirigeants modérés étaient sur le point de renoncer. Ils ne sont pas particulièrement courageux et ne disposent pas de structures très solides devant la pression de l'opposition et les appuis soviétiques, la solution la plus facile pour eux et la plus sûre est de choisir le camp soviétique. Si nous ne leur accordons aucun soutien, c'est ce qu'ils feront. […] C'est le cas au Mozambique, en Angola et au Congo Brazzaville. […] Au Zaïre, la situation était grave et il fallait agir. Il nous a semblé préférable que nous agissions seuls pour ne pas donner l'impression d'une coalition de l'Occident, d'impérialisme, etc.[4]

La France doit intervenir militairement à deux reprises au Zaïre pour contrer les attaques menées depuis l'Angola par le Front national de libération du Congo. En 1977, Paris envoie des conseillers militaires français et soutient l'acheminement de troupes d'élite marocaines. En mai 1978, les parachutistes français sautent sur Kolwezi pour secourir la communauté française. La France estime prendre ses responsabilités, et Giscard s'agace

---

1. Zaki Laidi, « L'URSS et l'Afrique : vers une extension du système socialiste mondial ? », *Politique étrangère*, n° 3, 1983, p. 679-699.
2. Michel Tatu, « VGE et la détente », *op. cit.*, p. 203.
3. *Ibid.*
4. Entretien du 7 mai 1977 entre VGE et Jimmy Carter, cité par Éric Roussel, *Valéry Giscard d'Estaing*, *op. cit.*, p. 452.

autant des tentatives d'immixtion de l'URSS en Afrique que de la politique « droit-de-l'hommiste » des États-Unis dans la région, qu'il juge aventureuse et inefficace.

Pourtant, dans ses interventions militaires sur le continent africain, la politique giscardienne ne se manifeste pas toujours par sa cohérence.

La France peine à gérer les dernières « décolonisations ». Aux Comores, territoires d'outre-mer depuis 1947, autonomes depuis 1961, les habitants se sont prononcés à 95 % en faveur de l'indépendance lors du référendum du 22 décembre 1974. Les Comores se proclament unilatéralement indépendantes, le 6 juillet 1975. Mais les habitants de l'île de Mayotte veulent rester français, et votent dans ce sens à 99 % en février 1976. S'ensuit une situation confuse, où se succèdent des coups d'État menés avec l'aide de mercenaires français (Bob Denard). La Côte française des Somalis fait elle aussi l'objet de revendications indépendantistes, exprimées par deux ethnies, les Afars et les Issas. Elle est en même temps convoitée par des voisins, l'Éthiopie et la Somalie. Le 3 février 1976, 31 enfants français y sont pris en otage dans leur car scolaire par le Front de libération de la Côte des Somalis (FLCS). Deux sont tués dans l'assaut qui suit, suscitant une forte émotion. Sous la pression internationale, et à la suite d'un référendum (8 mai 1977), Djibouti devient indépendant, le 27 juin 1977. Les accords de défense sauvegardent le maintien de la présence militaire française. Les Français y restent ciblés par de violentes attaques, comme l'attentat contre des militaires et des expatriés le 15 décembre 1977 commis par un mouvement nationaliste afar (6 morts, 30 blessés).

Au Tchad, ce sont les ambiguïtés de la France avec la Libye qui apparaissent au grand jour : la France est à la fois l'adversaire de Kadhafi, en s'opposant à son influence croissante au Tchad, et sa partenaire, dans des opérations de coopération civile et militaire, notamment par des concessions pétrolières accordées à la société Elf. L'annonce d'une fusion entre le Tchad et la Libye, le 6 janvier 1981, reflète le grave échec de la politique française.

Mais la politique la plus dommageable à l'image du président comme à celle de la France en Afrique est sans doute celle menée en Centrafrique. La France y apporte très tôt son soutien à Bokassa, ancien officier de l'armée française, qui y a pris le pouvoir en décembre 1965. Paris participe surtout, y compris financièrement, à son sacre ubuesque, le 4 décembre 1977. Le coût en est estimé à 100 millions de francs français. Devant les abus et les excès de cet encombrant allié, Giscard se résout à le déposer par une opération militaire, baptisée « Barracuda », le 21 septembre 1979. Mais Giscard n'en a pas terminé avec Bokassa. En octobre 1979, *Le Canard enchaîné* accuse le président d'avoir reçu de l'ex-empereur des cadeaux personnels de grande valeur, notamment des diamants. En période préélectorale, l'affaire des diamants de Bokassa prend une ampleur considérable et pèse sur le résultat de la présidentielle de 1981.

Au total, l'image de la France en Afrique est sérieusement ébranlée par ces interventions militaires. Elle se trouve accusée, y compris par ses alliés, et notamment les États-Unis de Carter, de collusion avec des régimes douteux. Elle est ébranlée par sa gestion chaotique des dernières décolonisations, à Djibouti et aux Comores. Ses interventions militaires lui valent le surnom de « gendarme de l'Afrique ». Elle est dénoncée pour son ingérence par les sommets de l'Organisation de l'unité africaine ou des pays non alignés. Et l'affaire des diamants atteint personnellement le président.

Deuxième axe de la politique française à l'égard des « non-alignés » : la politique arabe. Depuis de Gaulle, la France a fait le choix de développer une politique arabe active. Les conflits israélo-arabes de 1967 et de 1973 ont renforcé cette tendance : officiellement en faveur d'une médiation entre les deux camps, la France penche sensiblement du côté arabe. Les préoccupations économiques, depuis le premier choc pétrolier, n'y sont pas totalement étrangères. Mais la question palestinienne est également au cœur du problème. Et la diplomatie française, à l'image de Jean François-Poncet, lui accorde une place très particulière, estimant qu'une grande partie des tensions internationales, y compris la crise afghane, dépend de la solution préalable du problème palestinien : « Nous avions une stratégie claire, logique, ferme, n'excluant pas le dialogue, intégrant l'idée qu'une mobilisation du Tiers-Monde, notamment musulman, était nécessaire, mais ne serait possible qu'avec une solution du problème palestinien[1]. »

La politique arabe de la France sous Giscard a donc deux volets : le premier, politique, se caractérise par sa continuité avec

1. Témoignage de Jean François-Poncet, *in* Samy Cohen, Marie-Claude Smouts (dir.), *La Politique extérieure de VGE*, *op. cit.*, p. 258.

la politique pompidolienne de recherche d'une solution au conflit israélo-arabe par une coopération accrue avec les États arabes. Le second, plus économique après le deuxième choc pétrolier, consiste à s'appuyer sur ces mêmes États pour garantir les approvisionnements énergétiques et retrouver une forme d'équilibre de la balance commerciale.

Dès son élection, Valéry Giscard d'Estaing se fait préparer un dossier sur la question palestinienne[1]. Il en tire rapidement la conclusion que le conflit ne sera résolu que par la coexistence de deux entités territoriales, l'une juive, l'autre palestinienne. C'est l'option de la « patrie » palestinienne qui détermine dès lors sa politique dans la région.

Elle consiste, tout d'abord, à nouer des relations avec l'OLP. Le 21 octobre 1974, le ministre des Affaires étrangères, Jean Sauvagnargues, rencontre Yasser Arafat à Beyrouth. Il s'agit de la première rencontre du chef de l'organisation palestinienne avec le représentant d'un gouvernement occidental. La France va plus loin, en ouvrant à Paris, dès octobre 1975, un bureau d'information et de liaison pour l'OLP. Alors que les attentats des organisations palestiniennes se multiplient partout dans le monde depuis 1968, et trois ans seulement après l'attentat qui a ensanglanté les JO de Munich, Paris veut instaurer un dialogue légal avec l'OLP, une organisation que le monde arabe tient pour représentative du peuple palestinien, et dont le discours officiel affiche une prise de distance avec le terrorisme. La France se démarque ainsi de ses alliés occidentaux avec lesquels sa politique suscite des tensions. Surtout quand, en 1977, la France refuse l'extradition d'Abou Daoud, organisateur présumé du massacre de Munich, vers l'Allemagne ou Israël qui le réclament. L'activiste de Septembre noir est arrivé à Paris sous une fausse identité avec un visa délivré par le consulat français de Beyrouth. Paris s'empresse de l'expulser vers Alger, où il est libéré. L'Allemagne et Israël protestent officiellement. La RFA un peu plus mollement, peut-être, qu'Israël. Les Allemands craignaient en effet qu'un procès ne suscite d'autres attentats sur leur sol, et se satisfont, en définitive, de la solution apportée par les Français à un problème épineux.

Mais la situation ne cesse de se dégrader. En mars 1978, Israël envahit le Sud-Liban, d'où l'OLP lance des raids contre elle. La

1. *Ibid.*

France participe immédiatement au contingent militaire envoyé par les Nations unies, la Finul, après le vote de la résolution 425 du Conseil de sécurité, le 19 mars. La présence de 2 300 soldats français manifeste l'intérêt porté par Paris à la situation du Liban, au moment où la partition du pays est en cours sous l'action respective de la Syrie, d'Israël et des organisations palestiniennes.

Parallèlement, Valéry Giscard d'Estaing se montre très réservé à l'égard du processus de négociation qui suit la visite du président égyptien Sadate en Israël en novembre 1977. Nommé ambassadeur à Tel-Aviv en 1978, Marc Bonnefou reçoit comme directives : « se méfier beaucoup des Israéliens et être circonspect vis-à-vis du processus de paix qui s'engage[1] ». Le traité de paix entre Israël et l'Égypte signé à Washington le 26 mars 1979 est accueilli fraîchement à Paris. À l'issue du conseil des ministres du 29 mars 1979, le communiqué du Gouvernement tombe : « Force est de constater qu'un certain nombre de conditions que nous estimons indispensables, tant sur le plan de la procédure que sur celui des principes, ne sont pas remplies par les accords complexes que viennent de passer les signataires du traité de paix[2]. »

Maurice Vaïsse souligne que « l'envoi d'un télégramme de félicitations au président Sadate mais pas à son homologue israélien illustre le déséquilibre de la politique française[3] ». Au cours d'un voyage en Jordanie, Valéry Giscard d'Estaing réaffirme, à Amman, le 8 mars 1980, le droit des Palestiniens à l'autodétermination. Pour lui, c'est la question fondamentale. Il est convaincu qu'aucune solution ne peut être trouvée sans consulter les principaux intéressés. La position française, bien sûr, ne peut qu'affaiblir Sadate, déjà mis au ban de la Ligue arabe.

Comme sous Pompidou, Paris mise sur la CEE pour donner de l'ampleur à sa voix dans ce dossier. Et contrairement à 1973, où les intérêts énergétiques des partenaires européens n'étaient pas les mêmes, les positions se sont peu à peu harmonisées au sein des Neuf. Ce rapprochement atteint son apogée avec la déclaration du Conseil européen de Venise, le 13 juin 1980, où les Neuf, rappelant « les liens traditionnels et les intérêts communs qui unissent l'Europe au Moyen-Orient », réaffirment leur volonté « de jouer

1. Témoignage de Marc Bonnefou, cité par Maurice Vaïsse, *La Puissance ou l'Influence ?*, *op. cit.*, p. 380.
2. Déclaration gouvernementale du 29 mars 1979.
3. Maurice Vaïsse, *La Puissance ou l'Influence ?*, *op. cit.*, p. 381.

un rôle particulier et […] d'œuvrer de manière plus concrète en faveur de la paix ». Celle-ci doit reposer sur « la reconnaissance et la mise en œuvre des deux principes universellement admis par la communauté internationale : le droit à l'existence et à la sécurité de tous les États de la région, y compris Israël, et la justice pour tous les peuples, ce qui implique la reconnaissance des droits légitimes du peuple palestinien. Tous les pays de la région ont le droit de vivre en paix dans des frontières sûres, reconnues et garanties ». Pour les moyens de cette paix, les Neuf favorisent le recours au multilatéralisme : « Les garanties du règlement de paix devraient être fournies par les Nations unies sur décision du Conseil de sécurité et, le cas échéant, sur la base d'autres procédures mutuellement agréées. Les Neuf se déclarent disposés à participer, dans le contexte d'un règlement global, à un système de garanties internationales concrètes et contraignantes, y compris sur le terrain. » Mais, insiste-t-on, « la mise en œuvre de ces objectifs exige l'adhésion et le concours de toutes les parties en cause au règlement de paix », y compris « le peuple palestinien et l'OLP qui devra être associée à la négociation ». On lit toute l'influence française dans ce texte favorable aux droits du peuple palestinien à l'autodétermination, à la participation de l'OLP, ainsi qu'au cadre multilatéral de négociation.

Ces prises de position aggravent le fossé qui se creuse, depuis déjà de nombreuses années, entre la France et Israël. La situation se tend encore lorsque le Premier ministre Raymond Barre, après l'attentat contre la synagogue de la rue Copernic à Paris, le 3 octobre 1980, dénonce un attentat « odieux » qui visait les israélites qui se rendaient à la synagogue et qui a frappé des « Français innocents qui traversaient la rue ».

Dans le choix de ses partenaires dans la région, la France favorise les pays producteurs de pétrole. Amorcée par le premier choc pétrolier, cette tendance est accentuée par le second. Paris développe une politique de coopération bilatérale avec tous les États producteurs du Moyen-Orient, de la Libye à l'Iran, en passant par les États de la péninsule Arabique. En revanche, la Turquie, Israël et les pays non producteurs de pétrole sont laissés en marge. Cette action se double d'une politique de coopération multilatérale dans le cadre de la CEE, conçue comme le relais et l'amplificateur des efforts de la France. La déclaration de Venise comporte aussi un paragraphe sur le dialogue énergétique euro-arabe.

Côté français, la coopération avec l'Irak de Saddam Hussein, amorcée sous le septennat précédent, se développe fortement. Riche en pétrole et solvable, l'Irak est, en 1980, le premier partenaire commercial de la France dans cette région du monde. L'Irak vend du pétrole et achète des armes. La France lui livre du matériel nucléaire civil, que l'aviation israélienne détruit rapidement… Saddam achète des Mirage F1 en 1979. Lorsque l'Irak attaque l'Iran le 22 septembre 1980, Paris apporte d'entrée de jeu son soutien à Saddam Hussein.

La politique extérieure des dernières années du septennat de Valéry Giscard d'Estaing est fortement influencée par les contraintes économiques. La France doit trouver du pétrole et ménager les pays producteurs. Mais nombreuses sont les incohérences de cette politique.

La révolution iranienne et les débuts de la guerre en Afghanistan bouleversent l'équilibre mondial et font surgir un nouvel acteur sur la scène internationale, l'islamisme radical, dont ni Paris ni les Occidentaux ne semblent véritablement savoir s'il sera un allié (en Afghanistan) ou un ennemi (en Iran). Dans ce contexte, les relations avec l'URSS se heurtent à la mondialisation de l'influence soviétique (en Afrique surtout, mais aussi au Proche-Orient et au Yémen, en Afghanistan et en Asie du Sud-Est), qui empiète sur la zone traditionnelle d'influence de la France. Paris veut sauvegarder ses relations avec Moscou dans une logique de guerre froide européenne, de plus en plus décalée avec la réalité mondiale. Les relations avec les États-Unis de Jimmy Carter se dégradent, et dans un curieux chassé-croisé des relations Est-Ouest, Valéry Giscard d'Estaing, soupçonné d'atlantisme au début de son mandat, reçoit les louanges de la *Pravda* à la fin de son septennat. Son voyage à Varsovie pour rencontrer Brejnev suscite une incompréhension quasi généralisée, chez ses alliés comme chez les Français.

Fidèle à ses prédécesseurs, il poursuit une politique active à l'égard des non-alignés. Mais l'enjeu n'en est plus, comme sous de Gaulle, le « rang » de la France dans le monde. Il s'agit surtout, après deux chocs pétroliers, de sécuriser les approvisionnements énergétiques. La politique extérieure tout entière semble tourner autour de cette préoccupation. Cela pousse Valéry Giscard d'Estaing à développer des relations parfois aventureuses avec des pays peu recommandables, en Afrique comme au Moyen-Orient, et qui collent à l'image personnelle du président.

Kolwezi 1978 et l'irruption de la France-Afrique dans le débat politique

Frédéric Turpin

Le 19 mai 1978, les légionnaires du 2e régiment étranger de parachutistes (REP) sautent sur Kolwezi, ville stratégique au cœur du Katanga minier, au Zaïre. Sur ordre du président Valéry Giscard d'Estaing, la Légion étrangère doit sauver 2 000 Européens menacés d'exécution par les rebelles « katangais ». En quelques heures et avec des pertes modestes, la mission est remplie : les « Katangais » sont mis en déroute et les civils sauvés. Pour Paris, le succès est complet.

L'affaire semblait pourtant mal engagée initialement. Le 13 mai, 4 000 rebelles du Front de libération du Congo, dits « Katangais », bien armés, venus d'Angola *via* la Zambie, investissent facilement Kolwezi et ses alentours, d'où sont extraits et transformés cuivre, zinc, cobalt et uranium. Plus que le pillage de cette prise de guerre, ils sont là pour chasser du pouvoir le maréchal-président Mobutu Sese Seko. Celui-ci a déjà, l'année précédente, dû faire face à une tentative de renversement. L'alerte est cette fois plus sérieuse et Mobutu en appelle à l'aide occidentale pour contrer les menées déstabilisatrices des « marxistes » angolais soutenus par les Cubains.

L'affaire s'avère d'autant plus complexe que de nombreux employés français et belges de la société minière Gécamines sont pris au piège à Kolwezi par ceux que l'on surnomme les « Tigres du Shaba ». Or, le 16 mai, les parachutistes zaïrois échouent à libérer la ville et ses résidents. S'ensuivent alors trois jours de pillages et de massacres. Plus de 700 civils sont assassinés, dont 150 Européens. Le ministre belge des Affaires étrangères dénonce publiquement « la chasse aux Européens, particulièrement aux Français ». Pour autant, le gouvernement belge hésite à intervenir. Le président Valéry Giscard d'Estaing ne tergiverse pas et ordonne une intervention en solo, même si elle est approuvée par les États-Unis et nombre d'États africains du « pré carré » inquiets du risque de déstabilisation du Zaïre.

Partis de leur base de Calvi en Corse, les 700 « bérets verts » du 2e REP sont projetés à plus de 6 000 kilomètres en quelques heures et dans des conditions difficiles. La logistique est en partie défaillante puisque seuls 500 d'entre eux (3 compagnies et le PC du colonel Erulin) peuvent embarquer dans 4 C130 Hercules et 1 C160 Transall, depuis le tarmac de l'aéroport de Kinshasa, pour sauter, 1 500 kilomètres plus loin, sur Kolwezi ; le Transall personnel du président Mobutu, avec réfrigérateur, salle à manger et chambre à coucher, n'ayant pas voulu démarrer. Ils ne disposent que de deux jours de vivres. En milieu d'après-midi du 19 mai, ils sont largués sur la *dropping zone* au plus près des habitations afin d'entrer tout de suite en action.

En quelques heures, ils nettoient la ville des rebelles « katangais » et sont accueillis en libérateurs par la population civile traumatisée par les graves sévices subis. Les légionnaires découvrent, au fur et à mesure de leur progression dans la ville, un paysage digne d'un mauvais film d'horreur : de nombreux cadavres à l'abandon, le plus souvent mutilés, encombrent les rues et les maisons désertées ; une odeur persistante de putréfaction dans une chaleur étouffante au milieu de chiens errants qui se nourrissent de chair humaine. Le lendemain matin, le deuxième échelon des « bérets verts » saute à son tour sur Kolwezi. Des unités belges arrivent ensuite pour exfiltrer, sans coordination avec les forces françaises, les Européens. Un pont aérien permet d'évacuer plus de 2 000 personnes en deux jours tandis que des avions américains assurent le ravitaillement ainsi que le transport des munitions et du matériel lourd entre la France et le Zaïre.

L'affaire se solde par un retentissant succès pour la France. Partant d'une situation très difficile, elle réussit à sauver, par une opération audacieuse (« saut sur la fourmilière », c'est-à-dire directement sur la zone de combat sous le feu ennemi), plus de 2 000 Européens ainsi que de nombreux civils zaïrois. Elle permet l'élimination de 250 combattants « katangais » pour 5 légionnaires tués. Les médias français et internationaux se font l'écho de ce succès, à l'exception notable de l'agence Tass à Moscou qui ne craint pas d'affirmer que les troupes françaises et belges « font régner une terreur massive sur la population locale qui rappelle les pires époques coloniales ». Devant les caméras des journalistes, les rescapés rapatriés remercient, à leur descente d'avion, leurs libérateurs tout en regrettant qu'ils ne soient pas arrivés deux jours plus tôt. C'est bien l'aspect humanitaire qui est mis en avant comme lors du journal télévisé de 20 heures d'Antenne 2 du dimanche 21 mai, qui montre des images « d'horribles charniers, incroyables, impensables, résultats d'une cruauté gratuite qui n'a épargné ni les femmes ni les enfants ». Le cinéma s'empare également de l'événement. Produit en 1979, le film de Raoul Coutard, *La légion saute sur Kolwezi*, sort dans les salles en 1980 avec Bruno Cremer et Jacques Perrin dans les rôles principaux. Et lorsque les éditions Atlas lancent une série sur *Les Troupes d'élite* en 1985, le premier sujet du premier fascicule est consacré au 2e REP et à la libération de Kolwezi.

Dans l'immédiat, la France renforce sa crédibilité militaire et réaffirme sa capacité à intervenir au secours de ses alliés, même si celui-ci est alors surtout perçu, par l'opinion publique française, comme une opération de sauvetage de ses ressortissants. Elle prouve ainsi qu'elle continue d'être le « gendarme de l'Afrique » et qu'il faut compter avec elle. C'est d'ailleurs ce qu'exprime, un an plus tard, à la tribune de l'Assemblée nationale, l'ancien ministre des Affaires étrangères, Louis de Guiringaud, en expliquant que la France peut encore, avec une compagnie de parachutistes, écrire l'histoire d'un pays africain. Si le propos, particulièrement maladroit, souligne le rôle de « gendarme de l'Afrique » de la France, il montre aussi la persistance d'une certaine vision de l'Afrique chez les décideurs français héritée des premiers temps des indépendances[1].

Si, comme le président Valéry Giscard d'Estaing le proclame, l'opération « Bonite » vise à « rétablir la sécurité » et à « permettre la protection des étrangers », les légionnaires sécurisent non seulement la ville mais aussi sa périphérie. Alors que les forces belges quittent rapidement les lieux, les militaires français ne repartent que fin mai et, pour les derniers éléments (une compagnie renforcée), mi-juin. Ils nettoient les villages environnants et poursuivent, jusqu'à 50 kilomètres au sud de Kolwezi, l'arrière-garde des « Katangais » qui se replie vers la Zambie. Puis les légionnaires retournent, par la route, à Lumumbaschi, capitale du Shaba où ils stationnent autour de l'aéroport. Ils multiplient les patrouilles à la périphérie de la ville afin de dissuader toute tentative des « Katangais » de s'emparer de la ville et de rassurer les Européens qui s'y trouvent. Ils sont relayés, mi-juin, par une force interafricaine composée essentiellement de gendarmes marocains. Dans un contexte particulièrement déstabilisateur de « guerre fraîche » en Afrique, l'objectif du gouvernement français – appuyé par les États-Unis – est alors bien d'empêcher le Zaïre de basculer dans le camp soviétique.

Il est vrai que, depuis le milieu des années 1970, l'URSS profite d'un moindre interventionnisme mondial des États-Unis à la suite de l'échec du Vietnam et de la démission du président Nixon (scandale du Watergate) pour s'investir fortement en Afrique. Elle intervient directement en fournissant des armes et des munitions, ou indirectement, *via* les soldats cubains ou sud-yéménites. L'invasion du Zaïre par les « gendarmes katangais » est manifestement téléguidée par les Cubains d'Angola et leur parrain soviétique. Au soir de l'intervention du 2e REP sur Kolwezi, le 19 mai, le ministre des Affaires étrangères Louis de Guiringaud dénonce ainsi sur TF1 l'ingérence communiste. Mais c'est pour mieux conclure sur le rôle particulier qui incombe à la France, « seul pays qui veut faire face et qui veut aider ses amis ». L'opération « Bonite » illustre bien ce type de relations qu'entretiennent certains pays africains avec la France et le rôle que celle-ci entend y jouer. Cet interventionnisme au-delà de son « pré carré » traditionnel n'est pas alors vraiment perçu par les Français. « Avec Kolwezi, analyse Jean-Pierre Bat, un hiatus se crée entre les motivations géostratégiques françaises, d'une part, et, d'autre part, l'image renvoyée à l'opinion publique pour qui les relations bilatérales constituent depuis Jacques Foccart le baromètre le plus clair – et le plus simple – de la politique africaine de la France[2]. »

Le succès de Kolwezi s'avère ainsi, au fil des mois, à double tranchant. Le président français apparaît initialement en chef de

1. Frédéric Turpin, *De Gaulle, Pompidou et l'Afrique. Décoloniser et coopérer (1958-1974)*, Paris, Les Indes savantes, 2010.

2. Jean-Pierre Bat, « Les diamants (de Bokassa) sont éternels. "Pré carré" et guerre fraîche : la fabrique de la Françafrique », *Afrique contemporaine*, Paris, n° 246, février 2013, p. 136-137.

guerre accompli : il passe solennellement en revue le 2e REP à son retour d'opération. Mais sa politique interventionniste en Afrique suscite de plus en plus d'incompréhensions et d'oppositions. Les affaires franco-africaines font pleinement irruption dans le débat public, mais sur le mode des relations personnelles entre le chef de l'État français et ses homologues africains. Elles deviennent un champ de critiques et d'opposition à Valéry Giscard d'Estaing. D'autant que l'actualité franco-africaine est, jusqu'à la fin de son septennat, particulièrement chargée.

Quelques mois avant l'assaut aéroporté réussi au Zaïre a débuté l'opération « Tacaud » au Tchad. De février 1978 à mai 1980, les forces françaises interviennent dans la guerre que se livrent État central (président Félix Malloum) et factions tchadiennes (Goukouni Oueddei et Hissène Habré) pour la conquête du pouvoir. La politique française face à la Libye du colonel Kadhafi, très interventionniste dans les affaires tchadiennes, ne brille pas par sa constance puisqu'elle oscille d'une volonté de conciliation – héritée de la présidence pompidolienne – à une opposition marquée. D'ailleurs lorsque le journal télévisé rend compte, le 21 mai 1978, du succès de l'opération sur Kolwezi, l'actualité franco-africaine, c'est aussi la mort de trois soldats français à Ati à la suite de l'attaque d'un millier de combattants du Frolinat (Front de libération nationale du Tchad) contre la garnison de cette sous-préfecture du centre du Tchad. La politique d'immixtion dans les affaires tchadiennes du président Giscard d'Estaing, jusqu'à la fin de l'opération Tacaud en mai 1980, est vertement critiquée tant par l'opposition de gauche que par les gaullistes, pourtant membres de la majorité.

Mais c'est surtout avec la Centrafrique que la France-Afrique devient un instrument de controverse politicienne. En effet, le 19 septembre 1979, les hommes du service Action et les parachutistes français déposent l'empereur de la Centrafrique Bokassa (opération « Caban-Barracuda »). Il est aussitôt remplacé par l'ancien président centrafricain David Dacko (que les autorités françaises ont eu le plus grand mal à convaincre de quitter son exil parisien pour revenir à Bangui). Si Paris met en avant, pour justifier son action, la personnalité instable et les méthodes de répression cruelles et sanguinaires de Bokassa (qui poussent nombre de dirigeants africains du « pré carré » à demander une intervention française), la véritable raison réside dans la volte-face de Bokassa qui se rapproche de l'ennemi de la France sur le continent africain : la Libye du colonel Kadhafi. En tout cas, pour l'opinion française, le renversement *manu militari* de Bokassa est largement considéré comme une opération de type « néocolonial ». L'image de Giscard l'Africain n'en sort pas grandie d'autant que le gouvernement français s'était prêté à la mascarade du sacre de Bokassa, autoproclamé empereur, le 4 décembre 1977, véritable parodie tropicale du sacre de Napoléon Ier. Or l'affaire rebondit le 10 octobre 1979 lorsque *Le Canard enchaîné* publie un fac-similé d'une note d'avril 1973, signée par le président Bokassa, mentionnant le cadeau d'une plaquette de 30 carats, pour une valeur de 1 million de francs (français), au ministre des Finances

Valéry Giscard d'Estaing. *Le Monde* emboîte tout de suite le pas. L'affaire des diamants de Bokassa est lancée. Elle cible directement le président et relève d'une véritable machine de guerre contre lui. Sa défense maladroite et hautaine donne prise, pendant des mois, à une campagne de presse sans cesse relancée par le feuilleton des « révélations » des « cadeaux » de l'ex-empereur au président français. Elle rebondit entre les deux tours de l'élection présidentielle de mai 1981 et contribue à l'échec de sa réélection.

Le succès de l'opération sur Kolwezi ouvre ainsi, paradoxalement, une phase nouvelle de plus grande médiatisation des affaires franco-africaines. Elles deviennent en quelques mois un élément essentiel du débat politique français, systématiquement utilisé comme une pièce à charge dans la gestion présidentielle. « Nous pensons, affirme le socialiste Lionel Jospin le 21 mai 1978, que lorsque la France appuie, de manière systématique, en détournant de leur sens les accords de coopération, des régimes qui ne font pas face aux problèmes de leur peuple, qui sont des régimes corrompus, discrédités, comme le régime tchadien ou le régime zaïrois, elle se heurte à une impossibilité : maintenir debout des régimes dont des peuples ne veulent plus[1]. »

La politique de la gauche au pouvoir, jusqu'à la fin de la guerre froide, ne sera finalement guère différente de celle qu'elle fustigeait avant 1981. Et les successeurs de Valéry Giscard d'Estaing – tout particulièrement François Mitterrand et Jacques Chirac – feront également les frais de cette France-Afrique réduite en France-Afrique des scandales de corruption au plus haut niveau, des financements illicites de la vie politique française, des coups tordus des services spéciaux et des réseaux occultes vite qualifiés de politico-mafieux. Les dernières années du septennat de Valéry Giscard d'Estaing sont bien celles d'un changement d'ère dans les relations franco-africaines, pas tant sur le fond (objectifs et méthodes) que sur ses représentations qui en font de plus en plus un objet disqualifiant pour la France et son principal magistrat : le président de la République.

1981, VALÉRY GISCARD D'ESTAING : UNE DÉFAITE SURPRISE ?

Frédéric Turpin

Au lendemain de sa défaite au second tour des élections présidentielles, Valéry Giscard d'Estaing théâtralise sa sortie. Visiblement

1. INA Actu, *20 h Antenne 2 du 21 mai 1978 – Massacre au Zaïre – Archive INA*, youtube.com, 2013.

très marqué par l'échec, il apparaît, le 19 mai 1981, dans une courte allocution télévisée depuis l'Élysée. Plus que la teneur de ses propos, les Français retiennent un président sortant signifiant lui-même son congé. Dans un geste inédit pour un président de la République française, il lance un « au revoir » puis se lève, se retourne et disparaît de l'écran au son d'une *Marseillaise* enlevée.

Un an plus tôt, peu d'analystes de la vie politique française auraient parié sur la défaite de Valéry Giscard d'Estaing. Malgré les difficultés économiques et sociales, les scandales et un contexte international particulièrement tendu, longtemps les sondages lui prédisent une victoire aisée. Le programme du président-candidat reflète d'ailleurs cette assurance. Il vante un homme, une méthode et un bilan. Il ne propose pas vraiment de grandes réformes – en particulier sociétales – qui donnent un souffle nouveau à une candidature et peuvent susciter un fort courant d'adhésions. Son livre de campagne, paru en mars 1981, s'intitule sobrement *L'État de la France*[1]. Ses affiches de campagne mettent en avant des slogans de continuité : « Le bon sens, la sécurité, la paix », qui reprennent pour l'essentiel les thèmes de 1974.

Le candidat de la gauche François Mitterrand joue au contraire pleinement la carte des réformes sociétales ayant mieux saisi les aspirations des nouvelles générations. Il profite pleinement de la division du camp présidentiel dont le candidat gaulliste décoche des traits bien souvent plus assassins que ceux du premier secrétaire du PS.

La défaite de Valéry Giscard d'Estaing surprend les contemporains qui croient longtemps à sa réélection. Relève-t-elle d'un mouvement de fond de la société française en faveur d'une alternance politique et de changements sociétaux ou n'est-elle que le fruit d'une conjonction singulière de facteurs négatifs pour le président sortant ?

Une victoire assurée ?

L'année 1980 débute dans un climat qui, bien que difficile à plus d'un titre, donne de solides espoirs de réélection au président Valéry Giscard d'Estaing[2]. D'abord parce que la situation politique s'est éclaircie en sa faveur depuis deux ans. La majorité

1. VGE, *L'État de la France*, Paris, Fayard, 1981.
2. Éric Roussel, *Valéry Giscard d'Estaing*, Paris, Humensis, 2018, p. 415.

présidentielle restait sur de cuisantes défaites lors des élections cantonales de mars 1976 et municipales de mars 1977. Au point que, lors des élections législatives de mars 1978, la possibilité d'une victoire de la gauche, même désunie avec la rupture du programme commun, a bien souvent dépassé, pour nombre d'analystes de la vie politique, le stade d'hypothèse d'école. Or, à la quasi-surprise générale, la majorité présidentielle l'emporte nettement[1]. « Les querelles des futurs vainqueurs, analyse rétrospectivement Valéry Giscard d'Estaing, ont fait place à la solidarité des perdants ! Les dirigeants de la majorité ont accepté de se rencontrer, Jacques Chirac et Jean-Jacques Servan-Schreiber compris. Jean Lecanuet jouait les bons offices. Les appels en vue des désistements ont pris un tour plus solennel, et étaient applaudis par l'électorat de la majorité. Sous le souffle du boulet, la majorité a refait son unité[2]. » Ce succès s'avère d'autant plus important pour le président qu'il voit le tout nouveau parti présidentiel, l'UDF, comptabiliser 21,37 % des suffrages exprimés et 123 sièges (contre 22,52 % et 154 pour le RPR de Jacques Chirac).

La dynamique de rééquilibrage de la majorité présidentielle au détriment du parti gaulliste paraît sérieusement amorcée. Elle franchit une nouvelle étape l'année suivante avec les élections européennes. Le RPR décide de jouer cavalier seul et opte pour une ligne dure, que Jacques Chirac énonce notamment lors de l'appel de Cochin du 8 décembre 1978 dans lequel il n'hésite pas à critiquer la politique européenne de Valéry Giscard d'Estaing et à fustiger « le parti de l'étranger ». Le pari gaulliste est un échec et ces élections une grande victoire pour le président et son parti. Avec 27,6 % des suffrages exprimés, l'UDF arrive en tête, loin devant le PS (23,5 %), le PCF (20,5 %) et son turbulent allié du RPR (16,3 %). Pour la première fois depuis sa création en février 1978, le parti de Valéry Giscard d'Estaing est en passe de pouvoir devenir la force principale de la majorité. L'espoir est donc du côté du locataire de l'Élysée. L'année 1978 a été celle de « la mise en place d'une organisation politique, assez talentueuse, réunissant beaucoup de personnalités importantes ». Il peut désormais « envisager la transformation de l'UDF en véritable fédération du centre et du centre droit en France », mais « seulement après

1. Jean-François Sirinelli, *Les Vingt Décisives, 1965-1985*, Paris, Pluriel, 2012, p. 225.
2. VGE, *Le Pouvoir et la Vie*, t. III, *Choisir*, Paris, Compagnie 12, 2006, p. 46-47.

une forte victoire de type présidentiel[1] ». Le succès annoncé du président sortant à l'élection présidentielle de mai 1981 doit être non seulement le sien puisque synonyme d'un nouveau bail de sept ans. Il doit aussi se traduire par un big bang du paysage politique avec un parti présidentiel désormais hégémonique. Le président disposerait alors, pour son second mandat, d'une solide majorité qui ne serait plus hypothéquée par la position dominante du parti gaulliste.

Au-delà de la satisfaction d'avoir battu le RPR et son chef, dont les ambitions présidentielles connaissent un brutal coup de frein, Valéry Giscard d'Estaing trouve également matière à espoir dans la mauvaise posture que traverse l'opposition. Après la rupture du programme commun en 1977 et l'échec des élections législatives de 1978, la dynamique de l'union de la gauche est au point mort. « On ne soulignera jamais assez, analyse François Mitterrand dans son ouvrage programmatique, *Ici et maintenant*, paru en novembre 1980, que la gauche a perdu en 1978 pour cause de désunion et non pour cause de programme commun. Nous ne sommes pas sortis de cette situation[2]. » Cet échec est très durement ressenti et, suivant la formule de Jacques Attali, « tout parut à jamais perdu pour cette génération et ses rêves[3] ».

L'opposition se montre même, un temps, désemparée, à la fois par les tensions entre socialistes et communistes, mais aussi, à l'intérieur du PS, par la rivalité entre François Mitterrand et Michel Rocard. Mitterrand ne cache pas, en privé, le 5 septembre 1979, que « la gauche ? ça n'existe pas. Il y a le PC depuis 1920, et les socialistes. Il n'y a pas la gauche[4] ». Cela ne l'empêche pas de continuer à prôner une alliance tactique avec les communistes pour gagner la prochaine élection présidentielle. Pour lui, quelles que soient les tensions et critiques entre PCF et PS, « les responsables communistes, explique-t-il le 24 juin 1980, entraînés hors des itinéraires utiles, seront contraints, un jour ou l'autre, s'ils veulent servir

1. Témoignage de VGE *in* Serge Berstein, Jean-Claude Casanova, Jean-François Sirinelli (dir.), *Les Années Giscard. La politique économique, 1974-1981 : actes de la journée d'études, palais du Luxembourg, Paris, le 4 février 2008*, Paris, Armand Colin, 2009, p. 222.

2. François Mitterrand, *Ici et maintenant*, Paris, Fayard, 1980, p. 38.

3. Jacques Attali, *Verbatim*, t. I, *Chroniques des années 1981-1986*, Paris, Fayard, 1993, p. 11.

4. Michèle Cotta, *Cahiers secrets de la Ve République*, t. II, *1977-1986*, Paris, Fayard, 2008, p. 272.

les travailleurs, de revenir aux engagements qui nous liaient[1] ». « Nous récusons, souligne Lionel Jospin, proche collaborateur du premier secrétaire du PS, les critiques du PCF. Nous ne cédons pas à l'intimidation. Nous répliquons quand c'est nécessaire. Mais nous n'alimentons pas nous-mêmes une polémique qui sert la droite. Dans le même temps, nous conservons le programme commun de gouvernement comme référence[2]. » L'autre leader socialiste, qui a alors le vent en poupe et les faveurs de la presse, Michel Rocard met, au contraire, en avant une alliance avec les centristes. Le PS apparaît ainsi, tout au long de l'année 1980, incertain sur celui qui défendra ses couleurs à l'élection présidentielle et sur la stratégie politique à employer pour la conquête du pouvoir. Ces incertitudes et ces divisions internes pèsent auprès de l'opinion publique sur son image de grand parti apte à assurer l'alternance politique.

Ce n'est que dans un climat économique et social qui se dégrade fortement que la popularité de Valéry Giscard d'Estaing commence à baisser depuis le début de l'année 1980. Et encore reste-t-elle à des niveaux élevés, ce qui donne l'illusion d'une victoire quasi certaine au président sortant. En avril 1980, les sondages sont unanimement en faveur du président : 37 % au premier tour (18 % pour François Mitterrand, 15 % pour Jacques Chirac et 14 % pour Georges Marchais) ; au second tour, 57 % face à Michel Rocard et 61 % face à François Mitterrand. Au seuil de l'année électorale 1981, il bénéficie toujours d'une cote de popularité nettement supérieure à 40 % dans les baromètres de l'Ifop et de la Sofres. Les sondages le donnent alors nettement en tête, aussi bien au premier tour (environ 35 % des suffrages) qu'au second (environ 54 %), quel que soit le candidat face à lui.

Le président de la République paraît, au moins jusque dans les premières semaines de 1981, ne pas douter de sa réélection. « Il persiste à penser, explique le porte-parole de l'Élysée, Jean-Marie Poirier, à Michèle Cotta, le 5 janvier, qu'une douzaine de réunions politiques à travers toute la France lui suffiront pour l'emporter[3] ! » Sa stratégie consiste alors, comme le général de Gaulle en 1965, à attendre le dernier moment pour se déclarer et à vaincre sans

---

1. *Ibid.*, p. 369.
2. Intervention de Lionel Jospin *in* Danielle Tartakowsky, Alain Bergounioux (dir.), *L'Union sans unité. Le programme commun de la gauche, 1963-1978*, Rennes, PUR, 2012, p. 282.
3. Michèle Cotta, *Cahiers secrets de la Ve République*, t. II, *op. cit.*, p. 423.

vraiment combattre. Ce n'est qu'en se lançant dans la compétition électorale, en mars 1981, qu'il se rend compte de sa « faute » : « À l'image de toute compétition, lorsqu'on se rapproche de l'échéance, le passé et même le présent perdent de leur importance, et seul compte l'espace qui reste à parcourir devant soi[1]. »

Des réponses brouillées à la crise économique et sociale

Le contexte économique et social s'avère rapidement catastrophique pour un président sortant briguant un second mandat. La faute à un second choc pétrolier qui hypothèque les efforts de redressement économique menés depuis le premier choc de 1973. Entre janvier 1979 et février 1980, le prix du pétrole brut augmente de 130 %. Le chômage augmente sensiblement. Le nombre de chômeurs dépassait à peine les 400 000 au début du septennat. Il atteint au seuil de 1981 1 500 000, soit 7,9 % de la population active. Il touche particulièrement les jeunes.

Autre facteur peu favorable pour un président en quête de réélection, le pouvoir d'achat des Français entre en relative stagnation après les périodes de boom des décennies 1960 et 1970. L'accroissement du pouvoir d'achat du salaire horaire passe de 2,6 % en 1978 à 1,6 % en 1981. Tandis que l'inflation repart à la hausse et retrouve un taux supérieur à 10 % – alors que le Gouvernement avait réussi depuis 1976 à la maintenir sous la barre des 10 %, ce qui avait permis, en 1978, la libération des prix industriels. Les revendications sociales débouchent sur des conflits de plus en plus durs et un climat social qui se détériore fortement.

Face à cette crise consécutive au tsunami que représente le second choc pétrolier, la politique du gouvernement Barre tient en deux axes principaux : « la poursuite de la politique de stabilisation et l'adaptation de l'économie française au changement du monde[2] ». La priorité est clairement donnée à la stabilité du franc et à la capacité d'investissement des entreprises afin de conserver à l'industrie française sa compétitivité. Les questions sociales apparaissent au deuxième plan dans l'ordre des priorités gouvernementales puisque « la stabilisation et l'adaptation de l'économie » sont

1. VGE, *Le Pouvoir et la Vie*, t. III, *op. cit.*, p. 382.
2. Raymond Barre, *L'Expérience du pouvoir. Conversations avec Jean Bothorel*, Paris, Fayard, 2007, p. 129.

considérées comme « la base nécessaire d'une politique sociale[1] ». Il faut attendre février 1981 pour que le gouvernement Barre présente, à grand renfort de publicités, de nouvelles mesures en faveur de l'emploi.

La conjoncture économique et sa perception par les Français jouent incontestablement contre Valéry Giscard d'Estaing. Mais il estime alors pouvoir les transcender par son charisme et son action. À la fin de sa vie, il confiera cependant qu'il « persiste à penser que le poids des événements économiques dans les choix politiques est quasi déterminant, et nous n'avons pas pu faire face au deuxième choc pétrolier dans des conditions bien comprises de l'opinion publique[2] ».

La crise économique plonge effectivement les Français dans le doute quant à la politique suivie et ouvre la porte à l'acceptation d'une alternative à l'équipe (président et Premier ministre) qui symbolise la fin des Trente Glorieuses. Valéry Giscard d'Estaing en a bien conscience. Le décalage est de plus en plus important entre sa politique, qui apparaît très technocratique et macroéconomique, et la perception que les Français en ont. C'est d'ailleurs ce qui ressort finalement du débat télévisé entre les deux tours de l'élection présidentielle. Giscard d'Estaing se montre, de manière assez inhabituelle, emprunté et très maître d'école, moult chiffres à l'appui de démonstrations qui semblent tourner à vide. Son expression appelle plus à la gestion des acquis qu'à un souffle nouveau. Le candidat François Mitterrand semble plus que jamais, ce jour-là, incarner le changement et les aspirations au bonheur des Français. Giscard apparaît, au contraire, comme « l'homme du passé », voire « l'homme du passif », celui d'un régime gaullien en fin de course et en panne de solutions.

Le débat télévisé du 5 mai 1981 ne fait que conclure une lente dégradation de l'image du président. Celle-ci tient d'abord à son style et à sa manière d'exercer le pouvoir qui, à partir de la victoire aux élections législatives de 1978, sont marqués du sceau de la monarchie absolue ou de ce qui est perçu comme tel. Valéry Giscard d'Estaing ne sait pas se départir de ce ton très olympien qui ne correspond plus fondamentalement aux attentes de nombre de Français. Ce décalage se retrouve également dans

1. *Ibid.*, p. 145.
2. Témoignage de VGE *in* Serge Berstein, Jean-Claude Casanova, Jean-François Sirinelli (dir.), *Les Années Giscard*, *op. cit.*, p. 222.

son livre de campagne, paru en mars 1981, *L'État de la France*. Si le président sortant admet que la « crise engendre des mécontentements et des souffrances » et qu'« il est légitime de les reconnaître », il se dit cependant obligé « d'accepter la part de responsabilité qui incombe naturellement à quiconque se trouve à la tête ». Plus que des « lendemains qui chantent », il propose pour perspective la poursuite des efforts, tout en condamnant les démagogues qui prétendent s'en dispenser. « Il ne faut pas dévier, écrit-il, ces mécontentements en trompant l'opinion sur leurs causes véritables. À l'heure actuelle, et c'est la première erreur du débat national, beaucoup s'efforcent de faire croire à l'opinion qu'elle souffre non du mal, mais du remède, que son ennemi n'est pas le virus mais le médecin. Action malhonnête et nuisible : malhonnête car ceux qui s'expriment ainsi savent bien qu'ils tiennent un langage fourbe ; et nuisible, car aucun peuple démocratique ne peut faire face à ses difficultés si ceux qui prétendent le conduire lui posent ses problèmes en termes grossièrement faussés[1]. »

Tout n'est pas qu'affaire de posture, de ton et de perceptions de ceux-ci ainsi que de conjoncture économique et sociale. Certaines initiatives de Valéry Giscard d'Estaing suscitent des réserves, voire des oppositions. En reconnaissant, en avril 1980, le droit du peuple palestinien à l'indépendance et le leader de l'OLP Yasser Arafat comme un interlocuteur qualifié, le président inquiète la communauté juive de France comme de Gaulle l'avait choquée, en 1967, par ses propos, au cours de sa conférence de presse consécutive à la guerre des Six Jours. Lors de l'attentat antisémite de la rue Copernic du 3 octobre 1980, l'inquiétude vire cette fois à la colère. Informé du sanglant attentat, le président Giscard n'interrompt pas sa partie de chasse à Chambord et ne réagit officiellement que cinq jours plus tard. Tandis que Raymond Barre ne vient que le lendemain matin devant la synagogue pour y prononcer des propos qui lui seront longtemps reprochés. « Cet attentat odieux, affirme-t-il, voulait frapper les israélites qui se rendaient à la synagogue et a frappé des Français innocents qui traversaient la rue Copernic. » La formule choque et joue très négativement sur l'image du Premier ministre et, derrière lui, du président accusé au mieux d'indifférence.

1. VGE, *L'État de la France*, *op. cit.*, p. 4-5.

Cette dégradation progressive tient aussi à l'image de plus en plus impopulaire de son Premier ministre. Celui-ci incarne aux yeux des Français une sorte de père fouettard de la rigueur. Ce n'est pas tant sa gestion économique de la crise qui est en cause mais sa communication sans filtre qui entend dire la vérité. À la suite des premières mesures consécutives au second choc pétrolier, Valéry Giscard d'Estaing recadre son Premier ministre lors du conseil des ministres du 29 août 1979. « Il n'y a pas de rejet de la politique suivie, explique-t-il, mais un état négatif de l'opinion publique. Il faut faire un effort de communication, pas seulement convaincre par le raisonnement, mais mettre un peu de chaleur dans la démonstration. » Le conseil n'est pas entendu puisqu'il l'administre de nouveau, le 2 janvier 1980, au Premier ministre : « Le Gouvernement doit montrer qu'il a raison, non contre les Français, mais avec les Français[1]. »

Raymond Barre n'en continue pas moins sa manière de communiquer. Il commet notamment une sortie médiatique très défavorablement remarquée, le 4 novembre 1980. Devant le CES, il ne craint pas de déclarer que le niveau de vie des Français pourrait baisser. « Pour les années à venir, affirme-t-il, je manquerais à mon devoir le plus élémentaire, si je ne disais pas clairement que le maintien du pouvoir d'achat est un objectif très ambitieux plus qu'une quasi-certitude. Il est essentiel, au cours des prochaines années, que l'augmentation de la masse salariale dans les entreprises n'excède pas la hausse des prix : cette hausse doit être considérée comme un plafond, non comme un plancher. » L'effet médiatique est catastrophique. Au point que le président convoque son Premier ministre pour connaître les raisons d'une telle formulation à un moment politique particulièrement inopportun. La réponse de Barre est sans appel : « Je ne dirai que la vérité aux Français » et ils doivent « admettre qu'ils ne peuvent indéfiniment vivre au-dessus de leurs moyens[2] ». Le président comprend que son Premier ministre ne changera pas car il n'entend pas « qu'on ne vote jamais par désespoir[3] ».

L'impopularité de Raymond Barre et de sa politique de rigueur pose jusqu'au sommet de l'État la question de son remplacement.

---

1. Michèle Cotta, *Cahiers secrets de la Ve République*, t. II, *op. cit.*, p. 269 et 314.
2. Raymond Barre, *L'Expérience du pouvoir*, *op. cit.*, p. 147.
3. VGE, *Le Pouvoir et la Vie*, t. III, *op. cit.*, p. 300-301.

Plus les mois s'égrènent et l'élection présidentielle se rapproche, plus le président a bien conscience de la nécessité politique de changer de Premier ministre. Ce n'est pas son action de maîtrise des effets du second choc pétrolier qui est en cause. Les deux hommes sont d'accord, pour maintenir le rang de la France dans le monde et les grands équilibres macroéconomiques, sur la politique de rigueur. En revanche, le style direct et sans fard de Raymond Barre, qui donne une tonalité « punitive » à sa politique, heurte des Français de plus en plus préoccupés par le chômage croissant et la perte de pouvoir d'achat. L'effet politique est désastreux pour le Gouvernement et pour le président. Raymond Barre a beau, dans ses *Mémoires*, arguer qu'« il sert de bouclier au chef de l'État », son impopularité finit par atteindre Valéry Giscard d'Estaing lui-même. Mais celui-ci ne dispose pas du candidat *ad hoc* pour le remplacer. D'autant que Barre aurait dû être démissionné car celui-ci n'entend pas, en 1980-1981, quitter Matignon de lui-même. Politiquement, cela aurait constitué une épreuve supplémentaire à gérer[1].

Faute d'alternative crédible, le président préfère maintenir Raymond Barre à son poste[2], ce qui contribue un peu plus encore au décalage croissant avec les Français. Il lui demande cependant de ne pas prendre part à la campagne présidentielle. Les ministres qui font campagne doivent, quant à eux, démissionner du Gouvernement. Officiellement, il s'agit de montrer qu'il est un candidat-citoyen faisant campagne avec son équipe ; le Premier ministre assurant la responsabilité des affaires de l'État. Officieusement, il est tentant de ne pas associer l'image négative de Raymond Barre à la campagne. Celui-ci estimera ensuite qu'il s'agissait d'une erreur et que Valéry Giscard d'Estaing aurait dû se présenter en président de la République sortant, assumant son bilan, qui sollicite un second mandat, comme le général de Gaulle en 1965[3]. Raymond Barre ne se privera guère, tout au long de la campagne, de critiquer vertement le programme économique de François Mitterrand qui ne peut conduire qu'« à la faillite de l'économie française » et à dépasser la barre des deux millions de chômeurs.

1. Éric Roussel, *Valéry Giscard d'Estaing*, *op. cit.*, p. 461-462.
2. VGE, *Le Pouvoir et la Vie*, t. III, *op. cit.*, p. 319 et 337.
3. Jean Mauriac, *L'Après de Gaulle. Notes confidentielles, 1969-1989*, Paris, Fayard, 2006, p. 331.

Des scandales à répétition

Au cours de l'année 1980, la popularité de Valéry Giscard d'Estaing commence à donner des signes d'essoufflement. Pour autant, les analystes ne décèlent pas vraiment une inversion de la courbe en défaveur du président sortant. Le contexte socio-économique des plus difficiles est mis en avant sur le mode d'une conjoncture défavorable mais passagère. D'autres facteurs contribuent cependant à ce lent et progressif effritement, à commencer par des scandales à répétition qui ternissent l'image du président et du Gouvernement.

Chacune de ces affaires et, pour certains, chacun de ces scandales ne constitue pas, pris individuellement, un facteur suffisant pour déterminer le décrochage de l'image et donc de la cote de popularité du président. En revanche, leur effet cumulatif finit par peser dans la balance de la défaite de Valéry Giscard d'Estaing au printemps 1981. La concomitance d'affaires touchant les principaux dirigeants français ne manque d'ailleurs pas de faire penser qu'il pourrait s'agir d'un plan concerté de déstabilisation du président Giscard d'Estaing. C'est le Premier ministre Raymond Barre qui ouvre le bal le 12 septembre 1979, dans les colonnes du journal *Minute*, en étant l'objet d'une révélation qui se veut fracassante : il aurait bénéficié d'un traitement de faveur (permis de construire) dans l'achat de sa villa de Saint-Jean-Cap-Ferrat. Cette affaire est rapidement relayée, le 10 octobre, par celle des diamants de Bokassa offerts à Valéry Giscard d'Estaing dans laquelle *Le Canard enchaîné* est à la manœuvre. Enfin, une nouvelle affaire immobilière, qui atteint cette fois le ministre du Travail, le gaulliste fort peu chiraquien Robert Boulin, est initiée par *Le Canard enchaîné*, le 24 octobre. Elle révèle que le député-maire de Libourne est impliqué dans une affaire de vente et de construction d'une villa sur un terrain à Ramatuelle. L'affaire Boulin, qui se double quelques jours plus tard du « suicide » suspect du ministre, démarre ainsi et s'ajoute au roman-feuilleton des « diamants de Bokassa ».

L'affaire des diamants de Bokassa illustre parfaitement ce climat de suspicion généralisée qui s'installe à l'encontre de l'exécutif à la suite d'une succession d'affaires très médiatisées. Mais l'affaire des diamants cible directement le président et relève d'une véritable machine de guerre contre lui. Comme avait pu l'être, dans un autre genre, l'affaire Markovic avec Georges Pompidou en 1968-1969, elle vise à briser tout destin présidentiel, du moins son renouvellement pour sept ans.

L'affaire débute le mercredi 10 octobre 1979. *Le Canard enchaîné* publie, sous un titre accusateur (« Quand Giscard empochait les diamants de Bokassa »), un fac-similé d'une note d'avril 1973, signée par le président Bokassa, adressée au Comptoir national du diamant de Bangui. Celle-ci mentionne le cadeau d'une plaquette de 30 carats, pour une valeur de 1 million de francs (français), au ministre des Finances Valéry Giscard d'Estaing. Bokassa n'est plus alors empereur de la Centrafrique puisqu'il vient d'être déposé, par les hommes du service Action et les parachutistes français, le 19 septembre précédent (opération « Caban-Barracuda »). L'affaire prend immédiatement une ampleur nationale car *Le Monde* décide, l'après-midi, de la reprendre à son compte. Son rédacteur en chef Jacques Fauvet publie à cette fin un éditorial assassin : « La vérité et l'honneur. » Le coup est d'autant plus rude pour le président que les deux hommes ont évoqué les affaires en cours la veille lors d'une réception à l'ambassade du Portugal ; Fauvet s'étant bien gardé de s'ouvrir avec lui du sujet[1]. La présidence de la République a beau publier, le soir, un communiqué démentant la valeur prétendue des diamants, le scandale est lancé.

Cette première salve est bientôt suivie par d'autres révélations, à commencer par celles du 17 octobre du *Canard enchaîné*, qui alimentent régulièrement la presse française en documents accablants pour le président de la République. Ce n'est plus un, mais au moins quatre dons de diamants dont Valéry Giscard d'Estaing et ses cousins auraient indûment bénéficié suivant ces documents qui s'avèrent, par la suite, être des faux. C'est Roger Delpey, écrivain ancien combattant de la guerre d'Indochine proche des milieux nationalistes d'extrême droite, qui, avec l'accord de son ami le président centrafricain exilé en Côte d'Ivoire, fournit à la presse française ces faux documents. Il a reçu de Bokassa des feuilles blanches à en-tête de l'empereur signées par lui-même. Grâce à ces vrais-faux documents qu'il fabrique de toutes pièces, Delpey fournit « les munitions supplémentaires » à Claude Angeli pour

1. VGE, *Le Pouvoir et la Vie*, t. II, *L'Affrontement*, Paris, Le Livre de poche, 1992, p. 635.

mieux asseoir son entreprise de démolition[1]. Sur ordre de l'Élysée, Delpey est appréhendé par la DST, le 10 mai 1980, à la sortie de l'ambassade de Libye à Paris, et incarcéré pour « intelligence avec l'ennemi ». La perquisition à son domicile de Chatou permet de mettre la main sur le matériel utilisé par le faussaire. Il n'est libéré qu'après sept mois de détention préventive et ne bénéficie d'un non-lieu qu'après la victoire de François Mitterrand à l'élection présidentielle. Delpey est défendu dans cette affaire, comme pour *Le Canard enchaîné*, par l'avocat et très proche ami de François Mitterrand, Roland Dumas, qui en fait une affaire très politique. D'ailleurs l'ancien ministre des Affaires étrangères admet dans ses *Mémoires* que Delpey « contribue » à son retour au Parlement en 1981 en « l'accompagnant dans sa campagne électorale en Dordogne ». Il affirme qu'il bénéficie du soutien du SAC et en sous-main de Jacques Foccart[2].

De manière générale, l'affaire des diamants relève dès l'origine de la manipulation. Ce sont le journaliste Pierre Péan et le rédacteur en chef du *Canard enchaîné* Claude Angeli qui obtiennent de Maurice Espinasse (coopérant français et conseiller de Bokassa) la note d'avril 1973 peu après la déposition de Bokassa. Ils lancent l'idée que son palais de Berengo a été mis à sac par des agents français chargés d'y subtiliser toutes les pièces sensibles. Or le palais présidentiel n'a « jamais été nettoyé par des professionnels envoyés par Valéry Giscard d'Estaing pour y faire le ménage[3] ». C'est une invention journalistique peu scrupuleuse qui permet, à partir d'une note dont l'authenticité reste à prouver, d'enclencher la machine infernale contre le président français.

Si la manipulation est le fait du *Canard enchaîné* qui poursuit de sa vindicte le président Giscard d'Estaing, l'exploitation politique est surtout à mettre sur le compte du *Monde*. Son rédacteur en chef ainsi qu'une majorité de la rédaction choisissent délibérément « de torpiller Giscard », pour reprendre l'expression de Raphaëlle Bacqué[4]. Seules quelques voix, dont celle du chef du service politique Raymond Barrillon, s'élèvent contre cet engagement militant dont

1. Géraldine Faes, Stephen Smith, *Bokassa 1er, un empereur français*, Paris, Calmann-Lévy, 2000, p. 266-267.
2. Roland Dumas, *Le Fil et la Pelote. Mémoires*, Paris, Plon, 1996, p. 186.
3. Géraldine Faes, Stephen Smith, *Bokassa 1er, un empereur français*, *op. cit.*, p. 249-266.
4. Raphaëlle Bacqué, « Le jour où… *Le Monde* choisit de torpiller Giscard », *Le Monde*, 25 juillet 2014.

l'objectif est clairement de tuer politiquement le président. L'un des principaux pourfendeurs de Giscard, l'éditorialiste Philippe Boucher, sera, en 1991, nommé au Conseil d'État par le président François Mitterrand. L'affaire des diamants, comme toutes les autres, souligne, de manière générale, combien la presse et les journalistes sont hostiles à Valéry Giscard d'Estaing.

Le président Giscard d'Estaing n'est certes pas exempt de tout reproche. À la différence du Premier ministre Raymond Barre qui, dans l'affaire de sa villa de Saint-Jean-Cap-Ferrat, joue immédiatement la transparence, coupant court à la polémique, il préfère faire communiquer par d'autres sa défense. Et plus la polémique et la suspicion enflent, plus il campe sur cette stratégie de défense d'une très grande maladresse politique. Son refus de communiquer lui-même et dans des délais brefs sur une affaire somme toute assez banale au regard de la longue liste des bénéficiaires français des largesses du président Bokassa[1] la transforme en véritable scandale politique, exploité sans vergogne par tous les partis et médias d'opposition. Lorsque certains de ses ministres lui conseillent de présenter lui-même sa défense, comme le secrétaire d'État aux Affaires étrangères Olivier Stirn, la réponse fuse : « Ah non ! Ce n'est pas de mon niveau ! » Pour Stirn et bien d'autres de ses collaborateurs, « il est dans sa tour d'ivoire depuis le succès des élections législatives de 1978 – alors que la majorité était donnée perdante – et il se croit invincible. Il se prend pour le roi de France. On ne peut plus lui parler. S'il s'était expliqué, cela aurait dégonflé la bulle[2] ». Pour Raymond Barre, Valéry Giscard d'Estaing « s'estime au-dessus de ces calomnies et il est convaincu que les Français ne peuvent lui imputer de tels agissements. C'est en dehors de son champ de pensée et d'action[3] ».

Il faut attendre le 27 novembre 1979 pour que Valéry Giscard d'Estaing s'exprime enfin sur l'affaire. Son propos se fait surtout « méprisant » face à ces « choses basses », tout en démentant la valeur prétendue des diamants. Il indique alors qu'il les a remis, comme nombre d'autres cadeaux reçus dans l'exercice de ses fonctions officielles, à des œuvres de bienfaisance et qu'il en apportera la preuve à la fin de son mandat. Le démenti ne convainc pas vraiment et la presse d'opposition continue à faire de cette

1. VGE, *Le Pouvoir et la Vie*, t. II, *op. cit.*, p. 632-641, 645-652 et 791-792.
2. Entretien de l'auteur avec Olivier Stirn, le 17 février 2011.
3. Raymond Barre, *L'Expérience du pouvoir*, *op. cit.*, p. 176.

affaire ses choux gras au cours des mois suivants. Pire, l'humoriste Thierry Le Luron fait rire la France entière en commençant ses imitations de Giscard par des tonitruants : « Bonsoir messieurs, bonsoir mes diams. » Et lorsque le président s'en ouvre discrètement aux proches de l'imitateur, celui-ci répond à sa manière en faisant monter sur scène un labrador portant un collier de diamants.

Le climat de suspicion ainsi créé est entretenu par de fausses révélations qui relèvent surtout de la rumeur et de la calomnie. L'une d'entre elles veut que le président aurait donné ces diamants à une petite amie – certains la présentent même comme l'épouse d'un de ses ministres – et qu'il aurait ensuite mal joué la dignité offensée. Une autre rumeur qui circule met en avant la vente d'une des plaquettes à un bijoutier contre un autre bijou ou un sac à main pour une de ses maîtresses. Le silence du président est ainsi systématiquement présenté comme la preuve du caractère inavouable de ses actes. Ce n'est plus seulement le pouvoir qui salit, c'est l'homme qui est attaqué dans son intégrité morale, tant dans les domaines de la corruption que dans celui des mœurs. L'affaire ne s'éteint jamais vraiment puisque *Le Canard enchaîné* veille à la relancer périodiquement. Le 16 septembre 1980, il publie en ce sens un entretien téléphonique avec l'ancien président Bokassa dans lequel celui-ci certifie avoir remis à au moins quatre reprises des diamants de valeur à Valéry Giscard d'Estaing. Surtout, elle rebondit au plus mauvais moment lors de l'élection présidentielle du printemps 1981, y compris entre les deux tours de scrutin.

Une autre affaire interroge les contemporains sur les pratiques du pouvoir : la mort suspecte de Robert Boulin, ministre en exercice. Si elle ne vise, cette fois, pas directement Valéry Giscard d'Estaing, elle entretient cependant un climat de doute et de suspicion sur les réseaux occultes qui gravitent autour du pouvoir. *Le Canard enchaîné* du 24 octobre 1979 révèle que le député-maire de Libourne est impliqué dans une affaire de vente et de construction d'une villa sur un terrain à Ramatuelle. L'affaire Boulin démarre ainsi.

Henri Tournet vend frauduleusement à Boulin, en juillet 1974, pour 40 000 francs, un terrain à Ramatuelle. En juin 1979, Tournet est inculpé, à la suite de la plainte de notaires normands qui ont eux aussi acheté le terrain en question et d'autres qui font partie d'un même lot. Il est libéré sous caution. À partir de ce moment, Tournet, qui est aux abois, multiplie les demandes d'intervention auprès de ses « relations » afin que la procédure judiciaire soit interrompue. Il s'adresse en particulier au ministre en exercice Robert Boulin à qui il fait valoir les excellentes raisons qu'il a pour que l'affaire en reste là, tout en laissant filtrer dans la presse certaines informations compromettantes. L'escroc Tournet laisse même entendre qu'il aurait discrètement remboursé le prix du terrain à Boulin. Prévoyant, il avait organisé, quelques mois après la vente, un savant jeu d'écritures afin de pouvoir accréditer, si nécessaire, sa version. Se sentant pris au piège, le ministre du Travail rencontre, à sa demande, le 18 juin, le garde des Sceaux Alain Peyrefitte en présence du directeur des Affaires criminelles, afin de lui exposer son affaire[1]. En tout cas, l'affaire est rapidement ébruitée par la presse et Robert Boulin devient, jusqu'à sa mort, l'objet d'une véritable chasse à l'homme médiatique.

Au petit matin du 30 octobre 1979, la police retrouve le corps de Robert Boulin sans vie immergé en forêt de Rambouillet dans l'étang Rompu. L'enquête prestement menée par le Service régional de police judiciaire (SRPJ) de Versailles conclut au suicide du ministre qui, empêtré dans des « affaires », aurait craqué. Il se serait donné la mort dans 50 centimètres d'eau après avoir ingurgité du valium. L'affaire prend quelques jours plus tard une tournure très différente avec la publication d'une lettre posthume que Boulin avait adressée à la presse. Non seulement il accuse Tournet, mais s'en prend aussi au juge d'instruction et à ses compagnons gaullistes, comme le garde des Sceaux Alain Peyrefitte. La rumeur d'un assassinat prend alors de l'ampleur. La mort de Robert Boulin devient l'affaire Boulin et suscite un flot ininterrompu d'articles, de livres, de rumeurs en tous genres, dans les médias. Face à une enquête policière aussi rapidement menée et orientée dans le sens du suicide, la thèse « officielle » est vivement contestée par la famille du défunt ministre qui crie au complot et à l'assassinat politique. Suicide ou assassinat politique ? Valéry Giscard d'Estaing décide de saisir le Conseil supérieur de la magistrature qui, après enquête, confirme le suicide. L'Élysée comme Matignon s'en tiennent à cette version. Pour le directeur de cabinet du Premier ministre, Philippe Mestre, la thèse de l'assassinat ne repose que sur « la bêtise d'Alain Peyrefitte qui a commis l'erreur de ne pas faire faire une véritable autopsie, un peu à cause de la famille

1. VGE, *Le Pouvoir et la Vie*, t. II, *op. cit.*, p. 576-578.

qui voulait récupérer rapidement le corps en vue d'obsèques solennelles ». Dès lors, tout était possible dans la construction de la thèse d'un assassinat. La question n'est cependant, à ce jour, pas tranchée avec certitude même si la justice continue à maintenir la thèse du suicide[1], et ce malgré la mise au jour d'éléments pouvant jeter le trouble.

Pour les contemporains, la concomitance des affaires interpelle. Le président Giscard d'Estaing, son Premier ministre et son ministre du Travail sont l'objet d'un matraquage médiatique, à partir d'« affaires » qui paraissent coordonnées tant elles se suivent et se complètent. Certains en situent la source parmi les milieux gaullistes du RPR. C'est l'analyse qu'en fait notamment Raymond Barre[2]. Robert Boulin lui-même révèle, quelques jours avant sa mort, à Jacques Chaban-Delmas, que « c'est Chirac, c'est le RPR qui ont fait le coup ». Ce que l'analyste politique avisé qu'est Jean Mauriac s'empresse de nuancer immédiatement en affirmant que tout ce qui vient de l'Hôtel de Ville ne veut pas dire forcément de Jacques Chirac[3]. En 1979, les noms des inspirateurs de ces affaires, selon Raymond Barre, sont Charles Pasqua, Pierre Juillet et Marie-France Garaud, auxquels on ajoute fréquemment, pour faire plus vrai, Jacques Foccart. Le journaliste Philippe Alexandre accuse d'ailleurs l'état-major du RPR, le 3 novembre 1979 sur les ondes de RTL, d'avoir participé à une réunion, vers la mi-septembre, qui aurait décidé du « sort » de Robert Boulin en lançant les révélations sur l'affaire Tournet-Boulin. Les intéressés ont immédiatement démenti et porté plainte pour diffamation. Lors du procès qui s'ouvre le 12 mars 1980, les caciques gaullistes – à l'exception notable de Jacques Chirac – défilent à la barre pour défendre l'honneur du RPR. Jean de Lipkowski, Maurice Couve de Murville, Jean Foyer, Pierre Messmer et Jacques Foccart nient catégoriquement toute participation à cette réunion secrète ainsi qu'à la mort de Robert Boulin[4]. Le tribunal donne raison aux plaignants.

Pour le président de la République, la séquence s'avère catastrophique. Elle entretient à son détriment pendant des mois un

1. Entretien de l'auteur avec Philippe Mestre, 17 septembre 2013.
2. Benoît Collombat, *Un homme à abattre. Contre-enquête sur la mort de Robert Boulin*, Paris, Fayard, 2008, p. 107.
3. Jean Mauriac, *L'Après de Gaulle*, *op. cit.*, p. 296.
4. Benoît Collombat, *Un homme à abattre*, *op. cit.*, p. 317-321.

climat délétère d'affaires et de scandales à répétition. Au-delà du pouvoir, dont il est l'incarnation, qui corrompt les hommes, c'est bien son image qui est ternie de manière durable. D'abord parce que ces affaires laissent toujours un parfum de scandale auprès de l'opinion publique. Et, même lorsque le président n'est pas directement mis en cause, c'est sur lui que converge finalement l'opprobre. Surtout, ces accusations, en particulier l'affaire des diamants, ressortent opportunément lors de la campagne très dure des élections présidentielles du printemps 1981. Instrumentalisées sans mesure ni nuances, elles contribuent à l'échec de Valéry Giscard d'Estaing.

Des oppositions politiques tous azimuts

Le président doit faire face à une opposition politique de plus en plus mordante. La gauche sait capter les aspirations des nouvelles générations et s'en faire la porte-parole. Elle est de plus en plus portée par cette dynamique. La jeunesse et la modernité qu'incarnait Valéry Giscard d'Estaing au printemps 1974 semblent avoir changé de camp. C'est le prix de l'usure du pouvoir. C'est aussi le jeu des rivalités internes du PS qui voit le leader de la deuxième gauche, réformiste et anticommuniste, Michel Rocard, briguer la candidature du PS le 19 octobre 1980. Crédité de sondages flatteurs depuis des mois, il incarne une politique économique « réaliste », opposée « aux nationalisations à outrance » du programme commun et du PCF, et une culture de gouvernement qui se réclame de Pierre Mendès France. Mais en ne sollicitant que la candidature du PS et non directement celle des Français, il se place à la merci du premier secrétaire socialiste qui, bien que brocardé sur son âge (soixante-trois ans) et son image d'homme de la IVe République, bénéficie du soutien des caciques et des principales fédérations du parti.

Moins d'un mois plus tard, le 8 novembre 1980, Michel Rocard s'efface dès que François Mitterrand annonce sa candidature devant le comité directeur du PS. Il est l'homme du programme commun et de la stratégie de prise de pouvoir par l'alliance entre la gauche démocratique et le PCF. L'invasion de l'Afghanistan, en décembre 1979, par l'Armée rouge et le soutien inconditionnel du PCF ont certes de nouveau suscité de sérieux doutes sur le bien-fondé de cette stratégie. Et, pendant des mois, Michel Rocard incarne plus que jamais ce « socialisme à visage humain » qui brouille en partie l'image du danger communiste en cas de victoire du candidat de la gauche auprès des électeurs. François Mitterrand, qui s'impose comme le candidat du PS, sait capitaliser sur son nom, non sans ambiguïté, cette image d'une alternative démocratique crédible. Il sait habilement, au cours de sa campagne, faire « la synthèse entre la gauche traditionnelle, marquée à la fois par le marxisme et les théories néokeynésiennes, et les aspirations antiautoritaires et autogestionnaires héritées de Mai 68[1] ». Le congrès du PS à Créteil, le 24 janvier 1981, affiche une unité presque sans faille derrière François Mitterrand qui obtient l'investiture socialiste à 83,64 %. C'est un François Mitterrand ragaillardi et assuré du soutien des cadres et militants socialistes qui se lance à pleines dents dans la bataille électorale.

Dans ses critiques sur la politique gouvernementale, la gauche cible tout particulièrement la personne même du président. Pour Olivier Guichard, le PS, explique-t-il le 17 décembre 1980, fait porter sa campagne sur le « personnage » Giscard afin de « le démolir sur le plan personnel » à travers « ses origines, sa famille, sa fortune, son goût du monde, sa vie, sa fragilité, sa légèreté, tout ce sur quoi il peut être profondément atteignable ». Et le député-maire gaulliste de La Baule de prévenir : « Il faut donc s'attendre à un redoublement des attaques contre le président sur le plan personnel. Le plus grave, c'est que, parties de Paris, ces attaques gagnent la province, s'insinuent de tous côtés[2]. » Il n'est pas un jour sans que la presse écrite, très majoritairement acquise à la cause du leader socialiste, publie de nouvelles révélations sur Valéry Giscard d'Estaing, son épouse ou sa famille. Elles sont très souvent infondées et relèvent de la volonté de salir l'image du président sortant[3].

François Mitterrand lui consacre d'ailleurs un chapitre complet – « L'État-Giscard » – dans son livre programmatique *Ici et maintenant*. Il y dénonce une Ve République dégénérescente et transformée en « monarchie » par Valéry Giscard d'Estaing.

---

1. Mathias Bernard, *Les Années Mitterrand. Du changement socialiste au tournant libéral*, Paris, Belin, 2015, p. 21.
2. Jean Mauriac, *L'Après de Gaulle*, *op. cit.*, p. 320.
3. Éric Roussel, *François Mitterrand. De l'intime au politique*, Paris, Robert Laffont, 2015, p. 372.

« L'actuel président, écrit le leader socialiste, concentre dans ses mains les trois pouvoirs traditionnels, exécutif, législatif et judiciaire, et le pouvoir moderne de l'information, il gomme les institutions, tire sur toutes les cordes, extrait des textes tout leur jus, crée un régime de fait qui n'a d'équivalent nulle part, un régime non dit où la démocratie formelle couvre une marchandise importée du bric-à-brac des dictateurs sans qu'on puisse de bonne foi l'appeler dictature, système ambigu, douceâtre d'apparence, en vérité implacable, auquel il ne reste qu'à doubler la mise, ou plus exactement le septennat, pour qu'il prenne un tour définitif, monarchie populaire et si peu populaire[1]. » Quarante ans plus tard, Michel Winock, dans un numéro spécial de *L'Obs* consacré au 10 mai 1981, concédera que « quand on veut gagner une élection présidentielle à gauche, ce qui n'était encore jamais arrivé depuis les débuts de la Ve République, on ne lésine pas sur les moyens. La campagne électorale fait fi de la justice[2] ».

L'évolution des sondages montre bien une inversion très progressive de la courbe des intentions de vote en faveur du candidat de la gauche. En novembre 1980, Valéry Giscard d'Estaing est néanmoins encore crédité d'un score sans appel qui lui assurerait, quel que soit le candidat de la gauche, une confortable réélection. La dynamique semble être alors sienne. Quelques semaines plus tard, la crise économique, le durcissement de la guerre froide et les scandales étant passés par là, sa cote de popularité commence à s'effriter. C'est le candidat de la gauche qui capitalise désormais les aspirations – souvent contradictoires – des Français. Le 6 janvier 1981, un sondage (indice d'opinion) donne, pour la première fois, François Mitterrand vainqueur au second tour (51 %) face à Valéry Giscard d'Estaing (49 %). Les analystes et journalistes commencent à percevoir la remontée du candidat socialiste et à considérer que sa victoire rentre dans le champ des possibilités.

Le problème pour le président sortant ne tient pas qu'à la dynamique de la candidature de François Mitterrand qui s'accentue au cours des mois précédant le scrutin. Valéry Giscard d'Estaing doit également se garder sur sa droite. Le RPR entend que son champion Jacques Chirac soit bien présent au second tour pour qu'un gaulliste soit de nouveau le locataire de l'Élysée. Le maire de Paris

1. François Mitterrand, *Ici et maintenant*, *op. cit.*, p. 75.
2. Michel Winock, « Une imagination sociale au pouvoir », *L'Obs*, 6 au 12 mai 2021, p. 36-37.

et ses lieutenants, dont Charles Pasqua, impriment rapidement à leur campagne une tonalité très antigiscardienne.

Depuis l'échec des élections européennes de 1979, les tensions entre les états-majors des deux partis de la majorité présidentielle se sont aggravées. RPR et UDF sont en concurrence pour le leadership parlementaire et électoral dans un climat de plus en plus lourd. L'élection présidentielle de 1981 représente un moment clé pour les deux partis et leurs candidats. Pour Valéry Giscard d'Estaing, il s'agit de transformer les victoires de 1978 et 1979 pour faire de l'UDF le grand parti de la majorité, qui « cannibaliserait » le mouvement gaulliste à son profit. Le président Giscard d'Estaing et ses fidèles lieutenants ne ménagent pas les avanies à l'encontre des gaullistes qui se sentent menacés dans leur existence même[1].

La volonté du président Giscard de faire de l'UDF le pivot de la majorité du centre et de droite heurte de plein fouet le parti gaulliste. Pour celui-ci, la question se pose de plus en plus en termes de survie car, en cas de réélection de Valéry Giscard d'Estaing, la situation deviendrait très compliquée. La bizarrerie d'un président de la République ne disposant pas du parti le plus important au sein de la majorité se réglerait par une fort probable marginalisation politique du Rassemblement. D'autant que la mouvance gaulliste reste assez divisée. Certains de ses caciques siègent au gouvernement de Raymond Barre comme Olivier Guichard et Alain Peyrefitte. D'autres comme Michel Debré et nombre de gaullistes historiques entendent incarner le vrai gaullisme par rapport à Jacques Chirac et au RPR. Pour les plus pessimistes, la réélection de Valéry Giscard d'Estaing pourrait même sonner le glas du gaullisme.

Dans ces conditions, les réserves du RPR à l'égard de la politique du Premier ministre Raymond Barre et du président de la République deviennent, au fur et à mesure des mois, des critiques publiques de plus en plus virulentes. « Chaque fois que le Gouvernement agissait, se souvient Raymond Barre, présentait une réforme, un texte de loi, que sais-je, Claude Labbé [président du groupe RPR à l'Assemblée nationale] montait en première ligne pour nous accuser, avec la finesse qu'on lui connaissait, de tous les péchés et, derrière, Chirac assénait le coup de massue[2]. » Les représentants gaullistes ne se privent pas de reprendre à leur compte de

1. Bernard Pons, *Aucun combat n'est jamais perdu d'avance. Mémoires*, Paris, L'Archipel, 2018, p. 244.

2. Raymond Barre, *L'Expérience du pouvoir*, *op. cit.*, p. 132.

nombreux sarcasmes de l'opposition et des médias, en particulier du *Monde*, à l'encontre du Premier ministre : « Premier ministre le plus impopulaire de France », « Premier ministre en sursis », etc. Barre résume joliment la situation qu'il doit affronter : « J'ai eu à faire face, en plus des chocs pétroliers, au choc du RPR[1] ! »

À partir de 1979, l'opposition du RPR, pris en main par Jacques Chirac et appuyé sur la puissante base politique et financière de la mairie de Paris, se manifeste en toute occasion. Tout est bon pour marquer sa différence par rapport au Gouvernement. Mais elle se fait clairement critique et condamnation. Elle vise à affaiblir, au-delà de Raymond Barre et du Gouvernement, le président. Cette stratégie de démarcation par les tensions et les critiques reste cependant dans un cadre qui exclut de passer dans l'opposition. Au mieux, le RPR s'abstient lors du vote des grandes réformes ou du budget de 1980. Cela oblige le Gouvernement à user du 49.3, non pas contre l'opposition socialo-communiste, mais contre un parti de la majorité sans le vote duquel aucun projet ne peut être adopté. Pour autant, le RPR ne dépose et ne vote aucune motion de censure contre le Gouvernement. En revanche, plus l'élection présidentielle se rapproche, plus il soumet le Gouvernement, son Premier ministre et le président de la République à un flot ininterrompu de critiques acerbes qui marquent durablement les esprits.

Au duel entre les candidats de la gauche et de la droite, il devient de plus en plus évident que Valéry Giscard d'Estaing devra compter avec un autre duel – contre Jacques Chirac dont les critiques n'ont bien souvent rien à envier à celles des leaders du PS ou du PC – qui pourrait s'avérer très dévastateur. Pour atteindre l'objectif central de l'état-major du RPR qui consiste à réinstaller un gaulliste à l'Élysée, celui-ci est manifestement prêt à aller très loin, quitte à en bouter dehors le locataire actuel. Ce qui aurait pu être une rivalité somme toute assez classique entre partis d'une même majorité se transforme rapidement en un combat des chefs dans lequel tous les coups sont permis.

Jacques Chirac est prêt à aller jusqu'au bout de sa démarche. En octobre 1980, il dîne secrètement avec François Mitterrand au domicile d'Édith Cresson. Malgré les démentis catégoriques de Jacques Chirac, tout Paris bruisse de rumeurs sans que le président sache avec certitude si l'événement s'est bien produit. Ce n'est

1. *Ibid.*, p. 138.

qu'en décembre 1995 que Valéry Giscard d'Estaing obtient de François Mitterrand lui-même confirmation de ce dîner organisé à la demande du patron du RPR. Celui-ci lui aurait fait part de la nécessité de faire battre le président, ce qui constitue le seul point d'accord tacite entre les deux hommes[1]. Longtemps, le président se refuse à croire que Jacques Chirac puisse chercher à le faire battre. Il lui faut cependant se rendre à l'évidence : Chirac mène campagne essentiellement contre lui tout en affectant officiellement de lui déclarer son soutien en cas de duel avec Mitterrand au second tour. Parallèlement, certains membres de sa garde rapprochée « matraquent » Giscard comme s'il s'agissait de l'ennemi numéro un à abattre.

Le RPR ne manque ainsi jamais la moindre occasion d'attaquer le président et le Gouvernement sur tous les sujets, en particulier ceux qu'il considère comme relevant de l'héritage gaullien. Les élections européennes de 1979 ont été l'occasion de roder le réquisitoire contre la politique européenne du président jugée « supranationale ». Les débats parlementaires sur le budget de 1980 sont également l'occasion de joutes sévères entre le groupe RPR et le Premier ministre. Raymond Barre se montre particulièrement « agressif », *dixit* le président de l'UDF Jean Lecanuet, vis-à-vis du RPR. Au point que le porte-parole de l'Élysée, Pierre Hunt, admet en privé que le Premier ministre lui « semble trop exaspéré, trop blessé dans son ego de professeur d'économie pour pouvoir changer d'attitude[2] ».

La politique de défense est instrumentalisée à cette fin autour notamment de la dissuasion nucléaire et de la question de la construction du 6e SNLE. Le parti de Jacques Chirac se montre également très critique sur la politique africaine de Valéry Giscard d'Estaing, du moins sur certains de ses échecs, pour mieux s'en distinguer, alors que tous deux prônent fondamentalement le maintien du « pré carré africain » de la France. Le couronnement du président centrafricain Jean-Bedel Bokassa en empereur, le 4 décembre 1977, constitue également un argument de poids pour décrédibiliser la politique africaine de Valéry Giscard d'Estaing. Bien que le ministre de la Coopération soit alors le gaulliste Robert Galley, gendre du maréchal Leclerc, les compagnons du RPR se montrent particulièrement offensifs. Ils n'ont de cesse, tout au long

1. VGE, *Le Pouvoir et la Vie*, t. III, *op. cit.*, p. 307-308 et 527-528.
2. Michèle Cotta, *Cahiers secrets de la Ve République*, t. II, *op. cit.*, p. 307.

de la fin du mandat présidentiel, de condamner vertement cette « mascarade dispendieuse », financée sur les fonds du ministère de la Coopération. Ces critiques entrent en résonance avec le roman-feuilleton des diamants de Bokassa.

La politique interventionniste du président Giscard sur le continent africain, confronté au regain de la guerre fraîche, en particulier au Tchad, est régulièrement clouée au pilori par les ténors gaullistes. « Pour être tolérable, lance Pierre Messmer, au nom du Rassemblement, à l'Assemblée nationale le 19 décembre 1979, toute action de force en Afrique doit avoir un motif indiscutable et être strictement limitée dans l'espace et le temps, donc brève et ponctuelle. Ce fut le cas au Zaïre ; ce n'est le cas d'aucune des trois interventions actuelles : au Tchad, en Mauritanie, en Centrafrique. » Et l'orateur gaulliste de conclure à l'adresse du président Valéry Giscard d'Estaing : « Une intervention militaire est toujours la conséquence d'un échec politique et il est rare qu'elle puisse le réparer. Souvenez-vous, messieurs, que la IVe République est morte d'avoir cru en Indochine, puis en Algérie, que l'on pouvait compenser des erreurs politiques par des campagnes militaires[1]. »

Contrairement aux élections présidentielles précédentes, les questions africaines se révèlent être un des éléments clés de la campagne du printemps 1981[2]. D'autant que l'affaire des « diamants de Bokassa » ressurgit alors. Le président-candidat est, bien malgré lui, obligé de se défendre au moment où François Mitterrand paraît, selon les sondages, pouvoir l'emporter. Le 10 mars 1981, Valéry Giscard d'Estaing, dans l'émission *Le Grand Débat*, dément de nouveau la valeur imputée aux « grosses pierres ». Giscard reste empêtré dans cette affaire. Au point que ceux qui veulent le faire battre l'utilisent jusqu'au bout : les hommes du SAC barrent les yeux des affiches de Valéry Giscard d'Estaing par des autocollants en forme de diamants… L'effet est dévastateur et il vient du camp gaulliste.

Le Rubicon est d'ailleurs franchi très tôt. Le 21 janvier 1981, Pierre Messmer fait sensation lors de l'émission *Face au public* de France Inter en déclarant qu'il « ne souhaite pas la réélection

---

1. *JORF*, 19 décembre 1979, intervention de Pierre Messmer.
2. Jean-Pierre Bat, « Les diamants (de Bokassa) sont éternels. "Pré carré" et guerre fraîche : la fabrique de la Françafrique », *Afrique contemporaine*, Paris, n° 246, février 2013.

de Valéry Giscard d'Estaing » et qu'il ne ferait « certainement pas campagne pour lui ». Deux raisons motivent son refus. La première est qu'« un septennat, c'est très long ». Il se déclare partisan d'un mandat présidentiel réduit à cinq ans comme le défunt président Pompidou l'avait souhaité en 1973. La seconde est une critique en règle du septennat de Giscard : il « n'a pas obtenu tous les résultats qu'on était en droit d'espérer, en tout cas, que les gaullistes espéraient ». Messmer s'en prend notamment à la politique africaine du président de la République qu'il qualifie en deux mots : « incohérence et inconséquence ». Certes, il concède que « la politique française au Tchad est le plus grave échec de la politique africaine de la France depuis vingt ans ». Mais il insiste sur le fait que Giscard a misé sur le « perdant » Hissène Habré et, au nom d'intérêts économiques[1], le gouvernement français n'a pas fait les mises en garde nécessaires pour éviter l'immixtion de la Libye du colonel Kadhafi dans les affaires tchadiennes. Et l'ancien Premier ministre de conclure : « Il sera difficile de réparer la casse avec Giscard[2]. » L'ancien ministre des Armées du Général et ancien Premier ministre de Georges Pompidou ose dire tout haut ce que nombre de cadres et de militants du Rassemblement pensent tout bas. Le ton de la campagne présidentielle est donné et les porte-flingues du RPR entrent en action, sans interruption, contre le président sortant.

Haro sur Giscard

Au cours des dernières semaines précédant le scrutin présidentiel (26 avril et 10 mai 1981), les facteurs défavorables au président sortant et les oppositions tous azimuts conduisent progressivement à une érosion décisive de sa cote de popularité. Cette inversion tient à la dynamique de la gauche qui profite du contexte économique et social difficile et qui sait mieux capter à elle l'aspiration profonde de nombre de Français à une véritable alternance politique, voire sociétale. Elle s'explique aussi par les violentes

1. La compagnie pétrolière Elf, dirigée par Albin Chalandon, annonce un accord avec le gouvernement libyen alors que les troupes libyennes entrent, au même moment, dans la capitale tchadienne.

2. Frédéric Turpin, *Pierre Messmer. Le dernier gaulliste*, Paris, Perrin/ministère des Armées, 2020, p. 307-308.

oppositions au sein de la majorité présidentielle. Ce qui sonne peut-être le plus le glas des ambitions giscardiennes d'un second mandat vient de la majorité présidentielle elle-même. L'allié gaulliste se fait plus que jamais opposant et ses critiques acides jouent un rôle essentiel dans l'échec final de la tentative de réélection de Valéry Giscard d'Estaing.

La situation ne paraît cependant pas désespérée au moment de l'ouverture de la campagne. La gauche n'affiche pas le visage de l'unité puisque les deux grands partis (PS et PCF) présentent chacun leur candidat. Le candidat communiste, Georges Marchais, ne ménage pas ses diatribes au candidat socialiste François Mitterrand. Mais celui-ci, dès sa déclaration officielle de candidature, annoncée le 24 janvier, concentre ses attaques contre le président sortant. Il martèle inlassablement le thème du président « en fin de course » et résume son bilan en « quatre D : déclin, décadence, destruction, désarroi ».

Afin de ne pas hypothéquer le report des voix communistes au second tour, François Mitterrand ne répond pas ou peu aux critiques de l'état-major communiste, en particulier sur ses « 110 propositions ». Faute d'avoir une prise sur lui, sa stratégie consiste à ne pas considérer le PCF en tant qu'institution mais à s'adresser directement à ses électeurs. Et plus les leaders communistes s'en prennent au candidat socialiste, plus cela le sert objectivement : Valéry Giscard d'Estaing peut de plus en plus difficilement l'accuser d'être entre les mains du PCF, ce qui atténue le thème classique du danger communiste qui a beaucoup joué en 1974. Pendant toute la campagne, François Mitterrand sait habilement esquiver ce qui constitue son principal écueil : la place des communistes s'il est élu au soir du 10 mai. Pour couper court aux arguments du centre et de la droite, qui jouent sur la peur d'un Gouvernement socialo-communiste, il indique que la question de l'entrée de communistes dans le Gouvernement ne sera traitée qu'après l'élection présidentielle et en fonction des convergences programmatiques des uns et des autres. Dans l'immédiat, cela lui évite des négociations d'appareil à appareil et de prêter le flanc à l'accusation de collusion avec le PCF, tout en ménageant les électeurs communistes sans lesquels il ne peut y avoir de victoire au second tour.

Sous le slogan de « La France tranquille », François Mitterrand mène sa campagne tambour battant, fort de ses « 110 propositions » programmatiques qui reprennent, pour partie, le programme commun de 1972, mais dont l'imprégnation marxiste est volontairement moins marquée. Il énonce des principes plus que des réformes précises. Le 6 avril, il annonce les grandes lignes de son plan pour le plein-emploi avec notamment la réduction du temps de travail à trente-cinq heures hebdomadaires, la création de cent cinquante mille emplois dans le secteur public, l'impôt sur la fortune, etc. L'essentiel est de satisfaire son électorat ainsi que celui du PCF tout en rassurant le plus possible à l'heure où Valéry Giscard d'Estaing comme Jacques Chirac matraquent l'opinion publique sur le thème du grand désordre après le 10 mai en cas de victoire socialo-communiste. Le leader de la gauche joue pleinement sur le thème de l'heure de l'alternance. « La seule idée de la droite, lit-on sur un tract du candidat socialiste : garder le pouvoir. Mon premier projet vous le rendre. François Mitterrand. »

De l'autre côté de l'échiquier politique, la situation peut initialement paraître plutôt avantageuse pour le président sortant. La famille gaulliste est en butte à la division. Pas moins de 3 candidats se réclament de l'héritage du général de Gaulle tandis que 10 ministres RPR du gouvernement de Raymond Barre apportent leur soutien à Valéry Giscard d'Estaing. Toutefois, là encore l'équation de départ se complique rapidement au point de constituer un écueil décisif.

La stratégie de Jacques Chirac et de l'état-major du RPR qui vise, coûte que coûte, à s'emparer de la présidence de la République n'est pas du goût de tous. Elle fait ressurgir les clivages consécutifs aux séquelles de la « trahison » chiraquienne d'avril 1974 à l'encontre de Jacques Chaban-Delmas qui ne sont pas complètement cicatrisées. Nombre de « barons » et de « vieux gaullistes » ne voient pas en Chirac le candidat naturel de la famille gaulliste à l'élection présidentielle. Michel Debré est leur candidat et lui-même ne s'en cache pas : « Il y a un candidat gaulliste, c'est moi. Et il y a des candidats qui se réclament du gaullisme[1]. » Ces « vieux gaullistes » se montrent tout particulièrement hostiles à la stratégie qui consiste à risquer de donner le pouvoir aux socialo-communistes au détriment de Valéry Giscard d'Estaing dans une sorte de guerre des chefs jugée suicidaire. Ces gaullistes trouvent leur héraut en la personne de Michel Debré qui s'est lancé très tôt dans la course présidentielle. L'appel national pour sa candidature

1. Jean Mauriac, *L'Après de Gaulle*, *op. cit.*, p. 324.

du 26 octobre 1980 ressemble à s'y méprendre à une affiche des années 1960. La plupart des grands noms du gaullisme y figurent : le beau-frère de Charles de Gaulle, Jacques Vendroux, ou encore Jean de Gaulle, les anciens ministres Jean Foyer, Hubert Germain, Gilbert Grandval, Yves Guéna, Olivier Guichard, Léo Hamon, Pierre Mazeaud, les anciens proches collaborateurs du Général Étienne Burin des Roziers et Pierre Lefranc[1].

Si la candidature du gaulliste historique Debré est soutenue, en sous-main, par l'Élysée[2], il n'en est rien pour celle de Marie-France Garaud. L'ancienne conseillère de Georges Pompidou a rompu avec le leader du RPR et tous les analystes pensent initialement que sa candidature va lui faire du tort. Pourtant, en décochant quasi exclusivement ses traits contre Valéry Giscard d'Estaing, elle entre pleinement dans l'équation de la réussite ou de l'échec de sa réélection. Ce n'est pas tant le nombre de voix qu'elle peut réunir sur son nom qui pose problème, mais plutôt celles qu'elle peut détourner d'un vote au second tour, au moment où il faut rassembler le plus largement possible. Or Marie-France Garaud se montre particulièrement offensive contre le locataire de l'Élysée. Issue de la bourgeoisie catholique de province, qui a fort peu goûté les réformes sociétales des premières années du septennat, en particulier la dépénalisation de l'avortement, elle attaque frontalement le président sortant sur son défaut d'atlantisme et sa politique européenne dans la continuité de l'« appel de Cochin ». Elle se permet d'affirmer tout haut ce que Jacques Chirac ne peut dire qu'à mi-voix. Elle instruit un véritable procès en atlantisme autour notamment de l'épisode de la rencontre à Varsovie du président avec Léonid Brejnev, le 18 mai 1980[3]. Ce procès porte d'autant plus que Marie-France Garaud conserve des relais importants dans les milieux de la presse qui n'aiment guère Valéry Giscard d'Estaing. Nombre de rédactions et de grands journalistes apprécient peu le président comme en atteste notamment le rôle du *Monde* dans la machination des diamants de Bokassa. La candidature de Marie-France Garaud constitue finalement un de ces éléments qui, mis bout à bout, conduisent à l'échec de Valéry Giscard d'Estaing.

---

1. Appel national pour la candidature de Michel Debré (Conseil régional des Pays de la Loire, fonds Olivier Guichard, 23W261).

2. Éric Roussel, *Valéry Giscard d'Estaing*, *op. cit.*, p. 466.

3. Sur cette rencontre, voir Georges-Henri Soutou, *La Guerre froide de la France, 1941-1990*, Paris, Tallandier, 2018, p. 443-449.

Jacques Chirac commet, pour sa part, l'erreur d'annoncer tardivement sa candidature, le 3 février 1981, laissant le champ libre, pendant plusieurs mois, aux campagnes de Michel Debré et de Marie-France Garaud. Si la candidature de Marie-France Garaud ne pose pas de problèmes majeurs à Jacques Chirac, celle de Michel Debré représente un danger qui, plus qu'en termes de voix, est hautement symbolique. Debré entend porter haut les couleurs de l'étendard gaulliste et l'ancien Premier ministre du Général dispose pour cela d'une légitimité incontestable. Chirac est plus l'héritier de Georges Pompidou que de Charles de Gaulle. Il lui faut donc faire appel aux gaullistes historiques pour pouvoir prétendre lui aussi incarner la légitimité gaullienne et gaulliste. Peu nombreux sont ceux qui répondent à l'appel, préférant soutenir Michel Debré. Pierre Messmer, Jacques Foccart, le général Billotte ou encore Maurice Schumann sont parmi les rares gaullistes historiques à s'engager ouvertement en faveur du candidat du RPR. L'ancien ministre des Armées du Général Pierre Messmer assume non seulement la présidence du comité national de soutien de Jacques Chirac mais participe activement à la campagne comme lors du grand meeting du RPR au Parc des Princes le 13 avril[1]. Jacques Foccart met, pour sa part, à contribution le SAC dirigé par Pierre Debizet. Si tous les « gros bras » gaullistes sont d'accord pour un soutien inconditionnel à Jacques Chirac, les regards paraissent déjà tournés vers le second tour et la question cruciale du choix : reconduire Giscard jugé majoritairement comme l'antigaulliste ou faire voter pour Mitterrand et assurer sa victoire ? « Il ne fait cependant guère de doute que nombre d'adhérents du SAC n'accepteront pas de gaieté de cœur une recommandation à voter, le moment venu, pour M. Giscard d'Estaing[2]. » Le SAC œuvre donc activement en faveur du candidat gaulliste Jacques Chirac jusqu'au soir du 26 avril.

La campagne de Jacques Chirac se focalise rapidement sur Valéry Giscard d'Estaing, du moins pour ce qui est des critiques. La veille de sa déclaration de candidature, il annonce à ses proches collaborateurs que la condition de la victoire, c'est d'attaquer sans répit[3].

---

1. *La Lettre de la nation* (bulletin interne du RPR) du 13 avril 1981 et du 22 avril 1981.

2. Alain Moreau, *Rapport de la commission d'enquête parlementaire sur les activités du SAC*, t. I, Paris, 1982, p. 354.

3. Bernard Billaud, *D'un Chirac à l'autre*, Paris, éditions de Fallois, 2005, p. 459.

Dès sa déclaration de candidature, il fustige « le processus de dégradation que connaît actuellement la France ». Le maire de Paris s'en prend en particulier à l'expression giscardienne selon laquelle la France est « une puissance moyenne ». Pour lui, Giscard incarne la voie de « la résignation » qui conduit à un « processus de dégradation de la France ». « Entre la résignation et l'aventure, assène-t-il en meeting à Toulon le 24 février, il est possible d'ouvrir un autre choix ! » Il se fait le chantre d'une nouvelle voie entre le « libéralisme affiché » et le « collectivisme rampant ». Mais cette stratégie de démarcation par rapport au président implique une virulence croissante des attaques pleinement assumée. Le 25 février, à Marseille, il fustige la politique du président de la République, « son inconséquence et son gaspillage ». La pique se fait même plus personnelle puisqu'il évoque la « voix chevrotante » de la France, allusion à peine voilée au maréchal Pétain[1]. Le 4 mars, sur les ondes de France Inter, un nouveau pas est franchi. Jacques Chirac évoque, pour la première fois, la « défaite possible » de Valéry Giscard d'Estaing, à la grande fureur de celui-ci. Mitterrand en campagne à Laon, le 27 mars, a ce bon mot : « Que dire sur Chirac ? Il fait le boulot que je ne peux pas faire[2] ! » Le 16 mars, reprenant la critique de la rencontre Brejnev-Giscard d'Estaing à Varsovie du 18 mai 1980, François Mitterrand ironise sur le « petit télégraphiste » Giscard. Quelques jours plus tard, le 31 mars, c'est au tour du chef du RPR d'user de l'argument mais cette fois en termes très cinglants : « Jamais l'esprit de Munich, l'esprit de dialogue systématiquement recherché, n'a conduit à la paix[3]. »

Valéry Giscard d'Estaing se déclare candidat le 2 mars. La difficulté consiste principalement à trouver le ton juste et le bon équilibre entre le fait de « capitaliser » sur le bilan de son septennat et d'apporter du neuf comme peut le faire un candidat qui n'est pas président sortant. C'est ce qu'il espère réaliser en proposant aux électeurs un « septennat nouveau » et non un « nouveau septennat ». La formule comme le début de la campagne entretiennent plus la confusion qu'ils ne tracent une ligne claire. Surtout, le président peine à défendre un bilan économique et social qui devient

1. Michèle Cotta, *Cahiers secrets de la Ve République*, t. II, *op. cit.*, p. 447 et 450.
2. *Ibid.*, p. 471.
3. *Ibid.*, p. 4 et 476.

central dans la campagne, alors qu'il aurait préféré insister sur ses réussites en politique étrangère. Très vite, l'impression qui domine est que sa campagne manque de souffle, voire d'ossature, tant elle souffre initialement d'une mauvaise organisation. Déjà, le 17 février, le porte-parole de l'Élysée se plaignait, en privé, que cela « patine dans la choucroute » : « S'il n'y a pas d'idées supplémentaires, dans l'état actuel des choses, il lui manquera 500 000 voix[1] ! » Cela se traduit dans les sondages qui montrent que sa campagne, même en insistant plus sur les questions du chômage et de la jeunesse, ne permet pas d'inverser la courbe qui se dessine en faveur du candidat socialiste. Le 11 mars, l'Élysée a conscience de cette évolution puisque Giscard n'est plus qu'à 29 % des intentions de vote au premier tour, Jacques Chirac 15 %, Michel Debré 3,5 % et Marie-France Garaud 2 %. Mais François Mitterrand atteint 25 % tandis que Georges Marchais – c'est une mauvaise nouvelle pour le président sortant – n'est qu'à 16 % et Michel Crépeau (MRG) à 1 %. Non seulement le candidat socialiste remonte mais il tend à surpasser complètement la concurrence du PCF.

Pour nombre de caciques de la majorité, la désunion entre RPR et UDF fait courir un risque mortel à la candidature de Valéry Giscard d'Estaing. Le président de l'UDF, Jean Lecanuet, tente d'y remédier ou à défaut d'éviter que l'irréparable soit commis. Il se heurte au refus des deux hommes. « Le président de la République n'y a mis aucune bonne volonté. Et cela parce qu'il sait que Chirac ne pense qu'à une chose : sa défaite, le 10 mai. » Cette obstination de Valéry Giscard d'Estaing à ne pas faire un geste envers son ancien Premier ministre, le leader centriste la met sur le compte de l'état d'esprit du locataire de l'Élysée. Il le trouve, au moment où la campagne s'ouvre, « toujours très sûr de lui, très optimiste quant à ses chances, au fond tout à fait sûr de sa victoire ». Et d'ajouter : « Il ne croit pas à l'irrationalité. Il ne peut pas penser que les Français proclament : "Sept ans, ça suffit !", et qu'ils aient envie de changer pour changer, pour voir une autre tête. Cela pourrait être la deuxième cause de son échec. » Enfin, Jean Lecanuet discerne ce qui constitue le « plus gros handicap » du président-candidat : « C'est sa naissance, sa famille, son milieu, le fait qu'il soit né pourvu de tout, qu'il ait

1. *Ibid.*, p. 445.

tout eu sans s'en donner la peine : éducation, fortune, toutes les facilités possibles et imaginables. Les Français n'aiment pas cela. Les Français aiment les gens d'origine modeste, qui se sont faits eux-mêmes, qui sont arrivés par leur travail[1]. »

L'échec

Au soir du 26 avril, le coup de semonce est rude : en se lançant pleinement dans la campagne électorale, Valéry Giscard d'Estaing n'a pas réussi à inverser la courbe ascendante de François Mitterrand. Certes il arrive en tête de ce premier tour, mais avec seulement 28,3 % des suffrages exprimés, c'est-à-dire sous la barre des 30 % considérée par les analystes politiques comme le seuil fatidique pour sa réélection. Le premier secrétaire du PS prend la deuxième place mais en talonnant, ce qui est une surprise, le président sortant avec 25,8 %. Quant à Jacques Chirac, il atteint péniblement 18 %, loin de ses ambitions initiales de dépasser les 20 %. Enfin, autre mauvaise nouvelle pour le président Giscard, Georges Marchais n'obtient que 15,3 % alors que les derniers sondages ne donnaient qu'un écart oscillant entre 2 et 4 points avec François Mitterrand. Certains électeurs communistes ont manifestement voté utile, c'est-à-dire Mitterrand, dès le premier tour. Ce qui augure plutôt de bons reports des voix communistes vers le candidat socialiste au second tour. D'autant que Georges Marchais et le PCF appellent à voter pour lui. Cela libère également une partie de l'électorat centriste qui craignait, dans un contexte de guerre froide très tendu, l'arrivée au pouvoir d'un PCF puissant. Un verrou psychologique saute avec ces résultats qui confirment la domination des socialistes sur la gauche.

Bien loin des sondages du début de l'année qui le plaçaient à 35 % des intentions de vote, les résultats du premier tour placent dans une situation très délicate Valéry Giscard d'Estaing. Face à une dynamique de report des voix communistes vers le candidat socialiste François Mitterrand qui s'annonce bonne, voire excellente, il lui faut faire le plein des voix du RPR. Ce qui revient, en moins de deux semaines, non seulement à obtenir l'appui de l'état-major du Rassemblement et de son chef Jacques Chirac, mais

1. Jean Mauriac, *L'Après de Gaulle*, *op. cit.*, p. 327-328.

aussi à panser les plaies des oppositions passées et des attaques virulentes auprès des militants et électeurs gaullistes.

La mission s'avère rapidement impossible. D'abord parce que Jacques Chirac et l'appareil dirigeant du RPR s'en tiennent à un soutien qui, au mieux, peut être qualifié de façade. Au lendemain du premier tour, le maire de Paris déclare, dans une sorte de service minimum, qu'« à titre personnel », il ne peut « que voter pour M. Giscard d'Estaing ». Dans le même temps, le comité central du RPR, réuni le 29 avril, adopte une motion qui « laisse le soin à chacun de se déterminer selon sa conscience en tenant compte des intérêts de la France ». L'objectif est clair : « faire battre Giscard ». Le gaulliste de gauche Philippe Dechartre rédige un texte qui appelle ouvertement à voter pour le candidat de la gauche, que « le RPR se charge sur instruction de son président de diffuser largement[1] ». Une partie des dirigeants du RPR font le jeu de François Mitterrand en appelant discrètement soit à s'abstenir, soit à voter pour celui-ci. Les cadres du RPR autour de Charles Pasqua ne cachent pas qu'à leurs yeux le divorce est consommé avec le président sortant. Ils répandent, explique Yves Guéna, une consigne sans ambiguïté : « Ne votez pas Giscard, laissons faire l'expérience Mitterrand[2] ! » Le député-maire gaulliste du 6e arrondissement de Paris, Pierre Bas, se souvient d'avoir reçu entre les deux tours une lettre de Charles Pasqua, au timbre du RPR, adressée aux dirigeants et aux militants, appelant à voter en faveur de François Mitterrand[3]. Jacques Chirac lui-même paraît nourrir ces illusions quant à l'incapacité des socialistes de se maintenir durablement au pouvoir. Quelques jours avant le premier tour, il prédit l'échec de Valéry Giscard d'Estaing, qui s'en retournera à Chamalières, et son accession à la présidence de la République dans les trois ans : « Car cela ne durera pas sept ans[4] ! »

C'est bien la stratégie du pire, tant redoutée par Valéry Giscard d'Estaing, et patiemment tissée depuis plusieurs années, qui est poussée à sa réalisation ultime. En n'engageant pas tout le RPR dans un soutien fort au président de la République, comme cela avait été le cas avec l'UDR en 1974 entre les deux tours, Jacques Chirac sait très bien qu'il le condamne à perdre. Son score

1. Bernard Pons, *Aucun combat n'est jamais perdu d'avance*, *op. cit.*, p. 246.
2. Jean Mauriac, *L'Après de Gaulle*, *op. cit.*, p. 329.
3. Entretien de l'auteur avec Pierre Bas, 13 décembre 2010.
4. Michèle Cotta, *Cahiers secrets de la Ve République*, t. II, *op. cit.*, p. 488.

relativement faible, par rapport aux attentes initiales, condamne Giscard à bénéficier d'un report massif des voix gaullistes. De plus, le maire de Paris conserve ses chances pour l'Élysée dans le futur : en appelant à voter Giscard au second tour – mais seulement à titre personnel –, il n'apparaît pas comme le fossoyeur de la droite, celui par qui la gauche accède au pouvoir.

Mais au-delà des jeux d'appareils, c'est bien la stratégie d'attaque frontale contre le président de la République et son Premier ministre depuis plusieurs mois qui constitue le facteur décisif. Le député-maire de La Baule, Olivier Guichard, peu amène à l'encontre du chef du RPR, l'a très bien décryptée.

> Je pense, explique-t-il à Jean Mauriac le 22 avril, que Chirac prendra parti, entre les deux tours, contre Mitterrand. Rien de plus. Mais il aura atteint son but : les coups terribles qu'il aura assénés à Giscard avant le premier tour feront que les troupes RPR seront hostiles au chef de l'État, quoi que fasse Chirac personnellement. Je le constate chez moi, en Loire-Atlantique. Je prépare une feuille favorable à Giscard pour l'entre-deux-tours. Mais aucun militant RPR, aucun de mes électeurs ne voudra la distribuer. Ainsi Chirac a-t-il mené son jeu : tenter de faire tomber Giscard par sa campagne au premier tour et ne pas se déclarer ouvertement contre lui pour le second[1].

Tous au RPR ne partagent pas, loin de là, cette stratégie du pire. Nombre de « vieux gaullistes » et bien d'autres considèrent au contraire qu'il faut tout faire pour que Valéry Giscard d'Estaing gagne au second tour[2]. Ils ne goûtent absolument pas les agissements de Charles Pasqua et d'une partie des cadres dirigeants du RPR qui appellent à la victoire du candidat de la gauche. Alain Peyrefitte, en privé, ne ménage pas ses critiques à l'encontre du maire de Paris : « Chirac, c'est Pinochet qui voudrait faire élire Allende pour prendre ensuite sa place[3] ! » Jacques Foccart parvient à obtenir qu'aucune consigne officielle ne soit donnée par la direction du SAC en faveur de François Mitterrand[4]. Cela n'empêche pas les membres de l'Action civique d'avoir plutôt majoritairement

1. Jean Mauriac, *L'Après de Gaulle*, *op. cit.*, p. 329.

2. Pierre Bas, *Secrets, manœuvres, chocs et volte-face de CDG à Nicolas Sarkozy*, Perpignan, Éditions Alexandra de Saint-Prix, p. 480-481.

3. Michèle Cotta, *Cahiers secrets de la Ve République*, t. II, *op. cit.*, p. 493.

4. Frédéric Turpin, *Jacques Foccart. Dans l'ombre du pouvoir*, Paris, CNRS éditions, 2015, p. 334.

suivi la position de Charles Pasqua comme en atteste la campagne d'autocollants de diamants sur les affiches de Giscard qui leur est attribuée[1]. De manière générale, il est trop tard pour retisser la confiance nécessaire à un bon report de voix.

Valéry Giscard d'Estaing a beau appeler solennellement à l'unité lors de son grand meeting porte de Pantin, qui réunit, le 3 mai, près de cent mille personnes. Il a beau tendre la main à Jacques Chirac et en appeler aux militants et électeurs gaullistes pour « maintenir l'héritage institutionnel du général de Gaulle » et une France forte. Il a beau espérer, jusqu'à la dernière minute, la venue du maire de Paris porte de Pantin pour sceller l'union retrouvée. Chirac ne vient pas. Les jeux sont faits.

Le débat télévisé du 5 mai 1981 n'y change rien, contrairement à celui de 1974. Animé par les journalistes Michèle Cotta et Jean Boissonnat, il est le théâtre d'un affrontement plus feutré que frontal entre les deux prétendants à l'Élysée. Pour François Mitterrand, l'objectif consiste à ne pas « perdre » le débat comme en 1974. Il sait que la dynamique lui est favorable. « Il suffirait, explique-t-il à Jacques Attali quelques heures avant le débat, de faire match nul. Pas besoin de s'inquiéter beaucoup[2]. » Valéry Giscard d'Estaing doit au contraire gagner ce duel pour essayer d'inverser la tendance lourde qui se dessine. Le candidat socialiste se montre d'emblée plus à l'aise face à un président sortant engoncé dans ses chiffres et une certaine froideur. Le simple fait que celui-ci ne soit pas dominateur dans les débats constitue déjà une victoire pour Mitterrand. D'autant que le premier secrétaire du PS place rapidement les formules préparées à l'avance, comme « l'homme du passé et l'homme du passif », qui semblent désarçonner un Giscard moins impérial qu'à l'accoutumée. Le débat est rétrospectivement perçu comme une victoire du socialiste. Mais, sur le moment, il est vécu comme un match nul par l'opinion. Au cours du dîner chez *Bofinger* qui suit le duel télévisé, Jacques Delors, Jacques Attali et André Rousselet se montrent « perplexes » car Mitterrand n'a pas été « étincelant », en particulier sur les institutions et les nationalisations[3].

Toutefois, à l'Élysée, comme auprès de l'état-major du candidat de la gauche, les sondages ne trompent plus personne sur l'issue

1. François Audigier, *Histoire du SAC. La part d'ombre du gaullisme*, Paris, Stock, 2003, p. 329-331.
2. Jacques Attali, *Verbatim*, t. I, *op. cit.*, p. 13.
3. Michèle Cotta, *Cahiers secrets de la Ve République*, t. II, *op. cit.*, p. 498.

du scrutin. Ils pointent tous en faveur d'une victoire du candidat socialiste même si sa cote baisse puis remonte légèrement. Ce que confirment les résultats du 10 mai puisque François Mitterrand recueille 51,76 % des suffrages exprimés (15 708 262) contre 48,24 % pour Valéry Giscard d'Estaing (14 642 306). Comme il le craignait, les reports des voix communistes se sont correctement opérés et l'électorat de gauche s'est globalement plus mobilisé. Surtout, le report des voix gaullistes s'est traduit par une déperdition non négligeable. C'est d'ailleurs ce que Jacques Chirac avait prévu, dès le 22 avril. Il avait expliqué à la journaliste Michèle Cotta que 30 % de ses électeurs du premier tour ne voteraient pas pour le président sortant au second tour. « Dans ces 30 %, 10 % voteront Mitterrand, 20 % s'abstiendront[1]. » Effectivement, non seulement le report des voix gaullistes n'est que partiel à cause des abstentions, mais une fraction non négligeable des électeurs gaullistes vote pour le candidat socialiste.

Pour Valéry Giscard d'Estaing, la défaite est un dénouement auquel il ne s'attendait pas[2]. Elle lui est d'autant plus inacceptable qu'elle n'était pas inéluctable[3]. Elle est nette, avec un million de voix d'avance, mais elle n'est pas le fruit d'une lame de fond électorale au profit de François Mitterrand et de la gauche. Elle exprime certes le résultat d'un long processus d'acceptation par des électeurs, aux profils sociologiques en pleine évolution, de l'alternance politique. Le ballottage du général de Gaulle en 1965 en avait été un premier signal que les élections législatives de mars 1967 avaient bien failli transformer. Nouveau signe de l'usure du gaullisme et de sa capacité à rassembler, en 1974, à la mort de Georges Pompidou, François Mitterrand avait frôlé la victoire. Le poids encore imposant du PCF au sein de la gauche a longtemps empêché l'alternance jusqu'à ce que le PS devienne prépondérant. La défaite de Valéry Giscard d'Estaing peut ainsi apparaître comme l'aboutissement de ce processus commencé avec la naissance de la Ve République en 1958.

Elle n'en reste pas moins surprenante pour le président sortant, une bonne partie des électeurs français et nombre d'analystes politiques de tous bords. L'alternance était vraiment attendue avec les

1. *Ibid.*, p. 488.
2. Raymond Barre, *L'Expérience du pouvoir*, *op. cit.*, p. 192.
3. Alain Duhamel, « VGE a fait entrer la France dans la modernité », *France-Forum*, n° 83, avril 2022, p. 19.

élections législatives de 1978. La gauche était donnée gagnante. Il n'en fut rien. Mais peu de personnes auraient parié, en janvier 1981, sur la victoire de François Mitterrand. Sa victoire est aussi et peut-être surtout la défaite du président sortant et de l'usure du pouvoir. Outre ses maladresses et son style monarchique aisément caricaturé sous les traits de Louis XV, il a été l'objet d'une concentration inédite d'oppositions contre sa personne plus encore que contre sa politique. Raymond Barre rapporte ainsi la formule de Jean d'Ormesson, qu'il partage : « Giscard a fait battre nos idées sur sa personne[1]. » Par ce qu'il est et ce qu'il représente, il est une des premières victimes d'un « antiélitisme qui va, au fil des années, submerger la société française[2] ».

Ce qui explique que le mouvement de fond de l'alternance s'est finalement réalisé en 1981 ne doit pas se lire uniquement sous l'angle d'un déterminisme historique. Elle a été rendue possible par une conjoncture extraordinairement favorable au candidat socialiste qui, en quelques semaines, a vu tous les témoins passer au vert (notamment grâce à son habileté), tandis que ceux du président passaient tous au rouge (malgré ou à cause de lui). La stratégie du pire de Jacques Chirac et de son état-major, conséquence des tensions et oppositions entre giscardiens et gaullistes, mais aussi des illusions chiraquiennes quant à l'incapacité supposée de François Mitterrand à gouverner à la tête d'une alliance socialo-communiste, a été, de ce point de vue, le facteur déterminant de la défaite de Valéry Giscard d'Estaing. Il n'est pas certain qu'un bon report des voix gaullistes, comme en 1974, aurait suffi à faire gagner le président sortant. Mais le doute est permis lorsque l'on considère les incertitudes des législatives de 1978 et le résultat final.

1. Raymond Barre, *L'Expérience du pouvoir*, *op. cit.*, p. 185.
2. Alain Minc, *« Mes » présidents. De de Gaulle à Macron*, Paris, Grasset, 2020, p. 89.

INDEX DES NOMS

TABLE DES MATIÈRES

PARTIE III – VALÉRY GISCARD D'ESTAING

DANS LA MÊME COLLECTION

DICTIONNAIRES & OUVRAGES DE RÉFÉRENCE

ALEXANDRE LE GRAND
Histoire et Dictionnaire
Sous la direction d'Olivier Battistini et Pascal Charvet

L'ALGÉRIE ET LA FRANCE
Sous la direction de Jeannine Verdès-Leroux

LES AMÉRIQUES
Sous la direction de Michel Bertrand, Jean-Michel Blanquer, Antoine Coppolani et Isabelle Vagnoux
TOME I : Du précolombien à 1830
TOME II : De 1830 à nos jours

L'AVENTURE DES MOTS DE LA VILLE
À travers le temps, les langues, les sociétés
Sous la direction de Christian Topalov, Laurent Coudroy de Lille, Jean-Charles Depaule et Brigitte Marin

LA BIBLE
Traduction de Louis-Isaac Lemaître de Sacy
Édition établie par Philippe Sellier

LA BIBLE DU CONTREPET
2 000 contrepèteries du patrimoine. 18 000 contrepèteries nouvelles
Par Joël Martin

LE BOUQUET DES EXPRESSIONS IMAGÉES
Encyclopédie thématique des locutions figurées de la langue française
Par Claude Duneton et Sylvie Claval

LE BOUQUIN DE L'HUMOUR
Par Jean-Loup Chiflet

LE BOUQUIN DES CITATIONS
Par Claude Gagnière

LE BOUQUIN DES DICTONS
Par Agnès Pierron

LE BOUQUIN DES MÉCHANCETÉS
Par François Xavier Testu
Préface de Philippe Alexandre

LE BOUQUIN DES MOTS DU SEXE
Par Agnès Pierron

LES CAPÉTIENS
Histoire et Dictionnaire, 987-1328
Par François Menant, Hervé Martin, Bernard Merdrignac et Monique Chauvin

LES CELTES
Histoire et Dictionnaire
Des origines à la romanisation et au christianisme
Par Venceslas Kruta

CUISINE SANS SOUCI
Par Rose Montigny

DE LA TÊTE AUX PIEDS
Toute la chirurgie, rien que la vérité
Par le Pr Herbert Lippert
Traduction et préface du Pr Henri Péquignot
Illustrations du Dr Yves Gallard

DICTIONNAIRE ALBERT CAMUS
Sous la direction de Jeanyves Guérin

DICTIONNAIRE CLEMENCEAU
Sous la direction de Sylvie Brodziak et Samuël Tomei
Préface de Jean-Noël Jeanneney

DICTIONNAIRE DE DON JUAN
Sous la direction de Pierre Brunel

DICTIONNAIRE DE GAULLE
Sous la direction de Claire Andrieu, Philippe Braud et Guillaume Piketty

DICTIONNAIRE DE LA BÊTISE
Suivi du Livre des bizarres
Par Guy Bechtel et Jean-Claude Carrière, nouvelle édition

DICTIONNAIRE DE LA BIBLE
Par André-Marie Gerard

DICTIONNAIRE DE LA CIVILISATION MÉSOPOTAMIENNE
Sous la direction de Francis Joannès

DICTIONNAIRE DE LA FRANCE LIBRE
Sous la direction de François Broche, Georges Caïtucoli et Jean-François Muracciole

DICTIONNAIRE DE LA GOURMANDISE
Pâtisseries, friandises et autres douceurs
Par Annie Perrier-Robert

DICTIONNAIRE DE LA GRANDE GUERRE 1914-1918
Sous la direction de François Cochet et Rémy Porte

DICTIONNAIRE DE L'ANTIQUITÉ
Mythologie, littérature et civilisation

Université d'Oxford. Sous la direction de M. C. Howatson
Traduction de Jeannie Carlier, François Jacob, Jean-Louis Labarrière, Maurice Larès, François Lissarrague, Florence de Polignac, Franz Regnot et Isabelle Rozenbaumas

DICTIONNAIRE DE L'ARCHÉOLOGIE
Par Guy Rachet

DICTIONNAIRE DE L'ARGOT
Par Albert Doillon
Préface de Claude Duneton

DICTIONNAIRE DE LA SAGESSE ORIENTALE
Bouddhisme, hindouisme, taoïsme, zen
Traduction de Monique Thiollet

DICTIONNAIRE DE PÉDAGOGIE
Par Ferdinand Buisson
Édition établie et présentée par Patrick Dubois et Philippe Meirieu
Préface de Pierre Nora

DICTIONNAIRE DES ÉTRANGERS QUI ONT FAIT LA FRANCE
Sous la direction de Pascal Ory avec la collaboration de Marie-Claude Blanc-Chaléard

DICTIONNAIRE DES LIEUX ET PAYS MYTHIQUES
Sous la direction d'Olivier Battistini, Jean-Dominique Poli, Pierre Ronzeaud et Jean-Jacques Vincensini

DICTIONNAIRE DES LITTÉRATURES HISPANIQUES
Espagne et Amérique latine
Sous la direction de Jordi Bonells

DICTIONNAIRE DES MÉDICAMENTS
Et leur bon usage
Par les Drs Jean Thuillier et Jacques Duchier

DICTIONNAIRE DES MOTS SAVOUREUX, COCASSES ET POLISSONS
Par Daniel Lacotte

DICTIONNAIRE DES ŒUVRES ÉROTIQUES
Sous la direction de Pascal Pia et Robert Carlier
Préface de Pascal Pia

DICTIONNAIRE DES PERSONNAGES
Littéraires et dramatiques de tous les temps et de tous les pays

DICTIONNAIRE DES SEXUALITÉS
Sous la direction de Janine Mossuz-Lavau

DICTIONNAIRE DES SYMBOLES
Par Jean Chevalier et Alain Gheerbrant

DICTIONNAIRE D'HISTOIRE DE L'ART DU MOYEN ÂGE OCCIDENTAL
Sous la direction de Jean-Marie Guillouët et Pascale Charron

DICTIONNAIRE D'HISTOIRE MARITIME
Sous la direction de Michel Vergé-Franceschi
TOME I : A-G
TOME II : H-Z

DICTIONNAIRE DU CINÉMA
Tome I : Les Réalisateurs, par Jean Tulard
Dixième édition mise à jour
TOME II : Les Acteurs, *par Jean Tulard*
Huitième édition mise à jour
TOME III : Les Films, *par Jacques Lourcelles*

DICTIONNAIRE DU CORAN
Sous la direction de Mohammad Ali Amir-Moezzi

DICTIONNAIRE DU VATICAN ET DU SAINT-SIÈGE
Sous la direction de Christophe Dickès avec la collaboration de Marie Levant et Gilles Ferragu

DICTIONNAIRE ENCYCLOPÉDIQUE DE LA LITTÉRATURE FRANÇAISE
Auteurs, œuvres et figures de rhétorique

DICTIONNAIRE ENCYCLOPÉDIQUE DU JUDAÏSME
Sous la direction de Geoffrey Wigoder
Adapté en français sous la direction de Sylvie Anne Goldberg avec la collaboration de Véronique Gillet, Arnaud Sérandour et Gabriel Raphaël Veyret

DICTIONNAIRE FREUD
Sous la direction de Sarah Contou Terquem

DICTIONNAIRE HISTORIQUE DE LA RÉSISTANCE ET DE LA FRANCE LIBRE
Sous la direction de François Marcot, avec la collaboration de Bruno Leroux et de Christine Levisse-Touzé

DICTIONNAIRE LOUIS XIV
Sous la direction de Lucien Bély

DICTIONNAIRE NIETZSCHE
Sous la direction de Dorian Astor

DICTIONNAIRE RIMBAUD
Sous la direction de Jean-Baptiste Baronian

DICTIONNAIRE UNIVERSEL DU PAIN
Sous la direction de Jean-Philippe de Tonnac
Introduction de Steven Laurence Kaplan

ENCYCLOPÉDIE DE LA SECONDE GUERRE MONDIALE
Sous la direction de Jean-François Muracciole et Guillaume Piketty

L'ENCYCLOPÉDIE DU CIEL
Mythologie, astronomie, astrologie
Sous la direction d'Arnaud Zucker

L'ÉSOTÉRISME
Qu'est-ce que l'ésotérisme ? Anthologie de l'ésotérisme occidental
Par Pierre A. Riffard

ÉSOTÉRISMES D'AILLEURS
Les ésotérismes non occidentaux
Primitifs — Civilisateurs — Indiens — Extrême-Orientaux — Monothéistes
Par Pierre A. Riffard

LES ÉVANGILES DU DIABLE
Suivis par Le Grand et le Petit Albert
Par Claude Seignolle
Édition établie par Francis Lacassin

LES EXCENTRIQUES
Par Michel Dansel

LES FEMMES MYSTIQUES
Histoire et Dictionnaire
Sous la direction d'Audrey Fella

LA FOLIE
Histoire et Dictionnaire
Par le Dr Jean Thuillier

LA FRANCE DE LA RENAISSANCE
Histoire et Dictionnaire, vers 1470-1559
Par Arlette Jouanna, Dominique Biloghi, Philippe Hamon et Guy Le Thiec

LA FRANC-MAÇONNERIE
Histoire et Dictionnaire
Sous la direction de Jean-Luc Maxence

GUIDE DES FILMS
Par Jean Tulard
TOME I : A-E, *édition 2005*
TOME II : F-O, *édition 2005*
TOME III : P-Z, *édition 2005*
TOME IV : Le Nouveau Guide des films, *édition 2010*

LE GUIDE DU BRIDGE
Par Jacques Ferran

HISTOIRE ET ART DE L'ÉCRITURE
La Grande Invention de l'écriture et son évolution, *par Marcel Cohen* — L'écriture et la psychologie des peuples : XXIIe Semaine de synthèse du Centre international de synthèse — Calligraphie : Du trait de plume aux contre-écritures, *par Jérôme Peignot* — Écritures, *par Charles Paillasson* — Du calligramme, *par Jérôme Peignot* — De l'écriture à la typographie, *par Jérôme Peignot*
Préface de Jérôme Peignot

HISTOIRE ET DICTIONNAIRE DE LA POLICE
Du Moyen Âge à nos jours
Sous la direction de Michel Aubouin, Arnaud Teyssier et Jean Tulard

HISTOIRE ET DICTIONNAIRE DE LA RÉVOLUTION FRANÇAISE, 1789-1799
Par Jean Tulard, Jean-François Fayard et Alfred Fierro

HISTOIRE ET DICTIONNAIRE DE PARIS
Par Alfred Fierro
Sous la direction de Michel Aubouin, Arnaud Teyssier et Jean Tulard

HISTOIRE ET DICTIONNAIRE DES GUERRES DE RELIGION, 1559-1598
Par Arlette Jouanna, Jacqueline Boucher, Dominique Biloghi et Guy Le Thiec

HISTOIRE ET DICTIONNAIRE DU CONSULAT ET DE L'EMPIRE, 1799-1815
Par André Palluel-Guillard, Alfred Fierro et Jean Tulard

HISTOIRE ET DICTIONNAIRE DU TEMPS DES LUMIÈRES, 1715-1789
Par Jean de Viguerie

HISTOIRE UNIVERSELLE DES CHIFFRES
L'intelligence des hommes racontée par les nombres et le calcul
Par Georges Ifrah
TOME I : L'Aventure des chiffres ou l'Histoire d'une grande invention
TOME II : L'Épopée du calcul : des cailloux à l'ordinateur

JEANNE D'ARC
Histoire et Dictionnaire
Par Philippe Contamine, Xavier Hélary et Olivier Bouzy

LE JAPON
Dictionnaire et civilisation
Par Louis Frédéric

LES JARDINS
Paysagistes, jardiniers, poètes
Par Michel Baridon

LES LANGAGES DE L'HUMANITÉ
Encyclopédie des 3 000 langues parlées dans le monde
Par Michel Malherbe avec la collaboration de Serge Rosenberg

LÉGENDES ET MYSTÈRES DES RÉGIONS DE FRANCE
Par Éloïse Mozzani

LA LÉGION ÉTRANGÈRE
Histoire et Dictionnaire
Sous la direction d'André-Paul Comor
Préface d'Étienne de Montety

LE LIVRE DES SUPERSTITIONS
Mythes, croyances et légendes
Par Éloïse Mozzani

MÉDECINES DU MONDE
Histoire et pratiques des médecines traditionnelles
Par Claudine Brelet

MON BOUQUIN DE CUISINE
Par Françoise Burgaud

LE NOUVEAU DICTIONNAIRE DES AUTEURS
De tous les temps et de tous les pays
TOME I : A-F
TOME II : G-M
TOME III : N-Z

LE NOUVEAU DICTIONNAIRE DES ŒUVRES
De tous les temps et de tous les pays
TOME I : Aa-Co
TOME II : Co-Fa
TOME III : Fa-Le
TOME IV : Le-Pa
TOME V : Pa-Se
TOME VI : Se-Zw
TOME VII : Index

LE NOUVEAU DICTIONNAIRE PICASSO
Par Pierre Daix

LE NOUVEAU GUIDE DES ÉCHECS
Traité complet
Par Nicolas Giffard et Alain Biénabe

L'ODYSSÉE DES MARINS
Découvreurs, explorateurs, pirates, corsaires et grands navigateurs
Par Olivier et Patrick Poivre d'Arvor

LES PARFUMS
Histoire, Anthologie et Dictionnaire
Édition établie par Élisabeth de Feydeau

POUR TOUT L'OR DES MOTS
Au bonheur des mots — Des mots et merveilles
Par Claude Gagnière

LA PRÉHISTOIRE
Histoire et Dictionnaire
Sous la direction de Denis Vialou, assisté de Roger Joussaume et de Jean-Pierre Pautreau pour le Mésolithique et le Néolithique

LES SANCTUAIRES DU MONDE
Sous la direction de Matthieu Grimpret

SYMPTÔMES ET MALADIES
Encyclopédie médicale de la famille, et les règles pour vivre plus longtemps et rester toute sa vie en bonne santé
Par Sigmund S. Miller assisté de vingt spécialistes
Traduction de Guy Schoeller

LA TAUROMACHIE
Histoire et Dictionnaire
Sous la direction de Robert Bérard, nouvelle édition

VERSAILLES
Histoire, Dictionnaire et Anthologie
Sous la direction de Mathieu da Vinha et Raphaël Masson

VOTRE ENFANT
Guide à l'usage des parents
Par les Drs Lyonel Rossant et Jacqueline Rossant-Lumbroso

VOTRE SANTÉ
Encyclopédie médicale à l'usage de tous
Par les Drs Lyonel Rossant et Jacqueline Rossant-Lumbroso

VOYAGE AUX PAYS DU VIN
Des origines à nos jours. Histoire, Anthologie, Dictionnaire
Sous la direction de Françoise Argod-Dutard, Pascal Charvet et Sandrine Lavaud

Composition et mise en pages
Nord Compo à Villeneuve-d'Ascq

#lisez! engagé
Pour plus d'informations :
www.lisez.com
Imprimé sur du papier issu de forêts gérées durablement.

Achevé d'imprimer en octobre 2024
par Normandie Roto Impression s.a.s.
61250 Lonrai (Orne)
N° d'édition : 67747/01 – N° d'impression : 2404655

Imprimé en France